山东财政年鉴

2012

SHANDONGFINANCEYEARBOOK

于国安　主编

经济科学出版社
Economic Science Press

图书在版编目（CIP）数据

山东财政年鉴．2012／于国安主编．—北京：经济科学出版社，2012.12

ISBN 978－7－5141－2691－4

Ⅰ.①山…　Ⅱ.①于…　Ⅲ.①地方财政－山东省－2012－年鉴　Ⅳ.①F812.752－54

中国版本图书馆CIP数据核字（2012）第271967号

责任编辑：柳　敏　于海汛
责任校对：杨晓莹
版式设计：代小卫
责任印制：邱　天

山东财政年鉴（2012）
于国安　主编
经济科学出版社出版、发行
社址：北京市海淀区阜成路甲28号　邮编：100142
总编部电话：88191217　发行部电话：88191537
网址：www.esp.com.cn
电子邮件：esp@esp.com.cn
北京汉德鼎印刷有限公司印刷
华玉装订厂装订
880×1230　16开　32.75印张　1200000字
2012年12月第1版　2012年12月第1次印刷
ISBN 978－7－5141－2691－4　定价：312.00元
（图书出现印装问题，本社负责调换。电话：88191502）

《山东财政年鉴（2012）》编委会

党组书记、厅长 尹慧敏（任职至3月下旬）

党组书记、厅长 于国安

巡视员 阮凤英

党组成员、副厅长 张洪军

党组成员、副厅长 庞敦之

党组成员、副厅长 文新三

党组成员、副厅长 李国健

党组成员、副厅长 窦玉明

党组成员、纪检组长、监察专员 傅清卿

党组成员、副厅长 王慎民

党组成员、省农业综合开发办公室主任 姜 凝

副厅级检查员 张魁珍

副巡视员　张光月

副巡视员　宋文旭

副巡视员 宋新生

省经济开发投资公司总经理　姜延伟

省经济开发投资公司副总经理　赵怀文

省经济开发投资公司副总经理 寇尊宪

省经济开发投资公司副总经理 鲁 维

姜大明省长、孙伟副省长到财政厅视察指导工作

实施积极财政政策
促进经济平稳较快发展

积极支持基础设施建设

东营港港口建设加快推进

支持港口建设，服务蓝色经济发展

支持城乡道路建设

莱芜重点财源项目莱钢宽带板生产线

潍坊重点财源企业诸城新郎集团

支持发展现代制造业，努力壮大骨干财源

支持现代服务业发展

做强做大县域经济，促进企业提质增效

支持科技创新平台建设

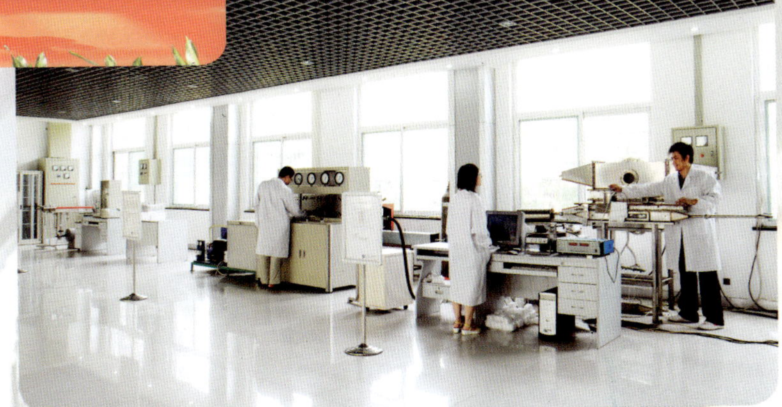

山东省科学院生物质替代能源技术和先进工业节能技术研发平台

支持改善生态环境

支持污水处理设施建设

支持推广利用新能源

健全支农投入保障机制
推动农村改革发展

加强农业基础设施建设，支持农业农村发展

烟台栖霞水库除险加固工程

农业综合开发扶持修建的第五代温室蔬菜大棚

聊城市现代农业项目——种苗基地节能温室

潍坊诸城节能灌溉项目

农业综合开发修筑蓄水池引水上山

农业综合开发中低产田改造

利用海域使用金支持建设的海洋湿地保护区

寿光市蔬菜示范园

加强农产品质量安全管理

潍坊临朐辛寨新荷奶牛养殖基地

渔业喜获丰收

一事一议财政奖补项目——临沂市沂水县姚店子镇唐家河村拦水坝项目

支持城乡统筹发展，构建和谐社会

加大财政文化投入
推动文化大发展大繁荣

财政扶持建设的广饶县大王镇冯口村文化广场

积极推进城乡统筹协调发展

山东省政府和八路军115师司令部旧址

临沂平邑天宇自然博物馆

文化产业项目——沂蒙影视城

《蒙山沂水》大型水上实景演出全景

山东省图书馆新馆

诸城市白垩纪恐龙世界地质公园

淄博市周村古商城

济南市青少年宫

枣庄台儿庄古城

完善民生保障体系
提高基本公共服务水平

加大教育投入力度，改善中小学办学条件

积极化解高校债务，促进高等教育发展

大力支持职业教育发展

临沭第三初级中学

济南卫校实验室

为农村中小学图书馆装备用书及教学挂图

完善城乡社会养老保险制度

泰安市儿童福利院

财政支持建设的滨州奥体公园

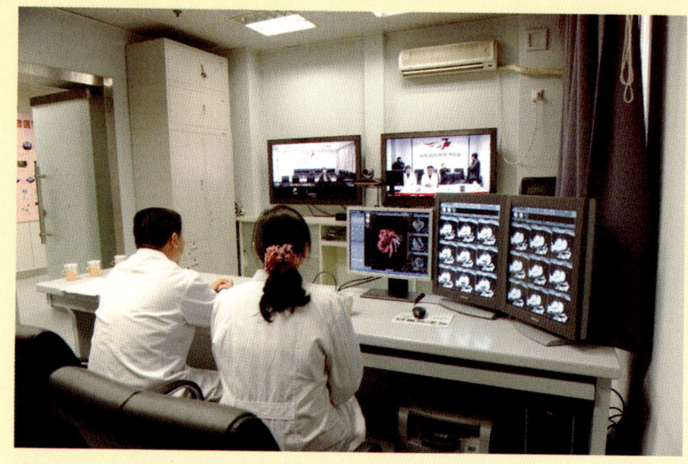

实施“县县通”远程医疗惠民工程，解决群众看病难问题

社区服务人员发放汽车、摩托车、家电下乡补贴资金

积极支持保障性住房建设

廉租住房补贴发放现场

落实惠民政策，保障服务民生

深化改革　科学管理
构建有利于科学发展的财政体制机制

深化国库集中支付改革

发挥专家评审作用，强化政府采购全程监管

积极开展电算化培训，提高会计管理电算化水平

莒县化解农村义务教育债务档案

加强财政信息化建设，为财政改革管理提供技术支撑

加强财政信息网站建设

山东省行政事业资产管理信息系统高效运行

加强基层财政管理，全面推进乡镇财政规范化建设

强化人才队伍建设
展示财政机关良好形象

积极推进财政反腐倡廉建设，图为厅机关廉政工作会议会场

于国安厅长参加“阳光政务热线”直播活动

财政厅机关举办庆祝建党90周年合唱大赛

强化财政培训，提升业务骨干履职能力

积极组织开展体育活动，丰富财政干部业余生活

青岛市财政局开展财政青年学堂辩论赛

目　录

第一部分　特　辑

关于山东省 2010 年预算执行情况和 2011 年预算草案的报告 …… (3)
山东省人大财政经济委员会关于山东省 2010 年预算执行情况和 2011 年预算草案的审查报告 …… (9)
山东省第十一届人民代表大会第四次会议关于山东省 2010 年预算执行情况和 2011 年预算的决议 …… (10)
关于山东省 2010 年财政决算和 2011 年上半年预算执行情况的报告 …… (11)
山东省人大财政经济委员会关于山东省 2010 年省级财政决算的审查报告 …… (14)
山东省人民代表大会常务委员会关于批准山东省 2010 年省级财政决算的决议 …… (16)
姜大明同志在全省财税工作会议上的讲话 …… (16)
孙伟同志在全省财政局长座谈会上的讲话 …… (22)
尹慧敏同志在全省财政工作会议上的讲话 …… (25)
于国安同志在全省财政局长座谈会上的讲话 …… (32)
2011 年山东省国民经济和社会发展统计公报 …… (39)

第二部分　全省财政工作

全省财政工作综述 …… (53)
综合财政 …… (56)
法规税政 …… (59)
预算管理 …… (61)
财政国库管理 …… (65)
政府采购监管 …… (67)
行政政法财政财务 …… (68)
教科文财政财务 …… (71)
经济建设财政财务 …… (73)
农业财政财务 …… (76)
社会保障财政财务 …… (79)
企业财政财务 …… (83)

财政金融与国际合作……（86）
基层财政管理……（88）
会计管理……（89）
行政事业资产管理……（92）
财政监督检查……（95）
财政队伍建设……（104）
农村综合改革……（106）
离退休干部工作……（108）
机关思想政治工作……（110）
纪检监察工作……（112）
财政科研……（114）
注册会计师工作……（116）
财政信息化建设……（119）
财政干部教育培训……（121）
国库集中支付工作……（123）
财政投资评审……（125）
会计培训工作……（127）
农业综合开发工作……（128）
省经济开发投资公司工作……（130）

第三部分　市财政工作

济南市……（135）
青岛市……（137）
淄博市……（140）
枣庄市……（142）
东营市……（144）
烟台市……（145）
潍坊市……（146）
济宁市……（148）
泰安市……（150）
威海市……（152）
日照市……（154）
莱芜市……（155）
临沂市……（157）
德州市……（158）
聊城市……（160）
滨州市……（160）
菏泽市……（162）

第四部分　县（市、区）财政工作

济南市 …… (167)

历下区 …… (167)

市中区 …… (167)

槐荫区 …… (168)

天桥区 …… (169)

历城区 …… (170)

长清区 …… (170)

章丘市 …… (171)

平阴县 …… (172)

济阳县 …… (173)

商河县 …… (174)

高新技术产业开发区 …… (174)

青岛市 …… (175)

市南区 …… (175)

市北区 …… (176)

四方区 …… (176)

李沧区 …… (177)

经济技术开发区（黄岛区） …… (177)

崂山区 …… (178)

城阳区 …… (179)

胶州市 …… (180)

即墨市 …… (181)

平度市 …… (181)

胶南市 …… (182)

莱西市 …… (183)

保税港区 …… (183)

高新技术产业开发区 …… (184)

淄博市 …… (184)

张店区 …… (184)

淄川区 …… (185)

博山区 …… (185)

临淄区 …… (186)

周村区 …… (186)

桓台县 …… (187)

高青县 …… （188）
沂源县 …… （188）
高新技术产业开发区 …… （189）

枣庄市 …… **（190）**

市中区 …… （190）
薛城区 …… （190）
峄城区 …… （191）
台儿庄区 …… （192）
山亭区 …… （192）
滕州市 …… （193）

东营市 …… **（194）**

东营区 …… （194）
河口区 …… （195）
垦利县 …… （196）
利津县 …… （197）
广饶县 …… （197）

烟台市 …… **（198）**

芝罘区 …… （198）
福山区 …… （199）
莱山区 …… （201）
牟平区 …… （202）
龙口市 …… （203）
莱阳市 …… （203）
莱州市 …… （204）
蓬莱市 …… （205）
招远市 …… （206）
栖霞市 …… （206）
海阳市 …… （207）
长岛县 …… （207）
经济技术开发区 …… （208）
高新技术产业开发区 …… （208）

潍坊市 …… **（209）**

潍城区 …… （209）
寒亭区 …… （209）
坊子区 …… （210）
奎文区 …… （211）
青州市 …… （211）

诸城市 ……………………………………………………………………………… (212)
寿光市 ……………………………………………………………………………… (212)
安丘市 ……………………………………………………………………………… (213)
高密市 ……………………………………………………………………………… (214)
昌邑市 ……………………………………………………………………………… (214)
临朐县 ……………………………………………………………………………… (215)
昌乐县 ……………………………………………………………………………… (216)
高新技术产业开发区 ……………………………………………………………… (216)
滨海经济开发区 …………………………………………………………………… (217)
经济开发区 ………………………………………………………………………… (217)
峡山生态经济发展区 ……………………………………………………………… (218)
综合保税区 ………………………………………………………………………… (218)

济宁市 ……………………………………………………………………………… **(219)**

市中区 ……………………………………………………………………………… (219)
任城区 ……………………………………………………………………………… (219)
曲阜市 ……………………………………………………………………………… (220)
兖州市 ……………………………………………………………………………… (221)
邹城市 ……………………………………………………………………………… (221)
微山县 ……………………………………………………………………………… (222)
鱼台县 ……………………………………………………………………………… (223)
金乡县 ……………………………………………………………………………… (224)
嘉祥县 ……………………………………………………………………………… (225)
汶上县 ……………………………………………………………………………… (225)
泗水县 ……………………………………………………………………………… (226)
梁山县 ……………………………………………………………………………… (227)

泰安市 ……………………………………………………………………………… **(228)**

泰山区 ……………………………………………………………………………… (228)
岱岳区 ……………………………………………………………………………… (228)
新泰市 ……………………………………………………………………………… (229)
肥城市 ……………………………………………………………………………… (229)
宁阳县 ……………………………………………………………………………… (230)
东平县 ……………………………………………………………………………… (231)

威海市 ……………………………………………………………………………… **(231)**

环翠区 ……………………………………………………………………………… (231)
文登市 ……………………………………………………………………………… (232)
荣成市 ……………………………………………………………………………… (232)
乳山市 ……………………………………………………………………………… (233)
经济技术开发区 …………………………………………………………………… (234)

火炬高技术产业开发区 …………………………………………………………………………（234）
工业新区 ……………………………………………………………………………………（235）

日照市……………………………………………………………………………………（236）

东港区 ……………………………………………………………………………………（236）
岚山区 ……………………………………………………………………………………（236）
五莲县 ……………………………………………………………………………………（237）
莒县……………………………………………………………………………………（238）
经济技术开发区 …………………………………………………………………………（238）
山海天旅游度假区…………………………………………………………………………（239）

莱芜市……………………………………………………………………………………（239）

莱城区 ……………………………………………………………………………………（239）
钢城区 ……………………………………………………………………………………（240）
高新区 ……………………………………………………………………………………（240）
雪野旅游区 ………………………………………………………………………………（241）

临沂市……………………………………………………………………………………（242）

兰山区 ……………………………………………………………………………………（242）
罗庄区 ……………………………………………………………………………………（242）
河东区 ……………………………………………………………………………………（243）
郯城县 ……………………………………………………………………………………（243）
苍山县 ……………………………………………………………………………………（244）
莒南县 ……………………………………………………………………………………（244）
沂水县 ……………………………………………………………………………………（245）
蒙阴县 ……………………………………………………………………………………（246）
平邑县 ……………………………………………………………………………………（246）
费县……………………………………………………………………………………（247）
沂南县 ……………………………………………………………………………………（247）
临沭县 ……………………………………………………………………………………（248）
高新技术产业开发区 ……………………………………………………………………（249）
经济开发区 ………………………………………………………………………………（249）
临港经济开发区 …………………………………………………………………………（249）

德州市……………………………………………………………………………………（250）

德城区 ……………………………………………………………………………………（250）
乐陵市 ……………………………………………………………………………………（251）
禹城市 ……………………………………………………………………………………（251）
陵县……………………………………………………………………………………（252）
平原县 ……………………………………………………………………………………（252）
夏津县 ……………………………………………………………………………………（253）

武城县 ……………………………………………………………………………… (253)
齐河县 ……………………………………………………………………………… (254)
临邑县 ……………………………………………………………………………… (254)
宁津县 ……………………………………………………………………………… (255)
庆云县 ……………………………………………………………………………… (255)

聊城市 ……………………………………………………………………………… (256)

东昌府区 …………………………………………………………………………… (256)
临清市 ……………………………………………………………………………… (257)
阳谷县 ……………………………………………………………………………… (258)
莘县 ………………………………………………………………………………… (258)
茌平县 ……………………………………………………………………………… (259)
东阿县 ……………………………………………………………………………… (259)
冠县 ………………………………………………………………………………… (260)
高唐县 ……………………………………………………………………………… (261)
经济开发区 ………………………………………………………………………… (261)

滨州市 ……………………………………………………………………………… (262)

滨城区 ……………………………………………………………………………… (262)
惠民县 ……………………………………………………………………………… (262)
阳信县 ……………………………………………………………………………… (263)
无棣县 ……………………………………………………………………………… (264)
沾化县 ……………………………………………………………………………… (264)
博兴县 ……………………………………………………………………………… (265)
邹平县 ……………………………………………………………………………… (266)
经济开发区 ………………………………………………………………………… (266)
高新技术产业开发区 ……………………………………………………………… (267)
北海经济开发区 …………………………………………………………………… (267)

菏泽市 ……………………………………………………………………………… (268)

牡丹区 ……………………………………………………………………………… (268)
曹县 ………………………………………………………………………………… (269)
定陶县 ……………………………………………………………………………… (269)
成武县 ……………………………………………………………………………… (270)
单县 ………………………………………………………………………………… (271)
巨野县 ……………………………………………………………………………… (271)
郓城县 ……………………………………………………………………………… (272)
鄄城县 ……………………………………………………………………………… (272)
东明县 ……………………………………………………………………………… (273)
经济开发区 ………………………………………………………………………… (273)

第五部分　财经文选

提高财政调控保障能力　着力推进经济文化强省建设 …… 于国安（277）
扎实做好新形势下财政国库工作 …… 阮凤英（281）
努力做好行政政法财政财务管理五篇文章 …… 张洪军（283）
进一步做好财政教科文财政财务工作 …… 庞敦之（287）
多措并举推进财政交通工作 …… 文新三（290）
正确把握农业财政工作的重点和要求 …… 李国健（293）
主动适应形势变化　努力做好财政企业工作 …… 窦玉明（297）
坚持以人为本、执政为民　进一步加强财政反腐倡廉建设 …… 傅清卿（300）
认清形势　把握重点　切实加强政府采购监管 …… 王慎民（304）
深化农村综合改革　推进新农村建设与统筹城乡发展 …… 姜　凝（306）
创新体制机制　加强风险防控　着力促进财政权力规范运行 …… 张魁珍（308）
以会计监督为重点　切实提高财政监督工作成效 …… 张光月（311）
科学管理　为民理财　构建可持续发展的地方财政体系 …… 纪宝华（315）
以世界眼光、国际标准深化公共财政绩效预算管理 …… 周　安（318）
发挥公共财政职能　促进城乡统筹发展 …… 卜德兰（322）
构建“六个机制”发挥“四项作用”　助推“十二五”规划贯彻落实 …… 尹克同（324）
现代服务业发展的财政政策研究 …… 李俊峰（327）
勤勉尽责谋发展　改革创新增效益 …… 叶文君（332）
解放思想　大胆突破　积极探索公立医院改革新路子 …… 田民利（335）
着力在五个方面下功夫　促进财政工作再上新台阶 …… 张茂如（337）
关于地方财政可持续发展的研究报告 …… 李诚实（338）
威海市地方经济结构分析与建议 …… 李文基（343）
推进财政管理信息系统一体化建设的探索与实践 …… 胡怀新（348）
关于莱芜市财源结构与可持续发展的调查研究 …… 王　凌（350）
关于加强乡镇财政监督的调研报告 …… 李　民（355）
论后发展地区科学发展的现实制约与实现条件 …… 战士平（358）
加强文化资产监管　促进文化强市建设 …… 马　骏（361）
关于滨州可持续财政发展的思考 …… 王　力（363）
菏泽市地方财政可持续发展问题研究 …… 赵传山（366）

第六部分　财政统计资料

2011年度山东省一般预算收支决算总表 …… （373）
2011年度山东省一般预算收入决算明细表 …… （375）
2011年度山东省一般预算支出决算功能分类明细表 …… （388）
2011年度山东省一般预算收支决算分级表 …… （424）

2011 年度山东省政府性基金收支决算总表 …… (425)
2011 年度山东省政府性基金收支决算分级表 …… (426)
2011 年度山东省国有资本经营预算收支决算总表 …… (427)
2011 年度山东省国有资本经营预算收支决算明细表 …… (428)
2011 年度山东省国有资本经营预算收支决算分级表 …… (430)
2011 年度山东省财政专户管理资金收支决算总表 …… (431)
2011 年度山东省财政专户管理资金收入决算明细表 …… (432)
2011 年度山东省财政专户管理资金支出决算功能分类明细表 …… (434)
2011 年度山东省财政专户管理资金收支决算分级表 …… (439)
2011 年山东省国有企业资产负债表 …… (440)
2011 年山东省国有企业利润表 …… (442)
2011 年山东省国有企业现金流量表 …… (443)
2011 年山东省国有企业所有者权益变动表 …… (444)
2011 年山东省国有企业资产减值准备情况表 …… (448)
2011 年山东省国有企业应上交应弥补款项表 …… (450)
2011 年山东省国有企业基本情况表 …… (451)
2011 年山东省国有企业国有资产变动情况表 …… (453)

第七部分　财政机构人员

省财政厅副处级以上干部名单 …… (457)
各市、县（市、区）财政局领导及有关人员名单 …… (459)
2011 年山东省财政系统职工基本情况年报表 …… (485)
2011 年山东省财政系统国家公务员基本情况年报表 …… (488)

第八部分　财政大事记

…… (489)

第一部分

特　　辑

关于山东省2010年预算执行情况和2011年预算草案的报告

2011年2月12日在山东省第十一届人民代表大会第四次会议上

山东省财政厅

各位代表：

受省人民政府委托，现将山东省2010年预算执行情况和2011年预算草案提请省十一届人大四次会议审议，并请省政协委员提出意见。

一、2010年预算执行情况

2010年，面对极其复杂的国内外环境，全省上下在中共山东省委的正确领导下，全面贯彻党的十七大和十七大以来历次全会精神，深入落实科学发展观，牢牢把握积极作为、科学务实的工作基调，努力转方式、调结构、推改革、惠民生，全省经济回升向好势头进一步巩固，各项社会事业加快发展。在此基础上，财政收支平稳较快增长，全省和省级预算任务圆满完成。

据快报统计，2010年，全省一般预算收入2 749.31亿元，完成预算的111.8%，比上年增长25.1%（其中经常性收入增长22.1%）。全省一般预算支出4 144.50亿元，完成预算的117.7%，比上年增长26.8%。其中，农业、教育、科技支出，分别比上年增长26.8%、25.5%、33.1%，均高于经常性收入增幅。当年全省一般预算收入，加地方政府债券收入、中央税收返还和转移支付补助及上年结转收入等1 870.43亿元，收入共计4 619.74亿元。当年全省一般预算支出，加上解中央支出及结转下年支出等469.96亿元，支出共计4 614.46亿元。全省收支相抵，累计净结余5.28亿元。

2010年，省级一般预算收入303.45亿元，完成预算的117.4%，比上年增长23.3%（其中经常性收入增长10.5%，主要是按政策规定，省对市县的营业税、企业所得税、个人所得税增量返还较多）；省级一般预算支出560.88亿元，完成预算的118.3%，比上年增长20.0%。其中，农业、教育、科技支出，分别比上年增长13.5%、35.8%、44.3%，均达到法定增长要求。当年省级一般预算收入，加地方政府债券收入、中央税收返还和转移支付补助、市上解收入及上年结转收入等1 492.37亿元，收入共计1 795.82亿元。当年省级一般预算支出，加地方政府债券转贷市县支出、上解中央支出、补助市县支出及结转下年支出等1 234.74亿元，支出共计1 795.62亿元。省级收支相抵，累计净结余2 020万元。

2010年，全省纳入预算管理的政府性基金收入2 609.05亿元，比上年增长74.6%，其中省级收入157.32亿元，增长210.5%；全省政府性基金支出2 492.69亿元，比上年增长85.9%，其中省级支出110.90亿元，增长704.1%。政府性基金收支增幅较高，主要是根据财政部规定，将国有土地出让收入、车辆通行费收入等全部纳入了基金预算管理。

2010年，全省预算外资金收入228.11亿元，比上年下降36.5%，其中省级收入70.83亿元，下降58.7%；全省预算外资金支出226.82亿元，比上年下降36.6%，其中省级支出72.64亿元，下降56.0%。预算外资金收支下降，主要是车辆通行费等按规定纳入基金预算管理，收支相应减少。

各位代表，过去的一年，在人大依法监督和政协大力支持下，各级政府及其财税部门坚决贯彻实施积极的财政政策，认真落实省十一届人大三次会议决议，积极支持发展，努力培植财源，狠抓增收节支，切实改善民生，强化改革管理，各项财税工作取得新成绩。

（一）增收节支管理工作取得新成效。去年面对尖锐的收支矛盾，各级紧抓增收节支不放松，深入推进科学化精细化管理，多措并举增强财政保障能力。依法加强税费征管，坚持旬调度、月分析，大力推进源头控税、科技强税、综合治税，大力加强非税收入管理，各项收入均保持了快速增长势头。分征管部门看，2010年，全省国税系统组织收入（不含海关代征税收）2 526.78亿元，比上年增长22.6%，其中地方一般预算收入559.27亿元，增长20.3%；地税系统组织收入1 676.01亿元，增长28.0%，其中地方一般预算收入1 359.03亿元，增长25.8%；财政及有关部门组织一般预算收入831.01亿元，增长27.3%。严格财政支出管理，坚决贯彻厉行节约的各项规定，大力压减一般性支出，全省党政机关公务接待、购车用车、因公出国（境）等费用支出，比上年下降8.2%。进一步深化预算管理改革，完善部门预算、国库集中支付、政府采购、投资评审制度，全面开展“小金库”专项治理，加大财政监督检查力度，努力提高财政管理绩效。2010年，全省共完成政府采购额673.90亿元，比上年增长37.1%，节约财政预算资金105.49亿元；完成财政投资评审额1 103亿元，审减和查出不合理资金152.87亿元。积极争取中央财政支持，切实算好政策账、体制账、改革账，据实反映我省实际困难，在各方面共同努力下，2010年中央财政共下达我省各类转移支付进一步增加有效缓解了地方财政收支矛盾。

（二）支持转方式调结构增财源取得新成效。去年各级始终把转方式调结构增财源，作为经济财政工作的战略重点，省政府研究制定32条财税政策措施，各级财政累计筹措385亿元，带动银行信贷及其他社会资金3 500多亿元。在工作重点上，着力促进经济平稳较快增长，继续实施结构性减税政策，减轻企业和社会负担357亿元；支持完善投融资机制，确保重大项目建设资金需要；实施鼓励消费的财税政策，支持开展农产品现代流通综合试点，兑付家电汽车摩托车下乡及以旧换新补贴58亿元，有效拉动了城乡居民消费。着力推动传统工业升级和新兴产业培育，全省各级财政投入79.37亿元，大力支持传统工业技术改造和战略性新兴产业发展；筹措11.87亿元，支持风力发电、太阳能集热与光伏发电、地热能和生物质能利用、新能源汽车推广等；认真落实高新技术企业税收优惠政策，实施重大技术装备首台（套）奖励制度，支持企业自主创新；建立战略性新兴产业科技项目贷款风险补偿机制，引导银行加大信贷投放，促进新兴产业发展。着力加快服务业发展，扩大政府引导资金规模，大力支持传统服务业改造升级和现代服务业繁荣发展；完善信用担保机制，加大财银合作力度，实施金融创新奖励、金融发展贡献奖励等政策，支持金融业加快发展。省政府出台12条政策措施，推动企业剥离非核心业务，促进现代服务业与先进制造业协调发展。着力推进节能减排和环境保护，全省落实能源节约利用资金36.01亿元，加大对节能高新技术产业化、节能技术改造、建筑节能、节能产品惠民工程及淘汰落后产能的支持力度。落实污染防治资金38.16亿元，进一步完善生态补偿机制，支持环境保护、污染治理和城镇污水垃圾处理设施建设。着力促进重点区域发展，创新投融资机制，完善财税扶持政策，吸引各方面资金，大力支持山东半岛蓝色经济区、黄河三角洲高效生态经济区、胶东半岛高端产业聚集区、日照钢铁精品基地和省会济南重点项目及基础设施建设，推动了重点带动战略的实施。

（三）支持“三农”发展取得新成效。各级多方筹集资金，努力增加“三农”投入，2010年全省财政用于“三农”方面的支出达1 438.46亿元，比上年增长26.5%。在资金投放上，围绕保障粮食安全，各级财政投入15.02亿元，支持实施千亿斤粮食生产能力建设；加大涉农补贴力度，全省发放粮食、良种、农机购置和农资综合补贴83.08亿元，启动花生良种补贴试点，并继续对产粮、产油、生猪调出大县和种粮大户给予奖励，调动了农民生产积极性。围绕发展现代农业，全省财政投入13.56亿元，提前完成了158座大中型水库和3 882座小型水库的除险加固任务；投入15.24亿元，在61个粮食产能大县集中实施小型农田水利设施建设；投入23.33亿元，实施农村土地综合整治工程；投入11.80亿元，支持改造中低产田140万亩；投入26.62亿元，积极实施现代农业生产发展项目，大力推进农业产业化经营、农产品质量安全提升等，支持农民专业合作组织发展和农业社会化服务体系建设；拨付保费补贴1.82亿元，在60个县（市、区）实施农业保险试点，增强农业抗风险能力。围绕发展农村社会事业，加快推进农村饮水安全、村村通柏油路工程建设，全省农村自来水普及率达到90%，99.2%的行政村通达柏油路，农村教科文卫等社会事业投入也大幅增加，农民生活条件进一步改善；加快推进农村综合改革，全省化解农村义务教育债务26.24亿元，落实村级公益事业建设一事一议财政奖补资金24.76亿元，拨付村级组织运转经费13.68亿元，有力地促进了农村繁荣发展。

（四）保障和改善民生取得新成效。2010年，各级切实加大民生投入，全省仅在一般预算中用于民生的支出就达2 115.14亿元，占财政支出的比重达到51.0%，覆盖城乡的民生保障体系更加完善。支持落实积极的就业政策，实施技能扶贫和高技能人才、农村劳动力转移就业培训等工程，完善小额担保贷款政策，下调部分地区企业职工基本养老保险单位缴费比例，延长援企稳岗政策，扩大失业保险基金使用范围，促进了困难群体就业再就业；支持做好“三支一扶”及高校毕业生就业服务平台建设，为2.23万名特困家庭高校毕业生发放求职补贴，促进了大学生就业和创业。支持教育优先发展，认真落实教育改革发展规划纲要，加大教育投入力度，进一步完善义务教育经费保障机制，提高农村初中、小学的生均公用经费标准，全面实施农村中小学“两热一暖一改”和校舍安全工程，改善了办学条件；提高省属高校生均拨款定额，省财政拨付奖励资金1.13

亿元，鼓励高校化解债务；扩大中等职业教育免学费及普通高中助学金资助范围，提高普通高校、高中国家助学金资助标准，解决了130万名家庭经济困难学生的学习生活问题。支持完善社会保障体系，稳步推进新农保试点，政策覆盖51个县（市、区），受益对象达到1 065万人；管好用好社保基金，大幅度提高了企业职工基本养老金、失业保险金、企业退休人员取暖补贴和工伤保险待遇；将农村低保标准由1 000元提高到1 200元，受益对象达到242.58万人。支持深化医药卫生体制改革，基本药物制度加快实施，公立医院改革试点进展顺利，城乡基本公共卫生服务体系更加完善，新农合及城镇居民基本医疗保险政府补助标准提高到120元，全省新农合参合率达到99.6%，城镇居民基本医疗保险制度覆盖912.92万人。支持保障性住房建设，各级财政筹措97.38亿元，对城市保障性住房建设给予支持，全省新增保障性住房10.63万套，改造棚户区住房8.74万套。积极支持农村住房建设和危房改造，全省新建农村住房126万户，改造农村危房25万户。此外，公共文化服务体系和“平安山东”建设、食品药品质量安全和企业安全生产监管、防灾减灾和灾害应急救援体系建设等支出，也得到较好保障。

（五）缓解县乡财政困难取得新成效。为提高县乡财政保障能力，在前几年实施“五奖一补”政策、建立“五个机制”的基础上，去年省级又推出“五项新举措”，进一步加大了对基层财政的帮扶力度。建立县级基本财力保障机制，在保持原有对下转移支付规模不减的基础上，结合中央财政支持，省级筹措14亿元，对自身财力不能满足基本支出需求的60个财政困难县（市、区）给予补助，进一步增强了基层财政保工资、保运转、保民生的能力。建立市级统筹区域均衡发展激励机制，省级对各市均衡所辖县（市、区）人均财政支出水平给予奖励，鼓励各市加大对下转移支付力度，缩小辖区内县级财力差距。建立主体税收增长激励机制，省级对市县上缴省财政的营业税、企业所得税、个人所得税增幅超过15%以上部分，给予全额返还，调动市县加强主体税种征管、提高收入质量的积极性。完善出口退税分担办法，对市县负担的出口退税比上年增长15%以上部分，省级负担比例由25%提高到50%，缓解了基层财政的出口退税压力。建立生态转移支付制度，结合中央财政支持，省级落实资金1.80亿元，对23个县（市、区）给予生态功能区转移支付。初步统计，2010年省对下各类转移支付资金达877.20亿元，比上年增长30.8%。省财政重点帮扶的60个财政困难县，按财政供养人口计算，人均财力达到4.97万元，比上年提高1.02万元，财政保障能力明显增强。

各位代表，随着2010年预算任务的圆满完成，“十一五”规划确定的财政改革发展目标顺利实现。一是财政收入规模迈上新台阶。“十一五”时期，全省地方财政收入累计完成9 936.65亿元，比“十五”时期增收6 138亿元。其中2010年达到2 749.31亿元，是2005年的2.6倍，年均增长20.7%，五年翻了一番多。二是财政保障能力明显增强。“十一五”时期，全省财政支出累计完成1.42万亿元，比“十五”时期增加8 931.47亿元，年均增长23.1%。随着支出规模的扩大，农业、教育、科技、文化、卫生、社保、就业等支出成倍增加，财政综合实力及公共服务水平大幅提升。三是基层财政状况明显改善。2010年，全省县级财政收入1 731.84亿元，占全省地方财政收入的比重达到63.0%，比2005年提高5.4个百分点；全省所有县（市、区）的地方财政收入均超过1亿元，其中过10亿元的有70个，占全省总数的50%，比2005年增加57个。四是财税体制机制更加完善。企业所得税“两法”合并、增值税转型、成品油税费改革等顺利实施，税费制度不断规范。省以下财政分配关系进一步理顺，转移支付办法逐步完善。政府预算体系不断健全，部门预算、国库集中支付、政府采购、收支两条线、投资评审等改革全面铺开，资产管理、会计管理、财政监督和金财工程建设等取得重要成果。

各位代表，当前我省财政运行情况总体上是好的，但也面临一些矛盾和问题。突出表现在：经济结构不够合理，税收占生产总值的比重不高；人均支出水平依然较低，对民生和社会事业发展的保障能力有待加强；财政收支矛盾突出，部分地区和基层财政仍较困难；财政管理仍存在薄弱环节，财经秩序有待进一步规范，企业会计信息失真、偷逃税款问题依然存在；有的地方和单位节约意识淡薄，财政资金低效使用甚至被挤占挪用问题还时有发生；政府债务不断积累，个别地方偿债压力较大。对于这些问题，我们将高度重视，继续采取有力措施，认真加以解决。

二、2011年财政预算安排意见

2011年是“十二五”开局之年，全省经济平稳较快发展，将为财政收支增长奠定坚实基础。但受国内外经济环境和政策因素影响，预算安排也面临新的矛盾和困难。收入方面，制约财政增收的不确定因素依然较多。主要是世界经济复苏的基础尚不稳固，一些国家主权债务危机隐患尚未消除，大宗商品价格高位震荡，国际贸易保护主义加剧，我省出口增长的不确定性增加；国内信贷投放增速下降，企业融资难度加大，这些都会影响到税收的增长。国家加快推进税制改革，继续实施结构性减税政策，也将直接对财政增收带来影响。支出方面，今年改革发展稳定的任务十分繁重，发展需要加强财政调控，改革需要财政支付成本，稳定需要财政增加投入。尤其是落实中央和省新出台的民生政策，如提高教育经费保障水平、扩大新型农村社会养老保险试点范围、提高新农合与城镇居民基本医疗保险补助标准、全面实施基本药物制度改革、加快保障性住房建设、保证重点支出法定增长等，刚性增支因素较多，财政保障压力较大。

根据全省经济工作会议精神和省委、省政府总体工作部署，2011年全省预算安排的指导思想是：全面贯彻党的十七大和十七届五中全会精神，以邓小平理论和“三个代表”重要思想为指导，深入贯彻落实科学发展观，以科学发展为主题，以加快转变经济发展方式为主线，以富民强省为目标，继续实施积极的财政政策，深化财税制度改革，促进经济增长和经济结构战略性调整；加大对“三农”、教育、科技、医疗卫生、社会保障和就业、保障性住房、节能环保以及重点区域的支持力度，切实保障和改善民生，促进区域协调和城乡统筹发展；坚持依法理财、统筹兼顾和增收节支的方针，从严控制一般性支出，加强科学化精细化管理，提高财政资金使用效益，为促进经济社会平稳较快发展提供有力保障。

根据上述指导思想，综合考虑全省主要经济预期指标和财政收支增减因素，本着积极稳妥、收支平衡的原则，2011年全省一般预算收入安排3 079.23亿元，比上年增长12%；一般预算支出安排4 600.40亿元（含中央补助安排的支出），比上年增长11%。以上全省预算安排是指导性的，各级预算经同级人大批准后，具体情况还会有所变化，我们将及时汇总，报省人大常委会备案。

2011年省级一般预算收入安排338.35亿元，比上年增长11.5%（其中经常性收入增长7.5%）。上述收入，扣除具有专项用途的矿产资源补偿费等非税收入83.22亿元，加地方政府债券收入、省本级税收返还、中央转移支付及市净上解收入等512.93亿元，今年省级可统筹安排的资金为768.06亿元。在具体使用上，安排省直行政事业单位人员经费和正常运转经费108.73亿元，比上年预算增加10.68亿元，主要用于驻济以外省直单位落实驻地津补贴政策等；安排全省重点项目支出458.45亿元，增加107.27亿元；安排对下财力性转移支付资金200.88亿元，增加13.44亿元。

省级预算支出安排的重点是：

（一）大力支持转方式调结构，促进经济平稳较快发展。这方面重点项目支出共安排161.77亿元，比上年预算增加38.88亿元。一是支持传统产业升级和战略性新兴产业发展。安排新能源产业及新能源汽车发展资金5.25亿元（含政府性基金2亿元），重点支持风电、太阳能、半导体照明、核电装备制造及新能源汽车等产业发展。安排11.50亿元（含政府性基金3亿元），集中扶持新兴产业、重点行业及海洋经济发展。安排金融机构战略性新兴产业科技项目贷款风险补偿资金5 000万元，引导金融资本投向新兴产业和新技术领域。安排3.17亿元，重点支持煤炭企业主辅分离和企业安全生产。二是支持服务业跨越发展。安排服务业发展引导资金1.90亿元，重点支持服务业“四大载体”建设。安排旅游发展专项资金1.30亿元，进一步打造“好客山东”文化旅游品牌。安排文化产业发展专项资金7 000万元，支持重点文化产业发展，引导社会资本加大文化产业投入。安排1.73亿元，支持粮食仓储、物流、加工和城乡现代流通服务体系建设。三是支持节能减排和环境保护。安排节水节能专项资金1.90亿元，大力支持节能高新技术产业化、建筑节能改造以及可再生能源应用等。安排1.22亿元，加快淘汰钢铁等行业落后产能，促进工业结构优化升级。安排农村环境保护专项资金5 000万元，推进农村环境联片整治示范省建设。安排3.4亿元，支持城市污水、垃圾处理及重点区域生态补偿等。四是支持中小企业和外经外贸发展。安排中小企业发展及企业自主创新能力扶持等资金2.50亿元，实施中小企业培育、成长、科技创新和特色产业提升“四项计划”。安排小企业贷款风险补偿和小额担保贷款贴息等资金7 100万元，努力缓解中小企业融资难问题。安排2.18亿元，加大对出口信用保险、境外市场开拓及重大招商引资活动的扶持力度。五是支持重点领域基础设施建设。安排预算内基建投资8亿元，用于支持省重点基本建设项目和中央投资配套。安排4.32亿元，用于地方铁路、胶东调水工程、中西部园区建设等项目贷款贴息和支持省会城市发展等。安排交通专项资金115.99亿元，用于国省道公路建设、农村公路建设养护、客运场站和港航基础设施建设以及归还政府二级公路债务等，为经济平稳增长创造基础条件。

（二）加大自主创新投入，强化科技支撑能力。这方面重点项目支出共安排14.58亿元，比上年预算增加2.68亿元。一是支持科技研发应用。安排应用技术研发和科技创新资金5.05亿元，支持实施十大高新技术产业自主创新行动计划。安排信息产业发展和电子政务专项资金1.46亿元，重点加大对软件产业的扶持力度。安排产业技术研发等资金1.39亿元，支持工业创新设计、重点企业技术中心建设和重大装备制造业发展等。安排自然科学基金、专利发展、科学技术奖励等资金1.31亿元，推动科技原始创新。二是支持创新平台建设。安排山东省千万亿次超级计算中心建设资金1亿元，量子保密通信实验网建设资金3 000万元，山东省国家新药研发平台建设资金6 000万元，山东信息通信技术研究院公共研发服务平台建设资金5 000万元，重点实验室及省属科技公共服务平台建设等资金9 100万元，进一步提升我省科技研发和自主创新能力。三是支持引进和培养人才。安排1.45亿元，继续实施“泰山学者”工程，并对引进的海外高层次人才提供经费资助。安排1 000万元，设立山东半岛蓝色经济区和黄河三角洲高效生态经济区人才专项资金。安排驻鲁院士、博导、人才智力引进等高层次人才队伍建设经费5 013万元，吸引各类人才支持我省经济社会发展。

（三）加大财政支农投入，促进城乡协调发展。这方面重点项目支出共安排41.54亿元，比上年预算增加6.97亿元。一是加强水利等农业基础设施建设。安排水利建设资金16.10亿元（含政府性基金3.84亿元），其中：安排小型农田水利及水土保持经费5.46亿元，支持80个县实施农田水利工程建设和配套改造；安排中小河流治理资金1.96亿元，确保完成国家规划的河流治理任务；安排重点泄洪河道治理资金1.44亿元，小型病险水库除险加固资金2.34亿元，农村饮水安全工程资金2亿元，南水北调工程建设基金2亿元，加快重点水利工程建设进度；安排山洪灾害防治配套、水利普查、防汛支持等经费8 907万元，提高自然灾害监控预警能力。安排村级公益事业一事一议奖补资金1.52亿元，农村沼气、农作物秸秆综合开发利用等资金1.77亿元，改善农民生产生活条件。二是全面落实各项惠农补贴政策。安排农业保险保费补贴1.70亿元，进一步扩大保险试点范围，提高保险费率。安排家电、摩托车下乡及家电以旧换新补贴资金4.35亿元，进一步开拓农村市场、扩大农村消费。安排扶贫开发、农业专业合作组织和农民培训等资金1.94亿元，进一步促进农民增收。安排粮食风险基金6.01亿元，对种粮农户实行直接补贴。三是大力支持现代农业发展。安排现代农业生产发展资金2亿元，并整合其他相关资金，集中支持实施十大农业产业振兴规划。安排1亿元，对县域金融机构增加涉农贷款投放给予奖励。安排重大动植物病虫害防治资金1.72亿元，增强农业抗御病虫害的能力。安排渔业资源修复行动计划和平安渔业工程资金1.10亿元，支持发展生态循环渔业。安排省级森林生态效益补偿、绿化山东等资金1.62亿元，促进林业生态建设。安排农业综合开发资金4.06亿元（含政府性基金2.80亿元），农业产业化龙头企业扶持资金1亿元，农产品质量安全提升工程、农业良种工程及农业科技推广等资金2.31亿元，进一步提高农业综合生产能力。

（四）加大教育文化投入，促进教育文化事业发展。这方面重点项目支出共安排133.77亿元，比上年预算增加27.43亿元。一是切实加大基础教育投入。安排城乡义务教育经费保障资金43.86亿元，在连续多年提高定额标准的基础上，今年将农村初中、小学的生均公用经费定额分别提高到800元和600元，将农村初中、小学寄宿生生活费补助标准分别提高到1 000元和750元。安排中小学危房改造、“两热一暖一改”工程等资金4.49亿元，进一步改善义务教育学校办学条件。安排3 000万元，采取以奖代补方式，引导各地加快发展学前教育。二是大幅度增加高等教育和职业教育投入。安排省属学校发展资金63.25亿元，将普通本科高校的生均定额提高1 200元，将高职及技工学校的生均定额提高400元，加上各类专项资金和中央补助，使省属普通本科高校的生均拨款水平达到9 500元。安排9 025万元，对8所市属本科高校按生均600元予以补助。安排高校债务化解奖励资金1亿元，引导高校统筹各类资金，积极化解债务。安排骨干学科、特色专业建设及师资培训等经费3.36亿元，支持实施高校内涵提升工程。安排中等职业学校建设示范工程及职业教育技能大赛经费5 500万元，提升职业教育发展水平。三是健全家庭经济困难学生资助体系。安排高校和职业学校国家奖助学金6.54亿元，将高校助学金平均标准由每人每年2 000元提高到3 000元。安排5 300万元，将中等职业学校城乡家庭经济困难和涉农专业学生全部纳入免费范围。安排普通高中国家助学金5 400万元，将资助范围由在校生的8%提高到10%，资助标准由每人每年1 000元提高到1 500元。安排国家助学贷款贴息及风险补偿金等7 600万元，支持做好生源地信用助学贷款工作。四是大力支持文化体育事业发展。安排1.32亿元，支持艺术创作、农村电影放映、农家书屋及基层文化设施建设。安排2.80亿元，支持省会文化艺术中心建设，并对全省免费开放博物馆、纪念馆及省博物馆新馆运转等给予补助。安排宣传文化发展专项资金1.95亿元，非物质文化遗产及文物保护征集、艺术人才培养、泰山文艺奖等经费9 122万元。安排第八届全省民族运动会及备战第十二届全国运动会等经费6 910万元。

（五）加大就业和社保投入，完善社会保障体系。这方面重点项目支出共安排91亿元，比上年预算增加33.48亿元。一是支持实施积极的就业政策。安排就业专项资金2.40亿元，在落实社会保险补贴、岗位补贴、培训补贴等政策基础上，积极支持大学生就业、创业，并对在财政困难县见习的高校毕业生给予生活补助。安排技能扶贫、高级技工培训和就业管理等经费8 700万元，重点支持贫困家庭子女免费就读技工学校，提高就业技能，促进脱贫致富。二是稳步提高社会保障水平。安排4.15亿元，将全省新型农村社会养老保险试点覆盖面扩大到60%以上，鼓励有条件的地方加快试点步伐。安排7.96亿元，将全省农村低保标准由1 200元提高到1 400元。安排优抚补助及医疗保障资金2.30亿元，落实国家优抚提标政策。安排省属低保人员生活保障及社会救助资金2.02亿元，保障城市低收入群体基本生活。安排8 851万元，对重度贫困残疾人每人每月给予不低于50元的生活补贴，并确保集中及分散抚养孤儿每月基本生活费不低于1 000元和600元。安排2.90亿元，落实省属特困单位离休干部医疗费属地统筹、困难企业军转干部生活补助及百岁老人长寿补贴等政策。安排救灾资金1 500万元。三是积极推进医药卫生体制改革。安排36.98亿元，将新型农村合作医疗和城镇居民基本医疗保险政府补助标准由人均120元提高到200元。安排7 000万元，将地方依法关闭破产国有企业退休人员全部纳入城镇职工基本医疗保险保障范围。安排3.46亿元，全面推开基本药物制度改革，对全省政府办乡镇卫生院和村卫生室给予经费补偿。安排2.62亿元，将人均基本公共卫生服务经费由15元提高到25元。安排2亿元，提升村卫生室医疗服务能力。安排1.25亿元，支持国家中医临床研究基地、省精神卫生中心门诊楼等项目建设。安排食品药品监督执法检验及药品抽检经费等1.48亿元，维护食品药品卫生安全。安排1.60亿元，全面落实计划生育奖励扶助政策。继续安排医疗卫生机构重点事业发展、计划免疫、残疾人康复等经费6.30亿元。四是大力支持保障性安居工程建设。安排5亿元（含政府性基金1.70亿元），对各地廉租住房、棚户区改造、公共租赁房建设给予奖补，引导各级加快推进保障性住房建设。

（六）加大转移支付力度，推进基本公共服务均等化。结合中央财政支持，安排财力性转移支付200.88亿元（不含专款）。其中：农村税费改革和村干部报酬转移支付68.69亿元，主要用于弥补农村税费改革后基层经费缺口；县级基本财力保障机制奖补资金76.20亿元，为基层政府实施公共管理、落实民生政策提供财力保障；工资性转移支付39.98亿元，主要用于补助困难地区工资发放；均衡性转移支付等12.21亿元，主要用于对欠发达地区的财力补助；重点生态功能区转移支付1.80亿元，加大黄河三角洲高效生态经济区及国家级自然保护区环境保护力度；革命老区和资源枯竭型城市转移支付2亿元，主要用于支持国家确定的革命老区贫困县和资源枯竭型城市社会事业发展。同时，安排1.53亿元，用于对口支援西藏、新疆、青海以及与重庆开展扶贫协作。安排10.94亿元，主要用于实施政法经费保障体制改革省级配套、社会治安综合治理和公安交警专项经费等，深入推进“平安山东”建设。

另外，安排预备费6亿元，比上年预算增加5 000万元，主要用于预算执行中出台的政策性增支、自然灾害救助及其他不可预见的特殊开支。

按照以上收支安排意见，省级一般预算收支平衡情况是：2011年省级当年一般预算收入338.35亿元，加地方政府债券收入、中央税收返还、转移支付补助、市上解收入及上年结转收入等1 405.85亿元，收入共计1 744.20亿元；省级当年财力安排支出768.06亿元，加中央专款支出、结转下年支出、地方政府债券转贷市县支出以及用非税收入安排的支出等976.14亿元，支出共计1 744.20亿元。收支相抵，预算安排是平衡的。在上述支出中，按现行财政体制规定，列省本级的当年一般预算支出为562.90亿元，相同口径比上年增长5.0%。其中：农业支出93.23亿元，增长14.2%；教育支出91.07亿元，增长15.7%；科技支出18.0亿元，增长24.5%，均高于经常性收入增幅。

三、确保完成预算任务的工作措施

“十二五”时期是全面建设小康社会、实现富民强省新跨越的关键时期，也是深化改革开放、加快转变经济发展方式的攻坚时期。我们将紧紧围绕科学发展主题，牢牢把握加快转变经济发展方式主线，坚定不移地以富民强省为目标，加快完善公共财政体系，更加注重支持经济结构战略性调整，更加注重保障和改善民生，更加注重推进城乡区域协调发展，更加注重财政体制机制创新，更加注重科学化精细化管理，着力构建灵活高效的财政调控机制、统一规范的税费征管机制、覆盖全面的民生保障机制、积极有效的均衡发展机制、公平合理的收入分配机制、科学严密的财政管理机制，进一步增强财政综合保障能力，为经济文化强省建设提供强力支撑。2011年，围绕完成预算任务，突出抓好以下五个方面工作：

（一）认真落实积极的财政政策，进一步推进转方式调结构增财源。坚持扩大内需与稳定外需相统一，在保持投资合理增长的基础上，着力优化投资结构，着力扩大消费需求，着力维护物价稳定，着力支持扩大出口，形成消费、投资、出口协调拉动增长的良好格局，促进经济平稳较快发展。坚持提升传统产业与发展新兴产业相统一，加大对传统工业改造升级、新兴产业培育、服务业发展、自主创新、节能减排、中小企业发展等方面投入，推动经济结构战略性调整，加快构建特色鲜明、优势突出的现代产业体系。坚持重点突破与协调发展相统一，完善财税扶持政策，健全产业转移引导机制，深入实施重点区域带动战略，支持县域经济、园区经济发展和城镇化建设，优化经济布局，打造新的经济财源隆起带。坚持创新体制与优化环境相统一，认真落实结构性减税政策，继续清理规范收费项目，加快构建有利于转变经济发展方式的财税体制机制，进一步优化经济发展环境，调动各方面科学发展的积极性。

（二）完善支农投入机制，大力支持“三农”发展。进一步拓宽筹资渠道，健全支农投入机制，推动财政支出重点向农业农村倾斜，确保用于农业农村的总量、增量均有提高；预算内固定资产投资重点用于农业农村基础设施建设，确保总量和比重进一步提高；土地出让收益重点投向农业土地开发、农田水利和农村基础设施建设，确保足额提取、定向使用。积极采取多种措施，引导金融机构、企业与农民加大涉农投入。按照“大兴水利强基础、狠抓生产保供给、力促增收惠民生、着眼统筹添活力”的要求，进一步整合财政支农资金，支持加强水利建设，支持农业综合开发和农村土地综合整治，加大涉农补贴力度，加快发展现代农业，促进农业增效、粮食增产和农民增收。深化农村综合改革，促进农村社会事业发展，夯实农业农村发展基础。

（三）健全民生保障机制，加快完善基本公共服务体系。坚持富民优先，把保障和改善民生放在突出位置，进一步增加民生投入，提高民生支出占财政支出的比重。明确各级政府的民生支出保障责任，加大省对下帮扶力度，落实好各项民生政策尤其是今年新出台的民生政策，不断拓宽民生政策覆盖范围，提高民生保障标准，逐步建立符合省情、比较完整、城乡统筹、可持续的民生保障体系。创新民生保障机制，在增加政府投入的同时，拓宽民生投资渠道，扩大购买服务范围，增强多层次、多元化提供基本公共服务的能力。加强各项民生资金监管，提高资金使用效益，确保把民生政策落实到位。

（四）狠抓增收节支，确保圆满完成预算任务。加强收入调度分析，健全税源控管体系，完善税收征管机制，提高依法治税水平。结合国家税制改革，进一步健全地方税体系，强化税收的经济调节作用和聚财增收功能。完善国有资本经营预算制度，加强国有资产资源收益管理，拓宽财政增收渠道。牢固树立过紧日子思想，大力压减一般性支出，严格控制庆典、论坛活动，严格控制楼堂馆所建设，公务接待、公务购车用车、因公出国（境）等费用支出继续实行“零增长”。创新财政支出管理方式，充分发挥财政资金“四两拨千斤”的作用。完善政府财力综合运筹机制，加强资金跨部门整合，集中财力保重点、办大事。

（五）创新财政体制机制，推进科学化精细化管理。继续做好省直管县财政体制改革试点工作。完善转移支付制度，健全县级基本财力保障机制，为2012年全面消化县级基本财力缺口奠定基础。完善公共财政预算、政府性基金预算、国有资本经营预算和社保基金预算制度，进一步健全政府预算体系。全面取消预算外资金，将各项财政性收入全部纳入预算管理。完善部门预算制度，促进预算编制与超收收入、结余结转资金、行政事业单位资产管理有机结合，提高预算编制的科学性、完整性和准确性。深化国库集中支付、政府采购、投资评审改革，强化财政监督和绩效考核，加强预算执行管理，提高预算支出的及时性、均衡性和有效性。强化政府性债务管理，防范和化解债务风险。加强财政法制建设，加大预算公开力度，自觉接受人大、审计和社会监督。

各位代表，2011年全省财政改革发展任务光荣而艰巨。我们将认真落实本次大会决议，按照中央和省委省政府要求，开拓创新、真抓实干、扎实工作，确保圆满完成预算任务，为建设经济文化强省做出新的更大贡献。

山东省人大财政经济委员会关于山东省2010年预算执行情况和2011年预算草案的审查报告

2011年2月16日山东省第十一届人民代表大会第四次会议主席团第三次会议通过

山东省人民代表大会财政经济委员会副主任委员　王同生

省十一届人民代表大会第四次会议：

山东省第十一届人民代表大会第四次会议书面印发了省财政厅受省政府委托提交的《关于山东省2010年预算执行情况和2011年预算草案的报告》及2011年预算草案。各代表团对这个报告和预算草案进行了认真审查。会前，省人大财政经济委员会会同有关专门委员会依据法律规定，对预算报告和草案进行了初步审查，并听取了省人大常委会预算工作委员会预先审查情况的汇报。现结合代表们的审议意见，将审查结果报告如下：

省人大财政经济委员会认为，2010年全省和省级预算执行情况总体是好的，做到了收支平衡，略有结余，圆满完成了全年预算任务。

省人大财政经济委员会认为，2010年全省各级政府和财税部门以科学发展观为统领，认真贯彻省委、省政府的决策部署和省十一届人大三次会议关于2010年预算决议的要求，牢牢把握积极作为、科学务实的工作基调，认真实施积极的财政政策，狠抓增收节支，围绕转方式调结构，着力培植壮大财源，切实加强税收征管，财政收支保持较快增长；坚持统筹兼顾，不断优化支出结构，切实加大对“三农”、教育、科技卫生、社保等重点事业的投入，进一步保障和改善了民生；继续深化财税改革，注重体制机制创新，科学依法理财，财政管理水平有了新的提高，为全省经济社会发展做出了积极贡献。

省人大财政经济委员会认为，2010年我省财政运行依然存在一些不容忽视的矛盾和问题，主要是：经济财源结构不够合理，税收占生产总值的比重不够高；人均支出水平依然较低，财政对民生和社会事业发展的保障能力有待加强；财经秩序有待进一步规范，预算管理水平有待进一步提高；部分基层财政比较困难，政府债务负担较重等。对以上问题，各级政府和有关部门要高度重视，采取切实措施，认真加以解决。

省人大财政经济委员会认为，2011年全省及省级预算草案安排，贯彻了党的十七大和十七届三中、四中、五中全会以及中央和全省经济工作会议精神，体现了全面落实科学发展观、继续实施积极的财政政策的要求，符合实事求是、统筹兼顾、突出重点的预算安排原则。预算收入安排积极稳妥，完成预算任务的措施切实可行；预算支出结构进一步优化，农业、教育、科技支出符合法定增长要求，医疗卫生、社会保障和就业、保障性住房、节能环保等重点领域支出加大，支持转方式调结构的力度加强。预算总体安排符合我省实际情况，是积极可行的。建议本次会议批准山东省2011年省级预算草案，批准省财政厅受省政府委托向大会提交的《关于山东省2010年预算执行情况和2011年预算草案的报告》。

为促进全省经济平稳较快增长，支持各项社会事业统筹协调发展，省人大财政经济委员会建议：一要坚持不懈地抓好转方式、调结构、增财源工作，切实提高财政发展后劲。全面落实财政工作支持转方式、调结构的重要部署，大力支持改造提升传统工业，加快发展战略性新兴产业，推进构建现代产业体系。切实加强税收工作，不断提高税收占生产总值的比重。二要坚持集中财力办大事的原则，切实提高财政资金的使用效益。高度重视政府各类资金的统筹，清理、整合专项资金，着力构建政府财力综合运筹平台。始终把保障民生放在首位，大力支持劳动就业，切实增加预算内教育投入，进一步健全社会保障体系，努力提高基本公共服务的质量和水平。三要合理划分支出责任和收入范围，进一步完善县级基本财力保障机制。以推进基本公共服务均等化为目标，加大一般性转移支付的力度，切实提高基层政府的基本公共服务水平。四要坚持财政可持续发展，切实加强债务管理，防范财政风险。

以上报告，请予审议。

山东省第十一届人民代表大会第四次会议关于山东省2010年预算执行情况和2011年预算的决议

2011年2月17日山东省第十一届人民代表大会第四次会议通过

山东省第十一届人民代表大会第四次会议审查了省人民政府提出的《关于山东省2010年预算执行情况和2011年预算草案的报告》及山东省2011年全省和省级预算草案。会议同意省人民代表大会财政经济委员会的审查报告，决定批准《关于山东省2010年预算执行情况和2011年预算草案的报告》，批准2011年山东省省级预算。

关于山东省2010年财政决算和2011年上半年预算执行情况的报告

2011年7月27日在山东省第十一届人民代表大会常务委员会第二十五次会议上

山东省财政厅厅长　于国安

主任、各位副主任、秘书长、各位委员：

受省政府委托，我向省人大常委会报告山东省2010年财政决算和2011年上半年预算执行情况，请予审议。

一、2010年财政决算情况

省十一届人大四次会议审查批准了《关于山东省2010年预算执行情况和2011年预算草案的报告》。现在，2010年全省财政决算已经汇编完成。根据《预算法》等法律规定，现将决算情况报告如下：

（一）一般预算收支情况。汇总省级和各市决算，2010年全省一般预算收入2 749.38亿元，完成预算的111.8%，比上年增长25.1%（其中经常性收入增长22.1%）。全省一般预算支出4 145.03亿元，完成预算的117.7%，增长26.9%。当年一般预算收入，加地方政府债券收入、中央税收返还和转移支付补助及上年结转收入等1 877.85亿元，收入共计4 627.23亿元。当年一般预算支出，加上解中央支出及结转下年支出等476.94亿元，支出共计4 621.97亿元。收支相抵，全省累计净结余5.26亿元。

2010年，省级一般预算收入303.45亿元，完成预算的117.4%，比上年增长23.3%（其中经常性收入增长10.5%）。分项目看，增值税39.96亿元，完成预算的104.3%；营业税104.09亿元，完成预算的121.5%，主要是服务业发展较快，营业税税源相应扩大；企业所得税62.64亿元，完成预算的132.7%，主要是企业效益持续好转，同时中央分配我省的跨地区总分机构企业所得税超预算较多；个人所得税23.37亿元，完成预算的112.5%；各项非税收入67.41亿元，完成预算的111.4%。根据上述收入和现行财政体制计算，2010年省级财力比预算超收17.13亿元，具体支出情况已于今年1月向省人大财经委作了专题报告，主要项目有：提高新农合及城镇居民基本医疗保险政府补助标准3.5亿元，家电汽车摩托车下乡补贴4.65亿元，化解农村义务教育债务奖补4.08亿元，提高农村中小学公用经费标准1.67亿元，扩大新型农村社会养老保险试点范围1 474万元，省博物馆新馆建设2.08亿元，设立黄河三角洲产业投资基金1亿元。

2010年，省级一般预算支出560.88亿元，完成预算的118.3%，比上年增长20.0%。省级决算支出超过年初预算较多，主要是执行中争取中央专项转移支付增加，同时动支省级预备费和年度超收收入，也造成部分科目支出增加。分项目看，一般公共服务支出72.70亿元，完成预算的112.4%；公共安全支出34.36亿元，完成预算的116.0%；教育支出83.51亿元，完成预算的133.0%；科技支出14.48亿元，完成预算的146.2%；文化体育与传媒支出15.33亿元，完成预算的111.1%；社会保障和就业支出36.06亿元，完成预算的100.4%；医疗卫生支出18.69亿元，完成预算的151.5%；农林水事务支出89.27亿元，完成预算的104.4%；交通运输支出104.94亿元，完成预算的132.1%。预备费支出5.5亿元，执行中全部用于医疗卫生、社会保障、农林水利、文化体育及突发事件处置等方面，已体现在上述相关具体科目中。

2010年省级收支平衡情况是：省级一般预算收入303.45亿元，加地方政府债券收入、中央税收返还和转移支付补助、市上解收入及上年结转收入等1 496.69亿元，收入共计1 800.14亿元。当年省级一般预算支出560.88亿元，加地方政府债券对下转贷支出、上解中央支出、补助市县支出及结转下年支出等1 239.06亿元，支出共计1 799.94亿元。收支相抵，省级累计净结余2 020万元。

（二）政府性基金收支情况。2010年，全省政府性基金收入2 608.98亿元，完成预算的218.0%，比上年增长74.6%，其中省级收入157.32亿元，完成预算的125.1%，增长210.5%；全省基金支出2 495.52亿元，完成预算的183.7%，增长

86.2%，其中省级支出110.90亿元，完成预算的115.4%，增长704.1%。去年基金收支增幅较高，主要是根据财政部规定，各级将国有土地出让收入、车辆通行费收入等全部纳入基金预算管理。

（三）预算外资金收支情况。2010年，全省预算外资金收入243.96亿元，比上年下降32.0%，其中省级收入70.83亿元，下降58.7%；全省预算外资金支出237.71亿元，下降33.5%，其中省级支出72.64亿元，下降55.9%。去年预算外资金收支下降较大，主要是交通部门车辆通行费、船舶港务费等按规定纳入政府性基金预算管理。

上述决算数字，与年初向省十一届人大四次会议报告的预算执行数相比略有变化，主要是决算期间，由于资金在途、中央补助变动等原因，部分收支数字发生了增减变化。

各位委员，过去的一年，面对复杂的国内外环境和尖锐的收支矛盾，各级各部门认真贯彻中央和省委、省政府决策部署，全面落实省十一届人大三次会议有关决议，大力实施积极的财政政策，圆满完成各项预算任务，有力地促进了经济社会发展。从决算情况看：一是支持转方式调结构力度明显加大。去年各级把推进转方式调结构作为经济财政工作的战略重点，省政府出台32条财税政策措施，全省财政筹措385亿元，带动银行信贷及其他社会资金3 500亿元，大力支持传统工业升级改造、战略性新兴产业培育、现代服务业发展、自主创新和节能减排，加大对山东半岛蓝色经济区、黄河三角洲高效生态经济区等重点区域基础设施建设的投入，有力地促进了经济发展，提高了经济效益，进一步培植壮大了财源。2010年，全省财政收入比上年增收550.75亿元，是历史上增收最多的一年，其中增值税、营业税、企业所得税、个人所得税4个主体税种收入增长28.2%，高出收入平均增幅3.1个百分点，集中反映了转方式调结构的积极成效。二是财政支出进一步向“三农”和民生领域倾斜。各级坚持压一般、保重点，大力调整财政支出结构，去年全省财政用于“三农”方面的支出达1 438.46亿元，比上年增长26.5%，粮食、良种、农机、农资补贴等惠农政策得到全面落实，病险水库除险加固、农村土地综合整治等基础设施建设取得新成效，现代农业及农村社会事业发展步伐加快。全省财政用于民生方面的支出2 112.64亿元，增长28.8%，占财政支出的比重达到51%，比上年提高0.8个百分点。其中，教育、科技、医疗卫生、社会保障和就业支出，分别增长25.6%、34.2%、32.5%、24.6%，均高于当年经常性财政收入增幅，基本公共服务体系更加健全。三是基层财政状况进一步改善。去年省级结合中央财政支持，安排各类对下转移支付资金876.23亿元，比上年增长30.7%。在坚持财力下移的同时，通过完善县级基本财力保障机制，实施主体税种增收激励政策，提高出口退税省级分担比例等，进一步调动了基层加快发展、增收节支的积极性。2010年，全省县乡财政收入完成1 732.28亿元，比上年增长26.0%，高出全省财政收入增幅0.9个百分点；收入规模过10亿元的县（市、区）达到70个，比上年增加16个，其中过20亿元的31个，增加13个。省财政重点帮扶的60个财政困难县，按财政供养人员计算，人均财力达到4.93万元，比上年提高0.98万元。四是财政改革与管理进一步加强。对外资企业和外籍个人开征城建税及教育费附加，调整城镇土地使用税政策，进一步完善了税收制度。部门预算、国库集中支付、政府采购、收支两条线、投资评审等改革深入推进，社会保险基金预算和国有资本经营预算试编工作扎实开展。省直管县财政体制改革试点运行平稳。财政监督、资产管理、债务管理、会计管理及部门财务管理取得新成效，依法理财水平有了新提高。

各位委员，从去年财政决算和审计情况看，全省财政运行情况总体较好，但也存在一些矛盾和问题。主要表现在：经济财源结构不够合理，地方税收占生产总值的比重偏低；财政支出压力不断加大，部分地区和基层财政比较困难，对民生和社会事业发展的保障能力有待加强；财税管理仍有薄弱环节，预算编制不够细化、支出进度不够均衡、资金使用效益有待提高、企业偷逃税款等问题依然存在；政府债务不断积累，个别地方偿债压力较大，等等。对此，省政府已要求有关部门和市县政府按照省人大有关决议和审计意见，认真研究整改措施，加快调整优化经济结构，进一步深化财政改革，加强财政监督，努力提高预算管理水平。

二、2011年上半年预算执行情况

今年以来，各级各部门按照省委、省政府决策部署，认真贯彻省十一届人大四次会议决议，全面落实国家宏观调控政策，大力支持经济发展方式转变，不断加大增收节支力度，全省预算执行情况良好。1～6月份，全省地方财政收入1 919.94亿元，完成预算的60.7%，比去年同期增长33.2%；全省财政支出2 034.92亿元，完成预算的46.3%，增长35.2%。其中，省级财政收入232.10亿元，完成预算的68.6%，增长70.6%；省级财政支出239.33亿元，完成预算的42.5%，增长19.9%。上半年全省预算执行有以下几个特点：

（一）财政收入增长较快。上半年，全省地方财政收入增长33.2%，比去年同期增幅提高7.9个百分点。

收入增幅较高，主要是经济推动、政策拉动、物价带动等多方面因素共同作用的结果。一是经济发展较快。今年以来，全省固定资产投资、社会消费品零售总额、进出口总额分别增长21.9%、17.0%、28.5%，为财政增收奠定了坚实基础。上半年，全省税收收入完成1 435.31亿元，增长24.8%，与经济增长基本相适应。其中，营业税增长29.1%，企业所得税增长40.5%，个人所得税增长30.1%，这三个税种与经济发展密切相关，突出反映了我省第三产业加快发展、经济质量效益提升、居民收入水平提高的可喜成果。二是税费政策变化。根据国家统一要求，各级从今年起将教育收费和彩票发行费之外的预算外收入全部纳入预算内管理，导致上半年全省非税收入增长66.5%。三是物价水平上升。上半年，全省PPI、CPI分别上涨7.4%、4.7%，直接推高了以现价计征的财政收入增幅。从全国看，上半年财政收入增幅高带有普遍性。1~6月份，全国地方财政收入增长35.9%，我省增幅虽略低于全国平均水平，但居东部沿海省市前列。

（二）支出结构进一步优化。今年以来，各级积极采取措施，通过加快部门预算批复、加快支出项目落实、加快重点资金拨付、加强预算执行绩效考评等措施，有效加快了财政支出进度。1~6月份，全省财政支出完成预算的46.3%，比去年同期进度快2.8个百分点，比全国平均水平快2.6个百分点，进一步提高了资金使用效益。在此基础上，积极调整支出结构，集中财力保重点办大事。一方面，大力压减一般性开支。在去年全省党政机关运转经费压缩8.2%的基础上，今年进一步削减和压缩，其中省级公务用车购置和运行经费在年初预算基础上压缩了2%，用水用电用油支出比去年压缩了2%。另一方面，努力加大民生投入，确保各项民生政策落实。上半年，全省民生支出完成1 097亿元，增长47.3%；占全部财政支出的比重达到53.9%，比去年同期提高4.4个百分点。其中，农林水事务、教育、社会保障和就业、住房保障、医疗卫生支出，分别增长58.7%、33.9%、43.3%、60.7%、98.6%，均明显高于财政收入增幅。

（三）一些重点工作取得新进展。今年以来，围绕关系经济社会发展的重点问题，省里根据国家有关政策，结合山东实际，不断完善筹资机制，加大资金保障力度。一是加大转方式调结构投入。年初省财政安排这方面资金177亿元，上半年已分配下达97.76亿元，占55.2%，有力地支持了产业转型升级，增强了企业创新能力，促进了经济发展方式转变。二是加大“蓝黄”两区建设投入。围绕加快推进半岛蓝色经济区和黄河三角洲高效生态经济区建设，在不断增加地方财政投入的同时，积极争取中央政策和资金支持。在国务院领导同志亲自关心及有关部门大力支持下，中央财政已确定在“十二五”期间，每年给予我省“蓝黄”两区建设财力补助8亿元，五年合计40亿元，这将为我省加快两区建设步伐提供重要支撑。三是加大财政保障性投入。省委、省政府决定多方筹集资金，从7月1日起启动城镇居民社会养老保险试点，并将新型农村社会养老保险试点扩大到全省范围，年内实现两项制度全覆盖。同时，大力支持保障性住房建设，目前已下达中央和省级财政补助资金26亿元。四是加大水利建设投入。为认真贯彻落实中央1号文件精神，从根本上解决水利建设资金不足问题，省政府研究制定了《地方水利建设基金筹集和使用管理办法》，预计全省每年可征收120亿元以上，加上一般预算安排的财政资金，全省水利建设投入将大幅度增加。五是加大农村公益事业投入。启动农村环境综合整治试点工作，三年将整合中央和省级财政资金18亿元，支持加快农村生态文明建设。扩大一事一议财政奖补范围，上半年省财政已下达奖补资金6.87亿元，带动了农村公益事业快速发展。六是加大教育化债投入。结合中央政策支持，多渠道筹集资金，建立了高校化债激励约束机制，力争今明两年化解高校债务100亿元。同时，积极化解农村义务教育债务，截至目前全省已累计化解42.75亿元，拖欠多年的农村义务教育债务终于全部得到了清偿。

各位委员，上半年全省预算执行情况总体良好，为完成全年预算任务打下了良好的基础。但我们也清醒地认识到，下半年财政收支矛盾将更加突出。国家加大宏观调控力度，实施稳健的货币政策，企业特别是中小企业融资难度加大；推进节能减排，调控房地产市场，落实结构性减税清费政策等，对财政增收都会造成一定影响。仅实施个人所得税改革，今年后4个月就将影响全省税收收入近9亿元。国际市场大宗商品价格持续上涨，特别是石油、电力、煤炭、铁矿石等重要能源和原材料价格居高不下，导致部分企业生产成本攀升、效益下滑，直接影响了税收贡献能力。今年刚性增支因素较多，年初预算确定后国家又出台了一些新的增支项目，各级财政尤其是县乡财政保障压力进一步加大。对此，我们将高度重视、密切关注，切实增强忧患意识、责任意识，采取有力措施积极应对，确保圆满完成预算任务。

根据当前形势，针对财政决算和预算执行中反映出的问题，下半年我们将突出抓好以下工作：

一是坚定不移地支持经济发展方式转变。加快重点项目建设资金拨付，认真落实扩大内需、促进出口的政策措施，推动消费、投资、出口协调增长。大力支持粮、棉、油及畜产品生产和重要生产生活物资储备，努力维护物价稳定。加大对经济发展薄弱环节的投入，积极推进经济结构调整，加快构建现代产业体系。管好用好“蓝黄”两区发展资金，加大对欠发达地区、革命老区、重点生态功能区的扶持力度，促进区域协调发展。灵活采取以奖代补、风险补偿、贷款贴息等手段，完善财银企合作机制，努力帮助企业特别是中小企业缓解融资困难。全面落实税费减免优惠政策，进一步优化经济发展环境。

二是认真落实各项民生政策。进一步强化民生意识，在预算执行和新增财力安排上，优先考虑、优先保障民生，千方百计增加民生投入，全力支持办好省委、省政府年初确定的“26件实事”，并确保年中新出台的各项民生政策得到落实。认真做好新型农村社会养老保险和城镇居民社会养老保险试点工作，将老工伤人员纳入工伤保险统筹管理，健全价格上涨与困难群众生活补贴和保障标准联动机制，启动实施美术馆、公共图书馆、文化馆（站）免费开放政策，扎扎实实为群众办好事、办实事，让人民群众得到更多实惠。

三是健全完善县级基本财力保障机制。调整县级基本财力保障标准，建立保障范围逐步扩大、保障标准稳步提高的动态长效保障机制，逐步消化县级基本财力缺口。继续安排“奖补”资金，对统筹区域发展工作做得好的市加大奖励力度，引导市级增加对下转移支付，缩小所辖县之间的财力差距；对县级提高农业、教育、医疗卫生和社会保障等重点支出比重给予奖励，促进各地优先保障和改善民生。完善转移支付制度，扩大一般性转移支付规模，规范专项转移支付，并在专款分配上继续向困难县倾斜，增强欠发达地区财政的统筹保障能力。

四是坚持不懈抓好增收节支工作。加强预算调度分析，完善税源控管体系，强化对重点行业、重点地区、重点企业、重点建设项目的税收征管，加大地方小税征管力度，严厉打击偷、逃、骗税行为。认真落实地方水利建设基金筹集办法，多渠道筹措水利建设资金。扎实做好国有资源资产和环境要素有偿使用工作，强化土地、海域、排污费等非税收入征缴。严格落实厉行节约规定，加强财政财务管理，大力压减一般性支出。同时，算好体制账、政策账、改革账，积极争取中央财政支持，努力提高全省财政保障水平。

五是加大力度推进财政改革管理。认真落实个人所得税改革政策，减轻中低收入者负担。密切关注国家税制改革动向，充分做好改革准备工作，不断完善地方税收体系。进一步深化预算管理改革，健全政府预算体系。加强财政监督管理，扩大绩效评价试点范围，提高财政资金使用效益。完善政府性债务规模控制和风险预警机制，努力防范财政风险。按照国家统一部署，建立规范的预算信息公开机制，积极稳妥推进财政预决算公开，不断提高财政透明度，自觉接受各方面监督。

六是严肃认真抓好审计整改工作。对审计提出的问题和意见，我们将认真抓好整改落实。重点是强化专项资金管理，扩大国库集中支付特别是直接支付范围，提高政府采购执行效率，切实解决财政支出进度不均衡、部分政府采购项目实施慢、部门单位年底结转较多等问题。改进预算编制办法，细化预算编制内容，将预算编制与结余结转资金、行政事业资产管理有机结合起来，切实提高年初预算到位率。加强预算管理，硬化预算约束，提高预算执行的严肃性。

各位委员，今年国内外经济形势仍非常复杂，做好财政工作任务艰巨。我们将认真落实本次会议决议，进一步开拓创新、强化措施、真抓实干，确保圆满完成全年预算任务，为建设经济文化强省提供更加有力的支持。

山东省人大财政经济委员会
关于山东省2010年省级财政决算的审查报告

2011年7月27日在山东省第十一届人民代表大会常务委员会第二十五次会议上

山东省人大财政经济委员会主任委员　马金忠

主任、各位副主任、秘书长、各位委员：

省人大财政经济委员会，在常委会预算工作委员会预先审查的基础上，于2011年7月8日、9日，分别听取了省财政厅《关于山东省2010

年财政决算和2011年上半年预算执行情况的报告》和省审计厅《关于山东省2010年度省级预算执行和其他财政收支的审计工作报告》，并对2010年决算草案和决算报告进行了初步审查。现将审查结果报告如下：

2010年全省一般预算收入2 749.38亿元，比四次代表大会报告预算执行数增加701万元，完成预算的111.8%，比上年增长25.1%，加地方政府债券收入、中央税收返还和转移支付补助及上年结转收入等1 877.84亿元，收入共计4 627.23亿元，比四次代表大会报告预算执行数增加7.49亿元，主要是在办理决算期间中央对我省的转移性收入增加；全省一般预算支出4 145.03亿元，比四次代表大会报告数增加5 294万元，完成预算的117.7%，增长26.9%，加上解中央支出及结转下年支出等476.94亿元，支出共计4 621.97亿元。全省财政收支相抵，累计净结余5.26亿元。对于省和中央财政办理决算期间增加的财力，财政部门已按规定作了结转处理。

2010年省级一般预算收入303.45亿元，比四次代表大会报告预算执行数增加8万元，完成预算的117.4%，比上年增长23.3%，加地方政府债券收入、中央税收返还和转移支付补助、市上解收入及上年结转收入等1 496.69亿元，收入共计1 800.14亿元；省级一般预算支出560.88亿元，与四次代表大会报告预算执行数相同，完成预算的118.3%，比上年增长20.0%，加地方政府债券对下转贷支出、上解中央支出、补助市县支出及结转下年支出等1 239.06亿元，支出共计1 799.94亿元。省级财政收支相抵，累计净结余2 020万元。

财政经济委员会认为，2010年全省和省级决算总体是好的。省政府及财税部门积极贯彻中央和省委确定的各项方针政策，认真落实省十一届人大三次会议精神，继续实施积极的财政政策，以支持转方式调结构增财源为主线，切实加强税收征管，狠抓增收节支，财政收支保持较快增长；坚持统筹兼顾，不断优化支出结构，切实加大对“三农”、教育、科技、卫生、社保等重点事业的投入，着力保障和改善民生，法定支出的增幅均高于经常性收入增长；继续深化财税改革，注重体制机制创新，积极争取中央财力支持，坚持依法科学理财，财政管理水平有了新的提高，圆满完成了省十一届人大三次会议确定的预算任务，为全省经济和社会发展做出积极的贡献。财政经济委员会建议本次会议批准省政府提出的《2010年省级财政决算（草案）》，同意省财政厅厅长于国安受省人民政府委托所作的《关于山东省2010年财政决算和2011年上半年预算执行情况的报告》。

根据审查情况，省人大财政经济委员会认为，2010年我省财政运行中依然存在一些不容忽视的矛盾和问题。主要是：经济财源结构不够合理，税收占生产总值的比重不够高；部分地区和基层财政比较困难，财政对民生和社会事业发展的保障能力有待加强；财经秩序有待进一步规范，预算管理水平有待进一步提高；政府债务不断积累，个别地区债务压力较大等。对这些问题，各级政府和有关部门要高度重视，采取切实措施，认真加以解决。对审计查出的问题，建议省政府责成有关部门认真分析原因，切实进行整改，严肃责任追究，并将整改情况和处理结果向省人大常委会报告。

针对2010年财政决算及审计查出的问题，为进一步做好今后的财政工作，强化预决算管理，财政经济委员会提出以下建议：一是继续下大力气抓好增收节支工作。今年宏观经济形势复杂多变，下半年预算执行中的不确定性因素增加，对此必须保持清醒认识。要坚持依法治税管费，强化各项工作措施，切实把各项收入收足、收好，确保圆满完成全年预算任务。要牢固树立过紧日子的思想，强化预算刚性约束，严格控制预算追加，今年超收的收入，应主要用于保障改善民生或转入下年预算使用。二是切实加大民生投入和县级基本财力保障力度。在落实好年初确定的民生政策的基础上，加快推进新型农村社会养老保险和城镇居民基本养老保险，确保实现年内全省全覆盖；要不断加大对教育、水利建设、保障性住房等方面的投入，确保完成年度目标任务；要进一步优化财政转移支付结构，扩大一般性转移支付规模，切实保障县级基本财力需求。三是认真抓好审计查出问题的整改工作。要进一步深化财税体制改革，不断完善财政资金管理监督制度，强化部门预算和财务管理，加大国库集中支付和政府采购工作力度，切实解决部门隐瞒收入、虚列支出等违规现象，认真抓好审计查出问题的整改。四是扎实稳妥推进预决算信息公开工作。要进一步规范各类预算编制程序，细化预算编制内容，建立各类预算之间的有机衔接，确保各类预算依法规范执行。从明年起，省级国有资本经营预算向省人大报告。要按照国家统一部署，尽快制定规范的预决算信息公开制度，并向省人大有关委员会备案，切实做到有序、稳妥、及时，不断提高我省预决算信息透明度。五是全面加强地方政府性债务管理。要严格按照“归口管理、规模控制、风险预警、谁借谁还”的原则，明确负债主体、落实偿债资金、强化偿债责任，化解财政风险。要进一步建立健全体制机制，制定严格规范的债务管理办法，把政府性债务的“借用还”纳入领导干部的政绩考核体系。同时，要逐步将政府债务纳入综合预算进行管理，接受各级人大的监督。

以上报告，请予审议。

山东省人民代表大会常务委员会
关于批准山东省2010年省级财政决算的决议

2011年7月29日山东省第十一届人民代表大会常务委员会
第二十五次会议通过

山东省第十一届人民代表大会常务委员会第二十五次会议听取了省财政厅厅长于国安受省政府委托所作的《关于山东省2010年财政决算和2011年上半年预算执行情况的报告》和省审计厅厅长左敏受省政府委托所作的《关于山东省2010年度省级预算执行和其他财政收支的审计工作报告》。会议结合审议审计工作报告，对山东省省级2010年财政决算（草案）和财政决算的报告进行了审查，同意山东省人民代表大会财政经济委员会提出的《关于山东省2010年省级财政决算的审查报告》，认为2010年省级预算执行情况是好的，完成了省十一届人大三次会议确定的预算任务，决定批准山东省2010年省级财政决算。

姜大明同志在全省财税工作会议上的讲话

（2011年1月11日）

同志们：

这次全省财税工作会议的主要任务是，深入贯彻党的十七届五中全会、中央经济工作会议、全国财政税务工作会议和全省经济工作会议精神，总结工作，分析形势，研究部署今年的财税工作任务。下面，我讲几点意见：

一、正确分析把握当前的经济财政形势

去年以来，面对极为复杂的国内外环境，全省上下深入落实科学发展观，认真贯彻落实中央宏观调控政策和省委、省政府决策部署，牢牢把握积极作为、科学务实的工作基调，迎难而上、拼搏进取，全省经济回升向好势头进一步巩固，各项社会事业加快发展。预计全省生产总值增长12%以上，城镇居民人均可支配收入和农民人均纯收入都可以实现两位数增长。财税指标明显好于预期，收支规模双双迈上新台阶。据快报统计，2010年全省地方财政收入2 749.3亿元，增长25.1%；财政支出4 144.5亿元，增长26.8%。“十一五”规划确定的财政收支目标顺利实现，地方财政收入累计完成9 936.7亿元，是“十五”时期的2.62倍，增收6 138亿元，年均增长20.7%；财政支出累计完成1.42万亿元，是“十五”时期的2.69倍，增加8 931.47亿元，年均增长23.1%。这五年是我省财政收支快速增长的时期，一年一个大台阶，五年实现了大跨越。

去年及“十一五”时期全省经济社会发展取得新成绩，是我们坚定不移贯彻中央决策部署、积极应对国际金融危机的结果，是各级各部门团结协作、共同奋斗的结果，全省财税系统也为此付出了艰辛努力，做了大量富有成效的工作。一是依法加强税费征管，聚财增收成果丰硕。全省税务部门坚持依法治税，一手抓减免政策落实，一手抓税收征管，深入实施科技强税战略，不断完善纳税评估和分析预警系统，着力抓基层、强基础、带队伍，全面实行税收征管责任制，大力推进社会综合治税，税收征管连年取得新突破。2010年，全省国税系统组织收入3 552.1亿元，比2005年增加2 121.2亿元，年均增收424.2亿元，增长19.9%，其中地方财政收入559.27亿元，年均增长17%；地税系统组织收入1 676.01亿元，比2005年增加1 033.05亿元，年均增收206.61亿元，增长21.1%，其中地方财政收入1 359.03亿元，年均增长21.8%。财政及有关部门坚持增收与节支并重、改革与管理并举，着力培植壮大财源，努力拓宽增收渠道，去年组织地方收入831.01亿元，比2005年增加520.64亿元，年均增长

21.8%。在财政收入规模快速增长的同时，收入结构也进一步优化，全省税收收入占地方财政收入的比重达到78.2%，比2005年提高1.2个百分点。财政收入规模和质量双提高，集中反映了全省保增长调结构的成果，也体现了财税部门努力工作的成效。二是财税调控保障扎实有力，促发展保民生成效显著。财税部门自觉服从服务大局，促发展有新思路，推改革有新举措，抓管理有新招数，政策调控及时有效，较好地发挥了职能作用。特别是在应对国际金融危机冲击，扩内需保增长、转方式调结构、惠民生促和谐等方面，财税部门积极为省委省政府提建议、当参谋，千方百计聚好财、理好财、用好财，有力地保障了经济社会发展的资金需要。2010年，全省经济建设性支出1 272.12亿元，比2005年增加842.63亿元，年均增长24.3%，支持经济结构调整和发展方式转变取得重要成果；“三农”支出1 421亿元，比2005年增加1 113亿元，年均增长35.8%，强农惠农机制进一步完善；民生支出2 115.14亿元，占财政支出的比重达到51%，比2005年提高6.2个百分点，民生保障水平逐年提高。三是财税体制机制不断健全，基层财政状况明显改善。财税系统坚持用改革的办法化解矛盾、解决难题，积极稳妥推进税制改革，认真落实税收优惠政策，营造了公平竞争的发展环境；不断完善政府预算体系，创新管理机制，财税科学化精细化管理水平不断提高；扎实推进省直管县改革试点，逐步理顺政府间收入分配关系，财政体制对科学发展的引导作用进一步增强。着力缓解基层财政困难，省市连年加大对下帮扶力度，全面建立县级基本财力保障机制，去年省级重点帮扶的60个财政困难县，按财政供养人口计算，人均财力达到4.97万元，比2005年提高3.05万元，五年翻了一番多，为促进基本公共服务均等化进一步打牢了基础。

在近年来经济形势错综复杂、风险挑战骤然增多、财政减收增支压力明显加大的情况下，各级财税部门密切关注经济走势，深入分析收支变化，既算财政账、收支账，又算政治账、发展账，知难而进、勤勉尽责、扎实工作，认真落实省委、省政府的决策部署，表现出了很强的全局意识、大局观念和科学理财能力，为经济社会发展做出了重要贡献，涌现出一批先进集体和先进个人。省委、省政府对财税工作是满意的。今天下午，财政部门还要召开四年一度的表彰会议，对“双先”代表进行表彰。在此，我代表省委、省政府，向全省财税系统广大干部职工表示诚挚慰问和衷心感谢！向受到表彰的先进集体和先进个人表示热烈祝贺！

今年是建党90周年，也是“十二五”开局之年，正确分析把握经济财政形势，做好财税工作至关重要。总体上看，我省发展仍处于可以大有作为的重要战略机遇期，经济长期向好发展的趋势没有改变，做好财税工作面临许多有利条件。特别是近年来各级着力扩内需保增长、转方式调结构，一批高效优质财源项目陆续投产达产，效益将逐步体现到财政税收上来。但同时也要看到，目前经济社会发展中不平衡、不协调、不可持续的问题依然突出，短期问题和长期问题交织，结构性问题和体制性问题并存，国内问题和国际问题互联，财税工作面临不少矛盾和困难。收入方面，世界经济复苏的基础尚不稳固，一些国家主权债务危机隐患尚未消除，国际大宗商品价格高位震荡，人民币升值压力加大，国际贸易保护主义加剧，出口增长的不确定性增加；国内货币政策由“适度宽松”转为“稳健”，信贷投放增速下降，企业融资难度加大，这些都会影响到税收的增长；国家加快推进税制改革，扩大增值税征收范围，继续实施结构性减税政策，这也将对财政增收带来影响；我省传统行业比重高，推进转方式调结构、淘汰落后产能，长期看有利于经济健康发展，短期内也会对经济增长速度和财政收入增速造成一定影响；再加上去年财政收入增长快、基数高，今年财政收入保持较高增幅的难度加大。支出方面，今年改革发展稳定的任务十分繁重，发展需要加强财政调控，改革需要财政支付成本，稳定需要财政增加投入，支出压力依然较大。尤其是要出台一些新的民生政策，原有的民生政策也将扩面提标，财政保障任务很重。初步测算，今年仅兑现国家出台的民生政策，以及落实重点支出法定增长等，全省必保的增支额就达500亿元以上。再考虑到物价上涨因素，各级基本运转和低收入群众生活补贴支出的增支压力也不小。省委、省政府综合考虑经济财政形势，本着积极稳妥、留有余地的原则，确定今年全省地方财政收入增长12%、支出增长11%，其中收入计划高于全省经济增长预期指标2个百分点，这是符合我省实际情况的，各级要确保完成。

总之，今年的经济财政形势依然十分复杂，面临的机遇难得，要克服的困难和挑战也不少。财政是庶政之母，是党委、政府履行职能的物质基础和体制保障。各级要充分认识做好财税工作的重要性，准确把握经济财政形势，坚定信心、迎难而上，未雨绸缪、科学谋划，既要珍惜机遇、抓住机遇、用好机遇，又要认清挑战、应对挑战、战胜挑战。要正确把握国家宏观政策基本取向，认真贯彻落实积极的财政政策，以科学发展为主题，以加快转变经济发展方式为主线，以富民强省为目标，更加注重促进经济平稳健康运行，更加注重支持经济发展方式转变，更加注重保障和改善民生，更加注重推进城乡区域协调发展，更加注重财税体制机制创新，进一步增强财税调控和保障能力，努力开创财税工作的新局面。

二、坚定不移推进转方式调结构增财源

转方式调结构是当前和今后一个时期经济工作的主线，培植壮大财源是做好财税工作的前提和基础。去年以来，各级紧紧围绕转方式调结构，大力培植高效支柱财源，巩固壮大优势特色财源，着力抓好新兴后续财源，在很多方面取得突破性进展。但转方式调结构增财源是一项长期任务，必须进一步完善措施、加大力度，坚定不移地打好这场攻坚战。

*（一）坚持把保持经济平稳较快发展作为转方式调结构增财源的重要基础。*发展是解决一切问题的根本出路。“十一五”时期，我省财政收入与经济增长的弹性系数为1.5，生产总值每增长1个百分点，能拉动财政收入增长1.5个百分点。保持经济平稳较快发展，既是转方式调结构的前提条件，更是财政增收的根本所在。各级一定要强化科学发展意识，充分发挥财税调控作用，正确处理消费、投资、出口“三驾马车”的关系，不断优化经济增长的动力结构，努力保持经济平稳较快发展。一是把维护物价稳定放在更加突出的位置。物价上涨特别是CPI持续上升，是影响经济健康运行和社会稳定的重要因素。据有关分析，本轮物价上涨，除了成本推动和流动性充足之外，食品类价格上涨对CPI增长的拉动作用占了74%。抑制物价上涨，必须首先保持食品类价格基本稳定。各级要大力支持粮、棉、油、蔬菜等主要农产品，以及其他基本生活必需品和重要生产资料的生产、储备，有效保障市场供给，同时增加对低收入群体的基本生活补助，促进社会和谐稳定，为经济平稳较快发展营造良好环境。二是切实建立健全扩大消费的长效机制。消费是具有决定意义的最终需求。2009年我省消费对生产总值的贡献为45.2%，是拉动经济增长的重要动力。各级要积极发挥财税杠杆对收入分配的调节作用，稳步推进机关事业单位收入分配改革，支持企业建立职工工资正常增长机制，提高农民及城市低收入群体收入水平，进一步增强居民消费能力。要落实好家电下乡和以旧换新政策，完善扩大消费措施，积极培育消费热点。要加强城乡流通体系建设，促进流通新型业态发展，努力扩大消费总量，释放消费潜力。三是强化财政投资的调控引导作用。今年实施积极的财政政策，国家将继续保持一定的投资规模，并继续由财政部代发2 000亿元地方政府债券。各级要在积极争取中央投资的同时，注意强化政府投资的“发酵剂”和“指挥棒”作用，创新政府投融资机制，积极引导信贷资金和民间投资，着力优化投资结构，优先保证在建和续建项目，切实加大对重点项目和关键领域的投入，坚决防止各地在“十二五”开局之年盲目铺摊子、上项目、搞重复建设。四是积极支持外向型经济发展。坚持扩大内需与扩大外需相统一，抓住国际市场重新洗牌的时机，完善财税扶持政策，支持开展高层次招商活动，促进企业扩大出口规模，提升出口产品国际竞争力。完善“走出去”扶持政策，鼓励优势产能向境外转移，鼓励企业开展跨国并购，规避贸易壁垒，提高外向型经济发展水平。

*（二）坚持把促进产业结构优化升级作为转方式调结构增财源的重中之重。*建立现代产业体系，是加快转变经济发展方式的关键所在。各级要坚持在发展中促转变、在转变中谋发展，充分发挥财税政策作用直接、运用灵活、定点调控的优势，着眼高端引领、优化升级、接长短板，加快推进经济结构战略性调整。一要大力支持现代农业发展。要大幅度增加“三农”投入，做到财政支出重点向农业农村倾斜，确保用于农业农村的总量、增量均有提高；预算内固定资产投资重点用于农业农村基础设施建设，确保总量和比重进一步提高；土地出让收益重点投向农业土地开发、农田水利和农村基础设施建设，确保足额提取、定向使用。同时，引导金融机构加大涉农信贷投放力度，保持涉农贷款增量占比不低于上年，涉农贷款增速不低于同期各项贷款增速，大力支持农业科技创新，支持农村土地综合整治，支持农业装备现代化，着力提升现代农业发展水平。二要大力支持传统工业改造和节能减排。我省传统工业总量较大，要全面落实增值税转型政策，加大技术改造投入，加快信息化与工业化融合，提高工业技术含量和加工深度，推动产业由中低端向高端延伸；完善生态补偿机制，用好节能减排优惠政策，加大对重大节能技术产业化项目、节能技改项目的奖补力度，引导企业淘汰落后产能；支持实施节能产品惠民工程，加强污染治理重点工程建设，大力发展循环经济，加快培植绿色财源。注重发挥中小企业在技术创新和产业升级中的作用，扩大创业投资引导基金规模，完善中小企业信用担保体系，努力缓解中小企业融资困难，引导中小企业向“专、精、特、新”方向发展。三要大力支持自主创新和新兴产业发展。省里今年将整合资金加大投入，继续支持创新平台建设和战略性新兴产业发展。各级也要加大财税支持力度，认真落实高新技术企业所得税优惠政策，采取贴息、参股、风险补偿等手段引导社会投资，支持新兴产业技术研发、生产和推广应用，支持创新成果转化和创新平台建设，提高企业创新能力，打造高技术含量、高附加值的产业集群，建设一批新兴

产业项目和基地，尽快形成规模优势。四要大力支持服务业跨越发展。服务业既是我省的“短板”，也是我省的潜力所在。要以支持服务业“四大载体”建设为重点，扩大服务业发展引导资金规模，加快完善服务业投融资机制。进一步完善财政奖补政策，支持地方金融机构发展，吸引国内外金融机构来我省设立区域总部和分支机构，鼓励各金融机构增加贷款投放。扩大文化产业投资基金、旅游发展专项资金规模，支持文化旅游业加快发展。支持电子商务、服务外包、现代物流、健身娱乐等现代服务业发展，加快构建布局合理、特色鲜明的现代服务业体系。

（三）*坚持把促进区域协调发展作为转方式调结构增财源的战略重点*。各地要按照省委、省政府的决策部署，认真实施重点带动战略，加快培育各具特色的经济板块，形成多点支撑的财源建设格局。一要促进重点区域加快发展。省委、省政府对实施重点区域带动战略已作出重要部署。去年财税支持黄河三角洲高效生态经济区建设开局起步，取得了积极成效，今年要继续加大工作力度。山东半岛蓝色经济区发展规划已经国务院批复，上升为国家战略。要按照发展规划和试点方案的要求，认真研究制定支持蓝色经济区建设的财税政策。各地要进一步完善财税配套措施，健全投融资机制，加大资金倾斜力度，支持重点区域基础设施建设，加快构建现代产业基地，以重点区域、重点部位的率先突破，为辐射周边增添动力，着力打造新的经济财源隆起带。二要大力推进园区经济发展。经济园区是结构调整的主阵地。目前我省186家各类园区，以不到全省1%的土地，创造了45%的地方财政收入、40%的税收和60%的工业增加值。今年省级将继续支持西部地区园区建设，完善产业转移引导机制，鼓励东部地区产业向中西部转移。各地要进一步完善政策措施，增强各类园区的综合承载能力和服务功能，吸纳生产要素向园区聚集，提高园区发展水平和创税能力。三要加快主体功能区建设。经过努力争取，去年黄河三角洲高效生态经济区进入了国家重点生态功能区转移支付范围，为我省加强主体功能区建设创造了新的条件。今后，省里将结合中央扶持政策，完善对生态保护区和文化旅游资源保护区的转移支付制度。有关市县要科学合理地使用资金，配套联动，促进主体功能区可持续发展。四要加快推进城镇化建设和县域经济发展。城镇化既可以带动消费，又可以拉动投资，是推进转方式调结构增财源的重要“引擎”。各级要不断完善财税扶持政策，以国家级重点镇和省级中心镇为重点，加强对城镇基础设施和公共服务设施的投入，引导农村人口进城落户，着力培育一批产业基础好、辐射带动能力强、特色鲜明的经济强镇、区域重镇和文化名镇，尽快形成新的财源增长极。近年来，我省县域经济发展很快。去年，全省地方财政收入超过10亿元的县（市、区）有70个，其中20亿~30亿元的20个，超过30亿元的11个。县级财政状况发生了很大变化。各地要抓住当前转方式、调结构的有利时机，因地制宜，突出特色，加快壮大支柱产业，促进县域经济又好又快发展。

三、加快构建有利于科学发展的财税体制机制

科学合理的财税体制机制是引导经济社会发展的重要杠杆。今后一个时期，国家将在财税领域推出一系列新的改革举措。各级要抓住机遇、改革创新，加快形成充满活力、富有效率、有利于科学发展的财税体制机制。

（一）*完善财税激励机制，使各方面“有动力”科学发展*。好的财税体制机制，首先要有利于树立正确的发展导向，最大限度地调动方方面面科学发展的积极性。近几年，各级在这方面推出了一系列改革创新举措，取得了很好的效果。面对新形势、新任务，要进一步放宽视野、开拓创新，强化财税体制机制的激励效应。一要完善财政奖补制度。今明两年省里将继续实施营业税、企业所得税、个人所得税增收返还激励办法，完善出口退税分担机制，调动市县加快转变经济发展方式、扩大出口的积极性。继续实行粮油生产大县奖励、生猪调出大县奖励和农村公益事业建设“一事一议”财政奖补政策，鼓励各地增加主要农产品生产和农村公益事业发展。各地也要本着鼓励科学发展的原则，因地制宜完善财政奖补政策，将财政分配与发展质量和努力程度挂钩，形成“科学发展成效越大、地方得实惠越多”的分配格局，激励基层科学发展、加快发展。二要完善税费制度。税费制度与国家产业政策紧密相关，是引导企业科学发展的“风向标”。2008年以来，全省各级认真落实结构性减税政策，并取消和停征、减征204项行政事业性收费，累计减轻企业和社会负担960多亿元，不仅帮助企业渡过了难关，而且优化了经济发展环境，调动了企业投资发展的积极性。今后国家将继续实施结构性减税清费政策，特别是在一些生产性服务业领域推行增值税征收试点，相应调减营业税，以利于消除重复征税，减轻企业负担，促进服务业发展。各级要高度重视，及早谋划，抓好落实，争取主动。三要完善收入分配制度。一方面，要本着“多予少取放活”的原则，进一步增加对农民的各项补贴，加快城乡统筹改革步伐，调动农民创业致富的积极性。另一方面，要完善城镇职工收入分配政策，进一步落实按劳分配制度，鼓励企事业单位以资本、技术、管理等生

产要素参与收益分配。

（二）完善财税约束机制，使各方面“有压力”科学发展。促进科学发展，既要完善奖补政策，强化正向激励，又要健全约束机制，硬化责任约束。一要强化对税收收入的考核，防止盲目发展。为树立以效益为核心的发展导向，今年，国家将对各省生产总值实行下算一级制度，并对各省上报的基础数据进行质量评估，其中一个重要指标是看税收收入占二三产业增加值的比重。省里也将下算一级，直接测算各市的生产总值，并比照国家的做法，建立相应的生产总值数据质量评估体系，按季测算各地税收收入占二三产业增加值的比重。各级一定要强化科学发展理念，上项目要重质量、讲效益，不断提高税收占二三产业增加值的比重，努力做到好字优先、好中求快、又好又快发展。二要强化财税政策约束，防止粗放发展。财税政策体现着国家的产业意图，特别是对“两高一资”产业，国家在税费制度上设定了严厉的约束性措施，各级要严格落实好这些约束性的税费政策，推进产业结构调整。同时，要加快推行国有资产资源有偿使用制度，完善生态环境补偿机制，搞好排污权有偿取得和交易试点，实行阶梯电价、阶梯水价制度，提高排污费、污水处理费标准，利用税费和价格杠杆，形成节能减排、保护环境的内在压力。三要强化支出绩效考核，防止铺张浪费。从近年财政监督和审计情况看，财政资金使用效益不断提高，但仍有一些部门财务管理比较粗放。要进一步完善支出绩效考评机制，把考评结果与预算安排结合起来，绩效差的下年度少安排或不安排支出，形成“谁干事谁花钱、谁花钱谁担责”的机制，切实解决干事不计成本、花钱不讲效益的问题。健全财政监督检查机制，加强事前评审、事中监督、事后审计，严肃查处挥霍浪费和低效使用财政资金问题，树立精打细算、勤俭办一切事业的良好风气。

（三）深化财政体制改革，使各级“有能力”科学发展。我们常说“上面千条线，下面一根针”。推进科学发展，工作重点在基层，难点也在基层。要围绕推进基本公共服务均等化，进一步完善省以下财政体制，努力做到财力与事权相匹配，为各级科学发展提供必要的财力保障。一要合理划分支出责任和收入范围。按照受益范围和效率优先的原则，对教育、卫生、文化、社会保障等公共产品和公共服务，逐项研究确定支出责任，形成各级政府合理分担的机制。结合国家税制改革，完善地方税体系，合理调整税收分成办法，促进各级政府保障能力均衡协调增长。二要健全县级基本财力保障机制。省里将根据财力增长和基层支出需求变化情况，不断完善县级基本财力保障机制，确保2012年全部消除县（市、区）基本财力缺口，并在此基础上逐步提高保障水平。各市也要落实责任，加大财力下移力度，增强县级政府提供基本公共服务的能力。各县（市、区）要杜绝“等、靠、要”思想，努力加快发展、增收节支，提高自我保障水平。三要加快完善转移支付制度。扩大一般性转移支付规模，规范专项转移支付，使基层更好地统筹安排财力。加大对欠发达地区、资源枯竭地区、革命老区的转移支付力度。同时，稳妥推进省直管县财政改革试点，增强县域经济发展活力。完善村级经费保障机制，保证村干部报酬发放和村级公益事业发展。

四、把保障民生摆在财税工作的突出位置

保障和改善民生，既是落实科学发展观的重要内容，也是扩大内需、转变经济发展方式的有效途径。各级要紧紧围绕富民强省目标，始终坚持民生优先的原则，不断加大民生投入，完善民生政策，扎扎实实地为群众办实事、办好事。

（一）支持扩大社会就业。就业是民生之本。当前企业发展面临不少困难，就业压力依然很大。各级要认真落实积极的就业政策，建立健全就业服务体系，实施技能扶贫和各类就业培训补贴政策，加大小额担保贷款力度，提高城乡居民就业创业能力。完善就业见习、“三支一扶”、大学生创业引领政策，支持高校毕业生自主创业和面向基层就业。管好用活社保基金，扩大失业保险基金支出范围，加大财政资金投入，确保完成城镇新增就业和农村转移就业目标。

（二）支持加强水利设施建设。水利是农业的命脉。今年中央农村工作会议聚焦水利，提出把水利摆在基础设施建设的优先领域，把农田水利作为农村基础设施建设的重点任务。国家将加大水利建设投入，启动新一轮水利基础设施建设。我们要抓紧搞好项目规划，在继续实施农村饮水安全工程、巩固扩大水库除险加固成果的基础上，大力支持水利重点工程和区域水网建设，突出抓好中小河流治理、易灾地区薄弱环节综合治理等。省级今年用于水利建设的资金大幅度增加，初步测算增长29%。各地也要大力整合资金，完善配套方案，加大水利投入。农业综合开发资金、农村公益事业建设“一事一议”财政奖补资金等，也要重点支持搞好小型农田水利设施建设。

（三）支持教育事业优先发展。各级要高度重视教育发展，切实增加预算内教育投入，努力拓宽教育经费来源渠道，确保按期完成教育支出占财政支出比重达到20%的目标任务。要合理安排各项教育支出，进一步提高农村初中和小学的生均公用经费定额及寄宿生生活费补助标准，提高普通本科高校、高职及技工学校生均拨

款水平，提高各类助学金标准并扩大受益面。要加大对学前教育的投入，加快推进农村和城市新建小区幼儿园建设，尽快改变学前教育发展滞后的局面。要高度重视高校债务化解问题，有关部门要尽快对高校债务情况进行一次全面清查，摸清底数、锁定债务，对违规举债的要严肃查处。各高校要积极想办法，多渠道筹措化债资金，对提高生均经费定额、校区置换、资产处置等资金，应主要用于化解债务。今年省里将对高校化解债务继续给予奖励。

（四）进一步健全社会保障体系。今年重点是加快新农保改革试点，将试点面扩大到全省50%以上的县（市、区）。有条件的县（市、区）可自主开展试点，济南、青岛、淄博、枣庄、东营、烟台、潍坊、威海、日照、莱芜等10个市要实现全覆盖。加大社会保险扩面力度，逐步把城镇非就业居民纳入基本养老和医疗保险范围。同时，将农村低保标准提高到1 400元，并继续提高企业人员基本养老金，全面落实孤儿最低养育标准政策。要健全社会救助和保障标准与物价上涨挂钩联动机制，落实好对优抚对象、低保对象、农村五保对象、家庭困难学生的临时价格补贴政策，保证困难群体基本生活需要。

（五）深化医药卫生体制改革。今年是医药卫生体制改革的关键一年。各级要加快推进基本医疗保障制度建设，将新农合与城镇居民基本医疗保险政府补助标准，由每人每年120元提高到200元，并提高报销比例，减轻群众医疗负担。将人均基本公共卫生服务经费由15元提高到25元，促进基本公共卫生服务逐步均等化。全面推行基本药物制度改革，推进基层医疗卫生机构综合改革和多渠道补偿。加快公立医院改革试点，继续实施村卫生室服务能力提升工程，为群众提供更加满意的基本医疗卫生服务。

（六）加快实施保障性安居工程。住房是民生之要。当前商品房价格居高不下，保障性住房供给又明显不足，中低收入群众“住房难”问题十分突出。省里今年将扩大奖补资金规模，对公共租赁房、廉租房建设和棚户区改造加大奖补力度，并积极开展公积金支持保障性住房建设试点。要把开展建材下乡试点与搞好农村住房建设和危房改造结合起来，省里安排的农村住房奖补资金，可以用于补助钢材、水泥、玻璃等建材下乡产品。各级要积极落实财政补助资金，多渠道增加保障性住房投入，确保完成保障性住房建设任务。严格落实差别化税费政策，加强房地产市场调控，使人民群众住有所居、安居乐业。

总之，今年要落实的民生政策较多，资金保障任务很重，各级要强化群众观念，始终把保障和改善民生作为头等大事，宁肯其他的事先放一放，也要把事关民生的事办好。要科学运筹资金，进一步优化财政支出结构，年初预算安排要将民生资金留足备好，新增财力也要重点用于民生。要积极创新保障机制，改变供给方式，即使是基本公共服务，也要引入竞争机制，扩大政府购买服务范围，鼓励具备资质、符合条件的社会机构和企业积极参与，提高服务质量和效率，逐步实现基本公共服务提供主体和供给方式的多元化。对于非基本公共服务，要加快市场化改革，探索建立多渠道筹资机制，增强多层次供给能力，这样既可以拓展社会资本的投资空间，满足群众多样化需求，也便于政府集中财力，更好地履行保证基本公共服务的职责。

五、始终把增收节支工作牢牢抓在手上

开源节流、增收节支，是财税工作的永恒主题，也是政府工作的重要内容。今年财政收支矛盾十分突出，各级必须从年初开始，就要紧抓增收节支不放松，确保圆满完成今年财税收支任务。

（一）着力强化收入征管。要本着依法征税管费、应收尽收的原则，全面实行税费征管责任制，切实把经济发展的成果充分反映到财政收入上来。对税收收入，要强化税源管理，适应企业组织形式、经营方式、结算手段多样化的新形势，加快金财、金税工程建设，推进财税库银联网，建立涉税部门税源信息共享平台，完善协税护税体系，切实将各类税源摸清楚、管起来，为依法治税奠定基础。要完善税收征管机制，既通过加强税收分析、纳税评估和税务稽查，抓好对重点地区、重点行业、重点企业、重点税种的税收征管，又要探索集约化、社会化管理方式，加强对中小企业、个体工商户、地方小税的税收征管。要认真做好契税、耕地占用税征管职能划转工作，确保“两税”征管顺利交接、平稳过渡。要优化纳税服务，强化国税、地税部门间的协作，大力推进国税局与地税局共享实体办税服务厅、共建网上办税服务厅、互相委托代征等多种形式的联合办税，加快纳税服务资源整合和信息资源共享，加强纳税服务平台建设，最大限度地方便纳税人纳税。对非税收入，在规范行政性收费管理的基础上，突出抓好土地、矿产、海域、国有资本经营收益等资产资源性收入征管。我省国有资源资产规模较大，但资源资产优势并未充分体现到财政收入上来。今年省政府将出台专门管理办法，加强国有资源资产有偿使用收入管理，各级要抓好落实，切实将资源资产转化为现实财源。要进一步抓好国有资本收益管理，把符合条件的企业全部纳入国有资本经营预算范围，并研究提高收益上缴比例，努力增加国有资本经营收入。

（二）着力强化支出管理。今年全省财政增支压力大、保障任务重，加强支出管理至关重要。要厉行节约，不能花的钱一分不花。国务院明确要求，今年公务接待、因公出国（境）、公务购车用车等经费原则上实行零增长，并继续从严控制党政机关办公楼等楼堂馆所建设，严禁超标准装修办公用房，严格控制庆典、论坛等活动。各级各部门要牢固树立过紧日子的思想，大力压缩一般性支出，努力降低行政成本，决不能讲排场、摆阔气，大手大脚花钱。要强化管理，把该花的钱管好花好。进一步完善政府预算体系，深化部门预算编制改革，从今年起全面取消预算外资金，将所有政府性收入全部纳入预算管理，实现“收入一个笼子、预算一个盘子、支出一个口子”，切实提高财政分配的科学性，把有限的资金用到“刀刃”上。继续推进国库集中支付、政府采购、公务卡等改革，完善投资评审、财政监督、绩效评价机制，强化财政基础管理和基层建设，严肃预算执行纪律，提高财政管理的精细化水平。要加快预算执行进度，对于必须安排的支出，尽量早安排、早下达、早见效，避免资金延压滞留。去年在各级各部门的共同努力下，全省财政支出进度明显加快，今后这项工作还要继续抓好。要推进预算公开，做到依法科学理财。各级各部门要按照《政府信息公开条例》的要求，积极稳妥地公开政府预决算、部门预决算和重要资金安排使用情况，自觉接受人大和审计部门的监督，自觉接受社会舆论和公众的监督，进一步提高依法理财、民主理财水平。

（三）着力强化政府性债务管理。政府性债务管理是财政管理的重要内容。近年来，各级通过建立融资平台等方式，积极拓宽融资渠道，为扩内需、保增长筹集了大量资金，但个别地方也出现了债务增长过快、还款压力过大和管理不够规范等问题。债务是把“双刃剑”，管好用好了可以助推经济发展，管不好用不好将会引发财政金融风险。各级各有关部门要正确把握利用债务融资与防范债务风险的关系，既要用好债务融资，又要警惕债务风险。要严格遵守预算法、担保法等法律法规的规定，除法律和国务院另有规定外，不得在预算之外采取借款、拖欠、自行发行债券、签订回购协议等方式违规举借债务，不得作为保证人直接或变相提供担保，不得以财政性收入、行政事业单位资产进行抵押或质押。要继续清理规范政府融资平台，建立债务动态监控、风险预警机制，完善偿债准备金制度，防范和化解潜在风险，促进财政可持续发展。

（四）着力强化财税部门自身建设。财政、税务部门直接面对社会公众，在提供公共服务和加强社会管理中肩负重任。各级财税部门一定要强化“窗口”意识、宗旨观念，切实加强干部队伍建设和作风建设。要加强领导班子建设，做到团结干事、依法行政、民主理财，努力成为学习型组织、创新型团队、实干型集体，不断提高从全局上把握、推进财税工作的能力。要适应新形势新任务的要求，强化干部教育培训，全面提高财税干部的政治素质、业务能力和职业道德水平。要以开展创先争优活动为契机，进一步推进政风行风建设和文明创建活动，引导广大干部职工发扬爱岗敬业、求真务实的工作作风，弘扬艰苦奋斗、科学理财、文明服务的优良传统。要严格落实党风廉政建设责任制，加强廉政教育和监督，完善内控机制和反腐败惩防体系，促进干部职工严格自律、秉公用权、廉洁治税、依法理财，为财税发展改革提供有力保障。

同志们，今年财税工作任务重、压力大、要求高。各级党委、政府要高度重视财税工作、深入研究财税政策，不断提高运用财税手段推进经济社会发展的能力。要加强对财税工作的领导，及时帮助财税部门协调解决工作中遇到的困难和问题，为财税发展改革创造良好环境。各部门要充分理解、支持财税工作，广大纳税人要依法自觉纳税，共同推动全省财税工作再上新台阶，为实现富民强省新跨越做出更大贡献！

孙伟同志在全省财政局长座谈会上的讲话

（2011年8月12日）

同志们：

这次来参加财政局长座谈会，主要有两个目的，一是因为我分管财税等工作，早想跟咱们财政系统的同志们见见面，认识认识，这是一次很好的机会。二是在座的各位同志长期从事财政工作，是这方面的专家，有这么个机会，很想来听听大家对做好财政工作的意见和建议，向大家学习。

下面，我谈三点意见：

一、充分肯定上半年财政工作取得的成绩

关于上半年经济形势和下半年的经济工作，在刚刚闭幕的省委九届十二次全会上，异康书记、大明省长发表了重要讲话，作了客观总结、深刻阐述和全面部署。关于上半年的经济形势，根据会议精神，如果用一句话来概括，就是全省经济保持平稳较快发展态势，继续朝着宏观调控的预期方向发展。关于下半年的工作要求，如果用一句话来概括，就是要着力解决经济发展中的突出矛盾和问题，巩固经济发展的良好势头，努力实现“十二五”经济社会发展良好开局。我们一定要把思想和行动统一到会议精神上来，统一到异康书记和大明省长的重要讲话精神上来，结合实际创造性地开展工作，使我省财政工作在科学发展的轨道上健康稳定地向前推进。这里需要强调的是，上半年我省经济社会发展取得的显著成绩本身就包括了财政工作成绩，凝聚了全省财政系统同志们的辛勤汗水。比较突出的有这么三个方面：

*一是财政收入大幅增长，而且是持续快速增长。*上半年全省地方财政收入完成近 1 920 亿元，占预算的61%，同比增长 33.2%，增幅比去年同期高出近 8 个百分点，创了近年来的新高，而且每月的增幅都比较高，有 6 个市的增幅超过了 30%。另外，与沿海其他省市比，上半年增幅我省超过江苏 2 个多百分点，超过浙江、广东、上海都在 6 个百分点左右。这是很了不起的，因为咱们现在的基数已经很大了。

*二是财政支出尤其是重点支出指标创历史新高，有力地支持了发展、保障了民生。*上半年完成支出 2 000 多亿元，月均支出 340 亿元左右，而且总体呈增加的态势，到 6 月末增幅达到 35%，比去年同期高出近 19 个百分点，也创了历史新高，其中有 7 个市的增幅高达 40% 以上。教育、社保、就业、医疗卫生和农林水的支出总量接近 1 000 亿元，占全部支出的近一半，比去年同期高出 4.6 个百分点，占全部增加额的 62%，其中医疗卫生支出增长近 99%。同时，我们还积极推进转方式调结构，省里年初安排这方面的预算 177 亿元，到 7 月底已经下达 131 亿元，不光是数量大，而且支付速度也是最快的。这些都说明，我们把财政收入尤其是增加的部分，主要用于民生和水利等一些重点项目上了。

*三是在加强财政预算资金管理，解决历史遗留问题上迈出了新的更大步伐。*这里有几件事很能说明问题。第一件事，为加强对农田水利建设的支持，财政厅在与有关部门深入研究的基础上，提出了设立地方水利建设基金的建议，省政府常务会议研究同意这个建议。当时确定了一个原则，就是资金保障度要提高，企业负担不能增加。这样，不仅为水利建设提供了更加稳定可增长的资金保障，也能更好地规范水利建设资金的来源渠道，减轻企业的负担。第二件事，为了化解高校债务风险，财政厅会同有关方面，积极争取中央财政支持。目前看来，财政部对我省的支持在东部地区是最大的。省财政也拿出了专项资金。上个月已就这项工作进行了部署，准备用两年时间化解高校债务 100 亿元，省市财政要拿出 56 亿元，争取中央财政奖补 20 亿元左右，剩下的由学校等方面来解决。第三件事，是多方想办法化解县级基本财力缺口，逐步建立县级基本财力保障机制。保障县级基本财力是个全国性的问题。测算下来，今年我省有 56 个县存在财力缺口约 120 亿元，按消化 75% 的要求，需要化解 90 亿元。从今年解决的资金额度来说，包括中央对我们的支持，也是最大的。这个事彻底解决很难，但咱们要一步一步往前推，我相信通过各方面的共同努力，不断完善激励约束机制，会把这个问题解决得更好些。还有农村环境连片整治的示范建设工作，计划三年投资 18 亿元，今年中央和省级各拿了 2.5 亿元，已经下达给 6 个示范区。

总之，全省财政工作取得的这些成绩，包括得到中央更多的理解和支持，是财政系统的同志们在省委、省政府的正确领导下取得的，也说明我省财政队伍是一支特别能战斗的队伍。我在向异康书记和大明省长汇报工作时，他们对财政工作都给予了充分肯定。

二、清醒认识财政工作面临的新形势和新挑战

关于下半年全省经济社会发展面临的新形势、新挑战、新机遇，异康书记、大明省长在省委九届十二次全会的重要讲话中都作了全面分析，要求我们在看到成绩的同时，实事求是地看待存在的问题和面临的困难，要保持清醒头脑，增强忧患意识，做到未雨绸缪，努力克服和化解前进中的困难和矛盾。对财政工作来说，我想至少有三个问题应当引起高度重视。

*一是财政增收难度在加大。*财政收入的增长，关键要靠经济的持续健康发展。下半年，国际经济形势面临美国国债信用评级下调、欧洲主权债务危机扩大、新兴经济体通胀等问题的影响，而且美国经济很难预测，总的趋势还看不太清。目前，我国经济对外依存度很高，仅从能源资源来看，能源和原材料的对外依存度大体上都超过了 50%，大进大出的特点突出，国际经济形势的变化对我国经济的影响非常明显。从国内经济来看，最大的问题是，发展方式也好经济结构也好，还没有从根本上转变和调整，

经济总体上还是属于粗放型的，结构总体上还是不合理的，发展依然主要依靠投资拉动。在这种情况下，下半年我国企业经营形势不容乐观，不稳定的因素也在增加，如融资成本、劳动力成本、能源原材料成本增加等，会导致企业的盈利能力在下降。要看到，目前我国的第二产业，一定程度上靠的是不完全成本参与国际竞争，一是低工资（包括低社保水平），二是低环境成本，三是低用地成本，等等。

前些天我看的一份材料上讲，目前“两高一资”行业仍然是我们的主要税源。同时，我省“十二五”期间节能减排的压力很大。国家发改委、环保部基于各省“十一五”基数和“十二五”治理要求，下达给我省的“十二五”节能减排任务都处于东部沿海省市的前列，万元GDP能耗需要降低17%，四项减排指标是全国平均减排任务的1.6倍。这些指标都是必须完成的约束性指标。这对“两高一资”行业的产能释放会形成一定限制。实际上，这也是转方式调结构的内在要求。再如，房地产和服务业的发展，我们一直强调要调整三次产业的比例，但服务业真正兴起需要一个过程。再加上个税起征点的提高，据测算，今年后4个月将影响我省个税收入9亿元左右。这些都会对财政增收带来影响。

*二是支出特别是刚性支出因素增多。*主要是在预算确定后，根据国务院要求又出台了一些新的民生政策，给各级财政带来新的压力。比如，新农保年内实现全省全覆盖，全面启动城镇居民社会养老保险试点，扩大工伤保险覆盖面，建立价格上涨与困难群众生活补贴的保障联动机制，“三馆”免费开放，提高教育投入比重，等等。据初步测算，全省需新增支出约100亿元。这些都是民生政策，老百姓都很欢迎，我们一定要想办法把这些好事办实办好。

*三是基层财政依然比较困难。*我省各级财政收支矛盾都比较大。目前，省本级可用财力占全省总财力的比重只有13%左右，在全国的排名是倒数的。但相比较而言，县乡财政更加困难，无论人均财政支出，还是工资、津补贴水平等，在全国都处于下游，有的比西部地区还要低。如果省本级的财力能够壮大一些，我们就有条件向困难的县乡多倾斜一些。现在的感觉是心有余而力不足。怎样壮大省本级财力，又不让县市财力受影响，使各个市的财力也在不断壮大，实现整体上的提高，是摆在我们面前的一个重大课题。同时应该看到，随着经济发展和城市面貌的巨大变化，社会各方面尤其是人民群众，对财政加大收入分配调节力度、提升基本公共服务保障水平有着更高的期盼。

以上三个问题不仅是今年下半年，也是今后一个时期面临的挑战和问题。

三、注意把握财政工作的着力点

从财政工作总的要求来说，当前各级要全面贯彻落实省委九届十二次全会精神，紧紧围绕主题主线，坚持依法科学理财，积极培植财源，提高收入质量，优化支出结构，健全公共财政体系，不断增强综合保障能力，为建设经济文化强省做出新的更大贡献。财政工作涉及方方面面，涉及各个行业各个领域，要做的事很多，只有围绕中心任务，突出工作重点，才能取得更好的效果。

*一要支持发展。*小平同志反复告诫我们，发展才是硬道理。他曾经讲过这样一个意思，即使发生了战争，战争以后我们第一位的任务还是要搞现代化建设。也就是说，在任何时候都不要忘记中国还是一个发展中国家，正处于并将长期处于社会主义初级阶段，一定要把发展放在第一位。改革开放30多年来的实践给我们最大的启示是：聚精会神搞建设，一心一意谋发展。我们遇到的困难问题，是通过发展来解决的。提高人民生活水平要靠发展，没有发展，光想为人民办好事，有的办不到，有的办不好。增强综合国力、提高国际影响力，也要靠发展。拿汶川地震和唐山地震的灾后重建相比，我们可以明显看出，由于有改革开放30多年来的发展积累，在汶川地震的救援及灾后重建中，我们要帐篷有帐篷，要板房就生产板房，底气足多了。

从财力角度看，只有发展了，财源才会源源不断。据测算，“十一五”时期，我省财政收入与经济增长的弹性系数为1.5，也就是说，生产总值每增长1个百分点，能拉动财政收入增长1.5个百分点。需要强调的是，现在讲的发展，是建立在转方式调结构基础上的发展，是真正的科学发展，而不是粗放式的发展。党的十七大明确提出，要加快推进经济发展方式转变，强调要实现三个根本性的转变：一是由主要依靠投资、出口拉动向依靠消费、投资、出口协调拉动转变，二是由主要依靠第二产业带动向依靠第一、第二、第三产业协同带动转变，三是由主要依靠增加物质资源消耗向主要依靠科技进步、劳动者素质提高、管理创新转变。“十二五”又突出强调主题主线。十七大到现在快四年了，按“三个转变”要求去衡量，实际落实得怎样？由此，我们不难看出，要真正做到科学发展有多难。经济工作难在哪，难就难在转方式调结构上。实际上，从某种程度上讲，只要财政有钱，保民生或者是给老百姓办实事，或者是给大家增加工资等，这些事都相对好办，难的是怎样转方式调结构，而真本领就是看能不能在转方式调结构上走出来。

那么，转方式调结构靠什么？从国外的经验看也好，从我们的实践看也好，核心还是要靠提高科技创新能力。我们要坚持有所为有所不为的原则，集中财力物力，支持传统产业优化升级，淘汰落后产能，扶持发展新兴产业，这十分重要。新兴产业包括新能源、新材料、新医药、新通信，这几个“新”要干的事很多，但光想干不行，还需要科技来支撑，否则是干不出来的。去年围绕转方式调结构增财源，省政府研究制定了32条财税政策，各地要根据实际抓好落实，使其真正见到实效。要更好地发挥省级专项资金的引导调控作用，同时争取中央更多支持，加快资金分配进度，完善分配方式，将有限的财政资金用在刀刃上，发挥好财政资金的杠杆作用，调动各方面积极性，努力推动发展方式转变和经济结构调整取得实质性进展。

推动转方式调结构涉及很多部门，从财政工作来说，也不可能左右，但是大家特别是各位财政局长，从思想上要有这么一个认识，就是财政工作怎么样围绕支持发展去服务。当然，正如刚才大家谈到的，有的市基本上是“吃饭财政”，有的甚至是“要饭财政”，想做但没钱做。但是，我想说的是，从工作的指导思想上，还是要强化怎么样去支持一些重点行业、重点产业、重点企业发展的意识，这一点非常重要。

二要保障民生。发展的目的说到头，就是为了让老百姓的日子一天比一天过得好。民生是经济问题、是社会问题，也是最大的政治。保障和改善民生，是贯彻落实科学发展观的内在要求，也是公共财政首要的任务。年初，省委、省政府承诺为群众办“26件实事”，年中又出台了一些新的民生政策，主要是教育、社保就业、保障性住房建设、农村环境综合整治、环保和污染治理等，各地也有不少为民办的实事。这是近几年少有的，需要的资金量大，涉及面广，老百姓和社会都很关注，能否落实好，也是对各级财政工作的重大考验。这些民生政策大都是中央确定的，各级财政部门一定要作为头等大事，放到优先位置，切实抓好落实。要进一步调整支出结构，压缩一般性支出特别是“三公”支出，增加民生投入，加快资金拨付进度，特别关注物价上涨对困难群众生活水平的影响，落实好价格补贴政策，做到应保尽保、应补尽补，把好事办实办好。当然，保障民生也要坚持量力而行、尽力而为的原则。

三要完善管理。加强管理和制度建设是做好财政工作的基础和前提。人大每年审查财政预决算，年年会提出一些类似的问题，但年年都还存在。这里面有法律法规还不完善的因素，还有税收法定原则逐步落实的问题，等等。实际上，即使在现有的规定里面和体制之下，我们工作需要完善和提高的地方也有不少。比如提高预算管理的科学性和准确性问题，当前就急需加强。中央部门预算公开，也确实暴露了在预算编制和管理当中存在的一些问题。从完善管理的角度来说，很重要的一条就是完善制度。小平同志讲，制度是更带有根本性、全局性、稳定性和长期性的。胡锦涛总书记在“七一”讲话里也强调了这个问题。我想，财政工作也是如此。

怎么样用制度管事、用制度管人，建立和完善这个机制，是使财政工作上台阶的重要途径。一是关于“三公经费”公开工作。各地要充分利用这半年的时间，该规范的进一步规范，为明年统一去做这个事情打好基础、创造条件。二是要着力做好完善县级基本财力保障机制的工作。各级要按照统一部署，切实把这件事情做好。这里我想强调的是，省级财政还要进一步加大对困难县的倾斜力度。省财政厅一直按照这个原则在做，今后要继续推进。同时，也希望各市进一步加强对辖区困难县的倾斜支持力度，希望越是困难的县越要发扬自力更生、奋发图强的精神，加快发展步伐，共同把消化75%财力缺口的任务完成好。完成好了，2012年中央财政的奖励也会增加。三是要做好化解市县政府性债务风险工作。从总体上来说，我省政府性债务在可控的范围内，在全国也不算高。但是，有的市对土地收益的依赖特别大，土地又和地方经济的活跃程度有密切关系，它是一个循环，经济越活跃，土地升值的空间也越大，经济一旦下来了，土地也就不那么值钱了。如果出现资金链断裂，影响可能就大了。市县要按照省里的要求，把这个事情妥善处理好，努力推进财政可持续发展。

尹慧敏同志在全省财政工作会议上的讲话

（2011年1月11日）

同志们：

这次全省财政工作会议，主要任务是贯彻全国财政工作会议和全省经济工作会议精神，总结“十一五”时期财政工作，研究“十二五”时期财政改革发展思路，部署今年财政工作任务。上午，姜大明省长作了重要讲话，对财政工作提出明确要求，大家要深入学习领会，认真抓好贯彻落实。下面，我代表财政厅党组，讲三个方面问题。

一、"十一五"时期全省财政工作回顾

过去的五年，是极不平凡的五年。面对复杂多变的国内外环境，面对艰巨繁重的改革发展任务，面对前所未有的支出保障压力，全省财政系统在省委、省政府正确领导下，深入落实科学发展观，迎难而上、开拓进取，积极作为、科学务实，财政工作连年取得新突破，五年实现大跨越。

——全省财政收入迈上新台阶。据快报统计，"十一五"时期，全省地方财政收入累计完成9 936.7亿元，比"十五"增收6 138亿元。其中，2010年达到2 749.3亿元，是2005年的2.6倍，年均增长20.7%，五年翻了一番多。去年全省平均一天的收入是7.5亿元，相当于50年代初期全省一年的收入；一个月的收入是229亿元，相当于90年代中期全省一年的收入；一个季度的收入是687亿元，比2002年全年收入还多77亿元，财政收入"蛋糕"明显增大。

——财政保障能力大幅提高。"十一五"时期，全省财政支出连续跨越2 000亿、3 000亿、4 000亿大关，2010年达到4 144.5亿元，是2005年的2.8倍，年均增长23.1%。五年累计，全省财政支出1.42万亿，比"十五"增加8 931.5亿元。随着支出规模的快速扩大，各级财政综合保障能力明显增强，农业、教育、科技、文化、卫生、社保、就业等支出成倍增加，行政事业单位的财务收支规模和事业发展能力显著提升，公共服务水平大幅提高。

——基层财政实力明显增强。2010年，全省县级财政收入1 731.8亿元，占全省财政收入的比重为63%，比2005年提高5.3个百分点；全省所有县（市、区）的地方财政收入均超过1亿元，其中过10亿元的有70个，比2005年增加57个。按财政供养人口计算，2010年全省县级人均财力达到8.4万元，比2005年提高5万元，基层财政保工资、保运转、保民生的能力显著增强，基本公共服务均等化水平明显提高。

——财税改革取得重大突破。企业所得税"两法"合并、增值税转型、成品油税费改革等顺利实施，税费制度更加规范。省以下财政分配关系进一步理顺，转移支付办法逐步完善，财政体制对科学发展的导向更加明确。政府预算体系日趋健全，部门预算、国库集中支付、政府采购、收支两条线、投资评审等改革全面铺开，预算管理、资产管理、债务管理、监督管理、会计管理、法规税政管理、注册会计师行业管理和金财工程建设取得重要成果。各部门财务管理水平也都有新的提高。

回顾过去的五年，成绩令人振奋，经历让人难忘，经验弥足珍贵。总结起来，主要是较好地把握了以下八个方面：

（一）始终把科学发展观作为财政工作的根本指针，不断创新理财观念和工作思路。思想决定行动，思路决定出路。五年来，面对纷繁复杂的工作头绪，各级始终坚持用科学发展观来审视、指导财政工作。在理财观念上，深刻领会科学发展观的丰富内涵，坚持公共财政改革方向，注重以人为本，注重统筹兼顾，注重协调发展，既算经济账、又算政治账，既算发展账、又算民生账，主动站在全局上抓收支、抓管理、抓保障，坚决贯彻落实好中央和省委、省政府决策部署。在工作指导上，坚持以科学发展观统揽财政工作全局，紧紧围绕支持经济文化强省建设这个中心，加快完善公共财政体系，着力建设发展型财政、民生型财政、创新型财政、绩效型财政、阳光型财政，努力开创财政工作新局面。在理财方式上，注重发挥财政杠杆作用，坚持存量优化、增量调整，积极创新财政投入方式，压一般保重点、变小钱为大钱、变死钱为活钱、变资源为财源、用四两拨千斤，不断提高科学理财水平，切实增强财政保障能力。实践表明，科学发展观是财政改革发展的根本指针，只有深入学习实践科学发展观，切实将其转化为具体的理财观念和工作思路，才能正确把握财政工作方向，增强财政事业发展的科学性和创造性。

（二）始终把支持发展作为财政工作的第一要务，最大限度地发挥财政调控作用。过去五年，针对快速变化的经济形势和调控任务，各级准确把握中央宏观调控意图，结合实际灵活审慎地制定政策措施，不断加大财政调控力度，取得明显成效。"十一五"初期，围绕"防通胀、防过热"，认真落实稳健的财政政策，及时运用税费杠杆抑制盲目投资，及时实施生猪、奶牛、化肥等补贴措施，全面建立粮、棉、肉、油等战略物资储备制度，有效抑制了物价上涨，维护了经济社会稳定。金融危机爆发后，围绕"扩内需、保增长"，各级认真落实积极的财政政策，雷厉风行、快速行动，多方筹资、综合施策，千方百计支持扩大投资、促进消费、增加出口，支持传统工业升级改造，支持战略性新兴产业和服务业发展，支持自主创新、节能减排和环境保护，支持重点区域带动战略实施。全省累计落实结构性减税840多亿元；取消和停（减）征行政事业性收费204项，减轻社会负担120多亿元；争取中央投资168亿元，发行地方政府债券139亿元，并通过增加预算内投资，支持搭建政府融资平台，利用政府外债，推进财银合作、银企合作等方式，为

全省经济回升向好提供了强力支撑。后金融危机时期，围绕“转方式、调结构、增财源”，省里又从现代产业体系建设、科技创新引领、文化产业发展、新兴产业培育、重点区域带动、民生政策完善等多个方面制定了32条财税政策措施，各级财政筹措资金380多亿元，带动银行信贷及其他社会资金3 500多亿元，有力地促进了经济发展方式转变和财政收入稳定增长。初步统计，“十一五”时期，全省一般预算中的经济建设支出达到4 304.1亿元，其中2010年为1 272.1亿元，比2005年增加842.6亿元，年均增长24.3%。经过不懈努力，我们经受住了国际金融危机的严重冲击，积累了应对经济剧烈波动的宝贵经验，财政调控杠杆日趋完善，应对复杂局面的能力明显增强。

（三）始终把支持“三农”作为财政工作的重中之重，积极扩大公共财政覆盖农村的范围。“十一五”时期，各级按照“多予少取放活”的要求，努力增加“三农”投入。初步统计，全省财政五年累计用于“三农”方面的资金达4 700亿元，年均增长35.8%。在资金安排使用上，大力促进现代农业发展，支持农业基础设施建设，提前完成了158座大中型水库和3 882座小型水库的除险加固任务；加大农业综合开发和土地综合整治力度，改造中低产田828.7万亩；支持农业科技推广和农业产业化、标准化生产，扩大农业保险试点，农业综合生产能力明显提高。大力支持农村社会事业发展，农村饮水安全、村村通柏油路、户用沼气建设、库区移民扶持取得重要成果，全省农村通自来水率由2005年的52%提高到90%，99.2%的行政村通达柏油路，建设户用沼气180万户，农村教科文卫等社会事业投入大幅度增加，农民生活条件明显改善。大力推进农村税费改革，不仅全面取消农业税，结束了2 600多年农民种地交税的历史，而且大幅度增加了对农民的直接补贴，全省五年累计发放粮食、良种、农机和农资综合补贴280.9亿元，兑付家电与汽车摩托车下乡及以旧换新补贴77.9亿元，政府与农民的分配关系实现了由“取”到“予”的根本转变。大力推动农村综合改革，积极化解农村义务教育债务，建立健全村级组织运转经费保障机制，稳妥推进村级公益事业建设一事一议财政奖补工作，支持完善金融支农机制，激发了农村发展的活力。总的看，过去五年是公共财政支出范围由城市快速向农村延伸的五年，不仅历史性地打破了传统财政的“二元”分配格局，让城乡居民共享改革发展成果，而且有效拓展了财政的服务领域和发展空间，极大地促进了农民增收和农业农村发展。

（四）始终把理财为民作为财政工作的出发点和落脚点，不遗余力地保障和改善民生。“十一五”时期，是民生政策出台最多、民生投入力度最大的时期。各级财政部门不断强化民生意识，始终带着对人民群众的深厚感情拿方案、筹资金，集中财力为群众办实事、办好事。2006年，开始实施乡镇卫生院、敬老院改造，提高企业职工基本养老金标准，建立农村最低生活保障制度，启动教学仪器更新、现代远程教育工程，加大农村中小学危房改造力度。2007年，开始实施义务教育经费保障机制改革，免除义务教育学杂费，完善家庭经济困难学生资助政策，建立城镇居民基本医疗保险制度，加快城市社区卫生服务体系建设，提高新农合政府补助标准，启动城市保障性住房建设。2008年，开始对农村义务教育学生免费提供教科书，启动“两热一暖一改”工程试点，对博物馆、纪念馆实行免费开放，推进村卫生室建设，实施积极的就业政策。2009年，开始实施医药卫生体制改革、农村住房建设和危房改造，启动新型农村社会养老保险试点。2010年，在对已有民生政策扩面提标的同时，完善社保基金使用政策，扩大基金支出范围，降低企业筹资比例，提高职工失业保险金和取暖费补贴标准。经过连续五年加大投入，覆盖城乡的教育、卫生、文化、就业、住房和社会保障体系从无到有、日趋完善，民生政策覆盖范围从小到大、逐步拓宽，保障标准由低到高、逐年提升。初步统计，去年全省仅一般预算中用于民生方面的支出就达2 115.1亿元，占财政总支出的比重达到51.03%，比2005年提高6.2个百分点，全省新增财力大部分都用在了改善民生上，不仅让人民群众实实在在地得到了实惠，而且极大地强化了财政的公共服务职能，践行了理财为公、用财为民的理念。

（五）始终把增收节支作为财政工作的基本任务，努力为经济社会发展提供财力保障。“十一五”时期财政收支矛盾一直非常突出，为增强财政综合保障能力，各级在增收节支方面下了很大功夫。在促进税费征管方面，积极支持有关部门完善征管机制，加强各项税收征管，扩大非税收入管理范围；强化税政管理，完善城镇土地使用税、耕地占用税和地方教育附加等税收政策，促进了财政增收。同时，强化“两个比重”考核，引导各地提高收入质量。2010年，全省地方财政收入占GDP的比重预计可达7%，税收占地方财政收入的比重达到78.2%，均比2005年提高1.2个百分点。在强化支出管理方面，坚持一手抓节支、一手抓保障，全面落实厉行节约规定，大力压减一般性支出，不断优化财政支出结构，集中财力保重点、办大事。五年间，大幅度增加了对经济社会薄弱环节的投入，大幅度提高了行政事业单位的公用经费定额标准，特别是对奥运安保、青岛奥帆赛、“十一运会”、对口援建以及教育、卫生、社保、工商、政法等方面的支出，各级都主动买单、全力保障。在争取中央财政支持方面，注重算好政策账、改革账、体制账，积极反映我省实际困难，在各级各部门的共同努力下，我省争取的中央各类转移支付资金连年增长，对缓解我省财政压力、促进经济社会发展起到了重要作用。事实表明，增收节支是财政工作的永恒主题，只有千方百计开源节流，才能不断提高财政综合保障能力，促进财政可持续发展。

（六）始终把缓解基层财政困难作为财政工作的重要任务，着力促进基本公共服务均等化。县乡财政是财政体系中最薄弱的环节。过去几年，省、市财政坚持工作重心和财力下移，通过先后实施“五奖一补”政策、建立“五个机制”，不断完善转移支付制度，将省对下财力补助与各地科学发展的成效挂钩，着力提高基层财政管理水平和保障能力。一是对县级增加税收、改善收入质量以及市级财力下移、均衡县级财力差异给予奖励，调动基层加快发展、培植财源、增收节支的积极性。二是对县级优化支出结构、精简机构人员、化解农村义务教育债务给予奖励，引导各级加强财政管理，加大民生投入，促进财政可持续发展。三是对自身财力不能满足基本支出需求的财政困难县（市、区）给予补助，全面建立县级基本财力保障机制，切实增强基层政府的公共服务能力。初步统计，“十一五”时期，省对下（不含青岛）各类转移支付达到 2 623.6 亿元，是“十五”时期的 4.5 倍，年均增长 33.3%。按财政供养人口计算，省财政重点帮扶的 60 个困难县（市、区），2010 年人均财力达到 4.97 万元，比 2005 年提高 3.05 万元。事实表明，县乡财政是整个财政的基础，只有把这个基础筑牢夯实了，全省财政的整体保障水平才能提高，基本公共服务均等化的目标才能逐步实现。

（七）始终把改革创新作为财政工作的强大动力，努力提高财政管理水平。推进体制机制创新，是“十一五”时期财政工作的一条主线。在深化财政体制改革方面，我省在 20 个县（市）启动了“省直管县”财政改革试点，在 31 个县（市、区）实施了“乡财县管”，并不断调整完善省市财政分配关系，改进石油、石化、电力、有色金属 4 类企业的税收分成办法，建立市县主体税种增收返还激励机制，完善出口退税省市分担办法，形成了有利于科学发展的财力分配格局。在深化收入分配改革方面，采取“限高、稳中、托低”的办法，规范公务员津贴补贴，全面实行“阳光工资”，稳步推进义务教育学校和基层医疗卫生事业单位绩效工资制度改革，较好地缓解了级次之间、部门之间、地区之间收入分配差距大的问题。在深化预算管理改革方面，扎实推进预算编制改革，建立起包括公共财政预算、政府性基金预算、国有资本经营预算、社会保险基金预算在内的完整的政府预算体系；牢固树立科学化精细化管理理念，从大处着眼、细处着手，不断完善财政管理流程和预算执行机制，加强规章制度建设，努力抓基础、抓基层、抓细节，全方位提高了财政基础管理和基层建设水平。实践证明，体制机制建设是一项管根本、管长远的基础性工作，通过改革创新，不仅为当前财政发展提供了强大动力，也为今后长远发展奠定了良好基础。

（八）始终把作风建设作为财政工作的基本保障，努力打造素质过硬的干部队伍。五年来，各级始终坚持“两手抓、两手硬”，以开展学习实践科学发展观、“两好一高”、创先争优活动为契机，内强素质、外树形象，大力推进学习型机关建设，加大干部培训和教育力度，提高干部综合素质和理财能力；大力推进服务型机关建设，引领干部职工强化服务意识、完善服务机制、提升服务绩效；大力推进实干型机关建设，先后组织开展了财政管理年、调查研究年、整改落实年、财源建设年活动，一年一个主题，狠抓各项工作落实；大力推进廉政型机关建设，全面落实党风廉政建设责任制，抓班子带队伍，抓党建带作风，连年开展“四个一”廉政教育，规范权力运行，加大反腐败源头治理力度，健全了教育、制度、监督并重的反腐败惩防体系。财政研究、新闻宣传、文明创建等工作也取得新成绩。“十一五”时期，财政系统在全省行风评议中一直名列前茅，超过 80% 的市、县财政局被评为市级以上文明单位。这既反映了财政系统作风建设的成效，也为财政改革发展提供了有力保障。

总之，五年的发展硕果累累，五年的成绩来之不易。这是省委、省政府统揽全局、正确领导的结果，是各地区、各部门大力支持、共同努力的结果，是广大财政、财务干部职工艰苦奋斗、辛勤工作的结果。在此，我代表财政厅党组，向关心支持财政工作的各级领导和各部门、单位的同志，向全省财政系统广大干部职工，表示崇高的敬意和衷心的感谢！

在看到成绩的同时，也要看到当前财政运行还面临一些矛盾和问题。主要是：经济结构不尽合理，财政收入“两个比重”相对较低；财政收支矛盾比较突出，部分地区和基层财政仍较困难；财经秩序有待进一步规范，部分企业会计信息失真，个别单位挤占挪用财政资金、铺张浪费现象依然存在，等等。对这些问题，我们要高度重视，继续采取有力措施，努力加以解决。

二、“十二五”时期全省财政改革发展思路

“十二五”时期是全面建设小康社会、实现富民强省新跨越的关键时

期，也是深化改革开放、加快转变经济发展方式的攻坚时期，财政改革发展既面临难得机遇，也面临诸多矛盾和挑战。根据中央和省委、省政府对经济财政形势的分析判断，未来五年经济发展面临的不平衡、不协调、不可持续问题依然较多，全省财政仍将处于紧运行状态。“十二五”时期，全省财政工作要准确把握经济社会发展的阶段性特征，以邓小平理论和“三个代表”重要思想为指导，深入贯彻落实科学发展观，紧紧围绕科学发展主题，牢牢把握加快转变经济发展方式主线，坚定不移地以富民强省为目标，加快完善公共财政体系，更加注重支持经济结构调整，更加注重保障和改善民生，更加注重推进城乡区域协调发展，更加注重财政体制机制创新，更加注重科学化精细化管理，进一步增强财政综合保障能力，为建设经济文化强省做出更大贡献。各级要按照省里的要求部署，科学编制“十二五”财政改革发展规划，重点是着力构建“六个机制”，为经济社会发展提供良好的体制保障和制度环境：

——*构建灵活高效的财政调控机制，为转方式调结构增财源提供强力支撑*。按照中央和省委、省政府战略部署，灵活审慎地制定财政调控政策措施，建立有利于转方式调结构增财源的调控体系，切实增强财政调控的针对性、灵活性。重点是着眼于优化经济增长的动力结构，支持建立扩大消费的长效机制，调整优化投资结构，积极争取和完善鼓励出口的财税政策，形成消费、投资、出口协调拉动的局面。着眼于构建现代产业体系，创新财税扶持政策，促进提高科技创新能力，支持改造提升传统工业，加快发展战略性新兴产业，繁荣发展服务业，增创农业发展新优势，优化经济和财源结构。着眼于发展绿色、低碳、循环经济，完善生态补偿机制，加快淘汰落后产能，推动节能减排，促进经济财源可持续发展。着眼于放大财政资金“乘数效应”，创新财税扶持手段，吸引银行、企业和社会加大对转方式调结构关键领域的投入。着眼于优化发展环境，强化财政法制建设和税政管理，规范财经秩序，为一切创造财富的源泉充分涌流提供条件。

——*构建统一规范的税费征管机制，为财政收入持续较快增长提供强力支撑*。适应纳税主体多元化、交易方式多样化的新形势，全面实施财税库银联网，完善税源控管体系，促进依法治税、应收尽收。按照国家部署，稳步推进增值税、营业税、个人所得税、资源税、房地产税、环境保护税改革，进一步健全地方税体系，深入挖掘政策性增收潜力。健全非税收入征管机制，完善国有资产资源有偿使用制度，加大资产资源性收入征管力度，拓宽财政增收渠道。

——*构建覆盖全面的民生保障机制，为推进基本公共服务均等化提供强力支撑*。把保障和改善民生作为财政工作的出发点和落脚点，大力调整优化支出结构，新增财力重点向以民生为重点的社会发展领域倾斜，争取“十二五”末民生支出占财政支出的比重提高到60%左右，切实增强政府提供公共服务的能力。统筹考虑群众需要、经济发展水平和财力状况，稳步提高各项民生保障标准，加快建立符合省情、比较完整、覆盖城乡、可持续的民生保障体系。合理界定政府与市场以及各级政府间的经费保障分担责任，注重发挥企业、基金会、慈善机构等作用，着力构建“政府主导、社会参与”的多元化民生投入格局。

——*构建积极有效的均衡发展机制，为城乡区域统筹协调发展提供强力支撑*。完善支农投入机制，按照总量持续增加、比例稳步提高的要求，增加财政支农投入，确保农业投入增幅高于经常性财政收入增幅。加大支农资金整合力度，全面落实强农惠农政策，大力支持农业农村基础设施建设，推动现代农业和农村社会事业发展，保障粮食安全，促进农民增收。深化农村综合改革，增强农村发展活力。完善城镇化推进机制，引导生产要素和农村人口向城镇聚集。完善区域发展投融资机制，创新财税帮促政策，支持实施重点区域带动战略。健全产业转移引导机制，推动主体功能区规划建设，优化经济布局。按照财力与事权相匹配的原则，完善省以下财政体制，健全财政转移支付制度，力争在“十二五”前三年基本建立起县级基本财力保障机制，“十二五”后期逐步提高保障水平，推动各级财政均衡发展。

——*构建科学合理的收入分配机制，为促进社会公平和谐提供强力支撑*。按照初次分配和再分配都要处理好效率和公平的关系、再分配更加注重公平的原则，强化财政的收入分配调节职能，加快推进收入分配制度改革。重点支持深化农村改革，拓宽农民增收渠道，建立农民减负增收长效机制。深化企业收入分配制度改革，完善企业职工工资正常增长机制和支付保障机制；建立垄断行业收入分配监管机制，完善垄断企业资本收益收缴使用办法。深化公务员津贴补贴改革，推进事业单位绩效工资制度改革，建立科学合理的机关事业单位收入分配制度。建立低保标准、职工最低工资与物价水平相挂钩的联动机制，提高城乡居民特别是中低收入者的收入水平。充分发挥税收调节收入差距的作用，推动形成公开透明、公正合理的收入分配秩序。

——*构建科学严密的财政管理机制，为推进科学化精细化管理提供强力支撑*。进一步完善政府预算体系，将各类政府性收入全部纳入预算管理。扎实推进部门预算、国库集中支付、政府采购、收支两条线、投资评审、财政监督、绩效考评、税式支出等改革，建立编制科学、执行严格、监督有力、注重绩效、各环节有机衔接的预算管理机制，努力提高财政资金使用效益。完善行政事业单位国有资产管理机制，以建立新增资产预算配置制度为重点，逐步实现资产管理与预算管理的有机结合。完善行政成本控制机制，大力压缩一般性开支，清理不合理财政负担。完善国库现金管理机制，提高国库现金管理收益水平。完善政府财力综合运筹机制，加强资金跨部门整合，增强财政资金使用合力。完善债务管理机制，有效防范财政风险。完善会计管理，加强注册会计师行业监管，提高会计信息质量。完善民主理财机制，积极推行预算公开，强化社会监督。

三、2011 年全省财政工作任务

2011 年是建党 90 周年，也是实施“十二五”规划的开局之年，做好财政工作意义重大。省委、省政府研究确定，2011 年全省地方财政收入预算安排 3 080 亿元，比上年增长 12%；财政支出预算安排 4 600 亿元，增长 11%。这样安排，既充分考虑了世界经济复苏动力不足，我省出口增长难度依然较大的因素，也考虑了国内通胀预期增强、煤电油运紧张、货币政策转型、税制改革加快等因素，还考虑了保障改善民生、增加对经济社会发展薄弱环节投入的需要，是实事求是的，也是积极稳妥的。为了做好今年的财政工作，省厅研究拟定了《2011 年全省财政工作思路》，会上已印发给大家，对今年财政工作作了全面部署，各级要认真抓好落实。重点要在“七个方面”实现新突破：

（一）支持转方式调结构增财源要有新突破。支持发展、培植财源，是关系财政长远发展的战略基点，必须持之以恒地抓紧抓好。今天上午，姜省长就推进转方式调结构增财源提出了新要求。各地要按照姜省长指示精神，在落实好去年一揽子政策措施的基础上，认真贯彻实施积极的财政政策，做好“加、减、乘、除”四篇文章，加大对转方式调结构增财源的支持力度。“加”，就是要努力增加经济建设重点领域和关键环节的投入，充分利用中央投资、地方政府债券、政府外债和预算内资金，加大对传统产业改造升级、战略性新兴产业培育、服务业发展、自主创新、节能减排等方面的投入，加快推进经济结构战略性调整。继续实施家电、摩托车下乡及家电以旧换新补贴政策，开展建材下乡试点，支持城乡流通体系建设，促进扩大居民消费。管好用好外贸发展资金，支持企业扩大出口。“减”，就是要继续实施结构性减税政策，清理规范行政事业性收费和政府性基金项目，落实好对高新技术企业、服务业、中小企业、节能减排、环境保护以及文化旅游产业的税收优惠政策，减轻企业和社会负担。“乘”，就是要放大财政资金的“乘数效应”，更多地采用贷款贴息、投资参股、风险补偿、以奖代补等方式，深入推进财银合作、财企合作、银企合作，以“四两”拨“千斤”。“除”，就是要进一步深化财税改革，积极支持经济社会领域的改革，消除制约经济发展方式转变的体制机制因素，消除物价波动对经济健康运行的影响。

（二）支持“三农”发展要有新突破。2011 年是中央和省委连续第八年下发“1 号文件”聚焦“三农”发展，无论是资金保障，还是政策落实，财政部门肩负的任务都更加繁重。各级要按照“大兴水利强基础、狠抓生产保供给、力促增收惠民生、着眼统筹添活力”的要求，进一步加大强农惠农力度。要健全财政支农投入机制，按照“三个重点、三个确保”的要求，推动财政支出重点向农业农村倾斜，确保用于农业农村的总量、增量均有提高；预算内固定资产投资重点用于农业农村基础设施建设，确保总量和比重进一步提高；土地出让收益重点投向农业土地开发、农田水利和农村基础设施建设，确保足额提取、定向使用。同时，积极采取多种措施，引导金融机构、企业与农民加大涉农投入，努力形成多方共同增加“三农”投入的局面。要明确财政支农工作重点，优先支持实施千亿斤粮食生产能力规划和农业九大产业振兴规划，加快发展现代农业；大力推进小型农田水利重点县建设，支持中小河流和重点泄洪河道治理、山洪灾害防治、南水北调工程，加快改善农业基础设施条件；认真抓好农村土地综合整治，加大农业综合开发力度，提高农业综合生产能力；完善农业保险保费补贴政策，落实好各项惠农补贴政策，支持粮食收购和农产品市场调控，切实保障主要农产品有效供给，稳定市场物价。要继续深化农村综合改革，全面完成农村义务教育债务化解任务，扎实开展村级公益事业建设一事一议财政奖补，完善村级组织运转经费保障机制，进一步激发农村发展活力。

（三）保障改善民生要有新突破。今年中央和省里出台的民生政策很多，有些是新实施的政策，有些是原有政策扩面提标，资金保障任务很重。各级要在预算安排和资金运筹上，高度重视民生，优先保障民生，积极采取措施，切实将民生资金安排足、准备好。一要增加教育投入，努力提高教育经费支出占财政支出的比重，将农村初中和小学的生均公用经费定额分别提高到 800 元和 600 元，将农村初中和小学的寄宿生生活费补助标准分别提高到 1 000 元和 750 元，并进一步提高贫困学生资助标准和覆盖面，大幅度提高各类高校和职业学校的生均拨款水平，大力支持学前教育，促进高校债务化解。二要加大医疗卫生投入，支持深化医药卫生体制改革，将新农合与城镇居民基本医疗保险政府补助标准由120元提高到200元，将人均基本公共卫生服务经费标准由15元提高到25元，推进基层医疗卫生机构实施基本药物制度，稳步推进公立医院改革试点。三要支持加快建立覆盖城乡居民的社会保障体系，将新农保试点范围扩大到50%以上的县（市、区），并将城镇无收入居民纳入保障范围；将农村低保标准提高到1 400元；将企业退休人员基本养老金发放标准提高10%以上。四要增加保障性住房建设资金，支持廉租住房、公共租赁房和农村住房建设，加快棚户区和农村危房改造，确保完成省委、省政府确定的保障性住房建设任务。五要建立孤儿基本生活保障制度，保证集中和分散抚养孤儿每月基本生活费不低于1 000元和600元。六要根据物价上涨情况，适时提高对低收入群体的基本生活补助。对上述各项民生支出，特别是新增支出，省里将结合各地财力情况，合理确定各级的分担比例，加大补助力度。市级也要加大对所辖县（市、区）的帮扶力度，形成民生保障的资金合力。要加强民生资金监管，确保将民生政策落实到位，切实将好事办好。

（四）增收节支要有新突破。各级从年初开始，就要紧抓增收节支不放松。一方面，要加强收入调度分析，严格税政管理，积极推进财税库银联网，完善税源控管体系，强化税收征管质量监督检查，促进依法治税、应收尽收。要积极推进税制改革，加快完善地方税体系。尤其是对即将推行的增值税、营业税改革试点，要密切关注，提前做好准备工作，为长远发展奠定基础。高度重视收入质量，进一步优化收入结构，提高税收占地方财政收入的比重。加强非税收入征管，突出抓好土地、矿产、海域、国有资本经营收益等资产资源性收入征管，努力拓宽增收渠道。另一方面，牢固树立过紧日子思想，落实好厉行节约各项规定，大力压减一般性支出。积极整合资金，集中财力保重点、办大事。强化预算执行动态监控，加快支出进度，提高预算执行的及时性和均衡性。加强对重点支出的跟踪检查，强化绩效考评，努力提高资金使用效益。

（五）缓解县乡财政困难要有新突破。建立县级基本财力保障机制，是加强基层财政建设、促进基本公共服务均等化的一项重大举措。为进一步缓解县乡财政困难，2011年省里将结合中央财政支持，增加奖补资金规模，加快推进县级基本财力保障机制建设。各地要高度重视，强化措施，抓好落实，为2012年全部消化县级基本财力缺口奠定基础。一方面，要将省里的补助资金，及时足额下达到相关县（市、区），并引导县乡继续深化改革，加强管理，严格控制和精简财政供养人员，优化支出结构，提高资金使用效益。另一方面，市级要加大对下转移支付力度，提高缺口县的财力水平。为调动各市缩小辖区内县级财力差距和各县（市、区）增收节支的积极性，省里将对统筹区域发展工作做得好的市和民生事业保障好的县（市、区）给予奖励，力争通过上下共同努力，使这项工作取得突破性进展。

（六）深化财政改革管理要有新突破。要进一步深化政府预算体系改革，扩大国有资本经营预算改革范围，规范社会保险基金预算编制。从2011年起取消预算外资金，将所有政府性收入全部纳入预算管理。继续深化部门预算改革，提高预算编制的科学性、完整性、准确性。深化国库集中支付改革，建立预算执行情况通报制度，强化部门预算执行主体责任。深化政府采购改革，规范政府采购预算编制与执行。深化行政事业资产管理改革，推进资产管理与预算管理相结合。牢固树立“大监督”理念，加快完善覆盖所有政府性资金和财政运行全过程的监督机制。建立健全财政项目支出投资评审机制，促进投资评审与预算管理有机融合。扩大绩效考评试点范围，建立以绩效为导向的预算管理机制。加强政府债务管理，防范和化解债务风险。加强财政法制建设，推进企业会计准则和内部控制规范的贯彻实施，强化注册会计师和资产评估师行业监管，加强基层财政管理，加快财政信息化建设，推进预算公开，提高财政科学化精细化管理水平。

（七）加强干部队伍建设要有新突破。各级要以开展创先争优活动为契机，进一步加强政风行风和干部作风建设，引导干部职工提高素质、锤炼作风，为财政改革发展提供组织保障和智力支撑。重点是要大力弘扬好学上进之风，健全学习制度，创新教育培训方式，引导干部学理论、学政策、学业务，自觉用科学发展观武装头脑、指导实践。大力弘扬求真务实之风，着眼新目标、立足新实践，进一步加强调查研究，解放思想、更新观念，大胆创新、真抓实干，以更加广阔的视野，更加有效的办法，破解工作难题，推动改革发展。大力弘扬团结干事之风，加强财政部门领导班子建设和基层组织建设，完善部门之间、系统上下的协作机制，团结合作、群策群力，形成攻坚克难的强大合力。大力弘扬勤政廉洁之风，以落实党风廉政建设责任制为核心，以学习贯彻《廉政准则》为重点，切实抓好廉政教育，强化廉政监督，引导干部职工心存法纪、行有所止，依法行政、廉洁自律，始终保持为民、务实、清廉的本色，树立财政部门的良好形象。

同志们，新的一年，财政工作任务艰巨、使命光荣、责任重大。让我们在省委、省政府正确领导下，开拓进取、扎实工作，努力开创财政改革发展新局面，以昂扬向上的精神风貌、更加出色的工作业绩，迎接建党90周年。

于国安同志在全省财政局长座谈会上的讲话

（2011年8月12日）

同志们：

这次会议是省政府同意召开的，主要任务是贯彻落实全国财政厅（局）长座谈会和省委九届十二次全会精神，总结今年以来的财政工作，分析当前财政经济形势，部署下半年财政工作，研究落实财政“十二五”规划，推进全省财政可持续发展。会上，书面印发了全国财政厅（局）长座谈会传达提纲。下午，省委常委、副省长孙伟同志还将出席会议并作重要讲话。大家要用心学习领会，认真抓好贯彻落实。下面，我代表省财政厅党组，讲三个方面问题：

一、要正确分析把握当前财政经济形势

今年以来，面对错综复杂的国内外环境，全省各级在省委、省政府正确领导下，坚决执行中央宏观调控政策，积极作为、科学务实，集中精力控物价、稳增长、调结构、惠民生、促和谐，经济社会呈现良好发展态势。上半年，全省实现生产总值2.19万亿元，同比增长11.1%；农业生产形势良好，夏粮连续9年增产；工业平稳较快增长，规模以上工业增加值增长14.1%；服务业加快发展，实现增加值增长11.0%；固定资产投资增长21.9%，社会消费品零售总额增长17.0%；居民消费价格累计上涨4.7%，低于全国0.7个百分点；城乡居民收入稳步增加，社会民生得到持续改善，各方面都取得了较好的成果。

在经济社会持续发展的基础上，财政预算执行呈现出又好又快的特点。突出表现在以下几个方面：一是财政收入增幅较高。1～7月份，全省地方财政收入完成2 209.41亿元，占预算的69.87%，比去年同期增长32.9%。其中，税收收入1 683.08亿元，增长26.34%。尤其是营业税、企业所得税、个人所得税，增幅均超过30%，分别达到30.17%、38.9%、30.57%，充分反映了全省转方式调结构的积极成效。今年财政收入增长较快，主要是经济推动、政策拉动、物价带动等多方面因素共同作用的结果，其中受预算外收入全部纳入预算内影响，前7个月全省非税收入增长59.38%，相应拉动地方财政收入增长11.8个百分点。从全国看，今年财政收入增幅高带有普遍性。1～7月份，全国地方财政收入增长34.9%，我省增幅虽略低于全国平均水平，但高于东部沿海其他一些省市。二是财政支出进度明显加快。今年以来，各级通过加快部门预算批复、加快支出项目落实、加快重点资金拨付、加强预算执行考核等，有效提高了财政支出进度。1～7月份，全省财政支出完成2 371.81亿元，比去年同期增长34.97%；完成预算的53.96%，进度比去年同期快3.15个百分点，比全国地方平均进度快3.36个百分点，其中有9个市的支出进度超过55%，这是多年来没有过的。财政支出进度快，表明各项工作推进快、落实好，财政资金使用效益明显提高。三是财政支出结构进一步优化。预算执行中，各级科学调度资金，大力压减一般性开支，集中财力保重点、保民生。在去年全省党政机关运转经费压缩8.2%的基础上，今年进一步削减和压缩，其中省级公务用车购置和运行经费比年初预算压缩2%，用水用电用油支出也比去年压缩2%。全省民生支出完成1 285.96亿元，增长47.40%；民生支出占全部财政支出的比重达到54.22%，比去年同期提高4.57个百分点，其中农林水事务、教育、社会保障和就业、医疗卫生支出，分别增长58.52%、31.73%、45.54%、99.28%，较好地落实了各项民生政策。四是一些重点工作取得新进展。在全面抓好各项工作的同时，各级紧紧围绕经济社会发展的重点问题，加大财政支持和保障力度。大力支持转方式调结构，1～7月份，全省经济建设性支出完成710.21亿元，增长26.28%。其中，省级年初安排这方面资金达177亿元，前7个月已下达131亿元，占比达到74%，有力地促进了经济发展方式转变。省级整合财政支农资金200亿元，支持实施农业十大产业振兴规划，得到省领导及有关部门的充分肯定。大力支持蓝黄两区建设，在年初预算安排10亿元的基础上，预算执行中又增加6亿元，并争取中央财政“十二五”期间，每年给予我省两区建设补助资金8亿元，这将为我省加快两区建设提供有力支撑。大力支持社会保障体系建设，积极筹措资金解决老工伤人员参保历史遗留问题，启动实施了城镇居民社会养老保险试点，并将新型农村社会养老保险试点扩大到全省范围，年内实现两项制度全覆盖；加大保障性住房建设投入，目前已下达中央和省级财政补助资金26.08亿元，上半年全省共筹措保障性住房建设资

金210亿元。大力支持水利建设，省里研究制定了《地方水利建设基金筹集和使用管理办法》，预计今年全省可筹集资金120亿元左右，加上一般预算安排的资金，全省水利建设投入将大幅度增加。大力支持教育化债工作，省里建立了高校化债激励约束机制，力争今明两年化解高校债务100亿元；同时，积极化解农村义务教育债务，截至目前全省累计化解44.82亿元，拖欠多年的农村义务教育债务终于得到全部清偿。大力支持农村公益事业发展，启动实施了农村环境连片整治试点工作，三年将整合中央和省级财政资金18亿元，支持加快农村生态文明建设；扩大一事一议财政奖补范围，1～7月份省财政下达奖补资金6.87亿元，促进了农村公益事业加快发展。

总的看，前7个月预算执行情况是好的，但也存在一些需要引起足够重视、认真研究解决的问题。收入方面，虽然全省收入增幅较高，但受多方面因素影响，一些收入项目也出现了增长乏力的现象。比如，受全球流动性过剩和大宗商品价格上涨影响，全省工业生产者购进价格指数与出厂价格指数涨幅出现倒挂，在一定程度上影响了企业利润和税收的增长。上半年，工业生产者购进价格指数上涨10.2%，出厂价格指数上涨7.4%，价格剪刀差由一季度的2.3个百分点扩大到2.8个百分点；全省工业增值税仅增长11.8%，低于工业增加值增幅2.3个百分点，尤其是纺织品、有色金属、钢坯钢材、电力行业，上半年增值税分别下降7.6%、1.2%、1.3%、1.1%。再比如，受房地产市场调控影响，房地产开发投资和相关税收增速放缓。上半年，全省房地产开发投资增长30.9%，比一季度回落6.3个百分点；全省房地产业营业税、企业所得税增幅，分别比一季度回落7.4个、25.1个百分点。与此同时，一些城市土地收入出现“量价齐跌”现象。1～7月份，全省土地出让均价降低了4%；土地出让金收入增长17.34%，增幅比去年同期下降89.13个百分点，比去年全年下降56.03个百分点。这两项收入增幅回落较大，将对相关产业及后续财源造成一定的影响。非税收入增长较快、占比较高的问题也值得注意。1～7月份，全省非税收入完成526.32亿元，增长59.38%，增幅比去年同期提高47.46个百分点。非税收入占财政收入的比重为23.82%，比上年同期提高3.96个百分点。尽管非税收入增幅较高主要是政策调整的结果，但相对于税收收入增长26.34%的水平来讲确实有些超常。支出方面，虽然全省支出进度加快，但各项支出进度不够平衡，一些专款支出进度仍然偏慢。比如，1～7月份全省一般预算中保障性安居工程支出9.99亿元，同比口径仅占年初预算的36.87%，其中省里已经下达的20.12亿元专项补助资金，目前只实现支出8.4亿元，仅完成预算的41.3%。一些民生政策落实还有薄弱环节，通过“阳光政务热线”反映这方面的问题比较多，这一方面说明人民群众对民生政策和自身权益的关注程度越来越高，另一方面也反映出我们对民生政策的宣传力度不够，基层抓落实还不够细致、不够扎实。对此，我们必须引起高度重视，采取有力措施，认真加以解决。

从今后几个月的财政经济走势看，随着中央和省一系列决策部署的深入实施，各地转方式调结构步伐加快，全省经济将保持良好发展势头，为圆满完成全年预算任务创造良好条件。但受国内外复杂环境的影响，经济不稳定、不确定因素明显增多，财政运行也面临许多新的问题。从经济上看，受西方发达国家经济疲软、欧债危机加深、日本地震、国际金融市场急剧动荡、新兴经济体通胀加剧以及人民币升值、贸易摩擦和市场竞争等多重因素影响，我省投资、消费、出口都将受到一定制约，如外贸出口自4月份以来增速逐月放缓，6月份仅增长8.6%，同比回落27.3个百分点。高新技术产品出口累计下降12.6%。原材料、劳动力成本持续上升，企业经营成本增加、资金紧张，加之楼市、车市和家电销售逐步降温，节能减排的约束力度加大，将直接影响财政收入的增长。从财政上看，减收增支压力仍然很大。经济上的变化必然会反映到财政上来，落实国家减税清费政策，也必将影响财政收入的增长。其中仅实施个人所得税改革，今年后4个月就将影响全省税收收入近9亿元。刚性增支因素不断增多，年初预算确定后国家又出台了一些新的增支项目，如扩大新农保制度覆盖面、启动城镇居民社会养老保险试点、扩大工伤保险范围、加快推进保障性住房建设，以及免费开放美术馆、公共图书馆、文化馆等，全省预算以外仅落实民生政策就需新增支出约100亿元，各级财政尤其是县乡财政保障压力较大。对此，各级财政部门一定要保持清醒头脑，正确分析把握财政经济形势，既要看到有利条件，坚定做好工作的信心，又要看到不利因素，增强忧患意识、责任意识，牢牢把握财政工作的主动权，努力取得更大更好的成绩。

二、抓住重点，进一步做好后几个月财政工作

最近召开的省委九届十二次全体会议，对做好下半年工作提出了明确要求，强调要深入贯彻落实科学发展观，把握主题主线，把握发展大势，抓住战略机遇，坚持改革创新，着力解决经济发展中的突出矛盾和问题，巩固经济发展的良好势头，努力实现“十二五”良好开局。我们要认真学习贯彻全会精神，进一步强化措施、

加大力度，扎实做好各项财政工作，确保圆满完成全年目标任务。这里，着重强调以下几个问题：

（一）要进一步加强和改善财政对经济的调控。促进经济平稳较快发展，加快转变经济发展方式，是今年经济工作的重中之重。各级要针对经济运行中的突出矛盾和问题，进一步制定措施、完善政策，更好地发挥财政的调控和保障作用。一是努力维护物价稳定。这是当前宏观调控的首要任务，各级要切实抓好各项物价调控措施的落实。要认真实施农业十大产业振兴规划财政政策，努力增加涉农产业财政投入，大力支持粮、棉、油、菜、畜产品生产，落实好扶持生猪生产的政策措施，建立健全重要生产生活物资储备，进一步增加农产品有效供给、增加农民收入。流通环节费用过高是推动物价上涨的重要因素，要清理整顿流通环节收费项目，支持搞好流通网络建设和农超对接，畅通农产品流通“绿色通道”，最大限度地降低农产品流通费用。要完善社会救助和保障标准与物价上涨挂钩联动机制，及时发放价格临时补贴，确保困难群众生活水平不因物价上涨而降低。二是多措并举引导投资稳定增长。今年以来，我省投资需求有所减弱，上半年新开工项目仅增长8%，比前5个月回落3.8个百分点。投资是保持经济平稳较快增长的关键因素，各级财政部门对于年初预算安排的各项投资性资金，如支持新兴产业、自主创新、服务业发展、节能减排、两区建设等资金，以及中央有关部委在我省开展的一些试点示范工程，如农村环境连片整治、建筑节能改造、城市污水管网建设、矿产资源节约利用示范基地等，这些项目资金规模大、涉及面广、拉动作用强，应加快项目落实和资金拨付进度，确保重点项目建设需要。要创新资金使用方式，大力推进银企对接与合作，充分利用企业信用担保、贷款风险补偿、创业投资引导、小额担保贷款、政府采购合同担保等手段，更好地发挥财政投资对银行信贷和社会资金的引导作用。省财政将择机扩大国库现金管理操作规模，引导银行增加对企业特别是中小企业的投入，力求在缓解企业资金紧张、破解中小企业融资“瓶颈”方面取得新成效。三是进一步扩大消费和出口。认真落实鼓励消费的各项财税政策，通过提高居民收入、增强居民消费能力、改善消费环境，支持扩大消费需求。大力培育休闲旅游、文化娱乐、体育健身、社区服务等消费热点，积极支持“国民休闲汇”和“满意消费惠万家”活动，实施好“万村千乡”和“双百”市场工程，促进消费不断升级和持续增长。家电下乡及以旧换新政策将于今年底结束，各级要抓住最后的机遇搞好宣传促销，扎实做好补贴资金兑付工作，切实把政策用好用足。要实施好建材下乡试点，进一步激活和拉动农村消费。对当前的外贸形势，省委、省政府非常关注，各级要积极落实外贸发展相关资金，充分利用出口信用保险保费补贴等手段，支持扩大外贸出口。要大力支持优势产品出口基地及质量安全示范区建设，支持重点招商和经贸洽谈活动，推动企业抢占市场、抢占资源，进一步拓展经济发展空间、发挥好出口带动作用。

（二）要认真做好涉及民生等领域的重点工作。今年民生保障的事项多、任务重，各级要在落实好年初省委、省政府确定的26件实事的同时，进一步抓好以下几项工作：一是确保城乡居民养老保险两项制度全覆盖。这项工作涉及面广、政策性强，是人民群众热切期盼、政府极力推动的一件大事，也是当前财政民生保障的重中之重。从目前调度的情况看，绝大部分市县都已落实资金，正式启动了两项制度试点。这是一项重大的政治任务，省政府已明确要求年内实现两项制度的全覆盖。今年无论是纳入国家试点范围的地区，还是年初向省政府承诺自主试点的地区，不管困难有多大、资金多紧张，都要想方设法落实资金、确保政策到位，不能因为财政困难就不兑现政府承诺。各市财政部门要加大对所辖县的支持力度，并强化督促指导、检查考核，扎扎实实地把这两项制度落到实处，让所有符合条件的人员都能按时、足额领到基础养老金，决不能以财政资金紧张为由而失信于民。二是大力支持保障性住房建设。今年国家下达给我省的保障性安居工程建设任务是33.2万套（户），这是必须完成的约束性指标、硬任务。社会各方面对这项工作非常关注，中央将对各省市工作推进情况进行通报，下半年还要派督导组到各省市检查，省人大也要专门组织一次视察。截至7月底，我省开工的保障房和新增补贴廉租住房合计已达27.05万套（户），占全年任务的81.5%，而财政一般预算资金仅支出了不到10亿元。各地要认真查找原因、采取措施，千方百计筹措资金，切实加大财政投入，并加快资金拨付进度，决不能因为资金不到位影响工程建设。省厅将定期调度检查，并将支出进度纳入省对各地的考核范围，作为安排下一年度奖补资金的重要依据。对因支出进度慢而影响中央明年对我省补助规模的，将相应扣减有关市县补助资金。保障房建设资金投入很大，仅靠财政安排是远远不够的，要积极创新资金运作机制，吸引各方面的资金参与保障房建设和运营。青岛市在这方面有些成功的做法，通过完善公租房租售制度、成立公共住房建设投资中心等方式，吸引社会资金加大投入，上半年就超额完成了全年开工建设指标，值得各地学习借鉴。三是积极筹集落实地方水利建设基金。水利建设关系到人类生存，事关经济发展和社会进步，历来是治国安邦的大事。中央对此高度重视，前不久专门召开了高规格的水利工作会议。省里也将于9月份召开水利工作会议，对加快全省水利建设作出部署。中央和省委、省政府要求大幅度增加水利建设投入，这将成为当前及今后一个时期财政资金安排的重点。今年省政府制定了《地方水利建设基金筹集和使用管理办法》，这为建立稳定持续的水利建设筹资机制，促进水利事业发展创造了条件。各级要与有关部门搞好衔接，积极发挥主导作用，确保将水利建设基金足额筹集到位，并加大对水资源费的征收力度，争取今年水利建设投入能有一个大的突破。四是努力加大教育投入。去年我省预算内教育经费（不含中央专款）占财政支出的比重为17.18%，与2009年相比不仅没有提高，反而下降了0.57个百分点。今年如果不显著加大投入，明年将很难完成20%的目标任务。财政部已经明确，将于今明两年对各地财政教育投入情况进行评价分析，并作为中央财政安排转移支付的重要依据。各级都要认真落实有关教育投入政策，不仅要在年初预算安排上给予重点倾斜，在超收收入的使用分配上也要向教育倾斜，特别是要落实好土地出让收益10%用于教育的规定，确保教育支出比重有明显提高，努力为明年完成目标任务创造条件。要加大对市属高校的支持力度，省里已经制定高校化债的政策，明确了市属本科院校经费划转省级管理的标准，并确定省对市级增加本科高校生均拨款按60%给予奖励。实施这一办法，有关市眼前会增加一些投入，但达标后经费上划省级管理，今后所有压力都体现在省级财政。因此，希望各有关市顾大局、算大账，把眼光放长远些，不等、不靠、不拖，积极化解债务、提高定额，切实把这项领导重视、高校关心的大事办好，促进各类高校均衡发展。另外，要抓住医疗卫生财政投入大幅度增加的有利时机，大力推进医疗卫生体制机制改革，全面完成各项医改任务。积极推进事业单位改革，研究制定促进改革的财税政策和措施，妥善解决改革中的人员安置、收入分配及资产管理等问题，保障改革顺利实施。积极稳妥地推进厂办大集体改革，认真落实好经济补偿和社会保障政策，切实管好用好中央补助资金，力争尽早完成改革任务。

（三）要进一步加大县乡财政建设保障力度。县乡财政是整个财政的基础。目前绝大多数民生政策都要由县乡财政去落实，县乡财政的资金保障压力很大、资金监管任务最重。抓好县乡财政建设，缓解县乡财政困难，不仅关系财政事业的长远发展，而且对加强基层政权建设、统筹城乡发展、促进社会和谐稳定具有重大意义。一是加大省级统筹县乡区域发展力度。从促进区域均衡发展考虑，省里对东中西地区，坚持分类指导，采取不同的扶持政策。对东部地区一些县市，主要是支持实施蓝黄两区建设规划，促其率先发展、加快发展，更好地发挥其辐射和带动作用。对中西部地区，主要是通过建立县级基本财力保障机制，增加转移支付加以扶持。去年，省里通过建立县级基本财力保障机制，加大对60个财政困难县的扶持力度，有效提升了基层财政保障能力。但按照财政部新标准测算，今年我省还有56个县存在基本财力缺口120亿元。根据财政部今年要消化75%的目标计算，我省需消化90亿元财力缺口，任务很重、压力很大。为此，今年省级将结合中央财政支持，大幅度增加县级基本财力保障资金，以确保完成全年消化财力缺口的目标任务，充分体现省委、省政府对基层财政的重视和关心。二是健全市级统筹区域发展激励机制。去年，各市努力增加对下转移支付，在统筹所辖县均衡发展方面发挥了重要作用。为进一步强化市级统筹县乡发展的责任，省里参照财政部的做法，今年对利用自有财力增加县级补助、缩小辖区内县级财力差距的市，继续给予适当奖励；对今年缺口消化率低于75%的市，将相应扣减市级财力，用于补助其所辖财政困难县。我省目前市级财力状况相对较好，市级有责任也有能力加大对下帮扶力度。三是着力提高县级自我保障能力。缓解基层财政困难，上级帮扶很重要，但最根本的还是要靠县乡自身努力。各县要进一步强化发展意识、机遇意识，努力培植壮大财源，狠抓增收节支，切实增强自我保障能力。为充分调动各县加快发展的积极性，对通过自身努力消化财力缺口的县，今年省级将继续给予适当奖励。对省市两级的补助资金，各县要捆绑使用、统筹安排，优先用于落实各项民生政策，决不允许用于楼堂馆所建设，也不能用于劳民伤财的“政绩工程”。四是加强乡镇财政建设。乡镇财政处于财政系统的最基层，与群众直接打交道，是财政工作的重要窗口。为支持乡镇财政建设，今年省级已安排专项资金，通过以奖代补方式，对乡镇财政信息化及惠民大厅建设等给予补助。市县财政也要加大投入，支持乡镇财政干部培训，改善乡镇财政所办公条件，使乡镇财政充分发挥就地、就近监管的优势，更好地促进政策落实、服务基层群众。要认真做好村级公益事业建设一事一议财政奖补工作，重视和加强村级经费保障，确保村级组织正常运转，努力促进农村繁荣发展。

（四）要积极稳妥地推进财政预决算公开。财政预决算公开是大势所趋。今年以来，国务院已两次召开常务会议进行专题研究，国务院办公厅还专门下发通知，对预决算公开工作提出了明确要求。财政部也两次召开全国会议，对地方预决算公开工作进行具体部署。从目前已经公开的中央部门预算、中央部门及个别省市“三公”经费预算情况看，尽管存在这样那样一些问题、社会反响很大，但毕竟向民主理财的方向迈出了重要的步伐，有利于保障公民的知情权、参与权和监督权，对促进党政机关厉行节约、提高依法行政和理财水平具有十分重要的意义。我们要更多地看到预决算公开的积极作用，认真做好预决算公开的各项准备工作，积极应对挑战、接受社会检验。要把中央要求和我省实际结合起来，按照先公开预算、后公开决算，先公开总额、后公开明细的顺序，积极扎实地做好预决算公开工作。省级初步打算分三步到位：第一步，今年公开财政总预决算和省对下转移支付管理办法。目前，省里已通过网站主动公开了财政总预算、总决算及预决算各 10 张表格，省级对下转移支付办法也将上网公开，这一步任务已基本完成。第二步，明年在细化公开公共财政预决算和政府性基金预决算的基础上，增加公开国有资本经营预算，并向社会公开 2011 年省级行政经费决算总额、2012 年省级“三公”经费预算总额，以及提交省人代会审议的 48 个部门预算及其“三公”经费预算。第三步，2013 年，进一步增加提交省人大审议部门预算的省级部门，并将其预算向社会公开。同时公开省级国有资本经营决算、部门决算、“三公”经费决算及相关部门的行政经费决算，基本实现所有预决算信息内容的全面公开。

市级预决算公开工作，应与省级基本保持一致，公开内容及细化程度可参照省本级的做法。这项工作系统性强、涉及面广、敏感度高，各市要早动手、早谋划，把各方面的工作做细、做深、做扎实，最大限度地减少负面影响，决不能打无准备之仗。一要制定预决算公开规划。国务院明确要求，各级政府是预决算公开的推动主体，各级财政部门负责对本地区预决算公开工作提出具体意见，各部门是部门预决算公开的具体实施主体。因此，各市县财政部门要制定规划、提出具体公开方案，报经同级政府批准后实施。市级财政部门要加强对市直部门和所辖县（市、区）的指导，制定县级实施预决算公开的指导意见。为确保同一市辖区内工作的均衡性，省直管县预决算公开工作，由所在市统筹考虑并具体负责指导实施。二要改进预决算编制管理工作。实施预决算公开，对预决算编制管理提出了新的更高要求。要本着统一范围、统一内容、统一标准、统一口径、统一格式的原则，认真扎实地做好明年及以后年度的预决算编制工作，努力把预决算编细、编实、编好，这是确保财政预决算公开后，能经得起各方面比较与推敲的前提和基础。要认真查找预算管理中的薄弱环节，进一步改革和完善预算管理制度，提高预算编制的科学性、准确性和规范性，增强预算执行的均衡性、有效性和严肃性，全面提高预算编制和执行质量，并尽可能保持预决算的一致，以免引起社会公众更多的质疑。三要建立预决算公开信息反馈机制。预决算公开工作关系到网情、舆情的反映，必须及时快速应对，有必要建立一个有效的信息反馈机制。工作中，省厅将及时把有关精神通报各市，各市也要及时将本级及所辖县的工作进展情况报送省厅。市县如果在中央和省里确定的意见之外，再加大信息公开力度或加快步伐的，事先应主动与省厅沟通一下，确保这项工作在全省范围内稳妥、扎实、有序地推进。

（五）要进一步推进财政管理改革。近年来我省财政改革不断深化，财政管理逐步规范，但工作中仍存在一些问题和不足，需要不断加大管理改革力度。一是继续抓好支出进度。财政支出进度的快慢，在很大程度上代表着部门落实党委、政府工作部署的进度，是衡量和检验财政管理水平的重要标志。我们财政部门不做“守财奴”，预算确定后要督促有关方面尽快把该花的钱花出去，促使规划早落实、项目早实施、资金早见效。要建立预算编制与执行挂钩机制，把预算执行进度作为预算安排的重要依据，对执行进度慢、结余结转规模大的项目，原则上不再增加预算数额；对执行进度快、实施效果好的项目，应进一步加大预算支持，努力把抓支出进度变为部门单位的自觉行动。加快支出进度涉及方方面面，需要上下联动、密切配合，各市县都要进一步完善制度办法，切实把预算执行管理提高到一个新的水平。二是建立预算绩效评价制度。加强预算绩效管理是建设高效、责任政府的重要内容，也是支出管理改革的重点和方向。今年财政部下发了关于加强预算绩效管理的意见和具体办法，对加强预算绩效管理提出了明确要求。省厅也制定了省级财政支出绩效评价管理暂行办法，明年省级将选择 15 个重点专项资金进行绩效评价，并把绩效评价结果作为下年度预算安排和监督检查的依据，逐步形成“谁干事谁花钱、谁花钱谁担责”的机制。各市也要增强绩效意识，完善绩效管理办法，不断扩大试点范围，积极推进预算绩效管理改革，努力提高财政资金使用效益。三是积极推进财政支付方式改革。目前国库集中支付改革已在全省全面实施，但财政资金直接支付的比例一直处于较低水平，近年审计年年提出这个问题。公务卡是公用经费支付方式的一项重大变革，也是利用现代金融工具加强财政财务管理的一项重要手段，但目前使用公务卡报销支出的部门和结算金额还比较少，远没有发挥其应有的效用。希望各级提高认识、加大力度，扩大国库集中支付资金覆盖面，不断提高直接支付比重；同时，采取一些强有力的措施，加大公务卡推广应用力度，充分发挥其对规范财政资金管理的作用。四是大力推进政府预算编制改革。继续细化公共财政预算和政府性基金预算编制。对非税收入按资金的不同性质，分别纳入公共财政预算或政府性基金预算管理，其中：对于可统筹使用的资金，应纳入公共财政预算；对于难以统筹、具有专款专用性质的资金，要纳入政府性基金预算。要深化政府采购预算编制改革，做到应编尽编、应采尽采，切实解决预算编制规模小、执行慢的问题。加快国有资本经营预算编制改革，进一步扩大预算编制范围，各设区市和国有企业资产规模较大的县（市、区）今年都要建立这项制度，明年起省级国有资本经营预算要向省人代会报告。深化社保基金预算编制改革，切实加强各项社保基金管理，努力在细化和规范上下功夫。要加强各类预算的衔接，真正使各类预算能够相互融通、形成合力、发挥整体效益。五是全面加强各项财政基础管理。加快推进金财工程应用支撑平台建设，确保年底完成市级平台建设任务。健全预算编制与资产管理有机结合的工作机制和流程，探索建立“公物仓”运作及产权交易平台。财政投资评审与预算管理应有机融合，重大投资项目都应纳入投资评审范围。认真落实好企业会计准则，健全高端会计人才选拔培养机制，抓好会计师事务所改制和分类管理。在强化财政内部监督的同时，切实加强对重大民生政策落实、预算编制与执行、会计信息质量等的监督检查，进一步规范财经秩序。抓好干部教育培训，尽快部署开展财政“六五”普法工作，提高干部综合素质和依法理财能力。六是确保财政资金和干部安全。资金和干部安全是财政工作的生命线。如果在这方面出了问题，将会严重影响财政工作及干部队伍形象。近年来，全国财政系统发生了多起资金安全和干部腐败案件，我省也发生了几起严重违法违纪问题，在社会上造成了很坏的影响。这个问题必须严肃认真对待，从思想上引起足够重视。要严肃财经纪律，财政资金分配必须严格按制度规定办事，并切实加强漏洞和风险的排查与管理。严肃津补贴纪律，未经批准不得擅自提高津补贴标准，违规增加津补贴项目，扩大津补贴核定基数。严格财政专户管理，在前段全省清理整顿、撤销2 500多个专户的基础上，进一步加强监督检查，落实整改措施，健全管理制度，确保全省财政资金运行安全、规范、有效。严格资金安全岗位和人员管理，认真落实总预算会计制度规定，分设岗位、配足人员，加强制衡和监督。严格执行各项廉政规定，并结合加强党风廉政建设，进一步完善财政资金管理内控机制，不断强化防范措施、预警控制，确保财政资金和财政干部都不出问题。

三、认真研究落实“十二五”规划，着力促进财政可持续发展

“十一五”时期，全省财政实力显著增强，地方财政收入累计完成9 936.7亿元，年均增长20.7%；地方财政支出累计完成1.42万亿元，年均增长23.1%。纵观“十一五”，在省委、省政府的坚强领导下，在以尹慧敏同志为班长的厅党组带领下，在各级财政部门的积极努力下，我省财政改革发展创造出许多成功的经验，财政工作呈现出许多新的亮点：一是财力分配向基层转移。过去五年，省对下各项转移支付年均增长33.3%，总量达2 623.6亿元，是“十五”时期的4.5倍。2010年，全省县级财政收入占全省地方财政收入的比重达到63%，居全国第6位。二是支出安排向民生转移。五年累计，全省财政用于民生方面的支出达7 002亿元，其中2010年为2 113亿元，占地方财政支出的比重达到51%，比2005年提高6.2个百分点，覆盖城乡的民生保障体系逐步完善，群众得到较多实惠。三是财政调控向优化结构转变。2010年，全省“三农”支出1 438亿元，经济建设性支出1 272.12亿元，五年年均增长分别为36.1%、24.3%。这些资金着重用在了经济发展的薄弱环节和产业升级、节能减排等重点领域，有力推动了经济结构调整及发展方式转变。四是税收制度向公平调节转变。全面取消了农业税和农业特产税，实施了企业所得税“两法”合并及增值税转型改革、成品油税费改革等，既强化了税收的组织收入功能，又统一了城乡之间、内外资企业之间的税收制度，促进了各类市场主体公平竞争。五是财政管理向科学化精细化转变。省以下财政分配关系进一步理顺，转移支付办法逐步完善，部门预算、收支两条线等改革深入推进，财政科学化、精细化、法制化管理水平不断提高。这些丰硕成果将为做好“十二五”财政工作奠定良好基础。

“十二五”是全面建设小康社会、实现富民强省新跨越的关键时期，也是全省财政改革发展的重要战略机遇期。去年以来，根据省委、省政府和财政部统一部署，厅党组紧密结合我省实际，在深入开展重大课题研究的基础上，组织实施了山东财政“十二五”规划编制工作。综合考虑各项经济指标，确定“十二五”期间全省地方财政一般预算收入年均增长14%左右，地方财政收入占生产总值的比重达到8%，税收占地方财政收入的比重达到80%。在工作指导上，一是更加注重推进经济发展方式转变。密切关注国内外经济形势和全省经济走势，灵活审慎地制定财政政策和调控措施，着力优化经济增长的动力结

构，推动产业结构优化升级，支持科技进步和自主创新，加强资源节约型、环境友好型社会建设。二是更加注重促进城乡区域协调发展。继续把支持“三农”作为财政工作的重中之重，加大农业水利投入，深化农村综合改革，促进城乡统筹发展。进一步完善财税引导政策，建立健全均衡发展激励机制，支持实施重点区域带动和城镇化发展战略，加大对欠发达地区的帮扶力度。三是更加注重保障和改善民生。始终把保障和改善民生作为财政工作的出发点和落脚点，新增财力向以民生为重点的社会发展领域倾斜，稳步提高各项民生保障标准，争取“十二五”末民生支出占财政支出的比重提高到60%左右，为推进基本公共服务均等化提供强力支撑。四是更加注重财政体制机制创新。按照国家统一部署，稳步推进增值税、营业税、个人所得税、资源税、房地产税、环境保护税等改革，进一步健全地方税体系。完善省以下财政体制，健全财政转移支付制度，力争在“十二五”前三年全面建立起县级基本财力保障机制。加强社会管理和创新，强化财政的收入分配调节职能，建立健全利益协调机制，促进社会公平和谐。五是更加注重强化财政科学管理。完善税源控管体系，构建统一规范的税费征管机制，确保财政收入持续较快增长。完善政府财力综合运筹机制，优化财政支出结构，加强专项资金整合，集中财力办大事。完善政府预算体系，稳步推进预决算公开，统筹各项财政改革，全面加强财政监督管理，努力实现财政科学化精细化管理目标。各市县也要结合当地实际，认真编好“十二五”财政规划，并切实抓好规划的贯彻落实。

在研究落实“十二五”规划过程中，各级要重视研究财政可持续发展问题。财政是党和政府履行职能的物质基础、体制保障、政策工具和监管手段，推进财政可持续发展是一个关系全局、影响深远的重大问题。如果财政发展的可持续性出了问题，轻则使财政工作陷入被动，影响财政事业自身的科学发展，重则诱发一系列社会问题，影响社会稳定。从国内外一些典型案例看，一些王朝、国家政权更迭、内乱爆发，很多都是由财政危机直接引起的。从省内外工作实践看，一些地方发展理念不科学、理财观念不正确，也存在一些潜在的财政风险问题。总体上看，当前我省财政运行情况是好的，但对一些可能影响财政可持续发展的风险因素，我们必须认真对待、加强防范。

（一）要高度关注财政收入真实性问题。长期以来，我们一直强调财政是经济运行的晴雨表，相对于其他经济指标，财政收入是实打实的“真金白银”，在经济决策中最具参考价值。就全省来看，目前财政收入质量是好的，大部分地方财政收入数字扎实可靠，但从近年来审计情况看，也有个别地方通过预收税款、空转收入、人为调库等不正当措施，使财政收入的真实性打了折扣。财政收入是改革发展稳定的物质保障，必须实事求是、客观真实。去年，中央出台了领导干部经济责任审计规定，审计内容的第一条就是财政收入的真实性。我们不要虚假的财政收入，财政部门一定要为党委政府当好参谋、出好主意，严格依法抓好组织收入工作。今年将非税收入全部拿到预算内管理，财政收入增幅普遍较高，这也为消化解决一些历史遗留问题提供了难得机遇。希望有问题的地方要充分把握好这个机会，努力把财政收入做实，确保经得起历史的检验。

（二）要高度关注经济税源的结构性问题。经济结构决定税源结构，税源结构决定着一个地方的税收增长后劲，影响着财政收入的持续性和稳定性。近年来，我省税源基础不断壮大，但存在的结构性问题值得关注。比如，我省产业结构不合理，第一产业规模大、比重高；第二产业中的无税、低税产业总量大，创税能力较差；第三产业发展相对滞后，导致经济发展的税收产出率比较低。如果不尽快调整产业结构，经济的税收贡献能力上不去，就会使我省与沿海兄弟省市的收入差距越拉越大，财政的可持续发展也将受到影响。我省高耗能行业比重高，可以说是地方财政的支柱财源。上半年全省十大高耗能行业主营业务收入占全部工业的46.5%，实现的增值税和企业所得税占全省工业“两税”的57.1%。“十二五”时期国家将大力推进节能减排、淘汰落后产能，高耗能行业发展将会受到很大冲击，如果没有后续新兴产业的替代发展，财政收入的可持续增长将成为一个很大的问题。一些地方税收来源单一，过分依赖一个或几个骨干企业，没有形成多点支撑的税源格局，一旦企业生产经营出现波动，财政收入就受到很大影响。这些年因为酿酒、煤炭、钢铁等骨干企业滑坡，而使当地经济财政发展一蹶不振的例子很多，必须认真汲取教训。今后一个时期，我们要牢牢抓住转变经济发展方式这条主线，坚定不移地推进经济结构调整，促进产业转型升级，加大节能减排力度，不断优化经济税源结构，增强财政收入增长后劲和可持续性。

（三）要高度关注非税收入比重偏高问题。近年来，我省狠抓财政收入质量，努力提高“两个比重”，工作取得了明显的成效，但去年全省非税收入占地方财政收入的比重仍然达到21.8%，比全国地方平均水平高2.3个百分点。现在很多刚性支出项目，如农业、教育、科技支出等，都与财政收支增幅或比重挂钩。非税收入增长越快，财政收支的基数也就越高，落实刚性支出的难度和压力就越大。同时，依靠非税收入支撑财政收入增长也是不可持续的。需要说明的是，讲非税收入比重偏高不是说非税收入不重要，改变这种状况关键还是要靠增加税收，无论是非税还是税收都要依法征收、依法管理。这里只是从可持续发展的角度提醒大家，注意因收入结构不合理、收入质量不高，而有可能对可持续发展造成的影响，从而在工作中更好地把握基调、科学调控、争取主动。

（四）要高度关注债务规模快速膨胀问题。债务是把“双刃剑”。政府适当举债可以有效缓解资金短缺问题，促进经济和社会事业加快发展。近年来我们能够迅速摆脱国际金融危机影响，很重要的就是通过政府举债上了一批重大项目，有效地拉动了投资和消费需求，保证了经济平稳较快增长，应当说债务融资功不可没。但也必须清醒地认识到，举债要适度、风险要可控，搞不好就会使政府背上沉重的债务包袱，西方一些国家发生严重债务危机的深刻教训应该汲取。从我省情况看，总体上债务风险是可控的，但潜在的隐患仍不容忽视。未来一个时期，随着偿债高峰期的集中到来，一些集中偿债数额大的地方，政府还债压力、财政资金紧张状况将充分显现出来，财政的可持续发展将面临重大考验。加强政府债务管理是财政部门的重要职责，《预算法》修订后国家有可能会赋予地方政府一定的举债权。我们一定要强化责任意识，在积极做好债务融资工作的同时，高度重视债务风险问题，大力清理化解存量债务，严格控制新增债务。要积极探索债务管理的有效办法，通过建立债务统计、债务预警和偿还准备金制度，实现对政府债务的全口径管理和动态监控，并逐步将债务纳入财政预算管理，切实防范和化解地方政府债务风险。

（五）要高度关注支出管理方面的潜在问题。现在社会公众的民主监督意识不断增强，对财政管理的关注度和要求越来越高，迫切需要我们加快构建公共财政管理制度，把更多的资金用在改善民生和提供公共服务上。实事求是地讲，目前我们无论是思维方式还是管理水平，都还不适应社会新形势发展的需要，财政还处在由建设型财政向公共财政转型时期。一方面，计划经济时代的一些惯性思维和传统管理方式尚未根本转变，财政支出结构刚性化问题比较突出，长期延续下来的许多支出项目难以清理，造成该退的退不出来、该压的压不下去；另一方面，市场经济的理念尚未根本树立起来，加上政府职能转变相对滞后，使得财政该管的管、不该管的也要管，办了许多该由市场办的事情。同时，适应社会大众对公共服务需求的强烈愿望，财政要加大对基本公共服务的投入，这样不仅过去长期以来留下的一些历史欠账要补上，而且适应新形势发展需要的一些新的保障项目不断增加，有些地方已经大大超过了财政承受能力，如不采取措施将使财政陷入被动、难以为继。因此，面对新形势、新任务，我们必须强化可持续发展理念，按照发展社会主义市场经济的要求，进一步深化财政支出管理改革，切实规范支出范围、优化支出结构，加快公共财政建设步伐，更好地满足全社会对基本公共服务的需求。

总之，一定要居安思危、未雨绸缪，充分认识财政可持续发展的重要性和紧迫性，把可持续发展理念贯穿“十二五”财政工作的全过程，强化对财政体制、财政改革、财政管理的战略筹划和顶层设计，努力建设强大稳固、可持续发展的地方财政，为经济文化强省建设提供更加有力的保障。

2011年山东省国民经济和社会发展统计公报

2011年是“十二五”开局之年。面对复杂的国内外发展环境，全省人民在省委、省政府的正确领导下，以科学发展为主题，以加快转变经济发展方式为主线，认真贯彻执行中央宏观调控政策，积极作为、科学务实，全省经济保持了平稳健康发展，物价涨幅得到有效调控，转方式调结构积极推进，经济发展效益稳步提高，社会事业和民生保障不断进步，实现了“十二五”时期良好开局。

一、综合

经济保持平稳较快发展。初步核算，全省实现生产总值（GDP）45 429.2亿元，比上年增长10.9%。其中，第一产业增加值3 973.8亿元，增长4.0%；第二产业增加值24 037.4亿元，增长11.7%；第三产业增加值17 418.0亿元，增长11.3%。产业结构调整稳步推进，三次产业比例由上年的9.2∶54.2∶36.6调整为8.8∶52.9∶38.3。人均生产总值47 260元，增长9.9%，按年均汇率折算为7 317美元。

就业形势基本稳定。城镇新增就业118.7万人，新增农村劳动力转移就业135.9万人，连续8年实现城镇新增就业和农村劳动力转移就业双过百万。失

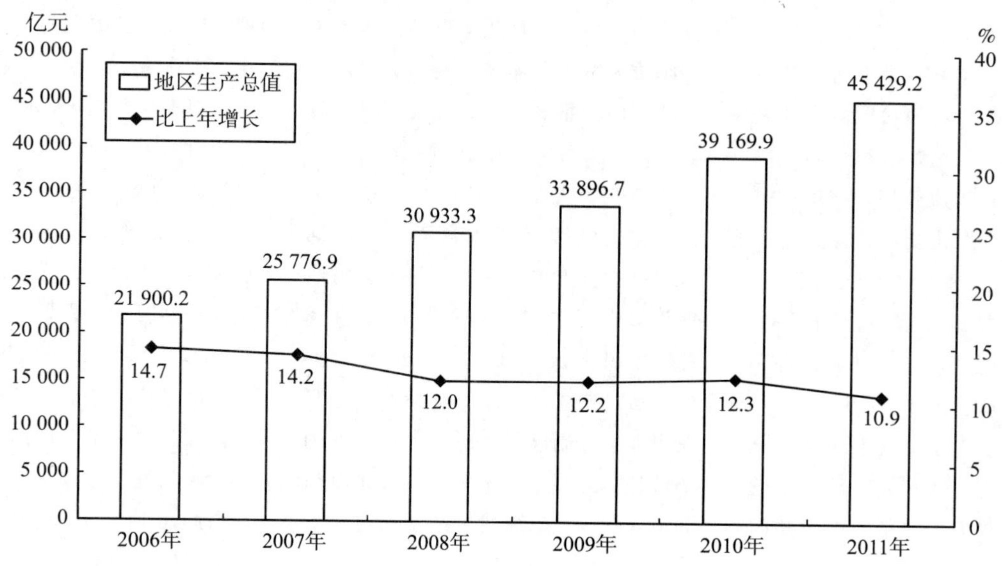

图 1　2006～2011 年全省生产总值及增长速度

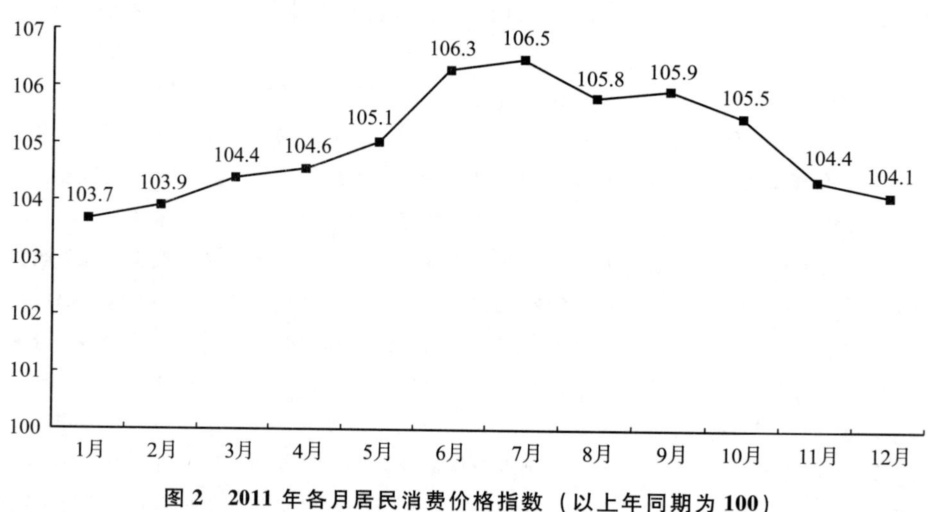

图 2　2011 年各月居民消费价格指数（以上年同期为 100）

表 1　　2011 年居民消费价格指数（以上年为 100）

指标	全省	城市	农村
居民消费价格指数（CPI）	105.0	104.7	105.9
#食品	111.3	110.5	113.0
#粮食	108.7	108.2	109.9
油脂	113.2	111.7	115.4
肉禽及其制品	122.9	122.4	123.8
蛋	114.7	114.2	115.4
鲜菜	101.2	100.6	102.9
烟酒	103.9	104.7	102.9
衣着	101.5	101.7	100.4
家庭设备用品及维修服务	101.0	101.1	100.6
医疗保健和个人用品	102.5	102.8	101.8
交通和通信	100.6	100.2	101.5
娱乐教育文化用品及服务	100.4	100.4	100.4
居住	105.8	105.1	107.3

业人员再就业55.0万人，其中困难群体再就业11.8万人，零就业家庭全部实现动态消零。城镇登记失业率为3.35%，低于4%的全年控制目标。

物价总水平得到有效调控。居民消费价格月度指数呈现“倒V形”走势，全年居民消费价格上涨5.0%。其中，城市上涨4.7%，农村上涨5.9%；服务项目价格上涨3.5%，消费品价格上涨5.6%。八大类商品和服务项目价格全面上涨。其中，食品类价格上涨11.3%，拉动价格总水平上涨3.2个百分点，仍是居民消费价格上涨的主要因素；居住类价格上涨5.8%，拉动价格总水平上涨1.1个百分点。农业生产资料价格上涨11.1%。工业生产者出厂价格上涨6.0%，工业生产者购进价格上涨9.2%。

重点区域带动战略成效明显。山东半岛蓝色经济区实现生产总值21 395.1亿元，比上年增长11.7%。黄河三角洲高效生态经济区实现生产总值6 522.7亿元，增长12.3%。胶东半岛高端产业聚集区实现生产总值17 175.2亿元，增长11.5%。省会城市群经济圈实现生产总值16 276.2亿元，增长11.5%。鲁南经济带实现生产总值9 918.6亿元，增长11.7%。县域经济实力持续壮大。地方财政收入过10亿元的县（市、区）达到81个，比上年增加11个；其中过30亿元的21个，比上年增加10个。

海洋经济健康发展。全省海洋产业总产出7 892.9亿元，比上年增长17.2%。海洋渔业产出2 388.2亿元，增长16.7%；海洋化工业产出663.3亿元，增长17.4%；海洋工程建筑业产出441.0亿元，增长16.4%。海洋服务业较快增长，滨海旅游业产出1 917.1亿元，增长19.1%；海洋交通运输业产出655.8亿元，增长11.1%。新兴海洋产业快速发展，海洋生物医药业产出81.1亿元，增长15.9%；海洋电力业产出64.6亿元，增长1.1倍。海洋资源开发利用稳步增加，海洋石油产量297.0万吨，增长4.4%。海洋环保不断拓展，新建国家级海洋类保护区3处、海洋公园1处，新增海洋类保护区面积1.5万公顷。

经济社会发展中存在的主要困难和问题：保持经济平稳较快发展的压力较大，调控物价的任务依然艰巨，节能减排形势不容乐观，转方式调结构任重道远，城乡居民持续增收的难度加大。

二、农林牧渔业

农林牧渔业平稳发展。农业增加值2 255.0亿元，比上年增长3.7%；林业增加值70.1亿元，增长9.9%；牧业增加值891.0亿元，增长2.5%；渔业增加值614.3亿元，增长4.4%；农林牧渔服务业增加值143.4亿元，增长7.0%。

主要农牧产品量增质优。粮食总产量4 426.3万吨，比上年增长2.1%，连续9年实现增产。畜牧业生产良好，肉、蛋、奶类产量稳定增长。农产品质量安全水平提升。农产品标准化基地总面积4 310.0万亩；无公害农产品基地面积1 650.0万亩，增长6.1%；绿色食品基地面积867.0万亩，增长6.1%；新认证登记“三品一标”（无公害农产品、绿色食品、有机农产品和农产品地理标志）产品1 667个，总数达到5 786个。

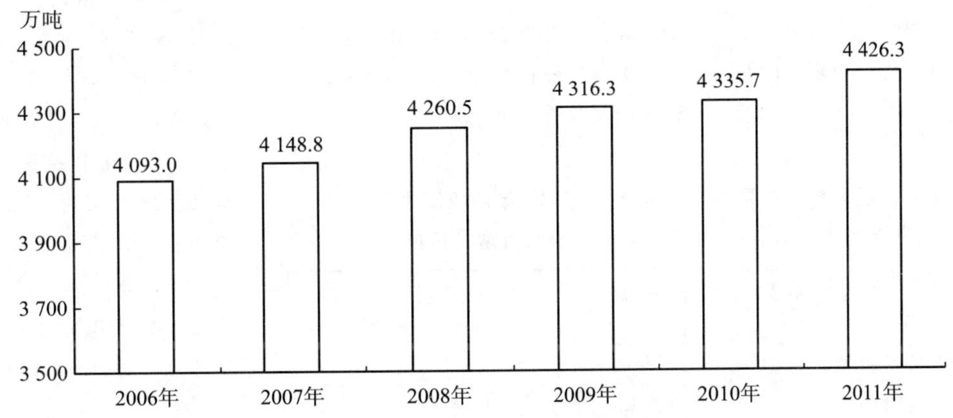

图3　2006～2011年粮食总产量

表2

2011年主要农牧产品产量及增长速度

产品名称	单位	产量	比上年增长（%）
粮食	万吨	4 426.3	2.1
#夏粮	万吨	2 104.7	2.2

续表

产品名称	单位	产量	比上年增长（%）
秋粮	万吨	2 321.6	2.0
棉花	万吨	78.5	8.4
油料	万吨	341.0	-0.3
蔬菜	万吨	9 180.9	1.7
园林水果	万吨	1 488.5	3.4
猪牛羊禽肉	万吨	700.2	1.0
禽蛋	万吨	401.6	4.4
奶类	万吨	279.0	2.7

林业发展取得新突破。新增造林面积328.5万亩，比上年增长9.3%，是2005年以来新增造林最多的一年。其中，水系成片造林252.0万亩。新增农田林网面积202.9万亩，新育苗34.9万亩。湿地保护管理力度加大，国家级湿地公园达到14处，新建8处；省级湿地公园达到37处，新建13处。集体林权制度主体改革任务基本完成，全省4 858.0万亩集体林地全部明晰产权。

渔业生产稳定发展。水产品总产量813.5万吨，比上年增长3.8%。其中，海水产品产量664.4万吨，增长2.8%；淡水产品产量149.1万吨，增长8.4%。水产品出口120.3万吨，增长19.1%；创汇48.9亿美元，增长23.1%。渔业资源修复养护力度继续加大，投放苗种46.3亿单位，建设人工鱼礁区43处，新建渔业资源保护区7处，新改造开发老旧鱼塘6.5万亩。远洋渔业发展迅速，从事远洋作业的渔船达608艘，总功率23.1万千瓦。

农田水利建设成效明显。大力实施防洪工程建设，整治河道550.0公里。农田灌溉能力继续加强，农田有效灌溉面积7 448.0万亩，增长1.0%，其中节水灌溉面积3 592.3万亩，增长5.7%，新增（恢复）灌溉面积114.9万亩。开工建设平原水库15座，建成7座。综合治理水土流失面积1 600.0平方公里，新增国家级和省级水利风景区41处，总数达147处。

农村生产生活条件不断改善。农业机械化水平进一步提高，农机总值702.0亿元，农机总动力1.2亿千瓦，农作物生产机械化水平达到77.0%。生活设施不断改善，自来水受益村达到92.6%，新增沼气用户19.7万户。

三、工业和建筑业

工业生产平稳增长。规模以上工业企业（年主营业务收入2 000万元及以上的工业法人企业）35 566家，实现增加值比上年增长14.0%。其中，轻工业增长11.9%，重工业增长15.0%；非公有企业增长16.5%，私营企业增长19.2%。

表3　2011年规模以上工业增加值增长速度

	比上年增长（%）
规模以上工业总计	14.0
#轻工业	11.9
重工业	15.0
#国有企业	15.7
集体企业	11.5
股份合作企业	15.0
股份制企业	14.6
外商及港澳台商投资企业	11.1
其他经济类型企业	15.7

工业结构逐步优化。制造业增加值比上年增长14.9%，高于规模以上工业0.9个百分点。装备制造业增加值增长16.2%，高于规模以上工业2.2个百分点。高新技术产业实现产值28 125.8亿元，增长27.1%，占规模以上工业总产值的27.3%，比重比上年提高1.2个百分点。

战略性新兴产业加快发展。规模以上电子信息产业实现主营业务收入3 690.9亿元，增长19.7%；利润194.9亿元，增长30.9%。规模以上生物技术及制药产业实现主营业务收入1 277.8亿元，增长27.5%；利润129.6亿元，增长23.9%。规模以上新材料产业实现主营业务收入8 165.4亿元，增长35.7%；实现利润617.6亿元，增长39.4%。

工业企业效益保持较高水平。规模以上工业实现主营业务收入突破10万亿元，达到102 470.2亿元，比上年增长26.4%；实现利润6 998.3亿元，增长27.2%；实现利税突破万亿元，达到11 136.2亿元，增长25.3%。

八成工业产品产量实现增长。在国家重点调度的120种工业产品中，产量增长的有96种，占80.0%。规模以上工业产品销售率98.9%，比上年提高0.3个百分点；实现出口交货值7 624.3亿元，增长17.6%。

表 4　　2011 年主要工业产品产量及增长速度

产品名称	单位	产量	比上年增长（%）
原煤	万吨	16 113.6	7.6
天然原油	万吨	2 781.5	0.2
发电量	亿千瓦时	3 162.2	3.0
水泥	万吨	15 035.6	8.5
平板玻璃	万重量箱	7 754.3	29.5
粗钢	万吨	5 655.2	9.7
钢材	万吨	7 033.7	12.6
纱	万吨	723.4	6.4
布	亿米	124.5	3.7
机制纸及纸板	万吨	1 825.1	11.7
塑料制品	万吨	377.4	16.2
合成氨	万吨	696.1	9.1
啤酒	万千升	647.6	19.4
工业锅炉	蒸发量吨	34 541.1	36.7
数控金属切削机床	万台	2.4	26.3
金属成形机床	万吨	2.3	4.6
动车组	万辆	1 164.0	22.0
汽车	万辆	122.0	-10.6
摩托车整车	万辆	75.3	-25.5
手机	万台	4 351.1	-20.1
彩色电视机	万台	1 249.5	9.8
家用电冰箱	万台	718.5	-9.7
家用洗衣机	万台	610.2	4.1
化学药品原药	万吨	89.4	59.6
微型计算机设备	万台	404.5	-43.6
#笔记本计算机	万台	296.7	-51.6
集成电路	亿块	2.0	-4.8
太阳能热水器	万台	326.3	18.6

建筑业发展良好。全省资质三级及以上建筑企业完成建筑业总产值 6 501.7 亿元，比上年增长 18.3%；实现利税 531.9 亿元，增长 17.2%。其中，国有及国有控股企业完成建筑业总产值 1 612.7 亿元，增长 17.9%，实现利税 108.0 亿元，增长 14.4%；非国有企业完成建筑业总产值 4 889.0 亿元，增长 18.4%；实现利税 423.9 亿元，增长 17.9%。

四、固定资产投资

固定资产投资增长较快。全社会固定资产投资 26 770.7 亿元，其中固定资产投资（不含农户）25 928.4 亿元，均比上年增长 21.8%。到位建设资金 27 799.5 亿元，增长 18.5%，其中自筹资金增长 22.8%，占 74.5%。新开工项目 27 831 个，比上年增加 1 144 个。

投资结构调整优化。三次产业投资结构由上年的 2.4∶48.7∶48.9 调整为 2.1∶47.9∶50.0。重点领域和薄弱环节投资力度加大。服务业投资 12 969.7 亿元，比上年增长 23.8%；高新技术产业投资 3 450.6 亿元，增长 31.5%；改建和技术改造投资 6 417.8 亿元，增长 27.2%；文化产业投资 1 434.4 亿元，增长 22.8%。民间投资力量增强，完成投资 20 852.2 亿元，增长 24.3%，占固定资产投资的 80.4%。

房地产调控效果显现。房地产开发投资 4 108.1 亿元，比上年增长 26.4%，增速比上年回落 7.5 个百分点。从商品房建设用途看，住宅投资 3 202.0 亿元，增长 27.5%，占全部房地产开发投资的 77.9%；商业营业用房投资 474.6 亿元，增长 25.3%，占 11.6%。房屋施工面积 36 293.3 万平方米，增长 29.2%；房屋竣工面积 6 226.8 万平方米，增长 22.7%；商品房销售面积 9 579.6 万平方米，增长 3.1%。

五、国内贸易

消费品市场运行平稳。社会消费品零售总额 16 675.9 亿元，比上年增长 17.3%。市场规模化程度进一步提高，限额以上批发和零售业、住宿和餐饮业企业 22 326 家，比上年增加 3 149 家，增长 16.4%；实现零售额 8 860.9 亿元，增长 28.7%，占零售总额的 53.1%，比重提高 6.6 个百分点。

城乡市场稳步发展。城镇消费品零售额13 175.3亿元，比上年增长17.9%；乡村消费品零售额3 500.6亿元，增长15.2%，城乡市场销售增幅差距比上年缩小1.6个百分点。餐饮收入1 932.2亿元，增长18.9%；商品零售14 743.7亿元，增长17.1%。

热点商品持续旺销。在限额以上批发和零售企业中，金银珠宝类零售额161.3亿元，比上年增长42.0%；家具类零售额303.6亿元，增长37.1%；建筑及装潢材料类零售额223.5亿元，增长33.6%；汽车类零售额1 853.8亿元，增长23.4%。家电下乡和以旧换新政策成效显著。销售家电下乡产品1 507.1万台，比上年增长97.0%；实现销售额405.1亿元，增长1.3倍。销售家电以旧换新产品704.0万台，增长60.9%；实现销售额266.1亿元，增长61.7%。

六、对外经济

对外贸易保持较快增长。实现进出口总额2 359.9亿美元，比上年增长24.8%。其中，出口1 257.9亿美元，增长20.7%；进口1 102.0亿美元，增长29.8%。贸易伙伴呈现多元化。对欧盟出口份额占17.4%，为我省第一大出口市场；对美国、日本、韩国三大传统市场的出口份额分别占15.8%、13.3%和11.5%；对东盟出口份额占7.8%。来自东盟的进口份额占17.0%，已成为我省第一大进口来源地。

利用外资结构渐趋优化。实际到账外资111.6亿美元，增长21.7%。其中，服务业实际到账外资38.3亿美元，增长35.9%，占全省总额的34.3%，比重比上年提高3.6个百分点。新批世界500强企业投资项目72个，增长1.0倍。

对外经济合作进展顺利。境外投资积极推进，协议投资总额29.6亿美元，增长33.7%；其中中方投资27.1亿美元，增长46.4%。新核准设立境外企业（机构）372家，比上年增长3.3%；境外资源开发项目55个，增长27.9%。对外承包工程和劳务合作稳步发展，对外承包劳务工程完成营业额74.7亿美元，增长42.7%；外派各类劳务人员48 836人，增长3.3%。

七、交通、邮电和旅游

交通运输业稳定发展。全年铁路、公路、水路共完成旅客运量25.0亿人次，比上年增长0.7%；完成货运量31.5亿吨，增长5.7%。年末高速公路通车里程4 350.1公里，新增65.1公里。沿海港口货物吞吐量9.6亿吨，增长11.3%。年末民用汽车拥有量968.6万辆，增长14.9%；其中，私人轿车412.7万辆，增长26.9%，占轿车拥有量的89.3%。

表5 2011年客货运输量及增长速度

	旅客				货物			
	运输量（亿人次）	比上年增长（%）	周转量（亿人公里）	比上年增长（%）	运输量（亿吨）	比上年增长（%）	周转量（亿吨公里）	比上年增长（%）
合计	25.0	0.7	1 727.5	5.0	31.5	5.7	12 583.6	7.1
公路	24.1	0.6	1 256.9	3.7	27.9	5.7	6 624.4	6.6
铁路	0.7	9.0	458.7	8.9	2.0	9.2	1 526.1	5.4
水路	0.2	-8.8	11.9	0.2	1.6	1.5	4 433.2	8.6

邮电通信业平稳增长。完成邮电业务总量771.2亿元。其中，电信业务总量为723.6亿元，邮政业务总量47.6亿元。光缆线路总长度51.0万公里，比上年增长19.2%；长途自动交换机容量45.7万路端，下降0.4%。年末固定电话用户1 923.5万户，下降4.9%；移动电话用户7 118.0万户，增长15.0%。电话普及率达到每百人94.4部。

旅游经济快速壮大。实现旅游总收入3 736.6亿元，比上年增长22.1%。其中，国内旅游收入3 573.7亿元，增长22.6%；入境旅游收入25.5亿美元，增长18.3%。接待游客总人数4.2亿人次，增长19.2%。其中，接待入境游客424.4万人次，增长15.7%。A级旅游景区达508家。其中，5A级景区6家；4A级景区128家，新增19家。省级旅游度假区26家，新增3家。

八、财政和金融

财政收支增势较快。地方财政一般预算收入3 455.7亿元，比上年增长25.7%。其中，税收收入2 602.4亿元，增长21.1%，占地方财政收入的75.3%。地方财政支出5 001.2亿元，增长20.7%。民生领域支出继续加大，达到2 738.9亿元，增长29.6%，占全省财政支出的54.8%，高于上年比重3.8个百分点。其中，教育支出增长35.2%，文化体育与传媒支出增长24.0%，社会保障和就业支出增长20.3%，医疗卫生支出增长43.5%，农林水事务支出增长21.4%。

金融信贷向重点领域倾斜。年末本外币各项存款余额46 986.5亿元，比年初增加5 349.2亿元。其中，居民储蓄存款余额22 305.7亿元，新增2 555.7亿元，占全部新增存款的47.8%。年末本外币贷款余额37 521.9亿元，比年初增加5 029.0亿元。对小企业贷款支持力度加大，小型企业新增贷款1 124.6亿元，比上年增长18.7%，增速分别高于大、中型企业9.3和2.7个百分点。对县域经济信贷投放进一步增加，县域新增贷款1 725.4亿元，占全省新增贷款的38.3%，比重提高1.6个百分点。

企业上市融资加快推进。全年新增上市公司26家，15家上市公司实现再融资，合计融资额481.0亿元。其中，新增境内上市21家，首发融资154.3亿元；新增境外上市5家，融资58.4亿元；上市公司再融资268.3亿元。证券公司总交易金额3.0万亿元，下降19.0%，其中股票基金交易额2.6万亿元。期货公司代理交易量5 077.3万手，代理交易金额6.7万亿元。

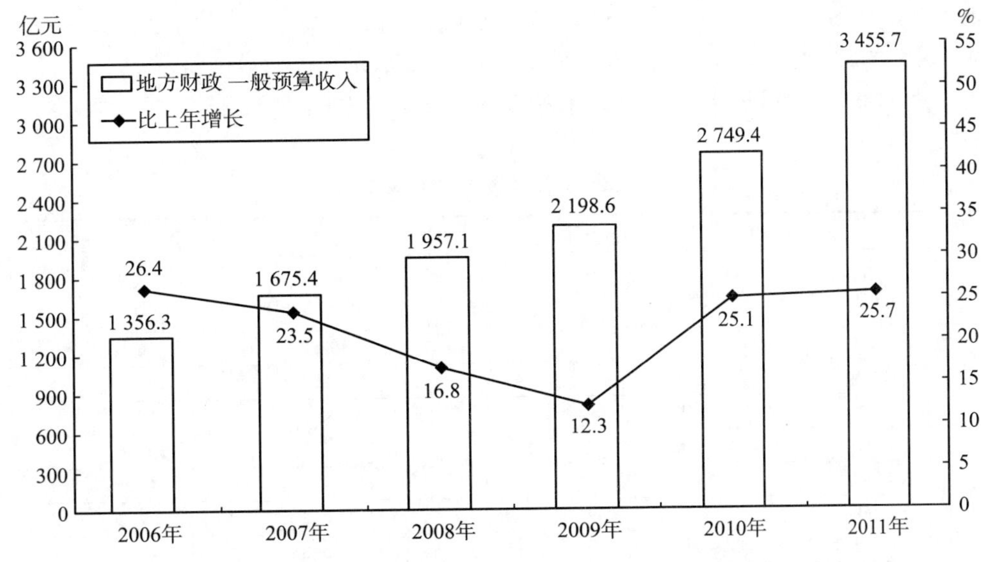

图4　2006～2011年地方财政一般预算收入及增长速度

保险业发展态势良好。实现保费收入1 036.1亿元，比上年增长10.8%。其中，财产险保费收入332.3亿元，增长14.1%；人身险保费收入703.8亿元，增长9.3%。保障能力不断增强，承担各类风险责任15.7万亿元，增长5.9%；支付各项赔款与给付271.2亿元，增长21.5%。农业保险加快发展，承保种植面积3 383.1万亩，为687.6万农户提供了111.0亿元的风险保障。养老、健康保险发展迅速，为1.2亿人次提供了2.4万亿元的商业性养老、健康保障。

九、科学技术

科技事业成果丰硕。获得国家级科技成果奖励39项，其中，国家发明奖6项，国家科学进步奖33项。评选省科学技术奖励497项。取得重要科技成果2 379项，其中，农业领域305项，工业领域723项，医疗、卫生领域836项，其他领域515项。专利申请和授权数量保持较快增长。专利申请量11.0万件，比上年增长35.5%，其中发明专利申请量2.6万件，增长48.5%。专利授权量5.9万件，增长14.3%，其中发明专利授权量5 856件，增长42.6%。每万人发明专利授权数0.6件。

人才队伍建设统筹推进。新当选中国工程院院士1人，住鲁两院院士达37人，新增享受国务院政府特殊津贴专家101人，新增山东省有突出贡献的中青年专家100人，入选国家“海外高层次人才引进计划”50人，入选国家“外专千人计划”22人，入选“香江学者计划”3人，被授予“泰山学者海外特聘专家”183人。招收博士后434人，博士后在站人数1 578人。技能人才队伍建设大力推进，建设国家级高技能人才培养示范基地1所，国家级技能大师工作室3所，全年培养高技能人才16.5万人。

软件业发展良好。软件业实现业务收入1 329.1亿元，增长45.7%；利润76.1亿元，增长21.4%；利税137.2亿元，增长19.9%。软件业务出口6.1亿美元，增长16.4%。累计认证软件企业1 145家，登记软件产品4 813个，软件著作权3 586个，入围全国重点软件（百强）企业7家，软件产业园13个，服务外包示范基地19个，动漫产业基地3个。

创新平台建设进一步加强。全省国家级工程技术研究中心30家，新增4家；省级工程技术研究中心923家，新增179家。拥有国家重点实验室3个，企业国家重点实验室10个，省部共建国家重点实验室培育基地5个，国家级科技合作基地12个。拥有国家级创新型（试点）企业35家，获认定24家。

质量兴省战略大力推进。拥有国家地理标志保护产品47个，新增5个；山东名牌产品1 728个，新增96个；山东服务名牌384个，新增61个。全国驰名商标300个，新增95个。获省长质量奖企业30家，个人13名。创建山东省优质产品生产基地48个，龙头骨干企业92家。拥有国家级质检中心31家，省级质检中心91家。获得质量管理体系认证企业17 651家，环境管理体系认证企业4 862家。新制定省地方标准239项，其中节能标准18项；新增采用国际标准260项。

气象地震服务能力增强。发布气象灾害预警信号60次，重要天气预报85期。建成东营、蓬莱风廓线雷达，完成石岛、东营港海洋水文气象观测站和沿海8个船舶站及部分海岛站改建任务，新建自动土壤水分观测站44个。地震台网中心不断完善，建成测震台126个，强震台146个。

十、教育、文化、卫生和体育

教育事业稳步发展。义务教育实现较高水平，小学学龄儿童净入学率99.87%，初中三年巩固率98.63%。技工教育加快发展，新增技师学院14所，高级技工学校4所，国家级重点技工学校1所，全省技工学校招生14.8万人，技校毕业生就业率达98.0%。

表6　　2011年各类教育基本情况

	学校数		招生数		在校学生数	
	数量（所）	比上年增减（所）	人数（万人）	比上年增长（%）	人数（万人）	比上年增长（%）
研究生教育	31	持平	2.4	3.8	6.9	6.1
普通高等教育	139	6	49.7	0.3	164.6	0.9
中等职业学校	591	-49	44.5	4.2	117.7	4.0
普通中学	3 569	-76	161.8	-1.4	501.6	0.1
小学	12 047	-358	119.4	7.3	644.1	2.4
特殊教育学校	146	1	0.3	-6.2	2.2	-1.1
幼儿园	18 455	704	115.9	6.8	242.3	10.4

文化事业与文化产业繁荣发展。全省拥有博物馆114个，公共图书馆150个，群众艺术馆、文化馆158个，文化站1 855个，农村文化大院5.3万个。全省公共图书馆、文化馆（站）、美术馆全面免费开放。拥有艺术表演团体116个，艺术表演场馆82个。国家级文化产业示范基地9家，省级文化产业示范基地104家，国家级文化产业示范园区1个，省级文化产业示范园区5个。出版各类图书13 218种，报纸87种，杂志261种。广播人口综合覆盖率98.2%，电视人口综合覆盖率97.9%。加入城市电影院线的影院156家，共发行232部影片，票房收入4.1亿元，增长40.5%。

卫生服务水平不断提高。全省拥有卫生机构68 310个，其中，医院、卫生院3 135个，社区卫生服务中心（站）2 282个，疾病预防控制中心184个，卫生监督机构162个，妇幼保健机构158个，村卫生室51 301个。各类卫生机构拥有床位41.6万张，卫生技术人员48.2万人，其中，执业医师及执业助理医师18.6万人，注册护士17.1万人。基层卫生服务体系建设不断加强，政府办乡镇卫生院建设达标率88.8%，社区卫生服务中心建设达标率100%，村卫生室建设达标率83.7%。

体育事业全面进步。新建县、镇（街道）全民健身活动中心、健身工程866个，新建农村健身工程1.7万个，“健身设施村村有”覆盖率达71%，成功举办第一届全民健身运动会。青少年体育工作全面加强，广泛开展“亿万青少年阳光体育运动”，6 333名运动员参加了省级体育联赛，2.0万名运动员参加了市级体育联赛。

十一、城乡建设

城镇化进程稳步推进。全省城镇化率达到50.9%，比上年提高1.2个百分点。

保障性安居工程扎实推进。新开工保障性安居工程38.9万套，开工率为116.1%。已竣工保障性安居工程24.3万套，连同结转项目竣工率为71.2%。

农村住房建设成效显著。农村住房建设和危房改造工作开展三年来，累计新建农房320万户，改造危房61万户，建成新型农村社区7 900个。村镇建设完成投资1 496亿元，比上年增长16.2%。建材下乡试点工作深入开展，安排专项资金1亿元，5万户建房农民得到补助。加强历史文化名镇名村保护，共有全国历史文化名镇1个，名村4个，省级历史文化名镇18个，名村12个。

城市基础服务功能进一步提升。城市基础设施建设完成投资948亿元，与上年持平。青岛海湾大桥、泰安环山路竣工通车，济南西客站场站一体化工程、聊城古城改造与保护工程、枣庄台儿庄古城配套项目等重点城建工程进展良好。城市垃圾处理设施建设取得突破性进展，实现垃圾无害化处理“一县一场”目标，新增生活垃圾无害化处理场33座，新增垃圾日处理能力10 690吨。新建污水处理厂19座，新增日污水处理能力48万吨。新增道路面积3 000万平方米，新增绿地面积5 500公顷。

十二、资源、环境和安全生产

资源勘查取得新进展。省内地质找矿成效明显，新增资源储量金56.8吨，煤矿石1.5亿吨，铁矿石11.4亿吨。省外、境外地质勘查取得积极进展。

节能降耗取得新成效。全省351户企业完成落后产能淘汰，共淘汰炼铁812.6万吨，炼钢80.0万吨，焦炭71.2万吨，铁合金5.1万吨，电石1.2万吨，电解铝5.0万吨，水泥1 414.8万吨，平板玻璃50.0万重量箱，造纸61.1万吨，印染49 710.0万米。风力发电建设高速增长，风电装机容量累计246.5万千瓦，增长78.6%；风力发电42.3亿千瓦时，增长58.7%。

建设领域节能扎实推进。完成既有居住建筑节能改造1 756.5万平方米，公共建筑节能改造151.6万平方米，太阳能光热建筑一体化应用面积2 273.4万平方米。新型墙材产量340亿标砖，占墙材总产量的86.8%；县城以上规划区工程应用量240亿标砖，占墙材应用总量的98.0%。县城以上城市规划区节能建筑竣工面积5 500万平方米，占新建民用建筑的98%。

环境质量明显改善。省控59条重点污染河流化学需氧量和氨氮年均浓度分别下降11.0%和30.5%。全省二氧化硫和可吸入颗粒物年均浓度分别下降14.0%和11.2%，二氧化氮年均浓度与上年基本持平。新增国家环保模范城市2个。新建国家级生态示范区17个，全国环境优美乡镇36个，省级生态县（市、区）6个，省级生态乡镇124个。

安全生产形势稳定。发生各类生产安全事故17 544起，比上年下降9.7%；死亡人数4 419人，下降6.0%。亿元GDP生产安全事故死亡0.10人，下降19.0%。

十三、人口、居民生活和社会保障

人口保持低速平稳增长。全省出生人口110.54万人，出生率11.50‰；死亡人口61.52万人，死亡率6.40‰；自然增长率5.10‰。年末常住人口9 637.3万人。其中，0～14岁人口占总人口的15.69%，15～64岁人口占74.30%，65岁及以上人口占10.01%。

城镇居民生活继续改善。城镇单位在岗职工年平均工资38 114元，比上年增长13.0%。城镇居民人均可支配收入22 792元，增长14.3%。城镇居民家庭人均总收入中，人均工资性收入17 629元，增长12.1%；人均经营净收入2 295元，增长34.7%；人均财产性收入616元，增长25.6%；人均转移性收入4 350元，增长14.1%。城镇居民人均消费性支出14 561元，增长11.0%。其中，食品支出4 828元，增长14.8%，城镇居民恩格尔系数为33.2%。城镇居民人均现住房总建筑面积33.2平方米，增加1.1平方米。

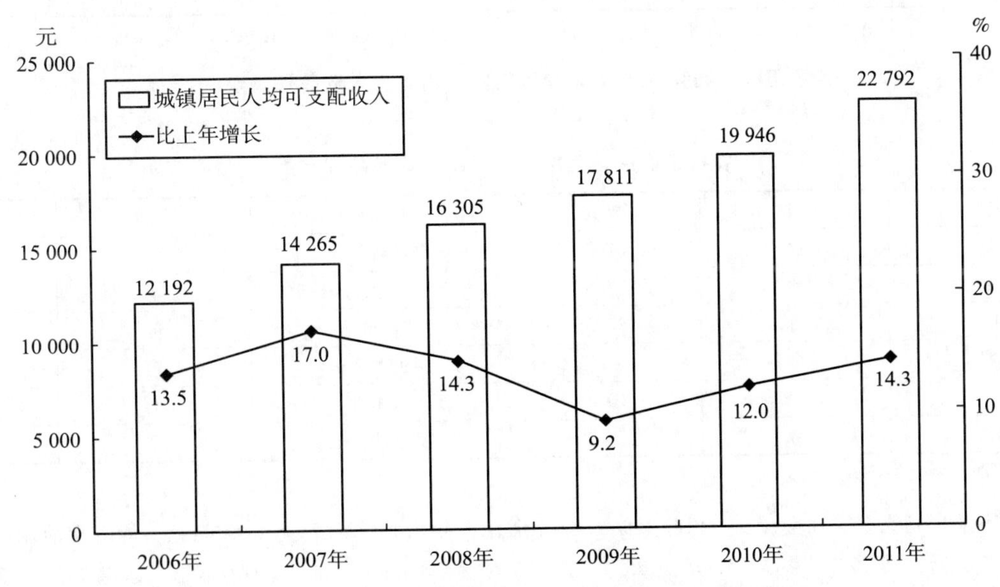

图5　2006～2011年城镇居民人均可支配收入及增长速度

表 7　　城镇每百户居民家庭主要耐用消费品拥有量

消费品名称	单位	数量	消费品名称	单位	数量
钢琴	架	4.2	摄像机	架	13.4
微波炉	台	54.6	照相机	架	58.7
电冰箱	台	103.8	空调器	台	108.4
消毒碗柜	台	7.1	固定电话	部	61.7
淋浴热水器	台	91.6	移动电话	部	213.5
洗衣机	台	98.3	健身器材	套	6.9
彩色电视机	台	121.0	助力车	辆	62.5
组合音响	套	21.4	摩托车	辆	27.0
家用计算机	台	85.9	家用汽车	辆	28.0

农村居民生活水平逐步提高。农村居民人均纯收入 8 342 元，比上年增长 19.3%。其中，人均工资性收入 3 715 元，增长 25.6%；人均家庭经营纯收入 3 935 元，增长 13.8%；人均财产性纯收入 247 元，增长 3.4%；人均转移性纯收入 445 元，增长 32.1%。农村居民人均生活消费支出 5 901 元，增长 22.7%。其中，食品支出 2 107 元，增长 16.8%，农村居民恩格尔系数为 35.7%。农村居民人均居住住房面积 36.3 平方米，增加 1.6 平方米。

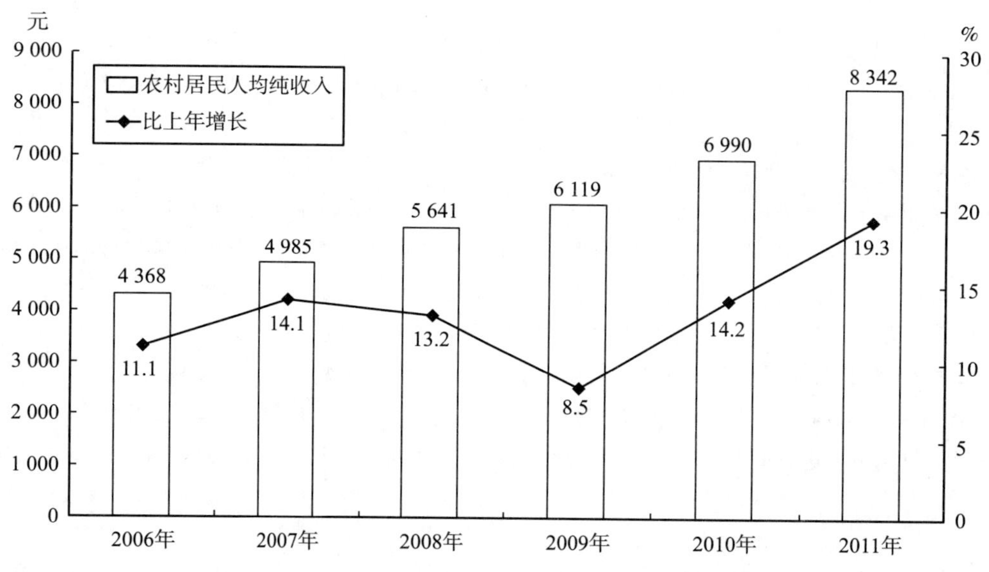

图 6　2006～2011 年农村居民人均纯收入及增长速度

表 8　　农村每百户居民家庭主要耐用消费品拥有量

消费品名称	单位	数量	消费品名称	单位	数量
洗衣机	台	81.8	电动自行车	辆	88.7
电冰箱	台	77.8	汽车（生活用）	辆	9.0
空调机	台	22.3	移动电话	部	186.4
抽油烟机	台	17.7	彩色电视机	台	112.0
微波炉	台	10.4	照相机	架	5.0
热水器	台	57.2	家用计算机	台	25.2

社会保障体系日趋完善。社会保险覆盖范围不断扩大，城镇职工基本养老、基本医疗、失业、工伤、生育保险参保人数分别比上年增加 127.7 万、175.4 万、33.6 万、64.9 万和 83.7 万。城镇居民社会养老保险和新型农村社会养老保险制度提前一年实现全覆盖。全省参加城乡居民社会养老保险人数 4 093 万人，1 197.9 万城

乡居民按月领到了养老金。连续7年上调企业退休人员基本养老金水平，月人均养老金1 680.0元，增加104.7元。城镇居民基本医疗保险财政补贴标准由年人均120元提高到200元。建立失业保险金标准与物价上涨挂钩联动机制，调整失业保险金标准为月人均550元，增长23.6%。新型农村合作医疗参合率达99.9%，人均筹资标准超过250元，政策范围内住院报销比例达到70%以上。

困难群众生活得到明显改善。城镇最低生活保障人数61.7万人，月人均保障标准318元，比上年提高28元。农村最低生活保障人数240.5万人，年人均保障标准1 693元，比上年提高262元。

社会救助事业稳步发展。应急救助规模不断扩大，安排城乡医疗救助资金5.7亿元，比上年增长39.0%；救助和资助居民233万人次，增长1.7%。各级慈善总会支出善款7.0亿元，继续用于朝阳助学、夕阳扶老、情暖万家、康复助医、爱心助残五大工程。救助体系不断完善，已建救助管理站36处，流浪未成年人救助保护中心23处。现有收养性社会福利单位2 334个，床位数33.0万张，收养24.7万人；其中农村五保供养服务机构1 626个，床位数23.8万张，集中供养率达75.5%。社会福利企业1 421个，安置残疾人员3.9万人。

注：

1. 本公报中数据均为初步统计数。

2. 全省生产总值、各产业增加值绝对数按现价计算，增长速度按不变价格计算。

3. 自2011年开始，高新技术产业执行新的统计标准。

4. 全社会固定资产投资包括固定资产投资（不含农户）加农户固定资产投资。其中，固定资产投资（不含农户）包括城镇和非农户计划总投资500万元及以上固定资产投资项目的投资、房地产开发项目的投资。

5. 邮电业务总量按2010年不变价格计算。

第二部分

全省财政工作

全省财政工作综述

【概述】 2011年，山东省实现生产总值45 429.2亿元，比上年增长10.9%。其中，第一产业增加值3 973.8亿元，增长4.0%；第二产业增加值24 037.4亿元，增长11.7%；第三产业增加值17 418.0亿元，增长11.3%；三次产业比例由上年的9.2∶54.2∶36.6调整为8.8∶52.9∶38.3。全社会固定资产投资26 770.7亿元，比上年增长21.8%。社会消费品零售总额16 675.9亿元，比上年增长17.3%。居民消费价格上涨5.0%，比上年涨幅提高2.1个百分点。全省进出口总额2 359.9亿美元，比上年增长24.8%，其中出口1 257.9亿美元，增长20.7%；进口1 102.0亿美元，增长29.8%。城镇新增就业118.7万人，新增农村劳动力转移就业135.9万人。城镇居民人均可支配收入22 792元，比上年增长14.3%。农村居民人均纯收入8 342元，比上年增长19.3%。

2011年，全省公共财政预算收入完成3 455.9亿元，比上年增长25.7%；全省公共财政预算支出完成5 002.1亿元，增长20.7%。当年全省公共财政预算收入，加地方政府债券收入、中央税收返还和转移支付补助及上年结转收入等2 255.7亿元，收入共计5 711.1亿元。当年全省公共财政预算支出，加上解中央支出及结转下年支出等703.5亿元，支出共计5 705.6亿元。全省公共财政预算收支相抵，累计净结余5.5亿元。

【把握重点、主动调控，着力促进经济平稳较快发展】 2011年，全省各级财政部门密切关注经济形势变化，以落实积极的财政政策为核心，科学把握财政调控的方向、重点和力度，不断改善和加强财政调控。一是多措并举稳物价。始终把维护物价稳定作为财政调控的首要任务，从增加供给、搞活流通、提高补贴等关键环节入手，大力支持粮、棉、油、菜、畜、渔等重点产业发展，支持构建现代流通网络、市场价格监测、重点物资储备和应急保障体系，支持建立社会救助与物价上涨挂钩联动机制。全年共落实支农资金564亿元，发放粮食、良种、农机购置、农资综合补贴91.1亿元，发放临时价格补贴7.8亿元，为有效控制物价过快上涨势头、保障低收入群体基本生活做出了积极努力，也为实现全省粮食“九连增”、维护社会稳定做出了重要贡献。二是坚持不懈调结构。注重将转方式调结构与培植壮大财源紧密结合起来，引导各级财政落实资金475亿元，比上年增加82亿元，明显增加了对重点行业调整振兴、战略性新兴产业培育、现代服务业发展、自主创新和节能减排等关键领域的投入。认真落实所得税优惠、营业税及增值税起征点提高、规费清理等结构性税费减免政策，为全省企业减轻税费负担1 568亿元，较好地发挥了财税政策对产业结构调整的导向和推动作用。三是千方百计促增长。全省落实预算内投资334.6亿元，全力保障重点项目建设资金需要，着力引导、带动社会投资，促进了投资快速增长。在持续提高居民消费能力的基础上，大力实施家电摩托车下乡及以旧换新、建材下乡等政策，其中仅落实家电摩托车下乡和以旧换新政策，全省就兑付补贴资金68.6亿元，政策实施以来累计兑付152.8亿元，直接拉动城乡居民消费1 515.4亿元，达到了群众得实惠、企业得市场、消费得扩大的多重效果。大力支持招商招展活动，鼓励企业开拓国际市场，促进了外贸出口稳定增长。四是加大投入支持人才建设。坚持把人才投入作为战略性投入予以优先保障，通过设立人才建设专项资金、统筹安排相关经费，2011年省财政共落实人才培养、引进和奖励方面资金13.7亿元，比上年增长87.5%。创新人才经费保障机制，通过实施创业培训补贴、贷款贴息、创业奖补、社会保险补贴等方式，着力调动用人单位和社会力量增加投入的积极性。牢牢把握人才强省建设重点，突出支持创新型人才培养、创新平台建设、实用人才能力提升及高端会计人才培养四项重点工程，有力支持了人才建设的薄弱环节。

【统筹兼顾、分类施策，着力推进区域协调发展】 省级财政紧紧围绕省委、省政府确定的区域发展重大战略，积极创新措施手段，区别对待、分类扶持，显著加大了对区域经济发展的支持力度。一是对东部地区，以支持实施“蓝黄”两大战略为重点，用活用好国家和省扶持两区发展的资金与政策，切实增强两大引擎的拉动力。其中，省级结合中央财政支持，新增24亿元专项资金，支持了285个海洋优势产业和高效生态产业项目，以及黄河三角洲未利用地开发和9个重点经济园区建设。在其他财政资金安排上也积极向两区倾斜。2011年，省财政投向两区的各类专项资金达286.7亿元，比上年增长59.6%。二是对财力薄弱地区，以健全县级基本财力保障机制为重点，着力提高其基本公共服务保障能力。2011 年省财政结合中央财政支持，筹集 92.4 亿元，比上年增加 25.7 亿元，对财政困难县给予重点帮扶。在资金分配上，坚持“输血”与“造血”并重、激励与约束并举，对利用自有财力缩小辖区内县级财力差距的市，以及通过自身努力消化财力缺口的县给予奖励，调动了各地加快发展、增收节支、消化财力缺口的积极性。经过各级共同努力，2011 年省级重点帮扶的 56 个财政困难县，按财政供养人口计算，人均财力达到 6 万元，比上年提高 1.2 万元。全省财政收入过 10 亿元的县（市、区）达到 82 个，比上年增加 12 个，其中过 20 亿元、30 亿元的分别达到 40 个、21 个，比上年增加 9 个、10 个，有 5 个县（市）超过 40 亿元。三是对主体功能区，以完善转移支付制度为重点，着力健全利益补偿机制。省财政筹集 11 亿元，对 115 个产粮大县和 57 个产油大县给予奖励。筹集 2.4 亿元，加大了对黄河三角洲和国家自然保护区内 23 个重点生态县的补助力度。筹集 7.8 亿元，增加了对资源枯竭城市的转移支付补助。在全国率先实施海洋生态损害赔偿和损失补偿，促进了海洋生态保护。

【以人为本、关注民生，着力为群众解难题办实事】 各级财政部门始终把改善民生作为财政保障的优先选项，带着对人民群众的深厚感情，积极主动搞调研、拿方案、筹资金、抓落实，尽最大努力将“民生大单”转化为实实在在的“民生大餐”，年初省委、省政府公开承诺的“26 件实事”及年中新出台的民生政策得到全面落实。一是增投入，不断完善民生资金保障机制。牢固树立民生投入是硬指标、硬任务的思想，年初预算安排上优先保障民生，超收财力使用上优先考虑民生，多方筹资增加民生投入、健全民生保障机制。2011 年全省财政用于民生方面的支出达到 2 746.2 亿元，比上年增长 30.0%；民生支出占财政支出的比重达到 54.9%，比上年提高 3.9 个百分点，其中省级这一比重达到 56.5%，提高 3.2 个百分点，新增财力的七成以上用在了民生上，人民群众得到了更多实惠。二是建制度，支持健全民生政策体系。各级高度重视群众诉求，本着积极而为、量力而行的原则，努力完善民生保障体系，稳步提高保障标准。2011 年全省教育支出快速增长，各类学校经费补助标准大幅度提高。城乡低保标准进一步提高，新农保和城镇居民社会养老保险“两项制度”实现全覆盖，12.6 万老工伤人员被纳入工伤保险基金统筹管理范围，连续第七年上调企业退休人员养老金，建立了城镇未参保集体企业退休人员基本养老保障制度，健全了公共就业服务体系。新农合与城镇居民基本医疗保险政府补助标准提高到人均 200 元，人均基本公共卫生服务经费标准提高到 25 元，140 个县（市、区）的政府办基层医疗卫生机构综合改革全面完成，基本药物制度实现全覆盖。启动实施了图书馆、文化馆（站）、美术馆免费开放政策，加大了对农村电影放映、农家书屋等文化惠民工程的支持力度。全省落实城市保障房建设资金 242 亿元，支持开工建设各类保障房 38.9 万套；全省财政筹集 43 亿元，加大了农房建设与危房改造支持力度。落实一事一议财政奖补资金 51.4 亿元，带动社会总投入 111.1 亿元，建设项目 4.9 万个；筹集资金 6.5 亿元，在 20 个示范区开展农村环境连片整治；筹集资金 21.9 亿元，在 35 个县启动了“村级公路网化示范县”建设。积极支持社会管理创新，促进了社会和谐稳定。三是抓管理，确保民生投入绩效。将民生资金作为财政管理的重点，全程跟踪、严密监控，加大监督检查力度，创新管理方式，对涉农补贴利用“一本通”直接发放到户，对基本医疗保障、养老保险、困难学生资助等资金实行“实名制”管理，对农村沼气建设、良种补贴实行“集中采购、实物配送”，对种粮补贴、城乡低保、社会救助资金分配推行“上榜公示”，让群众广泛参与、直接监督，确保了每一笔资金都落实到老百姓身上，取得实实在在的效果。

【增收节支、开源节流，着力提升财政综合保障能力】 各级财政部门将增收节支工作紧紧抓在手上，指导各级开源节流、加强收支管理，圆满完成预算任务，财政收支呈现规模快速膨胀、结构不断优化、绩效明显提升的积极特点。一是依法加强收入征管。密切关注收入形势变化，及时加强调度分析，督促和协调有关方面强化税费征管、提高收入质量，强化对下收入工作指导。支持税务部门搞好税源调查，加强源头控税、科技强税、综合治税，进一步完善了税源控管体系。严格税政管理，认真清理到期优惠政策，严格按标准审核认定高新技术企业，严厉打击偷、逃、漏税和越权减免税行为，确保依法治税、应收尽收。按照《山东省国有资产资源有偿使用收入管理办法》规定，强化土地、海域、矿产、水资源等资源性收入，以及排污费、污水处理费、矿产资源补偿费等环境性收入征管，加强彩票公益金管理，扩大电子化征缴试点，拓宽了非税收入增收渠道。二是大力调整支出结构。全面落实中央和省厉行节约各项规定，努力压一般、保重点，不断优化支出结构。2011 年，省级公务用车购置和运行经费在年初预算基础上压缩了 2%，用水用电用油支出比上年压缩了 2%。全省以机关经费为主的一般公共服务支出增长13.6%，低于财政支出增幅7.1个百分点，在财政支出中的比重下降0.7个百分点，经济建设、“三农”和民生等方面支出所占比重相应提高。三是努力加快支出进度。各级狠抓预算执行不放松，通过完善预算执行通报机制，积极采取多种措施，督促各方面加快预算批复、加快项目落实、加快资金拨付。2011年，全省第四季度和12月份支出所占比重，分别比上年同期下降6.1个、6个百分点，支出进度明显加快，不仅为落实省委、省政府决策部署提供了有力保障，也进一步提高了财政资金的使用效益。

【开拓进取、创新政策，着力提升科学理财水平】 一是创新地方水利建设基金筹集机制。省财政率先在全国出台地方水利建设基金筹集办法，从四个方面开辟筹资渠道。特别是将原来按企业销售收入1‰征收的河道工程维护费，改为按增值税、营业税、消费税“三税”实际缴纳额的1%征收地方水利建设基金，并委托地税部门代征，不仅从面上减轻了企业负担，而且拓宽了征收渠道，增加了水利建设基金来源。加上预算内投入，2011年仅省级就落实水利建设资金135.3亿元，比上年增加35.1亿元。二是创新教育经费保障机制。按照国家下达的教育支出任务，建立财政教育投入分析评价机制，将目标任务分解落实到各市，年底又将省级超收财力安排的教育支出与各市完成任务情况挂钩，极大地调动了各市增加教育投入的积极性。2011年，全省教育支出达到1 047.9亿元，增长36%，占全部财政支出的比重达到20.9%，剔除中央教育转移支付后占19.98%。三是创新债务化解激励机制。巧用财政分配杠杆，将财政“蛋糕”分配与有关方面努力程度挂钩，鼓励各地统筹资源、挖掘潜力，全部清偿了农村义务教育债务44.8亿元，当年化解普通高校债务60多亿元，一次性消化了1998年以前形成的粮食财务挂账60.9亿元，偿付二级公路和高速公路建设债务106亿元，启动化解基层医疗卫生机构债务；同时，全面加强政府融资平台债务管理，2011年全省不仅新增债务得到有效控制，而且债务余额比上年减少60多亿元，既化解了眼前风险和矛盾，也为今后长远发展打下了基础。四是创新财政融资机制。积极创新财银合作模式，采取以存引贷、贷款贴息、风险补偿、以奖代补等方式，巧用财政杠杆引导信贷投放，努力变小钱为大钱、变死钱为活钱，全年撬动信贷投放4 360亿元，有力缓解了企业资金紧张状况。

【深化改革、规范管理，着力完善财税体制机制】 一是大力推进税制改革。改革个人所得税制度，将个人所得税费用扣除标准由2 000元提高到3 500元，仅2011年后4个月全省就减轻纳税人负担21.3亿元。改革资源税制度，将油气资源的计税办法由从量计征改为从价计征，不仅有利于促进资源能源节约，而且增加了地方税收。改革车船税制度，按排气量分档设置差别税率，为引导汽车消费、促进节能减排创造了条件。完善营业税制度，将娱乐业营业税税率由20%降为5%，减轻了企业负担，促进了相关产业繁荣发展。二是进一步完善预算管理制度。深化预算编制改革，将预算外收入全部纳入预算管理，实现了历史性的重大突破。加快推进国有资本经营预算试行工作，创新规范社会保险基金预算编制，进一步提高了基金管理水平。全面推行国库集中支付制度，全省国库集中支付资金规模占财政支出的比重达到62.3%，比上年提高2.6个百分点。加大政府采购监管力度，全年实现采购额847亿元，增长25.7%，节约资金118.7亿元。出台省级财政支出绩效评价管理暂行办法，启动了预算绩效评价试点。稳妥推进预决算公开，省级及时公开了财政预决算报告及20张相关表格，并研究提出了全省预决算及“三公经费”公开的方法步骤。三是全面加强财政基础管理。扎实开展财政专户清理整顿，为保障财政资金安全奠定了基础。全面推行财政投资评审，全省完成评审额1 326.5亿元，增长20.2%，审减和查出不合理资金145.1亿元，审增有效资金供给5.4亿元。加大财政监督检查力度，全面开展“小金库”专项治理复查、巩固成果、推进机制建设工作，进一步规范了财经秩序。认真落实财政“六五”普法规划，引导干部职工依法行政、依法理财，全面推进“无缝隙管理”，最大限度地减少了自由裁量权。加强基层财政管理，完善行政事业资产管理制度，加快金财工程应用支撑平台建设，健全会计制度体系，强化注册会计师行业管理和财政科研工作，财政管理的科学化精细化水平进一步提高。

【勤政廉政、创先争优，着力加强作风和廉政建设】 各级财政部门坚持两手抓、两手硬，在推进财政改革发展的同时，紧抓干部队伍建设不放松。一是着力加强干部能力建设，以学习胡锦涛总书记“七一”重要讲话和党的十七届六中全会精神为重点，紧贴财政工作实际抓学习抓培训，全省财政系统培训干部职工4.9万人次，学习型机关建设取得很大成效，干部职工的政治素养、理财能力明显提升。2011年，在省直机关工委开展的读书学习评选中，省财政厅被评为党组理论学习中心组示范点。二是着力加强行政效能建设，以开展创先争优活动为抓手，引导干部职工横向对比看差距、纵向对比看潜力、跳出财政看全局，大力弘扬求真务实、真抓实干、雷厉风行的工作作风，努力争创支持发展先锋、理财为民先锋、改革创新先锋、诚信建设先锋、服务效能先锋，在全省财政系统形成了比素质、比作风、比业绩、比奉献的浓厚氛围。三是着力加强法治财政建设，认真落实“六五”普法规划，全面推进依法行政依法理财，引导干部职工认真学法、严格守法、规范执法，真正使依法理财观念入心、入脑、入骨子，最大限度地减少自由裁量权，遇事思法、办事依法、行必守法的氛围逐步形成。四是着力加强廉政建设，积极开展“四个一”廉政教育活动，大力弘扬廉政文化，全面落实廉政建设责任制，深入开展廉政承诺和廉政风险防控工作，圆满完成财政部门承担的惩防体系建设任务，严格遵守换届纪律规定，财政系统党风廉政建设水平有了新提高。在2011年全省民主评议行风活动中，省财政厅及许多市县财政部门继续位居经济社会发展类前列；全省财政系统有5个市财政局被评为全国文明单位，省厅和12个市、67个县财政局被评为省级文明单位。

（撰稿：王道昌）

综合财政

【加强和规范非税收入管理】 2011年，按照“统一征管、综合预算、集中支付、全面监督”的原则，不断深化“收支两条线”改革，进一步加大政府非税收入管理力度，非税收入管理规范化、科学化、信息化水平有了新的提高。据统计，全年全省非税收入完成3 901.79亿元，同比增长15.3%。

（一）制度建设更加健全。在2010年底以省政府令形式出台《山东省国有资产资源有偿使用收入管理办法》的基础上，2011年组织编写了《办法》释义，逐个条款对《办法》进行解释，并引用了大量案例，为全面加强国有资产资源有偿使用收入管理奠定了坚实基础。中央和省委两个“1号文件”出台后，结合山东实际，及时研究制定了《山东省地方水利建设基金筹集和使用管理办法》，确立了四大筹资渠道，年筹基金可达60亿元，建立了稳定持续的筹资机制。进一步规范罚没收入收缴管理，研究下发了《关于规范罚没收入收缴管理的通知》，彻底实现了非税收入全部纳入“山东省非税收入征收管理系统”管理。此外，还编制发布了《2010年山东省行政事业性收费项目目录》，制定了贸促、广电、交通港航等部门非税收入征管办法。通过加强制度建设，明确了管理要求，理顺了管理程序，强化了责任约束，为推进非税收入规范化管理奠定了良好基础。

（二）系统征缴更加完善。2011年，为妥善解决非税收入“缴款难”问题，在2010年调研、试点的基础上，进一步推进非税收入电子化征缴改革，取得了重要进展。在临沂、泰安等地实行交警罚款POS收费，在济南实施了工商系统POS收费，在威海、烟台、潍坊、济南等实施房产交易POS收费。对省委组织部选调生报名考试和自学考试报名考试实行网上银行收缴，2011年还首次实行普通高考报名考试费网上银行收缴，在社会上产生了良好反响。据统计，仅普通高考网银收费就达51万笔、7 842万元。截至2011年底，全省共完成POS缴费业务31万笔，网上银行缴费58万笔，征收金额1.5亿元。非税收入电子化征缴改革的顺利推进，成功开辟了非税收入征缴管理新模式，既方便缴款人和执收执罚单位，又可以减少中间环节和现金使用，进一步提高了非税收入管理科学化、信息化水平。

（三）票据管理更加规范。一是加强制度建设。按照“制度先行、用制度管票据”的指导思想，2011年，研究制定了财政票据缴销管理、财政票据防伪油墨管理、新型农村合作医疗票据使用管理等方面的制度办法，进一步完善了财政票据管理政策体系，为加强和规范财政票据管理提供了制度保障。二是强化监督检查。在做好票据日常监督管理的同时，重点开展医疗卫生部门财政票据管理使用专项检查，涉及省属18家医疗机构财政票据1 800多万份，及时发现纠正了存在的问题，有效发挥了“以票管费”源头作用。三是推进电子化改革。在不断完善“山东省财政票据信息管理系统”的基础上，成功在因特网上线运行，通过网络进行票据信息的录入、开票、打印、查询、核销，实现了财政票据电子化管理，信息全省共享、网上自动核销，进一步提高了财政票据科学化、精细化管理水平。

（四）预算管理更加细化。首次对省级部门非税收入预算进行审核，统一了非税收入政策尺度，摸清了省级预算单位政府非税收入规模，掌握了省级非税收入结构。在总结审核经验的基础上，针对审核过程中发现的问题，提出了从预算管理角度规范加强非税收入管理的意见和建议，达到减轻财政支出压力、增强调控能力的目的，为统筹安排非税收入，实现

"收支脱钩"创造了条件。同时，连续第5年组织非税收入管理政策集中宣传活动，2011年着重进行非税收入征缴考核，对16个市、20个省直管县和46个示范县2010年非税收入系统征缴情况进行考核，督促各级认真抓好非税收入政策贯彻落实。

【推进收入分配制度改革和保障性住房建设】 2011年，认真落实中央关于收入分配制度改革和保障性住房建设的各项政策，坚持统筹兼顾、扎实推进，在改善民生方面取得了新的成果。

（一）*深入推进规范津贴补贴，进一步深化机关事业单位收入分配制度改革*。一是积极推进省直机关规范津贴补贴。对驻济省直机关事业单位工作人员待遇问题进行了深入研究，积极想办法、出主意，深入研究论证、反复精心测算分析，先后数易其稿，拿出了十几套方案，提出了一揽子办法。二是完善省以下津贴补贴调控管理体系。充分利用行政和经济两种手段，加强津贴补贴调控管理，努力缩小区域内不合理差距。精心审批各市调整津贴补贴方案，及时核定征收津贴补贴调节基金，市直机关之间横向差距进一步缩小到2.1倍。同时，结合建立完善县级基本财力保障机制，完善政策、调整程序，鼓励津贴补贴水平较低的县（市、区）适当提高津补贴标准，全省基层机关事业单位工作人员收入水平有了进一步提高。三是进一步严肃工作纪律。中纪委等6部委"3·16"会议后，及时转发了中央对省会城市、计划单列市检查通报，组织各级各部门开展了规范津贴补贴情况专项检查，进一步明确政策界限、严肃工作纪律，确保政策执行不走样。四是积极做好收入分配改革其他工作。配合人力资源社会保障等部门，督促落实义务教育学校教师绩效工资、公共卫生和基层医疗卫生事业单位实施绩效工资工作，着手对其他事业单位实施绩效工资制度进行了深入研究，进一步规范事业单位收入分配秩序。

（二）*加大政策资金支持力度，进一步深化城乡住房保障和住房制度改革*。2011年，按照省委、省政府的总体要求，在积极推进住房货币化改革进程的同时，多方筹集住房建设资金，认真落实税费优惠政策，完善管理工作机制，大力支持城市保障性住房、农村建房和危房改造，城乡住房保障体系建设、住房公积金监管不断完善。一是着力推进保障性安居工程建设。2011年，结合山东实际，在全国率先制定了《关于规范政府住房基金征缴管理有关问题的通知》，要求各地将政府直管公有住房出售收入的结余资金用于发展公共租赁房，企事业单位可参照执行，拓宽了公租房建设资金筹集渠道。为充分发挥财政资金的杠杆作用，放大财政政策效能，鼓励调动社会各界积极参与保障性安居工程建设和运营，按照国家2012年大力发展公租房建设的部署，率先在全国出台了《山东省公共租赁住房项目贷款财政贴息资金管理暂行办法》，对纳入山东省公租房发展规划和年度计划并使用银行贷款的公租房项目给予一定的财政贴息资金，确保我省公共租赁住房建设和运营的可持续性。为调动各市增加保障性住房投入的积极性，在全国率先出台了住房公积金管理省级考核奖励办法，确定对住房公积金管理水平好、支持保障性住房建设力度大的市，由省财政给予奖励，鼓励各地将住房公积金增值净收益全部用于支持保障性住房建设。据统计，2011年全省筹集城市保障性住房建设资金238.43亿元，是上年的2.79倍。为加快预算执行进度，充分发挥财政资金的保障效益，建立健全支出责任制，加快资金拨付，提高了资金到位的及时性，确保了预算执行进度和工程建设资金需求，全省提前3个月完成国家下达的开工任务。二是大力支持农村住房建设和危房改造。为加大农房建设与危房改造支持力度，会同有关部门出台了结合建材下乡推进农房建设与危房改造工作的办法，从严格资金监管、强化工程管理等方面作出明确规定，确保政府补助资金高效安全使用。2011年，全省农村住房建设和危房改造超额完成省委、省政府确定的目标任务。同时，结合国务院批准沂蒙革命老区18个县（市、区）享受中部地区政策，积极向中央反映我省情况和困难，争取中央将山东纳入全国农村危房改造范围，也取得积极进展。三是加强住房公积金财政监管。为提高全省住房公积金管理水平，2011年建立了住房公积金管理机构工作考核办法，加大财政监管力度，严格执行贷款风险准备金计提政策，合理确定机构经费，严格缴存比例和缴存基数，监督落实住房公积金贷款风险准备金计提和提取廉租住房资金要全部用于保障性住房建设政策，保障了住房公积金运作的安全高效。截至2011年底，全省住房公积金归集总额达2 192亿元，归集余额达1 287亿元，住房公积金个人贷款余额达764亿元。四是积极推进省直房改工作。主动会同省直房委办、省纪委加快单位新建购住房的处置工作，着力解决房改历史遗留问题，收回省直住宅公司拖欠财政资金长达13年欠款3 000万元。同时，加快阳光舜城省直住宅房款结算、收回三联集团占压省直住宅小区基础设施等工作。

【深化土地、海域、彩票专项资金管理】 2011年，按照推进精细化科学化管理的要求，不断完善制度办法，强化收支监管，确保资金管理使用安全、高效，促进各项事业发展。

（一）*强化土地收支管理*。一是加强征缴保增收。2011年，以统计报表为抓手强化收入征缴，规范"收支两条线”管理，取得明显成效。在土地市场低迷的情况下，2011 年实现各项国有土地收入 2 555.46 亿元，其中省本级新增建设用地土地有偿使用费收入 26.1 亿元。二是完善制度促政策落实。按照中央和省委 1 号文件规定，在全国率先研究制定了土地收入用于农田水利和教育资金管理暂行办法，为今后管好用好土地资金建立和完善了制度保障体系。三是大力支持黄河三角洲未利用地开发。为加快推进“黄蓝”两区建设，认真落实省政府要求，充分发挥职能作用，对未利用地开发利用问题进行深入研究，摸清情况，理清思路，提出了政策建议，研究确定了黄河三角洲未利用地开发收入省市间利益分配机制。同时，下达中央补助“两区”建设资金 4 亿元，支持东营和滨州两市组建未利用地开发公司注册资金补助及未利用地开发。四是继续加大农村土地整治支持力度。一方面，积极推进农村土地综合整治。及时审核下达中央和省项目资金 23.33 亿元，在抓好农村综合整治政策落实的基础上，积极研究把握国家政策动向，在全省范围内拓展新增费用途范围，允许各地在项目资金中拿出 20% 的资金用于村庄、社区基础设施建设，进一步发挥资金效益。另一方面，继续开展省级基本农田保护土地整理项目建设，对确定的 31 个基本农田土地整理项目进行审查论证，批准下达项目资金 12.08 亿元。全年共投入资金 35.41 亿元。五是创新项目资金预决算审查管理模式。将原来的项目资金预决算审查由部门代行职能，调整转变为财政全权负责，实现了财政职能调整和强化。全年共计审核预、决算项目 105 个，资金总额 115.45 亿元，审减节约资金 9.35 亿元。同时，为调动各地对项目资金监管的积极性，建立了激励机制，将审减资金全部留归地方安排使用，更好地发挥了项目资金总体效益。

（二）加强海域使用金管理。一是深化海域使用金征缴管理。2011 年，针对海域有偿使用管理中存在的突出矛盾和问题，进一步完善集中集约用海海域使用管理政策，会同海洋部门，严把缴纳期限，规范征缴程序，加大征缴力度，督促及时征缴入库，收入实现了大幅增长。进一步完善海域使用金资金管理体制、机制，由以往的系统汇缴、省级集中入库，改为就地分成、当地入库，减少了省级资金沉淀和资金上解下拨环节，提高了工作效率和资金效益。二是严格规范海域使用金减免政策。通过调整政策、健全体制、堵塞漏洞，从源头上规范海域使用金减免审批，压缩自由裁量空间，2011 年审批项目及金额分别同比下降了 83% 和 82%。三是优化资金支出结构。充分运用海域使用金支出政策，科学运筹省筹集资金，加大了对黄河三角洲高效生态经济区和半岛蓝色经济区建设财政支持力度。2011 年省筹集海域使用项目资金 1.39 亿元，积极争取中央支持，中央补助我省 3.01 亿元，重点保证和安排海岸带修复，海域、海岛生态恢复、综合整治等项目支出，中央和省两级共投入 4.5 亿元，是省级和争取中央资金安排最多的一年。四是强化资金使用绩效管理。首次组织开展海域使用金支出项目绩效考核，对全省沿海 6 市近两年实施 7 类 78 个省级项目进行了考核，涉及项目资金 1.6 亿元，进一步理顺了部门关系，形成了资金监管合力，提高了资金效益。

（三）加强彩票市场和资金监管。2011 年，全省彩票销量 204.96 亿元，同比增长 43%，筹集彩票公益金 55.6 亿元，其中省以下 27.8 亿元。在积极维护彩票市场持续稳定健康发展的同时，不断加强完善彩票市场监管，对全省彩票销售情况、各彩票游戏市场运行情况、彩票资金运转情况等进行及时汇总和市场分析，为领导决策提供依据。创新弃奖奖金转入公益金的分配办法，通过按因素分配体现对销售贡献大、增长速度快地市的鼓励与扶持，促进彩票市场的稳定增长。在公益金分配上，坚持彩票公益金“取之于民、用之于民、造福社会”的原则，科学调整公益金支出结构，提高了“四个比重”：一是提高彩票公益金对基层的分配比重。坚持“大头向下”的原则，将省级留成的体育彩票公益金和市地分成比例由原来的 55∶45 调整为 45∶55，加大对基层的倾斜力度。二是提高彩票公益金用于文化事业发展的比重，同比增长 71%。加强社区公共文化设施建设，将对城市社区文化活动中心的项目扶持扩大到农村社区文化活动站室，并资助省文化厅组织开展“送儿童剧进儿童福利院”活动，满足社会特殊群体的基本公共文化需求，促进了社会公益文化事业的发展。三是提高彩票公益金扶持残疾人事业发展的比重，安排用于残疾人事业公益金 7 800 万元，同比增长 33%。对残疾人康复中心建设、“温馨安居”工程、“无障碍设施进家庭”活动、贫困肢残人康复、“千人启智工程”等项目进行扶持，体现了社会对残疾人事业的关爱支持。四是提高彩票公益金扶持校外教育的比重，安排用于教育事业的公益金达 1.58 亿元，是 2010 年的 6 倍。在全国率先制定了青少年示范性综合实践基地建设、未成年人校外活动保障和能力提升、乡村学校少年宫项目实施和资金管理办法，受到财政部高度评价。在公益金使用项目上，增加了对社区日间照料中心、救灾仓库建设、农村社区体育设施以及青少年体育发展项目的扶持，拓展公益金使用范围，扩大了社会受益面，为促进全省社会公益事业均衡协调发展发挥了重要作用。

（撰稿：孙忠欣　朱厚玉　于晓勤　李　鹏）

法规税政

【更加重视推进税制改革，大力加强税收政策管理，在增加财政收入方面取得新突破】 按照中央税制改革精神和关于加强税收政策管理的要求，围绕全省财政中心任务，积极开展调查调研，进一步深化地方税收体系，增加地方财政收入，提高了财政保障能力。

（一）重点搞好调查研究，努力服务改革发展。围绕税制改革、全省税收结构变化和财政可持续发展，主动开展税源调查和政策调研，有针对性地提出科学化、合理性的建议，推动了税制改革和财政收入增长。一是组织对4 124户企业开展所得税税源调查，摸清了全省企业所得税税源基本状况。二是会同省地税局对9 428户营业税纳税人进行重点调查，调查企业缴纳营业税265.3亿元，掌握了全省营业税纳税人企业生产经营和纳税情况。三是开展全省车船保有量调查和车船税政策执行情况调研，为代省政府起草《山东省实施〈中华人民共和国车船税法〉办法》提供了数据支撑。四是开展“税制改革动向及对地方财政运行的影响”专题研究，围绕推进和应对税制改革、优化税收结构和提高税收收入质量，提出了可行性的政策建议，积极为推动财政可持续发展建言献策。五是开展“增值税改革问题研究”专项调研，分析改革对全省经济社会发展和财政收入的影响，研究提出对策建议，为应对改革提前做好准备。六是优先选择财政部列示的重点产品生产企业，自主选择相关生产企业进行增补调查，为国家制定关税政策提供了参考依据。据统计，全年共完成各类税收调查和政策调研23项，撰写调查报告和调研报告19篇。

（二）重点推进改革管理，努力促进财政增收。充分发挥地方税政管理权限，合理建议调整地方税种和共享税种相关政策，实现政策增收近50亿元，推动了地方税收稳步增长。一是推动资源税制改革促增收。推动中央在全国范围内实施原油天然气资源税改革，仅油气开采企业资源税由原来从量计征改为从价计征和上调石灰石资源税额标准，每年增加地方财政收入约38亿元。二是推动车船税制改革促增收。代省政府起草规章《山东省实施〈中华人民共和国车船税法〉办法》，合理确定了适用税额标准，明确了减征或免征的范围和条件，静止算账年车船税收入增长3.51%。三是推动相关政策完善促增收。争取中央将探矿权、采矿权等自然资源转让纳入营业税征税范围，实现地方增收近10亿元；争取恢复对油气开采企业征收城镇土地使用税、返还成品油税费改革后新增城市维护建设税和教育费附加、分享京沪高速铁路营业税和企业所得税等工作取得阶段性成果。四是保障地方税收征管促增收。进一步深化地税经费预算管理，结合税收征管工作需要，切实编好收入预算和基本支出、项目支出预算，指导地税部门加大预算支出力度和进度，从经费上保障和激励了税收征管。同时，认真做好燃油消费税改革和耕地占用税、契税职能及经费划转工作，研究制定养路费征稽人员及“两税”人员经费划转方案，确保了征管职能顺利交接和征管人员妥善安置，促进了地方税收征管。

（三）重点规范税收优惠，努力推进依法治税。在贯彻实施一系列结构性减税政策的同时，积极整顿和规范税收秩序，大力推进依法治税，努力确保税收应收尽收。一是严格把关税收优惠政策制定。审核各类涉及税收优惠条款的草案和规范性文件100余件，提出修改建议120多条，严格控制个案及临时性税收优惠政策出台，努力堵住政策漏洞。二是严格强化税收优惠政策执行。认真贯彻实施国家税收政策，全年转发和制发财税政策文件112份，推进了政策管理，维护了税收秩序。组织编写《现行税收优惠政策实用手册》，认真做好税收优惠政策的宣传、贯彻和落实，充分发挥了税收优惠政策对全省经济社会发展的促进作用。三是严格规范税收优惠政策认定。组织对56家高新技术企业和近三年部分享受财政专项扶持资金的企业进行专项检查，针对检查中发现的问题制定完善措施，为下一步加强管理奠定了基础。加强对高新技术企业认定和复审企业的审核把关，联合省科技、税务部门对全省1 140多户申请企业进行复核和认定，对于不符合认定条件的近200户企业不予认定通过。

【更加重视实施结构性减税，灵活发挥税收调控作用，在支持经济社会发展方面取得新突破】 深刻把握国家宏观调控精神，围绕省委、省政府重大决策部署，认真实施积极的财政政策，尤其是一揽子结构性减税计划，全年减轻纳税人负担约90亿元，推动了全省经济社会持续健康发展。

（一）通过上调增值税和营业税

起征点，扶持中小企业发展。在继续对部分小型微利企业实施所得税优惠政策的同时，综合考虑全省经济社会发展水平、小微型企业发展情况及对财政收入影响等因素，研究确定山东省执行增值税和营业税起征点最高限，全省约11万个体工商户不再缴纳增值税或营业税，减轻纳税人税收负担约5.78亿元。

（二）通过降低娱乐业营业税税率，促进第三产业发展。针对全省第三产业发展现状和税收征管实际，会同省地税局对全省娱乐业税收情况开展专题调研，提出了促进娱乐业快速健康发展的政策建议。根据调研情况，报经省政府批准，合理调整了全省娱乐业税率，其中将高尔夫球娱乐业税率由20%调整为10%，其他娱乐业项目税率由20%调整为5%，大幅度减轻了娱乐业税收负担，支持了娱乐业发展。

（三）通过提高个人所得税费用减除标准，调节社会分配公平。研究完善现行个人所得税制，进一步清理和规范个人所得减免税政策，通过认真落实新修订的《中华人民共和国个人所得税法》，贯彻执行3 500元/月的减除费用标准，全年减轻个人所得税负约64亿元，大大降低了中低收入纳税群体的负担，促进了社会收入分配公平。

（四）通过落实特殊行业和领域税收优惠政策，推进经济发展方式转变。一是认真落实高新技术企业财税扶持政策。积极开展高新技术企业资格认定管理工作，全年复审认定505家，新认定430家。通过对高新技术企业执行15%的优惠税率，减轻企业税负近20亿元。继续加大财政专项资金政策扶持力度，全年审核批复5 000多万元，重点扶持了81项新产品，支持了高新技术产业发展。二是认真落实节能减排税收优惠政策。在深入调研的基础上，向中央科学提出润滑油资源利用等政策建议，并获得批准。组织开展资源综合利用认定工作2次，环境保护、节能节水、安全生产专用设备认定工作2次，公布名单涉及企业200多家，确保了符合条件的企业及时享受到税收优惠。三是认真落实商品储备企业税收优惠政策。会同有关部门对承担粮、棉、食用油等商品储备任务，取得财政储备经费或补贴的企业进行调查统计，认定符合条件的储备企业243户，并上报省政府批准，确保其享受房产、土地、印花税等优惠政策。四是认真落实事业单位改制契税优惠政策。为深化企事业单位改革，深入开展调研，研究提出了对企事业单位改制重组契税优惠政策应予延续的建议。同时，对2009年以来615家改制重组企事业单位进行全面梳理，落实减免契税约3.75亿元。

（五）通过开展税收政策服务，推动园区经济和产业企业发展。一方面，研究提出支持“黄蓝两区”发展的政策建议，会同有关部门多次向中央进行汇报反映，多项优惠政策获得中央支持；主动开展全省特殊监管区域建设专题调研，有针对性地提出了政策建议，为支持特殊监管区域发展营造了良好的政策环境。另一方面，依法减轻企业税收负担，帮助企业解决发展中的重大政策问题，努力支持企业发展壮大。比如，积极向中央反映监狱企业因产权变化导致税收不能退付问题，经过坚持不懈的努力，中央批复退付里能集团所属监狱企业增值税5.7亿元，免征企业所得税约5亿元，合计减轻监狱企业税收负担超过10亿元；广泛听取相关部门和行业协会对关税税目税率调整的建议，向中央反映增列或调整税则税目建议5项，调整进出口暂定税率建议7项，积极指导企业利用关税政策加快自身发展；组织开展“山东省葡萄酒产业国际竞争力提升”专项调研，认真分析当前全省葡萄酒产业发展的现状和存在的问题，研究提出了有针对性的政策扶持建议，支持了特色产业发展。

（六）通过创新税收优惠措施，支持社会事业发展。围绕省委、省政府确定的民生工程，积极创新税收扶持措施，努力推动教育科技、文化体育、医疗卫生和社会保障等事业全面协调发展。重点会同有关部门对全省公益组织税收减免资格进行审核认定，对山东省残疾人福利基金会等52家单位予以税前扣除资格确认，支持公益事业发展；努力争取临时性税收优惠政策，报经国务院批准，对2012年在烟台海阳市举办的第三届亚洲沙滩运动会给予专项税收优惠政策，支持特色体育事业发展。

【更加重视加强法制工作，切实推进依法理财，在保障财政改革管理方面取得新突破】 坚持将加强依法行政依法理财作为财政管理的核心和灵魂，组织召开全省财政系统依法行政依法理财工作电视会议，积极创新工作推进机制，科学务实夯实工作基础，努力营造良好的依法行政依法理财氛围和环境。

（一）着力推动财政法律制度建设，不断健全依法理财保障体系。重点从推进国家财政立法、加强地方财政立法和把关涉及财政的其他领域立法三个方面，推动财政法律制度建设，努力为依法理财提供法律支持和保障。一是积极推进国家财政立法。深入参与和配合完成全国性的财政新法制定、旧法修订等立法任务，积极反映地方财政立法建议和诉求，推动了《个人所得税法修正案》、《车船税法》及其《实施条例》、《船舶吨税暂行条例》等立法项目出台实施，支持了地方财政改革发展。二是切实加强地方财政立法。根据《车船税法》及其《实施条例》规定，临时申请追加立法项目，代省政府起草了《山东省实施〈车船税法〉办法》，并以省政府令形式颁布实施。根据2012年地方立法计划要求，积极开展立法必要性和可行性研究论证，将《山东省政府非税收入管理办法》、《山东省政府采购实施办法》、《山东省行政事业国有资产管理办法》报列2012年政府规章立法项目。三是严格把关其他领域立法。全年审核涉及财政的法规规章草案29件，提供修改意见130余条，确保了财政职能完整。

（二）着力推进财政法制宣传教育，努力创造良好的依法理财环境。紧紧抓住“六五”普法启动之年的难得机遇，深入开展各种普法活动，努力为财政工作开展创造良好的氛围。一是总结宣传全省财政“五五”普法经验和做法。回顾总结财政“五五”期间普法工作，组织做好财政“五五”普法先进集体和个人评比表彰，认真总结日常考核、中期督导和期末验收的有效做法，将完善普法考核机制、增强普法工作实效作为富有山东特色的普法经验进行广泛宣传，并在全国财政普法工作会议上做了典型发言，获得一致肯定和好评。二是制定实施全省财政“六五”普法规划。围绕全省财政“十二五”规划纲要和工作任务，研究制定《山东省财政法制宣传教育第六个五年规划》，有效指导了各级财政部门开展“六五”普法活动。三是宣传贯彻新颁布的法律法规。深入宣传《行政强制法》，并根据省人大、省政府要求，组织对省财政厅负责起草的三部地方性法规和七部地方政府规章进行认真梳理，确保了该法顺利实施。组织举办全省财政法规税政业务培训班，重点围绕《车船税法》和《国家赔偿费用管理条例》等新颁布的法律法规，对全省200多名法规税政干部进行专题培训，增强了财政部门贯彻落实新法律法规的水平和能力。四是广泛宣传山东省依法行政依法理财工作。深入总结近年来全省依法行政依法理财工作，配合主要媒体进行广泛宣传报道，真实全面地反映了全省依法理财依法治税工作成果。

（三）着力应对行政复议诉讼案件，努力防范化解财政涉法风险。在认真做好财政行政处罚行为合法性审核、财政行政处罚、复议和诉讼案件统计分析工作的基础上，妥善化解各类纠纷矛盾，努力保障财政运行。2011年，共办理了三起行政复议和诉讼案件，有效维护了财政部门的合法权益。

（撰稿：解正湖　赵明亮　刘凯声　张　励　闫鲁宁）

预 算 管 理

【概述】 2011年是“十二五”开局之年，面对复杂多变的财政经济形势和艰巨繁重的发展保障任务，全省预算系统认真贯彻中央和省委省政府的决策部署，牢牢把握“主题主线目标”，紧紧围绕“转方式、调结构、增财源、惠民生、强基层、推改革”中心工作，创新财税调控政策，健全民生保障体系，推进预算管理改革，有力地促进了经济社会发展。

【公共财政预算收入情况】 2011年，全省公共财政预算收入完成3 455.93亿元，占预算的109.06%，比上年增长25.70%。主要收入项目完成情况为：增值税413.82亿元，占预算的93.08%，增长9.41%；营业税765.72亿元，占预算的103.14%，增长21.25%；企业所得税398.30亿元，占预算的115.95%，增长35.84%；个人所得税96.58亿元，占预算的105.86%，增长19.22%；城市维护建设税179.60亿元，占预算的111.73%，增长37.37%；房产税74.02亿元，占预算的97.35%，增长14.49%；城镇土地使用税158.46亿元，占预算的97.48%，增长15.08%；契税202.48亿元，占预算的100.74%，增长4.63%；行政事业性收费收入278.82亿元，占预算的111.95%，增长37.34%；专项收入130.80亿元，占预算的106.57%，增长25.88%。

2011年，全省各级财税部门科学把握生财聚财之道，创新聚财增收手段，坚持依法治税管费，着力完善征管机制，确保了财政收入持续快速增长，为财政可持续发展奠定了基础。一是财政收入迈上新台阶。2011年全省公共财政预算收入完成3 455.93亿元，比上年增长25.70%，首次突破3 000亿元大关，规模居全国第3位。二是区域间财政收入协调增长。2011年全省东、中、西部地区公共财政收入分别比上年增长24.40%、21.96%、28.82%，山东半岛蓝色经济区、黄河三角洲高效生态经济区财政收入分别增长25.03%、27.40%，东中部持续增长、西部跨越赶上、重点区域加快发展的格局初步形成。三是县乡财政收入增长较快。2011年县域经济快速发展，县乡财政收入保持较快增长，县乡财政保障能力稳步提高。全省县乡公共财政预算收入完成2 176.68亿元，比上年增长25.65%，占全省财政收入的比重为62.98%。全省财政收入过10亿元的县（市、区）达到82个，其中过20亿元、30亿元的分别达到40个、21个，龙口、邹平、寿光、滕州、诸城5个县（市）收入跨越40亿元。

【公共财政预算支出情况】 2011年，全省公共财政预算支出完成5 002.07亿元，占预算的112.28%，比上年增长20.68%，规模居全国第3位。主要支出项目完成情况：一般公共服务618.48亿元，占预算的107.55%，增长13.63%，公共安全274.69亿元，占预算的109.21%，增长12.57%；教育1 047.90亿元，占预算的123.36%，增长36.01%；科学技术108.62亿元，占预算的113.69%，增长28.75%；文化体育与传媒91.57亿元，占预算的118.23%，增长23.69%；社会保障和就业501.54亿元，占预算的106.45%，增长20.34%；医疗卫生360.36亿元，占预算的120.83%，增长43.70%；节能环保113.95亿元，占预算的114.39%，增长0.90%；城乡社区事务401.70亿元，占预算的100.17%，增长3.42%；农林水事务564.00亿元，占预算的116.36%，增长21.04%；工业商业金融等事务324.91亿元，占预算的127.84%，增长23.93%。

2011年，各级紧抓优化支出结构不放松，统筹兼顾，突出重点，财政投入继续向以民生为重点的社会发展领域倾斜，为经济文化强省建设提供了有力的资金保障。一是民生投入比重进一步提高。全省公共财政用于民生方面的支出达到2 746.2亿元，增长30.0%，民生支出占财政支出的比重达到54.9%，比上年提高3.9个百分点，新增财力的七成以上用于民生，全面完成了年初省委省政府承诺的26件民生实事。其中，农业、教育、医疗、社会保障和就业、文化等方面的支出增幅分别为21.4%、35.2%、43.5%、20.3%、24%，均高于当年经常性财政收入18.7%的增幅。二是“三农”投入力度持续加大。各级财政以落实强农惠农富农政策为重点，不断完善支农投入稳定增长机制；大力发展现代农业，加快推进农业十大产业振兴；不断改善农业设施装备条件，着力夯实现代农业发展基础；加快农村综合改革步伐，推进城乡社会事业协调发展。2011年，全省财政用于“三农”方面的支出达到1 885.6亿元，增长31.1%，高于全省公共财政支出增幅10.4个百分点。三是财政调控措施更加灵活有力。从增加供给、搞活流通、提高补贴等关键环节入手，加大财政投入力度，努力遏制物价快速上涨势头。通过整合资金确保重点建设项目，落实补贴政策拉动内需，加大财税扶持稳定出口，强化了需求对经济的拉动作用。积极创新财政资金使用方式，灵活运用担保、贴息、奖补、跟进投资等手段，引导信贷投放突破4 000亿元，重点投向战略性新兴产业等领域，同时认真落实结构性减税清费政策，大力支持转方式调结构。

【公共财政预算平衡情况】 2011年，全省公共财政预算收入完成3 455.93亿元，加地方政府债券收入、中央税收返还、转移支付补助及上年结余收入等2 255.19亿元，收入共计5 711.12亿元。当年全省公共财政预算支出5 002.07亿元，加上解中央支出及结转下年支出等703.57亿元，支出共计5 705.64亿元。全省收支相抵，累计净结余5.48亿元，实现了“收支平衡、略有节余”的目标。

【政府性基金预算收支情况】 2011年，全省政府性基金预算收入完成2 970.70亿元，占预算的146.24%，比上年增长13.86%。主要收入项目完成情况为：地方教育附加收入54.94亿元，占预算的162.12%，增长150.03%；新增建设用地土地有偿使用费收入32.34亿元，占预算的101.73%，下降9.83%；政府住房基金收入13.06亿元，占预算的134.40%，增长8.69%；国有土地使用权出让收入2 378.48亿元，占预算的147.82%，增长11.56%；国有土地收益基金收入115.64亿元，占预算的157.72%，增长13.58%；彩票公益金收入26.90亿元，占预算的145.61%，增长40.67%。

2011年，全省政府性基金预算支出2 926.06亿元，占预算的129.54%，比上年增长17.25%。主要支出项目完成情况为：地方教育附加支出38.50亿元，占预算的143.94%，增长111.52%；新增建设用地有偿使用费安排的支出49.22亿元，占预算的81.39%，增长10.06%；国有土地使用权出让收入安排的支出2 325.93亿元，占预算的133.26%，增长14.10%；国有土地收益基金支出122.49亿元，占预算的135.81%，增长32.72%；彩票事务22.30亿元，占预算的103.18%，增长11.01%。

当年政府性基金预算收入，加上年结余、中央补助及调入资金等679.68亿元，收入共计3 650.38亿元。当年政府性基金预算支出，加调出资金等16.08亿元，支出共计2 942.15亿元。全省政府性基金收支相抵，年终滚存结余708.24亿元。

【促发展抓增收，培植壮大财源取得新成就】 全省各级始终把支持财源建设作为保民生、保运转、实现财政可持续发展的根本途径。2011年，全省经济和财政运行呈现高开低走、波动较大的特点，全省预算系统坚持以结构调整作为培植壮大财源的主线，充分发挥财政预算职能，深入调查研究，强化分析调度，丰富调控手段，科学实施指导，力促全省经济和财政平稳运行。一是大力支持转方式调结构增财源。认真落实省政府出台的32条政策措施，年初预算安排转方式调结构资金177亿元，比上年增加42亿元，重点加大对传统产业改造升级、战略性新兴产业培育、服务业发展、自主创新、节能减排等方面的投入，加快推进经济结构战略性调整。二是做好地方政府债券的发行使用工作。当年争取财政部代理发行地方政府债券额度（不含青岛）62亿元，比上年增加4亿元，其中转贷市县政府53亿元，引导市县重点投向现代农业、技术改造、节能环保、现代服务业、社会民生等领域，为各地扩内需、保增长、惠民生、促发展，提供了有力的资金支持。三是积极筹措地方铁路建设资金。为缓解铁路建设资金日趋紧张的状况，确保全省14个在建铁路项目正常实施，经过认真研究和反复论证，省财政多渠道筹集省交通重点建设资金，当年共筹集10亿元，有效缓解了地方铁路建设资金“瓶颈”制约，并为今后重大交通基础设施建设提供了稳定的资金来源。四是拓宽水利建设资金筹集渠道。在全国率先出台了《地方水利建设基金筹集和使用管理办法》，确定了在停征河道维护费的基础上，从收费基金、成品油税费改革返还及转移支付、城建税中提取以及按增值税、营业税、消费税的1%计征地方水利建设基金，进一步拓宽了地方水利基金来源渠道，建立起了稳定持续的水利筹资机制，2011年省级筹集并拨付资金逾百亿元，有力地支持了全省水利事业加快发展。

【优化支出投向，健全民生保障体系迈出新步伐】 面对尖锐的收支矛盾，省财政在抓好聚财增收的同时，坚持有保有压，有进有退，紧抓优化支出结构不放松，最大限度推动公共资源向以民生为重点的社会发展领域倾斜，民生保障水平进一步提升。一方面，严控一般性支出，挤出资金保民生。认真贯彻落实中央和省厉行节约的各项要求，进一步压缩一般性支出和“三公经费”。2011年，在物价上涨、行政运行成本压力加大的情况下，全省党政机关纳入统计范围的七大类行政成本指标合计下降10.58%，行政成本得到有效控制。另一方面，坚持增量资金倾斜，集中财力保民生。2011年省级年初预算安排用于民生方面的资金达到216亿元，比上年预算增长36.7%。执行中根据各级都有一定超收的实际情况，及时下发文件，要求各级将超收财力优先用于加大教育等民生投入，确保民生政策落实。2011年，在全面完成年初省委省政府承诺的26件民生实事的基础上，又启动实施了一些新的民生政策。其中，教育支出比重（不含中央转移支付）达到19.98%，超额完成了国家下达的19.3%的年度投入目标；比国家要求提前一年实现新农保和城镇居民社会养老保险制度全覆盖；将12.6万老工伤人员纳入工伤保险基金统筹管理范围；将新农合与城镇居民基本医疗保险政府补助标准提高到人均200元；全面建立学前教育资助制度；支持开工建设38.9万套保障性住房等。通过持续加大民生投入，全省覆盖城乡的基本公共服务体系日趋完备，省委省政府关注、广大群众关心、急需解决的重点支出得到有效保障，人民群众得到更多实惠。

【创新体制机制，县乡财政建设取得新成果】 2011年，受政策性增支等因素影响，全省56个财力缺口县缺口额达120亿元。为确保完成财政部核定的90亿元缺口消化目标任务，保障县级基本运转需求，省财政进一步加大投入力度，强化激励约束，努力形成对下帮扶合力，促进县乡财政建设取得新成果。一是完善省级资金综合帮扶机制。结合中央转移支付，安排增量资金26亿元，用于完善县级基本财力保障机制。同时，省级在安排教育、医疗卫生、社会保障、保障性住房等民生政策补助资金时，进一步向财政困难县倾斜。二是完善市级财政激励约束机制。对利用自有财力增加县级补助、缩小辖区内县级财力差距的市，省级继续给予奖励，以此调动市级下移财力的积极性。对2011年缺口消化率低于75%的市，省级相应扣减市级财力，用于补助其所辖财政困难县，强化市级帮扶责任。三是完善县级财政激励约束机制。对通过自身努力积极消化财力缺口的县，省级给予适当奖励，激励县级加快科学发展，优化财政收支结构。同时，要求县级财政将上级补助资金首先用于落实民生政策，保证教育、农业、医疗卫生、社会保障等方面的支出需要。对未能按要求使用省补助资金的地区，相应扣减下年度省补助数额。经过省、市、县三级共同努力，2011年当年弥补县级基本财力缺口113亿元，超额完成财政部核定的缺口消化任务，基层保工资、保运转、保民生的能力进一步增强。

【健全政策体系，扶持区域协调发展取得新突破】 2011年，为深入贯彻省委、省政府重点区域带动战略，促进区域协调发展，按照分类扶持、区别对待的原则，进一步完善了省对下转移支付政策体系，突出了帮扶政策的针对性和有效性。一是积极支持“蓝黄”两区建设。筹集24亿元专项资金，重点用于支持“蓝黄”两区公共基础设施、黄河三角洲未利用土地开发、重大科技创新平台及科技示范推广项目以及具有引领带动作用的重点产业等项目。在此基础上，积极引导科技、产业、节能、环保、人才等方面的专项资金，重点向“蓝黄”两区优势项目倾斜。二是积极扶持沂蒙革命老区发展。紧紧抓住沂蒙革命老区享受国家特殊扶持政策这一重大机遇，在全力做好政策对接与争取工作的同时，加大对革命老区困难县转移支付力度，安排资金1.8亿元，比上年增加3 000万元，重点向沂蒙老区困难县倾斜，集中解决沂蒙老区基础设施和民生保障方面面临的突出困难，帮助老区人民改善生产生活条件。三是积极支持重点生态功能区发展。安排2.35亿元，进一步完善省对下重点生态功能区转移支付制度，集中支持黄河三角洲高效生态经济区和国家级自然保护区所在地的23个县（市、区），加大生态保护力度，提高相关地区环境承载能力。四是积极支持资源枯竭城市解决历史遗留问题。安排资源枯竭城市转移支付资金7.84亿元，集中支持枣庄市、新泰市、淄川区加大社会保障、环境保护与生态治理、公共基础设施和棚户区改造等方面的投入，促进资源枯竭城市改善民生和社会事业发展。五是积极支持城镇化建设。安排1亿元，完善重点中心镇奖励机制，本着“激励先进”的原则，集中支持16个国家和省级“扩权强镇”改革试点镇以及部分省直管县（市）经济强镇，推进全省“扩权强镇”改革试点，促进城乡统筹协调发展。

【完善政策机制，深化部门预算改革取得新进展】 在巩固完善历年改革成果的基础上，省财政结合推进预决算信息公开的新要求，研究提出了“四围绕、四完善”的改革推进思路，着力提升财政运筹各类资金的能力，推动部门预算改革向纵深发展。一是围绕编实收入预算，进一步完善“两项机制”。通过严格收入编报、超收管理和使用审核，完善非税收入统管机制；通过采取“收、调、减、控”等措施，完善结余结转资金消化机制，增强预算统筹能力。二是围绕编准基本支出预算，进一步完善“两项管理”。通过细化基础信息库和扩大学生实名制范围，进一步完善人员实名制管理；通过做好驻济省直单位“两卡合一”的预算衔接和加强对驻济以外省直单位落实驻地津补贴政策的预算审批管理，进一步完善津补贴管理，提高基本支出预算准确性。三是围绕编好项目支出预算，进一步完善“三项措施”。完善项目论证评审与监督措施，早论证早规划，确保项目预算合理性，充分运用投资评审手段，确保项目投资准确性，全程跟踪监督，确保项目资金有效性；完善预算绩效评价与管理措施，通过修订《省级财政支出绩效评价管理暂行办法》，建立从评价对象、工作流程到评价结果及其运用的全过程管理机制，稳步扩大绩效评价范围；完善支出结构优化与调整措施，优化资金结构保支出重点，争取中央支持抓资金整合，改进分配方式增项目效益。四是围绕做好预决算信息公开，进一步完善“四项工作”。完善和细化公共财政预算、政府性基金预算、社会保险基金预算和国有资本经营预算编制工作，并做好有机衔接；完善单位正常运转支出预算审核工作，修订完善日常公用经费定额和标准，规范日常公用经费和业务类项目支出预算编制，严控行政成本；完善年初预算批复工作，单列会议和“三公”经费预算，将垂管系统预算批复到三级预算单位，切实提高年初预算批复率；完善预算执行工作，多举措加快预算执行进度，强化政府采购预算执行管理，加强预算和决算的衔接审核，提高预决算信息质量，为进一步推进预决算公开奠定了坚实基础。

【坚持依法行政，预算管理科学化精细化水平有了新提高】 牢固树立依法行政理念，围绕提高行政水平和能力，进一步提高预算管理科学化精细化水平。一是稳步推进预决算信息公开。继续完善向人大报告预算的内容和报表体系，并在省人代会批准预算后，主动向社会公开政府预算报告及相关表格。按照国务院、财政部相关要求，结合省级实际，研究提出了省级预决算信息公开实施方案，为推行这项工作打下了坚实基础。认真贯彻财政部推进基层财政专项支出预算公开的要求，结合我省实际，研究制定了《山东省财政补助下级财政专项资金公开目录》，确定了54项专项支出作为基层专项支出预算公开的内容，促进基层预算透明度进一步提高。二是进一步规范政府性债务管理。扎实做好地方政府债券发行、分配和管理工作，确保了债券资金使用合规、高效。根据财政部统一部署，组织召开了全省债务统计培训会议，建立了地方政府性债务月报统计制度，实现了对政府性债务的全程控制、动态监管，进一步夯实了地方政府债务管理基础。三是积极主动开展前瞻性研究。充分发挥参谋助手作用，加强对省情的深入分析及财政热点的跟踪调研，形成《关于全省及省级财政情况的汇报》、《国家现行主要民生政策的基本情况报告》等专题材料，为省领导全面客观了解山东财政现状提供信息支持。形成《财政支出及地方政府性债务可持续性问题研究报告》，为指导“十二五”全省财政支出投向调整及结构优化提供重要参考。另外，对领导和社会各界普遍关注的“三农”、“民生”、“行政经费”等热点问题，也积极主动地开展统计调研，为领导科学决策及有效回应社会关切打下坚实基础。四是认真组织抓好审计整改工作。针对审计反映的问题，积极会同各部门逐条研究整改措施，进一步加强制度建设，规范预算编制，深化预算改革，强化财政管理，切实将审计意见落到实处，依法理财水平得到进一步提升。

（撰稿：陈祥志　王元强　刘为民　张　强　刘　潇）

财政国库管理

【发挥职能作用，支持转方式调结构增收益】 一是创新政策措施，支持转方式调结构。按照“谁对经济转型支持大、谁获得存款多”的原则，科学设计政策，狠抓政策落实，通过建立“存贷挂钩”机制，引导商业银行加强对战略性新兴产业等4类企业的支持。协议期（2010年7月至2011年6月）内12家试点银行共向2 539家企业发放一年期以上贷款722亿元，利息优惠规模达到5 515万元，在信贷政策趋紧的形势下，缓解了企业资金紧张的状况，降低了企业的融资成本，较好地支持了省委、省政府“转方式、调结构”战略的实施。协议到期后，认真组织核查，全面评估政策实施效果，公平、公正地计算确定了各银行应得存款份额，顺利实现了履约。2011年10月份，在中小企业资金最紧张的时期，及时启动了第二轮“存贷挂钩”，引导商业银行加大对中小企业支持，并将“存贷挂钩”与国库现金管理相结合，使存款标的额达到100亿元。新一轮政策实施4个月，25家银行多向中小企业发放贷款1 206亿元（含贴现和承兑），对帮助中小企业缓解融资困难发挥了积极作用。二是用好间歇资金，支持县域财源建设。安排20亿元财政间歇资金，支持“一蓝一黄”战略区域内20个欠发达县培植骨干财源。按季调度使用情况，及时掌握资金流向，并通过召开座谈会、开展专项调研等方式，对间歇资金的政策效应进行评估，根据评估结果进一步改进资金管理方式，督促各试点县建立健全风险防控制度，提高资金使用效益，确保间歇资金“管得住、用得好、还得上”。全年20个试点县除省级注入的20亿元间歇资金外，落实配套资金4.2亿元，同时带动金融机构和社会投入32.6亿元，新增企业利润近4.98亿元，新增地方财政收入1.45亿元。三是努力科学理财，提高资金管理收益。在满足支付需要和确保资金安全前提下，积极探索财政资金保值增值管理方式。积极采用定期存款和协定存款相结合的方式，对预期沉淀在39个财政专户中的存款进行了理财，全年增加利息收入1.44亿元。密切跟踪利率走势，准确把握利率高点，合理调整存款期限，社保资金全年实现保值增值收益超过24亿元，定期存款占全部余额的比重达到95.66%，综合收益率达到5.23%，高出全国社保理事会承诺基本收益率1.73个百分点，准确把握时点，降低地方发债成本。根据2011年全省地方债券发行计划，积极向财政部汇报沟通，于7月12日顺利完成62亿元地方政府债券发行工作，并将资金及时拨付各市及直管县。因发行时点选择合适，利率水平较低，三年期和五年期债券中标利率分别为3.93%和3.84%，比8月份发行省份中标利率分别低0.14个和0.28个百分点，到期可分别减少利息支出1 302万元和4 340万元。

【优化改革措施，提高效率提升服务】 一是建立督导机制，促进加快支出进度。认真落实《省级财政支出预算执行管理暂行规定》各项措施，通过建立支出进度情况反馈制度，强化预算单位的预算执行主体责任，督促其提高支出的前瞻性和预见性。同时，根据处室加强管理需要，不断完善支出进度报表体系，随时提供数据服务，为部门处及时掌握归口管理部门支出进度、有针对性地开展督导工作提供便利，形成了“国库提供信息服务，部门处室协调督导”的支出进度督导机制，对提高财政支出效率和均衡性，更好地发挥政策和资金效益起到了积极作用。二是完善支付系统，强化信息服务功能。积极争取财政部有关工作支持，联合软件公司组成工作团队，历经8个多月的时间，对省级国库集中支付系统进行了全新的升级改造，新增和完善了50多项使用功能，系统运行速度和稳定性得到大幅提高。如，“流程督办”功能的应用，促进了支付效率的提高；通过完善“公务卡”管理模块，使公务卡还款报销操作更加便利，受到预算单位的广泛好评。三是建立考核机制，促进银行优化服务。出台《山东省省级财政国库集中支付业务代理银行综合考评暂行办法》和《山东省省级财政国库集中支付代理银行手续费计付管理暂行办法》，进一步规范了财政与代理银行的委托代理关系，由省财政厅组织开展代理银行综合考评活动，各部门单位根据相关代理银行服务情况、业务办理效率等进行打分，考核结果与财政付给代理银行的业务费挂钩，有效推动了代理银行服务质量和效率的提高。四是公开公正招标，重新选定工资统发代理银行。按照对工资、津补贴实行统一管理的要求，8月中旬，委托省级机关政府采购中心，对省直工资统发代理银行进行了公开招标。具体实施过程中，科学设计招投标方案，广泛征询相关各方意见，周密组织招投标工作，经过专家评标、投票，最终选择确定工行山东分行、建行山东分行、中行山东分行和农行山东分行4家为代理银行。各工资统发部门、单位在4家银行中，自主选择自己的代发银行。由于引入了竞争机制，增强了部门单位对代理银行的谈判地位，提高了代理银行服务标准，切实维护了省直单位干部职工的切身利益。五是创新制度措施，推进公务卡普及应用。注重制度推动，根据中央公务卡改革精神和厅长办公会要求，按照“方便操作、规范渐进”的原则，经过反复研究论证，制定了《山东省省级预算单位公务卡强制消费目录》，将差旅费等7个项目定为强制结算项目，并鼓励预算单位扩大公务卡结算范围。注重重点带动，邀请公务消费规模大、财务管理规范的部分省直部门，召开省级公务卡应用座谈会，选择公务刷卡消费实施情况较好的单位做了典型发言，通过“典型引路”、以点带面，促进各部门深化公务卡改革。注重加强宣传，联合省级公务卡各发卡银行，通过对改革单位进行再培训、印发公务卡宣传手册、经验交流材料等形式，广泛深入地进行公务卡的推广和宣传工作，使预算单位充分认识到公务卡结算的优势，提高公务卡公务刷卡消费的自觉性和主动性。

【抓好形势分析，为领导提供决策参考】 一是科学进行收入预测，圆满完成全年收入任务。准确把握全年财政收入运行态势，综合分析经济增长、政策推动及政治影响等因素，参考往年经验规律和兄弟省市情况，提出全年增长预期目标，加强了对全年收入工作的指导。执行中加大分析和对下调度力度，在12月下旬实行了一天一调度。经过努力，全省地方财政收入达到3 455.7亿元，增长25.7%，圆满完成了目标任务。二是加强宏观分析，及时研判财经走向。密切关注宏观政策实施给山东财政经济运行带来的影响，一方面深入基层摸清情况，另一方面继续加强与发改委、税务、统计等部门联系，并专门组织召开了华东五省市预算执行分析会议。通过广泛合作，深入调研，提出了符合实际的财经走势判断，提高了把握财政经济形势的能力。三是开展中长期分析，为财政发展建言献策。组成课题组，开展了《山东财政收入可持续增长问题》课题研究。课题报告全面回顾了近年来全省财政收入增长情况，深入分析了当前山东经济结构、发展模式、收入管理等方面存在的问题，并提出了加大力度支持转方式调结构、优化收入结构提高收入质量、清理暂付款控制财政运行风险等针对性强的对策建议，为领导决策提供了有价值的参考。同时，针对上半年财政收入增长较快的情况，提出了抓住有利时机、做实财政收入的思路，为科学制定全年收入目标提供了重要参考。四是完善工作措施，提供周到信息服务。丰富了内容，如增加了向领导提供房地产税收、重点税种变化、“蓝黄两区”收入情况等资料。提前了时间，及时汇总各级预算执行情况，确保全省财政收支月报每月终了后2日内及时、准确报送；及时编发财政情况，第一时间报送领导参阅，充分发挥财政报表体系的“晴雨表”作用。编制了资料汇编，根据领导需要，将上年度预算执行情况、决算资料等有用信息进行拆分汇总，编制了便于携带的《山东省财政概览》，供领导随时查阅。

【强化规范管理，夯实国库运转基础】 一是全面清理整顿，规范专户管理秩序。根据财政部统一部署，在厅党组的大力指导下，与有关处室一起，历时8个多月的时间，对省级和市县财政专户进行了全面清理整顿。工作中，通过强化“一把手”责任、强化省级核查力度、强化市对县的责任，促使各级财政各尽其责，有效保证了清理整顿工作顺利推进；通过狠抓政策宣传、狠抓人员培训、狠抓进点核查，引导全省上下齐心协力，确保工作不走样、不出偏差，全省清理整顿工作取得了显著效果。经过清理整顿，全省共撤并财政专户2 805个，撤销率达24.68%；实行归口管理的账户数量占到94%。在此基础上，省级按照“严谨规范、相互制衡、方便操作”的原则，制定了《山东省省级财政专户管理暂行办法》；各市县也陆续制定了管理制度，全省财政专户规范管理的长效机制基本建立，得到了财政部核查组的肯定。二是科学调度资金，促进各级财政健康运转。根据财政部将“两税”返还改为“四税”返还后比例调整情况，及时对各市及直管县的返还比例进行了重新测算。积极开展市县库款情况调度分析，对部分困难市县，尤其是欠发达地区给予了适当超调，并及时拨付工资性转移支付资金和县级基本财力保障机制补助资金，较好地保证了各级财政的正常运转和重大政策的贯彻落实。积极向财政部反映山东情况，争取财政部支持，省级库款日均余额大幅增加，有力地支持了全省发展。三是抓好关键环节，促进决算再上新台阶。在2010年总决算和部门决算编审中，通过创新审核机制，完善审核公式，加大审核力度，使决算数据质量继续保持较高水准。同时，狠抓数据利用，组织3个市，对全省预算单位结余及负债问题进行了深入分析，提出了加强结余资金管理、防控债务风险的对策建议。在财政部2010年度决算评比中，山东省部门决算荣获一等奖，财政总决算荣获二等奖。四是加强会计核算，确保财政安全运行。对1 200多个单位预算外专户资金结余情况进行了逐项核对，及时将结余资金调入预算内；做好非税收入入库情况调度，加强日常数据分析、预测工作，保证了收入入库的准确及时；协调人行国库顺利完成了省级水利建设基金提取工作，对涉及的100多个政府性基金收入、专项收入、行政事业性收费科目，逐一填制了《更正（调库）通知书》。五是加强国库宣传，促进工作争取支持。及时将中央和山东省出台的有关财政国库改革和预算执行管理政策法规和制度办法，以及各级财政国库工作开展情况、经验做法、措施成效等，通过《财政情况》、《国库通讯》、内外网站等渠道进行发布，为国库改革发展创造了良好的舆论氛围。组织开展了“国库集中收付制度改革十年回顾”有奖征文活动，将近年来全省各级国库部门和个人有关国库管理与改革的理论文章、调研分析、研究报告等，选择其中的优秀稿件，积极向财政部和财经类报刊杂志报送推荐，山东省共有6篇作品获奖。组织各级财政部门参加了财政部《现代国库理论与实践》系列丛书征文活动，有多篇优秀征文被财政部选用。

【加强队伍建设，树立团结向上的处室新风尚】 一是坚持理论学习，提升工作素能。坚持周四下午集体学习制度，集中学习了党的十七届六中全会精神，以及胡锦涛总书记在庆祝建党90周年大会上的重要讲话，重温了沈浩同志的事迹；同时，根据国内外财政经济形势发展，增加了对财经理论的学习。学习过程中，采用“边讲边读、轮流演讲”等方式，增强了学习气氛和效果。通过开展各项学习活动，帮助大家拓宽了视野，增强了全局观念，提高了驾驭工作的能力，促进了各项工作的开展。二是开展集体活动，培育协作精神。积极参加厅机关环山健身跑、庆祝建党90周年唱红歌比赛等活动，努力培育团结协作精神和集体荣誉感。三是落实防控措施，促进廉政建设。按照厅党组的部署要求，认真抓好廉政风险防控管理工作，并以此为契机，促进财政国库廉政工作水平的提高。在工作中，注意抓住关键，突出重点，通过对权力运行的关键部位和薄弱环节进行深入细致地排查，确定了省级行政事业单位银行账户审批、省级财政资金用款计划审批等5个方面的14个廉政风险点，并科学评估了风险等级。在制定防控措施上，注重增强防控工作科技化水平，从完善内控制度、强化监督制约、规范操作流程等方面入手，有针对性地制定了5个方面、22项防控措施，将防控管理覆盖业务运行全过程，夯实了廉政新防线。

（撰稿：袁培全　孟纪庚　陶　亮）

政府采购监管

【概述】 2011年，全省政府采购工作坚持以科学发展观为指导，认真贯彻党的十七届五中、六中全会精神，紧紧围绕财政中心工作，立足规范政府采购行为、提高采购资金使用效益、落实政府采购政策、促进廉政建设，着力扩大政府采购规模，不断创新制度机制，政府采购监管工作迈上新台阶。

【规模与范围继续扩大】 一是政府采购额快速增长。2011年，全省共完成政府采购846.99亿元，比上年增加173.09亿元，增长25.7%。其中，省本级完成采购额108.98亿元，比上年增加65.25亿元，增长1.49倍。分市看，有6个市采购额超过50亿元，有4个市采购额在30亿~50亿元之间，其他7市采购额低于30亿元。其中位居前三的是青岛、烟台、潍坊市，采购额分别为117.43亿元、91.8亿元、82.91亿元，合计292.14亿元，占地方采购总额的39.58%；位居后三位的是枣庄、莱芜、菏泽市，采购额分别为13.88亿元、6.05亿元、4.45亿元。二是省级工程类采购规模实现大跨越。2011年，全省共完成工程类政府采购619.83亿元，比上年增加125.93亿元，增长25.5%，其中由于国省道养护工程项目纳入省级政府采购范围，当年增加采购额约45亿元，占全省工程类政府采购增加额的35.73%。省级工程类项目占省级政府采购的比重也由上年的3.42%提高到42.5%，提示了约39个百分点。

【节支与政策功能有效发挥】 一是政府采购节约资金超过100亿元。2011年，全省政府采购节约资金118.7亿元，比上年增加13.21亿元，节约率12.3%。其中，省级节约资金8.36亿元，节约率7.12%。从市级看，潍坊、烟台、青岛3市资金节约额超过10亿元，分别达到15.74亿元、12.84亿元、12.35亿元；日照、泰安、潍坊、临沂、威海5市资金节约率超过15%，分别达到18.06%、17.57%、15.73%、15.69%、15.41%。二是采购节能环保产品超过150亿元。2011年，全省采购节能、节水产品88.9亿元，占同类产品采购总额的91.4%，比上年提高3个百分点；采购环保产品68.26亿元，占同类产品采购总额的76.94%，比上年提高2个百分点。三是采购进口产品约占1%。2011年，全省政府采购进口产品9.98亿元，占全部采购额的1.2%。四是中小企业政府采购份额达到80%以上。2011年，中小企业采购合同692.16亿元，占全部采购额的81.7%，比上年提高9个百分点。

【监管制度不断创新完善】 一是在全国率先出台《山东省政府采购代理机构从业人员持证上岗管理办法》，对于加强政府采购从业人员管理，规范政府采购执业行为将产生积极的影响。二是制定出台《山东省政府采购代理机构考核办法》以及《2011年山东省政府采购代理机构考核方案》，加强了代理机构监督管理，规范了代理机构执业行为，提高了代理机构服务质量和工作效率。三是修改完善《2012年山东省省级政府集中采购目录》。按照“严格监管与方便采购并举”的思路，调整规范了省级政府采购“五个范围”：即政府采购范围、采购委托范围、协议供货范围、自行采购范围、驻地采购范围，为规范省级集中采购奠定了基础。四是制定出台《省级政府采购预算与计划执行情况简报制度》，进一步加快政府采购预算执行进度，提高财政资金使用效益，增强政府采购工作的透明度，在省直部门定期通报政府采购预算与计划执行情况。五是研究出台《山东省政府采购信用担保试点方案》，旨在以信用担保为工具，由专业担保机构为参与政府采购活动的中小企业供应商提供投标、履约或融资保证增强中小企业参与政府采购的能力，进一步发挥政府采购政策功能，支持和促进中小企业发展。

【代理机构日常监管更加规范】 一是完成认定乙级代理机构85家，备案甲级代理机构105家，年度考核代理机构300多家。二是推进政府采购代理机构从业人员培训制度化。为了服务于政府采购代理机构资格认定和从业资格证复验，并切实提高从业人员政府采购法律法规水平和实务操作能力，确定每年4月和9月固定举办社会代理机构从业人员培训班。2011年共组织了4个班，参加培训人数达到2 160人。三是组织从业人员资格考试。分别于5月和10月，组织两次社会代理机构从业人员资格考试，共计4 500多人参加考试，考试合格约1 600人。对当年考试合格人员颁发从业资格证，并对以前年度考试合格的3 000多人更换了新的从业资格证。

【评审专家管理实现跨越发展】 建成新的政府采购评审专家库。针对老专家库管理使用中存在的问题，开展了“废旧建新”工作，当年重新征集入库评审专家达到11 087人，在全国名列前茅，并统一印制颁发了《山东省政府采购评审专家证》。新的评审专家管理系统建成并投入使用，用户达到540家。新系统强化了自动监控功能，用户一旦违规抽取确定评审专家或不按照规定报送专家使用信息，系统自动关闭用户使用权，财政监管部门能够及时发现并查处违规行为。

（撰稿：韩己峰　谢振华）

行政政法财政财务

【概述】 2011年，全省财政行政政法工作按照“加强保障、规范管理、完善机制、稳步公开”的总体思路，进一步加大保障力度，完善政策措施，夯实管理基础，狠抓工作落实，经费保障能力和支出管理水平有了新的提升，圆满完成了全年各项工作任务。

【完善保障机制】 一是建立运转经费保障机制。对日常公用经费，按照单位编制和定额标准，实行年初一次到位、年中按时间进度均衡拨款，有力保障了部门的正常运转。对人员经费，加大部门基础信息审核力度，严格执行各项津补贴标准。同时，进一步完善人员经费“两次核定法”，全面落实省直相关部门办案人员岗位津补贴、离休干部待遇提高、警察加班补贴及垂管单位驻地津补贴政策，保障了人员经费及时足额发放。二是建立突发事件保障机制。按照“急事急办、特事特办”的原则，及时安排扑救济南、莱芜森林火灾经费、增塑剂检验设备购置经费等，有力支持了对突发事件的及时应对。三是建立经费合理增长机制。进一步细化预算编制，将预算编细编准，减少年中预算追加。同时，进一步研究部门支出规律，制定符合实际的费用支出标准，按照“需求与可能”的原则，通过制定支出标准、经费核定办法等手段，保障正常的经费增长。此外，积极争取中央政策和资金支持，利用沂蒙革命老区享受中央扶持中部地区政策的契机，切实搞好政策对接落实工作，将上级政策支持真正转化为实实在在的资金增长。

【突出保障重点】 一是优先保障领导机关工作需要。针对物价指数走高、行政成本上涨的形势，在认真测算的基础上，积极筹措资金对省五大班子办公费、物业费等运转支出缺口进行弥补，保证了领导机关的工作需要。二是圆满完成村级组织活动场所建设任务。截至2011年上半年，全省第二轮村级组织活动场所建设任务已提前顺利完成，全省累计投入资金8.9亿元，新建活动场所10 598个，有效解决了部分村级组织办公活动场所危旧狭小的问题，改善了办公条件。三是进一步加大维稳工作投入。积极争取中央财政支持，2011年中央补助山东政法转移支付资金、法律援助办案补助、禁毒专款等专项资金比2010年增长17%。进一步加大了省级配套资金投入，2011年省级配套资金比上年增长30%。大幅提高了对下投入比例，全年安排县级政法部门的公共安全转移支付资金，占到了全部政法专款的68.52%，有效缓解了基层政法单位经费紧张难题。另外，积极落实信访、人防、民族宗教、侨务、打击邪教、政府应急平台等工作经费，有力地保障了党的政策落实，促进了各项事业的健康发展。

【助推社会发展】 一是大力支持食品安全工作。积极支持食品安全办公室筹建，不断加大食品安全监管经费投入，对质监、工商等部门食品生产许可、监督抽查、风险监测、打假办案、执法检查及质量追溯等专项业务经费给予重点保障。2011年，根据食品安全形势需要，专门安排食品安全执法监测经费1 500万元，用于全省食品检验检测设备购置、食品监督检查和专项整治活动；安排食品安全抽检经费3 000万元，用于关系人民群众生命健康安全的食品抽查检验；安排食品安全监管专项补助2 630万元，重点用于提升基层质量技术监督部门食品检验检测能力。二是积极支持旅游业发展。把支持旅游业发展作为转方式、调结构的重要措施，将省级旅游发展专项资金规模由2010年的8 000万元提高到2011年的1.3亿元，增幅达到62.5%，有力支持了旅游产品宣传、推广和旅游基础设施建设。同时，在财政资金带动下，社会资金也加速向旅游产业流动，推动了旅游项目建设，促进了全省旅游产业迅猛发展。2011年，全省共接待境内外游客4.21亿人次，同比增长19.1%；旅游收入达到3 736.6亿元，同比增长22.1%。三是大力支持维护市场经济秩序。积极支持工商部门为经济发展保驾护航，主动筹措资金，帮助工商部门化解历史债务、确保工资发放，有力保障了全省工商系统业务工作的顺利开展。大力支持质量兴省战略，2011年将省长质量奖专项资金由上年的125万元提高到1 025万元，带动示范效应进一步增强。积极支持加强金融监管工作，安排专项经费用于金融监管调研、金融机构审计评级、金融机构审批等事项，支持建设小额贷款公司和融资性担保公司的信息监测系统，有效控制了金融风险，促进了金融机构作用的发挥。积极推动打私工作深入开展，支持各级打私办和海关、公安、边防、烟草等职能部门开展反走私联合行动及专项斗争，维护了国家利益和正常经济秩序。四是积极支持保民生、促和谐工作。在扩大就业方面，为解决高校毕业生就业难、创业难的问题，积极筹措资金，对大学生“村官”给予财政补贴，鼓励高校毕业生到村任职、创业富民。在促进社会公平正义方面，设立了刑事被害人救助、特殊疑难信访案件救助、涉法涉诉当事人救助、法院执行救助、法律援助和道路交通事故社会救助等多项司法救助资金，专项用于对困难弱势群体提供帮助，有效缓解了社会矛盾。在破解事业单位转企改制难题方面，积极筹措资金，对济南东岳宾馆改制职工给予一次性补贴，承担了部分改企成本，保障了东岳宾馆转企改制工作的顺利稳妥进行。在推动妇女儿童事业发展方面，大力支持妇女儿童家园建设，积极筹措资金扶持济南、淄博等9地市建立了30余个妇女儿童家园，向社区妇女儿童及家庭成员提供教育、维权、帮扶和就业服务，有效维护了妇女儿童合法权益、促进了社会和谐。

【狠抓节支增效】 一是进一步加强预算管理。一方面，努力提高预算编制的科学性，认真分析部门经费需求变化情况，找准部门需求和财政保障的切入点，督促部门加强预算项目的前期评审和规划论证，淘汰不合理的专项，使部门预算更加符合单位的基本情况，项目资金安排与工作开展结合得更加紧密。另一方面，努力加快预算执行进度。注重加快资金拨付进度，对年初预算已经批复的项目，督促部门及早上报用款计划，并尽快批复；对年中追加的经费指标，文件一经下达，第一时间通知单位申报用款计划；对上级专款，来文已明确项目单位和具体用途的，即来即下，来文没有明确项目单位的，及时研究分配意见，尽早下达，使资金尽快发挥效益。同时，加大督导力度，督促部门制定预算执行的量化目标计划，细化项目实施和用款进度，加强预算执行分析和动态监控，加大支出审查、考核、评价力度，强化了部门预算执行的主体责任，定期调度各单位预算执行情况，全年各省直行政政法部门预算执行进度明显加快。二是严格控制一般性支出。根据中央和省委省政府关于厉行节约、降低行政成本的要求，坚持一手抓保障、一手抓节支，全面落实厉行节约各项规定，继续对“三公经费”等一般性支出实行压减和“零增长”，进一步优化了支出结构，降低了行政成本。在控制公车经费方面，继续严格执行公务用车运行费用包干制度，并对公车加油、保险、维修费用实行政府采购，堵塞公车管理中的支出漏洞。另外，积极配合有关部门深入开展公车专项清理工作，安排专项经费保障清理活动正常开展；同时，按要求在公车清理结束前一律不安排部门购车经费，促进了全省公车清理工作顺利开展。在控制出国经费方面，进一步加强因公出国（境）经费审批及监督管理，认真落实因公出国经费预算和用汇额度审批“双控机制”，对超过预算的一律不予审批，从资金源头上严格控制因公出国（境）活动，有效遏制了出国（境）经费的增长。在控制会议、接待经费方面，实行经费总额包干，超支不补，提高了单位节支积极性。同时，进一步规范会议经费的支出范围，深入开展清理和规范庆典、研讨会和论坛活动工作，从严控制庆典、研讨会和论坛经费，努力压减开支，全省共取消各类庆典、研讨会、论坛活动36项，累计节约资金1 221万元。三是不断提高资金使用效益。在申报项目支出年初预算时，积极发挥投资评审和绩效评价的作用，加强评审论证，明确项目具体实施计划、时间进度、资金需求和筹资渠道等详细内容，减少没有实质内容、只有大方向的“打捆”项目。对符合条件的项目支出先评审、后分配，保证了预算安排的准确性、科学性。同时，加强资金的追踪问效，积极引入绩效评价机制，对旅游发展专项资金等重点项目实行追踪问效，全程了解资金的使用情况，切实提高了年初预算到位率和资金使用效益，扭转了“重分配、轻管理，重使用、轻效益”的现象。

【夯实管理基础】 一是积极推进支出标准化建设。针对有些经费定额标准与单位实际需求不符的情况，本着“循序渐进、先易后难、由点到面”的原则，着手细化完善相关支出标准体系，确保为财政信息公开打好基础。重点对省直部门“三公”经费、会议费、物业管理费、精神文明奖、年终一次性奖金和日常公用经费定额标准完善等问题进行了深入调研，广泛征求了省直部门的意见建议，全面掌握了第一手资料。在此基础上，按照“求真务实、积极稳妥、适应公开、满足需要”的原则，对现行规定、存在问题进行了认真分析和测算，并提出了改进完善的思路和建议，为下一步定额调整工作奠定了基础。二是进一步完善资金管理制度。坚持把完善制度作为规范管理、提升水平、应对公开的重要保证，针对推进预决算公开的新形势，深入查找薄弱环节，对已过时的制度重新修订，对存在制度空白的抓紧研究，努力做到“工作和资金延伸到哪里，制度建设就跟进到哪里”。2011年，重点加强了公务用车管理相关研究和制度建设，完善了支持大学生“村官”创业富民相关政策，制订了《山东省道路交通事故社会救助基金管理暂行办法》，健全了政法专项转移支付资金管理办法，规范了公务人员乘坐高铁报销标准，会同省编办出台了机关事业单位编制使用审核与人员经费管理办法，资金管理制度体系更加完善。三是扎实做好基础性管理工作。把加强基础性管理工作作为提升管理水平的有效手段，进一步夯实了科学化、精细化管理的基础。建立部门基础信息数据库，对58个省直行政政法部门及其下属227个二级预算单位的基本情况进行了全面梳理，对每个单位建立了基础资料档案，全面掌握了各个部门的工作特点、经费需求状况，动态把握了部门近几年的收支规模和变化规律，为更好地服务部门赢得了主动。着力提高部门内部财务管理水平，针对有的部门法制观念不强、财务制度不全、内部控制不严和资金使用不规范等问题，把提高部门内部财务管理水平作为一项工作重点，多次召开部门财务人员培训会和座谈会，通过督促指导和业务培训等不同形式，促使部门加强财务制度建设，完善内部控制机制，不断规范支出行为，在部门内部形成了懂法制、重管理、讲规范的良好氛围。

【加强队伍建设】 一是扎实推进创先争优活动。按照厅党组和机关党委统一部署，继续把创先争优活动作为全处思想政治工作和干部队伍建设的总抓手，进一步丰富了活动载体，细化了创争标准，增强了活动实效。在活动开展过程中，严格落实“规定动作”，积极探索“自选动作”，通过认真开展“承诺践诺评诺”、“擦亮窗口服务部门”、“服务质量周”等具体活动，把创先争优贯穿于日常财政管理工作的各个环节，年初承诺事项全部得到有效落实，并在此基础上制定了标准更高、要求更严的第二轮承诺事项，努力做到常规工作创亮点，重点工作出经验，难点工作寻突破，形成了人人奋勇当先、处处创先争优的浓厚氛围。二是大力转变工作作风。把转变作风、优化服务作为创先争优活动着力点，进一步完善服务机制，优化服务流程，明确服务标准，提升服务质量，保障服务能力得到全方位提升。通过召开座谈会、发放征求意见信、主动上门沟通等不同方式，认真听取部门意见和建议，查找不足，改进工作，让服务部门和基层同志实实在在地感受到了财政机关窗口处室作风建设的新变化、新气象，得到了省直部门和基层单位的高度评价。三是着力抓好党风廉政建设。深入开展廉政风险防控工作，努力建立以岗位为点、程序为线、制度为面、环环相扣的防控机制，确保将廉政风险降至最低。严格落实民主集中制，重大事项集体决策，重要情况及时通报，构筑起了反腐倡廉的制度约束防线。扎实开展廉政教育活动，认真组织学习廉政规定，密切关注干部思想动态，注重教育沟通，做到常抓不懈、警钟常鸣，形成了以廉为荣、以贪为耻、风清气正的良好氛围。

（撰稿：孙庆国　李玉林　哈立东　徐　鹏）

教科文财政财务

【概述】 2011年，全省各级财政部门认真贯彻落实科学发展观，紧紧围绕财政中心工作，开拓创新、扎实工作，进一步完善教育投入机制，提升科技创新能力，健全文化服务体系，教科文事业改革与发展取得了新突破。2011年，全省公共财政预算教科文支出1 248.08亿元，比上年增加319.24亿元，增长34.37%，其中：教育支出1 047.9亿元，增加277.45亿元，增长36.01%；科技支出108.61亿元，增加24.25亿元，增长28.75%；文化体育与传媒支出91.57亿元，增加17.54亿元，增长23.69%。

【坚持依法理财，着力落实教育投入责任】

（一）出台教育投入政策。代省政府起草出台了《关于贯彻国发〔2011〕22号文件精神进一步加大财政教育投入的意见》，为加大教育投入提供了制度依据。一是严格落实教育经费法定增长要求。年初预算安排教育支出增幅明显高于财政经常性收入增幅，年度中超收收入优先安排教育拨款。二是提高财政教育支出占公共财政支出的比重，并保持稳定增长。三是提高预算内基建投资用于教育的比重。

（二）分市核定目标比例。为落实2012年全国财政性教育经费占GDP的4%目标，财政部下达我省2011年、2012年财政教育支出占财政支出的目标比例分别为19.3%、20%。为实现这一目标，省财政科学合理地确定各级政府的投入责任，依据各市投入水平、努力程度、提高潜力、教育需求等因素，分市核定了目标比例。

（三）建立投入评价机制。建立教育投入评价机制，健全分析评价指标体系，从财政教育支出增幅、财政教育支出占财政支出比例、教育附加征收率、土地出让收益教育资金计提率四个方面量化评价，激励引导各市增加教育投入。根据评价结果安排综合奖励资金，确保各项教育投入政策落实。

【坚持科学发展，着力提升公共服务水平】

（一）提高教育办学质量。一是提高高校内涵水平。大幅增加高等教育投入，2011年将省属本科高校学生定额平均提高1 200元，将省属高职学校生均定额提高400元。安排资金2.3亿元，强化高校骨干学科教学实验中心、特色重点学科、科研创新平台建设，支持特色专业与优质课程群建设，多方位促进高校质量提升。二是提高职业教育实践能力。安排资金3 000万元，面向农村中职学校，启动示范性实训中心建设，增强服务区域经济发展的能力。安排职业教育技能大赛经费1 000万元，建立大赛奖励制度，调动学校参赛、办赛积极性，促进职业学校转变办学理念，培养高素质技能型人才。三是提高教师队伍素质。安排师资培训经费7 400万元，启动教师教育基地建设、“能工巧匠进职校”计划，实施中小学教师素质提高计划、齐鲁名师名校长工程、高校青年教师成长计划、职业教育双师型教师培养工程，建立健全覆盖各教育阶段的师资培训体系，促进教师素质提升。通过远程研修、集中培训等形式，2011年共培训教师33万人次。

（二）提升科技创新能力。一是支持科技平台建设，为自主创新提供条件支撑。2011年，省财政安排5.61亿元，重点支持省级重点实验室、千万亿次超级计算中心、国家新药研发平台、信息通讯研究院公共研发服务平台、量子保密通信研发平台等一系列科技公共服务平台建设，初步建立国家、省、科研单位三级科技公共服务平台框架。二是支持科技人才和创新团队建设，为自主创新提供智力支撑。2011年，省财政安排资金3.13亿元，支持“泰山学者”及海外高层次人才351人，支持自然科学基金、自然科学杰出青年基金、优秀中青年科学家科研奖励项目958个，支持现代农业产业技术创新团队首席专家和岗位专家62人。三是改进财政支持方式，为自主创新提供技术支撑。采取股权投资、后补助、奖励等多种方式，调动国有投资机构、企业和社会力量投资积极性，建立了政府、企业和社会多元化投入体系。四是实施自主创新成果转化，促进产业结构调整。2011年，省财政安排资金2.1亿元，带动总投资164.9亿元，支持战略性新兴产业发展，培植地方财源。

（三）提高文化服务水平。进一步建立和完善财政保障机制，以农村和基层为重点，支持加快构建覆盖城乡、惠及全民的公共文化服务体系。安排资金2.57亿元，继续实施农村电影放映、农家书屋、基层文化设施改造等五大公共文化服务工程；在安排资金1.44亿元保障博物馆、纪念馆免费开放的基础上，又安排“以奖代补”资金8 000万元，积极推动全省图书馆、文化馆（站）、美术馆“三馆”免费开放。制定了“以奖代补”资金管理办法，明确了资金的分配原则、申报和拨付程序、使用方向、监督检查等内容，并根据各地人口数量、经济发展水平、馆舍等级、财政投入水平、工作管理绩效等因素测算以奖代补资金，初步建立起科学的激励机制。

（四）扩大文化产业规模。为充分发挥文化产业对经济发展的贡献作用，2011 年，省财政安排文化产业发展专项资金 7 000 万元，争取中央财政补助 2 330 万元，发挥财政资金“四两拨千斤”的作用，变“口粮”为“种子”，重点支持转制文化企业和动漫、影视等骨干文化企业发展。2011 年，全省文化创意产业增加值达到 2 300 亿元，同比增长 16%。

【坚持以人为本，着力保障和改善民生】

（一）实现贫困学生资助政策全覆盖。严格落实高校、中职、高中奖助学金政策，将高校、高中国家助学金资助标准分别提高 1 000 元、500 元。自 2011 年秋季学期起，设立学前教育政府助学金，平均资助标准为每生每年 1 200 元，资助比例为普惠性幼儿园在园儿童的 10%，实现了从幼儿园到大学各教育阶段的资助政策全覆盖。2011 年，省财政结合中央支持安排资助经费 16.6 亿元，资助各教育阶段贫困学生约 130 万人。

（二）推动城乡基础教育均衡发展。2011 年，省财政结合中央支持，安排农村义务教育经费保障机制改革资金 40.2 亿元，比上年增加 5.6 亿元，将农村中小学生均公用经费补助标准提高 100 元，将贫困寄宿生生活费补助标准提高 250 元，将特教学校生均公用经费补助标准提高 1 600 元。省财政安排 5.8 亿元，继续实施农村中小学“两热一暖一改”、仪器更新、校舍安全等重点工程。安排学前教育奖补资金 1 亿元，支持乡镇中心幼儿园、农村村级幼儿园、民办幼儿园发展，扩大学前教育资源。同时，针对农村中小学图书及教学挂图缺乏、陈旧问题，利用近几年农村义务教育免费教科书结余 3 亿元，集中为农村中小学配备图书及教学挂图。省统一组织政府采购，实际采购总价值 6.87 亿元，购置图书 2 362 万册，惠及 9 258 所农村中小学，购置挂图 1 622 万张，惠及 7 107 所农村中小学。

（三）实施数字科普村村通工程。为进一步推进基层科普设施建设，创新科普手段，整合科技文化资源，2011 年，省财政安排资金 370 万元，会同省科协、省文化厅，选择济南、淄博、日照 3 个市开展了“数字科普村村通”试点，在乡镇、新型农村社区的文化站、文化大院等公共文化场所，建设 500 个左右数字科普显示屏，循环播放科普节目，利用现代传媒技术提升农村科普服务能力，普及科学文化知识。

（四）实施科技富民强县专项行动计划和科普惠农示范工程。2011 年，省财政安排资金 1 000 万元，支持具有较强区域带动作用的特色支柱产业，有效带动农民致富、财政增收，促进区域经济协调发展。安排资金 166 万元，表彰一批农业专业技术协会、农业科普示范基地、农村科普带头人，发挥示范作用，引导农民建立科学、文明、健康的生产和生活方式。

（五）支持艺术人才培养和艺术作品创作。一是实施艺术人才培养工程。省财政安排资金 450 万元，加强专业艺术各门类人才的培养和乡镇综合文化站基层文艺骨干的培训。二是实施艺术创作工程。安排资金 2 500 万元，支持优秀剧目创作、群众文化作品征集和参加国际、全国艺术比赛、艺术展演活动；安排资金 625 万元，支持重大历史题材美术创作。

（六）扩大农村部分计划生育家庭奖励扶助范围。2011 年，按照中央要求，我省将符合规定的“半边户”农村居民一方纳入农村部分计划生育家庭奖励扶助范围，累计安排奖励扶助经费 1.63 亿元，补助 47.62 万人。其中，安排“半边户”家庭农村居民奖励扶助资金 692 万元，补助 2.21 万人。

【坚持改革创新，着力推进体制机制建设】

（一）创新高校化债激励政策。2011 年，省财政出台高校化债激励政策，结合中央奖励安排资金 26.2 亿元，充分发挥财政杠杆作用，引导高校统筹各类资源化债，调动了各级和高校的积极性，由被动化债转为主动化债，当年化债 60 亿元，切实减轻高校债务负担，建立起高校化债、控债的良性机制。

（二）创新高校上划激励政策。2011 年，省财政出台激励政策，建立 8 所市属本科高校投入与上划挂钩机制，以 2009 年各市的投入为基数，对市级财政增加的高校拨款，省财政按 60% 给予奖励，并明确了上划标准，充分发挥了省奖励资金的杠杆作用，调动了市级财政的积极性，实现了由高校困难上划向解困上划的转变。

（三）推进事业单位改革。配合编办、人事等部门，及时研究出台分类推进事业单位改革实施方案，明确了各类事业单位的经费来源等财政政策。为进一步指导全省改革实施，参照财政部做法，结合实际，研究起草了改革相关的财政政策、事转企规定、加强国有资产管理的配套文件，明确了财政职能。

（四）推进文化体制改革。一是支持经营性文化事业单位转企改制。结合山东实际，研究出台了改革成本负担、项目支持、“530 人员”待遇等改革配套政策，支持国有文艺院团、非时政类报刊等经营性文化单位转企改制。二是支持文化企业股份制改革。支持山东出版集团、大众报业集团半岛传媒有限公司引进战略投资者，改制为股份有限公司，完成股改上市各项准备工作，实现国有资产保值增值。

【坚持夯实基础，着力提高科学化精细化管理水平】

（一）加快预算执行进度。高度重视并坚持不懈地狠抓预算执行工作。一是加快财政资金分配。编细编实编准预算，及早分配。对高校骨干学科教学实验中心建设等周期长、规模大的资金，全部实施3~5年规划。资金控制数一次确定，年初按照控制数下达资金，提高了执行进度。年度中间原则上不再追加预算。二是调动预算单位积极性。建立通报和约谈制度，体现效率优先原则，对质量高、效率好的单位体现倾斜，给予奖励。对采取措施仍然执行不下去的，调减预算。三是加强预算执行分析。历时三年，在全国率先研究开发了教科文预算执行分析系统，建立起教科文预算执行分析制度。系统覆盖各级财政教科文和预算单位，对预算安排、实际支出和项目成效等进行定期统计，动态监控，及时分析，省级教科文支出进度明显加快。

（二）加强科技经费管理。积极与省科技厅沟通，联合出台《关于加强省级财政科研经费管理推进自主创新工作的意见》，从明确经费资助范围和重点、改进财政支持方式、完善绩效考核、健全科技信誉等级评价机制等方面完善制度设计，堵塞制度漏洞，激发了企业作为自主创新主体的积极性。

（三）规范文化企业资产管理。充分履行国有文化企业资产监管职能。一是完善文化企业资产管理办法。明确了财政部门在制定文化企业国有资产管理制度、审核批准重大事项、制定绩效考评办法、调控文化企业收入分配总体水平等方面的职责。二是建立文化企业产权登记制度。组织省属文化企业更换产权登记证、补办产权登记手续，实现了省属文化企业档案化管理。三是建立了文化企业经营季报制度。对企业的资产、负债、所有者权益等指标进行统计汇总，分析经营形势，切实加强资产监督管理。

【坚持服务大局，着力提高教科文服务水平】

（一）争取老区政策。及时了解中央政策调整情况，确定了争取中央支持的16项政策，将义务教育、学前教育改革政策作为争取的重点。明确了处内各岗位职责和分工，建立了与省教育厅、文化厅、人口计生委合作机制。在分配学前教育专项资金时，财政部充分考虑沂蒙革命老区因素，给予山东较大倾斜。

（二）加强调研宣传。加强对教科文事业改革发展的前瞻性研究和对重点、难点、热点问题的调查分析。2011年，通过省市合作，研究确定了42项对财政教科文工作具有重要影响的课题，制定了实施方案。通过及时挖掘基层先进经验和成果，为各项政策的制定提供了第一手资料和数据支撑。

（三）坚持廉洁自律。认真落实党风廉政建设责任制。一是严格要求。严格遵守廉洁自律各项规定，自觉抵制各种不良风气。充分利用民主生活会、处务会等机会，反复强调廉政建设的重要性，牢固树立“权为民所用”的观念。二是完善制度。坚持从源头做起，依法理财，在预算安排、资金分配及政策制定过程中，严格按照制度、规定和程序办事，通过制度约束消除寻租空间。

（撰稿：牛　红　王旭东　段　琳　孔　进　蔺如伟）

经济建设财政财务

【贯彻国家宏观调控政策，促进经济协调发展】 2011年，认真贯彻实施积极的财政政策，及时把握财政调控的方向、重点和力度，充分发挥财政职能作用，为促进经济协调发展做出了积极贡献。一是着力稳物价。积极实施产粮（油）大县动态奖励制度，全省新增昌乐、费县等8个产粮大县。全年共筹集资金8.43亿元，对99个产粮大县、57个产油大县给予奖励，并争取中央产粮大省奖励资金2.6亿元，对粮食生产贡献突出的市县给予奖励，促进了粮食增产。筹措资金1.2亿元，对全省28个生猪调出大县进行奖励，引导生猪产销有效衔接；投入资金3 800万元，支持重点生猪产业化项目建设，提升企业生猪规模化养殖水平；筹集资金3 538万元，支持屠宰环节病害猪无害化处理，保障了猪肉市场供应质量和价格稳定。支持物价部门在全省大型超市、大型企业、农户、专业养殖户、集贸市场等建立价格监测点，并对360多种商品价格进行重点监测，全面提升了价格监测能力和水平。二是着力促消费。积极开展“家电下乡监管年”活动，大力推行“档案管理规范”、“每周定期送审”、“补贴资金清算日”等工作制度，建立起下乡产品全方位监管体系，确保补贴政策执行不走样。政策实施以来，全省累计销售家电与汽车摩托车下乡及以旧换新产品3 933万件，兑付财政补贴资金

141亿元，直接拉动社会消费1 439亿元，各项指标均居全国前列。开展农产品现代流通示范县建设，加快实施“农超对接”、“万村千乡”市场工程，着力构建以供销社为纽带的新型农村经营服务网络体系。支持设立257个出口农产品质量安全示范区农产品专区，提升农产品消费质量；筹集5 148万元，建立放心肉服务追溯平台，在济南市开展城市肉菜可追溯服务体系建设，努力提升肉菜等重要商品流通质量安全保障能力。启动“放心粮油”示范县建设，支持24个县建设布局合理、设施完善的放心粮油经营网络，维护了全省粮油质量安全，促进了粮油市场繁荣。三是着力管好投资。积极争取并督促有关方面及时拨付中央和省级基建资金，筹措落实地方配套资金。2011年累计争取中央基建投资77.86亿元，安排省级预算内投资8.15亿元，支持了2 300个重点项目建设。筹集资金148.92亿元，加快重点公路项目建设，加快南四湖至东平湖段输水与航运结合工程等内河重点项目建设，加大农村公路养护资金投入，不断提升村级公路通达深度。

【围绕经济发展方式转变，推动经济结构战略性调整】 坚持主题主线，加大投入，创新方式，努力推动经济结构战略性调整。一是大力支持战略性新兴产业发展。继续在学校等社会公共领域实施太阳能集热系统财政补贴制度，支持188个项目，新增热水处理能力5 700万吨。筹措资金2.72亿元，重点支持了88个太阳能光伏发电、光电建筑一体化、LED路灯示范、地源热泵建筑应用等领域新能源产业项目，有力推动了全省新能源产业发展。大力实施“金太阳”示范工程，争取中央资金2.3亿元，新上3个光伏发电项目，装机规模达33兆瓦，年可发电4 200万千瓦。安排资金1亿元，对217个信息化项目给予奖励，加快云计算与物联网、“两化融合”等领域的关键技术设备产业化步伐。制订出台《山东省新能源城市公交汽车示范推广资金管理暂行办法》，将补贴范围扩大到16个市，2011年安排资金8 000万元，支持枣庄、济宁、威海等8市购买新能源城市公交车；采取奖励的办法，支持26个电池、电机及整车控制系统等新能源汽车关键零部件项目；通过集中采购等市场化方式，采购600辆低速电动车，用于基层单位执法公务，构建了不同层次的新能源汽车产业发展扶持政策，收到了良好成效。经积极努力，潍坊、东营、日照3市和安丘市列入国家可再生能源建筑应用城市示范和农村地区县级示范范围，全年可推广太阳能光热建筑2 000万平方米。二是加快推进企业自主创新。2011年安排资金6 000万元，对43家企业技术中心和42家工业设计中心给予奖励。继续实施装备制造业“首台套”奖励制度，安排资金2 000万元，对涉及重大关键成套装备、数控机等领域的72个首台（套）项目予以奖励，推动全省高端装备制造业调整振兴。三是积极推动现代服务业发展。围绕构建便捷、高效的现代物流业体系，安排资金3 700万元，引导社会资金26.62亿元，重点支持了23个规模较大、技术先进、处于行业龙头地位的物流企业及综合物流园区建设项目，提高了物流效率，促进了制造业和物流业协调发展。围绕打造优质共享载体，安排资金3 250万元，引导社会投入7.86亿元，对24个科技信息服务、研发设计服务、技术咨询等公共服务平台给予补助，为企业提供了开放型、专业化、多功能服务。围绕加快发展商贸流通业，安排资金1 550万元，引导社会投入12.09亿元，对10个大型商贸流通企业连锁经营及大型配送中心建设项目给予补助，支持企业依托网络化、信息化手段，进行跨地域扩张，培育壮大优质企业。建立完善服务业发展奖励机制。对支持服务业发展措施扎实、成效显著的市、县（市、区）、部门和企业给予表彰奖励，形成齐抓共促服务业大发展的工作格局。四是着力推动“蓝黄”两区建设。积极发挥牵头作用，协调有关方面，认真研究两区建设扶持政策，并积极配合有关部门，制定和完善两区56个子规划。管好用好中央和省级“两区”建设资金，集中支持了285个重点项目、9个特色园区建设，培植产业发展“龙头”和产业聚集区，努力打造竞争新优势。

【树立绿色发展理念，推进生态文明建设】 始终坚持绿色、低碳发展，以推进节能减排和资源节约利用为突破口，大力推进生态文明建设，增强可持续发展能力。一是大力支持重点领域节能。认真贯彻落实国务院节能减排综合方案，筹措资金4 475万元，对191个工业锅炉改造、余热余压利用等重大节能技改项目给予扶持。加大合同能源管理项目奖励力度，安排资金5 200万元，对67个锅炉（窑炉）改造、余热余压利用等领域的合同能源管理项目给予奖励，节能收益达9.55亿元。认真实施节能产品惠民工程，2011年累计推广高效照明灯600万只、节能汽车14万辆，圆满完成了国家确定的推广任务。完善淘汰落后产能奖励制度，鼓励电力、水泥、印染、造纸等14大行业加快淘汰落后产能。2011年筹措资金6.58亿元，比上年增加3.15亿元，支持246户企业淘汰落后产能。二是支持治污减排和生态建设。坚持环保优先原则，积极整合省级环保专项、城镇污水垃圾处理、排污费收入和中央三河三湖污染治理、污水管网建设资金，进一步加大了环保投入。筹集资金4.56亿元，大力支持区域、流域污染综合防治、人工湿地建设与修复，加快构建环河环湖大生态带。筹集资金6.09亿元，支持城市污水处理厂和配套污水管网建设。筹集资金3.01亿元，支持设区城市和县城在2011年度建成标准化无害化垃圾处理厂120座。筹集资金1亿元，鼓励燃煤电厂及热电联产等企业开展脱硫脱硝除尘，建设和使用填埋气体收集利用系统，对主要废气排放企业实行工况在线实时监测，努力减少污染性气体排放。三是支持矿产资源勘查和保护。为促进矿产资源节约与综合利用，研究制定了《山东省矿产资源节约与综合利用项目奖励资金管理暂行办法》，多方筹措资金2.53亿元，对节约与综合利用矿产资源取得显著成绩的煤、金、铁等重点矿种矿山企业给予奖励；争取国家资金1.6亿元，支持山东黄金、新汶矿业集团开展矿产资源节约利用示范基地建设，鼓励矿山企业提高矿产资源开发利用水平。为加快资源山东建设，省级安排矿产资源专项收入2.11亿元，重点支持省内金、煤、铁等重要矿产资源深部和外围矿产资源勘查，不断提高资源接续和保障水平。为加强矿山地质灾害治理，筹措资金6 700万元，支持矿山地质环境治理项目，修复矿山生态环境。筹集资金1.2亿元，集中支持资源枯竭型城市矿山地质环境治理重点工程。安排奖补资金，用于重要地质灾害隐患点群众搬迁避让支出，确保人民生命财产安全。

【坚持改革创新，加快重点领域和关键环节改革】 坚持用改革的办法解决新问题，用创新的思维应对新挑战，不断深化重点领域和关键环节改革，进一步丰富财政支持经济社会发展的手段和内容。一是进一步深化交通财务体制改革。坚持将省级国省道改扩建、大中修养护资金全部纳入国库集中支付，累计支付金额超过80亿元。同时，结合实际，逐步建立和完善适应交通工程采购特点的政府采购程序，进一步规范了操作流程，并积极采取措施加快政府采购进程，努力加快支付进度，确保工程建设资金需要。研究制订了《山东省国省道养护工程预决算中介机构库管理暂行办法》，建立国省道预算中介机构审核制度。年度核减资金9.7亿元，核减率9.83%，更好地发挥了资金效益。二是积极完善生态补偿机制。认真落实“以奖代补”政策，筹集资金1.96亿元，对污染物总量减排任务完成好、水和空气环境质量改善明显、污染点源监管有力的市给予奖励，初步构建了节能减排激励机制。注重发挥市场机制作用，在济南等3市开展空气监测站转让运营试点，积极探索环保监测数据“第三方”运营模式。及时做好小清河流域、大汶河流域上下游协议生态补偿清算工作，充分调动上下游保护环境的积极性。在南四湖流域开展全国首批湖泊生态环境保护试点，结合实施南水北调东线山东段水质保障工程，积极探索“一湖一策”的湖泊生态保护新模式。通过建立激励约束机制，进一步丰富了生态补偿政策内容，增强了各方面保护生态环境的积极性。三是建立健全粮食利益补偿机制。抓住中央实施主产省粮食风险基金地方配套逐步退出的机遇，不断加大争取力度，实现了原地方配套资金9亿元全部退出。在深入调研测算基础上，综合考虑粮食直补、地方粮油储备计划以及第三轮政策性粮食财务挂账贴息等政策，按照新增补助款向粮食主产县、粮食产能任务大县及财政困难县倾斜的原则，对省、市、县粮食风险基金规模进行了调整。结合中央财政支持，利用省级粮食风险基金结余，在未增加财政负担的情况下，对20世纪90年代以来形成的60.92亿元财务挂账进行了一次性核销，使历时12年的历史遗留问题得到了彻底解决，仅利息支出每年就可节省1.8亿元。四是扎实推进试点示范工程。一方面，积极行动，抢抓机遇，争取在山东开展了农村环境连片整治、既有建筑节能改造、湖泊生态环境保护、污水处理设施配套管网、“金太阳”示范工程、可再生能源建筑示范应用、“城市矿产”示范基地、矿产资源节约利用示范基地建设等一系列国家级试点示范工程。工作中，注重科学规划，认真制定实施方案，完善工作措施，强化责任落实，各项工作扎实推进。另一方面，注重从全局谋划工作，积极开展全省层面的试点示范工作。比如，为进一步提升农村公路通达深度和服务水平，在年初足额安排农村公路建设养护资金的基础上，2011年下半年，又启动了“全省村级公路网化示范县”活动，省级安排资金21.9亿元，集中支持35个县加快村内主干道建设，着力解决农村“断头路”现象，在全省引起较大反响。

【加强财政经建队伍建设，进一步转变工作作风】 坚持以科学发展观为指导，牢固树立大局意识、服务意识、效率意识、廉政意识，进一步加强作风建设和廉政建设，努力打造一支素质过硬、干事创业、作风优良、清正廉洁的干部队伍。一是讲政治、顾大局，全力以赴抓好政策落实。始终保持高度的政治责任感和敏锐性，在思想上、政治上、行动上与中央和省委保持一致。紧紧围绕省委、省政府决策部署，开动脑筋，创新思路，完善措施。对省委、省政府、厅党组确定的事项以高度的政治责任感，全力以赴进行推动，不折不扣抓好落实。比如，为确保对口支援工作的顺利开展，积极协调有关方面及时足额筹集资金，并坚持特事特办，在全国较早将2011年援藏资金2.01亿元、援疆资金8.05亿元全部拨付到位，得到了多方好评。为帮助农民抢农时、保春耕，在2月20日前落实并发放涉农补贴和种粮大户奖励资金65.4亿元，比国家规定时间提前了2个月，稳定了农业生产，促进了夏粮丰收。二是讲服务、重效率，进一步转变工作作风。坚定理想信念，锤炼党性修养，大力弘扬服务基层、心系群众、无私奉献的精神。结合粮食直补、家电下乡、成品油价格补贴等惠民补贴政策，认真研究补贴方案，精心搞好测算，及时兑付补贴资金，确保政策真正惠及民生。牢固树立精品意识、效率意识、服务意识，切实增强事业心、责任感，对每项工作都坚持高标准、严要求，确保做成“精品”。提倡“日事日毕”，全面落实首问负责制和限时办结制，各类交办件和领导交办事项按时办结率100%。仅办公自动化系统内，2011年共处理公文1 014件（主办891件），下达正式公文683件，其中，办理交办件、征求意见稿147件，会签文159件，答复人大建议、政协提案20多件。编制家电与汽车摩托车下乡简报30期，报送《财政情况》63条，其中，被省委、省政府和财政部采用31次，被省领导批示1次，被新闻媒体采用23次。三是抓管理、强基础，廉政建设常抓不懈。结合廉政风险防控和廉政风险点的查找，梳理修订权力事项44件，绘制权力运行流程图45个，查找廉政风险点10个，制定廉政防控措施11项。同时，按照科学化、精细化管理的要求，全面加强财政经建领域各个环节的资金管理，2011年制订下发了《山东省农村环境连片整治资金管理暂行办法》、《山东省价格监测专项资金管理暂行办法》、《山东省国省道日常养护管理专项资金管理暂行办法》、《山东省农产品现代流通综合试点专项资金管理办法》等28个制度办法，实现了资金管理办法与专项资金“一对一”对接。大力推行因素法等资金分配方式，严格规范项目申报审批程序，逐步扩大资金绩效评价范围，最大限度减少自由裁量权。对各项资金的分配坚持公开、透明，积极推广项目公示等方式，大力推行专家按定额核定项目预算制度，选好项目，管好资金。充分利用现代技术手段，加强资金管理。在全国范围内首家采用卫星遥感同步监测，进一步加强小麦种植面积核定监管，并对种植面积10亩以上以及100亩以上的种粮大户予以重点监管。严格落实廉政建设的各项规定。积极配合做好经济发展方式转变监督检查、反腐败源头治理工作，认真开展反腐倡廉承诺践诺活动，扎实开展创先争优活动。按照廉政惩防体系建设要求，坚持“两手抓”，对党风廉政责任分解到岗，落实到人，通过制度规范约束行为。实行民主集中制，重大事项必须经过集体研究、民主决策，严格按照规定和程序办事，依法理财，树立了财政经建干部的良好形象。

（撰稿：王　晶　李栋林　罗国宏　吴立行）

农业财政财务

【概述】 2011年，全省各级财政部门坚持以科学发展观为指导，全面贯彻落实省委、省政府和厅党组关于“三农”工作的重大决策部署，紧紧围绕“大兴水利强基础，狠抓生产保供给，力促增收惠民生，着眼统筹添活力”的总体要求，加大支农投入，优化支出结构，突出支持重点，创新支农机制，强化资金监管，不断提高科学化精细化管理水平，有力地促进了全省农业农村经济平稳较快发展。在各项强农惠农政策的拉动和其他各种有利因素的共同作用下，全省农林牧渔业增加值达到3 973.8亿元，比上年增长4%；粮食总产达到4 426.3万吨，比上年增长2.1%，连续9年持续稳定增产；农民人均纯收入达到8 342元，比上年增长19.3%。

【主动抓好政策谋划】 紧紧围绕全省财政中心工作，找准财政支农工作着力点，自觉服务现代农业发展、服务新农村建设、服务农业农村经济发展大局。为认真贯彻落实省委“1号文件”精神，研究出台《关于贯彻落实全省农村工作会议精神和省委“1号文件”的实施意见》（鲁财办发〔2011〕1号），从加大投入力度、推进水利发展、建设现代农业、改善农村民生、深化农村改革、加强财政管理六个方面提出了34条含金量高、操作性强的具体政策措施，成为指导全省财政支持“三农”工作的纲领性文件。为加快推动实施《山东省千亿斤粮食生产能力建设规划》和蔬菜、渔业、畜牧、果业、苗木花卉、油料、棉花、种业、乡村旅游业振兴规划，研究制定《关于贯彻落实农业十大产业振兴规划的实施意见》，提出28条具体政策措施，集中整合资金200亿元支持农业十大产业振兴。为认真扎实落实全省财政第十二个五年规划，制定出台了《关于做好新时期农业财政工作的指导意见》，并组织召开全省农业财政工作会议进行动员部署，为做好全省农业财政工作奠定了基础，指明了方向。

【全面促进政策落实】 紧紧围绕发展现代农业、建设社会主义新农村的目标任务和总体要求，多方筹集资金，集中财力支持重点项目建设，确保各项强农惠农政策落到实处。一是突出加强农业基础设施建设。支持开展列入国家规划的49条重点中小河流和列入省级规划的26条重点河道治理，对列入新一轮国家规划的54座小（1）型和41座小（2）型病险水库除险加固项目进行补助，稳步推进44个山洪灾害防治试点县县级非工程措施项目建设，切实提高水利安全保障水平；继续支持实施南水北调、胶东调水、沿淮东调南下等骨干水利工程建设，进一步扩大平原水库及河道拦蓄工程建设规模，全面提高调水蓄水能力，着力保障水资源有效供给；支持全省88个县集中开展小型农田水利设施建设，启动实施旱涝保收高标准农田示范县和高效节水灌溉试点县建设，继续实施大型灌区续建配套和节水改造工程，努力改善农田水利设施条件；扎实推进农业综合开发土地治理，资金安排向高标准农田建设聚焦，项目安排向粮食主产区聚焦，着力打造粮食生产核心区，改善中低产田92.3万亩，建设高标准农田30万亩，新增粮食生产能力2.5亿公斤。二是加快推进现代农业建设。以粮食、蔬菜、果业、渔业、畜牧、苗木花卉、木本油料等产业为重点，选择78个优势生产大县实施现代农业生产发展项目，加快构建现代农业产业体系；支持建设粮棉油高产创建示范片513片，果菜、肉蛋奶及水产品标准化生产基地265个，在4个县、34个乡镇启动实施整建制高产创建试点，全面提高粮棉油和“菜篮子”产品综合生产能力；采取“发布支持重点、企业申请贷款、部门联合推荐、银行独立审贷、财政予以贴息”等方式，撬动银行贷款107亿元支持360家省以上农业龙头企业发展，积极促进656家农民专业合作组织规范快速发展，继续实施林业贷款贴息和农业综合开发产业化经营项目；继续支持农业标准制定与推广、农产品质量安全监测，择优选择17个县和55家企业启动实施农产品质量安全示范县和出口农产品质量安全示范企业建设，支持在全省所有农业县实施测土配方施肥补贴项目，着力提高农产品质量安全水平；支持农业良种攻关、源头创新和种子商品化关键技术研发，加强技术研究、集成和创新，支持重大农业科技成果区域试验与示范，遴选先进适用的农业新品种、新技术在全省优势产区进行推广，加快推动农业科技创新与应用；落实重大动物疫病强制免疫和扑杀补偿政策，积极支持开展瘦肉精监测、强制免疫疫苗质量监测、重大动物疫病监测和重点有害生物防治，加强公路动物卫生监督检查站和农业病虫害专业化防治建设，适当提高村级动物防疫补助标准，继续实施“平安渔业”工程，开展人工影响天气、森林防火，加强黄河三角洲气象保障中心和济南气象防灾减灾预警中心建设，不断增强农业防灾减灾能力。三是着力保障和改善农村民生。对全省5 515.6万亩小麦、5 891万亩玉米、1 214.3万亩棉花和189.7万亩水稻全面实施良种补贴政策，在34个主产县继续实施花生良种补贴政策，继续实施马铃薯原种和林木良种补贴，对全省养殖户（场）饲养的能繁母猪进行补贴，对53万头奶牛、96.5万头生猪和22万头肉牛进行补贴，继续实施农机购置补贴政策，补贴各类机械近30万台，农民受益20多万户，带动农民购机投入22亿元；支持实施农村劳动力培训“阳光工程”、新型农民科技培训和新型农民创业培训“三大工程”，大力促进农民就业创业；支持扶贫产业开发、互助资金试点、扶贫贷款贴息、少数民族和国有贫困林农场扶贫项目建设，落实大中型水库和小型水库移民后期扶持政策，改善农民群众生产生活条件，促进农民增收致富；加快实施农村饮水安全工程，有效解决了410万农村居民和50万农村学校师生饮水安全问题，启动实施山丘区找水打井工程，帮助解决山丘区群众饮水困难问题；继续实施农村沼气国债项目，启动实施生态农业和农村新能源示范县建设项目，积极发展农村清洁能源。四是努力促进农业可持续发展。支持实施渔业资源修复行动计划，海上捕捞渔民年人均可增收3 000元，湖库区渔民年人均可增收600元，受益群众60余万人，经济、社会和生态效益显著；大力支持全省实施“绿化山东”建设，全省新增造林面积300万亩；启动实施森林抚育补贴试点工作，按照平均每亩100元的标准对全省257处国有和集体林场承担的120万亩森林抚育任务进行补贴；继续实施生态效益补偿政策，对1 339.8万亩国家级公益林和600万亩省级公益林进行生态效益补偿；大力发展生态农业、循环农业、设施农业、观光农业，支持沂蒙山区和平原风沙区16个县（市、区）开展水土保持综合治理项目建设，加强农业生态治理。

【不断健全体制机制】 按照“打基础、抓关键、提效能、管长远”原则，健全制度约束、预算执行、资金整合、外部监督、绩效考评、综合协调六大机制，实现“制度全覆盖、管理全过程、监督全方位”，全面提升农业财政科学化精细化管理水平。一是以规范促管理，健全制度约束机制。牢固树立依法行政、依法理财的理念，坚持“先建制度、后分资金，先规范、后运作”原则，对每项专项资金均首先研究制定资金管理办法，实现制度建设全覆盖。明确规定每项专项资金管理办法的资金分配标准、支持范围、支持环节、申报程序以及管理监督责任等，注重增强基层一线人员对政策的理解、把握和执行能力，突出可操作性，逐步建立起严密规范的制度约束机制。二是以创新促管理，健全预算执行机制。继续推行“基础工作前移+因素法分配+资金直拨到县+县级报账提款”预算执行模式，确保财政支农资金早到位、早发挥效益；建立健全预算执行督导制度，预算执行实行月调度，关键时期实行周调度，加快政府采购进度和集中支付速度；切实强化预算执行奖惩机制，将省直农口部门预算执行进度与下一年度预算安排直接挂钩，建立奖优罚劣、奖勤罚懒的激励约束机制，省级农口部门预算执行进度明显加快。2011年上半年基本完成省级农业财政资金分配，前三季度基本实现支出，第四季度开展下一年度预算编制工作，财政支农预算管理步入良性循环轨道。三是以统筹促管理，健全资金整合机制。挖掘横向整合潜力，将政府性收费与相关财政专项统筹安排，将部分新增建设用地土地有偿使用费、新增农资综合补贴等资金与农业综合开发、小型农田水利重点县建设资金捆绑使用，最大限度发挥支农资金的规模效应；加大纵向整合力度，对上将省级资金与中央政策有效对接、统一规划，对下将决策权、审批权下放到市县，增强地方在资金统筹和项目决策方面的自主权；创新县级整合途径，引导鼓励各项目县以现代农业生产发展资金项目和小型农田水利重点县建设两类项目为整合平台，以统一规划为指导，自主开展支农资金整合工作。四是以公开促管理，健全外部监督机制。在政策制定上坚持民主决策，注重发挥农业专家顾问团、科研院校及有关部门和基层的“智囊”、“外脑”作用；在项目确定上坚持公平竞争，对小型农田水利重点县、现代农业生产发展资金项目等社会普遍关注的重点项目推行竞争立项、专家评审；在项目管理上借助外力，积极推行第三方监管，委托财政投资评审机构、财政监督机构、社会中介机构等进行审核把关、监督检查和监理评估，确保财政支农资金分配与管理的公正合理、公开透明。五是以考核促管理，健全绩效考评机制。对重点专项资金、省直农口部门及各市农业财政工作开展绩效考评，逐步建立起涵盖财政支农资金绩效考评、省直农口部门预算与财务管理综合考评和各市农业财政工作绩效考评的全方位、立体式农业财政绩效考评体系，发挥绩效考评对预算编制和资金分配的激励约束作用，形成全省上下“重绩效、抓管理”的良好局面。六是以协作促管理，健全综合协调机制。完善重大政策规划指导，对省委、省政府确定的重大决策部署，事关全省经济社会发展全局的重大支农项目，与省直有关部门明确分工，密切协作，共同研究工作方案，科学编制建设规划；完善重点项目综合管理，对涉及不同行业发展领域的重点支农项目，探索建立“财政综合协调，部门牵头实施，地方具体落实”的组织协调体系和工作运行机制；完善行业发展服务保障，对涉及部门事业发展的项目，牢固树立服务意识，积极提供财力保障，提高了整个系统的凝聚力、向心力和战斗力。

【努力提升工作效能】 以“创先争优”活动为平台，不断加强队伍建设，着力提高行政效能，积极营造风清气顺心齐、为民务实清廉的良好氛围，有力促进了各项工作顺利开展。一是积极开展创先争优活动。在完成各项“规定动作”的基础上，切实做好结合文章，将开展创先争优活动与庆祝建党90周年有机结合，组织党员干部积极参加“学党史、增党性、当先锋”活动、“送温暖”走访慰问老干部、迎“七一”唱红歌比赛、党史知识竞赛、读书学习“五十一百”争创和评选活动等系列活动，继续开展以“联系一个贫困县、帮扶一个贫困村、资助一名贫困生”为内容的送温暖、献爱心活动，教育党员干部继承和发扬党的优良传统，以更加积极向上的精神状态投身农业财政工作。二是注重加强政策理论学习。认真学习履行岗位职责所需知识和技能，密切关注“三农”和财经方面的新理论、新政策和新动向，深刻领会中央、省委、省政府和厅党组重要会议精神，以《处室文化建设》简报为平台，积极开展处室文化建设活动，共编发简报25期，提升了处室的凝聚力、向心力、创造力和战斗力。三是深入开展调查研究工作。针对财政支农工作中的热点、难点和重点问题，采取“请进来、走出去”等方式，深入开展调查研究，形成了《我省财政支持现代农业发展的调研报告》、《财政支持现代种业发展的政策研究》、《重大动物疫病强制免疫政策实施情况调研报告》等多篇调研报告，切实增强了工作的前瞻性、针对性和指导性。四是切实加大宣传交流力度。全年编报《财政情况》49期，其中14篇被省委、省政府领导采用，3篇被财政部采用。农业财政工作的许多好经验好做法和工作成效还在《中国财经报》、《大众日报》、《山东新闻联播》等媒体宣传报道，进一步扩大了农业财政的影响，让社会各界和广大农民群众及时了解强农惠农政策，有力促进了各项政策有效落实。五是大力加强党风廉政建设。认真学习中央、省委和厅党组关于廉政勤政的有关规定，在廉洁勤政问题上始终保持清醒头脑，严格按照规定和程序办事，不拿原则作交易，不以权谋私，自觉维护党员干部的良好形象。

（撰稿：李海军　王昱东
张绍生　范　岑）

社会保障财政财务

【概述】 2011年，各级财政部门以全面落实《政府工作报告》“26件实事”为抓手，加大资金投入，严格预算执行，强化资金管理，完善社会保障制度体系，积极促进社会保障政策落实。全省预算安排社会保障资金760.3亿元，其中“社会保障和就业”支出466.6亿元，“医疗卫生”支出293.7亿元，分别比上年增长33.9%、28.4%和43.7%。省财政共筹集社会保障资金300亿元，比上年增加98.5亿元，增长48.9%，其中：省本级安排110.9亿元，中央专项资金189.1亿元，为推动全省社会保障事业发展提供了有力保障。

【着力提高就业扶持政策实施效果】 完善就业资金管理办法，加快就业资金预算执行进度，全省就业专项资金支出14.6亿元，大力支持城乡劳动者充分就业和素质就业。支持构建社会化、市场化职业培训公共服务体系，深入开展基层公共就业服务体系建设，采取“以奖代补”的方式支持33个乡镇、街道劳动保障所加强就业服务技能培训、改善工作条件，有效提升基层公共就业服务能力，积极为各类劳动者提供便捷高效的就业服务。

【创新建设基层公共就业服务平台】 配合部门出台《山东省人力资源和社会保障基层公共（就业）服务平台建设规划》，明确了建设时限目标、机构设置、人员和经费来源、工作职能、建设标准、队伍建设等内容。明确基层平台招聘的大学生服务3年期满后，3年内报考山东省公务员或事业单位，享受“三支一扶”等人员相应优惠政策；明确省财政采取“以奖代补”的方式对基层平台建设予以扶持。按照规划要求，多渠道筹集1.7亿元，对乡镇、街道基层平台建设进行补助，有力提升了基层公共就业服务能力。

【深入落实高校毕业生就业扶持政策】 支持建立高校毕业生就业见习补贴制度，印发《山东省高校毕业生就业见习管理办法》，确定了对财政困难县的省级补助政策，审核下达省级补助资金948万元。配合部门下达2011年高校毕业生“三支一扶”招募政策及计划，下达补助资金1 948万元，支持各级为“三支一扶”高校毕业生发放生活补助，参加社会保险。健全高校毕业生创业政策体系，设立大学生创业引领省级专项扶持资金，制定资金管理办法，实施大学生创业引领计划，支持“十二五”期间至少引领7万名大学生实现创业；对属于就业困难人员的大学生创业按规定给予社会保险补贴；对大学生创业就业岗位给予每个岗位500元的一次性岗位开发补贴，对符合条件的给予一次性创业补贴。支持各级建设大学生创业园和创业孵化基地，为入驻的大学生创业者提供场地，给予房租补贴等。通过综合施策，初步形成了个人自愿、政府扶持、市场引导的大学生创业扶持机制，为发挥大学生创业带动作用，加快推进创业型经济发展提供了有力支持。

【支持加强专业人才队伍建设】 下达就业专项资金2.3亿元，深化开展就业培训提高就业与创业能力培训项目。下达资金800万元，支持8 000名一线工人开展“金蓝领”培训，提升专业技能，提高工人队伍整体技能水平。继续开展“技能扶贫与就业”工作，为28 429名技能扶贫生提供专项补助资金4 660万元，支持增强其就业能力和自主脱贫解困能力。继续落实好高层次专业人才队伍建设政策，下达资金3 400万元，为驻鲁院士、中青年专家、百千万工程国家级人选、博士后导师等发放津补贴；拨付2009年度博士后创新项目资助资金550万元，积极为科研创新提供支持。

【支持城乡居民社会养老保险试点实现全覆盖】 积极争取新增68个国家试点县（市、区），使新农保国家试点县（市、区）达到106个，同时按照国家部署积极开展城镇居民社会养老保险试点。在此基础上，积极支持开展省级试点和地方自行试点，比国家规定提前一年实现城乡居民社会养老保险制度全省覆盖。为确保各县（市、区）试点工作顺利开展，采取先预拨、后结算的办法，及时拨付中央及省新农保和城镇居民社会养老保险补助资金31.9亿元。制定出台《山东省新型农村社会养老保险基金管理实施细则》，主动配合部门，加强对参保、符合待遇领取条件农民人数和年龄等基础数据的审核，确保参保人员和领取养老金人员的真实可靠。积极推进新农保信息化建设，多方筹集资金支持统一部署使用国家配发的新农保信息系统软件，搭建省级数据基本存储环境，满足试点县（市、区）数据的集中存储，在现有网络环境基础上进行网络互联，有效支持完善和规范经办工作与数据信息管理。截至2011年底，全省城乡居民社会养老保险参保人数达4 155.3万人，其中60周岁以上领取养老金人数为1 197.9万人。

【大力完善企业职工基本养老保险制度】 按照国家统一部署，会同部门对全省企业退休人员养老金调待工作进行调查摸底，及时研究制定养老金调整方案，按照人均12.5%的增幅提高养老金水平，比国家要求高2.5个百分点，月人均增加187.5元，调整后全省月人均养老金达到1 700元左右。经认真研究和测算并报经省政府同意，从2011年7月1日起，将企业职工基本养老保险单位缴费比例高于19%（含19%）的降低1个百分点。深入省内外调查论证，制定出台通过一次性补缴办法将未参保集体企业退休人员纳入基本养老保险统筹的实施意见，支持解决未参保集体企业退休人员养老保险遗留问题。按照省级统筹办法，测算下达省级调剂金，确保各地养老金按时足额发放。继续按照3%的规模做实个人账户，及时下达3 000万元做实省级奖励资金，确保各级完成做实任务。

【充分发挥失业保险制度的保障效能】 按照国家统一部署，配合部门及时出台政策，将失业保险扩大支出范围试点政策延长至2011年底，明确扩大支出的具体项目、资金拨付程序，规范资金管理。专题研究论证省本级扩大支出试点项目，协调投资评审中心及时进行评审，确保政策实施合规、高效。出台政策，进一步完善领取失业金期间失业人员参加职工基本医疗保险政策，确保失业人员正常接续基本医疗保险关系。继续提高失业金标准，月人均增加105元，增幅23.6%，平均达到550元。实施失业金标准与物价上涨挂钩联动机制，明确规定当年居民基本生活费用价格指数同比超过5%时，启动挂钩机制，为更好地保障失业人员基本生活奠定了扎实的制度基础。

【推进改革完善医疗保险制度】 积极推动完成关闭破产国有企业退休人员参加医疗保险，下达参保补助及综合奖补资金8.5亿元，支持各地及时将退休人员纳入基本医疗保险管理。全面调查省直机关事业单位公费医疗保障制度实施现状，深入调研省内外机关事业单位医疗保障情况，反复测算研究提出省直基本医疗保险改革的总体框架、政策和财政补助政策的初步建议，为加快推进省直事业单位体制改革和实施省直机关医疗保险制度改革打下了坚实的基础。

【支持落实工伤保险制度相应政策】 根据国家统一部署，配合部门调查摸底，制定出台省推进国有企业老工伤人员等纳入工伤保险统筹管理的实施意见，及时下达省级补助资金1.95亿元，支持各级年底前将老工伤人员全部纳入工伤保险统筹管理。配合部门研究出台政策，提高工伤保险待遇，明确从2011年1月1日起，工亡供养亲属抚恤金标准按照工亡人员供养配偶每人每月70元，其他供养亲属每人每月60元，孤寡老人或者孤儿每人每月在上述标准的基础上再增加10元的标准进行调整。

【加快提升社会保险基金支撑能力】 落实社会保险基金征缴奖励政策，下达扩面奖励经费450万元，大力推进各市加大扩面征缴力度。下达资金230万元，对省直管企业养老保险先进单位和先进个人予以表彰，鼓励省直管企业按规定积极参保。对39个县级社会保险经办机构下达奖补经费1 000万元，鼓励和支持县级社会保险经办机构提升征管能力，加强人员专业培训，改善信息化管理手段。支持部门委托会计师事务所、评审机构对各市、县2010年社会保险基金收支决算数、相关会计资料等进行审查，及时发现和整改问题，规范了社会保险基金决算收支，促进了基金应收尽收和保值增值。

【深化社会保险基金预算管理机制改革】 积极参加财政部组织的社会保险基金预决算编制培训会议和社会保险基金管理培训班，先后两次举办社会保险基金预决算编制部署培训会议。主动协调有关部门深入调查研究，召开研讨会，在部分市进行试编，联合出台《山东省社会保险基金预算编制暂行办法》、《山东省社会保险基金预算编制规程》、《山东省社会保险基金预决算考核管理暂行办法》，在全国率先编制印发《山东省社会保险基金预算编制手册》，对预算测算的增长水平确定数学公式，依据以往决算数据按公式测算基金收支增长水平，解决了基金收支预算基本靠经验、决算主观性过大的问题。对基金预决算编制程序、预决算编制综合考核等方面做了明确规定，将全省基金预算编制纳入更加科学、规范的轨道。充分依托财政社会保障信息数据集中报送系统，在全国较早地实施基金预决算编制网络直报、网络审核，降低了行政成本，提高了工作效率，2010年、2011年连续两年被财政部评为社会保险基金预决算编制工作一等奖。

【稳步推进基层医疗卫生机构综合改革】 配合部门研究制定《关于加快推进山东省基层医疗卫生机构综合改革的指导意见》、《关于清理化解基层医疗卫生机构债务的实施方案》等基层医疗卫生机构综合改革配套文件。下达省级补助资金7.2亿元，支持推进基层医疗卫生机构综合改革，以及省统一规划的村卫生室实施基本药物制度。将政府办基层医疗卫生机构实施基本药物制度的县（市、区），优先纳入县级基本财力保障范围，有效推动了全省全面落实基本药物制度政策。综合考虑各地服务人口、财力以及卫生财务年报反映的基层医疗卫生机构长期负债等因素，拨付省级补助资金2.04亿元，支持实施基层医疗卫生机构化债工作，促进基层医疗卫生机构持续健康发展。

【大力推进基本公共卫生服务均等化】 印发《关于明确基本公共卫生服务省级补助标准的通知》，明确从2011年起，我省城乡居民基本公共卫生服务经费标准由年人均15元提高到25元。省级财政分别按7.5元、11.25元、17.5元标准对东、中、西部地区进行补助，分批预拨2011年基本公共卫生服务补助资金11.1亿元。出台《政府购买农村基本公共卫生服务指导意见》，将政府购买由城市拓展到农村，实现了政府购买基本公共卫生服务的城乡全覆盖。印发《山东省基本公共服务补助资金管理使用办法》，进一步规范基本公共卫生服务项目补助资金分配和管理。根据中央赋予的任务量，下达3.86亿元补助资金，支持实施农村孕产妇住院分娩、农村妇女孕前和孕早期补服叶酸、农村妇女“两癌”检查、贫困白内障患者复明、农村改厕等医改方案确定新增重大公共卫生服务项目，为广大人民群众提供免费的公共卫生服务。

【全面增强医疗卫生服务体系保障能力】 筹集资金8 100多万元，引导各级重点加强基层医疗卫生队伍建设，重点对8万多名乡镇卫生院全科医生、村医、社区医疗卫生骨干、公共卫生工作人员以及基层医疗卫生管理人员进行培训；下达省级奖补资金9 490.5万元，对经过评审、确定建设符合规定标准、占规划总数99.7%的27 243所村卫生室予以补助，基本建成完整的农村医疗卫生服务网络，顺利完成村卫生室服务能力提升工程。深入开展全省中医服务能力提升项目绩效考评，拨付省级奖补资金2 000万元，支持22个中医特色专科和67个中医优势专科建设。下达省级配套资金7 000万元，支持国家中医临床研究基地建设项目。配合省卫生厅制定出台《山东省临床医学中心项目实施意见》，启动实施临床医学中心建设。重点支持抓好省级疾病控制、卫生监督、妇幼保健、精神卫生等公共卫生服务机构建设，不断提升我省医疗卫生服务的整体能力。

【完善城乡居民医疗保险制度】 出台文件明确将新农合和城镇居民基本医疗保险政府补助标准由每人每年不低于120元提高到200元，及时拨付77亿元，支持各级落实政策，提高参合（保）居民的受益水平。积极配合财政部专员办对2011年参合（保）、资金筹集和财政补助资金落实等情况进行审核，优化省级补助资金申请、审核程序，提高审核效率，加快资金拨付进度。

【着力增强食品药品安全监管能力】 建立完善监管体系“自下而上、统分结合”计划编制和经费分级负担的药品抽验管理新机制，全年投入1.47亿元，支持提升全省药品、医疗器械产品检验机构检验能力，加大药品抽验力度，继续支持实施食品药品放心工程，加快建立和完善以省药品检验所为龙头、以中心药品检验所为骨干、以市县药品检验所为基础的覆盖全省的药品技术监管体系，完善省、市、县三级药品监管、药品检验检测、药品不良反应监测信息网络，维护群众饮食用药安全。

【积极为城乡困难群众发放生活补助】 配合部门制定出台贯彻落实健全社会救助和保障标准物价上涨联动机制政策，督导各地落实挂钩联动机制、发放临时价格补贴。拨付资金4.59亿元，为377.7万名（不含青岛）低保、五保、优抚对象，以及新中国成立前入党的农村老党员和未享受离退休待遇的城镇老党员等城乡困难群众发放一次性生活补贴。及时将文件下发到各市县，积极督导各市县严格审核补贴对象人数，多方调度资金，畅通资金拨付渠道，确保将补贴资金及时足额发放到困难群众手中。年内根据物价变动情况，指导各地及时启动联动机制，向困难群众发放价格临时补贴，保障困难群众基本生活。

【支持落实提高城乡低保补助政策】 印发《关于调整农村最低生活保障省级补助标准的通知》，将对东、中、西地区的省级补助标准提高22元、40元、58元，支持各级将农村最低生活保障标准提高到不低于1 400元。争取中央财政城乡低保补助资金10.97亿元，比上年增长106.6%，其中，农村低保补助资金7.7亿元，比上年增加近4亿元，增长107.5%；城市低保补助资金达到3.3亿元，比上年增加1.7亿元，增长104.4%。加强预算执行管理，下发《关于转发财政部　民政部〈关于加强城乡最低生活保障资金预算执行管理工作的通知〉的通知》，建立了低保资金预算执行通报制度和绩效考核制度，按月通报各地低保资金预算执行情况，采取约谈等方式，督促预算执行慢的市加快预算执行，截至2011年底，城乡低保资金支出完成年初预算的117.9%。同时将预算执行情况纳入绩效考核，列为分配省级补助资金的参考因素。全年下拨城乡低保省级补助资金17亿元，促进了城乡低保“按标施保，应保尽保”目标的落实。

【创新实施城乡医疗救助一体化管理】 配合部门制定出台《山东省城乡医疗

救助办法》，建立起与城乡基本医疗保险制度相衔接，医疗保险报销和医疗救助即时结算，救助政策、内容、条件和标准等城乡一体的医疗救助制度，实现城乡医疗救助制度由试点到全面建制，取得了历史性突破。着力建立医疗救助与城乡基本医疗保险、定点医疗机构相互衔接的信息共享平台，对农村五保户和城乡低保对象实行“一站式”即时结算，救助程序进一步简化和方便，城乡困难群众享受到更加快捷的医疗救助服务。

【积极落实孤儿基本生活保障政策】按照政府工作报告“保证集中和分散抚养孤儿每月基本生活费分别不低于1 000元和600元”的要求，下发《关于调整孤儿基本生活费省级补助标准的通知》，将对东、中、西部地区机构和散居孤儿省级补助标准提高到380元、480元、580元和300元、360元、420元，落实省级补助资金7 410万元，支持各级落实政策。

【改革建立自然灾害资金管理新模式】出台《山东省自然灾害生活救助资金管理暂行办法》，建立起稳定的自然灾害生活救助资金筹集和分担机制。省财政对特大自然灾害结合中央补助，按国家补助项目和标准，对东中西部地区分别补助70%、80%、90%，并建立起规范的救助资金申请和发放程序、监督检查和绩效考核机制。针对年内自然灾害发生情况，分批次、及时拨付各类自然灾害救助资金2.6亿元，支持受灾地区开展受灾群众应急生活救助、转移安置、因灾倒房恢复重建等，确保灾民有饭吃、有衣穿、有房住，维护受灾群众生活安定和灾区社会稳定。

【促进养老事业平稳快速、可持续发展】　安排省级专项资金600万元，继续实施以奖代补促进城镇养老服务机构社会化建设，对全省30处城镇养老服务机构给予一次性奖励，促进加快形成多形式、多层次、社会化兴办养老服务机构的发展模式。规范完善百岁老人补贴省级补助资金使用管理和审批发放程序，配合部门实施完成百岁老人实名统计工作，据实兑付百岁老人长寿补贴600万元（不含青岛），为百岁老人每月增发100元长寿补贴。

【全力支持提高残疾人保障水平】　统筹预算内资金和残疾人就业保障金，累计下达4 682万元，重点为智力、精神和重度残疾人托养服务机构和居家托养残疾人家庭提供资助，改善集中托养和居家托养服务条件。落实贫困残疾人重点保障和特殊扶持政策，严格低保重度残疾人生活补贴资金管理，落实省级补助4 515万元，为16万多名低保重度残疾对象增发生活补贴。大力推进实施贫困残疾儿童抢救性康复工程实施方案，下达4 400余万元，重点提升残疾儿童康复工程实施质量，使贫困残疾儿童得到康复救助。充分发挥社会保险补贴、就业培训、职业技能鉴定、残疾人保障金等资金的作用，大力扶持残疾人接受就业培训，提高自主就业能力。

【积极落实离休干部“两费”政策】拨付困难补助200.4万元，认真落实省直单位离休干部及遗属特殊困难帮扶救助政策。简化拨付程序，提前将6 000万元2012年省级转移支付资金拨付德州、菏泽等困难市县，支持落实离休干部“离休费”、“医药费”等政策待遇，防止缓发、拖欠问题发生。分别于1月、7月、12月三次组织省属特困单位离休干部“两费”审核，核实已认定单位“两费”申请金额，对申请特困单位的省属单位进行资格审查，新准入特困单位4个。截至2011年底有247个特困单位、28个困难单位和1 926名离休干部纳入到保障范围，全年审核下达“两费”资金8 109万元。按照当地医疗统筹标准，为1 157名省属特困单位离休干部拨付2012年医疗统筹经费2 903.55万元，确保落实离休干部医疗保障待遇。

【稳妥落实各项涉军社会保障政策】认真落实省领导走访部队经费保障，下拨省级补助资金28.1亿元，全面落实抚恤定补优抚对象、新中国成立前老党员等待遇政策。下拨省级补助资金2.5亿元，支持各市完善分级负担、多渠道筹集的优抚医疗资金保障机制，完善“一站式”即时结算方式。安排资金6 366万元，支持城乡退役士兵接受就业和创业培训。为中央和省属困难企业退休军转干部下达748万元生活补助，为5 000余名自主择业军转干部发放2.8亿元退役金。

【全面落实《政府工作报告》所定的“26件实事”】　确保完成“26件实事”中涉及社会保障的15件实事，建立落实情况调度制度，加大资金保障力度。对新农合、城镇居民基本医疗保险等制度性资金，完善资金管理办法，提高保险待遇水平，加快资金审核拨付，积极推动实事加快落实。对城乡低保、新农保等人员标准资金，主动协调部门搞好调查摸底，组织严格审查，进行张榜公示，大力推广社会保障“一卡（本）通”，确保符合条件人员及时足额享受到政策待遇。

【着眼事业发展深入开展调查研究】周密组织基层医疗卫生机构综合改革调研，先后赴安徽和省内部分市深入考察，撰写了高质量的调研报告。积极配合省政府调研室、省军区就新兵役法中退役士兵安置，以及退役士兵一次性经济补偿金政策，深入省内部分市调查了解，充分借鉴其他省份经验做法，配合部门反复研究政策、反复测算资金需求，审慎提出补助政策和建议方案，有力推动了新兵役法的实施。立足统筹发展社会保障制度体系，重点围绕规范社会保险基金预决算编制、城镇居民基本养老保险、未参保集体企业退休人员养老保障、性病防治、中医药研究能力、疾病预防控制机构能力建设、精神卫生工作发展、省级药品检验能力建设、完善老年教育经费管理机制等方面，采取省内调研与省外调研、电话咨询与实地考察、了解情况与征求意见相结合的方法深入调研，获得了大量第一手资料，撰写了针对性、操作性强的调研报告，为政策制定和领导决策提供了依据。

【狠抓预算执行管理】 认真贯彻财政部、财政厅统一部署，始终把加快预算执行进度作为预算管理的重中之重，建立预算执行责任制，目标到部门、责任到个人。分期召开省直社会保障部门、全省社会保障预算执行座谈会，建立预算执行调度、月通报制度，采取电话、上门约谈、签订承诺书等方式，多措并举加快预算执行。2011 年，全省“社会保障和就业”、“医疗卫生”两类支出 861.1 亿元，完成年度预算的 113.3%，比上年增加 190.8 亿元，增长 28.5%。

【着力提升财政资金保障效益】 坚持“搞调研、定项目、做规划、出办法、投资金、评绩效”的“一条龙”资金分配管理机制，凡重大项目立项都必须经过周密调研、充分论证、严格评审后才能确定是否立项；凡拟定项目都必须制定实施计划、资金管理办法和绩效考评办法；对重大项目资金实行因素法、公式法分配，与预算申报预期绩效自评情况、项目实施绩效考评结果挂钩，积极建立全过程预算绩效管理制度。坚持依靠监督检查、投资评审等有效手段，巩固以社会保障资金管理为主体，以投资评审和监督检查为“两翼”的社会保障资金管理机制。坚持“先检查、后分配”，会同厅监督检查局及驻各地检查办事处，对社会保障资金进行事前、事中、事后全过程监管；坚持“先评审、后决策”，对重点项目的立项、资金分配、拨付、使用等环节，委托厅投资评审中心进行事前评审、过程评审、总结评审为一体的全方位评审。进一步实施政府购买公共服务成果，全面推广应用政府购买职业培训、公共卫生服务成果等成功经验，积极构建社会化、市场化的公共服务体系，引导社会资金更多地投向社会保险、社会救助、满足社会基本医疗需求和公共卫生事业发展等民生领域，充分放大财政资金投资乘数效应。

（撰稿：张振言　朱　彪　任浩林）

企业财政财务

【加强制度建设，支持国有企业改革发展成效突出】 一是全面推进国有资本经营预算制度建设。印发了《关于加快推动市县国有资本经营预算工作开展的通知》，把国有资本经营预算作为全省财政企业工作座谈会和财政企业政策培训班的主要内容，积极推动市县国有资本经营预算工作开展。到 2011 年底，全省已有 16 市建立了国有资本经营预算制度。研究提出了扩大省级国有资本经营预算试行范围的意见，并制定了具体实施方案。出台了《省级国有资本经营预算重大技术创新和产业化资金管理暂行办法》，提出了进一步优化省级国有资本经营预算支出的意见，保障了省级国有资本经营预算规范运作和资金安全。二是规范编制和执行省级国有资本经营预算。本着“量入为出、收支平衡”的原则，合理编制了 2011 年省级国有资本经营预算，优先保障弥补省属国有企业改革成本的费用性支出，进一步提高资本性支出所占比重，大力支持省属企业结构调整和科技创新，着力解决部分企业资产负债率过高问题。在预算执行上，一方面，认真核定和组织收取国有资本收益，切实加快收入入库进度；另一方面，积极组织预算支出执行工作。到年底，实际完成国有资本经营预算收入 15.63 亿元，占年初预算任务的 102%；完成支出 15.45 亿元，占全年预算的 93.6%。三是大力支持省属企业转方式、调结构。落实资金 12 亿元，支持组建合资寿险公司，做大做强省级融资租赁平台，降低鲁商集团资产负债率水平，进一步优化了省属企业布局结构，推动了现代服务业发展。安排资金 2 亿元，设立了省级国有资本经营预算重大技术创新及产业化资金，对 12 户省属企业的 15 个创新平台建设、重大技术创新及产业化项目进行重点扶持，切实增强了企业自主创新能力，促进了科技创新和成果转化。落实资金 1.45 亿元，支持省丝绸公司等困难企业破产改制退出市场，落实企业办中小学教师待遇一次性补助和困难企业职工“两节”生活救助政策，妥善解决政策性关闭破产企业遗留问题，推动了国有企业深化改革和结构调整，促进了和谐社会建设。认真贯彻落实国有企业职教幼教退休教师待遇和厂办大集体改革政策，确定了“扣除中央财政补助后的资金缺口，由省、市、县（区）财政分级负担”的经费负担机制。制订出台了《山东省解决国有企业职教幼教退休教师待遇专项补助资金管理办法》，组织开展了全省厂办大集体改革、落实国有企业职教幼教退休教师待遇问题的政策培训，有力保障了改革工作顺利推进。

【加大财政投入，支持工业结构优化升级成效突出】 一是支持重点行业和战略性新兴产业发展。认真落实省委、省政府《关于加快工业调整振兴的意见》，以扶持重大项目建设为抓手，以鼓励企业营销创新和市场开拓为途径，落实资金1.5亿元，对省政府确定的314个结构调整和现代物流重点项目给予积极支持，对21个工业展会活动给予经费补助，带动社会投资近600亿元。安排企业自主创新及技术进步、包装行业技术研发、民族特需商品定点生产企业贷款贴息等专项资金1.5亿元，鼓励企业转变经济发展方式，开发新产品、新技术、新工艺，促进了企业转型升级。二是全力支持钢铁产业结构调整试点。本着“最大限度给予支持”的原则，积极研究支持钢铁产业结构调整的财政扶持政策。新设淘汰落后钢铁产能补助资金7 000万元，采取“以奖代补”办法，对各地淘汰落后炼铁高炉、炼钢转（电）炉给予重点扶持，为推进钢铁产业转方式、调结构、上水平发挥了积极引导作用。将中央财政关闭小企业补助资金与省级资金捆绑使用，落实资金1.5亿元，对浪费资源、破坏环境和不具备安全生产条件的重点行业企业淘汰落后生产设备、技术、工艺等进行补助，妥善安置关停企业人员，有效推动了工业结构优化升级。三是引导高危企业不断加强安全生产。调整省安全生产专项资金投向，按照不同行业的隐患排查治理重点采取不同的财政奖补政策。筹集专项资金1.26亿元，对55个煤矿井下避险系统建设项目给予积极扶持，加快了井下避险系统建设步伐。以标准化建设工作为突破口，采取定额奖励方式，支持危化企业建立完善自动化控制系统、紧急停车系统，支持烟花爆竹企业实施生产系统机械化改造和安全设施整顿提升改造。改变以往“撒芝麻盐”的资金分配方式，集中对枣庄、潍坊等三个矿山类应急救援中心给予重点扶持，进一步提高了矿山领域安全生产应急救援能力。

【完善政策体系，促进外经外贸发展成效突出】 一是完善外经贸发展财政政策促进体系。面对人民币升值、生产要素成本上涨、国际贸易环境恶化等严峻复杂的国内外形势，进一步加大资金投入，不断调整和优化支出结构，研究出台了15条支持外经贸发展的财政政策措施。全年累计筹集和落实资金8.68亿元，其中中央财政资金6.1亿元，同比增长55.6%。二是积极支持外贸发展方式转变。安排资金2.84亿元，重点支持高新、机电产品出口共性技术研发项目和专业性出口基地公共服务平台建设，对企业投保出口信用保险给予保费补贴，支持服务外包示范基地建设、人才培训、重点外包企业发展，支持中小企业开展国际市场开拓、自主品牌展览和网络招商展览活动，促进了外贸出口平稳增长，进一步优化了出口商品和区域结构。三是积极支持提高利用外资质量和水平。安排资金3.61亿元，对引进世界500强和战略性新兴产业、高新技术和现代服务业的重大利用外资项目给予奖励，对先进技术、设备、原材料及资源性产品进口给予贴息，对山东香港周、台湾经贸文化交流活动、黄河三角洲高效生态经济区经贸洽谈会等重点境内外招商和经贸洽谈活动给予经费保障，在引导外资投向，优化外资结构，提升利用外资质量水平，缓解资源能源短缺等方面取得明显成效。四是积极支持对外经济技术合作业务发展。落实资金2.7亿元，积极支持有实力的企业走出国门到境外创业，推动境外经济贸易合作区建设、境外资源合作开发利用，鼓励优势产能境外转移，促进对外承包工程和外派劳务合作，不断拓展经济发展空间。五是促进开发区提升对外开放承载功能。认真贯彻省委、省政府《关于全面提升经济开发区发展水平的意见》，安排资金2 000万元，对枣庄、济宁等西部九市省级经济技术开发区基础设施建设项目贷款给予贴息，吸引金融资本和社会资本投入，促进了开发区基础设施建设。筹集资金2 000万元，对17个开发区和19个重大引进项目给予奖励，有效引导了国际资本和优质资源向开发区聚集，提高了园区的核心竞争力，增强了园区的对外开放载体功能和集约发展水平。

【狠抓工作落实，支持中小企业发展成效突出】 一是着力缓解中小企业融资困难。为鼓励和引导各类金融资本、社会资本加大对中小企业的支持力度，落实小企业贷款风险补偿奖励资金5 000万元，对省内24家银行业金融机构的小企业贷款业务进行补偿奖励，调动了金融机构对小企业贷款投放的积极性。落实中小企业信用担保资金1亿元，对100家担保机构开展的中小企业融资担保业务给予风险补偿，对全省“十佳”担保机构进行奖励，引导担保机构为1.8万户中小企业提供贷款担保573亿元，有效改善了中小企业融资环境。加快省级创业投资引导基金运作步伐，会同省发改委组织开展了首批创投基金参股企业的巡检工作，规范了参股创投企业的投资行为。积极筹措信贷资金3亿元扩大创投基金规模，完成了第二批创投基金参股企业的筛选、立项等工作。积极做好国家新兴产业创投基金的争取工作，黄河创投、乐义赛伯乐新能源创投2支基金获得国家支持1亿元，有效引导和带动了社会资本促进新兴产业和中小企业发展。落实企业上市专项扶持资金1 200万元，通过考核奖励、费用补助等方式引导企业上市直接融资，极大地调动了企业上市融资的积极性。二是集中资金支持特色产业集群发展。继续整合省级中小企业发展专项资金、科技型中小企业创新发展资金6 000万元，并积极争取中央资金1.38亿元，本着加大强度、集约投入、竞争择优、重点扶持的原则，经过专家公开评审，对全省31个重点特色产业进行集中扶持，充分调动了各级地方政府促进产业集群发展的积极性。同时，进一步完善财、银、保资金联动机制，积极与中国民生银行济南分行、省再担保集团开展战略合作，通过财政资金带动，引导民生银行对产业集群内中小企业新增贷款逾20亿元，形成了共同推动特色产业集群发展的合力。三是积极支持中小企业提高科技创新能力。充分发挥科技创新资金扶持引导作用，落实资金1.65亿元，着力提高科技型中小企业的技术创新能力。落实资金7 790万元，对省政府确定的200多户中小企业技术改造、结构调整和专业化发展项目进行重点扶持，对引导中小企业科技创新和技术进步发挥了重要作用。四是加快完善中小企业社会化服务体系。积极争取将省中小企业公共服务平台网络建设项目列入国家首批支持计划，获得中央专项资金额度5 600万元，其中当年支持3 100万元。省财政安排公共服务平台网络建设项目配套资金500万元，并落实资金1 200万元支持中小企业管理者培训、管理咨询、市场拓展和品牌建设等，有力地促进了中小企业社会化服务体系建设。

【注重夯实基础，加强科学化精细化管理成效突出】 一是企业信息快报工作全面提升。到2011年底，纳入全省财务快报范围的企业户数达到1.5万户，比上年末增加2 000余户。顺利完成2011年担保类金融企业季报工作，汇总担保类金融企业达60户，较去年同期增加24户。及时修订信息工作考评办法，有效提高了快报数据的准确性和可用性。根据快报数据及时反映企业经济运行态势，深入分析区域、行业走势特点，全年编发基于快报分析的财政情况92篇，信息分析利用力度进一步加大。二是企业决算工作保持全国领先水平。圆满完成2010年内、外资企业决算工作，汇总企业2.2万多户，其中非公有制企业5 295户，外商投资企业1.2万户，受到财政部通报表彰。顺利完成2010年担保类金融企业决算工作，汇总担保类金融企业105户，较去年同期增加72户。创新分析思路和分析方法，深入挖掘年度决算数据使用价值，形成经济运行专题分析11篇。高度重视财政企业决算信息的宣传工作，首次通过媒体系列报道的形式，公开发布企业地方财政收入贡献排行、科研支出比重排行、盈利能力排行、社会贡献度排行等榜单，引起企业界及全社会的积极反响。编印《2008～2010年度山东省企业财务会计信息摘要》，面向社会公开发行，为社会各界和广大企业提供完整、翔实的信息参考依据。三是调查研究取得丰硕成果。围绕经济运行中热点、难点问题，先后开展了全省会展服务业现状和问题、加快山东省传统产业“走出去”、省属企业全面实施国有资本经营预算制度等调研活动，全年撰写调研报告十几篇，增强了财政企业工作的前瞻性、针对性和实效性。四是资产评估机构管理力度加大。认真贯彻落实《资产评估机构审批和监督管理办法》，进一步理顺资产评估机构审批设立和变更备案程序，积极处理群众来信来访案件，加强对资产评估行业的动态监管，促进了资产评估行业自律约束。五是财政资金管理精细化水平进一步提高。按照综合预算的要求，加大预算内外资金统筹力度，认真夯实部门基础数据，积极保障各部门正常运转的合理需要，努力提高项目资金的分配和使用效益。研究出台了《关于进一步加强和规范财政企业专项资金管理的意见》，改进资金分配方式，加快推进项目库建设，积极推行专家评审论证和项目投资评审，完善绩效评价机制，对规范财政资金分配、加强财政资金管理发挥了重要作用。组织开展了2009～2010年度中小企业信用担保专项资金检查，修订完善了部分专项资金管理办法，及时做好地方政府性债务统计工作，财政资金科学化、精细化管理水平进一步提高。

【积极创先争优，干部作风和廉政建设成效突出】 深入学习十七届五中、六中全会精神，建立健全学习长效机制，积极推进学习型党支部建设。把创先争优与业务工作结合起来，与推动科学发展结合起来，增强了践行科学发展观的自觉性和坚定性。组织召开了全省财政企业工作座谈会，举办了全省财政企业政策培训班，编印了《2009～2010年企业改革与发展财政财务法规政策选编》，及时召开专题工作会议，加强对国有资本经营预算、厂办大集体改革等重点工作的督促指导和业务培训，强化财政企业系统纵向与横向沟通交流，有效提升了全省财政企业干部业务素质和工作水平。认真学习领导干部廉洁自律各项规定，深入开展警示教育活动，自觉筑牢拒腐防变的思想防线。结合财政企业工作实际，以预算资金、制度建设为重点，积极推进惩治和预防腐败体系建设，以规范权力运行为关键，努力健全廉政风险防控机制。全面加强作风建设，内强素质，外树形象，工作效率和服务质量不断提高。

（撰稿：姜　龙　张宏亮　王志福）

财政金融与国际合作

【科学谋划，引资引智工作扎实推进】 面对新形势、新挑战，2011年，全省各级财政部门积极应对、密切配合、细致工作，坚持以项目为载体，以资金为主线，深化交流、积极争取，资金合作与对外交流工作取得新成效。一是利用政府外债支持重点领域发展取得新成效。2011年，全省新签约国际金融组织贷款项目4个，上报财政部利用外国政府贷款新项目9个，协议贷款额4.23亿美元；赠款项目2个，协议赠款额546万美元，全年实际利用贷款资金6 156.66万美元。项目主要涉及节能减排示范、能效推广、病险水库除险加固、孔孟文化遗产地保护、医疗卫生、职业教育等领域，不仅有效弥补了项目地区公共财政投入的不足，而且显著改善了当地的生态环境和城市基础设施建设。截至2011年底，全省共引进国际金融组织贷款项目53个、赠款项目15个，外国政府贷款项目227个，协议贷赠款额41.76亿美元，累计利用贷赠款资金33.71亿美元。其中，赠款项目9个，协议赠款额1 843万美元；正在执行的贷款项目14个，累计利用贷款资金2.19亿美元。二是利用清洁发展基金委托贷款支持低碳经济初见成效。2011年，共向财政部争取省交通厅高速公路不停车收费系统（ETC）建设、威海市第二热电集团有限公司锅炉及循环水节能改造工程等4个项目，合计利用清洁发展委托贷款2亿元人民币，目前资金已全部到位。清洁发展委托贷款不仅利率低、期限长，而且通过项目实施，可带动国内投资7.03亿元，实现年减排二氧化碳84.71万吨，经济效益、生态效益和社会效益显著。三是知识合作与对外交流亮点纷呈。在积极引进贷款资金的同时，以中国与世界银行合作30年为契机，不断创新知识合作模式，与国际金融组织开展课题研究，成功出版发行《借鉴创新发展—山东省国际金融组织贷款发展报告》，对指导今后资金合作工作具有重要意义。积极开展对外财经交流，成功组团赴美参加首届中美城市合作会议，促成了一批经贸合作项目，为企业“引进来”和“走出去”提供了良好的合作平台和信息咨询。

【加大投入，促进地方金融业发展壮大】 一是支持战略性新兴产业发展。继续做好战略性新兴产业科技贷款风险补偿工作，截至2011年底，累计对164家金融机构拨付风险补偿资金1亿元，引导金融机构增加科技贷款投放140亿元，该项政策的实施，既降低了金融机构的信贷风险，激发了金融机构发放新兴产业科技贷款的积极性，也有力支持了新兴产业的技术研发和推广应用。二是鼓励县域金融机构发放涉农贷款。2011年，山东首次开展县域金融机构涉农贷款增量奖励试点工作，对县域金融机构当年涉农贷款增量超过15%的部分按一定比例给予奖励。2011年，各级财政共落实奖励资金4.22亿元，对69个县（市）174户县域金融机构给予奖励，引导县域金融机构发放涉农贷款平均余额达1 069亿元，比上年同期增长48%。三是积极引进国内外金融机构。为做大做强地方金融业，省财政安排专项资金，对国内外金融机构来鲁新设立区域总部和分支机构给予一次性奖励补助；对新设立的农村金融机构（包括农村资金互助社、贷款公司、村镇银行）及新增营业网点，给予10万～30万元开办费补助。2011年，共对106户分支机构给予开办费补助2 000万元，吸引注册资本金48.2亿元，政策效果良好。四是支持新型农村金融机构良性发展。2011年，积极争取中央财政专项资金，继续在全省开展新型农村金融机构定向费用补贴工作。全年共拨付资金2 368万元，对邹平浦发村镇银行等7家新型农村金融机构给予补助。截至2011年底，全省新型农村金融机构已经发展到32家，共获得中央补贴资金2 701万元，带动贷款发放额60.64亿元，激发了各地设立新型农村金融机构的热情，有力地支持了农村金融发展。五是奖励齐鲁证券高端人才。认真落实省政府支持齐鲁证券引进人才政策，对齐鲁证券符合条件的高端人才、稀缺人才、优秀管理人才及创新人才按照年缴纳个人所得税地方留成部分50%的标准进行补助。2011年，拨付奖励资金368.68万元，共有39名高端人才获得资金补助。六是促进小额贷款公司规范发展。积极参与审批新设立小额贷款公司，截至2011年底，全省成立小额贷款公司259家，注册资本267.58亿元，贷款余额241.22亿元，累计发放贷款609.57亿元，实现总收入26.15亿元，营业利润16.82亿元，累计纳税 4.38 亿元，对农村金融市场的发展起到了补充和完善作用。

【服务三农，提高农业风险保障能力】 为切实提高农业抵御自然灾害风险的能力，帮助农民尽快恢复生产自救，各级采取有力措施，积极推动农业保险工作开展。一是积极落实财政补贴资金。各级财政按照承担的试点任务和补贴比例，认真测算投保数量，积极筹措补贴资金，为农业保险工作顺利开展提供资金保障。二是严格规范资金使用流程。不断修订完善保费补贴政策，严格资金申请、审核、拨付程序；与省有关部门联合下发《2011年山东省农业保险试点工作实施方案》，细化农业保险签约、承保及理赔操作规程，明确提出理赔资金必须通过惠农卡支付给农户。三是加强资金监督检查。对全省 60 个农业保险试点县 2010 年种植业保险和 2011 年小麦保险进行了重点检查和核查，对存在保费垫付问题的试点县（市）下达了责令改正、限期整改的处理决定，并暂停拨付 2011 年中央和省级保费补贴资金，为财政资金的合规使用奠定了坚实基础。2011 年，全省小麦、玉米和棉花三种作物合计签约承保面积 2 600 万亩，苹果、蜜桃等经济作物 2.75 万亩，能繁母猪 3.2 万头，保险金额达 83 亿元，各级财政共拨付保费补贴资金 2.2 亿元，为增加农民收入、稳定农业生产发挥了积极作用。

【保障民生，发挥小额担保贷款促创业带就业作用】 为有效改善小微企业融资环境，加大对各类就业困难群体创业就业的支持力度，2011 年，各级财政紧紧抓住中央给予山东中西部省份补贴政策的有利时机，积极开展工作，小额担保贷款“解民忧、惠民生、暖民心”的政策效果充分显现。一是各级对小额担保贷款工作的重视程度普遍提高，工作开展积极性高涨，财政资金投入逐步加大。截至 2011 年底，全省小额贷款担保基金规模达 4.59 亿元，同比增长 21%；拨付小额担保贷款贴息及奖补资金 5 614 万元。二是注重加强与有关部门的协调配合，通过新闻媒体宣传小额担保贷款政策，不断完善工作机制，形成工作合力，财政金融“支小”工作取得可喜成绩。2011 年，全省累计发放贷款金额 11.42 亿元，贷款发放实现翻番，共有 1 174 家中小企业及 44 547 人直接享受到小额担保贷款优惠政策。三是为缓解妇女创业“贷款难”问题，借助各级妇联、共青团的组织优势，充分发挥重点群体带动作用，并专门设立巾帼创业专项资金，对妇女创办具有就业带动作用的小企业给予示范性贴息奖励，有效缓解了小微企业资金困难。巾帼创业示范性贴息工作启动以来，已为 7 000 多名妇女发放贷款 3.9 亿元，还贷率达 100%，实现了“零代偿”。

【注重绩效，强化科学化精细化管理】 一是开展地方金融企业绩效评价。在全国率先出台了《山东省地方金融企业绩效评价办法》，绩效评价结果通过新闻媒体向社会公布，对提高金融企业财务管理水平和信用评级，增强风险防控意识起到积极作用。2011 年度，全省纳入绩效评价范围的地方金融企业共有 158 家，有 27 家企业被评为优秀（A 级以上），其中，13 家被评价为 AAA 级地方金融企业，显示出全省地方金融企业规模和资产质量均有长足发展。二是加强债务与风险管理。注重项目全过程管理，建立绩效管理指标考核体系，提高外债资金使用绩效。加强政府外债风险监测和预警，完善外债还贷准备金制度，建立还款奖励机制，确保及时足额归还到期债务，并积极争取中央债务减免政策。2011 年，按时归还中央专项借款 24.87 亿元，累计获得债务减免 12.04 亿元人民币，有效缓解了各级政府债务压力。同时，积极规避防范债务风险，对 225 亿日元贷款项目进行了利率互换、货币掉期交易，累计为项目单位节省还款资金 1.85 亿元人民币，确保全省政府外债风险处于正常水平。三是加强金融企业财务和国有资产管理。高质量完成金融企业财务信息统计、国有金融资产产权登记工作，产权转让工作有序开展。全年核定国有资本 127.29 亿元，办理金融企业国有资产产权转让项目 5 项，成交总额 3.43 亿元，涉及转让总资产 2.18 亿元，国有资产增值率达 57.34%，实现了国有资产保值增值。

【强化素质，着力加强干部队伍建设】 一是加强业务培训。为提高干部队伍业务素质，成功举办全省财政金融与国际合作业务培训班，邀请财政部、世界银行和财经大学的专家讲解分析国内外经济形势，拓宽工作思路，全省共 130 余人参加培训。充分利用国际金融组织平台优势，组织各市、县及省直部门有关人员参加境内外培训班 40 余次，学习交流先进的管理理念，加强智力储备。二是加强调查研究。围绕全省财政中心工作，针对促进县域金融发展、完善金融“支农支小”体系、支持节能减排等领域开展政策调研，形成了《积极利用政府外债支持低碳经济发展》等多篇调研报告。其中，《关于我省县域金融发展情况的调研报告》获省政府优秀调研成果评选一等奖。三是加强廉政建设。以为民服务为载体，扎实开展创先争优活动。结合第二轮承诺、践诺、评诺活动，公开办事程序，自觉接受社会监督。大力推进惩治和预防腐败体系建设，加强廉政风险防控，排查廉政风险点，共修订完善权力事项 18 项，制定风险防控措施 56 条，切实做到用制度管人、管钱、管事。

（撰稿：李　丽　唐　宁　夏　颖　李振华）

基层财政管理

【全省乡镇基本情况】 全省2011年度纳入乡镇决算汇编范围的乡镇街道共1 851个（含青岛，下同），比2010年增加24个，其中街道办事处545个、镇1 144个、乡162个。2011年度全省乡镇区域内总收入2 153亿元。中央、省、市、县（区）级收入1 248亿元，乡镇一般预算收入905亿元，比2010年增加160亿元，增长21.65%。其中，税收收入完成834亿元，比2010年增加137亿元，增长19.6%；非税收入完成71亿元，比2010年增加24亿元，增长52.67%。全省乡镇街道平均一般预算收入4 917万元。其中，一般预算收入5 000万元以下的乡镇街办1 076个；5 000万~1亿元的乡镇街办261个；1亿~2亿元的乡镇街办231个；2亿~3亿元的乡镇街办103个；3亿元以上的乡镇街办180个。乡镇上级补助收入227亿元，比上年增加51亿元，增长28.64%。其中，返还性收入18亿元，一般性转移支付收入150亿元，专项转移支付收入59亿元。2011年度乡镇一般预算支出563亿元，比2010年增加82亿元，增长17.07%。2011年度乡镇年终结余共计110亿元。其中，结转下年支出2亿元，净结余108亿元。

【创新乡镇财政管理机制，推进规范化财政所创建】 在深入调研以及征求各市意见的基础上，出台了《关于开展规范化财政所创建工作的意见》，对乡镇财政各项管理活动进行了规范。重点从人员组织机构、基础设施条件、惠农资金监管、会计基础工作、规章制度建设、预算收支管理、资产债务管理、财政信息化建设、文明创建等9个方面70多个小项加以规范，实行千分制考核，力争用3年时间将全省80%的乡镇财政所建设成“机构健全、职责明确、管理规范、服务优质、设施完备”的规范化财政所。通过验收认定达到规范化标准的财政所，省、市、县财政分别给予一定的资金奖励；其中，对于示范型财政所，由省财政厅颁发“省级示范化财政所”牌匾。经过乡镇申报，市、县财政层层筛选上报，2011年确定规范化财政所653个（不含青岛）。通过规范化财政所创建工作，调动了乡镇财政干事创业、争先创优的积极性，推进了乡镇财政科学化、精细化管理水平不断提升。

【创新人员教育培训模式，打造高素质干部队伍】 截至2011年底，我省实有在岗乡镇财政工作人员11 474人，占财政系统全部人员的40%左右。其中，行政编制1 265人，事业编制9 115人，其他1 094人。为创新乡镇财政干部教育培训模式，打造高素质干部队伍，省财政厅下发了《关于加强乡镇财政干部教育培训的实施意见》，创立了乡镇财政干部教育培训“三二一”新模式，即三年内将所有乡镇财政干部轮训一遍，每两年开展一次全系统大型技术能手比赛，每年对每位乡镇财政干部业务知识学习情况进行一次测试。一是狠抓干部教育培训工作。乡镇财政所所长由省财政负责或委托市进行培训，财政所其他人员由市级财政负责培训。各市财政局统一组织的培训班经省厅审查并现场监督指导，培训完毕后由市财政局向省厅报送培训工作总结等材料，经审查合格后，由省财政厅统一发放《山东省基层财政干部培训证书》。2011年全省共举办培训班50期，培训基层财政人员5 719人，其中1 685名所长全部培训一遍，提前两年完成了所长培训任务。二是抓好乡镇财政干部业务知识测试工作。为调动乡镇财政干部自觉学习业务知识的积极性，按照全省乡镇财政干部教育培训新模式，除继续通过举办培训班做好业务培训外，计划对全省乡镇财政所45岁以下人员进行业务测试。为此，专门下发了《关于组织全省乡镇财政人员业务知识水平测试的通知》，由省厅统一命题，统一时间，统一要求，采取闭卷方式进行。为配合这次测试，在编印《乡镇财政管理概述》教材的基础上，又组织山东财经大学专家编印了《乡镇财政管理测试辅导教材》，方便基层财政干部学习。通过测试活动的开展，极大地调动了基层财政干部学习的积极性，基层财政干部的素质明显提高。

【创新乡镇资金监管方式，提升财政资金监管水平】 一是建立资金监管县级试点县制度，专门下发了《关于建立省乡镇财政资金监管试点县制度的通知》，对省乡镇财政资金监管试点县应具备的基本条件、试点县职责以及加强试点县建设做出了具体规定，充分发挥县级财政在监管中的特殊作用。依据条件在全省确定了19个县（市、区）作为试点，给予部分资金支持，充分发挥试点县的作用，以点带面，促进全省乡镇财政资金监管工作的深入开展。二是强化重点资金监管。根据财政部《关于深入推进基层财政专项支出预算公开的意见》，结合山东实际下发了《山东省财政补助下级财政专项资金公开目录》，将公开公示的专项资金扩大到54项。为便于操作，筛选出补助数额大（单项补助2亿元以上），涉及面广，资金项目使用在乡镇、村的涉农项目资金，确定为首批重点公示监管范围。三是阳光公开，建立乡镇财政资金公示制度。规定各种乡镇财政政策和资金都要及时通过惠农服务厅内的电子显示屏、公示栏以及其他宣传媒介予以公示公开，确保农民群众的知情权；对补贴到农户的资金，将补贴对象、补贴依据、补贴标准、补贴金额、联系电话等信息通过不同形式进行公示，加强社会监督；对项目资金财政部门严把项目申报关，并对项目资金的拨付、使用及工程进展情况进行全程公示，充分发挥社会监督作用，使有限的财政资金发挥最大效益，确保乡镇财政资金安全。四是转发了《伊犁州直乡镇财政资金拨付方式改革的指导意见》，对推进全省乡财乡用县管改革、加强乡镇财政资金监管起到了参考、借鉴作用。

【加强乡镇财政信息化建设，提高基层财政工作效率】 通过对全省各地乡镇财政信息化建设开展调研，召开座谈会广泛听取厅相关处（室）及市、县财政部门的意见和建议，基本摸清了全省乡镇财政信息化建设的现状、存在的问题及今后工作方向。为加强乡镇财政机构管理，打造乡镇财政机构管理新机制，开发了《乡镇财政机构人员管理软件》，该系统共分乡镇财政概况、财政所人员情况、财政所资产情况、规范化建设情况、信息化建设情况、财政所荣誉等七个方面，基本涵盖了乡镇财政机构人员的所有情况。该系统由乡镇财政所填报，通过网络上报县级或在县级导入，县级审核通过后上报省市财政，系统由上到下设置相应权限，并具备有关查询汇总功能。该系统运行后数据每年更新一次，将随时为基层财政管理提供真实有效的数据信息，提升乡镇财政机构人员管理水平。

【“两税”征管职能和人员划转工作平稳有序进行】 根据省政府文件规定，将耕地占用税、契税征管职能移交地方税务部门，同时协调搞好征管人员划转工作。为干好该项工作，年初成立了两税征管职能划转协调小组，协调小组下设办公室，办公室设在省财政厅。积极协调省编办、省人社厅、省地税局联合下发了《关于认真做好耕地占用税和契税征管职能划转工作的通知》和《关于做好耕地占用税和契税征管职能划转业务交接工作的通知》。与地税部门密切配合，2月底完成了征管业务的顺利移交。指导各市做好划转人员报名、审核、公示、上报等工作。期间，根据人员报名、单位审核、职务待遇落实等遇到的问题，协调省编办、省人社厅、省地税局联合下发了《关于明确契税和耕地占用税征管人员划转中有关问题的通知》，对划转人员范围、职务和待遇安排等作了进一步明确，全省共划转人员448名。

（撰稿：袁绍明　沈雪灏）

会 计 管 理

2011年，全省会计管理工作紧紧围绕财政中心工作，不断开拓工作思路，创新工作方法，抓住“人才队伍建设、准则制度贯彻落实、注册会计师行业监管”三个重点，努力提高全省会计管理工作水平，各项工作取得新成绩。

【规划指引，会计人才队伍建设成绩突出】 深入贯彻国家、省中长期人才发展规划纲要及财政部会计行业中长期人才发展规划，改革创新，整体推进，不断开创会计人才工作新局面。一是山东省会计行业人才发展规划顺利出台。省财政厅联合省委组织部、省人力资源和社会保障厅下发了《山东省会计行业中长期人才发展规划（2010～2020年）》，按照“服务发展，以用为本；健全制度，创新机制；高端引领，整体开发”的指导方针，遵循会计人才发展规律，大力推进会计人才战略实施，健全体制机制，优化结构布局，以打造高层次会计人才为重点，统筹推进各类别、各层级会计人才队伍建设，确立会计人才竞争优势，为山东经济社会发展奠定人才基础。二是高端会计人才选拔培养工程成功启动。联合省委组织部、省人力资源和社会保障厅出台《山东省高端会计人才选拔培训实施方案》，并启动了高端会计人才培养工程，争取用10年时间，选拔培养600名高端会计人才，其中重点培养400名企业类高端会计人才、100名行政事业类高端会计人才、50名注册会计师类高端会计人才和50名学术类高端会计人才。2011年首先开展了企业类高端会计人才选拔培养工作，经申报、审核、笔试、答辩、评定、公示等层层选拔，最终确定首期60名企业类高端会计人才培养人选，并于11月10日举行了隆重的开班仪式。

三是全省会计人才队伍家底基本摸清。根据财政部部署，相继下发了《关于山东省会计人员基本信息采集工作的通知》和《山东省财政厅直接管理会计人员信息采集工作通知》，在全省范围内开展了会计人员基本信息采集工作。截至年底，信息采集工作基本结束，山东省持证会计人员共71.4万人（不含青岛），其中取得初级职称10 935人、中级职称62 771人、高级职称7 595人。通过信息采集，山东会计人才队伍家底基本摸清，为落实人才发展规划和搭建全国互联共享的会计人员管理平台奠定了基础。四是会计人才评价考试组织严密。完善会计从业资格及专业技术资格管理制度，强化会计专业技术资格考试考务管理，改进高级会计师考评办法，严厉打击考试舞弊等违纪违规行为，维护了考试的公平、公正。把住行业入口关，全年会计从业资格考试报考560 175科人次，考试13 403场，合格322 100人次，平均合格率57.5%。强化专业技术资格考试管理，建立完善了一整套操作规范和规章制度，有效维护了考试的严肃性。2011年全省共121 798人报考初中级考试，其中：初级85 576人，比上年增长8.13%，合格12 502人；中级36 224人，比上年减少9.65%，合格2 598人；考试全省分18个考区（17市和省直）同时进行，设置了78个考点，共计4 085个考场。高级会计师全省报考2 024人，通过国家线825人、省线（50分）289人。严把高级会计师评审关，严格审核参评人员材料，做到不符合条件不上评审会；谨慎筛选组建了高级会计师评审委员会，增强评审工作的引导性；坚持评审条件和评审原则，统一评审标准。2011年，参加高级会计师评审共924人，评委会评审通过677人，通过率73.3%。五是会计人员继续教育质量稳步提高。进一步完善了《会计人员继续教育规定》，在教育方式上，采用集中授课、远程网络化教学等多种培训方式；在培训机构选择上，实行备案制度，规范培训班管理；在培训内容上，结合年度重点工作制定培训方案，做到教育内容与工作结合。同时，区别对象和行业，充分发挥业务主管部门和地方会计学会作用，鼓励、支持业务主管部门和单位自行组织继续教育培训，有针对性地安排教学内容。

【重点突破，会计准则、制度和内控体系贯彻实施取得新成效】 近年来，新的会计准则、制度及规范体系相继推出，在具体贯彻中，注意结合省情，创新形式，重点突破，提升效果，贯彻实施工作进展顺利。一是企业会计准则执行情况良好。加强宣传，通过山东会计信息网发布宣传信息108条；在《齐鲁珠坛》杂志刊登执行新准则宣传文章26篇；通过企业会计准则信箱解答疑问300多条。不定期调动企业准则执行情况，对全省企业执行准则情况实行动态监控；充分发挥咨询专家委员会作用，及时为企业实施新准则提供政策咨询和意见指导。组织业务培训，与省国资委联合，分别在上海和厦门国家会计学院举办省属国有大中型企业财务负责人培训班两期，培训500多人；各市也举办各类企业财务负责人培训班32期，培训1万多人，有力地推进了准则实施。完善企业试点措施，扩大试点范围。此外，还开展了2010年度非上市企业执行企业会计准则年报工作，进一步掌握了全省非上市企业执行准则情况。截至2011年底，全省国有大型企业已执行企业会计准则216家，执行率74.55%，中型企业已执行493家，执行率63.93%。二是企业内控体系实施进展顺利。联合省发改委、国资委、经信委、审计厅、证监局、银监局、保监局、中小企业办九部门下发了《关于贯彻实施企业内部控制规范体系的指导意见》，并成立企业内部控制规范体系贯彻实施领导小组，统筹规划，统一部署，强化协调，形成合力，扎实推进企业内控规范体系的贯彻实施。组建了企业内部控制咨询专家委员会，及时为全省企业内控体系实施提供政策咨询和意见指导，并实行了定期例会和重大事项临时会议制度。制订了内控实施时间表，明确从2012年1月1日起，在沪深主板上市的公司及其母公司实施；从2013年1月1日起，在省内国有及国有资产占控股地位或主导地位的大中型企业实施；从2014年1月1日起，省内大中型企业逐步实施内控规范体系。组织有条件企业先行试点，全省各市均选择了1～2户试点企业。加强培训指导，联合省国资委、省中小企业办在厦门国家会计学院举办了300多人的内控体系培训班。开展了企业内部控制基本规范及配套指引实施情况问卷调查。三是医院会计制度及小企业会计准则实施稳步推进。联合省卫生厅下发了《关于贯彻实施医疗机构财务会计制度的指导意见》，借助其他职能部门力量，形成协调沟通机制，并制定了切实可行的实施方案和细则，搭建起研究问题、部署工作、制定措施、监督检查的平台，及时发现并解决新旧制度转换和执行过程中出现的矛盾和问题。举办了全省医疗机构财务会计制度暨师资培训班，全省17市、140个县（区）财政局、卫生局、部分市县公立医院从事相关工作的业务骨干共530余人参加，“一竿子”培训到县。各市也结合实际开展了培训发动工作，并将培训内容与会计人员继续教育相结合，确保新制度培训到位、执行到位。同时，为做好政策指导，依托山东会计信息网开设了“医疗机构会计制度”和“医疗机构财务制度”专栏，定期对新制度执行中的疑难问题进行答疑。

【注重引导，注册会计师行业整体竞争力增强】 围绕“规范行政管理，提升行业竞争力”这个主题，强化日常管理，严格审批和报备制度，以优化执业环境、扩大行业影响力为抓手，加强行业管理，引导行业竞争力不断提升。一是依法审批，执业环境进一步优化。认真贯彻国办发56号和鲁政办发20号文件精神，坚持对申请设立的事务所，实行当事人约谈制、函调制和公示制，做到严把行业入口关；主动接受社会监督，认真受理人民来信，并对不符合设立条件的事务所实行依法整改或撤销，维护良好的执业环境。2011年，依法审批设立事务所28家，对不符合设立条件的2家会计师事务所下发整改通知，对2家事务所依法撤回设立许可，从源头上规范了事务所执业行为，优化了执业环境。二是评选表彰，创先争优的行业氛围进一步加强。为表彰先进，树立典型，开展了2011年全省先进会计工作者（注册会计师系列）评选表彰工作，经推荐选拔、专家评审和社会公示等环节，最终评选出张华滨等30名全省先进会计工作者。三是强化备案，行业管理基础进一步规范。对山东境内的会计师事务所及其分所进行了备案，变更备案130家，摸清了全省各会计师事务所规模分布、数量结构、人员变动、财务状况等基本情况，为进一步加强会计师事务所行业管理奠定了基础。从数量结构看，2010年全省共有事务所529家，比上年增加5家，其中有限责任会计师事务所292家，占总数的55.20%；普通合伙会计师事务所132家，占24.95%；分所105家，占19.85%（其中外省事务所在山东省设立分所46家）。从收入情况看，全省事务所（含外省分所）业务总收入明显提高，由上年的12.85亿元增至13.93亿元，增长8.49%；特别是总所设在省内的事务所业务收入由上年的8.90亿元增至10.02亿元，增幅达12.58%。其中，新联谊会计师事务所年收入过亿元，全所注册会计师171人，成为山东省第一大所；年业务收入5 000万元以上的事务所有6家，注册会计师100人以上有7家；100万～500万元的事务所由上年的165家增至182家，占总数的43.03%，100万元以下的由230家减少至218家，占比由55.69%下降为51.54%。从执业人数来看，全省注册会计师行业从业人员达到13 734人，比上年增加了170人，其中执业注册会计师6 490人，比上年增加了373人，注册会计师占从业人员总数的47.25%。四是对全省代理记账机构进行了备案。截至2011年底，全省共批准代理记账机构467家，参加报备的419家；从业人员2 259人，其中专职会计从业人员1 857人，非专职从业人员402人；全省代理记账机构业务总收入2 724.18万元，其中年收入50万元以上的3家，20万～50万元的8家，20万元以下的408家。

【以人为本，全省会计管理工作水平进一步提高】 坚持以人为本、执政为民的理念，以方便和服务于广大会计人员为根本，不断提高服务能力，创新服务手段，提高服务质量，全省会计管理工作水平进一步提高。一是注重业务培训，基础工作管理水平和能力进一步提高。组织了全省会计管理工作会议、各市会计科长会计管理工作座谈会，调度和掌握全省会计管理工作情况，统筹安排全省会计管理工作。突出会计专业技术资格考试这一工作重点，举办了全省初中级专业技术资格考试软件培训班、网上报名培训班、考试考务培训会及管理干部业务能力培训班等，切实提高全省会计管理人员的服务能力和工作水平。二是加强信息化建设，网络化管理水平进一步提高。对会计从业资格无纸化考试系统及会计人员管理系统进行了升级改造，系统运行更加稳定，管理更加方便，服务更加到位；在充分调研的基础上，经反复测试，开发完成了会计专业技术资格考试网上缴费系统，实现了网上缴费，大大方便了广大考生；对山东会计信息网进行了栏目完善和功能升级，仅一年半时间，网站访问量就达1 300万人次，对180多个政策方面问题进行了集中解答，有效地架起了财政部门与会计人员沟通的桥梁。三是开展理论研究，会计科研水平进一步提高。作为牵头省份，负责完成了财政部2011年度会计重点课题研究项目——产品成本核算研究课题，并具体承担“租赁与商务服务企业成本核算研究”和“农业企业产品成本核算研究”两个子课题的研究工作。印发了研究课题实施方案，分工负责研究项目；建立了协调会制度，召开四省份调度会3次，省内课题调度会议2次；针对研究项目，开展了调查研究，选择了3个市地、9家企业进行了实地走访，设计调查问卷两套，发放问卷500多份。四是强化信息宣传，会计工作氛围进一步优化。依托山东会计信息网这一宣传平台，及时发布最新会计法规政策和会计准则、制度及其解释，营造宣传政策、关注会计的良好氛围，全年共发布通知公告67项。同时，加大全省信息宣传管理工作，全年各市及直管县报送信息225篇，在厅内外网站和会计信息网发布信息86条，财政部会计司管理简报采用山东省信息16条；《中国会计报》刊发信息18篇，并对山东省内控实施经验和高端会计人才培养工程分别做了整版报道。

【完善平台，“两会”桥梁作用进一步发挥】 两会以“三个代表”重要思想和科学发展观统领工作全局，紧紧围绕全省经济、财政、会计管理中心工作，开展学术交流和理论研讨，为推动全省财政经济发展发挥了积极的桥梁纽带作用。一是加强会计理论研讨。与省社会科学规划办公室积极沟通，决定自2011年开始，设立省会计专项课题，扶持和资助会计领域的理论学术研究。2011年共收到申报课题174项，最终立项49项。开展了2011年度优秀论文评选活动，共收到参评论文403篇。二是活跃学术交流氛围。召开了省会计学会会计教育专业委员会2011年年会暨第十二届高校会计教师联谊会，并举办了第三届会计学院院长、系主任论坛，全省近30所高校会计学院院长（系主任）、高校教授、科研机构专家共110名代表参加了会议。会议围绕转方式、调结构的战略部署，开展了以“经济发展方式转变与会计变革”为主题的理论研讨，对解决会计理论创新、内控体系建设、会计信息化建设、政府会计改革、会计成本核算、会计教学等方面面临的新问题建言献策，有力地促进了会计学术交流，活跃了学术氛围。三是推动珠心算事业发展。省珠算协会以全国第三届珠心算比赛为契机，广泛宣传和推广珠心算教育，在全省范围内开展了珠心算比赛选手选拔工作，并对各市地推荐的优秀选手进行了实地考察和选拔比赛，最终选取了济南、临沂和聊城三地的13名选手组成省代表队参赛，最终荣获学生组团体二等奖和学前组团体三等奖。

（撰稿：冯桂华　贾志国）

行政事业资产管理

【坚持制度创新，资产管理法制建设稳步推进】

（一）资产管理立法工作迈出坚实步伐。把推进资产管理立法，以省政府规章形式出台《山东省行政事业国有资产管理办法》（以下简称《办法》）作为全年资产管理制度建设工作的重中之重。一是深入研究国家有关法律、法规和规章，对与行政事业资产管理相关的近20项制度规定进行了系统深入地研究学习，确保《办法》合法合规，依据充分。二是加强调查研究，深入了解和掌握全省各级资产管理工作中的主要矛盾和问题，考察借鉴省内外先进工作经验，力求提高《办法》的针对性、目的性，确保办法科学可行，解决实际问题。三是采取座谈、研讨等各种形式广泛征求各级财政部门、专家学者及社会各界的意见，对《办法》进行反复修改完善，形成《办法》草案。

（二）资产管理制度体系进一步规范完善。一方面，认真修订规范已有制度。在全面总结近两年来资产处置管理工作实践，细致归纳资产处置管理暂行办法执行中遇到的问题及存在的薄弱环节，广泛征求省直部门、单位意见和建议的基础上，修订出台《山东省省级行政事业国有资产处置管理办法》，强化了主管部门在资产管理的责任和作用，对资产处置管理权限、资产处置备案、资产处置收入上缴、资产处置申报材料等进行了调整和规范，并确立了资产处置审批纳入资产管理信息系统实行网上办理的管理模式。另一方面，根据管理需要积极填补有关方面的制度空白。分别起草了《山东省行政事业资产产权交易管理办法》、《山东省行政事业单位所属企业（经济实体）管理办法》以及省级资产配置标准（草案）等多项管理制度规定，对国有资产进场交易、对外投资及其收益跟踪监管、资产配置定额标准等作了明确规定。

（三）督促指导各级、各部门完善资产管理制度成效显著。一是将制度建设列为年度工作考核评比的重要内容，督促和激励各级、各部门加强制度建设，尽快完善本级、本部门资产管理制度体系。二是对各级、各部门反映的制度建设工作中遇到的问题，及时研究并提出指导意见。三是应相关市和部门的要求，对拟出台的制度办法协助审核把关，保证其符合有关法律、法规和资产管理统一政策规定。通过采取上述措施，各级、各部门依法管理国有资产的意识不断增强，资产管理制度体系不断完善，资产管理水平和成效明显提升。

【坚持手段创新，资产管理信息化程度快速提升】 2011年以来，在巩固资产管理信息系统建设已有成果的基础上，着力推进信息系统完善和功能开发应用，资产管理信息化建设工作取得新进展。

（一）以检查促完善。制定印发《山东省行政事业资产管理信息系统检查验收标准》，组成5个检查验收小组，利用一个月的时间，对全省16市（不含青岛）信息系统建设工作进行了全面检查验收和量化考核，并结合日常工作对省直部门的信息系统建设工作进行检查和量化打分。依据检查和考核结果，印发了《关于全省行政事业资产管理信息系统建设工作情况的通报》，全面总结了各级各部门资产管理信息系统建设的基本情况，肯定了工作成绩，指出了信息系统建设中存在的主要问题，并提出了整改的具体要求和措施，同时对全省信息系统建设工作进行了评比表彰。各地、各部门按要求积极整改，进一步完善数据库信息，提高网络覆盖率，加强系统运行安全管理，信息系统基础建设质量不断提高。

（二）以联审保质量。委托40多家中介机构对省级500多户单位进行了资产专项审计，发现并纠正了一批管理和操作中存在的问题。在此基础上，组织专门力量，综合运用机审、人工审，过录分析、与相关数据核对等各种审核方法和技术手段，对各市、各部门信息数据进行集中会审，及时发现和修正问题，确保了信息系统数据质量的真实可靠。会审完成后专门编制了《资产数据资料手册》，提供给领导和有关方面参考使用。据山东省行政事业资产管理信息系统显示，截至2011年底，全省独立核算行政事业单位共26 686户（不含青岛），资产总额7 682.83亿元，比上年增长6.98%，其中省直单位1 620户，资产总额2 145.69亿元，增长7.88%。

（三）以制度促维护。针对系统运行过程中可能遇到的不确定因素和潜在风险，在已出台《关于加强行政事业资产管理信息系统安全管理工作的通知》的基础上，制定出台了《山东省行政事业资产管理信息系统权限设置安全管理规定》，对如何保证数据安全、服务器安全、涉密信息安全以及权限设置管理等作了明确规定，提出了严格要求。各地结合实际认真贯彻落实，及时消除安全隐患，规范各管理层次权限设置，并积极协调做好日常维护工作，保障了全省资产管理信息系统安全稳定运行。

（四）以应用促管理。各级按要求加强信息系统应用工作力度，取得重大进展。省级以资产处置事项网上办理为突破口，组织力量完成了相关应用模块功能开发，印发了《关于实施省级行政事业单位资产处置申报审批网上办理工作的通知》，并举办了省直部门业务培训班，省级单位资产处置网上审批工作按计划启动运行。省本级服务器当年访问次数超过11万次。很多地方如济南、东营、淄博、烟台及其部分县（市、区）也积极开展资产审批事项网上办理工作，有的地方还开发应用固定资产条码管理功能，对所属单位固定资产实行条码管理，提高了管理效率。同时，各级依托信息系统，采取建立信息发布制度、编印数据资料手册、为相关管理提供信息服务、撰写分析报告等形式，做好资产信息数据“应用”文章，服务财政各项管理和改革的能力进一步增强。

【坚持机制创新，资产管理效益进一步提高】

（一）预算管理与资产管理联动实现新突破。充分发挥资产管理信息系统“横到边（即财政部门—主管部门—资产单位）、纵到底（即省—市—县—乡）、广覆盖”的优势，积极推进新增资产配置与存量资产运用相结合。充分发挥职能作用，依据各单位资产使用状况，对2012年度非税收入预算部分项目进行认真审核，审核出部分单位存在漏报预算收入等问题，发挥了资产管理在预算编制和部门预算管理中的作用。各地按要求积极推进预算管理与资产管理相结合，成效显著。潍坊、泰安等市积极建立资产配置预算制度、办法，创建财政内部规程，建立起预算管理与资产管理密切衔接的联动机制，实现了预算管理与资产管理的有机结合。威海市进一步规范了配置计划编制流程，调整更新了资产配置标准。青岛市以政府采购预算和采购计划的审核为切入点，探索预算与资产联动管理模式。一批县（市、区）逐步建立和规范内部工作规程，建立了以资产配置管理为核心的财政相关业务联动管理机制。建立预算管理与资产管理相结合的联动管理机制，使增量资产配置和存量资产运用得到很好的结合，促进了财政管理科学化精细化，发挥了资产管理在财政管理中的基础性作用。

（二）各部门配合联动管理机制全面形成。联合省国土资源厅、省住房城乡建设厅、省公安厅分别印发了《关于加强行政事业单位土地资产管理工作的通知》和《关于加强行政事业单位房屋资产管理工作的通知》和《关于加强行政事业单位机动车辆资产管理工作的通知》，规定未经财政部门批准，上述职能部门不予办理相关资产的产权变动手续。上述文件的出台，标志着全省已全面建立起财政部门与相关职能部门协作配合的联动机制。在实际工作中，各职能部门按文件规定协助财政部门审核把关，从根本上堵塞了管理漏洞，弥补了财政职能缺位问题，营造出了财政资产监管与部门单位自觉按财政制度、办法管理资产的良好氛围，彼此间已建立起和谐的工作关系。

（三）资产管理方法更加灵活有效。各级按照全省统一工作思路，深入研究，主动探索，创造出很多好的管理方法，并逐步上升为普遍有效的管理制度。省级推行资产专项审计制度，对资产报告等事项委托中介机构进行专项审计，核实数据资料的真实性，并及时汇总、核实审计报告披露的问题，对上年度41个单位存在的72个问题下发整改通知，充分发挥了审计作用，做到了资产家底清楚、真实，数据可靠。很多市、县也在资产报表、资产处置、资产有偿使用、事业单位改革改制过程中引入中介机构审计、评估制度，保证了财政审批的公正、真实，有效维护了国有资产权益。济南、青岛、威海等市政府公物仓建设取得积极成效。济宁、威海、东营、聊城等市规定由财政部门直接征收国有资产收入，有效防止了财政收入流失。很多市县对主要资产产权证件进行统一保管，对房屋、机动车辆、大型设备等资产进行统一处置、统一招租，都取得了很好的管理效果。

（四）资产监管效益进一步提高。一是资产处置管理实现新突破。通过修订出台省级资产处置办法，将资产处置审批事项纳入网上办理，提高了资产处置管理的科学化信息化程度，大大提高了管理效率。大力加强产权交易管理，成功组织了全省首个高速公路股权转让公开交易项目，取得转让价款 13.9 亿元，在实现国有资产保值增值的同时，引入了战略投资者，也为探索建立全省行政事业资产产权交易制度积累了经验，《大众日报》、《齐鲁晚报》对此做了专门报道。据统计，省级全年共审批资产处置事项 216 个，处置资产总额（账面原值）2.42 亿元，其中报废报损资产 1.57 亿元，有偿转让资产 0.85 亿元。共组织资产审计 607 项，资产总额 576.57 亿元，资产评估 103 项，资产总额 76.07 亿元。二是资产有偿使用监管更加规范。在积极贯彻落实资产有偿使用管理办法的基础上，联合省工商局研究制定了《山东省行政事业单位资产租赁合同示范文本》，对土地、房屋和设备租赁合同的格式、内容作了明确规定，要求单位对外租赁资产必须使用规范的合同文本，使资产租赁监管更加科学合理，从而更好地维护了国有资产权益。省级全年共审批对外租赁事项 2 个，审批对外投资项目 16 个，投资总额 1.1 亿元，其中货币资金投资 5 900 万元，非货币资产投资账面价值 5 200 万元。三是资产收入收缴管理成效显著。认真贯彻执行《山东省国有资产资源有偿使用收入管理办法》（省政府第 231 号令），按照全省行政事业资产收入收缴管理办法，依托资产管理信息系统逐步建立完善资产收入日常监缴制度。全省实际上交财政资产收入 33.59 亿元（不含青岛），其中省级 20.78 亿元。通过加强资产收入收缴管理，不仅促进了财政增收，而且规范了收入分配秩序。

【坚持工作方式创新，努力为中心工作服务】

（一）全面调研督导，推进全省工作会议精神贯彻落实。一是结合信息系统检查验收，对各市工作情况开展调研和督导，对各地贯彻落实全省工作会议精神的创新做法和有效措施进行总结和宣传，以点带面促进全省工作开展。二是对省直各部门和各市制定印发《山东省行政事业资产管理工作考核评比试行办法》，明确各项工作的考评标准，激励省直各部门和各地积极贯彻落实各项工作，促进全省工作均衡开展。同时，按照全省工作会议部署，结合工作实践，加强理论研究，组织撰写了《探析科学的行政事业资产管理体制机制构建》，在全国行政事业资产与财务征文活动中荣获二等奖。全年编发报刊信息、《财政情况》、《资产管理动态》等近 30 篇。

（二）认真研究政策，积极服务改革发展。为贯彻落实省委、省政府推进文化体制改革、支持文化产业发展和加快事业单位分类改革的重大决策部署，认真学习和研究中央和省委、省政府有关政策规定，积极配合做好改革改制过程中的资产管理相关工作，以实际行动促进改革发展。在全省广播电视有线网络整合工作中，按照省委、省政府规定，组织委托 40 个执业素质高、技术力量强的中介机构，高质量完成了 166 个项目单位的财务审计、资产评估工作，涉及全省 17 个市和 34 个县（市、区），资产总额达 144.77 亿元。对核实整合入股单位资产家底，公正公平确定入股资产价值，推进全省广电网络顺利整合，发挥了重要保障作用，圆满完成了省委、省政府交给的任务。在推进事业单位分类改革工作中，在认真学习领会中央和省委、省政府政策精神的基础上，分类摸底调查全省事业单位及其资产现状，本着有利于促进改革和维护国有资产权益的原则，有针对性地制定了《关于分类推进事业单位改革中加强国有资产管理的意见》，对事业单位分类改革过程中的资产管理原则、处置程序、工作方法、监管措施等作了明确规定，为全省事业单位改革工作的顺利开展奠定了基础。另外，认真研究事业单位所办企业国有资产管理政策及有关改制上市规定，成功运作了省科学院有关企业股改及上市申报中的资产审计、评估和资产事项确认审批，顺利完成了全省首家事业单位所办企业上市前的运作工作，为财政支持企业做大做强、促进企业改革发展积累了经验。

【坚持创先争优，队伍素质获得新提升】 一是扎实搞好政治理论学习，着力提高思想政治素质。通过加强政治理念和政策学习，思想政治素质进一步提高，理想信念更加坚定，对资产管理工作在推进财政管理科学化精细化过程中肩负的重要职责和光荣使命更加明确。二是深入开展处室建设，大力提高行政效能。通过加强内部管理，健全民主决策制度，转变工作作风，凝聚力和战斗力进一步增强，干事创业的劲头更足，精神风貌更好，行政效能进一步提高。三是认真开展廉政教育，不断加强廉政建设。通过开展廉政专题教育，集中学习讨论党员领导干部廉洁从政准则等文件资料，观看沈浩同志先进事迹影片《第一书记》，切实提高廉政意识。通过加强廉政风险防控管理，对岗位权力事项进行再梳理、再排查，形成明确的职权清单，进一步优化了工作规则和业务流程，并制定了具体详细、有针对性的防控办法和措施。通过强化制度建设，严格重点监管，加快推进资产管理信息化进程等措施，积极落实各项廉政规定和任务，很好地发挥了财政部门在国有资产管理方面反腐源头治理的作用。

（撰稿：冯延明　臧传荣　张　磊）

财政监督检查

【概述】 2011年，全省各级财政监督机构以科学发展观为指导，全面贯彻落实党的十七大、十七届六中全会和全省经济、财政工作会议精神，按照财政科学化精细化管理的要求，紧密围绕财政中心工作开展监督检查，圆满完成了各项工作任务。据统计，全年各级共对9 260个部门、单位进行了检查，查出各种违规违纪问题金额138.68亿元，已落实纠正112.56亿元，提出加强财政管理和促进财政改革的建设性意见和建议1 700余条，为深化财政改革、加强财政管理、促进经济社会平稳较快发展发挥了积极作用。

【围绕强化预算管理，切实加强预算编制和执行情况的监督检查】 一是组织开展对省以下地税、质监系统2010年部门预算编制、执行及决算质量情况检查。通过对16个市及所属全部县（市、区）地税、质监部门的检查，基本摸清了两个系统的机构人员、资产负债、财务收支、工资津补贴发放等情况，发现了在预算编制、执行、决算以及政府采购、“收支两条线”管理、资产管理等方面的违规违纪问题41.67亿元。对检查发现的突出问题，分别向省地税局、省质监局进行了通报，对严重违纪问题进行了移交，促进了两系统预算管理和财务核算水平的提高。二是各市、省直管县（市）组织开展部门预算编制执行情况检查。据统计，全省市、县共组织85个检查组对民政、科技、文化、环保、教育、卫生等338个部门、单位实施了检查，共发现预算编制不实、执行刚性不足、资金相互挤占、基础工作不规范等问题资金7.86亿元。针对有关问题，提出了健全预算定额体系、推进项目库建设、强化结余资金管理、完善绩效评价等改进和加强管理的建议，有效发挥了财政监督服务财政中心工作的职能作用。

【围绕落实惠民政策，着力加强民生资金管理使用情况的监督检查】 围绕惠民政策落实到位、资金发挥效益，各级财政监督机构组织开展了一系列监督检查和调研工作。从省级看，一是10～11月份组织开展了部分民生资金管理使用情况的检查调研工作。这次检查调研共安排新农合、城镇医保、农村低保、省属单位困难家庭城市低保、城乡义务教育经费保障、基本公共卫生服务六项民生资金，对象涉及财政、卫生、民政、教育、人力资源和社会保障五个部门，资金总量114.63亿元。在组织形式上，采取实地检查和问卷调查相结合，共检查了16个市和16个县（市、区），延伸检查了32个乡镇、64个行政村、52家医院和乡镇卫生院、27家省属企业和57所中小学校。在深入了解各市、县（市、区）贯彻实施民生政策情况的基础上，重点关注了民生资金预算安排、资金到位、基金管理和使用以及人民群众受益水平等情况，发现了人数申请重复、未足额安排配套资金、未及时拨付补助资金、基金筹集使用不规范等问题，从理顺体制、强化预算、严格收支、落实责任等方面提出了加强资金管理的建议，有力地促进了民生政策的贯彻落实。二是5～6月份组织开展了农业保险保费财政补贴资金管理使用情况检查。这次共对16个市的55个试点县（市、区）进行了检查，每个县（市、区）抽查2个以上乡镇，每个乡镇抽查2个以上村，共抽查了121个乡镇、260个村。通过检查，不仅及时发现并纠正了资金管理方面的问题，而且针对投保、承保、理赔等环节的问题，按照“政府引导、市场运作、自主自愿、协同运作”的原则，提出了发挥政府引导作用、改善保险公司经营环境、强化农民主体意识等建议，有力地提高了承保、参保的积极性，推动了农业保险试点工作的规范开展。济南、东营、枣庄等市也针对强农、惠农等民生资金的管理使用情况，开展了一系列的监督检查。针对检查发现的资金使用和管理中存在的问题，提出了规范资金拨付渠道、严格实行专户管理、健全完善资金管理制度等一系列建议，不仅进一步保障了资金安全、规范了资金管理、提高了资金使用效益，而且有力地促进了社会事业健康发展，受到基层群众的广泛好评。

【围绕规范经济秩序，切实加大会计监督力度】 按照财政部的统一部署，2011年继续在全省范围内组织开展了会计信息质量和会计师事务所执业质量检查工作，累计检查单位1 501户，会计师事务所104户，查出各类违规资金47亿元，补缴税款2.38亿元，处理处罚742户，有力地促进了全省会计信息质量和会计师事务所执业质量的提高。一是坚持做好工作结合。比如，省级会计信息质量检查工作与高新技术企业资格认定检查、财政扶持资金管理使用情况检查相结合开展，较好地保障了国家重大财税政策的贯彻落实；泰安市将会计信息质量检查与税款征收、行政事业性收费和政府基金缴纳情况检查相结合，烟台市将会计信息质量检查与事业单位银行账户清查、预算编制与执行检查相结合，较好地提升了检查的综合效益。二是扩大检查公示公告范围。省、市两级财政监督机构都严格执行了查前公示和查后公告制度，同时鼓励有条件的县级财政监督机构也进行公示公告，进一步增强了检查的透明度，提高了会计监督的影响力和威慑力。三是创新检查工作方式。按照财政部关于各省要五年轮查一遍的要求，针对全省事务所检查面广、户多、任务重的实际情况，积极采取委托检查的新方法。根据省里统一确定的检查名单，省级除直接检查部分事务所外，其余的委托各市财政部门进行检查。各市在检查结束后，将所有检查报告和工作底稿全部上报省里，由省里统一进行审核定案和处理处罚，确保了检查质量。

【围绕源头治理腐败，认真组织开展“小金库”专项治理】 2011年是“小金库”专项治理工作开展以来的第三年，也是这项工作的收尾之年。作为治理工作的牵头部门，各级财政部门积极加强与纪检、审计、国资、民政等部门的协调联系，认真制定治理工作实施方案，采取有力措施全面开展复查工作，扎实推进防治“小金库”长效机制建设，取得了较好的成果。一是实行公示承诺制。明确要求各单位的负责人对全面复查工作负全责，并将全面复查情况在本单位内部进行公示和承诺，接受群众监督，保证了复查工作的质量和效果。二是强化督导抽查。按照下管一级的原则，加强对重点地区和重点单位的督导抽查。省里组织力量对13个市、20多个省直部门单位进行了督导，重点检查了4个市。各市也按照省里的要求，加强了对辖区内县（市、区）的督导抽查工作。三是严格执行治理政策。按照“自查从宽、被查从严”的政策要求，对单位复查出的“小金库”问题仍作为自查处理，对督导抽查出的“小金库”问题严肃处理，充分发挥了政策的鼓励和惩戒效应。据统计，2011年全省共新发现“小金库”87个，涉及金额2 289.86万元。同时，按照“边治理、边总结、边推进”的要求，积极开展“小金库”治理长效机制建设，对治理工作中发现的“小金库”问题进行全面梳理，剖析产生“小金库”的制度根源，找准管理的薄弱环节，形成了一批管用的制度和办法，进一步巩固了治理工作成果，为从根源上铲除“小金库”创造了条件，圆满完成了专项治理工作任务。

【围绕推动财政改革，切实加大对重大改革措施执行情况的监督力度】 省级继续组织办事处做好驻济以外省直垂管单位部门预算编制审核、银行账户审批以及省属企业国有资本收益申报情况审核、增值税收入划转清算等日常监督检查工作。在预算编制审核工作中，组织各办事处对有关垂管单位的机构设置、人员编制、实有人数、资产、收入等情况进行审核，进一步提高了预算编制的完整性、准确性和科学性，为规范基本和项目支出管理、深化部门预算改革创造了条件。在银行账户审批工作中，组织各办事处按照相关规定，认真审核有关申报资料，进一步规范单位的账户管理，为深化国库集中收付改革创造了条件。在国有资本收益申报情况审核中，通过组织力量对30户省管企业2010年度应缴国有资本收益情况进行审核，最终确定共有23户省管企业应缴国有资本收益14.99亿元，比企业申报数多出21.75%。审核结束后，各办事处又及时对收益进行了监缴，为完善国有资本收益收缴方式、扩大收缴范围、推动国有资本经营预算改革发挥了重要作用。威海、淄博等市也结合“收支两条线”改革、国有资本经营预算改革等，组织开展了非税收入征缴、支出情况检查、国有资产垄断性收益专项检查等，不仅较好地保证了各项改革措施的贯彻落实，充分发挥了查错纠偏、保驾护航的作用，而且及时发现了改革中存在的一些问题，促进了改革措施的进一步调整和完善。

【围绕规范内部管理，切实加大内部监督检查】 一是组织开展内部监督检查。在厅内部监督检查领导小组的领导下，厅监督检查局联合办公室等处室，对厅机关所有处室、单位的2010年度预算执行、财务收支等情况进行了全面深入的检查。针对检查发现的突出问题及薄弱环节，向有关处室、单位提出了加强管理的建议，并于8月份举办了一期厅财会人员培训班，邀请审计厅和厅有关处室的同志进行授课，进一步提高了厅机关预算管理和财务核算水平。济宁、东营、潍坊、莒县等市、县也围绕加强内部管理，认真扎实地开展了内部监督工作。二是组织开展市、县（市、区）财政专户清理整顿。根据部统一部署，省级对各市及50%的县（市、区）财政专户进行了重点清理，对不符合政策规定的专户进行了撤并，市、县、乡三级分别撤并170个、1 303个和1 272个，为规范账户管理机制、确保资金安全奠定了基础。三是菏泽、邹城等市、县积极开展乡镇财政收支情况专项检查，有力地促进了基层财政管理的进一步规范。

【坚持开拓创新，不断完善工作机制】 2011年，按照推进财政科学化精细化管理、构建“大监督”机制、加强“双基建设”等一系列目标要求，在总结实践经验的基础上，围绕强化基层工作指导、提高基础工作质量等环节，积极探索创新，不断完善财政监督工作机制，成效较为显著。一是强化工作指导有新措施。在指导市县财政监督机构工作开展方面，按照构建“大监督”机制的有关要求，树立全省“一盘棋”思想，对内部监督检查、会计信息质量检查、预算编制执行情况检查和“小金库”治理等工作进行统一要求、统一部署，对有关检查开展情况及时调度、及时总结，进一步提高了市县财政部门开展监督工作的积极性和有效性。在开展调查研究方面，省里在进一步总结诸城、莒县、邹城等联系点工作经验的基础上，更多地深入到部分县乡开展调查研究，帮助解决基层的实际困难，推动工作开展。二是基础工作质量有新提高。在提高底稿编制、报告撰写质量等方面，进行专题培训，通过实施检查组长签字负责、审理人员全面复核等措施，切实提高了基础工作质量，有效防范了执法风险。在检查成果利用方面，通过加强监督检查中的调查研究，及时针对财政改革和发展中存在的问题，提出了有针对性的建议。各业务管理机构更加重视监督成果的吸收利用，出台完善了一大批制度办法，真正达到“标本兼治”的效果。在工作考核方面，分别针对会计信息质量检查、“小金库”治理、预算编制执行检查以及信息调研等专项工作制定出台了专门的考核办法，进一步促进了工作质量的提升。三是信息宣传有新突破。2011年，各级财政监督机构累计编发各类信息105篇。其中，省级共编写《财政监督信息快递》15期，累计上报厅办公室、部监督局各类信息41篇。有些信息被省委、省政府和财政部采用，进一步提高了各级领导对财政监督工作的关注和重视。同时，在人民日报、中央人民广播电台、经济日报、光明日报、大众日报等国家和省主流媒体刊登和播报山东财政监督工作信息，进一步提升了财政监督工作的影响力，增加了社会关注度，实现了信息宣传工作的新突破。

【切实加强队伍建设，提高广大监督干部的综合素质】 各级积极采取业务培训、正面引导、警示教育等多种措施，多层次、多角度地加强干部教育，进一步提升了干部队伍综合素质。一是通过举办业务培训班，邀请知名学者、专家讲授先进的财政理论、政策法规等，加强干部的业务知识储备，提升分析问题、解决问题的能力。二是通过收看杨善洲、沈浩等先进模范典型的宣传片，从正面引导广大干部加强作风建设，树立立党为公、执政为民的宗旨意识，进一步增强做好本职工作的责任感和使命感，提升工作水平和质量。三是通过开展权力梳理、廉政风险点排查、观看警示教育片等多种形式，引导广大干部正确对待职权，紧绷廉洁从政这根弦，自觉遵守廉政建设的有关规定，维护好财政监督干部的良好形象。

（撰稿：李玉斌　李　波）

【省财政厅驻济南财政检查办事处】 2011年，紧紧围绕全省财政工作中心任务，充分发挥办事处驻地监管优势，认真督导辖区各级各部门贯彻落实财税经济政策，扎实开展收入、支出、会计信息质量检查工作。全年共完成各类财政监督检查、核查任务20项，涉及部门、企业、单位229个，查出违规违纪金额58.9亿元，形成检查报告115份，提出措施建议271条，为加强财政科学化精细化管理发挥了重要作用。

（一）围绕落实民生政策，精心组织民生资金专项检查。按照省财政厅统一部署，集中人员和力量开展了一系列民生资金管理使用情况检查，确保政策落到实处、资金发挥效益、百姓得到实惠。一是对辖区三市（济南、泰安、莱芜，下同）新型农村合作医疗、城镇居民基本医疗保险、农村居民最低生活保障、省属单位困难家庭最低生活保障、城乡义务教育经费保障、基本公共卫生服务等6项民生资金进行了专项检查。重点检查民生政策贯彻执行、资金预算安排到位以及资金管理使用情况，共审核财政资金23.5亿元，查处纠正违规资金4 925万元。结合检查工作，对辖区城乡基本公共卫生服务项目居民满意度进行了调查，基本掌握了项目开展的总体情况、实际效果和存在的问题，提出完善政策的措施和建议。二是审核辖区三市2011年度新型农村社会养老保险、新型农村合作医疗、城镇居民基本医疗保险、农村居民最低生活保障财政补助资金以及县级社会保险基金征管能力提升奖补资金等，通过核查市以下各级社保资金是否及时到位和足额发放，为省级补助资金拨付提供依据，共核实、确认省级财政资金144.92亿元。三是对辖区三市2010年农业保险保费财政补贴资金管理使用情况和2011年小麦保险情况进行了检查和核实，涉及财政补贴资金5 854万元，查找出补贴资金拨付和管理使用、理赔资金发放等环节存在的问题，并提出了改进承保理赔方式、加强对保险经办机构的监管、提高补贴资金使用效益等工作建议。四是审核化肥淡储补贴资金。通过对山东铁农集团有限公司、省农业生产资料公司2010～2011年度省级化肥淡季储备实施情况的检查，确认补助资金480万元，保证化肥淡储政策顺利实施。

（二）围绕加强省级单位监管，重点开展预算编制及执行情况检查。一是组织开展了对辖区三市地税、质监系统预算编制执行及决算质量的检查，重点检查两系统财务收支的真实性和完整性、预算编制的合理性、工资及津补贴发放情况、地税系统地方政府拨付的经费来源以及质监系统所属各类协会收支情况。检查涉及两系统62个单位，查处违纪违规金额1.39亿元，并对违纪问题及时进行了督促整改。二是对辖区地税、监狱、劳教3个省垂管单位的2012年部门预算编制、重大支出项目进行了全面审核。通过核查，督导省级单位提高预算编制水平，为加强省级预算管理、规范财务收支行为，提供了有力的保障。

（三）围绕加强财政资金管理，全力抓好财政专户清理整顿工作。为促进全省财政专户清理整顿工作扎实开展，组织三个检查组，对辖区三市各级财政专户清理整顿情况进行了抽查。在对三市自查清理情况进行全面检查评价的基础上，选择三个市的市本级以及12个县（市、区）级财政部门进行了重点核查。核查共涉及市、县、乡财政部门252个，原有财政专户1 365个，自查撤并409个，通过核查又撤并122个，查处、纠正专户违规资金56.5亿元，并针对专户管理中存在的问题，提出规范管理的建议，清理整顿工作取得很大的成效。

（四）围绕维护市场经济秩序，积极开展会计信息质量检查。一是选择济南重工股份有限公司，检查企业会计信息质量情况。着重检查该企业财务收支及会计核算的真实性、合规性，纠正处理违纪违规事项涉及金额2 964万元。二是选择三市9家会计师事务所核查执业质量情况。重点关注事务所内部控制制度和对外审计业务质量，共抽查各类审计报告357件，对执业中存在的问题进行了严格处理，形成了《关于提高会计师事务所执业质量的调研报告》，为加强注册会计师行业管理提出对策建议。三是选择济南第二机床公司等9家企业，对高新技术企业认定和财务状况进行了检查。对企业的人员构成、研发费用、产品收入等指标进行了审查，重点核实申报资料是否真实合规、实际执行结果是否符合高新技术企业条件、有关政策是否到位等，为加强高新技术企业政策性管理提供了重要依据。

（撰稿：韩　旭）

【省财政厅驻淄博财政检查办事处】（一）集中精力开展专项检查。2011年，重点开展了六项集中检查。一是地税、质监系统2010年度预决算编报质量检查。3～6月份，对淄博、滨州两市地税、质监系统进行了检查，进一步摸清了“家底”，发现问题金额3.48亿元。二是地方财政专户清理整顿情况核查。5～6月份，对淄博、滨州两市财政局及8个县（区）局财政专户清理整顿情况进行了实地核查。共核查资金账户658个，涉及资金126.17亿元。三是农业保险保费补贴资金检查。5～6月份，对淄博、滨州两市7个县（区）2010年度小麦、玉米、棉花、能繁母猪补贴资金管理使用情况及2011年度小麦补贴资金情况进行了专项检查，查出问题金额3 821.78万元。四是企业会计信息质量检查。7～9月份，对淄博四砂泰山砂布砂纸有限公司2010年度会计信息质量进行了检查，查出问题金额9 916.53万元。五是会计师事务所执业质量检查。7～9月份，对山东博华、普华、兴华、鉴鑫、滨州正兴、宏信等6家会计师事务所执业质量等情况进行了检查。六是高新技术企业认定及所得税优惠政策执行检查。7～9月份，对鲁信创业投资集团股份有限公司等6家企业高新技术企业认定及企业所得税优惠政策执行情况进行了专项检查。

（二）严谨细致组织日常监管。一是开展5项社保资金日常审核。对淄博、滨州两市新农合、农村低保、城镇医保、新农保、社保基金征管能力提升奖补等5项社保资金进行认真事前审核。涉及两市19个区县，审核人次685万人次，申请财政资金数8.34亿元。二是开展省属企业国有资本收益监督。6月份，对淄博矿业集团有限责任公司等3家公司2010年度应交利润进行了核实。共核定应交利润2.42亿元。此外，2011年还开展了驻济以外省直垂管单位部门预算编制日常审核、驻济以外省直垂管单位银行账户审批管理等日常审核监督工作，较好发挥了厅派出机构的监管作用。

（三）扎实开展调查研究。一是基本公共卫生服务专题调研。6、7月份，对淄博、滨州两市基本公共卫生服务项目实施情况进行了专题调研。共发放调查问卷5 381份，召开座谈会1次，实地勘查2个基层社区，有针对性地提出了加强和规范项目实施的政策建议。二是开展六项民生资金综合调研。10～11月份，对淄博、滨州两市新农合、城镇居民医保、农村低保、省属单位城市低保、基本公共卫生服务支出、城乡义务教育经费保障机制等六项民生资金管理使用情况进行了专项调研，重点对高青县、博兴县进行了实地检查调研。共抽查10个部门、7个镇（办），实地延伸检查了41个具体单位，走村入户98次，发放调查问卷600份，反映分析了相关问题，提出了政策建议。

（四）强基固本完善内部建设。一是抓学习教育。利用网络教育、集中培训、集体学习、个人自学、岗位练兵等五种学习形式，不断提高干部素质。二是抓制度建设。结合廉政风险防控，对办事处权力事项、制度、规程等进行全面梳理，及时修订完善相关制度，并狠抓落实，确保各项工作在制度化、规范化基础上高效运转。三是抓检查质量。狠抓检查组长负责制、检查底稿互审制、检查资料把关制、检查报告总结制等四项制度贯彻落实，建立起从制稿、复核、互审、会审、终审的一条龙质量控制体系，不断提高检查质量。四是抓廉政勤政。坚持抓好廉政教育、不断强化廉政纪律约束、切实加强廉政风险防控，使每个同志时刻紧绷廉政这根弦，把廉政风险控制在萌芽状态。五是抓创先争优。推进学习型党组织建设，开展“日阅一文、月写一篇、季读一书、半年一讲”活动，并设立“读书角”、“荐书台”和“交流论坛”，营造勤学习、爱读书、善思考的良好氛围；深入开展“学沈浩、强作风、讲奉献，努力提高服务效能”活动；组织党员干部参加义务植树、淄博市财政系统乒乓球赛、淄博市直机关唱红歌比赛等各类教育实践活动，使办事处向心力、凝聚力和战斗力不断提升，推动办事处工作不断迈上新水平。

（撰稿：赵克非）

【省财政厅驻烟台财政检查办事处】

（一）加强思想作风建设。组织全体干部不断加强政治理论和业务知识学习，更好地适应新形势下财政监督检查工作的需要。组织开展重温入党誓词、党员“承诺、践诺”专题组织生活会、“学党史、增党性、当先锋”实践活动等一系列主题教育活动。处内开展形式多样、方法灵活的经常性交流沟通，倡导“快乐工作，和谐生活，诚信立世，清正为人”的理念。开展“当好检查组长”系列培训活动，每季度确定一个专题，安排处内业务骨干、聘请业务专家举办专题讲座。开展以“学、比、摆、议、帮”为主要内容的业务竞赛活动。开展“检查工作回头看”活动，围绕“底稿互审、报告交流、总结深化”三个方面，将基础质量控制工作规范化、制度化、程序化。

（二）履行财政监督职能。围绕财政改革和财政管理的中心工作，共开展了17项检查工作。对部分企业国有资本收益应交利润情况进行核实、监缴；开展高新技术企业的认定情况专项检查；开展地税、质监系统预算编制执行及决算质量情况检查；开展地税系统部门预算“一上”编制情况初审；开展清理整顿财政专户情况核实检查；开展省直单位银行账户审批管理工作；开展新型农村合作医疗、城镇居民基本医疗保险、农村居民最低生活保障、省属单位困难家庭最低生活保障、城乡义务教育经费保障、基本公共卫生服务等6项民生资金管理使用情况专项检查和调研；开展农业保险保费财政补贴资金以及新型农村合作医疗、农村居民最低生活保障、城镇居民基本医疗保险、新型农村社会养老保险、社会保险基金征管能力提升、省属高校学生基本医疗保险、化肥淡季储备等省级补助资金申报情况审核；开展会计信息质量、会计师事务所执业质量情况检查。围绕提高监督效能，加强信息调研工作，形成调研报告30多篇，提出各类整改建议130多条。

（三）抓好廉政勤政建设。以学习贯彻《廉政准则》为重点，以树立正确的权力观为核心，深入开展理想信念和廉洁从政教育，教育和引导党员干部树立正确的权力观、地位观和利益观，筑牢防范廉政风险思想道德防线。把廉洁自律作为每次检查工作部署必须强调的内容，严明财政检查干部“五不准”工作纪律。认真落实中央《关于实行党风廉政建设责任制的规定》，进一步完善反腐倡廉工作领导体制和工作机制，形成“一把手”负总责、班子成员齐抓共管、科长对科内人员具体负责的“三位一体”工作格局。认真贯彻厅党组的各项决策部署，全面落实厅里的规章制度，把握实质要求，把办事处的制度建设工作置于厅制度的有效规范之中。全面实行“集体领导、民主集中、会议决定”的决策程序，重要工作形成决定后印发《纪要》执行。对内部管理、廉政工作、监督检查三个方面的工作制度进行健全完善，对所有岗位的工作任务、职责分工、目标要求、工作流程进行了系统的规范，共修订完善工作制度42项、600多条。进一步细化“查前三明、查中三严、查后三及时”的监督检查工作程序。对省垂管系统部门预算编制事前审核、驻济以外省直单位银行账户设置审批管理、新型农村合作医疗补助资金审核等10多项日常监督检查事项，按照“一事一制度，一事一办法”的原则，分别制定完善操作规程，进一步明确监管内容、工作方式、工作程序、时间要求、工作责任等，逐步形成稳定的服务于日常监管的完整体系和工作机制。

（撰稿：曲世强　李军华）

【省财政厅驻潍坊财政检查办事处】

（一）立足长远发展，深化队伍建设。紧密联系财政监督工作实际，坚持“五围绕”、“五加强”，深化干部队伍建设，为财政监督事业全面协调发展提供根本保障。一是围绕提升政治素养，加强思想建设。坚持采取专题研讨、支部交流等多种形式，开展党的经典理论学教活动，注重联系实际，领会实质，武装思想，不断提高运用马列主义基本原理研究解决实际问题的能力，进一步理清思路，明确职能定位，为各项工作开展提供有力的思想保证。二是围绕提高履职能力，加强业务建设。认真贯彻落实厅党组深入开展“学习年”主题实践活动的要求，扎实推进学习型机关建设。研究制定了一系列制度办法，鼓励干部在职参加学历学位教育、注册会计师从业资格和职称考试。同时，建立处内业务学习考试制度，引导干部在职开展财会专业知识的学习研究，对测试成绩突出的给予表扬或适当奖励，并明确将干部学习情况作为年度考核的重要依据。通过多措并举，着力营造良好的学习环境和氛围。三是围绕提高检查质量，加强制度建设。坚持用制度管人、管事的发展方向，重点围绕提高监督检查质量，在系统梳理现有制度基础上，努力探索创新，提炼出贯穿整个检查活动的八项制度，包括：组织制度、情况调度制度、请示报告制度、廉政制度、保密制度、集体定案制度、个人总结制度和检查考核制度，并进行了有益的探索和实践。如在检查组织制度建设方面，为更好地适应检查工作需要，试行了检查项目主审制和项目负责制，旨在完善检查组织结构，提高工作效能，同时为锻炼培养干部开辟新的渠道。四是围绕贯彻预防方针，加强廉政建设。认真扎实地开展廉政风险防控管理工作，围绕规范权力运行，突出重点领域、重点岗位和重点环节，明确职责，完善流程，强化措施，累计梳理工作职能19项，查找廉政风险点122个，相应制定了防控措施。在此基础上，着力做好“三个结合”：即将廉政风险防控与廉政教育相结合；将廉政风险防控与廉政制度落实和完善相结合；把廉政风险防控与干部管理监督相结合，确保干部廉洁从政和权力运行的效率。五是围绕增强凝聚力，加强机关党的建设。认真贯彻民主集中制原则。倡导积极向上的价值取向，坚持公道正派，鼓励干事创业。牢固树立“以人为本”的观念，凡事从关心人、尊重人、理解人的角度出发，注重开展深入扎实细致的思想政治工作，切实增强凝聚力和战斗力。

（二）服务中心任务，扎实履行职责。紧紧围绕各项财政政策和改革措施的落实，积极有效地开展财政监督检查工作，加强调查研究和宣传交流，保障了财政监督职能作用的充分发挥。全年共完成了5个方面23项检查、审核任务，共对265个行政、企事业单位实施了监督检查，形成检查报告104个、调研报告13份。一是堵漏洞、促管理，加强预算编制和执行情况的监督检查。对潍坊、东营两市地税和质监机关及所属单位的2010年度预算编制、执行、政府采购、工资津补贴发放等情况进行了检查，摸清了财务收支情况，为进一步规范财政管理创造了条件。为保证预算编制质量，开展了两市省垂管单位部门预算编制审核工作，进一步提高了预算编制的完整性、准确性和科学性。二是抓执行、促完善，加强财税政策执行情况的监督检查。为确保高新技术企业所得税优惠政策的顺利实施，及时了解掌握高新技术企业认定情况和存在的问题，对潍坊、东营两市潍柴动力股份有限公司、山东晨鸣纸业股份有限责任公司等8家企业2008年及2009年高新技术企业认定情况和财政专项扶持资金使用情况进行了专项检查。三是整秩序、促规范，加强会计信息质量和会计师事务所执业质量的监督检查。围绕构建法制规范、职责明晰、运转协调、监督高效的会计监督长效机制，不断提高会计监督层次和效果，整顿和规范会计市场秩序。开展会计信息质量检查，集中力量和时间，对潍坊光大机械有限公司2010年度会计信息质量进行了全面检查，并深入进行调查研究，从推进改善和加强中小民营企业财务管理等角度提出意见建议，有力地提升了检查的质量和效益。加强会计师事务所执业质量监管，分别对6家会计师事务所的执业质量进行了全面检查，对在内部管理和执业质量上存在的审计程序执行不到位、工作底稿不完善等问题进行了整改。四是保民生、促和谐，加强民生政策执行和资金管理使用情况的监督检查。对新农合、城镇居民医保、农村低保、省属单位城市低保、基本公共卫生服务支出、城乡义务教育经费保障机制等6项民生资金开展了专项检查，深入了解资金管理以及制度建设情况，并调查研究民生政策落实和绩效情况，促进了资金管理的规范和使用效益的提高。对潍坊、东营两市农业保险保费补贴资金的落实情况进行了检查，促进了政策性农业保险规范、健康发展，确保国家支农惠农政策更好地服务农业和粮食生产。对潍坊、东营两市基本公共卫生服务居民满意度开展问卷调查，共计发放、录入、统计分析调查问卷6 120份，并通过认真开展调研活动，撰写形成了基本公共卫生服务调研报告，为决策提供了第一手资料。继续开展新农合医疗补助资金、农村低保补助资金、城镇居民基本医疗保险补助资金、新型农村社会养老保险资金、淡肥储备等情况的日常审核工作，通过实地勘察、入户走访、分析核对、评估测算等形式，及时摸清情况，整改问题，推动了各项社会民生事业的发展。五是推改革、促发展，加强重大改革措施执行情况的监督检查。对潍坊、东营两市财政部门财政专户清理工作进行了检查，进一步改进和完善了财政专户管理工作，堵塞了资金管理漏洞，确保了财政资金安全。围绕国有资本经营预算改革，开展了省属企业国有资本收益申报情况审核工作，对有关企业的应缴利润数据进行了认真核实，为改革完善收入分配制度和省级国有资本经营预算奠定了基础。继续做好驻济以外省直垂管单位部门银行账户审批工作，通过制定相应的制度规定，进一步规范程序，明确责任，切实加强了有关单位的银行账户管理，促进了国库集中收付改革的深入进行。对中国石油化工股份有限公司胜利油田分公司成品油价格和税费改革收入划转清算情况进行了审核。对潍坊、东营两市申请奖补资金县区的社会保险基金征管能力提升情况进行了审核。六是抓调研、促宣传，提升监督层次和水平。深入调查研究一些带有全局性、典型性和倾向性的课题，全年共撰写了13篇调研报告，及时反映影响财税政策和预算执行的重大问题，提出有一定深度的意见和建议，达到了服务决策和促进管理的目的。抓好法规政策的宣传培训工作。在执行监督检查任务过程中，注重加强对财经法律法规和财会政策的宣传与维护，热情主动地提供准确的财税法规政策咨询，维护财经法规的严肃性和权威性。注重信息开发交流，充分利用网络阵地，将工作动态、工作中好的做法及经验、检查中发现的突出问题等及时整理上报，促进信息宣传工作跨上新的台阶。

（撰稿：祝学德　潘　涌　林　滨）

【省财政厅驻济宁财政检查办事处】 紧紧围绕厅党组确定的工作思路和目标，认真学习实践科学发展观，进一步转变职能，解放思想、开拓创新，完善制度、夯实基础，内强素质、外树形象，依法开展监督工作，较好地完成了全年各项工作任务。

（一）认真履行职责，依法实施检查。一是开展部门预算监督。3～6月份，组织实施枣庄、济宁、菏泽三市地税、质监系统预决算情况的监督检查，检查发现预算编报不实、少计收入、违规发放津补贴等问题，为深化预算编制改革、完善预算管理机制、规范津补贴、提高资金使用效益提供了第一手资料。二是开展民生资金专项检查。9～11月份，对济宁、枣庄、菏泽市新型农村合作医疗、城镇居民基本医疗保险、农村居民最低生活保障、省属单位困难家庭最低生活保障、城乡义务教育经费保障、基本公共卫生服务六项民生资金进行专项检查。发现未足额安排地方配套补助资金，未按标准发放保障资金，挪用资金，未及时拨付经费，挤占经费，未按标准列支等违规违纪问题1 262万元。三是组织实施会计信息质量和高新技术企业检查。8～9月份，检查山推工程机械股份有限公司和山东达驰集团等8户高新技术企业以及9户会计师事务所执业质量情况。检查发现隐瞒收入，虚列支出，固定资产管理不规范等违规违纪资金1 590万元，维护了财经秩序，保障了会计信息的真实性、有效性。四是对2010年度、2011年度农业保险保费财政补贴资金管理使用情况进行专项检查。抽查济宁、枣庄、菏泽13个县（市、区），发现部分乡镇政府为农户个人垫付保费、理赔资金不及时兑付给农户等问题，为下一步完善农业保险制度提供了第一手资料。五是对枣庄、济宁、菏泽市市本级和13个县区的财政专户进行清理检查。通过专项检查，共建议取消财政专户885个，其中市级109个，县（含乡镇）776个，有效地防止多头开设财政专户情况，进一步提高财政精细化管理水平，保障了财政资金的安全。六是认真做好各项日常监督。6月份审核了枣矿集团、兖矿集团、山东重工集团、山东交运集团的国有资本收益情况。负责征缴省属企业4.76亿元的国有资本经营收益。对新农合、城镇居民医疗保险、农村低保、新型农村社会养老保险等资金申请情况进行审核，共审减财政补助资金287.29万元，审减补助人数2 450人，为社会保障资金更好地发挥效益做出积极贡献。与此同时，指定专人负责，认真审核申报资料，做好驻济以外省属预算单位银行账户审批工作。共审定账户46个，其中新设账户45个，变更账户1个，进一步规范了单位的账户管理。为了加强对辖区内省级行政事业单位银行账户的监督管理，对辖区内39个部门，共120个省级预算单位银行账户开设情况进行调查登记，进一步掌握省级预算单位银行账户有关情况，推进了财政管理的科学化精细化。

（二）完善制度办法，提升工作效能。一是加强制度建设。进一步整理、完善办事处原有各种制度，形成了办事处检查人员守则、财务管理制度、中长期业务学习规划、督查催办制度等。以分工负责制为切入点，进一步理顺工作程序，构建“权责清晰、协调配合、高效有序”的工作运行机制。二是规范日常审核工作流程。仔细梳理办事处日常审核工作事项，整理审核依据，制定审核制度标准，明确审核具体分工。在近年审核工作的基础上，充分运用审核工作成果，按照审核事项，搜集整理近年获取的基础数据，不断建立健全审核基础数据资料库，为加强财政监管提供依据。三是规范检查行为。认真贯彻执行《财政检查工作办法》和《检查人员守则》，明确检查工作组长负责制度和审理复核制度，着力抓好查前培训学习、查中查找问题、查后事实定性等重点环节，努力实现财政检查“事实清楚、证据确凿、定性准确、处理恰当”的具体要求。四是加强宣传调研，挖掘检查工作成果。每次检查任务前，精心准备检查前的进点会、布置会，充分听取被检查单位的意见和建议，从检查一线掌握大量的第一手资料；检查结束后，组织召集全体检查人员分析研究检查中发现的问题，努力寻找财政政策执行和财政管理中的漏洞和薄弱环节，认真思考提出改进的意见和建议。全年共形成了5篇调研报告，充分发挥了办事处检查工作服务于财政管理改革的作用，进一步提升了财政检查的层次和水平。12月份，上线参加了济宁市纪委、广播电视局组织的“政风行风”热线栏目，并与听众进行了热线互动，宣传办事处的工作性质和工作内容，有力地推动了检查工作的开展。

（三）紧抓廉政建设，树立良好形象。一是认真开展廉政风险点排查。在排查的基础上，针对查找出的风险点，从制度、机制和管理上进行分析，研究制定加强检查工作质量控制、日常监管业务规范流程等制度办法，进一步规范检查工作。二是加强廉政制度约束。在执行监督检查任务时，认真执行《检查工作人员守则》。三是创新监督方式，确保廉政制度落实。全面推行检查公告制度和被查单位评价制度，让检查工作接受被查单位的监督，把廉政建设贯穿于财政检查全过程，规避了检查风险，增强了服务意识，树立了良好形象，赢得了被监督单位的好评。

（撰稿：杨　博　刘相东　张学东　刘泰然）

【省财政厅驻临沂财政检查办事处】 紧紧围绕山东省财政中心工作和财政监督工作总体安排，依法开展专项检查，促进财政监督检查业务的规范化、精细化和科学化；组织开展日常监督检查业务，探索财政监督与财政管理紧密融合的有效途径；全面推进办事处建设，努力提升办事处整体综合素质。

（一）开展专项检查，提高财政监督服务财政管理的有效性和针对性。按照省财政厅监督检查局统一部署，2011年组织开展了11项专项检查工作，检查单位涉及200多个，查处违规违纪资金3亿多元，提出管理意见和政策建议120多条。一是组织开展了农业保险保费财政补贴等七项民生资金专项检查工作。5月，对临沂费县、郯城、沂水及日照莒县、岚山区五个县区2010年度农业保险保费财政补贴资金管理使用情况进行了检查，查处保险经办机构未按期支付理赔款232.86万元等违规违纪问题。9～11月，对临沂、日照两市的新型农村合作医疗、城镇居民基本医疗保险、农村居民最低生活保障、省属单位困难最低生活保障、城乡义务教育保障、基本公共卫生服务六项民生资金进行专项检查，抽查了临沂沂水县、日照东港区两县区相关部门及经办机构，检查共发现违规资金1 128.94万元。二是开展了财政专户清理整顿情况核查等工作。4～5月，对临沂市市本级及所属8个县区，日照市市本级及所属4个县区财政部门的财政专户清理整顿工作进行了重点核查。9～10月，对鲁南制药集团股份有限公司等六家企业高新技术企业认定情况进行了检查，检查共发现违规问题3 871.30万元。三是开展了质检、地税系统预算编制执行及决算质量情况检查和会计信息质量检查。3～6月，组织对临沂质检、地税两个系统2010年度预算编制执行及决算情况检查，检查发现违规违纪问题2.48亿元。9～10月，采取调账检查与进点检查相结合的方式，对鲁南贝特制药有限公司等5个单位2010年度会计信息质量进行了检查，共发现各种违规违纪问题472.76万元。对山东大宇有限责任会计师事务所等6家会计师事务所设立条件及执业情况进行了全面检查，查处会计师事务所存在未履行必要的审计程序、未按要求编制审计工作底稿等问题。

（二）开展日常检查，促进财政监督与财政管理的紧密融合。组织开展日常监督工作，逐步建立完善对辖区省直单位和省级财政事项的日常监管机制，推进财政监督与财政管理紧密融合。对临沂、日照两市新型农村合作医疗等省级补助资金申请情况进行事前审核，促进各项政策的贯彻落实；继续开展驻济以外省直垂管单位部门预算“一上”编报情况的审核工作，严格驻济以外省直垂管单位银行账户审批工作，推进完善国库集中支付工作；审核监缴省属企业国有资本收益，核实临沂矿业有限责任公司等三户企业应缴利润1.65亿元。

（三）深入开展调查研究，完善财政监督服务财政管理的机制。立足监督检查业务，充分发挥自身工作优势，深入开展调查研究，为相关决策提供参考依据。一是结合重点检查开展调研，解决检查发现的突出问题。根据开展监督检查业务工作中发现的情况、问题开展调查研究，重在解决检查发现的突出问题，完善制度管理。二是结合财政管理的热点难点问题开展调研，为加强管理提供参考依据。针对财政管理和改革的热点、难点、焦点开展调研，为有关业务处室加强管理服务，为领导决策服务。2011年重点开展了新型农村合作医疗等六项离退休干部工作民生资金及对构建防治“小金库”长效机制调研工作。三是结合办事处自身建设开展调研。开展加强党支部建设调研工作，加强财政监督队伍建设，进一步提升行政效能。

（四）深入开展“提升四种能力”建设，全面提升干部队伍素质。牢牢把握“服务中心、建设队伍”两大核心任务，以“建设服务型基层党组织深化和推进创先争优活动”、“创建学习型机关”、“持续深化群众满意服务品牌”等活动为载体，强练内功，大力倡导“四讲”，即讲政治、讲学习、讲态度、讲廉政，努力实现“四提高”，即提高大局意识、提高业务素质、提高工作质量、提高防腐能力，扎实推进学习能力、执行能力、服务能力、廉洁能力等“四种能力”建设，全面提升了干部队伍素质。

（撰稿：李一三　王宏伟　郭　超）

【省财政厅驻德州财政检查办事处】 2011年，紧紧围绕全省财政中心工作，积极推进财政监督机制建设，累计开展了七次日常审核、七次专项检查，检查和审核涉及单位400多个，受理审核各类资金17.24亿元，查出各类违规违纪资金7.32亿元，日常审核剔除不合理资金938.71万元。同时，结合监督检查和审核工作，提出了许多改进和完善管理的意见建议。

（一）日常审核扎实推进。一是服务医疗卫生事业发展，开展新型农村合作医疗和城镇居民医疗保险省级补助资金审核工作。核实德州、聊城市参加新型农村合作医疗人数868.8万人，参合率98.24%，建议按时核拨省级财政补助资金4.55亿元。核实德州、聊城市城镇居民医疗保险参保人数106.4万人，建议按时核拨省级财政补助资金9 653.73万元。二是服务社会保障体系完善，开展新型农村养老保险试点、农村居民最低生活保障省级补助资金和县级社会保险基金征管能力提升情况审核工作。审核认定德州、聊城市新农保参保人数98.8万人，农村低保对象36.1万人，确定德州所申报齐河县、庆云县、乐陵市，聊城市所申报东昌府区、高唐县、东阿县符合县级社会保险基金能力提升奖补条件，做出予以拨付资金的建议。三是服务预算管理和财政改革进一步深化，开展部门预算编制初审、国有资本经营收益审核、驻济以外省级单位银行账户审批工作。对德州、聊城市地税、监狱系统2012年部门预算编制情况进行了初审。核实四户省管企业应上交2010年度国有资本收益共计2 563.87万元。全年批准开设德州、聊城两市质监系统银行账户58个。

（二）专项检查成效明显。一是坚持把保障和改善民生作为出发点，开展农业保险保费财政补助资金使用情况检查、民生资金专项检查。对德州所属六个县（市）、聊城所属四个县（市、区）2010年度和2011年度农业保险开展情况进行了专项检查，检查发现保费补贴资金未实行单独核算和专户管理、巨灾风险准备金管理不规范等问题资金3 841.86万元。对德州、聊城市2010年度新型农村合作医疗、城镇居民基本医疗保险、农村居民最低生活保障、省属单位困难家庭最低生活保障、城乡义务教育经费保障、基本公共卫生服务等六项民生资金的筹集、管理和使用情况进行了专项检查，发现资金拨付不及时、资金管理不规范、基金结余较大等问题。二是坚持把服务财政管理和财政改革作为立足点，开展质监、地税系统预算编制执行和决算质量检查、清理整顿财政专户工作。3月至5月对德州、聊城市质监、地税系统2010年部门预算编制、执行及决算质量情况进行了检查，发现收支、结余信息不实、违规发放津补贴、违反收支两条线规定等方面的违规违纪问题1.94亿元。4月中旬至5月底，对德州市、聊城市及12个县（市、区）和部分乡镇财政专户进行了检查。检查发现财政专户未归口管理、开户依据不足、非税收入未及时入库等违规违纪问题，涉及账户186个。三是坚持把转方式调结构增财源作为着力点，开展高新技术企业认定和支持高新技术企业发展财政专项资金检查。7月至9月对德州华源生态科技有限公司等4户企业的2008年度高新技术企业认定和山东金号织业有限公司等2户企业支持高新技术产业发展财政专项资金进行了检查，检查发现了企业在申报高新技术资格过程中资料提报不规范、研发费用归集不实、高新技术收入不实、未设研发费用辅助账等问题，摸清了高新技术企业家底，为2011年度高新技术企业复审、促进产业转型提供了第一手资料。四是坚持把维护社会主义市场经济秩序作为落脚点，开展会计信息质量和会计师事务所执业质量检查。8月至9月对德州华源生态科技有限公司2010年度会计信息质量和德州中信有限责任会计师事务所等6家会计师事务所2011年执业质量进行了检查，检查发现企业会计核算不规范、未按规定计提缴纳印花税问题，涉及金额4 125万元，会计师事务所存在审计程序不完善、审计报告格式不合规等问题。

（三）机关工作高效运转。一是完善制度抓落实。2011年，根据工作的重点方面和关键环节，进一步建立健全工作制度，修改完善了文件传阅、请销假等制度。在此基础上，强化制度执行，重点抓好制度的落实和检查。二是强化责任提效能。严格落实工作责任制、办理时限制和AB角制度，对于每项任务都确定主办及协办科室，提高牵头科室的责任意识。实行检查组制单人签字、审核人复核、检查组意见、审理意见和办事处会议集体复核定性“五把关”的做法，强化审理环节，关注整改落实情况，保障监督检查实效。三是转变作风强服务。进一步提高服务效率和质量，实行党务、政务公开。2011年，德州办事处党支部被德州市直机关工委授予“五星级党支部”荣誉称号，并顺利通过市级文明机关复审。

（四）政策研究再结硕果。一是继续坚持“双报告”制度，发挥财政监督对财政政策执行效果的反馈作用。结合高新技术企业认定检查和农业保险保费财政补贴资金管理使用情况检查形成的调研报告均被《财政情况·调研版》采用。二是开展专题研究，增强财政监督服务财政中心工作的针对性。结合民生资金专项检查和调研，形成《关于对德州聊城民生资金管理使用情况的调研报告》，促进了民生资金科学化、精细化管理。另外，在德州、聊城两市质监、地税系统以发放调查问卷方式开展城市范围内基本公共卫生服务调研，形成了《关于城市基本公共卫生服务项目开展情况的调研报告》，被《财政情况·调研版》采用。三是开展理论研究，增强财政监督工作的前瞻性。深入探讨财政“大监督”机制建设，结合财政监督工作实际，形成了《五个“更加注重”着力实现财政监督工作新突破》工作信息，被厅《财政情况》刊发，并被人民网、财政部网站采用。为促进小型会计师事务所规范发展，在深入调研的基础上，形成了《加强对小型会计师事务所监管的思考》，被《财政情况·调研版》采用，并在《财政监督》杂志刊登。为巩固“小金库”专项治理成效，形成了《教育、制度、监督并重构建防治“小金库”长效机制》调研文章，被《财政情况·调研版》采用，对推动完善防治“小金库”长效机制进行了探讨。

（五）廉政机制约束有力。一是强化思想防控，织就“不想为”的安全网。将强化思想教育、夯实廉洁自律思想基础，作为党风廉政建设的首要任务。典型示范与警示教育相结合，教育干部时刻绷紧廉政这根弦，真正做到依法理财、廉洁从政。二是强化制度防控，筑牢“不能为”的防火墙。认真开展廉政风险防控工作，认真梳理、全面排查各自岗位风险点，制定出切实有效的防控措施。认真落实廉政建设“第一责任人”制度，将党风廉政责任分解到岗，落实到人，通过制度规范约束大家的行为。在重大问题决策上，坚持民主集中制原则，认真落实处务会和处长办公会制度，重大事项经过集体研究决定。三是强化监督防控，铺设“不敢为”的高压线。按照统一要求，开展廉洁从政承诺活动，并将监督落实作为廉政建设的关键。在工作安排上，实行“双布置、双汇报”。继续坚持实行“廉政承诺书”制度，每位同志自觉遵守廉洁自律的各项规定，自觉维护党员干部的良好形象。

（撰稿：韩志毅　王　磊　曹一鸣）

财政队伍建设

【干部队伍建设】 全省财政系统认真贯彻十七届五中、六中全会精神，按照科学发展观、人才观和正确政绩观要求，切实加强财政干部队伍建设。认真贯彻干部队伍“四化”方针，严格执行《干部任用条例》，坚持德才兼备、以德为先的用人标准，树立正确的选人用人导向。2011 年全省各级财政部门共推荐选拔副省级干部 1 名、厅级干部 10 名，处级干部 50 名，科级干部 175 名。其中省厅推荐选拔副省级领导干部 1 名、正厅级领导干部 1 名、副厅级干部 2 名，转任副厅级领导干部 2 名。通过干部选拔，财政系统选人用人导向更加明确，干事创业氛围更加浓厚。按照公开、平等、竞争、择优原则，严格把好新进人员关口，2011 年全系统面向社会公开招考录用 63 名公务员、118 名事业单位工作人员，为干部队伍注入了新生力量。注重在实践中培养锻炼干部，通过教育培训、外派挂职、交流轮岗等方式，多渠道培养干部，干部队伍素质不断提高。2011 年共有 49 名处级干部、44 名科级干部在系统内轮岗交流，有 33 名干部交流到系统外单位任职，到上级部门或基层挂职锻炼 21 人，参加教育培训 15 650 人次，人才资源得到进一步优化配置，干部队伍活力进一步增强。

【事业单位改革】 2011 年全省各级财政部门按照党委、政府部署，认真学习贯彻事业单位改革政策精神，紧密结合实际，稳步推进事业单位改革。一是认真做好事业单位清理规范工作。按照有关要求，全省各级财政部门对所属事业单位机构编制、人员情况等基础信息进行系统梳理核对，在摸清事业单位底数的基础上，根据经济社会发展、财政职能调整变化及单位实际，对事业单位在机构、职能等方面存在的问题提出了规范调整建议，为下步实施事业单位改革争取了主动。二是稳妥推进事业单位岗位设置管理。按照省里统一部署和要求，各级财政部门按照积极稳妥、有序推进、化解矛盾的原则，从维护事业单位广大干部职工切身利益出发，紧密结合各自实际，周密思考研究，反复测算权衡，积极反映争取，做了大量设岗准备工作，为下一步实施事业单位设岗管理打下了坚实基础。

【事业单位参照公务员法管理】 为使事业单位更好地与财政职能相匹配、与事业发展相适应，2011年全省各级财政部门以相关法律法规为依据，认真借鉴上级财政部门及兄弟省市的做法，积极向主管部门反映和争取事业单位参照公务员法管理。省厅顺利完成了省财政投资评审中心、省财政票据管理中心两个事业单位参照公务员法管理的全部工作，为推动新时期财政改革发展和干部队伍建设奠定了良好基础。

【全省财政系统机构人员概况】 2011年，全省共有财政机构1 946个。其中，省级财政机构1个，计划单列市财政机构1个，市级财政机构16个，县（市、区）财政机构170个（济南市11个，青岛市14个，淄博市10个，枣庄市7个，东营市5个，烟台市14个，潍坊市15个，济宁市12个，泰安市8个，威海市7个，日照市6个，莱芜市4个，临沂市15个，德州市13个，聊城市9个，滨州市10个，菏泽市10个），乡镇所级财政机构1 758个。2011年全省财政机构比上年减少19个，其中县（市、区）财政机构增加1个，乡镇所级财政机构减少20个。

2011年底，全省财政系统共有30 807人。其中：中共党员23 361人，占75.83%，提高0.1个百分点；男职工19 329人，占62.74%，降低0.51个百分点；汉族30 656人，占99.51%，降低0.02个百分点。

人员分布：省级财政部门（含副省级市济南、计划单列市青岛）1 293人，占全省财政系统人员总数的4.20%；增加22人，提高0.07个百分点。市级财政部门4 902人，占15.91%；增加206人，提高0.67个百分点。县（市、区）级财政部门12 117人，占39.33%；增加170人，提高0.55个百分点。乡（镇）级财政部门12 495人，占40.56%；减少395人，降低1.29个百分点。

职务层次：全省财政系统有厅级干部24人，占全体干部职工的0.08%；处级干部1 016人，占3.30%；科级干部5 261人，占17.08%；一般干部22 343人，占72.52%；工勤人员2 163人，占7.02%。

学历结构：全省财政系统干部职工大专以上文化程度26 745人（其中，博士39人、研究生学历850人、大学本科16 714人、大学专科9 142人），占86.81%，提高1.07个百分点；中专3 099人，占10.06%，降低0.42个百分点；高中以下文化程度963人，占3.13%，降低0.65个百分点。

年龄结构：全省财政系统干部职工35岁及以下11 084人，占35.98%，降低1.16个百分点；36岁至45岁11 954人，占38.80%，提高0.04个百分点；46岁至54岁6 536人，占21.22%，提高1.02个百分点；55岁及以上1 233人，占4.00%，提高0.1个百分点。

【省财政厅及省经济开发投资公司机构和人员状况】 2011年底，省财政厅内设行政处室有：办公室、综合处（挂省清理规范津贴补贴办公室牌子）、法规处、税政处、预算处、国库处、政府采购监督管理处、行政政法处、教科文处、经济建设处、农业处、社会保障处、企业处、金融与国际合作处（挂省世界银行贷款管理办公室牌子）、基层财政管理处、会计处、行政事业资产处（挂省清产核资办公室牌子）、监督检查局、人事处、省农村综合改革办公室、离退休干部处、机关党委。

省农业综合开发办公室为省财政厅内设副厅级单位，下设两个处室：综合财务处（挂多种经营处牌子）、土地治理处（挂省世界银行项目管理办公室牌子）。

派驻机构：省纪委驻省财政厅纪律检查组、省监察厅驻省财政厅监察专员办公室（一个机构，两块牌子）。

厅属事业单位：省财政科学研究所、省财政信息中心、省财政厅集中支付中心、省财政投资评审中心、省财政票据管理中心、省财政厅机关服务中心、省财政厅干部教育中心（挂省会计干部中等专业学校牌子）、山东会计培训学院（挂省财政职工大学、省中华会计函授学校牌子）、省注册会计师协会。

派驻财政检查机构：省财政厅驻济南财政检查办事处、省财政厅驻淄博财政检查办事处、省财政厅驻烟台财政检查办事处、省财政厅驻潍坊财政检查办事处、省财政厅驻济宁财政检查办事处、省财政厅驻临沂财政检查办事处、省财政厅驻德州财政检查办事处。

省经济开发投资公司为省政府直属事业单位，挂靠省财政厅，其内部设：总经理办公室、计划财务部、资产管理部、投资业务部、稽核部、人事部。全资子公司4家，包括：省经济开发实业总公司、山东华鲁房地产开发有限公司、山东华鲁资产管理有限公司、山东金阳企业管理有限公司；控股和参股公司30余家，主要有：山东航空集团有限公司、济南国际机场股份有限公司、山东钢铁集团有限公司、省石油天然气有限公司、山东天润温泉房地产开发有限公司、省（鲁财）产权交易中心、山东和华电子有限公司、北京泰山饭店有限公司等。

2011年底，省财政厅（含省经济开发投资公司）共有干部职工622人，比上年增加2人。其中，男431人，女191人；中共党员518人，占83.28%，降低0.59个百分点；省管干部18人、处级干部185人、科级干部291人、一般干部48人、工勤人员

80人，各占2.89%、29.74%、46.79%、7.72%和12.86%；35岁及以下144人，36岁至45岁235人，46岁至54岁184人，55岁及以上59人，各占23.15%、37.78%、29.58%和9.49%，分别比上年减少7人、减少8人、增加6人、增加11人。具有研究生以上文化程度154人（其中：博士23人，研究生学历131人），占24.76%，提高1.86个百分点；大学文化程度423人（其中，本科381人，专科42人），占68.01%，降低1.83个百分点；中专以下文化程度45人，占7.23%，降低0.03个百分点。

（撰稿：隋宝文　苏登新　纪凤杰　胡晓鸿　张　宁）

农村综合改革

【精心组织，周密部署，圆满完成农村义务教育债务兑付工作】 山东自2010年9月正式启动债务化解兑付工作以来，各级各部门通力协作，精心组织，周密安排，调整优化支出结构，筹措落实偿债资金，确保了全省债务化解兑付工作的顺利完成。截至2011年7月，全省累计化解债务42.75亿元（不含青岛），共涉及债权人23.34万人，其中教职工5.95万人，学生家长12.65万人，建筑商1.17万人，其他债权人3.57万人。一是严格操作程序，规范运作。完善制度办法，细化操作规程，先后制定出台了十余个配套文件，建立起了一套内容完整、操作规范的制度体系，为化债工作的开展提供了完备的政策依据。二是对新争取的中央财政补助资金，按照“一确保、三倾斜”的原则进行了科学分配，切实减轻了市县财政压力，充分调动了各市、县财政化债的积极性，有力推动了全省化债工作顺利稳妥推进。三是调整优化支出结构，积极筹措落实偿债资金。各级财政调整优化支出结构，多渠道筹措落实资金，为债务化解兑付工作的顺利完成提供了坚实的财力保障。四是加强对市县的政策指导和工作督促。通过召开全省工作会议、座谈会、对接会、开展业务培训、发布进度通报等方式，指导督促各地认真做好不同阶段的债务化解工作，妥善处理各类矛盾问题，切实保障了群众利益。五是组织开展化债考核验收工作。从全省16市、20个省直管县抽调了36名业务骨干，组成省级考核验收组，对全省化债工作进行了考核验收。六是积极妥善处理群众反映的各类问题。对化债整改落实工作中存在的各类问题，严格按照政策规定，逐一进行调研落实，切实做到了“事事有反馈，件件有结果”，切实做到把好事办好。债务兑付工作的完成，卸掉了学校包袱，推动了农村义务教育经费保障机制的贯彻落实；增加了农民收入，拉动了农村消费和投资需求，扩大了内需；减轻了县乡财政压力，切实缓解了基层财政困难；提升了政府公信力，为新农村建设创造了良好社会环境；积累了化债经验，为推动其他公益性乡村债务的清理化解提供了有益借鉴。

【强化措施，规范管理，全面推进一事一议财政奖补工作】 积极采取有力措施，把一事一议财政奖补工作与各地生态文明村建设和农村环境综合整治连片开发有效结合起来，在解决农村公益设施建设和改善农民生产生活条件上，发挥了重要的促进作用。一是狠抓制度机制建设，夯实工作基础。健全完善一事一议筹资筹劳管理办法，制定并下发了《山东省人民政府办公厅关于印发山东省村民一事一议筹资筹劳管理办法的通知》（鲁政办发〔2011〕37号）；规范项目管理，制订下发了《关于进一步做好村级公益事业建设一事一议财政奖补工作的通知》（鲁财农改〔2011〕2号）；细化操作流程，制订了《山东省村级公益事业建设一事一议财政奖补工作指南》。二是狠抓项目统筹规划，搞好规范管理。年初，做好宣传发动工作，督促村级利用春节期间农民集中返乡的有利时机，抓紧组织议事，帮助村民谋划、筛选和合理确定一事一议建设项目。引导各地加强项目整合统筹开发，把一事一议财政奖补项目规划与本地生态文明村建设、农村环境综合整治、连片整治等项目规划及统筹城乡一体化发展结合起来，建立健全项目库，编制分年度项目实施规划。组织开展业务培训，3月份，在泰安市举办了全省农村综合改革培训班，对《村级一事一议财政奖补项目信息管理系统》进行了重点培训，指导各地充分发挥好“项目库”模块的功能，实现项目库动态管理。三是狠抓项目资金监管，确保使用效益。结合一事一议财政奖补工作总体规划，调整优化支出结构，同时在统筹使用涉农资金上做文章，及早、足额安排配套资金，并将中央预拨的资金，与各级的配套资金统筹安排，按程序拨付使用。抓好预算执行进度，采取召开全省会、座谈会、调研交流会等形式，及时把中央和省财政奖补资金拨付到基层，做到早拨付、早到位、早使用、早见效。加大督导检查力度，对各地一事一议财政奖补工作开展情况进行定期或不定期督检，确保各项工作顺利有序开展。从基层反映的情况看，一事一议财政奖补工作取得了显著成效。一是充分发挥了财政资金“四两拨千斤”的作用。2011 年，全省各级财政一事一议奖补资金总投入达 47.3 亿元，引导带动村级公益事业建设项目总投入 104.2 亿元，其中农民出资及出劳折资 23 亿元，村集体投入 19.5 亿元，社会捐赠及部门帮扶投入等 14.4 亿元。二是改善了农村生产生活条件。2011 年，全省有 147 个县（市、区）、1 436 个乡（镇、街办）、19 269 个村开展了一事一议财政奖补工作，涉及项目 4.8 万个，其中建成 2.5 万个。共建成村内道路 6 220.8 千米，村内水渠 3 137.9 千米，桥涵 1 578 座，机电井 2 620 眼，环卫设施 4 080 个/座，村内绿化植树 1 166.9 万株，修缮村内公共活动场所 122.3 万平方米，铺设村内安全饮水管线 1.6 万千米等，惠及村民 2 090.9 万人。三是调动了农民建设家园的积极性。一事一议财政奖补以人为本，尊重农民权利，“村内事、村民议、村民定、村民建、村民管”，全省各地始终坚持村民自愿、民主决策，真正把政策交给基层，交给群众，激发了群众投资投劳建设美好家园的热情。四是密切了党群干群关系。一事一议财政奖补搭建了基层干部联系群众、为民服务的平台，有效促进了村级公益事业发展。

【完善制度，筑牢根基，不断健全村级组织运转经费保障机制】 一是各级各部门认真履行监管职能，确保农村税费改革转移支付资金用于村级补助比例不低于 20%。全年“对村民委员会和党支部的补助”共完成 15.59 亿元，比上年增长 13.9%。二是督促财力状况好的地方，从新增财力中安排适当资金用于村级组织运转。三是通过安排专项补助等方式，积极筹措资金，足额落实村党支部书记和其他“两委”成员的工作报酬，充分调动村干部的工作积极性。四是各级财政综改部门主动与有关部门加强协调配合，深入了解基层情况，及时发现村级组织运转中出现的新情况、新问题，确保村级组织运转经费保障政策落到实处。五是积极促进村级集体经济发展，培育新的经济增长点，增强村级组织自我发展和自我保障能力。

【提高认识，调研摸底，稳妥开展清理核实其他公益性乡村债务试点工作】 根据国务院综改办部署要求，结合实际，选取莱州、莒县、茌平开展了清理核实其他公益性乡村债务的试点工作，摸清底数，把握政策，提前做好有关准备。债务清理核实的范围主要包括基层政权组织建设债务、农村公共服务体系建设债务、乡村垫交税费债务等。截至 2011 年底，三县共清理核实债务 2.54 亿元，其中，乡镇级债务 1.73 亿元，村级债务 7 845.19 万元；农场债务 220 万元。按债务用途分，乡村垫交税费债务 5 222.21 万元，基层政权组织建设债务 3 870.9 万元，农村公共服务体系建设债务 1.63 亿元。

【积极主动，未雨绸缪，着手推开国有农场办社会职能改革试点调研工作】 一是着手摸清有关部门所属国有农场办社会职能现状、自主改革进展情况及存在的困难。二是着手了解各级政府对改革的意愿，包括各级政府如何承担改革成本、建立有关配套改革机制等。三是着手研究改革应涵盖的范围、实施方式、具体内容等。四是着手探索提出进一步理顺国有农（林）场管理体制，促进国有农（林）场融入当地经济社会发展的政策建议和管理思路。

【转变作风，提高能力，努力提升干部队伍干事创业本领和水平】 一是切实加强政策理论学习。紧密结合厅机关深入开展“学习年”主题实践活动，从政治理论学习、专业知识学习、财经法规学习、实践锻炼学习入手，努力营造“学习工作化，工作学习化”浓厚氛围，做到学以致用，用以促学。二是深入基层开展调查研究。继续巩固和加强联系村制度。紧密围绕农村综合改革的重点领域和关键环节，紧密结合农村综合改革实际，充分发挥农村综合改革联系村试验田和信息源的作用，先后到全省各地 200 多个（次）村庄，与村干部及广大农民朋友座谈交流，为农民排忧解难。联合社会科研力量，承担了《加强城乡统筹 促进公共服务均等化研究》、《山东省深化农村综合改革重点问题研究》等省级软科学课题研究，切实提高了农村综合改革工作的前瞻性、科学性。三是加大信息宣传工作力度。4 月份制定印发了《2011 年度山东省财政农村综合改革工作考核办法》，进一步健全完善了农村综合改革信息报送制度。针对 2011 年是义务教育化债兑付工作圆满完成的关键一年，加大了宣传报道力度，先后在新华网、《中国财经报》、《中国教育报》、《大众日报》、人民网、中广网等媒体予以宣传报道，有力推动了工作开展。全年向国务院综改办报送信息 23 篇，发布《财政情况》6 篇、《财政情况・调研版》2 篇，《农村综合改革简报》22 篇。四是建立健全廉政风险防控机制。结合厅机关开展廉政风险防控管理工作，通过梳理行政权力、查找风险点、制定防控措施、科学分权制权，建立健全廉政风险防控机制。在资金分配上，坚持先建制度后分资金的原则，实行党风廉政建设责任制，坚持民主集中制，重大事项集体研究决定，做到权力行使安全、资金使用安全、项目建设安全、干部成长安全。通过党支部组织党员开展庆祝建党90周年纪念活动，参观莱芜战役纪念馆，进一步加强党员干部的党性修养，充分发挥党员的先锋模范作用。严格执行厅机关、综改办工作规则，高标准、严要求，强化制度约束，严格依法行政。

（撰稿：李学春　杨建松　官翔宇　李文梅）

离退休干部工作

【概述】 2011年，财政厅离退休干部工作以抓好离退休干部政治、生活待遇落实为重点，以落实老干部工作目标责任制为标准，以让省委放心为出发点，以让老干部满意为落脚点，坚持"围绕中心、服务大局"，深化服务管理，强化队伍建设，为促进厅机关和谐稳定做出新的贡献。截至2011年底，财政厅共有离退休人员189人，其中离休干部36人，退休干部116人，退休工人26人，退职1人，代管厅及投资公司提前离岗和内退人员10人。离退休人员中现有党员136人。

【党组高度重视，老干部工作力度进一步加大】 2011年11月，在省委老干部局组织的老干部工作目标责任制三年一次的全面考核中，厅机关老干部工作取得了99.5分的好成绩，被评为离退休干部工作"优秀单位"。9月份，根据人员变化情况，厅离退休干部工作领导小组进行了调整，厅党组书记、厅长于国安同志亲任领导小组组长。厅党组班子的每位成员都确定了1～2名离退休干部作为联系人。厅党组书记、厅长于国安同志上任后，专门听取了老干部工作的专题汇报，并批示："老干部是我们的宝贵财富，他们为财政事业的发展倾注了大量心血，为经济和社会事业的发展做出了重要贡献。我们每位同志参加工作后，都是在老同志的呵护下逐步成长起来的，没有他们的培养和帮助也就没有我们的今天。厅党组及各处室的同志们，都要按照中央和省委的要求，牢记老干部的历史功绩，用感恩的心情做好老干部工作。要常怀敬老之心、常谋为老之策、多办利老之事，切实把老干部的政治、生活待遇落到实处，让他们更好地发挥余热、快乐生活、健康幸福、益寿延年。"并强调要在全面落实老干部工作目标责任制的基础上，重点从政治学习和生活上入手关心照顾老干部，突出做好离休干部进入"双高期"后的服务工作。

【组织政治学习，加强思想建设，老干部政治待遇的落实全面具体】 一是认真组织老干部政治理论学习和阅文。按照省委要求，坚持每月的10号、25号两次组织老同志集中进行学习。认真组织学习了胡锦涛总书记"七一"重要讲话、十七届六中全会和省党代会、省委工作会议精神等内容。每月15号，组织厅局级老领导集中阅读文件，一年来，共组织8次阅文，近30余人次参加，整理借阅文件近300份。同时，为每位老同志、每位厅局级老领导和活动中心征订了多种报刊杂志供大家学习阅览。厅党组特别重视老干部政治待遇的落实，为进一步满足老干部政治学习的要求，决定从2012年起再为每位老同志增订两份报纸。二是做好情况通报工作。9月9日，厅党组书记、厅长于国安同志专门向老同志通报了1～8月份全省预算执行和财政工作情况，以及厅机关干部队伍建设和离退休干部工作等情况。厅办公室、政府采购监督管理处和机关服务中心的负责同志给老同志通报了工资卡改革、政府采购监督管理和机关服务中心有关工作情况。三是周密组织老干部参观考察。4月份，组织近100位老同志到平阴县参观农业生产；5月份，组织100多位老同志到济宁市参观考察；10月份，组织近50位老同志到浙江省参观考察；11月上旬，组织10多位80周岁以上老同志和部分离休老干部、厅局级老领导赴商河县参观考察。同时，通过《财政情况》和《政工简报》等形式发表工作情况6篇，在《省直老干部工作月报》上发表信息十余篇，在厅内部信息网和离退休干部处网页发表情况信息60余篇。

【周密协调，认真组织，老干部生活待遇落实细致到位】 一是认真抓好离休干部"两费"落实。做到离休干部离休费足额及时发放，医药费、电话费按照规定及时报销；生活补贴按规定标准及时发放；对异地安置、体弱多病、行动困难的老同志及时联系保障；对有特殊困难的老干部，按照省委和厅机关有关规定积极帮助解决；对离休干部公用经费和特需经费，严格按规定管理使用，在规定范围内合理开支。二是精心做好老干部保健工作。7月份，组织150多位老同志在蓬莱、石岛进行健康疗养。10月份，组织160多位老同志进行了健康查体，为80多位老同志注射了流感疫苗。10月底，邀请省中医的专家为老同志举办了健康养生讲座，并结合老同志的实际需求，编印了保健知识手册，尽心尽力为老同志的身体健康创造良好条件。三是坚持开展走访慰问活动。“七一”前夕，在厅党组书记、厅长于国安同志带领下，10位厅领导带着中组部的慰问信、省委贺卡和慰问品分别走访了30位离休老党员。重大活动和重要节日，按照东院、西院和院外居住三部分，分工负责，及时走访看望，据统计，在各处室的大力支持和配合下共计到老同志家中走访慰问400余人次。

【立足实际，多措并举，老干部精神文化生活丰富多彩】 一是积极创造更加舒适的活动场所。8月份，对老干部活动中心进行了一次全面的维修，老同志们的日常文体活动环境更加舒适。二是不断丰富文体活动内容。在老干部队伍中成立了理论学习、桥牌、书画、钓鱼等多个小组。安排了10次钓鱼活动；“七一”前书画组的老同志组织了书画展，共展出作品40余幅；桥牌队两次与兄弟部门老同志开展技艺交流活动，分获一、二等奖的好名次。12月份，组织老同志开展了冬季室内趣味运动会，共有118名老同志参加了麻将、扑克、垒球、投镖、套圈、台球等项目的比赛。另外，老同志还踊跃参加省、厅组织的各种文体活动，均取得了较好成绩，充分展示了厅离退休老同志的风采，极大地丰富了老干部的精神生活。三是组织参加老年大学学习。全年有40余名老同志报名参加学习了计算机、舞蹈、书画、照相和乐器演奏等课程，既充实了生活内容，了解了现代科技知识，陶冶了情操，又增加了相互交流学习的机会，老同志的身心健康得到了较好的保障。

【抓住重点，搭建平台，老干部党组织作用发挥充分】 2011年，新一届厅党组对老干部党总支、党支部建设非常重视，总支、支部的组织建设、班子建设和党员队伍建设以及自我管理、自我教育、自我服务能力不断提高，党组织的战斗堡垒作用得到了较好的发挥。一是班子建设好。注重选好班子成员，由素质好、威望高、政治理论水平和工作能力强、热心为老干部办事的老党员来担任。6月份，厅离退休干部党总支、党支部进行了换届选举工作，选出了党组放心、党员信任的新一届班子成员。同时，注重加强班子的政治理论学习和培训。班子成员除积极参加支部组织的各种学习活动外，还于10月份，组织老干部党总支、党支部班子成员和党员骨干19人在滨州开展了为期两天的理论读书会，集中进行学习培训，对做好老干部思想政治工作、化解矛盾、支持老干部工作等起到了重要作用。二是组织设置好。根据中共中央组织部《关于进一步加强和改进离退休干部党支部建设工作的意见》，按照合理方便、利于活动的原则，老干部党组织设立了一个党总支、两个党支部和一个农发办离退休干部党支部。总支、支部换届后，根据党员情况变化，重新划分设置了党小组。通过开展争创“五好”支部、“四好”党员活动等引导老党员在加强学习、教育后代、发挥作用、保持本色上创先争优，老干部党组织的思想建设、组织建设和制度建设进一步加强，各项工作实现了制度化、规范化，确保了每一位离退休党员都不脱离党的组织，都能接受党的教育和管理。三是队伍建设好。除部分体弱多病的同志外，老干部党员都能参加党组织生活，积极发挥自身作用。在建党90周年前夕，离休党员都收到了中组部和省委的慰问信；8月份，离退休老同志又收到了省委组织部、省委老干部局通报有关换届工作情况和有关纪律的公开信，老干部党员的自豪感和自觉性进一步提高。与此同时，离退休干部处协助组织召开了以“支持换届工作，维护换届风气”为主题的老党员专题民主生活会。

【狠抓教育，强化能力，老干部工作队伍自身建设不断提升】 一是抓好政治学习，不断提高素质。认真组织学习了科学发展观、胡锦涛总书记“七一”重要讲话、十七届六中全会、省委党代会精神和中央、省委、厅党组关于老干部工作的政策、决议，认真贯彻落实廉洁从政和严肃换届纪律的要求，积极开展廉政承诺，并结合“学习年”主题实践活动的深入开展和学习型党组织、学习型机关的建设，分七个专题进行了全面系统的理论学习，参加了厅机关争创“五十一百”的评选活动。另外，积极参加各类业务培训，熟悉和贯彻执行老干部工作方针政策的能力明显增强，素质明显提高。二是加强思想教育，做到爱岗敬业。在认真开展学习全国、全省老干部工作先进集体和杨善洲、沈浩等同志的先进个人教育活动的基础上，积极投入到创先争优活动中，根据各自职责，主动承诺，认真践诺，牢固树立全心全意为老干部服务的思想和以人为本的理念，真正做到对老干部思想上尊重、心情上贴近、工作上依靠，为老干部诚心诚意办实事、解难事、做好事。8月份，按照省委老干部局16号《通知》要求，全体工作人员都确定了2名老干部作为联系人，处级干部分别参加了2个、其他干部参加了1个以上离退休干部党支部民主生活会。三是规范职责任务，强化服务意识。根据工作需要，以原有制度职责为基础，交叉成立了宣传报道、外出活动和医疗保健三个协调协作小组，还结合人员变化，以细化职责为重点，合理调整领导分工，合理划分科组职责，合理分解工作任务，责任到科到人，进一步完善岗位目标责任制，严格依制度管人，按制度办事，做到了工作有依据、服务有要求，促进了各项工作的有序开展。配合有关处室，为全体老同志换发了中国银行工资卡、洗车卡、游园卡、就医导诊卡；为40多位离休干部和厅局级老领导换发了省直医疗保健证；组织100多位老同志参加了人大代表换届选举投票工作。同时，按照2011年厅机关党的工作要求，认真落实政治学习制度，切实把思想和行动统一到中央和党组要求上来。围绕支部班子、队伍建设、组织设置、活动开展和群众反映“五个好”为目标，不断加强思想、组织和作风建设，进一步增强服务大局、服务老同志意识，把立党为公、执政为民的要求落实到本职工作中，支部号召力、凝聚力、战斗力进一步增强。严格落实党风廉政建设责任制和廉洁自律各项规定，认真做好防控工作，自觉接受老同志监督，廉洁自律意识进一步增强。

（撰稿：文　毅　张祖军　张亚男）

机关思想政治工作

【概述】 2011年，厅机关思想政治工作以《中国共产党党和国家机关基层组织工作条例》为指针，以党建目标管理为主线，以创先争优争做齐鲁先锋、学习年主题实践活动、机关文明创建为抓手，以服务财政中心为己任，以提高财政干部队伍素质为重点，主动换位思考，站在党组的角度、处室的角度、党员干部职工的角度考虑问题、谋划工作、开展活动，引导大家坚定理想信念、加强道德修养、自觉爱岗敬业，重视团结协作、勇于创新进取、依法为国理财、廉政为民服务，机关党组织的生机和活力明显增强，为财政改革发展和各项工作落实提供了坚强的精神动力、能力支持和作风保证。

【以厅党组总体思路和目标任务为中心谋划党的建设，保持了机关党建工作方向明、思路清、措施实】 一是围绕中心谋划机关党建工作。围绕厅党组“坚持五个更加注重、着力构建六个机制、努力实现七个突破”的总体思路和目标任务，提出了“十二五”时期厅机关党建工作“一二三四五”的总体思路。具体是：坚持一个工作目标，即创建服务型机关党组织、争创一流业绩；明确两项重点任务，即服务中心、建设队伍；把握三项基本要求，即增强机关党建工作的中心意识、服务意识、科学意识；抓住四个着力点，即思想建设、作风建设、能力建设、制度建设；打造五个系列载体，即学习型党组织和学习型机关建设工作载体、创先争优活动工作载体、作风能力建设工作载体、精神文明创建活动工作载体、机关党建工作目标责任考核体系建设工作载体，同时，制订了24项措施。党的十七届六中全会和省委九届十三次会议召开后，根据厅党组部署，着眼进一步提升工作效率和服务质量，提出了贯彻会议精神要做到“四个结合”、强化“四个意识”，切实用六中全会精神指导、推进财政工作。具体组织实施中，注意根据阶段性重点工作及时修正和调整，确保党建工作贴紧中心、贴紧党员干部职工的需求，既为业务工作的完成提供了时间保证，又使党建工作有条不紊的顺利开展。二是围绕中心开展多种形式的党建活动。进一步加强基层党组织建设，指导8个党支部做好改选和补选工作，所属党总支、支部班子健全，为充分发挥作用奠定了基础。认真落实民主生活会、述职述廉、廉政谈话等制度，强化了对党员干部特别是领导干部的日常管理和监督。以《中国共产党历史》（第二卷）为基本教材，依托红色教育基地和党员教育实践基地，开展党史知识竞赛、为党员过政治生日、重温入党誓词、“唱响主旋律红歌献给党”合唱比赛、“学党史、增党性、当先锋”等“五个一”系列主题实践活动。扎实做好机关基层党组织党务公开工作，梳理了需要公开的8个方面、20个大项、54个小项的内容，在党支部（总支）中全面推开。这些主题鲜明、形式多样的活动，不断强化了党员的党性观念，增强了做好财政工作的责任感和使命感。三是围绕中心创先争优。按照中央、省委关于开展为民服务创先争优活动的要求，继续把与财政中心工作、与党的建设搞好“八个结合”作为争创齐鲁先锋党支部、齐鲁先锋共产党员活动的基本方法，把“转变作风、争做财政服务先锋”作为活动载体，广泛开展了学习沈浩、杨善洲等同志先进事迹，以公开承诺事项、公开亮明身份、公开办事程序、公开服务电话，比技能本领提高学习力、比开拓进取提高创新力、比服务质效提高执行力、比遵纪守法提高自律力，以及党员互评、群众参评、领导点评、共产党员先锋岗评选为主要内容的“四公开四比四评”活动，评比表彰了37个窗口和37名个人“共产党员先锋岗”，编发65期《政工简报》、《创先争优活动简报》，积极树立“先”与“优”的导向，挖掘“创”与“争”的潜能，引导各党支部（总支）和党员紧紧围绕中心创先进，立足本职争优秀。各党支部（总支）和党员自觉树立“没有最好，只有更好”的理念，把注意力、执行力、创造力，聚焦到比工作、比贡献、比能力、比创新上来，真正把机关党建工作的效果转化为动力、体现到能力、见之于行动。2011年，厅机关、处室单位和个人共获省部级以上表彰22项。同时，注意引导党务干部用改革的精神、创新的思维、科学的态度，破解机关党建工作中的重点难点热点问题，努力做到谋划工作有思路，开展活动有特色，落实任务有创新，服务中心有作为。

【以学习年主题实践活动为重点服务队伍建设，较好地发挥了党建工作激活力、提素质、强能力的功能】 厅党组把工委部署实施的作风能力建设系统工程和学习年主题实践活动，作为加强机关建设的战略性、根本性任务，以打造学习型财政机关为方向，成立专门机构，印发了实施方案，紧紧围绕财政重点工作和热点难点问题，广泛开展研讨互动、学习工作一体化的研究式学习，用学风引领作风，以学习促进工作，努力提升财政机关党员干部职工学习研究、探索创新、解决问题的能力和科学理财、服务发展、服务民生的水平。一是着眼激发学习动力，完善保障机制。把落实学习责任、领导带头学习、健全激励机制作为推动主体实践活动落到实处的关键来抓。在厅党组统一领导下，成立了党组成员、纪检组长、监察专员傅清卿同志任组长，办公室、人事处、机关党委、纪检监察室主要负责同志为成员的领导小组，负责抓落实。进一步完善了厅党组中心组带头学习带动机关学习、党支部（总支）书记带头学习带动党员学习的规定，各位厅领导以身作则、身体力行，既抓好分管处室的集中学习，又带头参加所在支部的学习活动。各党支部（总支）书记做到早学一步、多学一点、深学一层，既认真组织学习，又带头谈体会，努力当好指挥员、示范员、辅导员和质检员，在厅机关形成了领导做表率、支部唱主角、党员齐参与、比学赶帮超的良好学习风气。二是着眼提高综合素质，搞好“五个结合”。把开展主题实践活动与建设学习型机关和财政文化、与创先争优活动、与庆祝建党90周年、与作风和廉政建设、与财政业务培训和个体需要紧密结合起来，围绕“科学实践创新、爱岗敬业奉献、廉洁勤政为民，铸造财政精神、争做齐鲁先锋、树立财政形象”这一主题，在提高党员干部职工的综合素质上下功夫。合理制订学习计划，通过推荐图书、组织专题讲座、交流学习体会等，为学习提供便利条件。年内向干部职工推荐了《中国共产党历史》、《学国学100句》、《科学发展主题案例教材》等一系列书籍，并将学习效果作为创先争优的重要指标，作为公开承诺践诺评诺、领导点评的重要内容，认真组织读书学习“五十一百”评选活动，厅办公室组织开展了年度优秀公文评选活动，形成学有要求、学有动力、学有保障、学有成效的良好氛围。人事处、干部教育中心把学习内容纳入干部培训计划，年内厅机关组织2 000多人次参加各级各类培训。创新学习载体，借助山东干部学习网、山东机关建设网、山东财政教育培训网、山东财政网数字图书馆，搭建网络学习平台，引导党员干部职工按照缺什么学什么的原则搞好自主学习，把工作需要、岗位要求和个体需求有机地结合起来，增强了学习的针对性和主动性。开展寓学于乐式的各种活动，先后多次组织干部职工到党员教育实践基地参加劳动锻炼、调查研究等活动；举办摄影知识讲座，展示摄影爱好者作品，部分摄影作品还被《人民摄影报》选登；组织参加全国财政系统纪念建党90周年书法摄影征文比赛活动和省直机关首届读书节系列活动，有39人分别获得一、二、三等奖。三是着眼推进财政工作，坚持“三个紧贴”。根据厅党组的部署，围绕提高素质能力、提高工作效率，紧贴热点难点问题、紧贴财政业务工作、紧贴新的形势任务，开展研究式学习，把学习渗透到每一项工作中去，防止和克服学习与工作“两张皮”现象。2011年初，省委、省政府向社会公开承诺了惠民的“26件实事”，全厅上下紧紧围绕“26件实事”，积极主动拿方案、筹资金、抓落实，较好地发挥了财政保障民生的作用。2011年，省财政厅向社会公开的3项承诺事项已全部落实到位。省委建设学习型党组织工作协调小组转发了省财政厅开展研究式学习的做法。

【以机关文明创建为牵引加强作风建设，较好地发挥了机关党建工作强作风、促服务、树形象的功能】 坚持把机关文明创建融入创先争优争做齐鲁先锋活动、融入作风和党风廉政建设、融入和谐机关建设，充分发挥工青妇的作用，使文明创建工作与其他各项工作融为一体、相互促进，努力推进机关作风建设。一是用机关文明创建引导行为、激发动力。厅党组把创先争优争做齐鲁先锋活动领导小组与机关文明创建领导小组统一起来，建立了一把手任组长、分管领导负责、机关党委牵头、各处室主要负责人“一岗双责”、工青妇等群团组织各负其责、全员参与其中的文明创建领导机制，为搞好创建活动提供了组织保障。深入开展了争创青年文明号、青年突击手、工会积极分子、“三八红旗手”等活动，在厅机关掀起你追我赶、比学赶帮的热潮。把强调党员履行义务与加强对党员的关怀统一起来，把做好干部职工的思想政治工作与解决实际问题结合起来，做到尊重人、理解人、关心人、帮助人。一年来，为干部职工办理游园卡、赠送生日蛋糕券；对党员干部职工做到“五必访”，即患病住院、离职退休、家庭成员去世、家庭受灾或发生意外、重要节日，都去走访慰问，为37名困难干部职工发放救济金；以纪念“三八”妇女节、“八一”建军节为契机，为女干部职工和军转干部职工发放慰问信和慰问品；为42名干部职工独生子女办理平安保险手续等，使党建工作真正起到暖人心、得人心、稳人心、促和谐的作用。厅机关妇委会组织干部职工开展结对救助失学、困难女童104人，从1999年始连续12年不间断，“六一”儿童节前又派代表带着文具等赴菏泽东明县看望了第二批结对助学的41名女童，在厅内外反响很好。同时，加强对全省财政系统文明创建工作的引导，截至2010年，文明创建已覆盖了省、市、县各级财政，厅机关连续多年被评为“省级文明机关”，17个市级财政局有5个被评为全国文明单位、12个被评为省级文明单位，有67个县级财政局进入省级文明单位行列。文明创建活动越来越受到干部职工的欢迎和广泛参与，已成为全省财政系统一项具有凝聚力和影响力的形象品牌工程。二是用强有力的党风和廉政建设规范工作、约束行为。纪检监察室从廉政文化建设入手，依托山东财政内部信息网设立廉政屏保、建立纪检监察网页、开辟“廉政勤政教育园地”专栏。广泛开展以人为本、执政为民主题教育活动，深入开展“四个一”经常性教育活动，组织党员干部职工1 200多人次观看反映沈浩同志先进事迹的电影《第一书记》、警示教育片《廉政中国》、《财苑警钟》和“法治与责任——全国检察机关惩治和预防渎职侵权犯罪展览”，编辑财政系统违纪违法典型案例剖析专辑供党员干部职工学习。严格贯彻执行《廉政准则》及其实施办法，严格执行厉行节约规定、严格遵守廉政纪律、严格落实各项财政制度，组织500多名党员干部职工开展廉政公开承诺、排查风险点活动，建立健全廉政风险防控机制，进一步加强财政权力运行规范和监督，形成用制度管人、管钱、管事的工作机制，引导干部职工树牢法治意识和廉洁意识，省纪委转发了省财政厅开展廉政承诺活动的做法。积极建设“阳光财政”，通过提高财政预算透明度、加强门户网站建设、参加“阳光政务热线”等方式，自觉接受社会各方面的监督，确保人人事事讲规矩、守本分，真正使法治观念入脑、入心、入骨子，做到依法理财、科学理财。2011年，省财政厅被财政部表彰为全国财政“五五”普法先进单位、被省政府表彰为山东省依法行政先进单位。三是用为民服务创先争优活动强化服务、提能增效。为民服务创先争优活动中，依托“四公开四比四评”活动为载体，组织37个党支部（总支）和500多名党员干部职工进行了点评和第二轮承诺活动，引导党员干部职工换位思考，设身处地为服务对象着想，进一步强化责任意识、依法理财意识、为民服务意识，不断完善首问负责制、限时办结制、AB角等制度，对每一项工作、每一件事情，都雷厉风行抓落实；自觉把群众满不满意作为衡量财政工作好坏的第一标准，不断优化工作流程，简化办事程序，规范服务标准，端正服务态度，不说大话、空话，多办实事、好事，让服务对象切实体会到“走进财政门，不用找熟人”，形成了“处处是窗口、事事是服务、人人是形象”的良好服务环境。

（撰稿：殷　明　王鲁刚　王銮奎）

纪检监察工作

【认真贯彻财政部和省纪委反腐倡廉工作会议精神，部署工作任务】 为深入贯彻省纪委九届七次全会和财政部反腐倡廉工作会议精神，部署2011年反腐倡廉工作任务，4月25日召开了厅机关廉政工作会议。厅党组成员、行政领导班子成员、省经济开发投资公司中层以上领导以及厅机关全体党员干部参加了大会。会上，党组书记、厅长于国安同志强调要严格按制度规定办事、严格执行廉政纪律、严格落实厉行节约规定、进一步强化服务意识，发扬干事创业的好传统，讲学习、讲政治、讲团结、讲正气，以良好的作风和扎实的工作树立财政部门和财政干部为民、务实、清廉的良好形象。

（一）制定实施意见，落实工作

任务和责任。按照省纪委全会和全国财政反腐倡廉工作会议部署要求，党组印发了《2011 年全省财政系统党风廉政建设和反腐败工作实施意见》，对厅机关党风廉政建设和反腐败工作进行了全面部署，对加强反腐倡廉教育、推进惩防体系建设、建立风险防控机制提出具体要求。同时，将财政承担的惩防体系建设和源头治理牵头的 12 项、协办的 26 项任务分工落实到相关处室，责任落实到岗、到人。纪检组充分发挥组织协调作用，以落实《实施意见》为总抓手，积极推动反腐倡廉建设各项工作任务的落实。

（二）认真落实党风廉政建设制度规定，加强党员干部的监督管理。加强对党风廉政建设各项制度执行情况的监督检查，严肃查处违反制度行为，促进党员干部廉洁从政。一是加强对贯彻落实中央、省委重大决策部署的监督检查，保证各级财政干部在事关原则、事关方向的问题上不出政治问题，确保政令畅通。在落实中央、省委厉行节约政策规定上，通过加强预算管理，层层落实任务，确保了全省压缩经费支出指标任务的完成。二是在加强资金监管上，坚持“一项资金对应一个办法，先有制度后拨资金”，通过开展执法监察、权力梳理以及廉政风险防控活动，督促业务处室加快制度建设，完善相关政策，2011 年新制定和修订完善制度办法 110 项，形成了靠制度管钱管事管人的机制。三是在加强干部监督上，在认真落实领导干部述职述廉、报告个人重大事项、廉政谈话、廉政档案、干部任职前听取纪检组意见办法等制度，为全厅 190 名副处级以上领导干部建立了廉政档案，强化党员干部的监督约束。在干部选任中，纪检组派员从推荐测评、计票、考察等各个环节全程参与、全程监督。四是建立廉政承诺制度，机关 42 个处室单位主要负责人和 580 名干部职工作出郑重承诺，承诺书在全厅公示，强化了党员干部的廉洁自律意识。

【深入开展反腐倡廉教育，筑牢党员干部拒腐防变思想道德防线】 抓住教育这个基础，把廉政教育纳入财政干部岗位培训的重要内容，采用大家喜闻乐见的形式，不断赋予新主题，收到潜移默化的教育效果。结合“以人为本、执政为民”主题教育，在厅机关开展“四个一”教育活动。一是组织了一次红色革命传统教育。厅机关各处室、各单位自行组织到革命传统教育基地参观，缅怀革命先烈，重温入党誓词，进一步激发了党员干部干事创业的积极性，增强了党性党风党纪意识。二是整理一本典型案例剖析材料。按照厅党组统一部署，收集整理近五年全省财政系统发生的 10 起违纪违法案件，汇编成册并印发全系统党员干部，以案明纪，以案说法，教育引导党员干部自重自省、引以为戒。三是开展正面示范教育。结合创先争优活动，组织全厅党员干部观看了反映沈浩先进事迹的影视片《第一书记》，并通过财政内网，覆盖延伸到全系统的党员干部，观看人数超过 2 万人次，许多党员干部还撰写了观后感。通过观看影视片，进一步激励财政干部坚定信念、振奋精神、立足本职、扎实工作。四是开展警示教育活动。组织厅机关和厅属单位部分党员干部参观“全国检察机关惩治和预防渎职侵权犯罪展览”，通过这次活动，进一步增强了党员干部廉政为民、服务发展的自觉性和坚定性。2011 年，编发《廉政学习月报》6 期 500 余份，组织厅机关党员干部观看警示教育专题片 9 部，达 3 500 人次，全省财政系统党员干部观看沈浩先进事迹影视片 23 000 人次。另外，驻厅纪检组会同机关纪委、信息中心设置了廉政屏保程序，统一安装在厅机关所有办公电脑，不断拓宽党风廉政教育形式，教育引导党员干部增强廉洁自律意识，营造风清气正、勤政廉政的机关环境和氛围。

【完善权力运行监督制约制度，建立廉政风险防控机制】 在按照省纪委廉政风险防控工作推进会议总体部署，开展权力梳理工作的基础上，研究贯彻落实意见。成立了以厅长于国安任组长、其他班子成员任副组长、各处室主要负责人为成员的领导小组，加强风险防控管理工作的领导，形成了“‘一把手’负总责、班子成员分工负责、各处室齐抓共管、人人积极参与”的工作格局。为促进风险防控制度措施不断完善，驻厅纪检组全体成员集中时间，与全厅 42 个处室、单位主要负责人进行了一对一的座谈，逐处室、逐单位听取汇报，共同查找风险点、研究制定防控措施。全厅共梳理修订权力事项 384 项，绘制权力运行流程图 375 个，查找廉政风险点 767 个，其中一级风险 222 项，完善防控措施 587 项。

【强化监督检查，扎实推进惩防体系建设】 按照省委《实施办法》、《工作规划》和省纪委《落实省委〈建立健全教育、制度、监督并重的惩治和预防腐败体系实施纲要具体意见〉分工方案》的部署要求，厅党组印发了实施意见，区分工作任务，落实责任要求，建立了“一把手”负总责，分管领导分工负责，处室班子成员“谁主管、谁负责”的领导责任机制。2011 年，财政部门担负的 38 项任务做到了“四个落实”：落实任务，根据职责划分，将各项任务落实到相关业务处室；落实责任，落实牵头和配合处室的责任，明确处长为“第一责任人”；落实时限，牵头处室必须在规定时限内完成任务，力争提前完成；落实检查考核，采取专项检查、结合年度工作总结和干部考核，检查考核各项任务完成情况，严格落实责任追究制度。

【发挥查办案件治本功能，认真处理群众信访举报】 2011 年，重点加强对财政干部利用资金分配、财政审批许可、监督检查以权谋私，政府采购领域、中介机构执业以及财政管理中的商业贿赂，私设“小金库”等方面的监督检查，认真核实和查处群众来信举报的问题，做到件件有着落、事事有回音。发现有苗头问题的干部，及早提醒，防患于未然。对发现有违纪违规事实的，及时进行廉政谈话提醒，绝不姑息迁就。2011 年，共查处群众信访举报 20 件次，全部按照有关规定程序做了处理。

【创新纠风工作机制，加强政风行风和机关作风建设】 通过扎实开展纠风工作，各级财政机关作风和政风建设取得新的成效，财政干部的服务意识明显提高，较好地维护了财政部门和财政干部的整体形象。一是认真落实纠风责任。坚持“抓行业必须抓行风”的要求，加大纠风工作力度，印发纠风工作实施意见，明确纠风工作重点，部署工作任务，落实了纠风责任。二是广泛开展效能评议。为加强社会各界监督，及时纠正群众反映强烈的不正之风问题。2011 年，向社会各界和服务对象发放行政效能评议征求意见信 450 封，反馈 150 多条意见建议，有关处室全部进行了整改。三是积极参加政务热线。广泛宣传省委、省政府的惠民政策，认真解决群众实际困难，于国安厅长亲自上线，纪检监察室负责督促落实，听众反映的 41 个困难问题全部得到妥善解决，受到广大听众的高度赞扬。积极推进财政信息公开，2011 年，向社会公布了财政总预决算和省对下转移支付管理办法。四是加强调查研究。注重理论与实践相结合，加强调查研究，把实践中的好经验、好做法提炼升华，不断提升的能力和服务水平。2011 年，纪检组撰写了《关于公车制度改革的几点思考》、《廉政风险防控机制建设经验、问题与对策》2 篇调研报告。五是加强教育培训。在清华大学举办了第五期全省财政系统纪检监察干部培训班，开拓了工作视野，提升了财政纪检监察干部组织协调、监督检查和查办案件的能力。2011 年度民主评议行风活动中，省财政厅机关在省直综合经济管理部门中名列前茅。

（撰稿：崔永峰　姜　湃　钟　同）

财政科研

【围绕中心工作，课题研究取得新进展】 2011 年，财政科研工作按照树立“服务意识”、“精品意识”的要求，重点开展了 4 项研究工作：一是完成财政部科研所协作课题《促进城镇化发展的财政政策研究》。与部科研所税收室、MPAcc 办公室和湖南、成都、长春等省（市）科研所合作进行全国协作课题研究。通过深入实际调研，学习其他省份的先进经验，完成了总报告的部分撰写任务。分报告归纳总结了山东省城镇化发展的现状与优势，分析了当前城镇化发展遇到的主要问题和制约因素，从财政的视角提出了完善财政管理体制、建立城镇化发展稳定资金投入机制、完善城镇化保障机制、增强城镇经济实力等促进山东城镇化发展的政策措施和建议。二是完成省科技厅攻关计划项目《山东半岛蓝色经济区发展的财政政策研究》课题，并通过成果鉴定。山东半岛蓝色经济区是国家海洋发展战略和区域协调发展战略的重要组成部分。为有针对性地进行研究，科研所做了大量的前期调研准备工作。在课题研究中采用了理论、实证、比较、数量、规范分析等研究方法，通过对国内部分省份重点区域经济发展情况进行实地考察，在对山东半岛蓝色经济区发展规划进行总体评述及与国内其他沿海发达省份海洋经济发展情况对比分析的基础上，结合研究国外海洋经济的开发与利用情况，查找山东海洋经济发展存在的差距及制约因素，并借鉴国内外发展的成功经验，提出了山东半岛蓝色经济区发展的财政政策建议。三是完成省社科规划办课题《山东省城乡公共服务体系建设的财政政策研究》。该课题综合评述了近年来山东财政在支持城乡统筹发展方面采取的措施及取得的成效，通过实地调研与对比分析，找出山东财政在支持城乡公共服务建设方面存在的问题，从理论与实践结合的角度阐述了财政在支持城乡公共服务建设中应把握的重点问题，并在此基础上，提出了正确处理公共服务体系建设与经济发展的关系，财政支出重点向民生领域倾斜，增强县乡公共服务保障能力，构建政府、市场、社会“三位一体”的城乡公共服务体系等政策建议。四是完成省科技厅重大项目《加快山东生产性服务业发展研究》课题阶段性工作。本课题在分析论述生产性服务业在当前整个经济社会发展中的地位和作用的前提下，归纳总结山东省生产性服务业发展的基本情况，通过建立计量模型，对我国省级生产性服务业发展水平进行比较分析，探寻山东生产性服务业发展存在的制约因素，从财政的视角，提出促进生产性服务业发展的政策建议。

【加强调研分析，参谋助手作用进一步发挥】 2011年，科研所深入基层开展调研活动，形成多篇调研成果和分析资料。一是重点围绕“发挥财政职能作用，促进地方经济结构调整”、“现代服务业发展的财政对策研究”、“加快小城镇建设，促进农村经济发展”等专项课题进行了实地调研，与市地财政科研力量共同协作，形成调研报告16篇，2012年将结集出版。二是根据省财政厅开展“财政可持续发展问题”研究的统一部署，收集整理相关资料，完成理论分析及警示案例剖析两部分撰写任务，提供厅领导和有关单位研究参考。三是完成3篇调研报告和参考资料。根据省领导及厅领导关心、关注的政府购买公共服务问题，组织研究人员赴烟台、莱芜进行实地调研，撰写调研报告《政府购买公共服务评析及政策建议》，在厅《财政情况·调研版》上刊发，并在国家级刊物《经济研究参考》上发表。赴潍坊、淄博等地就小城镇发展情况进行了实地调查，撰写了《关于财政支持小城镇建设情况的调研报告》，在厅《财政情况·调研版》上刊发。为总结推广江苏、广东两省运用“飞地经济”促进区域协调发展的新路子，根据相关调研报告及有关材料，编写了《广东、江苏创新推广“飞地经济”实践效果及启示》一文，在厅《财政情况·省外财政动向》上刊发。

【拓宽组织形式，全省财政系统科研工作有效推进】 2011年，在原有科研组织方式的基础上，解放思想，创新形式，积极推进全省财政科研工作。一是加强督促指导，全省财政系统协作课题质量不断提高。2011年，围绕山东省财政改革中心工作，组织各市财政局就《发挥财政职能，促进地方经济结构调整》、《现代服务业发展的财政对策研究》、《加快小城镇建设，促进农村经济发展》三项课题开展协作研究。为保证协作课题工作的顺利开展，在注重加强与各协作课题组之间日常联络沟通的基础上，又赴潍坊、枣庄、威海、烟台参加了各协作课题组召开的课题研讨会，参与撰写了各课题组报告的总体构架并提出相应的指导性意见。各市财政部门完成课题的质量不断提高，有些政策建议产生了积极的影响，其中有的进入政府决策，体现了较高的参考价值。同时，结合全省财政重点工作，研究确定了《2011～2012年度全省财政协作研究课题计划》。二是评选2010～2011年度全省财政科研成果。组织相关专家对各市财政科研部门2011年完成的16项课题研究成果进行了评审，对获奖成果进行了表彰奖励，并将全省科研协作课题结集出版，为财经理论与实践工作者提供借鉴参考。三是明确工作思路，健全完善课题制度。在11月份召开的全省财政科研工作会议上，与各市财政科研负责同志进行了广泛的讨论和交流，进一步统一了思想，明确了今后一个阶段科研工作的思路和重点。并以此为契机，进一步完善了全省财政科研协作课题的运行机制，在原有制度的基础上，进一步健全了全省财政科研协作课题制度，建立了协作课题岗位责任制。

【创新工作思路，刊物质量再上新台阶】 紧紧围绕财政中心工作进行《山东财政研究》组稿、编辑，全年共刊发稿件205篇，计145万字，编辑图片204幅，处理稿件近200万字，取得了良好的成效。一是加大财经前沿研究成果、学术论文的比重，使刊物更具前瞻性、权威性。积极主动向国内有影响的著名财经专家、学者征稿，共刊登专家学者稿件7篇，财政部、财政厅领导特稿12篇，增强了刊物的权威性；刊登财政改革的最新研究成果，确保刊物的前瞻性；针对当前经济和财政改革的热点和难点问题，以卷首语的形式，对读者进行引导和启迪，收到了良好的效果。二是加强与厅各处室配合，提高宣传的针对性和时效性。注重加强与厅内各处室的联系与沟通，围绕财政中心工作确定组稿思路，如针对经济结构调整、绩效预算、地方政府债务、城镇化建设等方面进行了重点宣传。三是及时宣传各市财政工作的先进做法和经验，增强刊物指导性。对基层财政在实际工作中存在的问题、解决问题的办法及先进的工作经验，及时进行宣传报道，充分发挥刊物的指导作用。为配合莱芜市财政局开展的“绩效管理年”活动，组织专门力量进行专刊的编审，刊发后满足了当地工作宣传的需要，也在全省财政系统作了交流。四是努力扩大刊物影响，推出《山东财政研究》网络版。与厅信息中心、新华印刷厂合作，在财政网络平台上共同设计推出了《山东财政研究》网络版，做到刊物和网络版内容同步更新，使全省财政系统所有的工作人员都能通过财政厅内网主页方便、快捷、及时地阅读《山东财政研究》，在不增加发行量的同时，扩大了宣传面、增强了宣传效果、节约了经费开支，受到广大读者的好评。五是加强内部制度建设，提高办刊效率和质量。参照国内优秀财经期刊和部科研所办刊工作的相关规章制度，制定了编、审、校规范流程，进一步明确了编辑部一审、二审、美术编辑的岗位职责。实行“责任编辑”制，做到有章可循，责任明确，进一步增强了责任心，降低了差错率，提高了办刊质量。改变过去传统做法，全面实行电子版。将经过一审、二审、定稿后的刊发稿件连同电子文档目录，形成定稿的当期《山东财政研究》电子版，送印刷厂直接转入激光照排系统，避免了重复劳动，缩短了出版工作周期，大大提高了工作效率。

【开展学术研讨，学会的桥梁纽带作用有效发挥】 2011年，山东省财政学会注重与中国财政学会、兄弟省市财政学会联络，扎实做好学会秘书处工作。按照省民政厅要求，不断完善学会管理，积极组织开展群众性研讨活动。由于工作突出，在2011年3月份召开的全省社科联工作会议上，省财政学会被评选为山东省社会科学界2010年度学术活动先进单位，学会工作经验被选入会议经验汇编进行交流。一是组织开展“改革与创新：山东财政可持续发展”征文研讨活动。为全面落实省委九届十二次全会和全省财政局长座谈会精神，深入分析研究“十二五”时期山东省财政改革发展面临的形势和问题，2011年，省财政学会组织开展了“改革与创新：山东财政可持续发展”征文研讨活动，收到各类征文570余篇。二是分别组织参加省社科联第25次全省社会科学优秀成果奖评选和中国财政学会第5次全国优秀财政理论研究成果评选活动。通过印发通知、组织发动、申报和初评，经省财政学会推荐上报的成果荣获省社科联第25次全省社会科学优秀成果二等奖三项。按要求向中国财政学会推荐8项成果参加第5次全国优秀财政理论研究成果评选。三是开展“山东省转方式、调结构的财政政策”笔谈评选活动。为深入学习贯彻党的十七届五中全会精神，结合山东省实际研究探讨财政改革与发展的政策措施，省财政学会于2010年底组织开展了“山东省转方式、调结构的财政政策”笔谈活动，共收到文章350余篇。2011年初，从收到的文章中评选出部分有代表性的作品，在《山东财政研究》上陆续刊登40余篇，并给予了适当鼓励。

【注重志书质量，《山东省志·财政志》获省府办公厅奖励】 2011年，为表彰为史志事业发展做出突出贡献的单位和个人，经省政府同意，省史志办分别于3月和6月组织开展了2010年度全省史志系统“八个一优秀”评选活动和“齐鲁新方志奖”评选活动，《山东省志·财政志》分别荣获“优秀三级志书”和“优秀省志分志奖”。

【加强内部管理，科研人员素质进一步提高】 一是以开展“学习年”活动为契机，加强知识学习，不断提高综合素质。按照年初厅党组提出的“实现七个新突破”的目标要求抓好党员干部的学习，领导班子发挥带头作用。同时，按照厅机关党委要求，认真开展了读书学习“五十一百”争创和评选活动。通过学习，干部队伍的整体素质有了进一步提高。二是积极开展建党90周年系列纪念活动。组织广大党员干部认真学习党史，通读《党史知识ABC》，进一步增强党性观念。开展了党内关怀帮扶活动。“七一”前夕，走访慰问了所内离退休的老党员、老干部。开展迎“七一”唱红歌比赛活动。高度重视唱红歌比赛活动，积极组织，与厅信息中心鼎力合作，最终获得一等奖，充分展示了干部职工团结奋进、积极进取的良好精神风貌。三是积极组织开展“创先争优、争做齐鲁先锋”活动。按照要求，认真开展了承诺、践诺、评诺活动。每个党员结合自身岗位职责，进行了郑重承诺，并按照承诺内容认真实践，较好地完成了承诺事项。党支部组织党员对承诺践诺情况进行了集中评议。四是加强廉政风险教育，廉政意识不断增强。按照廉政风险防控管理工作领导小组的要求，2011年重点组织全体人员认真排查各自在思想道德、岗位职责、业务流程、制度机制等方面存在的廉政风险及防范措施。针对科研所工作职责，重点排查了科研课题补助经费分配意见、科研成果评奖及稿费的确定和发放三项权力事项。针对风险查找中发现的问题，有针对性地进行整改，逐项完善制度规定，精心设计工作流程，明晰健全岗位职责，细化和规范工作内容，加强内部监督管理，促进了廉政风险防控的制度化。

（撰稿：李建民　臧晓丽）

注册会计师工作

【行业发展主要事业指标】 2011年，在中国注册会计师协会（以下简称中注协）、中国资产评估协会（以下简称中评协）的指导和行业各级主管部门的领导下，山东注册会计师行业与资产评估行业各项工作扎实推进，各项事业稳步发展。截至2011年底，全省共有会计师事务所551家（含61家省内分所），行业从业人员14 423

人，其中注册会计师6 774人。全省有资产评估机构267家（含4家省内分所），从业人员约4 000人，其中注册资产评估师2 646人。2011年，注册会计师行业实现业务收入17亿元，较上年增长21%；评估行业实现业务收入2.57亿元，较上年增长16.87%。有9家会计师事务所业务收入超过5 000万元，其中新联谊会计师事务所有限公司收入超过亿元；有3家资产评估机构业务收入超过1 000万元。山东正源和信、山东汇德和山东天恒信等三家独立具有证券（期货）特许审计资格的事务所，2011年保有非上市金融机构及省部属企业集团以上高端审计业务客户共68家，其中上市公司客户数量计51家。新联谊、山东天元同泰、青岛振青3家独立所及可开展上市公司审计业务的大信会计师事务所有限公司山东分所等13家山东境内分所保有高端审计业务客户288家，其中上市公司客户57家。

【全心全意做好注册管理】 注册会计师、评估师年检是针对上年度进行的，反映的是2010年情况。截至2010年底，全省有会计师事务所536家，资产评估机构256家。年内新设会计师事务所23家，撤销会计师事务所3家；新批资产评估机构1家。年检通过注册会计师6 471名、未通过96名。通过注册资产评估师2 469名、暂缓通过63名、未通过28名。年内新批注册会计师307人，办理非执业会员入会232人，办理注册会计师转所、转会近800人次。全年新批准注册执业资产评估师92人，办理注册资产评估师省内转所114人次，跨省区转会32人次。完成注册会计师后续教育6 402人，完成注册评估师后续教育2 562人。2010年注册会计师行业完成业务收入14亿元，较上年增长10%；资产评估行业完成业务收入2.2亿元，较上年增长31%。

【做好年度检查，严肃查处违规】 根据年度检查制度、结合有关部门检查安排，圆满完成了对59家资产评估机构和86家会计师事务所的年度检查。一是分别制定检查实施方案，明确重点检查对象及重点内容；二是根据检查工作手册，进一步修订完善检查工作底稿；三是精选兼职检查员集中培训，保证检查工作政策、尺度、纪律的统一；四是实地检查中严格检查程序，充分沟通交流，注重取证工作，有针对性地提出整改措施和工作建议；五是及时通报问题、处理违规，对8家资产评估机构和7家会计师事务所给予行业惩戒，责令在3个月内进行整改；六是及时将惩戒结果录入行业监管信息系统，建立诚信管理档案；七是注重查找总结先进机构好的经验和做法，通过行业通报和协会网站及时宣传。

【落实投诉举报，推动区域自律】 2011年度投诉举报事项主要集中于内部管理、执业质量等问题。分别对多家事务所存在的问题，进行了调查了解，积极进行沟通调解，及时化解了内部矛盾，并对存在的问题进行了相应处理。着重查处了济宁、烟台等当地会计师事务所出具虚假验资报告及非法承揽业务行为。积极配合中注协检查组对大信济南分所、青岛分所、上海上会山东分所、天健山东分所进行了检查，加强了沟通协调，督促事务所认真查找问题、加强整改，规范执业行为。在总结经验的基础上，进一步推动区域自律，印发了《关于开展注册会计师行业区域自律工作的通知》，制定了《山东省注册会计师协会区域自律工作暂行规定》，把地方区域自律协议纳入省行业自律监管体系管理。在试点成熟地区成立行业自律委员会，并及时派出工作组跟进协调。启动业务报告防伪和备案制度，率先在日照市行政区域内推行。

【科学筹划继续教育，努力提高培训质量】 2011年，注册会计师后续教育按照"一竿子插到底"的原则，重点对新修订的审计准则进行了轮训。截至到年底共举办培训班22期，监督指导事务所自主办班4期，主任会计师培训班1期，委托及派往国家会计学院学习的注册会计师约486人次，共计培训6 631人次，基本全部完成了后续教育任务。注册资产评估师后续教育工作主要依托中评协的CAS-Gnet行业管理系统，从培训计划、培训报名、学员考勤、考试、学时确认、师资授课效果评价等方面，对培训工作实行全方位信息化管理。全年共举办培训班9期。其中：省内面授培训班8期，国家会计学院评估机构负责人培训班1期。后续教育培训2 562人次，岗前培训124人次，共计2 682人次。

【严密组织注册会计师考试工作】 3月份，组织召开全省17个考区考务工作会议，对全部考区进行了网上报名培训，部署了2011年度报名工作。严格条件核查，4月份完成17个考区注册会计师专业阶段和综合阶段报名条件的核查工作，专业阶段2011年度全省报名人数为43 385名，报名总科次为102 309科次，综合阶段共有429人报考。严密组织考试，8月份按要求编排了全省20个考点3 528个考场，考前召开了全省考务及巡视工作会议，布置考务及保密工作，同时24小时值班，做好全省试卷的安全保卫。9月17~18日组织注册会计师专业阶段考试，全省共有33 428人出考，平均出考率为32.67%；9月24日圆满完成了综合阶段和英语的考试。在试卷的接收、清点、保管、发放、回收等具体工作中，做到了准确无误、万无一失。完成了675人827科考试成绩核查的登记、汇总、核查和核查成绩单下发工作。2011年度共有451人取得了专业阶段合格证及15人取得了全科合格证。

【协调行业治理，维护会员权益】 协调解决资质认定问题。8月份，青岛市有关部门违法要求资产评估机构参加价格评估机构资质认定工作，协会接到机构反映后，迅速组织人员调查情况、研究法规，与有关部门沟通协调，及时发布《关于资产评估机构不得参加其他资质认定工作的警示公告》，有效维护了资产评估机构的合法权益。及时答复评估业务问题。11月份收到烟台一家评估机构上报的《关于以资产评估资质出具征收补偿报告的请示》，根据国务院91号令和财政部64号令有关规定，协会及时给予答复并进行行业通告。对于乡村经济纠纷鉴证业务问题，协会于7月份进行了警示公告，提醒机构和人员坚持审慎原则，控制业务风险，并要求加强社会责任心，诚心沟通，耐心解释，免受误解和投诉。

【严格办理资格审核等项工作】 严格执行《山东省新设会计师事务所股东（合伙人）审核暂行办法》，加强会计师事务所股东（合伙人）管理，强化对拟设会计师事务所股东（合伙人）监督，共审查40名合伙人，为32名出具了相关证明。认真组织非注册资产评估师后备合伙人（股东）报名培训工作，全省取得了非注册资产评估师后备合伙人（股东）任职资格并在三年有效期内的人员累计达41人。积极协助进行注册会计师系列先进会计工作者资格审查、材料初审及推荐工作，2011年山东省共表彰30名注册会计师系列“会计先进工作者”，并由协会统一进行了物质奖励。

【开展“制度建设年”主题活动，持续强化行业党建】 集中精力召开好三个重要会议：4月份召开行业学习贯彻全国“两会”精神暨创先争优“制度建设年”交流推进会；6月中旬召开由各市行业党委书记参加的山东省注册会计师行业党建工作会议；6月下旬行业党委召开“七一”表彰大会。通过及时贯彻会议精神，把思想和行动统一到加强和改进注册会计师行业党建、推动加快行业科学发展的目标上来。着重加强领导队伍建设，坚持分片包干、调研指导，及时健全完善行业党委及办公室组织、学习、日常工作等各项制度，依据党员和组织数据库管理系统，建立入党积极分子和纳新党员上报制度，完善行业党员培养和管理实时跟进平台和信息上报考核机制，定期统计通报活动情况。按时完成会计师事务所创先争优综合评价系统填报工作，对涉及的544家会计师事务所、6 000多名注册会计师、13 000多名从业人员的量化指标及时进行了填报、审核、汇总、确认及上报。2011年行业发展党员200名，确定培养对象300多名、入党积极分子500多名。

【扎实搞好行业创先争优活动】 响应各级党委号召，将行业创建活动与山东省“创先争优争做齐鲁先锋”活动相结合，重点开展了“制度建设年”活动，组织各市行业党组织及事务所上报制度建设年交流材料，上报材料百余篇，部分材料被财政部创先争优活动专刊选用。二是开展“十百千”评选表彰活动，隆重表彰了先进行业基层党组织5个，先进事务所党组织49个，先进个人149名，其中6个先进集体获得全国行业先进党组织称号。三是积极参加“唱响主旋律，颂歌献给党”歌咏比赛。四是开展“十大类岗位能手”评选活动，首先开展了审计工作、新业务拓展、党群工作、人力资源部门和财务岗位的“五大类”岗位能手评选活动，五个岗位各评选出5名岗位能手，并对25名能手进行了全省表彰，有2名选手获得全国注册会计师行业岗位能手称号。

【制定行业“十二五”规划，引领行业科学发展】 及时结合山东经济社会发展实际制定了《山东省注册会计师行业发展规划（2011～2015年）》，并被省发展改革委作为制定《山东省国民经济和社会发展第十二个五年规划纲要》中“山东省高端服务行业专项规划”的重要参考。《规划》着眼于山东省注册会计师行业职业特性、发展规律和当前实际，提出了今后五年行业发展指导思想、基本原则和目标任务，明确了一整套有利于支持行业市场拓展和事务所规模发展的相应措施。

【加强协会自身建设，不断提高服务能力和管理水平】 山东省注册会计师行业党委及协会党支部按照《财政部关于进一步加强注册会计师协会干部队伍建设的通知》精神和财政厅党组、党委、纪检要求，坚持强化方针政策和政治理论学习，进一步增强服务意识，转变工作作风，自觉加强廉政建设，保证了协会队伍素质和行业服务管理水平的不断提升。着力增强服务意识，转变工作作风，创新服务手段，寓服务于各项管理工作中。无论在注册管理、行业监管、考试组织和后续教育各方面，始终把服务工作放在第一位，不断完善行业信息化管理系统和服务平台，使协会服务管理工作的满意度得到不断提升。山东协会各项工作始终走在全国前列，2011年度全行业综合考核优秀，被中注协通报表扬。

（撰稿：侯本领　林祥才）

财政信息化建设

【全面推进应用支撑平台建设，确保完成目标任务】 把应用支撑平台建设作为2011年全省财政信息化工作的中心任务，集中力量，加大力度，推动平台建设全面提速。一是市、县平台建设加快推进。1月26日全国财政系统应用支撑平台推广实施与应用工作视频会议结束后，厅信息中心按照财政部部署和要求，在会同有关处室进行反复论证的基础上，制定了市、县平台推广实施方案。7月份，组织召开了全省财政信息化暨应用支撑平台建设工作会议，下发了《关于加快应用支撑平台建设的实施意见》（鲁财信〔2011〕2号），在全省范围内全面启动了平台建设工作。在平台建设过程中，加强对下指导，帮助各地制定实施方案和工作计划，督促各地认真落实方案确定的目标任务和进度安排，切实做好实施上线工作。截至年底，平台建设任务全面完成，所有市实现了平台上线运行；县级平台建设加快推进，35个县级财政部门实现了平台上线运行，16个县级财政部门也启动了部署实施平台，圆满完成了既定的目标任务。二是省级平台应用不断深入。及时研究解决平台运行中发现的问题，确保平台正常运转。全年平台共处理预算指标、用款计划及支付等业务40万笔，资金700多亿元，为预算编制到预算执行的业务流程贯通和精细化管理提供了重要支撑。同时，充分利用平台优势，重点做好综合查询分析系统试运行及修改完善，扎实做好财政转移支付项目管理监控系统推广应用的各项准备工作，稳步推进平台深度应用。此外，加强平台数据规范深化。将平台中的数据元目录、代码集，与财政部《财政业务基础数据规范》进行比对分析，对不符合财政部规范的，及时予以修改或调整，确保平台基础数据与财政部规范保持一致。专门设计核查工具，定期对平台、应用系统中的业务数据进行一致性检查，发现问题，立即纠正，确保平台数据与应用系统数据保持一致。

【继续深化核心业务系统应用，支撑财政业务和管理改革】 按照财政改革和管理的需要，认真抓好现有业务系统的推广应用，及时推广新的业务系统，取得较好成绩。一是切实做好预算管理技术支撑工作。搞好省级预算管理系统运行应用，做好部门预算、基础信息库、项目库的调整完善、运行维护与应用工作，完成部门预算基础数据维护及“二上”、“二下”报表修改、定制等工作，为部门预算编制工作提供了有力支撑。做好指标管理系统数据库初始化、新年度指标导入以及权限设置、科目修改、报表调整等工作，保证系统稳定可靠运行。配合预算处做好财政供养人员管理系统、地方分析评价系统的升级和数据更新等工作，指导各市、县财政部门完成数据录入、汇总，确保全省数据及时准确上报财政部。按照财政部统一部署，与预算处共同开展了地方政府性债务管理系统建设，认真做好系统软硬件安装部署、系统初始化设置等工作，确保系统按期上线运行，保证了全省地方政府性债务统计汇总工作顺利开展。二是进一步完善国库集中支付系统。针对省级国库集中支付系统（3.0）在应用中暴露的运行效率低、易用性和稳定性差、部分功能不能满足工作需要等现实情况，厅信息中心配合国库处对系统进行升级改造。通过开展实地调研、召开座谈会等形式，广泛征求厅各业务处、预算单位、商业银行、人行国库的意见和建议，认真梳理和细化业务需求，研究确定了系统改造方案。在此基础上，组织做好系统设计与开发，完成系统功能和性能测试，形成系统正式运行版本（2011版）。10月17日，新系统正式上线运行。升级后的系统提高了运行效率，简化了业务流程，完善了业务功能，稳定性、易用性也有较大提升，较好满足了国库业务管理需要，得到用户的肯定和认可。此外，配合有关处扎实做好省级公务卡、工资统发等系统的运行维护，指导市、县财政部门抓好国库集中支付等系统的深化应用，适应国库集中支付改革需要。三是深化应用涉农补贴“一本通”管理系统。组织力量适时修改基础数据，做好系统维护管理，年内累计调整区划关联变动县（市、区）9个。对全省各县（市、区）财政部门向“中国农民补贴网”报送数据工作进行重点保障，确保系统运行稳定、数据报送准确及时。对“能繁母猪补贴”项目进行功能扩展，新增向养殖场发放补贴功能，开发了数据录入界面，增加了信息查询模式，并升级了与相关银行的接口。根据财政工作需求，新增“抗旱浇水补贴”、“农村双女户结扎补贴”两个补贴项目。截至年底，系统已实现30个补贴项目资金的“一本通”发放，全年发放资金72亿元，受惠农户超过3 400万户次，为财政部门落实各项强农惠农政策发挥了重要的保障作用。四是认真做好其他业务系统的技术支持和应用。完成了省十一届人大四次会议全省经济和社会发展信息库的整理入库、现场装调任务；研制开发了厅机关干部职工工资查询系统；研究提出了非税收入管理系统重建方案，修改完善了财政票据管理系统；配合政府采购监督管理处，做好政府采购管理系统的改进完善及专家库的开发建设；会同基层财政管理处做好乡镇财政决算系统运行维护，组织开发了乡镇财政机构人员管理系统，研究提出了基于平台统一建设乡镇账务管理系统方案；协助会计处做好会计信息网、会计资格考试等系统的运行维护；做好综改办农村一事一议系统、义务教育化债系统的技术支持，确保系统稳定运行。

【扎实搞好行政管理系统建设，提升财政电子政务水平】 一是搞好办公自动化系统升级完善。会同厅办公室在学习借鉴荣成市督察工作理念和征求各处室意见的基础上，组织技术力量，对厅机关办公自动化系统进行升级完善，新增办文督查督办、会签文流转、会议处理三项功能，完善系统维护、收文管理、发文管理、信息管理四个模块。6月1日，新系统正式投入运行，较好适应了厅机关工作需要。二是提升信息网站建设水平。优化厅内部信息网，针对厅内部信息网经常出现访问速度慢、无法正常发布信息等问题，组织技术力量进行会商，研究采取更换负载均衡软件和优化负载分配机制等措施，解决了系统运行中存在的问题，提升了网站运行效率。开发建立了《山东财政研究》网络版，设置了省农发办主页、地方政府性债务管理页面，将《廉政中国》、电影《第一书记》等视频加载上网，满足了财政工作需要。做好因特网站维护管理，加强厅门户网站监控，实时掌握网站运行状况，扎实做好网站技术支持和运行维护，确保网站安全稳定运行。配合开发商完成了对政府采购网站的改版升级。三是开通即时通讯系统。厅信息中心在继续抓好全省财政内网邮件系统深化应用的同时，研制开发了财政内网即时通讯系统。该系统基于腾讯通系统建立，其功能类似于互联网的QQ、MSN，主要实现在线交流、文件传递、信息共享，也可以召开网上小型会议或进行研究讨论。通过系统建设及应用，充分发挥了计算机网络在信息交流方面快捷、高效的优势，方便了各级财政干部沟通和交流，提高了财政工作效率。四是搞好视频会议系统建设。厅信息中心在深入考察论证的基础上，修改完善了三楼礼堂音频视频系统改造方案并报厅领导同意，确定在维持礼堂现有格局的前提下，按照设备配置中档偏上、有效满足会议培训需要的思路，对原有系统进行改造。整个改造工作从7月份开始，历时3个月。系统启用后，召开了全省财政系统依法行政依法理财工作电视会议，举办了省直预算单位国库集中支付系统培训班等，图像、声音清晰流畅，得到厅领导和各处室的一致好评。搞好二楼视频会议室的运行保障，全年召开视频会议6次、普通会议15次，促进了机关政务高效运转。制定下发了《关于财政视频会议系统分会场完善改造有关要求的通知》（鲁财办〔2011〕30号），指导督促各地做好分会场完善改造工作，适应了视频会议要求。

【进一步完善网络和安全体系，适应财政信息化建设需要】 积极搞好网络系统完善，大力加强网络安全体系建设，为财政业务系统提供运行通畅、安全可靠的网络环境。一是完善网络系统。在局域网方面，完成了厅机关办公楼到省地税局四楼的网络连接，建立了省农发办专用综合布线系统，将省农发办纳入厅局域网；增配了楼层交换机，实现了内网核心交换机、楼层交换机的冗余备份。根据省级科技防腐视频监察系统建设要求，完成了厅因特网与电子政务外网的联接以及相关设备的部署调试工作。在广域网方面，组织实施了省财政厅到各市财政广域网提速，将联通2M SDH线路升级为10M MSTP线路，对各市财政路由器模块进行了扩充，较好适应了财政信息化发展需要。在城域网方面，认真做好省级城域网的扩展延伸工作。根据国库集中支付、政府采购、工资统发、行政事业资产管理等系统应用需要，及时协调联通公司做好新增单位VPDN线路的申请、开通工作，加上往年开通线路，总共开通线路1 312条。二是强化网络安全。省本级财政身份认证与授权管理系统稳定运行，5月份，系统实施项目在全国财政系统率先通过财政部组织的验收。市级财政身份认证与授权管理系统建设加速推进，年内先后完成了淄博、泰安、莱芜、临沂等地系统部署实施工作。启动了省、市两级网络入侵检测和漏洞扫描安全产品部署工作，完成了与产品供应商的合同签订，制定了设备安装部署工作计划并组织实施。做好网络防病毒系统运行及升级工作，指导各地搞好系统日常运行维护，确保病毒库及时更新、系统运行正常。认真搞好信息安全等级保护工作自检自查，并及时了解财政部及兄弟部门工作动态，稳步推进财政信息安全等级保护工作。根据省保密委《关于在全省组织开展专项保密检查的通知》要求，积极配合厅办公室做好专项保密检查，推动各项保密制度的落实。

【大力加强组织管理，促进财政信息化健康发展】 一是加强组织领导。厅党组对财政信息化建设非常重视。为加强对财政信息化工作的统一领导，7月份，对省财政信息化工作领导小组成员进行了调整，成立了省财政信息化工作领导小组及办公室，并将领导小组成员单位扩大到22个处室。厅信息中心以此为契机，要求各地参照省财政厅做法，进一步调整充实财政信息化组织领导机构，及时协调解决信息化建设中遇到的问题，确保信息化建设顺利推进。截至年底，大部分市级财政部门成立了由主要领导任组长的财政信息化工作领导小组，为信息化工作提供了有力保障。二是加强制度建设。省财政厅编印了《财政信息化工作规章制度选编（2010年4月~2011年10月）》，并印发各市、县财政部门，为加强财政信息化管理提供了重要依据。同时，根据实际需要，参照财政部规范，整理形成了《财政业务基础数据规范（山东省扩充代码集）》，为全省平台推广实施奠定了坚实基础。制定了《山东省财政视频会议系统分会场建设规范》，进一步规范各地分会场建设，提升了视频会议的整体效果。对财政信息化建设统计表格进行了修改调整，并组织各地认真填报，以全面掌握全省各级财政信息化建设情况。三是加强检查督导。省财政厅重点加强对各地平台建设的督导检查，确保平台建设按期保质完成。对各地上报的平台建设方案进行认真审核，对符合统一要求的，及时以正式文件予以批复。为确保全省平台建设任务如期完成，采取实地指导、定期通报、电话调度等方式，督促各地加快工作进程，确保整体工作进度。此外，还利用专门工具，加强对市、县财政平台基础数据的检查，确保平台符合财政部及省财政厅规范。四是加强培训宣传。2011年，厅信息中心组织举办了财政身份认证与授权管理系统建设培训班，会同有关处举办了地方政府性债务管理、国库集中支付等系统的运行维护及应用操作班，积极参加财政部、厅机关及省有关部门举办的各种培训班，促进了财政信息化工作顺利开展。同时，利用厅《财政情况》、《山东财政研究》及内部信息网等平台段，及时宣传和报道财政信息化和平台建设情况，取得了良好效果。还利用召开会议、举办培训班等方式，交流各地财政信息化建设工作中的好经验、好做法，推动面上工作开展。

（撰稿：陆　平　李武帅）

财政干部教育培训

2011年，全省财政干部教育工作深入贯彻落实厅党组有关指示精神，围绕培训理念创新、培训机制创新“两个创新”，较好地完成了各项工作任务。全年共举办各类培训、研讨班36期，培训财政干部职工4.5万人次（其中，网络培训4.1万人次），并认真选调70名财政干部参加了财政部举办的35期培训班，为推进财政科学发展提供思想政治保证、人才保障和智力支持。

【坚持服务大局，深入实施“五项培训”】 按照“厅党组重点推动什么工作，就突出什么样的培训；财政改革发展急需什么样的人才，就开展什么样的培训；干部队伍素质提升最需要什么，就培训什么”的工作思路，坚持干部教育培训为财政中心工作服务、为财政科学发展服务、为财政干部健康成长服务，科学设计培训项目，深入实施“五项培训”。

（一）全面加强理论武装，把思想政治培训摆在首位。按照“德才兼备、以德为先”的育人要求，注重依法理财和廉政培训，加强理论武装和党性教育，在开展各类培训和网络培训系统中有针对性地开设了中国特色社会主义理论体系、贯彻落实党的十七届六中全会精神、科学发展观与“十二五”规划、依法行政依法理财等专题和课程，对政治理论、党的建设、反腐倡廉等相关知识开展深入普及的教育培训，较好地发挥了培训的教育、宣传和预防作用，有力提高了广大财政干部的政治素质、党性修养、廉政意识和职业道德水平。

（二）突出干部能力提升，综合岗位培训不断深化。继续发挥岗位培训的品牌效应，在清华大学、浙江大学、中国人民大学等国内知名高校举办了全省新任县（市、区）财政局长培训班、全省财政系统局处级干部能力提升专题研讨班、厅机关“十二五”第一期青年骨干岗位培训班等班次，培训200余人次。在课程设置上，充分考虑不同层次财政干部的岗位要求与身份特点，精心安排了宏观经济形势分析、财政改革与发展、领导艺术、语言与沟通艺术、博弈论与行政策略、思维与管理创新等课程，既有当前政治经济形势分析，又有财政专业理论与实践，还有现代管理的科学理念，对于参训学员提升素养、开阔眼界、创新思维，具有较强的针对性和实用性。在师资遴选上，诚请的均是某一领域具有较深造诣的名师、大家。在培训形式上，主要采取课堂集中授课的方式，辅之以实践考察，使学员不仅学到了新知识、新理念、新思路，而且对经济发展和社会建设有了更加深入的感性认识和理性思考。

（三）围绕财政科学发展，专项业务培训紧锣密鼓。紧紧围绕厅党组确定的财政工作重点，先后协同有关处室举办了农村综合改革培训班、医疗机构财务会计制度培训班、法规税政业务培训班等26期专项业务培训班，培训3 000余人次，有力促进了财政政策和改革举措的贯彻落实。

（四）致力创新发展，网络培训呈现新亮点。加大网络培训系统建设力度，积极拓展网络培训时间空间，加强网络培训在整个教育培训中的比重和份额，扩大培训覆盖受益面，共组织网络培训班1期、专题讲座2期，培训全省财政干部职工4.1万余人次。一是举办了综合工作岗位网络培训班，与厅办公室联合举办了为期两个月的机关综合工作岗位网络培训班。二是继续举办网络专题讲座。推出了《领导干部如何与媒体打交道》、《国学课堂与领导智慧》2个培训专题，采取“推荐式学习”的方式，引导全省财政干部职工学习浏览，在全省财政系统营造起浓厚的学习氛围。三是积极推进“自主选学”。2011年共移植和制作视频课件80个，使系统资源库课件达到2 350个。通过创造全方位、多类型的网络学习条件，较好地满足了广大财政干部多样化的学习需求，为推进学习型系统、学习型机关建设提供了有力保证。

（五）落实对口援建任务，培训日喀则地区财政干部。为深入贯彻党中央、国务院和省委、省政府支持西藏建设的重大战略决策，加快西藏发展、维护西藏稳定、促进民族团结，全面做好对口援藏工作，按照厅党组的要求，于6月份成功举办了第一期日喀则地区财政干部培训班，来自西藏日喀则地区和所属县市财政局的30多名领导干部参加了培训。

【坚持改革创新，促进教育培训工作科学发展】

（一）创新培训理念。一是“跳出培训看培训”。牢固树立干部教育培训是一项事关全局的战略性、基础性工作的理念，积极主动地从全省财政工作大局的视角审视和开展教育培训工作，始终把财政改革的难点、财政工作的重点作为培训的重要任务，使培训工作服务财政科学发展的效果有了新提高。二是强化教育培训的实效意识。把培训质量作为培训工作的生命线，整合培训资源，改善培训条件，积极构建夯实理论基础、培养战略思维、打造精干力量的教学新布局。在注重更新知识、优化知识结构、拓宽知识面的同时，培训重点逐步转向开发人的潜能和激发人的创造力上，把干部培训作为人才开发的重要环节来实施，切实增强了干部教育培训工作的针对性和实效性。

（二）改进培训方式。遵循培训工作的规律，把解决问题作为培训活动导向，将学员工作经验作为培训的重要资源，使培训成为解决问题和整合经验的过程。在培训中，坚持“把过程放慢，让思想打开，促观念碰撞，使学习发生”的培训理念，大力推广研究式、参与式、互动式教学，营造促使学员在积极参与、体验中“发生”学习和愿学乐学的良好氛围；积极运用模拟式、案例式、体验式教学，为学员提供生动真实的工作场景，锻炼学员发现问题、分析问题、解决问题的实际能力；安排学员深入基层、企业考察观摩，增强培训的立体感和层次性，使学员在理论知识和实践经验的相互作用下启发思维、提升能力。

（三）拓宽培训渠道。根据财政部门工作特点，与北京、上海、厦门三所国家会计学院建立了长期稳定的合作关系，充分发挥其财政干部教育培训的主渠道、主阵地作用。加强与国内知名高等院校的合作，与清华大学、北京大学、中国人民大学、浙江大学展开了广泛深入的合作，充分利用其优质教育资源，进一步提高财政干部教育培训工作的质量和效益。

【坚持精细化管理，不断提升干部教育培训质量】

（一）搞好服务管理。一是加强工作计划性。根据年度工作任务，分季度制定工作计划，突出重点，抓好落实，并在季度末进行总结。对重要培训任务，进一步制定具体实施计划，划分为准备、实施、后续三个阶段及若干小环节，明确了各个环节工作分工，使各项工作赢得了主动。二是开展需求调查。坚持“按需施训”，对各项重要培训课题的开发，采取“学员提、专家点、集体议”三结合的方式，广泛征求各方面意见，实现组织需求、岗位需求和个人需求的有机结合，保障了各类培训班的成功举办。三是强化培训质量评估。对培训项目的前期准备过程（培训需求调研、教学准备等）、培训项目的实施过程（授课内容、培训方法、师资情况、组织管理、后勤保障等）和培训实施效果进行了多角度、深层次、全过程评估，并根据评估结果，进一步改进培训工作，达到了以评促改、以评促建的目的。

（二）注重信息宣传。一是积极向上级部门反映工作进展。坚持“一事一总结”，及时将工作新动态和每期班的举办情况进行总结，并将成果及时以信息的形式交流出去。全年积极向财政部《培训动态》专刊投稿10余篇，采用率达90%以上。二是及时向全系统展示培训成效。在每期岗位培训班结束后，及时整理学员发言、培训感言、精彩图片等资料，通过厅内部信息网发布。制作了2期图片展板，集中展示网络培训成效。向《财政情况》、《政工简报》投稿10余篇，及时反映教育培训理论研究新成果以及工作新面貌。三是积极利用网络平台加强交流。年内，在厅内部信息网、干部教育中心主页、山东财政干部教育网编发反映各市、各培训基地、各学校工作的各类信息300余条，及时对全省工作动态进行了宣传，架设起全省财政干部教育培训"信息高速公路"，达到了总结示范、营造氛围、推动发展的目的。

（三）开展理论研究。2011年开展了《增强财政干部教育培训针对性实效性对策研究》课题研究工作。课题根据全省财政干部教育培训工作现状，以不同层次财政干部的年龄、性别、学历、知识结构和培训需求为主要内容，通过调查问卷、座谈会等形式进行广泛深入的调研，并采取定量定性的科学分析方法，认真细致地对数据资料进行归纳梳理。在财政部10月份召开的干部教育培训课题研究成果评审会上，与会专家对课题给予高度评价。

（四）加强师资建设。坚持从高等院校、科研院所、行政机关和基层单位选聘优秀人才充实师资队伍，从社会各个领域、阶层深入挖掘、筛选了一批既有丰富实践经验、又能将业务理论融会贯通的人才充实师资队伍。2011年新选聘优秀师资23人，目前师资库已有274人。

（五）实施培训管理者培训工程。2011年举办了全省财政系统网络培训管理者培训班和全省财政系统培训管理者培训班。培训班邀请了中组部、国家行政学院的高水平师资，采用讲解演示、现场模拟、互动答疑等模式，讲解了培训设计、培训宣传、培训评估、网络培训等方面的内容，并就培训中热点、难点问题进行了广泛深入的探讨。两期培训班的成功举办，为提高财政系统培训管理者队伍整体素质，推进财政干部教育培训改革创新，促进全省财政干部教育培训工作的健康开展打下了坚实基础。

（六）加强培训指导。一是下发工作指导方针。紧紧围绕全省财政中心工作，及时制定印发《2011年山东省财政厅干部教育培训工作思路》、《2011年山东省财政厅干部教育培训计划》全省，对各市全年工作开展提出了总体要求和努力方向。二是开展专题调研。先后赴烟台、威海、临沂、日照等地开展调研，具体指导各市财政干部教育培训工作。三是进行年度评优。组织专门力量，认真对2010年度全省财政系统干部教育培训工作进行了考核评估，总结、交流和推广先进经验与做法，进一步规范各市工作，推动全省财政干部教育培训工作广泛、深入、均衡发展。

（撰稿：吴健梅）

国库集中支付工作

【以改革发展为宗旨，国库集中支付工作取得新成效】 一是国库集中支付改革深化发展。积极推进省级财政国库集中支付改革，改革资金面不断扩展，支付资金额大幅增加，直接支付首次超过授权支付。截至2011年底，省级国库改革单位达到843个，全年共完成国库集中支付资金797.42亿元，比上年增长24.63%。其中：财政直接支付资金438.95亿元，比上年增长58.43%；财政授权支付资金358.47亿元，与上年基本持平。市县改革向"横向到边、纵向到底"的改革目标迈出坚实步伐。截至2011年底，全省17市已全部实施了国库改革，改革单位总数达到4 289个，其中青岛、淄博等15个市的改革覆盖到了所有预算单位。县级全省除青岛所辖县（市、区）外，其余16个市所有县（市、区）全部实施了改革，改革单位数达到14 087个，其中日照、泰安等10个市所辖县（市、区）改革单位达到100%。指导市、县会计集中核算向集中支付制度转轨工作，以滨州市为代表的市用了不到一年时间完成市级转轨工作，所属县（市、区）也基本完成；济南市成立了机构，划定了职能，对236个预算单位实行了国库集中支付改革；济宁市也拿出整改和转轨的初步方案，市县的转轨工作基本实现了年初工作目标。二是工资统发工作扎实推进。将新成立省直部门或单位纳入了工资统发。省直有249个单位共计35 959人纳入省直工资统发；全年财政共统发工资12.74亿元，比上年增加1.57亿元，增长14.10%。根据中央和省委、省政府的指示精神，为确保将相关补贴一并纳入工资统发，顺利实现"两卡合一"，认真进行前期调查和研究，并结合新的税收政策，反复测算税负，为领导决策提供依据。同时，在工资统发系统中进行一系列的调整和设置，在试运行无误的情况下正式应用，顺利完成了"两卡合一"。积极落实代扣代缴政策，从维护广大职工切身利益出发，按照住房公积金新的提取比例，调整信息系统计算公式，确保个人住房公积金及时准确代扣代缴；对新的个人所得税起征点的实施，进行了前期测算和信息系统调整，在实现“两卡合一”的同时，保障了财政代扣代缴工作的顺利进行。为加强对工资、津贴补贴的统一发放，促进工资统发代理银行改进相关工作，更好地为纳入工资统发的部门、单位和广大干部职工服务，8月中旬，对省直工资统发代理银行进行了公开招标，确定了四家银行为新的工资统发代理银行，并于9月份起对工资和津贴补贴通过新的代理银行发放。三是政府采购资金支付规范高效。2011年政府采购预算规模（不含自有资金）达到70.73亿元，比上年增长198.7%，加上以往年度14.63亿元资金，采购支付预算规模达85.36亿元，是2010年的2.38倍。全年共计审核资金支付申请6 000余笔、采购合同1 900多份、采购项目2 600余项，采购资金支付量达65.08亿元，是上年的2.71倍，特别是当年预算实现采购节约历史性地突破了1亿元，达1.16亿元。采取督导、约谈等方式，对2005～2008年度未执行完结的政府采购预算进行全面清理，预算执行进度大大加快，执行效率显著提高。四是专项资金支付保民生促发展。随着专项转移支付资金实行国库集中支付新机制的不断完善，中央及省级转移性专项资金直接支付规模每年呈跳跃式增长，省财政普通专项资金直接支付力度也不断加强。截至2011年底，由省财政直接支付到县的中央和省级转移支付资金支付申请达15 000多笔，支付资金达248.95亿元。其中农村义务教育经费45.28亿元、新型农村合作医疗补助资金68.45亿元、家电下乡补贴38.87亿元、农业保险保费补贴1.65亿元、家电以旧换新23.76亿元、化解农村义务教育债务资金5.98亿元、省级农业财政专项资金64.96亿元。五是财政国库集中支付管理信息化建设不断完善。在业务需求、功能完善、数据安全以及实用易用等方面对支付信息系统提供了合理化建议，确保了系统升级的平稳性和安全性。为满足“两卡合一”和垂直管理部门工资统发工作的需要，对工资统发系统进行优化升级，确保省直机关人员工资及时、足额、准确发放。全力配合做好财政系统应用支撑平台建设工作，针对功能操作、业务流程以及数据安全等方面存在的问题，区别整理、分类汇总，及时寻求解决方法，提出解决方案，确保各项业务工作的顺利开展和资金支付安全。

【以完善制度为根本，确保资金安全运行】 牢固树立资金安全理念，不断建立健全各项规章制度，完善支付业务规程，始终把资金安全置于各项工作的首位。一是强化安全意识，筑牢思想防线。通过剖析全国财政系统违法违纪案件，教育、提醒广大干部职工时刻不忘资金安全。按照厅机关内部监督检查工作的要求，定期对有关账户设置、资金拨付、凭证填制及传递等业务进行全面、仔细、认真的自查，查找工作中的薄弱环节，堵塞管理漏洞，消除安全隐患。二是加强制度建设，规范内部管理。用时四个月，从加强内部管理、强化岗位职责、优化业务流程出发，对17项内控制度和9项集中支付业务流程图进行了梳理修订完善，汇总印制了《财政国库集中支付管理工作手册》，并将主要制度和流程上墙，有效提高了规范化管理水平和工作效率，奠定了财政资金安全的基础性保障。三是优化业务流程，科学设置岗位。根据国库集中支付改革发展的需要，完善业务流程和工作机制，规范运行程序，提高系统化管理水平。科学合理地设置工作岗位，坚持AB角工作制和公章印鉴使用登记、审核制度，确定工作衔接的节点和程序，做到分工明确、各司其职、协调配合，确保了财政资金的安全、高效运行。

【以风险防控为重点，狠抓廉政建设】 一是加强思想教育，牢固树立廉洁从政意识。始终抓住干部职工学习教育不放松，组织干部职工深入学习《廉政准则》、《关于实行党政领导干部问责的暂行规定》和《行政机关公务员处分条例》等规章制度，通过正面典型教育和反面警示教育相结合的方式，全面提高党员干部的廉政风险防范意识和拒腐防变的能力，确保干部职工的健康成长。二是疏而不漏，彻底查找风险点。在厅机关开展的廉政风险防控建设中，以“人人参与查找、人人找出风险、人人制定措施”为标准，立足于查漏洞、找隐患、防患于未然为目的，全面查找廉政风险点，做到权力事项全梳理、廉政风险全排查。全面清理事权，对每个岗位、每个环节业务流程深入查找权力行使、制度制定和职业道德等方面存在的廉政风险。共查找出财政资金直接支付申请审核、政府采购资金支付申请审核和工资统发数据审核3个一级风险点，工资统发代理银行操作1个三级风险点；每位同志对照自己的岗位职责认真梳理权力事项和查找廉政风险点，制定了相应的防控办法和措施。按照厅机关下发的《关于开展廉洁从政承诺活动的通知》要求，每位同志认真开展廉洁从政承诺活动，制定廉政承诺书，廉政风险防控工作开展得扎实有效。三是多措并举，构建廉政风险防控机制。干部职工以德为先、以廉为本，认真遵守廉政法规制度，自觉抵制腐败行为和社会不良风气的侵蚀，拒腐防变能力进一步增强。认真落实廉政建设规定，对新制度、新业务、新系统进行认真梳理与完善，查找廉政风险点并认真制定防控措施，确保财政资金支付科学、规范、安全、高效，从制度上根除问题发生的漏洞，确保资金运行安全和工作人员廉洁自律。

【以培养干部为目的，提高干部综合素质】 以开展创先争优活动为契机，培养造就干部为主线，进一步强化干部队伍政治理论和业务知识的学习，加强干部队伍思想作风建设，干部职工在精神状态、服务质量、工作效率和窗口观念等方面有了显著提高。一是深入开展“创先争优、争做齐鲁先锋”活动。按照《建立健全承诺、践诺、评诺制度和评选共产党员先锋岗扎实推进创先争优活动的意见》的要求，开展评选共产党员先锋岗、窗口（集体）先锋岗，确定全体干部职工公开承诺事项和签订公开承诺践诺书，明确具体承诺事项、践诺措施、完成时限和完成目标。组织干部职工参加厅机关组织的党员教育和实践活动，实现创先争优活动与国库集中支付工作的两促进、双丰收。二是加强理论学习，提高思想觉悟和能力水平。坚持不懈地狠抓政治理论和业务知识学习，组织干部职工深入学习邓小平理论和“三个代表”重要思想，学习社会主义核心价值理论体系、财经理论和相关法律法规，提高运用马克思主义的立场、观点分析形势、解决问题、指导工作的能力。及时组织学习中央和省委、省政府重要会议精神和文件，确保每个同志了解掌握中央和省里有关政策动态，在思想上、行动上与中央保持一致。组织干部职工参加山东干部学习网在线学习，不断提高综合素质和履行岗位职责的能力。三是强化业务培训和调查研究，提高业务素质和能力。10月份，在济宁市举办了全省国库集中支付业务培训班，对17个市和20个省财政直接管理县的共120多名分管领导及集中支付业务骨干进行了为期两天的培训；配合相关业务处室对其所分管预算单位进行了国库集中支付理论与实务操作培训。根据厅里统一安排和工作需要，积极派员参加厅机关组织的处级干部能力提升专题研讨班、科级干部岗位班和综合岗位网络系统培训班等。加大调查研究力度，及时发现和解决集中支付工作中存在的问题与不足，研究解决问题的方法，增强对下工作指导针对性，努力促进国库集中支付工作科学发展。四是增强服务意识，树立良好形象。按照“服务领导、服务基层、服务单位、服务群众”的理念，进一步改进工作作风、优化服务方式、提高办事效率，树立了良好的“窗口”形象，支付中心连续七年被授予山东省青年文明号荣誉称号。

（撰稿：臧殿新　张立军）

财政投资评审

【概述】 2011年，全省各级财政评审机构深入贯彻落实科学发展观和科学理财观，坚持“以服务求发展，以发展促服务”的宗旨，强化“不唯减、不唯增、只唯实”的评审理念，加快推进财政评审科学化、精细化、绩效化和规范化建设，积极服从和服务于公共财政改革与发展，全省财政评审工作实现了新的跨越，取得了新的成效。

【抓业务、谋发展，力求一个“效”字】 一是全省评审额突破1 300亿元。2011年全省累计完成财政评审项目2.17万个，评审额1 326.5亿元，比上年增长20.18%，继续保持了高位快速增长的良好态势。其中，省级完成财政评审项目5 160个，评审额393.4亿元，比上年增长6.63%；市县两级完成财政评审项目1.65万个，评审额933.1亿元，比上年增长26.99%。二是全省审出不合理资金突破150亿元。全省各级财政评审机构累计审减、审增和查出不合理资金150.45亿元，占评审额的11.34%，其中审减资金143.97亿元（省级27.78亿元、市县116.19亿元），审增漏项和有效资金供给5.37亿元（省级0.38亿元、市县4.99亿元），查出其他不合理资金1.11亿元（全部为省级）。通过评审，对节减财政不合理支出，保障重点事业发展供给，化解潜在管理风险，提高财政管理的科学化精细化水平发挥了重要作用。三是全省提出合理化建议对策两万余条。全省各级财政评审机构紧紧围绕财政管理的效能化，对每一个项目、每一类资金和每一项政策，从不同层面、不同角度提出合理化建议两万余条，为规范项目实施、强化资金管理、完善政策措施等献言献策，得到了各有关方面的一致认可和采纳。

【抓服务、讲奉献，力求一个“优”字】 一是进一步优化“全过程”评审服务。全省财政评审已服务于财政预算管理、政府采购、国库直接支付、竣工财务决算审批、国有资产管理和项目绩效评价等六大环节，贯穿于资金管理的全过程和项目实施的全周期。2011年，全省事前、事中、事后环节评审额分别为785.2亿元、274.24亿元、267.06亿元，分别占59.2%、20.67%和20.13%。其中，省级三类项目评审额分别为197.08亿元、40.88亿元和155.45亿元，分别占50.1%、10.39%和39.51%；市县三类项目评审额分别为588.12亿元、233.36亿元和111.61亿元，分别占63.03%、25.01%和11.96%。通过全过程评审服务，财政评审“过滤器”、“净化器”和“预警器”的职能作用得到了充分发挥。二是进一步优化“全方位”评审服务。2011年，财政评审为财政综合、预算、行政政法、教科文、经济建设、农业、社会保障、企业、金融与国际合作、行政事业资产、农业综合开发等各项财政管理提供专业技术服务，全省百余类财政专项资金纳入了评审范围。从评审类别看，投资类项目评审继续巩固，发展类项目评审持续加快。全年全省投资类、发展类和外债类项目评审额分别为959.32亿元、325.77亿元、41.41亿元，分别占72.32%、24.56%和3.12%，其中，省级三类项目的评审额分别为130.32亿元、226.56亿元和36.52亿元，分别占33.13%、57.59%和9.28%；市县三类项目评审额分别为829亿元、99.21亿元和4.89亿元，分别占88.85%、10.63%和0.52%。从评审内容看，针对不同环节和类别的项目，合理确定评审重点，优化评审方法，确保评审结论客观、全面、深入、细致。事前，对项目实施的必要性、技术方案的可行性和投资预算的合理性进行评审；事中，对政府采购招标控制价和资金支付进度款进行审核；事后，对工程结算、竣工财务决算和国有资产移交、管理、维护和使用等进行评审和绩效评价。通过“全方位”评审服务，加快推动了财政管理“先评审、后决策”的科学化机制建设。三是进一步优化“全天候”评审服务。对突发性、应急性、时效性以及高危、高强度的评审任务，尽最大可能提供“全天候”评审服务，在严把评审质量关的基础上，最大限度地满足项目管理的要求，提供了专业、优质、高效的评审服务，确保了省委省政府重大决策的贯彻落实，确保了财政资金的使用效益。

【抓管理、建机制，力求一个“严”字】 一是全面构建财政评审风险防控机制。将财政评审风险防控确定为财政评审工作的重中之重，及时组织开展全省财政评审风险防控集中研析活动，深刻剖析评审风险产生的背景和原因，针对可能出现的技术风险、廉政风险和道德风险，研究制定了《山东省省级财政评审风险防控暂行办法》，配套实施了预案审议、承诺、反馈、勘察取证、稽核、报告审议和专家论证等7项管理制度，印发了省级财政评审承诺书、廉政“十不准”监督卡、廉政情况反馈表、工作情况反馈表、现场初审意见、量化稽核表等规范样本，并在工作中全面推开，取得了良好效果。二是深度推进财政评审“评研”结合机制。将项目评审和政策调研有机结合，把财政评审作为项目信息采集分析和深入调研的过程，将大量第一手信息资料“价值最大化”，得到了省政府领导、厅领导和市县党政领导的充分肯定和高度评价。三是严格规范财政评审经费管理机制。修订印发了《山东省省级财政投资评审经费管理办法》，进一步理顺了经费核拨渠道，项目评审完成后，由省级财政评审协助机构提出评审经费申请意见，经省财政厅投资评审机构初审后，由项目主管处室审核确认并下达经费指标。进一步规范了经费核拨方式，列省级支出的特聘机构经费由省财政根据文件实行国库直接支付。进一步优化了经费核拨标准，从按驻地项目和非驻地项目划分，调整为按安排食宿和不安排食宿划分，有利于保障财政评审工作顺利开展。

【抓宣传、扩影响，力求一个“广”字】 一是宣传报道持续深入。会同省委宣传部《走向世界》杂志社进行《党政领导谈评审》专访活动，先后完成了《泰安——财政投资评审责任重于泰山》、《做财政资金的“哨兵”——记威海市财政投资评审》、《钢铁是这样炼成的——记莱芜市财政投资评审》、《政府投资的“守护神”——烟台市财政评审工作纪实》、《大美临沂的“红管家”——记临沂市财政投资评审》、《德州——财政评审助力“太阳城”建设》、《伴世界风筝都成长——记潍坊市财政评审》等7篇纪实报道，引起了有关各方的高度重视，为促进财政评审能力提升开拓了更加广阔的空间。二是社会影响持续扩大。紧紧围绕公共财政改革与发展，积极服务党委政府决策和经济社会事业发展，财政评审的影响力进一步增强。2011年，共有14个市40个县67位省、市、县三级党政领导先后作出批示，对财政评审工作给予充分肯定和高度评价。山东省财政评审的出色业绩，也赢得了社会各界的广泛关注和赞誉，许多市县的先进经验做法多次被重要报刊杂志和其他媒体宣传报道。三是平台建设持续强化。研究开发了《山东省财政投资评审信息资料库》，将财政评审信息划分为文档、图片、音视频3个专区，设置了精品项目、法规制度、业务培训、集中研析、荣誉表彰等10个版块，利用山东财政内部信息网，建立全省资源共享的宣传平台，提高了全省各级财政评审机构重宣传、抓宣传、用宣传的积极性和能动性。

【抓队伍、强能力，力求一个“实”字】 一是着力加快财政评审机构建设。2011年，山东省财政厅投资评审中心被列入参照《中华人民共和国公务员法》管理范围，对全省财政评审事业发展产生了重大影响；全省17

个市全部设立财政评审机构，历史性地实现了“全覆盖”；全省140个县（市、区）中，96个县（市、区）设立了财政评审机构，比上年增加15个，覆盖率达68.6%，其中淄博、烟台、潍坊等10个市的县级财政部门全部设立了财政评审机构。二是着力推进财政评审队伍建设。全省财政评审人员编制由上年724人增至776人，增长7.18%；实有在职人员由上年606人增至668人，增长10.23%。省级财政评审多批次选用市县财政业务骨干协助开展评审工作，开展财政评审专题研析和调研；举办全省财政评审业务培训班，选取部分精品项目进行现场观摩和点评。另外，全省共选聘社会中介机构367家、专业技术人员4 075人协助开展财政评审工作，其中，省级财政评审特聘机构共81家，各类注册资格和高级技术资格人员874人。三是着力推进创先争优活动和学习年活动。深入贯彻党的十七届六中全会和省委第九届十二次全会精神，围绕“以人为本、执政为民”活动主题，按照创先争优活动要求和部署，细化工作方法及步骤，确保各项活动扎实有序推进。组织参观徂徕山爱国教育基地和沂蒙红色影视基地，积极参加党员教育基地交流、干部在线学习等活动。四是着力开展廉政建设和承诺、践诺、评诺活动。认真贯彻《中国共产党党员领导干部廉洁从政若干准则》，梳理排查岗位职责和职权内容，积极构建风险防控约束机制和反腐倡廉长效机制。组织观看《共和国反贪风云》、《远离商业贿赂》等警示教育片，增强反腐倡廉的自觉性。围绕“牢记宗旨为民服务、庆祝建党90周年”和“做贡献创佳绩、喜迎党的十八大”两大主题，扎实开展承诺、践诺、评诺活动。

（撰稿：常景刚　崔晓敏　周　芊）

会计培训工作

【培训工作有了新成效】 一方面，全省农村财会人员财政支农政策培训工作扎实推进。加强对培训工作的宏观管理和指导力度，定期调度全省培训情况，及时通报各地培训进度，督促指导全省培训工作开展。成功举办了全省农村财会人员财政支农政策培训业务培训班，培训班总结交流了各市开展培训工作的情况和经验，培训了农村财会人员财政支农政策培训管理系统的使用操作，研究部署了全省今后农村财会人员财政支农政策培训工作。组织专门力量编写了《山东省财政支农政策解读》和《村集体经济组织会计讲解》两本培训教材，免费提供各级财政部门使用。财政支农政策培训工作的开展，促进了全省各级财政部门对各项财政支农惠农政策落实，宣传了财政支农惠农政策精神，解决了农村财务管理上存在的一些问题，促进了农村社会和谐稳定。2011年全省共培训农村财会人员3.7万人，山东省被财政部中华会计函授学校授予“全国农村财会人员财政支农政策培训工作组织奖”荣誉称号。另一方面，会计人员继续教育培训工作卓有成效。2011年通过集中面授、网络培训等形式，共举办会计人员继续教育各类培训班34期，培训3 632人。在深入调研、广泛征求意见的基础上，印发了培训工作文件，对培训的对象、内容、形式、时间和有关事项进行了明确，对培训工作进行了全面部署。邀请部分省直部门（单位）财务负责人和业界专家、教授座谈调研了解部门（单位）培训需求和当前会计改革的重点内容，科学制定培训方案，增强培训的针对性和实效性。制定了《山东会计培训学院教师管理暂行办法》，择优聘请具有较深理论功底和丰富实践经验的专家学者、政府部门领导、企业经营管理者担任兼职教师。严格培训过程管理与控制，确保培训质量，如采取专人全程跟班服务，全力做好保障工作，严把考勤和考试关等措施，提高培训效果，确保培训质量。通过网络论坛、电子邮件、电话、信函和座谈会等形式与会计人员沟通交流，征求意见，改进培训工作。

【培训领域有了新拓展】 围绕财政中心工作和省直部门需求，牢固树立“为省直单位财务管理服务、为省直单位会计人员培训服务”的思想，切实转变工作思路，提高服务意识，认真研究对策，有针对性制订措施，积极拓展培训新领域。积极与省直部门联系，主动沟通培训服务意向。先后为全省工商系统、省粮食局和莱芜钢铁集团总公司等省直部门、单位举办了财务管理专题培训班，受到单位和参训人员普遍好评。专题培训班的成功举办，为培训工作今后向多层次、宽领域发展提供了有益的探索，积累了经验。举办了由省直财务管理负责人和高级会计师参加的研修班，加深了各有关部门（单位）与学院之间的了解，为更好地拓展培训工作、树立培训品牌起到了很好的促进作用。

【培训手段有了新提升】 坚持“统筹规划、按需施教、强化服务、注重质量”的原则，围绕会计人员需求，不断丰富培训手段，加强培训管理，确保培训实效。在培训形式上，适应需求，积极开展网络培训。在充分调研和协商的基础上，与中华会计网校联合开发了“山东省省直会计人员继续教育网络培训”平台，充分发挥该平台师资力量雄厚、内容丰富实用、课件技术领先、操作简便快捷的优势。适应了会计人员继续教育培训要求，得到了广大会计人员的欢迎，也为今后更好地开展大规模、多层次会计培训探索了路子、奠定了基础。在培训内容上，以服务会计人员为核心，满足经济社会日益高速发展对复合型会计人才的需要，在专业知识培训和会计职业综合素质培训这两方面不断予以丰富，主要包括会计理论继续教育、政策法规继续教育、业务知识培训和技能训练、职业道德继续教育等内容。同时，根据不同系统、部门和不同层次会计人员需求的差异性，实施分类分层培训，做到按需施教、因材施教，提高教学的针对性，增强培训的吸引力。在培训形式上，讲究灵活多样，增强针对性。除网络培训外，积极开展集中培训，组织会计人员参加由学院组织承办的培训班集中学习或由省直部门（单位）统一组织、学院具体承办培训事宜。积极开展专题培训，根据各部门（单位）业务特点和工作需求，开展各种类型的专题培训。如全省高级会计师培训，方案设计充分体现培训的针对性，对培训内容、地点和方式提供“菜单式”服务，既能满足不同行业高级会计人员的共性要求，又满足了学员的个性化需求，取得了很好的效果。在教学手段上，不断改进完善，增强吸引力。综合运用课堂教学、现场教学、案例教学、网络传媒教学、调查研究和实践活动等形式，不断拓展会计培训的开放性、灵活性和适应性，努力追求最佳学习效果。在质量控制上，坚持多管齐下，加强管理和服务。始终坚持以提高培训工作的组织管理水平为抓手，注重在科学化精细化管理和高效优质服务上下功夫，在准备时间上突出一个“早”字，在方案编制上突出一个“细”字，在组织实施上突出一个“实”字，在培训内容上注重一个“需”字，得到参加培训单位和学员较高评价。

【调查研究有了新加强】 根据工作需要，深入实际，深入基层，开展了多形式、多途径的调查研究。一是开展农村财会人员财政支农政策培训工作专题调研。一方面，选择泰安、日照等市，围绕培训组织、教学内容、教学管理和绩效评价等方面，开展了专题调研；另一方面，围绕全省三年来各级财政对农村财会人员财政支农政策培训投入情况进行了调研，基本了解了培训工作的开展情况和农村财会人员的需求，为更好地进行宏观管理打下了良好基础。二是做好全省高级（总）会计师和省直会计人员继续教育培训需求调查与分析。通过调查问卷、实地调研、座谈、电话访谈等方式广泛征求意见，真正了解会计人员的培训需求，使培训内容更有针对性。撰写《规范会计人员继续教育培训途径探析》的调研报告，深入分析了会计人员继续教育的重要性和影响继续教育质量的因素，增强了加强会计人员继续教育的针对性和前瞻性。

（撰稿：王镇修　邓玉香　宋兴修）

农业综合开发工作

2011年，省农业综合开发办认真贯彻落实全省财政工作会议和农业农村工作会议部署，紧紧围绕“两个聚焦”要求，大力加强中低产田改造、高标准农田建设，积极推进农业产业化发展，有效促进农业科技进步，扎实推进科学化精细化管理。全年共投入农业综合开发资金18.74亿元，治理土地面积127.6万亩，新增粮食生产能力2.47亿公斤。治理后土地每亩可增产粮食100~150公斤，项目区约95万农民从中受益，项目区农民人均纯收入比项目实施前增加800元左右，为全省粮食安全、现代农业发展和促进农民持续增收做出了积极贡献。

【加强管理，圆满完成了项目管理建设任务】 一是全面完成2010年度项目建设任务。2010年全省农业综合开发完成总投资21.65亿元，安排土地治理面积140万亩，产业化经营项目215个，各项建设任务如期完成。项目实施后，项目区新增粮食生产能力2.17亿公斤，项目区农民增收总额4.6亿元。二是组织实施了2011年度项目建设。2011年全省农业综合开发总投资18.74亿元，其中中央财政资金10.05亿元，省以下财政配套资金4.63亿元，安排土地治理项目174

个，治理面积127.6万亩，产业化经营项目297个。三是组织申报了2012年度项目计划。累计申报2012年土地治理项目计划总投资16.8亿元，其中，中央财政资金10.5亿元，省及以下财政配套资金5.24亿元，自筹资金1.05亿元；安排土地治理面积150万亩。申报2012年产业化经营财政补助项目资金2.93亿元，其中，中央财政资金4 745万元，计划安排财政补助项目122个。

【聚焦重点，落实千亿斤粮食生产能力规划】 认真贯彻省委、省政府关于实施千亿斤粮食生产能力规划的部署，以粮食主产区为重点，加快中低产田改造，大力开展高标准农田建设，夯实农业基础设施建设。一是加大对粮食主产县的扶持力度。2011年，安排69个粮食主产县农业综合开发财政资金8.18亿元，比2010年增加1 553.4万元，另外，69个粮食主产县的县财政配套任务全部由省财政承担。二是着力加强中低产田改造项目建设。全省共安排中低产田改造项目资金9.2亿元，安排改造中低产田92.3万亩，其中，优势产区中低产田改造51.9万亩。三是重点开展高标准农田示范工程建设。全省共投入3.84亿元资金，安排实施了24个高标准农田示范工程项目，建设高标准农田30万亩。四是加快中型灌区节水配套改造步伐。共安排农业综合开发资金4 167.37万元，新建和续建了3个中型灌区节水配套改造项目。五是继续支持生态综合治理项目建设。共投入资金5 907万元安排了10个生态综合治理项目，治理面积5.3万亩。六是重点搞好齐河十万亩高产创建示范区建设项目。重点加强了齐河县农业综合开发豆腐窝引黄灌区节水配套改造项目建设，该项目投入财政资金6 000万元。省农业综合开发加大督促力度，力争把齐河十万亩高产创建示范区建设成为全国一流的粮食高产示范区。通过上述举措，2011年农业综合开发项目区可新增粮食生产能力2.47亿公斤，棉花生产能力1 121.35万公斤，油料生产能力374.16万公斤，为实现全省粮食连年增产、保障粮食安全做出重要贡献。同时，通过项目实施，项目区良田亩均增产约175公斤，直接带动农民增收4.76亿元左右，项目区95万农民受益。

【注重效益，大力支持农业产业化发展】 按照转方式调结构和培植财源的要求，以提升农业产业化水平和促进农民收入持续增加为目标，继续大力支持农业产业化发展。2011年安排产业化经营项目资金4.69亿元，其中，3.81亿元通过财政补助的方式，用于扶持农民专业合作社和龙头企业等发展，立项扶持项目145个；8 792万元通过贷款贴息方式，立项扶持项目152个，由此撬动各类金融机构贷款56.6亿元。这些项目建成后，将有效新增肉禽蛋奶、蔬菜水果等农副产品的生产、加工和储运能力，促进农业增效和农民增收。2011年，财政补助项目的直接受益农民预计达37.39万人；新增就业1.6万人，其中新增农村劳动力就业9 500人。贷款贴息项目预计可直接带动优势农产品基地1 369.8万亩，直接带动农户207.4万户，新增就业人数2.18万人，直接带动农民增收总额56.2亿元。

【多措并举，全面推进科学化精细化管理】 一是强化项目和资金管理，不断提升科学化精细化水平。项目管理上，严格落实各项管理制度，在项目申报、实施、验收各个环节认真执行专家评审制、竞争立项制、招投标制、监理制、公示制、运行管护制等各项制度；资金管理上，严格执行县级报账制，切实执行“三专”管理，全部实行国库直接支付制度。二是加大监督检查力度，确保资金使用效益和项目建设质量。大力推进监督检查工作制度化、经常化、多元化，先后完成了2010年全省项目检查验收工作、组织实施了2009～2011年度农业综合开发综合性检查工作，全面通过了国家农业综合开发办公室2010年度综合检查，全面完成各项建设任务，项目运行良好，取得了预期经济效益。同时，针对检查验收中发现的问题及原因进行了深入剖析，在加强制度建设，推进科学化精细化管理等方面研究提出了整改措施，为建立健全长效管理机制奠定了良好基础。三是积极开展调研，努力提高农发工作水平。先后在济宁、潍坊两市以召开座谈会的形式开展调研，并完成了高标准农田建设、世行三期项目建设、农业综合开发项目区抗旱、农业综合开发支持农田水利建设等4个调研报告。四是继续加强培训，完善监督检查工作机制。举办了全省农业综合开发监督检查培训班，明确监督检查工作以确保项目建设质量、资金安全运行、干部廉洁从政为目标，以竣工项目验收为主要抓手，加大专项检查力度，积极推进农业综合开发广覆盖、多层次、全过程的监督检查工作格局的形成。五是梳理政策体系，不断加强制度建设。在全面搞好制度梳理的基础上，起草并完善《土地治理项目库管理办法》、《土地治理项目评审办法》、《土地治理项目资金公示办法》、《土地治理项目工程监理办法》等规章制度，并及时转发了《国家农业综合开发资金和项目管理办法》、《国家农业综合开发综合检查办法》等，有效提升了农业综合开发工作了规范化水平。

【服务大局，努力营造良好舆论氛围】 一是立足全省农发系统做好宣传。继续以省农业综合开发网站为平台，加大农发系统宣传力度，网站全年共发布各类信息85条，为全省农发系统信息传递提供了便捷通道，也为各地市交流经验、相互学习提高起到了良好的促进作用。二是积极开展财政系统内部宣传。在厅财政信息网开设了农业综合开发网页，增进了厅内各处室及全省财政系统对农发工作的了解。同时，积极向《财政情况》报送信息，不断提高报送信息质量。三是加强在全国范围的宣传。积极向《中国农业综合开发》杂志投稿，杂志全年共刊登山东省稿件10余篇。抓住媒体“走基层、转作风、改文风”的活动机会，积极配合《农民日报》做好对农业综合开发工作经验和典型的宣传报道工作。

（撰稿：褚薇薇）

省经济开发投资公司工作

【概述】 2011年，省经济开发投资公司（以下简称公司）深入贯彻科学发展观，认真落实省委、省政府和省财政厅党组的决策部署，牢牢把握科学发展主题和转变发展方式主线，以制定实施公司“十二五”发展规划为契机，坚持外延与内涵发展并举，统筹推进投资运作和资产运营，强化管控体系和思想政治建设，努力克服经济形势复杂多变等不利因素影响，实现了投资业务的重要突破和经济效益的大幅提升。公司全年实现净利润4 934万元，超额完成了年度计划目标，比上年增长54%，继续保持了持续快速发展的好势头，实现了“十二五”发展的良好开局。

【投资业务拓展取得重要突破】 公司以实施“十二五”战略规划为引领，把加快投资发展作为主攻方向，坚持政府投资管理和自营投资开发并重的方针，大力拓展发展空间，取得了重要成果和突破性进展。在财政投资管理方面，积极参与黄河三角洲高效生态经济区开发战略，承担了黄河三角洲产业投资基金政府专项投资任务，作为政府出资人代表与黄河三角洲产业投资基金管理公司签署了有限合伙协议，投入专项资金1亿元；承担了山东地方铁路建设政府专项投资任务，由公司以委托持股形式进行管理运营，并签署了投资协议，首批5亿元已投入山东铁路建设投资公司。在自营投资业务方面，坚持转变投资方式，积极介入高新技术产业，重点开展了与浪潮集团的战略合作，作为战略投资者投资5 700万元入股山东浪潮华光光电子股份有限公司。浪潮华光作为国内领先的光电子节能产品制造企业，竞争优势明显，发展潜力很大，预期投资收益良好，短期内上市希望很大，可望打造成未来公司资本市场投资运作平台。

【资产经营管理取得显著成效】 公司坚持扩大增量投资与加强存量资产运营并重，注重内涵发展，挖掘存量资产潜力，收到了明显成效。围绕提升投资收益这个中心，狠抓重点企业和关键环节，充分发挥董事会、股东会的决策监督作用，全面掌控企业经营状况，加强山航集团预算制定、执行的审核把关，督促落实增收节支措施，实现了效益的大幅提升；督导济南机场、油气公司改善经营管理，着力提升经营效益，继续保持了持续发展的好势头；加强农业综合开发项目巡视监管，组织力量集中开展了农业综合开发参股企业全面排查工作，掌握了企业经营状况，确定了分类监管和风险防控思路措施，并逐个督导企业整改落实，重点推进部分农业项目退出工作，取得了实质性进展。公司全年取得产权收益突破3 000万元，超额完成了年度预算目标，保持了持续增长态势。

【管控体系建设得到明显强化】 公司围绕促进经营、保障发展，以落实年度任务目标为中心，以战略管理为先导，抓住重点环节，全面推进管控体系建设，取得了新的成效。一是强化了战略管理。组织力量编制了公司“十二五”发展规划，进一步理清了发展思路，确定了跨越式发展的方向目标、工作重点和保障措施。注重抓好规划实施工作，加强与年度计划和日常经营管理的衔接，有效发挥了规划的引领和指导作用。二是强化了统筹组织管理。注重发挥经营调度会、投资联席会、产权联席会对经营业务的组织协调作用，加强经营形势分析研判，督导任务目标落实，及时协调解决实际问题，推进了上下联动和部门协同，促进了经营业务有序运行。三是强化了资金财务管理。完善预算审核、资金支出程序，加强投资、产权及建设项目等关键业务节点的财务监管和预算控制，强化资金管理和风险防控，初步建立了适合公司特点的资金集中管理模式，提高了资金运营效率和效益。四是强化了人力资源管理。完善了绩效分配制度，改善了干部职工的薪酬福利待遇，激发了广大员工的积极性。根据工作需要，按照干部任用权限和程序，选拔任用副厅级干部1人，正处级干部5人、副处级干部2人，聘任主管、副主管7人，充实加强了各层次干部力量。五是强化了全面风险管理。组织各单位制定实施全面风险管理实施细则，规范加强公司系统法律事务的统一管理，强化对重大经营事项的全程监督，增强了风险防控能力。六是强化了“三重一大”决策机制。根据中央关于“三重一大”决策制度的实施意见，对近年来公司系统各单位决策制度执行情况进行了自查，制定了公司及各子公司“三重一大”决策制度实施办法，进一步规范完善了决策程序和监督机制。

【思想政治建设进一步加强】 公司坚持围绕中心强化思想政治建设，保障了经营管理工作的顺利开展，实现了和谐发展。一是扎实推进创先争优活动，加强支部建设和党员教育管理，通过学习杨善洲先进事迹、组织参加厅机关庆祝建党90周年活动、开展青年读书活动等形式，在公司内部营造了创先争优的良好氛围。坚持和完善中心组理论学习制度，联系公司实际，深入学习贯彻胡锦涛总书记“七一”重要讲话精神及中央和省委、省政府各项决策部署，注重把学习收获转化为指导工作的实际举措，有效促进了业务突破、提升了管理效能。二是坚持不懈狠抓反腐倡廉建设，把廉政建设与经营管理工作紧密结合，通过规范“三重一大”决策、开展廉政谈话、加强重点业务环节廉政风险防控等措施，完善制度机制，强化了惩防体系。三是坚持把以人为本理念落到实处，加强思想政治工作，把握员工脉搏，及时解决矛盾问题，从加强教育管理入手，引导促进干部员工作风转变，保证了队伍的和谐稳定；强化群众观念，关心员工需求，在收入分配、工作条件、生活福利等事关群众切身利益的问题上，尽力创造条件，使广大干部员工能够共享发展成果。

（撰稿：李永泉　张伟海）

第三部分

市财政工作

济　南　市

【概述】　2011年，济南财政工作抢抓经济社会转型发展的历史机遇，把握科学发展主题和加快转变经济发展方式主线，围绕着财政可持续发展思路，依法聚财增收，切实保障民生，锐意深化改革，精心细化管理，全力推进全市调结构、稳物价、保民生、促改革各项工作落实。2011年，全市公共财政预算收入完成325.42亿元，完成预算的106.33%，比上年增长22.28%。其中，税收收入255.18亿元，比上年增长22.02%；非税收入70.24亿元，比上年增长23.22%。税收占公共财政预算收入的比重达78.42%，比上年下降0.16个百分点。地域内财政总收入完成1 260.12亿元，比上年增长10.05%。全市公共财政预算支出完成395.67亿元，比上年增长17.47%。其中，市本级公共财政预算支出142.41亿元，比上年增长13.99%；县区级公共财政预算支出253.27亿元，比上年增长19.53%。

【实现财政收入稳步较快增长】　一是财源建设工作形成新思路。发挥产业引导资金的导向和汲水作用，促进经济发展方式转变和产业结构调整。安排五大类产业引导资金6.2亿元，支持打造五大区域性服务业中心建设，促进金融、物流、外经外贸等现代服务业发展，推动传统工业优化升级和自主创新；通过支持政策性担保企业增加资本金、对中小企业融资费用给予财政补贴、设立“过桥资金”等形式，妥善缓解了融资难的问题。二是财政收入管理开创新局面。健全收入管理制度，依法严格税收和非税征管，将除教育收费和彩票发行费之外的预算外资金全部纳入预算管理，确保应收尽收。全面完成了51家行政事业单位的非税收入执收成本综合预算管理，对95家行政和全额事业单位进行了执收成本核定，整合非税征收项目，促进非税收入管理更加科学化规范化。三是争取资金支持工作取得新成绩。积极争取上级财政支持，全年争取省专项转移支付共计53.28亿元，比2010年增加15.89亿元，增长42.5%。其中，教育、科技、文化、政法等社会事业方面6.55亿元，社会保障、医疗卫生、住房保障等方面13.51亿元，农林水事务方面5.81亿元，城市公益事业方面16.55亿元，城乡社区事务方面6.05亿元，环境保护方面4.27亿元，增强了财力基础。

【加强宏观调控与科学管理】　一是促进中小企业转方式、调结构。安排工业和信息化发展专项资金9 000万元，用于支持商河县园区工业和信息化项目，对61个工业固定资产技术改造项目和94个信息化项目给予扶持；安排中小企业发展专项资金6 000万元，支持济南市中小企业信用担保中心、110家中小企业项目，为58家中小企业的3.5亿元贷款提供财政贴息；设立企业过桥资金，为9家企业办理了6 000多万元的“借新还旧”贷款，破解中小企业融资难问题；安排市级科技型中小企业创新资金1 000万元，对49个科技型中小企业创新项目进行了扶持。二是支持园区经济快速发展。安排园区经济发展专项资金5 000万元，重点支持八大省级工业园区基础设施建设；安排550万元支持济南经济开发区建设；安排450万元支持济南临港经济开发区建设；安排470万元支持山东省明水经济开发区建设；安排520万元支持济南化工产业园区建设；安排450万元支持济北经济开发区建设；安排500万元支持平阴工业区园建设；安排400万元支持济南槐荫工业园区建设。极大地提升了园区的承载能力，使园区成为新型产业集聚区和县域经济发展的增长点。三是大力支持商务事业发展。安排2 000万元贸易服务业发展引导资金，争取上级贸易服务业发展资金8 050万元，全力支持贸易服务业发展；安排5 700万元资金支持服务外包和外经外贸事业发展，大力培育服务外包产业发展，促进出口结构优化升级和外贸发展方式转变。四是支持家电汽车摩托车下乡和“以旧换新”。汽车下乡，累计销售各型汽车52 608辆，财政补贴资金1.9亿元，拉动市场消费18.71亿元；汽车以旧换新，累计销售汽车7 232辆、财政补贴资金9 130.6万元，拉动市场消费7.58亿元；家电下乡，累计销售下乡家电产品121万台，财政补贴资金3.2亿元；家电以旧换新，累计销售以旧换新家电产品175万台，财政补贴资金3.2亿元。五是利用政府外债资金促进经济社会建设。世行赠款济南“中国城市交通示范项目”和“中国火电效率项目”进入实施阶段，其中“中国火电效率项目”已实施完毕。拨付“中国火电效率项目”107.9万美元，上报“中国城市交通示范项目”资金19万美元。利用法国开发署贷款4 000万欧元资金节能项目，已于10月完成对热力公司项目甄别、评估工作；济南市公安消防支队利用奥地利政府贷款1 000万欧元项目已完成招标代理、科研批复，进入到项目资金申请阶段。六是彩票助推社会事业发展。彩票销售突破22亿元，比2010年增长4.68亿元，增幅27%。其中，福利彩票销售10亿元，体育彩票销售12亿元。共将提取彩票公益金约6.5亿元，提取市级彩票公益金约1.8亿元，为济南市社会福利、公共体育等社会公益事业的发展提供强有力的资金支持。

【优化支出结构，着力保障和改善民生】 不断优化支出结构，压缩一般行政性开支，严格控制“三公”经费，进一步扩大民生支出规模，全市公共财政预算支出完成395.67亿元，同比增长17.47%。其中，民生和社会重点事业支出219.26亿元，占比达到55.41%，比上年提高2.26个百分点。

一是逐步提高基本医疗保障水平。继续完善城乡基本医保制度，将城镇居民基本医疗保险政府补助标准由每人每年120元提高到200元；不断提高新农合补助标准，各级政府对参保城镇居民和参合农民的人均补助标准提高到了200元，市级财政补助资金达2.08亿元；新农合乡镇、村覆盖率保持在100%，参合农民达到323.7万人，参合率达99.33%，提高基本公共卫生服务人均标准，由15元提高到25元。二是不断提高城乡低保和五保供养标准。城市居民最低生活保障标准由上年度的每人每月360元提高到400元，共拨付城市低保资金8 469万元，市本级补助资金7 626.8万元，保障城市居民2.7万户、5.9万人；农村最低生活保障标准由上年度的每人每年不低于1 320元提高到1 800元，共拨付农村低保资金4 758万元，市本级补助资金3 185万元，保障3.7万户城市居民、6.5万农村居民的基本生活；五保供养集中供养标准由上年度的年人均不低于2 800元提高到3 600元，分散供养标准由年人均不低于1 800元提高到2 300元，共拨付农村五保供养资金1 126万元，1.2万户五保对象基本生活得到保障。三是切实保障困难企业军转干部、老党员及涉军群体的待遇和补贴资金。安排解困资金5 000万元用于解决全市5 000余名困难企业军转干部因社会平均工资提高而增长的工资、生活费、社会保险等方面待遇。为全市811名农村老党员发放生活补贴340.44万元。四是健全完善各类教育经费保障机制。市级共拨付城乡义务教育保障经费1.92亿元，切实保证城乡义务教育阶段各项经费保障的全面落实；新增投入7 208万元，进一步提高各类学校公用经费标准，全省义务教育阶段生均公用经费基准定额提高100元，义务教育阶段生均公用经费标准提高为小学700元、初中900元；安排中小学校舍安全工程资金2.46亿元，带动县（市）区投入资金1.94亿元，改造校舍面积156.2万平方米；安排资金2.19亿元，启动了全市普通中小学基本办学条件标准化建设以及中小学教育信息化“班班通”工程；已通过省级清理化解农村义务教育债务考核验收。五是积极促进公共文化服务体系建设和文化产业发展。安排“以奖代补”资金2 000万元，对已建成并通过达标验收的每个图书馆、文化馆、街道办文化站、农村文化大院、社区文化中心分别给予150万、120万、20万、2万、5万元的奖励；安排专项资金1 000万元，支持“农家书屋”建设，按照省定标准完成1 187家“农家书屋”建设，提前一年全面完成全市4 572个行政村的“农家书屋”建设任务；安排专项资金2 485万元，支持艺术精品创作及院团发展，重点支持艺术精品的创作和生产。六是圆满完成保障性住房建设任务。全年共安排1.83亿元用于保障性住房建设。其中，安排1.4亿元用于公共租赁住房建设，安排4.3亿元用于廉租住房保障。市本级已投入11.28亿元用于住房保障（含发放廉租住房补贴2 000万元），其中，投入1.91亿元用于廉租住房建设，投入9.37亿元用于公共租赁住房建设。争取上级专项资金4.76亿元，全部用于住房保障。

【推动城乡统筹协调发展】 一是加大环境保护投入，促进人与自然和谐发展。安排950万元的环保专项资金用于环境监测和秸秆禁烧工作；从排污费中安排市级环保专项资金6 566万元，支持对大气污染防治项目、水污染防治、监管、监测；加大农村环保和环境综合整治工作，获得国家补助和省级配套农村环境整治示范资金7 000万元，市县配套资金1 800万元；支持小清河流域水污染治理，争取小清河综合治理工程补助资金1亿元，专项用于小清河污染综合防治，小清河水质达到省控标准。二是增加财政支农资金。全市财政安排农业专项资金4.67亿元，比上年增长14%。截至11月底，实现财政支农支出9亿元。其中，市级支农专项资金4.8亿元，比上年增长17%；争取省以上专款4.2亿元，比上年增长5%，有力地促进了农业增效、农民增收和农村繁荣。三是大力支持抗旱双保工作。自2010年入冬以来，济南98.61万亩遭遇严重旱情，按照市委、市政府的统一部署和要求，启动应急程序，多方筹集资金，共紧急拨付县（市）区8 235万元抗旱救灾资金。其中，市本级投入县（市）区特大抗旱补助经费500万元、应急保障资金3 460万元，争取中央、省级抗旱资金4 275万元。四是落实农业综合开发项目和种粮农民补贴。农业综合开发总投资1.06亿元。其中，土地治理总投资7 505万元，治理面积7.5万亩，涉及7个县（市）区9个乡镇、办事处60个行政村，受益农民5.44万人；产业化经营项目总投资3 107.5万元，扶持项目17个。另外，对种粮农民补贴，每亩小麦补贴98.45元，比上年增长18.4%。对每户小麦种植面积在100亩以上的种粮大户，每亩给予10元奖励。全市380.31万亩小麦种植农户获得财政补贴3.75亿元。

【确保社会和谐稳定】 全年公共财政预算共安排行政政法部门经费1.86亿元，比上年增长11.63%。一是加大经费投入，促进党政机关执政能力不断提高。安排人大、政协和民主党派专项经费3 252.15万元，确保了履行职能的需要，促进了其立法、监督、议政能力的提高。二是支持政权、社会维稳工作。较大幅度地增加了维稳工作经费。全年共计安排专项经费845万元。安排专项资金5 300万元，用于村级运转经费和村干部报酬、支持农村基层组织建设，逐步形成村级组织运转经费正常合理的增长机制，巩固了党在农村的执政基础。三是支持政法部门提高维稳处突能力。全年共支付政法部门办案经费、装备经费等5.09亿元，用于支持公检法司部门科技强警、科技强检、办公办案装备、信息化和行政执法电子监察系统建设，为维稳处突工作提供了重要保障。四是积极促进高校毕业生就业。安排工作经费522.9万元选聘300名高校毕业生到村任职，改善了基层人才队伍结构。安排毕业生就业见习经费291万元，用于600名高校毕业生就业见习期间发放见习补贴和保险，有力促进高校毕业生就业见习工作的开展。

【深化财政改革与监督管理】 一是治理“小金库”工作取得成效。继续做好“小金库”治理工作，与济南市纪委、国资委、审计局等部门安排全市4 043个单位（其中党政机关782个、事业单位2 048个、社会团体811个、国有及国有控股企业402个）进行复查，复查面达到了100%。结合会计信息质量检查，重点对房地产、卫生等部门检查，共查出违法违规金额2.1亿元。其中，应补缴税款3 939万元，应补缴财政非税收入422万元，会计信息不规范、不实金额1.66亿元。二是完成企业所得税税源暨重点产品国际竞争力调查。全市对354户纳税大户和73户进出口重点企业开展了企业所得税税源和重点产品国际竞争力调查。稳步推进非税收入成本核定改革。根据去年执收成本核定数据，当年完成了51家行政事业单位的非税收入执收成本综合预算管理工作。核定非税收入9.59亿元，执收成本7.91亿元，平均执收成本率为82.51%，节约支出（政府多统筹）7 733.88万元。三是扎实推进国库集中支付改革。对42个主管部门193家单位进行账户核查，共核查预算单位183个，核查账户451个。账户核查工作基本摸清了各单位的账户设立、资金余额、资金来源、财政预算管理形式等情况，为全面深化国库集中支付改革提供了基础资料。最后确定市药监系统7家、市教育系统34家预算单位作为试点单位。确定齐鲁银行、工商银行作为代理银行。四是严格执行资产处置、政府采购、财政投资评审监管。通过推行政府采购预算编制、季度计划、采购申请制度，全市政府采购预算金额84.63亿元，实际采购金额71.47亿元，节约资金13.16亿元，资金节约率15.55%。全市共完成各类评审项目268个，评审资金总值28.34亿元，审定资金总值26.89亿元，完成评审的资金总规模比上年同期增长了66%。积极做好资产日常处置，累计处置市直单位资产10 791.15万元。其中，调拨3 890.42万元，报废6 900.73万元。

（撰稿：丁　强　黄锡锋）

青　岛　市

【概述】 2011年，青岛市各级财税部门将支持经济发展与加强财源建设相结合，促进财政收入持续增长；将优化支出结构与加大民生投入相结合，把财力用到经济社会发展的关键领域；将发挥宏观调控职能与实施精细化管理相结合，促进全市经济社会又好又快发展。全市公共财政预算收入完成566亿元，比上年增长25.1%。市本级公共财政预算收入完成216.37亿元，比上年增长17.8%。全市公共财政预算支出完成614.64亿元，比上年增长22.6%，预算稳定调节基金5.94亿元。市本级公共财政预算支出247.02亿元，比上年增长

16.9%。

【发挥职能促发展】 先后制定出台《关于促进服务业跨越发展的意见》、《关于进一步促进金融业发展的意见》、《关于加强财政资金预算评审工作管理的意见》等规范性文件，财政支持“转方式、调结构”的力度明显增强。一是积极帮扶企业渡难关。出台5项财政扶持政策，筹集资金2.5亿元，支持企业加快发展；健全贷款风险补偿机制和搭建政府增信优惠贷款平台，鼓励金融机构加大信贷投放，全市中小企业贷款新增余额占全部新增贷款余额的比例较上年提高6个百分点；优化中小企业信用担保奖补政策，全市中小企业担保额同比增长90%；全年出口退税222亿元，增强外向型企业竞争力，全市出口额突破400亿美元，同比增长20.5%；落实提高增值税和营业税起征点政策，取消12项涉企行政事业性收费，为企业减轻负担1.4亿元；积极争取国家税收优惠政策，为全市化工企业减免税18亿元。二是全力支持产业转型升级。安排科技资金3亿元，用于自主创新成果转化、重大项目关键技术攻关和大院大所建设；安排资金3亿元，用于企业技术创新能力建设、老城区企业搬迁改造等，推动淘汰落后产能和产业聚集发展；投入资金1.5亿元，扩大市级创业引导基金规模，带动社会投资14亿元，支持战略性新兴产业发展；安排资金1.8亿元，支持信息产业、会展业、旅游业、物流业等现代服务业提速发展，全市服务业增加值占GDP比重同比提高1.4个百分点；安排资金1.4亿元，支持服务外包和外贸公共服务平台建设，促进外向型经济发展壮大。三是大力支持重点区域和重大项目建设。将高新区实现的财政收入市本级分成部分和国有土地使用权出让收入，全部用于高新区建设和发展，在此基础上，市财政补助资金2.3亿元，继续支持高新区饱和性投资计划实施；将董家口港区内实现财政收入的地方留成部分和港区内实现的非税收入，作为国家资本金，注入港投集团，市财政还筹措资金6 696万元，用于港口基础设施建设；安排资金1 924万元，落实县域内25个省级以上产业园区贷款贴息政策；新设专项资金2.5亿元，推进国家深海基地等蓝色经济区重大项目建设；争取中央代理青岛市发行地方政府债券11亿元，推进海湾大桥接线工程、重庆路和金水路改造项目等顺利实施。

【优化投入惠民生】 2011年，市本级公共财政用于社会民生投入134亿元，比上年增长22%，比市本级公共财政预算收入增幅高4.2个百分点。提高城乡低保、基本公共卫生补助、新农合等8项财政补助标准，扩大低保与物价联动、小额担保贷款、政策性农业保险等5项财政保障覆盖面，首次将学前教育纳入财政预算，财政惠民政策体系更加丰富，人民群众得到更多实惠。一是全面落实强农惠农富农政策，夯实“三农”发展基础。市财政安排“三农”支出34.9亿元，比上年增长26.9%；安排资金8.45亿元，加强农田水利基础建设，改善农业生产条件；筹措资金1.1亿元，支持抗旱保苗和保障人畜饮水，有效缓解了特大旱情对农民生活和农业生产的影响；发放农业四项补贴5.9亿元，为85万户种粮农民直接增加了收入；投入资金1.06亿元，用于农村“一事一议”奖补，支持村级公益事业发展；安排资金4.16亿元，用于农村税费改革转移支付；安排资金5 927万元，用于落实村党组织书记岗位待遇，保证基层组织有序运转。二是大幅增加医疗卫生投入，不断优化群众看病就医环境。市财政投入医疗卫生支出14.56亿元，比上年增长65%。投入资金2.5亿元，搭建城乡居民医疗保险框架体系，将城镇居民医保和新农合财政补助标准由每人每年120元提高到200元，住院医疗费报销比例比上年提高5个百分点，全市520万人受益；安排基本公共卫生经费8 500万元，将补助标准由每人每年15元提高到25元，增强基层医疗机构对城乡居民健康指导和疾病预防能力；安排资金7 900万元，支持全面实施基本药物制度，促进药品平均价格下降35%；安排资金8 400万元，支持三医迁建和妇儿医院二期工程建设。三是提高政府救助水平，为低收入群体织密“社会保障网”。市财政安排社会保障资金26.68亿元，比上年增长20.7%。投入资金5.83亿元，支持城乡居民基本养老制度在省内率先实现全覆盖，参保人数达到277万人。企业离退休人员月人均养老金由1 561元提高到1 767元，全市49.2万人受益；城市低保标准从每人每月350元提高到420元，农村低保标准从每人每年1 800元提高到2 604元，补助标准居全省首位；发放物价联动补助2 156万元，减轻物价上涨对12.5万困难群众的影响；将机构供养孤儿和城乡散居孤儿最低养育标准分别提高到每人每月1 400元和1 100元，养育标准居全国首位；投入就业补助资金4.56亿元，新增城乡就业43.8万人。另外，全面落实保障性住房税费减免优惠政策，多渠道筹措资金10亿元，支持2.4万套保障性住房顺利开工建设。

【统筹资金保重点】 一是教育投入力度空前，推动优先发展战略顺利实施。市财政投入教育事业发展经费25.62亿元，比上年增长41%。安排资金5 000万元，促进学前教育发展，增强学前教育的公益性和普惠性；安排资金4.95亿元，用于全市100万平方米校舍抗震加固和重修改造；投入义务教育保障经费3亿元，用于农村中小学公用经费和改善办学条件；安排资金1.2亿元，将中职学校城市低保家庭、低保边缘家庭学生纳入免学费范围，确保各类学生公平享受教育权利；安排资金9 700万元，为义务教育阶段学生免除杂费和免费提供教科书；投入资金1亿元，加强农村义务教育阶段信息化建设，推动城乡教育均衡发展。二是公共文化投入倍增，支持城市文明建设大步推进。市财政统筹安排文化建设和发展资金9.41亿元，比上年翻了一番。安排资金1.15亿元，用于推动五大国有文化集团改制和提高文化产业规模化、专业化水平；安排资金4 400万元，加大对外宣传及宣传文化发展扶持力度；安排资金1 307万元，确保县级以上44个博物馆、纪念馆、美术馆、公共图书馆、文化馆免费开放；安排资金4 075万元，用于“农家书屋”建设、农村公益电影放映、农村文化以奖代补等，推进农村文化建设。投入资金9 575万元，保障公益性文化设施建设和运转；投入资金4 500万元，用于娄山剧院和四方剧院改造，提升老城区公共文化设施水平；安排资金7 500万元，用于开展全民健身活动和体育设施维修改造等。三是加大公用事业投入，城市运行保障能力进一步提高。市财政筹措16.7亿元，用于“创建文明城、迎办世园会、大干200天市容环境十大整治行动”，全力支持市容环境整治；投入资金4.6亿元，新增供热面积680万平方米，进一步满足群众用热需求，供热普及率比上年增加9个百分点；投入资金7 000万元，用于市区供水管网改造，方便市民用水；安排资金3 800万元，用于更新400辆垃圾收集车，改造、建设40座垃圾转运站，减少垃圾二次污染；通过融资租赁方式筹集资金6.22亿元，更新公交车1 200辆，促进七区公交线网一体化。

【管理改革上水平】 一是用预算评审的方式促使财政资金用在刀刃上。专项资金预算安排前，引入专家、委托中介机构对项目进行专业评定，合理确认绩效目标和预算额度。2011年，将评审范围由专项资金、基本建设资金拓展到专项支出和上级专款，评审项目由上年的37项增加到47项，资金规模由43.4亿元增加到58亿元，全年共审减资金10亿元，审减率17.2%，有效促进专项资金科学配置。项目完成后，对照设定的绩效目标，对31亿元资金项目进行绩效评价，并将评价结果作为下年度预算安排的重要依据，有效促进财政管理由投入型向效益导向型转变。二是利用信息化手段实现对预算单位资产的统筹统管。开发资产管理信息平台，将预算单位基础信息纳入数据库管理，准确掌握单位资产的总量、构成、分布、增减等基础信息，有效解决资产管理“前清后乱”、“家底不清”问题，推进行政事业单位资产由分散管理向集约管理、静态管理向动态管理转变，实现预算管理与资产管理的有机结合。三是创建政府债务监管新机制严控债务风险。对融资平台进行清理分类，核实融资平台名录及债务余额。建立政府投资公司举借债务审批、核准和登记制度，及时掌握政府投资公司运营情况和债务风险状况。将政府债务纳入预算管理，加大预算对政府债务举借、使用、偿还的控制。对政府债务状况实施逐月统计，逐季监测，定期分析，及时对政府债务进行风险预警。四是深化国库集中支付改革加强财政拨付环节的管控。全面推开公务卡改革，市级预算单位全部纳入公务卡改革范围，全面掌握公务卡支付的明细信息，将公务消费置于阳光之下，扫除行政事业单位现金管理的“盲区”。对超过5万元的支出全面实行财政直接支付，有效防止财政资金的截留、挤占、挪用。全年市本级直接支付59.7亿元，占集中支付支出的57.6%，比上年提高23个百分点。五是打造大监督机制确保财政资金安全运行。将专项资金、政府采购、资产管理和政府投资项目的业务工作流程纳入立体化信息监管平台，利用现代技术手段对违规问题实时预警、及时纠错，从源头上严防权力失控和行为失范的风险。建立行政事业单位财会人员从业资格和财会负责人任用审核机制，对重点建设项目派驻财务监督员，将监管链条向预算单位和重点项目延伸。组织对抗旱救灾、重点小型病险水库除险加固等12项民生资金的集中检查，进一步构筑财政监控的“防火墙”。六是通过预算公开推进财政资金规范透明。向社会公开市级财政收支预决算和70家市直部门的预算。在全国率先实行专项资金全过程预算公开，将新农合等37项，资金规模达44亿元的重点民生专项资金预算安排和执行情况，全部在青岛政务网上公开，将资金安排使用管理的全过程置于社会各界监督之下，让财政资金阳光运行。落实“加快制定完善支持民营经济、总部经济和金融等现代服务业发展的政策体系”等决议。七是扎实办理人大建议政协提案。推广“建议办理月”、“双互动工作法”、“处长负责制”等制度，全年主办的18件建议提案的办结率、面复率、满意率继续保持了三个100%。通过召开座谈会、发送电子邮件等形式及时向人大代表报告财政工作及政策动态、预算编制及执行情况。人代会期间，及时印发财政服务手册，组织工作人员介绍财政政策，主动接受人大代表监督。八是构建服务型财政工作机制。积极争取中央、省对青岛政策支持，创新财务企业方式取得了明显成效。青岛市先后争取成为国家节能与新能源汽车示范推广城市、餐厨废弃物资源无害化处理试点城市和国家农村环境连片整治示范区。青岛智慧生态城被批准为示范区、胶州为示范县。争取蓝色经济区建设专项资金及国家重大科技项目政策支持，为经济发展和产业转型升级营造了良好的财税政策环境。

（撰稿：郝　静）

淄　博　市

【概述】 2011年，淄博市深入贯彻落实科学发展观，牢牢把握科学发展主题和加快转变经济发展方式主线，坚定不移地走生态文明、内涵发展的路子，科学务实、积极作为，全市经济社会发展呈现出增长较快、结构优化、效益提升、民生改善、社会和谐的良好局面，实现了“十二五”良好开局。全市实现地区生产总值3 280.23亿元，按可比价格计算，比上年增长12.0%。其中，第一产业增加值116.75亿元，增长4.3%；第二产业增加值1 975.38亿元，增长12.6%；第三产业增加值1 188.10亿元，增长11.6%。三次产业比例由上年的3.7∶61.6∶34.7调整为3.6∶60.2∶36.2。农业生产保持稳定，全年粮食总产177.57万吨，比上年增长1.2%，连续九年实现增产。工业经济实力实现大跨越，全年工业总产值、主营业务收入双超万亿，分别达到10 265亿元和10 102亿元，成为全省第3个、全国第16个工业经济过万亿元的城市；规模以上工业实现主营业务收入9 497.21亿元，比上年增长24.6%；实现利税1 216.82亿元，增长28.4%，其中利润748.50亿元，增长36.4%。消费市场持续繁荣，全市社会消费品零售总额达到1 186.25亿元，比上年增长18.0%。在全市经济平稳健康运行的基础上，各级财政部门在市委、市政府的正确领导和省财政厅的支持指导下，认真贯彻实施积极的财政政策，全力推进转方式、调结构、保民生、促和谐各项工作，全市财政经济保持了平稳较快发展，圆满完成了预算任务目标。全市公共财政预算收入突破200亿元，达到203.59亿元，完成预算的109.01%，比上年增长25.36%，占GDP的比重为6.21%，比上年提高0.55个百分点。区县域财政实力进一步增强，区县级财政收入完成167.70亿元，比上年增长24.07%，占全市的比重为82.38%，比上年提高1.36个百分点。全市公共财政预算总支出突破250亿元，达到253.19亿元，增长25.42%。

【促进经济平稳较快发展】 认真贯彻积极的财政政策，加大对内涵发展重点领域的支持力度，市级设立转方式调结构专项引导资金，综合运用财政政策和资金杠杆，推动经济内涵发展。2011年，全市财政用于支持经济发展方面的资金达到69亿元。充分发挥扩大消费需求对经济发展的拉动作用，认真落实家电、摩托车下乡和以旧换新等政策，全市兑付补贴资金4.72亿元，销售家电138万件、摩托车4万辆，直接拉动城乡居民消费47亿元。一是大力支持工业结构调整。把支持产业链发展作为推进工业转方式调结构的重要抓手和平台，认真研究支持产业链延伸的政策措施，加快推进重点产业链延伸和战略性新兴产业发展，支持产业布局调整和“两化融合”，增强企业自主创新能力和核心竞争力，推进工业重点项目建设，全市工业总产值、主营业务收入双双越过1万亿元大关。二是加快推进中小企业发展。支持中小企业发展，认真落实中小企业特色产业集群、贷款风险补偿和中小企业发展专项资金，促进中小企业加快发展。加大对创新成长型工业企业的扶持力度，及时兑现专项扶持资金和税收优惠政策，加快其发展步伐。三是积极支持服务业提质增效。扩大服务业引导资金的规模和扶持范围，并出台实施了减免房产税、城镇土地使用税等扶持现代物流业发展的政策措施，促进服务业及现代物流业跨越发展。实施标准化战略和品牌战略，安排专项资金，对主持或参与主持产品国际标准、国家标准、行业标准的企业，分档给予资助；对新创中国名牌和中国驰名商标及品牌宣传费给予补助。四是扎实做好节能减排和环境保护工作。扩大节能降耗专项资金规模，支持“十大节能工程”、“三个节能30项”等重点节能工程实施。加强市级排污费使用管理，重点向化工异味治理、道路扬尘治理等与群众生活息息相关的环保治理项目倾斜，进一步改善居民生活环境。五是统筹区域发展。市级积极筹措落实资金，增强三个老工业区和相对困难区县财政保障能力，支持强区县加快发展，支持文昌湖旅游度假区开发建设，推动了区县域经济健康协调发展。

【支持民生建设和重点事业发展】 积极优化支出结构，加大重点支出保障力度，全市用于民生方面的支出达到140.23亿元，比上年增长36.59%，占总支出的比重达到55.39%，比上年提高4.53个百分点。一是加大“三农”投入，全市财政性“三农”支出达60.77亿元，足额兑现强农惠农补贴资金，加强以水利为重点的农业基础设施建设，支持发展品牌农业、都市农业，促进了农业增产、农民增收。二是加大教育投入，全市教育支出完成61.34亿元，完善义务教育经费保障机制，健全完善家庭经济困难学生资助体系，积极化解农村义务教育债务和市属高校银行债务，支持中小学校舍安全工程建设，推动了教育事业均衡发展。三是加大医疗卫生投入，全市医疗卫生支出完成16.26亿元，支持实施医药卫生体制改革，提高新型农村合作医疗和城镇居民基本医疗保险补助标准，实施基本和重大公共卫生服务项目，全面推进基层医疗卫生机构综合改革，提高了城乡居民医疗保障水平。四是加大社会保障投入，全市社会保障和就业及住房保障支出完成29.04亿元，全面推行新型农村养老保险，全力推进城镇居民养老保险试点，提高城乡低保补助标准，加快推进保障性住房建设，促进就业再就业工作开展，维护和发展了人民群众的切身利益。五是加大对文明创建的投入力度，全市文化体育与传媒支出完成4.03亿元，支持创建全国文明城市，发展文化事业和文化产业，推动了群众性文化体育活动深入开展。

【强化财政财务管理】 加强综合预算管理，将除教育收费、彩票发行费以外的非税收入，全部纳入预算管理，强化了预算约束。进一步深化国库集中支付、公务卡等改革，强化银行账户管理，加快预算执行进度，确保了资金安全规范使用、早见成效。加强预算绩效管理，深入推进财政投资评审和支出绩效评价，全市共完成评审值51.63亿元，审减资金7.68亿元，审减率达14.88%；市级完成绩效评价项目27个，涉及资金近18亿元。加强政府采购监管，强化采购预算编制和执行，扩大政府采购范围和规模，全市政府采购额完成43.16亿元，节约资金7.26亿元，节支率达14.4%。坚持厉行节约，严格控制“三公”经费支出，全市一般公共管理与服务支出增长18.44%，低于财政总支出增幅6.98个百分点。加强财政监督，加大对财政收支和会计信息质量的监督检查力度，深入开展党政机关公务用车问题专项治理，继续扎实开展“小金库”专项治理，维护了良好的财经秩序。坚持依法理财，加大普法宣传力度，淄博市财政局被财政部授予全国财政“五五”法制宣传教育先进集体。不断健全完善行政事业资产管理制度，建立事业单位资产管理考核机制，推进资产管理信息化建设，加强事业单位对外投资和无形资产及事改企资产监管，积极推进存量资产整合，提高了资产利用率和管理水平。抓好基层财政工作，推进乡镇惠民服务大厅建设，提高基层财政财务管理水平。强化政府债务归口管理，健全偿债准备金制度，防范了地方财政风险。

【抓好国有资产监管和政府资源运营】 进一步理顺国有资产监管体制，初步建立了国有资产监督、重大事项报告制度，拟定了考核评价体系，完善了国有资产监督管理制度。积极推进国有企业改革，促进国有资产战略布局调整，优化国有资产配置，确保了国有资产保值增值。按照资源资产化、资产资本化、资本证券化的思路，强化对市级行政事业资产的有效运营，建立健全了市城市资产运营有限公司法人治理结构，完善了公司内控机制，加大资产资源优化配置力度，壮大了城市资产运营有限公司实力。按照科学谋划、适度超前，降低成本、提高效益，规避风险、稳健经营的原则，积极拓宽融资渠道，不断创新融资方式，实现了融资投资、建设还款的周期性平衡，增强了政府可用财力和宏观调控能力，切实保障了“两区三村”、市体育中心和运动员公寓、市客运中心、市文化中心、引太入张、城市基础设施建设等一系列重点项目资金需要，进一步提升了城市的功能和形象。

【加强干部队伍建设】 一是不断深化创先争优活动。立足财政工作实际，继续深入开展创先争优活动，通过组织开展向沈浩同志学习活动、争创“共产党员示范岗”活动、“四个一”活动以及加大宣传力度、先进经验交流等，进一步营造了立足本职创先进、争优秀、做先锋的浓厚氛围。加强干部思想教育和业务培训，以纪念建党90周年为主题，开展了丰富多彩的理论学习教育活动、主题实践活动和纪念活动，进一步增强了干部队伍的政治业务素质。抓好系统精神文明建设，制定实施了全市财政系统2011～2013年精神文明建设工作规划，淄博市财政局继续保持全国文明单位，各区县、高新区财政局继续保持全省文明单位（文明机关），全系统区县级以上文明单位创建面达到97%。二是切实加强班子建设。坚持和完善党组学习制度、调查研究制度、联系基层制度、民主决策和科学决策制度，努力建设学习型组织、创新型团队、实干型集体、廉洁型班子。认真贯彻落实民主集中制，对重要事项实行集体研究、集体决策，确保了各项工作有序高效开展。局领导班子获得2011年度全市目标管理考核优秀县级领导班子。三是切实推进财政反腐倡廉建设。严格落实党风廉政建设责任制，层层签订《党风廉政建设责任书》，做到一级抓一级、层层抓落实。加强财政反腐倡廉源头治理，将承担的全市党风廉政建设责任制源头治理工作任务，细化分解为具体工作，落实到相关科室，明确分管领导、牵头和配合单位、完成时限，确保了任务落实。加强廉政风险防范管理，强化对重点人员、重点岗位、重要事项的全方位全过程监督，增强了监督的权威性和有效性。加强财政内部监督，认真落实内审工作规定，2011 年选择了 10 个局属单位，对其内部管理制度建设、作风效能建设、岗位风险控制、岗位风险防范等开展内部监督检查，防止了各种违规违纪问题发生。深入开展制度廉洁性评估试点，对 2007 年以来市财政局制定出台的制度、规章和规范性文件，从廉洁性、合法性、科学性等方面进行了评估，为建设具有财政特色的惩治和预防腐败体系奠定了基础。扎实开展廉政主题教育、警示教育、红色传统教育等活动，进一步增强了廉政教育的感染力和震慑力。认真贯彻落实《廉政准则》等各项廉政规定，全面抓好党组中心组理论学习、民主生活会、廉政档案、廉政谈话、个人重大事项报告等制度落实。深化作风效能建设，大力推行政务公开，抓好公开承诺事项落实，切实改进工作作风，在 2011 年度全市民主评议政风行风活动中，淄博市财政局位居社会管理类单位第一名，树立了良好的社会形象。

（撰稿：李慧斌）

枣 庄 市

【概述】 2011 年，枣庄市生产总值（GDP）实现 1 561.68 亿元，按可比价格计算增长 10.9%。其中，第一产业增加值 126.40 亿元，增长 2.0%；第二产业增加值 920.32 亿元，增长 12.3%；第三产业增加值 514.96 亿元，增长 10.5%。人均生产总值 41 746 元，比上年增加 4 907 元，折合 6 463 美元（按年平均汇率折算）。公共财政收支双双迈上新台阶，全市公共财政收支分别突破 100 亿元和 160 亿元，为“一个战略、三大战役”的顺利推进提供了有力支撑。全市公共财政收入完成 1 001 197 万元，占预算的 113.2%，比上年增长 30.5%。全市公共财政收入占 GDP 的比重达 6.4%，比上年提高 0.8 个百分点。全市公共财政支出 160.34 亿元，占预算的 117%，比上年增长 24.3%。其中，用于民生方面的支出达 87.2 亿元，占全部支出的 54.4%，比上年提高 3.6 个百分点。

【支持促进转方式调结构和城市转型】 认真落实积极的财政政策，全力支持转方式、调结构、促转型。一是加大转型政策资金争取力度，加快推进城市转型。争取中央、省 2011 年度资源枯竭城市转移支付补助资金 4.07 亿元，比上年增长 9 200 万元。争取中央矿山地质环境治理专项资金 1.2 亿元。争取将峄城区纳入国家农村环境连片整治示范区，连续三年获得上级农村环保资金支持。二是着力扩大预算内投资规模。支持重点事业发展，拨付交通基础设施建设资金 2.4 亿元，其中用于实施村级公路示范县工程 8 000 万元，县乡交通基础设施建设 6 100 万元。三是促进扩内需保增长。大力实施家电摩托车下乡及以旧换新、建材下乡等政策，全市兑现补贴资金 4.19 亿元；市级拨付资金 3 383 万元支持开展“二日游”、“好客山东休闲汇”等活动，扶持旅游产业发展，有力地拉动了消费增长。四是支持调结构促转型。市级拨付资金 9 000 万元，用于产业结构调整，扶持新兴产业发展；拨付资金 6 500 万元，用于泉兴集团产业调整和股权回购。着力缓解中小企业融资难问题，利用财政政策的激励机制，引导 12 家担保机构为 956 户中小企业新增担保贷款 12.9 亿元，比上年增长 19.4%。落实小微企业所得税优惠政策，提高营业税、增值税起征点，清理规范行政事业性收费 31 项，减轻了企业税费负担。落实固定资产进项税额抵扣 4.85 亿元，减免企业所得税 1.59 亿元，办理出口免抵退税 3.72 亿元，全市累计落实各项税收优惠 14.37 亿元。五是支持城市建设。市级拨付城建资金和融资资金 10.05 亿元，用于高铁站前广场、市民中心、新城路网及凤鸣湖商业设施等重点工程建设。六是支持环境保护和节能减排。全市节能环保支出 3.44 亿元，完成预算的 100.7%。扎实推进农村环境连片整治示范试点工作，市财政首次设立农村环境保护专项资金 500 万元，重点支持农村饮用水源地保护、生活污水和垃圾处理、工业污染防治等工作。

【加强税费征管】 一是建立完善调度分析机制。严格执行财税运行分析联席会议制度，定期召开月度预算执行分析会议，认真做好财政旬月报和重点税源企业纳税快报编制工作；深入开展专题调研分析，特别是对于转方式、调结构中行业收入变化情况进行跟踪分析，深入各区（市）开展了收入专题调研，完成了《2011 年全市财政收入情况调研报告》，对全年收入情况做了科学预测，为财政经济分析和领导决策提供了可靠依据。去年财政收入始终保持均衡平稳较快增长，全市公共财政收入收入始终保持了20%以上的增长，全市提前一个月完成了预算收入。二是加强收入征管，挖掘增收潜力。严格税政管理，完善税源控管体系，坚持大税小税一起抓、税收非税一起抓，保持收入平稳较快增长。加大非税收入征收力度，继续实行“非税收入专管员”制度，在非税收入周调度、月分析的基础上，实行季度考核。拓宽管理领域，突出抓好土地、矿产等国有资源性收入管理，认真编制土地出让收支预算，规范征缴程序，及时准确核算、提取、划转各项资金；按照中央、省的统一部署，认真做好地方水利建设基金的征收准备工作。

【着力保障和改善民生】 围绕100件惠民实事，积极调整支出结构，集中财力优先落实中央和省、市出台的民生政策，民生财政理念得到有力突显。一是强农惠农投入大幅增加。全市农林水支出13.59亿元，完成预算的119.6%，比上年增长26.1%。全市拨付粮食直补、农资综合补贴、良种补贴、农机具购置补贴和大中型水库移民后期扶持资金3.59亿元；拨付村级公益事业“一事一议”奖补资金1.93亿元；拨付2 488万元用于抗旱保苗；拨付3 580万元，用于绿化造林及生态效益补偿；市级拨付农业两大基地和“四化”进程资金1 000万元，扶持土地流转合作社资金1 000万元，“双十双百”工程资金800万元，玉米机收及秸秆还田补助700万元。二是教育投入大幅增加。全市教育支出34.19亿元，完成预算的127.2%，比上年增长34%，占财政支出的比重达到21.3%，其中公共财政教育支出比例达到19.1%，超过了省核定18.7%的目标比例。全市拨付农村义务教育经费保障机制改革补助2.51亿元，教科书补助及农村中小学图书及教学挂图采购资金5 611万元，农村生均公用经费标准提高到小学600元、初中800元，特殊教育学校生均公用经费补助标准提高到3 000元；拨付农村义务教育化债奖补资金8 307万元，全市提前3个月完成化解工作；拨付学前、高校、中职和高中困难学生资助资金5 205万元；拨付农村中小学校舍安全、教学仪器更新和“211”工程资金1.44亿元，促进城乡教育均衡发展。市级拨付6 000万元，用于新城实验幼儿园和新城高中建设。三是社保和就业投入大幅增加。全市社会保障和就业支出15.9亿元，完成预算的113.7%，比上年增长25.8%。城市低保标准提高到每月260元，农村低保标准提高到每年1 500元，全市拨付城市低保资金1.28亿元、农村低保资金1.31亿元；拨付农村五保供养资金3 017万元；拨付1亿元，落实提高部分优抚对象抚恤及生活补助标准等政策；对纳入城乡低保的重度残疾人每人每月再给予50元的生活补贴；拨付就业资金4 938万元，用于职业培训和社保补贴；拨付城乡居民养老保险补助资金2.23亿元，比中央要求提前一年实现城乡养老保险制度全覆盖，统一了基本养老金领取标准。首次发放孤儿养育金，分散居住孤儿每月不低于600元，集中居住孤儿每月不低于1 000元。连续七年上调企业离退休人员养老金，当年人均月增加168元，失业保险金标准提高到月人均550元。四是医疗卫生投入大幅增加。全市医疗卫生支出13.61亿元，完成预算的131.4%，比上年增长49.7%。提高了新农合和城镇居民基本医疗保险政府补助标准，均由120元提高到200元，全市共拨付6.14亿元；拨付公共卫生服务经费9 647万元，城乡人均基本公共卫生服务经费达到25元；拨付实行基本药物制度和重大公共卫生服务补助8 660万元。五是保障性住房建设投入大幅增加。全市住房保障支出6.98亿元，完成预算的320.8%，比上年增长365.2%，其中拨付棚户区改造奖补资金5.58亿元，并落实好各项税费减免政策。六是社会管理投入大幅增加。积极推动“平安枣庄”建设，促进社会和谐稳定。全市公共安全支出9.7亿元，完成预算的106.5%，比上年增加7 118万元。七是完善公务员津贴补贴调控体系。市级机关事业人员津补贴人均增资约300元，住房公积金缴存比例由原来的9%提高到12%。各区（市）也不同程度地提高了津贴补贴标准和住房公积金缴存比例，逐步建立了科学规范的津补贴调控管理制度。通过持续加大民生投入，覆盖城乡的民生保障体系更加完善，人民群众得到更多实惠。

【推进财政改革】 一是预算管理改革加快推进。将预算外收入全部纳入预算管理，财政预算的完整性明显增强。在编制公共财政预算时，同步编制了政府性基金预算、国有资本经营预算、社会保险基金预算，进一步细化了项目预算。继续扩大预算信息公开范围，“阳光财政”建设取得新成果。二是财政基础管理更加规范。继续加强资金管理制度建设，印发了《2010年枣庄市财政制度汇编》，逐步达到“先有预算、后有支出，先有制度办法、后有资金分配”的要求。完善国库集中支付系统功能，细化单位用款计划，规范资金支付流程，推行公务卡改革。加强对财政性资金、中央和省补助专款、政府投融资、市政工程建设等项目的政府采购管理。全市政府采购规模13.88亿元，节约资金2.5亿元，节支率达15.4%。加大财政投资评审力度，完成评审项目938个，评审总投资额22.87亿元，审减资金3.83亿元，审减率达16.8%。建立了政府债务基础信息数据库，实行政府债务数据月报制度。开展了中央专项资金管理、会计信息质量、“小金库”治理以及预算编制执行等专项检查，选择部分项目进行了绩效评价试点。三是县乡财政建设进一步加强。督促指导区（市）改善收入质量、优化支出结构，争取省财政县级基本财力保障机制奖补资金22 952万元，较上年增加6 456万元。市级对下转移支付力度进一步加大，当年下移财力51 682万元，缓解了基层财政困难。四是税制改革进展顺利。个人所得税费用扣除标准由2 000元提高到3 500元，减轻了纳税人负担，相应增加了个人收入。进一步理顺地方税征管体制，完成了契税、耕地占用税征管职能划转工作，保证了收入稳定增长。

【加强干部队伍建设】 各级财政部门在推进财政改革发展的同时，紧抓作风建设和廉政建设不放松。一是着力加强财政干部能力建设。紧贴财政工作实际抓学习、抓培训，干部职工的政治素养、理财能力明显提升。二是着力加强行政效能建设。以开展创先争优活动为抓手，大力加强党员宗旨教育，认真开展“转作风、提效能”、“重点岗位评议”和“服务效能实时评价”活动，切实提高工作效率和服务水平。三是着力加强法治财政建设。全面推进依法行政、依法理财，引导干部职工认真学法、严格守法、规范执法。四是着力加强廉政建设。继续开展岗位廉政风险防范管理工作，查找廉政风险点，有针对性地制定具体防控措施，构筑“岗位履职有标准、防控管理有措施、问责追究有依据”的风险防控管理体系。在去年全市开展的民主评议行风活动中，市及区（市）财政部门继续位居前列。五是认真做好我局“枣庄二日游”宣传推介工作。专门抽调人员组成了两个“二日游”宣传推介小组，先后10余次赴河南洛阳、开封登门宣传推介“枣庄二日游”，全年招揽“二日游”游客4 000多人次，提前超额完成市政府下达的任务目标。

（撰稿：赵志军）

东 营 市

【概述】 2011年，东营市坚持严征管、促增收，创新税费征管理念，重点强化收入调度、部门协作和资源共享，积极支持征管部门完善征管机制和重点税源分类管理制度。全市公共财政收入完成135.27亿元，完成年度预算的113.72%，比上年增长28.97%。全市公共财政支出完成179.80亿元，完成年度预算的135.75%，比上年增长26.67%。

【规范非税收入征管】 一是抓征缴管理。严格落实收入任务责任制，强化非税收入分析和调度，继续完善领导“包重点、包大户”制度，夯实非税收入征管基础。二是抓监督稽查。创新稽查方式，实施联合稽查，扩大稽查范围，实施资金、票据、政策执行的全面检查，提高稽查质量，堵塞非税收入征管漏洞。三是抓制度建设。出台《东营市政府非税收入管理暂行办法》、《东营市非税收入稽查暂行办法》、《东营市地方水利建设基金筹集和使用管理办法》，强化非税收入监管，规范政府收入分配秩序。实行特邀监督员制度。发挥社会监督员的监督作用，进一步推进了非税征管工作作风转变。2011年，全市政府非税收入完成159.01亿元，比上年增长46.07%。其中，纳入公共财政预算管理的非税收入完成35亿元，增收8.76亿元，增长33.40%。

【大力加强财源建设】 认真调研分析全市财源现状，客观反映全市财源建设的成效与不足，分析培植壮大财源的潜力。本着“用财政资金作引子、以社会资金为主导”的理念，拟订了财源建设意见，明确了财源建设的总体思路，并对工作重点、主要任务及发展方向进行了总体规划。着力促进新时期财源建设从总量扩张向结构优化、从粗放发展向集约化生财、从传统财源向多元生财的“三个转变”。在支持经济发展方面，始终把转方式、调结构摆在财政工作的首位，充分发挥2亿元转调专项资金效能，重点支持工业调整振兴、新兴服务业发展和重点项目建设；“捆绑使用”外经贸发展资金、科技型中小企业创新资金和中小企业发展及市场开拓资金2 465万元，集聚财力鼓励中小企业实施“走出去”战略，引进和升级产业技术；认真落实小微企业所得税优惠政策，提高增值税、营业税起征点等支持企业发展的财政扶持政策，减免13项非税收入项目，减免金额3 500万元，切实减轻企业负担。财源建设不断巩固，财政发展后劲明显增强。

【农业综合开发工作成效显著】 累计投入农业开发资金1.01亿元，改造中低产田15.7万亩，开挖疏浚渠道911

公里，建设排灌站9座，新开工土地治理项目7个，中低产田改造项目5个。广饶县20万吨肉鸭饲料加工、东营区60吨海参真空冷冻干燥加工、利津县750吨金针菇标准化种植基地、垦利县1万吨醇法大豆浓缩蛋白加工扩建等产业化经营项目全部完工并投入生产运营，中央财政贴息项目均按其贷款用途完成了项目建设计划。农业综合生产能力不断提高。

【认真做好粮食直补和农资综合补贴工作】 规范政策性财政补贴和转移支付资金的发放与管理，落实涉农补贴提标政策，及时足额发放粮食直补、良种补贴、农资综合补贴等各项涉农补贴资金1.61亿元，增加农民收入。加强资金管理，全面落实“家电、汽车下乡和以旧换新”补贴政策，2009年以来，全市累计兑付家电、汽车下乡及汽车以旧换新补贴资金2.81亿元，拉动社会消费29.73亿元，实现了预期的政策效果。

【推进预算管理制度改革】 深化部门预算改革，实施了《东营市市直部门财政性结余资金管理暂行办法》、《东营市市级预算基础信息库管理暂行办法》及《东营市市级预算项目库管理暂行办法》，细化部门预算编制，预算编制质量明显提高。强化国有资产监管手段，出台了《东营市人民政府关于推进市属国有资产运营公司发展的指导意见》，明确监管主体，建立了公司监事、财务总监派驻制度，逐步实现对经营性国有资产的集中统一监管。国库集中支付范围进一步扩大，公务卡改革顺利实施。加强政府采购监管，规范采购流程，提高采购质量和效率，全市完成政府采购合同金额42.02亿元，节支率达19.52%。以强化“制度、管理、队伍”为保障，全面提升财政投资评审的综合服务力和贡献力，全年完成评审项目88个，评审值33.4亿元，审减资金3.4亿元。

【加强财政监督检查】 全面清理整顿财政专户，对没有开设依据的15个账户按规定进行了撤销、合并。扎实推进“小金库”专项治理工作，抓好全面复查，复查面达到100%；签订无“小金库”承诺书1 413份，查处“小金库”1个，涉及金额4.17万元。开展了行政事业单位预算编制及执行情况检查，检查单位16户，对检查中存在的收入预算编制不全、支出预算编制不细化、账实不符、收入挂账等违规问题，责成相关单位进行了整改。组织了中央财政专项资金自查，核查资金10.66亿元，通过自查自纠，充分发挥了中央专项资金效益。财政监管的种种实践，有效地规范了收支行为，控制了各项支出，提高了财政资金的使用效益。

【切实加强党风廉政建设】 始终把反腐倡廉与落实财政任务紧密结合，深入开展反腐倡廉思想教育，不断增强党员干部廉洁从政意识，筑牢思想道德防线。注重丰富教育形式，组织干部职工参观了“法治与责任——全国检察机关惩治和预防渎职侵权犯罪展览山东东营巡展”，开展了以“重温红色历程，传承革命精神”为主题的红色革命传统教育活动，进一步增强了党员干部党性党风党纪意识。深入开展源头治理工作。抓好“小金库”全面复查和重点检查，制定完善制度844项，进一步规范了部门单位业务管理流程，加大源头治理力度。加强国有企业党风廉政建设和反腐败工作。扎实推进公司治理结构建设，落实企业党风廉政建设责任制，完善国资监管制度体系，规范了权力运行机制。检查强农惠农资金4.97亿元，发现处理问题项目4个，涉及资金652万元。积极推进预算公开，研究制定了《东营市财政补助下级财政专项资金公开目录》。

（撰稿：徐冰消）

烟 台 市

【概述】 2011年，烟台市公共财政收入完成303.19亿元，占预算的111.06%，比上年增长27.50%。全市公共财政支出完成407.53亿元，占预算的97.91%，比上年增长25.83%。市级基金预算收入完成39.76亿元，加上级专项补助、体制结算等，总计44.29亿元。基金支出完成40.14亿元，收支相抵，当年结余4.15亿元。

【全面推进财源建设，财政实力迈上新台阶】 坚持把加强财源建设与促进经济转调发展统筹考虑、协调推进。在政策资源整合、资金投入重点、财政扶持方式上大胆创新，研究制定了更有市场竞争力、更具实效性的31条扶持政策，着重推进大产业大项目和园区经济膨胀发展，着力支持企业自主创新、服务业加快升级，形成了激励市场主体科学发展、自主转调的一整套政策体系，调动了各方面发展财源经济的积极性，经济发展质量和创税能力不断提高。同时，强化调度考核，健全综合治税联席会议制度，推进财税库银联网，整合各种社会力量，保证了财源建设成果及时足额反映到财政收入上来。2011年，全市境内税收收入完成649.44亿元，比上年增长26.06%。全市公共财政收入突破300亿元，收入增幅高于全省平均水平1.81个百分点。

【健全完善引导机制，促进转调取得新进展】 重点发挥财税引导机制作用，激发市场活力，推动经济又好又快发展。一是支持“三大战略”实施。筹措资金1.5亿元，设立蓝色经济区发展专项资金，争取省“蓝黄两区”建设资金2.1亿元，重点扶持海洋新兴产业和生态高效产业发展项目46个。二是推动产业结构加快调整。投入资金1.5亿元，支持实施“8515”工程，推动战略性新兴产业加快发展；设立1亿元信贷周转资金，为中小企业按时还贷、续贷提供资金支持，帮助企业健康发展。三是引导服务业提质增效。将服务业引导资金规模扩大到2 000万元，重点支持市区服务业四大工程，培育休闲旅游、文化创意等新兴服务业态，不断提高服务业发展水平。2011年，第三产业提供地方税收占地方税收收入的比重达到49.91%，比上年提高0.96个百分点。四是鼓励科技创新与节能减排。将自主创新与转方式调结构科技引导专项资金规模扩大到2 000万元，大力支持“六个十”工程实施。充分发挥市场作用，筹建风险投资和创业投资引导基金，推进高新技术开发及成果转化。拨付资金1.1亿元，为207户企业兑现循环经济税收优惠政策，为20个企业项目落实节能奖励政策。五是巩固扩大对外开放优势。投入资金4 700万元，细化完善鼓励扩大出口的财政政策，支持实施“三个一百”、“三个引进”、企业再造等重点工程，支持企业应对挑战，推动全市对外开放上层次、上水平。

【加大财政支农投入力度，“三农”发展取得新成效】 2011年，全市农林水利方面的支出达到52.3亿元，比上年增长37.9%。一是现代农业建设步伐加快。抓住国家和省加大农田水利建设力度的有利机遇，帮助龙口、海阳等市县争取水利及现代农业项目资金3.7亿元，有效提高农业综合生产力。投入资金1.56亿元，支持实施三年水系造林绿化和渔业增殖放流工程。拨付资金1亿元，加大农业综合开发力度，改造中低产田7.4万亩，支持农业产业化、标准化项目29个。二是支持农民增收力度加大。发放粮食直补、农机购置补贴等3亿元，兑付家电下乡及以旧换新补贴资金5.3亿元。投入农民就业创业扶持资金2 700万元，实现农村劳动力转移就业创业4万人。三是农村公共服务水平进一步提高。投入资金1.6亿元，全面推行新型城乡养老保险制度，惠及97万老年人口。筹措资金2.6亿元，补助农村住房建设和危房改造，支持开展村容环境整治和公共活动场所建设。拨付资金7 000万元，落实金融支农政策，支持新农村流通网络工程建设，新建乡镇便民服务大厅55个。

【牢固树立人本理念，民生保障推出新举措】 2011年，全市财政用于民生方面的支出达到291.1亿元，比上年增长28.21%，占财政支出的比重达到71.43%，比上年提高1.72个百分点。一是提高教育发展保障能力。拨付资金3.8亿元，将城乡初中、小学以及特殊教育学校生均公用经费补助标准分别提高至800元、600元和3 000元。投入资金11亿元，推进义务教育阶段学校校舍安全、校园安保和“211”工程建设，落实政府助学金提标扩面和中职免学费政策，惠及学生10.8万人。圆满完成农村义务教育债务化解任务。二是支持公共文化服务体系建设。投入资金6 700万元，落实农村电影放映、农家书屋建设等扶持政策。拨付资金2 600万元，支持“四馆”免费开放和烟台山、朝阳街等优秀文化遗产的保护和传承。三是加快社会保障体系建设。将新农合和城镇居民基本医疗保险政府最低补助标准提高到200元，人均基本公共卫生服务经费标准提高到25元，支持全市政府办基层医疗卫生机构全部实行基本药物零差率销售制度。启动社会救助与物价上涨联动机制，将市区低保标准提高至380元/月，向27万城乡困难群体发放临时性价格补贴，减轻物价上涨对低收入群体的影响。四是保障重点项目建设。筹措资金22.4亿元，支持潮水机场新建、毓璜顶医院周边改造等重大项目建设以及门楼水库供水、社区公园改造等群众关心的热点民生工程。以争创第三届全国文明城市为契机，投入资金4 200万元，支持开展市容环境综合整治，推动文明城市建设常态化。

（撰稿：李少鹏）

潍坊市

【概述】 2011年，潍坊市认真贯彻党的十七大和十七届三中、四中、五中、六中全会精神，深入落实科学发展观，开拓进取，积极作为，实现地区生产总值3 541.9亿元，比上年增长11%，社会消费品零售总额、固定资产投资、外贸进出口总额比上年分别增长17.3%、22.9%和19.9%，取得“十二五”发展的良好开局。在此基础上，各级财政部门坚持依法治税、科学理财，及时化解不利因素，财政收入实现平稳较快增长。全市公共财政收入完成253.9亿元，比上年增长22.5%；税收收入占公共财政预算收入比重为83.8%，居全省第1位，主体税种占一般预算收入比重达到47.5%，高于全省各市平均水平2.2个百分点，较好地体现了转方式、调结构的成果。支出保障能力进一步提高，公共财政支出303.5亿元，比上年增长22.1%。其中，教育、社会保障和就业、医疗卫生、农林水等民生支出完成186.8亿元，占公共财政预算支出的比重为52.2%，比上年提高2个百分点。

【覆盖城乡的民生保障体系更加健全】 顺应人民群众过上更好生活新期待，将更多的财政资源用于民生建设，努力补齐社会事业“短板”，构建起符合市情、比较完整、覆盖城乡、可持续的民生投入保障体系。一是教育投入体系。支持教育优先发展战略，促进教育均衡发展，全市教育支出96亿元，比上年增加22.9亿元。统一城乡义务教育生均公用经费标准，落实义务教育保障经费6.8亿元；全面完成农村义务教育化债工作，化解债务2.8亿元；完善覆盖高校、中职和高中学校家庭经济困难学生资助体系，受益学生共计17万人次。将学前教育纳入保障范围，支持教师培训、幼儿园建设、低保家庭和孤残儿童免费入园等。筹集22亿元支持校园安保、校舍安全和农村中小学“两热一暖一改”工程，促进改善办学条件；支持滨海科教创新园区和职业教育实训基地建设。二是就业和社会保障投入体系。围绕构建城乡一体化社会保障体系，着力填补空白领域、提高保障标准、扩大保障范围，全市就业和社会保障支出25.9亿元，比上年增加5.4亿元。设立政府救助和群众工作专项资金，建立孤儿基本生活保障机制，给予特殊人群更多救助和关怀。完善保障标准与物价指数联动增长机制，提高农村五保供养、城乡低保标准，实现“应保尽保”。全面推开新型农村和城镇居民社会养老保险，初步构建起覆盖全民的养老保险体系。落实积极就业政策，构建覆盖全部适龄人群的就业保障体系，支持开发社区公益性岗位、实施就业和创业培训；通过财政贴息发放小额担保贷款1亿元，促进以创业带动就业。另外，投入11.7亿元支持保障性安居工程建设，改善低收入家庭住房条件。三是医疗卫生服务投入体系。围绕缓解看病难、看病贵问题，强化政府保障责任，全市医疗卫生支出26.2亿元，比上年增加10.2亿元。健全覆盖城乡的全民医保体系，新农合、城镇居民医保政府补助标准由每人每年120元提高到200元，并相应提高最高支付限额和住院费用报销比例。将全市人均基本公共卫生服务经费由15元提高到25元，免费提供健康档案等公共卫生服务；全面实施基本药物制度，对523种基本药物实行零差率销售；累计建成标准化卫生室3 185处，城乡居民享受到更加便捷、低廉、优质的医疗服务。四是强农惠农政策投入体系。不断扩大公共财政覆盖农村的范围，加大“三农”支持力度，统筹城乡发展迈出新的步伐。积极改善农村生产生活条件，投入2.3亿元，实施小型农田水利重点县建设和现代农业生产发展项目；投入1.1亿元，实施农业综合开发，改造中低产田11万亩；投入1.1亿元，新增3.5万沼气用户，解决40万农村人口饮水安全问题；实施村级一事一议财政奖补政策，筹集4亿元，促进农村公益事业发展。发放各类惠农补贴17.7亿元，增加农民直接收入，更加体现政府与农民分配关系由“取”到“予”的转变。五是文化、交通和社会治安等其他基本公共服务投入体系。增加文化事业、产业发展资金，设立文化产业投资基金，推动文化事业与文化产业互促共荣；支持加快文化中心、体育场馆等公共设施建设，推进文化惠民“五大工程”，完善公共文化服务体系。支持基层政法机构装备设施建设；加大安全生产、防震减灾、食品药品安全监管等投入力度，维护社会稳定。支持构建城乡一体的公共交通体系和环卫管理服务体系，更多优质服务惠及城乡居民。

【支撑发展的能力进一步提高】 不断拓展财政职能，完善产业扶持体系，充分发挥财政资金引导作用，推动经济发展方式转变。一是健全产业投入支撑体系。搭建集聚资源平台，完善以产业投资、创业投资、风险投资、担保等各类公司为主体的产业投入支撑体系，助推产业发展。设立直接债务融资风险缓释资金，发行全国首批中小企业区域集优票据，解决企业融资难问题；落实扶持金融产业发展政策，撬动金融资本投入，初步构建起“以政府资金为引导、企业资本为主体、金融资本为支撑、社会资本和风险投资为补充”的长效投入机制。二是创新财政政策扶持体系。适应形势变化和产业发展需求，创新实施更具针对性、时效性的政策措施。完善招商引资优惠政策，推进“三区”建设和战略性新兴产业发展；注重人才政策与产业政策的配套联动，促进形成“以人才带项目、以项目带产业”格局；制定支持外经贸发展扶持政策，帮助更多企业开拓国际市场；试行产业链式配套发展政策，推动园区化布局、集约化发展；实施零增地技术改造政策，鼓励企业在原址提高投资规模和发展档次；推进企业主辅业务分离，支持新剥离服务业发展，促进产业结构调整。三是优化再造政策服务环境。组建政策受理兑现服务中心，实行政策咨询和兑现落实一口对外、全程服务。完善后置收费制度，取消31项涉企行政事业性收费，减轻企业负担。完善执法经费保障机制，巩固软环境建设成果。

【财政管理体制机制改革成效明显】 一是深化综合配套改革。推进公共资源市场化配置，在停车场、河砂资源等方面，实行有偿使用管理，提高利用效率；按照“转方式、强运营、降负债、控风险、保平衡”的思路，创新完善城市投融资模式，保障基础设施工程建设；坚持公车治理与深化公车管理制度改革相结合，建立部门公务用车编制、交通费年度控制等制度；推进医药卫生体制改革，支持公立医院改革迈出关键步伐，增强事业发展活力。二是创新公共服务投入模式。大力推行政府购买公益服务模式，范围扩大到教育、文化、医疗、人力资源及农村自来水、户用沼气等多个领域，供给效率不断提高；研究出台鼓励社会办学、办医、养老的政策意见，引入优质服务资源，满足群众不同层次需求。三是提高预算管理水平。建立健全以财政部门和预算单位为主体，涵盖财政支出全过程的绩效管理模式；扩大绩效评价范围，并引入3家中介机构参与，选择15项涉及民生的项目进行重点评价，评价结果与预算安排挂钩。坚持“一项资金、一套办法”，制定完善各类资金管理制度，推进“无缝隙”管理。在完善内部监督、审计监督、社会监督机制的基础上，向4家中介机构购买监督服务，提升财政监督水平。

【机关队伍建设取得新成绩】 以深入开展创先争优、文明创建活动为契机，加强干部队伍建设，提高全局干部职工干事创业能力。一是落实双责制度，加强机关党建。坚持以贯彻落实科学发展观为指导，紧紧围绕经济社会发展大局来谋划、推进党建工作。以开展“优质服务项目创评”等活动为载体，深入开展创先争优活动；确立33个基层联系点，全员推动文明创建；建立新闻发言人制度，积极推进党务公开。获得“市直部门绩效考核突出贡献奖”“经济建设十佳服务单位”等荣誉30余项，并顺利通过“全国文明单位”复审。二是深入学习调研，打造研究型机关。立足提高学习研究水平，通过举办“蓝色经济区建设专题培训”等20余次专题培训班、召开务虚座谈会、参加在职学历学位学习等方式，提升综合业务素质。积极开展产业发展、民生保障、城市建设、强基固本等系列调研活动，形成高质量调研报告和意见建议，其中多项建议进入市委、市政府决策。三是强化绩效考核，打造效能型机关。完善绩效考核机制，将全年任务分解成143项重点工作，督查责任到岗到人，工作结果纳入机关绩效考核，作为评先树优、干部使用的依据。继续推行市县部门“双向考核”，完善以学习研究、创新创业、落实执行、沟通服务、廉政建设、财政保障“六个能力”为主体的量化指标考核体系，促进形成全系统上下互动、共同提升的工作格局。四是加强全面监督，打造廉洁型机关。完善内部制衡机制，严格执行廉政谈话、诫勉、质询制度，主动接受审计监督，形成覆盖所有政府性资金和财政运行全过程的监督体系。加强廉政基础教育，完善党员领导干部申报事项，充实廉政档案，有效杜绝各类不廉洁行为。做好承担的深化“小金库”专项治理、规范公务员津贴补贴等5项牵头和23项协办源头治理任务，推动全市党风廉政建设责任制贯彻落实。

（撰稿：逄希滨）

济 宁 市

【概述】 2011年，面对复杂严峻的经济形势，面对各种矛盾和困难，济宁市各级财政部门深入实践科学发展观，坚决贯彻落实市委、市政府的决策部署，充分发挥财政职能作用，围绕中心，服务大局，奋力拼搏，扎实工作，为实现“十二五”经济社会发展良好开局作出了积极的贡献。2011年，全市完成公共财政收入207.1亿元，比上年增长22.4%；完成公共财政支出300.4亿元，比上年增长19.1%。连续25年实现全市财政收支平衡。

【支持经济发展力度明显加大】 针对经济运行中的突出矛盾，认真落实积极的财政政策，全力支持扩内需、稳增长、转方式、调结构，促进了经济又好又快发展。积极筹措及争取上级资金共8.2亿元，全力推动产业振兴、技术改造、新能源、节能减排、现代服务业、科技人才等发展。安排2亿元筹建产业投资发展公司和政府性融资担保公司，着力缓解企业融资难问题。安排1亿元用于淮河流域水污染防治，代表山东省参加治污考核获得第一名。落实资金11.7亿元，大力支持城市基础设施建设，改善城市道路、环卫设施、城市绿化、园林景观建设等工作，通过国家园林城市评审验收，城市面貌焕然一新。多方筹集资金11亿元，大力支持农村环境综合整治、水污染防治、人工湿地等建设，生态环境得到有效改善。

【地方财政实力明显增强】 面对复杂多变的财经形势和政策性减收因素影响，各级财税部门坚持依法治税，拓展征管领域，挖掘增收潜力，强化重点税源监控，严厉打击偷漏税行为，努力做到应收尽收。2011年，税收收入完成156.7亿元，比上年增加19.3亿元，增长14.56%。拓宽财政增收渠道，认真抓好国有资本经营收益等各项非税收入征管。通过强有力的征管，聚财增收成果丰硕。2011年，全市公共财政收入突破200亿元大关，比2007年翻一番，6个县市区收入超过10亿元。

【保障民生能力明显提升】 坚持压一般、保重点，把民生作为财政支出的重中之重，保障和改善民生扎实有力。2011年全市民生支出完成154.8亿元，占公共财政支出的52.5%。及时发放粮食直补、农资综合补贴、良种、农机具购置等补贴7.4亿元，加大涉农资金整合力度，支持农村六大工程，农业综合开发继续扩大面积，提高开发管理水平，有力促进了农业发展、农民增收。经过上下共同努力，教育投入10亿元，实现了省财政厅提出的教育投入占比，重点保障校舍安全工程、学前教育、农村小学教学点改造。新农合和城镇居民基本医疗财政补助标准由每人每年120元大幅提高到200元，医疗费用报销比例调整到70%。新型农村和城镇居民社会养老保险实现全覆盖，发放保险金4.8亿元，103万人受益。积极筹措8.6亿元，支持全市1.5万套保障性住房建设，缓解了城镇困难群众住房难问题。一事一议财政奖补范围扩大到1 683个村，拨付资金1.7亿元，203万农民受益，这项工作的资金量、管理水平均居全省前列。

【科学理财水平明显提高】 立足全市经济社会发展全局，扎实推进财政改革，财政管理水平稳步提高。加强财经运行分析，及时提出科学合理建议，把握财税工作主动权。完成契税、耕地占用税征管职能划转工作，进一步理顺了地方税征管体制。将预算外收入纳入预算管理，财政预算的完整性明显增强。细化部门预算，推进预算公开，加快执行进度。市级提交人代会审查的预算部门单位由2010年的43个增加到100个。科学调度资金，保证重点项目资金需求，化解政府债务风险。财政集中支付核算稳步推进，截至2011年底，纳入管理的预算单位达到340个，建账393套。2011年，拒付不合规开支198笔，金额315万元，违规现象逐渐减少。加大财政投资评审力度，2011年，全市完成评审额122.9亿元，审减20.8亿元，评审工作成绩显著，得到上级领导的充分肯定。全力争取上级转移支付86.2亿元，比上年增长31.7%，为“保工资、保民生、保运转”提供了坚实财力基础。

【干部队伍建设明显增强】 按照市委提出的“增强为民意识，争做执行表率”的要求，以建一流队伍、创一流作风为目标，深入开展群众满意机关活动，有效提高了干部职工服务大局、服务基层、服务群众的能力和水平。一是强化思想政治建设。组织党员干部深入学习贯彻党的十七届六中全会精神，认真学习胡锦涛总书记在纪念建党九十周年和纪念辛亥革命一百周年大会上的讲话精神，结合开展争先创优活动，进行“学党史、讲党性、比贡献”专题教育，举办财政系统党员干部读书观摩会、组织不同层次财政干部到高等院校、党校培训，开设“财政大讲堂”，使广大干部职工思想政治觉悟和工作主动性、创造性进一步提升。二是突出班子自身建设。严格贯彻执行民主集中制原则，坚持重大问题集体决定、班子成员分工负责，做到有事多商量、行为守纪律、办事顾大局，密切配合，互相支持，团结共事，既充分发挥个人的负责精神和主动性，又能够依靠集体的智慧和力量，增强班子的整体功能，营造了心齐气顺的良好氛围。三是着力加强作风建设。坚持以群众满意程度作为衡量财政工作成效的标准，组织机关干部积极参加“争创满意机关、争当高效科室、争做优秀科长”活动，通过登门征求意见，召开服务对象、行风监督员座谈会，先后组织两次“政风行风”热线的上线，建立局领导班子成员与基层财政联系点等形式，深入推进政务公开，系统政风行风建设和文明创建取得新成果。四是加强党风廉政建设。建立健全廉政风险防控机制，通过采取个人、科室（单位）查找、局领导小组办公室会审，确定岗位风险点147个，完善了防控措施，健全内控机制。组织干部职工深入开展警示教育，组织干部职工参观《法治与责任》展览、科级以上干部参加反腐倡廉知识竞赛，在局机关办公大楼内布设了以宣传财政、廉政文化为内容的文化长廊，使廉政教育更加深入扎实。市财政局2011年被评为全省政风行风建设先进单位，连续三年被市委、市政府评为先进单位，“双评”连续五年列经济管理部门第一名，市财政集中支付核算中心还被团中央授予“全国青年文明号”荣誉称号，成为全省财政系统第二家获此殊荣的单位。

（撰稿：钟　强　徐晓剑）

泰　安　市

【概述】 2011年，面对复杂多变的国内外经济形势和艰巨繁重的改革发展任务，全市上下坚持以科学发展观为统领，紧紧围绕富民强市，牢牢把握主题主线，积极创新作为，奋力攻坚克难，经济社会保持平稳发展态势。全市实现生产总值2 304.3亿元，按可比价格计算（下同），比上年增长11.5%。其中，一、二、三产业增加值分别为215亿元、1 202.8亿元和886.5亿元，分别比上年增长3.8%、10.8%和14.5%，三次产业结构由上年的9.5∶53.6∶36.9调整为9.3∶52.2∶38.5。人均生产总值4.19亿元，比上年增长11.1%。在经济平稳运行的基础上，财政预算执行情况良好，财政收入稳定增长，支出结构日益优化，为经济社会又好又快发展奠定了坚实基础，全市连续25年实现财政收支平衡。全市地方一般预算收入完成138.1亿元，比上年增长18.1%。其中，税收收入93.5亿元，增长11.9%；非税收入44.6亿元，增长33.7%。全市一般预算支出208.4亿元，比上年增长18.7%。

【预算执行特点】 一是公共财政收入保持平稳较快增长。面对经济增速放缓、收支矛盾加剧的巨大压力，各级始终把组织收入作为财政工作的核心任务、头等大事，积极创新征管手段，努力挖掘增收潜力。2011年，超额完成了“总量136.99亿，增长17.14%”的预算任务。二是税收结构逐步改善。全市地方工商税收完成70.9亿元，比上年增长20.7%，分别高于公共财政收入、税收收入增速2.6个和8.8个百分点；占地方税收的比重达到75.9%，比上年提高5.6个百分点。特别是四大主体税收，合计完成45.9亿元，比上年增加7.1亿元；增长18.4%，高于财政收入增速0.3个百分点。三是支出结构进一步优化。按照基本公共服务均等化和公共财政要求，积极整合预算内外财力，大力支持推进城乡一体化进程。大力支持城市建设。2011年，市级政府投融资总平台共拨付资金23.5亿元，支持了泰城重点工程项目建设，比2010年增加5.2亿元。大力支持新农村建设。全市共落实支农惠农补贴13.1亿元，比上年增加2.3亿元；筹集资金4.2亿元，大力实施农业综合开发；落实资金2.2亿元，支持了农业产业化和现代农业发展；筹集村级“一事一议”财政奖补资金2.3亿元，补助项目1 659个；拨付资金5.1亿元，支持了小型农田水利重点县、病险水库除险加固、农村饮水安全、道路建设以及土地综合整治，农村生产生活环境持续改善。大力提升基层保障能力。市以上财政安排对下转移支付31.9亿元、专项资金42.6亿元、地方政府债券6 000万元，合计比上年增加21.1亿元，有力地缓解了县乡财政困难，支持了基层各项事业发展。大力支持平安生态建设。以社会管理创新试点为契机，全市拨付资金2.4亿元，深入推进政法经费保障机制改革；筹集资金1.2亿元，重点支持了生态保护、环境治理、森林培育和荒山绿化；拨付资金7 280万元，支持了疾病防控、疫情防治和安全生产；筹集资金6 038万元，支持发展“绿色公交”，平安泰安、生态泰安建设步伐进一步加快。

【财源建设扎实深入开展】 坚持把培植壮大财源作为一项长期的战略性工程，创新思路促发展，强化措施抓落实。一方面，着眼长远，认真编制财源建设规划。坚持激活内力，借助外力，合力攻坚，顺利完成全市“十二五”财源建设规划编制工作，明确了目标任务、攻坚重点和保障措施，为引领转方式、调结构、增财源持续深入开展奠定了坚实基础。另一方面，立足当前，全力服务经济平稳发展。坚持整合资源与集中扶持相统一，加快转调与培植财源相结合，2011年市以上财政投入14.4亿元，集中扶持企业发展壮大。其中，拨付资金6 935万元，支持了企业技术改造、技术研发；拨付资金3 239万元，支持了节能减排和淘汰落后产能；拨付资金4 924万元，支持了四大战略性新兴产业加快发展；继续设立4 000万元的财政专项资金，引导各级投入3.1亿元，支持了现代服务业繁荣发展。认真落实扩内需、促消费各项政策，全市共发放家电和汽车摩托车下乡及以旧换新补贴资金3.5亿元，拉动居民消费22.2亿元。坚持财政资金与金融资本相呼应、减税让利与优化环境相一致，全市共落实金融信贷奖励和财政贷款贴息4 853万元，帮助企业贷款257.5亿元；兑现技改奖励1 006万元，吸引企业扩大投资4亿元；落实中小企业过桥还贷资金1.2亿元，化解了15户企业的资金困难。全面落实结构性减税、增值税转型、出口退税、政策性税收优惠等政策，共向全市企业减税让利20.5亿元，发展环境持续优化。

【民生支出得到全面保障】 始终坚持以人为本、用财为民，着眼于提高城乡居民幸福指数，千方百计筹措资金，全力保障和改善民生福祉。2011年，全市一般预算中用于民生方面的支出达到114.1亿元，比上年增长33.2%，高于全市财政支出增速14.5个百分点；占全部财政支出的54.8%，比上年提高6个百分点。一是教育投入大幅增加。全市教育支出完成40.7亿元，增长32.9%。其中，全市落实义务教育保障经费4.3亿元、教育助学金7 218万元，确保了各项教育资助政策落实；筹集资金1.5亿元，支持了中小学校舍安全改造；拨付资金4 255万元，支持了公办幼儿园建设；拨付资金3.4亿元，全面完成了农村义务教育化债工作。二是社会保障水平稳步提高。全市投入4.4亿元，将城乡低保人均标准分别提高至每月280元、每年1 400元；拨付资金5.1亿元，实现了城乡居民社会养老保险“两项制度”全覆盖；拨付资金1.7亿元，支持了农村五保供养；拨付资金719万元，支持建立了孤儿基本生活保障制度；拨付资金1 145万元，用于自然灾害救助。三是医疗保障体系不断完善。全市筹集资金9.2亿元，将新农合和城镇居民基本医疗保险政府补助水平，统一提高至200元；拨付资金2.5亿元，支持了基本公共卫生服务均等化和基本药物制度改革，人均基本公共卫生服务经费标准由5元提高至25元；落实资金7 577万元，健全了城乡医疗救助体系。四是就业帮扶力度持续加大。全市筹集资金2 908万元，支持了就业培训和自主创业；拨付资金448万元，支持了“金蓝领”等高技能人才队伍建设。五是保障性住房建设深入推进。全市拨付廉租房建设资金8 066万元，落实廉租房补贴资金447万元；筹集资金2.4亿元，支持了棚户区改造和公租房、经济适用房、农村住房建设。

【科学理财水平不断提升】 始终坚持用创新的思路引领发展，用改革的办法破解难题，财政管理的科学化精细化水平不断提高。一是强化预算执行管理。实行专项资金限时办结制、预算执行责任制和督查制，引导各级加快支出预算执行进度。尤其是强化各类生产性专项资金的管理，要求上半年尽量全部到位，确保早投资、早见效。二是强化财政支出管理。加快国库集中支付改革，全市通过集中支付系统支付资金170亿元，直接支付率达72.6%，比上年提高10.4个百分点。财政投资评审全面展开，全市评审政府投资项目1 519个，评审总额106.4亿元，审减资金6.4亿元，平均审减率6%。不断扩大政府采购规模，全市完成政府采购额41.7亿元，节约资金8.5亿元，综合节支率16.9%。三是强化政府债务管理。按照“加强管理、适度举债、讲求效益、规避风险”的要求，对政府债务实行归口统一管理，建立健全债务风险评估、预警等机制，设定债务安全线及风险防控标准，确保政府债务可控、可防、可化解。四是强化财政监督管理。深入开展财政专户清理整顿和“小金库”专项治理复查等工作，全市撤销专户287个，“小金库”专项治理全部复查完毕。另外，基层财政管理全面加强，全市落实资金1 166万元，建成惠民服务大厅36个，培训乡镇财政人员221人次；行政事业资产管理制度不断完善，资产处置程序和收益管理进一步规范。

【干部素质得到明显提升】 坚持“两手抓、两手硬”，以创先争优争做泰山先锋活动为总抓手，大力加强干部队伍建设，不断提高整体素质和创先争优能力。一是致力于建设学习型队伍。坚持班子成员带头学、科室负责人带动学，加快建立学习教育常态化、长效化机制，形成了崇尚学习、积极思考、学以致用的浓厚氛围。二是致力于建设实干型团队。围绕“争创五项机关、推进执行力建设”活动，将作风建设渗透到工作的方方面面，努力提速提质提效。局党委向社会公开作出了“能办的事马上办好，难办的事帮助办成，不能办、办不了的事解释清楚”的庄严承诺；改革决算程序，自2011年起，将支出截止日由12月31日提前至12月25日，并实行关门决算；继续深入开展行政服务标准化试点，做到行为有准则、工作有制度、办事有程序、防控有措施。三是致力于建设廉政型集体。坚持党风廉政常抓不懈、逢会必讲，积极推行班子成员“一岗三责”制，即抓业务工作、抓廉政建设、抓思想工作三者合一、统筹兼顾，从思想上、行动上，建立起从一把手到普通人员，层层负责、层层把关、层层落实的廉政责任体系。四是致力于建设文化型机关。围绕增强财政可持续发展活力，坚持把文化建设作为队伍建设、机关建设的灵魂，既注重搭建载体，更注重提升内涵；既注重内在积淀，更注重外在影响。五是致力于建设和谐型财政。班子成员之间，始终做到了大事讲原则、小事讲风格；局党委充分发扬民主，凡重大问题、重大决策、重大事项和大额资金分配，一律集体研究讨论、科学民主决策。特别是在干部选拔任用上，2011年，一次性拿出20个科级岗位实行了公开竞争上岗、公平选拔干部。上下级之间，始终坚持下级绝对服从上级，对中央和省、市的决策部署，不折不扣、全力以赴、快速落实；对县市区和乡镇及时互通情况，定期深入调研、加强指导，在全系统形成了强大的工作合力。部门之间，积极主动加强交流和沟通，增进感情，互通信息，促进了工作开展，特别是与税务部门联系密切、关系融洽。同志们之间能够互相学习、互相包容、互相帮助、互相体谅；大力弘扬尊老爱老的优良传统，认真落实离退休老干部政治和生活待遇，丰富精神生活，积极发挥余热。全局上下呈现出风正气顺心齐、团结和谐创业的浓厚氛围，为今后工作开展提供了良好的内外部环境。

（撰稿：王 冰）

威 海 市

【概述】 2011年，威海市公共财政预算收入136.4亿元，完成预算的101.23%，比上年增长15.36%。全市公共财政预算支出200.6亿元，完成预算的115.68%，比上年增长19.45%。其中，农业、教育、科技支出按可比口径分别增长63.33%、23.85%、18.08%，均达到法定增长要求。收支相抵，累计净结余1 687万元，当年净结余62万元。

【培植壮大地方财源】 一是运用政策杠杆，加快产业转型升级。围绕全市“自主创新年”活动，加大科技创新投入，设立产学研合作专项资金，市级筹资1.35亿元，重点支持了高新技术、先进制造业、新能源和环保节能等领域156个技术创新项目，推动威海市自主创新体系建设；筹资5 630万元，按照“升级传统产业，巩固优势产业，发展新兴产业”的思路，支持了26个战略性新兴产业和调整振兴重点行业示范项目，促进工业结构转型升级；大力支持节能减排，各级安排3.2亿元，支持企业节能技术改造，加快淘汰落后产能，大力发展循环经济和清洁生产；进一步完善财政支持服务业发展的政策体系，市级安排服务业发展引导资金3 112万元，着力促进旅游、金融、物流等现代服务业发展。二是强化服务职能，打造优质发展环境。针对金融政策收紧等因素给企业发展带来的资金短缺难题，认真落实临时还贷扶持政策，全年累计为184户企业办理还款再贷34.6亿元。充分发挥中小企业信用担保风险补偿、小企业贷款风险补偿、科技支行试点、创业投资引导基金等政策的作用，为企业发展提供更加有力的融资保障。市级安排3 190万元，全面落实纳税明星新星企业、品牌建设、企业上市融资、外经贸先进企业奖励等激励、引导政策，营造了支持发展、鼓励发展的良好氛围。三是发挥调控作用，保障经济协调发展。强化公共投资的引导作用，市级筹集22.14亿元，支持统一路南延、机场三期等政府重点项目，加快城市建设、完善城市功能、提升城市品位。积极拉动城乡消费，拨付家电下乡和家电以旧换新补贴1.66亿元，成功争取并组织实施了全国家政服务体系建设试点城市项目，逐步健全城乡商贸流通体系。着力促进对外贸易，市级安排5 983万元，用于鼓励优势产品出口、提升出口农产品质量、开拓新兴市场等，促进外贸发展方式加快转变。

【保障城乡社会发展】 继续优化财政支出结构，加大财力向民生事业的倾斜力度，全市民生支出达到117亿元，比上年增长24.1%，占一般财政支出的58.3%。一是支持“三农”事业加快发展。各级投入资金4.3亿元，高标准、高质量地完成了400个重点村的农村环境综合整治任务；投入农业综合开发资金1.03亿元，完成了3万亩中低产田改造和1万亩高标准农田建设；投入水利建设资金1.52亿元，支持重点中小河流治理、小型农田水利重点县建设等，进一步改善了农业生产条件；市级安排1 170万元，完善政策，出台办法，支持蔬菜、海参、畜牧、苹果等产业发展，提升了威海市特色农业的发展水平；加大政策性农业保险推广力度，拨付保费补贴720万元，为农业和渔业生产提供了18亿元的风险保障；拨付粮食直补、农资综合直补、农作物良种补贴等各类惠农补贴5.91亿元，发挥了稳定农业生产、促进农民增收的重要作用。二是支持教育事业优先发展。继续加大教育投入力度，全市教育支出占财政支出的比重大幅提高。进一步提高了农村中小学生均公用经费补助标准、家庭经济困难寄宿生生活费补助标准以及高校、高中国家助学金资助比例和标准，惠及20万农村义务教育学生和6 000多名贫困生，促进了城乡教育的均衡化和公平化；积极开展“农村学前教育示范镇”和“城市学前教育示范街道”创建工作，学前教育保障日益加强；启动了“十二五”中等职业教育市级示范实训基地建设工程，安排职业教育专项资金2 999万元，加快技能型人才培养；市级安排6 024万元，做好威海四中迁建工作，进一步保障了教育事业发展需要。三是支持社会保障事业全面发展。落实积极的就业政策，市级安排1 478万元，通过发放岗位补贴、兴办公益性岗位等措施，加大对困难群体的就业帮扶力度，健全公共就业服务体系；加快完善社会保险制度，在提高新农保基础养老金财政补助标准的同时，筹集1 969万元全面启动了城镇居民社会养老保险试点工作，实现了城乡养老保险制度的全覆盖；严格落实各项住房保障政策，各级投入资金3.1亿元，通过发放补贴、加快廉租住房和公租房建设等方式，建立起覆盖范围更加广泛的住房保障体系；全力保障困难群体生活，提高了城乡居民最低生活保障标准、农村五保集中和分散供养标准等19项民生政策的财政补助标准，群众广泛受益；不断提高特殊群体保障水平，各级安排资金1.6亿元，认真落实优抚政策，完善残疾人保障体系，切实改善了特殊群体的生活条件。针对“7·25”特大暴雨，第一时间调度市级资金1 600万元，保证了抢险救灾工作顺利开展，之后会同有关部门积极向上汇报沟通，累计争取上级资金1.08亿元，使安置、重建工作加速推进，维护了人民群众正常的生产生活秩序。四是支持卫生文体事业健康发展。深入推进医药卫生体制改革，将城镇居民基本医疗保险和新型农村合作医疗财政补助标准提高到每人每年不低于200元，并进一步提高了住院费用报销比例和最高支付限额，推动实施基本医疗保险异地就医结算服务；全面落实基本药物制度，将人均基本公共卫生服务经费标准由15元提高到25元；进一步改善公共卫生服务条件，完成了61个村卫生室的维修改造；大力促进中医药事业发展，支持完善食品药品监管体系，群众看病就医和食品卫生安全得到有效保障。健全公共文化服务体系，筹集资金2 737万元，全面实施文化馆、图书馆、博物馆等免费开放，采取“大巴流动图书馆”、建设图书馆集群网络服务体系等方式，进一步扩大公益性文化服务的覆盖范围；将举办体育赛事、推广全民健身和树立城市品牌有机结合，市级安排1 036万元，支持第三届全市运动会、铁人三项世界杯赛、亚洲帆船锦标赛等大型体育赛事的举办，并通过推进市场化运作、实行公物仓资产循环使用等方式，有效节省了财政支出。

【着力提升理财水平】 一是加强调度、严格征管，实现了财政收入总量与质量双提高。充分发挥税源信息采集网络平台作用，实现对税源的全方位控管；认真落实税收征管激励政策，税务稽查力度和征管措施显著增强；不断完善非税收入征缴机制，地方水利建设基金的筹集与管理均步入正轨。通过各方面共同努力，全市公共财政收入实现了总量稳定增长、质量快速提升，全市税收收入、工商税收收入、四税收入占公共财政收入的比重分别达到79.85%、69.4%、43.95%，分别比上年提高2.4、2.33、1.56个百分点，其中四税比重由2007年的全省第16位上升到第8位。二是强化措施、严把关口，实现了财政支出效率与效益双提升。在保障资金安全的前提下，把加快财政支出进度作为提高预算执行质量的关键，制定了《威海市市级财政支出预算执行管理暂行办法》，通过加快部门预算批复、支出项目落实和重点资金拨付，加强预算执行考核，建立预算支出限时办结和联动责任制度等措施，不断提高预算执行的时效性和均衡性，支出进度始终位居全省前列。把好支出关口，严格落实上级关于厉行节约的相关规定，从严控制行政经费和一般性支出；发挥政府采购、投资评审规范管理、节减支出的作用，全市完成政府采购额17.7亿元，节约资金2.34亿元，完成财政投资评审额59亿元，审减资金6.35亿元。三是健全制度、完善机制，实现了财政改革与管理双推进。在全市财政系统组织开展了“预算管理年”活动，着力规范财政部门的资金分配行为，构建完整、透明、规范的预算管理体系。扎实推进预算信息公开，首次向市人代会提交了34个政府部门的预算草案；进一步深化部门预算、国库集中支付等改革，公务卡改革覆盖到各市区；着力加强政府性债务管理，出台了《威海市市级及所属开发区地方政府性债务管理暂行办法》、《威海市国债转贷还本付息管理办法》等制度，建立起完善的政府性债务监控、预警、偿还和责任追究机制；积极做好政府性债务化解工作，协调上级核销1998年以前形成的粮食财务挂账1.1亿元，完成了9 416万元农村义务教育债务的化解任务；不断强化财政监督检查作用，做好“小金库”专项治理工作，同时加强了财政内部监督。四是挖潜增收、积极争资，实现了政府收益与财力双增长。继续采取协定存款等方式提高国库资金直接理财效益，市级实现利息收入3 350万元；多渠道筹集资金，保障重点投资项目需要，威海市政府与香港华润集团签订框架协议，将金线顶区域可开发土地整体出让，取得土地出让收入41亿元；加强资产运营，通过环翠楼公园民俗街公开招租、市区政府投资停车场统一运营等方式，取得政府资产出租、处置收益4 936万元。在挖掘自身增收潜力的同时，积极把握机遇，做好引财文章，为威海市发展争取更多的资金支持，全年共争取上级资金50亿元，比上年增加9.6亿元，全省村级公路网化示范县、农村环境连片整治示范区等大项目相继落户威海，有力推动了全市经济社会发展。

（撰稿：付璐玮）

日照市

【概述】 2011年，日照市实现公共财政收入68.5亿元，占预算的107.11%，比上年增长23.17%。其中，市级收入8.78亿元，占预算的247.84%，增长109.4%。全市公共财政支出实现124.35亿元，占预算的133.81%，比上年增长31.13%。其中，市级支出实现42.67亿元，占预算的134.73%，增长21.83%。全市财税工作保持了良好的运行态势，各项财税工作取得了新的成绩，连续25年实现了财政收支平衡，促进了全市经济和社会各项事业发展。

【加强新型财源建设，地方财政收入平稳较快增长】 2011年，日照市财政部门进一步加大财源建设考核扶持力度，在及时兑现财源建设政策的同时，市级筹集1.5亿元专项资金，着力支持蓝色经济产业发展。扎实开展税源调查，搞好重点税源管控，加强了税收征收工作。扩大非税收入预算管理范围，完善非税收入系统和“以票管费”办法，从源头上强化非税收入管理，特别是加大了土地出让金清欠力度，共清欠资金5.07亿元。建立健全协调调度、联席会议、信息共享、专项检查工作机制，加强对企业经济运行、财政收入形势、预算执行分析调研，研究制定相关措施，促进了财政收入及时入库。

【调整优化支出结构，民生等重点支出保障有力】 2011年，认真落实中央和省委、市委关于党政机关厉行节约的要求，进一步加大对民生等重点事业发展投入，全市统筹用于改善民生的财政资金达85.11亿元，比上年增长43.7%，占财政支出的68.4%。重点加大了四个支持力度：一是加大新农保改革试点支持力度。在全市全面推开了新农保改革，共落实资金3.54亿元，为年满60周岁以上农村居民发放了基础养老金，对60周岁以下参保人员进行了补助。二是加大教育支持力度。深化城乡义务教育经费保障机制改革，落实资金2.36亿元，将中、小学公用经费生均补助标准分别由600元和500元提高到800元和600元。三是加大保障性住房建设支持力度。将每户经济适用房货币直补标准由6.33万元提高到7.28万元，发放经济适用房补贴2 200万元。发放廉租房补贴141万元。多渠道筹集资金4 000万元，用于支持农村住房建设和危房改造。四是加大为民办实事项目支持力度。统筹安排资金14亿元支持12件为民办实事项目。同时，发放粮食直补和农资综合等惠农补贴8.23亿元。进一步扩大村级公益事业一事一议奖补范围，加大奖补力度，落实奖补资金4 700万元，建成项目495个。

【发挥财政调控职能，服务经济社会协调发展力度加大】 2011年，充分发挥财政政策和资金引导作用，大力支持经济社会协调发展。全市农林水事务支出19.71亿元。其中市级支出5.62亿元，增长8.26%；教育支出27.73亿元，其中市级支出5.91亿元，增长16.77%；科技支出1.22亿元，其中市级支出5 604万元，增长22.73%。拨付资金4.4亿元，重点用于小型病险水库除险加固、农村饮水安全、小型农田水利重点县建设、重点中小河流治理、防汛抗旱、农民专业合作组织建设等。加强农业综合开发项目出入库动态管理，完成项目投资5 691万元，改造中低产田2.7万亩，建设高标准农田1万亩。认真落实鼓励外经外贸发展的财政政策，落实企业出口退税16.77亿元，拨付引导资金298万元，支持了外贸出口。采取奖补、融资担保等方式，落实资金4 850万元支持了新兴产业和中小企业发展。认真搞好调研论证，设立1亿元直接融资发展专项基金，支持“区域集优”债务融资机制建设，推动了金融创新工作。落实资金1 500万元用于应用技术研究开发和科技企业孵化器，并对80项科技进步项目进行了奖励，促进了科技创新和科技成果转化。多方筹措资金加大城市基础设施投入，市级城建财政支出达到7.8亿元，保证了北海路、规划展览馆、香店河治理等重点项目资金需要。

【深化财税改革管理，财政运行质量不断提高】 2011年，理顺市区财税体制，将原市级重点企业税收全部下划各区征管，进一步调动了区县培植财源、增收节支的积极性。完善部门预算科目体系，强化综合预算和零基预算，进一步提高了预算编制水平。完善国库集中支付制度，全市直接支付比例达到71.58%，比上年提高8.63个百分点，其中市级直接支付比例为76.67%，比上年提高6.24个百分点。强化政府采购全程监管，进一步扩大了采购范围和规模，全市组织政府采购金额19.73亿元，节约资金4.13亿元，节支率17.29%，其中市级采购金额 9.47 亿元，节约资金 1.6 亿元，节支率 14.41%。完善财政投资评审机制，对 248 个重点项目进行了投资评审，审减财政资金 3.66 亿元，审减率 23.31%。在全省率先建成市县两级财政业务管理一体化信息平台系统，被省财政厅誉为“日照模式”，并在日照市召开现场会进行了推广。强化财政监督检查，分类制定了预算单位财务管理监督办法，在加强日常监督的基础上，对 36 个预算单位财务管理工作进行了重点抽查，对 272 个支出项目进行了绩效评价，促进了单位财务基础工作和资金使用管理规范化。扎实开展“三力”建设年活动，通过抓学习调研、抓问题查摆、抓主题实践，制定落实整改方案，提高了财税系统执行力、创新力、公信力。认真贯彻《党员领导干部廉洁从政若干准则》等法规制度，落实廉政风险防控措施，促进了机关党风廉政、政风行风和精神文明建设。

（撰稿：单　君　张毅博）

莱　芜　市

【概述】 2011 年，莱芜市完成地区生产总值 611.88 亿元，比上年增长 10.6%；规模以上工业增加值 324.71 亿元，增长 13.53%；全社会固定资产投资 350.1 亿元，增长 20%。在国民经济持续快速发展的基础上，财政收支稳定增长。2011 年，全市公共财政收入完成 39.23 亿元，比上年增长 11.07%；公共财政支出完成 59.23 亿元，比上年增长 14.04%。按现行财政体制算账，2011 年结余 7 万元，滚存结余 470 万元。

【支持转方式调结构】 2011 年，针对经济运行中的突出矛盾，认真落实积极的财政政策，科学运筹资金，加大关键领域投入，保证了经济朝着宏观调控预期方向发展。一是加大投入力度。在资金非常紧张的情况下，加大工业结构调整和节能技改、新兴产业、中小企业、服务业发展引导等专项资金投入，通过贴息、奖励、担保等多种手段，有力地促进了发展方式转变。落实家电、汽车摩托车下乡及以旧换新等补贴资金 1.71 亿元，直接拉动城乡居民消费 14.26 亿元。开展国库现金管理，推行“政、企、银、农”合作机制，多渠道撬动金融资本加大经济建设投入。二是强化外力支撑。认真研究国家产业政策，积极向上争取，共上报项目 276 个，获批资金 6.3 亿元，占争取省以上资金的 40.4%，投入到新能源汽车、风力发电设备等领域，使一批高新技术产业项目借势发展。莱城区被纳入全省县级基本财力保障范围，口镇被纳入省级中心镇扶持范围，有效弥补了基本财力缺口。市投资公司、市农投公司积极融资，发行企业债券 10 亿元，争取授信资金 3.5 亿元，高新区创新运用村级代管资金 1.3 亿元，雪野旅游区运用 BT、BOT 模式融资 1.24 亿元，确保了各项重点工程建设资金需要。三是优化发展环境。落实提高营业税增值税起征点、小微企业所得税优惠以及节能减排、技术创新等扶持政策，取消 31 项行政事业性收费，“政策洼地”效应日益显现。落实新上项目用地及招商引资奖励政策 1.75 亿元，促进了全市招商引资工作顺利开展。积极为企业排忧解难，与 30 多家重点企业建立信息沟通平台，实现财税政策及时互通。大力培植汽车零部件、粉末冶金等地方特色产业，实施重点区域带动，提升产业聚集功能，强化人才支撑，财政服务发展方式更加灵活，服务水平和效率明显提升。

【支持统筹城乡发展】 2011 年，按照“大兴水利强基础、狠抓生产保供给、力促增收惠民生、着眼统筹添活力”的要求，进一步加大强农惠农力度，健全财政支农机制，全市“三农”投入达 8.54 亿元，增长 17%，有力地促进了统筹城乡发展。一是加快现代农业发展。建立地方水利建设资金筹集机制，全年筹集资金 1.58 亿元。加大农业综合开发力度，实施重点河道、流域治理工程，推进土地整理和扶贫开发，改善了农业生产条件。深化农村投融资体制、农村产权制度改革，扩大村级互助资金试点，为现代农业发展开辟了资金筹集新途径。二是推动农民增收。及时兑付粮食直补、农资综合补贴、农机购置补贴等惠农补贴 1.95 亿元，推广政策性农业保险，提高农民发展生产的积极性。加大农民实用技术培训力度，将农民工纳入免费就业培训范围，提升农民转移就业能力。三是促进农村繁荣。争取全省村级公路网化示范县补助资金 7 840 万元，实施公交站点、换乘中心建设。莱城区列入全省环境连片综合整治示范区，三年获奖补资金 7 000 万元。化解农村义务教育债务 5 670 万元。加快农民集中居住区建设，提高农村垃圾处理补助标准，落实村级公益事业建设一事一议奖补资金 8 340 万元，推动了农村各项事业协调发展。

【保障和改善民生】 2011年，坚持以人为本、用财为民，重点保障民生支出，全市民生投入达17.21亿元，增长18%，保证了各项民生政策落实。一是落实城乡就业政策。建立全市就业服务信息管理系统，实施就业技能提升和创业引领计划，落实促进就业的各项财税优惠政策，千方百计扩大城乡居民就业。二是加大城乡教育投入。建立学前教育经费正常保障机制，提高教育经费补助标准，高校债务化解工作提前完成，104项校舍安全工程全面竣工，新增12所省级规范化学校，全市预算内教育经费占财政支出的比重为23.99%，完成了省确定的目标任务。三是完善养老保障体系。落实新型农村社会养老保障政策，提高企业退休人员基本养老金标准，将城镇非从业居民纳入社会养老保障范围，养老保障体系更加完善。四是健全住房保障体系。把城市低收入家庭租房补贴标准由每户每年2 856元提高到3 240元、购房补贴标准由每户3.2万元提高到5万元，增幅分别达13.4%、56.3%。改造贫困残疾人危房150户，补助农村低保住房困难家庭1 054户，开工建设保障性住房1 884套，各项住房保障任务顺利完成。五是推进卫生事业发展。深化医药卫生体制改革，加快推进基本药物制度，提高新型农村合作医疗、城镇居民医疗保险补助标准和基本公共卫生服务经费标准，稳步推进公立医院改革，促进了基本公共卫生服务均等化。六是加大社会救助力度。建立孤儿生活保障制度，筹集资金1 800万元支持儿童福利院建设，实施残疾人“阳光家园”计划，提高城乡低保、农村五保供养标准，落实失地农民、优抚对象救助政策，有效解决了困难群体的基本生活问题。另外，对援疆、援藏等支出都按规定给予了保障。

【财政改革创新】 2011年，按照“绩效管理年”活动要求，立足当前，着眼长远，坚定不移推进财政管理改革，着力解决制约发展的体制性、结构性问题。一是开展工作创新。确定了28项创新工作和121项重点工作，明确责任科室、责任人和完成时限，及时督查督办，建立了在改革创新中推行绩效管理，用绩效管理标准检验改革创新成果的新机制。二是加强调查研究。深入开展“大调研”活动，完成调研成果28项，其中《关于发展创税产业的调查研究》等4项成果获市政府主要领导批示，市政府研究室以《参阅件》转发有关部门和企业参考，《中国财经报》等媒体进行了推广，《山东财政研究》对19篇优秀成果出版了专刊。三是推进预算改革。完善综合零基预算办法，实行绩效评价制度，强化预算执行主体责任。建立专项支出项目库，加快预算批复和支出进度，确保项目早实施、早见效。加快财政综合应用平台建设，深化国库集中支付、公务卡制度改革，清理整顿财政专户，把该纳入预算管理的非税收入全部纳入预算管理，增强预算执行的规范性和透明度。四是深化支出绩效管理。市直党政机关公用经费继续按定额压减10%，公务接待、因公出国（出境）、公务用车购置及运行维护费等三项支出实现零增长。编实编细政府采购预算，规范采购管理，共完成采购额5.82亿元，节约资金8 900万元，节支率达13.26%。坚持财政投资评审关口前移，不断拓展评审范围，共完成结算评审13.54亿元，审减资金2.27亿元，审减率达16.8%。五是规范基础管理。建立地方政府性债务基础信息数据库，完善债务风险预警和防控机制。修订财务制度、资金管理办法45项，构建起“小金库”治理长效机制。建立企业国有产权管理信息报送制度，严格资产处置、破产企业职工权益审批程序，有效防止国有资产流失。开展规范化财政所创建活动，提高基层财政管理水平。组织会计考试160余场次，严格代理记账机构审批备案，提高了会计管理水平。

【干部队伍建设】 2011年，按照“塑科学理财团队，建一流服务机关”的共同愿景和“务实高效、理财争先”的服务理念，扎实开展创先争优活动，积极打造“阳光财政”新品牌，机关服务水平显著提高。一是抓教育。制定“十二五”财政干部教育培训规划，举办全市乡镇财政干部培训班、财政信息宣传培训班，编印《自励》手册，树立了“博观约取、厚积薄发”的学习理念等12条理念。二是抓廉政。建立廉政建设承诺制，开展“亮职责、亮身份、亮承诺”活动，实行工作日禁酒令、廉政文化进科室，自觉做到修心正身、自警自律。三是抓作风。认真履行向社会作出的六项公开承诺，在局内部梳理出90余项服务承诺事项，一一抓好落实。推进党务政务公开，主动公开各类信息137条，参加“政风行风热线”、“阳光政务热线”直播节目8次，做到了“社会关注到哪里，领导决策到哪里，财政服务就延伸到哪里”。

（撰稿：张振新　武军锋　王爱川）

临　沂　市

【概述】 2011年，在临沂市市委、市政府的正确领导下，在省财政厅的关心指导下，市财政局以科学发展观为统领，认真贯彻落实中央和省、市一系列决策部署，强化增收节支，依法科学理财，圆满完成了各项工作任务。全市实现公共财政收入达到141.3亿元，比上年增长22.3%，其中地方级税收收入完成106.1亿元，比上年增长20.6%，占公共财政预算收入的75.1%，总量和税收比重均居全省第7位，分别比上年提高2个和3个位次，达到近年来的最好水平。一般预算支出284.89亿元，增长20.48%，促进了全市经济社会又好又快发展。

【增财源促发展取得明显成效】 围绕支持县域经济发展，先后制定出台了一系列扶持措施，从2011年起，5年内市财政每年设立县域经济发展专项资金2亿元，3年内每年安排优先发展重点镇专项资金6 000万元，5年内每年增加市融资担保公司资本金20%；整合设立了市级技术改造专项资金2 000万元、技术创新奖400万元以及企业上市奖、“双50”企业增收奖、外地大企业引进奖、县区组织收入奖等；落实资金5.6亿元，进一步加大了对传统产业升级改造、重点行业调整振兴、战略性新兴产业培育、现代服务业、新能源、自主创新和节能减排等方面的支持力度，为县域经济发展注入了强劲动力。围绕支持重点项目建设，筹集市级城建资金18.8亿元，争取上级预算内投资7亿元，支持了一系列重点项目建设，促进了投资快速增长。围绕促进消费需求，大力实施家电摩托车下乡及以旧换新、建材下乡等政策，支持“好客山东、亲情沂蒙”旅游品牌提升，有力地拉动了消费增长。围绕支持扩大外贸出口，研究制定了一系列外贸发展扶持政策，落实市以上资金5 868万元，大力支持招商引资活动，鼓励企业开拓国际市场，促进了外贸出口稳定增长。积极帮助中小企业缓解融资困难，创投引导基金规模达到2亿元，与3家国内知名创投公司签订了10亿元的战略合作框架协议；“过桥”还贷周转金为中小企业提供还贷周转资金13.5亿元；市经济开发投资公司与国家开发银行合作为11户企业贷款1.2亿元；市中小企业信用担保有限公司新增担保业务303笔、担保额35.3亿元；政府采购信用融资累计帮助中小企业获得银行贷款5 200万元、授信额度2.4亿元。

【保障和改善民生扎实有力】 坚持以人为本、用财为民，全市各级财政用于民生方面的支出达181.7亿元，比上年增长34.4%，占全部财政支出的63.8%，比上年提高了5.4个百分点，有效地支持了年初市委、市政府承诺的“十大为民工程”，较好地解决了广大人民群众最关心的现实问题。教育支出共计72.3亿元，增长39.3%。建立学前教育投入机制，大幅度提高了各类学校的经费补助标准，促进了各类教育均衡发展，保障了临沂大学建设、青岛理工大学临沂校区回购等工作的顺利开展。社会保障和就业支出共计34.9亿元，增长30.6%，将农村低保标准由每人每年1 200元提高到1 400元，城市低保标准由每人每月220～260元上调到240～300元；实现城乡居民社会养老保险全覆盖，共有140.8万名城乡老年人领到基础养老金；实施农村劳动力转移培训、技能扶贫、小额担保贷款、大学生“三支一扶”和到基层就业创业等政策，促进了就业形势稳定。医疗卫生支出共计34.4亿元，增长63%。新农合与城镇居民基本医疗保险补助标准提高到200元，重大公共卫生服务项目稳步实施，基层医疗机构实现基本药物制度全覆盖，药价平均降幅超过40%，城乡居民医药负担明显减轻。市妇幼保健院、胸科医院、疾控中心、重点乡镇卫生院以及村级卫生室的建设改造得到有力支持，城乡居民看病就医条件得到明显改善。文化体育与传媒支出共计4.6亿元，增长27.9%。有力支持了五大“文化惠民”工程和一大批公益性文化事业、文化产业加快发展。保障性安居工程支出共计5.4亿元，增长70.1%。支持开工建设经济适用住房87.7万平方米、廉租住房790套、公共租赁住房4 865套、棚户区改造1.1万户，新增租赁住房补贴378户，补贴总数达到3 220户，有效改善了城市低收入群众住房条件。同时，围绕创建全国文明城市和国家卫生城市，积极拓宽融资渠道，集中支持了一大批城市重点工程建设，进一步完善了城市功能，提升了整体形象。

【强农惠农力度进一步加大】 全面落实强农惠农富民政策，各级财政用于“三农”方面的支出155亿元，比上年增长20%。围绕发展现代农业，落实农业综合开发资金1.3亿元，治理土地面积11.8万亩；落实优质农产品基地建设资金1 895万元，大力支持粮油、畜牧、蔬菜、果品等优势主导产业发展；落实农业科技投入1 810万元，支持粮棉油高产创建示范、测土配方施肥、农业科技成果转化、农业技术推广等；落实农业产业化经营资金2 920万元，重点扶持116家农业产业化龙头企业和208家农民专业合作社发展；落实粮食直补、农资综合、农业良种、农机具购置四项补贴8.1亿元，有效提高了农民的种粮积极性。围绕加强农业农村基础设施建设，落实小型农田水利建设和抗旱资金4.4亿元，发展节水灌溉14.6万亩，恢复改善灌溉面积31.9万亩，新增灌溉面积1.6万亩，治理国家和省规划内中小河流7条，新打机井1 375眼，支持农业战胜了百年不遇的特大干旱；落实农村生态建设资金1.1亿元，支持绿化造林、森林生态效益补偿、森林防火和推广环保养殖技术；连续3年每年设立农村住房建设与危房改造专项资金3亿元，在建和完工农村住房13.7万户，实施农村危房改造2.7万户；落实饮水安全工程资金2.7亿元，解决了25万农村人口的饮水不安全问题；落实村级公益事业建设“一事一议”奖补资金3.8亿元，在建和完工各类基础设施项目943个；落实农村新能源建设资金1 725万元，完成3.2万户户用沼气、102处大中型沼气池和秸秆气化站建设。围绕农民脱贫致富，落实扶贫开发资金4 308万元，扶持62个贫困村整村推进，新增贫困村村民发展互助资金组织150个；落实扶持资金2.8亿元，惠及大中型水库库区移民41万人。

【理财水平稳步提升】 以开展“财政改革管理提升年”活动为抓手，不断推进工作创新，强化财政管理。积极开展会计集中核算向国库集中支付转轨，在全国率先开展派驻乡镇财政监督办事处试点，为加强财政资金全面有效监管探索了经验。在全省率先开展交通违章罚款POS刷卡缴费，解决了缴款难问题。正式启动财税库银横向联网，实现了纳税人、征收机关、国库、银行间的资源整合与互惠共赢。加强政府采购监管，全市完成采购额56.7亿元，节约资金9.2亿元，节支率14%。不断完善政府公共投资项目全过程监管体系，全市完成评审额56.9亿元，审减8.5亿元，审减率15%，有效节约了财政资金。建立国有资本经营预算制度，一次性将所有市属国有企业纳入试行范围，促进了国有企业收入分配制度改革和国有资本的保值增值。扎实开展“小金库”专项治理、市直预算单位预算执行情况、地方政府性债务、矿产资源专项资金征缴管理使用情况、医改资金等一系列专项检查审计活动，进一步严肃了财经纪律，规范了财务收支行为。

【干部队伍整体素质全面提升】 在推进财政业务工作的同时，切实强化机关和干部队伍建设，全局上下形成了解放思想、干事创业、凝心聚力、共谋发展的良好氛围，为财政改革发展提供了有力保障。建立科学合理、严格周密的考核激励机制，调动了干部职工争先创优、干事创业的积极性。坚持公正用人，对符合条件的优秀科级干部及时选拔任用，形成了良好的用人导向和机制，干部队伍的老中青结合、梯次配备结构进一步完善，局机关的战斗力、凝聚力显著增强。严格落实党风廉政建设责任制，营造了廉荣贪耻的良好氛围，强化了用制度管钱、管人、管事的约束机制。扎实开展效能服务提升年、服务企业“四比四看”等一系列活动，进一步转变了工作作风，提高了服务效能。2011年，在“服务经济发展高效优质单位”创建活动评议中，临沂市财政局列15个宏观管理和服务部门第2名；在行风万人评活动中，列31个经济和社会管理部门第2名；在服务效能评议活动中，列市直91个部门第5名。

（撰稿：李　勇　徐　飞）

德　州　市

【概述】 2011年，德州市一般预算收入95.1亿元，占预算的110.5%，比上年增长30.4%。全市一般预算支出191.3亿元，占预算的113.8%，比上年增长23.5%。市级一般预算收入完成21.5亿元（剔除一次性因素），占预算的114.9%，可比增长30.1%。市级一般预算灶内支出完成22.3亿元，占预算的109.4%，比上年增长17.7%。市级当年一般预算收入，加上上级补助等转移性收入，减去上解上级等转移性支出，与支出相抵，累计净结余60万元。

【支持产业转型，培植壮大财源，努力促进经济跨越发展】 始终把转方式、调结构、支持“10+3”现代产业体系建设，作为财政经济工作的重中之重，认真落实积极的财政政策，灵活运用财政政策杠杆，加大奖补引导扶持力度，着力促进转方式、调结构、增财源。全面落实结构性减税优惠政策。全年累计为企业办理出口退税、购进设备抵减进项税、高新技术企业所得税减免等近20亿元，有力减轻了企业的税费负担。全面落实现代产业优质财源培育扶持政策。全年在产业招商、产业规划、太阳城提升等方面共投入资金5 300万元，对产业发展中的重点环节给予优先保障，有力推动了现代产业体系建设步伐。全力优化发展环境。积极开展市级行政权力事项清理工作，建立涉企收费许可证制度，缩减行政审批程序，将行政审批事项由原来的495项减少到197项，为企业创造了更加宽松、公正的发展环境。

【抢抓政策机遇，科学组织收入，大力提升财政保障能力】 在全力促进经济平稳较快发展的基础上，各级财政部门抢抓积极财政政策机遇，坚持发展增收、效益增收，进一步加强税收和非税收入征管，不断完善工作考核和激励约束机制，加大收入调度组织力度，有力推动了公共财政收入又好又快增长。收入规模不断膨胀。2011年全市公共财政收入实现95亿元，比上年增长30.4%，连续两年实现高速增长。收入质量不断提高。公共财政收入占GDP的比重达到了4.9%，比上年提高0.48个百分点，经济发展对地方财政的贡献能力明显提升。在狠抓地方财政增收的同时，各级积极争取上级政策扶持。全年共争取上级无偿扶持资金108亿元，其中县级基本财力保障、新农保、新农合等各项转移支付补助资金88亿元，比上年增加22亿元，转移支付补助占公共财政收入的比重达到96%。2011年全市总财力达到191亿元，超过境内财政收入24亿元，保障能力实现大幅提升，为保民生、保运转、保重点提供了更加充足的财力支撑。

【优化支出结构，更加关注民生，全力助推幸福德州建设】 2011年，各级财政始终把保障和改善民生放在各项财政支出的首位，集中财力优先保障。全市对教育、医疗卫生、社会保障和就业、农林水事务、住房保障等重点民生事业投入资金110.8亿元，比上年增长31.6%，高于全市一般预算支出增幅8.1个百分点，占总支出的57.9%，比上年提高3.6个百分点。教育投入加大。教育支出占比达到18.7%，超过省核定目标比例0.6个百分点，当年新增投入13亿元。支农投入加大。落实粮食直补、农资综合补贴、农机具购置、良种补贴“四项补贴”投入资金8.5亿元。医疗社保投入加大。落实新农合提标、城乡居民最低生活保障提标、城乡居民社会养老保险全覆盖投入资金14亿元，支持城乡保障性安居工程建设投入资金6.5亿元。一系列保障改善民生举措的深入实施，切实提高了人民群众的幸福指数，扎实推进了幸福德州建设。

【强化基础管理，深化财政改革，切实提高科学理财水平】 各级财政部门在厉行节约、勤俭办事、集中财力保重点的同时，进一步深化财政管理改革，深入推进财政科学化精细化管理，完善政府预算制度体系，强化预算编制和预算执行管理，加强基层基础工作，进一步提升了科学理财水平。2011年，全市政府采购合同额46亿元，比上年增长39%，节约资金7.3亿元。国库集中支付范围进一步扩大，直接支付总额达到67亿元。着力推进财政投资评审标准化体系建设，财政评审科学化精细化水平进一步提高。全市评审总额达到60.8亿元，审减6.7亿元，审减率11%。强化财政监督，对促发展、保民生等重点领域资金实行跟踪问效，深入推进“小金库”专项治理，维护了良好的财政经济秩序。深入开展惩治和预防腐败体系建设，以权力公开透明运行为基础，以深入推进规范化管理为手段，完善财政资金管理机制，切实推动服务提速提质提效。

【狠抓队伍建设，提升干部素质，夯实财政发展组织基础】 始终坚持以思想建设为先导，队伍建设为基础，内强素质，外树形象，不断提升财政干部为公理财、为民服务的能力。扎实开展了“思想境界大提升、工作力度大提升、落实能力大提升、服务水平大提升、队伍建设大提升”的“五个大提升”活动，推动了干部队伍整体素质进一步增强。围绕“科学理财创先进，服务发展争先锋”主题，深入开展创先争优活动，有力增强了广大党员干部的发展意识、服务意识和责任意识。以推进学习型党组织建设为抓手，以学习“七一”重要讲话和十七届六中全会精神为契机，大力推进党风廉政建设。重点开展了“深入学习、保持廉洁，高标准、高质量做好各项工作”集中学习教育活动，切实提高了全局干部职工政治素质、知识素养和能力水平，进一步增强了宗旨意识和廉洁意识。2011年德州市财政局先后获得“全国‘五五’财政法制宣传教育先进集体”、“全市科学发展综合考评先进单位”、“全市机关效能暨政风行风建设先进单位”等多项荣誉。

（撰稿：李新锋）

聊　城　市

【概述】 2011年是实施“十二五”规划的开局之年，面对复杂多变的国内外经济环境，市财政部门在市委、市政府的坚强领导下，全面贯彻落实科学发展观，坚持积极作为、科学务实、争先进位、奋力赶超，努力转方式、调结构、推改革、惠民生，经济和社会各项事业加快发展，财政收支平稳较快增长，全市地方一般预算收入完成96.56亿元，占预算的117.43%，比上年增长36.96%，增幅居全省首位，创聊城市十年来新高。全市一般预算支出完成173.47亿元，占预算的112.29%，比上年增长19.97%。全市和市级预算任务圆满完成，实现了“十二五”时期良好开局。

【支持转方式调结构实现继续提升】 2011年，市级财政安排战略产业发展、农业产业调整振兴、财源建设等专项资金，加快促进经济结构调整和产业升级。大力推进家电下乡等扩内需政策实施，全市销售家电下乡和以旧换新产品156.4万台，兑付财政补贴资金2.9亿元，拉动城乡居民消费48.2亿元。同时注重引导金融杠杆，参与制定了《关于加快引进银行业金融机构的意见》，对在聊城新设立分行、支行或单项业务总部的银行业金融机构给予奖励；申请利用外国政府贷款支持立海冷藏、第三人民医院、公安消防支队等实施了外债项目。同时发挥融资平台作用，为中小企业提供贷款周转金支持、融资担保、项目推介等，努力缓解中小企业融资难问题。

【保重点上实现继续提升】 2011年，突出保障了事关稳定、发展大局的支出，调增了市直机关事业单位津贴补贴，人均增加300元。同时，市级大幅提高了单位公用经费标准。突出保障民生，全市一般预算中民生支出占财政支出的比重为65%，比上年提高8.1个百分点，民生优先原则充分体现，人民群众得到更多实惠。突出保障了市重点项目建设，2011年市级财政多方筹集资金重点支持了城区三所小学、聊城高级财经学校和高级工程学校、市民文化中心、体育公园、市政府公建楼、徒骇河滨河大道、济聊一级公路、聊莘公路、南水北调工程、火车站改造以及古城区保护与改造等一批重点项目建设。

【依法理财水平继续提升】 2011年，国库集中支付改革实施面达到100%，并清理撤并了134个账户，进一步完善了运行机制。政府采购工作方面，制定了新的工作程序和操作规程，建立了制度约束机制。加强资金资产监管方面，拟定了专项资金管理制度，市级开展了重点项目投资评审工作；开展了行政事业单位资产清查，第一次全面摸清了市直机关、事业单位的资产家底，并出台了资产管理制度；开展了小金库清理和公用车清理工作。在打造阳光财政方面，开通了聊城财政网站，加大了财政宣传力度，依托行风热线节目开设专门电子信箱受理和限时办结群众难题，切实推进服务型财政、阳光财政建设。

（撰稿：任桂红）

滨　州　市

【概述】 2011年，滨州市以科学发展观为统领，创新理财思路，加快推进公共财政和经营财政两大体系建设，较好地完成了各项财政工作任务，有力促进了全市经济和社会事业的快速发展。全市完成公共财政收入130.76亿元，占预算的109.23%，比上年增长25.7%；完成公共财政支出201亿元，占预算的121.13%，比上年增长24.19%。

【各项民生事业得到有力保障】 进一步调整优化财政支出结构，大力压减一般性支出，集中财力加大对民生事业的投入力度。2011年，全市教育、社会保障和就业、医疗卫生、农林水事务四项民生支出113亿元，增长33.4%，高于支出总体增幅9.2个百分点。一是积极支持“三农”发展。2011年共筹集资金2.2亿元支持农业基础设施建设和农业社会化服务发展，争取一事一议财政奖补资金

8 200 万元，发放良种补贴、农机购置补贴、种粮农民补贴、家电下乡及以旧换新补贴等各类惠农补贴资金超过 7 亿元。二是积极支持提高各项社会保障标准。各级财政加大筹资力度，实现了全市基本药物制度和新农保、城镇居民养老保险试点全覆盖，城乡居民医疗保险政府补助标准由每人每年 120 元提高到 200 元，农村最低生活保障标准由每人每年不低于 1 200 元提高到不低于 1 400 元，人均基本公共卫生服务经费标准由每人每年 15 元提高到 25 元，集中和分散抚养孤儿每月基本生活费分别不低于 1 000 元和 600 元。各级政府筹集拨付资金 849 万元，提高离休干部、建国前参加工作的老工人生活补贴标准和扩大发放范围，为建国前入党的农村老党员和未享受离退休待遇的城镇老党员发放了一次性生活补助金。四是积极支持城乡教育发展。提前完成了 4.11 亿元的农村义务教育债务化解任务。其中，争取上级奖补资金 2.32 亿元。认真落实城乡义务教育保障机制改革经费，争取省级以上改革经费 2.33 亿元。大力支持发展职业教育，提高地方教育附加及教育费附加的拨付率，争取上级高校债务化解奖励资金 6 287 万元。五是积极支持促进就业政策落实。全市拨付就业资金 5 380 万元。六是积极支持保障性安居工程建设。全市共安排保障性住房安居工程建设专项资金 2.3 亿元。由市经济开发投资公司承担的恒信安康居住小区经济适用房、廉租房建设任务已全部完成，建筑总面积达 8 万多平方米，可容纳 872 户家庭居住。

【资金管理使用更加科学规范】 一是加强监管，提高财政资金效益。2011 年，全市完成政府投资项目评审 272 个，评审额 27.68 亿元，节约资金 4.28 亿元，审减率 15.46%。全市完成政府采购额 14.72 亿元，节约资金 2.23 亿元，节支率 13.16%。加大市直行政事业单位资产有偿使用收入收缴力度，现已收缴 1.94 亿元。二是规范流程，确保财政资金安全。建立完善财政资金管理监督制度，先后制定出台《关于严格执行市级政府投资项目基本建设程序的通知》、《关于规范追加预算工作流程的通知》、《关于明确市级财政专项资金追加拨付程序的通知》等 18 项文件，为加强和规范财政资金管理、防范和控制资金风险提供了制度保证。进一步推进国库集中支付改革，各县区改革全部到位。2011 年，市本级共办理集中支付业务 4.14 万笔，共计资金 26.48 亿元，均及时、准确支付到位。

【财政基础工作扎实推进】 一是精心组织项目申报，编印《财政扶持项目申报指南》和《中小企业信用担保体系建设项目和风险补偿项目申报指南》，建立全市规模以上企业项目库和科技型中小企业项目库，为做好项目争取工作打下了良好的基础。二是加强会计队伍建设，圆满完成了会计从业资格考试、会计专业技术资格考试及高级会计师考试等各项组织工作。三是按时保质保量完成了 19 件人大代表建议、政协委员提案，及对市委、市政府的答复意见 100 余件。四是加强财政信息化建设，建立完善了财政应用支撑平台，实现了各业务系统的统一整合。五是扎实推进信息宣传科研、老干部、机关服务等各项工作，保障服务水平进一步提高。

【经营财政发展框架初步形成】 一是确立了经营财政发展理念。把握大局，科学谋划，对新时期财政发展问题进行深入调研，提出了“围绕一个中心、构建两个体系、实现三个目标”财政工作思路（即围绕可持续财政这一中心，构建科学化、规范化的公共财政体系和多元化、市场化的经营财政体系，实现保障民生、促进发展、社会进步的目标），正式把经营财政体系建设摆上位置。二是初步明确经营财政发展定位。资源开发板块：掌控和开发利用北部土地、未利用地、港口等资源，加快推动北部崛起，同时建立政府主导的实力强大、运作规范的投融资体系。成立了滨州国农科股权投资基金管理公司、黄河三角洲（滨州）建设开发有限公司、黄河三角洲（滨州）生态旅游发展有限公司等公司，组建了黄河三角洲建设开发集团有限公司，形成了具备融资、开发、建设、运营等多种功能的投融资体系。资产运营板块：通过对市级公共资产进行整合，统一管理运营，在实现国有资产保值增值的同时，推动国有资产信贷化、证券化。资本运作板块：整合支持企业发展资金，并发挥政府政策优势，通过创投、风投等方式，在支持企业发展中积累政府市场化资本，形成“投入—回报—再投入”的良性发展循环。三是经营财政各项工作进展顺利。建设资金保障有力。面对特殊的金融形势，市财政共筹措重点工程和城市建设资金 17.77 亿元，保障了奥林匹克公园、市文化中心、“一馆三中心”、渤海七路综合改造等重点工程建设。其中，用于滨州港建设及还本付息资金 8.01 亿元，确保了 3 万～5 万吨码头年内顺利通行。港口银团贷款尚余的 5.77 亿元即将开始到位，其中近期已到位 1.33 亿元；20 亿元城投债发行工作正在积极推进中。北部开发全面推进。北部土地收储工作取得阶段性成果，签订北海经济开发区 22.7 万亩的土地收购协议，并拨付首批 5 000 万元收购定金和 3 000 万元预付款。未利用地开发工作已经正式启动，已启动建设 12.5 万亩的起步区。徒骇河雨洪水及土地开发综合利用工程已完成调查勘测，并进行了两次项目论证。据初步测算，工程实施后，可改善灌溉面积10余万亩，改良滩涂荒碱地未利用地60余万亩。支持经济发展有新作为。2011年全市共安排人才创业资金7 000万元，以担保贷款、贴息、奖补等方式对优秀创业项目、创业基地进行资助奖励。通过主动协调争取，与武汉理工大学达成共建“武汉理工大学滨州研究院”的初步合作意向；与北京首都农业集团有限公司达成总投资6亿元的现代农业发展项目战略框架协议。积极帮助中小企业解决融资难问题，协调民生银行济南分行为博兴金属板材和邹平金属磨料行业25户企业放贷1.74亿元；近期将筹措2亿～3亿元财政间歇资金，建立中小企业过桥还贷资金。2011年，市中小企业投资担保公司为161户企业累计担保14.77亿元，担保额比去年同期增长135.2%。

【财政干部队伍建设不断加强】 深入开展“开局起步加快转变，‘两区’开发创先争优”解放思想大讨论、发展环境提升年、纪念建党90周年、深入基层大调研等活动，通过党课教育、专题报告会、走访慰问生活困难老党员、慰问滨州港一线建设者、重温入党誓词等形式，增强了活动效果，锤炼了干部队伍。完善机制，狠抓作风建设，认真落实首问负责制、限时办结制、服务承诺制等各项制度，顺利通过“全国文明单位”检查验收，积极推进党务、政务公开，工作效能效率不断提高。全面启动廉政风险防控体系建设，在系统内层层签定廉政建设责任书和财政执法责任书，党风廉政建设水平进一步提高。积极开展丰富多彩的文体活动，参加第一届全市机关运动会取得金牌总数第一名，充分展示了财政干部职工形象。

（撰稿：杜建楼　邱海涛）

菏　泽　市

【概述】 2011年，菏泽市财政局紧紧围绕“四个发展”战略，大力支持“五大基地、一大产业”，狠抓财税收入征管，集中财力保障重点，扎实推进科学化、精细化管理，有效促进了全市经济社会健康快速发展，全市财政收支再上新台阶。全市公共财政收入完成111.6亿元，比上年增长31.8%。其中，税收收入完成83.1亿元，增长21.3%，占地方财政收入比重达到74.5%。全市公共财政支出231.4亿元，比上年增长23.8%。

【坚持狠抓收入征管，全市财政收入实现历史性突破】 紧紧围绕做大做强地方财力这一根本目标，不断强化措施，完善税收征管机制，狠抓组织收入工作。一是强化县乡财政收入质量管理。起草并以市委市政府名义出台了《关于进一步加强乡镇财政收支监管的意见（试行）》（菏发〔2011〕15号），强化县乡财政收入质量监管。开展了三次大规模的乡镇财政收入质量检查活动，对存在虚收的乡镇予以严肃处理，制止了县乡虚收空转行为。二是强化财政收入调度。紧紧把握经济发展走势，认真分析财政状况，为领导决策提供依据。每月后十天，采取日调度办法，及时调度收入征管中存在问题，确保收入及时足额入库。三是强化纳税检查。组织开展房地产开发企业纳税检查活动，查出漏缴税款6 494.01万元，入库5 714.11万元；组织开展会计信息质量检查，查出企业违规资金1 725.55万元，补缴各项税款753.11万元。四是强化非税收入征管。围绕提高非税收入征缴率，拓宽政府非税收入管理范围，加强财政票据使用的管理与监督，既有效杜绝了“乱收费”行为，又实现了政府非税收入的足额征收。全市实现非税收入28.4亿元，同比增长76.4%。同时，把除教育收费和彩票发行费以外的所有预算外资金全部纳入预算管理，规范了非税收入管理。

【坚持以转方式为主线，财政支持经济发展推出新举措】 牢牢把握科学发展主题和加快转变经济发展方式主线，科学运筹调度财政资金，大力支持经济加快发展和城市基础设施建设。一是着力加大财政投入力度。充分发挥财政资金杠杆作用，通过项目补贴、奖励补助、兑现优惠政策等方式投入资金7.1亿元，大力支持“五大基地一大产业”加快发展。二是严格落实各项税收优惠政策，切实减轻企业税收负担。审查落实了85户资源综合利用、商品储备等企业的税收优惠政策，为企业减轻税负2亿多元。三是着力支持企业自主创新。筹集中小企业创新及技术进步、中小企业发展专项资金2 775万元，重点支持了新材料、新能源和节能环保企业技术研发和成果转化。着力创新投融资机制。起草并以市政府名义出台了对金融机构的奖励办法，充分调动金融机构支持企业发展的积极性。加大与山东省东西结合信用担保公司合作力度，为全市48户企业争取到担保资金5.2亿元。四是着力支持城市建设。筹措资金15亿元，集中建设了赵王河下游综合治理、曹州牡丹园提升改造续建、洙水河公园景观、蓝天碧水工程等城区基础设施建设，优化了经济发展环境。

【不断加大坚持统筹城乡发展，财政支农迈出新步伐】 一是加大强农惠农补贴力度。发放各类惠农补贴资金16.03亿元，比上年增加1.9亿元。其中，发放粮食直补和综合补贴9.6亿元，全部实行“一卡通”发放；发放农作物良种补贴1.8亿元，小麦、玉米、水稻、棉花等作物实现了良种补贴全覆盖；落实农机购置补贴8 000多万元，带动社会投资2亿元以上，提高了农业机械化水平；落实家电摩托车下乡和以旧换新政策，共兑付补贴资金3.9亿元，销售补贴家电143.6万件，销售金额38.1亿元。筹集资金1 358万元，积极推行农业政策性保险试点，全市有62万农户参保，参保面积170余万亩。二是加大水利基础设施建设投入力度。把水利作为财政支农投入的重点，投资1.7亿元，支持东鱼河、朱赵新河等重点水利基础设施工程建设。投资2.9亿元，支持小型农田水利建设，疏浚中小河道800多公里，清淤田间沟渠4 600多公里，改善灌溉面积300多万亩。加大农业产业化支持力度。筹集资金850万元，重点扶持了17家农业产业化龙头企业和38家农民专业合作社，市级农业产业化龙头企业总数达到249家，新增27家；农民专业合作社总数达到2 759家，新增819家。三是加大农业综合开发力度。筹集农业综合开发项目资金1.7亿元，加快中低产田改造和高标准农田建设，改造中低产田6.4万亩，建设高标准农田5万亩，支持产业化财政补助项目10个，有效提高了农业综合生产能力，扶持了一批龙头企业，促进了农业增产农民增收。四是加大村级公益事业一事一议财政奖补工作力度。截至2011年底，全市有147个乡镇（办事处）开展一事一议，争取省以上项目资金1.13亿元，安排奖补项目647个，完成筹资并以资代劳5 834.7万元，筹劳213.3万个，带动村集体投入1 840.7万元，村民和社会捐助等其他资金6 591.9万元。

【坚持以民为本，民生财政建设取得新成果】 以省、市确定的民生工程、民生实事为重点，大力支持民生和社会事业发展。2011年全市用于教育、社会保障、医疗卫生的支出分别为54.5亿元、32.2亿元、27.4亿元，分别增长30.8%、12.7%、43.6%。一是大力支持教育事业。农村中小学生均公用经费标准提高100元，达到生均700元、500元；高中贫困家庭学生助学金标准由每生每年1 000元提高到1 500元；高等教育助学金由每生每年2 000元提高到3 000元；特殊教育生均经费由每生每年1 500元提高到3 000元。全面完成清理化解农村义务教育债务工作，共化解农村义务教育债务4.35亿元。市财政筹集资金7 500万元，争取上级奖补资金3 000万元，偿还菏泽学院到期银行贷款，减轻了菏泽学院债务负担。二是大力支持社会保障事业。完善城乡最低生活保障制度，把城市低保标准提高到月人均240元，人均月补差提高到145元；农村低保标准提高到每年1 400元，人均月补差提高到75元。全面启动了城镇居民社会养老保险试点工作和新农保试点，参保人数达324.99万人，实现了养老保险全覆盖。三是大力支持医疗卫生事业。筹资16.39亿元，把新农合和城镇居民医疗保险补助标准由每人每年120元提高到200元，819万群众受益。在全市范围内全面实施了基本药物制度改革，初步构建起覆盖城乡的医疗保障体系。四是大力支持保障房建设。筹资3.2亿元，积极支持保障性住房建设，全市新开工保障性住房12 548套，新增租赁补贴983户，超额完成省下达的任务计划。

【坚持改革创新，财政体制和运行机制展现新活力】 一是深化预算管理改革。加强部门预算编制管理，完善基本支出和项目支出标准，建立了人员、车辆等基础信息库，进一步完善了预算定额体系。在项目支出方面，建立了部门预算支出项目库，实行滚动管理。实施国有资本经营预算，起草并以市政府名义下发了《关于试行国有资本经营预算的意见》（菏政发〔2011〕20号），在市属国有企业中进行试点，建立了国有资本经营预算管理制度。二是深化国库集中支付改革。深入推进县区国库集中支付改革，不断扩大财政资金集中支付范围。扎实开展公务卡改革，制定下发了《菏泽市预算单位公务卡改革实施意见》、《菏泽市市级预算单位公务卡改革实施意见》等文件，通过公开招标确定了公务卡发卡银行，与各发卡银行签订了代理协议。三是深化政府采购改革。按照政府采购规范化、制度化、科学化的要求，进一步细化采购程序，规范采购行为，推行阳光采购，强化内外监督，形成了“财政部门内部监督、职能部门外部监督、义务监督员社会监督、采购单位参与监督”四位一体的政府采购监督制约机制。全市累计完成采购额5.6亿元，节约资金6 160万元，综合节约率10%；市本级累计完成采购额1.6亿元，节约财政资金2 411万元，综合节约率13.3%。四是加大国有资产经营力度。安装了行政单位国有资产统计新型软件，完成了全市国有资产统计工作。探索建立国有资产“统一购置、统一管理、统一调配和统一处置”的管理模式，实现了从资产购建、管理、维修、调剂、报废处置的一条龙管理。全年共完成国有资产经营收入692万元，完成国有产权交易2.6亿元。充分发挥会计委派职能，强化财政财务监督力度，拒付不合规不合法票据1 500多张，金额3 000多万元。

【坚持依法理财，财政科学化、精细化管理水平得到新提高】 一是全面清理整顿财政专户。按照省财政厅要求，对开设在商业银行的各类财政资金专户进行全面的自查和清理，共撤并账户134个，保留账户401个。其中市级撤并账户24个，保留账户27个，进一步规范了财政专户管理。二是扎实开展财政专项资金检查。对环境保护、社会保障和就业、农林水事务、交通运输及教科文卫等194项2010年度中央财政专项支出资金开展了全面自查，提高了财政资金管理水平。对列入“小金库”专项治理范围的单位进行治理复查，共复查党政机关、事业单位、社会团体和国有企业等单位1 478个，对有关人员做出了严肃处理。同时，建立了防治“小金库”的长效机制。三是切实加强地方政府债务管理。配合省审计部门开展全市政府债务审计，摸清了全市政府债务底子。建立了政府性债务数据库，及时掌握政府债务数据；推行政府债务月报制度，动态反应政府债务增减变化。督促县区财政建立偿债准备金，及时足额偿还中央专项借款。四是严格控制“三公”等一般性财政支出。完善车辆编制管理，对编制内车辆的燃修费实行定额补助，对车辆购置费一律不予安排；实行定点接待制度，在市直单位推行公务定点招待，以公开招标方式确定定点接待饭店；严格控制出国经费，严格控制严格审核临时预算和重点支出。五是深入开展财政投资评审工作。扎实开展市级预算支出项目评审活动，共评审预算内投资和临时预算项目资金1 736万元，审减资金473万元，综合审减率27.2%。加强城市建设领域投资评审工作，对“碧水工程”一、二期项目申报预算进行评审，审核项目资金1亿多元，审减1 388万元，综合审减率13.7%。对开发区部分道路绿化工程预算评审，项目申报预算5 502.15万元，审减921.9万元，综合审减率16.76%。加强对城市公益性拆迁项目的现场监督和评审，审核菏泽市规划展览馆、文化艺术馆一期工程拆迁补偿项目资金3.51亿元，审减不合理支出1 844万元，综合审减率5.3%。六是狠抓会计人员执业素质。组织2 446名会计人员参加会计职称考试，7 013名考生参加会计从业资格考试，635名考生参加注册会计师考试。认真做好会计人员继续教育培训，累计培训会计人员20 384人，提高了会计从业人员的业务能力。

【坚持“两手抓”，干部队伍建设和机关作风建设取得新成效】 始终把加强自身建设作为一项重要任务来抓，做到干部队伍建设和财政业务工作“两手抓、两手硬、两促进”。2011年全局共获得先进集体和先进个人荣誉62项，其中省级以上荣誉8项，市级荣誉54项。一是扎实推进机关作风建设。积极开展建党90周年庆祝活动，组织局机关全体人员到革命老区临沂参观，接受革命传统教育。组织参加市长热线直播活动，解答群众的政策咨询，解决群众反映的问题。向社会各界发放400多份《行风建设征求意见信》，征求社会各界对局机关行风建设的意见和建议。群众工作有效开展，全年接待群众来电、来信、来访85件，按期办结率达100%，群众满意率达98%。二是扎实推进党风廉政建设。组织局机关干部职工层层签订《党风廉政建设责任书》和《廉政承诺书》，明确廉政建设责任。制定了《2011年度全市财政系统党风廉政建设和反腐败工作实施意见》，明确了党风廉政建设具体工作和措施。组织局副县级以上干部学习“5个不准、17个严禁、5个一律”换届选举制度，严明了换届纪律。扎实推进依法行政依法理财。三是扎实开展行政处罚、行政复议、责任追究等一系列法律法规教育活动，加强部门预算、预算外资金管理、财政监督检查等法规制度建设，推进依法行政、依法理财。四是扎实推进基层财政干部队伍建设。在全市建立联系点制度，加强了与基层财政部门的沟通联系，及时调度各乡镇财政工作开展情况，指导基层财政人员开展工作。对乡镇财所惠民服务大厅建设情况进行了检查，促进了基层民生工作的开展。组织全市乡镇财政人员教育培训活动，共举办了6期培训班，培训基层财所工作人员452人，提高了基层财政工作人员的综合素质。

（撰稿：马　勇　王世光）

第四部分

县（市、区）财政工作

济　南　市

历　下　区

【概述】 2011年，历下区公共财政收入完成37.19亿元，比上年增长23.92%。完成公共财政支出30.27亿元，比上年增长7.13%。

【财政综合实力显著增强】 2011年，税收占财政收入的比重达到91.48%，综合财政实力跃上新台阶。二、三产业分别完成税收6亿元、27.8亿元，二、三产业比重调整为18∶82，其中现代服务业所占比重达到30%，税收结构更趋优化，发展后劲和活力明显增强。

【财政保障投入坚强有力】 坚持保运行、保重点、保稳定、惠民生、促和谐，科学编制预算，优化支出结构。围绕城市功能提升、经济快速发展、群众生活改善、和谐社会建设，实现财政服务均等化。2011年，城市建设、教育、民生、医疗卫生、社会保障、文化体育等惠民支出达到18.39亿元，占总支出的60.8%，公共财政投入机制初步形成。城市配套设施不断完善，城市承载能力不断增强，辖区居民生活水平、生活环境和生活质量满意度得到大幅提升，就业、救助、弱势群体扶持等民生政策得到全面落实。

【财政体制改革效果明显】 坚持聚精会神搞建设，一心一意谋发展，大胆探索、勇于改革，理顺工作机制，深化区街财政体制改革，充分调动办事处抓税源经济、抓社会化管理服务的积极性。2011年，对13个办事处转移支付资金3.28亿元，比上年增长28.62%。深化护企协税管理机制，定期分析比对信息，主动服务企业，及时完善政策，推动财源建设，先后对比各类信息近2万条，撰写一批调研分析报告，为企业提供政策等服务100多项，纳税环境秩序和服务质量明显提高。

【财政管理规范效能提高】 坚持科学预算、精细管理、依法理财、为民用财、高效运行、阳光服务理念，建立“收、支、管、用、效”阳光运行体系，制定完善财政国库集中支付、政府采购、非税收入管理、国有资产管理、办事处综合预算、专项资金监管、银行账户监管、小金库专项治理、收支两条线等财政管理制度，建立了以预算编制、国库决算、政府采购、国有资产管理等12个信息系统为基础的财政信息化大平台，实施财政资金、资产全过程监督使用，确保资金安全有效，实现零风险、零失误。实现政府采购金额3.5亿元，节支率达14%。深化国有资产动态管理，实现资产购置、登记、拍卖、处置网络平台监控，健全资产配置标准体系，优化资产使用效能，对资产实施全过程监督管理，确保国有资产增值保值不流失。引入项目投资评审评价机制，实施项目资金使用预警、监督检查管理措施，确保财政资金效能提高，被评为“财政管理工作先进单位”。

【财政服务水平全面提升】 牢固树立“执政为民、服务群众”理念，深入开展“历下大发展、财政要先行”、“深入基层、服务群众”主题教育活动，围绕中心，服务大局，超前谋划，主动服务，提速提效，为全区各项事业发展提供服务保障。继续推行“三走四好”工作法：走上去，到省、市财政部门汇报发展情况，争取上级资金和政策支持；走出去，到驻区纳税企业宣传服务解难题；走下去，到区直部门、办事处、社区调查研究，无缝隙对接。会计管理体现以人为本理念，通过“泉城会计网”开设会计人员网上免费继续教育课程，免费培训会计人员2万余人；会计服务热线接待咨询近万人次；审批会计申请事项1万多件，办结率100%，群众满意度达99%，荣获“济南市文明服务窗口”称号。

强化机关内部管理，严格遵守首问负责制等五项工作制度，建立三级网络、四级岗位工作目标考核机制，对全部科室、岗位进行定岗、定责考核，确保机关高效运转。坚持“积极主动、认真负责、实事求是、注重高效”的原则，公开答复人大代表和政协委员提案建议，“两会”提案建议办结率、面复率、满意率均达到100%。

（撰稿：崔　柯）

市　中　区

【概述】 2011年，市中区实现公共财政收入27.03亿元，完成预算的107.98%，比上年增长16.62%；实现公共财政支出 21.52 亿元，完成预算的 135.34%，比上年增长 17.44%。

【深挖财源，地方财政收入再上新台阶】 综合运用财政政策手段，充分发挥财政杠杆作用，增强经济发展动力，拓宽财政收入来源渠道。一是支持经济发展方式转变。认真落实系列扶持政策，重点培育税收贡献率大的产业项目，努力转变经济发展方式。二是加固财税政策服务平台。科学利用政策和资金杠杆，重点向纳税大户和规模企业倾斜，扶持企业持续发展壮大，努力打造一批支撑地方财政增收的骨干税源。三是加大综合治税力度。理顺区街财政体制，完善财政、税务、企业等多部门联席工作机制，不断提升征管效率，挖掘增收空间，确保应收尽收。

【成果共享，民生财政建设迈出新步伐】 牢固树立以人为本的理念，把改善民生作为一切工作的出发点和落脚点，推动各项社会事业全面发展。一是完善社会保障体系。正式启动新型农村社会养老保险工作和城镇居民社会养老保险工作，实现养老保险体系全覆盖。二是提高救助管理服务水平。辖区内各街道和社区居（村）设立阳光民生救助服务站和服务点，形成了区级、街道和村居三级阳光民生救助平台。三是加大医疗卫生投入。全年累计投入 1 140 万元用于公共卫生服务工作；投入 1 402 万元用于新农合、城镇居民医保财政补助；投入 141 万元用于药品零差率补偿工作，对全区 12 家实行基本药物制度的社区卫生服务机构进行综合补偿；筹集药品集中采购周转金 120 万元，保证了基本药物采购的正常运转。四是健全就业再就业体系。全年安排区级再就业资金 310 万元，确保符合条件的城乡劳动者真正享受到各项扶持政策，将各项就业扶持资金落到实处。五是完善义务教育经费保障机制。投入 283.5 万元用于提高中小学生均经费标准；投入 1 632 万元足额安排义务教育免杂费和公用经费补助；投入 1 130 万元用于校舍安全工程改造和教学设备购置；投入校园安保资金 126 万元，用于义务教育阶段学校配置保安、防火设施等支出。

【统筹兼顾，财政支持三农推出新举措】 一是加大农业基础设施投入。全年投入 2 780 万元，重点支持了农村新型能源、森林防火、林业绿化、农村人畜饮水安全工程等项目建设，全区农业综合生产条件得到明显改善。二是落实各项惠农补贴。全年通过“一本通”发放粮食直补、良种补贴、后备母牛、能繁母猪等补贴资金 338 万元，家电下乡、汽车摩托车下乡和家电以旧换新补贴资金 1 241.81 万元，农民生活水平显著提升。三是加大支农项目申报力度。积极组织涉农部门、专家及技术人员对项目的科学性、可行性、效益性等指标进行实地论证，全年成功申报项目 68 个。四是加强涉农资金监管。健全专项资金管理制度，完善专项资金监管体系，实现涉农资金的事前、事中、事后的全方位跟踪检查，提高了资金使用的规范性、安全性和有效性，确保各级惠民利民政策落到实处。

【深化各项改革，财政管理水平稳步提高】 积极稳妥地推进财政体制改革，完善有利于科学发展的财税制度，把日常财政收支纳入法制化、规范化的轨道。一是财政预算迈向科学化、精细化管理。通过制订《市中区区级预算管理办法》、《非税收入预算管理暂行办法》、《结转结余资金管理暂行办法》、《基本支出预算管理暂行办法》和《项目支出预算管理暂行办法》等预算制度，使财政资金在安排和支出等方面做到有章可循。二是深化国库集中支付改革。继续扩大国库改革范围，将四个涉农办事处和亚太生产力促进中心以及 75 家中小学全部纳入到国库集中支付范围。

【精益求精，财政监督管理取得新成效】 一是加强非税收入管理。调整非税收入项目系统，将全区非税收入全部纳入系统征管，全年累计征缴各项财政资金 2.2 亿元。二是加强国有资产管理。通过制定《济南市市中区行政事业单位国有资产管理暂行办法》和《济南市市中区行政事业单位国有资产处置管理实施办法》，杜绝了国有资产的无序流转。三是完善会计核算体系。通过规范资金管理使用标准和资金审批程序，实现了从收入源头到各个支出环节的全过程监管，会计监督职能得到持续强化。四是加强财政监督检查。积极做好“小金库”的全面复查及督导抽查工作，建立“小金库”防治工作长效机制。

【加强作风建设，财政干部队伍综合素质明显提高】 加强政治业务培训，认真抓好政治理论和业务知识学习，坚持集中学习不动摇，提高财政干部的政治业务素质。深化财政业务流程，健全工作制度，严肃工作纪律，从规范日常行为、严格依法办事、提高工作效能三个层面加快机关规范化建设步伐，使机关工作质量和服务水平得到了明显提高。2011 年市中区财政局被授予济南市节能先进单位、全市财政系统先进集体、市中区科学发展综合考核先进单位、廉洁高效市中建设先进单位、建党九十周年红歌大赛一等奖等荣誉称号。

（撰稿：于　娟）

槐荫区

【概述】 2011 年，槐荫区财政局坚持城市建设引领经济社会快速发展的原则，培财源、强征管，优结构、扩规模，全年公共财政收入实现 14.02 亿元，完成预算的 117.7%，比上年增长 36.1%；全年公共财政支出实现 17.24 亿元，完成预算的 137%，比上年增长 25.8%。

【突出重点，财源培植不断强化】 根据“重点项目抓策划，策划项目抓招商，招商项目抓落地，落地项目抓开工，开工项目抓进度，所有项目抓收益”的要求，落实招商、对接、落地，投资、建设、征管“一条龙”服务机制，建立实施国税、地税、财政、工商、公安、办镇“六位一体”综合治税机制，形成了全过程、全方位、立体化税源监控大格局。以商业地产、现代物流、金融保险为重点的现代服务业迅速发展，形成了项目建设与区域税收协调共进的良性增长机制。通过“能动、联动和主动”，收集办镇部门涉税信息 6 811 条，重点项目实现税收 5.08 亿元。

【改善民生，财政投入力度继续加大】 以全区惠民“十大行动”为抓手，扩大社会保障覆盖面，用于民生方面的支出累计达 8.57 亿元，占当年支出的 50%。其中，投入资金 9 770 万元，用于城乡义务教育阶段免除杂费、保障公用经费、学前教育建设、危旧校舍加固改造、校园安全等事项；投入资金 7 310 万元，用于城乡居民医保、政府购买基本卫生服务、实施基本药物改革等；投入资金 4 122 万元，用于粮食直补、家电下乡、农村危旧房屋改造等事项；投入资金 9 663 万元，用于城乡居民低保、优抚安置、扶危济困救助等事项；投入资金 4 750 万元，进行文体中心建设，丰富居民文体活动建设；投入资金 500 万元，设立城市管理维护基金，解决群众关注的热点难点问题。

【强化管理，精细化水平逐步提升】 完善内控机制，规范财政支出审批权限，对全区财政专户进行清理整顿，对相关资金进行了规范合并；初步形成了全区固定资产购置、使用和处置的全过程监管；建立全区会计服务大厅，实现了便民、高效的服务新模式；对全区公务车辆政府采购定点加油实行 IC 卡管理，把好监督关口，规范了采购行为；深入开展“小金库”防治检查，强化财政支农资金管理，完善了项目资金报账制管理制度。

【坚持创新，财政改革取得明显成效】 建立了财政业务综合处理信息平台，形成了“涵盖财政全部业务、业务数据全部共享”的财政管理信息系统；实行《财政审计监督工作联席会议制度》，财政审计监督实现了信息共用、资源共享，形成了监管合力；国库集中支付改革全面完善，会计集中核算逐步向国库集中支付有序过渡；积极探索了综合预算编制，严格控制部门预算中的“三公”支出项目，部门预算工作进一步细化。

【抓班带队，“五型财政”打造全面推进】 以“打造一流机关、建设一流队伍、争创一流业绩”为目标，大力倡导“五型财政”建设。加强制度机制建设，提高班子科学决策、民主决策、依法决策的能力和水平；加强财政干部思想作风和业务学习建设，营造学习型机关的浓厚氛围；深入进行廉政风险防控管理和党务政务公开，为财政资金安全高效使用创造了良好条件。

（撰稿：王小蕾　郭兆生）

天　桥　区

【概述】 2011 年，天桥区实现公共财政收入 13.11 亿元，完成预算的 110.69%，比上年增长 29.52%；完成公共财政支出 13.73 亿元，占预算的 117.57%，比上年增长 22.08%。

【综合运用财税手段，支持经济又好又快发展】 2011 年，天桥区实现设备抵扣税款 0.51 亿元，企业出口退税 5.42 亿元，争取上级扶持资金 3 884 万元，支持企业发展，推动企业节能降耗。全区纳税总额过千万的企业达到 53 家，比上年增加 12 家，其中区级纳税过千万的企业 19 家，比上年增加 10 家。

【支持重点事业，优化支出结构】 2011 年，天桥区大力压缩一般性支出，优化支出结构，提高公共服务均等化水平。在教育方面，全年安排专项资金 4 676 万元，重点用于校园安保、监控设施、校舍维护加固等校园校舍安全建设，促进教育均衡全面发展；在卫生方面，通过加大财政投入，逐步建立完善了城乡居民公共卫生服务体系、医疗服务体系和医疗保障体系；在农业方面，重点加大了对都市农业园区、农业产业化扶持力度，增强农业综合开发建设和强农惠农补贴，推动农村各项事业发展。

【重点支持保障改善民生】 巩固了新农保试点成果，并自 2011 年 7 月 1 日起实行城镇居民养老保险制度，实现城乡居民社会养老保险制度全覆盖，全年城乡居民养老保险参保居民达 7.4 万人，参保率达 93.3%；城镇居民低保标准由每人每月 360 元提高到 400 元，全年城乡低保累计保障 21.3 万人次；财政对新型农村合作医疗和城镇居民医保参保（合）人均补助标准提高到 200 元，新型农村合作医疗覆盖率和参合率均达到 100%；累计投入 880 余万元对基层医疗机构实施基本药物制度进行补偿，有力地促进了基层医疗卫生体制改革深入推进；为农民发放粮食直补和农业综合补贴

1 276.83 万元，汽车及家电下乡、家电以旧换新补贴 2 863 万元。

【积极深化财政改革】 2011 年，天桥区财政局按照预算管理的要求，将国有资产收益、行政事业性收费纳入预算管理，统筹安排使用；国库集中支付制度改革进一步深化，直接支付比重进一步提高，非税收入管理更加规范；政府采购工作不断创新，采购范围及规模进一步扩大，全年采购额达到 1.94 亿元，增长 29.51%，节支率 10.05%。

（撰稿：杨晓峰）

历　城　区

【概述】 2011 年，全区共完成公共财政收入 24.01 亿元，比上年增长 16.77%。其中税收收入完成 17.01 亿元，比上年增长 19.7%，实现税收比重 70.84%，比上年提高 1.73 个百分点。实现公共财政支出 31.62 亿元，比上年增长 16.66%。

【创新开展社会综合治税，财政收入有新提高】 坚持财税部门联席会议制度，互通情况，分析形势，研究对策，促进税收及时足额入库。重点在涉房、涉地税收、重大建设项目、农家乐管理等方面，分类采取不同措施加强户籍税源的源头控管，建立了异地纳税户分类清理、未纳入管理户联合治理、重大建设项目跟踪控管、写字楼宇动态监控、房屋租赁税收递进管理的“五位一体”综合治税管理体系。2011 年全区共完成工商税收 15.55 亿元，比上年增长 28.83%，占财政收入比重提高 5.4 个百分点。同时，不断规范政府非税收入征管，深挖非税收入征收潜力，做到应征尽收、应缴尽缴，全年共完成非税收入 7.26 亿元，比上年增长 14.33%。

【不断提高财政保障能力，支出结构有新改善】 在保障重点支出的基础上，不断调整和优化财政支出结构，着力解决好人民群众最关心、最直接、最现实的利益问题。在新农合医疗补助标准继续提高的基础上，在全省率先采用商业保险模式对城乡低保特困群众按照每人每年 120 元的保费标准实行大病补充医疗保险制度，区财政承担缴费资金 202 万元；将城镇和农村基础养老金标准提高到每人每月 60 元，全年共投入养老保险补助资金 3 122 万元；强化财政支农长效机制，实现农林水事务支出 2.9 亿元，重点用于支持农业综合开发、农业结构调整、农产品质量安全和水利建设等项目；积极落实惠民政策，兑付家电下乡、家电以旧换新、粮食直补、综合补贴等各类惠民资金 6 619 万元；在济南市率先实现教育系统城镇医保全覆盖，并将原镇办管理的离退休教职工全部上划区级管理，教师工资福利水平得到有效保障。

【积极构建公共财政体系，财政改革有新突破】 对实行国家基本药物制度的基层医疗卫生机构全部实行了“核定任务、收支挂钩、资金权属关系不变、结余归己”的收支两条线资金管理办法，基层医疗卫生机构共上解各类资金 4 551 万元，区财政拨回资金 4 184 万元；修订完善了《历城区财政局预算资金拨付（审批程序）管理办法》，进一步规范了各类财政资金的审批和拨付程序，确保了每一笔财政资金的安全和使用效率；认真学习外地国库集中支付改革成功经验，起草拟定了全面推行国库集中支付制度改革的实施文件和相关配套办法，为全面实行国库集中支付做好充分准备；在区行政审批服务中心开设会计服务窗口，进一步加强会计从业资格证的管理与代理记账机构审批工作，服务质量和水平明显提升。

（撰稿：赵传利）

长　清　区

【概述】 2011 年，长清区财政部门以科学发展观为统领，紧紧围绕建设“发展型、民生型、创新型、绩效型、阳光型”财政的目标任务，努力提高财政服务经济社会发展的能力与水平，强化组织收入，深化财政改革，优化支出结构，认真落实“稳增长、调结构、控物价、惠民生”的一系列政策措施，有力促进了全区经济社会协调健康发展。实现生产总值 231.3 亿元，增长 8%，人均生产总值 41 397 元，增长 8.2%。全区公共财政收入达到 17.79 亿元，比上年增长 15.9%。其中税收总额 13.62 亿元，比上年增长 6.31%，占生产总值比重的 5.9%，提高 0.8 个百分点。公共财政支出实现 14.07 亿元，比上年增长 10.74%。

【支持经济发展】 发挥财政职能作用，多方筹措资金，全力支持区域经济发展。一是支持工业经济发展。通过本级财政投入和争取国家、省、市产业结构调整、淘汰落后产能、园区经济发展等专项资金 4 355 万元，支持新兴产业和园区建设，支持企业自主创新和技术进步。及时兑现企业发展奖励资金 1 000 万元，支持效益型企业发展。二是积极支持第三产业发展。通过争取文化产业、商业服务、贸易服务、服务外包等服务业方面的专项资金 1 299 万元，推动第三产业发展。三是支持城市化提升。多方筹措资金 1.2 亿元，支持城市路网、污水处理、热电厂改造、小城镇建设等城乡基础设施项目，加快城市综合体建设，提升城市品位，进一步改善宜居环境和投资环境。

【支持三农发展】 大力扶持三农，各项财政惠农政策全面落实。紧紧围绕建设新农村的目标和要求，以粮食安全、农业增效、农民增收、农村发展为目标，实现农业综合开发与产业结构调整、生态环境建设、新农村建设三结合，进一步完善项目管理机制，创新工作思路，加快农业项目建设。2011 年全区农林水事务支出 2.6 亿元，同比增长 40.4%。认真贯彻落实中央的强农惠民政策，发放粮食直补、农资综合补贴资金 3 996 万元；家电下乡补贴资金 1 210 万元；家电以旧换新补贴资金 603 万元；汽车摩托车下乡补贴资金 398 万元；燃油补贴资金 902 万元。争取全省小型农田水利重点县项目资金 2 570 万元，千亿斤粮食生产能力建设资金 2 315 万元、农村饮水安全资金 2 555 万元、农业综合开发资金 605 万元、现代农业发展资金 1 670 万元，有力支持了新农村建设。主动加大财政投入，财政部门积极筹措春季抗旱资金 1 048.3 万元，新建水源工程，修复水毁工程，维修抗旱设备，解决了 3.5 万人的饮水困难，确保了夏粮生产丰收。五是大力支持文化体育与传媒事业，强化政法部门经费保障，兑现公务员津补贴，支持人口计生、交通运输、科学技术、民族事务、档案管理及其他各项事业协调发展。

【财政支出向民生倾斜】 在财力十分紧张的情况下，足额安排区级配套资金，保证了民生工程“扩面、提标、新增”的需要。投入 6 203 万元，全面实行了城乡居民养老保险制度；投入 4 907 万元，进一步提高城乡低保、农村五保和优抚对象补助标准，保障了弱势群体生活。投入 1 582 万元，支持基本药物制度改革，保障乡镇卫生院运转，提升公共卫生服务水平；投入 8 854 万元，确保新型农村合作医疗、城镇职工（居民）基本医疗保险和城乡医疗救助等政策落实；投入 575 万元，积极改善机关事业人员医疗待遇。教育支出投入 3.59 亿元，比上年增长 13.49%，重点用于义务教育经费保障、校舍安全工程、211 工程、校园安保工程、资助困难学生和职业教育。大力支持文化体育与传媒事业，强化政法部门经费保障，兑现公务员津补贴，支持人口计生、交通运输、科学技术、民族事务、档案管理及其他各项事业协调发展。

【加强财政管理】 一是财政信息化建设稳步推进。设置科学合理的预算指标、国库集中支付、政府采购、国有资产管理电子监管系统，加快推进财政科学化、精细化管理水平。二是财政支出管理得到加强。认真落实党政机关厉行节约的要求，加强预算执行管理，集中财力保重点、办大事。三是进一步扩大政府采购范围。全年政府采购总金额 1.67 亿元，比上年增长 80%，其中预算内采购支出 565 万元，综合节支率达 15%。四是财政监督工作继续加强。认真开展“小金库”全面复查工作，强化会计信息质量监督检查，加强对会计从业人员的管理，严格会计集中核算管理。

（撰稿：万汶超）

章 丘 市

【概述】 2011 年，章丘市财政部门在市委、市政府正确领导下，按照“稳增长、惠民生、保稳定、促改革”的要求，努力克服经济运行中的不利因素，全力打好财政增收攻坚战，着力推进科学化、精细化管理，圆满完成了各项预算任务，财政预算执行取得良好效果。全市公共财政收入完成 30.51 亿元，比上年增长 18.59%。全市公共财政支出实际完成 44.68 亿元，比上年增长 13.29%。

【迎难而上，全力打好财政增收攻坚战】 2011 年，随着国家宏观调控政策效应的显现，全市收入增长明显趋缓。面对诸多困难，全市财税部门科学判断，加强研究，真抓实干，通过加大清欠力度、提高征管效率、严格税费减免、挖掘增收潜力等措施加强征管，确保了收入稳定增长。从征收情况看，国税部门完成 5 亿元，比上年增长 11.75%；地税部门完成 10 亿元，比上年增长 29%；财政部门完成 15.51 亿元，比上年增长 14.87%。其中税收收入完成 17.25 亿元，比上年增长 20.21%，税收比重为 56.55%，比上年提高 0.76 个百分点，收入规模和质量都实现了新的提高。

【优化支出结构，努力提升财政保障水平】 始终把提高保障能力作为财政工作的出发点和落脚点，按照公共财政要求，着力优化支出结构，确保财力分配向改善民生和社会事业发展倾斜。一是推动教育优先发展。按照教育经费增长要求，2011 年安排教育支出 9.32 亿元，进一步提高了义务教育阶段学校生均经费标准，建立了高中、职业中专公用经费保障制度，健全了家庭困难学生资助体系；继续实施校舍安全工程、农村学校“211”工程，完成校安工程新建扩建学校 50 所、“211”学校 37 所，改善了基础教学条件；化解农村义务教育债务 2 600 万元，减轻了农村教育负担；一次性解决乡镇教师遗属补助和死亡抚恤，彻底解除了乡镇教师后顾之忧，促进了教育和谐发展。二是助力“三农”，加大支农力度。完成农林水事务支出 4.85 亿元，重点用于小农水重点县建设、农村饮水安全工程、秸秆综合利用、农业综合开发、农业生态及沼气工程、灌区基础设施建设等支农强农项目；积极支持了农业生产救灾、农民合作组织和农业品牌建设；认真落实惠农政策，发放良种补贴类资金 1 023 万元，实现了玉米、水稻、棉花种植全覆盖；投入资金 8 000 万元，实施了城乡环卫一体化，农村环境面貌得到根本性改观；争取一事一议奖补资金 2 578 万元，惠及 106 个村 106 个公益项目，增强了农村公益事业活力。通过落实强农惠农政策，以及争取、整合各类资金，促进了农业增效、农村发展、农民增收。三是关注民生，提高民生福祉。始终坚持民生财政导向不动摇，全年社会保障和医疗卫生支出 6.01 亿元。新农合由每人每年 120 元提高到 200 元，农村低保由每人每年 1 640 元提高到 1 970 元，城市低保由每人每月 300 元提高到 320 元，新农保基础养老金提高到每月 60 元；积极推进医药卫生体制改革和基本药物制度改革，促进基本公共卫生服务均等化；实施就业促进工程，落实更加积极的就业政策，做好就业帮扶、职业技能培训和创业培训工作；拨付资金 2 900 万元，全力做好优抚对象救助，维护了社会稳定，促进了社会和谐。

【积极运筹资金，促进全市重点项目建设】 按照“政府引导、财政支持、市场运作”的模式，不断拓宽投融资渠道，新建了惠农新农村建设公司，积极支持新农村社区建设；有效运用财政信用平台，努力向开行、农行等金融机构申请中长期建设资金，通过政府性融资来解决重点项目建设资金难题。全年实现各类融资 4.4 亿元，有效保障了全市重点工程项目的顺利实施。

【深化管理改革，努力提高精细理财水平】 按照预算编制、执行、监督、绩效评价“四位一体”的理念，全面加强财政精细化管理。一是进一步完善预算编制，启动国有资本经营预算、政府性基金预算、社保基金预算的编制，推进了政府综合预算体系建设。二是深化国库集中支付改革，不断扩大集中支付范围，增加直接支付比例，大大提高了支付运转的透明度和效率。三是建立了国有资产信息管理平台，完成全市行政事业单位资产信息动态管理数据库建设，逐步实现了资产管理与预算管理、财务管理有机结合，规范了国有资产处置程序，全年批复处理资产 3 330 万元，实现了国有资产的保值增值。四是加强监管，规范运作，政府采购运行机制更加完善。所有采购事项实行采购信息、评审方法和中标结果的三公开，实现了真正的“阳光采购”。同时，对单位限额采购实施协议供货方式，采购效率大大提高。全年共组织政府采购 156 项 6.1 亿元，节约资金 9 000 多万元，节支率 15% 以上，财政资金使用效益进一步提高。

（撰稿：马祖银）

平 阴 县

【概述】 2011 年，平阴县完成生产总值 181.3 亿元，按可比价格计算，比上年增长 10.3%。全年完成公共财政收入 6.0 亿元，比上年增长 22.4%，其中税收 4.8 亿元，比上年增长 22.0%，比重 80.0%，与上年基本持平；公共财政支出 13.8 亿元（其中镇办级支出 2.5 亿元），比上年增长 28.2%。

【围绕发展主题，做好生财文章】 拨付资金 2 948 万元，落实技改创新、招商引资等政策，进一步激发了企业活力，涵养了税源。筹措资金 3.6 亿多元，加强基础设施建设，投资和人居环境明显改善。牢固树立向上争取促发展的理念，结合县域经济发展实际，多方争取支持。全年争取到位各类专项资金 6.5 亿元，比上年增长 67.1%，有力地支持了经济和各项社会事业的发展。

【强化增收节支，做好聚财文章】 积极探索生财之道，谋划聚财之方，主动会同收入征管部门制定征收计划，将任务细化分解，实行每月通报制度。坚持财税联席会议制度，及时协调解决工作中遇到的问题。加大对重点行业和企业运行情况的分析力度，确保税收较快增长。强化非税收入征管，严格执行“收支两条线”和“以票控费”制度，做到应收尽收。牢固树立过紧日子的思想，按照年初预算加强指导监督，严格控制预算追加，千方百计筹措资金保重点、促发展。

【突出民生保障，做好用财文章】 不断调整优化支出结构，新增财力重点向社会民生事业方面倾斜。一是促进农民增收、农业增效。及时兑付各项强农惠农补贴资金 6 287 万元；争取资金 8 870 万元用于现代奶业和小型农田水利重点县等项目建设，推进农业产业结构调整。二是促进教育均衡协调发展。落实资金 1 304 万元用于校舍安全及“211 工程”建设，进一步改善教育教学条件。三是促进社会保障水平不断提高。发放低保金 1 246 万元，落实提高城乡低保补助标准政策；投入资金 1 493 万元，启动实施新型农村及城镇居民社会养老保险；拨付资金 1 054 万元，保证基层医疗卫生机构正常运转，稳步推进医药卫生体制改革；新增支出 903 万元，新农合人均财政补贴标准提高到 200 元。四是促进基层为民服务水平提升。在各镇办建设财政综合惠民服务大厅，切实改善办公条件，实现各项涉农补贴“一本通”发放，服务事项“一站式”办结，各项服务“一体化”管理，提升财政形象，提高工作效率，提高为民服务水平。

【完善体制机制，做好理财文章】 围绕提高财政资金使用效益，积极深化各项改革，财政科学化、精细化、规范化管理水平不断提高。一是调整财政管理体制。对各镇办实行“区别对待、划定基数、超基数部分定比分享”的财政管理体制，调动了各级增收节支的积极性。二是深化国库集中支付改革。将改革延伸到各镇办，资金支出通过国库单一账户体系，提高了镇办加强财政管理的意识和水平，确保了资金使用规范高效。三是大力推行“阳光采购”。科学编制政府采购预算，建立网络管理平台，全年实现采购额1.3亿元，比上年增长38.5%。四是加强国有资产管理。以公务车辆统一处置为切入点，采取委托中介公司集中公开拍卖的方式，为行政事业单位国有资产的规范化处置积累了经验。五是强化财政监督职能。牢固树立财政“大监督”理念，深入开展部门预算编制执行情况检查和财政内部监督、专项资金检查、会计信息质量检查、“小金库”专项治理等工作，切实保障资金使用安全。

（撰稿：夏传军　黄修海）

济 阳 县

【概述】 2011年，全县公共财政收入8.01亿元，完成预算的108.79%，比上年增长28.37%。公共财政支出实际完成15.84亿元，完成预算的113.55%，比上年增长21.46%。

【创新聚财方式，财政收入取得新突破】 面对复杂多变的经济形势，认真贯彻积极的财政政策，有针对性地加强财源建设，强化收入征管，全县财政收入实现了较大幅度增长。其中，国税部门完成1.7亿元，占预算的104.29%，比上年增长23.06%；地税部门完成4.26亿元，占预算的108.02%，比上年增长27.46%；财政等部门完成2.04亿元，占预算的114.60%，比上年增长35.23%。同时，狠抓收入结构和增长方式的优化，注重财源、税源的可持续增长，地方财政收入占GDP的比重达到3.69%，比上年提高0.31个百分点。

【实施积极政策，税源经济实现新发展】 按照《济阳县财源建设三年规划》要求，突出税源培植，大力推动区域税源经济朝着预期方向发展。一是推进工业经济结构调整升级。以开发区“一区四园”为龙头，通过财政投入、融资担保、向上争取等方式，筹措资金2.46亿元，支持城区和开发区建设，支持园区基础设施建设，全县工业经济发展迅速。二是采取政策引导、资金补贴等措施，支持中小企业、第三产业良性发展，财政贡献率进一步提高。三是投入节能减排和生态环保方面资金3 458万元，支持煤炭、食品加工等重点企业科技提升。四是认真落实国家出台的优惠政策，为企业落实出口退税7 108万元，增强了外向型经济的活力。

【确保重点支出，社会事业有了新进步】 统筹资金确保重点支出，促进社会事业建设和谐发展。一是教育支出3.44亿元，主要用于完善城乡义务教育经费保障机制，提高农村中小学生均公用经费补助标准，支持校园安全工程建设，落实贫困家庭学生资助政策；继续支持职业教育、幼儿教育、高中教育和特殊教育均衡发展。二是科技支出1 930万元，积极推进创新型城市发展，支持重大科技创新及科技人才培养引进，提高科技创新能力。三是文体事业支出1 612万元，投入公共文娱活动、乡镇综合文化站、农家书屋、全民健身场所建设，支持农村电影放映工程，全面提升公共文体服务质量。四是计划生育支出5 643万元，对农村部分计划生育家庭和双女绝育户的奖励标准提高20%，保障了低保已婚育龄妇女免费查体政策顺利实施。五是城市维护和建设支出4 178万元，城市功能和市政形象进一步改善。

【倾斜民生民本，公共财政得到新提升】 一是机关单位公职人员工资水平得到提高。积极兑现全县事业人员职称工资，提高机关事业单位干部职工及离退休人员的津贴补贴标准。二是各项支农惠农政策落实有力。全年兑现农民粮食直补、良种补贴、农机购置补贴、农资综合补贴、家电下乡和汽车、摩托车购置补贴等资金1.22亿元；安排资金5 200万元支持新农村建设，促进“三农”发展。三是群众生活条件明显改善。安排资金1 800万元支持全县城乡环境综合整治，安排资金5 000万元用于城区供暖管网改造，安排资金1 740万元改善城区居民饮水质量。四是“农民收入倍增计划”深入实施。财政投入资金1 920万元，支持大棚蔬菜生产、奶牛养殖、植树造林和劳动力转移，促进农民收入显著提高。五是“为民九件实事”资金得到落实。全年投入资金1.76亿元用于校舍安全工程、卫生惠民及新农合、新农保、农村饮水安全工程等。六是社会保障体系更加健全。安排资金200万元用于城乡困难群众大病医疗救助，安排资金3 243万元用于城乡低保对象补助、“五保供养”和敬老院建设；安排3 393万元用于优抚安置、就业再就业和残疾人、老龄、农村老党员群体救助等。

【推进机制创新，改革管理迈出新步伐】 以构建公共财政框架为目标，强化财政改革管理力度，推进机制创新。一是着力增强部门预算编制的科学性，不断完善支出标准，加强项目库管理。二是继续深化国库集中支付改革，提高财政资金支出的精细化程度和直接支付率。三是深入贯彻落实《政府采购法》及相关政策，依法规范政府采购程序，进一步扩大采购规模和范围，推行“阳光采购”。四是加强非税收入征管，严格执行“收支两条线”，确保非税收入及时足额入库。五是继续深化财政监督，充分运用日常监督、专项检查等财政监督方式，开展了“小金库”专项治理、支农资金管理及落实情况检查等，维护了良好的财经秩序。六是实施了新的县对镇（街道、开发区）财政体制改革，财政运行体制得到改善。

（撰稿：郭　晶　王新戈）

商　河　县

【概述】　2011 年，全县公共财政收入 4.39 亿元，完成预算的 104.25%，比上年增长 26.14%。公共财政支出 15.39 亿元，完成调整预算的 120.11%，比上年增长 31.96%。当年收支相抵，结转下年支出 920 万元，实现了财政收支平衡。

【加强收入征管】　在全县经济快速健康发展的基础上，财税部门进一步强化征管措施，严格依法治税，深入挖掘税收潜力，国税、地税、财政分别完成 8 451 万元、2.74 亿元、8 024 万元，分别比上年增长 14.79%、29.53%、28.04%。税收占财政收入的比重达 79%，比上年提高 0.24 个百分点。

【支持经济发展】　实施项目带动战略，多渠道筹集资金 2.2 亿元，支持全县重点项目建设。落实地方政府债券 4 000 万元，用于集中供热、中小学校舍安全及水利工程建设等项目。按照《山东省水利建设基金筹集和使用管理办法》规定，足额提取水利建设基金，用于农田水利建设。实施农业综合开发、农村饮水安全和农村公益事业“一事一议”项目，改善农村生产生活条件。加大园区基础设施建设力度，增加重点企业技改投入，壮大财源基础。

【优化支出结构】　2011 年，财政部门从预算编制入手，大力优化支出结构，严格按照“保运转、保民生、保重点”的顺序安排支出预算，各项重点支出得到较好保障。落实教育优先战略，提高教育占财政支出的比重，2011 年县级财政教育投入占财政支出的比重达到 18.6%。落实各项强农惠农政策，及时足额兑现对农民补贴，促进农民增收和农村经济发展。落实政法经费保障机制，确保正常办案经费和工作运转需要。加大重点事业投入，农业、教育、医疗卫生、社会保障等重点支出分别比上年增长 32.43%、57.04%、32.49%、34.27%。

【着力保障民生】　完善落实各级共担的农村义务教育投入机制，提高经费保障水平，2011 年小学、初中生均公用经费基准定额分别提高 185 元和 175 元，小学达到 700 元，初中达到 900 元。提高部分民生政策补助标准，将新农合政府补助标准从 120 元提高到 200 元，农村低保由年人均 1 320 元提高到 1 800 元，城镇低保由 3 360 元提高到 3 600 元。实行新型农村养老保险政策，对参保农民政府每人每年补助 30 元，对 60 岁以上农民每人每月发放 55 元补助，自 7 月份开始将城镇居民养老纳入保障范围，并将 60 岁以上城乡居民养老金补助提高到 60 元。加大基本公共卫生项目投入，将基本公共卫生服务项目人均经费由 15 元提高到 25 元。

（撰稿：庞志升）

高新技术产业开发区

【概述】　2011 年，济南高新区公共财政收入完成 20.0 亿元，比上年增长 52.65%，增幅列全市第一。公共财政支出完成 62.6 亿元，比上年降低 3.77%。

【积极采取挖潜增收措施，确保财政收入稳步增长】　在上级部门的大力支持和高新区管委会的正确领导下，狠抓财源建设，强化税收征管。一是始终抓住收入这条主线不放松，加强征管和监督检查力度，杜绝“跑冒滴漏”现象。二是着力引进税源企业，开辟增收新途径。通过落实重点税源企业包保责任制，加大跟踪服务力度，定期调度，积极协助企业解决规划建设、工商税务登记中遇到的问题和困难。三是加大财政扶持力度，加快推进“新三板”工作，培育骨干支柱企业。

【保重点项目，抓民生民利，构建稳定发展环境】　一是不断加大社会保障力度。牢固树立为民理财观念，建立完善“以人为本”的公共财政支出体系。2011 年累计发放城市和农村低保保障金 80 万元，支出各类抚恤定补金以及优抚医疗缴费等 179 万元，支付新农保基础养老金和缴费补贴 527 万元。拨付销售家电下乡产品、以旧换新、汽车摩托车下乡补贴资金共计 3 136 万元，家电下乡资金兑付率达 99.81%。发放粮食直补、综合补贴金额 253.69 万元，大中型水库移民补助资金 51.39 万元，能繁母猪补贴 8.94 万元。二是加强工程监管，积极稳妥推进旧村改造、重点项目建设。积极前移评审关口，创新基建预算编制环节；实行工作即时研究制度，倡导现场办结制；克服被动僵化思想，提高主动服务意识。2011 年重点对出口加工区孵化器、武家旧村整合改造、沁园新区公租房建设等项目开展跟踪评审，确保项目建设进度和工程质量。

【深入推进改革，开创财政工作新局面】　一是改革创新，构建财政一体化管理系统。从 2011 年 4 月 1 日起全区 39 家机关事业单位执行财政国库集中支付。在此基础上，又开发建设了财政一体化平台，集财政收支、国资管理、政府采购、建设资金审核、财务结算等功能为一体。通过平台全面系统掌握整个财政工作，实现动态监控。二是加快国有资本经营预算，完善新型国资监管体制。2011 年高新区管委会批准成立了高新区国有资产监督管理委员会，并下设国资办，为建立健全国有资产监管机制，提升全区监管水平打下了基础。出台了《济南高新区管委会关于施行国有资本经营预算的意见》。积极深入调研，研究完善国有资本经营收益收缴政策，探索建立了不同类型、不同行业的国有资本收益分类收缴制度。三是全面开展行政事业单位资产清查，推进资产动态管理。开发利用固定资产管理软件，以 41 家行政事业单位清查的实物资产为基础，对每一件固定资产赋予唯一身份条码，解决了资产管理中账、卡、物不符，资产不明，设备不清，闲置浪费、虚增资产和资产流失问题，提高了国有资产管理水平。

【狠抓规范管理，强化财政管理职能】 一是加强会计管理力度，提升理财水平。开展对重点企业财务总监培训活动，提高了高新区会计人员在参与管理、制定决策、防范风险中的参谋水平。以会计信息采集工作为重点，加大会计法规制度宣传力度。完成采集会计人员 5 791 人次。会计人员继续再教育 5 743 人次。办理新会计证 1 036 个。以巨野河、孙村两个街道办为试点，推进村级委托代理服务工作，通过村（居）财务公开，进一步促进农村财务工作规范化、制度化。二是推进电子化政府采购建设进程，提高政府采购工作效率。全年共受理政府采购事项 367 项，受理金额 1.18 亿元，节约资金 822.14 万元，综合节约率达 7%。三是大力开展“小金库”治理工作，建立预防腐败的长效机制。根据市“小金库”专项治理工作实施方案要求，对 67 个单位开展了全面复查工作，通过自查自纠、重点检查、落实整改等，进一步完善内部监督制约机制，提高财政资金使用的规范性和有效性，增强预算和财务透明度，有效防范腐败的发生。

【加强廉政建设，营造高效和谐的财政队伍】 始终把廉政建设放在重要位置，将“立党为公、执政为民”教育活动与做好财政工作紧密结合。加强思想道德教育，教育广大党员干部自律、自警、自醒、自爱，慎微慎独慎行，慎欲慎情慎初，不断提高党员干部的思想道德素质和廉洁自律性。2011 年高新区财政局被济南市人民政府评选为第六次全国人口普查先进集体；被济南市财政局评选为 2011 年财政性资金投资基本建设项目决算先进单位、济南市非税收入管理先进集体、济南市财政农业专项资金管理先进单位等多个荣誉称号。

（撰稿：许　珂）

青　岛　市

市　南　区

【概述】 2011 年，市南区区级公共财政收入 33.4 亿元，比上年增长 24.1%；区级公共财政支出 27.7 万元，比上年增长 28.7%。

【财源建设】 用好用活财政政策资金，拨付各项企业扶持资金 1.05 亿元；发放家电下乡、以旧换新等财政补贴 5 800 万元。服务业税收占全区税收比重较上年提高 1 个百分点，达到 88%。制定《市南区关于加强财税征收管理工作意见》、《市南区关于建立重点企业联系制度》，推进大企业外围税源筹划，带动税基增长。推进源头控税机制和涉税信息平台建设，兑现 2010 年街道财政分成资金 6 000 万元，比上年增长 9%。落实出口退税政策，全年退付出口退税 46.6 亿元，完成全年基数的 201%，区级负担 8 778 万元。

【财政支出】 围绕全区重点工作，坚持厉行节约，优先保障民生投入。全力保障社区“三个中心”建设资金需要，拨付 2.49 亿元用于街道社区服务用房建设。支持教育事业优质均衡发展，拨付 1.24 亿元用于中小学校舍新建及改扩建工程；拨付 2 472 万元用于校舍安全加固工程；新增 1 772 万元用于优化学前教育布局。完善和谐社会保障体系建设，拨付保障性住房建设资金 7 317 万元；发放低保救助金 2 670 万元；拨付公益性岗位工资补助 876 万元；拨付 240 万元，助推“扶持家庭服务业带动就业”工程实施。推进文体事业繁荣发展，拨付 590 万元用于扶持文化旅游事业发展；拨付 169 万元用于社区群众体育等工作开展。改善医疗卫生服务水平，拨付 1 606 万元用于优化社区卫生服务中心布局，拨付 2 755 万元用于区人民医院升级改造。加大城区环境优化投入力度，拨付 2 772 万元用于海底隧道周边综合整治；拨付 2 300万元用于楼院整治；拨付 2 500

万元用于超期服役道路整治；拨付1 428万元用于绿化整治；拨付1 295万元用于危漏房屋维修。

【财政监督】 深化预算编制管理改革，健全政府预算编审体系，调整项目支出分类。完善国库集中支付管理，严格公务卡使用管理，全年公务卡消费986万元。深化政府采购改革，全年采购规模3.5亿元，节支率9%。加强政府性债务管理，严格落实《市南区政府融资债务管理暂行办法》，完善政府性债务偿债准备金制度。强化国有资产监管，加强资产配置、使用管理，做好集体企业改制资产审核、备案工作。加大财政监督检查力度，完善财政内控管理制度，推进“小金库”专项治理。全年办理会计人员信息采集2.2万人次，加强对全区会计人员的管理。推进“金财工程”建设，积极建立以平台为中心的财政业务数据库，提升财政信息化业务水平。

（撰稿：郭　岩）

市　北　区

【概述】 2011年，区级公共财政收入完成20.75亿元（含卷烟厂收入存量），完成年度预算任务的113.2%，比上年增长25.8%；区本级公共财政支出完成19.64亿元，占年度预算的107.6%，比上年增长16.8%。

【全力以赴抓财源】 一是加大对企业的服务力度，开展大企业直通车服务活动，为企业送政策、送服务、送信息、办实事，进一步固强财源。二是加强财政政策的引导和财政资金的推动，鼓励企业转方式调结构，支持企业做大做强，进一步壮大财源。三是加大对大项目建设的支持力度，通过多种方式积极筹措资金支付区重点项目建设，进一步改善招商投资环境，强化产业集聚功能，进一步培植财源。

【凝心聚力抓征管】 一是加强税源信息化管理，加大税源日常巡查力度，及时掌握税源分布和增减变动情况，进一步增强征管工作的针对性和实效性。二是强化收入计划管理，明确各执收单位的增收任务，定期通报督导收入进度，分析形势，查找问题，制定措施，把握收入管理的主动权。三是加大征管稽查整治力度，认真组织开展了房地产行业企业所得税和土地增值税集中整治及“四项税收”整治，确保财政收入应收尽收。

【优化结构强保障】 坚持把改善民生摆在更加突出的位置，进一步优化财政支出结构，牢固树立过紧日子思想，压缩一般性预算支出的增长，严格控制“三公”经费支出，将更多的财政资金投向民生和公共服务领域，保障各项重点支出。全年安排民生支出13.5亿元，占区级财政支出的比重为68.6%。

【深化改革抓监管】 一是进一步深化财政国库集中支付改革。对全区行政事业单位重点支出、车辆经费、项目经费等全部纳入国库集中支付，基本形成了国库集中支付覆盖财政支出的框架体系，并在全区范围内全面推行公务卡制度改革。二是进一步规范国有资产管理。扎实开展行政事业单位资产清查工作，夯实管理基础；开发资产管理软件，实现资产管理与预算管理、财务管理有机结合，确保国有资产的安全完整和保值增值。三是进一步规范政府采购招投标管理。完善政府采购制度建设，细化相应实施办法和操作程序，推动政府采购管理再上新台阶。四是进一步规范财务管理。认真组织开展了全区财务人员业务培训和财会人员“千人比武”技能竞赛活动，进一步提高全区财务人员业务素质；认真组织开展了“小金库”专项治理，对全区所有行政事业单位进行全面检查，及时发现问题、分析原因、跟进措施、完善制度，进一步规范全区财务管理。

（撰稿：孙孝海）

四　方　区

【概述】 2011年，四方区区级公共财政收入完成10.9亿元，比上年增长39.2%；区级公共财政支出10.5亿元，比上年增长21.4%。

【大力拓展财源，稳固财政增收格局】 一是积极拓展辖区重点骨干企业外围税源，全力做好重点项目跟踪服务，努力培植新的财源增长点。二是充分利用财税信息网络平台，加强对重点税源的监控分析，不断优化财政收入结构。三是充分调动街道办事处工作积极性，围绕增收目标任务，千方百计挖掘税收增长潜力，确保应收尽收。四是深入实施四方区税收环境秩序整顿治理，加大税收违法行为整治力度，着力净化税收环境。五是逐步完善非税收入控管机制，加强政策宣传及征缴管理，推动非税收入征管规范化、精细化。

【全力聚焦民生，增强财政保障能力】 严格执行财政预算，大力压缩一般性支出。优化财政支出结构，重点保障民生投入。积极统筹市、区两级资金，妥善解决历史遗留问题，着力推进教育事业均衡发展，社会保障体系不断完善，科技文化事业深入发展，居民生活条件不断改善，支持医疗卫生体制、公共安全体系建设，财政资金使用效益不断提高。

【严格国资监管，健全实时监控体系】 加强行政事业单位资产管理人员业务培训，开展四方区固定资产及公物仓管理检查。继续加强区属国有及国有控股企业监管，落实区属国有监管企业联席会制度，规范公司日常运作。

完善财务实时监控，努力提高国有企业监管水平。充分利用国资监管平台，设定监管指标，确保区属国有企业运作更加科学、规范。

【强化财政管理，逐步完善体制机制】一是深化政府债务管理。严格执行政府债务管理各项规定，不断提高政府性债务资金的循环频率和使用效率，实现政府性债务常态化、动态化管理。二是强化财政监督监管。进一步规范四方区政府采购行为，稳步推进国库集中支付改革试点工作，认真贯彻落实中央、省、市开展“小金库”专项治理工作精神，建立健全制度、管理和监督“三位一体”的长效防治机制。三是完善财政性投资重点工程管理机制。制定一系列城建项目资金管理制度，结合国库集中支付制度改革，将由预算外管理的“两改”项目资金改为国库直接支付。加大资金支出环节的控制、监督力度，保证了财政资金的投向、投量和投效。

（撰稿：栾　帅）

李　沧　区

【概述】 2011 年，青岛市李沧区区级公共财政收入完成 13.3 亿元，比上年增长 29.7%；区本级公共财政支出 14.6 亿元，完成预算的 117.8%，比上年增长 23.46%。

【细微处入手，财源建设工作成绩斐然】 一是注重税源培植。认真贯彻上级各项产业扶持政策，积极争取上级扶持资金，推动产业升级换代，有力地促进了产业结构调整，壮大了财源经济。二是加强综合治税体系建设。以综合治税信息平台为载体，各成员单位紧密配合，通力协作，畅通信息渠道，部门上下联动，深入挖掘潜在税源，确保应收尽收。

【综合预算，着力保障民生，财政支出结构不断优化】 以保障和改善民生为导向，调整支出结构，大力压缩行政性支出，将更多的财力投入到教育、卫生、社会保障等社会公共事业领域，人民群众得到更多实惠。一是推动教育事业优先发展。区本级教育支出 5.1 亿元，比上年增长 23.8%。将学前教育经费纳入财政预算，开办公办或公办性质幼儿园，保障生均公用经费，提高幼儿园安全保障水平。二是保障“新医改”政策加快实施。区本级医疗卫生支出 9 190 万元，比上年增长 80.2%，不断改善和提升医疗卫生服务水平。三是支持群众文化、社会福利事业发展。投入 249 万元，用于加大图书馆、文化馆及社区文化中心资金保障力度，提升居民文化生活水平。投入 115 万元，加大社会福利院、社区老年室内室外活动中心投入，不断丰富老年人生活。

【坚持精细化、科学化，财政管理水平不断提升】 以科学化、精细化为原则，多措并举，加大财政资金监管力度，财政精细化管理工作迈上新台阶。一是加强财政监督管理。开展单位预算执行、专项资金使用情况检查，确保财政资金使用规范。深入开展“小金库”专项治理工作，对全区 270 个党政机关、事业单位、国有企业和社会团体进行了全面复查，切实提高了贯彻执行财经法规的自觉性。二是加强国有资产管理。规范房屋、土地、车辆等重大事项处置，全年实现国有资源（资产）有偿使用收入 2 547 万元。开展公有房屋、土地专项调查工作，强化公有房产、土地收益管理，规范政府投资项目产权登记手续，杜绝国有资产流失。三是加强政府投资项目资金管理。强化项目概算审核，源头控制项目投资额，全年审核政府投资项目概算 80 个，平均审减率 21.8%。四是加强政府采购管理。全年完成集中采购 66 次，采购预算资金 7 270 万元，实际采购金额 6 700 万元，节约率 7.8%。

（撰稿：刘　巍）

经济技术开发区（黄岛区）

【概述】 2011 年，青岛经济技术开发区（黄岛区）公共财政收入突破 40 亿大关，达到 41 亿元，收入总量列青岛市各区（市）首位，比上年增长 22.9%。全区公共财政支出 40 亿元，比上年增长 15.9%，其中，区本级支出 34.9 亿元，比上年增长 14.9%。

【财源建设】 青岛经济技术开发区（黄岛区）充分发挥财政杠杆作用，通过部门联动、齐抓共管，实现了区域内财政收入规模、质量和增速同步提高。一是工作机制进一步完善。积极构建全区财源建设信息平台，实现了重点税控环节全覆盖；有效整合政府、企业涉税信息资源，对海信、中燃油等企业提出外围税源筹划方案，深入挖掘企业纳税潜力；切实完善财源建设定期调度、督查考核等机制，充分调动各责任单位抓财源、促发展的积极性和主动性，2011 年共引进税源企业 2 000 余家，采集涉税信息 5 000 余条，实现新增税源 2.4 亿元。二是税源质量进一步提升。坚持财源建设和招商引资有机结合，对 54 个招商项目进行了综合纳税评价，确保了预期收益目标；强化重点企业纳税动态监控，对新开工投产企业实施跟踪促收，全区纳税过千万企业达 153 家，实现税收 151 亿元；按照转方式与增财源相结合的思路，大力引进高端物流、服务外包等第三产业财源项目，第三产业税收实现较大幅度增长。三是收入征管力度进一步加大。突出财政、国地税及行业主管部门的沟通协作，加强对建筑施工、土地出让、企业注册等关键环节的税收监控，确保收入及时足额入库，国税和地税部门实现的区级收入分别比上年增长17.2%和28.2%；进一步规范非税收入征收管理，完善土地出让金对账催缴制度，加大行政事业性收费和政府性基金征缴力度，共组织各项非税收入16亿元，比上年增长83.4%。

【财政支出】 青岛经济技术开发区（黄岛区）着力优化财政支出结构，从严控制一般性支出，切实增强财政预算约束力。在此基础上突出加大对民生领域的投入，2011年，全区在各类民生项目上的支出达70亿元（含基金支出），比上年增长16%，占全年财政支出的62%。一是社会保障体系进一步健全。投入1 080万元对参加全区地方性农保和新农保退休人员每人每月加发55元基础养老金，在全省率先实施企业退休职工独生子女父母一次性养老补助，投入2 400余万元将城乡低保和分类救助标准提高到全省领先水平；以实施智岛计划为着力点，出资4 000万元设立全民创业扶持基金，促进以创业带动就业，投入1 050万元用于开发公益性岗位和开展各类职业技能培训，拓宽了财政对人才引进、就业与再就业的保障范围。二是教育、医疗卫生事业得到优先发展。严格落实教育经费法定增长要求，投入4 600万元将区内小学、初中公用经费拨款标准分别提高至840元和1 177元，经费标准居全市最高，投入2.9亿元落实义务教育教师绩效工资，投入1 000余万元向7 500名家庭困难学生发放了助学金，投入3 260万元对校舍实施维修和供热改造，投入700万元为全区中小学配备了安保队伍；大力支持公共卫生服务体系建设，投入1 900万元将新农合筹资标准提高到340元，投入1 300万元将人均基本公共卫生服务经费标准提高到25元，投入1 950万元加大对基层医疗卫生机构的补助力度，在全省率先实施乡村医生养老保险补助，在全市率先将社区卫生室纳入一体化管理，国家基本药物制度覆盖率达到100%。三是社会公共福利水平不断提升。投入22亿元积极推动保障性住房建设和村庄搬迁改造，辛安公共租赁住房、石化区安置楼等项目进展顺利；投入1.3亿元进一步完善了全区食品药品放心工程、社会治安综合监控和应急通讯系统，有力保障了平安西海岸建设；投入3 300万元保障了文化旅游节等一系列文化活动的顺利开展，推动了全区文化事业健康发展；投入1.5亿元对城区供热、供排水管网实施改造升级，投入1.4亿元对热源企业进行补贴，保障了城区居民冬季取暖需求，统筹安排1.2亿元更新了120辆清洁能源公交车，投入4 000余万元用于购置新型垃圾清运车、扫雪车等市政维护设备，有效提升了城乡综合服务能力。

【财政改革】 青岛经济技术开发区（黄岛区）坚持以提高财政资金使用效益为目标，完善财政管理模式和财政资金运行机制，保证财政资金安全、规范、有效使用。一是预算编制和执行更加精细有效。高质量完成部门预算编制及批复工作，对基本支出严格落实定员定额管理，对专项经费支出审核更加精细；依托“金财工程”一体化系统对“三公经费”进行规模与进度的双重控制，促进了公用经费开支公开透明。二是国有资产管理水平全面提升。深入实施区属国有企业经营预算制度，国有企业风险防控和激励约束机制进一步完善；推动国有资本向优势产业、优势企业集聚，推进企业债券和中期票据发行工作，为拓宽企业融资渠道、推动政府投资项目投入方式多元化奠定了坚实基础。截至2011年底，八家区属国有企业资产总额达133亿元，企业净资产59亿元，当年实现利税2.4亿元。三是财政资金监管效能进一步提高。“小金库”治理工作顺利完成，对全区50家内外资企业会计信息质量进行专项检查，查处违规资金3 800万元，全部进行了规范整改；切实强化政府债务管理，偿还债务本息6.8亿元，偿债率和负债率指标均控制在安全区域内；积极做好相关审计工作，促进了财政管理制度进一步完善；组织编印《会计集中核算业务指导手册》等规章制度，提高了财会人员依法理财和科学理财水平；延伸财政投资评审职能作用，编制工程预算30.7亿元，审核工程预决算及评估业务49项，审减不合理资金8 700余万元。

（撰稿：李　杨）

崂　山　区

【概述】 2011年，崂山区区级公共财政收入完成39.2亿元，比上年增长34.1%。区级公共财政支出完成34.9亿元，完成预算的116.3%，比上年增长23.8%。

【财源建设】 一是完善财源评估机制。建立大项目引入综合评估机制，依托财源建设信息平台，对重点投资项目进行全过程网络跟踪，为招商引资及财源建设提供有力的决策依据。二是完善财源培育机制。兑现产业扶持资金2亿元对181家企业进行支持，促进产业结构调整和经济发展方式转变。为缓解中小企业融资难题，赴京沪深等地对地方政府设立股权投资基金进行调研，并达成在崂山区合作成立股权投资基金的意向。三是完善税源监控机制。建立重点企业税收跟踪制度，对文化产业、高成长小企业和楼宇经济板块重点企业进行跟踪分析，加强各类潜力税源和零散税源管理，确保各项收入及时足额入库。

【财政支出】 坚持民生优先，进一步优化支出结构，切实增强公共财政保障能力。一是助力教育事业优先发展。教育支出6.88亿元，比上年增长29.5%。实施中小学校迁扩建及改造工程，提高生均公用经费标准，对特殊教育学校学生实行免费义务教育。二是助力公共卫生服务均等化。医疗卫生支出0.99亿元，比上年增长36.8%。新农合人均筹资标准提高至340元，全面落实国家基本药物制度，医疗设施和就医环境得到明显改善。三是助力社会保障水平提升。社会保障事业支出1.18亿元，比上年增长25.4%。投入2 630万元落实公益性岗位补贴、“三支一扶”补助及退役军人安置政策，重点扶持就业困难人员就业，持续提高低保、优抚救济对象的救助标准，逐步扩大高龄补贴发放范围。四是助力城乡统筹发展。投入资金9.76亿元，为基础设施建设、村庄改造和环境整治提供财力保障。投入2.8亿元实施村庄改造，投入1.01亿元支持街道集中居住社区建设。对康城片区、同安路、辽阳东路等数十条道路实施了改扩建、绿化、亮化等综合整治活动。五是助力强农惠农政策落实。农林水事务支出2.51亿元，比上年增长12.1%。投入5 300万元加大绿化造林、护林防火与水土保持等生态工程保障力度，为农民增收、农业增效提供保障。

【财政改革概述】 为实现财政管理的科学精细和规范高效，不断深化和稳步推进各项财政改革。一是深化国库集中收付改革。国库集中收付范围不断拓宽，国库集中收付代理银行增加至9家，纳入“两集中”管理的自收自支事业单位增加至8家，全区预算单位办理公务卡达1 759张，消费报销2 254笔，金额达402万元。二是扎实推进部门预算改革。出台《崂山区临时出国人员费用开支标准》、《崂山区行政事业单位培训费管理暂行办法》，对实施国库集中收付以来积累的5 000余个项目进行梳理规范，确定了25项项目分类，对项目支出标准进行了完善，为实现预算编制、预算执行、账务核算到决算管理全过程衔接奠定基础。三是加强国有资产管理。针对资产配置、使用、处置及产权登记等多个环节出台了4项管理办法和1个考核办法。全年完成资产清查120家，资产价值5.53亿元，解决了28家单位自建区以来的各类资产购置报废和遗留问题。在全市率先建立了覆盖全区所有行政事业单位的国有资产动态管理信息系统，实现了对资产从入口到出口整个生命周期的动态监管。四是逐步强化政府采购监管。在全市率先制定政府采购供应商质疑投诉处理操作规程，建立了采购标底价格现场公开制度，公开选取6家政府采购代理机构，加大代理机构考核力度。全年完成政府采购项目542项，采购金额2.65亿元，节约资金2 998万元，资金节约率达10.2%。

（撰稿：王妮妮）

城阳区

【概述】 2011年，城阳区生产总值完成810亿元，比上年增长14%；规模以上固定资产投资完成365.6亿元，比上年增长23.9%；外贸出口总额完成65.1亿美元，比上年增长12.8%；社会消费品零售总额123亿元，比上年增长18.1%；全区公共财政收入完成30.9亿元，比上年增长48.6%；全区公共财政支出32.8亿元，比上年增长33.1%。

【财源建设】 围绕建设青岛国际航空城、蓝色经济高端产业集聚区的目标，以加快转变经济发展方式为主线，发挥财税政策与资金的引导作用，提升招商引资质量，培育新的财源增长点。2011年，新引进企业总部、金融机构、中介机构等各类企业56家，实现税收8 000万元，其中中国航空油料有限责任公司、山东航空股份有限公司实现属地纳税3 500余万元。

【财政保障】 按照“重民生、保建设、促发展”的要求，进一步调整优化财政支出结构，完善公共财政职能。支持教育优先发展，增加学前教育投入，健全义务教育经费保障机制，加大贫困学生救助力度，实施教育关爱工程，推进农村中小学“211”工程。加大“三农”投入，支持现代都市农业发展，推进农业综合开发，落实“强农惠农”政策。提高社会保障水平，促进困难人员就业，健全城乡社会救助机制，建立覆盖城乡困难群众的价格联动机制，支持残疾人“两个体系”建设，深化城乡居民基本社会养老保险制度改革，提高基础养老金发放标准。推进医疗卫生改革，完善基本医疗保障制度，提高新农合筹资标准及城镇居民医保补助标准，健全基层医疗卫生服务体系，促进基本公共卫生服务均等化，提高人均基本公共卫生服务经费保障标准。

【财政改革】 深化国库集中收付制度改革。建立健全国库单一账户体系，依托信息化大平台，对全区所有预算单位的预算内、外资金推行国库集中支付，实现预算编制与执行的全面衔接、财政资金收入与支出的全程监管、国库集中支付与会计集中核算的充分融合，全年通过国库集中支付系统直接支付资金18亿元。深化政府采购改革。拓展政府采购覆盖范围，提高街道采购限额标准，启用专家抽取语音通知系统，推行预算评审论证，强化资金监督管理，不断提高采购质量及资金透明度，全年完成采购项目223项，执行集中采购预算1.02亿元，实际采购金额9 700万元，资金节支率达到5.8%。多措并举化解债务。落实《城阳区防范和化解政府性债务风险实施意见》和三年化解债务计划，健全目标考核机制，拓宽资金筹措渠道，及时偿还银行贷款，化解政府债务风险，区本级负债率处于绿色安全区域。

【财政监督】 强化财政监督检查。健全内部防控机制，对资金拨付流程和重点环节实行动态监管，清理整顿财政账户，规避财政风险；拓展外部监督，开展“小金库”专项检查，强化对基建、社保、涉农资金、国有资产管理、非税收入、国库集中支付的日常监督，建立健全资金检查绩效考评制度。全年检查各类财政资金19亿元。

（撰稿：张　鹏）

胶　州　市

【概述】 2011年，全市完成公共财政收入34.3亿元，比上年增长30%。全市公共财政支出35.6亿元，比上年增长28.4%。

【财源建设】 一是发展镇级财源经济。将镇级财政收入超收部分全部留归镇级支配，增加镇办财力5.17亿元，有力推动了镇级经济发展。二是加大对企业发展的扶持力度。实施企业上市奖励政策，调动全市企业上市的积极性；推进出口退税改革，对企业出口退税21.3亿元，增强企业发展后劲；实施技改项目国债贴息、企业家素质提升工程，奖励知名品牌230万元，支持企业加快发展、做大做强；向盛宇投资担保公司增资5 000万元，为166家企业提供担保9.16亿元，有效缓解中小企业融资难问题。三是强化财源建设激励机制。修订完善全市工作目标管理考核办法，明确镇(办)、市直部门的财源建设目标，充分调动各级各部门发展经济的积极性。对10家重点纳税企业负责人发放奖金170万元，积极调动企业依法纳税的积极性。四是培植发展后续财源。足额安排招商引资经费，完善招商引资奖励政策，提高引进项目的财政贡献率。发挥财政资金“四两拨千斤”作用，支持融资平台建设，引导金融资金、社会资金40多亿元用于“三大平台”、“三河”治理、西部城区开发等投资环境建设，吸引内外资项目落户，促进全市经济可持续发展。

【收入组织管理】 一是严格依法治税。认真落实税收征管措施，严厉打击偷、逃、骗税等违法活动，切实把经济发展的成果反映到财政收入上来。二是健全收入目标责任制考核。完善财政工作考核办法，将镇办收入任务纳入全市工作目标责任考核，按月考核、按月通报，完不成任务的实行“一票否决”制。对税收征管部门下达科学的收入计划，并严格落实激励措施，调动征收部门税收征管的积极性。三是积极构建协税护税网络。开展税源调查，摸清税源底数、结构及分布状况，为加强税收征管提供可靠依据。完善“金财工程”，加强财、税、库网络信息系统建设，实现收入、税源的动态监控。实施综合治税考核，开展税收征管质量和企业纳税情况检查，共查处违法违规金额1.65亿元，查补入库收入5 683万元，有效减少了税收流失。四是强化非税收入收缴。深化“收支两条线”改革，坚持依法征收、源头控收、以票管收，实行非税收入考核，确保了非税收入应收尽收，财政专户缴存率达到100%。

【财政支出管理】 一是扎实推进收入分配制度改革。筹集资金1亿多元，扩大住房增量补贴和公积金计提基数、提高取暖费标准。二是增加对农民的补贴力度。全年发放粮食、良种、柴油化肥、农机购置等惠农补贴1.25亿元。做好家电下乡和家电以旧换新收尾工作，全市累计补贴资金9 137万元，补贴家电32万台。三是大力支持农业生产发展。安排资金4 700万元，支持“十绿”工程和林业生态建设，不断优化生态环境。安排专项资金1.8亿多元，重点支持农业综合开发、大沽河综合治理、病险水库除险加固及“一事一议”等项目。四是加大对文化事业的支持力度。筹集资金4.88亿元，建设市文化体育会展中心。融通资金4.9亿元用于秧歌城、板桥镇和少海文化广场建设，丰富了城乡居民文化生活。五是统筹社会事业发展。全年计生支出7 300万元，用于符合条件独生子女父母奖励费、镇村服务站建设、优生检测以及计划生育家庭两项扶助。全年公共安全支出1.9亿元，主要用于办案经费、道路安全交通设施建设、市镇村三级治安联防体系和公益性岗位等项目，推动了“平安胶州”建设。六是着力改善城乡人居环境。安排资金5 600多万元，继续支持船用锅炉、春盛食品等企业实施搬迁改造，加快城市化进程。拨付资金2 000万元，新建4万立方米水厂一座，改善了城区供水条件。筹集资金1亿多元，实施道路改造、老城区商业街和农村环境综合整治。七是深化医药卫生体制改革。2011年各级财政医疗卫生投入2.1亿元。其中，安排公共卫生经费2 265万元，支持卫生社区服务站建设，保障重大公共卫生项目实施；安排资金4 900多万元，将镇卫生院实行上划管理，推进城乡基本医疗服务实现均等化；投入资金1.28亿元，将新型农村合作医疗财政补助标准由人均120元提高到200元，提高各项医保报销比例和支付限额；安排资金1 000多万元，将人均基本公共卫生服务经费标准由15元提高到25元，切实减轻群众就医负担。八是加大教育投入。安排学前教育发展专项资金，改扩建公办幼儿园3

所，缓解学龄前儿童入园难问题。继续实施中小学校舍改造工程，筹集资金5 910万元，改造校舍23万平方米。安排资金2 400多万元，将农村义务教育债务全部清算兑付。2011年教育支出9.5亿元，比上年增长32.6%。九是加强社会保障和就业工作。增加再就业投入，扶持退役士兵和大学生自主择业。落实各项优抚政策，提高企业退休人员基本养老金水平，确保企业离退休人员离退休费、下岗失业人员基本生活费按时发放。拨付资金3 000多万元，大力推进城乡住房保障项目，加大保障性安居工程、农村住房建设与危房改造。投入资金9 958万元，全面推行城乡居民基本养老保险工作，实现城乡居民社会养老保险应保尽保，确保所有城乡居民老有所养。

【财政改革】 一是深化部门预算改革。实行综合预算，完善预算的审批、监督机制，市直部门预算全部提交并通过市人大常委会审议，增强了预算的透明度和约束力。二是深化国库集中支付改革。完善国库单一账户体系，撤销、归并单位账户188个，强化财政资金源头监管。不断扩大财政直接支付比例，全年市本级财政直接支付资金24.3亿元，直接支付比例达到73%，进一步提高了资金使用效益。三是强化财政监督管理。严格执行《财政违法行为处罚处分条例》，查处违法违规金额3 400多万元，严肃了财经法纪。积极开展公务用车专项治理工作，加强国有资产监管，防止了国有资产流失。加大政府债务监管力度，实施政府债务指标监测和风险管理，初步构建起规模适度、风险可控的政府债务监管机制。四是推进财政科学化、精细化管理。制定完善财政工作规范，做到以规范管人管事，最大限度减少了工作的随意性，实现了财政工作由经验化管理向科学化、精细化管理的转轨。强化镇级财政规范化建设，改善基层财政软硬件设施，提高基层财政理财水平和服务质量。

（撰稿：杨玉伟）

即 墨 市

【概述】 2011年，即墨市公共财政收入完成36.1亿元，比上年增长30%。公共财政支出48.39亿元，比上年增长33%。

【税收征管】 围绕提高征管水平这一目标，建立了重点行业税收调研、财政收入预测分析和税收预警与纳税评估等制度，强化分类分税种专业化精细化管理。进一步完善各税收征管部门之间的信息交换制度，从源头上堵漏增收，增强了综合治税合力。2011年，全市完成地方税收28.9亿元，比上年增长21.9%，占财政收入的比重为80.2%。

【资金调度】 积极履行职能，促进产业结构不断优化，确保各项支持企业发展的优惠政策落实到位，拨付固定资产投资、技术改造等奖励资金3 470万元，为出口企业和再生资源企业办理各项退税16.7亿元。发挥财政资金杠杆引导作用，积极鼓励金融机构加大对中小企业的贷款投放，成立政策性担保公司扶持小微企业发展。组织上报太阳能光伏等节能环保、特色产业、外贸出口服务、科技成果转化等项目20余项，累计争取上级专项资金2.22亿元。支持新农村建设全面提速：投资2.74亿元，推进生态文明新农村建设；落实惠农政策，发放种粮农民直接补贴、农业生产资料综合补贴7 160万元，发放花生、玉米、棉花等良种补贴926万元，发放小麦抗旱浇水和弱苗施肥补助1 438万元。拨付家电下乡补贴9 420万元、汽车摩托车补贴4 950万元。支持健全社会保障体系：补助资金9 384万元巩固完善新型农村合作医疗制度，筹资标准由2010年每人每年150元提高至250元；完善城乡居民养老保险政策，累计向17.1万群众发放基础养老金4.33亿元；投入1 354万元加强农村劳动力培训，对公益性岗位和就业困难人员就业进行补助；建立物价上涨与城市最低生活保障居民生活补贴发放联动机制，为城乡低保居民累计发放各种补贴3 896万元。大力支持“新医改”加快实施：自2011年起每月对镇卫生院实施基本药物制度定额补助525万元，保障了镇卫生院正常运转。推动教育事业优先发展：2011年预算内教育投入9.87亿元，比上年增加1.91亿元；完善教育经费保障机制，积极化解农村义务教育债务4 003万元；新增支出6 785万元，全面提高义务教育阶段、普通高中和职业教育学校公用经费及助学金资助标准；积极推进农村中小学布局调整和学校危房改造，投资6 286万元拆除重建校舍332栋。

【财政监管】 初步拟定了政府投资工程监理管理办法和政府投资工程造价咨询机构管理办法，为解决工程签证不实、提高项目评审质量奠定了基础。全年共审核市政府投资工程预结算74项，审核总金额13.18亿元，审减资金1.43亿元。积极推进政府采购监督管理，全年完成政府采购2.64亿元，节约金额3 792万元。对行政事业单位公务用车进行清查登记，圆满完成了公务用车问题专项治理各阶段工作任务。完成了18个行政事业单位和3个镇财政财务收支情况检查，对15个执收单位非税收入征缴情况进行了检查，进一步规范了财经秩序和财政执收行为。

（撰稿：黄宏云）

平 度 市

【概述】 2011年，平度市公共财政收入完成 27.56 亿元，比上年增长 31.3%；全市财政支出完成 42.57 亿元，比上年增长 20.9%。

【多措并举促发展，财源建设实现新突破】 一是大力支持招商引资项目落地。拨付 566 万元兑现 2010 年度招商引资奖励资金，投入 3 353 万元支持雅能都化成等重点项目开工建设，确保项目建设顺利推进。二是培植壮大骨干财源。拨付重点企业纳税突出贡献奖 480 万元，筹资 8 100 万元扶持重点企业发展，拨付企业品牌和技术中心奖 295 万元，鼓励企业转方式、调结构、创品牌。全市纳税过千万元企业 37 户，比上年增加 6 户。三是优化金融生态环境。拨付金融部门支持地方经济发展和引进金融机构奖励 114 万元，鼓励加大信贷力度。

【齐心协力抓征管，财政收入实现较快增长】 健全“分析、评估、稽查、管理”一体化联动机制，对重点税源实行集中管理、动态监控、跟踪追缴，提高专业化税源管理水平。强化综合治税（费），实行部门联动。加强非税收入征管，严格执行“收支两条线”，确保应征尽收。

【全力以赴保民生，社会事业取得新发展】 全年实现民生支出 28.1 亿元，比上年增长 31.9%。一是支持完善社会保障制度。补助 2.45 亿元，深入推进城乡居民养老保险全覆盖工作。拨付 692 万元，提高优抚对象补助标准，建立城乡低保与物价联动机制，增加弱势群体收入。拨付 2 800 万元建设保障性住房 264 套，拨付 2 264 万元改造农村危房 1 630 户。二是加大教育投入。拨付九中新校建设和一中、职教中心扩建工程款 2.4 亿元，完成三年“高中进城”目标。投资 1.48 亿元实施校舍安全工程，拨付 1.3 亿元大幅提高中小学公用经费标准。三是助推医疗卫生体制改革。补助 2.29 亿元，将新农合参合标准由每人每年 150 元提高到 250 元。拨付基本药物制度改革补助资金 7 200 万元，29 处卫生院实行基本药物零差价。四是全面落实强农惠农政策。直接发放粮食直补、家电下乡等补贴资金 2.28 亿元，惠及 24.6 万户农民。

【改革创新抓管理，理财水平得到新提升】 深入推进金财工程建设，进一步做细做实部门预算，提高财政科学化、精细化管理水平。规范市对镇转移支付形式，安排一般性转移支付补助 1 110 万元，提高困难镇财政保障能力。完善财政部门内部控制体系，清理规范财政专户，保障财政资金安全运行。建立政府性债务动态监测统计系统，严格防控债务风险。

（撰稿：徐　强）

胶 南 市

【概述】 2011 年，胶南市公共财政收入 36.36 亿元，占预算的 100.7%，比上年增长 20.8%；全市公共财政支出 37.77 亿元，比上年增长 19.3%。

【加强财源建设】 认真贯彻落实各项扶持企业政策，2011 年办理出口退税 15 亿元，取消、降低行政事业性收费 1 000 余万元。积极调整收入结构，工商税收占财政收入的比重连续四年提高。2011 年仅董家口区域的重点工程项目就实现税收 1.5 亿元。制定《胶南市市级财政预算追加管理暂行办法》，严格财政预算追加审批流程，主动接受人大监督。对于预算安排项目，根据不同情况，实行按月均衡拨付、按项目进度拨付，并实行限时办理和跟踪督查，财政资金拨付速度明显提高。建立健全政府债务动态监控和预警体系，定期对政府性债务的规模、结构和安全性进行动态分析评估，使政府债务控制在安全范围内。

【财政改革】 一是实施市镇财政体制改革。对全纳税户及纳税记录逐项进行梳理，划分镇级归属，建立公开、规范的认定机制，彻底实现企业税收属地管理。二是实施税收网格化管理系统。利用胶南市土地规划网格化管理成果，整合地籍信息、税源信息和税收数据，开发实施税收网格化管理系统，在青岛市率先构建起“以地控税、以税控地、信息管税”的高效管理模式。2011 年，利用上述信息清理土地使用税 7 000 多万元。

【财政支出】 一是增加社会保障支出。2011 年，全市社会保障和就业支出 2.7 亿元，比上年增长 54.8%。其中，市财政投入 7 800 万元，实现城乡居民社会养老保险全覆盖。二是加大重点事业投入。支持教育优先发展。2011 年，全市教育支出 10.6 亿元，化解农村义务教育债务 3 477 万元。支持深化医药卫生体制改革，农村卫生院财政保障机制进一步完善，新农合筹资标准从 200 元提高至 250 元，新建、改建、扩建农村卫生室 272 个。2011 年全市医疗卫生支出 2.31 亿元，增长 68%。三是积极落实各项惠农政策。2011 年，争取上级农业综合开发土地治理资金 2 883 万元，在青岛市率先完成小麦补贴的发放工作，通过“一本通”发放补贴 4 325 万元。累计办理家电下乡和以旧换新产品 28.3 万台，发放补贴 7 519 万元，有力地拉动了城乡居民消费。四是保障重点项目资金。制定了《胶南市片区、村居改造及退城进园等项目使用财政资金管理办法》，加强计划审批、统一管控和专款专用，确保资金安全和保值增值。

（撰稿：付永生）

莱西市

【概述】 2011年，莱西市公共财政收入突破20亿元关口，达到23.64亿元，比上年增长30.8%。全市公共财政支出完成26.19亿元，比上年增长28.4%。

【全市地方财政收入实现新突破】 各级财税部门牢固树立均衡入库观念，以组织收入为中心，坚持部门联动，密切部门协作，着力加强财源建设，不断完善综合治税机制，保持了财税工作持续快速发展的良好势头。国税部门积极推进税收信息化、专业化的管理方式，运用一体化联动机制，进一步加大纳税评估力度。严格落实同城通办等各项纳税服务制度，促进了税收收入的增加，全年共组织入库地方工商税收2.09亿元，比上年增长8.9%。地税部门以组织收入为中心，全面开展“以税控税”活动，突出涉税数据对比预警，强化房地产业和建筑业税收管理，大力开展土地增值税清算，地方税收实现了持续快速增长，全年共组织入库地方工商税收6.06亿元，比上年增长46.4%。财政部门坚持逐月调度通报收入情况，切实加大对税收收入、非税收入以及镇级收入的征管力度，促进了地方财政收入快速增长，全年财政及其他共组织入库地方财政收入15.48亿元，比上年增长29%。

【财政保障工作取得新成效】 一是全力支持经济建设。通过银行融资、筹集重点建设基金、争取企业扶持资金等形式筹资1.7亿元，有力地支持了全市重点项目建设以及高新技术企业和地方特色产业发展。二是积极支持社会主义新农村建设。争取上级支农资金近3亿元，发放危房改造和环境综合整治资金6 500万元，积极支持小型农田水利和农业基础设施建设，改善了城乡居住环境；发放库区移民补贴、小麦直补等资金1亿多元，兑现家电下乡、汽车摩托车下乡、家电以旧换新补贴9 000多万元，扩大了农村消费，改善了农民生产生活条件。三是扎实做好一事一议财政奖补工作。积极开展村级公益事业一事一议奖补工作，共申报项目109个，总投资2 594万元，109个村庄84 789人受益。四是努力维护社会和谐稳定。投入1.27亿元实行城乡居民养老保险制度，共为11.8万人发放保险资金7 785万元；实施基本药物制度，发放补贴资金2 851万元，有效缓解了农民看病贵等问题；投入1 800多万元积极支持全市治安管理工作和社会治安动态监控系统建设，维护了社会稳定。

【财政改革进展顺利】 一是加强全市政府性投资基建项目财务管理。对全市48个重点工程及实事工程项目进行动态监控，及时掌握工程项目进展情况，严把资金审核关口，有效提高了财政资金使用效益。二是加强镇级财政财务管理。制订了《关于进一步加强镇级财政建设的意见》，对15个镇办共63名财政干部进行了财政管理方面的培训，提高镇级财政干部理财水平，进一步规范了镇级收支行为。三是加强政府采购管理。按照全市公共资源交易改革统一部署，将政府采购纳入公共资源交易中心办理，实行业务程序联审制，规范了政府采购监管。全年政府采购总额为8 403万元，节约资金1 205万元，节支率12.5%。

【财政监管扎实有效】 一是做好各项专项检查工作。积极配合做好经济责任审计和政府债务审计工作，对2010年财政拨付的各类专项资金使用情况进行了专题检查，督促相关单位对存在的账务处理不规范、资产管理不规范等问题进行了整改，进一步规范了财政资金管理。二是加强农业综合开发资金监管。制订了农业综合开发档案管理、工作职责、工作流程等一系列制度，对农业综合开发土地治理项目招投标、施工进展情况等进行实时跟踪监督，确保了农业综合开发项目按要求及时推进。三是切实加强从业资格管理。组织开展了会计电算化培训2批次，培训人员200余人次；继续教育培训50批次，培训人数4 000余人次，提高了会计管理水平。

（撰稿：李　涛）

保税港区

【概述】 2011年，保税港区完成公共财政收入5.1亿元，比上年增长25.8%。实现公共财政支出3.2亿元，比上年增长8.2%，财政保障能力进一步增强。

【加强财税协作，紧抓财政收入，大力培植财源】 积极主动地与国、地税等收入征收部门搞好协调，及时分析财税收入形势；多次走访区国、地税及工商等部门，有针对性地走访了区内重点税源企业，了解掌握保税港区企业的生产经营和税收情况；积极挖掘增收潜力，切实堵塞税收征管漏洞，确保收入及时入库，应收尽收。

【加强政府引导，全力支持港区企业可持续发展】 突出财政支持经济发展这个中心，发挥财政性资金、体制和政策的激励引导作用，支持保税港区的发展，财政、海关、国税、地税、工商、质检、外管、检验检疫局等部门汇集编写了《青岛保税区港区支持企业发展办法》，重点培育区内生产性企业、港区物流、仓储及市场展示、总部经济。同时，挖掘并积极扶持有潜力的营业税与其他小税种税源企业，将地方财力做大、做强，确保完成全年财政收入任务。

【加强支出监管，强化财政性投资项目管理】 妥善安排和合理调度财政资金，量入为出、量力而行、保证重点、统筹兼顾。编制完成了财政性固定资产投资计划，加强财政投资建设项目的资金控制工作，做好招标、建设、竣工三阶段的造价控制，合理安排基本建设资金，并按计划组织了实施，确保重点工程建设需求。修订完善了2011年机关经费管理办法等有关规定，加大机关经费管理力度，同时为保税港区管委和各办局日常工作所需做好资金保障服务。

【加强自身建设，提高财政干部队伍整体素质】 加强政治和业务学习，切实提高全体工作人员的综合素质，优化机关政风、行风，服务发展大局。开展形式多样的培训活动，认真参加上级部门组织的各项培训，积极参与保税港区管委举办的“庆新春”等文艺演出等，营造团结向上、积极和谐的工作氛围。建立健全各项规章制度，加强综合能力培养，提高依法行政水平，确保机关工作正常有序开展。

（撰稿：宋金栋）

高新技术产业开发区

【概述】 2011年，高新技术产业开发区实现公共财政收入3.45亿元，占年初预算的132.7%，比上年增长123.7%；公共财政支出4.5亿元。

【以组织收入为中心，全心助力高新区发展】 一是召开财源建设会，分解落实财源建设责任目标，完善信息平台，提高综合治税能力。二是大力推进非税收入管理系统建设，规范非税收入资金管理，做大做强财政蛋糕。

【全力夯实两个基础，提升财政工作水平】 一是建章立制，夯实预算管理基础。制定出台《高新区预算管理暂行办法》，建立起预算编制、执行和监督相互制约、相互促进的预算管理机制，切实做好预决算编制工作。二是自我加压，夯实财务管理基础。统筹规划，全面理顺了两团地划转后的事权、财权关系，有序推进两团地财务衔接工作。积极主动开展管委经费财务内部审计工作，深入梳理经费财务风险点。

【严格三项监管，确保财政资金使用高效、安全】 一是严格基建资金监管，促进规范化运作。充分依托基建财务管理软件及造价咨询业务中介机构的力量，全面提升基建资金管理效率、质量，初步构建起全方位基建管理框架。二是严格政府监管，打造阳光采购。制定出台《高新区财政局关于比价采购及定点采购有关事项的通知》，进一步规范限额（10万元）以下货物及服务类采购工作。严格政府采购制度，全年共组织完成政府采购项目23个，节约率9.4%，审核备案合同480项。

（撰稿：王瀛南）

淄　博　市

张　店　区

【概述】 2011年，张店区公共财政收入达到30.08亿元，比上年增长26.02%；全区公共财政支出完成27.60亿元，比上年增长28.22%，连续第28年实现财政收支平衡。

【积极培植财源，提升经济发展质量】 一是切实强化税收征管，加大税收稽查。继续深入开展全区综合治税工作，依托多部门联合建立的税源信息平台，突出抓好“异地纳税”问题的清理整治，有效改善了漏征漏管的状况。二是进一步理顺完善市、区财政分配关系，积极协调市财政部门调整契税分成比例，确定张店区境内契税实现按市、区4:6分成，有效增加了全区可用财力。三是继续做好代征“政府投资建设项目税金”工作，全年累计代扣政府投资建设项目税款787万元。四是继续健全“政策监督、以票管收、收缴分离、集中统一管理”非税收入征管机制。五是继续积极发挥财政职能，加大企业扶持力度。认真做好南部工业结构调整扶持政策的兑现和各类企业专项扶持资金项目的申报；强化政企合作，全力协调相关部门支持新入驻的保险、金融等现代服务业企业发展，为增加全区经济总量和税收财力打下坚实基础。

【调整支出结构，加大民生保障力度】 一是继续加大社会保障投入力度，提高城市、农村低保金标准并均高于全市平均水平，其中农村低保金为全市最高，居全省前列；顺利将新型农村养老保险与国家制度接轨，建立起由个人缴费、政府补贴相结合的新型农村养老保障体系；积极筹措资金保障基本药物补贴及时拨付，制定了《基层卫生机构运行补偿办法》，健全了以政府投入为主的多渠道筹资机制，医药卫生体制改革进展顺利；二是全面落实城乡义务教育经费保障机制，不断提高中小学生均经费，达到了省级教育示范县的新标准；率先启动校车工程，走在了全省前列；积极保障交响乐团、民族乐团、百支市民合唱团的组建运行，加大文化大院建设投入，全力推进“文化强区”建设。三是继续保持财政支农扶持力度，积极做好粮食直补、农机具购置补贴等各项惠农资金的落实；大力发展都市农业，启动“森林围城”工程；创新家电下乡补贴管理模式，认真做好家电下乡、汽车摩托车下乡、家电以旧换新的审核兑付工作；加强财政惠民服务大厅建设，积极开展村级公益事业“一事一议”财政奖补工作，加快新农村建设步伐。四是及时调度、核拨资金，保障张博附线北延绿化、立面整治、背街小巷及开放式小区路灯维护等城建重点工程开展；启动保障性安居工程，开展了经济适用房和廉租住房建设，率先在全市启动公租房建设项目；以公有资产经营公司为融资平台，积极争取中央、省、市各类调控资金和市场金融资本投入农村住房、“两区一村”等全区重点项目建设，城乡整体面貌得到了大幅改善。

【深化财政改革，提高资金使用效益】 一是升级完善财税信息查询系统，新的部门预算和指标管理系统运行良好，为收入入库查询、重点税源监控和预算管理提供了稳定的技术支持。二是继续推进和深化财政国库集中支付改革，全面启动预算单位公务卡改革，提高财政支出透明度。三是率先在全市建成完善行政事业资产管理信息系统，实现了资产管理部门与全区行政事业单位的无缝连接，为进一步加强国有资产管理提供了有力保障。四是不断完善政府采购管理机制，逐步实现“阳光采购”，全区政府采购额完成4.99亿元，节约资金6 834万元，其中工程类采购额4.41亿元，占采购总额的88%以上；继续加强财政投资评审管理，拓展评审范围，由基建工程评审扩大到对财政专项支出项目的评审；对财政投资300万元及以上项目派驻财政监管员，强化了财政投资项目全过程控制力度，全年共审定工程58个，送审值1.98亿元，审定值1.6亿元，审减值3 827万元，审减率19.30%。五是加强资金安全管理，制定《张店区财政资金安全管理办法》，进一步完善内部控制体系；开展“小金库”治理全面复查工作和各项资金专项检查，确保财政资金使用安全规范；在全市率先开展公务用车专项治理并取得良好效果。

（撰稿：光　鹏）

淄川区

【概述】 2011年，淄川区公共财政收入完成18.13亿元，比上年增长25.60%；全区公共财政支出完成18.72亿元，比上年增长28.76%。

【财政收支】 以促进地方财政收入为中心，调整完善区对镇办财政体制，积极规范“三类企业”税收优惠政策，深入实施综合治税，狠抓非税收入，加强国有资本运营监管。新增昆仑镇和开发区两个财政收入过亿元的镇办级单位。坚持“五保一降”工作原则不动摇，牢固树立理财为民的观念，全面落实各项民生政策。全年民生支出达到11.56亿元，比上年新增支出1.2亿元，教育、医疗卫生、社会保障和就业、农林水事务等重点民生支出增长29.06%。新农保、新农合、城镇居民养老和医疗保险、城乡低保等各项民生政策得到全面落实。拨付“一事一议”财政奖补资金1 500万元，带动筹集资金6 265万元。审核确定“一事一议”项目203个，涉及11个镇办、203个行政村，改善了21万余名农户的生产、生活条件。将初中和小学的生均公用经费分别提高到820元和610元，城乡义务教育生均公用经费的标准实现一致。筹集资金2 503万元，积极推进幼儿园整顿和村居校车项目的实施，圆满完成了农村义务教育化债工作。积极推进城市公共设施建设，投入城建资金1.78亿元，主要用于将军路西延、文化路南延、柳泉湿地、新建般阳中学、城乡垃圾“一体化”等重点工程建设。

【财政管理】 以推动财政科学化精细化管理为目标，扎实做好财政账户清理、公务卡改革、财政信息平台一体化建设等工作。申报获评为“资源枯竭型城市”，获得中央财力性转移支付补助资金1.86亿元；深化政府采购和财政“大评审”体制改革，节约资金近1亿元，连续两年被授予“山东省财政投资评审最具影响力单位”荣誉称号。连续13年保持“省级文明单位”荣誉称号。

（撰稿：李成明）

博山区

【概述】 2011年，全区公共财政收入完成13.4亿元，比上年增长26.02%；公共财政支出完成13.8亿元，比上年增长25.24%。

【培植财源增后劲】 拨付资金1 900余万元，落实企业经济发展贡献奖励及财税扶持政策。拨付资金5 100余万元，支持传统产业改造提升，推进节能减排和环境保护，加快发展战略性新兴产业，繁荣发展服务业，促进生态文明城市建设。拨付资金1 600余万元，用于国家泵类产品质量监督检验中心建设，提高企业自主创新能力和核心竞争力。拨付资金1.7亿元，用于中心路东段改造、城市立面整治、老旧小区改造、园林绿化等基础设施建设，增强城市承载功能，优化地区经济发展环境。

【多措并举抓增收】 完善区级财税收入查询系统，推动税源监控体系建设。切实加强税收预警分析，统一企业所得税预征标准，努力做到税负公平。加强定额和发票管理，强化源头控管，完善长效机制，减少餐饮业营业税漏征漏管；结合非核心业务剥离工作的开展，制定落实有关奖励政策，扶持交通运输等物流企业做大做强，增加交通运输业对营业税收入的贡献。完善考核奖励机制，扎实开展以城镇土地使用税为重点的社会综合治税工作。完善非税收入征缴管理机制，努力提高非税收入管理的规范化、精细化水平。

【集中财力保民生】 “三农”方面投入资金5 500余万元，用于支持现代农业发展奖励、农业综合开发、农林水基础设施建设等，推动整建制有机农产品区建设。民生保障方面投入资金近2亿元，实现新农保与国家政策并轨，全面提高城镇居民医疗保险、新农合、城乡低保等保障标准，逐步推开城镇居民养老保险，社会保障体系进一步完善。重点社会事业方面投入资金近1亿元，用于落实各项义务教育保障经费、博山中学建设、农村义务教育化债、计生奖励扶助政策、文体广播及科技事业发展、完善城乡公共卫生服务体系、支持医药卫生改革等。维护稳定方面投入资金3 000余万元，用于政法、信访等部门经费保障和装备购置，支持实施固本强基维稳工程。

【提高绩效促节支】 深化综合部门预算编制改革，将所有政府性收入全部纳入预算管理，严格政策标准，提高预算编制精细化水平。出台实施《关于进一步加强政府采购和财政投资评审及审计工作的意见》，规范政府采购和投资评审工作程序。探索启动财政支出绩效评价工作，努力构建科学、合理的财政支出绩效评价体系。进一步规范国有资产购置处置程序，确保国有资产的安全和完整。加强政府债务管理，及时防范债务风险的发生。加强财政监督，完善事前审核、事中控制、事后检查的财政监督检查机制，逐步构建了覆盖财政运行全过程的财政监督体系。

（撰稿：侯永明）

临淄区

【概述】 2011年，全区公共财政收入实现32.95亿元，比上年增长25.02%，在全市区县中率先突破30亿元，地方财政收入总量连续12年保持全市第一；全区公共财政支出完成33.04亿元，占预算的131.75%，比上年增长19.22%，连续31年实现财政收支平衡。

【积极涵养财源】 一是按财政收入的2%安排财源建设基金，全区兑现经济政策奖励3 600万元，综合运用财政、信贷、土地、环保、节能等政策和手段服务转方式调结构，为财政经济持续发展奠定坚实基础。二是贯彻落实国家各项扶持政策，积极为企业争取扶持资金，拨付企业资金8.6亿元，扶持了南金兆集团、齐鲁国际塑化城、齐峰集团、依厂物流等一批工业和服务业项目，增强了企业发展的后劲。三是对拟上市企业及上市后的企业进行资金扶持、奖励，税收享受优惠，手续特事特办等优惠政策。2011年，一大批科技含量高、能耗低、带动能力强的大项目纷纷落户，为增强财源建设后劲打下坚实的基础。

【集中财力保重点，确保事业发展需要】 一是在资金调度上始终坚持稳定为先的原则，全年工资发放正常及时，没有出现拖欠情况。在资金紧张的情况下，拨付经济建设资金3.68亿元，确保了67项重点工程的资金需求。二是保民生，促发展。补贴资金5 838万元，销售家电下乡18.4万件、摩托车5 758辆，直接拉动城乡居民消费6.6亿元。发放粮食直补和农资涨价综合补贴4 531万元，受益农民33万人。兑付玉米棉花良种补助资金871万元，受益农民10.1万户。兑付燃油财政补贴2 260万元，受益车辆1 464辆。兑付补贴73万元用于生猪屠宰无害化处理，确保老百姓吃上放心肉。加大教育投入，支出达8.9亿元，占全区财政支出的25.94%。社会保障支出全面到位，2011年各项社会保险基金收入10.92亿元，支出9.14亿元。新农合支出7 844万元，落实了财政补助200元的标准。拨付2 851万元用于孤儿保障、困难救助和医疗救助、残疾人保障、各项优抚、低保等。支付新型农村养老保险金5 180万元，7.2万名农村居民受益。积极推动医改工作，拨付补助资金4 299万元，保证了基本药物零差价平稳运行。区级财政投入6 174万元，用于农村“一事一议”财政奖补工作的开展，有力地推动了临淄区城乡一体化发展。

（撰稿：边荣立）

周村区

【概述】 2011年，全区公共财政收入完成11.34亿元，比上年增长26.63%；公共财政支出完成12.89亿元，比上年增长30.47%，连续第17年实现财政收支平衡。

【立足发展促增收，财政收入持续稳定增长】 坚持发展增收、效益增收，加强税收和非税收入征管，推进社会综合治税管费，完善工作考核和激励约束机制。制定出台了新一轮区对镇（街道）财政体制，充分调动了基层财政增收的积极性。同时，强化征收措施，确保了收入持续稳定增长。全年地方税收收入实现 8.22 亿元，其中，增值税、营业税、企业所得税和个人所得税四大主体税种合计完成 4.43 亿元，比上年增长 37.14%；全年实现非税收入 3.12 亿元，比上年增长 21.14%。

【综合运用财政杠杆，支持地方经济和社会事业可持续发展】 围绕项目建设年活动，大力发展创新型经济和服务型经济。通过多元化投资、引导和加强服务等手段，促进第三产业发展和二三产业剥离，培育壮大新的经济增长点。认真落实各项财政政策，支持企业技术创新、节能减排、国际市场开拓、科技成果转化及中小企业服务体系建设，全年累计兑付资金 1.01 亿元扶持企业发展。坚持多方融资，确保了各项重点项目建设的顺利实施，城市形象和承载力得到进一步提升。

【调整优化支出结构，民生支出得到有力保障】 围绕群众满意工程，科学运筹财政资金，不断优化支出结构，筹措更多资金向民生倾斜。全年财政直接用于教育、社会保障和就业、医疗卫生的支出累计达 6.1 亿元，占全区财政支出的 47.38%，支出比重比上年提高 4.78 个百分点；健全“三农”投入机制，认真落实惠农补贴，完善扶持政策措施，全年农林水事务累计支出 8 212 万元，占全区财政支出的 6.37%，比上年提高 1.27 个百分点。各项民生政策的全面落实，有力促进了社会和谐稳定，人民群众满意度显著提升。

【加强财政财务管理，财政运行质量和效益显著提高】 深入推进财政科学化精细化管理，部门预算改革、国库集中支付改革、非税收入管理进一步加强，财政资金使用效益显著提高。强化财政监督，严格规范机关津贴补贴，深入推进“小金库”专项治理，加大对会计信息质量检查等专项检查力度，严肃了全区财经秩序。坚持厉行节约，大力压减一般性支出。财政投资评审、政府采购、国有资产监管、财务会计管理都得到了进一步强化，促进了财政经济健康运行。

（撰稿：宓　雯）

桓台县

【概述】 2011 年，全县公共财政收入实现 21.57 亿元，比上年增长 28.03%；公共财政支出实现 25.95 亿元，比上年增长 23.6%，连续第 21 年实现财政收支平衡。

【财政收入实现历史性突破】 面对复杂多变的经济形势，认真组织税源调查，科学合理安排收入预算，积极协调督促国、地两税征管部门大力组织收入。全县入库税收实现 47.95 亿元，比上年增长 41.39%；财政收入一举突破 20 亿元大关，增幅连续四年保持全市区县第一；财政收入质量进一步提高，税收收入占地方财政收入比重达到 84%，较年初目标提高 9 个百分点，财政状况得到改善，创历史最好水平。

【财政支持经济发展力度显著增强】 严格落实转方式、调结构重大决策部署，积极兑现企业奖励补助资金 3 998 万元，激发企业转方式调结构积极性；足额安排工业结构调整引导专项资金 5 000 万元，不断加快“一个中心、四个片区”建设，增强了县域经济活力；落实资金 2 000 万元用于全县生态补偿；帮助、配合企业争取科技环保节能资金 5 917 万元，促进了全县经济健康、平稳和可持续发展。

【重大决策部署和重点支出得到有效保障】 一是拨付旧村改造资金 2.6 亿元，推动旧村改造和新农村建设扎实有效开展。二是拨付资金 6 025 万元用于镇卫生院、社区卫生服务机构和村卫生室实施基本药物制度补助，让利群众 6 000 万元。三是切实加强对重点项目资金的筹集、分配、拨付、使用、管理的全过程监管，拨付资金 1.56 亿元用于城乡供水一体化、城乡河流水系综合治理、王渔洋故居修复工程等工程建设以及果周路等重点道路绿化提升工程，努力推进全县城市化进程。

【民生工程稳步实施】 优先、足额安排民生资金，并按时间或工程进度及时拨付，确保民生工程顺利实施。2011 年，全县新增财力 6 700 万元用于保障和改善民生，全年保障和改善民生资金达到 4.87 亿元（含上级专款），创历史新高。

【精细化理财水平进一步提高】 牢固树立过紧日子思想，严格坚持县长“一支笔”签字制度；加强预算支出管理，严格审查追加支出，严格执行部门预算；继续执行工资基金专户制度，积极推行公务卡改革；严格执行工程招投标、工程预决算和建设项目全过程跟踪审查制度和项目专管员制度，确保财政投资评审质量和资金使用效益最大化，全年完成评审额 3.24 亿元，节省财政资金 5 857 万元；不断扩大政府采购范围和规模，全年实现政府采购 5.45 亿元，节省资金 6 270 万元，切实提高了财政资金使用效益。

【创先争优和文明创建取得显著成效】 按照“以打造素质高、业绩优、作风硬、形象佳的财政干部队伍为重点，深入开展创先争优活动，在抓收入、保民生、精理财上勇创一流”的争创目标，积极开展创先争优活动。组织参加了财政系统乒乓球比赛、书画摄影比赛、全县唱红歌比赛、第二届运动会等文明创建活动，极大地丰富了干部职工业余生活。局机关继续保持“省级文明机关”和“全省财政系统先进集体”荣誉称号，并且先后获得了县委、县政府授予的履行岗位目标责任制优秀单位等多项荣誉，树立了财政部门的良好形象。

（撰稿：张　暖）

高青县

【概述】 2011年，高青县公共财政收入7.6亿元，比上年增长26.2%；公共财政支出14.1亿元，比上年增长24.8%，连续第21年实现了财政收支平衡。

【立足发展增收，财政收入规模迈上新台阶】 完善收入征管激励约束机制，依法推进社会综合治税，严格治税管费，全县财政收入规模实现新的突破。2011年，境内财政总收入完成14.5亿元，比上年增长20.2%，占地区生产总值的比重达到11.2%；地方税收收入完成6.5亿元，比上年增长45.3%，所占比重为86.1%，比上年提高了11.3个百分点。

【综合运用财政杠杆，推动经济内涵发展】 积极争取上级支持，加大重点项目的建设投入，实际到位各类资金6.5亿元。兑付家电、汽车摩托车下乡和家电以旧换新等财政补贴资金2 037万元，拉动消费1.7亿元，提高了居民消费水平和能力。拨付资金2.7亿元，支持园区配套建设和企业扩产升级，鼓励外经贸和服务业发展，提高了经济运行质量和效益。拨付资金5 770万元，大力推进节能减排和环境保护，加大自主创新投入，提升了企业核心竞争能力。

【调整优化支出结构，集中财力保重点促和谐】 加大“三农”投入，实施小农水重点县、粮食产能大县及农业综合开发等大型基础设施建设项目，不断改善农业生产条件；实施村级公益事业“一事一议”财政奖补项目168个，兑付73个验收项目的财政奖补资金713万元。加大投入，教育、卫生、社会保障和就业、保障性住房建设等重点民生事业快速发展。拨付财政资金5 670万元，支持初中进城工程、校车安全工程；拨付财政性资金4 010万元，加大科技、文化、计划生育、体育等社会事业投入。

【加强财政财务管理，提高财政运行质量和效益】 强化预算编制和预算执行管理，加强基层财政管理和财政基础工作。全面开展财政专户清理工作，撤销账户33个，归并资金5.47亿元。公务卡改革工作成效显著。完成采购额1.2亿元，节支率17.4%。完成财政投资评审项目121个，审定值2.7亿元，平均审减率22.1%，连续两年获得“全省财政投资评审最具影响力单位”。强化对扩大内需项目、强农惠农政策等监督检查和跟踪问效，继续开展“小金库”专项治理工作。高青县财政系统在2011年度县岗位目标责任制考核、党风行风评议中均名列前茅，局机关继续保持“省级文明机关”和“省级文明单位”荣誉称号，干部队伍建设和文明创建工作得到社会各界广泛认可。

（撰稿：吕　超）

沂源县

【概述】 2011年，沂源县公共财政收入完成12.12亿元，占调整预算数的100.18%，比上年增长26.9%；公共财政支出15.25亿元，比上年增长26.14%。

【支持经济发展的力度不断加大】 灵活运用奖励、贴息、补助等财政杠杆手段，加大重点企业扶持力度，全年用于扶持企业发展的资金达到2亿多元，有力促进了医药产业集群发展、中小企业发展、企业技术创新和节能减排，拓宽了企业发展空间，增强了企业竞争实力。同时，整合各类支农资金1 000多万元，推进现代农业发展。充分利用扶持政策，大力支持金融、物流、文化、旅游等现代服务业发展，特别是通过开展“优惠二日游”等活动，带动了旅游业发展，增强了财政贡献能力。在此基础上，加大督促增收力度，积极探索建立收入常态化调度分析、征管激励约束、非税收入征管等长效机制，大力推行社会化综合治税和会计信息质量检查，努力挖掘增收潜力，实现了应收尽收。

【各项民生政策得到较好落实】 在保工资、保运转的基础上，全年用于三农、教育、文化、卫生、社保等民生方面支出达到9.2亿元，占地方财政支出61.3%，新增可用财力大部分用于了民生领域。一是对三农的投入不断加大。先后利用“一事一议”等财政奖补政策，不断加大水库灌渠配套、农业综合开发等农业基础设施建设投入，农业生产承载能力明显增强。继续发展贫困村村民互助资金，与农业小额贷款进行了有机结合。认真落实各项惠农补贴，提高农民收入。二是社会保障水平不断提高。全面落实城乡低保、新农保、五保供养、边缘家庭救助、孤儿和老龄补贴等社会保障制度，启动了城镇居民养老保险工作，保障了民生办公室运转，提高了民生工作水平。三是社会事业保障有力。加大教育投入，全面落实农村义务教育经费保障和家庭经济困难学生资助、校园安保、中小学校舍校车安全等政策，完成了农村义务教育债务化解工作。加大医药卫生投入，积极支持医药卫生体制改革，提高了新农合、城镇居民医疗保险和基本公共卫生服务项目的财政补助标准，对各镇卫生院实行了收支两条线管理。加大文化投入，大力支持农村文化建设、农村电影放映、全国文明城市创建、文化场馆免费开放和群众文化活动。同时，加大对文化、计生、维稳的投入力度，促进了社会和谐稳定。四是民生重点工程和项目得到有力支持。千方百计筹措资金，保障了振兴路东拓西延、经济适用房、管道天然气、循环水供暖及城市水系、城乡绿化等重点工程项目建设，提高了生态宜居水平。

【科学理财水平明显提高】 不断深化部门预算、国库集中支付和收支两条线改革，政府预算管理水平不断提高。进一步理顺了县镇（开发区）财政体制，增强了基层财政保障能力。严格落实政府项目投资评审、招投标、报账提款和决算审计制度，节约了大量财政资金。全面推开了惠民“一卡通”工作，将良种、新农保、城乡低保、计划生育、优抚等20多项补贴纳入了“一卡通”管理系统，发放资金7 000多万元。加强行政事业单位国有资产管理、债务管理、会计管理和信息化管理，在全市率先开展了财政综合业务管理系统建设。加大监督检查力度，开展了预算执行情况检查和规范津贴补贴、清理预算单位银行账户等工作，实施了公务用车和“小金库”专项治理，财政管理力度不断加大。以创先争优活动为主线，统筹推进机关党建、文明创建、机关作风和党风廉政建设等工作，干部队伍素质和机关形象明显提升，继续保持了省级文明单位和全省财政系统先进集体等荣誉称号，被评为“服务全县经济十佳单位”，在全县政风行风评议中位列第一名。

（撰稿：魏　蒙）

高新技术产业开发区

【概述】 2011年，高新区在综合实力、创新能力、产业发展、园区建设、招商引智、社会事业等方面都取得了新成绩，实现了新突破。公共财政收入完成20亿元，完成年初预算的108.08%，比上年增长24.29%。公共财政支出完成19.27亿元，完成预算的116.30%，比上年增长24.23%，连续19年实现财政收支平衡。

【加强财政预算管理，确保完成全年收支任务】 2011年，受复杂多变的国内外环境的影响，高新区财政收入组织工作遇到巨大挑战。财政部门通过大力培植税源，严格落实收入目标责任制，强化社会综合治税措施，重点监控主体税种、骨干税源和纳税大户，促使财政收入得到平稳增长。地方收入结构进一步优化，耕地占用税、契税、各项非税收入都有了新增长。全年境内财政总收入完成48.88亿元，较去年增长22.57%。

【强化体制机制改革，推进工作规范化】 一是全面推行部门预算管理改革，部门支出管理更加科学规范。大力推行部门预算，建立了部门预算管理系统，实行网上“两上两下”报批制度，使部门预算规范化建设迈出了实质性的一步。从数字统计上来看，部门预算工作成效显著，部门预算资金占到全年项目预算支出的85%以上，追加预算情况显著减少。二是不断深化国库集中支付改革，进一步提高直接支付比例，发挥财政资金最大效益。三是大力推进财政投资评审，完善评审机制，共完成评审值7.86亿元，审减资金1.05亿元，审减率达13.41%。四是加强政府采购监管，强化采购预算编制和执行，扩大政府采购范围和规模，全年政府采购额完成2.97亿元，节约财政资金6 050万元，节支率达16.92%。五是充分利用信息化技术，不断深化财政改革。启用了行政事业单位国有资产管理系统，有效地防止了国有资产流失及购置上的重复浪费，使国有资产管理逐步走上规范化、制度化的轨道。同时，在33家预算单位全面完成了公务卡的推广应用工作，从而在高新区基本建立起“使用方便、操作规范、信息透明、监控有力”的公务卡管理新机制。六是进一步细化社会保障资金管理，加强对社会保障资金的宏观调控和监督管理，在原来多种保险的基础上，进一步保证新农合、新农保、城镇居民医疗及养老保险、城市及农民低保金等支出，充分体现了保民生的政策。

【强化措施，促进企业发展】 一是按照管委会统一部署，出台并完善了《鼓励金融保险现代服务业的财政扶持政策及对突出贡献企业进行奖励的政策》，并制定完善了实施细则，提高了政策的可操作性。二是发挥部门职能作用，促进重点企业发展。与科技局配合组织召开了高新区科技奖励大会，财政局安排资金达4 000万元，重点奖励、支持科技创新工作。三是积极为企业争取上级资金，全年向上争取的上级各类企业扶持资金高达5 700余万元。其中，科技创新专项资金891万元，涉外发展资金720万元，中小企业发展资金980万元，新兴重点产业资金2 200万元，节能减排资金230万元，其他产业发展资金701万元。

【加强干部队伍建设，保持财政部门良好形象】 一是按照工委、管委的统一部署，认真组织开展党建和创先争优活动，进一步确定了党务公开的形式、内容，保证党务公开工作的真实性。二是坚持执行民主集中制，充分发挥每位班子成员的积极性、主动性和创造性，相互支持，相互配合，既积极参与集体领导，又按照集体决定和分工，认真履行职责，抓好工作落实。班子成员之间坚持“一岗双责”，深入贯彻落实党风廉政建设责任制，大力推进政风行风和效能建设。三是深入开展精神文明创建活动，组织开展了多项丰富多彩的文体活动，连续15年被评为“财政工作先进单位”和“财政系统文明单位”。四是做好各重点工作任务的落实和督查工作，进一步提高了工作标准和服务质量，保持了财政部门的良好形象。

（撰稿：王　志）

枣　庄　市

市　中　区

【概述】 2011年，市中区一般预算收入完成12.95亿元，比上年增长20%；全区一般预算支出完成17.84亿元，比上年增长7.81%，财力与支出相抵，扣除结转下年支出，当年结余2万元。

【拓展职能，不遗余力促发展】 积极协调各家金融机构，当年累计融资7.6亿元。认真研究上级政策，先后争取中央代发地方政府性债券2 500万元、各类无偿资金3亿元，收取土地转让款1.52亿元。拨付资金942万元，用于招商引资奖励和兑现优惠政策；拨付资金522万元，用于二手车博览会、二日游宣传等节会招商活动，为招商引资提供保障。

【强化征管，财政收入创新高】 财税部门密切联系、协调配合，深入分析增收潜力，认真落实分解收入任务，强化征管责任，全力以赴抓好收入的组织入库工作，确保了财政收入稳定增长及可用财力增加。财政部门组织收入3.36亿元，比上年增长40.99%，其中契税收入完成6 708万元，增长215.97%；国有资本经营收益完成1.61亿元，增长34.67%。

【优化结构，倾斜财力惠民生】 生活保障方面，城市低保月标准提高到260元，农村低保年标准提高到1 500元，机构集中供养和散居供养农村五保户的基本生活费年标准分别提到2 600元、1 800元；城镇居民养老保险试点工作全面启动。医疗保障方面，新农合、城镇居民医疗政府补助标准提高到每人每年200元；拨付资金500万元，确保国家基本药物制度改革实施；按照人均25元的年标准建立健全公共卫生服务经费保障机制，促进基本公共卫生服务均等化。农业发展方面，参与制定特色产业三年发展规划，并积极争取资金予以大力支持；拨付资金950万元，支持农村饮水安全、沼气、公路等农村基础设施建设；先后拨付资金950万元，支持全区特色林果业和现代农业发展；积极落实种粮直补、良种补贴、农机补贴、家电下乡、水库移民等补贴政策，累计发放各类补贴资金9 737万元。教育保障方面，拨付资金2 102万元，支持四十一中等区直10所学校“校安工程”、14所农村中小学“两热一暖一改”工程建设。此外，科技、文体等其他各项社会事业均得到较好保障。

【创新机制，精细理财提绩效】 积极推进国库集中收付改革扩面工作，将集中支付范围扩大到全区所有部门。积极试行部门预算，预算编制更加科学合理。深化政府采购改革，建立了职责清晰、运行规范、约束有力的“采购网络”。进一步规范非税收入管理，印制了《市中区常用政府非税收入项目简明手册》，涉及涵盖了所有收费项目。强化投资评审和绩效考核，实行“流程式”监管。加强财政监督检查，先后开展了“小金库”及工程领域专项治理、财经纪律等多领域、多环节的监督检查。

（撰稿：姜福祥）

薛　城　区

【概述】 2011年，薛城区地方财政收入实现5.37亿元，比上年增长30.7%。一般预算支出完成12.69亿元，比上年增长32.7%。

【培植财源，强化征管，财政收入实现突破】 一是大力支持“转方式、调结构”，用足用好资源枯竭型城市转型和中央促进中小企业发展的财税经济政策，改造升级传统财源，着力培植新兴产业，推动服务业、现代农业跨越发展，促进财政收入高质量持续稳定增长。二是加强收入调度分析，健全税源控管体系，完善税收征管机制，加大监督稽查力度，改进征收管理手段，同时不断加强土地收益、国有资本经营收益等非税收入征管，拓宽了财政增收渠道。2011 年全区地方财政收入继 2007 年突破 3 亿元、2010 年突破 4 亿元以后，仅用了一年的时间就成功突破 5 亿元关口，增收成效十分明显，财政实力明显壮大。其中，税收收入突破 4 亿元，占财政收入比重达到 75.2%，收入质量继续保持较好水平。

【围绕中心，突出重点，支持城市建设有力】 牢固树立“支持城市建设就是支持经济发展”的理念，积极发挥职能作用，在统筹安排收支的基础上，通过增加预算投入、争取上级支持、合理运作土地、加强对外融资等多种渠道，成功破解了资金瓶颈，累计筹集、投入各项城市建设重点项目资金达 17.5 亿元，为城市建设提供了有力支撑，保证了燕山路、火车站和新华街三处棚户区改造、城南生态新区建设、奚仲广场、城市大绿化、路域治理等一大批重点工程的顺利实施，为城市和经济转型提供了坚实的资金支撑。

【统筹兼顾，优化支出，民生财政初步构建】 坚持民生优先的原则，不断优化支出结构，持续加大民生投入，积极构建民生财政。2011 年全区财政向农林水、教育、医疗卫生、社会保障和就业四项涉及民生的重点领域投入分别达到 1.46 亿元、3.69 亿元、1.03 亿元、1.69 亿元，分别比上年增长 19.2%、22.3%、68.5%、47.1%，占当年一般预算支出总额的 58.9%，比上年增长 53.2%，化解义务教育学校债务、新农合、新农保、新城保、城乡低保、基本药物制度改革等一系列重大民生政策得到有效落实，全区机关事业单位工作人员工资水平进一步得到提高。

【健全机制，深化改革，财政监管效益明显】 深化预算管理改革，积极推进部门预算、国库集中支付。完成政府采购金额 1.34 亿元，节约资金 2 594 万元，节支率达到 16.2%。完成投资评审项目 70 多个，审减金额 1.41 亿元，审减率达到 19.99%。财政监督检查制度体系不断完善，教育化债、涉农资金专项检查、“小金库”专项治理等监督检查工作成效显著。

【内强素质，外树形象，队伍建设不断加强】 坚持把加强队伍建设作为提高履职能力和服务水平的核心动力摆在突出位置，贯穿工作始终。一是以建设学习型党组织和学习型机关为切入点，切实提高干部队伍理论水平、业务技能和依法行政、科学理财能力。二是以建立“履职高效、运转协调、行为规范”的管理机制为目标，创新财政工作绩效考评办法，健全机关管理制度体系。三是坚持廉政建设常抓不懈，确保队伍守法清廉，为全面完成财政各项任务目标提供坚强的政治和纪律保障。

（撰稿：胡　晓）

峄　城　区

【概述】 2011 年，峄城区地方公共财政预算收入完成 5.52 亿元，比上年增长 32.04%。公共财政预算支出完成 11.26 亿元，增长 19.94%。

【全力组织收入，地方财政实力实现新突破】 进一步强化社会综合治税（费），建立了政府领导、纪检监察主管、公安、财税等相关职能部门协作配合的专职工作机构，规范税收征收和缴纳行为，杜绝混级混库现象发生。提前一个月超额完成年初预算，收入总量比 2006 年翻两番，收入增幅高于全市平均水平，位居全市第二位。

【坚持以人为本，民生财政建设取得新进展】 一是支农支出得到较好保障。针对百年一遇的严重旱情，按照“急事急办、特事特办”的原则，筹措专项资金 1 045 万元，在第一时间以“直通车”形式及时足额拨付到相关部门、镇街和农户，为抗旱保苗、夏粮丰收提供了资金支持。通过积极争取，峄城区被列为枣庄市唯一一个国家农村环境连片整治示范区。二是大力支持教育事业发展。统筹实施校舍安全工程，新建中小学教学楼 35 座，建筑面积 8.5 万平方米。投入 2.5 亿元，在全市率先成功创建省级教育示范县。三是积极实施文化惠民工程。全年为农民群众免费放映电影 3 810 场次，建成农家书屋 42 处，努力满足人民群众基本文化需求。四是进一步完善基本医疗卫生制度。扎实推进医药卫生体制重点改革，拨付资金 1 100 万元，支持镇街卫生院及 152 个卫生室全面推行基本药物制度，实施基本药物零加价，药物费用下降 40%，累计减轻患者医药费负担 1 520 万元。五是进一步健全社会保障制度。在全区范围内实现了城乡居民养老保险制度全覆盖，区财政配套 1 449 万元，参保 16.13 万人，为 4.35 万名 60 岁以上老人每月发放 55 元基本养老金。针对物价上涨对低收入群体基本生活造成的影响，为城乡低保户、重点优抚对象、五保老人和领取失业金人员发放一次性价格补贴 174.85 万元，惠及城乡困难群众 2.66 万人。六是积极推进保障性安居工程建设。投资 4.52 亿元，城市棚户区改造完成拆迁面积18.59万平方米，建设回迁安置房1 040套；改造农村危旧房3 172户，建设廉租房、公共租赁房和经济适用房330套。

【支持转方式调结构，财源建设迈出新步伐】 以国有资产经营公司为依托，通过专项扶持、信用担保等方式，支持丰源、福兴等大企业集团发展。认真研究融资政策，创新融资方式，全方位、多渠道融资4亿元，重点支持了棚户区改造和农村住房建设。利用财政间歇资金，为13户中小企业办理临时融资性还贷6 320万元，缓解了企业资金周转困难。加大“一区三园”基础设施投入，鼓励和引导企业向园区聚集，促进了产业集约发展。

【深化财政改革，监督管理再上新水平】 进一步推进预算管理改革。坚持“人员经费按标准、公用经费按定额、专项经费按项目”的编制原则，进一步做细、做实、做全部门预算，增强了预算编制的科学性和规范性。继续深化国库集中支付改革。清理整顿财政专户，实行财政资金“集中管理、分账核算、统一调度、一口支付”，资金使用效率进一步提高。大力推行政府采购“管采分离”，采购范围和规模进一步扩大，采购行为更加规范。全年组织各类采购464项，节约资金1 194.21万元，节约率达11.63%。

（撰稿：刘　伟）

台儿庄区

【概述】 2011年，台儿庄区实现公共财政收入4.78亿元，占预算的108.59%，增长25.01%。全区公共财政支出完成10.97亿元，占预算的129.99%，增长35.05%。

【加强财政收入管理，收入结构合理优化】 严格落实财政收入目标责任制，加强税源经济分析、监控与管理，加大对行政事业性收费和罚没收入催缴力度，使税收控管水平和非税收入的征缴能力有了新的提高，财政收入规模稳步扩大，税收收入占财政收入比重达71%，收入质量进一步提高。

【大力支持经济发展，财源基础不断加强】 以古城建设为中心，以支持开发区、台南、台北等工业园区、大项目发展为重点，以“转方式、调结构、增财源”为工作主线，加大政策支持和资金扶持力度，积极实施工业调整振兴战略，积极扶持农业特色优势产业发展，大力发展服务业，促进中小企业和外经外贸持续健康发展。

【调整优化支出结构，社会事业统筹发展】 全年教育、社保、医疗卫生、城乡社区事务、农林水和住房保障等民生支出累计达6.92亿元，占财政总支出的比重达62%。一是全力保证工资发放。全区首次实现了城乡教师工资统一标准发放。二是切实做好教育经费保障工作。继续实施城乡免费义务教育，启动农村中小学“两热一暖一改”（211）工程，改善农村中小学办学条件。农村义务教育债务化解工作全面完成。三是不断加大医疗事业和社会保障性支出。拨付资金6 281万元，落实新农合和基本药物制度改革；拨付资金2 657万元，全面落实新农保、新城保政策；拨付资金1 231余万元，落实城乡最低生活保障制度，社会保障体系不断完善。四是农林水事业全面发展。全国高效节水灌溉试点县项目启动实施，水利建设总预算1.55亿元；各项惠农补贴政策执行到位。全区共计发放粮食直补、农资综合直补资金约4 054万元；落实农机购置、良种补贴资金1 100余万元；发放家电、汽车、摩托车下乡及成品油价格补贴资金4 746万余元，人民群众得到了更多实惠。五是农村住房和保障性安居工程建设稳步实施。累计拨付资金4.3亿元，支持土地增减挂钩、棚户区改造和保障性住房建设。六是城市基础设施建设步伐加快。累计投入资金约9 000万元，用于运河风景区、大桥停车场和BRT台儿庄段建设，城市面貌日新月异，城市形象显著提升。

【不断创新管理体制，提高资金使用效益】 深入推进国库集中支付制度改革和行政事业单位资产管理改革，对区直行政事业单位进行了资产信息统计工作，截至2011年底，区直行政事业单位国有资产总额约6.5亿元。扎实开展政府采购工作，全年累计实现政府采购金额2 700余万元，节约资金420余万元，节支率达20.25%；建立和完善财政监督网络和财政管理信息化建设，稳步推进财政支出绩效考评工作，提高财政资金使用的规范性、安全性和有效性。

（撰稿：贺成瑞）

山亭区

【概述】 2011年，山亭区实现地区生产总值96.2亿元，比上年增长12%。全区公共财政收入3.21亿元，比上年增长28%。全区公共财政支出完成10.93亿元，增长19.6%。

【积极培植壮大财源】 拨付资金931万元，支持中小企业技术创新、市场开拓和公共服务平台建设，加快旅游和服务业发展。拨付资金1 813万元，支持节能减排和淘汰落后产能。拨付2 000万元“过桥还贷”资金，帮助12家企业按时还贷续贷，提供接力资金。利用财政间歇性资金2.3亿元，缓解中小企业资金周转困难。发放家电与汽车摩托车下乡和以旧换新补贴资金1 973万元，拉动市场消费1.73亿元。落实企业出口退税1 738万元，支持企业扩大对外贸易。

【扎实组织财政收入】 强化收入进度跟踪，确保以旬保月、以月保季、以季保年，财政收入月均增长25%以上。全区地方财政收入首次突破3亿元大关，10个乡镇街财政收入全部突破千万元。加强税收比重和四税比重考核，引导各级提高收入质量，全区税收比重达到80.1%，四税比重达到44.2%。开展报账制企业税源调查和企业会计信息质量检查，加大对重点行业、重点税源的控管力度，确保应收尽收。

【不断优化支出结构】 全区用于三农、教育、医疗和社会保障等民生支出达7.22亿元，占财政支出的比重达66.1%，增长26.1%，办成了一批群众看得见、得实惠的好事实事。提前发放粮食直补资金2 116万元，及时筹集抗旱专项资金808万元，支持抗旱保收和春耕生产。筹措资金4 356.1万元，提前5个月化解了中小学农村义务教育债务。财政补助4 300万元，支持新农合、新农保、城乡低保和五保老人提标扩面政策；提高区直机关事业单位人员及教师待遇，人均月增资362元。千方百计筹集资金2.5亿元，支持新汽车站、汉诺路改造、第二水源地等重点项目建设。

【强化财政资金监管】 重点对卫生、农业、林业、水利、新农村建设等专项资金进行监督检查，确保专款专用。出台《山亭区财政性投资项目监督管理办法》，加大对政府投资项目的财政投资评审力度，完成评审项目17个，评审造价9 265万元，审减额2 509万元，审减率达27.1%。将所有财政性投资项目纳入政府采购范围，组织公开招投标、竞争性谈判60次，政府采购实际支出8 560万元，节约资金1 570万元，节支率达15.5%。加强财政专户资金管理，清理撤销财政专户35个，确保财政资金安全。加强政府债务管理，完善偿债准备金制度，防范和化解财政风险。

【加强财政队伍建设】 建立财政重点工作实绩月通报制度，积极推行中层干部岗位轮换，切实解决“中梗阻”问题。建立财政信息网站，设立公众参与栏目，增强财政工作的透明度。认真办理人大建议16件、政协提案20件，自觉接受人大代表、政协委员监督，答复满意率达100%。扎实开展创先争优活动，深化党风廉政建设，推进党务政务公开，进一步增强了领导班子的凝聚力，提高了党员干部的战斗力，为财政改革发展提供了有力保障。山亭区财政局先后被市委、市政府授予“全市先进基层党组织”和“百佳学习型党组织”荣誉称号，被山亭区委、区政府授予2011年度区直目标考核一等奖，财政系统有58人次受到区级以上表彰奖励。

（撰稿：张延庆）

滕州市

【财政总体实力进一步壮大】 2011年滕州市公共财政收入完成40.2亿元，增长33.3%，在全省县（市、区）中列第4位，占生产总值的比重达到5.5%。市级政府非税收入完成19.5亿元、国有资本经营收益完成1.2亿元。全市公共财政支出实现58.6亿元，增加13.8亿元，居全省县域首位。

【经济财源结构进一步优化】 壮大国有经济实力，支持国有企业实现转型升级及规模扩张，向重点国企派驻财务总监，加强国有企业经营预算监督及重大事项监管。创新支持发展方式，设立多项专项资金，培植壮大工业支柱财源，支持文化旅游等三产服务业加快发展，促进优势产业集聚膨胀和新兴产业跨越发展。用好中小企业还贷周转金，加大专项帮扶力度，支持国有担保公司市场化运作，促进小微企业健康发展。推进二三产业实现分离，支持结构调整，经济发展和财政增收后劲明显增强。

【财政保障能力进一步提升】 优化支出结构，把更多的财政资源用于改善民生和发展社会事业上。大力加强水利、道路等农业农村基础设施建设，及时兑现各项惠农补贴资金；支持就业社保和医疗卫生体系建设；促进教育事业优先发展；多渠道筹集城市建设资金，提升城镇化水平，优化城乡人居环境；及时兑现各项增资政策和新标准的津贴补贴、住房公积金；大力支持人口计生、文体科技事业发展，统筹推进安全生产、应急机制和“平安滕州”建设，维护了全市和谐稳定的发展环境。

【科学理财水平进一步提高】 稳步推进部门预算和国库集中收付改革，提高财政资金使用效益；强化政府非税收入征收稽查职能，提前介入拆迁改造项目运作，抓好对新农村建设项目的效益分析及统筹测算，严格落实“收支两条线”制度；深化政府采购、财政投资评审、政府投融资和国有资产管理体制改革，严格控管公务用车；加强会计管理，强化对财政资金的审核把关和跟踪问效，探索建立财政支出绩效评价体系，增强财政监督检查和“小金库”治理的威慑力，规范了资金使用和管理，严肃了财经纪律。

【财政自身建设进一步加强】 以文明创建为抓手，深入开展创先争优活动，加强领导班子建设和干部队伍建设，抓好干部教育培训，强化基层基础建设，开展政风行风、机关作风和党风廉政教育，推进文明创建和财政文化建设，继续保持了省级文明机关的荣誉，财政行风评议成绩连续两年位列滕州市部门单位第一名。

（撰稿：陈庆德）

东 营 市

东 营 区

【概述】 2011 年，东营区实现公共财政收入 22.12 亿元，比上年增长 31.85%；全区公共财政支出完成 26.97 亿元，比上年增长 30.94%，当年实现收支平衡。

【财政收入规模跃上新台阶】 把支持财源建设作为财政增收的立足点。一是向方式转变要财源。兑现资金 1 987 万元，对涉及新型城郊农业、工业、外经贸、服务业、旅游业的 180 个项目进行奖励，积极引导企业转变增长方式，提高了企业竞争力和财源贡献力。二是向优化布局要财源。突出区域经济、园区经济、企业发展“三个重点”，努力形成多极支撑、多点带动的经济和财源发展格局，增强了经济发展活力和财源增长后劲。三是向多元投入要财源。通过财政贴息、补助、奖励等方式，支持辖区内金融机构加大对本地的贷款投放，引导银行信贷资金向重点领域、重点项目倾斜，开辟了生财新途径。

把完善收入增长机制作为财政增收的着重点。一是大力加强税收征管。健全征管激励机制，协调和引导征管部门不断加强征管、挖潜增收，突出抓好主体税种和重点行业的税收征管，确保了应收尽收。二是强化非税收入管理。严格执行收支两条线和罚缴分离制度，加大国有资产收益收缴力度，深入挖掘非税收入增收潜力。三是完善综合治税体系。健全综合治税协调机制，积极推进综合治税向更多税种、更多行业和更广领域延伸，提高了综合治税对财政收入的贡献率。2011 年，全区公共财政收入完成 22.12 亿元，收入总量列全市各县区第一位。

【促进经济转型迈出新步伐】 一是积极引导经济结构调整。按照“转化一产、做优二产、提升三产”的思路，充分发挥财政职能，促进经济结构调整。设立新型城郊农业发展资金 1 500 万元，支持蔬菜、花卉苗木、休闲观光等产业发展，促进了新型城郊农业提质增效；设立石油装备产业发展资金 5 000 万元，支持石油装备企业扩大生产规模、提升产品档次、拓展外部市场，促进了石油装备产业转型升级；设立服务业发展引导资金 1 000 万元，支持现代物流、文化旅游、现代金融等产业发展，促进了现代服务业加快发展。二是着力推动可持续发展。落实节能减排资金 450 万元，支持企业淘汰落后产能和节能改造；投入技术创新资金 1 388 万元，支持信息产业、石油装备研发等高新技术产业发展；投资 1 920 万元，用于城区河道治理和中心城区污染企业搬迁，提升了可持续发展能力。

【支持项目攻坚取得新进展】 深入开展“项目攻坚年”活动，集中财力保障重点项目支出。一是坚持创新驱动，破解项目融资难题。充分利用国家产业和金融政策，采取贴息、奖励等方式，发挥财政资金“四两拨千斤”的作用，引导社会资金支持项目建设，缓解资金需求矛盾。二是坚持资金联动，保障重点项目支出。累计整合资金 4.7 亿元，重点支持了石油装备产业创新平台、儿童乐园、东营商贸园三期改造、龙居高效生态林业示范区、森林乐园等项目建设，为“项目攻坚年”活动提供了财力保障。三是坚持政策撬动，积极争取上级资金。围绕黄蓝经济区建设、市经济开发区代管区域、市区事权和财权理顺、石油装备产业扶持等政策，累计争取上级各类资金 10.1 亿元，有力支持了“项目攻坚年”活动的开展。

【推动强农惠农实现新突破】 一是积极支持农业基础设施建设。投资 6 057 万元，支持灌区节水改造、河道清淤疏浚等农田水利建设，提升了农田灌溉能力；投资 1 383 万元，全面完成牛庄镇 1.5 万亩中低产田改造项目，项目区年新增产值 775 万元；投资 1 500 万元，推进高效生态渔业示范区建设，提高了渔业综合生产能力。二是着力支持新农村建设。投资 1 000 万元，用于农村道路建设，改善了农民出行条件；投资 3 065 万元，用于89个村级基础公益设施“一事一议”项目建设，改善了村容村貌；投资1.7亿元，支持“三网”绿化，新增绿化面积1.65万亩，改善了农村生态环境。三是全力促进农民增收。投资295万元，支持农业龙头企业和农业专业合作组织发展，增加了农民的经营性收入；落实粮食直补、良种补贴、“家电下乡”等各项惠农补贴9 156万元，增加了农民的转移性收入；支持农村劳动力转移培训，转移就业1 300人，增加了农民的工资性收入。

【推进民生改善取得新成就】 一是促进教育事业全面发展。投资8 835万元，用于普惠性幼儿园、农村中小学“211”工程和中小学标准化建设，优化了城乡办学条件；拨付“三免一补”及生均公用经费2 167万元，受惠学生2.5万人。二是支持推行医疗卫生体制改革。将新型农村合作医疗和城镇居民医疗补助标准提高至每人每年220元、210元；投资2 203万元，推进国家基本药物制度实施和公共卫生服务均等化；投资3 000万元，推进区医院门诊楼建设，改善了群众就医环境。三是积极完善社会保障体系。扎实推进城乡居民社会养老保险工作，累计为60岁以上老年人发放基础养老金2 656万元，受益人数3.4万人；将城市低保、农村低保和农村五保供养标准提高至每人每年4 920元、2 060元和4 200元，惠及困难群众1.4万人。四是全力支持保障性住房建设。投资3 599万元，用于250套廉租住房和152套公共租赁住房建设；投资1 592万元，用于266套经济适用房货币化补贴，低收入群众住房得到进一步改善。

【财政管理改革开拓新局面】 一是综合预算改革有序推进。全面取消预算外资金，将按财政专户管理的非税收入全部纳入部门预算盘子，统筹安排使用，逐步将预算管理纳入科学化、规范化、制度化轨道。二是国有资产改革稳步推进。积极推进东营区城市建设综合开发公司改企转制；加快国有资产开发运营，确保国有资产保值增值，全年实现国有资产运营收益1.04亿元。三是财政监督效率逐步提高。开展“小金库”清理、会计信息质量和财政专项资金检查，规范了财务管理，严肃了财经纪律。四是会计集中核算逐步完善。严格执行工作流程和开支标准，完善从收入源头到各个支出环节的全过程管理，强化了会计监督职能。五是财政“两基”建设全面展开。落实基层财政管理职能，在各镇（街）新建、改造10处财政惠民服务大厅，开展规范化财政所创建工作，提升了基层财政机构的服务水平。

（撰稿：李永涛）

河　口　区

【概述】 2011年，河口区完成公共财政收入7.65亿元，比上年增长31.11%；公共财政支出9.93亿元，比上年增长25.3%。

【依法加强税收征管，财政收入稳定增长】 克服中海化工停产等一系列减收因素影响，攻坚克难，挖潜增收。一是加强税收征管。区政府高度重视财税工作，每月组织财政、国税、地税部门召开收入分析联席会议，深入分析影响财政收入的利弊因素，及时制定有力的应对措施，切实放大积极因素，规避不利情况，保证了税收收入大幅增长。二是加强非税收入征管。严格“收支两条线”管理，对全区非税收入单位进行全面摸底排查，强化征管、规范非税收入收缴行为，及时掌握收入动态，确保了非税收入及时足额入库。各收入征管部门通过健全完善税源分类管理机制，推进纳税服务体系建设，全面提高征收工作的精细化管理水平，确保财税征管机制高效运转，取得了明显成效。

【优先保障民生支出，社会保障水平显著提高】 始终坚持把民生建设放在突出的位置，积极调整支出结构，不断加大民生投入，让改革发展的成果惠及群众。2011年，全区各级财政用于教育、医疗、社保、农业、文体等民生方面的支出达6.8亿元，占财政支出的比重达54.65%，初步建立起了覆盖城乡的免费义务教育体系、家庭经济困难学生资助政策体系、医疗卫生保障体系、居民最低生活保障体系、劳动就业服务体系和城市低收入家庭住房保障体系，形成了较为完备的民生保障政策框架。一是加大教育投入，2011年各级教育投入2.07亿元。城乡初中和小学生均公用经费在教育示范区的补助标准上分别提高了80元和90元，达到了900元和700元，为城乡中小学提供了充足的公用经费保障。二是抓好社会保障提标扩面工作，新型农村合作医疗人均筹资标准每人每年由175元提高到312元，较上年提高137元，居全市最高。城市低保标准每人每月提高到410元，农村低保标准每人每年提高到2 060元，农村五保集中供养标准每人每年提高到4 200元，公立医院改革、国家基本药物制度改革等民生改革顺利推进。三是加大对三农工作的支持力度，2011年三农投入达3.1亿元，其中发放补贴资金6 200万元，农业保险、种粮农民粮食直补、优质良种补贴、农资综合直补、农机补贴等各种支农惠农政策得到了较好落实。

【全力筹措项目资金，重大项目建设顺利推进】 2011年，紧紧围绕推进

"黄蓝"两大战略实施，发挥财政职能，进一步加大财政支持力度。一是创新融资方式，增加财力。转变方式强化融资，以鸣翠湖开发项目为载体，从农发行争取新增贷款1.5亿元，有力地支持了湖滨新区和蓝色经济开发区基础设施建设。二是全力保障重点工程、便民实事和项目支出。重点工程、便民实事累计支出9 945万元，蓝色经济开发区基础设施建设、湖滨新区建设、农村住房建设与危房改造等重点工程顺利实施。三是在全区范围内推行村级公益设施建设，向上级争取和本级安排奖补资金1 400万元，带动全区村级基础公益设施建设总投入4 000万元，主要用于以村庄道路为主的公益设施建设。全年共完成五处镇街惠民服务大厅建设，达到了市级一流水平。农业综合开发项目顺利通过省、市验收，名列第一。

【着力培植财源税源，财政增收后劲不断增强】 在巩固现有财源的基础上，加大了后续财源的培植力度，激发了区域经济发展活力，增强了财政增收的后劲。一是积极落实企业发展扶持资金。拨付企业发展扶持资金6 059万元、企业家奖励资金86万元、招商引资企业财政扶持资金251万元，外经贸企业发展扶持落实资金240万元。二是大力推进经济结构调整和产业升级。2011年落实节能减排资金800万元，有力推动了高新技术产业发展和全区节能减排工作。三是着力推进农业产业化发展。2011年，农业特大抗旱及救灾投入615万元，农业综合开发投入960万元，"三网"绿化工程建设投入2 927万元，森林生态效益补偿及公益林建设投入1 394万元，现代农业项目投入1 750万元，农业基础设施建设不断加强，为发展现代农业奠定了基础。四是全力推进"三争"工作。积极争取各类补助资金，共争取上级各类资金3.07亿元。积极与上级业务部门对接协调，争取省财政间歇资金1亿元，统筹用于加快发展和培植财源。

【加大财政改革力度，财政管理水平不断提升】 按照科学化精细化管理要求，积极、稳妥地推进部门预算改革，注重管理的精细化、规范化和有序性，减少管理的粗放性、随意性和无序性。一是从2011年开始将预算外资金全部纳入了预算统一管理，实行部门综合预算。继续深化国库集中支付改革，依托"金财工程"大平台建设，制定了"公务卡"改革的实施方案。二是加强政府采购监管。不断优化和完善政府采购项目管理机制和手段，规范了政府采购程序，进一步提高了采购效率和市场公开化程度。2011年，共完成政府采购预算金额3.99亿元，合同金额3.55亿元，节约资金4 393万元，节支率达到11%，取得了良好的经济效益和社会效益。三是加强财政集中支付工作。进一步完善了资金支付流程，规范了财务开支标准。2011年，累计集中支出8.72亿元，比上年同期增长26%，拒付不合理开支460笔，资金量约700余万元。

【发挥财政监管职能，财政监督能力不断增强】 紧紧围绕黄河三角洲高效生态经济区的发展定位，综合运用财税手段，不断提高财政监管水平，提高财政支持经济发展的能力。一是进一步加强了国有资产管理。严格规范了国有资产转让、经营、处置程序，着力提高国有资产使用效益，确保了国有资产保值增值。着重加强了以国有海域、土地为重点的国有资源的调研，规范了国有资源管理，增加了非税收入。二是切实加强财政资金监督。组织了强农惠农资金、私设"小金库"情况、中央专项资金等专项检查，进一步规范了各单位财务收支行为，严肃了财经纪律，从源头上推进了党风廉政建设。三是加强会计从业资格的管理与监督。对全区2 120名会计人员的基本信息进行了采集、核对，为实现会计人员信息全国通用奠定了基础。四是高质量地完成了债务审计工作。历时两个月顺利通过了国家审计署对河口区十几年来的地方性债务审计。

（撰稿：秦　涛　王恩义）

垦　利　县

【概述】 2011年，垦利县实现公共财政收入12.02亿元，完成年初预算的113.6%，比上年增长30.64%。全县公共财政支出19.31亿元，比上年增长38.69%。

【财政实力显著增强】 不断加强财源建设，立足于石化、房地产及土地等优势行业和税源，及时将经济发展成果转化到财政收入上来，确保了财政收入的高幅平稳增长。2011年，全县境内财政总收入、公共财政一般预算收入分别达到38.81亿元、12.02亿元，比上年分别增长33.73%、30.64%，公共财政一般预算收入连续两年实现年净增2亿元以上。

【民生福祉明显改善】 积极优化支出结构，不断加大民生投入，提高民生保障水平。2011年全县教育、社会保障和就业、医疗卫生支出分别达到4.35亿元、1.57亿元、1.36亿元，同比增长71.84%、10.89%和18.98%。拨付1.34亿元用于农村义务教育经费保障机制、困难学生资助、幼儿园建设、校舍安全改造等教育项目建设；向70周岁以上农村及城镇非离退休老年人发放生活救助金；拨付资金4 348万元将新农合补助标准和城镇居民医疗保险分别提高至每人每年225元和210元；拨付资金482万元用于解决102户城市低收入家庭住房困难问题。另外，拨付5.4亿元用于棚户区改造、一中新校、文化大厦、市民活动中心建设等，有力支持了重点社会事业发展。

【城乡统筹加速发展】 一是积极支持提高农业综合生产能力。垦东中型灌区和五七中型灌区节水配套改造项目、永安万亩中低产田改造项目进展顺利，改善了项目区的农业生产条件。二是认真落实各项财政惠农补贴政策，发放水稻、玉米、棉花良种补贴资金1 285万元、能繁母猪补贴资金158万元、库区移民后期扶持资金229万元、粮食直补与综合直补资金645万元。兑现“家电下乡”、“摩托车下乡”、“家电以旧换新”等补贴资金4 448万元，投入106万元支持做好农村劳动力转移就业培训工作。三是支持加快农村公益事业发展。筹集资金1 885万元完成农村义务教育债务化解工作。拨付农村社区建设资金1 680万元、村级基础公益事业建设资金1 225万元，改善村民居住环境和生活条件。

【经济发展方式转型升级】 通过积极发挥财政职能作用，利用财政贴息、资金补助、财政担保等多种手段，促进产业转型升级。拨付服务业发展引导资金、工业发展基金、节能引导、企业技术创新等扶持资金1.69亿元，推进经济结构调整和发展方式转变；拨付资金1 105万元，支持举办了“2011黄河三角洲（中国/垦利）国际农产品食品暨深加工技术设备展览会”，助推现代农业发展；拨付资金510万元，高标准建设新区植物园。拨付旅游发展专项资金596万元，支持举办了第四届中国黄河口文化旅游节，推动文化旅游业不断升温提速。

【财政改革力度进一步深化】 进一步健全完善预算指标资金管理体系，加快预算执行进度；启动财政专户管理改革，将财政专户全部纳入国库统一管理；组织开展了全县“小金库”专项治理检查，严肃财经纪律；加强支农资金管理，确保项目资金专款专用；加强乡镇财政惠农大厅建设，提升了基层财政管理水平；加强国有资产管理，严格实施公物公开拍卖制度；努力提高政府采购效率和质量，全年采购金额达5 523万元，节约资金682万元，节约率达11%。

（撰稿：刘　鹏）

利津县

【概述】 2011年，利津县公共财政收入完成6.13亿元，比上年增长30.9%；全县财政总支出完成13.96亿元，比上年增长20.41%。

【收入组织调度】 建立完善目标责任制，细化分解收入任务；加强收入动态监控，推进社会综合治税；加强非税收入征缴，将除教育收费外的非税收入全部纳入预算管理，严格收入征管，做到应收尽收。

【财源建设】 发挥财政资金引导作用，运用财政贴息、奖励、补助等手段支持企业发展，兑付各项扶持资金1.68亿元，着力推动转方式调结构增财源，经济发展质量和效益进一步提高。

【民生投入】 投入4.76亿元，推进城乡居民养老保险试点，为60岁以上老年人发放基础养老金，建立孤儿基本生活保障制度，提高城乡低保和农村五保集中供养标准，社会保障覆盖面进一步扩大；全面落实农村义务教育经费保障政策，提高农村中小学生均公用经费基准定额标准，推进农村中小学校舍安全改造和“两热一暖一改”建设；深化医药卫生体制改革，在所有政府办基层医疗卫生机构实行基本药物“零差率”销售，提高城乡居民医疗保险政府补助标准，实施重大公共卫生服务项目；支持棚户区改造、廉租房建设和公共租赁住房建设，改善低收入群体居住条件；支持城市基础设施、城乡环境整治、公路交通等重点工程和民生实事建设，改善城乡面貌和人居环境。投入2.91亿元，支持农业基础设施建设，加大对现代农业扶持力度，落实各项支农惠农政策，促进农业增产、农民增收。

【财政改革管理】 一是制定《政府投资评审业务操作规程》、《政府投资评审中介机构考核办法》，加大对政府投资项目全过程评审力度，规范约束中介机构行为，切实节约财政资金。二是制定《政府集中采购业务操作规程》、《政府采购业务代理机构考核办法》等制度，规范采购程序，完善采购人、代理机构和专家之间的监督制衡机制，确保采购活动更加公开、透明。三是将财政专户全部归口国库统一管理，修订完善财政专户管理、财政资金审批、拨付、对账、稽核等制度，财政内部控制更加完善。四是制定《国有企业监督管理办法》，加强对国有企业重大决策、资产、经营和绩效管理，确保国有资产保值增值。五是开展基层财政管理制度建设年活动，创建规范化财政所5处，建设财政惠民服务大厅6处，提高基层财政管理和服务水平。

（撰稿：李泉城）

广饶县

【概述】 2011年，广饶县深入贯彻落实科学发展观，积极开展“两评一树”活动，求真务实、开拓创新、扎实工作，圆满完成各项财政工作任务。局机关连续七年被省文明委授予“省级文明单位”称号，先后被省人力资源和社会保障厅、财政厅授予“全省财政系统先进集体”称号，被市委、市政府授予“平安东营建设先进单位”、2010年度全市校园安保工作先进单位、2006～2010年全市普法依法治理先进集体称号，被省财政厅授予“全省政府采购监管系统先进集体”、“全省行政事业单位资产清查工作先进单位”、“全省财政信息先进单位”称号。

【财政收入实现历史性突破】 构建立体分析预测体系，完善良性互动征管机制，抓好重点税种、重点行业和重点企业的税收征管，积极开展社会综合治税，确保了税收收入的足额征收。加大非税收入管理，完善非税收入征管信息平台，加大基础设施配套费、水资源费等项目征管，确保了非税收入平稳较快增长。2011年，公共财政收入完成22.12亿元，比上年增长32.06%；财政支出完成24.44亿元，增长25.33%。

【财源结构得到优化提升】 一是巩固支柱财源。落实各类资金16.35亿元，帮助企业减负担、拓市场、增活力，全年工业实现地方税收10.36亿元，比上年增长36.21%。二是发展后续财源。孙子文化旅游区主题公园项目进展顺利，滨海高效生态产业区扎实推进，亿丰国际时代广场初具规模，中心商务区建成启用，全年三产实现地方税收5.15亿元，比上年增长51.15%。三是创优投资环境。多方筹措资金5.92亿元，实施了一批道路建设和市政配套工程，支持了城中村拆迁和新型农村社区建设，县域经济发展的综合承载能力进一步提升。

【民生保障水平显著提高】 一是城乡教育均衡发展。全年投入7.62亿元，巩固了义务教育经费保障机制，实施了一批教育基础设施工程，改善了城乡教育办学条件。二是医疗卫生提标扩面。全年投入2.44亿元，提高了新农合、城镇居民医疗政府补助标准以及大病救助补偿比例，落实了公共卫生服务经费和项目，推进了基本药物制度的顺利实施，有效地缓解了城乡群众看病难、看病贵的问题。三是社会保障更加完善。全年投入2.42亿元，提高了城乡低保标准，推进了城乡居民社会养老保险工作，支持了保障性住房建设，弱势群体的各项保障政策得到全面落实。四是强农惠农成效显著。全年投入8.47亿元，全面落实了各项强农惠农政策，实施了一批农业基础设施项目，全面启动了农村“一事一议”建设工作，实施了农村文化建设工程，农村生产和生活面貌进一步改善。五是生态环境明显改观。全年投入2.24亿元，积极支持企业加快节能减排步伐，实施了“三网”绿化、污水和垃圾处理、大气污染等城乡环境综合整治工程，提升了城区亮化、绿化景观水平，城乡人居环境得到明显改善。

【财政管理更加科学规范】 社会综合治税、投资评审、国库集中支付等改革向纵深推进，财政发展的动力进一步增强。建立了地方政府性债务和国有资产动态管理系统，财政管理工作进一步规范。加大专项资金检查力度，建立完善“三级联审”资金审核机制，严格落实厉行节约的各项措施，切实发挥政府采购、集中支付和投资评审等重点关口作用，财政监管的绩效水平进一步提升。

（撰稿：李　伟）

烟　台　市

芝　罘　区

【概述】 2011年，芝罘区公共财政收入完成17.4亿元，占预算的104.8%，比上年增长31%。财政支出完成22.83亿元，比上年增长21.8%。

【加强财源建设，膨胀财源规模】 全年累计筹措市级重点项目资金、地方政府债券、土地出让收益等14.4亿元，为重点项目建设提供了资金保障。坚持“服务业强区”战略，投入3 300万元支持传统服务业改造升级和现代服务业繁荣发展，服务业税收贡献率进一步提升。第三产业实现税收10.6亿元，占国地税收入的80%，比上年提高2个百分点。安排各类扶持资金7 450万元，扶持民营企业和中小企业发展，惠及企业近200家。

【强化税源控管，壮大地方财力】 一是加强主体税种、重点企业和重点行业监管，巩固优势税源。增值税、营业税、企业所得税和个人所得税四大主体税种实现税收9.83亿元，占税收总量的71.1%，比上年提高2.8个百分点，拉动地方财政收入增长10.7个百分点；前100名纳税重点企业实现税收8亿元，占到税收总量的57.8%，比上年提高3个百分点；房地产税收实现平稳增长，2011年完成2.42亿元，比上年增长36.3%。二是加强零散税收监管，挖掘潜力税源。代征税款1 000万元，比上年增长56%；车船税继续保持平稳增长态势，完成税收8 091万元，比上年增长23.3%。三是加强非税收入监管，拓宽增收空间。开展国有资产清查活动，规范资产处置和经营性资产运营行为，实现国有资产保值增值。同时，抓好非税收入源头控制，全年非税收入完成3.6亿元，比上年增长66.6%。

【优化支出结构，保障改善民生】 一是促进教育优先发展。全年教育支出5.6亿元，占财政总支出的比重达到24.5%。其中：安排资金4 120万元，用于义务教育保障经费、免课本费等支出；落实高中、中职助学金550万元，资助学生7 000多人次；筹措资金5 860万元，推进校舍安全工程；安排3 600万元，用于幸福中学建设、鼎城小学开工、学校直饮水项目等支出。二是支持就业和社会保障工作。安排城乡低保金4 100万元，全力保障困难群众基本生活；加快推进养老福利工作，安排资金1 070万元，落实新型农村养老保险、城镇居民养老保险政策；为无固定收入高龄老人发放服务券，以政府购买服务形式提供居家养老服务，免费安装“电子保姆”呼叫器，解除老年人“后顾之忧”，惠及群众近万人；安排1 100万元，落实就业补助、失业人员培训、再就业扶持等政策，支持扩大就业。三是加大医疗卫生投入。安排资金2 700万元，支持实施基本药物制度，深化医药卫生体制改革；新型农村合作医疗、城镇居民医疗保险政府补贴标准均提高到200元/年，增幅达到60%。四是推进各项社会事业全面发展。安排资金7 500多万元，落实家电下乡、家电以旧换新、石油价格补贴等政策；筹措资金3 500万元，积极开展社区综合整治和道路市容整治，探索实施政府购买道路保洁和绿化养护服务模式，深入推进标准化城市管理；安排4 000万元，用于政法装备更新、安全维稳、群众工作站建设等支出，加快“平安芝罘”建设。

【深化财政改革，强化资金管理】 一是财政支出管理体系更加健全。规范预算编制程序和支出标准体系，强化预算支出责任，健全预算执行管理制度；完善政府采购代理机构考核制度，建立供应商诚信评价机制，规范专家信息库管理，政府采购规模和范围进一步扩大，全年完成采购预算4.14亿元，节约资金6 000万元，资金节约率达到14.5%；制定实施《审价机构管理意见》，实施项目资金全程监管，增强政府投资评审效力，全年共审核项目资金21亿元，审减8 800万元。二是基层财政管理体制机制进一步完善。实施“核定收支，增收分类补助”财政管理体制，调动街道（园区）增收节支、协税护税积极性。街道级年度收入完成11亿元，占地方财政总收入的63.2%；积极开展基层惠民服务大厅建设试点工作，对村级公益事业一事一议财政奖补项目实施全程监管，确保资金落到实处。三是债权债务管理不断规范。制定《2011年度街道（园区）、各有关部门债权债务清理任务及认定办法》，全面开展清理活动，规范债权债务管理；实施《清欠回收考核管理办法》，严格借款管理，积极回笼财政资金，累计收回各类欠款1亿元。

（撰稿：张俊鹏）

福山区

【概述】 2011年，福山区境内税收收入完成26.37亿元，增长33.58%；公共财政收入完成15.05亿元，占预算107.8%，增长30.87%。公共财政支出17.04亿元，占预算105.62%，增长21.92%。

【突出政策引导、资金支持，助推经济发展取得新成效】 一是倾力推进工业园区基础设施建设。投入资金3 500万元，完成了西拓区南延二期、邢家山边坡处理等园区基础设施建设，园区形象进一步改善，承载能力明显提高。二是全力保障项目用地。把保障项目用地作为促进经济发展重要途径，投入资金近亿元，有力地保障了征地拆迁、土地报批等工作的顺利开展，确保了项目用地需要，为推动招商引资，促进主导产业发展打下了良好基础。三是积极扶持企业快速发展。认真贯彻落实“环境提升年”的工作要求，坚持服务优先，积极主动为企业提供帮助和服务，与企业共谋发展，进一步促进了企业的发展壮大，推进了全区经济的平稳较快发展。针对国家再生资源退税政策终止、回收企业税收外流的问题，制定了再生资源回收企业财政扶持意见，拨付服务业引导资金500万元，稳定了区内税基。积极向上争取资金，及时兑现嘉华车辆、海纳摩擦、圣元电子、德华物流等企业扶持政策和技改资金共计1 400多万元，安排上汽变速器等8户企业科技研发补助资金1 570万元、拨付荏原空调等10户企业中小企业发展专项资金797万元，支持企业发展项目，推进企业技术创新。在财政政策的积极扶持引导下，骨干税源企业增势良好，地方纳税额2 500万元以上的骨干企业达到6户。

【突出协调调度、挖潜增收，组织收入工作再上新台阶】 始终将组织收入作为财政工作的重心和主线，紧扣年初既定目标，强化协调调度、税源控管和综合治税，全年完成税收收入12.64亿元，增长39%，税收比重达到84%。增值税、营业税等主体税收完成8.02亿元，增长38%，比重达到53.3%，比上年提高2.8个百分点。拓展非税收入管理范围，加强“收支两条线”监督检查和票据管理力度，从源头上预防和治理乱收费，杜绝非税收入流失。严格执行“票款分离”制度，土地出让收入全额纳入非税征收管理系统征收，极大提高了非税系统征缴率，非税系统征缴率达98%以上。强化国有资产经营收益管理，完善国有资产管理办法，积极盘活闲置国有资产，保证了国有资产经营保值增值和收益最大化。

【突出服务三农、惠民利民，财政支农工作取得新成果】 一是加强农村基础设施建设。投入资金300多万元，加快实施农业综合开发土地治理、农业科技推广示范项目和支农资金整合奖励项目等一批重点农业项目，完善了一批农田水利基础设施，改善了农业生产条件。充分利用门楼水库实施除险加固工程有利时机，组织实施了投资7 000多万元的门楼水库清淤抬田工程，浆砌护坡1.5万米，新增耕地2 000亩。二是加快推进现代农业发展。投入资金379万元，扶持新建年交易5万吨大樱桃批发市场和建设100亩优质大樱桃标准化示范基地，带动农民增收致富。三是认真落实各项惠农政策。积极推进涉农资金拨付“一卡通”，兑付粮食直补、农资综合直补、燃油补贴、库区移民扶持、小麦玉米良种补贴资金共计1 889万元，兑付家电下乡、汽车摩托车下乡补贴资金1 332万元，惠及全区千家万户，促进农民生产生活水平的提高。四是完善农村公益事业投入机制。投入资金640万元，积极做好农村“一事一议”财政奖补工作，全区共实施村级公益事业建设项目69个，其中新建和维修村内道路项目25个，村内公共文化场所项目23个，改善了农村生活环境，激发了农民开展公益事业建设的热情，提高了农村公共服务和社会管理水平。

【纵深推进财政各项改革，公共财政体系日趋完善】 将改善民生作为财政保障的重中之重，全力支持政府为民实事工程建设，进一步健全以人为本、科学规范、注重绩效的民生保障机制。认真落实农村义务教育经费保障机制改革，将小学生、中学生均公用经费分别提高到600元和800元。加快推进校舍安全改造进程，启动了农村中小学“两热一暖一改”工程，城乡办学条件进一步改善。拨付资金618万元，继续实施家庭经济困难学生资助政策，加大职业教育和经济困难学生的支持力度。进一步加大文化事业投入力度，继续推行电影下乡工程、文化信息资源共享等公共文化服务体系建设，加快推进青龙山文化广场建设。拨付资金323万元，积极落实计划生育奖励、技术服务、补助救助等政策，确保计划生育事业健康发展。拨付资金572万元，全面建立国家基本药物制度，建立健全基层医疗卫生机构补偿机制，保障基本药物制度有序有效实施。拨付资金688万元，加快实施基本公共卫生服务均等化，促进省级慢性病防控示范区建设工作，基本公共卫生服务经费标准由2010年人均15元提高到2011年的人均25元。完善新农合及城镇居民医疗保险政府补助制度，政府补助资金由上年人均120元提高到200元。完成关闭破产和困难企业人员参保工作，补缴职工社会保险欠费1 300万元。实施城镇非从业居民基本养老保险办法，实现基本养老保险制度的“无缝覆盖”。拨付资金700万元，加快推进新型农村养老保险工作及被征地居民养老保障工作，同时将被征地居民基础养老金提高到月均55元的水平，发放人均660元的基础养老金2 738万元。不断提高保障标准，将农村低保标准由1 900元提高到2 200元、城镇低保标准提高到每月380元。全面实施困难群众“一站式”医疗救助即时结算制度，实现和其他基本医疗保障制度的有效衔接，提高救助实效。拨付资金350万元，加大敬老院补助力度，五保集中供养率稳定在80%以上，集中供养标准提高到5 000元、分散供养标准提高到3 000元。加大对残疾人事业的扶持力度，改善残疾人就业、康复等环境，投资1 500万元的残疾人康复中心建成投入使用。落实企业离休人员、企业军转干部特殊照顾政策，按时足额发放离休干部津贴补贴和军转干部生活困难补助。拨付军转干补助资金193万元，切实做好退役军人就业培训、伤病残退役军人安置工作，确保自主择业军队转业干部退役金按时足额发放。发放小额担保贷款205万元，财政贴息16.3万元，有效发挥了小额担保贷款促进就业功能。发挥政策效益促进就业，发放就业困难群体社保补贴和职业介绍补贴300万元，促进就业形势持续稳定。

【突出深化改革、创新发展，强化财政监管实现新突破】 一是预算管理进一步深化。完善预算编制体系，细化预算编制办法，增加保障内容，硬化预算约束机制，严格控制追加。二是国库集中支付改革全面完成。全区预算单位全部设立零余额账户，实行国库集中支付，提高了财政国库的管理水平和工作效率。三是财政投资评审成效明显。加强对全区重点工程、重点项目建设资金的监管，全面规范评审工作流程，切实提高评审工作效率和资金使用效益。累计完成预决算56项，评审金额1.83亿元，审减率达12%左右。四是政府采购监管更加到位。积极推进“管采分离”体制建设，着力突出政府采购监督管理职责，不断扩大政府采购范围和规模，累计完成采购预算1.84亿元，实际采购金额1.5亿多元，节约资金3 123多万元，节约率17%以上。五是财政监督检查力度不断加大。围绕深化财政改革、加强预算管理，加强对会计信息质量和预算编制执行情况的监督检查，并扎实推进“小金库”专项治理工作，进一步巩固治理成果，确保专项治理工作卓有成效。六是全面加强基层财政规范化建设。紧紧围绕以规范促管理这个核心，完善镇街财政预算管理，强化财政监督职能，建立健全内部管理制度，加强机构队伍建设，全面提高了镇街财政科学化、精细化管理水平。

（撰稿：徐　强）

莱山区

【概述】 2011年，莱山区完成公共财政收入15.76亿元，比上年增长31.3%。“两税”收入完成23.5亿元，增长36.9%。税收收入占公共财政收入比重为82.8%；公共财政收入和“两税”收入占GDP比重分别为8.8%、13.1%。公共财政支出16.48亿元，增长26.8%。

【积极培植财源，保持经济持续健康发展】 围绕产业结构调整和产业发展定位，积极发挥财政政策资金作用，培植壮大财源，促进财政增收。一是加大政策资金扶持力度。制定实行《莱山区财源建设工作意见》，投入资金6 021万元，重奖经济贡献突出企业，支持金融保险、旅游会展等高端服务业发展，促进企业科技创新和提高核心竞争力。二是充分运用市场化手段扶持企业发展。财政出资成立创业投资公司，加大中小企业上市融资扶持力度，累计为129家企业，提供担保8.7亿元，解决企业融资难题，区内被担保企业全年实现销售收入9.8亿元，利税1.1亿元。三是财源建设成效明显。全年第二产业实现地方税收3.9亿元，比上年增长47.8%；商贸服务业实现地方税收4.4亿元，增长29.5%；规模以上高新技术产业产值达90亿元，增长40%；纳税过千万元企业达40家，比上年增加6家，其中纳税过亿元企业达4家。

【加大资金投入，落实重点项目带动战略】 围绕重点项目，立足完善载体功能，推进城市建设和发展。一是大力推进重点项目建设。筹措并投入资金4.53亿元，保证了17个政府投资重点项目顺利实施。二是保证城市基础设施建设维护。全年投入资金达1.83亿元，推进100多项中心城区道路、照明、便民等基础设施建设维护项目，制定实行《城市亮化工程补助办法》和《造林绿化奖补意见》，落实《加强城市管理工作意见》和《城乡一体化及新农村建设工作意见》，提高绿化、美化、亮化、净化等市政设施维护管理水平，进一步夯实了经济社会发展和财源建设承接载体。三是切实保障文明城市创建工作需要。创建全国文明城市期间，投入资金3 515万元，主要用于城区和园区环境综合整治，彻底解决了一批卫生死角和历史遗留问题，促进了城区市容市貌进一步改善。

【增强保障能力，加快经济社会协调发展】 推进“民生型、普惠型、公共型”财政建设，让城乡居民分享更多改革发展成果。一是加大为民实事投入。落实资金1.63亿元，确保8大项、67件实事落到实处，人民群众得到实惠。二是促进教育发展。投入资金5 704万元，保障教育经费，免除1.25万名义务教育阶段学生书费杂费，补助669名困难学生，为1.5万名中小学生购买学生保险。三是完善社会保障体系。落实资金5 384万元，促进就业再就业，补助1.9万名城镇居民医疗保险参保居民，补贴2.9万名和1万名新型农村养老保险和失地居民养老保险参保人员，城市和农村低保标准分别提高到每人每月380元和每人每年2 200元，农村五保集中和分散供养标准分别提高到每人每年5 800元和3 600元。四是完善公共卫生体系建设。投入资金5 325万元，推进三级医疗卫生体系建设，实施基本药物制度，政府购买基本公共卫生服务，农村居民合作医疗财政补助标准提高到每人每年200元，参合率稳定在100%。五是进一步强化新农村建设。投入资金2 689万元，完成20多项关系农村经济社会发展的乡村道路、环境卫生、造林绿化、农村饮水等项目。及时落实种粮直补、家电下乡、汽车摩托车下乡等惠农资金2 982万元。

【突出绩效管理，加大财政资金监管力度】 把提高财政资金使用效益作为重中之重，进一步提高科学化、精细化管理水平。一是加强财政预算管理。从严控制一般性支出，各项收支统一纳入部门预算管理，统筹安排，硬化预算约束，严格控制追加，提高预算编制和执行质量。二是完善国库集中支付制度。进一步理顺集中支付流程，有效规范资金支付行为，全年财政直接支付1.69亿元，授权支付7 911万元。三是精细管理财政性投资项目。加强工程监理、造价评估等中介机构管理，控制造价，避免浪费，全年编审工程量清单67项，评审额6.04亿元，完成工程结算审计144项，节约资金1 653万元。四是加大政府采购监管力度。新建莱山区政府采购大厅并投入使用，在烟台市率先引入投标单位和法人行贿档案查询机制，全年完成政府采购269次，节约资金5 627万元。五是加强行政事业单位财务监督。强化会计核算管理和支出项目绩效考评，完善一事一议财政奖补资金监管制度，组织完成扩大内需资金、国债资金、土地出让金等30多次专项检查。重点针对执法权相对集中、专项资金较多的单位开展“小金库”专项治理，从源头上有效预防和遏制腐败现象发生。加强地方政府性债务管理，建立债务基础信息数据库，有效控制政府举债规模。

（撰稿：柳　林）

牟　平　区

【概述】 2011年，牟平区公共财政收入完成15.02亿元，比上年增长50%。全区财政支出完成19.85亿元，比上年增长35.6%。

【立足促进经济发展，大力推进财源建设】 一是积极向上衔接。做好与省转方式调结构及山东半岛蓝色经济发展政策衔接，全力争取政策和资金支持，全年共争取各类资金6.64亿元，实现借力发展、借势发展。二是扶持产业发展。灵活运用财政贴息、奖励、补助等手段，拨付资金9 573万元，支持服务业、旅游业、循环经济、节能减排、技术进步等特色产业、优势行业加快发展。三是搭建企业发展平台。投入1 000万元“助保金”，帮助企业降低融资成本；安排5 000万元设立高新技术、民营经济、服务业、高层次人才创业和特殊企业对地方财政贡献奖励等五类发展基金，扶持企业做大做强。四是减轻企业负担。认真落实结构性减税政策，严格执行取消和降低收费标准规定，切实减轻企业负担。五是优化发展环境。投入资金23.3亿元，重点支持滨海开发、水系开发、养马岛开发、城乡路网等重大基础设施建设；投入资金1亿元，进一步理顺园区管理体制，改善园区投资环境，提升园区承载力。

【立足提高财政实力，依法组织财政收入】 牢牢把握跨越式转型发展主旋律，科学谋划收入组织工作，强化综合治税和税收征管，推进财税库银联网建设，加大土地招拍挂力度，加强非税收入收缴管理，确保经济发展成果及时充分反映到财政收入上来。2011年，全区公共财政收入突破15亿元，比上年增长50%，收入总量由全省第70位上升至第58位，增幅列全省第6名。其中，税收收入完成12亿元，占公共财政收入的80.1%，财政经济进入总量快速扩张、结构不断优化的新阶段。

【立足优化支出结构，切实保障社会民生】 一是保证人员经费。按照“先吃饭、后建设”的原则，确保了机关事业单位干部职工工资及时足额发放和机构正常运转。二是完善社会保障体系。全年发放自主创业小额担保贷款855万元，拨付资金600万元用于就业困难人员补贴和培训经费；投入5 600万元实施新型农村养老保险，向全区近8万名60周岁以上农民每人发放660元基础养老金；投入100万元推行城镇居民养老保险制度；提高了低保、五保和孤儿供养标准，累计发放城乡低保金2 045万元、供养资金463万元；为困难家庭、优抚对象和残疾人发放各类补贴5 714万元。三是健全医疗卫生体系。拨付资金6 944万元用于城乡居民基本医疗保险补贴，拨付资金1 567万元实行基本药物零差价销售，拨付资金1 250万元用于基本公共卫生服务，拨付资金373万元用于重大公共卫生服务，拨付资金253万元用于乡镇卫生院改造和设备更新。四是支持教科文事业优先发展。全年拨付校车和校安工程、“助学金”、早餐补贴、课本补贴等各类教育资金2.4亿元，拨付应用技术研究和开发、科技下乡等各类科技资金2 989万元，拨付“文化大院”、“书香牟平”、三馆免费开放等各类文化资金2 168万元。五是扎实推进新农村建设。拨付资金3 879万元用于农业综合开发、农业技术推广、农田水利建设、生态绿色农业等现代农业建设；拨付资金2 000万元用于农村公益事业“一事一议”奖补政策落实，受益人口14.6万人；拨付资金9 908万元用于落实粮食直补、农资综合直补、农机购置补贴、成品油价格补贴、库区移民安置补贴、汽车家电下乡等惠农政策落实。六是促进社会事业协调发展。累计拨付资金8 000万元，用于环境保护、安全生产和“平安牟平”等社会事业发展。

【立足推进财政改革，着力维护财经秩序】 一是深入推进“四位一体”财政支出改革。进一步完善部门预算管理，提高部门预算编制水平；加强政府投资项目评审管理，全年共完成评审项目414个，审查总额19.8亿元，节约资金3亿元，节支率达15.2%；严格政府采购程序，采购总额7.4亿元，节约资金1.8亿元，节支率达19.6%；扩大国库集中支付范围，将各类非税收入全部纳入国库集中管理，确保资金安全。二是加强政府债务管理。结合上级政府性债务审计情况，搞好融资平台建设，健全债务预警机制，进一步防范和化解债务风险。三是提高会计服务质量。建立了网上“会计之家”，开展行政事业单位会计考评，创新做法得到全市推广。四是加大监督管理力度。开展了行政事业单位“小金库”、专项资金使用、“收支两条线”执行和镇街财务等多项检查工作，进一步规范了全区财经秩序。

（撰稿：付　钢）

龙口市

【概述】 2011年，龙口市实现公共财政收入47.6亿元，比上年增长29.6%，总量保持全省县级领先；公共财政支出52.6亿元，比上年增长30.1%。

【加强财源建设，做大财政经济】 将全市纳税前50名工业企业和前30名非工业企业纳入动态分析控制，充分利用涉税信息网络报送平台，加强税收进度管控，强化税收信息分析，及时反馈税收漏洞，全年查补增加税收3 300万元，综合治税体系日臻完善。严控政府投资项目纳税，开展对重点企业、重大开工建设项目及部分行业调研分析，完善税收征管制度，有效解决了税收流失等问题，增加税收2 600万元。进一步加强和规范全市非税收入征管，全面梳理非税收入征缴情况，建立所有收费项目一册公开和无弹性收费制度；依托非税征管系统，将实行财政专户管理的非税收入按规定纳入预算管理；加快推进“票款分离”工作，进行了“一票制”收费探索，全年完成非税收入13.8亿元。

【优化支出机构，加强改善民生】 加大民生领域投入，强化公共保障能力，民生领域支出35.6亿元，比上年增加11.1亿元。提高义务教育阶段公用经费标准，安排资金9 370万元全面推进中小学校布局调整和新建校舍工程，拨付1 730万元购置50辆高安全性校车，解决城区外中小学生上下学交通问题。加大弱势群体扶持力度，提高了新农合和城镇居民基本医疗保险各级财政补助标准及住院报销限额和报销比例。拨付资金578万元，支持农业产业化和现代生态农业。全年累计教育支出14.26亿元，比上年增长31.5%；社保和就业支出7.36亿元，增长31.1%；医疗卫生事业支出3.29亿元，增长27.9%；农林水事务支出10.75亿元，增长29.7%。

【强化财政监督，提高管理水平】 推行国库改革，规范资金拨付，将工程项目建设资金、采购资金、部分专款等直接拨付到施工、中标单位。完善了以国库单一账户体系为基础、以国库集中收付为主要形式的现代财政国库管理制度。积极探索公用事业经费管理新机制，实行了城市环卫对外招标、部分路段园林市场化养护、城市照明计划经费包干，逐步建立了“行业管理、社会参与、管养分离、市场运作”的公用事业经费管理新模式。强化工程监管，节约财政资金。全年共审查预、决算348项，送审值19.9亿元，审定值17.5亿元，审减2.4亿元；集中采购181次，累计实现政府采购预算18.4亿元，实际采购支出15.7亿元，节约资金2.7亿元。

（撰稿：杨德成　孙　雪）

莱阳市

【概述】 2011年，全市公共财政收入完成9.35亿元，比上年增长16.11%；全市公共财政支出完成17.23亿元，其中：财政灶内支出完成13.24亿元，增长17.87%。

【组织收入】 一是突出收入提质，做强财政实力。通过进一步完善社会综合治税体系、核定企业平均利润率、纳税大户重点监控、房地产纳税检查，以及开设“非税收入管理”网上宣传专栏等措施，全市公共财政收入总量保持快速增长，较上年增加1.3亿元；注重加大收入结构调整力度，提升公共财政收入质量，全年实现税收收入7.79亿元，占公共财政收入的比重高达83.32%，较上年提高8.2个百分点，财政收入质量实现质的突破。二是突出对上争取，增加可用财力。进一步发挥“对外联络中心”平台作用，努力开展对上争取工作，全年累计争取上级无偿扶持资金5.8亿元，较上年增加1.5亿元；全方位开展对接争取，争取到省基本财力保障补助资金1.25亿元，较上年增加7 700余万元；积极捕捉信息，提前运作，成功争取到国家级新型农村养老保险试点县；成功争取到“省村级公路网化工程示范县”政策，年内增加上级专项补助资金7 520万元。

【重点支出安排】 一是倾力支持教育优先发展。投入资金5 551万元，提高义务教育经费小学和初中生均保障标准，继续实施了免费教科书和补助寄宿生生活费政策；投入资金703万元，建立健全了覆盖各个教育阶段的贫困学生资助政策，使8 242名贫困学生得到资助；投入资金3 680万元，新建、改造校舍13.49万平方米；投入资金110万元，实施了农村中小学“211”工程、农村中小学教学仪器更新、课桌凳更新、探究实验室建设等工程。二是努力健全社会保障体系。投入资金6 231万元，落实了新型农村养老保障政策；将农村低保、城市低保和五保户集中供养标准，分别由1 400元、340元和3 800元提高到1 600元、360元和4 200元；投入资金1 274万元，支持了廉租住房保障、农村危房改造工程建设，解决了城乡困难家庭住房难问题。三是着力提高公共卫生保障水平。投入资金1.4亿元，将新型农村合作医疗和城镇居民医疗保险人均财政补助标准由120元提高到200元，并重点支持了基本医疗保障制度建设，实施了国家基本药物制度改革。四是全力保障“三农”投入。投入资金1.79亿元，积极支持了小型农田水利、农业综合开发、农村公益事业等农村生产生活和社会建设事业发展，并全面兑现了粮食直补、农资综合补贴、家电和汽车摩托车下乡等政策，切实保障了农民利益。五是尽力提升城市经济承载力。多方筹集资金，确保了城区绿化、亮化工程，以及供水管网、开发区道路、滨海大道和212省道等一大批工程建设顺利实施，有效改善了城市面貌，提升了城市经济发展活力。

【财政改革】 一是全面推行国库集中支付改革。在深化国库集中支付改革试点的基础上，以财政业务综合管理平台建设为契机，将部门预算、国库支付、账户管理等独立系统有效整合，进一步规范了财政资金运行效率。二是积极扩大政府采购规模。通过规范采购规程，扩大政府采购范围，并按照工程量清单计价法进行招投标，全年共开展政府采购83次，完成采购金额5.54亿元，较上年同期增长108%，节约资金5 896万元，节支率达10.6%，有效节约了财政资金支出。三是努力拓展投资评审功能。积极调整工程评审操作流程，加强了对项目“事前、事中、事后”跟踪监管力度。全年共评审项目165个，评审金额为7.85亿元。其中，预结算审查项目94个，送审值1.70亿元，审减值2 323万元，审减率达13.65%；编制工程量清单71项，编制金额达6.15亿元，切实提高了财政资金使用效益。四是加大财政监督检查力度。以深入开展清理“小金库”活动为牵引，加大财政监督力度，重点抓好对民生领域支出、重大项目支出、会计信息质量、部门预算绩效等的监督检查，提高了资金使用的安全性和有效性，维护了财经纪律的严肃性。

（撰稿：李俊华）

莱州市

【概述】 2011年，莱州市公共财政收入完成30.37亿元，占年初预算的108.1%，增长26.5%，财政支出完成38.87亿元，增长27.6%。

【财政收入实现平稳较快增长】 全面落实转方式调结构增财源等政策措施，财政收入迈上新台阶，全年境内税收收入、地方财政收入分别突破80亿元、30亿元大关，均创历年之最。一是综合治税促增收。加强综合治税工作的督导考核，建立完善由所有镇街、38个涉税部门组成的综合治税信息系统。规范矿业权秩序活动和股权收购工作取得新突破，督导5家市外矿业企业在莱州市注册成立子公司，对4家矿业企业股权转让把关审验，确保实现1.5亿元税收。加强小税种和零星税收征管，加大了对国有资源出让、转让收入的收缴力度，提高了征管实效。二是加强行业整顿促增收。组织开展了小型装载机、石材、海域等重点行业综合整治行动，有效提高了行业税收贡献率，其中，小型装载机、石材行业分别实现税收2 200万元、5 600万元，行业税收贡献率分别提高50%、30%。三是培植财源促增收。拨付5.3亿元落实出口退税等扶持政策，支持企业开拓境外市场、扩大出口规模，促进开放型经济发展。争取和拨付3 200万元支持企业技改升级，加大对“蓝黄”新技术产业化项目财政补助力度，引导服务业加快发展。发挥融资平台作用，帮助企业融资1.6亿元，支持主导产业和骨干企业发展壮大。通过加大财政扶持，增强了规模企业的综合实力和创税能力，增值税、营业税、企业所得税、个人所得税4个主体税种合计完成10.3亿元，增长31.3%。

【支持发展的能力持续增强】 超前研究“蓝黄”两区建设、农村环境整治、资源税改革等上级政策和资金动向，加强沟通对接，争取到位上级扶持资金3.6亿元。是烟台市唯一的“全省农村环境连片整治重点示范市”，三年可获得省级补助资金1.2亿元以上；围绕增加黄金行业对地方税收贡献问题，争取出台黄金矿产资源补偿等政策，年可增加地方收入1.8亿元；成功申报“蓝黄”新兴产业项目6个，到位贷款贴息、财政奖补资金3 100万元，带动企业总投资3.1亿元。紧扣中心大局，搞好资金运作，对城镇化建设、环境保护、基础设施建设等重点工程给予及时有力的支持。筹措1.5亿元重点支持城市建设，加快道路贯通、掖县公园等重点工程建设，推进重点拆迁改造工程，完善了城市功能。争取和安排7 800万元用于农村环境连片整治；筹措1.1亿元用于水源地保护、城乡造林绿化、污水处理设施建设和石材、废塑料、轻烧镁等行业污染防治，改善了城乡环境质量。筹措3 000多万元用于农村道路建设，新建改造农村公路204公里；采取“市级奖补、镇级扶持、村级一事一议”模式，筹措2 500万元用于100个村庄的村内基础设施建设。筹措资金5 600万元，支持修建桥涵、铺设管道等水利基础设施建设，完成261项水利工程项目，扩大改善灌溉面积6.6万亩。

【民生事业得到快速发展】 全年直接用于改善民生的财政资金达到5.6亿元，比上年增加1.3亿元，及时兑现了一系列民生政策。一是拨付1.1亿元用于落实各项惠民政策。其中：发放粮食和农资综合补贴4 500万元，被授予“全省粮食直补工作先进市”；发放汽车摩托车和家电下乡补贴3 500万元；发放农机补贴1 900万元，连续三年位居全省县级市首位。二是拨付1.6亿元提高民生保障水平。进一步提高城乡低保、农村五保供养标准，为城乡低保、优抚对象等群体发放各类救助金1.1亿元；为全市60周岁以上无固定收入老年人发放生活补贴3 000多万元，拨付1 470万元推进老年福利服务中心建设。三是拨付2.9亿元支持其他社会事业发展。安排2 380万元落实各项教育助学奖励政策，受益学生达8.5万人；筹措7 000多万元，实施中小学校舍安全建设、中职实验基地建设等工程，新建校舍25万平方米。拨付1.2亿元用于支持人民医院新院、中医院扩建和镇街卫生院建设，推进了医疗卫生事业改革和发展；筹措7 860万元将新农合财政补贴标准由人均110元提高到200元，扩大了受益面。

【财政管理水平不断提高】 依法规范用财行为，提高财政资金使用效益。一是完善支出管理模式。深化政府投资资金“五位一体”管理模式，抓牢预算、评审、采购、支付、审核等关键环节，联动推进财政管理制度改革，提高了资金规范化管理水平，工作经验被财政部、省纪委和省财政厅转发推广。全年完成政府采购8.6亿元，投资评审6.1亿元，节约资金4 290万元。二是规范基层财政财务管理。推进镇级财政资金集中规范管理，7个便民服务中心顺利通过省财政厅验收。将镇级财力水平由人均8万元提高到10万元，有效保障了基层运转。三是加大财政监督检查力度。覆盖全市256家行政事业单位的资产管理系统正式运行，提高了国有资产监管水平。围绕“三农”、教育、卫生、城建、社会保障等重点领域开展专项监督检查88次，确保了各类专项资金安全、规范运行。

（撰稿：杜镇松）

蓬莱市

【概述】 2011年，蓬莱市坚持“科学、规范、为民、精细”的基本理财思路，积极推进财政改革和管理创新，较好地完成了各项财政工作任务，促进了经济社会平稳较快发展。全市地方财政收入20.07亿元，比上年增长26.46%，财政支出25.55亿元，比上年增长26.15%。

【发挥财政政策导向作用，支持企业加快发展】 全年用于自主创新、技术改造、对外合作、节能减排、循环经济等方面的奖补资金9 423万元，提升了经济发展的质量和效益。对14个荣获名牌产品和驰名商标的企业拨付奖励资金360万元，激励企业创新。兑付家电与汽车摩托车下乡、家电以旧换新补贴资金5 060万元，直接拉动城乡居民消费4.85亿元。落实出口退税、固定资产抵扣增值税以及高新技术企业、资源综合利用企业税收优惠政策，全年减轻企业负担5.92亿元。积极完善投融资和信用担保机制，拨付金融机构经营业绩奖励、风险补偿奖励和信用担保资金446万元，鼓励金融机构扩大放贷规模，有效缓解中小企业融资难。

【加大民生保障力度，建设和谐稳定模范城市】 全市民生投入15.05亿元，占财政支出的58.9%，较好地保障了重点社会事业发展和民生政策落实。农业方面，筹措资金2 434万元支持农业综合开发土地治理、小水库除险加固、农村小型农田水利等农田水利基础设施建设；开展一事一议财政奖补工作，拨付奖补资金1 353万元，带动农民、村集体、社会捐赠等社会投入3 159万元，受益人口10万人。教育方面，拨付资金3 221万元将农村中小学生公用经费标准提高到小学600元/生、初中800元/生，投入442万元继续向义务教育阶段学生免费提供教科书。医疗卫生方面，投入资金5 465万元将新农合和城镇居民医疗保险市县财政补助提高到每人每年200元；拨付补偿资金1 139万元用于支持实行基本药物制度的基层医疗卫生机构。社会保障方面，发放城乡低保保障金1 792万元，五保供养372万元。实行新农保基础养老金政策，对60周岁以上农村老人发放基础养老金3 675万元。

【财政改革逐步深入，体制机制日臻完善】 国库集中支付改革稳步推进，全年完成国库集中支付额1.76亿元，有效提高了资金的支付效率和使用效益。政府采购和投资评审日趋规范，规模不断扩大，全年共完成政府采购额4.22亿元、投资评审额9.84亿元，节约资金0.67亿元和1.17亿元，节减开支、规范预算执行的效果日益显现。行政事业单位资产改革取得重要成果，推行了政府公物仓制度，节约了行政成本，得到了各级领导的支持，在全省范围推广。

【队伍建设不断加强，机关作风进一步转变】 先后开展了“一学三促”、“党建先锋”、“创先争优”、“党务公开”等活动，组织了干部讲坛、业务知识培训班、建党90周年演讲比赛、趣味运动会、书法摄影比赛、庆十一文艺晚会等富有特色的主题实践活动，财政干部队伍建设与时俱进，机关创建成效明显，有力夯实了财政工作基础，蓬莱市财政局先后荣获省级文明单位、蓬莱市市直最佳工作部门、“十佳涉企服务部门”等荣誉称号，连续6年在全市行风评议中名列政府部门第二。

（撰稿：王先杰）

招 远 市

【概述】 2011 年，招远市地方财政收入完成28.53亿元，比上年增长26.5%；全市地方财政支出完成 28.85 亿元，比上年增长 24%。

【落实积极财政政策，服务经济转型发展】 一是制定政策促增长。先后制定出台了《招远市财政性存款调存奖励办法》、《可持续发展准备金征收使用管理办法》等支持经济发展的各类政策办法，为企业发展提供了更加有力的政策支持。二是积极投入促转型。拨付资金 2.3 亿元，用于扶持企业发展。安排资金 5 000 万元，集中鼓励推动招远市黄金企业转型发展，引领加快全市产业结构的调整优化。三是打造平台促发展。筹措资金 6.3 亿元，全力推动东城新区、滨海科技产业园、开发区等重点园区内基础设施建设。

【发挥公共财政职能，着力保障民生支出】 集中财力保障重点民生支出，“三农”、教育、卫生、社会保障等重点支出 21.57 亿元，分别比上年增长 28.7%、29.5%、26.5%、43.1%。一是促进“三农”发展惠民生。安排资金 3 435 万元，支持小农水重点县、水库除险加固等水利项目建设；投入 1 650 万元，用于农业产业结构调整、中低产田改造、农业产业化建设等示范工程项目；累计投入“一事一议”财政奖补资金 2 375 万元，支持建设了 300 多项农村公益事业，惠及农民 25 万人。及时发放良种补贴、粮食直补等各项惠农补贴 5 000 多万元。二是完善社保体系解民忧。继续支持新型农村合作医疗开展，各级财政共安排补助资金 7 867 万元，将新农合补助标准提高到每人每年 200 元；安排资金 5 075 万元，贯彻落实国家基本药物制度，加快推进基本医疗保障制度建设；发放基础养老金 5 854.3 万元做好新型农民养老保险工作；安排资金 2 000 多万元用于城乡低保、农村五保、困难群众、残疾人等各项救助保障；安排补贴资金 1 224 万元，用于拨付困难企业职工培训、一次性创业、创业平台建设等创业扶助项目。三是繁荣社会事业增民利。拨付资金 3 880 万元，推动义务教育经费保障机制改革；拨付补助资金 390 万元，资助困难学生 6 425 人次；拨付资金 1.09 亿元，推进实施校安工程及校车试点工程；拨付资金 560 万元，用于开展公益性演出、电影下乡活动等。

【深化财政改革，提高精细化管理水平】 一是国库集中支付改革全面推开。在 27 个单位先行试点的基础上，2011 年 4 月份全市面上推开。累计通过国库集中支付系统拨付资金 47.27 亿元。二是继续强化政府投资评审管理。制定出台了《关于规范财政性资金投资项目政府投资评审、政府采购程序的意见》，全年共评审概、预、决（结）算项目 62 个，评审投资 17.5 亿元，审定投资 14.72 亿元，审减资金 2.79 亿元，审减率 15.92%。三是继续深化政府采购改革。进一步扩大政府采购范围，成立了政府采购专家评审库，全年共完成各种形式政府采购 120 次，采购金额 6.4 亿元，节约资金 1.06 亿元，节约率 14.19%。

（撰稿：杨志旗　冯晓东）

栖 霞 市

【概况】 2011 年，栖霞市地方财政收入完成 5.06 亿元，同比增长 26.1%。全市财政可用总财力为 13.95 亿元，同比增长 22.1%，地方财政支出为 13.95 亿元，实现全年财政收支平衡。

【财税征管】 全年税收收入占地方财政收入的比重达到 91.6%，全年境内税收收入完成 8.9 亿元，增长 33%。增值税、营业税、企业所得税、个人所得税四大主体税种占国地两税地方级收入比重达到 59.5%，增长 35%。其中：企业所得税、营业税增幅分别达到 82.1% 和 34.6%，标志着栖霞市工业经济和城市经济已经进入了崭新的发展阶段。

【服务经济】 配套出台了《关于获得功勋企业家荣誉称号人员发放特殊津贴暂行办法》、《企业发展专项资金管理试行办法》、《中小企业“助保金”贷款操作规程》等系列文件，为企业发展营造良好氛围。全年兑现财源建设、招商引资等奖励 1 000 多万元，建立企业扶持专项基金 1 000 万元，调动了各方面积极性。拨付企业过桥资金 600 万元，帮助 30 家企业争取资金 2 000 多万元，全市地方级纳税 100 万元以上企业达到 53 户，较上年增加 12 户。

【关注民生】 拨付各类民生资金 6 亿多元，重点抓好全市旧村改造、社会保障、城市基础设施等惠民工程的资金保障。稳妥推进农业综合开发和苹果产业振兴项目建设，完成村路大修 210 公里，改造农业中低产田 1 万亩，改造苹果郁闭园 8 000 亩，建立有机苹果示范园 60 亩。兑付粮食直补、水库除险加固、农机具购置补贴等涉农资金 1 亿多元。发放城镇医保补助、基础养老金、低保基本生活补助等社保资金 3 亿多元，老百姓从“真金白银”的投入中得到了实惠，看到了希望，有效维护了社会的和谐稳定。

【财政管理】 全面推进国库集中支付制度改革，加大政府资金宏观调控能力，减少了支付环节，保证了财政资金运转高效透明。政府投资项目实现全过程无缝覆盖，政府采购、投资评审、国库集中支付、资产管理等手段相互配合，相得益彰。全年完成政府采购项目101个，预算金额3.22亿元，项目采购金额2.81亿元，节约率12.7%。完成工程项目预决算审查200个，送审值5.64亿元，核减值1.74亿元，核减率30.9%，有效提高了政府资金使用效益。支农资金管理模式不断成熟，粮食直补、家电下乡和以旧换新等涉农补贴均通过“一卡通”方式支付，实现了补贴发放网上跟踪管理，补贴过程公开透明，保证了各项补贴及时足额发放到群众手中。

（撰稿：付　森）

海阳市

【概述】 2011年，海阳市完成地方财政收入16.2亿元，比上年增长26.56%。其中，税收收入完成13.1亿元，增长40.83%，地方财政总支出24.7亿元，增长34.7%。

【强化税源控管，持续加大财源建设力度】 面对复杂的经济形势和亚沙会筹备带来的巨大财政压力，海阳市坚持培植税源、依法征收和规范管理三位一体，进一步优化财源结构，全面加强税源控管，努力夯实征管基础，切实加大征管力度，提高税收征管质量。同时，严格执行财政统管、银行代收、以票管收、收缴分离的非税收入收缴管理模式，严厉打击“偷逃骗”税等违法行为，确保应收尽收，全市财政实力迈上新台阶。

【强化争取措施，持续增强财政保障能力】 围绕亚沙会工程、蓝色经济区建设、城市污水管网、环境质量改善、新农保试点县、小农水重点县建设等重点工作，充分发挥财政部门的职能作用，加大资金筹措力度，多次与上级沟通汇报，积极争取上级支持；亚沙会税收优惠政策已得到财政部、海关总署、国家税务总局三部门联合行文批复；通过金融机构积极筹措资金，全部用于亚沙会基础设施建设，极大地缓解了亚沙会建设资金紧张的局面，为全市经济社会发展提供了有力保证。

【优化支出结构，持续增强民生保障能力】 按照构建和谐社会和公共财政体系的要求，精心运筹财政资金，合理安排财政支出，重点向“三农”和社会事业倾斜，优先保障各项民生支出需要，各项民生政策得到不折不扣的贯彻落实。不断加大民生投入，切实保障困难群体、弱势群体基本生活，全面落实各项支农惠农政策，切实维护农民利益，积极解决好与群众生活密切相关的热点、难点问题。

【推进财政改革，持续提高科学理财水平】 建立完善以部门预算为基础、投资评审为支撑、政府采购为手段、国库集中支付为保障的财政支出管理体系，将投资评审、政府采购贯穿到财政支出管理的全过程，不断提高财政管理精细化水平。对政府投资建设工程项目的预决算、招投标、施工、竣工结算每一个环节，安排专人全程参与，深入现场严格把关，力求资金节约高效。对部门的每份申请报告，一丝不苟，查根找据，能省则省，最大限度地节约开支，有效提高了财政资金的使用效益。

（撰稿：由志强）

长岛县

【概述】 2011年，长岛县实现地方财政收入1.21亿元，同比增长12%。地方财政财力4.28亿元，地方财政支出4.26亿元，财政收支平衡。

【组织财政收入】 加大组织力度，提高征管效率，确保了财政收入的稳定增长。出台《关于鼓励服务业发展的意见》，全年引企增收实现1 416万元，同比增长14.7%。制定海上旅游资源有偿使用费征收标准，提高滩涂养殖海域使用金征收标准等，形成了新的非税收入增长点。全年共实现非税收入4 760万元，按可比口径增长12%。同时，提高海域使用金征收标准，调动乡镇增收积极性，实现乡镇收入2 789万元，增收762万元，同比增长37.6%。

【保障民生工程】 用于教育、社保、医疗卫生、科学技术、文化体育等社会事业投入达到1.22亿元，增长7%，占地方财政支出28.7%。全县财政教育投入5 770万元，生均公用经费达到小学生均600元/年，初中生均800元/年，中小学寄宿生生活补助分别提高至1 000元/年和750元/年。全力保障校舍维修加固工程、“211工程”、中小学标准图书室建设资金投入。社会保障和就业支出4 250万元，安排弱势群体救助资金500万元；城市和农村低保标准分别提高至4 440元/年和2 000元/年，五保分散供养和集中供养标准分别提高至2 600元/年和5 200元/年。按时足额发放离退休人员基本养老金，全年财政补贴养老金缺口660万元。医疗卫生事业支出1 740万元，基本公共卫生服务标准提高至25元。新农合医疗和城镇居民基本医疗保险政府补助标准由每人120元提高至200元。筹资973万元支持城乡文化体育基础设施建设，支持文化惠民工程和全民健身工程。加大惠农政策贯彻落实力度，投入各级财政奖补资金1 000万元，实施村级公益事业建设项目15个；兑现石油价格改革财政补贴资金3 780万元，补助渔业、林业、公交车、出租车、水路客运等行业，及时兑现了水库移民资金、良种补贴、农资综合补贴资金。

【推进重点工程】 全年共支付重点工程项目资金3.83亿元。其中，支付西海岸、南北长山大桥等拆迁补偿2.14亿元；支付临街立面改造、城区排水、供暖、乡镇路灯照明等工程3 600万元；支付中心渔港、县医院改造、西海岸护岸等扩大内需工程3 200万元；支付南城示范小区建设8 052万元；支付往年各项工程欠款1 884万元；投入资金620万元解决北五岛及大小黑山岛路灯照明问题。

【加强财政管理】 一是大力压减财政开支。全县完成政府采购额1.92亿元，节约资金2 832万元。完成政府投资评审总额3 359万元，节约资金317万元。二是扎实推进“小金库”专项治理工作。对全县151家单位进行复查，复查面100%。三是加大财政资金审查力度。对全县8个家电下乡网点开展家电下乡防治骗补检查，对县乡两级财政专户进行清理整顿，合并各类资金3.95亿元。

【严格国有资产监管】 积极组织国有资产收益及时足额入库，建立国库单一账户体系，实行财政直接支付和授权单位支付相结合的国库集中支付制度。通过国有产权进场交易、职工安置、拆迁补偿、清产核资等手段强化管理措施，避免国有资产流失，切实保证了国有资产保值增值。

（撰稿：栾巧茹）

经济技术开发区

【概述】 2011年，烟台经济技术开发区实现生产总值900亿元，比上年增长13%；实现财政总收入130亿元，其中地方财政收入完成38亿元，分别比上年增长22.5%和26.7%；税收占地方财政收入比重为89.01%。地方财政一般预算支出46亿元，比上年增长44.37%。

【财源建设基础进一步强化】 坚持扶企惠企、固本培元。全年拨付扶企资金14.6亿元，办理出口退税25.2亿元。完善财银企合作平台，设立财政扶持中小企业信贷周转金5 000万元，引导驻区银行信贷投放300亿元，其中面向中小企业贷款132亿元，比上年增长30%。帮助216个企业项目争取上级资金2.5亿元。加大招商引资、引税力度，与投资促进部门健全了重大项目引进的沟通协调服务机制，在全市率先开设财政外币保证金账户，承办了全省外汇业务辅导班。全年上缴地方税收2 500万元以上企业21家，比上年增加6家，其中5 000万元以上企业7家。

【公共支出结构进一步优化】 教育、社保、就业、医疗、农业等重点社会事业支出21.8亿元，比上年增长50%，占地方财政支出的47.5%，比上年提高1.98个百分点，各项社会事业人均投入指标均居全市首位。城镇医保、城乡低保、新农保、社会救助等财政补助标准全市最高。在全市率先实现校车、校服“两免”，率先实现对普惠制幼儿园经费补助和困难生补助，率先实现城乡居民医保一体化。全年基础设施投入49.1亿元，公益事业投入11.5亿元。18件为民实事得到重点保障，校舍改扩建投资1.1亿元，热源扩容工程投资2亿元，2 000套经济适用房和廉租房开工建设，医院门诊大楼、福利中心敬老院和三个街道残疾人康复站投用。

【财政管理改革进一步深化】 进一步健全综合治税、治费组织协调和考核机制，建设启用了财源信息化管理平台，开展了会计信息质量检查，发现并纠正违规和漏征问题金额7 000多万元。牵头开展“小金库”专项治理，涉及金额75.56万元已全部清理。以财政科学化、精细化管理为目标，对财政支出实行了事前评审、事中监控和事后问效的绩效评价机制，进一步提高了财政资金绩效。通过方案论证优化、投资评审、政府采购、基建决算审核定案等财政管理手段，全年节约资金3.95亿元。

（撰稿：李国升）

高新技术产业开发区

【概述】 2011年，全区财政收入完成2.52亿元，比上年增长53.89%。其中地方财政收入完成1.19亿元，比上年增长55.18%，地方财政一般预算支出完成2.33亿元。

【加大投入，惠及民生】 着力从群众最关心的教育、医疗、民政、社会保障等工作入手，全面构筑公共财政基本框架，让改革和发展的成果最大程度惠及人民群众。校舍改造建设、教师绩效工资、校园安全、校车工程建设等教育事业得到全面提高。基本药物制度、基本公共卫生服务等医疗卫生事业投入不断加大，特别是新农合财政补助标准和低保户、五保户及优抚对象参加新农合资金，财政给予全额补助。城乡低保、百岁老人和八十岁以上老人给予生活补助等民政事业全面推进。建立了财政支持社会保障的有效机制，进一步完善了城镇职工、机关、企业各种社保体系。

【扶持企业，壮大财源】 通过加大对企业的扶持力度，积极培植壮大财源，不断提升经济发展的后劲和潜力。出资2 000万元作为创业引导资金吸引上海建信资本等多家战略伙伴投资8 000万元，按照公司化模式设立规模1亿元的创投基金。出资500万元设立风险补偿专项资金，并引导银行机构按风险补偿资金的10倍（5 000万元）提供融资额度，为企业发展提供了良好的融资环境。

【立足本职，保障运行】 通过积极筹措资金，科学合理安排年度预算，全面保障人员经费、公用经费和重点项目资金需要，为支持各部门全面履行管理职能奠定了良好的基础。一是立足部门基本需求，竭尽全力为各部门创造良好的办公和工作条件。二是积极贯彻上级重点工作部署，加强资金筹措，加大资金拨付力度，有力支持了重点工作的顺利推进。

【加强规范化、精细化管理】 通过实施部门预算、实行财政直接支付、政府采购和投资评审制度，全年共评审项目工程概、预、结算49个，资金审减比例达8.7%；实施政府采购64宗，采购资金节约率达3.9%，实现了财政资金规范、节约、高效使用。

【强化队伍建设，提升行政效能】 以廉政、勤政建设为基础，开展了“解放思想”大讨论活动，加强机关建设。进一步凝心聚力、激发干劲，推动机关建设水平不断提高。围绕财政中心工作，主动谋划、积极作为、顾全大局，为圆满完成各项工作任务提供了坚强保证，财政发展和各项保障工作取得新成效。全年共获得区级以上先进集体和先进个人表彰19项。

（撰稿：徐大伟）

潍　坊　市

潍　城　区

【概况】 2011年，潍城区财政总收入完成20.1亿元，增长19.1%；地方财政收入完成11.3亿元，占调整预算的100.4%，增长15.6%。财政总支出完成10.6亿元，增长7.6%；地方财政支出完成8.4亿元，占调整预算的100%，增长5.4%。

【财政收入实现持续平稳增长】 不断完善综合治税措施，理顺税收秩序，加强重点行业和主要税种管理，深挖增收潜力，强化税收征管，收入实现了持续平稳增长，保障了经济社会健康较快发展。收入质量进一步提高，税收收入占地方财政收入的比重达96.2%，高于全市12.4个百分点。

【民本民生得到有力保障】 不断调整优化支出结构，着力保障民本民生。强化资金调度、运作，提高了全区行政事业人员工资标准，保证了工资及时发放。做好义务教育资金保障，搞好校舍改造，保障校园安全，促进了教育事业健康发展。认真落实社保政策，提高了全区低保、医保等标准，全年发放低保金1 093万元；加快社会保障体系建设，落实资金1 043万元，积极开展新农保工作试点，促进了社会和谐稳定。加强公共卫生体系建设，落实资金3 120万元，推进新农合、社区卫生和基本药物制度改革，医疗服务水平不断提高。积极开发就业岗位，扩大就业培训，缓解了就业压力。投资530万元，推进公厕建设，进一步完善城市功能；争取上级部门支持，搞好垃圾一体化处理，改善了城乡环境面貌。

【服务发展的能力不断提高】 认真领会上级政策，积极发挥财政职能，推动经济社会健康发展。落实招商引资政策资金1 733万元，支持现代服务业发展。争取专项资金3 900万元，发展壮大物流园区，支持节能环保、新材料、新能源产业发展，推动产业结构调整。深入推进农村“一事一议”公益事业建设，加快农村社会事业发展。

【惠民政策及时落实到位】 加大政策宣传力度，严格工作程序，强化资金管理，搞好资金保障，发放家电下乡、农机购置、库区移民、粮食和农资等补贴6 173万元，农民得到更大实惠。积极落实住房保障政策，发放廉租房、经济适用房补贴268万元；积极落实到位资金，推进保障性住房建设，解决困难群体居住需求，促进社会和谐。

【财政管理水平不断提高】 深入推进财政精细化、规范化和科学化管理，加大监查力度，确保了资金运用安全、高效。加强非税收入管理，严肃了财经纪律。认真执行上级政策，顺利完成事业单位改制。不断完善政府采购机制，强化招投标管理，政府采购完成2.3亿元，节支率达15.2%，提高了资金使用绩效。

（撰稿：李树东　孙铭刚）

寒　亭　区

【概述】 全区财政总收入完成10.65亿元（不含经济开发区，下同），同比增长 8.6%；地方财政收入完成 6.03 亿元，同比增长 11.9%。全区财政总支出完成 10.23 亿元，同比增长 13.3%；其中地方财政支出完成 8.08 亿元，同比增长 7.5%。

【财政资金导向作用成效明显，产业结构不断优化升级】 工业经济迅猛发展，机械制造、食品加工、造纸包装等传统支柱产业持续扩张，新材料、新医药、节能环保等新兴产业日趋壮大，高新技术产业园、先进制造工业园等六大重点园区规模不断膨胀。服务业快速崛起，引进落户了一批大型专业市场，规模大、档次高、品种全的大市场、大流通格局初步形成。文化旅游业快速壮大，组织实施了杨家埠民俗旅游区、禹王生态湿地、柳毅山生态文化旅游景区等项目建设，寒亭知名度得到进一步提高。都市农业发展实现新突破，粮食连续 8 年丰收，农业龙头企业和农民专业合作社持续发展壮大。

【财政改革不断深化，各项社会事业全面进步】 深入实施财政管理体制改革，以部门预算、国库集中支付、政府采购、投资评审为主要内容的新型公共财政体系不断完善。国库集中支付制度改革进一步深化。对政府投资项目聘用工程造价咨询机构及代理机构公开招标，政府采购招投标及评审工作进一步规范。城建投融资体制改革成效显著，成功发行了首支企业债券。城市化进程加快推进，城乡面貌发生深刻变化，城区美化、绿化、亮化、净化水平不断提高，农村面貌明显改观，新农村建设步伐加快。民生工程扎实推进，继续实施 10 件惠民实事工程，切实解决了一批群众普遍关心的热点难点问题，社会稳定、和谐发展。

【财政干部队伍建设扎实推进，机关规范化管理水平不断提高】 认真组织开展“创先争优”活动，紧紧围绕财政改革、财政管理、财源建设、队伍建设等重点课题开展调研，增强工作的主动性和前瞻性，在业务工作上争一流，在服务经济发展上当先进，努力打造财政工作的品牌和亮点。不断完善内控机制，实行竞争上岗，加大干部审计力度，对重点岗位定期交流，对重点业务权力进行分解，促进了机关规范化管理水平的不断提高，先后被授予“三八”红旗集体、财政系统先进集体、“十佳文明服务品牌”等多项荣誉。

（撰稿：刘洪康）

坊　子　区

【概述】 2011 年，坊子区完成地方财政收入 6.33 亿元，比上年增长 32.1%，税收收入占财政收入的比重达到 92.75%，主体税种占地方财政收入的比重达到 61.52%。完成财政总支出 9.34 亿元，比上年增长 19.6%，其中，地方财政支出 7.35 亿元，比上年增长 20.7%。

【突出财源建设，提升发展内生动力】 树立“财政服务于企业、企业贡献于财政”的理念，积极为企业优化发展环境，争取资金扶持，拓宽融资思路。创新帮扶机制，实行点对点服务，让企业及时了解财税政策；研究上级政策，帮助企业争取上级资金扶持 1.8 亿元，破解制约企业发展的资金瓶颈，其中为山东奥客隆分体式太阳能项目争取到 2 000 万元清洁发展机制基金贷款，帮助企业创新发展；完善贷款风险补偿机制，引导金融行业加大对中小企业的资金支持，组织全区 42 家规模以上企业与兴业银行召开了银企对接会，签订 15 亿元授信额度，解决企业融资难问题；发挥财政职能，促进大项目、好项目落户，跟上协调服务，确保全区招商引资工作顺利推进。

【突出聚财理财，提升财政保障能力】 与税务部门密切沟通协作，及时掌握重点税源运营状况，做好重点企业、重点行业税收情况的分析预测。加强非税收入管理，提高收入征收管理水平。搭建融资平台，与金融机构加强合作，为民本民生、重点工程提供资金保障。开工建设金融大厦，为推动全区金融产业发展打下坚实基础。

【突出民生优先，提升保障水平】 2011 年，坊子区用于教育、医疗卫生、社会保障、支农惠农等民生支出达到 4.8 亿元，比上年增长 26.3%。教育优先发展得到全面落实，全年教育支出 2.4 亿元，占财政支出的比重达到 26.5%；大幅提高新型农村合作医疗、城镇居民基本医疗保险制度政府补助标准，安排资金 1 500 多万元，支持医药卫生体制改革、公立医院改革；建立社会保障标准随经济增长的长效增长机制，全年发放低保金、五保供养金等补助资金 2 700 多万元，困难人群的基本生活得到保障；落实强农惠农政策补贴 7 400 多万元，促进了农民增收和农业增效；筹集资金 1.5 亿元实施道路改造、亮化绿化、背街小巷改造、城乡环卫一体化等工程，改善居民生活环境；通过财政贴息引导银行发放小额担保财政贴息贷款 1 585 万元，支持 560 多名退伍军人、妇女、下岗失业人员实现了就业和再就业。

【突出管理创新，提升财政监管力】 统筹预算内外资金管理，将预算外收入全部纳入预算管理，增强财政调控资金的能力；制定财政支出绩效评价办法，初步建立了符合坊子区实际的绩效评价实施方案和绩效评价指标体系；发挥财政投资评审作用，将所有财政支持建设项目纳入评审范围，从事前、事中、事后各个环节实行全方位监督和综合评价，确保资金安全高效运转；加大政府采购力度，全年采购额达 1.5 亿元，节约资金 3 000 万元。

（撰稿：刘 金）

奎 文 区

【综述】 2011 年，奎文区财政总收入累计完成 26.78 亿元，比上年增长 25.5%，其中，地方财政收入完成 17.09 亿元，占预算的 110.1%，比上年增长 28.8%。财政总支出 12.7 亿元，其中，地方财政支出 10.5 亿元，占预算的 123.7%，比上年增长 5.4%（可比口径增长 19%）。

【大力扶持企业发展】 兑现重点企业奖励扶持资金及企业政策性退税 8 500 余万元，为全区 100 多户企业申请上级环境保护等专项资金 3 000 余万元，兑现扶持企业优惠政策专项资金 1 000 万元。

【调整完善区街财政体制】 为进一步理顺区街财政分配关系，调动街道增收积极性，在保持区街财政体制总体框架不变的基础上，将原属区级收入范围企业税收除特殊行业、企业、税种外，全部按街道属地重新划分。

【优先扶持民生项目】 进一步提高义务教育阶段生均公用经费标准，将中小学生均公用经费标准分别由 720 元/年和 510 元/年提高到 900 元/年和 700 元/年。保障学前教育，将区直、新华和樱园三处公办幼儿园纳入财政全额预算管理，教师工资实行财政统发。大力支持社会保障事业，将城镇低保标准提高到每人每月 330 元，将城镇居民医疗保险的政府补助标准由人均 120 元提高到 200 元，将政府购买基本公共卫生服务标准由人均 15 元/年提高到 25 元/年。提高社区工作人员基本生活补贴，月人均提高标准 500 元。

【推进财政管理体系改革】 在全市率先编制综合预算，将预算外收入全额纳入部门预算管理。在部门预算中适当增加常规性项目预算，将原区里预留的部分专项资金按事业发展要求细化列入部门预算，减少预算安排的随意性，增强预算执行的刚性约束。加大专项资金拨付核准力度，严格按专项资金用途和使用单位拨付到位，减少中间环节，确保资金安全高效。对大额提现支出进行审批备案，控制大额现金支出。全力推行公开招标，政府采购公开招标项目比重达到 95%以上。

【创新国有资产管理】 研究出台了《奎文区政府公物仓资产管理暂行办法》，率先在全市建立政府公物仓，对单位举办大型活动或临时办公机构所需资产设备进行统一采购、统一管理，循环使用，规范处置，建立资产有效利用调配机制，节约了财政资金。

（撰稿：孙 伟）

青 州 市

【概述】 2011 年，青州市完成财政总收入 52 亿元，比上年增长 19.7%，其中地方财政收入 21.7 亿元，比上年增长 20.1%；完成财政总支出 26.7 亿元，比上年增长 17.5%，其中地方财政支出 22.9 亿元，比上年增长 16.5%。

【充分发挥财政职能，工业经济实现全面突破】 支持重点项目和基础设施建设，着力抓好项目资金保障，建立项目发展专项资金，完善各项优惠政策，落实经济开发区、猕山经济发展区、卡特彼勒工业区大项目后置收费 9 367 万元，落实企业招商引资优惠政策资金 4.6 亿元，落实工业重大项目贴息资金 1 572 万元，落实中小企业过桥续贷资金 6 980 万元，落实扶持企业上市资金 322 万元，实行“区域集优”债券模式为企业提供担保融资 2.15 亿元，工业经济实现快速发展，促进了产业集群发展，工业支撑带动能力明显增强。

【完善民生投入机制，实现社会和谐发展】 以落实青州市承诺的“12 件实事”为重点，建立起以财政预算正常增长为支撑的长效投入机制。支持教育事业优先发展，完成教育支出 8.33 亿元，占财政支出的 31.2%；落实社会保障和就业资金 2.6 亿元，比上年增长 17.9%；加快基本公共卫生服务均等化发展，全年支出资金 2.5 亿元，全面推进医疗卫生改革；加大城市公共基础设施建设，筹集拨付 5.53 亿元，全力推动了卫生、环保、旅游、园林城市建设；加快文化体育建设，安排拨付资金 2 712 万元，促进了群众文化活动、农村电影放映等多项文化体育工程的开展。

【落实强农惠农政策，实现城乡统筹发展】 加大支农资金整合力度，重点向农村基础设施和公共服务领域倾斜，全年财政支农投入 3.37 亿元，增长 12.5%。兑现农资综合直补、粮食直补等 10 余项惠农政策，发放补贴资金 1.08 亿元；大力发展奶牛、蔬菜、花卉等现代农业项目，争取和配套资金 4 150 万元；落实改造中低产田和生态流域治理资金 842 万元；落实荒山绿化资金 911 万元，共完成绿化 4.4 万亩；筹集 4 636 万元，积极推进城乡环卫一体化；投资 8 071 万元，对农村公路进行全面改造。

【深化财政改革，提高财政精细化管理水平】 健全以部门预算、国库集中支付、政府采购和投资评审为主要内容的预算管理体系，将除教育收费以外的行政事业性收费全部纳入预算内管理，实现基金和专项资金预算管理全覆盖；改进部门结余资金管理办法，加强专项资金管理，积极开展绩效评价，提高资金使用绩效；健全内控机制，加大专项资金及重大财经政策执行的监督检查力度，确保资金安全使用。制定一事一议项目规划，建立一事一议项目库；加强政府采购监管力度，采购行为更加规范；实行财政往来票据代开制，变事后监督为事前控制，真正做到“以票管费”；规范城市规划拆迁中国有资产处置程序，防止资产流失；建立和完善会计管理网络平台，会计管理基础工作全部实现网络化；调整市镇财政管理体制，出台配套措施，调动镇街道园区培植财源、组织收入、加强支出管理的积极性和主动性。

（撰稿：郝　志）

诸　城　市

【概述】 2011 年，诸城市完成地区生产总值 521 亿元，同比增长 12.3%；实现财政总收入 62 亿元，其中地方财政收入 40.1 亿元，分别比上年增长 20.4% 和 29.1%，地方财政收入名列全省县级第 5 位；完成财政总支出 47.5 亿元，其中灶内支出 41.6 亿元，分别增长 24.6% 和 23.9%。

【提高站位，助推经济发展】 围绕突破经济发展资金制约瓶颈，财税部门牢固树立全局观念和大局意识，超前谋划，积极应对，在国家信贷规模收紧的情况下，成功发行了 10 亿元的市政企业债券；利用舜邦和舜域两个贷款担保平台，先后为 57 家中小企业提供贷款担保 4.6 亿元；并积极为惠发食品、冠泓数控等企业争取设备更新、新上项目贷款 4 亿多元，争取上级生态环保、自主创新、产业升级、结构调整等扶持企业资金 7 亿多元，极大改善了全市金融环境，有力地推动了全市经济转型跨越发展。

【强化措施，大力增收节支】 制定出台地方税收保障和房屋租赁业税收管理办法；建立健全协税护税网络，强化协税护税责任，加快涉税信息传递；深化企业纳税评估，完善税收分析预警机制；加强税收源头控制，强化税收稽查；依法拓宽非税收入范围，强化“以票控费”机制，充分挖掘增收潜力。牢固树立过紧日子的思想，严格控制“三公”经费和临时预算支出，厉行节约、勤俭办一切事业，统筹资金、集中财力保障重点事业发展。

【加大投入，保障改善民生】 全市用于民生方面的支出 26.6 亿元，比上年增加 8 亿元，占财政支出的 55.9%。进一步完善了救济救助机制，提高了城乡居民最低生活保障标准，为孤儿和低保重度残疾人发放了生活补贴，对大病贫困人员实施了医疗救助；推行了新型农村社会养老保险制度和基本药物制度，提高了新农合、城镇居民医保和社区居民基本公共卫生服务财政补助标准；加大了教育投入，实施了标准化校舍建设，全部化解了农村义务教育阶段的学校债务；涉及强农惠农等民生方面的政策都足额落实、及时到位，基本公共服务的覆盖范围逐步扩大，保障力度和水平不断提高。

【完善机制，加强财政管理】 对新建成的一些公益性和经营性场馆，依托诸城市的资源优势，引入市场化运作机制，举办了一些国内知名的体育赛事和食品博览活动，既盘活了国有资产，又宣传推介了诸城。进一步完善了财政投资评审机制，出台了政府投资项目管理制度、项目变更及隐蔽工程签证管理制度和聘用中介机构评审管理制度，严把事前预算评审关、事中跟踪控制关和事后结算审核关，全年共评审政府投资项目 186 个，节省政府投资 1.3 亿元。依法理财深入推进，预算编制和执行管理得到加强，财政监督机制不断完善，财务会计制度进一步健全，较好地保障了财政职能作用的发挥。

（撰稿：刘顺章）

寿　光　市

【概述】 2011 年，寿光市财政总收入完成 69.2 亿元，其中地方财政收入完成 41.6 亿元，分别比上年增长 23%、28.8%。财政支出完成 44 亿元，比上年增长 23.5%，全年财政收支平衡。

【强化依法治税，保障财政经济协调增长】 健全收入目标责任制，完善财税联席会议和收入进度通报制度。加强税源监控和稽查，密切跟踪重点税源变化情况，及时跟进税源调查和分析预测，提高税收征管的科学化水平，纳税评估和税收稽查工作成效明显。进一步规范了非税收入管理，政府宏观调控能力进一步增强。

【促进转方式调结构，服务经济发展成效显著】 全年办理减免税款和出口退税 12.5 亿元；拨付专项资金 6 亿元，重点支持传统工业技术改造和战略性新兴产业发展。把握“蓝黄”两区建设的重大机遇，申报 76 个项目，争取到位资金 2.85 亿元，增强了企业自主创新能力和发展后劲。争取金融机构贷款增量奖励及村镇银行定向费用补贴 2 584 万元，推动了金融支农长效机制建设。协调金融机构为中小企业发行区域集优票据，有效缓解了融资难题。

【着力保障改善民生，健全完善公共财政体系】 2011年，寿光市教育、医疗卫生、社会保障和就业、保障性住房、强农惠农等民生支出完成29.5亿元，比上年增长38%。全市新增财力的88.6%投向民生支出，社会保障功能日趋完善。教育经费投入继续加大，教育支出14.7亿元，超额完成了27.91%的财政经费投入目标。在潍坊市率先实施城镇居民养老保险，初步建立起覆盖城乡的社会养老保险制度。安排资金1 017万元，加强就业创业培训指导，构建就业保障长效机制，较好地改善和提高了困难群体的生活质量。基本医疗保险制度实现全覆盖，新农合、居民医疗保险政府补助标准提高到每人200元。基本药物制度扎实推进，实行省级网上集中采购；拨付资金6 556万元，确保了基层医疗机构正常运转，有效缓解了群众看病难、看病贵的问题。实施保障性安居工程，推进保障性住房建设，逐步解决困难群体住房难问题。

【推进生态文明建设，加快城乡一体均衡发展】 加大农村基础设施建设投入。安排资金3.1亿元，加快农村道路、饮水、农田水利等配套设施建设；筹集资金3 515万元，支持农村环境综合整治，在全省率先实施了城乡环卫一体化。认真开展农村土地综合整治。争取上级补助资金9 000万元，推动了国家级土地综合整治项目顺利开工；投入资金4.9亿元，稳妥推进30个土地增减挂钩（置换）项目，有10个项目通过了验收、4个项目竣工，节余土地指标3 510亩，进一步优化了城乡用地结构。全面落实国家惠农政策。兑付各类支农资金2.3亿元，促进了农业增产、农民增收。农村文化生活质量进一步提高。筹集资金6 317万元，实现了文化站、农家书屋全覆盖，96%的村建起文化大院，电影下乡等文化惠民活动有序开展。

【深化财政体制改革，管理水平不断提高】 调整完善镇街财政体制，为6个镇街拨付保障性转移支付资金3 280万元，推动了镇街均衡发展。规范部门预算编制执行，扩大预算编制范围，全面取消预算外资金，所有政府性收入全部纳入预算管理。进一步完善财政资金存贷挂钩机制，增强了资金调度能力。财政资金直接支付率达到84.7%，进一步提高了预算执行能力。建立多元化评审机制，全年完成140个政府投资项目评审，审减率达19.8%。政府采购节支率达18.1%，财政资金使用效率不断提高。加快推进“强基固本”工程和规范化财政所创建活动，努力创新基层财政发展的新模式。

（撰稿：魏华山　姜言山）

安 丘 市

【概述】 2011年，安丘市财政总收入完成16.02亿元，比上年增长19.4%，其中：地方财政收入7.78亿元，同比增长28.7%；财政总支出20.72亿元，增长31.3%，其中地方财政支出15.39亿元，增长26.8%。

【强化财源建设，促进经济发展】 紧紧围绕全市经济发展目标，积极适应财政体制改革和宏观经济环境的变化，及时调整财源建设思路，转变财政投入方式，明确支持经济发展重点，促进经济结构调整和产业升级改造，加快促进传统工业转型和新兴产业发展，进一步壮大支柱财源，着力培植优质高效财源，为财政增收奠定良好基础。整合财政资金和资源，加大对出口食品、农产品质量安全、标准化农业、服务业、文化产业的扶持力度，为经济持续健康发展注入了新的活力。强化财税杠杆运用，综合运用贴息、担保、奖励、补贴、跟进投资、配套等经济杠杆，加强对社会资源的引导，放大财政资金投资乘数效应，吸引更多的社会资金参与经营，实现了财政与经济的互促共进。

【加强收入征管，增强财政实力】 按照“加强税收，强化非税”的原则，严格落实财政收入目标责任制，加强收入调度，依法加强税费征管，财政收入质量更趋优化。税务部门强化纳税评估、税负分析和税收稽查，开展社会综合治税，不断提高税收征管水平。财政部门完善收缴征管机制，全面提升政府非税收入管理水平，切实增强政府宏观调控能力，财政收入实力进一步壮大。

【优化支出结构，保障重点支出】 调整和优化财政支出结构，严格控制和压减一般性支出，优先保障工资发放、政权运转、社会稳定和重点事业支出，公共财政保障能力稳步提高。全面落实各项强农惠农政策，加快推进新农村建设。整合财政资金，集中财力保重点、办大事。加大财政投入，大力支持教育、科技、文化、医疗卫生、劳动就业、社会保障、计划生育、环境保护、公共安全等重点事业发展，着力保障和改善民生，加快推进公共财政建设。

【深化财政改革，提升管理水平】 深入推进部门预算、国库集中收付、政府采购、投资评审、收支两条线、事业国有资产管理等制度改革，积极推进农村公益事业“一事一议”奖补试点，不断提高财政管理精细化水平。支持扩权强镇改革试点，推进城乡经济社会统筹协调发展。加强住房公积金和国有资产运营管理。清理整顿行政事业单位公务用车。建立健全“立项审批—投资评审—政府采购—绩效评价”的管理机制，全面加强财政基础管理，完善内控制度建设，全面提升精细化管理水平。实行政府投资项目资金统一归口管理，加大城市基础设施投入，提高了资金的使用效益。

【加强监督检查，依法严格理财】 坚持依法行政、依法理财，财政会同监察、物价、审计等部门，抽调工作人员，采取调账集中检查方式，对各类收费及罚没收入执行“收支两条线”管理情况进行了检查，认真做好“小金库”清查工作，针对发现的问题提出了整改意见和建议。加强对预算管理执行情况的监督检查。组织对城镇土地使用税征管情况进行专项清理整顿，对社保、教育、支农、公共安全等专项资金使用情况进行重点检查，堵塞了漏洞。

【加强队伍建设，创建文明机关】 围绕建设“公共财政、阳光财政”，建立健全财政管理制度，实施工作绩效考核、机关效能提速、局务例会点评三项措施，全面落实党务政务公开、首问负责、服务承诺、限时办结和责任追究制度，靠制度管人管事。加强廉政勤政建设，层层签订《党风廉政责任书》，扎实开展创先争优活动，组织开展帮村扶贫等多项公益性活动，参与“行风在线直播”，努力建设学习型、服务型、创新型机关。一年来，安丘市财政局被潍坊市确定为党务、政务公开示范点，被市委、市政府授予市直机关先进单位和党风廉政建设、宣传思想、文化建设先进单位、先进基层党组织。

（撰稿：贺成波　徐德利）

高 密 市

【概述】 2011 年，高密市完成财政总收入 35.3 亿元，比上年增长 18.27%。完成地方财政收入 23.09 亿元，增长 25.36%。完成财政总支出 30.24 亿元，增长 25.04%。

【支持经济发展，培植壮大财源】 一是争取政策扶持。为 92 个项目争取资金 3.2 亿元。其中，“国家金太阳示范工程”无偿补贴 2 400 万元；“山东省农村环境连片整治示范县”无偿补助 6 600 万元；“山东省村级公路网化示范县”无偿补助 8 500 万元。二是落实政策措施。落实支持企业科技创新等资金 6 658 万元；为企业提供贷款担保 22.12 亿元，提供过桥还贷资金 2.24 亿元。三是借助金融市场。新增贷款 4.3 亿元；利用中小企业及新兴产业贷款补偿金 1 900 万元，为企业争取亚行贷款 1 946 万元，申请供热管网改造项目世行贷款 1.45 亿元。

【扩大融资规模，保障经济发展】 一是壮大融资平台。新增国有资产经营投资有限公司净资产 50 亿元，公司净资产 121 亿元；民生医疗、民生水业和民生文化新闻传播三公司净资产 6.5 亿元；设立高密市鑫鼎投资有限公司，并参股潍坊市新业资本投资有限公司。二是发行企业债券。以市国有资产经营投资有限公司为平台，成功发行 10 亿元企业债券，首次实现资本市场融资。三是扩大融资领域。全年实际操作的项目融资额 11.23 亿元。四是探索融资方式。采取资产租赁融资方式，操作融资 3.12 亿元。

【调整优化结构，科学运作支出】 一是加大“三农”投入。用于“三农”支出 2.90 亿元。其中，2 406 万元用于农业保险等补助，1.81 亿元用于落实粮食直补等惠农政策，6 186 万元用于农田水利等农村基础设施建设。二是优先保障民生。用于民生等社会事业发展支出 17.55 亿元，比上年增长 35.54%。其中，教育支出 9.20 亿元，医疗卫生支出 2.73 亿元，社会保障支出 1.96 亿元，生态环境支出 1.13 亿元。三是支持项目建设。用于重点项目建设资金 3.24 亿元。其中，6 330 万元用于青岛科技大学高密校区建设，5 969 万元用于胶济铁路工程建设，8 000 万元用于胶河、北胶新河治理，5 500 万用于城市综合改造，6 554 万元用于热力管网改造。

【坚持科学理财，强化财政监管】 一是深化预算管理改革。建立“一体化财政业务管理系统”应用支撑平台，推行预算管理体系；按照事权与财权相统一的原则，核定、调整镇（街区）财政体制；扩大国库集中支付范围，提高支付运转效率和透明度；启动行政事业单位资产信息动态数据库建设工作，实现资产管理与预算管理的对接、结合。二是推进支出绩效评价。推进建立完善绩效评价制度框架和指标体系，引入社会中介力量参与项目评审，提高项目管理水平和资金使用效益。三是强化财政监督管理。开展“小金库”、民生工程建设资金及专项资金使用管理情况等专项检查，维护财经纪律严肃性。

（撰稿：吴金云）

昌 邑 市

【概述】 2011 年昌邑市财政总收入 28.6 亿元，同比增长 26.93%；其中地方财政收入完成 15.8 亿元，同比增长 27.30%。财政总支出 22.1 亿元，同比增长 33.6%；其中地方财政支出 18.1 亿元，同比增长 30.4%。

【转变经济发展扶持方式，强化财源建设】 以促进滨海发展为重点，注重政策激励效果，由面向企业领域直接投入转向撬动金融产业、带动社会资本间接投入，由面上扶持个体企业转向重点产业、重点环节及科技、研发领域，由事后奖励转向事前激励，由投资前收费约束转向建设后运营收费，充分发挥政府投入的引导放大功能和“四两拨千斤”的作用。健全金融服务体系，成立担保公司11家，推动企业股改和上市步伐，股份有限公司达到22家，同大海岛公司通过证监会首发审核，实现了上市公司“零”的突破。

【创新征管机制，强化收入管理】 以组织收入、加强征管为重点，不断完善收入监督机制，堵塞管理漏洞，对各项收入做到应收尽收。加强对重点行业、重点纳税大户的管理，减少税收流失，使财政收入得到平稳较快增长。同时，加强非税收入管理，坚决执行预算外资金“收支两条线”管理规定，增强政府宏观调控能力，确保收入质量。2011年，税收收入占地方财政收入的比重达80.52%，非税收入占地方财政收入的比重为19.48%。四个主体税种收入占地方财政收入的比重达43.05%。

【完善投融资机制，扩大融资规模】 克服政府融资平台清理和国家信贷规模收缩的现实困难，打造“运营资源为基础、搭建平台为载体、多渠道融资为保障”的投融资模式，建立“财政资金支持，社会资金参入”的多层次、多元化、多渠道的复合投融资机制，以市经济开发投资公司及国有资产经营有限公司两个公司为主体，全年融资9.98亿元。

【加大财政支农力度，统筹城乡发展】 建立多渠道、多层次、多种类的支持现代农业发展的投入机制。同时，积极引导社会力量增加现代农业投入。采取财政贴息、以奖代补、民办公助、先建后补等方式，开展农业项目的招商引资，加快土地经营权流转，发展适度规模经营。大力支持农村信贷服务体系建设，引导和鼓励各类社会投资主体投资现代农业，调动各方面参与推进现代农业建设的积极性，努力形成多元化的现代农业投入新格局。2011年农民人均纯收入达到9 899元，城乡环卫一体化“昌邑模式”在全国推广。

【完善民生保障体系，提高财政保障水平】 深入推进义务教育经费保障机制改革，预算内投入教育支出4亿元。加大社会保障和就业支持力度，预算内投入社会保障和就业资金1.5亿元。推行新型农村社会养老保险试点工作，全年拨付新型农村社会养老保险试点资金4 000万元。新型农村合作医疗参合农民达到45.75万人，参合率达100%。落实各项惠农政策，粮食直补资金和农资综合直补资金全部兑付到位。

【深化财政改革，提升理财水平】 深化部门预算编制改革，将预算内外资金纳入部门预算编制范围，初步建立科学完整、结构优化、分析透明的政府预算体系；深化国库集中支付及公务卡制度改革，通过规范程序、完善制度、强化监督，提高财政资金的透明度和使用效益；深化政府采购制度改革，建立了操作规范、运作公开、全程监督的政府采购运行体系。2011年采购资金突破6.5亿元，节约资金1.5亿元；推进非税收入管理制度改革，增强政府统筹安排各项收入的能力，2011年非税收入完成29.5亿元，比上年增长35.6%。深化国有资产管理改革，创新国有资产管理机制，严把公车采购、处置两道“关口”，对废旧公务用车进行公开拍卖，盘活国有资产，堵塞流失漏洞。

（撰稿：明坤祥）

临 朐 县

【概述】 2011年，临朐县完成财政总收入11.64亿元，增长36.6%；地方财政收入5.57亿元，增长30.6%；财政总支出17.01亿元，增长27.4%；地方财政支出12.27亿元，增长24.9%。被省文明委授予“省级文明单位”称号，被潍坊市委授予“先进基层党组织”荣誉称号。

【以构建扶持发展体系为重点，财源建设实现了新突破】 通过采取一系列政策、资金等帮扶措施，推动大项目和骨干财源项目加快建设，及早投产达效。深入开展镇街财源建设“比看”活动，培植壮大了地方财源。2011年，全县纳税过百万元企业达到138户，比上年增加10户，实现税收8.1亿元，增长44.6%；其中过千万元企业14户，增加3户，过千万元企业共上缴税金4.17亿元，比上年增长81.3%。山水水泥税收过1亿元，实现了该县多年来税收过亿元企业零的突破。

【以构建财政保障体系为重点，民生事业发展实现了新跨越】 坚持民生优先原则，优化支出结构，严控追加预算支出，集中财力保障和改善民生，2011年全县用于社会保障、医疗卫生、教育、住房保障、支农惠农等方面的民生资金12.32亿元，增长32.9%，高于支出增幅5.6个百分点，占总支出的比重达到72.4%，比上年提高了2.9个百分点。粮食直补、综合直补、良种补贴等各项惠农强农补贴政策全面落实到位，基本药物制度、新型农村养老保险等重大民生政策顺利实施，新农合政府补助标准由每人120元提高到200元，开展了低保家庭儿童和孤残儿童免费入园试点工作，城乡低保、五保补助标准进一步提高，民生保障能力明显增强。

【以构建投融资保障管理体系为重点，城镇化发展再上新台阶】 坚持多渠道融资，搞好土地和城市经营，为城市建设和重点项目建设提供了资金保障。建立了重点建设项目概算和预决算制度、财政专管员制度，健全以公开招投标为主的政府采购制度和“先评审后预算、先评审后采购、先评审后拨款”的投资评审制度，提高了建设资金的使用效益。通过公开招投标和投资评审节约资金6.2亿元。

【以构建规范管理体系为重点，财政管理提高到新水平】 以规范、完善、提高为主线，创新机制体制，深入开展“财政管理提升年”活动，积极推进部门预算、国库集中支付、资产管理、财政监督等财政管理改革，制定了《财政局资金内部管理规范100条》，进一步健全完善了财政资金均衡拨付制度等，财政规范化管理水平进一步提升。大力实施“金财工程”，在全市率先建立并启用了涵盖部门预算、国库集中支付、账务处理等各项管理系统的财政业务一体化大平台，为财政科学化精细化管理提供了现代化技术支撑。

【以构建能力提升体系为重点，干部队伍建设迈出新步伐】 坚持开展多种形式相结合的教育培训活动，落实鼓励自学政策，在全局形成了浓厚的学习氛围，财政干部的整体素质能力进一步提升。建立落实重点工作推进机制，提高了服务效能。实行局党委成员预算管理、投融资管理、机关建设“三线”责任分工负责制，对每名干部落实定岗位、定职责、定目标、定奖惩的“四定”责任管理机制，加强督查落实，调动了干部创先争优的积极性。深入开展季度、年度“红旗科室”创评活动，形成了“人人争先、事事创优”的浓厚氛围。

（撰稿：王兴刚　聂成旭）

昌　乐　县

【概述】 2011年，昌乐县地方财政收入完成12.9亿元，比上年增长22%；地方财政支出完成15.5亿元，增长18.7%。

【落实积极财政政策，助推全县经济科学发展】 争取专项资金7 260万元，推动全县传统产业优化升级和节能减排，加快转方式、调结构步伐，提高企业自主创新能力，培植壮大了全县支柱财源。落实企业出口退税优惠政策资金2.51亿元，落实招商引资税收优惠政策资金4 087万元，助推了企业发展。投入资金1 357万元，支持全县金融、物流、房地产、现代服务、旅游等第三产业发展。

【加大财政投入，促进民生和社会事业发展】 投入资金3 775万元，为全县55 189名义务教育阶段学生免除杂费、补助公用经费；投入资金744万元，落实家庭困难学生资助政策，资助困难学生8 497人；投入资金3 497万元，用于校园安全工程和标准化学校建设。投入资金2 193万元，实现了城乡低保和五保对象动态管理下的应保尽保，惠及城乡低保对象17 976人，农村五保749人。经过积极努力，昌乐县被国务院列为“全国新型农村和城镇居民社会养老保险试点县”，累计投入资金4 428万元，保障了新型农村养老保险工作的顺利推进。投入资金3 586万元，推动基层医疗卫生机构综合改革，促进了基本公共卫生服务均等化。

【加大“三农”扶持力度，支持城乡统筹发展】 认真落实各项惠农补贴政策。兑付粮食、农资、良种、能繁母猪、大中型水库移民补贴、家电下乡、汽摩下乡、家电以旧换新补贴资金7 815万元，促进了粮食和养殖业的稳定生产，拉动了农村消费。争取“全国小型农田水利建设县”资金2 000万元，推动了农村水利基础设施建设；争取“新增千亿斤粮食产能规划田间工程”项目建设资金1 800万元，为保证粮食主产区实现稳定增产打下了良好基础。筹集资金2 115万元，推动了全县城乡环卫一体化工作的全面开展。

【推行精细化管理，提高了科学理财水平】 全面推行公务卡改革，规范了公务消费活动，提高了财政资金使用的透明度。积极推行“金财工程”应用支撑平台建设，“一体化财政业务管理系统”在全县成功上线运行。推行“财政项目库”建设，针对管理中的重点环节和薄弱环节，将项目管理理念融入到财政日常工作中，通过建章立制，优化工作流程，规范档案管理，夯实了管理基础，推动了财政管理科学化、精细化水平不断迈上新台阶。

（撰稿：周海刚　张林明）

高新技术产业开发区

【概况】 2011年，高新区实现生产总值230.26亿元，比上年增长9%。全区财政总收入51.4亿元，比上年增长17.9%。其中，地方财政收入22.74亿元，增长28.1%；全区一般预算支出12.11亿元，增长21.92%。

【强化收入征管】 加强与国税、地税等部门工作协调，完善税收目标责任制，召开综合治税工作会议和税收形势分析会，强化重点税源管控，完善国土、建设等部门参加协税护税网络机制。坚持“以票管费”，加强土地出让金、教育费附加的征收与管理，提高政府财政调控能力。

【保障重点支出】 根据公共财政要求和高新区的财政保障能力，统筹安排资金，确保民生项目支出需求。2011年用于教育、科技、文化、社会保障、医疗卫生、住房保障方面的支出分别为1.76亿元、1.26亿元、844万元、4 488万元、3 204万元、2 261万元，分别比上年增长51.19%、34.63%、39.97%、25.01%、52.94%、17.15%。

【创新融资工作】 为解决中小企业融资难和融资成本高的问题，拟订知识产权融资方案，并与潍坊银行密切合作，精心筛选项目、创新金融产品。2011年5月18日，高新区与潍坊银行联合推出知识产权质押融资，在支持产业发展、解决中小企业融资难题方面进行了积极新探索。

【加强队伍建设】 加强业务学习，创建学习型组织，积极开展业务培训，培养各类专业人才。狠抓廉政建设，不断加强党纪、政纪、廉政教育，提高干部队伍拒腐防变能力。深入开展“创先争优”活动，转变工作作风，党员干部争优秀、做表率、树榜样。坚持服务为先、管理到位的原则，树立为民理财意识和大局观念，尊重服务对象，提高财政工作效率和质量。高新区财政局荣获2011年度山东省文明单位荣誉称号。

（撰稿：尹国庆）

滨海经济开发区

【收支管理】 2011年，滨海经济开发区财政收入继续保持持续增长势头，完成财政总收入32.44亿元，比上年增长41.94 %，完成地方财政收入14.18亿元，增长18.10 %；完成地方财政支出12.26亿元，增长23.6%。

【财源建设】 积极发挥财政政策、资金的调控引导作用。根据滨海产业结构调整方向，支持对地方收入贡献大的产业、行业优先发展，为财政收入的长期稳定增长奠定基础。加大项目申报力度，申报各类项目扶持资金1.52亿元。为滨海公益性项目建设配套，争取市财政地方债券700万元。进一步拓宽企业低成本融资渠道。大力推广区域集优债务融资方式，帮助企业建立债务融资长效机制。牵头制定开发区总部企业认定办法及相关扶持政策，发挥总部经济集聚效应。

【民生建设】 支持教育优先发展，完成教育支出2.23亿元，比上年增长91.3%。继续实施中小学校舍安全工程，圆满完成农村义务教育化债市级验收工作，认真落实困难学生资助和困难残疾幼儿免费入园工作。支持医疗卫生体系建设，完成医疗卫生支出3 195万元，比上年增长40.6%。积极实行基本药物制度，完善新农合医疗保障，提高城乡居民基本公共卫生服务标准，逐步解决群众看病难、看病贵的问题。统筹做好社会保障和就业工作，完成社会保障和就业支出2 093万元，比上年增长37.9%。提高新农保补助标准和城乡最低生活保障线，并建立物价增长与低保联动机制，免费为在园儿童、中小学生提供城镇居民基本医疗保险。开展小额担保贷款财政贴息工作，扶持有能力的个人投身创业。全面落实各项强农惠农政策。发放粮食直补、农资综合直补资金400.89万元，比上年增加25.91万元。发放家电下乡补贴资金719万元、汽车摩托车补贴资金393万元、家电以旧换新补贴资金166万元。及时投入抗旱救灾资金85万元，确保了夏粮丰收。扎实推进城镇住房保障工作，拨付资金1 271万元，累计争取上级补助资金1 118万元，落实保障性住房572套，超额完成年度住房保障任务。

【财政监督】 开展财政专户清理整顿和“小金库”治理、工程验收和财政资金使用监督、会计信息质量检查、公车治理，以及政府投资项目借用资质问题监督检查等工作，进一步规范了财经秩序。

（撰稿：于钦勇　许　敬）

经济开发区

【概述】 2011年，经济开发区地方财政收入2.75亿元，比上年增长37.1%；地方财政支出1.95亿元，增长69.3%。

【扎实做好各项社会保障工作】 一是保障各种惠农补贴足额发放到位。2011年发放家电下乡、汽车下乡、库区移民、粮食直补等补贴资金370万元，有效保障农民利益；二是加大新农合保障力度。2011年新农合资金政府补助标准每年由120元/人增加到200元/人，区级财政筹集新农合资金164万元，保证医疗费用及时报销；三是全面展开农村社会养老保险工作。经济开发区参保农民1.5万人，符合发放标准的5 200人。区级财政筹集资金206万元，发放新农保资金315.79万元，有力地保障了新农保的推行；四是完善城乡社会救济保障体系，进一步提高了对城乡低收入人员的补贴水平，农村低保标准由1 200元每年提高到2 000元每年。城市低保标准由每月300元提高到每月330元。

【认真履行财政资金监督职能，逐步完善、规范财政资金管理】 一是扎实做好财政专户清理。切实加强地方财政资金安全管理工作，全面梳理了各类财政专户情况。二是深入推进国库集中支付改革，经济开发区行政事业单位全部实行零余额账户管理，严格控制部门实有资金账户的开设，提升资金使用透明度。三是加强内部管理，规范了职责权限、工作程序、岗位设置、账户管理，完善了内部监督机制，确保资金安全、高效运行。

【扎实开展财政投资评审工作，不断提高财政资金使用效益】 一是借助社会中介力量，完成对政府投资的管理与监督。充分发挥社会中介机构履行财政专管员的作用，通过利用社会中介的力量对项目进行全过程的跟踪监督，进一步加大政府投资项目监管力度。二是根据中标单位投标文件建立了建材、绿化苗木价格数据库，对未通过招标方式确定的工程中定额换算、材料价格提供了可靠、翔实的数据。2011 年评审项目 69 个，评审额 2.84 亿元，审减额 4 546 万元，资金节省率 16%，有效节约了财政资金。三是为保证项目进地及市区两级政府土地储备的征地进度和补偿的公平性，对本年度的 26 个征地项目进行全程现场监督，拆迁评估金额达到 3.2 亿元，拆迁面积达到 2 685 亩。

（撰稿：段君伟）

峡山生态经济发展区

【概述】 2011 年潍坊市峡山生态经济发展区实现财政总收入 1.22 亿元，其中地方财政收入 6 265 万元，比上年增长 51.6%。实现财政总支出 3.44 亿元，其中地方财政支出 2.50 亿元，比上年增长 17.4%。

【加强税收征管，确保财政收入稳定增长】 成立了峡山区财税工作领导小组，研究制定了对国、地税部门的征收补助办法，出台了《峡山区政府非税收入征管奖励考核暂行办法》，使执收部门有规可循。2011 年峡山区地方财政收入增幅达到 51.6%，高出潍坊市平均水平 26.2 个百分点，增幅居全市第二位。

【创新金融工作，拓宽融资渠道】 协调银行在峡山区设立分支机构，与潍坊市邮政储蓄银行和潍坊市农村商业银行达成了在峡山区设立分支机构的意向。山东省农业银行于 2011 年 9 月份批复设立峡山区离行式自助银行。协调潍坊市水务公司完成融资 6 700 万元。

【科学安排各项支出，优化支出结构】 按照保工资、保重点的原则，合理安排各项支出。一是在市财政的支持下筹集资金 2 500 多万元，将各街道（除原诸城人员外）机关事业单位人员工资水平统一拉平，全区人均月工资水平达到 3 082 元，增加 470 元。二是加大对三农、教育、社会保障、医疗卫生、节能环保等重点事业的支出，各项民生支出占财政总支出的比重达到 87.24%。三是重点加大教育投入力度，全区共投入资金 1 900 多万元用于校舍维修改造、校园安保及学校新建。对低保家庭儿童及孤残儿童实施免费入园，共计补助 25 人次，补助资金 1.42 万元。

【落实措施，加强财政建设资金管理】 一是配合相关部门、街道共清点 32 个项目占地 580 亩，涉及 560 余户，补偿资金约 1 690 万元。二是加大政府采购工作力度，分别对强电入地、道路及排水、路基小桥涵、人行道自行车道建设、信号灯标志牌安装、绿化等 17 项工程进行政府采购，工程总投资 1.55 亿元，节约资金 1 752 万元，节约率达 11.27%。三是按照政府采购确定的目标，落实招标文件的规定，严把合同关，对建设工程进行全程跟踪。2011 年共评审 26 项工程项目，评审总额达 1.72 亿元。

【规范内部管理，加强制度建设】 一是建立内部审计机制，利用中介机构对三年来的工作进行内部审计，发现问题，整改问题。二是规范印章管理，制订了《关于加强印章管理的通知》。三是规范公务用车，制定了《峡山区财政审计局车辆管理暂行办法》。四是加强行政事业单位国有资产处置管理，维护国有资产安全和完整，制定并出台了《峡山区行政事业单位国有资产处置管理暂行办法》。五是规范资金运行机制，按照公共财政改革的目标要求和上级财政部门的要求，制定并印发了《峡山区财政国库管理制度改革实施方案》，有效拉开了财政规范化管理水平。

（撰稿：王奉和）

综合保税区

【概述】 2011 年综合保税区完成一般预算收入 3 342 万元，同比增长 95.6%。其中：税收收入完成 3 283 万元，占一般预算收入的 98.2%，同比增长 95.8%；增值税、营业税、企业所得税和个人所得税等主体税种完成 1 876 万元，占一般预算收入的 56.1%，同比增长 57.6%。完成一般预算支出 5 989 万元，同比增长 88.9%。

【发挥政策优势，大力培植财源】 2011 年 1 月，潍坊综合保税区通过国务院十部委验收正式封关运行，成为我国第十四个综合保税区。潍坊综合保税区财政局充分发挥潍坊综合保税区“开放层次最高、政策最优惠、功能最齐全、运作最灵活、通关最便捷”等优势，坚持“大物流带大生产”的发展路子，在全力引进外向型高、科技含量高、附加值高的高端制造业财源的基础上，大力培植以保税物流、保税仓储和特色商品交易为代表的现代服务业等新兴财源。

【密切财税配合，强化收入征管】 为密切做好综合保税区的财税工作，潍坊综合保税区财政局与税务部门密切配合，加强沟通联系，在强化日常征管的基础上，针对区内企业在建工程较多等现状，积极开展财税辅导活动，了解企业生产运行过程中存在的困难，并向企业宣讲财税知识，引导企业做好建筑业税收的代扣代缴等工作。积极为企业服务，打造良好的发展软环境，将上级关于新兴产业的各项扶持政策发放到企业，鼓励企业结合自身情况，积极争取上级各类专项资金的支持。在潍坊综合保税区管委会组织的2011年软环境双向评比中，综合保税区财政局在所有区直部门及驻区单位中荣获第一名。

【严格支出管理，增强资金效益】 牢固树立“节支也是财源”的管理意识，积极开展增收节支活动，大力压减一般性支出，集中资金保障运转、民生和重点项目的支出需求。特别是2011年6月份，根据市委市政府的部署，在市区划调整工作小组的领导下，综合保税区与高新区进行了区划调整，区划调整后，综合保税区下辖一个街道，共23个行政村，人口11 480人，教育、社保、农林水等各项民生民本事业一并划转综合保税区。为做好民生民本事业的资金保障工作，综合保税区财政局从协调建立民生民本事业基础资料档案库等基础工作入手，全力夯实基础数据，为民生民本事业的保障和发展奠定了坚实的基础。

（撰稿：孙明远）

济 宁 市

市 中 区

【概述】 2011年，全区实现地区生产总值189.54亿元，增长11.4%；地方财政收入10.24亿元，增长35%；财政支出12.56亿元，增长36%。

【涵养培植财源，助推经济发展】 充分发挥财政扶持资金“四两拨千斤”的作用，拨付各类扶持资金2 100万元，用于传统工业改造升级、新兴产业培育、现代服务业提升等方面，有力促进了经济发展。积极整合各类财政资金5.48亿元，保证了西南片区改造、邵庄寺社区建设、豪德鲁南商贸物流城基础设施建设等重点项目的顺利实施。认真落实招商引资和促进经济发展的各项优惠政策，拨付补助资金2 260万元。按时兑现新增财力分享机制和综合治税奖励政策，拨付街镇、部门财力分享资金、综合治税奖励资金1 558万元。不断加大对上协调力度，争取上级项目扶持资金6 790万元。

【强化税收征管，大力组织收入】 坚持把组织收入作为财政工作的中心任务来抓，明确每月、每季、全年工作目标，层层分解任务，逐级落实责任，定期督导调度，严格奖惩兑现，促进了财政收入的持续稳定增长。密切关注财经形势变化，大力支持配合国地税部门不断加强税收征管科技化、信息化、专业化建设，强化税收征管，依法堵漏增收，大幅提高了征管效率和征管质量。进一步健全综合治税机制，外拓税源，内强管理，持续开展专项整治行动，不断挖掘财政增收潜力，努力做到依法征管、应收尽收。

【优化支出结构，着力保障重点】 积极落实厉行节约规定，大力控制和压缩一般性行政支出，降低行政成本。加大民生保障投入力度，全年安排支出2.61亿元，同比增长56.6%。高度重视教育，教育支出占财政支出的比重达到39.5 %，增长59.7%；不断完善养老、医疗保险制度，全区基本养老保险、医疗保险实现全覆盖；认真落实城乡低保标准自然增长机制，城市低保、农村低保标准进一步提高。投入1.02亿元，全力推进新农村建设，促进了农村发展、农业增效、农民增收。

【创新管理体制，提升理财水平】 积极探索新形势下国有资产资源监督管理和运行机制，对全区各行政事业单位进行了资产信息统计工作，实现了保值增值的目标。扎实开展政府采购工作，节支率达15%。加强非税收入管理，认真落实收支两条线制度，政府统筹能力显著增强。严格财政监督管理，精心组织开展了2010年度中央专项资金检查、党政机关和事业单位“小金库”专项治理检查、房地产企业专项检查，有力地保证了财政资金的安全完整和规范使用。

（撰稿：阮成敏）

任 城 区

【概况】 2011年,任城区地方财政收入完成18.7亿元,增长18%。财政总支出完成16.3亿元,增长20.28%。

【财源建设】 一是狠抓收入督导调度。围绕年初确定的收入预算目标，严格实行奖惩责任制，增强镇街、财税部门加大关心、支持财税工作的力度。二是全面深化社会综合治税。对重点税源集中督导攻坚，加快二三产业分离，全力助推财政增收。运用综合治税手段征收耕地占用税1.4亿元，办理企业迁入手续46户，完成二三产业分离的企业6户，采集地方税收保障信息20 216条，通过对信息的筛选利用，入库税款8 796万元，新增税款6 075万元。三是强化非税收入征管，最大限度增加财政收入。不断加强票据和账户管理，全面清理非税收入项目，拓宽财政收入来源渠道。2011年，非税收入完成1.51亿元，收入完成情况良好。

【优化支出结构】 坚持“量入为出、量财办事”，合理安排支出，不断优化支出结构，优先保障农科教等法定支出和“三重”需要，确保全区工资及时足额发放和通讯补贴发放等增资政策的兑现。坚持民生优先，安排0.74亿元用于为民所办的十件实事，确保新型农村社会养老保险工程的顺利启动，公办幼儿园建设、便民公共卫生设施建设等民生项目稳步推进，新农合补助标准进一步提高，民生保障能力显著增强。集中财力支持教育优先发展，教育教学条件逐步改善。集中财力支持和服务“三农”，认真落实各项奖励补贴政策，全年拨付粮食直补3 146万元，补贴小麦面积31.95万亩，补贴农户7万户；累计兑付补贴资金6 500万元，用于补贴家电下乡、家电以旧换新产品24万多台（件），补贴汽车摩托车下乡9千多辆，农民群众的生活水平得到很大提高。

【财政资金管理】 一是扎实开展财政投资评审工作。积极探索建立资金及项目管理机制，有效促进财政资金效益最大化，取得较好效果。2011年，完成投资评审项目38个，送审金额3.91亿元，审定金额2.83亿元，审减金额1.08亿元，审减率为27.6%。任城区财政局也连续两年被省财政厅授予“财政投资评审最具影响力单位”荣誉称号。二是深化部门预算和支付制度改革。不断完善会计集中核算与国库集中支付“双集中”的管理模式，并将部门预算与国库集中支付、国有资产管理、财政投资评审有机结合，健全预算编制、执行和评价体系，提高预算管理水平，实现财政资金全过程监督管理，提高财政资金使用效益。三是稳步推行涉企收费“一费制”改革。按照“健全完善、规范管理、巩固提高、强化监管”的原则，建立健全长效机制，逐步把涉企“一费制”改革向纵深推进，扩大改革覆盖面。建立纪检监察、财政、物价等部门共同参与的联席工作制度，定期通报情况。2011年，共有128户企业签订协议，涉企收费2 150.8万元，从根本上规范了收费行为，进一步优化了发展环境。四是创新国有资产管理手段，促进国有资产保值增值。充分利用全省联网的资产管理信息系统，及时掌握行政事业单位资产规模、分布和使用状况，进一步研究创新行政事业单位资产监管手段、改进管理模式和管理方法。实行公开招租、拍卖，处置收入严格按“收支两条线”要求收缴至国库，全过程跟踪监督，确保了全区国有资产的保值增值和安全有效运行。

（撰稿：师　建）

曲　阜　市

【概述】 2011年，曲阜市地方财政收入完成12.78亿元，比上年增长18.6%；财政支出完成21.62亿元，增长27.85%。

【强化征管，全力组织收入】 把握收入重点，分解收入任务，完善综合治税体系，确保应收尽收。全年税收收入完成7.17亿元，增长6.43%。规范非税收入征收管理，严格执行“收支两条线”，加强重点项目收缴情况跟踪考核，确保非税收入及时足额缴入，组织完成非税收入10.03亿元。

【合理调控资金，保障重点支出】 坚持经济发展教育先行，化解农村义务教育“普九”债务2 354万元；落实“两免一补”资金2 926万元；安排中小学校舍安全工程、仪器配备、课桌凳更新等资金2 408万元。完善城乡最低生活保障制度，城乡低保标准分别提高到每人每月300元、每人每年1 500元。合理调度资金，投入1.06亿元，大力发展新型农村合作医疗；拨付2 550万元，保证基本药物制度顺利实施。加大“三农”投入，预算内支农支出3.9亿元，全力支持农村环境综合整治、抗旱救灾、村级公路建设、小型病险水库除险加固，综合开发高标准农田、“一池三改”等项目建设。及时兑付粮食直补、农资综合补贴和农机购置补贴资金6 692万元，极大调动了农民粮食生产的积极性。

【深化财政改革，提升管理效能】 不断深化国库集中支付改革，2011年支付资金8.26亿元，其中财政直接支付6.52亿元，占财政支出的78.93%，资金使用效率得到进一步提高。建立行政事业单位国有资产信息系统，实现资产从“入口”到“出口”的全程监督，确保国有资产保值增值与安全完整。规范财政业务管理，加强涉农惠民、政府投资性项目和扩大内需等专项资金监管，把好资金拨付审核关、监督检查关和跟踪问效关。2011年，完成农村公路村村通、拆迁补偿、经济适用房等132个项目的评审，节约财政资金2.1亿元。

【多措并举，狠抓财源建设】 坚持以项目建设为载体，积极向上跑项目、争资金、争政策。为天博配件、远大集团等多家企业争取到财政扶持项目28个、资金1 946万元，有力推动了企业发展。不断创新投、融资思路，坚持借助外力和激活内力相结合，盘活政府资源和国有资产，拓宽项目建设、投融资渠道，缓解财政资金压力，有力支持了重点项目建设。

（撰稿：刘亚军）

兖州市

【概况】 2011年，兖州市实现地方财政收入27.43亿元，增长21.59%。完成财政支出29.24亿元，增长16.65%。

【强力推进社会综合治税】 进一步健全了市直40个部门单位采集报送涉税信息的工作机制，建立了9 376个企业的用电和纳税台账，完善了税收委托代征手段。开展了新一轮企业纳税评估调查，严格依法治税，积极追缴税收。对骨干税源、纳税大户实行重点监控、直接调度，突出加强了对房地产业、建筑安装业、地方建材业、装饰装修业、餐饮住宿业、房屋租赁业、交通运输业、采煤塌陷地土地使用和重大建设项目的税收征管，提高了税源控管水平。通过追缴采煤塌陷地土地使用税和耕地占用税，增加地方财力3 156万元。积极推进重点企业二三产业分离，以优化产业结构促进地方税收增长，完成分离企业16户，增加地方财力1 260万元。对部分商业企业实行了进场费、广告促销费、上架费、展示费、管理费、租赁费及餐饮收入等“营业税劳务”与主营的批发零售等增值税劳务分别核算。通过深化社会综合治税，共增加地方收入9 706万元。

【全力保障民生投入】 优先确保教育投入，投入专项资金改善城乡中小学办学条件，实施中小学幼儿园安全防范工程，促进了城乡教育均衡发展，连续5年预算内教育支出超过财政支出20%。集中财力支持医药卫生体制改革，加快新人民医院建设，及时足额拨付新型农村合作医疗和城镇居民基本医疗保险配套资金，全面提升医疗卫生服务水平。预算内医疗卫生支出达到2.62亿元，比上年增长38.56%。持续增加社会保障投入。拨付资金5 843万元推进新型农村养老保险制度建设，实现了城乡居民养老保险全覆盖。提高了城乡低保和农村五保供养标准，增加了对低收入群众和弱势群体的帮扶救助力度。持续增加了大病救助病种，提高了救助标准限额。预算内社会保障支出达到2.26亿元，比上年增长11.22%。强力推进安置房和保障性住房建设，积极推进农村危房改造，促进解决城镇低收入阶层的住房困难。安排专项补贴资金，启动保障房暖心工程，为保障房住户免费安装和供应热力，免费安装煤气和太阳能，让城市低收入家庭住户也能畅享“暖冬”。

【着力突破政府融资】 兖州惠民城投公司紧紧围绕“面向市场，科学管理，规范运作”的方针，做大做强公司，资产总额达到120亿元，净资产达到69亿元，经银监局、银行间联合会批准认定为一般经营性公司。2011年实现融资额38.7亿元，其中成功发行第二期企业债券10亿元。公司通过全力拓宽业务范围，实施多元化经营，业务涵盖到城市基础设施建设、土地综合开发利用、旧城区拆迁改造、房地产开发、物业管理经营、房产租赁、文化旅游开发、公共服务设施经营、新型农村社区建设、矿产资源开发、大型商业、机械制造等多个领域，主营业务现金流能够完全覆盖公司贷款本息，实现了投资、建设、运营、服务和资金回笼一体化。与大公国际资信评估有限公司签订了《兖州市政府债务风险预警机制研究管理咨询合同书》，聘请大公国际资信评估有限公司为地方财政和城投公司制定债务风险预警系统，实时进行债务风险控制，宏观把握债务本息偿还的整体能力，将债务风险控制在可控范围之内。2011年公司缴纳税收9 295.75万元，是山东省内运作优良的大型县级城投公司。

（撰稿：赵　娟）

邹城市

【概述】 2011年，全市财税部门在市委、市政府的坚强领导下，紧紧围绕科学发展主题和加快转变经济发展方式主线，积极应对国内外复杂的经济形势，扎实组织收入，优化支出结构，切实保障民生，加强科学化、精细化管理，较好地完成了全年各项任务。全市地方财政收入完成35.67亿元，增长16.17%。财政支出40.84亿元，增长15.15%。

【狠抓收入征管，地方财政综合实力稳步壮大】 财税部门始终把组织收入作为首要任务，认真开展税源调查和结构分析预测，定期召开收入联席会议，及时研究解决收入征管中存在的问题，强化社会综合治税工作的作用，组织开展增值税、企业所得税税源调查分析以及漏征漏管户的清查整顿，确保收入足额均衡入库。

【积极筹措资金，大力支持经济转型跨越发展】 坚持改造提升传统产业和培育战略性新兴产业并重，严格落实扶持企业发展的政策措施，推动以煤化工产业为代表的传统产业提档升级和战略性新兴产业加速发展，把项目建设作为转方式调结构的支撑和载体，投入资金1.08亿元全面推动华鲁生物医药产业园、意可曼高分子材料、赛维集团30兆瓦太阳能发电、百隆色纺等大项目建设。

【整合涉农投入，“三农”扶持力度持续加大】 拨付资金1 440万元，用于50个病险塘坝除险加固和200个小型水利工程建设；投资2 299万元对小沂河、王村东沙河、洪山流域，进行河道整治、水土保持、道路等综合治理；安排4 300万元，用于石墙、北宿、太平三处联合供水工程建设和91个村自来水改造；拨付资金2 850万元，开展小农水重点县建设。加大对现代农业发展支持力度，争取上级专项资金918万元，重点扶持集盛食品、山东友和、常生源等食用菌企业做大做强。

【注重统筹兼顾，各项社会事业均衡发展】 把保障和维护好广大人民群众的根本利益作为财政工作的出发点和落脚点，多渠道筹措、整合、调度资金，进一步加大民生领域投入。继续提高城乡低保、“五保”供养标准，全面启动新型城乡居民养老保险工作，全年社会保障和就业方面支出达2.49亿元。保障教育事业优先发展，拨付2 541万元用于教育基础设施建设；加大学前教育投入，安排资金1 300万元用于8个镇街幼儿园和2个市直幼儿园新建、改造工程，不断扩大学前教育资源覆盖面。加快基本医疗保障制度建设，新农合和城镇居民医保补助标准进一步提高；全力推进医药卫生体制改革，安排2 850万元对全体城乡居民实施九项基本公共卫生服务。发放粮食直补、农资综合补贴、良种补贴、抗旱浇水补助等资金8 281.55万元，落实“家电下乡”、“汽车摩托车下乡”、“家电以旧换新”补贴资金5 696万元，广大群众得到更多实惠。

【深化财政改革，财政管理水平稳步提升】 进一步深化预算管理改革，将预算编制与国库集中支付充分结合，改进部门预算编制方法，统筹各项政府性资金，提高预算编制的科学性和透明度。围绕构建财政“大监督”格局，建立检查公示、承诺、举报、审理提前介入、回访复查等五项制度，在全市镇街财税所和财政局内部业务科室设立财政监督员，全力打造多层次、立体化的财政监督网络。着眼重点建设项目，加大投资评审工作力度，2011年，共评审项目299个，申报投资额17.9亿元，审定投资额14.5亿元，审减投资额3.4亿元，平均审减率达18.96%。

（撰稿：韦效楠）

微 山 县

【概述】 2011年，全县完成地区生产总值275.9亿元，比上年增长13.21%。地方财政一般预算收入16.95亿元，增长21.02%；全县地方财政一般预算支出完成22.39亿元，比上年增长23.96%。微山财政部门连续五年被县委、县政府荣记集体三等功，继2010年被省财政厅、省人力资源和社会保障厅授予“全省财政系统先进集体”荣誉称号之后，2011年又被授予省级文明单位。

【做活财政工作，促进经济社会发展】 一是扶持经济发展，注重培植地方财源。把增加财政收入贯穿经济发展全过程，积极协助政府，着力培植现有骨干企业和支柱产业，集中扶持经济效益好、税收贡献大、地方留成多的重点产业项目建设，加快推进房地产、商贸、流通、服务业发展，培植地方主体财源。认真落实各项财税政策，促进经济快速发展。2011年，拨付科技奖励资金300万元，企业贷款贴息321万元，办理福利及出口企业退税2 237万元，鼓励企业转型升级；拨付资金3 855万元，支持开发区科技园、道路绿化等基础设施建设，园区承载能力进一步提高，发展环境进一步优化。财政提升经济，产业规模不断壮大。占主导地位的煤炭产业初步形成煤炭开采、煤焦电、煤焦化发展格局；船舶制造业入选“山东省十大产业集群”，渔湖业产品加工集群被评为“山东省十大高效农业聚集园区”；战略性新兴产业方面，被评为“中国新能源产业百强县”、“中国产业发展能力百强县”、“中国战略性新兴产业最具竞争力县20强”。全县规模以上工业企业发展到85家，工业增加值101亿元，实现利税91亿元；高新技术产值完成40亿元。

二是强化管理，确保财政收支平衡。进一步优化税源结构，完善非税收入管理和零星税源征管机制，努力做大财税收入“盘子”。认真落实积极的财政政策，正确把握经济形势，认真分析财税态势，加大协调力度，努力完成各项财税任务。依法治税，严厉打击逃税骗税行为，坚决从源头上堵塞税收流失。强化综合治税措施，加强对重点行业，重点税源、重点税种的征收监管，做到应收尽收。合理安排预算资金，严格预算管理，优化财政支出结构，深化财政体制改革，继续对湖区、边区和经济薄弱乡镇给予财政扶持，促进全县经济均衡发展、增收节支，确保财政收支平衡。

三是扶持“三农”，农村经济稳步发展。积极争取上级扶持资金，加大资金整合力度，促进“三农”工作稳步发展。2011年，全县“三农”资金投入3.56亿元，较上年增长45.31%；其中拨付资金7 800万元，用于农村六大工程、农业综合开发、小型农田水利重点县等项目建设，培植壮大特色农业；拨付土地增减挂钩奖励资金5 430万元，推进新农村建设进程；拨付1.85亿元，落实粮食直补、能繁母猪补贴、成品油价格补贴等政策。湖区特色产业不断壮大。粮食实现连年增产增收，农林牧渔业总产值达 64.73 亿元，比上年增长 3.1%。

四是支持现代服务业发展，提升现代服务水平。2011 年，拨付服务业奖励扶持资金 1.03 亿元，落实加快“城中村”建设有关政策，促进全县房地产业较快发展。拨付旅游业扶持资金 7 256 万元，支持全县旅游业开发。微山岛景区开发建设步伐加快，崇德阁、微山湖荷园、观荷中心等一批景点建成开放，环湖公路、北环湖木栈道、微子路等景区道路竣工通行，新建微山岛景区旅游专道、码头、游客中心和停车场。加大组织南阳古镇旅游综合开发，完成古运河清淤护坡及景观建设，修建古商业街、清代钱庄、康熙御宴房等部分古迹，建成 3 处旅游码头和 1 处高档酒店，古镇风貌初步展现。微山湖湿地公园获批国家级湿地公园。微山湖景区被评为国家 AAAA 级旅游景区，微山县被评为全省旅游强县和精品文化旅游县，荣获中国最具投资价值旅游品牌。全年接待旅客 240 万人次，实现社会收入 22 亿元；新增限额以上服务企业 403 家，实现服务业增加值 105 亿元。

【加大民生投入，着力保障和改善民生】 一是加大教育投入，促进教育事业优先发展。2011 年，教育投入 7.03 亿元，比上年增长 38.84%。湖区、偏僻农村和寄宿制学校建设进一步加强，省、市级规范化学校达 36 所。

二是加快医药卫生体制改革，切实提高公共卫生服务水平。全县医疗卫生支出 2.24 亿元，比上年增长 88.28%。其中拨付 1.10 亿元，用于新型农村合作医疗补助；拨付 1 200 万元，落实乡镇卫生院基本药物零差价补贴政策；拨付 563 万元，开展农村适龄妇女“两癌”筛查。实施县、乡、村三级医疗网点建设，加快县医院门诊病房综合楼建设，新建改造乡镇卫生院 3 所，建成省级规范化农村卫生室和社区卫生服务站 483 所，城乡医疗条件得到改善。

三是落实社会保障政策，促进社会就业再就业。全县社会保障和就业支出 1.89 亿元，增长 29.23%。其中：拨付 5 642 万元，全面实施新型农村养老保险和城镇居民养老保险，60 岁以上城乡居民领到养老保险金；拨付 3 700 万元，用于城乡低保和农村五保人员供养。城乡居民养老保险实现全覆盖，新型农村医疗参合率 100%；建立城乡低保、农村五保供养标准自然增长机制，城乡低保提标扩面；新建保障性住房 1 544 套，乡镇敬老院 15 处，农村贫困家庭危房改造 1 575 户；县社会福利中心，残疾人综合服务中心等民生项目加快建设；2011 年，新增城镇就业 2.4 万人。

【突出科学理财，深化财政体制改革】 一是完善公共财政预算编审机制，继续深化部门预算改革，细化项目支出预算，启动国有资本经营预算编制，提高预算管理水平。二是进一步完善乡镇财政管理体制。出台《关于完善乡镇（街道、开发区）财政管理体制的实施意见》。实施“保障基本支出、滚动核定基数、超收县乡分成、一定三年不变”的新一轮乡镇财政管理体制，县乡财政分配关系进一步理顺。三是强化财政监管职能，提高财政资金使用效益。财政投资评审工作进一步加强，全年评审项目 120 个，送审投资额 7 亿元，审减资金 1.2 亿元。国库集中支付制度逐步完善，直接支付率逐年提高，资金支付程序更加规范。依法对国有资产实施监管，实现国有资产保值增值。加强政府融资平台监管，有效防范财政风险。开展会计信息质量、“小金库”和行政事业性收费等检查，维护社会财经纪律。

（撰稿：任　东）

鱼台县

【概述】 2011 年，鱼台县地方财政一般预算收入完成 5.10 亿元，完成年度预算的 100.88%，增长 21.06%。地方财政一般预算支出 10.50 亿元，完成年度预算的 103.95%，同比增长 10.01%。

【服务经济发展】 支持传统优势产业优化升级，制定促进新兴产业和服务业发展的财税扶持政策，开展企业二三产业分离，积极培植战略性新兴产业、商贸物流企业和现代服务业。推进涉企收费“一费制”管理工作，推行了房地产企业联合审批制度和收费“一费制”，减轻企业负担，优化经济发展环境。通过鱼台县鑫达经济开发投资公司，积极筹集资金，用于支持济鱼公路拓宽、滨湖大道等重点工程项目建设。

【强化收入征管】 加强收入分析预测，挖掘增收潜力，完善税收征管激励机制，调动乡镇依法加强税收征管的积极性。深化社会综合治税，加强部门协作，组织开展各项税费征收清查和专项整治活动。强化非税收入征管，确保各类收入应收尽收，2011 年通过财政专户征收政府非税收入 1 亿元。

【保障和改善民生】 开展困难学生资助工作，2011 年，拨付困难学生补助资金 332 万元，办理生源地助学贷款 797 万元。拨付公用经费 3 271 万元，用于提高农村中、小学生均公用经费定额标准。筹集就业再就业资金 667 万元，培训转移农村劳动力、帮助全县城镇下岗失业人员再就业。拨付资金 2 513 万元，积极推进新型农村社会养老保险试点工作。落实城乡低保及农村五保供养补助资金1 731万元，用于提高城乡居民最低生活和农村五保户供养标准。实施基本药物制度，全年共拨付补助资金1 311万元，推进基层医疗卫生机构综合改革。落实基本公共卫生经费1 150万元，用于提高人均卫生公用经费补助标准，促进基本公共卫生服务均等化。筹集新型农村合作医疗基金6 393万元，其中财政配套2 447万元。加强保障性住房资金管理，多渠道筹集建设资金，2011年共投入资金1 600万元，开发建设西苑小区一期工程。支持发展公共文化体育事业，全民健身广场、孝贤文化广场投入使用。大力压减一般性支出，确保全县行政事业单位人员工资正常发放和适度增长。拨付资金1 606万元，用于支持健全社会治安防控体系和应急管理机制，推进“平安鱼台”建设。

【新农村建设】 开展各项惠农补贴发放工作，全年共兑付粮食补贴资金3 464万元，燃油补贴1 239万元，汽车摩托车下乡、家电以旧换新补贴3 422万元。加大财政支农投入，扩大公共财政覆盖农村范围，2011年共拨付各项支农专款7 876万元。支持农村水利设施建设，鱼台县2010年小农水建设重点县项目顺利通过省市验收，并获得省级优秀嘉奖。引导和鼓励农民群众开展一事一议筹资筹劳活动，2011年共落实项目资金2 932万元。

【财政改革】 加强财政预算管理改革，改进预算编制办法，编制2011年部门预算，细化预算科目，增加预算透明度，强化预算约束，提高预算执行的均衡性。推行国库集中支付改革，建立国库单一账户体系，将所有预算资金全部纳入国库管理，实行财政直接支付和财政授权支付。推进投资评审改革，提高财政资金使用效益，2011年共评审金额4.14亿元，审定金额3.29亿元，审减资金8 500万元，审减率20.5%。

（联系：侯　霄）

金　乡　县

【概述】 2011年，金乡县地方财政收入完成5.12亿元，占调整预算的102.3%，增长57.1%。全县财政支出完成11.67亿元，占预算的101.2%。

【用足用活政策，支持经济发展取得新成效】 积极筹措资金1 090万元，及时兑现了2010年度综合考核和招商引资等方面的奖励。2011年安排科技研发资金1 200万元，引导鼓励企业加大高新技术投入，大力发展节能环保产业和低碳经济。用活2 000万元的还贷周转资金，先后为润丰种业、新华建材、东运冷藏、强力机械等10家公司提供了6 200万元的还贷周转金，有效缓解了企业融资难的问题。用足用好上级各项扶持政策，2011年全县共争取上级各类资金10亿元，为全县重点项目和基础设施建设提供了强有力的资金支持。

【完善地方税收保障机制，全面提升税收征管效能】 不断创新工作机制，强化督导调度，严格落实责任，大力开展协税护税，深挖税源潜力，强化煤炭、房地产以及大蒜冷藏等重点行业的税费征管，通过实行规范化征收，房地产及建筑业行业税收征管工作取得显著成效，2011年入库税款1.74亿元，比上年增长71%。煤炭行业税收入库2.15亿元，比上年增长26.8%。加强全县恒温库税收的比对清收工作，累计清收税款1 772万元。实行税收违法案件举报奖励机制，充分调动了全社会协税护税的积极性。

【建立财政投资评审机构，规范财政投资管理】 加大财政投资评审工作力度，通过建立健全审前告知、三级复核（初审、复审、会审）、限时办结、定期询价、工作底稿、稽核监督等措施，严格按照“谁评审，谁负责”的原则，切实做到公正评审、科学评审、依法评审、廉洁评审，有效规范了投资行为，节约了大量财政资金。2011年，共评审政府投资重点工程项目69个，送审金额6.8亿元，审定金额5.7亿元，审减金额1.1亿元，审减率达15.12%，有效节约了大量财政资金。金乡县财政局被省财政厅授予“山东省财政投资评审最具影响力单位”称号。

【统筹安排各项财政支出，确保工资发放、民生保障等重点事业支出的需要】 进一步提高了财政供养人员工资发放水平，统一了县乡工资标准，从2011年1月份开始执行新的工资标准，人均增资350元。全面落实各项支农惠农政策，2011年发放各项惠农补贴资金5 847万元；进一步提高了城乡低保、新农合、城镇居民医疗保险、最低生活保障等方面的补助标准；积极推进医药制度改革，实行了零差价销售；整合各类涉农资金6 633万元，加快推进了全县农村公益事业一事一议项目建设和六大重点工程的顺利实施；投入1 194万元，有效化解了农村义务教育普九债务。

【深化财政改革，提升财政精细化管理水平】 一是规范财政资金专户管理。撤销没有国务院、财政部、省人民政府和省财政部门有效开户依据的账户，归并一年内无资金往来业务和性质相同的账户，共撤销账户46个，实现了非税收入和社保基金在同一银行仅保留一个财政专户的目标。实行预算内外资金拨付短信告知制度，得到了社会各界的一致好评。二是积极推行财政国库集中支付制度改革。根据省财政厅要求，加强财政应用平台建设，投入资金90多万元购置了软、硬件设备，本着“先试点、后推广，边试点、边规范”的原则，选择了20家预算单位试点，初步建立起了国库单一账户体系。三是深化政府采购制度改革。按照“管采分离、严格程序、规范操作、依法监管”的原则，严格审批采购计划，构建起了机构健全、制度完善、职能到位、操作规范的政府采购工作新格局，实现了政府采购监管工作的新突破。四是严格加强国有资产监管。完善全县各级各部门国有资产软件管理系统。行政事业单位国有资产处置的变价收入和残值收入，都按政府非税收入管理规定，实行“收支两条线”管理。五是乡镇基层财政管理水平全面提升。围绕便民、高效、廉洁、规范的宗旨，积极抓好乡镇财政部门“四个机制”建设，即服务管理机制、服务监督机制、服务评价机制和服务复查机制，进一步规范乡镇财政工作人员行为，实行政务公开，把乡镇财政工作置于群众的监督之下，切实增强工作人员依法行政、勤政爱民和廉洁自律意识。

（撰稿：高同建　李　军）

嘉祥县

【概述】 2011年，嘉祥县地方财政收入完成7.68亿元，比上年增长22%。其中，税收收入完成6.16亿元，比上年增长18.53%；非税收入完成1.51亿元，比上年增长38.50%。全县财政支出完成16.42亿元，比上年增长22.01%。

【把握主题主线，财政收入稳步增长】 扶持企业创新，淘汰落后产能，发展新兴产业，鼓励全民创业，加强财源建设。强化收入目标责任制，把握财税征收主动权，挖掘增收潜力，提高税收征管质量和效率。加强非税收入征管，完善非税收入稽查制度。强化社会综合治税，实现应收尽收，收入结构进一步优化，收入质量逐步改善。

【加大三农投入，助推新农村建设】 筹措资金抗旱救灾，保证了夏季粮食丰产。加快农业产业化经营、农业技术推广、水土流失综合治理工作进程，完成新营灌区、金屯灌区万亩中低产田改造。落实财政惠农政策，2011年兑付粮食直接补贴1 064万元，农资综合补贴6 420万元。15处乡镇（街道）195个村实施了一事一议财政奖补项目工程建设，提高了群众生产生活水平。

【优化支出结构，保障改善民生】 支持教育优先发展，完善义务教育经费保障机制改革，实施农村中小学“211工程”、校舍维修改造和校舍安全工程、教学仪器更新工程。提高新型农村合作医疗补助标准，完善城乡医疗救助制度，加快医药卫生体制改革。提高企业养老金、城乡低保及农村五保供养标准，完善社会散居孤儿、城镇散居“三无”人员福利补助制度。实施贫困重度残疾人救助工程，扎实开展新型农村养老保险试点工作。完成全县农村义务教育债务化解工作。新建廉住房114套，公租房186套。

【深化财政改革，提升管理水平】 完善国库集中支付制度，不断提高直接支付比例。加强非税收入征管，加强国有资产管理，加大“小金库”治理力度，推进政府采购改革，加大政府投资评审力度。2011年完成政府采购预算内支出1 980万元，节约资金311万元，节支率为13.6%；完成46个项目的评审，审减资金9 023.27万元，审减率21.44%。扎实开展规范化财政所达标工作和财政惠民服务厅建设。强化会计监督检查。2011年嘉祥县财政局被授予济宁市中小学校舍安全工程工作先进单位、济宁市财政监督工作先进单位、济宁市财政系统先进集体、济宁市文明单位，被省财政厅评为粮食直补工作先进单位、山东省财政投资评审最具影响力单位。

（撰稿：张万昌）

汶上县

【概述】 2011年，汶上县完成地方财政收入7.1亿元，增长32.6%。按现行财政体制计算，2011年全县财力总计17.30亿元；财政总支出15.27亿元，加拖转下年支出2.02亿元，支出总计17.29亿元；收入与支出相抵，累计结余141万元，当年结余2万元，财政收支平衡。

【收入征管力度明显加大】 财税部门紧紧围绕任务目标，细化分解收入任务，严格实行目标管理责任制，健全完善了定任务、定时间、定奖惩“三定”责任制。每月组织召开财税联席会议，加强与国税、地税部门及主要企业沟通协调，做好收入分析与预测，及时帮助解决税收征管中的难题。大力开展税费集中整治活动，建立完善综合治税协调机制，加强纳税信息沟通和统计分析，防止财政收入流失，确保应收尽收。2011年集中清缴税费1.55亿元，税费集中整治工作取得明显成效。

【支出结构进一步优化】 坚持勤俭办一切事业，大力压减人、车、会、话等一般性支出，严格按照“保工资、保运转、保法定支出”的顺序安排财政支出预算。积极调整优化支出结构，整合各类财政资金，科学安排，集中财力加大对民生领域的投入。2011年，教育、社保、医疗卫生、农林水等重点支出11.1亿元，增长28.3%，占财政支出的72.4%，比上年提高了1.7个百分点。

【支持重点项目建设呈现新亮点】 通过深化国有资产改革，做大做强融资公司，积极搭建平台、包装项目，依托金财公司、城建投资公司等融资贷款4.2亿元。同时，积极争取上级调度款、上级专项补助资金和集中各项间歇资金用于重点工程建设。累计投入到各重点项目上的建设资金达到14.5亿元，促进了经济突飞猛进发展，城市建设日新月异。

【保障和改善民生成效显著】 不断创新支农机制，确保各项政策落到实处。2011年县级财政支农资金预算安排2.1亿元，同比增长25%，提高了农业支出占财政总支出的比重；争取各项支农资金1.7亿元，有效弥补了资金缺口，推进了农业和农村各项事业健康快速发展。全面落实惠农财政补贴政策，通过涉农补贴"一本通"分别发放粮食直补、农资综合补贴、家电与汽车摩托车补贴976万元、5 886万元、3 050万元。支持教育优先发展，免收义务教育阶段学杂费、书本费，安排500万元专项资金用于农村中小学校舍维修改造，投入1 000万元支持农村中小学"211工程"建设。完善社会保障体系，将城市低保标准提高到每人每月260元、农村低保标准提高到每人每年1 400元，城乡低保补助标准明显提高；全面推行新农保，启动实施了保障房建设、医疗体制改革等，让人民群众享受到更多实惠，社会保障水平显著提高。

【财政改革与管理水平显著提升】 部门预算、国库集中支付等改革不断深化，乡财县管制度、县乡财税体制不断完善。行政事业单位国有资产管理制度体系逐步健全，有效防止了"重购置、轻管理"的现象。财政监督进一步强化，保证了所有财政收支活动全部纳入监督范畴。政府采购网站开通，建立了阳光采购平台，采购程序更加透明。涉企收费"一费制"改革全面推进，变多头进企征收为"一口"征收，企业发展环境不断优化。

（撰稿：郭宗军　孙海涛）

泗水县

【概述】 2011年，泗水县地方财政收入完成4.0亿元，比上年增长47.46%；财政支出完成12.97亿元，增长29.12%。

【加强征管】 年初对财政工作目标层层分解，制定了切实可行的激励政策，调动各执收部门组织收入的积极性。重点调度的50家企业完成地方财政收入2.2亿元，同比增加9 900万元，税收过千万元企业达到14家，同比增加7家。继续实施乡镇财政收入超收分成奖励政策，全年实现乡镇级收入7 662.8万元，完成任务的106.40%，全年财政收入突破4亿元大关。深入研究烟草、房地产、二三产业分离等相关税收政策，提高了烟草行业税收分成比例，进一步理顺了房地产企业所得税征管方式，基本完成了大宇水泥二三产业分离，增加县地方财政收入9 649万元。努力挖掘增收潜力，综合治税完成收入8 658.5万元。进一步加强和规范了政府非税收入管理，全年实现非税收入8 841万元。

【争取政策】 抢抓省财政直管县改革试点机遇，充分利用缓解县乡财政困难政策，加强与省市财政部门的沟通联系，最大可能地取得上级的理解与支持，取得明显成效。全年共争取上级各类资金9.51亿元，同比增加2.56亿元，其中新增缓解县乡财政困难转移支付5 529万元，有效缓解了财政资金紧张的状况。

【保障民生】 在财政资金安排上，大力压缩一般性支出，资金安排优先向教育、社保、医疗卫生等民生事业倾斜，全年一般性支出完成5.61亿元，占总支出的43.24%，比上年降低13.56个百分点。全年安排教育支出3.90亿元，同比增长57.15%；全年拨付社保资金1.40亿元，同比增长50.38%。及时足额拨付小麦直补、综合补贴、良种补贴、家电下乡和以旧换新补贴、农机具补贴、成品油价格补贴等惠民补贴8 694万元，村级公益事业建设一事一议财政奖补资金5 749万元，调动了农民发展生产的积极性。投资1 870万元，启动了第一批饮水安全工程，解决了38个行政村4.17万人的饮水安全问题。应对突发公共事件的保障能力不断提高，及时拨付抗旱、大风、冰雹等防灾赈灾资金1 099.9万元，有效保障了政府应急工作顺利开展。2011年，先后两次上调行政事业单位工作人员工资，月人均提高工资性支出784元。

【财政投入】 全年财政投入资金1.35亿元，大力支持海螺水泥、圣水峪矿泉水、汇源地瓜汁、浙商工贸园、雨润冷鲜肉等大项目建设。加大招商引资经费保障力度，全年安排招商经费290万元。2011年，投入712万元，用于生态旅游发展，泗张王家庄民俗村建成为远近闻名的旅游景点。拨付资金1.02亿元，用于城市供水、城区道路畅通、城市绿化等项目，实施了全县11项城乡重点工程建设。拨付新农村社会建设资金2.10亿元，全县建成高标准农村社区16个，目前多数社区农民已经顺利搬迁入住。投入农业综合开发资金 1 078 万元，完成了 2010 年中册镇中低产田改造项目，实施了 2011 年泗张镇土地综合治理项目。拨付资金 401 万元，用于 6 个库区水利、交通、文化场所建设。安排资金 732 万元，对 11 个乡镇实施了生态造林项目。

【财政改革】 将非税收入全部纳入一般预算管理，整合了预算内外资金，提高了县财政调控能力。将耕地占用税、契税移交地税部门管理，泗水县农业税收征收管理局更名为泗水县基层财政管理局，实施了乡镇财政集中支付，顺利将政府采购部分职能划转县招投标中心，财政科学化、规范化管理水平进一步提升。继续深化国库集中支付改革，纳入集中支付管理的单位达到 128 家，全年累计办理业务 25 612 笔，支付金额 26.41 亿元。

【加强监督】 圆满完成会计信息质量检查，将检查重点放在房地产企业，查处违规资金 358 万元。深入开展“小金库”专项治理工作，检查单位 146 家。开展医疗卫生部门票据管理和使用情况专项检查，检查县直及乡镇卫生医疗机构 27 个，规范了执收单位行为。配合县监察局、县审计局，对强农惠农资金使用情况进行检查，进一步严肃了财经纪律。加强财政性资金投资项目的评审力度，全年完成评审项目 105 个，评审投资额 3 亿元，审减资金 4 300 万元，审减率 14.33%。

【队伍建设】 把深入开展创先争优活动与加强班子建设、党组织建设、党风廉政建设、精神文明建设、“五型”机关建设相结合，全面提升了财政干部职工的政治素质和业务素质。加强内部管理约束，严格执行党风廉政建设责任制，层层签订《党风廉政建设责任书》，积极开展文明单位创建活动，坚持政务公开，简化办事流程，提高办事效率。在全局认真培育以“不断学习，慎言笃行，埋头苦干，奉公守廉”为主要内容的财政文化，财政职工的精神风貌焕然一新，综合理财能力显著提高。

（撰稿：王　亮）

梁 山 县

【概述】 2011 年，梁山县一般预算收入完成 5.06 亿元，较上年增长 45.4%。其中国税部门完成 8 673 万元，较上年增长 15.62%，占一般预算收入的 17.14%；地税部门完成 3.46 亿元，较上年增长 51.87%，占一般预算收入的 68.38%。全县一般预算支出完成 14.57 亿元，较上年增长 19.13%，相同口径较上年增长 24.1%。其中，农林水、教育、科学技术支出，分别比上年增长 26.67%、27.6%、25.97%，均达到法定增长要求。

【深挖增收潜力，组织收入成效显著】 面对复杂多变的财政经济形势，按照均衡入库的要求，及时分解落实收入任务，实行班子成员包乡镇、包部门制度，加强协调督导，及时分析解决组织收入中遇到的困难和问题，深挖增收潜力，确保收入工作顺利开展。开展税源普查活动，实行源头控制，把漏征漏管户纳入征管范围，大税小税一齐抓，夯实了征管基础。深入推行社会综合治税，分行业、分税种有重点地开展税收专项清理活动，增加了地方财政收入，并带动了税收征管秩序和治税环境的优化提升。耕地占用税、契税在实现了由委托代征向直接征收的过渡之后，又顺利实现了与地税部门的交接。非税收入征管不断拓宽，城区基本建设项目涉及的政府非税收入实行“一票式”管理，对涉企收费项目实行“一费制”改革，规范了收费方式，减轻了企业负担，增加了财政收入。

【加强支出管理，重点支出得到较好保障】 在财政收支矛盾十分突出的情况下，始终牢固树立过紧日子的思想，严格落实厉行节约有关规定，大力压减人、车、会、话等一般性支出，各项节支目标得到较好落实。全县一般公共服务支出增长低于总支出增幅 29.2 个百分点，行政成本得到有效控制。在此基础上，科学调度，统筹安排，集中财力保障各项重点支出。一是保工资、保运转、保重点的目标圆满实现。工资性支出得到优先保障，全县离退休和在职人员工资水平有所提高，并实现了国库集中支付，确保了工资发放的及时性。二是民生福祉显著改善。县财政积极筹集资金，支持建立覆盖城乡的社会保障体系，新农合补助、城镇居民医疗保险、五保户供养补助、城乡低保补助等所需资金得到妥善安排，实现了养老和医疗保险的全覆盖。三是支持教育优先发展，稳步提高义务教育生均公用经费标准，投入资金实施校舍维修改造、布局调整，农村中小学教师工资实行上划管理，落实义务教育改革配套资金，圆满完成了普九期间义务教育债务化解工作。四是大力推动实施农业保险试点，扎实做好农业扶贫开发工作，世行三期项目建设顺利通过省级验收，筹集资金支持新农村社区建设，改善了农村生产、生活条件，促进了全县经济和社会事业持续协调发展。

【推进财政改革，理财水平进一步提高】 坚持以改革破解难题，以管理促进保障，以创新推动发展，财政运行机制进一步健全。财政集中支付制度改革深入推进，行政事业单位工资发放纳入了集中支付系统，对工资发放进行了集中清理整顿，进一步规范了工资支出管理；集中支付、集中核算实现了并轨运行、财银联网。政府采购建成电子信息平台，在县级城市率先采用专家远程评审系统，有效节约了采购成本，提高了采购效率，规范化和透明度进一步提高。财政投资评审机制进一步完善，对30万元以上的政府性投融资项目和财政预算安排的专项资金一律通过财政投资评审，评审结论作为项目招投标的控制价，平均审减率在20%左右，节支成效明显。财政资金管理制度和内控机制进一步健全，扎实开展了涉农等专项资金、会计信息质量等监督检查活动，确保了财政资金安全，提高了资金使用效益，财政管理的科学化、精细化水平进一步提高。

（撰稿：叶 蔚 宋海涛）

泰 安 市

泰 山 区

【概述】 2011年，泰山区地方公共财政预算收入完成19.6亿元，比上年增长0.1%。其中，地方税收收入16亿元，比上年下降5.1%。完成公共财政预算支出15.1亿元，比上年下降4.9%。连续24年实现财政收支平衡。

【收入质量逐步提高】 2011年，全区收入工作思路由“扩总量、保增幅”转变为“调结构、提质量”，初步化解了长期以来的收入结构性矛盾，有效降低了落实刚性支出的难度和压力。2011年，全区增值税、营业税、企业所得税、个人所得税四个主体税种完成收入11亿元，比上年增长22.1%；占地方财政收入的比重为56.1%，高于全市平均水平22.9个百分点。

【重点支出得到保障】 紧紧围绕中心，主动服务大局，充分发挥财政资金、财税政策的调控作用，在保重点、促发展、惠民生等方面取得了显著成效。一是转方式调结构得到大力支持。紧紧围绕全区经济工作重点，努力筹措资金加快转调步伐，增强经济发展后劲，全区累计筹集资金1.2亿元用于支持企业发展。其中，支持传统工业改造和节能减排资金3 828万元，支持自主创新和新兴产业发展资金1 341万元，支持服务业和中小企业发展资金2 476万元。二是民生政策得到有效落实。2011年，全区教育、社会保障和就业、医疗卫生支出累计完成7.1亿元，增长25%。其中，拨付资金2.1亿元，用于城乡低保、新农保、城镇居民养老等社会保障支出；拨付资金1.4亿元，用于购买公共卫生服务、推进医药卫生体制改革等医疗卫生事业支出；拨付资金3.5亿元，用于支持教育改革发展。三是“三农”发展得到快速推进。健全财政支农投入机制，加大强农惠农力度，财政支出向农业农村倾斜，全区用于“三农”的支出达2.3亿元。其中拨付资金8 700万元，用于加强农业、农村基础设施建设；筹集资金2 300万元，用于支持现代农业发展；落实资金1.1亿元，用于落实各项惠农补贴政策。

【监督机制不断健全】 一是财政资金管理更加严格。规范资金账户，对全区财政专户进行清理整顿，进一步规范了财政专户开立、变更、撤销等审批管理程序。构建财政资金风险防控机制，财政、预算单位和银行之间的对账制度逐步健全。二是支出管理改革更加深化。全区完成政府采购额6 112万元，节约资金758万元，综合节支率14%；评审政府投资项目47个，评审总额1.7亿元，审减资金1 491万元，平均审减率8.3%。三是惠民资金监管更加透明。搭建强农惠农资金监管平台，将强农惠农资金纳入全社会监督范围，全面推进支农资金阳光化，受到财政部好评，并在全省范围内推广。

（撰稿：罗文亮）

岱 岳 区

【概述】 2011年，岱岳区实现生产总值250.3亿元，比上年增长11.5%，其中一、二、三产业增加值分别增长2.7%、12.7%、14.3%，三次产业比例调整为17.2∶45.4∶37.4。全区地方公共财政预算收入完成7.5亿元，比上年增长18%；公共财政预算支出完成18.3亿元，增长23.1%。

【财政收入实现平稳增长】 坚持把组织收入作为核心工作、首要任务，积极推行财政收入联系点制度，健全社会综合治税机制，努力挖掘和开辟增收渠道。2011年全区税收收入完成6.8亿元，比上年增长15.3%，占地方公共财政预算收入的比重达到90.5%，高于全市平均水平3.4个百分点；增值税、营业税、企业所得税、个人所得税四大主体税收完成3.94亿元，比上年增长25.9%，占地方公共财政预算收入的比重达到52.4%，高于全市平均水平7.6个百分点，收入结构和质量进一步改善。

【财源建设扎实深入推进】 拨付资金1 500万元，支持企业技术改造、自主创新；拨付资金4 262万元，支持交通运输业和农村现代流通服务网络建设；安排招商引资经费和奖励资金1 946万元，充分调动了各级加快发展的积极性；兑付家电、摩托车等下乡补贴和家电以旧换新补贴8 471万元，带动了消费需求。2011年，全区纳税过百万元、过千万元的企业分别达到156家、18家；财政收入过亿元的乡镇（街道）3个，比上年增加2个，过千万元的乡镇达到10个，比上年增加1个。

【民生支出得到全面保障】 先后两次调整提高区直行政事业单位人员、乡镇教师和离退休人员的津补贴标准，分别拨付新农合、农村低保资金1.4亿元、3 266万元，分别比上年增长85.5%、31.3%；拨付离退休人员住房及生活补贴6 555万元，比上年增长18.1%，拨付城乡居民养老保险资金4 683万元，在全市率先启动“全民社保”体系。拨付农资综合补贴4 214万元、粮食直补698万元，全区17.9万户农民直接受益。成功申报“全省农村公路网化示范县”项目，加快全区农村道路建设。落实义务教育保障经费7 533万元，确保了各项教育政策的落实。2011年全区教育、社会保障、医疗卫生支出分别增长42.2%、16.5%、82.3%。

【科学理财水平不断提升】 全面推行国库集中支付与财政集中核算制度改革，全程参与政府招投标活动的监督，全区政府采购节支率达到12.8%。稳妥推进财政投资评审工作，财政投资审减率达到9.2%。对全区财政专户进行了全面清理规范，撤并财政专户34个。建成14个乡镇财政惠民服务大厅，其中省级联系点1处，市级联系点1处，全部顺利通过验收。建立“金财工程”内部网络，配合省审计组完成了对全区地方政府债务的审计，财经秩序进一步规范。

（撰稿：王　震）

新泰市

【概述】 2011年，新泰市实现生产总值667.3亿元，比上年增长14%。城镇居民人均可支配收入、农民人均纯收入分别达到2.2万元、1万元，比上年分别增长12%和14.1%。全市地方公共财政预算收入完成36.9亿元，比上年增长23%；公共财政预算支出完成49.8亿元，增长26.7%，连续第25年实现财政收支平衡。在第十一届全国县域经济基本竞争力百强县排名中列第23位。

【支持经济发展】 坚持转方式、调结构与增财源相结合，加大财政扶持力度，推进工业转型升级，安排资源勘探电力信息等事务支出12.9亿元，重点支持大项目和骨干财源建设。与建行开展中小企业助保金贷款业务战略合作，有力缓解了民营企业和中小企业融资难问题。

【强化收入征管】 充分发挥财政部门牵头作用，加强收入调度分析，创新收入征管手段，深入挖掘增收潜力，开展了无照经营专项整治、城镇土地使用税专项清理整治、重点工业企业会计信息质量检查、服务业税收蹲点调查、开发区企业税收专项检查等一系列专项整治检查活动，全市实现境内工商税收36.5亿元，比上年增长13.1%。

【保障改善民生】 坚持以人为本、民生优先的政策导向，调整优化财政支出结构，教育、社会保障和就业、医疗卫生等民生支出达到20.1亿元，占财政总支出的40.4%。落实种粮补贴、农资综合补贴、家电摩托车下乡等各项惠农补贴资金1.72亿元。安排6 965万元，落实城乡居民基本养老保险制度；安排2 200万元，保障医药卫生体制改革和基本药物制度改革实施；筹集资金4 260万元，用于保障性住房建设；筹措资金845万元，支持了就业、再就业和自主创业工作；安排资金1亿元，用于支持义务教育经费保障机制改革顺利实施。多方筹措资金，化解农村义务教育债务9 595万元。

【推进财政改革】 进一步完善财政管理体系，强化预算管理，对专项资金严格实行先评审、后拨付；加强财政监督制度建设，着力构建财政“大监督”长效管理机制。继续深化国库集中支付、政府采购、财政投资评审和行政事业单位资产管理等改革工作，全年通过国库集中支付系统支付资金20.8亿元，其中直接支付资金13.7亿元，直接支付比例66.2%；完成政府采购额3.6亿元，节约财政资金5 516万元；评审项目25个，评审资金2.5亿元，审减资金3 300万元；实现行政事业单位资产有偿使用收益280万元。

（撰稿：杨　敏　朱　政）

肥城市

【概述】 2011年，肥城市实现生产总值586亿元，比上年增长26%。实现地方公共财政预算收入27.45亿元，比上年增长23%；实现公共财政预算支出37.14亿元，增长18.2%。

【财政收入】 各级财税部门以组织收入为核心，牢固树立依法治税、均衡入库的观念，不断改进税费征管手段，加大收入分析、税源监控、纳税评估和社会化综合治税力度，努力挖掘增收潜力，确保了财政收入总量和质量的同步提高。

【财源建设】 紧紧围绕全市经济工作中心，积极发挥职能作用，支持转方式、调结构、增财源。拨付资金7 269万元，支持骨干企业、战略性新兴产业发展和招商引资。规范做大政府融资平台，融通资金2.96亿元。落实增值税转型等优惠政策，向企业减税让利3.6亿元。投入资金1.49亿元，支持城区企业“退城进园”。拨付资金8 244万元，支持企业技术改造和资源综合利用。拨付资金5 394万元，支持企业污水处理和垃圾治理。

【财政保障能力】 调整优化支出结构，优先保障和改善民生，全市民生项目支出18.78亿元，增长32%。拨付资金7 380万元，提高生均公用经费标准，落实教育资助政策。拨付资金1.56亿元，用于创建省教育工作示范市、农村中小学校舍维修改造、防震加固、白云山学校和大职教建设等。拨付资金1.92亿元，用于提高新农合、城镇居民基本医疗保险政府补助标准，实行镇街卫生院基本药物制度改革，支持城乡卫生设施建设。拨付资金2.03亿元，落实城乡居民养老保险和城乡低保、五保、社会优抚、就业援助等政策，加快了城市保障性住房建设。

【统筹发展能力】 按照基本公共服务均等化的要求，全力加强和改进经济社会发展的薄弱环节，促进统筹协调可持续发展。拨付资金1.02亿元，全面落实支农惠农补贴政策。拨付资金1.44亿元，用于农业基础设施建设、一事一议奖补试点、农村义务教育化债、产业化发展等。投入资金1.21亿元，支持生态保护、土地治理和荒山绿化。拨付资金1 994万元，用于疾病防控、疫情防治、安全生产和人防工程建设。拨付转移支付资金2.5亿元，支持基层各项事业发展。

【财税管理】 理顺高新区和王瓜店办事处财政管理体制，建立了镇街主体税收和工商税收增长激励机制。改革预算管理方式，将预算外资金全部纳入预算管理。继续深化国库集中支付、政府采购、投资评审改革，提高财政资金的使用效益。完善政府融资监督管理制度，提高投融资绩效，融资平台建设日趋规范。认真开展“小金库”专项治理等20余项检查审计，财经秩序进一步规范。

（撰稿：刘福新）

宁 阳 县

【概述】 2011年，宁阳县实现生产总值241亿元；完成地方公共财政预算收入6.96亿元，比上年增长6%；完成公共财政预算支出18.37亿元，增长16.35%，连续23年实现财政收支平衡。

【财源培植力度明显加大】 通过政府融资平台为泰山之阳科技产业城筹集3.5亿元资金，拨付专项资金1.48亿元推进基础设施建设；落实资金5 534万元支持汽车总站等项目建设，完善城市配套功能。安排专项资金4 350万元，促进环城科技产业园现代服务设施建设。为中小企业提供担保贷款1.2亿元，为华阳、海力等企业提供过桥资金2亿元，为圣奥、华宁、华兴等企业技术改造、创新升级和节能减排筹集资金4 751万元，缓解企业资金压力；累计办理出口免、抵等各项政策性退税7 729万元，落实增值税转型减税8 418万元。2011年，全县年纳税100万元以上的企业达到103家，其中1 000万元以上的独立法人企业23家。

【财政收入质量持续优化】 通过组织工业企业会计信息质量检查、强化政府性资源开发管理、对乡镇财政实行激励性奖惩等措施，加大税费征管力度，增加地方可用财力。全年地方税收收入达到6.36亿元，比上年增长25.22%。与经济运行密切相关的增值税、营业税、企业所得税、个人所得税等四大主体税种完成地方级收入4.7亿元，比上年增长28.8%，占地方公共财政预算收入的比重达到67.6%，位居全市首位。同时，宁阳县还连续第二年进入全省基本财力保障县范围，每年可享受基数性补助5 718万元。

【三农投入机制日益完善】 全县投入7 280万元用于农田水利设施建设，筹集资金1 826万元支持“新三农示范区”建设，安排600万元推动“六进”致富工程实施，拨付资金1 350万元推进农村社区建设；发放粮食直补、农资综合补贴、良种补贴等各类惠农资金超过1.3亿元，惠及种粮农户18.2万户。兑付家电、摩托车和以旧换新补贴资金2 113万元；投入“一事一议”财政奖补资金2 217万元，改善了120个村的生产生活条件。

【重点民生支出得到有效保障】 经上级批准，两次提高行政事业单位人员津补贴发放标准共计800元。农村低保由每人每年1 400元提高到2 000元，城市低保由每人每月280元提高到320元。城镇和新型农村合作医疗由每人每年补助200元提高到240元。农村五保集中供养由每人每年补助

2 300 元提高到 3 200 元，分散供养由每人每年补助 1 400 元提高到 2 200 元。城镇和农村基本养老保险制度于 2011 年 7 月份全面启动，60 岁以上老人均可以享受到政府每月 55 元的基础养老金补贴。义务兵优待金标准达到每人每年 5 000 元。投入 1 200 万元推进国家基本药物制度实施。农村中小学生均公用经费定额分别提高到 800 元和 600 元，寄宿生生活费补助标准分别提高到 1 000 元和 750 元，顺利化解了 7 646 万元的义务教育阶段债务。2011 年，教育支出比重超出上级考核口径 0.3 个百分点。

（撰稿：苏　民　朱道国）

东　平　县

【概述】 2011 年，东平县完成地方公共财政预算收入 6.43 亿元，比上年增长 10%；完成公共财政预算支出 17.1 亿元，增长 16.1%。地方财政收支平衡，略有结余。

【经济实力在固本开源、调整结构中越做越强】 把培植壮大支柱产业作为财源建设的着力点，集中资金重点支持骨干企业和水浒旅游、商贸流通等财源建设项目，既实现了当前保增长的目标，又促进了长远的促转调。2011 年，全县新上、续建重点项目 130 个，规模以上工业企业达到 288 家，其中纳税过千万元的企业达到 9 户。

【支出结构在改善民生、促进发展中持续优化】 教育保障方面，全年落实公用经费 4 572 万元，完成 29 所学校的网络“班班通”工程；积极推进农村义务教育化债，3 121 万元的化债任务全部完成。社会保障方面，农村低保标准提高到 1 400 元/年·人，城镇低保标准提高到 3 360 元/年·人；全面实施城乡居民养老保险政策，60 岁以上受益人数 11.3 万人。医疗保障方面，城镇居民医疗保险和新型农村合作医疗政府补助标准由 2010 年的 110 元提高到 200 元，为全县 60 岁以上老人、优抚对象等弱势群体进行新型合作医疗参保救助。强农惠农方面，发放粮食补贴 7 839 万元，家电下乡补贴 2 900 万元，库区移民补贴 2.04 亿元，良种补贴 820 万元。

【财政改革在完善机制、规范运行中稳步推进】 将预算外资金全部纳入预算内管理，部门预算改革成效显著。国库集中支付改革进一步深化，全县 112 个预算单位全部实行国库集中支付，直接支付比例达 84%。政府采购机制日趋健全，在全省建立县级第一家“政府采购电子协议供货及反拍系统”，解决了小额零星货物采购效率低和重复采购的难题。进一步明确县矿管委的财政体制，调整县工业园区的财政体制。

【财政监督在创新方式、统筹推进中成效明显】 制定出台《东平县县级国库集中支付大额现金管理办法》，安装启动国库集中支付监控系统，资金支付更加规范。评审工程项目 42 个，节约财政资金 3 800 万元，审减率达 17%，投资评审效果更加明显。完成重点学校的教育收费情况检查和县直部门单位以及重点工业企业的会计信息质量检查，会计基础工作进一步规范。坚持“预防为主”，深入开展“小金库”专项治理，违规违纪现象有效遏制。探索建立“内外控制，八方监督”的权力运行监控模式，财政廉政风险防控机制建设得到强化。

（撰稿：李友民　尚　印）

威　海　市

环　翠　区

【概述】 2011 年，威海市环翠区完成地方公共财政预算收入 22.2 亿元，比上年增长 14.2%。完成公共财政预算支出 18.02 亿元，比上年增长 15.01%。连续 25 年实现财政收支平衡。

【财源基础得到有效夯实】 围绕发展第一要务，持续加大对企业的扶持力度，促进区内企业不断做大做强，财政增收基础得到有效夯实。2011 年，兑现奖励扶持企业政策资金 1 700 多万元，对企业技术改造、自主创新、品牌建设、节能减排等方面给予重点扶持。继续完善中小企业临时还贷周转金使用管理和拨付流程，为企业开辟了借贷“绿色通道”，有效缓解了中小企业融资难问题。2011 年，有 5 家企业被评为全省首批战略性新兴产业重点调度企业；新增市级以上企业研发平台 8 家、省级著名商标 3 个，通过省级清洁生产审核验收企业 8 家；税收过千万元的区属企业由上年的 23 家增加到 33 家。

【科学理财机制不断完善】 积极创新财政管理体制，着力调整优化支出结构，科学理财水平不断提高。一是政府预算体系不断健全。积极深化部门综合预算改革，自2011年1月起，将部门非税收入全部纳入一般预算管理。进一步细化项目支出预算编制，实行了部门预算信息公开。二是国库集中支付改革不断深化。以规范支出管理为重点，积极推行公务卡改革，加大财政专户集中管理力度，扩大直接支付范围和比例，财政资金使用更加安全规范。三是政府采购范围不断扩大。完善《政府集中采购目录》和《政府采购限额标准》，加强镇（街道）政府采购管理，扩大了采购规模和范围。四是财政投资评审工作切实加强。评审范围从政府重点项目向农田水利、房屋修缮、城乡绿化、土地整理等方面延伸，财政投资评审作用和影响力不断增强，获得“山东省财政投资评审最具影响力单位”称号。五是绩效评价工作扎实推进。2011年，充实了由18名专家组成的绩效评价专家库，进一步完善了绩效评价标准体系，对涉及教育、农业、科技、社会保障等社会关注度高的12个项目实施了绩效评价，促进了财政资金分配更加规范高效。

【财政保障能力不断增强】 认真落实上级各项惠民政策。2011年共发放粮食直补、农资综合直补、良种补贴、家电下乡、农机具购置、渔用燃油等各项补贴1.2亿元，被省财政厅授予“家电下乡先进集体”荣誉称号。城乡就学环境全面优化。快速推进了望岛小学、威海八中等中小学校建设，完成了15所学校的校舍加固改造任务；将小学、初中预算内生均公用经费标准提高到每生每年700元和900元。医药卫生体制改革不断推进。进一步提高新农合保障水平，提高了新农合人均筹资标准和报销比例；大力推进基层医疗卫生机构基本药物制度改革，基层医疗卫生服务机构全部配备使用基本药物，并将范围扩大到农村卫生室，实现了城乡基层医疗机构全覆盖。成功创建为全国社区中医药工作先进单位。农村基础设施投入不断加大。2011年投入1.4亿元，对全区82个村实施了环境综合整治，使农村环境面貌发生了根本性变化。大力支持农业资源节约和生态保护，为创建“生态山东建设先进市”做出了贡献。完成了桥头镇6 000亩中低产田改造和羊亭镇1 000亩大樱桃基地建设任务，提高了农产品综合生产能力。城乡社会保障水平不断提升。推行了新型农村社会养老保险和城镇居民社会养老保险制度，建成了覆盖城乡的居民养老保险体系，提高了城乡最低生活保障和农村五保供养标准，最大程度保障了困难群众的基本生活。

（撰稿：蔡连军）

文 登 市

【概述】 2011年，文登市完成地方公共财政预算收入26.77亿元，比上年增长14%；完成公共财政预算支出37.75亿元（含各类上级专款），比上年增长22.06%。

【财源建设】 发挥财政政策和资金的扶持、引导作用，推动企业转调升级。大力支持骨干企业发展，用于天润曲轴、威力工具等企业支出4 135万元，推动了企业快速膨胀。投入1 000万元专项资金，对科技创新、产学研合作等方面给予奖励扶持，进一步增强了企业核心竞争力。认真落实增值税转型改革政策，全年为企业减税让利2.68亿元，增强了企业发展后劲。

【民生保障】 以保民生为重点，新增财力逐步向民生、社会事业倾斜。安排民生项目支出7.3亿元，比年初预算增加5 000万元。其中，投入2 035万元，扩大基本药物制度覆盖面，基层医疗卫生机构总体药品零售价格约降低35%；新增财政支出600万元，将新型农村社会养老保险补助标准，由国家规定的每人每月55元提高到60元；新增财政支出1 900万元，将新型农村合作医疗财政补助标准由上级规定的每人每年200元提高到250元。

【经营财政】 推介“中国长寿之乡，滨海养生之都”城市品牌，实现了城市资产价值和城市品牌影响力的提升；采取出让、拍卖、抵押和市场化运作等方式，盘活闲置资产及无形资产，提高了资产变现能力。盘活国土局、金滩投资公司等单位的闲置房地产4 884万元。

【财政管理】 深入开展“预算管理年”活动，不断规范预算编制，全面推行预算执行分析制度，进一步强化预算监督，对财政收支、审批类等业务标准化流程进行梳理完善，建立健全以部门预算信息库为基础、以预算管理和指标管理系统为手段的财政收支、审批类标准化体系建设；建立健全与项目支出相匹配的考核指标体系，逐步完善全过程考评管理机制，提高了财政资金使用效益；不断完善监管机制，对政府投资工程项目，尤其是市场化运作项目，从源头入手，全面加强政府集中采购及财政投资评审的监管。全年完成政府集中采购合同金额3.74亿元，节约采购资金2 516万元，节支率达6.31%；审定造价1.27亿元，审减2 654万元，审减率17.3%；建立健全防治“小金库”长效机制，进一步巩固了“小金库”治理成果。

（撰稿：吴卫芳）

荣 成 市

【概述】 2011年，荣成市完成地方公共财政预算收入 36.06 亿元，比上年增长 14.09%；完成公共财政预算支出 57.97 亿元，增长 30.85%。

【支持转型升级成效明显】 加大财政投入，支持骨干企业、新兴产业、现代服务业和镇域经济发展。安排资金 5 830 万元，减免基础设施配套费 1 069 万元，积极推进园区建设；安排资金 9 676 万元，用于企业科技研发、设备升级、技术改造；安排资金 3 950 万元，支持骨干企业品牌建设、参股招商、上市重组；安排资金 2 836 万元，引导旅游、冷链物流、金融保险业发展。中小企业临时还贷扶持资金规模提高到 2 亿元，累计提供资金 107 笔、14.4 亿元。制定新一轮镇区财政管理体制，大幅提高了镇区工商税收可支配比例、土地收益及基础设施配套费返还比例，扩大了土地收益分享范围，推动了镇域经济发展，2011 年镇区工商税收完成 11.53 亿元，比上年增长 20.62%。

【财政收入质量持续向好】 落实统一内外资企业和个人城建税、教育费附加政策，推广应用涉税信息平台，构建以信息管税、综合治税为核心的依法征管体系。通过“以票控税”、“先税后证”等措施，新增税务登记 65 户，新增税款 2 549 万元。全年新引进总部经济项目 14 个，36 家企业实行主辅分离，新增地方级税收 1 060 万元。规范非税收入征缴管理，出台《建设项目“一票制”收费管理办法》，挖掘土地、海域等资源性收入潜力，开征了水利建设基金、镇污水处理费，非税“罚缴分离”系统并轨至“票款分离”系统，全年完成非税收入（不含土地出让收入）4.76 亿元，比上年增长 39.5%。

【民生保障水平全面提升】 按照“威海率先、全省领先”的社会保障工作目标，民生投入比上年增长 34.9%。安排资金 1.32 亿元，用于城乡最低生活保障、五保供养、新型农村社会养老保险、新型农村合作医疗、城镇居民社会养老保险等民生政策的提标扩面，各项保障标准均在全省领先。安排资金 2 511 万元，实现了基本药物制度城乡全覆盖。教育支出占地方一般预算支出的比重达到 18.53%，其中安排资金 3 907 万元，比省要求提前两年完成了教育信息化建设工程。安排资金 1.21 亿元，加快旧村改造、农村住房建设及发放公租房补助、经济适用房货币补贴。安排专项资金 1 500 万元，引导各级投资 7 124 万元，完成 90 个村的农村环境综合整治工作。安排资金 7 103 万元，用于农村公路改造和综合管护。全年向农村群众发放各类直接补贴 1.2 亿元。

【财政监督管理更加有力】 深入开展“预算管理年”活动，围绕支出管理、国有资产管理、财政监督检查、政府采购、投资评审等重点工作，创新财政监管手段，健全规范高效的财政管理体系。先后出台了 110 多项财政资金管理办法和规章制度，完善支出定额标准，全面启动公务卡结算办法，完成 11 个绩效评价项目，对车辆、房屋和土地产权实行集中管理，对日常用资产实行公物仓管理。财政监督覆盖到财务管理、非税收入征缴、会计信息质量检查、“小金库”专项治理、上级政策性资金使用等方面，财政资金安全和使用效益得到有效保障。全年完成政府采购金额 1.5 亿元，节支率达 11%，完成投资评审总额 8.06 亿元，审减率达 10%。制定了《关于加强镇区财政管理的意见》，理顺镇区财政职能，加强涉农资金、政府债务监管，大力推进惠民服务厅建设。健全完善了效能考核、督查督办、科室联动等 15 项内部管理制度，科室工作职责细化为 249 项，按时办结市委、市政府重大决策和工作部署 430 项。深入开展廉政警示教育活动，自觉加强岗位廉政风险排查和自我防范，规范财政权力运行，树立了廉洁理财的良好形象。

（撰稿：孙　磊）

乳山市

【概述】 2011 年，乳山市地方公共财政预算收入完成 17.3 亿元，比上年增长 14%；公共财政预算支出完成 26.4 亿元，增长 26.03%，连续 25 年实现财政收支平衡。

【经济结构逐步优化】 累计投入重点工程项目资金 4.84 亿元，保证了海湾新区路网建设、乳山港扩建、金牛山公园建设等重点工程项目和便民利民实事项目的资金需要。继续落实企业转贷基金扶持政策，累计为乳山造船厂、昆仑路桥等 65 家企业提供转贷基金 7.8 亿元。以推进“企业创新提升年”活动为己任，发放经济奖励资金和重点企业扶持资金 1 391 万元，将科学技术专项奖励基金额度上调至 1 200 万元，引导企业转方式、调结构。探索完善镇级发展激励机制，按照“划分收支、核定基数、收支挂钩”的思路，规范镇级财政管理体制，充分调动了镇级财政生财、聚财、用财的积极性和创造性，促进了镇级经济稳定增长、均衡发展。

【民生事业健康发展】 全面落实村级公益事业建设“一事一议”财政奖补政策，拨付资金 4.68 亿元，实施了农村环境综合整治等新农村建设项目。认真落实各项支农惠农强农政策，拨付资金 1.28 亿元，保证了粮食直补等惠农补贴按时兑付和发放。全面加大教育、卫生、社保等重点事业投入力度，投入资金 6 600 万元，对 8 个镇农村中小学校舍和 11 个镇农村中小学厕所进行拆除重建。拨付资金 1.59 亿元，推行了新型农村合作医疗和新型农村社会养老保险政策，参保农民分别达到 39.4 万人和 27.8 万人；补贴资金 1 953 万元，加快推进医药卫生体制改革，实现了基层医疗卫生机构基本药物“零差价”；拨付资金 1 744 万元，完善最低生活保障制度。拨付资金 1 079 万元，落实农村干部待遇和村级运转经费保障机制。

【财政收入稳定增长】 进一步创新社会综合治税机制，依托涉税信息共享平台，加强重点行业、重点税种源头控管，推动经济成果向财政成果转化，全市纳税前 30 强企业提供的税收收入达到 9.7 亿元，占税收总收入的 37.62%。以全市建筑及房地产行业综合整治检查为契机，进一步完善土地出让和建筑行业税费征管机制，严格落实“先税后证、先款后证”、“收支两条线”政策，不断强化部门配合联动机制，组织非税收入 20.96 亿元，查收规费 3 590 万元。

【财政改革逐步推进】 积极开展“预算管理年”活动，提高了预算编制的完整性、科学性。进一步深化国库集中支付制度改革，累计通过集中支付系统拨付资金 19.8 亿元。继续深化财政预算单位公务卡制度改革，进一步提高公务支出的透明度。撤并财政专户 70 个，有效规范了银行账户管理。进一步加大政府采购监管力度，共组织集中采购 116 次，节支 9 510 万元。认真搞好机关事业单位车辆集中保险和办公用品定点采购制度的运作监管，全市 887 辆公务用车纳入集中保险范围，节支保费 26.1%。进一步完善财政支出绩效评价体系，重点加强政府投资工程项目监管，全年累计审减不合理支出 6 243 万元。进一步加大机关事业单位资产监管力度，尝试对机关事业单位 9 辆旧公务用车进行公开拍卖，实现收入 18.26 万元。探索完善“小金库”专项治理长效机制，严格落实机关事业单位通讯费、差旅费等管理办法，规范了部门和单位经费开支行为。

（撰稿：唐维民　石立委）

经济技术开发区

【概述】 2011 年，威海市经济技术开发区实现地方公共财政预算收入 12.9 亿元，比上年增长 17.88%；实现公共财政预算支出 8.6 亿元，增长 9.86%。其中，农业、教育、科技支出同口径分别增长 15.33%、17.12%、19.26%，均达到法定增长要求。

【发挥财政杠杆作用，助推区域经济健康发展】 一是加大财政扶持，引导企业做大做强。全年安排财政资金 5.8 亿元，争取上级扶持资金 6 911 万元，办理各类税收优惠 8.3 亿元，扶持企业增资扩张、上市融资、创建品牌。积极推动银企对接，加大金融机构对区内实体经济的支持力度，协调金融机构发放贷款 110 亿元。二是强化政府引导，推进现代服务业快速发展。出台了《关于扶持楼宇经济和总部经济发展的试行意见》、《关于扶持家庭服务业发展的意见》等文件，安排专项资金 2 882 万元，扶持商贸、旅游、金融、物流等现代服务业发展。三是鼓励科技创新，激发企业发展动力。投入科技创新资金 3 634 万元，鼓励争创国家高新技术企业、奖励研发中心建设、引导产学研合作、加大技改投入等，切实提高企业核心竞争力。

【坚持民生投入与经济发展同步，着力提升民生保障水平】 一是加大城市建设投入。安排 7.3 亿元，实施了 5 个旧生活区环境整治、49 栋住宅楼“平改坡”、270 套经济适用房建设、20 条道路修建、54 处城市绿化等 253 项重点工程建设，城市容貌大幅改善。二是保障新农村建设需求。安排 2 557 万元，完成 38 个村环境整治提档升级及 10 个市级示范村建设任务；安排 4 938 万元，实施农村自来水改造、塘坝除险加固等农村基础设施建设；安排 742 万元，实现城乡环境卫生一体化管理。三是促进社会事业发展。优先发展教育，安排 6 340 万元用于学校新建、扩建、维修和设备更新。加大医疗卫生改革投入力度，实现基层医疗卫生机构补助支出 1 757 万元，安排 722 万元启动两镇医院改扩建工程及基层医疗卫生机构设备更新；安排 2 544 万元，用于提高新型农村合作医疗、城镇居民基本医疗等财政补助支出。

【深化财政管理改革，提升财政管理效益】 建立健全了专项资金“一事一议”、部门支出年度审计、国有资产“公物仓”管理等制度；联合检察院出台了《关于在政府采购项目中开展行贿犯罪档案查询工作的办法》，进一步完善了政府采购领域反腐工作的监督防范机制；建立了政府债务信息系统，对债务“借、用、还”各个环节进行全程管理和动态监控，加大了财政风险调控力度，2011 年化解财政债务 1.94 亿元，政府性债务总额降至 11.1 亿元，债务结构进一步优化。

（撰稿：邹　丽）

火炬高技术产业开发区

【概述】 2011 年，威海火炬高技术产业开发区实现地方公共财政预算收入 12.75 亿元，比上年增长 15.09%，其中，工商税收收入完成 11 亿元，占公共财政预算收入的比重达到 86.28%，比上年提高 9.79 个百分点；增值税、营业税、企业所得税、个人所得税等“四税”收入完成8.13亿元，占公共财政预算收入的比重达到63.79%，比上年提高4.55个百分点，收入结构进一步优化。实现公共财政预算支出8.95亿元，增长3.2%。连续19年实现财政收支平衡。

【多措并举提升财源建设水平】 充分发挥财政扶持引导职能，通过设立专项扶持资金、搭建中小企业融资平台、完善金融服务体系等手段，促进优势企业、优势产业和重点税源企业做大做强，推动商贸服务产业快速发展。2011年，全区规模以上企业中有23家销售收入增速超过30%，实缴税金过千万元的企业由上年的21家增加到32家，其中，威高集团实缴税金突破10亿元。

【优化结构增强支出保障能力】 在保持财政支出稳定增长的同时，按照“重点突出，统筹协调”的原则，进一步优化了财政支出结构。其中，民生支出累计完成5.63亿元，有力支持了“三农”、教育、文化、社会保障、医疗卫生等民生事业的发展。

【精细管理提高资金使用效率】 推动国库集中支付范围向小、细专项扩展，确保资金运作高效、透明、安全；通过财政投资评审和政府采购，全年节约资金6 000多万元；选定了群众关心、社会影响力大的热点民生项目作为财政支出绩效评价试点，提高资金的使用效率；国有资产管理实现新突破，建立了国有资产动态管理和共享共用机制，实现了国有资产购置、变更和处置的动态管理，进一步提高了国有资产的利用效率。

（撰稿：张晓光）

工业新区

【概述】 2011年，威海市工业新区实现地方公共财政预算收入2.64亿元，比上年增长61.47%；公共财政预算支出3.18亿元，增长58.56%。

【财政收入实现新突破】 一是狠抓收入管理，夯实发展基础。加强部门综合治税，坚持财税部门联席会议制度，建立健全税收监控体系，高度重视税源信息的日常监测、分析和措施跟进，确保应收尽收。二是加快结构调转，增强发展后劲。以财源建设为重点，抢抓蓝色经济区建设机遇，进一步加快产业结构转调步伐，大力培植“四新一海一高一现”的发展新格局，突出中玻科技、蓝星玻璃、威达机械等重点企业增收带动效应，成为推动财政收入快速增长的新亮点。

【民生保障能力显著提高】 2011年，全区民生支出完成2.08亿元，比上年增长49.65%。一是教育投入力度持续加大。兑现教师绩效工资1 020万元，极大地调动了广大教师的工作积极性；拨付校舍安全工程资金1 967万元，有力地支持了工程建设。二是社会保障水平逐步提高。农村和城镇最低生活保障、五保供养补助、新型农村合作医疗补助等标准全面提高。三是国家基本药物制度全面实施。安排680万元对基层医疗卫生机构进行补助，对国家307种和省增补的216种基本药物实行零差价销售。四是基本公共卫生服务经费保障日益完善。提高人均基本公共卫生服务补助标准，促进基本公共卫生服务均等化。

【强农惠农政策全面落实】 一是认真落实财政惠农补贴。累计销售家电下乡补贴产品9 524台、发放补贴202万元；销售摩托车下乡产品4 078台、发放补贴595万元；发放粮食直补、农资综合直补679万元、玉米良种补贴93万元，涉及三个镇169个村、1.93万户。二是做好农村公益事业建设“一事一议”财政奖补工作。安排农村环境综合整治资金4 260万元，对30个农村环境整治“一事一议”村统一规划、合理调度。三是做好农村环境连片整治工作。拨付资金848万元，对12个试点村进行连片整治；投资1 300多万元，建成覆盖三镇的两座垃圾中转站，日处理规模达到520吨，实现垃圾“户保洁、村收集、镇转运、区处理”。

【重点项目建设保障有力】 一是政府融资能力不断增强。投资1.7亿多元，集中实施了干线公路和桃威铁路绿化、草庙子河河道整治、旧小区改造等一批环境提升工程，新增绿化面积228万平方米，新建供水、供电、排污、供热等各类管线100多公里，改造县乡道路30多公里。新开工建设农房3 039户，拆除旧房1 318户，改造危旧房528户。城乡环境显著改善，承载能力进一步增强。二是财政投资评审机制不断完善。加大对新开工基础设施项目的事前、事中、事后的全过程监管，加强投资评审关口前移工作力度，变被动监控为主动监控，变事后监控为事前监控。2011年，共审核工程结算36项，核定工程造价8 650万元，审减值828万元，审减率9.58%。三是政府采购力度持续加强。积极建立采购评审专家库，组织政府采购20项，采购金额923.9万元，有效节约资金118.95万元，节支率11.4%。

（撰稿：邢　岩）

日 照 市

东 港 区

【概述】 2011年，东港区实现国内生产总值380.79亿元，比上年增长12.2%；完成规模以上固定资产投资309.58亿元，增长21.9%；规模以上工业增加值、利润分别增长17.5%和22.4%；完成社会消费品零售总额141.01亿元，增长17.4%；实现进出口总值48.62亿美元，增长51.5%。完成地方公共财政预算收入22.11亿元，比上年增长20.96%；完成公共财政预算支出18.94亿元，增长40.24%。

【着力加强财源建设，支持经济发展力度加大】 落实积极的财政政策和财源建设激励政策，安排科学技术发展资金230万元，企业上市、信用担保、企业家培训资金180万元，镇街道财源建设、招商引资等奖励资金800万元。设立企业过桥资金5 000万元、中小企业助保铺底资金2 000万元，中小企业融资难题得到有效解决。用好工业企业发展、服务业发展引导资金，大力支持战略性新兴产业和现代服务业发展。落实出口退税、结构性减税资金5.9亿元，全区产业结构逐步优化。拨付资金2亿元用于农产品检测中心、北京路中学、山海路西延及204国道拓宽等重点工程建设，有效推动了重点带动战略实施。

【着力强化增收节支，地方财政实力不断增强】 依法加强税费征管，坚持旬调度、月分析，大力推进源头控税、综合治税，不断强化非税收入管理，有效缓解了宏观经济形势对财政增收带来的不利影响，2011年全区地方公共财政预算收入总量是2007年的2.37倍，占GDP的比重达到5.82%，比2007年提高了1个百分点。严格财政支出管理，强化预算约束，落实厉行节约有关规定，全面开展“小金库”专项治理，加大政府采购和投资评审工作力度，全年完成政府采购额2.41亿元，完成财政投资评审额2.93亿元，节约财政资金8 064万元。

【着力保障改善民生，公共支出体系更加健全】 全年用于民生的资金达5.24亿元，同比增长45.6%，其中区财政配套1.69亿元，中央和省、市出台的74项民生政策均得到较好落实，覆盖城乡的民生保障体系更加完善。提高义务教育生均公用经费标准，全面实施农村中小学“211工程”和校舍安全工程；稳步推进新型农村社会养老保险和城镇居民社会养老保险，参保人数和财政补助资金分别达30万人和6 428万元；农村、城市两个低保保障线分别提高至1 400元/人·年和320元/人·月，发放资金3 572万元；投入3 178万元，实施基本药物制度改革；新农合及城镇居民基本医疗保险政府补助标准提高到200元，新农合参合率达99.8%，城镇居民基本医疗保险制度覆盖16.93万人；全年用于“三农”方面的支出3.9亿元，比上年增长112.5%，农业基础设施和农村生产生活条件进一步改善。

【着力深化改革创新，科学理财能力全面提升】 制定出台《关于加大区级财政转移支付力度规范镇级财税运行的意见》等14个制度办法；国库集中支付直接支付比例提高到97.1%，“公务卡”改革试点工作稳步推进；精心组织财政综合管理平台建设，14个核心业务系统全面上线运行；开展“民生政策落实年”活动，开通“8012361”财政惠民政策咨询服务热线和网上“直通车”；建立财政性资金投资项目综合评价制度，进一步提升财政资金使用效益；坚持票据集中审验制度，共审验不合规发票3 031份，涉及金额1 129万元；加强行政事业单位国有资产有偿使用收入管理，对闲置房产租赁实行公开招标。

【着力推进基层解困，镇级财税运行更趋规范】 将镇级落实津贴补贴政策以及民政优抚等新增支出，全部纳入区级保障范围，保障性转移支付比例由80%提高到100%；对原由7镇财政配套承担的民生增支，以及其他必保人员支出，一并纳入区财政统一保障范围；综合考虑社会事业发展和机关运转等因素，统一调整镇级公用经费定额，提高基本运转经费保障水平。同时，全面强化镇级财政财务管理，从制度建设、会计基础、收入管理、债务管理等七个方面进行全面规范。

（撰稿：申作柏）

岚 山 区

【概述】 2011年，岚山区实现地方公共财政预算收入16.86亿元，同比增长5.3%；实现公共财政预算支出16.33亿元（含上级专款），增长34.85%，支出结构进一步优化，民生保障能力显著增强，有力地促进了经济和社会各项事业的快速、健康发展。

【严格扶持政策，财源建设成效明显】 进一步发挥财税政策导向和激励作用，认真贯彻落实《关于进一步加强财源建设的实施意见》等规定，有力地促进了一批企业做大做强。继续围绕日钢等重点企业做好二、三产业剥离工作；大力促进服务业发展，切实搞好物流业整治工作；进一步强化了木材产业税收征管。

【多措并举，财政收入持续稳定增长】 不断完善收入控管体系，积极采取有效措施深挖增收潜力，在全区税源调查的基础上，分行业、分税种、分部门测算全年收入，强化收入调度，严格税政管理，依法清缴欠税，区本级税收收入实现高幅增长。切实加强非税收入征管，严格执行“票款分离”和“收支两条线”规定；加强土地出让收支核算，努力增加政府收益，提高了政府支持经济发展的资金统筹能力。进一步加大了对上沟通对接力度，当年到位各类财政专款5.3亿元。

【优化支出，民生保障能力显著加强】 科学运作财力，重点向农村和民生事业倾斜。认真落实粮食综合直补、家电下乡、农机购置、渔业成品油价格补贴等各项惠农补贴政策，大力支持病险水库除险加固、农村饮水安全等重点项目。不断提高教育支出占财政支出的比重，完善义务教育经费保障机制，加大教育基础设施建设投入力度，支持实施校舍安全、“211”等工程。全面推行新型农村社会养老保险制度，积极推进城乡低保、农村五保等社会救助体系建设；继续实施农村部分计生家庭奖励扶助和特别扶助制度。提高基本公共卫生服务人均经费标准，支持基层医疗卫生机构实施基本药物制度改革等。扎实稳妥地推进棚户区改造和廉租房建设。支持农村电影放映、农家书屋、基层文化设施改造等农村文化惠民工程。

【规范运作，资金保障能力进一步增强】 做实政府投融资平台，全力搞好土地运作；严格土地招拍挂程序；进一步完善政府投资工程支出流程，严格组织实施“联合监督、阳光采购、六家会签、决算双审核”四项监管机制；当年区财政直接拨付资金3.81亿元，对区重点工程重点项目给予全力保障。

【强化财政监督管理】 开展会计信息质量、非税收入征管和专项资金使用的监督检查，对各行政事业单位财务人员进行了会计业务培训，提高了各部门、单位依法理财水平；进一步加大政府采购监管的范围和力度，规范采购程序，健全监管机制，全年累计签订政府采购合同547份，采购规模达到3.74亿元，节约资金6 816万元，节支率18.2%；健全国有资产管理信息平台，不断完善国有资产处置申报审批和公开拍卖制度，防止了资产损失浪费。

（撰稿：张守英）

五 莲 县

【概述】 2011年，五莲县完成地方公共财政预算收入4.3亿元，比上年增长26.61%；完成公共财政预算支出14.53亿元（含上级专款），增长44.17%。

【支持发展】 认真落实上级扶持财源建设的政策措施，拨付企业专项扶持资金7 758万元，投放省级财政间歇资金1亿元，办理出口退税、免抵调减增值税1.06亿元，落实企业过桥资金1.27亿元，争取中小企业流动资金低息贷款3 300万元，有力促进了县域企业内涵发展。积极推进新兴后续财源建设，支持大项目招商工作；成功探采了管帅地热资源，培植了新的财源增长点。

【财政增收】 注重发挥社会综合治税的税源控管作用，既加大重点行业、重点税源的监控力度，又加强小微企业、地方小税的税收征管，全年完成税收收入3.97亿元，占地方公共财政预算收入的比重达到92.26%。严格落实资源有偿使用制度，对经营性土地全面实行“招拍挂”方式出让，增加了政府收益；积极推行“以票控收”、“以票促收”，强化矿产资源补偿费、水资源费、污水处理费等非税收入征管，促进了财政增收。

【财政支出】 不断提高教育支出占财政支出的比重，全年共安排农村中小学公用经费3 177万元，拨付县实验学校建设资金4 071万元，确保了教育事业优先发展。拨付新型农村社会养老保险补助资金6 772万元、城镇居民社会养老保险资金209万元、城乡低保资金2 100万元，社会保障体系进一步完善。在全县基层医疗卫生机构实施了国家基本药物制度，医药卫生体制改革稳步推进。

【改革管理】 积极创新财税管理模式，自2011年1月起实施新的县乡财政体制，乡镇实现地方公共财政预算收入可比口径增长29.39%。在全县行政事业单位实行财务支出票据集中审验制度，着力规范票据使用管理，维护正常的税收和非税征管秩序。不断创新国有资产管理方式，制定出台了《五莲县行政事业单位经营性及闲置资产经营管理暂行办法》和《五莲县行政事业单位国有资产配置管理暂行办法》，完善了行政事业资产管理的制度体系。大力加强政府投资项目绩效管理，全年评审项目资金2.58亿元，核减4 933万元，核减率达19%。

（撰稿：邢臻贞）

莒　县

【概述】 2011年，莒县实现地方公共财政预算收入5.94亿元，比上年增长31.12%；实现公共财政预算支出23.03亿元，增长39.08%。全县财政连续25年实现收支平衡。

【科学聚财生财，促进收入持续稳定增长】 围绕“保增长、扩内需、调结构”，不断培植壮大财源，实现了财政经济持续协调发展。综合运用财税政策，积极实施招商引资和“强企培育”计划，推进优势产业和骨干企业加快发展，扶持企业膨胀规模、转型升级，夯实财政增收基础。加强财税部门配套联动，坚持依法治税管费，创新征管模式，积极推进非税收入分类管理，抓好重点骨干企业税收入库情况调度，定期分析全县财政经济运行态势，促进了财政收入及时足额入库。

【发挥财政职能，服务经济发展】 积极发挥财政政策和资金的引导作用，支持企业节能减排、产业升级和自主创新，大力推进县域经济、新农村建设、城镇建设和各项重点事业发展。先后被列为新型农村社会养老保险和城镇居民社会养老保险国家级试点县、全省农村公路网化示范县、沂蒙革命老区中央扶持县等，进一步增强了全县财政实力。加强部门协作配合，积极用好农业、水利、环保、交通、土地整理等专项资金，改善了农业农村生产生活条件，促进了农业农村经济健康发展。健全政府投融资机制，拓宽融资渠道，有效保障了全县重点工程、重点项目建设。

【科学运筹资金，保障民生支出】 调整优化财政支出结构，从严控制一般性支出，集中财力保障民生体系建设和为民办实事项目。落实规范津贴补贴政策，提高机关事业单位工作人员和离退休人员收入水平。深化城乡义务教育经费保障机制改革，推进农村校舍安全工程建设，促进城乡教育均衡发展。支持推进基本药物制度改革，提高了公共医疗卫生服务水平。全面推行新农保和城镇居民社会养老保险制度，为60周岁以上居民发放基础养老金，提高新农合和城镇居民基本医疗保险补助标准。完善农村五保供养机制，提高城乡低保标准，扩大了城乡低保受益面。推行惠残助残工程，促进残疾人事业发展。健全完善涉农补贴资金“一本通”发放绿色通道，保证资金及时、足额发放到位。

【深化改革创新，提高科学理财水平】 深化部门预算和国库集中支付制度改革，进一步强化预算约束，扩大集中支付资金范围和规模。全面推行“三定六统一一创建”县直行政事业单位财务标准化管理，提高单位财务管理水平。强化乡镇财政资金监管，将“月审月促”监督法延伸至乡镇，提高乡镇财政监督能力。建立完善村级财务管理监控机制，推进村级财务程序化管理。推进财政业务综合应用平台建设，以信息化促进财政资金管理精细化。

（撰稿：柏发友）

经济技术开发区

【概述】 2011年，日照经济技术开发区实现生产总值190亿元，比上年增长21.3%；规模以上工业增加值165亿元，比上年增长17.2%。实现地方公共财政预算收入9.42亿元，比上年增长12.71%，公共财政预算收入占GDP的比重为4.96%；实现公共财政预算支出7.85亿元，增长14.64%。全区财政实现了当年收支平衡略有结余的目标。

【财源建设取得新的进展】 一是加强政策资金引导，培植优势财源。围绕培育大企业、大产业这条主线，充分发挥财政政策资金导向作用，推动“4+1”蓝色产业体系建设，加快培植区域优势财源。全年共拨付各项企业扶持资金4 868万元，比上年增长15.44%。2011年制造业、现代服务业、金融保险业分别实现地方税收2.9亿元、1 689万元、5 127万元，成为全区骨干财源。二是积极推进银政企合作。对从事中小企业融资担保的机构给予补助，积极推进企业助保金贷款和企业集合债业务，帮助化解中小企业融资瓶颈。三是推动项目招引和建设，培植新生财源。继续加大在建项目的基础设施配套投入，2011年共安排各项工程建设资金4.41亿元，比上年增长24.23%。积极支持专业招商，逐步提高招商经费保障水平，全年共安排招商专项经费552万元，同比增长2.2%，保障了各项招商引资工作顺利开展。

【重点支出得到有效保障】 一是积极支持教科文卫事业发展。在保障教师工资和公用经费的基础上，继续加大中小学校舍维修改造工程支出，全年共安排教育支出1.04亿元，比上年增长42.76%。积极支持疾病防控体系、医疗救治体系和新农合制度建设，积极推进医药卫生体制改革，全年共安排医疗卫生支出4 292万元，比上年增长100.94%。二是大力支持社会保障事业。认真落实就业再就业各项扶持政策，继续做好城乡低保工作。全年累计支出再就业资金224.9万元，比上年增长274%；支出城乡低保、五保供养资金312.4万元，比上年增长

66%；充分落实农村计生奖扶政策，全年发放各类计生保障经费325.7万元，比上年增长23.4%。三是加大“三农”投入力度。进一步提高“三农”投入比重，全年共落实农林水事务支出5 560万元，同比增长63.63%；拨付各类农业专项资金918万元，同比增长19.38%。认真做好惠农补贴发放工作，全年共发放粮食直补、农资综合补贴资金173万元。积极推进家电与摩托车下乡工作，全年共兑付家电与摩托车下乡补贴168万元，补贴家电与摩托车2 783台（件）。

【支出管理取得明显成效】 一是深化部门预算改革。按照“适度从紧、有保有压”的原则，统筹预算内外财力，提高重点支出占财政支出的比重，健全绩效考评机制，提高了预算编制水平。二是深化国库集中支付下的部门集中核算工作。在加强横向拓展的同时，进一步完善和提高了各项管理制度。三是加强政府采购和投资评审制度改革。进一步提高政府采购和工程投资评审规模，规范评审程序，提高了财政资金使用效益。全年完成政府采购合同金额1.88亿元，节约资金5 491万元，节支率为22.62%。全年完成评审项目1.67亿元，净核减资金1 668万元，净审减率9.98%，取得了明显的评审效果。四是坚持厉行节约。认真执行《区级财政支出审批拨付管理暂行办法》有关规定，加强预算内外资金管理；进一步加强财政监督检查，积极推进部门“小金库”专项治理工作，对全区各部门、单位的部门经费、专项资金使用情况进行了全面检查。

（撰稿：孙 涛）

山海天旅游度假区

【概述】 2011年，日照市山海天旅游度假区完成地方公共财政预算收入1.09亿元，比上年增长29.56%。分征收部门看：国税部门完成352万元，占全区收入的3.23%；地税部门完成8 411万元，占全区收入的77.17%；财政部门完成2 137万元，占全区收入的19.6%。从收入结构看，税收收入所占比重为79.11%，非税收入所占比重为20.89%。2011年实现公共财政预算支出1.01亿元，增长41.64%。连续15年实现财政收支平衡。

【财政收入管理】 认真分析经济形势，制定了符合实际的财政收入计划。从组织财政收入的督导工作入手，与国税、地税部门密切协作，建立了收入日常调度制度和重点督导机制，加强了财政收入形势预测分析，确保了财政收入及时均衡入库。积极协调做好税源排查工作，努力克服国家宏观政策调整等因素对房地产市场的影响，加强重点税源监控，严格打击和杜绝偷逃税款行为，努力创造公平税负环境，切实做到应收尽收。

【财政支出管理】 按照集中财力保重点的指导思想，科学合理安排支出，把财政支出的重点放在事关全区发展的重点项目上。积极配合国土和建设部门，做好区内建设征地补偿、拆迁补偿和阳光海岸带度假区段工程建设资金的拨付工作，确保工程建设项目的顺利进行。全年累计拨付征地补偿款、工程建设资金1.34亿元。

【财政审计监督工作】 完善财政监管机制，认真落实财政资金审批制度，规范资金拨付程序，加大对财政资金的监督检查力度。重点加强对政府投资项目的资金监管，强化投资评审工作，进一步规范政府投资行为，提高了财政性城建资金的使用效益。根据党工委、管委会安排，对区内污水处理、环卫、热力等市政管理部门财务收支情况进行了审计，为下一步加强财政监管、实行目标绩效考核摸清了家底，并分部门制定考核办法，严格经营目标责任考核机制。继续组织督促各单位开展“小金库”自查自纠工作，建立健全了防控“小金库”发生的长效机制。进一步扩大政府采购规模，按照《政府采购法》要求，严把程序关和质量关，想方设法节约采购资金，较好地完成了各项采购任务。2011年实现政府采购238万元，节支率为6.95%。积极配合、全面协调领导经济责任审计，确保审计工作顺利进行。

（撰稿：姜兆宇）

莱 芜 市

莱 城 区

【概述】 2011年，莱城区地方公共财政预算收入完成13.58亿元，同比增长10.83%，其中，税收收入完成12.55亿元，占地方公共财政预算收入的92.42%；全区公共财政预算支出完成17.89亿元，增长15.35%。

【夯实基础促增收，财政收入稳定增长】 通过大力培植壮大财源、严格税收征管、依法清缴欠税、加强社会综合治税、规范非税收入管理等措施，深入挖掘增收潜力，全区财政实力逐步增强。一是立足发展促增收。认真贯彻区委、区政府“转方式、调结构”的工作部署，出台了《加快推动转方式调结构进一步促进财源建设的意见》，大力推进重点项目建设，积极支持骨干企业抓投入、上项目，扩规模、增后劲，抓管理、增效益。二是加强征管促增收。创新财税协调机制，增强财政调控措施的针对性和有效性。在重点税源管理上，建立信息相互沟通、数据相互交流、情况相互通报的工作机制；在重点行业管理上，把营业税作为管理重点，主要抓好建安、房地产行业和出租房税收管理。三是深挖潜力促增收。强化对煤炭、矿产等资源型企业的稽查。完善纳税评估机制，重点对钢铁业、采掘业、金融业中的税源大户做好纳税评估。加大各类园区土地使用税清理力度，确保应收尽收。

【优化支出惠民生，重点支出得到较好保障】 一是保工资发放和基层运转。设立了工资专户，在收入入库后根据工资占财政收入的比例，直接划入工资专户，确保了工资正常发放。加大对下转移支付力度，继续对村主职干部实行定额补助，保障了基层的正常运转。二是完善了民生保障体系。多渠道筹措落实各项民生资金4.1亿元，增长35.76%，保障了就业、教育、医疗、养老等民生政策的落实。三是支持重点工程建设。在政府融资困难的情况下，区财政多方筹措和调度资金1.13亿元，确保了区委、区政府确定的重点工程和为民办10件实事资金需要，保证了各项重点工程顺利进行。

（撰稿：郭廷亨）

钢城区

【概述】 2011年，钢城区完成生产总值208.39亿元，增长10.1%，其中，一、二、三产业分别增长2.7%、10.6%、9.2%；城镇居民人均可支配收入和农民人均纯收入达到26 646元、9 978元，分别增长11.21%和13.8%。在国民经济持续快速发展的基础上，财政收入稳定增长。全区地方公共财政预算收入达到16.39亿元，比上年增长2.29%，其中，税收收入完成10.14亿元，增长5.42%；完成公共财政预算支出11.76亿元，增长10%。

【坚持科学发展，培植壮大地方财源】 扎实做好莱钢特殊钢系统产品升级技术改造、6万立方米制氧、齐鲁钢铁物流园等重点项目的服务支持工作。认真落实各级出台的支持企业发展的优惠政策，保证“扩内需、保增长”、招商引资和全民创业政策落实。按照国家重点投资方向和扶持领域，积极向上级争取特色产业、技术改造、能源利用等方面的无偿资金，有效缓解了企业融资困难现状。

【强化收入征管，提高财政保障能力】 围绕全年工作目标任务，建立收入目标责任制和增长激励机制，充分调动了各部门组织收入的积极性。加强财税联席会议制度和重点企业联系点制度，加大对重点税种、重点行业和重点税源大户的动态监控，确保了税款全额入库。抓好土地出让金、城市基础设施配套费、水资源费、国有资源有偿使用收入、排污费等非税收入管理，拓宽了财政增收渠道。

【着力改善民生，统筹城乡协调发展】 加大对农村基础设施建设支持力度，重点实施河道治理、病险水库除险加固等工程，家电和摩托车下乡、粮食直补等惠农政策得到全面落实。提高了农村中小学生均公用经费标准，健全家庭困难学生资助政策体系，实施校舍改造和“211工程”，促进了教育事业均衡发展。提高了城镇居民基本医疗保险的政府补助标准，推进基层医疗卫生机构改革。完善城乡社会养老保险制度，健全就业创业服务体系，城乡“低保”、五保供养、民政优抚、困难救助等政策均得到有效落实。

【创新理财思路，提升财政管理水平】 全面完善综合零基预算和部门预算下的项目细化预算，预算编制更加科学合理，预算执行更加规范透明。认真执行《政府采购法》，节约资金714万元，节支率12.5%，有效地提高了财政资金使用效益。严格工程预决算评审，完成评审项目78个，审减资金851万元，审减率达22.6%。强化财政监督，加大对“民生工程”、“三农”和“扩内需”等重点财政资金的监督检查力度。加强国有资产管理，对全区行政事业单位国有资产实施产权登记，确保了国有资产保值增值。

（撰稿：张延玲　邹笃华）

高新区

【概述】 2011年，莱芜高新区完成地方公共财政预算收入4.95亿元，同比增长23.39%；完成公共财政预算支出4.9亿元，下降8.84%，实现了建区11年来的年收支平衡，有力促进了全区经济和社会各项事业的持续快速发展。

【攻坚克难，圆满完成全年财政收入任务】 一是大力培植财源，夯实增收基础。紧紧围绕招商引资培植财源，活用财税优惠政策，进一步把财政经济资源集中到企业和产业园区建设上来，及时足额兑现招商引资优惠政策等各类扶持资金1.09亿元，快速形成规模税源。牢牢抓住项目建设培植财源，认真研究上级财政政策，把握各级财政资金安排重点和各类项目申报目录，优化企业项目库、加大项目申报力度，先后为朗进科技、泰丰等区内企业申报各类项目45个，争取发展专项资金3 264万元；安排企业科技创新与发展专项资金1 000万元，支持力创等13家企业，促进了节能型、创新型和高新技术项目发展。立足财政服务职能培植财源，定期深入企业了解情况，协调有关部门，及时解决企业存在的财税问题；完善区级担保体系，支持担保公司、小额贷款公司发展，促进银企合作，解决企业担保难、贷款难问题。二是强化收入征管，多措并举抓增收。加强协调促增收，依托社会综合治税网络平台，促进全员全方位参与综合治税；落实包片、包点收入责任制度，完善收入分析预测机制和收入激励机制，强化财税领导联席会议制度，加大税收控管力度。强化管理促增收，开展纳税评估和税务稽查，完善了征地项目“先税后证”制度和工程建设项目“先缴税，后拨款”的办法，确保税款不流失；完善重点税源监控制度，建立了综合税负预警控管体系；加大稽查力度，防止收入跑冒滴漏。深挖税源促增收，与税务等部门开展税收联合检查，组织200余户企业进行自查，并深入企业重点检查，共查补税款300余万元；对房地产行业等一次性税源加大征管力度，深挖增收潜力，确保应收尽收。拓宽渠道促增收，深化“收支两条线”改革，完善非税收入管理体系，加大非税收入征管力度，全年实现非税收入4 870万元。

【**优化支出，各项社会事业实现新跨越**】 一是力保招商引资和重大项目奖励资金支出。把招商引资作为“一号工程”，安排招商业务经费813万元，累计拨付招商引资奖励、财政奖励等6 495万元，保障了各项招商工作的顺利开展。二是加大基础设施和重点工程支出。累计投入基础设施建设资金1.67亿元，支持了凤凰路亮化、汉江大街道路及绿化、赢牟大街污水管等重点项目的顺利建设。参与清障项目32个，及时支付补偿资金1 541.7万元，确保了汉江大街、六区东景观改造、1号路北储备地整理等11个基础设施建设项目和济南重汽、振雄集团、汶阳集中居住区等21个入区项目的顺利建设。三是提高民生保障水平。扎实落实好一系列惠民政策。教育投入不断加大，拨付资金4 761万元，把校舍安全工程与标准化学校建设、调整学校布局有机结合，完成大故事小学、程故事小学、墨埠小学、冯家林小学加固改造，完成建筑面积6 000平方米的滨河小学二期主体工程，对吴伯箫、汶阳等部分学校校舍进行了维修改造和美化，各项指标均达到省级标准化水平，全区教育基础设施建设更加完善。公共卫生事业均衡发展，投入1 449万元，进一步完善了以大病统筹为主的医疗保障制度，为广大农民群众解决了看病就医的后顾之忧。社会保障力度不断加大，投入1 330万元，完善新型农村社会养老保险制度；累计发放低保、五保、新农保和征地农民保障金659万元，低保、五保提标任务全面完成；拨付城乡居民社会养老保险和新农合资金352.5万元，5 551人的基本养老和4.6万余农民医疗得到保障，真正实现了应保尽保。各项惠农政策得到落实，及时拨付小麦抗旱等农业资金，进一步提高山丘地护林员工资标准，确保了全区农业生产顺利开展和森林生态安全；兑付粮食直补和农资综合直补49.96万元，惠及1.6万多农民。积极落实国家刺激消费各项政策，兑付家电及摩托车下乡补贴资金41.4万元，补贴兑付率达100%。

【**改革创新，完善财政运行机制取得新进展**】 继续深化部门预算改革，全面统筹预算内外财力，实行“人员经费按标准，公用经费按定额，项目经费按计划，预算一次核定”的编制办法，进一步提高预算编制的科学性、完整性和透明度。稳步推进国库集中支付制度改革，完善支付系统和工作流程，科学核定单位备用金定额，控制授权支付比例。强化国有资产监管，推进行政事业单位资产动态管理，规范行政事业单位国有资产配置、使用及处置行为。

【**强化管理，财政绩效水平得到新提升**】 加大财政资金监管力度，严格规范财政资金专户管理，制定专项资金管理办法，规范专项资金使用程序。将所有财政投资项目全部纳入财政投资评审范围，建立以“事前评估、事中监控、事后评审”为重点的财政监督机制，确保财政资金安全、规范、有效运行。全年共完成项目评审163个，审减额1 965万元，审减率达15%，其中拆迁清障项目13个，审减资金120万元，保证了拆迁清障支出的科学、合理。严把政府采购支出关，监督政府采购63次，实际采购金额6 792万元，节约资金744万元，节支率为10%。大力推进财政信息化建设，配合“金财工程”建设，做好财政应用支撑平台建设的标准化处理准备工作，着力构建集中化、一体化的财政业务信息系统。

（撰稿：王玥珺）

雪野旅游区

【**概述**】 2011年，莱芜市雪野旅游区实现生产总值5.38亿元，同比增长10%；全社会固定资产投资20.12亿元，增长127.19%；人民生活水平进一步提高，农民人均纯收入8 029元，增长12%；完成地方公共财政预算收入9 111万元，同比增长43.34%；完成公共财政预算支出2.63亿元，增长38.11%。

【强化税收征管，收入实现快速增长】 进一步强化征管手段，采取“抓好骨干税源、盯紧一次性税源、全面控制零星税源”的办法，加大税收征管力度，切实做到依法治税、依率计征、应收尽收。

【合理有效利用财政资金，保证旅游区正常运转】 面对全区财政困难的状况，始终坚持“一要吃饭、二要建设”的支出原则，把加强财政支出管理放在突出位置，坚持勤俭节约、量入为出，保证各级工资的正常发放，保证医疗卫生、社会保障等民生政策的落实。重点支持了第三届中国国际航空节、航空装备展馆、雪野软件园等重点项目建设和活动开展。

【大力提高财政资金使用效益】 做好部门经费管理，坚持勤俭办一切事业，把有限的资金更多地用于基础设施建设、环境绿化支出，发挥资金的最大使用效益。做好建设项目投资评审和拆迁补偿工作，全年共完成160余项工程的决算审计工作，为旅游区节约财政资金1.2亿元。进一步规范政府采购程序，严格按照《政府采购法》、《招投标法》的要求实施政府采购，杜绝了采购过程中的舞弊行为。

【加强招商引资力度，大力发展总部经济】 在旅游区现有财源的基础上，积极利用自身优势招商引资。2011年先后有40余家新建企业落户旅游区，新增纳税4 000余万元。其中：恒大集团雪湖北岸旅游小镇、莱钢金鼎酒店、莱商银行游艇俱乐部、海逸山庄度假村等项目已顺利完工并对外开放；齐鲁软件园、山东烟草疗养基地等项目已准备开工建设。

（撰稿：王　霆）

临　沂　市

兰　山　区

【概述】 2011年，兰山区生产总值完成578.5亿元，比上年增长12.3%；地方公共财政预算收入完成30.16亿元，增长21.9%，位居全省20强；公共财政预算支出完成28.16亿元，增长30.06%。

【财政惠民】 加大财政支农力度，全区农林水事务支出1.52亿元，增长35.2%。完善社会保障体系，全区社会保障和就业支出3.42亿元，增长70.91%；医疗卫生支出2.97亿元，增长89.31%。支持教育优先发展，全区教育支出8.32亿元，增长31.73%。加大计划生育投入，全区计划生育投入5 997万元，增长39.4%。加大文化事业投入，积极支持公共文化设施功能完善和免费开发，全区文化事业投入2 688万元，增长24.79%。同时，集中财力支持重点项目建设，累计融资7.5亿元，用于土地增减挂项目及农村住房建设与危房改造。

【监督管理】 财政投资评审成效明显，全年累计评审政府投资额5.31亿元，节省资金8 493万元，节支率16%。制定出台《兰山区人民政府关于进一步加强公共投资建设项目资金管理的意见》，对所有重点项目和政府投资工程，全面落实党组成员分工负责制，加强资金监管，落实责任追究办法，定期组织监督检查。镇街财政管理更加规范，制定下发《兰山区人民政府关于进一步加强镇街道财政财务管理工作的意见》，在镇街道财政所全面推行会计电算化管理，实现了统一配置硬件、统一财务软件、统一组织培训、统一管理制度，实现手工记账向微机记账的过渡转变，提高了会计核算工作效率和会计信息质量。政府采购监管进一步加强，全年政府采购额1.8亿元，节约支出3 430万元，平均节支率16%。财政信息化建设深入推进，完成金财工程应用支撑平台试点建设工作，区财政信息网并入市局财政内网运行，国库集中支付系统延伸到所有预算单位。

（撰稿：杨　震）

罗　庄　区

【概述】 2011年，罗庄区实现地方公共财政预算收入12.85亿元，比上年增长17.28%；实现公共财政预算支出13.68亿元，增长21.64%。

【财政收入保持平稳增长】 立足发展增收，大力培植壮大财源，严格税收征管，依法清缴欠税，加强社会综合治税，规范非税收入管理，实现了财政收入的平稳增长，全区地方财政收入规模居全市第二位。

【支持转型发展成效突出】 充分发挥财政信用担保资金的引导作用，努力缓解中小企业发展中的资金“瓶颈”问题，全年累计实现担保额6.53亿元。采取担保、奖励、贴息、补贴等方式，加快推进产业结构调整升级，累计投入支持工业经济转型发展资金6 942万元，其中企业技术创新改造资金782万元，淘汰落后产能和节能减排资金5 460万元，对招商引资及名牌产品创建奖励资金700万元。支持科技成果推广和应用资金620万元。支持商贸流通和扩大消费，搞活农村市场，兑付家电、摩托车下乡及以旧换新补贴资金1 500万元，兑付率达100%。

【民生重点支出全面保障】 全年实现农林水事务支出1.06亿元，同比增长30.53%，兑付粮食直补、农资综合直补、良种补贴等各项强农惠农补贴资金2 341.75万元，增长20.1%，促进了农业农村发展和农民增收。投入社会事业及民生保障资金4.16亿元，其中教育支出1.38亿元、社会保障和就业支出5 629万元、医疗卫生支出1.39亿元、科学技术支出954万元、计划生育支出590万元、文化体育与传媒支出687万元、公共安全支出3 605万元、住房保障支出2 370万元。

【财政监管水平明显提升】 部门预算编制的准确性、完整性和合理性逐步增强；国库集中支付资金实现区直部门全覆盖，全区国库直接支付资金11.42亿元，直接支付率达到87.73%；积极开展财政专户清理整顿工作，全区财政专户由58个压缩为38个，确保了国库资金扎口管理；积极推进政府采购监管体系建设，全年完成采购金额1 676万元，节约财政资金314万元，节支率15.7%；加强政府公共投资的跟踪监管，共完成重点工程项目预、决算评审32个，涉及财政资金2.76亿元，审减资金8 166万元，审减率达29%；切实加强国有资产监管工作，收缴国有资产处置收益40.6万元，有效防止了资产流失；进一步强化会计基础规范化管理，认真开展“小金库”和会计信息质量检查，对全区2010年度中央财政专项资金管理使用情况进行自查，在各项重大政策落实情况监督、专项资金监督方面也取得了较好成效。

（撰稿：张维军）

河 东 区

【概述】 2011年，河东区实现地方公共财政预算收入6.2亿元，比上年增长20.3%；实现公共财政预算支出13.93亿元，增长38.27%。

【收入实现平稳较快增长】 着力培植壮大财源，加强收入征管，实行社会综合治税，积极协调财税库银的关系，主动帮助疏通纳税渠道，财政收入保持平稳较快增长。全区地方公共财政预算收入比上年增加1.1亿元。同时，积极争取上级资金，全区共争取上级无偿资金3.8亿元。财力的不断壮大，为支持全区经济社会发展做出了积极贡献。

【保障能力明显增强】 按照有保有压、统筹兼顾的原则，积极优化支出结构，集中财力保障民生等重点支出需要。加大“三农”投入，支持新农村建设，2011年，全区“三农”投入达6.93亿元，比上年增加9 700万元，占财政支出的49.74%。深化义务教育经费保障机制改革，全区教育支出3.04亿元，增长30.74%。执行农村小学生均公用经费定额600元、农村初中生均公用经费定额800元的标准，全年拨付义务教育经费3 600万元。医疗卫生、社会保障支出得到有效保障，社会保障类支出达3.26亿元，有力地推动了全区社会保障事业健康发展，维护了社会和谐稳定。切实保障工资性支出，全区工资性支出及各类保险金和住房公积金支出共3.39亿元。城乡社区事务、重点项目和重点工程支出也得到重点保障，全区各级财政共投资2亿元，支持城市基础设施、农村公路、水利设施、校舍安全改造等46项工程建设。

【财政改革稳步推进】 深化部门预算改革，制订合理的定员定额标准，统筹安排预算内外资金，强化综合预算管理。完善国库集中支付制度，不断对系统参数和预算单位的基础信息进行调整和完善，财政工作的科学化精细化水平不断提高。进一步规范政府采购工作，扩大了政府采购范围和规模，全年共组织招标65次，采购预算金额1.67亿元，节约资金2 370.7万元，节支率达14.2%。进一步规范非税收入管理，加强对财政票据的审查和监督，严格票据的领、用、存、销程序，做到“以票管费”。全面实行“收缴分离、罚缴分离”、“收支脱钩”管理体制，保障了非税收入规范征收、科学管理、高效使用。

（撰稿：陈恩伍）

郯 城 县

【概述】 2011年，郯城县地方公共财政预算收入完成5.39亿元，比上年增长6.1%；公共财政预算支出完成18.31亿元，增长23.04%。

【财政保障能力明显增强】 抓住国家和省支持转方式调结构、加大民生投入、缓解县乡财政困难的机遇，特别是沂蒙革命老区参照执行中部地区政策的有利时机，千方百计争取上级支持。全年共向上级争取各类资金13.18亿元。其中，争取转移支付资金8.70亿元，比上年增加1.68亿元；专项资金4.48亿元，增加1.20亿元，可用财力明显增加。

【促发展增财源成效显著】 坚持收入增长与结构优化并举，围绕壮大骨干财源，整合设立1 800万元财源建设专项资金，全力支持重点企业、产业集群、现代服务业发展；积极推进银企合作，缓解企业贷款难问题，通过县中小企业信用担保公司融资平台，为7家企业提供1 900万元担保服务，为3家企业提供过桥还贷资金1 100万元。建立财政增收激励机制，县财政安排60万元，对乡镇政府组织收入在增量和增幅方面实行“双奖励”政策。全县乡镇级地方公共财政预算收入完成2.79亿元，增幅高于全县19.4个百分点。其中，过1 000万元的乡镇4个，新增过500万元的乡镇3个。

【保障和改善民生扎实有力】 2011年，全县公共财政预算中用于民生方面的支出达10.6亿元，比上年增长13.1%，民生支出占财政支出的比例达到65%。全面落实强农惠农政策，全县各级财政用于“三农”方面的支出达10.9亿元，增长38.5%。教育支出5.32亿元，增长33.4%。医疗卫生支出2.79亿元，增长60%。社会保障支出2.4亿元，增长20.5%。经过努力争取，郯城县首次被列入全省农村环境连片整治示范县。东城新区建设、老城区改造提升和“一区五园”建设等重点项目的财政投入明显加大，城市垃圾处理、污水管网建设和农村环境综合整治投入逐步增加。

【财政管理水平稳步提高】 全面落实税制改革，不断强化管理措施，取得一系列新的突破。契税、耕地占用税征管职能划转顺利完成，地方税收征管体制进一步理顺。加强政府采购监管，完成采购额4.04亿元，节支率达13%；积极打造投资评审“延长线”，全年评审政府公共投资项目185个，评审额5.23亿元，审减支出5 192万元。强化会计基础管理，乡财县管、村财乡管和惠民服务大厅建设取得重要进展。深入开展中央财政专项资金、会计信息质量、“收支两条线”、“小金库”专项治理等一系列监督检查，有效规范了财政收支行为，严肃财经纪律。

（撰稿：袁　晓）

苍山县

【概述】 2011年，苍山县地方公共财政预算收入完成6.02亿元，比上年增长35%；公共财政支出完成20.39亿元，增长26.7%。按照市、县财政体制结算，当年实现财政收支平衡。

【收支管理】 分解细化增收任务，落实目标责任制，加强收入调度分析，深入开展社会综合治税，重点抓了主体税种和重点行业的税收控管，确保了收入均衡入库。严肃政府收支分类，严格执行部门预算，大力推行国库集中支付，圆满完成了“保增长、调结构、促改革、惠民生”的任务目标。

【民生保障】 预算内民生支出达15.1亿元，增长37.51%。一是稳步推进新农村建设。落实各项惠农补贴1.2亿元，其中投入农业综合开发、扶贫开发、农业产业化等支农项目资金6 278万元，补助农村住房建设与危房改造和乡村环境综合整治资金552万元，拨付抗旱保苗资金1 365万元，投入村级公益事业建设“一事一议”奖补资金586万元，农业基础设施、农村居住条件、乡村生活环境得到进一步改善。二是优先保障教育发展。落实县级配套资金1 762万元，为15.8万名义务教育阶段学生免除学杂费，投入中小学校舍维修改造资金6 136万元，新建、维修校舍16.5万平方米，资助中等职业学校、普通高中贫困生助学金255.5万元，受益学生达2 133人，为1 797名农村义务教育阶段贫困家庭寄宿生发放生活补助166万元。三是加大社会保障投入。筹措资金2.11亿元，将新型农村合作医疗政府补助标准提高到每人每年200元。拨付城镇居民基本医疗保险资金1 935万元，政府补助标准提高到每人每年200元。发放城乡居民低保金4 321万元，惠及低保对象4.37万人。从7月1日起，在全县实施城乡居民社会养老保险制度，政府补贴缴费1 351万元，组织44.4万名适龄居民参保；筹措资金5 765万元，保证了16.8万名60岁以上农村老人基础养老金的按时发放。投入资金1 066万元，从6月29日起在全县基层医疗卫生机构实施了基本药物制度。

【项目建设】 落实中央预算内投资项目县级配套资金3 600万元，保证了全县重点项目建设。多方筹集资金5.1亿元，重点支持了县城道路建设和绿化亮化、兰陵文化公园、泇河故道拆迁、泉山路拆迁、兰陵湿地公园、民兵训练中心、污水处理厂、垃圾处理厂、实验中学、兰陵土地综合整治等重点项目建设。认真落实结构性减税政策，为企业和居民减轻税收负担4 860万元。兑付招商引资项目洽谈和经济发展贡献奖励450万元。设立企业发展专项资金510万元，引导企业加大设备投入，加强技术创新，不断增强税收贡献能力。

（撰稿：焦　波）

莒南县

【概述】 2011年，莒南县实现生产总

值 184.9 亿元，比上年增长 14.3%；完成地方公共财政预算收入 5.7 亿元，增长 32.7%；完成公共财政预算支出 17.52 亿元，增长 21.1%。

【财政收入实现新突破】 全县国地税收入分别突破 12 亿元大关，比上年增收 3.3 亿元，是历年来增收最多的一年。税收收入占地方财政收入的比重达到 86.6%，创历年最高水平。争取转移支付和各类专项资金 11.1 亿元，比上年增长 22%。

【财源建设取得新成效】 建立财政增收激励机制，设立企业纳税晋级奖、功勋企业奖。重点支持了企业技术创新、传统产业改造、现代服务业发展等。制定实施了金融机构贷款考核奖励办法，积极运作企业信用担保和“过桥”还贷资金，缓解了企业融资困难。2011 年全县纳税过百万元、过千万元企业分别达到 130 家和 14 家，比上年增加 50 家和 2 家。

【民生财政迈出新步伐】 全县用于民生方面的支出达 13.3 亿元，占公共财政预算支出的 76%。提高了义务教育生均公用经费标准，支持校舍安全工程和职业教育发展，完成了农村义务教育债务化解工作。新农合及城镇居民基本医疗保险政府补助标准提高到 200 元，支持实施国家基本药物制度。农村低保、城市低保补助标准分别提高到每人每年 1 400 元和每人每月 260 元，启动了城乡居民社会养老保险试点。

【城乡面貌实现新改善】 全年发放粮食直补、农资综合、良种、农机具购置等补贴 1.1 亿元，累计兑付家电下乡、家电以旧换新和摩托车下乡补贴资金 9 547 万元。支持了农田水利和农村危房改造等基础设施建设，加大了优质农产品基地和抗旱救灾等农业生产投入。支持了城区重点道路提升改造等重点工程建设。

【科学理财再上新水平】 全年完成政府采购 2.9 亿元，节约财政资金 5 152 万元。评审政府投资工程 7 803 万元，审减不合理支出 2 103 万元。建立了财政综合应用信息平台，实现了财政业务系统之间的互联互通和资源共享。开展了“收支两条线”管理、部门预算执行、会计信息质量等专项检查，完成了“小金库”专项治理工作，进一步规范了财经秩序。

（撰稿：于世荣　王仕平）

沂　水　县

【概述】 2011 年，沂水县实现地区生产总值 245 亿元，同比增长 13.7%；实现地方公共财政预算收入 10.61 亿元，增长 24.8%；公共财政预算支出 23.87 亿元，增长 9.7%。

【支持经济快速发展】 一是推动“四大产业板块”快速发展壮大。综合运用财税政策，支持重点产业发展，促成食品产业、机械产业、化工产业、矿产加工产业大项目落地。充分发挥 3 000 万元产业提升专项资金、铁精粉基地建设资金等各种基金的作用，支持招大引强。加强财税政策与产业政策的协调配合。二是促进“一园七区”提升可承载能力。按照“政府主导、市场运作”的模式，筹措资金 4 000 万元用于完善园区基础配套设施前期建设，提升园区承载能力。三是做活运作经营城市繁荣三产文章。全面提升城市建设的水平和载体服务功能，加快城镇化建设步伐，带动了旅游、交通、物流、金融、餐饮娱乐等现代服务业快速提升发展，提高了第三产业对财政收入的贡献度。四是加速城镇化带动镇域经济上水平。进一步完善了乡镇经济发展激励政策，发挥 2 000 万元奖补资金的作用，更好地调动了乡镇加快发展的积极性。2011 年，所有乡镇的地方公共财政预算收入过千万元，其中过 5 000 万元的乡镇 4 个，过亿元的乡镇 1 个。

【优先保障民生支出】 2011 年，全县民生支出达 14.13 亿元，占财政总支出的比重达到 59.2%。新农合、城镇居民基本医疗保险政府补助标准提高到人均 200 元，基本药物制度改革全面扎实推进。在全市九县中率先统一了县乡人员工资、津补贴和社会保障缴费水平，全县在职人员月工资水平达到 2 750 元。拨付教育政策性资金 1.71 亿元，确保了农村义务教育生均公用经费及时到位。

【深入推进财政改革】 进一步深化了政府综合财政预算、部门预算和零基预算管理，优先保证“三农”、教育、社会保障、环境保护、公共卫生事业、城市建设、社会稳定等基础公益事业需求。加快国库集中支付、政府采购、投资评审改革，政府采购总金额达到 3.1 亿元，节约资金 3 761.44 万元，资金节约率达 10.81%；完成评审项目 202 个，评审总投资额 5.77 亿元，审减 1 亿元，综合审减率达 17.4%。强化资产管理，通过国有资产运营公司，实施好旧城改造，特别是片区拆迁改造及土地出让工作，做好经营城市、以地生财的文章。

【财政监管更加有力】 认真开展会计信息质量检查，共查处违纪金额 530.21 万元，并向有关单位下达整改建议书和处罚决定书，纠正违规违法行为。积极开展“小金库”复查工作。组织开展中央财政专项支出资金自查，从资金管理办法的制定、资金拨付到资金使用环节都进行了认真的自查，对自查出的问题进行了整改。认真学习苍山县经验，积极探索驻乡镇财政监督机构建设新思路，提出了符合沂水县实际的机构建设构想。

（撰稿：武　强　杜宜凯）

蒙阴县

【概述】 2011年，蒙阴县地方公共财政预算收入完成4.2亿元，比上年增长26%，其中税收收入完成3.4亿元，占地方公共财政预算收入的82%；公共财政预算支出完成13.9亿元，增长35%。

【支持经济发展成效显著】 一是千方百计支持县域经济走“绿色崛起”之路。围绕节能减排、新型能源和高新技术企业等扶持项目，累计争取上级专项资金3 600万元。多方筹集资金2.56亿元，用于支持生态文明乡村建设和城乡综合环境改善。二是想方设法破解企业发展的“资金瓶颈”。积极落实各项财税扶持政策，全年共办理各类税收优惠2 360多万元。多渠道开展融资业务，为帅克能源、银进集团等20多家企业累计提供担保贷款1.5亿元。三是竭尽全力增强经济发展后劲。围绕壮大重点财源、培育新兴财源，倾力支持重点项目建设。累计投入9 000多万元用于支持全县土地增减挂项目；投入8 000多万元用于重点工程及重点项目配套；筹集资金8 000多万元用于园区建设。

【服务民生建设亮点突出】 2011年，全县用于改善和保障民生支出占财政总支出的近七成，达到8.6亿元，增长48%。一是支持社会救助体系建设，努力实现“难有所帮”。全县用于抚恤、救济、低保等方面支出共计5 925万元。二是支持医疗卫生事业发展，努力实现“病有所医”。全力支持推进医药卫生体制改革，全年新农合补助支出达8 972万元，城镇居民及职工医疗保险支出达3 347万元，乡镇卫生院药品零差率销售和落实公共卫生服务项目支出达2 535万元。三是支持教育事业发展，努力实现“学有所教”。把教育摆在优先发展的战略地位，投入6 470万元用于化解农村义务教育债务和拉平县乡教师工资，投入4 703万元用于落实教育保障机制建设。四是支持城乡养老体系建设，努力实现“老有所养”。为协调城乡发展，加速和谐共建，全年用于开展城乡居民基本养老保险试点支出达6 702万元。

【财政管理水平稳步提高】 一是完善了预算管理制度和财政内部管理制度。开展了“五型机关”构建活动，促进了干部职工综合素质和机关服务效能的提升，获得“省级文明单位”荣誉称号。二是完善政府采购制度。加大和规范采购监管力度，全年实现采购额1.56亿元，节约资金1 900万元，节支率达到11%，经济效益和社会效益明显。三是强化政府投资项目评审工作。全年共评审政府投资项目90个，送审投资额4.65亿元，审减投资5 138万元，审减率11.05%。评审质量逐步提高，被省财政厅授予“山东省财政投资评审最具影响力单位”荣誉称号。四是加大财政监督力度。会同县纪委、监察局、审计局等部门联合开展了“小金库”专项治理，对65个预算单位、4家乡镇卫生院、26所乡镇中小学进行了检查，查出违规违纪金额3 500万余元。

（撰稿：刘志民　张好林）

平邑县

【概述】 2011年，平邑县地方公共财政预算收入完成5.33亿元，比上年增长21%；公共财政预算支出完成19.71亿元，增长28.56%。

【财政保障能力不断提高】 建立动态监控机制，对重点税种、重点行业、重点企业税收实行动态分析监控。建立定期协调机制，定期召开收入形势分析会，及时协调解决组织收入中存在的各类问题，始终把握工作的主动权。建立精细征管机制，加强税收基础管理，力促应收尽收。全年完成税收收入4.52亿元，比上年增长25.24%，税收收入占地方公共财政预算收入的比重达到85%，比上年提高了5个百分点。高度重视和加强项目争取工作，全年共争取转移支付及专项补助资金14.58亿元，同比增长27%，仅县级基本财力保障补助就新增9 177万元，为全县经济社会发展和改善民生提供了强有力的资金保障。

【支持经济发展重点突出】 争取各级财政扶持资金1.82亿元，对建材、食品、机械、化工、中药材等传统主导产业进行重点扶持；对太阳能综合利用、新型化工、现代中药等新兴产业加大财力培植。对经济开发区、国际石材城、地方罐头城、石膏工业带、仲村手套城、郑城金银花物流港进行政策倾斜和扶持。充分发挥担保公司政府融资平台作用，开展担保业务1.66亿元，缓解了30家中小企业融资难题。加大基础设施建设步伐，投入资金3 588万元，加快了污水处理厂、生活垃圾处理厂建设，改造了老327国道、西环一路等道路，并对县城基础设施进行了提升改造，进一步优化了发展环境。

【保障民生更加有力】 围绕老有所养，加大社会保障投入，规范社保资金管理，全年共征缴五项保险基金4.99亿元，五项保险支出总额达到4.01亿元。围绕困有所济，全年共拨付就业再就业、低保、优抚、特困户等补助资金8 775万元，保障了弱势群体生活。围绕病有所医，拨付城镇居民基本医疗保险、新型农村合作医疗等资金2.04亿元，促进了公共卫生事业发展。围绕学有所教，实现教育支出5.2亿元，化解农村义务教育债务3 027万元，促进了城乡义务教育均衡发展。围绕住有所居，积极探索农村住房建设和危房改造新路子，筹措省、市、县专项资金1 090万元，对全县42个示范村给予补助。围绕农有所补，组织发放粮食直补、良种补贴、农资综合补贴和农机具购置补贴2 669万元；兑付家电下乡、摩托车下乡财政补贴6 732万元；积极筹措农业综合开发、库区移民后期扶持、农村安全饮水、水利基础设施建设等专项资金1.02亿元；突出抓好“一事一议”财政奖补试点工作，共完成项目投资3 000万元，初步建立了通过财政奖补发展农村公益事业的新机制。

【财政管理改革再上台阶】 完善预算管理体系，加强基本支出管理，财政支出结构进一步优化。继续深化部门预算、国库集中支付改革，加强资金调度，提高了财政支出的科学性、完整性、均衡性和时效性。完善政府采购制度，扩大政府采购规模，全年采购额达1.29亿元，节约资金2 271万元，节支率达11.49%。加快财政信息化建设，建立行政事业单位资产管理信息系统，实现了对国有资产的规范化管理。完善和创新财政监督检查方式，组织开展强农惠农资金专项检查和“小金库”专项治理；积极开展财政投资评审工作，提高了财政资金使用效益。

（撰稿：夏　天）

费　县

【概述】 2011年，费县实现地方公共财政预算收入6.28亿元，比上年增长26.02%；实现公共财政预算支出17.19亿元，增长22%，连续25年实现财政收支平衡。

【财政支出惠民生】 调整优化支出结构，落实“三保三压”措施，努力加大民生投入，确保民生政策落实。完善教育保障机制，全县农村义务教育生均公用经费小学达到600元，初中达到800元。支持实施基本药物制度，在基层卫生院全面实施药品零差率销售，平均药价降低51.6%。建立起工资待遇同经济发展相协调的增长机制，连续3年增加县乡行政事业人员津贴补贴，人均达到1.07万元，在全市9县中位居第2位。2011年，全县民生支出完成11.96亿元，增长31.43%，占全县地方公共财政预算支出的比重达到69.55%，比上年提高了7.6个百分点。其中，教育支出4.02亿元，社会保障和就业支出1.99亿元，医疗卫生支出2.66亿元，农林水事务支出2.77亿元，分别增长30.66%、17.98%、68.85%、18.79%。

【多方筹资促发展】 围绕县域经济发展，用足用活政策，多方筹集资金，2011年共争取上级财政资金10.92亿元。建立融资平台，广辟融资渠道，扩大融资规模，全年融资达3亿元。实现土地收储政府收益1.12亿元。加强担保中心与金融机构的合作，合同融资累计完成4.88亿元。财政投融资能力的增强，有力地促进了县城基础设施建设、县乡公路提升改造、小城镇建设、农村住房建设与危房改造、大中型水库除险加固、农业综合开发、扶贫开发、青岛理工大学（临沂）校区、职业中专南校区、中华奇石城和费县梦想家影视基地建设，进一步改善了城乡居民生产生活条件。

【财政管理重规范】 创新机制体制，全面推行和不断完善部门预算、国库集中收付、收支两条线、政府采购制度改革，建立单一账户体系，提高了资金使用效率，增强了政府调控能力，促进了政府信息公开和廉政建设。根据行政区划变动情况，及时调整县、部分乡镇、经济开发区财政管理体制，理顺财政关系，做到财权、事权统一。建立健全政府领导、财税主管、部门配合、社会参与、法制保障的财税征管体系和财政监督检查、风险防范制度，进一步提高了生财、聚财、理财、用财水平。

（撰稿：刘学文　徐荣才）

沂　南　县

【概述】 2011年，沂南县实现地方公共财政预算收入5.75亿元，比上年增长36.68%。其中，税收收入完成4.73亿元，比上年增长39.17%，税收占地方公共财政预算收入的比重达82.34%。全县公共财政预算支出完成18.5亿元，增长26.58%。

【强化征管考核，促进收入增长】 修订完善乡镇财税工作考核办法和激励性转移支付办法，调动各乡镇和收入征管部门的积极性和主动性。2011年共有13个乡镇、街道地方公共财政预算收入过千万元。完善非税收入征管体系，创新征管模式，扩大征管范围，非税收入完成1.02亿元，比上年增长26.17%。

【发挥财政职能，强化财源建设】 积极支持企业转方式调结构，设立县域经济发展专项奖励资金，鼓励企业扩张升级。积极支持企业多元化融资，优化经济发展服务环境。拨付资金781万元兑现各项奖励，发放还贷“过桥资金”8 605万元，担保贷款1.81亿元，有力推动了企业发展，全县上缴税收过百万元的企业达到130家。拨付资金2 524万元，修建沂蒙生态大道，将各景区组成有机整体，有力推动了服务业发展。紧抓中央实施积极财政政策的良机，加大资金争取力度，全年共争取上级补助资金13.8亿元，为全县经济发展注入了活力。

【强化民生观念，提升保障能力】 坚持情系民生的理财观，不断加大民生投入。2011年，全县民生支出达14.74亿元，比上年增长43.15%。落实教育优先战略，教育支出完成4.62亿元，比上年增长48.04%。完善社会保障机制，积极支持就业再就业，社会保障和就业支出完成2.95亿元，比上年增长48.78%。支持加快医疗卫生体系建设，完成这方面支出2.82亿元，比上年增长59.57%。全力支持民生重点项目建设，拨付资金9 049万元，完成道路建设25.6万平方米，完善沿路配套设施，县城人居环境和景观环境进一步改善。

【加大三农投入，夯实农业地位】 落实各项支农惠农政策，持续加大“三农”投入。拨付资金1.21亿元，加大惠农补贴力度，提高了农民的生产积极性。支持发展粮食生产，拨付资金4 507万元，支持农业综合开发、扶贫开发和小型农田水利建设，新增、改善灌溉面积12.5万亩。拨付资金8 747万元，支持农村住房建设与危房改造工程，安置农民9 820户，改善农村居民生活条件；拨付资金1 805万元，支持抗旱工作，解决人畜饮水困难问题。

【深化财政改革，提高理财水平】 深化部门预算改革，提高部门预算编制的完整性、科学性和准确性。深化国库集中支付改革，直接支付率进一步提高，直接支付金额5.20亿元，比上年增长25.8%。强化国有资产监管，对178个单位的国有资产实行动态监管，国有资产增值率达17%。强化财政监督，重点对民生资金和专项资金进行监督检查，共查出违规违纪资金367万元，维护了财经秩序。

（撰稿：张安学　解国星　周林旭）

临　沭　县

【概述】 2011年，临沭县地方公共财政预算收入完成5.46亿元，比上年增长20.37%，其中税收收入4.59亿元，占地方公共财政预算收入的84.05%；公共财政预算支出完成14.61亿元，增长8.95%。

【提升支持经济发展能力】 设立新型工业化发展等专项资金，加大对传统产业升级改造、战略性新兴产业、高新技术产业、现代服务业的支持力度，促进产业结构调整和经济发展。推进金沂蒙集团4 600万美元亚行贷款项目实施，拓宽企业融资渠道。为中小企业提供担保贷款5 900万元，过桥还贷资金2 772万元，促进中小企业发展壮大。将9个执收部门的14项涉企收费项目和全县规模以上企业全部纳入“一费制”征收管理范围，进一步优化经济发展环境。

【壮大财政收入规模】 大力推进社会综合治税，强化对重点行业、重点税源的监控力度，严格非税收入征管，加大对国有土地有偿使用收入、城市基础设施配套费等的征缴力度，收入结构进一步优化，税收收入占地方公共财政预算收入的比重比上年提高0.2个百分点。积极争取上级支持，累计到位上级转移支付和各类专项资金7.1亿元，财政保障能力进一步增强。

【保障重点支出需求】 一是落实强农惠农政策。发放粮食直补、农资综合补贴、良种补贴、农机购置补贴资金7 348万元，兑付家电、摩托车下乡财政补贴资金3 701万元，投入小型农田水利、农村饮水安全、农村住房建设和危房改造等资金9 780万元，筹集地方水利建设基金1 823万元。二是支持民生事业发展。优先发展教育事业，投入资金8 114万元，进一步提高农村中小学生均公用经费标准，完善家庭困难学生资助体系，健全校舍维修改造长效运行机制，推进学前教育健康发展，财政教育支出占公共财政预算支出的比重达到21.2%。促进医疗卫生事业发展，筹集资金1.6亿元，新农合、城镇居民医疗保险财政补助标准提高到200元，基本公共卫生服务经费财政补助标准提高到25元。提升社会保障水平，农村低保标准提高到每人每年1 400元，城市低保标准提高到每人每月260元，全县保障人数达2.36万人；启动实施新农保、城镇居民养老保险，发放基础养老金2 802万元。三是支持城市建设。拨付资金2.32亿元，支持城市生活污水处理二期、城市应急供水等一批城建项目，完成苍马街、兴大街、常林大街等道路改造提升，城市功能进一步完善。

【提高科学理财水平】 加强制度建设，制定规范性文件11项，为依法行政、依法理财提供了制度保障。继续深化部门预算改革，完善财政资金拨付内部控制制度，大力开展财政资金专户清理整顿工作，财政支出行为进一步规范。加大政府采购监管力度，实现采购额2.93亿元，节约资金4 785万元，节支率达14.02%。推进财政投资评审，完成预算评审91项，审定标底2.09亿元，决算评审64项，审定资金1.25亿元，审减率达13.15%。加强财政监督检查，开展抗旱资金、农村住房建设和危房改造资金等专项检查活动，推进“小金库”专项治理复查工作，探索开展乡镇财政监督检查联络员制度，严肃财经纪律，规范收支行为。

（撰稿：郭和法　朱文娟）

高新技术产业开发区

【概述】 2011 年，临沂高新技术产业开发区实现地方公共财政预算收入 6.4 亿元，同比增长 43.7%；实现公共财政预算支出 2.5 亿元，增长 15.4%。收支各项指标保持稳定增速。

【重点支出保障有力】 全区民生支出达 1.3 亿元，同比增长 39%；占公共财政预算支出的比重达 52%。农林水事务、教育、医疗卫生、社会保障和就业等各项民生政策都得到了较好落实，各项重点项目支出也得到较好保障。

【服务发展更加有效】 突出发展主题，有效整合财力，从资金、政策、环境等各方面力促高新经济提质增量。支持经济发展方式转变和经济结构调整，投入 3 000 万元支持经济结构调整升级，推进企业发展节能、循环经济，开拓市场。设立科技创新专项资金，加大对企业创新、招商引资的奖励力度。支持经济发展平台建设，投入 3 亿元用于园区的基础设施和高创三期（孵化器）建设，促进各类资源向园区聚集，培植经济增长点。推进亿盛担保公司及远通担保公司进行中小企业信用担保体系建设，协调成立远通小额贷款公司，改善中小企业融资环境。

【财政改革管理进一步深化】 继续推进部门预算改革，完善基本支出定员定额和项目支出定额标准体系。不断深化投资评审、国库集中支付、政府采购"管采分离"、收支两条线等各项改革。进一步完善财政监督检查机制。加大财政投资评审项目审核力度。2011 年完成投资评审项目 20 余个，送审决算项目资金 8 000 万元，核定资金 6 700 万元，核减 1 300 万元，节约率达 16%。

（撰稿：刘西坤）

经济开发区

【概述】 2011 年，临沂经济开发区实现地方公共财政预算收入 9 亿元，比上年增长 50%；实现公共财政预算支出 7.5 亿元，增长 30%。

【增投入抓创新】 实施创新驱动战略，制定扶持政策，设立专项资金，引导企业上技改、强研发、引人才、创名牌。2011 年，开发区有 13 家企业列入全市"双 50 企业"培植计划，总数居全市第一。2011 年完成技改投资 49 亿元，比上年增长 41%，其中 22 个项目当年技改、当年投产。依托中科院计算机与人工智能开发所等，深化产学研合作。开发区 75% 的企业成立技术研发中心，山东临工、山重建机分别获批国家重点新产品、国家火炬计划，联邦集团获评中国家具业首个国家认定企业技术中心，省级高新技术企业达 11 家。2011 年完成高新技术产业产值 125 亿元，占比 28.7%，位居全市第一。

【广招商聚财源】 在项目把关上，坚持效益导向，变招商引资为招商选资，对新上项目分类管理、科学论证，注重投资回报率，将招商优惠政策与项目投资规模、科技含量、单位面积产出效益直接挂钩，提升项目质量效益。按照"龙头项目—产业链—产业集群—产业基地"招商思路，从招项目向招产业拓展，既"移植大树"，也"育苗造林"，不断拓宽增厚产业链条，培植形成了工程机械主导产业和医疗器械、新能源新材料、生物化工、医疗器械等特色产业。

【优环境重生态】 坚持重点项目民生导向。新建、扩建临沂外国语学校等 10 所学校。开发区人民医院及月亮湾社区卫生服务中心建成开诊，在全市率先实现了"区、街、村"三级一体化管理。当年新建 9 条道路，形成"十纵十横"220 公里路网框架，新敷设各类市政管网 55 公里，绿化面积累计达到 1 000 万平方米，"七通一平"更加完备。继续深入开展城乡环境综合整治，推进环卫"区、街、村"一体化管理，打造城美乡美的一流环境。

【重监督提绩效】 对预算的编制和执行进行监督，完善财政资金预算、拨付和使用的管理制度。规范财政专项资金拨付使用程序，加强追踪问效管理。按照专项资金管理的有关规定，建立联合检查工作制度，把加强资金管理、工程质量管理与制度监督结合起来，保证专项资金专款专用，提高了财政资金使用效益。

（撰稿：周　楠）

临港经济开发区

【概述】 2011 年，临沂临港经济开发区经济运行良好，实现地方公共财政预算收入 8 034 万元，比上年增长 84.39%；实现公共财政预算支出 2.43 亿元，增长 26.27%。

【保增长，努力做大财政蛋糕】 积极创新工作机制，加大依法综合治税力度，严格落实税收征管责任制，促进各项税费及时足额缴库。一是完善财政、国税、地税联席会议制度，及时调度分析收入情况，有针对性地采取措施，及时协调解决收入征管中的问题。二是对重点企业、重点行业、重点领域的税源，强化征管措施，促进主体税收与经济协调增长。三是加强和规范非税收入征管，确保非税收入及时足额入库。

【促发展，全力服务经济发展】 认真研究分析国家和省市出台的各项投资扶持政策，抓住沂蒙革命老区参照执行中部地区有关政策的机遇，积极申报符合临港区实际的项目，努力争取上级扶持资金。加大投入力度，全力保证城市基础设施建设资金需求。积极研究国家金融政策，整理包装项目，创新担保方式，努力缓解企业融资难题。在无土地储备、担保物缺乏的情况下，采用“矿山采矿权担保”模式，成功申请贷款，保证了临港区各项事业发展的资金需求。

【惠民生，促进和谐临港建设】 坚持“小财政办大民生”的民生优先理念，努力优化支出结构，优先支持发展教育事业，拨付专项资金实施农村中小学“211工程”和义务教育债务化解。积极发展医疗卫生事业，启动基本药物制度改革和乡镇卫生体制改革。加大社会保障投入，确保弱势群体的生活得到有效保障。全面落实惠农政策，做好高效农业生态大棚补贴和粮食直补、农资综合补贴等发放工作，推进了和谐临港建设。

（撰稿：鲁　成）

德　州　市

德　城　区

【概述】 2011年，德城区地方公共财政预算收入完成8.59亿元，比上年增长30%。公共财政预算支出完成10.01亿元，增长22.43%。

【充分发挥财政职能，推动经济社会协调发展】 灵活运用财政政策杠杆，着力促进转方式、调结构、增财源。筹措资金2 460万元，积极支持东北商贸物流城、实华化工、格瑞德等项目建设和企业发展。落实再生资源退税1 054万元，力促企业持续健康发展。为企业出口退税797万元，有力地促进了外贸出口稳步增长。严格落实各项支农惠农政策，兑现粮食直补和农资综合补贴1 128万元，补贴标准达到每亩98.45元。实施家电、摩托车下乡和家电以旧换新政策，共兑付补贴资金1.3亿元。争取资金4 071万元，进行高标准农田水利建设，实施黄河涯镇中低产田改造，推行村级公益事业“一事一议”财政奖补，改善农村基础设施，大力支持南部生态新区发展。

【着力强化税费征管，确保财政收入稳步增长】 2011年，财税部门坚持做大收入规模和提高收入质量并重，强化执行分析，落实征管责任，严格依法治税，努力做到应收尽收。狠抓重点税源监控，加大收入稽查力度，积极清缴欠税，堵塞税收漏洞，保证了收入稳定增长。坚持“依法征收、源头控制、以票管收、收缴分离”原则，强化非税收入管理，充分挖掘非税收入潜力，为财政增收提供了有力支持。

【调整优化支出结构，全力保障民生事业投入】 充分发挥财政公共服务职能，以民生工程为重点，整合资金，全力保障。增加机关事业单位人员津补贴，人均每月增加260元，确保了工资及时足额发放。完善社会保障体系，拨付企业离退休人员养老金1.73亿元、机关事业单位养老金8 772万元。提高城乡低保标准，城市提高到每月260元，农村提高到每年1 400元，全年拨付城市低保金2 267万元、农村低保金397万元。实施城乡居民养老保险政策，发放基础养老金1 411万元。拨付就业再就业资金513万元，支持就业培训、下岗职工再就业。全面推行新型农村合作医疗制度，拨付新农合资金2 235万元，筹资标准提高到每人每年250元，全区参合农民达到9.3万人。筹集资金340万元实施国家基本药物制度改革，保障了农民用药权益。筹集资金764万元用于棚户区和农村危房改造补助，缓解了城乡低收入家庭的住房难问题。实施农村中小学“211工程”和校舍安全工程，农村义务教育经费保障水平进一步提高，全区教育支出2.11亿元，比上年增长29.17%，为打造区域教育名城提供了财力保障。投入2 166万元用于落实计生奖励扶持政策、计生服务站建设以及育龄妇女健康检查，提高了出生人口素质。

【持续深化财政改革，加强公共财政体系建设】 积极推进财政投资评审工作，健全评审机制，加大对政府投资项目的监管力度，提高资金使用效益。全年完成财政投资评审总额1.97亿元，审减率达21.39%。加强国有资产监管，构建行政事业单位资产管理信息系统，将有关单位土地证、房产证统一管理。扎实做好行政事业单位闲置资产拍卖工作，完善各项资产处置手续。扎实开展政府采购工作，采购制度进一步健全、范围进一步扩大、行为进一步规范。

（撰稿：杜　光　范杉杉）

乐陵市

【概述】 2011 年，乐陵市抢抓融入"黄三角"和"两高一铁"建设机遇，推进乐陵西部新区和循环经济示范园项目载体建设，支持骨干企业膨胀规模和优势产业发展，不断推进财源建设，着力优化经济结构，强化收入征管措施，财政综合实力不断提升。全年完成地方公共财政预算收入 3.5 亿元，比上年增长 40.02%；完成公共财政预算支出 15.2 亿元，增长 40.52%。

【创新扶持举措，支持财源建设】 建立财政扶持基金，实施财政贴息、过桥还贷等措施，利用"黄三角"、企业技改及国家行业技术中心奖补等专项资金，支持重大项目建设、骨干企业膨胀规模和优势产业发展。加大对西部新城、循环经济园区等基础设施投入，推进项目载体建设，创优招商引资环境。实施财政奖励、信用担保、贷款风险补偿等政策和财政小额贷款担保、小额应急贷款等措施，支持融资体系建设，优化融资信贷环境。加强对乡镇街道财源建设分类指导、工作考核，及时兑现财源建设优惠政策，促进城乡经济健康和谐发展。

【加大征管力度，挖掘增收潜力】 明确收入目标，严格增收措施，完善考核办法，健全财税信息共享平台，依法加强收入征管。规范"收支两条线"和财政票据管理，提高"以票管费"水平，加强政府非税收入征管，拓宽财政收入领域。加大对重点财源、重点行业掌控力度，加强对城镇土地使用税、土地增值税、房产税等地方税种及建筑业、房屋租赁业税收的征缴管理，挖掘现有税基财源，增加地方财政收入。

【优化支出结构，强化民生保障】 积极推进民生财政、和谐财政建设，不断加大对"三农"、教育、卫生、社保、住房保障等重点支出的保障力度。2011 年，全市实现民生支出 11.01 亿元，较上年增长 35.98%，占财政支出的 72.5%。其中，投入 4.27 亿元推动教育事业发展，比上年增长 86.6%；投入 2.13 亿元推进城乡医疗卫生事业发展，增长 64.47%；投入 2.01 亿元加强社会保障体系建设，增长 22.09%。

【深化财政改革，提升理财水平】 不断深化财政预算管理改革，调整并规范单位定额经费标准，进一步改进国库集中支付办法，加强财政投资评审管理，拓展政府采购领域和规模，严格落实"收支两条线"制度，开展预算单位财政账户年检，加强惠农政策及专项资金跟踪管理监督，确保了财政资金安全，提高了财政资金使用效益。

（撰稿：孙　毅　王志勇）

禹城市

【概述】 2011 年，禹城市完成地方公共财政预算收入 7.5 亿元，比上年增长 36.4%，其中：国税完成 4.6 亿元，增长 17.51%；地税完成 4.9 亿元，增长 31.13%；完成公共财政预算支出 15.8 亿元，增长 22.1%。

【财政收入取得新成绩，在财税指标完成上实现了突破】 围绕财政增收，认真落实收入任务，强化征管措施。根据市委、市政府的总体部署，主动协调税务部门，把财政收入任务细化、量化，逐一落实到旬到月，强化依法治税力度，堵塞收入漏洞，保证了各项财政收入足额征收。加大了行政事业性收费、政府性基金和罚没收入的征管力度，增强了政府宏观调控能力。

【财政支出取得新成效，在支持"三农"发展上实现了突破】 重点支持了第二水厂、第二污水处理厂、垃圾处理厂等工程建设。积极筹集资金支持汉能光伏项目建设，确保项目顺利实施，为财源建设提供了后续动力。全面落实粮食直补、家电下乡补贴政策，审核、发放粮食直补、农资综合补贴、种粮大户奖励资金 7 197.82 万元，发放家电、摩托车下乡补贴资金 5 987 万元，受益农民 12 万余户，资金兑付率、拨付率均达到 100%。全面推行村级公益事业建设一事一议财政奖补，为 223 个社区及行政村申请奖补资金 1 658 万元，主要用于修路、打井、铺设饮水管道等与群众生活密切相关的项目。

【财政改革得到新提升，在制度创新上实现了突破】 进一步明确了政府投资评审范围，全年审核 47 项工程项目，审定金额 5.6 亿元，审减资金 1.4 亿元，审减率达到 19.55%。将所有使用财政性资金办理的工程、货物和服务项目，全部纳入了政府采购范围，全年完成政府采购 5.6 亿元，节约资金 1.1 亿元，节约率达到 17%。成立了基层财政管理局，进一步推进乡镇财政科学化、精细化、规范化管理，更好地发挥乡镇财政职能作用，提高基层财政管理工作水平。推行涉企收费"一费制"改革，扩大"一费制"覆盖范围，进一步减轻了企业负担、规范了企业收费、优化了投资环境。

【财政惠民取得新进展，在促进和谐发展上实现了突破】 全年审核、发放“两免一补”财政补贴资金3 800万元，解决了家庭经济困难学生“上学难”问题。大力支持建立社会保障体系，发放抚恤定补资金1 143万元，资金拨付率达到100%；拨付资金8 632万元支持新农合，参合率达到99.9%。落实上级增资政策，为机关事业单位人员月均增资300元，提高了行政事业单位人员工资水平。支持做好保障性住房建设工作，总投资1亿元的保障性住房项目已全部开工建设，预计增加保障性住房1 200套，同时争取上级扶持资金1 538万元，进一步保障了弱势群体利益。

（撰稿：马兴焱　刘孝忠）

陵　县

【概述】 2011年，陵县地方公共财政预算收入完成5.18亿元，比上年增长40%；公共财政预算支出完成14.24亿元，增长35.1%。

【积极主动抓收入，齐心协力保发展】 加强政策研究，密切关注宏观经济形势变化，认真分析税源结构以及增减收因素变化，增强组织收入工作的主动性和前瞻性；积极做好财政收支预算执行情况分析，每月定期研究财政收支工作存在的问题；加强税收征管，强化税收稽查力度，加大对重点税源、重点行业的监控，确保应收尽收；严格执行“收支两条线”管理，加大对非税收入入库工作的协调力度；综合运用财政贴息、企业专项资金等工具，采取向上争取、向外融资的方式，积极破解企业融资难问题。

【调整支出结构，重点保障民生支出】 紧紧围绕陵县改革发展中的热点、难点问题，大力调整支出结构，变“被动落实”为“主动服务”，变“事后出手”为“提前介入”，变“撒胡椒面”为集中财力办大事，持续增加民生投入，财政保障能力逐年增强。2011年，教育、医疗卫生、社会保障、农业等民生领域的财政支出占公共财政预算支出的比重到达73%，有效缓解了群众“看病难、上学难”等民生问题。

【规范财政管理，深化财政改革】 强化财政专户管理，对财政专户进行清理归并，实行所有财政专户统一管理、统一会计核算；进一步理顺财政工作流程，重新梳理工作环节，建立健全岗位责任制，简化资金拨付程序，提高了财政资金支出效率；规范政府采购管理，2011年新成立陵县招标中心，具体负责财政投资招标工作的组织、监督等事宜。制定了《陵县招标工作流程及职责分工》，强化了陵县招投标工作的制度保障；深化财政投资评审改革，不断拓展评审覆盖范围，现已涵盖了科教文卫、行政政法、经济建设、企业等各个方面的专项资金，参与了重要道路建设、农村网化工程、小农水工程、污水处理工程以及第五中学建设等项目评审工作。

（撰稿：甄　凯）

平原县

【概述】 2011年，平原县地方公共财政预算收入完成3.92亿元，比上年增长30.17%；公共财政预算支出完成8.68亿元，增长20.06%。

【培植骨干财源，夯实增收基础】 围绕“转方式、调结构”，采取有力措施，积极培植财源。设立重点企业贷款过桥资金，全年累计为骨干企业拨付资金3.2亿元，确保了企业资金链条不断，保障了企业正常生产经营。全力落实支持企业发展的财税政策，落实中央及地方税制改革奖励扶持政策资金4 914万元，积极涵养税源、培植财源。积极争取财政专项资金，全年共为全县企业争取财政专项资金3 476万元，有力支持了全县骨干企业发展。加强税源监测体系建设，建立健全了涵盖67家重点纳税企业的税源监测体系，及时准确掌握企业的生产销售及纳税情况，强化税收征管，确保了应收尽收。

【优化支出结构，保障重点支出】 坚持“突出重点、兼顾一般，保证必需、有保有压”的原则，确保正常运转经费开支和民生政策的落实，农林水事务、教育、医疗卫生、社会保障和就业支出分别达到1.38亿元、3亿元、1.09亿元和9 730万元，同比分别增长10.72%、18.62%、86.01%和54.87%，优化了支出结构，突出了工作重点，有力保障了全县经济社会平稳较快发展。

【加强财务管理，提升管理水平】 围绕财政管理科学化、精细化要求，不断深化财政改革，加强财政财务管理。政府采购、投资评审工作成效显著，全年完成政府采购项目84个，合同金额6.13亿元，节约资金8 940万元，综合节支率达12.7%，发挥了资金的最大使用效益；出具投资评审项目报告77份，项目合同额4.57亿元，审定额4.17亿元，审减额4 003万元，审减率达8.76%。支农资金整合集聚效应显著，围绕“两区同建”，共整合支农项目17个，整合资金2.78亿元，投入财政资金4 785万元，带动社会投入2.3亿元，财政资金的使用效应放大了5倍。国有资产监管更加规范，对全县152个单位的国有资产进行了清查核实，评估价值26.6亿元，规范了国有资产购置、调配、处置、登记管理机制，提高了国有资产监管水平。专项资金管理取得显著成效，全年共对106个专项资金项目实施县级报账制，报账资金总额1.68亿元，保证了专项资金的规范性、安全性和有效性。财政收支管理水平显著提高，对51个行政事业单位非税收入征缴和“小金库”治理情况进行检查，查处违规违纪金额230万元，规范了收支行为，提高了财政资金使用效益。

（撰稿：刘吉杰）

夏津县

【概述】 2011年，夏津县地方公共财政预算收入完成4.02亿元，比上年增长33.8%；公共财政预算支出完成12.2亿元，增长29.5%。

【落实积极财政政策，加快财源建设步伐】 充分发挥财政职能作用，围绕全县“5+1”现代产业体系（棉纺织、食品、油品、新能源、生态旅游五大产业和新兴电子产业），加快推进财源建设，出台了《夏津县财源建设工作实施办法》，明确财源建设目标、部门分工职责，加大财源奖励扶持，调动起社会各方财源建设积极性。支持招商引资，优化投资环境，落实财源建设扶持政策、税收优惠政策、项目建设政策，推进招商引资工作取得实效。加大企业技改项目资金支持，推动企业结构调整和转型升级，全年投入技改扶持资金1 400万元。调整新一轮县乡财政体制，实行超出增量分成，促进乡镇财政增收。

【建设民生财政，着力保障和改善民生】 始终把民生问题摆在突出位置，实施积极民生财政政策，实现民生事业不断发展。建立失地农民利益长效保障机制，以“直通车”方式发放失地农民生活补助金81万元。社会保障能力增强，全年支出1.02亿元，比上年增长68.7%。投入2 300万元，建立城乡居民社会养老保险制度；投入860万元推进乡镇医药卫生体制改革，着力支持城乡居民老有所养、病有所医。积极筹集资金，两次上调机关事业单位人员津贴补贴，人均月增资582元。落实强农惠农政策，发放粮食直补、良种补贴、农资综合补贴、家电下乡等补贴资金3 441万元。

【优化支出结构，着力发展重点事业】 调整优化支出结构，大力压减一般性支出，保障重点事业发展。优先发展教育，投入4 000万元新建县第二实验小学和希望小学扩建。落实困难学生资助政策，农村义务教育阶段中小学生公用经费人均补贴标准提高100元，全县教育支出达3亿元，占总支出的比重为24.6%。推动城市建设，全年投入2.1亿元，支持城北水系、外环路、文化路以及城区靓化、绿化等基础设施建设。完成城区水厂及管网建设，统一供上黄河水，改善了城区居民的饮用水质量。

【推进“三化”建设，提高财政监管水平】 积极做好省管县改革试点，进一步加强财政管理科学、精细、规范“三化”建设，促进财政管理水平和保障能力不断提升。深化国库集中支付改革，对各乡镇、部门所有财政专户进行认真核对、逐一清理，建立《财政专户基本信息》档案，强化财政账户管理。扩大政府采购规模，全年完成采购额1.46亿元，节约财政资金2 200万元，节支率13.1%。强化非税收入征管，出台社会抚养费征管办法，纳入规范化管理。强化乡镇财政管理，在5个乡镇进行标准化乡镇财政所惠农服务大厅示范建设，加快基层财政职能转变。加强人才队伍建设，完成全县1 600名会计人员信息采集工作。

（撰稿：倪玉洁）

武城县

【概述】 2011年，武城县实现地方公共财政预算收入3.59亿元，比上年增长40.1%；完成公共财政预算支出11.05亿元，增长35.62%。

【加强财源建设，抓好收入征管】 围绕财源建设工作目标，科学制定激励措施和扶持政策，支持企业做大培强；搭建融资平台，多渠道筹措扶持资金，对骨干企业和产业集群提供有效资金保障，采取对企业贷款贴息等方式，鼓励企业技术改造和新兴高科技产业发展。进一步完善税收考核奖励办法，将税收总量与地方分成收入任务结合起来，实行综合考核，实现了考核工作的经常化、制度化；不断完善社会综合治税征管体系，积极构建综合治税管理信息平台，强化税源分析，确保应收尽收。

【优化支出结构，集中财力保重点、保民生】 全县教育、科学技术、社会保障和就业、医疗卫生、农林水事务五项重点支出合计达7.74亿元，占公共财政预算支出的70.15%，增支达1.93亿元。推动新型城乡居民养老保险工作全面铺开，全县农村居民和城镇非从业居民参保人数达15.5万人，参保率达99%，发放城乡居民养老金1 719万元，有5.2万60岁以上的城乡老人按月领取到了养老金。加大公共卫生投入，积极完善新型农村合作医疗制度，将新农合政府补贴标准提高到每人200元，财政累计投入达5 891万元；积极推进医药卫生体制改革，全年拨付基本药物制度改革资金268万元，基本公共卫生服务资金969万元，缓解了农民看病难、看病贵的问题。加大义务教育经费保障力度，足额拨付教育经费，免除义务教育阶段学生课本费和杂费、资助困难高中学生及中职在校生等政策得到较好落实。

【加大强农惠农政策落实力度，切实维护农民利益】 完善涉农补贴发放工作，对全县7万多农户基本信息进行清理核对，统一开立新的“惠农一本通”账户，规范涉农补贴发放程序，共兑付粮食直补资金633万元、综合补贴资金3 820万元、家电下乡补贴资金1 337万元、汽车摩托车下乡补贴资金636万元。支持农田水利建设，按照小型农田水利建设重点县标准，加强项目资金监督管理，确保资金专款专用，并投入项目资金890万元用于抗旱打井、水利设施和水土保持等项目建设；拨付现代农业、生态农业、高产创建等补助资金560万元支持特色农业发展；发放良种补贴646万元，土地治理项目资金400万元，切实促进农业高产增收。积极推进社会主义新农村建设。积极筹集资金支持农村社区基础设施建设，农村危旧房改造、环境整治、饮水安全、道路建设等重点项目得到较好保障。

（撰稿：张　冲）

齐河县

【概述】 2011年，齐河县地方公共财政预算收入完成11亿元，比上年增长34%；公共财政预算支出完成20.03亿元，增长24%，当年收支平衡。

【强化收入征管，确保财政收入稳定增长】 依法加强收入征管，开展税收秩序整顿，千方百计挖掘收入潜力，及时协调征管中存在的问题，分解目标，落实责任，沟通协调，确保财政收入依法征收、应收尽收。进一步加强税源建设管理、税源分析，协调配合税务部门组织收入，督促乡镇（开发区）加强收入征管。积极配合税务部门，不断加强小税种的征管。充分发挥国资部门的作用，确保土地和国有资产的收益最大化。

【优化支出结构，保重点保民生促发展】 全面实施城乡免费义务教育，按法定比例逐步加大教育投入，生均公用经费标准全面提高，全县教育支出达3.77亿元，同比增长49.03%。不断完善社会保障体系，加大社会保障投入力度，扩大城镇和农村低保范围，全年拨付社会保障和就业资金1.75亿元。多渠道筹集资金，巩固医疗保险覆盖面，全县医疗卫生支出达1.85亿元，同比增长27.24%，新型农村合作医疗参保率达100%，全年共拨付新农合资金1.04亿元。

【推进财政精细化管理，提升财政工作效能】 深化国库集中支付改革，以细化和完善规章制度为重点，进一步强化和规范国库集中支付制度，严格执行财政财务法规，不断夯实财政运行管理基础。全县预算单位已全部纳入国库集中支付制度改革范围，全年累计办理集中支付业务5 596笔，支付金额3亿元。加强资产配置管理，认真履行国资监管职责，强化国有资产收益监督检查，建立行政事业单位资产管理信息系统，使国有资产管理更趋科学化、制度化。继续规范国有资产处置审批、收入入库程序，全年实现国有资产处置收入114.3万元、国有资本经营收益120万元。完善支出绩效评价体系，健全政府采购制度，拓展政府采购范围，政府采购规模实现了跨越式增长。加快政府采购信息管理平台建设，强化监督管理，实行“管采分离”，确保政府采购全过程做到规范、透明、受控、高效。规范财政投资评审工作程序，严控项目预算评审，提高资金使用效益。全年共实施政府采购80次，实际采购额1.82亿元，节约资金3 231.85万元，节约率达到18%；财政投资评审各类项目128个，子项目215个，完成评审额4.04亿元。

（撰稿：李　宁）

临邑县

【概述】 2011年，临邑县地方公共财政预算收入完成7亿元，比上年增长3.19%；公共财政预算支出完成15亿元，增长11.6%，当年实现收支平衡。

【完善财政管控体系，确保财政收入平稳增长】 严格税源管理，完善税源管控体系，确保依法治税、应收尽收。积极推进社会综合治税，加强涉税部门间的协作配合，消灭征管“盲区”、“死角”。进一步规范非税收入管理，挖掘资源性非税收入潜力，完善国有资源有偿使用制度，切实提高财政保障能力。

【优化财政支出结构，不断改进理财用财方式】 财政支出按照“区别对待、有保有压”的原则，在保证基本运转的基础上，大力压减一般项目支出，千方百计增加“三农”、社保、教育、医疗等重点事业投入，全面促进重点事业发展，维护社会稳定。

【加强财源建设，支持经济发展】 认真贯彻落实积极的财政政策，发挥财政在促进经济增长和发展方式转变中的杠杆作用，着力培植壮大优质高效财源，不断加强信用担保、贷款周转、企业债券等投融资体系建设，发展创业投资和私募股权融资，为地方经济发展提供更多资金支持。落实各项税费减免等财税优惠政策，着力优化经济社会发展环境，拉动内需增长。

【着力推动改革创新，财政管理水平不断提高】 始终坚持以改革创新为动力，不断强化预算约束，狠抓管理增效，财政管理水平不断提高。加大涉农补贴力度，确保种粮补贴、计生奖励以及优抚补助等各类涉农资金准确、及时、足额发放到农户手中，规范了资金管理，提高服务水平。继续深化部门预算改革，建立了全县财政供养人员信息库。“乡财县管”改革稳妥运行，国库集中支付在县直行政事业单位全面铺开。财政管理机制更加完善，节支效果更加明显，支出效率进一步提高。

（撰稿：孙奉杰）

宁津县

【概述】 2011年，宁津县完成地方公共财政预算收入3.4亿元，比上年增长35.9%；完成公共财政预算支出8.4亿元，增长20.6%，连续22年实现收支平衡，为全县经济社会各项事业健康发展提供了有力保障。

【服务民生】 2011年，发放粮食直补、农资综合补贴、农机补贴等各种惠农资金2亿元，补贴项目达10多批次，惠及10余万农户。其中：发放粮食直补、农资综合补贴、种粮大户奖励资金5 994.8万元，发放优质玉米良种补贴599.8万元，发放棉花良种补贴182.7万元；新农合政府补助标准由上年的120元提高到200元，医疗报销比例也相应提高，同时全面推行基本药物零差率制度，降低了群众看病成本，保障了群众基本用药，提高了群众健康水平；全面实施新农保，全县6.2万老年人按月领到了基础养老金；家电下乡补贴政策实施4年来，累计销售11.5万件，直接拉动社会消费2.88亿元，累计兑付补贴资金3 574.16万元，11万户农民受益；做好小型农田水利重点县和农业综合开发管理工作，2011年各级财政共投入资金4 641.4万元，加快“旱能灌、涝能排”的高标准农田建设，为农业增产增收奠定了基础。在全省小农水重点县建设资金绩效考评和项目验收中，连续两年获得优秀。

【财政改革】 健全完善国库集中支付制度，实现了行政事业单位及乡镇“全覆盖”、预算内外资金“全覆盖”，实现了全面、彻底、系统、高效的改革目标。创新内控机制，实行“两个科室共记一套账”、“两把钥匙共开一把锁”，实现了财政干部和财政资金“双安全”。

【扶持企业】 为扶持骨干财源企业发展，促其尽快做大做强，先后筹措过桥资金2.5亿元，解决了晋煤同辉、美华公司、瑞丰公司、恒瑞棉业等企业资金周转困难问题。

【投资评审】 2011年，累计评审工程价值7.18亿元，审查定案价值6.22亿元，节约政府资金9 668.54万元，节支率13.46%，提高了政府资金使用效益。荣获“山东省财政投资评审最具影响力单位”荣誉称号。2011年5月份，财政部在该县举行了社保资金绩效考评现场会。

【城乡建设】 筹措城市建设资金10亿元，用于开元、开泰、开瑞、开运、惠宁社区拆迁和安置楼建设，以及康宁湖杂技文化公园、文化艺术中心、福宁水系景观带、地下管网、城区道路等重点工程建设。加大“两区同建”投入力度，筹资8 600多万元，推进了居住社区、产业园区开发建设。加大保障性住房建设力度，建设了廉租房、公共租赁住房、经济适用房7.4万平方米，缓解了低收入家庭住房困难的局面。

【信息化建设】 全面推行办公自动化应用系统，主要包括公文运转、通知通报、会议管理、政务服务、机关事务、文件传阅、电子邮箱、个人办公事务支持、信息发布、公共信息服务、系统管理等功能，实现了公文处理和机关事务网上管理，进一步规范了行政工作流程、优化了财政内部管理模式、提高了办公效率和工作质量。

（撰稿：马华利　田春雨）

庆云县

【概述】 2011年，庆云县完成地方公共财政预算收入2.85亿元，比上年增长40.05%；完成公共财政预算支出9.75亿元，增长41.15%。

【坚持科学征管，财政收入实现新突破】 一是强化征管保增收，健全联席会议制度，及时做好重点税源和税种变动的监测与分析，采取措施应对收入管理中的不确定因素，确保税收和非税收入依法征管、应收尽收。二是分解目标抓落实，及时组织召开相关部门工作会议，将目标层层分解落实，做到了目标具体化、责任化。三是强化奖罚重考核，把考核机制与均衡入库结合起来，实行奖惩挂钩、重奖超收，充分调动乡镇（街道）及部门抓收入的积极性和主动性。

【立足服务企业，财政支持经济发展成效显著】 围绕上级资金投向，结合产业政策，积极争取项目资金，有力促进了企业发展。充分发挥信用担保机构的“搭桥”作用，以庆云县金海投资担保公司为依托，积极为企业进行融资担保，利用财政间歇资金和过桥资金，帮助企业周转资金，有效缓解了企业融资难题。充分发挥财政职能作用，进一步创优发展环境，认真落实支持产业发展的各项财政措施；加大投入力度支持企业转方式、调结构，促进企业转型升级。

【着力优化支出，建设民生财政成效显著】 大力支持“三农”工作，投入6 030万元，保障了小型农田水利等一批民生工程建设；及时发放农作物良种、家电下乡等各项补贴，让党的各项惠民政策真正惠及民生。不断强化教育、文化保障力度，共安排农村义务教育公用经费和免杂费资金2 114万元，安排新一中建设资金8 200万元，安排校舍建设资金1 396万元，有力提高了农村义务教育公用经费保障水平；安排各类文化专项资金2 600万元，用于支持科技中心、博物馆、乡镇文化站以及文化信息共享工程建设。医疗卫生便民体系更加完善，大力支持县乡两级医疗卫生体系建设，提高医疗卫生水平；完善了基本药物制度，使医药价格大幅降低，老百姓看病难、看病贵问题得到有效缓解。社会保障水平显著提升，全年发放养老金1.17亿元，发放低保资金975万元，发放残疾人各类补助资金55万元，提高新农合和城镇居民医疗保险财政补助标准和报销比例，报销医药费6 807万元，并将全县95名孤儿纳入社保范围，每月给予600元生活补助。

【实施精细管理，财政改革与监管稳步推进】 全面推行部门预算改革，进一步细化了全县预算收支计划，完善了定员定额标准和项目预算管理模式，预算的透明性、约束力明显加强；深化国库集中支付制度，完善了全县级集中支付网络，稳步提升集中支付覆盖率。强化政府采购，相继出台了《庆云县招投标管理办法》、《庆云县本级行政事业单位银行账户管理办法》等文件。规范账户管理，共撤销财政专户3个，清理行政事业单位账户5个。加强“双基”管理，提升规范水平，通过开通“庆云会计网”、举办会计培训班及技能大赛等方式，为广大会计工作者及企业提供了便捷服务；进一步完善了“乡财县管”制度，加强规范化财政所创建工作，提升了基层财政所的规范化管理水平。

（撰稿：张维辉）

聊 城 市

东昌府区

【概述】 2011年，东昌府区地方公共财政预算收入完成8.70亿元，比上年增长40.06%；公共财政支出完成18.93亿元，增长21.94%。

【坚持把支持发展作为财政工作的第一要务，努力促进全区经济快速发展】 全面贯彻积极的财政政策，注重把握财政调控的方向、重点和力度。一是推动工业企业优化升级。全年累计投入各类扶持资金达2.4亿元，重点用于支持企业项目建设、节能减排和产业优化升级。落实企业出口退税1.3亿元，减轻了出口企业税收负担。进一步完善“走出去”财政政策扶持体系，支持企业开拓多元化国际市场，增强出口产品的国际竞争力。二是加强企业科技创新。安排科技创新资金4 033万元，重点用于企业自主创新和战略性新兴产业等重点领域，促进企业产业结构不断升级。三是认真落实扩大内需各项政策。拨付家电下乡、以旧换新资金1.92亿元，积极引导扩大社会消费规模，也促进了家电企业做大做强。四是促进服务业发展。拨付资金130万元，围绕木板年画、雕刻葫芦等非物质文化遗产进行培育开发，努力打造文化支柱产业，促进三产发展繁荣。

【坚持把理财为民作为财政工作的出发点和落脚点，努力保障和改善民生】 加大民生保障投入，确保各项民生政策落实。一是大力发展教育事业。全年实现教育支出5.4亿元，增长74.23%。其中免除义务教育阶段学生杂费和书费5 700万元，城区中小学建设资金8 700万元，农村学校建设资金1 550万元，青少年活动中心建设650万元，改善了办学条件，推动了教育均衡发展。二是健全社会保障体系。实现社会保障和就业支出3.47亿元，增长27.51%。其中拨付城乡低保资金3 400万元、新农保资金6 700万元、就业和再就业资金500万元。筹集资金400多万元，全面启动城镇居民社会养老保险工作，实现城乡养老保险制度全覆盖。三是完善医疗卫生服务体系。实现医疗卫生支出2.04亿元，增长31.80%。其中拨付资金2 200万元，全面落实基本公共卫生服务政策，推进基层医疗卫生机构实施基本药物制度，支持深化医药卫生体制改革。财政补助新型农村合作医疗资金1.08亿元，发放优抚医疗补助资金320万元、城乡医疗救助资金180万元，有效缓解了城乡困难群众的看病就医问题。四是巩固农业基础地位。财政用于“三农”方面的资金达3.5亿元，增长17.91%。年初第一时间拨付特大抗旱资金930万元，确保了全年农业丰收。多方筹集资金3 867万元，支持农业基础设施建设，加大农业综合开发和土地综合整治力度，农业综合生产能力明显提高。全年累计发放粮食、良种、农机和农资综合补贴 8 440 万元，促进了农民增收和农业农村发展。五是促进棚户区改造工作高效推进。积极发挥融资平台作用，多渠道筹集资金 2 亿元，保障了棚户区改造工作需要。

【坚持把增收节支作为财政工作的基本任务，努力为经济社会发展提供财力保障】 从年初就将增收节支工作牢牢抓在手上，加强收入调度分析，完善税源控管体系，努力促进财政增收。全年税收收入完成 7.7 亿元，占地方公共财政收入的比重为 88.51%，税收总量居全市第二位，比重居全市第一位。按照财权与事权相结合的要求，建立了园区财政体制，调整完善了区镇（办）财政体制。完善区镇（办）财政间分配关系，实行税收属地管理，提高了基层财政保障能力。加大对园区基础设施建设的投入力度，完善各项配套功能，努力提高园区的承载能力和对外吸引力，调动了全区上下集中精力发展经济的积极性。强化预算执行动态监控，加快支出进度，提高预算执行的及时性和均衡性，并加强对重点支出的跟踪检查，强化绩效评审，努力提高资金使用效益。牢固树立过紧日子的思想，落实好厉行节约各项规定，在连续三年压减行政开支的基础上，继续严格控制行政开支，压减公务接待、车辆购置及运行、出国（境）以及其他一般性行政支出，集中财力保民生、保重点、促发展。努力向上争取资金，2011 年争取各类专款达 4.9 亿元，比上年增加 1.6 亿元，极大地增加了全区可用财力，为缓解财政困难、促进经济社会健康发展提供了财力保障。

【坚持把改革创新作为财政工作的强大动力，努力提高财政管理水平】 一是大力推进预算编制改革。继续细化公共财政预算和政府性基金预算编制，对非税收入按资金的不同性质，分别纳入公共财政预算或政府性基金预算管理。加快国有资本经营预算编制改革和深化政府采购预算编制改革，做到应编尽编、应采尽采。二是深化国库集中支付制度改革。逐步扩大国库集中支付资金覆盖面，不断提高直接支付比重，对所有预算单位实行国库单一账户体系管理，保障了财政资金规范运行。三是建立财政资金绩效评审制度。完善财政监督评审管理办法，加强对财政资金的绩效考评，并把绩效考评结果作为下年度预算安排和监督检查的依据，提高了财政资金使用效益。四是完善财政资金管理内控机制。严把政策关、资金关，确保资金合法合理使用。严格财政账户管理，严肃津贴补贴纪律，加强党风廉政建设，不断强化防范措施和预警控制，确保了财政资金安全。五是政府采购工作规范运行。本着“公开、公正、公平”原则，以建立科学规范的政府采购运行机制为中心，以规范政府采购行为为重点，严格按照法定程序积极开展工作，取得了显著效果。全年累计完成采购 170 次，项目预算资金 1.92 亿元，实际支付采购资金 1.47 亿元，节约 4 509 万元，节支率为 23.5%。

（撰稿：王　勇）

临　清　市

【概述】 2011 年，临清市地方公共财政预算收入完成 8.87 亿元，比上年增长 26%，其中税收收入完成 5.94 亿元，增长 27.31%，占地方公共财政预算收入的 67%。公共财政预算支出完成 16.02 亿元，增长 21.05%。

【狠抓财政收入，增加可用财力】 严格落实收入任务，积极支持推进企业主辅分离、“以电控税”、治理车辆外挂等工作。定期召开财税分析会议，确保实现工作进度计划。继续实行市财政局班子成员分包镇办事处财政收入责任制，按月及时通报各镇办事处财政收入情况。加强财政票据管理，在全市医疗系统全部推行医疗专用票据，全面实现了“以票控收”。

【坚持稳物价扩内需，促进经济平稳较快发展】 继续落实结构性减税政策，全年共退付 8 户再生资源经营企业和资源综合利用企业已缴增值税 1 985 万元。积极帮助企业争取各类财政补助资金 1 701 万元，为企业生产经营提供了资金支持。继续开展奶牛、生猪等良种补贴，加快畜牧、水产标准化养殖设施建设改造，促进粮食、畜牧、蔬菜、水果产业加快发展，促进市场供求平衡和物价基本稳定。对出租车、公交车、城乡客运、林业用油等部分公益性行业给予油价补贴，共计补贴资金 832 万元。

【大力保障改善民生，推动经济社会统筹发展】 提高了机关事业单位人员津贴补贴，人均月增资 300 元。启动了城乡居民社会养老保险试点，财政补贴资金 3 616 万元。农村五保供养 2 100 人，分散和集中供养标准分别提高到每人每年 1 400 元和 2 600 元，共拨付资金 471 万元。新农合财政补贴标准由每人每年 120 元提高至 200 元，共计补贴资金 1.07 亿元。投入 5 040 万元用于义务教育阶段免除学杂费、免费提供教科书等，投入 4 980 万元用于中小学校舍改造。完成了义务教育债务化解工作。严格落实涉农补贴政策，加大农业基础设施建设投入力度，提高了农业生产能力。该市还被列入 2011～2013 年全国小型农田水利重点县。

【加强财政科学化精细化管理，提高理财水平】 深入推进政府采购工作，全年政府采购预算金额2.75亿元，实际采购金额2.24亿元，节约资金5 102万元，节支率18.57%。进一步做好财政投资评审工作，实行项目评审复核制，保证了财政资金科学、规范、安全运行。完成了契税、耕地占用税征管职能划转工作。

（撰稿：武学岭）

阳谷县

【概述】 2011年，阳谷县地方公共财政预算收入完成5.14亿元，比上年增长55%；公共财政预算支出完成16.62亿元，增长21%。

【依法加强征管，财政收入实现跨越增长】 县政府出台了《县直单位地方税收保障工作考核奖惩办法》，建立了跨部门的联席会议机制，深入查找征管中的薄弱环节，及时研究财政经济运行中的突出问题。各征收部门严格税收征管、依法清缴欠税、规范非税收入管理，深入挖掘增收潜力，确保了收入及时足额入库，实现了跨越式增长。

【落实积极财政政策，促进经济社会发展】 在加强财政收入征管的同时，积极抢抓机遇、尽力争取上级财政支持，全年共争取补助资金11.6亿元，比上年增加1.9亿元。投入1亿多元支持祥光生态工业园创建国家级生态工业示范园区，园区基础设施不断完善，承载能力不断提高。投入7 588万元用于主导产业转方式调结构，产业升级进一步加快。拨付家电与摩托车下乡、家电以旧换新补贴4 531万元，直接拉动社会消费4亿多元。

【科学运筹支出，提升财政保障能力】 把保障改善民生作为落实科学发展观，拉动内需和转变经济发展方式的重要途径，与群众生产生活密切相关的教育、医疗卫生、社会保障和就业支出分别完成4.41亿元、2.07亿元和1.75亿元，比上年增长26.51%、26.53%和24.32%。夯实农业发展基础，全面落实国家强农惠农补贴政策，重点支持了农田水利设施、土地治理、“菜篮子”工程、农业产业化和农民专业合作组织建设。建立农村一事一议奖补机制，农村公益事业得到健康发展。继续支持教育优先战略，筹资5 451万元落实农村中小学生均公用经费基准定额，投入3 226万元改善农村中小学办学条件，投入724万元落实家庭经济困难学生资助政策，推动了基础教育均衡发展。社会保障体系日益完善，加快实施保障性安居工程建设，加强就业再就业扶持力度，新型农村社会养老保险试点全面铺开。深化医药卫生体制改革，继续提高新型农村合作医疗政府补助标准，在全县基层医疗卫生机构建立了基本药物制度。

【注重改革创新，提升财政管理绩效】 调整完善县乡财政体制，加大对困难乡镇的转移支付力度，促进县乡统筹协调发展。完善国库集中支付制度，加强内部管理控制，确保财政资金安全、高效、快捷运转。政府采购范围和规模日益扩大，完成采购额2.74亿元，节支4 659万元，节支率15%。加强财政监督检查，巩固深化“小金库”治理成果，逐步建立防治长效机制。

（撰稿：张生健）

莘　县

【概述】 2011年，莘县完成地方公共财政预算收入4.24亿元，比上年增长24%；完成公共财政预算支出19亿元，增长18%。

【积极培植财源，财政收入稳步增长】 紧紧围绕发展壮大支柱产业，培植骨干企业，创新财政投入方式，加大扶持力度，调整完善招商引资财税优惠政策，制定并逐步完善《莘县财源建设奖励办法》，充分调动了企业促发展、培财源的积极性，千方百计壮大财政经济实力。

【优化支出结构，进一步打造民生财政】 提高全县机关事业单位人员工资和津贴补贴，人均月增加400元。农业、社保、教育、卫生等重点支出得到有效保障，拨付8 871万元，积极做好农村义务教育经费保障和困难学生资助工作；完成农村义务教育债务化解工作，共化解债务9 377万元；不断提高城乡低保补助标准，全年共发放城乡低保金3 395万元；提高新农合补助标准，全年报销资金支出1.32亿元；实现城镇职工基本医疗保险支出4 440万元；全年共发放粮食、农资综合、良种、农机具购置、家电下乡、农业保险等补贴资金1.9亿元。

【推进财政体制改革，进一步完善理财机制】 不断完善预算管理体系，加强基本支出管理，细化各项经费定额，严格控制车辆购置运行费、公务接待费、会议费支出，优化了财政支出结构。国库集中支付制度日趋完善，县直所有预算拨款单位全部纳入集中收付系统，整体运行良好。政府采购范围逐步扩大，采购规模不断增加，监管力度不断增强。加强行政事业单位国有资产管理，确保了国有资产保值增值。

【加强财政监督，进一步提高理财水平】 全面整改财政专户设置和资金管理中不合规问题，建立了财政专户规范管理长效机制，实现财政专户管理的精简、统一、规范、高效。加强非税收入管理，严格实行“收支两条线”，全面推行“票款分离”和“罚缴分离”，组织开展了“小金库”专项治理活动和第五个“非税收入宣传月”活动。强化财政资金监管，着力加大财政资金事前审核、事中跟踪、事后问效工作力度，把财政监督贯穿于资金分配、拨付、使用和管理全过程，确保了财政资金安全高效使用。

（撰稿：冯麦林　赵　静）

茌平县

【概述】 2011年，茌平县地方公共财政预算收入完成14.7亿元，比上年增长21%；公共财政预算支出完成23.4亿元，增长18.3%，连续39年实现财政收支平衡，收、支总量均居全市各县（市、区）首位。

【健全征管机制，财政收入稳定增长】 出台了《关于加强和深化地方税收保障工作的实施意见》，全面启动社会综合治税，建立国、地、财联席会议制度及征收联动和收入倒逼机制，搭建起地方税收保障体系。设立均衡入库奖，将收入任务细化到部门、税种、月份，清税源、算细账，及时掌握收入动态，突出收入均衡入库。加强政府非税收入制度和代收网络建设，实现了非税征缴覆盖全县、遍布城乡的新格局，形成了收入工作合力，确保了收入进度。

【积极培植财源，发展后劲不断增强】 将扩总量、调结构、转方式与促增长、增财源相结合，更有效地发挥财税政策、资金的导向和激励作用。积极争取上级支持，引进大量资金和项目，改造提升传统产业；整合利用财政资金，大力支持企业发展，促进产业结构改善；积极运作中小企业贷款担保公司，为缓解中小企业融资难问题发挥了“杠杆”作用；利用财政间歇资金及时设立企业偿贷“过桥资金”，缓解了企业流动资金困难。

【优化支出结构，重点支出保障有力】 严控一般性支出，不断加大民生投入力度，该县工资水平和民生保障标准全市领先，提高社会保障标准、提高教育投入比重、实施全民医保、弱势群体救助、加大就业扶持力度、支农惠农、推进社会事业发展、支持城建工程、改善生产生活环境、加强新农村建设、推进平安建设等各项民生政策得到较好保障。

【推进改革创新，管理绩效显著提升】 在全市率先实现乡镇工资县财政统一发放。在全市率先开启“固定资产条码管理”新模式，被评为“全省资产信息系统建设先进县”。深入推进清理核实其他公益性乡村债务工作，被省财政厅列为试点县。政府采购范围逐步拓宽，规模不断增长，采购金额达8.47亿元，节支率达14.7%，被评为“全省政府采购系统先进集体”。依托信息化推进财政规范化管理，受到省、市、县各级领导和30多个学习交流县市的高度评价。积极推进党务政务公开，加强财政民生政策宣传，建立电子工作日志制度和视频考勤系统，在全市范围内予以推介。

（撰稿：崔　萌）

东阿县

【概述】 2011年，东阿县地方公共财政预算收入完成4.23亿元，比上年增长28.1%；公共财政预算支出完成10.33亿元，年增长17%。

【千方百计谋发展，服务企业培植财源】 充分发挥财税杠杆作用，努力提高财源质量和税收贡献能力。对重点项目实行县级帮包责任制，多方筹集6 720万元，不断加大对阿胶、科技、化工工业园区投入力度，改善硬件环境，提高承载能力。采取直接拨付、财政贴息等形式，拨付2 389万元鼓励企业加快技术研发和科技进步，通过落实家电下乡及以旧换新政策、支持休闲旅游度假基地建设等，繁荣发展服务业。积极打造融资平台，财政投资担保公司提供担保贷款1.04亿元，担保授信额度5.2亿元，缓解了企业资金困难。

【严征细管促增收，财政收入快速增长】 把组织收入作为中心任务，建立工作责任制，旬调度、月分析，力促财政稳定增收。税务部门加强重点税源监控，深挖细找零星税源，努力将减收影响降至最低，营业税、企业所得税、耕地占用税合计增收3 666万元。乡镇财政收入增长迅速，全县共完成乡镇级地方公共财政收入1.5亿元，增长16.7%，有6个乡镇超过1 000万元。

【强农惠农夯基础，力促城乡协调发展】 以富农兴农为目标，不断加大“三农”投入。多渠道增加农民收入，共落实各项惠农补贴资金9 924万元，其中粮食直补和农资综合补贴5 505万元，家电摩托车下乡及以旧换新补贴2 744万元，农机、良种、能繁母猪补贴1 675万元，均通过涉农补贴“一卡通”发放到户，10万农户直接受益。夯实农业基础，拨付3 209万元用于农业综合开发、农田水利建设和春季抗旱生产，拨付475万元扶持农民专业合作社、职业技能培训、菜篮子生产，帮助农民脱贫致富，拨付603万元用于农村饮水和农产品质量安全，改善农村生产生活条件。筹集资金586万元用于健康查体、老党员生活补助、村级组织活动场所、农村党员远程教育等，基层组织建设进一步加强。

【统筹财力保重点，民生财政成效斐然】 始终把保障和改善民生作为财政工作的出发点和落脚点。农业、教育、卫生、社会保障支出合计6.38亿元，占支出总额的61.7%。一是优先保障工资正常发放。安排1 500万元用于消化上年增资翘尾因素。从7月份起，将各项津贴补贴整理归并为工作性补贴和生活性补贴，提高了补贴水平，并增加一级晋档工资，全县月人均增资280元，增加支出1 700万元，提高了干部职工干事创业积极性。二是大力发展教育事业。完善义务教育经费保障机制，拨付农村中小学公用经费2 139万元，保障水平提高至小学每生600元、初中每生800元、特殊教育学校每生3 000元，为3.2万名学生提供免费教科书，补助家庭困难学生1 923人。实施农村中小学"两热一暖一改"和校舍安全工程。农村义务教育债务2 667万元全部化解完毕。三是加快文化旅游发展。积极支持创建旅游强县，筹措950万元用于游泳馆、展览馆建设，筹措246万元支持黄河森林公园、曹植墓、子建祠、净觉寺、凤凰山传奇等文化古迹建设。四是健全医疗卫生服务体系。新型农村合作医疗补助标准由人均110元提高至200元，报销药费支出5 920万元，全县73万人次受益。城镇职工和居民医疗保险参保10.3万人，报销5 960万元。积极推进基本药物制度改革，全省率先试点县级公立医院综合改革，拨付资金1 663万元，成为全省药品销售零差率"第一县"。五是支持完善城乡社会保障体系。新型城乡社会养老保险全面推开，参保21万人，财政补助3 140万元。拨付2 216万元救助低保对象、五保户1.44万人，为1 040名下岗失业人员缴纳养老保险、失业保险，提供再就业培训，基本实现弱势群体救助全覆盖。

【突出绩效促提升，管理水平逐步提高】 加强预算管理，健全制度体系，严格按项目进度拨付资金。国库集中支付改革进一步完善，全年通过国库单一账户体系累计支付7.1亿元，其中直接支付2.7亿元，授权支付4.4亿元。非税收入管理日臻完善，纳入财政管理收费项目87项，专户管理资金6.8亿元，增强了政府调控能力。政府采购和财政投资评审稳步推进，完成政府采购额2.2亿元，节约资金2 358万元；投资评审总额1.3亿元，审减资金890万元，提高了资金使用效益。

（撰稿：张子先　王　鹏）

冠　县

【概述】 2011年，冠县地方公共财政预算收入完成4.42亿元，比上年增长32.04%；公共财政预算支出完成15.03亿元，增长25.3%。

【保增长，切实抓好税费征管】 在税务部门建立税收征管领导分工责任制，加强协调，督促征管；实行日常检查和重点稽查相结合，在组织好行政性收费和罚没收入入库的同时，积极协调有关部门抓好土地出让金、城市配套费、社会抚养费、污水处理费、异地建设费、电业附加费等非税收入的征收，最大限度地促进财政增收。2011年全县政府非税收入累计完成6.6亿元。

【惠民生，大力推进基本公共服务均等化】 投资4 850多万元，新建9处学校项目；共计化解债务212笔、5 700万元，农村义务教育化债任务全面完成。投入1.42亿元，将新农合、城镇居民基本医疗保险财政补助标准由人均110元提高到200元，新农合住院报销比例由70%提高到85%，慢性病门诊报销比例由40%提高到50%；在乡镇卫生院全面实施基本药物制度改革，药品实行零差价销售，乡镇卫生院门诊收费平均下降22.3%，住院费平均下降15.7%。投入资金4 662万元，全面启动了新型农村社会养老保险和城镇居民社会养老保险制度，受益群众41万人，11.3万60岁以上老人享受到每月55元的基础养老金；农村低保年保障标准、五保户供养年生活费标准分别提高了200元，城市低保月保障标准提高了40元，企业离退休人员养老金发放标准人均月增长160元。发放粮食直补资金8 665万元、良种补贴948万元，惠及全县17万农户；发放成品油价格补贴699万元，受益车辆340辆；补贴下乡摩托车4 955辆，补贴金额1 489.8万元；补贴家电下乡产品21.6万件，补贴资金7 190万元；补贴家电以旧换新产品1.4万台，补贴金额486万元；发放能繁母猪补贴316万元，惠及全县3.9万养殖户；投资2 050万元，实施小农水重点县工程，改善了6.8万亩农田的灌溉条件。

【抓改革，着力提高财政精细化管理水平】 进一步深化部门预算改革，细化预算编制科目，简化审批程序，提高了部门预算编制的完整性、准确性和规范性。进一步提高国库集中支付系统的网络化、自动化水平，2011年财政集中支付资金达11.7亿元，其中直接支付10.6亿元，直接支付比例达90.6%。进一步规范政府采购招标程序，全年完成招标项目46个，采购金额1.52亿元，节支率为10.9%。加大财政监督力度，全年组织实施检查活动7项，共检查企事业单位60多个，查处涉税及其他违规违纪金额2 000多万元，对查出的问题进行了全面落实和整改。加强行政事业资产管理，建立了固定资产数据库，完善动态监管措施，强化了国有资产收益和

"收支两条线"管理。该县先后获得了"山东省国有资产管理先进单位"、"山东省财政监督检查工作先进单位"、"山东省财政信息工作先进单位"等荣誉称号。

（撰稿：梁明彪）

高唐县

【概述】 2012年，高唐县完成地方公共财政预算收入9.05亿元，比上年增长4.1%；完成公共财政预算支出15.9亿元，增长13%。

【实施积极的财政政策，促发展增财源成效明显】 着力增加投入，落实财税优惠政策，全年拨付资金2 347万元，兑现财源建设奖励、运输企业奖励、企业家金牌奖励等；及时拨付上级专款1.17亿元，支持企业技术创新、争创名牌等。着力缓解中小企业融资难，充实中小企业贷款周转金1 000万元，全年为奥克特化工等47家企业发放周转金1.13亿元。加强资金整合调度，发挥财政资金杠杆作用，带动金融机构加大对中小企业的扶持力度。支持完善小额担保贷款机制，引导投资创业。

【创新税费征管方式，财政收入质量有所改善】 在实行社会综合治税的基础上，建立健全地方税收保障机制，各部门提报涉税信息2万余条，直接增加税收收入1 630万元。密切关注经济发展走势、宏观经济政策和税收政策变化，定期召开收入调度会，增强组织收入的主动性和前瞻性。加强非税收入征管，理顺征缴关系，确保收费收入及时足额入库。认真测算县属国有资产收益情况，全年完成国资收益4 729万元。

【优化支出结构，保障和改善民生扎实有力】 积极保障工资发放和机构正常运转，实现行政事业单位人均月增资400元。加大"三农"投入，落实粮食直补、良种补贴、家电及摩托车下乡补贴等惠民政策资金1.18亿元；支持小农水建设项目及饮水安全工程，支持测土配方施肥、农民培训，实施科技兴农；落实一事一议奖补政策，对村级公益事业建设予以支持。加大社会保障投入，拨付2 000万元支持新农保试点全面推开，支持了农村低保、城市低保、五保供养等提标扩面，复退人员补助、老党员生活补贴、困难群众补贴等各项补助资金及时到位；支持开展再就业技能培训和再就业小额担保贷款；加快了公共卫生体系建设。加大教科文事业投入，化解农村义务教育债务2 620万元；落实了贫困学生资助政策，加大了对职业教育的投入；投入2 600万元，支持了双海湖书画主题公园、文化艺术中心、李奇茂艺术馆、程辛木艺术馆和人民广场建设；投入300余万元，支持农家书屋及社区文化中心建设。落实公检法司经费保障标准，投入资金751万元支持平安建设，维护了社会安定。大力支持城建工程建设，投入资金1 850万元对城区两条主干道进行翻修；拨付资金4 830万元开挖了果子市支渠，疏通了城区排水管网，维护了城区绿地和景区湖面，保障了污水处理厂和垃圾处理厂的正常运转，提高了人民生活质量。

【深化财政改革，财政管理水平稳步提高】 深化政府采购改革，出台《政府采购操作规程》，规范采购程序，推进采管分离，健全监督体系，全年完成政府采购项目199宗，节约资金3 276万元，节支率达12.7%。推进财政投资评审改革，拓展评审范围，创新评审机制，确保最大限度地节支增效，全年审减资金1 322万元，平均审减率达23.2%。推进预算管理改革，将预算外收入（除教育收费外）全部纳入预算管理，预算指标管理系统成功运行，预决算公开积极推进。国库集中支付改革不断深化，开展财政专户规范清理工作，进一步扩大了直接支付范围，建立起相互制约、相互监督的运行机制。健全国有资产监管运营体系，将主管部门下属单位经营性资产纳入监管范围；严把行政事业资产处置关，全部通过中介拍卖或议价处置，确保了国有资产保值增值。

（撰稿：金红谦）

经济开发区

【概述】 2011年，聊城经济开发区国民经济呈现平稳快速增长态势，全区实现国内生产总值92.56亿元，增长12.1%。实现地方公共财政预算收入5.29亿元，比上年增长47.03%；实现公共财政预算支出7.9亿元，增长50.19%。实现了建区以来连续16年财政收支平衡。

【充分发挥财政职能，积极培植壮大财源，财政收入实现新突破】 认真落实积极财政政策，深入推进财源建设，把财政工作与经济工作紧密结合起来，认真落实开发区关于招商引资和发展民营经济的一系列优惠政策措施，在财税政策上努力营造良好的投资环境。充分发挥财政资金的拉动作用，全力以赴支持项目建设，大力引进外资，促进民营经济发展，加快提高其对财政收入的贡献，全方位开启新的增长点，增强财政发展后劲，财政收入实现了新突破。

【不断调整优化支出结构，确保重点支出需要，加快构建公共财政体系】 在财政公共支出快速增长的前提下，保工资、保运转、保重点的财政支出目标得以实现。三农、科技、教育、社保和就业等重点支出保持较快增长，及时足额兑现了粮食直补、良种补贴、综合直补、优质后备母牛补贴等涉农补贴和涉农保险保费补贴资金，重点支持了基础设施建设、城中村改造、廉租住房建设等项目，较好地保障了涉及改革、发展和稳定大局的重点支出需要。

【深化财政改革，规范财政监督管理，整顿规范财经秩序，提高依法理财水平】 继续深化政府采购制度改革，稳步推进国库集中收付制度改革，深化“收支两条线”管理改革，不断提高财政科学化、精细化管理水平。及时把握财政领域出现的新情况、新问题，进一步强化财政监督管理，加强预算外资金监管，狠抓基本建设预决算审查、财政投资评审等工作，加强会计监督、国有资产管理工作，提高了财政资金使用效益。

（撰稿：刘庆雷）

滨州市

滨城区

【概述】 2011 年，滨城区牢牢把握“转方式、调结构、增财源、惠民生”的工作主线，高点定位，科学作为，实现了财政经济稳健运行，促进了经济社会科学发展。全区完成地方公共财政预算收入 27.78 亿元，比上年增长 21.66%；完成公共财政预算支出 21.87 亿元，增长 26.17%。

【财政收支较快增长】 创新征管手段，细化征管措施，努力做到应收尽收。加强对重点税源运行数据的比对分析，密切关注企业成本、产品销量等的增减变化，积极应对骨干税源变动对财政收入的影响。推行专业市场委托代征管理信息系统，规范委托代征行为，强化对零散纳税业户的管控。加强对建设项目征地、设计、建设、竣工结算等环节涉税事项的全程监控，有效防止了收入跑冒滴漏。

【民生支出保障有力】 在支出安排和资金调度上，严格按照保工资、保民生、保重点的支出顺序。对涉及民生福祉的城乡义务教育、城乡社会保障体系、公共卫生服务网络、涉农补助补贴等优先安排、重点投入。2011 年列入科学发展综合考核的重点支出比上年增长 24.36%，占公共财政支出的比重达 63.67%。

【财源建设成效卓著】 按照“工业强区、三产活区、项目带动”的总体发展思路，支持产业园区、骨干企业发展，加快重点财源项目建设。2011 年投入各项财政资金 1.8 亿多元，大力支持滨州工业园区进行基础设施、污水处理设施建设，支持园区综合服务平台建设，增强园区产业集聚能力；支持中海沥青含酸重质油、滨化集团化工项目搬迁、大唐热电等骨干工业项目建设加快推进；支持亚光、九环等进行技术中心建设、新产品研发和技术升级改造；支持华纺、亚光等外向型企业拓展国际市场；支持新天阳化工、泰裕麦业、侨昌化学等治污降耗；支持豪德贸易广场、银河国际物流、鑫盛鑫物流等重点服务业项目加快发展。

【管理改革有序推进】 国库集中支付系统在全市各县区率先正式上线运行，并以国库集中支付改革带动部门预算、指标管理、财政预警、财政综合分析等工作加快推进。在继续做好商品、劳务等项目采购监管的基础上，积极探索采购业务向政府投资项目招标领域延伸。全年完成政府采购预算额 1.15 亿元，节约资金 1 757.34 万元。强力推行政府投资评审，在切实提高财政资金使用效益的同时，维护了政府投资计划的严肃性。严格项目投资管理，对列入政府投资计划项目需增加投资的，必须由政府分管领导签批；在政府投资计划之外新增建设项目的，必须由政府主要领导签批，从源头上解决了项目建设超计划、超预算的问题。

【经营财政创新起步】 组建成立国有资产经营公司、魅力城乡建设公司、土地收购储备中心和平台公司注资的惠众置业有限公司，进一步完善融资平台架构体系。把全区政府投资形成的各类国有经营性资产划入平台公司，进一步做大平台公司资本规模。把土地一级市场开发、城中村改造、政府保障性住房建设等纳入融资平台运作范畴，进一步做实公司业务。把保障房建设作为发债项目，积极对接资本市场，8 亿元公司债券的发行工作已进入国家发改委审批程序，进一步拓宽了融资渠道。

（撰稿：赵志敏）

惠民县

【概述】 2011 年，惠民县实现地方公共财政预算收入 5.17 亿元，比上年增长 29%；实现公共财政预算支出

17.84 亿元，增长 35.9%，连续 20 年实现财政收支平衡。

【加强税收征管，财政收入持续平稳增长】 积极推进房地产税收一体化，严格落实“先税后证”政策，房地产税收大幅增长。建立健全房地产信息数据库，全面掌控房地产行业税源信息。规范车船税分配体制，县直车船税收入大幅增长。加强对重点工程和重点企业督查，查处欠税行为。加强对城镇土地使用税的征收管理，确保应收尽收。

【不断优化支出结构，民生支出快速增长】 坚持厉行节约、从严理财的理念，支出安排遵循从紧节俭、有保有压、有促有控的原则，严格控制一般性支出，不断优化支出结构，统筹安排和保障各项支出。加大“三农”、教育、文化、卫生、社会保障和基础设施建设领域资金投入，切实解决人民群众最关心、最直接、最现实的问题，民生支出累计达 14.71 亿元，占财政总支出的 82.48%，促进了经济社会各项事业协调发展。

【各项财政改革稳步推进，科学理财水平明显提高】 国库集中支付改革进展顺利，全县 87 个预算单位集中支付系统于 2011 年 10 月份正式上线运行。强化非税收入征管，规范了票据领购缴销模式，对城市基础设施配套费、城区生活垃圾处理费征管程序进行了改革，由财政部门直接征收。县乡行政事业单位人员工资实现拉平，构建和完善了乡镇财政供养人员工资正常发放保障机制。

【完善财政管理，着力打造节约型财政】 政府采购规模不断扩大，2011 年累计完成采购额 2.3 亿多元，节约资金 4 170 多万元，节支率达 18.13%。政府投资评审工作成效明显，先后对东护城河、省屯沟、南支流清淤工程、南出口、东出口、西护城河园林绿化等 20 余项政府投资工程进行了全程监管评审，评审工程立项金额达 2.9 亿元，完成东转盘、府前街道路绿化等 12 项评审任务，审减节约资金 402 万元。强化国有资产管理，出资 2 165 万元收购了原鲁北大厦、县食品公司、县土产公司及县棉纺厂的国有土地及房产，保证了破产企业职工权益，推动了企业改革改制，盘活了国有资产，确保了经营、出让的收益最大化。对行政事业单位公务用车进行公开拍卖，拍卖总成交价款 31.9 万元，增值 7.8 万元，增值率 32.4%。

（撰稿：孔德刚　马玉龙）

阳信县

【概述】 2011 年，阳信县完成地方公共财政预算收入 4.06 亿元，比上年增长 46.71%；完成公共财政预算支出 12.41 亿元，增长 23.13%。

【优化支出结构，确保重点支出】 努力克服收支矛盾，严格按照“保工资、保稳定、保法定支出”的顺序安排支出。在保证机关事业单位等人员工资按时足额发放的基础上，自 1 月份起兑现乡镇办机关事业单位人员 20% 的住房补贴，并于 10 月份再次增加 15%，实现了县乡工资拉平。确保教育、三农、医疗卫生、社会保障和就业等支出需要，同时将城市低保、农村低保、新农合政府补助标准分别提高 25 元、15 元、80 元，优抚对象在现行标准上每人每月平均提高 67 元。多渠道筹集资金，确保公用经费按季度拨付、各项专款和重点工程资金按进度拨付，占地补偿和融资本息按时兑付，着力支持县经济开发区、乡镇办工业园区以及优势企业、生态项目建设。

【落实惠民政策，推动民生发展】 投入资金 7 900 万元，用于水利基础设施和土地整理等项目建设，在全省小农水重点县项目评审中获得优秀名次；全年兑付粮食直补、家电下乡、农机购置、良种补贴等各类补贴 1.08 亿元；投入教科文经费 2.6 亿元，保障了免费义务教育、农村中小学校舍维护、中小学“两热一暖”、科技创新、文化下乡等政策的实施；投入社保、卫生经费 1.99 亿元，顺利启动了新型农村社会养老保险和城镇居民养老保险制度，实施了基本药物制度改革；下达给乡镇办专项资金 4 000 万元，用于发展镇域经济、基层组织建设、小城镇社区建设、村级公益事业建设，支持“乡镇振兴工程”。

【紧抓政府融资平台建设】 着力优化做实融资平台公司，通过购买等措施把存量国有资产资源纳入投资公司，并将公司注册资本增加到 1.3 亿元。积极和有关银行开展合作，完成城中村一期改造项目和城区水系连接改造等项目的上报，项目库逐步完善，项目质量不断提高。不断拓宽公司的投融资渠道和经营范围，发起成立了阳信梨都风情旅游开发有限公司、山东阳信鑫诺担保有限公司。积极为企业提供短期资金支持，努力做好“经营财政”的文章。

【深化财政管理改革】 按照“积极稳妥、规范操作、转变职能、提高效率”的原则，提出了转变会计核算中心职能、深化国库集中支付改革的方案，对资金管理相关办法做出修订，规划符合该县实际的集中支付业务流程。国库集中支付系统运行期间，多次对县各行政事业单位及各代理银行开展业务培训，着力打造操作规范、运行良好的国库集中支付制度体系。深入推行部门预算编制改革和预算绩效管理，严格非税收入征管，加强行政事业单位资产管理，提高“小财政”构筑“大民生”的能力。

（撰稿：岳立民）

无棣县

【概述】 2011年，无棣县完成地方公共财政预算收入8.33亿元，比上年增长40.75%；完成公共财政预算支出15.98亿元，增长28.94%，连续20年实现财政收支平衡。

【凝心聚力抓征管，财政收入实现新突破】 强化征管机制建设，每月召开财税库联席会议，大力推行协税、护税组织建设，做好月度财政收入进度分析，明确任务和责任，细化考核奖惩措施。完善重点行业、重点税源企业的动态控管机制建设，通过对农副产品自购企业、饲料行业进行增值税专项检查，对金属切段、纺织、木材和皮革加工行业进行税收清理，对福利企业减免税政策进行专项审查，对住宅小区营业税进行专项清理行动等措施，确保主体税种收入持续增长。加强政府非税收入管理，实行国有资本经营预算制度，加强国有资产有偿使用收入管理；完善日常监督，实行大户重点监管机制和非税收入预算执行情况公示制。

【优化结构保民生，社会保障实现新提高】 切实加大教育投入，全年教育支出3.6亿元，占总支出的22.53%，同比增长40.39%。加强社会保障体系建设，2011年无棣县被确定为新型农村社会养老保险国家试点县，各级财政补贴支出2 358万元，惠及18.6万人。深化医药卫生体制改革，实施基本药物制度，全年支出2 065万元，减轻了群众就医负担。进一步提高了新农合、城镇居民基本医疗保险的政府补助标准。支持实施积极的就业政策，投入资金468万元，实施技能扶贫和高技能人才、农村劳动力转移就业培训工程，促进了困难群体的就业再就业。收入分配进一步向基层倾斜，乡镇住房补贴标准进一步提高，县乡工资实现同酬发放。

【牢抓“三农”增投入，惠民利农取得新成效】 加大对“三农”工作的支持力度，发放涉农补贴资金1.12亿元，比上年增长31.03%。其中：粮食直补和农资综合补贴2 965万元，优质良种补贴1 432万元，农机购置补贴843万元，能繁母猪补贴260万元，家电及摩托车下乡补贴资金2 631万元，安排政策性农业保险补贴资金209万元，兑付成品油价格补贴2 813万元。拨付村级公益事业建设“一事一议”财政奖补资金3 222万元；投入8 800万元，支持了农业基础设施建设、扶贫开发、现代渔业、农村饮水安全工程等重点项目支出，改善农民生产、生活条件，提高了农业综合生产能力。

（撰稿：鲍云霞）

沾化县

【概述】 2011年，沾化县实现生产总值128.51亿元，比上年增长11.7%；完成地方公共财政预算收入7.01亿元，增长34.77%；完成公共财政预算支出15.55亿元，增长43.82%，连续二十年实现财政收支平衡。城镇居民人均可支配收入、农民人均纯收入分别达到1.73万元、8 748元，同比分别增长11.6%、21.5%。税收收入占地方财政收入比重达70.17%，收入结构和质量进一步优化。

【解放思想，深化改革，财政管理科学化精细化水平不断提高】 进一步规范了县乡财政收入分配关系，有利于科学发展的县乡财政管理体制不断完善。政府采购和投资评审改革不断深入，节支效果显著。国库集中支付改革扎实推进，财政供养人员信息库、部门预算基础信息库和项目库建设更加完善，预算编制、执行更加规范。收支两条线改革稳步推进，全县行政事业性收费、政府性基金征管机制日益完善，非税收入征管水平不断提高。

【以人为本，优化支出结构，民生政策全面落实】 在财政收支矛盾尖锐、平衡压力较大的情况下，始终把保障和改善民生作为财政工作的出发点和落脚点，进一步调整优化财政支出结构，大力压减一般性支出，集中财力加大民生投入力度。一是进一步提高干部职工工资水平。自4月1日起，全县干部职工津贴补贴人均月增资300元左右；12月份将乡镇干部职工住房补贴标准由20%提高到35%，人均月增资477元，县乡两级工资标准实现了完全统一。二是不断加大“三农”投入力度。拨付资金1.61亿元，粮食直补、综合直补、农作物良种补贴、家电及摩托车下乡补贴、石油价格改革财政补贴、库区移民补贴和农机具购置补贴等支农惠农政策得到全面落实；拨付资金5 701万元，加大农业基础设施投入力度，实施农业综合开发和扶贫开发，支持林水会战、农田水利建设，重点打造思源湖万亩生态林场；拨付资金4 794万元，用于对村党支部和村民委员会及村级公益事业建设一事一议的奖补，不断完善村级组织运转经费保障机制。三是深入实施教育优先发展战略。全年教育支出达到4.38亿元，较上年增加1.81亿元，增长70.3%。拨付资金2 234万元，全面落实农村义务教育经费保障机制；拨付资金879万元，全面清理化解农村义务教育债务；拨付资金732万元，发放免费教科书，支持高中和中等职业学校困难学生资助政策体系建设。四是社会保障体系更加健全。相继启动机关事业单位养老保险、新型农村社会养老保险、城镇居民社会养老保险，实现了机关事业单位、企业、城乡居民养老保险制度全覆盖，全年累计拨付各类养老金1.25亿元，全县6.35万名到龄老年人领取养老金；筹集就业再就业资金326万元，职业培训5 400人，2 199人实现了再就业；拨付城乡低保资金1 849万元，城市低保标准由180元提高到205元，农村低保标准由75元提高到90元，651名城市困难居民和1.53万名农村贫困人口的基本生活得到保障；筹集拨付医疗保险资金4 136万元，保障了干部职工、城镇居民、一至六级伤残军人及离休干部基本医疗保险待遇；筹集拨付新农合资金6 449万元，全县农民实际参合人数达到32.61万人，参合率100%，住院报销比例大幅提高。筹集拨付资金620万元，落实国家医改政策，自7月份起，全县12处乡镇卫生院、4处社区卫生服务站全部实行了基本药物零差价制度，农民看病难、看病贵的问题得到较好缓解；筹集拨付城乡医疗救助资金192万元，对1.55万名符合条件对象实施了医疗救助。

【强化财政监督，确保财政资金安全高效运行】 深化部门预算改革，将预算外资金全部纳入预算管理，预算管理的科学性、完整性和透明度不断提高；深化政府采购改革，推进政府采购扩面增量，完善采购程序，集中采购规模不断扩大；强化财政监督，继续扎实开展财政收入联合检查和“小金库”专项治理，规范了税收征管秩序，确保了财政资金安全；加强会计人员管理，做到持证上岗，规范财务管理；强化“收支两条线”管理和票据年检工作，充分发挥部门职能作用，保证了财政经济的安全、健康、有序运行。

（撰稿：刘清松　柴升辉）

博兴县

【概述】 2011年，博兴县实现地方公共财政预算收入18亿元，比上年增长29.04%；实现公共财政预算支出24.37亿元，增长28.92%。

【收入征管】 全县各级财税部门切实加强社会综合治税和科技强税工作，不断完善税源控管体系，严格依法征税管费，圆满完成收入预算任务。2011年国税部门组织完成地方公共财政收入3.88亿元，比上年增长32.41%；地税部门组织完成地方公共财政收入8.49亿元，增长31.83%；财政部门完成5.62亿元，增长44.15%。

【民生保障】 全县教育、医疗卫生、社保和就业支出，分别达到5.46亿元、2.52亿元、3.82亿元，比上年分别增长12.55%、92.08%、54.60%，较好地保障了重点社会事业发展和民生政策落实。一是教育优先发展战略得到全面落实，拨付免费教科书资金955.17万元、寄宿生生活费189.6万元，拨付4 541万元，将全县小学和初中生均公用经费在2010年基础上再提高200元，分别达到700元和900元。二是城乡卫生事业快速发展，积极支持新型农村合作医疗制度改革，到2011年底参保人数已达39.84万人，参保率达100%；城镇居民基本医疗保险工作顺利推进，共筹集资金534万元，将2.8万城镇未成年人和非从业居民纳入医疗保险体系，居民医保实现无缝隙覆盖；积极推进医药卫生体制改革，投入资金1 233万元，加快实施国家基本药物制度。三是社会保障和就业服务体系建设加快，对企业离退休人员“两金”、最低生活保障、下岗职工基本生活保障、失地农民救助等直接关系困难群众切身利益的支出坚决落实到位；自2010年10月起顺利启动新型农村社会养老保险试点工作。四是从1月份起执行新的津贴补贴标准，人均增资360元，切实让干部职工享受到了发展的成果。

【财政支农】 支农投入力度进一步加大，“三农”支出达3.99亿元，农业综合生产能力稳步提高。一是对农民的直接补贴不断增加，共发放支农惠农补贴7 835万元，惠及9.8万农户。二是现代农业建设步伐加快，争取并拨付资金1.09亿元，用于农田基础设施建设、现代农业发展和各种惠农补贴，农业生产条件不断改善。三是农村中小学校基础设施投入不断增加，拨付农村中小学办学条件改善资金1 244万元；全面完成了“普九”农村义务教育债务化解工作，共兑付资金1.06亿元。四是全面落实农村计划生育家庭奖励扶助政策，奖励扶助对象4 683人，发放扶持奖励资金352万元。五是大力开展农村公益事业建设“一事一议”财政奖补工作，争取并拨付财政奖补资金1 130万元。

【财政管理】 预算管理改革逐步深化，实施了财政专户统一归口管理，实现了财政资金管拨分离，保证了财政资金安全。构建财政业务综合管理大平台，全力推进科学化、精细化、规范化管理，先后将国库集中支付、国有资产管理、政府采购管理系统成功上线并网运行，实现财政数据集中、系统整合、资源共享和实时监控，在全市率先开通了“财政统发工资网上查询系统”。财政信息化应用平台的投入使用，使该县财政局成为全省首批建设该项目的县级单位，也是全省第一家采用“生长”方式建设财政应用支撑平台的县级财政部门。不断深化政府采购管理体制改革，政府采购管理水平不断提高，全县政府采购总金额达到2.22亿元，节约资金3 389万元，节支率达13.26%。加大政府投资项目评审力度，重点对城市基础设施、保障性住房、学校等工程进行了全过程全方位的跟踪问效，全年开展评审项目12个，审减资金9 972.02万元，审减率33.9%。不断强化会计管理，精心组织会计培训，通过会计继续教育，培训会计3 200余人，组织会计资格考试860人。

【信用担保】 发展壮大博兴县中小企业投资担保中心，以担保和投资为手段，提升企业信用，促进资金融通。全年为576户单位和个体经营户提供贷款担保15.59亿元，支持和促进了中小企业发展。

【财政监督】 继续扎实开展小金库治理工作，对81个机关事业单位、中介机构、社会团体进行了小金库重点检查，并对违反财经纪律的单位和个人按规定进行了严肃查处，维护了财经纪律。组织开展了财政收入专项检查，对全县40余户企业进行了重点检查，检查应缴入库额827.6万元，促进了税收的及时入库，维护了税收秩序。

（撰稿：国庆伟）

邹平县

【概述】 2011年，邹平县实现地方公共财政预算收入44.6亿元，列全省第2位，比上年增长21.9%；实现公共财政预算支出49.15亿元，增长14.9%，连续25年实现财政收支平衡。

【创佳绩，实现收支持续增长】 通过健全完善税源分类分级管理机制，推进纳税服务体系建设，全面提高征收工作的精细化管理水平，取得了明显成效。从分部门完成情况看，国税部门组织地方公共财政收入10.44亿元，与上年持平；地税部门组织地方公共财政收入19.15亿元，增长33.8%；财政部门组织地方公共财政收入15.01亿元，增长27%。从镇办完成情况看，镇办地方公共财政收入完成17.38亿元，增长17.5%，韩店镇、高新办、魏桥镇、长山镇、黛溪办和青阳镇突破亿元，8个镇办的收入增幅超过30%。

【谋举措，促进发展方式转变】 坚持发展和转型同步，积极采取有效措施，全力支持经济强县建设。2011年，发行5亿元公司债券，募集资金用于病险水库加固、河道治理工程及老城区道路改造工程。全力做好农发行黛溪河流域综合治理工程贷款资金申请工作，目前已正式通过农发行总行审批，贷款总额15亿元。在促进经济增长方面，始终把转方式调结构增财源，作为经济财政工作的战略重点，落实科学技术创新资金7 517万元，促进了企业科学技术发展和自主创新。

【惠民生，推动和谐社会建设】 积极落实涉农补贴政策，扩大农资综合直补、良种补贴、农机购置补贴等规模，全县通过“一卡通”发放补贴11项，补贴资金达1.95亿元，比上年增长14%；积极化解农村义务教育债务，切实减轻基层和学校的债务负担，拨付奖补资金9 174万元，完成省锁定债务的100%；落实农村义务教育经费保障县级配套资金3 235万元、困难家庭学生补助739万元、义务教育阶段学生乘车补助资金473万元、“211工程”资金100万元，推进了农村义务教育事业健康发展；完善新型农村合作医疗制度，调整资金筹集与补偿方案，筹集到位基金1.6亿元，参合人数61.4万人，参合率达100%；落实村级公益事业“一事一议”奖补政策，实施“一村一品”、安全饮水提升和病险水库除险加固等惠民工程；深化医药卫生体制改革，加快了基本药物制度实施，县级拨付补助资金1 708万元，实行零差率销售。

【重管理，提升依法理财水平】 推进财政科学化精细化管理，财政一体化信息管理系统正式启用，部门预算改革顺利实施，国库集中支付改革扎实推进，积极构建预算编制、预算执行、监督检查、绩效评价“四位一体”的监督管理新机制；强化非税收入征管，认真梳理单位收费项目，实现了罚缴分离与票款分离系统并轨；加强国有资产管理，试行国有资本经营预算；规范政府采购管理，实际采购额1.8亿元，节约资金3 185万元，节约率15.3%；加大政府投资评审工作，评审项目4个，审减额4 378万元；规范财政资金管理，组织开展“小金库”治理回头看、财政专户清理、专项资金审计等监督检查，加强会计管理、政府性债务管理，依法理财水平稳步提高。坚持以“心系群众，理财为民”服务品牌创建为抓手，扎实开展“三优三满意提升年”和“创先争优”活动，机关干部作风和干部队伍素质进一步提高。

（撰稿：袭　琳　赵方成）

经济开发区

【概述】 2011年，滨州经济开发区以构建公共财政体系为核心，紧紧围绕增收与节支两大主题，大力组织财政收入，依法加强税费征管，财政收入继续保持较快增长。全区地方公共财政预算收入完成5.75亿元，比上年增长27.11%，其中：国税部门完成1.5亿元，比上年增长23.90%；地税部门完成3.54亿元，增长16.26%；财政部门完成7 165万元，增长162.07%。公共财政预算支出完成

6.04 亿元，增长 18.41%。

【优化结构普惠民生】 大力优化支出结构，着力保障改善民生，新增财力的近 50% 都用在了民生上。2011 年全区民生类支出达到 3.14 亿元，占全部支出的 52%，比上年增长 30% 以上。教育支出达到 1.28 亿元，占财政总支出的 21.12%，增长 26.14%；社会保障类支出达到 5 205 万元，占财政总支出的 8.62%，增长 114.29%，增幅居全市首位；医疗卫生支出达到 3 831 万元，占财政总支出的 6.34%，增长 114.87%，增幅居全市首位；计划生育支出达到 991 万元，增长 42%；切实加大涉农投入，累计投入资金近 1.4 亿元，比上年增长 40% 以上。

【抢抓融资保证重点】 通过整合资源、盘活资产，对政府平台公司进行实体化改造。争取省农发行新农村建设项目贷款 2 亿元，实现建区以来单笔融资规模最高纪录。2011 年累计筹集资金超过 11.5 亿元，确保了旧村改造、重大基础设施建设和重点项目的顺利推进。

【创新思路务求高效】 努力构建健全的政府预算管理体系，实现“收入一个笼子、预算一个盘子，支出一个口子”；在全市率先设立科技创新基金、人才创业基金、突发事件应急处置预备金、环卫工人奖励基金、开发区好人基金五大基金，促进了转方式调结构，维护了社会和谐；为强化政府投资项目管理，完善造价全过程控制体系，累计完成评审工程项目 186 项，结（决）算审核共 50 项，送审金额 8 202 万元，核减 1 906 万元，核减率 23%。

（撰稿：李洪岐）

高新技术产业开发区

【概述】 2011 年，滨州高新技术产业开发区不断培植壮大税源，依法征管，应收尽收，财政收入实现持续增长，财政支出结构进一步优化，圆满完成了财政收支任务。完成地方公共财政预算收入 1.79 亿元，比上年增长 58.34%；完成公共财政预算支出 2.84 亿元，增长 49.65%。

【财政管理水平稳步提升】 部门预算管理工作进一步规范，按照部门实际编制预算，加强综合预算管理，严格部门预算执行。深化“收支两条线”管理改革，加强对财政票据的审查及监督，全面实行“收缴分离、罚缴分离”管理体制，严禁“以收代支”、“坐收坐支”等现象的发生。国库集中支付改革继续深化，2011 年为纳入支付中心管理的 31 个单位办理资金收支，代理记账 56 套，支出监管工作效果显著。加强对两办财政管理的培训和检查，多次组织专门人员对办事处财政所有针对性地进行培训和检查指导，特别是加大强农惠农资金检查力度，规范了乡镇财政收支行为，提高了财政管理水平和资金使用效益。开展专项资金监督检查，重点对社会保障资金、救灾扶贫资金、强农惠农资金的管理使用情况，加大了跟踪监督力度，保证各类专项资金安全运行、专款专用。

【重点支出得到较好保障】 坚持有保有压原则，严格预算支出安排，进一步加大民生投入，确保把党的惠农、惠民政策落到实处。加大对教育、农业、计划生育、社会保障等方面的投入，在保证法定增长的前提下，进一步优化支出结构，提高财政资金使用效益；完善新农合、新农保制度，积极推行基本医疗卫生制度改革，着力建设惠民型财政，促进社会事业协调、和谐发展。注重支持科技、研发项目，充分发挥财政资金“四两拨千斤”的作用，以点代面，全方位筹集科研项目建设资金。以转方式调结构增财源为目标，大力支持农业农村发展，推动传统工业升级和新兴产业培育，加快服务业发展，促进节能减排和环境保护，保障了经济平稳较快增长。

（撰稿：卜晓莹）

北海经济开发区

【概述】 2011 年，北海经济开发区紧紧围绕全区中心工作，进一步完善财政体制，加强财政监管，突出服务水平和保障效能，不断提高财政运行质量和效率，为全区经济和社会各项事业发展发挥了积极的作用。全区实现地方公共财政预算收入 1.36 亿元，比上年增长 32.2%，增幅列全市第 5 位；实现公共财政预算支出 1.87 亿元，增长 85%。

【关注民生公益，着力支持社会事业发展】 2011 年全区共安排民生支出 2 355 万元。加大强农惠农政策落实力度，确保了粮食直补、农资综合直补、良种补贴等涉农补贴发放。完善社会保障体系，加快推进廉租房建设，提高新型农村合作医疗和城乡低保财政补助标准，积极推行新型农村社会养老保险；进一步完善城镇职工医疗、养老、失业保障制度，做好低保、救济救助等工作。加快推进社会事业发展，进一步完善义务教育经费保障机制，继续加大中小学校舍建设投入，全面推进医药卫生体制改革，全力支持科技、文化体育、生态环境、计划生育等社会事业发展，2011 年共安排教科文卫支出 1 346 万元。积极为企业项目建设、民生和公益事业争取上级无偿资金，全年共争取上级各类无偿和专项资金 8 359 万元，保障了民生支出、有力支持了全区企业技改创新和公益事业发展。

【强化管理创新，不断深化财政改革】完善部门预算编制制度，细化基本支出和项目支出预算编制，努力将预算编制全部落实到具体执行项目，提高了年初预算到位率。深化国库集中支付改革，大力推进会计集中核算向国库集中支付转轨，国库集中支付制度体系进一步规范。积极组织推进政府采购改革，不断扩大采购范围和规模，优化政府采购程序，规范财政采购资金运作。注重资金效益，加强财政监督，逐步建立事前审查把关、事中跟踪监控和事后检查评价相结合的财政监督运行机制，不断推进财政监督检查制度化、规范化，促进监督与管理相结合。

【探索融资方式，破解经济发展资金瓶颈】加强与区内区外各专业银行、金融机构之间的融资沟通协调，利用财政存款和政策资源撬动银行授信、融资。2011 年通过银行贷款、社会筹借、向上级争取等方式，共筹集建设资金 3.49 亿元。拨付城市基础设施工程款 7 138 万元，拨付征地补偿款 2.54 亿元，有力地支持了全区基础设施建设和土地整治工作。

【优化投资环境，招商引资工作取得实效】以开展“优质服务年”活动为契机，强化服务意识，不断提高服务的主动性和超前性。配合相关部门制定招商引资税费优惠政策，为企业解决后顾之忧。对引进和分包项目盯上靠上，真帮实扶，积极协调解决项目建设中遇到的困难和问题。引进的珑耀塑胶项目，2011 年实际投资 1 800 万元，于 5 月份正式投产，成为全区第一个开工生产并正常纳税的招商引资企业。

（撰稿：刘金辉）

菏　泽　市

牡　丹　区

【概述】2011 年，牡丹区完成生产总值 155 亿元，比上年增长 18%，实现地方公共财政预算收入 12.6 亿元，比上年增长 36.9%；实现公共财政预算支出 27.7 亿元，增长 30.6%，财政收支持续快速增长，民生政策较好落实，重点支出得到有力保障，财政综合改革迈开新步伐，各项财政工作取得了新成绩。

【财政收入实现新突破】把依法组织收入放在重要位置，切实加强领导，强化收入调度，严格目标考核，依法加强税费征管。创新征管措施，实行纳税评估和税负公开，大力实施社会综合治税，深入开展税收检查和专项稽查活动，严厉打击偷税漏税行为。财政收入总量和质量实现同步提高，财政实力进一步增强。

【财政保障水平实现新提高】确保了全区行政事业单位工资按月及时发放。完善了职工养老保险、城乡居民养老保险以及职工医保、新农合和医疗大病救助等项制度，提高了城乡低保补助标准，涉及城乡居民养老、医疗和社会救助的政策体系基本形成。保障了教育、农业、科技、卫生、计划生育、援建灾区、“平安牡丹区”建设等重点支出需要，及时拨付疾病防治、救济救灾等应急资金，加大城市基础设施建设等重点项目投入，有力促进了社会和谐发展。

【支持“三农”取得新发展】认真落实粮食直补、农资综合补贴、家电与摩托车下乡及“以旧换新”补贴政策，实施良种补贴和农业灾害救助，确保农民切实得到实惠。完善义务教育经费投入保障机制，提高生均公用经费标准，全面实现了中小学免费义务教育。实施农村中小学危房改造和校安工程建设，圆满完成农村“普九”债务化解。加大计生经费投入，完善计划生育利益导向机制。大力支持乡镇卫生院和村级标准化卫生室建设，乡村医疗卫生条件明显改善。全力支持农业综合开发、灾害救助和农田基础设施建设，农业生产水平和抵御灾害能力整体提升。积极开展文化下乡活动，加快广播电视“村村通”建设步伐，城乡协调发展取得新进展。

【财政规范化管理再上新台阶】严格“收支两条线”管理，实行“票款分离”、“罚缴分离”等制度，将应纳入预算管理的非税收入全部纳入预算管理。完善会计委派和乡镇财政财务报账制度，依法对区直单位和乡镇财务加强监管。牢固树立“大监督”理念，加快完善覆盖所有政府性资金和财政运行全过程的监督机制，完善资金拨付程序，加强财政资金管理基础工作，确保财政资金安全完整。认真组织开展联审互查以及财政收入质量、强农惠农、社保、民生资金等专项检查，严查私设“小金库”、会计信息失真等违法违纪行为，维护了正常的财经秩序。稳步推进了国有资产管理体制、政府采购和国库集中支付等改革，促进了公共财政、阳光财政建设。

（撰稿：刘雨祥）

曹　县

【概述】 2011年，曹县完成生产总值175.6亿元，比上年增长23.2%；三次产业比为17.9∶55.1∶27；农民人均纯收入6 691元，增长17.39%；规模以上工业企业实现主营业务收入403亿元、工业增加值98亿元，分别增长30%、36.1%；地方公共财政预算收入完成11.33亿元，增长40.06%；完成公共财政预算支出28.96亿元，增长28.42%。

【财政收入实现新的跨越】 全面开展了税源调查，建立了税源管理档案，对重点税源的生产经营和纳税情况进行综合分析，实行动态监控。针对税收征管中的薄弱环节，先后组织开展了车船税、房产税、耕地占用税、契税、土地使用税等集中清缴活动，对房地产、建筑、交通运输等重点行业进行了税收清查，取得了明显成效。

【财源建设取得新的成效】 充分发挥财政职能，拓宽筹资渠道，优化资金投入，支持和促进经济发展。加大对城乡建设的投入，全年用于征地和拆迁补偿、城市建设、新农村建设的支出达13亿元，进一步优化了投资环境。加大对企业的扶持力度，安排中小企业发展、技术改造等资金2 030万元，环境保护和节能减排资金4 074万元，引导企业增加技术进步、节能减排投入，走低耗能、高科技、高产值的发展道路，增强了企业可持续发展能力。

【财政保障能力有了新的增强】 行政事业单位人员工资大幅度增长，县乡全额财政供养人员人均月增资619元。认真落实各项惠农政策，兑现粮食直补、农资综合补贴、良种补贴、农机具购置补贴等各项惠农补贴资金2.45亿元，有效增加了农民收入。支持教育事业优先发展，拨付义务教育保障经费1.01亿元；投入资金1 900万元，改造校舍面积2.7万平方米，有力地改善了农村办学条件。加大社会保障事业支持力度，进一步提高了城乡最低生活保障人均补助标准，全面启动了新型农村社会养老保险改革，参保人员达70万人。大力支持医疗卫生事业发展，进一步提高了新型农村合作医疗补助标准，全面启动医药卫生体制改革，建立了基本药物制度，切实减轻了群众医药费用负担，促进了和谐社会建设。

【财政资金监管得到新的加强】 针对县乡财政运行中存在的问题，理顺了县乡间财政分配关系，激发了乡镇生财聚财理财的积极性，提高了乡镇财政保障能力。强化财政投资评审监督，先后对政府投资的43个城建基础设施工程进行了评审验收，确保了工程质量，节约了财政资金。加大财政监督力度，先后组织开展了“小金库”、非税收入、会计信息质量等清理检查活动，对发现的问题进行了严厉查处，确保了财政资金安全和国家政策的落实。

（撰稿：郭　杰）

定陶县

【概述】 2011年，定陶县财政工作坚持以“三个代表”重要思想和科学发展观为指导，增收节支，深化改革，圆满完成了全年预算任务，连续23年实现了全县财政收支平衡。全县地方公共财政预算收入完成4.37亿元，比上年增长20.24%；公共财政预算支出完成13.11亿元，增长23.67%。

【狠抓征管挖潜，财政收入稳定增长】 认真开展综合治税，加强与税务部门之间的协调联动，对重点税种和税源进行动态监管；成立税收大检查办公室，整顿规范税收秩序，追缴税款2 200多万元；加强非税收入票据源头控管，增强政府统筹能力，推动非税收入收缴改革向纵深发展；争取上级对全县经济发展和项目建设的资金支持，全年累计争取上级无偿补助资金2.9亿元。

【优化支出结构，保障各项重点支出需要】 加大教育事业投入，安排义务教育公用经费和免杂费资金4 042.68万元，投入农村义务教育阶段中小学校舍维修改造资金1 200多万元，免费提供春秋两季学生教材总金额1 094.23万元；加快城市建设步伐，安排资金4.48亿元，用于城区道路、供水管网、污水处理、绿化亮化、垃圾处理、人工湿地水净化等城市基础设施建设；完善公共文化服务体系，全县共投入文化体育与传媒资金1 561万元，送电影下乡4 378场次，送戏下乡620场次；全力保障公共安全需要，安排公共安全支出4 268万元，建立和完善政法经费保障机制，维护了全县社会治安的稳定。

【着力改善民生，提高公共服务水平】 一是保障各类保险基金及时发放，全年共发放机关事业养老保险金1.28亿元。二是大力推进廉租住房建设，向上争取资金845万元，建设经济适用房156套、公租房100套，发放380户廉租住房补贴80万元。三是积极落实各项就业扶持政策，投入资金340万元，新增城镇就业1.02万人，新增农村劳动力转移2.97万人，各项就业职业技能培训9 100人。四是提高“五保户”供养标准，集中供养标准由每人每年2 000元提高到2 100元/人；分散供养标准由每人每年1 200元提高到1 500元。五是城乡低保机制进一步完善，发放城镇低保补助629.55

万元，补助对象6 605人；发放农村低保补助1 736万元，补助对象2.21万人。六是救灾救济工作有效开展，筹集资金262万元，救助受灾困难群众1.5万人次。七是切实落实贫困学生补助，全县统筹安排义务教育阶段家庭经济困难学生生活费补助资金173.5万元，发放高中助学金159.5万元，投入生源地贷款贴息70.25万元，发放职教助学金126.75万元。八是大力推进医保建设，全年支出284万元，救助450名大病困难群众；拨付新型农村合作医疗费用1.23亿元，全县参合农民累计受益173.22万人次。

【突出强农惠农，巩固新农村建设成果】 加快推进农田水利设施建设，全年投入各类涉水专项资金5 200多万元，开挖疏浚沟渠117公里，整治道路29公里，新建桥135座、涵303座，新打机井200眼，配套水泵200台套，新建泵站15处。不断增强农业防灾减灾能力，争取上级专项资金959万元，投入动物防疫工作经费136万元，投入财政资金80多万元，用于加大有害生物防治力度。全面落实各项惠农补贴政策，发放粮食直补、农资综合直补7 351.68万元，兑付家电、汽车摩托车下乡补贴3 782万元，兑现小麦、玉米、棉花等主要农作物良种补贴1 636万元，落实农机具购置补贴900多万元。努力改善农民生产生活条件，利用中央、省扶持资金1 121万元，大力实施农村饮水安全工程。积极推进农业科技进步，争取并落实现代农业生产发展资金小麦项目1 600万元，新增千亿斤粮食项目资金1 750万元。

【深化财政改革，理财水平明显提高】 不断拓宽政府采购渠道，规范采购行为，全年完成政府采购项目83个，合同采购金额1 219.47万元，资金节约率达到13.25%。强化投资评审工作，全年评审项目39项，送审额2.31亿元，审减资金4 350万元，审减率达18.8%；按照乡镇财政“五化”建设的目标，理顺乡镇财政管理体制，选择了2处乡镇财政所进行规范化管理，改善办公条件，强化乡镇财政资金监管，确保各项惠农资金安全使用。

【强化财政监督，确保资金安全使用】 加强财务监管，严格支出管理，全年纠正和退回不完整、不合规支出1 100多笔，涉及金额900多万元。加大财政监督力度，采取专项治理与日常监管相结合的办法，开展了“小金库”专项治理、财政专项资金、会计信息质量等多项检查，进一步严肃了财经纪律，有效提高了检查单位的财务管理水平和会计信息质量。

（撰稿：陈关键）

成 武 县

【概述】 2011年，成武县地方公共财政预算收入完成5.89亿元，比上年增长22.02%。其中，税收收入完成4.55亿元，占公共财政收入的77.21%，增长12.36%；非税收入完成1.34亿元，占公共财政收入的22.79%，同比增长72.15%。公共财政预算支出完成15.07亿元，增长23.53%，连续第21年实现财政收支平衡。

【支农惠农】 共发放“两补”资金7 674万元；发放汽车、摩托车下乡补贴资金588万元，补贴汽车、摩托车下乡产品8 586辆；发放农作物良种补贴922万元；发放一事一议奖补资金1 050万元；发放家电下乡补贴资金3 029万元，补贴农民购置家电产品9.76万台，发放家电以旧换新补贴资金373万元，补贴家电以旧换新产品1.09万台。全县家电下乡补贴累计兑付率达到99.89%，高于全市平均兑付率5.17个百分点，高于全省平均补贴兑付率2.45个百分点。

【民生保障】 为全县干部职工人均月增资300元，平均月工资达到2 066元。新型农村合作医疗筹资标准提高到250元/人，县财政投入资金2 215万元，全年累计支出9 680万元，受益群众16万人。积极推进城镇居民基本医疗保险改革，参保人数达到7.02万人，县财政投入资金393万元，比上年增加246万元；拨付经费758万元，为医药卫生体制改革的深入开展提供了财力保障。安排资金5 236万元，将中、小学生公用经费标准分别提高到800元和600元；继续实施农村义务教育阶段贫困家庭学生资助及寄宿生生活费补助政策，全年共安排资金154万元，资助、补助家庭困难学生3 162人次；全县中小学危房改造累计投入2 207万元，新建和维修校舍面积2.27万平方米。安排城市低保金664万元，城镇居民最低生活保障月人均补助提高到135元；安排农村低保资金3 178万元，农村居民最低生活保障月人均补助提高到75元；安排资金1 747万元，用于农村五保户的供养支出；从7月份开始，县财政配套资金1 396万元用于养老金发放，全县60岁以上老年人每月55元的基础养老金已全部拨付到位。

【财政管理】 全年纠正和退回不合规支出、拒付不合理支出约330万元。伯乐中低产田改造项目及海辰公司500头育肥牛基地扩建项目顺利通过省市验收，争取上级土地治理资金945万元，争取财政补助项目1个，并在全市农业综合开发工作观摩评比中获全市第2名的好成绩。全年共组织会计从业资格考试322人，组织会计专业技术资格报名199人，其中初级157人、中级42人。全年累计完成政府采购资金4 606万元，其中土地整理项目资金1 000万元，有效节约资金826万元。对全县国有资产管理情况进行了全面清理检查，进一步规范了国有资产购置、报损审批程序，全县89个行政事业单位、13家企业单位国有资产数据信息全部导入省国资管理信息系统，实行动态化管理。认真做好农税职能划转工作，累计投入255万元，在全县首批8个乡镇设立了惠民服务大厅，切实提高了基层财政服务水平。

（撰稿：张伟杰）

单　县

【概述】 2011年，单县地方公共财政预算收入完成12.52亿元，比上年增长24%；公共财政预算支出完成18.24亿元，增长15.6%，全县当年财政收支平衡。

【强化收入征管，财政收入持续增长】 以强化征管为抓手，以加快收入进度和提高收入质量为重点，积极推进税收信息化建设，加大税收清缴力度，不断挖掘增收潜力，确保收入的持续增长。对重点税源、重点项目、重点企业的生产经营和纳税情况做到监控、监督、征收三到位，确保各项税收的及时足额入库。强化房地产税收征收管理一体化模式，严格先税后证，避免证后追税。

【加大民生投入，各项社会事业和谐发展】 财政支出体现了“保工资、保运转、保民生”的要求，保证了工资和其他重点支出的需要，4月份和7月份两次为全县干部职工增发了住房补贴和部分津补贴。进一步完善农村义务教育经费保障机制，将生均公用经费提高到初中每生每年800元、小学每生每年600元，将高中困难学生救助面提高到10%、补助标准提高到每生每年1 500元，拨付教育经费9 170万元。继续深化新型农村合作医疗制度，将人均补助标准提高到200元，拨付医疗补助资金1.98亿元。进一步完善了基本药物制度改革，初步建立了基本公共卫生服务体系，城乡低保、医疗救助等事关群众切身利益的支出得到较好保障。全面建立了城乡居民社会养老保险制度，为60岁以上老人发放养老金4 796万元。拨付计划生育事业费2 067万元，用于兑现计划生育家庭奖励、免费参加新农合等各项奖励扶助政策。认真落实惠农补贴政策，发放粮食直补1 587万元、农资综合补贴9 587万元，每亩补贴达98.45元，比2010年提高15.3元；发放家电、汽车、摩托车下乡补贴1 958万元；拨付小麦良种补贴、农村劳动力转移技术培训等支农资金5 062万元，拨付一事一议奖补资金1 300万元，改善了村级公益事业。

【深化财税改革，管理水平不断提高】 围绕建立公共财政框架，加大财政改革力度。完善了部门综合预算管理，提高了资金使用效益和政府统筹运用资金的能力。严格票款分离制度，全面清理审查收费项目和收费标准，优化了经济发展环境。政府采购程序不断完善，采购质量和采购效率不断提高，共完成采购金额1.36亿元，节约资金2 298万元，节约率14.4%。强化县乡会计集中核算对财政财务收支的监管，共拒付不合理支出发票2 260张，涉及金额150余万元。认真做好农村义务教育债务化解工作，将省市核定的农村义务教育债务4 756万元，全部兑付到债权人手中。

（撰稿：朱启义）

巨　野　县

【概述】 2011年，巨野县紧紧围绕转方式调结构增财源的战略重点，进一步深化财政改革，全面推行科学化精细化管理，全年财政预算执行平稳，财政改革与发展势头良好。当年全县地方公共财政预算收入完成12.87亿元，比上年增长27.79%；公共财政支出完成25.67亿元，增长29.07%。

【狠抓收入，不断提高财政保障能力】 高度重视和加强项目资金争取工作，2011年共争取上级财政专项转移支付补助4.66亿元，极大地增强了巨野县财政保障能力。合理调度财政资金，按照统筹来源、集中财力、保障重点的原则，加大整合资金力度，多渠道筹措资金，充分利用国库管理制度改革，通过预拨、垫付、直接支付等形式，进一步提高资金使用效益，有效缓解了财政资金库存与需求的矛盾。

【力保重点，全力支持经济平稳较快发展】 加大项目争取力度和招商引资工作经费投入，大力支持园区建设，继续加大对工业园区基础设施建设的支持，培育园区新的经济增长点，增加财政收入。积极支持第三产业发展，通过争取商业、服务业等方面的专项资金，推动第三产业快速发展。

【加大投入，着力保障和改善民生】 加大支农投入，大力支持农业产业化发展，全面落实粮食直补、农资综合补贴等政策，促进农业增效、农民增收。全县农林水事务支出2.99亿元，比上年增长19.93%；加大教育投入，全县教育支出5.31亿元，增长40.43%；加大就业和社会保障投入，全县社会保障和就业支出2.57亿元，增长13.73%；加大医药卫生体制改革投入，全县医疗卫生支出 2.62 亿元，增长 43.51%；加大公共安全投入，全县公共安全支出 8 698 万元，增长 35.98%；加大住房保障投入，全县住房保障支出 3 493 万元，增长 103.08%。

（撰稿：庞英南）

郓 城 县

【概述】 2011 年，郓城县地方公共财政预算收入完成 13.39 亿元，比上年增长 30%；公共财政预算支出完成 25.85 亿元，增长 20.70%。政府性基金预算收入完成 7.76 亿元，增长 40.73%；政府性基金预算支出完成 7.85 亿元，增长 65.90%。

【加大投入促发展，财源建设取得新成效】 注重发挥财政资金政策的导向作用，加大投入力度，大力扶持中小企业发展，支持企业污染防治、节能减排，鼓励淘汰落后产能。全年共发放家电与汽车摩托车下乡和以旧换新补贴资金 5 256 万元，拉动消费 4.75 亿元。通过申请涉农贷款增量奖励资金、争取小企业贷款风险补偿奖励资金、贷款贴息等方式，提高金融机构对中小企业的信贷支持力度。

【坚定不移抓增收，财政收入实现新突破】 积极创新征管手段，努力挖掘增收潜力。实施了房地产业税收管理一体化，健全房地产业税收征管机制。以查促管、以查促收，开展了会计信息质量检查以及车船使用税和耕地占用税集中征缴工作；全县通过税务稽查，查补税款 1.58 亿元。

【突出重点惠民生，保障能力得到新提高】 2 月份、7 月份、10 月份三次提高津补贴执行标准，年末人均月工资比 2010 年末增长 650 元。全县社会保障和就业支出 4.07 亿元，增长 13.85%。实施了城乡居民社会养老保险制度，将城、乡低保月人均补助水平分别提高到 145 元和 75 元；把城乡大病救助标准提高到 4 500 元和 3 500 元。全县教育支出 6.48 亿元，增长 45%。新农合和城镇居民基本医疗保险财政补助标准提高到每人每年 200 元。

（撰稿：车鹏博）

鄄 城 县

【概述】 2011 年，鄄城县地方公共财政预算收入实现 4.8 亿元，比上年增长 21.01%；公共财政预算支出完成 17.02 亿元，增长 23.62%，实现了财政收支平衡，推动了全县经济社会持续稳定发展。

【明确目标责任，强化措施抓收入】 不断完善重点税源管控机制，及时清理到期的税收优惠政策，充分挖掘各方面的增收潜力，努力做到应收尽收。在对乡镇企业状况、税源结构、税收征管等情况进行调研的基础上，建立了乡镇税源管理信息档案，为税务部门强化税收征管，规范征管秩序，优化征管环境，防止偷、漏税行为提供了保障。组织实施了对房地产开发、建筑安装企业纳税专项检查，共查补入库税款 3 021 万元，促进了财政收入增长和收入质量的提高。

【拓宽筹集渠道，全力支持经济发展和城市建设】 牢固树立发展是第一要务的思想，努力为全县经济发展争取资金。全年共向上级财政部门申报项目 36 个，争取到位专项资金 4.68 亿元，有力地推动了全县经济的快速增长。该县被省里确定为农村环境连片整治 20 个示范区（县）之一，三年投入专项资金 1.75 亿元，2011 年已安排 1 300 万元，分别在红船、吉山两个乡镇建设污水处理厂和垃圾中转站及配套管网 5 900 米，惠及 11 个行政村 2.16 万人。争取村级公益事业建设“一事一议”奖补资金 1 150 万元，改善了农村基础设施条件。筹集资金 6 700 万元，用于城市道路、管网、绿化及园区内基础设施建设，为城市居民营造了一个舒适、亮丽、和谐的生活环境，同时也为经济发展、招商引资创造了更好的投资环境。

【全面落实财政惠农政策，确保政策性财政资金及时足额发放】 认真落实各种惠农政策，继续做好对种粮农民的直补和综合补贴发放工作，共发放“两补”资金 9 327 万元；发放家电下乡补贴资金 1 873 万元，补贴农民购置家电产品 5.82 万台；发放补贴资金 2 109 万元，补贴汽车、摩托车下乡产品 2.04 万辆。以上补贴资金全部实行“一卡通”发放，减少了发放环节，有效防止了挤占截留挪用行为。加大对“三农”工作的支持力度，累计投入资金 5 263 万元，用于水利建设、人畜用水改造、良种推广、农业综合开发土地治理和各项扶贫项目等，促进了农民增收、农业增效和农村发展。

【着力保障和改善民生，促进社会和谐】 坚持有保有压、有促有控、有支有管，把有限的资金用在“刀刃”上，切实发挥财政资金的最大效益。坚持厉行节约，大力压缩一般性支出，整合各种财政资源，集中财力保重点、办大事。努力保障人员工资、社会保障、公共卫生、教育、科技以及社会突发事件等事关改革发展、和谐稳定的重点支出需要，维持了全县机关事业单位的正常运转。4 月份和 7 月份两次调增了津贴补贴，人均月增 437 元，增加工资性支出 5 600 多万元。将新农合政府补助标准提高到 240 元/年；农村、城镇低保补助标准分别提高到 75 元/月和 120 元/月；农村养老保险按年龄段分别补助基础养老金补贴55元/月和缴费补贴30元/年。公共卫生服务和基本药物制度改革等，也都按省定标准执行。这些民生保障类财政补助支出达到2.5亿元，其中县级配套补助7 835万元。

【科学分析财政政策，积极争取上级支持】 积极主动地向上级反映实际困难，最大化争取上级补助。2011年全县争取新增保障性转移支付补助1.06亿元，补助额占全市10县区补助总量的四分之一，在全省受补助的60个财政困难县中排第2位，为两次增加津贴补贴以及新农合扩面提标、新增农村养老保险、提高公共卫生服务保障水平等民生政策落实提供了财力保障。还争取到中央、省、市财政专款补助4.68亿元，比2010年增加1.66亿元，是历年来最多的一年。

【解放思想，开拓创新抓管理】 会计集中核算改革不断深入，继续推行报账制管理，严格报账审核，全年纠正和退回不合规支出、拒付不合理支出400余万元。努力推动政府采购精细化、规范化管理，2011年完成采购额1 612万元，有效节约资金199万元。国有资产管理进一步规范，对全县国有资产管理情况进行了全面清理检查，规范了国有资产购置、报损审批程序，全县76个行政事业单位国有资产数据信息全部纳入省国资管理信息系统，实行了动态化管理。

（撰稿：孙伟华）

东明县

【概述】 2011年，东明县紧紧围绕转方式、调结构、增财源的要求，充分发挥财政职能，大力支持财源建设，强化收入征管，优化支出结构，深化财政改革，经济和社会事业得到全面发展，财政收入快速增长，保障能力明显增强，财政工作取得显著成绩。2011年，全县地方公共财政预算收入实现10.54亿元，比上年增长30.03%，占GDP的比重达7.03%，较上年提高0.49个百分点。其中：国税收入实现2.2亿元，增长12.83%；地税收入实现6.49亿元，增长29.88%；财政及其他部门实现1.85亿元，增长59.62%。公共财政预算支出达到20.23亿元，增长23.80%。

【财政收入再攀新高】 依法加强税费征管，制订收入目标考核责任书，积极开展税源调查，对税收和非税收入实行“信息共享、定期调度、网上监控、以票控管”，取得明显实效，2011年东明县主体税收完成4.59亿元，比上年增长24.30%；房地产税收完成1.7亿元，增长283.33%；非税收入入库2.12亿元，增长52.98%。加大监督稽查力度，成立房地产税收清欠工作领导小组，清理2002年以来房地产开发拖欠税款2 280万元；组织开展2010年以来房地产开发和建筑安装企业纳税情况开展专项检查，共查补漏交欠交税款1 421万元。不断完善财政集中核算税收代扣代缴机制，全年代扣代缴税款1 272万元。

【财源建设卓有成效】 科学运筹资金，不断完善投入机制，培植壮大财源。2011年，财政累计投放中小企业还贷周转金2.12亿元，帮助企业申请办理助保金贷款1.56亿元，维护了企业的经营运转和信誉等级。落实骨干企业技术创新和企业发展资金1.71亿元，企业集团化经营迈上了新台阶。实行企业贷款财政贴息，落实各项税收优惠奖励政策，加大招商引资经费投入，项目建设实现了新突破。2011年，全县规模以上企业达到102家，东明石化集团为中国500强企业第430位，玉皇化工、洪业集团成为中国化工500强企业，东明明胜纺织成为全国纺织服装500强企业，东明县被国家定位为山东半岛蓝色经济区海洋石化深加工基地。

【保障能力大幅提升】 大力调整和优化支出结构，把解决民生问题、发展问题放在更加突出的位置。2011年，人均津贴补贴月增加520元，比上年增长27.77%；发放各项直接惠农补贴2.16亿元，增长42.87%，农民人均直接收益313元；教育、医疗、计生、文化体育支出分别比上年增长34.69%、68.71%、12.10%、20.05%，农村义务教育债务全部化解；在全市率先实施新型农村社会养老保险和城镇居民养老保险，初步建立起多方位、全覆盖的社会保障体系；成功争取到新增千亿斤粮食产能规划项目县等一批长期优惠政策，农业现代化进程明显加快；配合“城市建设攻坚年”活动，全力保障城市基础设施建设、景观工程建设、城乡环境治理等重点项目资金需求。

【管理机制更加健全】 稳步实施政府收支分类改革，加强财政集中核算管理；制定新一轮县乡财政管理体制方案，理顺了县乡财权、事权关系；积极开展标准化财政所创建，5个乡镇财务结算中心通过市级验收；进一步完善政府采购制度，建立政府采购目录，采购效益和规范化程度明显提高。2011年共完成政府采购2 772万元，节约资金274万元，节约率达8.99%。

（撰稿：王发展）

经济开发区

【概述】 2011年，菏泽经济开发区不断深化财政改革，着力推进财政规范管理，加强财源建设，大力组织财政收入，优化财政支出结构，全力支持经济和社会各项事业发展。全年完成地方公共财政预算收入7.51亿元，比上年增长44.04%；公共财政预算支出完成9.22亿元，增长51.48%。

【财政收入快速增长，预算支出保障有力】 大力组织财政收入，切实加强支出均衡性管理，建立健全收入稳定增长和支出科学规范的长效机制。财政支出坚持统筹兼顾、确保重点的原则，保障公共管理和重点支出的时效性、均衡性明显增强。财政支出结构体现了“保证运转、倾斜重点、突出民生、和谐发展”的特点。

【集中财力确保重点，精心实施民生工程】 坚持以人为本，关注民生，把预算支出重点进一步向群众最关心、关注的民生问题倾斜。进一步完善城镇低保、农村低保、农村五保户供养、医疗救助、灾民救济等社会保障体系，着力解决低收入群体生活问题，理顺了各项经费渠道，扩大了城乡低保覆盖面，提高了城乡最低生活保障标准，改善农村五保户生活条件。加大教育资金投入，主要用于教育布局调整、中小学危房改造、校舍维修等方面。各项惠农惠民政策的落实，让广大群众充分感受到党和国家的温暖，有效促进了“和谐开发区”建设。

【紧紧围绕项目建设，优化财政服务功能】 利用区位优势大力实施项目战略，加大资金争取力度，拓宽资金渠道，支持区域经济发展。依据国家、省市产业政策和财政项目投资指南，以项目建设为载体，积极申报中央、省市扶持项目。增加对经济发展重点领域的投入，注重培植长效财源。以项目为纽带，扎实推进社会主义新农村建设。新增财力向“三农”进一步倾斜，大力支持农村基础设施建设和社会事业发展。

【财政改革继续深化，理财水平不断提高】 进一步深化财政国库管理制度改革，规范国库单一账户体系的建立、支付方式和程序及会计核算行为，提高了资金使用效益，国库管理的效能进一步发挥。继续深化“收支两条线”管理改革，把预算内外资金统筹安排使用，实行综合预算管理，增强了财政调控能力。

（撰稿：李绪宾）

第五部分

财 经 文 选

提高财政调控保障能力
着力推进经济文化强省建设

于国安

一、省九次党代会以来全省财政改革发展情况

省九次党代会以来的五年，是国内外形势复杂多变、改革发展任务艰巨繁重的五年，也是省委团结带领全省各级攻坚克难、取得辉煌成就的五年。五年来，在省委的坚强领导下，全省各级深入落实科学发展观，积极作为、科学务实，开拓进取、扎实工作，成功抵御了国际金融危机的冲击，有效应对了各种风险挑战，全省经济建设、政治建设、文化建设、社会建设以及生态文明建设和党的建设均取得显著成就。财政作为党的事业的重要组成部分，过去五年也实现了新的跨越，集中表现为“四个提升”、“四个转变”：

四个提升：

一是财政收入规模显著提升。过去五年，全省地方财政收入连续跨越2 000亿、3 000亿大关，预计2011年将超过3 400亿元，比2006年增加2 000多亿元，年均增长20%以上。2007～2011年累计，全省地方财政收入总额将达1.2万亿元，比上个五年增加7 400多亿元，五年翻了一番还多，财政收入蛋糕明显增大。

二是财政保障能力显著提升。2010年全省财政支出达到4 145亿元，预计今年能够突破5 000亿元，达到5 200亿元左右，是2006年的2.8倍，年均增长23%以上。2007～2011年累计，全省财政支出将达1.7万亿元，是上个五年的2.8倍，各级财政综合保障能力明显增强，对经济社会发展的投入成倍增加，办成了一些多年想办而没有财力去办的大事。

三是基层财政实力显著提升。2010年，全省县级财政收入达到1 732.3亿元，比2006年增加943.2亿元，年均增长21.7%。其中地方财政收入过10亿元的县（市、区）有70个，比2006年增加45个，过20亿元的31个，比2006年增加31个，有11个县财政收入超过30亿元。预计今年全省县级财政收入将突破2 000亿元，保工资、保运转、保民生的能力进一步增强。

四是财政管理水平显著提升。过去五年，全省财税改革取得重大突破，省以下财政体制进一步理顺，税费制度更加规范，县级基本财力保障机制全面建立，省直管县试点进展顺利，财税体制对科学发展的导向更加明确。预算管理改革全面铺开，财政管理机制实现重大创新，财政管理的科学化精细化水平大幅度提高。

四个转变，即与过去五年全省经济社会转型发展的大格局相适应，财政分配和运行模式也出现四个方面的积极变化：

一是支出安排向民生转移。2007～2010年，全省财政用于民生方面的支出累计为6 192亿元，其中2010年为2 115亿元，占财政支出的比重达到51%，比2006年提高6.7个百分点。2011年1～11月，民生支出完成2 091亿元，占财政支出的比重上升到52.1%，比上年同期又提高3.5个百分点。经过连续五年加大投入，覆盖城乡的教育、卫生、文化、就业、住房和社会保障体系从无到有、日趋完善，民生政策覆盖范围从小到大、逐步拓宽，保障标准由低到高、逐年提升，人民群众得到更多实惠。

二是财力分配向基层转移。过去五年，通过实施系列财政奖补政策，建立县级基本财力保障机制，省对下转移支付累计将达2 842.5亿元，是上个五年的4.6倍，年均增长34.3%。随着转移支付力度的加大，2010年县级财政支出占全省财政支出的比重上升到61.5%，比2006年提高0.7个百分点。按财政供养人口计算，省财政重点帮扶的60个困难县（市、区），2010年人均财力达到4.9万元，比2006年提高2.5万元，极大地改善了基层财政状况。同时，大力支持“三农”发展，2010年全省“三农”支出达到1 438亿元，与2006年相比年均增长31.6%，财政支出对“三农”的倾斜力度明显加大。

三是财政调控向优化结构转变。五年来，针对经济形势发展变化，我省不断完善财政调控机制，强力推进经济结构调整和发展方式转变。2010年，全省经济建设性支出达到1 272

亿元，是2006年的2.2倍。在财政资金使用上，各级注重以“四两”拨“千斤”，引导社会资金投向传统产业升级、现代服务业发展、战略性新兴产业培育、自主创新、节能减排等重点领域，有力地推动了经济又好又快发展。2010年，我省一、二、三次产业的税收结构，由2006年的2∶73∶25调整为2∶60∶38，经济结构调整的效果非常明显。

四是财税制度向公平调节转变。五年来，通过取消农业税，实施企业所得税“两法”合并及增值税转型改革、成品油税费改革、车船税改革等，统一了城乡之间、内外资企业之间的税收制度，促进了各类市场主体公平竞争。财政支出范围也由城市拓展到农村，扶持对象由过去主要面向行政事业单位和国有企业，扩展到面向全社会、面向千家万户，财政分配的公共性、公平性、普惠性特征更加明显，人民群众更好地共享到改革发展成果。

二、今后五年财政形势展望和总体工作思路

今后五年，是我省全面建设小康社会、实现富民强省新跨越的关键时期。综观国际国内形势，我省仍处于可以大有作为的重要战略机遇期，具备在世界经济格局大调整大变革中抢占先机的有利条件，同时也面临更加复杂多变的国内外环境，需要应对诸多风险和挑战。对于今后一个时期的财政发展趋势，我们分析认为，总体上可以用“四个时期”来概括：

一是财政收入将进入“平缓增长期”。2003年以来，我省地方财政收入年均增长24%，属于“井喷式”高速增长期。这其中除经济快速发展这个根本支撑因素外，国家调整预算制度，将预算外资金纳入预算管理，以及加强税费征管等一次性、政策性增收因素较多，也推动了财政收入快速增长。未来五年这些特殊因素将逐步淡化和消失，加之受经济增速放缓、管理通胀预期、实施结构性减税、淘汰落后产能等多方面因素影响，税收增长会受到一定影响，财政收入将步入一个平缓增长期。

二是公共支出将进入“快速膨胀期”。2010年我省人均GDP突破6 000美元。从国际经验看，当经济发展到这样一个历史阶段，人民群众对政府公共服务的需求将快速增加，公共支出和民生保障的任务会越来越重。加上我国特有城乡“二元结构”形成的历史欠账，推进城乡基本公共服务均等化的任务异常艰巨，财政必保的刚性支出和改革性支出会越来越多，预计今后五年公共支出将快速膨胀，地方财政将始终处于紧运行状态。

三是财税改革将进入“密集攻坚期”。今后几年是我国经济发展的重要转型期，也是社会结构的深刻调整期，作为调节经济社会发展的重要手段和政策工具，财政改革将始终处于整个经济社会改革的最前沿，改革的深度和力度将进一步加大。如实施新一轮税制改革、深化财政体制改革、推进收入分配改革、完善民生保障机制、全面实行预算公开，等等。随着各项改革进入“深水区”，需要化解的利益矛盾会越来越多，工作难度也将越来越大，财税改革攻坚的任务十分繁重。

四是政府债务将进入“集中还款期”。2008年以来，各级为应对国际金融危机冲击，落实国家扩内需、保增长政策，都通过各种方式举借了大量债务，未来几年将进入集中还本付息期。个别债务负担率较高的地方，政府还债压力大，财政可持续发展面临重大考验。

针对今后五年财政改革发展面临的形势，我们将进一步增强机遇意识、忧患意识，深入贯彻落实科学发展观，紧紧围绕全省发展的主题主线和目标任务，充分发挥财政职能作用，积极支持发展，大力培植财源，狠抓增收节支，为经济文化强省建设提供有力保障。在工作重点上，着眼于完善公共财政体系、提高财政调控保障能力，加快构建和完善“六个机制”：一是构建灵活高效的财政调控机制，为转方式调结构增财源提供强力支撑。二是构建统一规范的税费征管机制，为财政收入持续较快增长提供强力支撑。三是构建覆盖全面的民生保障机制，为推进基本公共服务均等化提供强力支撑。四是构建积极有效的均衡发展机制，为城乡区域统筹协调发展提供强力支撑。五是构建公平合理的收入分配机制，为促进社会公平和谐提供强力支撑。六是构建科学严密的财政管理机制，为推进科学化精细化管理提供强力支撑。力争通过几年努力，全省财政综合实力显著增强，各级财政状况明显改善，民生支出保障水平大幅提升，财政体制机制更加完善，财政管理水平迈上新台阶。

三、今后一个时期需要重点研究解决的几个问题

站在新的起点上，我省财政要在全国继续保持领先优势，切实增强财政实力和保障能力，必须高度重视并下大力气解决好以下几个问题：

（一）加快推进经济发展方式转变，着力提高经济发展的税收产出率。近几年我省大力推进经济结构调整，取得了积极成效。2010年，全省地方税收占生产总值的比重上升到5.5%，比2006年提高0.8个百分点。但与江苏、浙江、广东等省相比，我省经济财源结构不合理的问题仍比较突出。今后几年，为树立以效益为核心的发展导向，在工作指导上要突出以下三点：一是要把是否有利

于增加税收作为经济结构调整的重要指针。特别是对新上项目，在搞好资源环境评价、劳动就业评价的同时，要加强项目的税收贡献能力评价，提高经济发展和招商引资质量，实现富民、富企、富财政的有机统一。同时，要参照国家评估核定各省经济发展数据的做法，强化对各地税收收入占二、三产业增加值比重的考核，引导各地重质量、讲效益，努力做到好字优先、好中求快、又好又快发展。二是要妥善处理淘汰落后产能与巩固传统优势财源的关系。过去五年，我省大力淘汰落后产能、推进节能减排，万元 GDP 能耗降低了 22.1%。按照国家要求，“十二五”时期万元 GDP 能耗需要进一步降低 17%，压力比较大。今后一个时期，既要大力发展战略性新兴产业，坚决淘汰落后产能，又要注重改造提升传统产业，充分挖掘和发挥传统优势财源的潜力，避免出现传统财源大幅萎缩而新兴财源又接续不上的被动局面，影响财政经济可持续发展。三是要大力支持自主创新和技术改造。近几年江苏、广东财政收入增长快，很重要的一点是培育成长起了一批高新技术项目和企业。今后几年，我省应加大对自主创新重点项目的投入，支持高新技术企业发展。从明年起，我们拟整合科技发展相关资金，实施自主创新能力提升工程，每年选择一些重点领域，每个领域选择几个重点项目，采取竞争性分配、规模化投入的方式，力争突破一批重大关键技术、建设一批重点创新平台、打造一批重大产业化项目，努力形成技术突破、平台支撑、产业引领的创新驱动格局。同时，将人才建设作为自主创新和经济发展方式转变的根本支撑，进一步加大资金投入，完善激励政策，支持高层次人才培养与引进，以人才强省建设推动经济发展方式转变。

（二）加快推进城镇化进程，增强经济财源增长的内生动力。城镇化是一个地区工业化、现代化的重要标志，也是拉动投资、刺激消费、促进就业、改善民生的重要途径。根据近年来的数据测算，我省城镇化率每提高 1 个百分点，全省将新增投资 2 300亿元，新增财政收入 200 多亿元。2010 年，广东、江苏的城镇化水平分别达到 65% 和 57%，我省只有 49.7%。如果我省城镇化水平能与江苏看齐，城镇人口将新增 700 多万人，对经济发展和财政增收将产生强劲的持续推动力。特别是目前情况下，受世界经济形势的影响，我省外需减弱，内需也出现增长乏力的苗头，必须高度重视城镇化的带动作用，把城镇化作为扩大内需、促进增长、调整结构、发展县域经济的战略支撑点来抓。就财政政策而言，今后要在推进农业和农村发展的同时，从三个方面支持加快城镇化进程。一是落实扩权强县、扩权强镇各项措施，加大对城镇基础设施、公益设施建设的支持力度，提高城镇的公共服务水平和人口承载能力，让农村居民有意愿向城镇聚集。从去年开始，省财政从每市选择 1 个小城镇给予重点支持，效果很好。今后应视财力情况，每年筹集一定数量的资金，采取贷款贴息或以奖代补的方式，集中支持小城镇特别是卫星城发展，为大中城市发展拓宽空间。二是支持农村土地流转改革和城镇户籍制度改革，完善进城农民的教育、医疗、就业、社会保障等政策，解决农民进城后的看病、就业、养老、子女上学等问题，消除农村居民进城的后顾之忧。三是通过支持保障性安居工程建设、抑制房价过快上涨，以及规范财经秩序、减免税费负担等方式，努力降低城镇的生活、居住成本，让农村居民有能力进城居住，推进城镇化持续健康发展。

（三）推动区域统筹协调发展，加快培育新的财源增长极。从区域经济发展的角度分析，我省财政收入与沿海先进省市差距大，主要体现在区域经济发展水平低，强者不强，弱者较弱，大块头的财源隆起带少。今后一个时期，我省要坚定不移地实施重点带动战略，优化经济发展布局，着力培育新的经济隆起带和财源支撑点。在财政支持上，我们拟采取区别对待、分类扶持的办法，突出重点、统筹兼顾，保障省委区域发展战略的实施。一是以支持蓝黄“两区”建设为重点，促进东部地区率先发展。用活用好国家和省扶持蓝黄“两区”发展的各项资金、政策，并支持设立山东半岛蓝色经济区产业基金，支持黄河三角洲未利用地开发，加快推进蓝黄“两区”和胶东半岛高端产业聚集区建设，鼓励这些地区率先发展，增强对全省经济财政的拉动力。抓住国家在我省开展钢铁产业结构调整试点的机遇，完善财政政策，支持日照钢铁精品基地建设。二是以完善县级基本财力保障机制为重点，统筹推动其他区域发展。加大对鲁南经济带、省会城市圈以及突破菏泽战略的支持力度，推进蓝黄“两区”之外的市县加快发展，形成东部跃升、中部崛起、西部跨越式跟进的协调发展格局。在资金使用上，结合实施县级基本财力保障机制，完善对下转移支付制度，变“输血”为“造血”，调动基层发展经济、增收节支的积极性，增强县域经济对全省经济的带动和支撑作用。三是以完善生态转移支付制度为保障，深入推进主体功能区规划建设。2010 年省财政根据全省主体功能区规划，建立了生态转移支付制度，对黄河三角洲高效生态经济区和处于国家级自然保护区内的 23 个县（市、区）给予转移支付补助，调动了这些地方保护生态的积极性。下一步，要继续完善生态转移支付制度，建立海洋资源有偿使用和生态补偿机制，加大对生态地区、农业地区、资源枯竭地区的帮扶力度，保障主体功能区规划落实，优化全省经济发展布局。

（四）完善财力调节和民生保障机制，加快推进基本公共服务均等化。推进基本公共服务均等化，是提高民生保障水平、维护社会公平正义、促进社会和谐稳定的内在要求，也是引导人才和生产要素在地区之间合理流动，促进区域经济协调发展的需要。近年来，我省加快建设公共财政体系，切实加大民生投入，政府提供的公共服务明显增加，但总体上看，城乡之间、地区之间、级次之间基本公共服务不均等的问题还比较突出，特别是地区之间由于财力差距大，民生政策覆盖面和民生保障水平还不够一致。今后一个时期，要着眼推进基本公共服务均等化，进一步完善财力调节和民生保障机制。一是增强省级调控能力，加大对地区间财力差距的调节。今后要结合国家财政体制改革，合理调整完善省以下财政分配关系，适当提高省级财力比重，增强对地区财力差距的调节能力，为推进基本公共服务均等化创造条件。二是完善民生政策，缩小地区间的民生保障水平差距。目前在改善民生方面，既存在政策不够完善、保障水平低的问题，也存在政策出台比较集中、相互衔接不够，财政支出压力过大的问题。今后几年，必须本着“尽力而为、量力而行、统筹规划”的原则，健全民生投入长效保障机制，稳步提高民生保障水平。尽力而为，就是要本着“用市场的钱办发展的事，用财政的钱办民生的事”的原则，大力调整优化支出结构，新增财力重点向以民生为重点的社会发展领域倾斜，切实增强政府提供基本公共服务的能力。量力而行，就是要注重财政承受能力，本着“低标准、广覆盖、快起步”原则，先把民生保障机制建起来，把现有的民生政策落实好、巩固好，再稳步提高保障标准。民生支出具有很强的刚性，增易减难。受经济发展水平的限制，目前各级政府的财力有限，解决民生问题必须量财办事，防止急于求成，像欧洲一些国家一样出现“福利陷阱”。统筹规划，就是要围绕“学有所教、劳有所得、病有所医、老有所养、住有所居”的目标，对今后五年的民生事业发展制定规划，明确分年度的政策推进目标和财政投入计划，增强工作的前瞻性、科学性，有序推进各项民生工作。三是明确责任，创新基本公共服务提供机制。推进基本公共服务均等化，主要责任在政府，但并不是全部由政府大包大揽。要根据社会事业发展规律和公共服务的不同特点，合理界定政府与市场、政府与个人，以及各级政府之间的经费保障分担责任，注重发挥企业、基金会、慈善机构等的作用，着力构建“政府主导、社会参与”的多元化民生投入格局，全方位提高基本公共服务能力。

（五）深入推进财税改革，建立健全有利于科学发展的体制机制。科学合理的财税体制机制，是引导经济社会发展的重要杠杆。今后一个时期，国家将在财税领域推出一系列新的改革举措，我省要抓住机遇，加快构建充满活力、富有效率、有利于科学发展的财税体制机制，为经济社会发展提供良好的体制保障和制度环境。在改革推进上，突出把握好三个着力点：一是完善税费制度。税费制度是引导企业发展的“风向标”。要按照国家部署，稳步推进增值税、营业税、个人所得税、资源税、房地产税、环境保护税改革，完善国有资产资源有偿使用制度，健全地方税费体系，优化经济发展的税费制度环境。二是完善财政体制。好的财税体制机制，能够树立正确的激励约束导向，最大限度地调动各方面科学发展的积极性。前几年省里实施营业税、企业所得税、个人所得税增收返还办法，完善出口退税分担机制，调动了市县加快转变经济发展方式、扩大出口的积极性。今后要继续本着鼓励科学发展的原则，进一步规范省以下各级政府间的分配关系，完善财政转移支付制度，健全县级基本财力保障机制，将财政分配与各地发展质量和努力程度挂钩，形成“科学发展成效越大、地方得实惠越多”的分配格局，激励基层科学发展、加快发展。三是深化预算管理改革。从财政监督和审计情况看，当前花钱大手大脚、铺张浪费的问题还比较突出，挤占、挪用财政资金现象时有发生。要进一步推进预算管理改革，完善政府预算体系，推行预算公开，建立编制科学、执行严格、监督有力、注重绩效、公开透明的预算管理机制。要强化财政监督和绩效考评，把资金使用情况与次年的预算安排相挂钩，形成“谁干事谁花钱、谁花钱谁担责”的机制，切实解决干事不计成本、花钱不讲效益的问题。同时，要完善债务管理机制，有效防范财政风险。规范财经秩序，提高会计信息质量，为经济社会发展提供保障。

（作者为省财政厅厅长）

扎实做好新形势下财政国库工作

阮凤英

进入“十二五”，财政国库改革发展站在了新的起点上，财政国库工作任务将更加艰巨。一方面，要下大力气，加大措施，实现既定的工作目标。经过多年的努力，我省财政国库各项工作迈出了新步伐，但也要清醒地看到，工作中仍面临一些问题。比如，资金支付效率仍不尽如人意；公务卡改革尚未达到预期效果；集中支付信息系统亟待完善；调研分析距离领导要求仍有差距，等等。这些情况表明，“巩固完善提高”仍然是今后一个时期财政国库工作的主要任务。另一方面，新的形势又给我们提出了新的更高的要求。在2011年召开的国务院第四次廉政工作会议上，温家宝总理明确指出：两年内将国库集中收付和“公务卡”改革覆盖到各级政府及所属预算单位，做到部门行政经费由部门财务审批记账，国库集中支付和动态监控；进一步清理部门银行账户，使部门所有账户都受到监控。从现实工作来看，近几年来，各方面要求加强预算执行管理、加快支出进度、保证财政资金安全的呼声越来越高。面对新形势、新任务，各级财政部门尤其是财政国库部门，必须进一步提高认识，不断增强做好财政国库工作的责任感和使命感，以更加积极的姿态，开拓创新，求真务实，全面深化国库改革，加强预算执行管理，促进各项重大方针政策的落实，促进预算管理水平不断提高。

当前来看，做好今后一个时期的财政国库工作，各级要努力做到“五个贯穿始终”：

（一）把确保资金安全贯穿财政国库工作始终。2011年以来，媒体连续曝光“北京昌平杨立强案”、“江西鄱阳李华波案”等多起财政资金安全重大案件，多位中央领导对案件作出重要批示，各级财政部门迅速行动，从上到下全面开展了清理整顿财政专户和安全排查工作。这再次表明，财政资金安全管理是财政部门最重要的基础工作，牵一发而动全身。财政国库管理及执行机构作为财政资金的直接管理者，必须更加深刻地认识资金安全的重要性，进一步巩固和加强安全措施，确保资金安全不出事。一是要牢固树立安全理念。资金安全是国库工作乃至整个财政工作的生命线，确保财政资金安全是国库部门的头等大事，如果资金安全工作出了问题，其他工作再出彩也无济于事。对鄱阳案有关领导的处理结果，就充分说明了这点。因此，各级财政特别是财政国库部门，要牢固树立资金安全理念，将其铭刻在脑海里，落实到行动中。二是要做到居安思危。我省财政国库管理及执行机构成立以来，从来没有出现资金安全问题。但是，这并不等于说，各级在资金安全管理上就尽善尽美，可以高枕无忧了。要对资金安全实行制度化、日常化管理，该完善的完善，该加强的加强。时刻担心出问题，就会时刻保持警惕性，出问题的概率也就小了。三是要抓好制度落实。昌平、鄱阳等多起案件的一个共同原因，就是制度执行不力。各级要切实加强制度执行监督，确保把各项制度落到实处。2011年以来，财政部连续出台多个加强财政资金安全管理的文件，近期还将出台《财政总预算会计基础工作规范》。这些文件对资金管理各个环节都作了明确规定，各地一定要严格执行。尤其在人员配备方面，不仅要把品德好、业务精的人员充实到相关岗位，而且要按要求配足配齐，切实打好人员基础。

（二）把改进预算管理贯穿财政国库工作始终。加强和改进预算管理，是财政部门永恒的课题。财政国库部门在预算管理中处于特殊地位，肩负重要职责，应当着眼全局，跳出被动记账、被动拨款的局限，进一步增强主动管理意识，推动预算管理水平不断提高。一方面，要不断改进和加强预算执行管理。要在全面推进国库各项改革的基础上，用科学的理念和先进的技术手段，不断提升预算执行管理水平。既要维护预算的严肃性，又要顺利执行预算；既要按国库改革办法支付资金，又要有利于加快支出进度，处理好规范与效率的关系。当前，很重要的一点是要加强对预算执行过程的动态监控，以便掌握有关情况，为改进预算执行管理服务。财政部建立预算执行动态监控系统以来，4年查处违规支付使用资金44.58亿元，并对违规使用资金行为形成了强大的威慑作用，违规资金比例逐年下降。对于这样一个系统，我们也要尽快建立起来，对资金支付中的违规行为形成有效的威慑和查处机制，更好地彰显国库改革的成效。另一方面，要积极发挥好对预算编制管理的促进作用。各级国库部门牵头预算执行工作，对部门预算的执行情况了解最真实、最全面、最及时，应当将有关情况及时向上游环节进行反馈，形成预算执行、预算编制相互促进、相互协调的有效机制，促进预算管理水平的全面提高。2010年烟台市在决算编审中发现，一些单位存在虚报瞒报收支、往来资金管理混乱等问题，及时向局领导和预算编制小组进行了报告，局党组及时组织开展专项清理检查活动，有效解决了往来款项及结余资金管理不规范问题。临沂市完成的《当前财政专项资金管理存在的问题及对策》等系列分析报告，很多建议被局党组采纳。在今后的工作中，各级要更加注重相关信息的收集、分析，充分利用好预算执行数据和决算数据，为全面加强预算管理做出更大贡献。

（三）把创新制度机制贯穿财政国库工作始终。创新是各项事业持续发展的不竭动力。国库事业发展同样如此，离开创新，各项工作就会停滞不前，就会僵化。有人认为，财政国库部门负责预算执行，拨好款记好账就行了，不需要创新；还有人认为，国库改革完成后，按部就班做好工作就行了，也就不用再搞创新了。这些认识都是不恰当的。首先，国库改革任务并未完成。按照财政国库改革目标要求，目前国库改革只是框架性的，一些深层次的制度设计仍未展开，而且将更加艰难，如政府会计改革等等，需要我们以更大的勇气，更高的智慧去创新，才能应对下一步的改革。其次，完善制度措施同样需要创新。国库改革进入"巩固完善提高"阶段后，各级需要着眼客观实际和改革效果，按照科学化、规范化、高效化目标，进行大量的制度机制再创新，才能彰显改革效果，才能使改革措施充满生机和活力。第三，不断拓展国库职能更需要创新。2010年，省厅根据财源建设需要，开展了竞争性财政存款管理试点，采用"存贷款挂钩"的方式，引导商业银行加大对重点产业投入，取得了很好的效果。再比如，2010年省厅成功探索开展了国库现金管理，不但增加了利息收入，还支持银行加大了对经济发展的投入。改革创新是无止境的，即便将来国库改革全部到位，仍然需要根据新的形势，进行新的改革创新。比如，澳大利亚等西方国家，就正在尝试新一轮财政国库管理制度改革。我们应当从低水平简单重复的工作状态中解放出来，从安于现状、因循守旧的观念中解放出来，实现思想观念上的新提升，体制机制上的新突破，工作方法上的新改进，不断提高国库管理工作水平。

（四）把提高支付效率贯穿财政国库工作始终。由于改革打破了传统的预算执行方式和拨款办法，改革中自然会遇到这样那样的问题。要规范就会触动既得利益，就会遇到阻力；要实行直接支付就改变了过去的支付程序，程序比过去复杂了，部门和单位接受起来也不是件容易的事。要化解这些矛盾，顺利推进改革，除了加大宣传和争取领导支持外，很重要的一点是要不断提高资金支付的效率，提供高效便捷的服务。一是要进一步简化支付流程。2010年，为了规范支出预算执行管理，加快支出进度，省厅制定了《省级财政支出预算执行管理暂行规定》，减少了一些作用不大的审核环节，压缩了审核时限，取得了很好的效果。各地要认真理一理现行支付流程，在确保资金安全的前提下，尽可能地减少审核环节，方便单位用款。二是要加强信息化建设。要着力解决支付信息系统运行速度慢、不稳定等问题，充分释放信息化带来的高效率。积极探索"无纸化"信息交换制度，减少人工传递凭证带来的不便和低效。三是要加强对代理银行的监管。要采取有效措施，督促其提高办事效率和服务质量，尽可能压减银行环节耗费时间。总之，各级要围绕提高支付效率，整体检查，逐项梳理，多措并举，切实把支付效率提上来，进一步展现新制度的优势，为部门单位提供更多快捷和便利的服务。

（五）要把加强调查研究贯穿财政国库工作的始终。姜大明省长到省财政厅视察工作时，特别提出要深入开展调查研究，把握准、研究透省情，有针对性地制定财政政策。加强调查研究对我们各级国库部门来说，有着特别重要的意义。相对来讲，财政国库是一项新的事业，承担预算执行管理和情况统计分析职能，单从这两项工作来讲，不开展调查研究，想做好工作是不可能的。因此，各级财政国库部门要以对工作高度负责的态度，切实加强调查研究。一是思想上要重视。调查研究往往容易被具体的、事务性的工作"挤掉"，由于要写报告，还容易被畏难发愁情绪所困扰。因此，搞好调查研究首先要解决思想认识问题，要克服畏难发愁情绪，以积极主动的心态开展调查研究。人手少可以考虑借助外力；时间不够，可以见缝插针，搞些短小精悍的专题调研。只要思想上真正重视了，有困难总能想出解决的办法来。二是要加强工作调研。我们出措施、定制度，首先要去搞调研，只有反复听取各方面的反映，广泛征求各方面的意见，才能制定科学合理的制度，才能拿出有效的工作措施，才能取得预期的效果。三是要加强政策调研。政策措施出台后，要了解掌握其执行情况，必须进行跟踪调研。当前形势下，做好这一点，对于发挥好我们组织预算执行的作用，提升财政国库的地位和水平十分重要。四是要深入基层。要搞好调查研究，不能浮在上面，闭门造车，必须深入基层，掌握第一手资料。分析收入形式，既要和部门座谈商讨，更要深入厂矿企业；分析支出情况，既要从支出处（科）了解，也要到预算单位了解。这样提出的建议，才能符合实际，才会有决策参考价值。

（作者为省财政厅巡视员）

努力做好行政政法财政财务管理五篇文章

张洪军

经过多年改革发展，我省行政政法财务保障水平明显提高，管理体制机制逐步理顺，为做好下一步工作奠定了好的基础。2011年是“十二五”的开局之年，站在新起点、面对新形势，全省财政行政政法部门肩负着新使命、迎来新挑战。

（一）经济发展的新形势对行政政法财务工作提出新要求。经济决定财政。近年来，随着全省经济持续增长，财源基础不断壮大，全省财政收入持续较快增长。2010年，全省地方财政收入达到2 749.3亿元，是2007年的1.64倍。2011年上半年，全省地方财政收入完成1 919.9亿元，比上年同期增长33.2%，继续保持了较快增长的势头。经济发展特别是财政收入的增长，为增加行政政法经费投入奠定了坚实基础，但不断发展变化的经济形势，也对行政政法财务工作提出新的要求。一方面，各方面分享经济发展成果的愿望强烈，要求提高行政政法经费保障水平的呼声很高。从工作实践来看，现在随着经济的增长，税收的增加，社会方方面面分享经济发展成果的期望值也在不断提升。对于广大人民群众来讲，希望政府提供更多、更好的公共产品和公共服务，比如增加自身收入，改善安保条件和社会治安环境，更好地享受教育、文化、医疗、社会保障公共服务等。对于各行政事业单位来讲，随着经济发展，其经费需求也“水涨船高”，对人员工资、公用经费、装备配备、办公条件、事业发展等方面的经费保障水平和标准提出了新的更高要求。特别是近两年来，通胀压力加大，物价持续上涨，各部门水电油气、房屋修购等成本不断上升，导致行政支出需求快速增加，各方面对提高公用经费定额标准的呼声很高。另一方面，经济的持续健康发展，需要财政发挥更大的作用。当前，全省上下正在加快推进经济发展方式转变。财政作为调控经济的重要杠杆，在推进转方式调结构方面责无旁贷。转变经济发展方式，主攻方向是经济结构调整，核心支撑是科技进步和自主创新，这就需要各级财政加大对旅游业发展的支持力度，以此带动整个服务业繁荣发展，进一步优化经济结构；需要强化人才支撑，提高科技创新能力，推动经济发展方式转变；需要加大社会治安方面的投入，为经济发展创造安全、稳定、和谐的社会环境，等等。这些都与财政行政政法工作息息相关，要求我们必须适应经济发展的新形势，积极更新工作理念，更好地发挥财政的杠杆调控作用，推动经济又好又快发展。

（二）社会管理的新形势对行政政法财务工作提出新任务。创新和加强社会管理，是构建和谐社会的必然要求，对实现国家长治久安具有重大战略意义。从国际上看，2010年以来，埃及、利比亚、叙利亚、也门等国相继发生大规模骚乱，有的甚至引发政权更迭或全面内战。分析原因，其中虽然不排除有外部干扰因素，但导火索都是由于自身社会管理机制不完善，因个体事件激化了社会矛盾，诱发了大规模的群体事件，最终一发而不可收拾。当前，我国既处于发展的重要战略机遇期，又处于社会矛盾凸显期，尤其是随着市场化、信息化、工业化和国际化的深入推进，差不多用30多年的时间走完了西方发达国家几百年的路程，很多发达国家在工业化、现代化过程不同阶段渐次出现的问题，在我国发展的新阶段集中爆发出来，加强社会管理显得尤为重要而紧迫。正因如此，对于社会管理问题，党中央、国务院高度重视，2011年年初专门举办了省部级主要领导干部社会管理及其创新专题研讨班，对加强和创新社会管理提出明确要求。省委、省政府也为此做出一系列决策部署，要求完善“党委领导、政府负责、社会协同、公众参与”的社会管理格局，不断创新群众利益协调机制、社会矛盾调处机制，健全应急管理机制、食品安全监管机制、社会治安防控机制，更好地协调社会关系、规范社会行为、解决社会问题、化解社会矛盾、促进社会公正、应对社会风险、保持社会稳定。从财政工作角度看，加强和创新社会管理，支持政权建设，维护社会稳定，不仅需要财政加大保障力度，而且需要完善经费保障机制，优化资金投向，为各级党委、政府及行政政法部门提高社会管理能力、履行社会管理职责提供强力支撑。也就是说，加强社会管理的新形势，既需要财政全方位予以支持，也对财政保障能力提出了新的更高要求。

（三）推进预决算公开的新形势对行政政法财务工作提出新命题。推行财政预决算公开，是预算民主化的重要标志。分析最近几年的社会舆情，有一个很突出的特点，就是随着公众民主意识的增强，各方面对财政预决算公开问题越来越关注。特别是对“三公”经费，各方面紧盯不放，要求快公开、细公开、全公开的呼声很高。从百度搜索结果来看，目前仅关于“三公”经费公开的新闻，就有163万多条，可见群众对此关注度之高。对于这个问题，国务院十分重视，今年以来三次召开常务会议研究部署。5月29日，国务院办公厅专门下发通知，对部门预算公开特别是“三公”经费公开提出明确要求。5月30日，财政部又召开专题会议，对各级公开预决算做出具体部署。目前，中央各部门的预决算和“三公”经费正在陆续公开。从我省情况看，2008年以来，一些省直部门（包括省财政厅在内）已连续三年收到部门预算信息公开申请，并且申请公开的信息很多、很细、很具体。这不仅对政府的执政理念和行为方式提出了新要求，而且对财政管理方式特别是行政政法财务工作提出了新命题。因为，从预算公开的范围看，报送人大审查预算的部门中，大头是行政政法部门，可以说，能不能做好行政政法部门的预决算公开工作，直接关系整个预决算公开工作的成败。从预算公开的内容看，“三公”经费、行政经费等是公开的重点，这也主要由行政政法部门来推动和落实。总之，预决算的公开，对行政政法财务工作的管理理念、管理模式、管理手段等，都带来巨大的冲击和挑战，倒逼着我们强化公开意识、规范意识，切实加大改革创新力度，规范财政财务管理。

（四）推进科学化精细化管理的新形势对行政政法财务工作提出新目标。推进科学化精细化管理，是当前和今后一个时期财政工作的重要任务。近年来，在各级共同努力下，我省财政财务管理水平不断提高，很多工作走在了全国前列，但从审计检查和财政监督的情况看，也还存在一些问题和薄弱环节。比如，在经费保障工作中，行政政法经费支出总量增长较快与经费保障不平衡并存，一般性支出增长较快与重点工作保障不足并存，低水平保障与铺张浪费并存。在部门财务管理中，有的部门预算编制不全，单位自有收入未纳入部门预算管理，项目追加频繁，预算决算差距较大；个别单位挤占、挪用专项资金，改变资金用途；有的部门管理方式仍然比较粗放，制度不够健全，财务基础工作不够扎实；个别部门绩效观念淡薄，干事不计成本、花钱大手大脚，等等。这些问题中，有面上的，也有点上的；有省级的，也有基层的；有新发现的问题，也有屡查屡犯的“老大难”问题；有客观原因造成的，也有工作或技术操作方面的原因，说明我们的管理水平与科学化精细化的要求相比，还有一定差距，必须在深化预算管理改革、加强财政财务管理、控制行政成本等方面狠下功夫，进一步提升财政财务管理水平。

总之，当前全省行政政法财务工作正处在一个新的起点上，既有着良好基础和有利条件，又面临诸多困难和挑战。要深入贯彻落实科学发展观，按照公共财政的要求和加强党的执政能力建设的需要，以完善保障机制为目标，不断提高行政政法单位经费保障水平；以建设节约型政府为重点，继续深化支出改革，努力降低行政成本；以提高资金使用效益为导向，积极推进财政科学化精细化管理，不断推动行政政法财务工作再上新台阶。重点是要做好“五篇文章”：

（一）努力做好“保”的文章，促进经济社会又好又快发展。财政是党执政、政府行政的物质基础。由于行政政法系统服务于党政机关、权力机关、政协机关以及政法专政机关等，因此保障好各项行政政法经费，是行政政法财务工作的第一要务。当前和今后一个时期，各级必须适应经济社会发展需要，积极转变保障观念，既算经济账、收支账，又算政治账、全局账，努力变被动保障为主动买单，不断完善经费保障机制，提高保障水平。在保障重点上，一是千方百计保运转。要按照“人员经费足额安排、公用经费合理确定”的原则，切实保障好党政机关正常运转经费需要，切实保障部门既转得动、又转得好。在人员经费方面，要建立健全人员工资足额保障机制，认真落实工资发放实名制和经费预算、机构编制双控制度，既保障工资和津补贴政策及时足额落实，又加强审核监督，避免“吃空饷”现象的发生。在公用经费方面，要结合实际，进一步修订完善定员定额标准，建立日常公用经费总额包干机制，切实解决“行政挤事业、公用吃专项”的问题，进一步提高保运转的能力，特别是对一些政治性、全局性、敏感性的经费需求，更要重点保障。二是积极作为促发展。要进一步增加旅游资金投入，大力支持旅游宣传促销，并结合各地实际，对各类旅游专项资金进行整合，发挥资金的规模效益，建立旅游资金统筹安排、协调投入、规范管理的良好机制。同时，要着力在创新投入方式、吸引社会资金上下功夫，充分发挥财政资金的引擎和导向作用，促进旅游业加快发展，进一步优化产业结构。三是不折不扣保民生。“政之所兴，在顺民心。”要把保障和改善民生作为行政政法财务工作的重要着力点，确保各项民生政策和惠民资金落到实处。要扎实做好到村任职大学生补贴发放工作，加大投入力度，落实配套责任，及时足额发放补贴资金，保障到村任职大学生的生活待遇，鼓励和引导高校毕业生面向基层就业。加大对法律援助工作的支持力度，帮助社会弱势群体依法维护自身合法权益。大力支持信访和人民调解工作，畅通群众利益诉求渠道，支持解决损害群众利益的突出问题，切实发挥好其维护社会和谐稳定的“减压阀”、“润滑剂”作用。足额落实食品抽检和办案经费，支持质监、工商部门搞好食品安全监管，提高食品安全保障水平，维护群众的身体健康和生命安全。四是全力以赴保稳定。稳定是硬任务。要牢固树立维稳是第一责任的意识，对维护社会稳定的部门、解决影响稳定的敏感事项，要予以重点支持。近年来，为缓解基层政法单位经费紧张问题，中央和省级财政大幅度增加了政法专款补助，各市县要充分利用好这一契机，认真贯彻“明确责任、分类负担、收支脱钩、全额保障”的原则，足额落实好本级财政应负担的经费，确保专款专用，不断提高政法经费保障水平。同时，对其他涉及社会稳定的部门和工作，如民族、宗教、信访等也要给予重点支持，努力维护社会和谐稳定。

（二）努力做好“压”的文章，切实打好厉行节约攻坚战。在当前各级财政收支矛盾十分突出的情况下，要保障好重点支出，就必须牢固树立厉行节约观念，大力压减一般性支出，努力降低行政成本，做到有保有压、有增有减。当前，关键是要按照中央和省委、省政府关于厉行节约的要求，强化责任意识，把各项经费控制和压减任务落实好。一要严控公务用车购置及运行经费。各级要按照中央要求，积极配合有关部门，尽快制订完善党政机关公务用车编制配备和使用管理办法，重新核定机关一般公务用车编制，建立统一编制、审批、配备、采购、旧车处置和定点保险、维修、加油的“五统三定”车辆管理制度，研究制定公务用车运行费用定额标准，组织开展公务用车问题专项治理，重点解决各部门超编制、超标准配备公务用车，以及违规换车、借车、公车私用等问题。有条件的地方，还要探索深化公务用车制度改革试点，千方百计压减公务用车支出。二要严控因公出国（境）经费。从预算安排上就要严格把关，坚决不安排无实质内容的出国团组或一般性国际会议、论坛经费。严格审核审批因公出国（境）经费预算，认真落实因公出国经费预算和用汇额度审批“双控机制”，对超过预算的一律不予审批，从资金源头上严格控制因公出国（境）活动，进一步压减出国（境）经费。三要严控公务接待、会议等经费。在公务接待中，要大力推行定点饭店接待办法和旅行社代理公务活动，既规范公务接待管理，又有效节减经费开支。按照中央要求，从2012年部门预算编制起，将单列会议费预算，各级要严格经费审核，大力控制会议数量、规模，提倡开小会、短会、电视电话会，规范和控制党政机关主办或参与的论坛、庆典、节会等活动，努力压缩会议费支出。

（三）努力做好“改”的文章，不断提高预算管理质量。深化预算管理改革，是提升行政政法财务管理水平的重要抓手。我省部门预算改革推行近十年来，取得了好的成效，目前改革的总体框架和制度体系已基本形成，但也还存在一些问题，主要是预算编制不细化、项目论证不充分、预算年初到位率低、支出进度慢、结余结转资金规模大，等等，这说明预算改革仍然任重道远。各地要针对上述问题，结合2012年部门预算编制，切实在深化改革、细化管理上狠下功夫，进一步提高预算编制和执行质量。一要提高基本支出预算的公平性。基本支出是维持单位正常运转、保障其行使职能的基础，必须足额保障。其中，对人员经费预算，要加大对基础信息库的审核力度，从源头上把好关口，为编准基本支出预算奠定基础。要规范津补贴审核管理，严格津补贴政策，坚决杜绝擅自提标、扩大范围现象。对日常公用经费预算，要严格按照综合预算原则和适用定额标准编制，避免超标准批复预算。同类单位之间应把握尺度一致、范围统一原则，避免出现畸高畸低、差距过大问题。二要提高项目预算的有效性。积极发挥财政投资评审的作用，在项目支出预算申报时，就要加强评审论证，明确项目具体实施计划、时间进度、资金需求、筹资渠道及分年度预算等详细内容，减少没有实质内容、只有大方向的“打捆”项目，切实提高年初预算到位率。要积极推进预算绩效评价工作，选择部分项目支出进行绩效评价，并加强评价结果的应用，实行评价结果与下年度预算安排挂钩，形成预算分配的良性循环，切实解决部分预算单位“重分配、轻管理，重使用、轻绩效”的现象，努力提高财政资金使用效益。三要提高预算执行的均衡性。支出进度慢、月度间执行不均衡，是当前预算管理中的突出问题。为调动省直部门加快支出进度的积极性，省厅将建立预算编制与执行挂钩机制，把预算执行进度作为预算安排的重要依据，对执行进度慢、结余结转规模大的项目，原则上不再增加预算数额；对执行进度快、实施效果好的项目，进一步加大支持力度，促使项目早实施、资金早见效。各市也要多动脑筋、多想办法，上下联动，共同抓好这项工作，进一步加快行政政法支出进度。要规范结余结转资金消化机制，各地都要对部门结余结转资金进行全面清理，认真分析形成原因，区分不同类型资金，研究相应的处置办法，该收回的收回，该调整的调整，该压减的压减，激励各部门、单位加快支出进度，压缩结转资金规模。四要提高预算管理的透明度。部门预算公开，虽然责任主体是各部门，但财政部门要强化统筹协调，指导各部门认真细致地做好各项准备工作。一方面，在预算编制过程中，就要时刻绷紧“公开”这根弦，对每一项预算安排都要在心里打个问号，看看是不是符合预算公开的要求，努力做到以公开促规范、以规范促提升，不断提升部门预算编制水平。在预算执行中，每个环节都要高标准、严要求，确保将来公开的决算与预算基本保持一致，并能够经得起方方面面的检验。同时，行政政法财务管理中有些涉密内容，在公开内容上必须慎之又慎、认真辨别。各级财政部门要积极配合有关部门严格把关，切实处理好保密与公开的关系，确保预算公开工作既积极、又稳妥。

（四）*努力做好“管”的文章，着力提高财政科学化精细化管理水平*。财政管理是一门科学，也是一门艺术。管好了，一个钱能当两个花；管不好的话，投入越多则浪费越大。各级要按照科学化精细化的要求，进一步夯实管理基础，提高管理水平。一要强化信息支撑，加强部门基础信息库建设。目前，财政部门与服务单位之间信息不对称，是推进科学化精细化管理的一个制约因素。由于缺乏对单位基本财务数据、基本开支需求等信息的全面准确掌握，面对单位提出的支出要求，财政部门往往无从应对、被动买单。因此，各级要加强部门基础信息库建设，认真做好单位基础数据信息的整理建档，对每个预算单位的人员、资产、职能、规划、预决算等情况进行全面梳理，动态把握其支出需求的真实情况和变化规律，切实解决财务信息不对称的问题，为更好地服务部门、科学管理奠定基础。二要强化制度支撑，健全管理制度和支出标准体系。没有规矩，难成方圆。强化制度建设，完善和更新费用支出标准，是行政政法财务管理中的基础性工作。各级要按照“制度便于操作，标准便于执行”的要求，进一步健全完善管理制度和支出标准体系。一方面，对现有规章制度进行梳理、修订、完善，尤其是进一步健全各项专项资金管理办法，做到“先有制度、再分资金”，提高专款分配的科学性和使用的有效性。另一方面，针对一些经费定额标准偏低的实际，本着“循序渐进、先易后难、由点到面”的原则，适时进行调整，解决支出标准同实际情况相脱节的现象。重点是修订完善与公务消费相关的公务接待、差旅费、会议费、出国费、培训费等支出标准，规范公务消费行为；研究制定政法机关业务装备配备和基础设施建设标准体系，为资金分配和管理提供制度依据。三要强化基础支撑，狠抓部门财务管理。要针对一些部门单位法制观念不强、财务制度不完善、内部控制不健全等问题，加强督促指导，加强单位内控机制建设，实现资金的全过程监管。同时，加大对部门财务人员的培训力度，提高财会人员素质，逐步在部门、单位中形成守规章、重管理、讲规范的良好风气。四要强化技术支撑，努力提高财务管理的信息化水平。要注重依托“金财工程”应用支撑平台，积极推广应用信息技术手段，力争把所有行政政法财务管理活动纳入自动化、信息化轨道，对资金分配、管理、支出的全过程进行实时监控，最大限度地减少人为因素影响，提高财政管理效率。

（五）*努力做好“人”的文章，不断提高行政政法财务系统干部队伍素质*。行政政法财务工作涉及面广，政策性、政治性都很强，加强干部队伍建设十分重要。各级要把队伍建设放到更加突出的位置，努力打造一支政治过硬、业务熟练、作风优良的高素质的干部队伍。广大财政行政政法干部职工要自我加压，全面提升综合素质和工作能力。一要加强学习，提升科学理财本领。加强学习是提高素质能力的必由之路。我们每一位同志，都要适应新形势、新任务的要求，更加重视和加强学习，持之以恒、常抓不懈。要努力向书本学，多读书、多看报，学文件、学讲话，对当前中央和省委省政府的大政方针和财经政策动向，都要了如指掌；要努力向实践学，坚持干中学、学中干，从财政行政政法财务工作实践中汲取营养、增长才干。近年来，全省财政行政政法队伍人员变动比较大，新人比较多，各级要进一步加强干部业务培训，使他们及时更新知识，提高自身素质，更好地适应工作需要。二要注重调研，着力突破难点问题。姜大明省长2011年到省厅视察工作时，强调要深入开展调查研究，把握准、研究透省情，有针对性地制定财政政策。当前，行政政法财务工作面临的矛盾多、难题多，加强调查研究非常重要。只有深入部门、深入基层，真正摸清情况、查实问题、找准原因、拿出对策，才能为化解矛盾、推动工作打下基础。今后一段时期，各级要重点围绕社会各界关心的如何控制行政成本、“三公”支出等焦点问题，如何运用有限财力做好保障工作等难点问题，以及如何用市场的钱促发展、实现资源共享公用等热点问题，组织人员进行专题研究，提出政策建议，增强工作的科学性和预见性。三要锤炼作风，努力提高服务效能。财政行政政法部门服务的单位多，是财政机关的重要窗口。各级都要高度重视和加强作风建设，按照建设服务型机关的要求，进一步改进工作作风，强化服务意识，端正服务态度，不断提高办事效率和服务质量，全心全意为部门、为基层、为群众服好务，维护和树立财政机关的良好形象。四要清正廉洁，确保干成事、不出事。近年来，全省财政系统接连发生几起腐败案件，给我们敲响了警钟。要时刻紧绷廉政这根弦，在抓业务工作的同时，紧抓廉政建设不放松。在思想上，要注重廉政学习，自觉遵守《廉政准则》，切实做到心有所惧、行有所止，在大是大非面前保持清醒的头脑。在生活上，要把好关口、守住底线，努力培养高尚的道德情操，追求健康的生活情趣，不该拿的不拿、不该吃的不吃、不该去的地方坚决不去。在工作上，要坚持原则、秉公办事，谨慎行使手中的权力，任何事情都要按原则、按程序去办，切实保障财政资金和干部“两个安全”。

（作者为省财政厅副厅长）

进一步做好财政教科文财政财务工作

庞敦之

一、准确把握财政教科文工作面临的形势和任务

当前和今后一个时期，是我省全面建设小康社会、加快经济文化强省建设的关键时期，是深化改革开放、加快转变经济发展方式的攻坚时期，也是教科文事业改革发展的战略机遇期。对此，一定要正确认识、准确把握。

*一方面，财政教科文事业面临难得的发展机遇。*一是国家对教科文事业发展做出了一系列重大决策，为财政教科文工作开展指明了方向。国运兴衰系于教育，经济发展立于科技，民族复兴源于文化。近年来，国家把发展教科文事业放在关系中国特色社会主义发展全局、关系中华民族伟大复兴的重要位置，颁布了中长期教育规划和科技发展规划纲要，党的十七届六中全会又作出了深化文化体制改革、推动文化大发展大繁荣的决定。“两纲要、一决定”的颁布实施，确立了教科文事业的国家核心战略地位，为我们工作开展指明了方向。二是各级党委政府对教科文事业发展高度重视，为财政教科文工作开展创造了条件。近些年来，省委、省政府先后作出了建设创新型省份、建设经济文化强省等战略决策，明确了财政教育、科技、文化、计划生育支出的法定增长要求，提出到2012年全省财政教育支出占财政总支出的比例要达到20%，逐步提高文化支出占财政支出比例，到2015年全省文化产业增加值占GDP的比例要达到5%等。这一系列政策措施，为教科文事业改革发展提供了保障。三是全社会形成了重视和加快教科文事业发展的共识，为财政教科文工作营造了良好环境。教科文事关经济社会发展稳定大局，承载着未来，党委政府重视，社会各界关心，人民群众关注。当前，全社会支持教科文事业发展的格局逐步形成，一批民办学校快速发展，民营文化企业不断崛起，成为政府举办公益事业的重要补充，满足了人民群众的教育、文化需求，为教科文事业发展创造了有利的社会环境。四是财政经济实力的不断壮大，为教科文事业发展提供了财力支撑。随着经济的又好又快发展，我省财政实力不断增强。“十一五”期间，全省地方财政收入累计完成9 936.72亿元，年均增长20.7%，其中2010年达到2 749.38亿元，同期增长20.05%。2011年1~11月份，全省地方财政收入达到3 165.42亿元，同期增长27.59%。全省经济的平稳较快发展和财政实力的稳步提升，为进一步加大教科文投入奠定了坚实基础。

*另一方面，财政教科文事业发展仍面临诸多挑战。*我们必须清醒地认识到，当今世界正处在大发展、大变革和大调整的时期，经济社会发展中不平衡、不协调和不可持续的问题依然比较突出，教科文事业发展仍然面临诸多困难和挑战。一是从长远发展趋势看，人民群众对教科文事业的期望值越来越高，对财政财务工作提出了新的更高要求。经济越发展，人们对教科文的需求就越突出。当前，教育发展与经济文化强省建设对各类人才的需求还不适应，与人民群众接受良好教育的期盼还不适应，义务教育发展不均衡，职业教育基础能力薄弱，高等教育特色不鲜明的问题仍较突出；科技创新、传播和应用的规模与速度前所未有，全球进入创新密集和产业变革时代，我省科技创新能力不强，人才支撑能力不足，已成为制约经济发展的瓶颈因素；文化发展与人民日益增长的精神文化需求还不适应，公共文化服务体系不健全，城乡文化发展不平衡，文化人才和文艺精品短缺，文化产业对经济发展的贡献度不高等。这些问题，都是摆在我们面前急需破解的重大课题。二是从现实财政经济形势看，财政收支矛盾仍十分突出，将在一定程度上制约对教科文事业的投入。从国际大环境看，国际金融危机尚未得到有效化解，欧洲债务危机愈演愈烈，后危机时代全球经济增长模式将出现深度调整，经济复苏的过程曲折缓慢。从国内形势看，通胀浪潮缓而未退，传统经济发展模式难以为继，资源环境瓶颈约束加强，加快转变经济发展方式压力进一步增大。从我省实际看，虽然经济

和财政总量较大，但产业结构层次偏低，财源结构不合理、效益不高。2010年全省人均财政支出仅为4 327元，比全国地方平均水平低1 217元，居第27位。“十二五”期间，受管理通胀预期、调整收入分配结构、实施结构性减税等多方面因素影响，财政收入高速增长的态势将难以持续，而以民生为重点的社会事业支出加大，各方面支出需求快速增长，刚性增支压力仍然较大，将在一定程度上影响教科文事业投入。从现实情况看，虽然近年来全省教科文投入增长较快，但问题也很突出。如2010年全省财政教育支出比例仅为17.2%，比2009年下降0.6个百分点，总体呈下降趋势，部分市的下降幅度甚至较大；科技和文化占财政支出的比重仍然较低，且地区间很不平衡，加大财政教科文投入的需求迫切、任务艰巨。三是从自身管理状况看，仍存在一些薄弱环节，科学化精细化管理水平有待进一步提高。近年来的审计监督情况显示，我省教科文财政财务管理中仍存在一些薄弱环节。比如，有的部门预算编制不全，自有收入未纳入预算管理，预算决算差距较大；有的部门预算执行慢，专项资金结余大，影响了资金效益发挥；个别单位仍存在挤占、挪用专项资金现象等。这些问题有体制机制方面的原因，但主要是因为制度不健全、措施不到位、责任心不强造成的，迫切需要进一步改革规范。同时，按照中央要求，从明年起将逐步推进财政预决算公开工作，对我们财政财务管理提出了新的考验和挑战。

二、当前和今后一个时期需要突出抓好的几项重点工作

（一）着力促进教育均衡发展和质量提升。今后一个时期，教育发展的核心任务是提高质量、促进均衡、确保公平。各级要继续坚持教育优先发展，进一步加大对教育事业的扶持力度。一是要在支持提升高等教育质量上下功夫。进一步完善高校投入机制，努力提高本科高校生均拨款水平，确保2012年全省达到1.2万元的目标。积极落实支持高校化债奖补政策，切实减轻高校债务负担，防范财务风险。建立鼓励市级增加地方本科高校投入的激励机制，推动市属本科高校上划。启动实施高等教育名校建设工程，解决高校“山多峰少”的问题。继续支持实施高校骨干学科教学实验中心、“三重点”建设工程，切实提高办学质量。二是在推进义务教育均衡发展上下功夫。按照推进基本公共服务均等化要求，建立健全义务教育均衡发展保障机制。各地要统筹考虑多种变化等因素，科学制定城乡中小学校布局规划，从源头上避免教育资源浪费。进一步深化农村义务教育经费保障机制改革，大力实施中小学校舍安全工程、农村中小学“211工程”、农村薄弱学校改造计划，改善农村中小学办学条件。教育经费要重点向农村、向欠发达地区、向困难学校倾斜，不断缩小城乡、区域之间办学条件差距。三是要在支持扩大学前教育资源上下功夫。各地要搞好调查、摸准情况，科学规划，形成政府主导、社会参与、公办民办并举的学前教育发展格局，打造政府投入、社会举办者出资、家庭合理负担相结合的投入机制，坚决避免大包大揽、负债发展和搞豪华建设。省财政将继续加大奖补力度，鼓励各地多渠道多形式扩大学前教育资源，促进民办学前教育发展，加快普及学前三年教育。四是要在支持教师队伍建设上下功夫。进一步加大教师培训投入，继续实施高校、中职、中小学师资培训，启动幼儿园园长教师培训，逐步健全覆盖各个教育阶段的师资培训体系。五是要在完善贫困学生资助政策上下功夫。严格落实普通高校、普通高中助学金和中等职业学校免学费政策，建立学前教育贫困生资助制度，逐步扩大义务教育寄宿生生活费补助范围，并根据经济社会发展水平、物价变动情况和财力状况，建立资助标准动态调整机制，努力促进教育公平。

（二）着力支持科技自主创新。要把支持自主创新作为今后一个时期财政科技工作的重中之重。一是创新支持企业自主创新方式。企业是科技创新的主体，要最大限度激发企业的内生创新动力，必须创新财政支持方式，逐步改变以往单一支持项目研发的做法，对企业进行综合性奖励，变“先要钱再干事”为“干成事再奖钱”。在继续采取股权投资、后补助、奖励等支持方式的基础上，探索建立科技融资担保平台，为高新技术企业、科技型中小企业提供融资担保，调动国有投资机构、企业和社会力量的积极性，逐步建立起政府、企业和社会多元化投入体系。二是支持科技公共服务平台建设。完备的科技公共服务平台可有效整合科技资源，提升科学研究水平，是实现自主创新的基础条件，尤其对原始创新起着至关重要的作用。要大力支持科技公共服务平台建设，省财政将继续重点支持信息通信技术研究院公共研发服务平台、省科学院九大平台、医科院产学研基地、省国家新药研发大平台建设，努力为科技创新提供支撑。三是支持创新人才培养。自主创新归根结底是人的创新。要进一步整合资金、加大投入，重点支持高层次人才引进、培养与奖励，支持基础科研人才培养及创新团队建设，完善科技创新人才保障体系。四是支持科技体制改革。大力推进协同创新，促进科教结合、产学研结合、农科教结合，深入实施科技带动战略，推动科技成果转化，探索支持区域科技创新，促进科技与金融结合，引导创新要素和科技资源向企业集聚，用改革的办法激发

创新活力，提高企业创新能力。

（三）着力支持文化大发展大繁荣。要认真学习贯彻十七届六中全会精神，以建设文化强省为目标，大力支持文化改革发展。一是积极支持公共文化服务体系建设。实施文化惠民工程，扩大广电“村村通”有线网络覆盖范围，对20户以下的已通电盲村和返盲行政村实施“村村通”工程，适时启动省级“村村通”无线覆盖工程。继续加大以奖代补力度，支持图书馆、美术馆、文化馆、博物馆等公共文化服务设施和爱国主义教育示范基地免费开放。积极支持基层文化设施修缮及设备更新，鼓励乡镇综合文化站、村文化大院开展文化活动。继续实施流动舞台车配送、省级艺术表演团体送戏下乡补贴、农村电影放映、农家书屋建设工程。继续加大对重点文物和非物质遗产保护，加快推动公益性文化事业发展。二是支持做好“十艺节”筹备工作。要科学核定经费预算，确保“十艺节”顺利举办。省财政将积极支持省美术馆新馆建设、省艺术馆改扩建和省直剧场维修改造，有关市也要加大支持力度，为圆满办节创造良好条件。要结合“十艺节”艺术创作规划和任务，加大艺术创作资金支持力度，鼓励创作一批优秀文艺作品。三是支持艺术人才培养。实施高端紧缺人才培养计划，支持我省文化人才向高层次文化领军人物拜师学艺，支持乡镇综合文化站骨干培训等基层文化人才队伍建设。四是支持深化文化体制改革。要依据不同文化单位的性质和功能，分层次、分类别实施财政扶持政策，推动文化体制改革取得新进展。大力支持经营性文化事业单位转企改制，将各项扶持政策执行期限再延长5年。积极推进一般国有文艺院团、非时政类报刊社等文化单位转企改制，重点做好人员身份转换、分流安置和社会保障等财政政策设计，加快国有文化企业合并、重组、股改和上市步伐，形成以公有制为主体、多种所有制共同发展的文化产业格局。完善财政、税收、金融等扶持政策，鼓励和引导文化企业面向资本市场融资。省财政将安排引导资金，支持设立省级文化产业投资基金，拓宽文化产业投融资渠道，努力把文化产业打造成我省的支柱产业。五是完善文化企业国有资产监管机制。要充分履行财政职责，建立健全文化企业国有资产监督管理制度体系，完善管人管事管资产管导向相结合的国有文化资产管理机制，推动国有文化资产优化配置和结构调整，努力实现资产的保值增值。

（四）着力支持分类推进事业单位改革。为指导和推进实施全省事业单位改革，省财政配合有关部门研究制定了财政政策、事转企规定和资产管理三个配套文件，近期将印发实施。各地也要及早研究，结合本地实际，尽快制定配套政策措施，并提前测算改革成本等资金需求，确保改革顺利推进。

三、努力为财政教科文工作深入扎实开展提供保障

当前全省财政教科文工作任务重、责任大，必须加大力度、强化措施，为各项工作开展提供有力保障。

（一）要建立财政教科文投入稳定增长机制。各级要积极采取措施，建立健全教科文投入的长效保障机制。一是确保依法投入。要认真贯彻“两纲要、一决定”及省委九届十三次全会精神，坚持依法依规落实教科文投入政策，确保教育、科技、文化、计划生育实现法定增长。近期省财政将研究出台我省文化投入的意见，明确界定文化投入的范围、方向、目标和有关措施，各地也要早准备、早研究。明年全省财政教育投入占财政支出的比例要达到20%，这是一项硬任务、硬指标，必须确保完成。目前，任务已分解落实到市县，各级财政要将其作为头等大事，抓住今年超收收入分配和明年预算安排两个关键节点，根据比例参考值优先安排教育支出。为保障投入政策落实，省里建立了财政教育投入评价机制，根据评价结果安排综合奖励资金。今年省财政从超收收入中安排了部分资金，与各市教育投入情况挂钩，先预拨到各市，年底对各市教育支出情况进行考核，对完成任务好的地方予以奖补，对完不成任务的予以扣回。中央奖励资金也与各地任务完成情况挂钩，完不成指标任务的不予安排。二是坚持多元投入。要适应社会主义市场经济体制要求，创新公共服务供给方式，拓宽公共服务供给渠道，扩大政府购买服务范围，积极支持社会力量兴办教科文事业，实现教科文公共服务提供主体和提供方式的多元化。积极探索建立高校捐赠配比机制，激励高等学校拓宽筹资渠道。三是优化支出结构。要区分轻重缓急，坚持“有所为、有所不为”原则，不断调整优化财政支出结构，把更多的财政资源用于最急需的地方。要注重统筹城乡教育均衡发展，统筹文化事业和文化产业共同发展，统筹基础性科研和竞争性科研协调发展，重点支持农村和经济欠发达地区，支持事业发展的薄弱环节，努力推进基本公共服务均等化。

（二）要建立财政教科文管理约束机制。随着财政投入的大幅增长，资金使用管理和监督问题越发凸显，必须全面加强基础管理工作，提高科学化精细化管理水平。一是加强制度约束。要着力建立健全教科文经费管理制度，严格执行各项法律法规和财经纪律，逐步建立公开透明的预算分配机制和安全高效的预算执行机制，提高依法理财水平。财政部历时四年修订的《事业单位财务规则》及相关行业事业单位财务制度将于近期颁布

实施，这是指导事业单位财务管理的根本依据，在事业单位财务管理上具有里程碑的意义。省里将按照财政部的统一部署安排组织培训，各地、各部门也要以此为契机，狠抓新制度的学习培训和贯彻执行，并做好本地区、本部门所属事业单位内部财务制度的修订工作。二是加强预算约束。要按照科学、规范、细化的要求，进一步规范预算编制程序，提高预算年初到位率，把单位自有收入全部纳入预算编制范围，严格按标准核定人员经费，把预算编制与预算执行、结转和结余资金管理相结合，提高预算编制质量。要加快预算执行进度，从明年起，省直部门年度中原则上不再追加预算，各地也要逐步遵照实施。要建立预算执行责任制度，搞好预算执行与部门业务工作计划的衔接，落实转移支付资金提前通知制度，不断提升财政教科文预算执行的均衡性和有效性。三是加强绩效约束。各级教科文财政财务部门要进一步增强管理意识和效率意识，重点推进民生领域支出及各类科技计划、工程等专项经费的综合绩效评价，建立健全财政投入激励约束和绩效评价机制，将评价结果作为财政增加投入的重要依据，在全社会形成重管理、求绩效的良好氛围。

（三）要建立财政教科文人才队伍培养机制。当前财政教科文投入已占到财政蛋糕的近1/4，管好用好这么大规模资金，支持事业又好又快发展，关键要打造一直精干、高效、廉洁、专业的财政教科文干部队伍。一要加强学习知上情。要认真学习中央及省的大政方针政策，及时掌握国家有关法律法规知识以及先进财税理论和科学理财方法，准确把握中央和省委、省政府及厅党组的一系列决策部署，注重加强对全局性、前瞻性、基础性问题的研究，为党委、政府和党组决策当好参谋，不断提高依法行政和履岗履责的能力。省财政将进一步加大培训力度，帮助大家开拓视野、更新知识，促进提高全省财政教科文干部综合素质。二要以人为本重人情。教科文事业关系民生大计，要把实现好、维护好、发展好最广大人民群众的根本利益作为工作的根本出发点和落脚点，要带着感情研究工作，想人民群众之所想，急人民群众之所急，着力解决教科文领域关系群众切身利益的突出问题。三要转变作风掌实情。现在一些同志借口工作忙，深入基层少了，调查研究少了，纸上谈兵多了，有的干部工作几年了，还不知道服务单位在哪里，这怎么能服务到位，怎么能服务到部门的心坎上呢。我们常说，要努力满足单位的需求，不了解需求怎么能满足需求呢？所以，我们一定要转变工作作风，完善教科文联系部门、联系市县制度，加强上下、左右的沟通协调，坚持深入调查研究，虚心听取意见和建议，增强工作的前瞻性和针对性。同时，要积极促进和加强教科文财政财务机构建设。当前，财政教科文资金投入的“大头”在县级，管理的重心也在县级，任务十分艰巨繁重，各市要引导县级财政部门重视和加强财政教科文机构建设。省直各部门也要加强内部财务管理机构建设，不断健全和优化管理流程，科学设置工作岗位，明确界定管理职责，为提升教科文财政财务工作水平提供坚强保障。四要廉洁勤政防险情。各级财政部门要切实加强廉政建设，牢固树立正确的权力观、地位观和利益观，进一步完善资金管理内控机制，规范管理流程，堵塞管理漏洞，不断强化防范措施和预警机制，从源头上预防腐败问题发生。要严格落实各项廉政规定，规范岗位职责，强化廉政监督，确保资金和干部“两个安全”，树立全省财政教科文干部的良好形象。

（作者为省财政厅副厅长）

多措并举推进财政交通工作

文新三

交通建设是经济社会发展的基础支撑。近年来，全省各级财政坚持以科学发展观为指导，充分发挥职能作用，着力保障交通建设资金需要。特别是2009年以来，各级积极适应成品油税费改革的新形势、新要求，解放思想、开拓创新，大力推进交通财务管理体制改革，有力促进了交通事业发展。

（一）交通财务运行新框架初步构建。成品油税费改革是对成品油价格形成机制和交通收费的一项重大改革，为推动交通财务管理体制改革提供了难得的机遇。三年来各级立足山东实际，探索建立交通财务运行新机制，并以省政府名义出台了《关于交通财务管理体制改革的意见》（鲁政发〔2009〕78号），合理划分了财权、事权，初步构建了交通财务运行新框架。一是进一步理顺了财政与交通的财务关系。成品油税费改革后，交通资金来源由政府性收费转变为税收，管理方式由预算外纳入一般预算管理。对于交通部门人员机构经费，按照单位性质、预算定额等核定经费，解决了过去“养人收费、收费养人”问题。对于交通建设维护资金，进一步强化了财政预算管理职能，改变了多年来交通资金封闭运行、缺乏制约的状况。二是进一步明确了省与市县财权事权。改革后，国省道建设、农村公路建设养护事权分别归属省与市县。按照财权、事权统一原则，省里将原拖拉机养路费形成的预算资金、市县公路系统和港航局人员机构经费，通过财政体制切块下放。改革明确了事权划分，有利于建立省与市县共同投入的联动机制，强化了市县职责，改变了公路系统“机构人员归属各市、财务由省统包”的管理体制，有效解决了人员超编较多、管理成本居高不下的问题。三是进一步加强了交通债务管理。按照“谁承借、谁还款”原则，省里不再为市县提供任何形式和内容的债务担保，一定程度上抑制了地方交通部门的投资冲动，有效防范了交通债务风险。

（二）交通财务管理新模式正在形成。近年来，各级积极创新交通财务管理新机制，探索完善交通财务管理办法，走在了全国前列，得到了财政部的充分肯定。一方面，管理制度不断完善。各级认真贯彻省政府78号文件精神，不断完善制度，规范程序。省里先后研究制定了《山东省交通预算及财务管理暂行办法》、《山东省国省道养护工程专项资金管理暂行办法》、《山东省县乡交通基础设施奖励资金管理暂行办法》等5个资金管理办法，提高了交通资金的精细化管理程度，工作运行更加规范、透明。另一方面，管理方式不断创新。各级大力推行集中支付、政府采购等制度，交通资金纳入预算管理的深度和广度不断提高。从2010年起，省厅通过实行“五个明确”（明确资金申报主体、明确工程计量程序、明确资金支付对象、明确项目合同内容、明确资金支付资料），将省级国省道改扩建、大中修养护资金纳入财政直接支付范围，年支付金额近40亿元，支付规模居全国首位。2011年又将国省道养护工程纳入政府采购预算管理，由省财政厅将工程资金直接支付给中标供应商，减少资金拨付环节，规范了预算执行管理，保证了资金安全、高效。

（三）交通财务监管新机制逐步建立。交通资金规模大、项目多，财政监管任务十分繁重。各级积极采取措施，加强资金全过程监管。一是建立预算审核机制。为加强交通建设资金预算管理，强化财政监督，省厅研究制订了《山东省国省道养护工程预决算中介机构库管理暂行办法》，在全省范围内分别择优选择10家具有甲级资质的工程造价机构和会计师事务所，建立了国省道预算中介机构库。2011年我们委托中介机构，对各市上报的国省道项目进行预算审核，核减资金9.7亿元，既节约了财政资金，又规范了项目管理，收到良好经济和社会效益。二是建立质量保证金制度。为加强交通建设工程质量管理，从2011年起将国省道养护工程质量保证金率从5%提高到15%。同时，加强项目资金动态控制，在确保工程建设资金按合同及时支付的前提下，统筹调剂相关工程项目资金余缺，仅2011年省级就盘活17亿元，进一步提高了资金使用效益。三是建立考核奖励机制。为进一步规范交通资金管理，我们进一步加大对各市的考核力度，并根据考核结果分配资金，鼓励先进，支持推进改革。比如，2010年研究制定了《山东省县乡交通基础设施奖励资金管理暂行办法》，采用农村公路通车、养护里程等基础性因素和资金拨付进度、财政渠道拨付率等改革性因素进行考核，并根据考核情况“奖先罚后”。2011年，根据各市改革推进情况，又进一步调增预算执行进度的考核权重，并将扣减的资金，全部奖励改革推进先进市。

（四）交通建设资金保障机制进一步完善。成品油税费改革后，各级财政加大资金投入，科学运筹资金，进一步增强了对交通建设的保障能力。2009年以来，省级累计筹集交通建设养护资金270亿元，并呈逐年增加趋势。在增加投入的同时，各级进一步优化支出结构，集中财力办大事。一是加大对国省道建设养护工程的投入。各级多方筹措资金，大力支持国省道、高速公路建设，全力“保出行、保畅通、保发展”。2011年省级安排国省干线公路改扩建和养护资金46.7亿元，比2008年增长55.67%，连续两年超过40亿元。3年来，省财政累计投入125亿元，共新建扩建一级以上公路890公里，公路养护里程达到2 412公里，改造国省干线公路危桥320座。3年累计安排高速公路大中修资金53亿元，目前，我省高速公路总里程达到4 285公里，位居全国前列。二是加大对农村公路建设的投入。各级坚持城乡统筹，大力支持农村公路建设养护，扎实推进农村民生工程建设。2011年年初预算安排农村道路建设养护资金28亿元，比上年增加40%。3年以来，累计安排农村公路建设养护资金67亿元，全省新增通油路行政村2 199个，农村公路通车总里程达到20.3万公里，行政村通油路比例达到99.2%。2011年下半年，又在全省范围内开展了“全省村级公路网化示范县”活动，今后3年计划支持75个示范县开展村内道路建设，进一步提升农村公路通达深度和服务水平。三是大力支持港航建设等。2011年，省级安排港航建设养护资金7亿元，是2008年的2倍，用于沿海港口、内河公用航道等基础设施建设。目前，全省内河航道里程达到1 150公里，内河港口通过能力达到4 500万吨。积极支持公路运输枢纽规划建设，累计安排资金5.5亿元，新建成一批客运、货运站场和规模物流园区项目。四是积极消化政府还贷二级公路债务。2009年我省撤销政府还贷二级公路收费站点54个，涉及公路里程5 120公里。为消化改革前形成的政府还贷二级公路债务，3年来省级累计筹措资金67亿元，积极化解省级政府还贷二级公路债务，有效降低了交通财务风险。

今后一个时期是我省全面建成小康社会、实现富民强省新跨越的关键时期，也是转变经济发展方式的攻坚时期。"十二五"期间，我省需新增公路通车里程1.5万公里，新增高速公路通车里程近2 000公里，升级改造一般国省道4 000公里，新增农村公路1.2万公里，交通建设任务重，对财政保障能力提出了新要求。同时，公共财政改革的深入，财政预决算公开范围不断扩大，等等。这些都给财政交通工作带来了新挑战。各级财政要积极适应新形势，应对新挑战，研究新思路，解决新问题，大力深化交通财务体制改革，推动我省交通事业健康发展。

（一）统一思想，进一步增强改革的紧迫感和责任感。经过3年运行，交通财务管理体制新框架已初步建成，改革取得明显成效。各级按照改革总体要求，结合实际，大力推进交通财务管理体制改革，创出了许多新经验、新路子。比如，临沂、莱芜、威海、济宁在全省较早推行交通资金国库集中支付改革，枣庄、滨州严格按要求规范各项交通资金管理，等等，走在了全省前列。但同时我们也要清楚地看到，部分市工作进展仍然较慢，交通资金集中支付、政府采购的比例还不够高，通过财政渠道拨付资金比例仍需提高，避免交通债务风险的长效机制亟待建立，等等。这里既有原体制惯性运行等客观因素影响，也有主观因素，个别地方有畏难情绪和等待观望思想。应当看到，将交通资金纳入一般预算管理，实行国库集中支付是交通财务管理体制改革的最基本要求，有利于规范资金管理，有利于促进交通事业发展。各级要以科学发展观为指导，进一步提高认识，学习借鉴先进经验，切实增强深化改革的自觉性和责任感，抓住机遇，加快改革，努力建立有利于交通事业发展的体制机制。

（二）科学管理，进一步提高交通财务管理精细化水平。交通建设养护资金数额较多，加强资金管理的任务重、责任大。要按照科学化精细化管理要求，不断完善制度、规范程序、强化管理，切实把依法行政、科学管理的理念贯彻始终。一要进一步加强制度建设。要尽快建立起完善的交通财务管理制度体系，实现资金管理办法与专项资金的无缝衔接。这次会上印发了《山东省港航养护工程专项资金管理暂行办法》、《山东省国省道日常养护考核与专项资金管理办法》等制度办法，大家要认真讨论，并积极提出意见建议，争取使各个办法切合实际，便于操作，有利于规范管理。各级也要结合当地实际，不等不靠，积极探索，制定具体的实施办法或细则，真正做到用制度管人、管事、管资金，从源头上堵塞资金管理漏洞，切实提高资金使用效益。二要进一步加快预算执行。近年来，社会各方面高度关注预算执行问题，特别是对"年底突击花钱"问题，社会反响强烈。为加快预算执行，各级都建立了考核机制。交通资金在各级预算中总量大，占比高，交通预算执行快慢，直接影响到整个财政预算执行进度。各级要站在讲政治和全局的高度，切实把交通预算执行放在更加突出的位置，将预算执行责任落实到具体项目、每个人，建立起预算执行动态监控体系，不断提高预算执行的及时性、均衡性。今后省里将进一步加强预算与计划的衔接，探索建立预算安排和预算执行挂钩制度，减少论证不充分、规划不细致的项目，减少年底结转资金，切实提高项目资金到位率，提高资金效率。三要进一步加强资金监管。大力推行集中支付、政府采购、投资评审等制度，尽快研究建立农村公路资金集中支付、政府采购、投资预算审核等机制，规范资金运作流程，放大政策效应。要积极会同交通、审计等部门，加强资金全过程监管。交通资金量大、项目多，在目前人手少的情况下，更要注重"花钱买服务"，借助"外力"，加强监管。明年我们将研究探索引入中介机构等方式，对重点交通建设资金开展监督检查和绩效评价。对领导重视、管理规范、工作突出的地方，省里将加大扶持力度。对资金使用效益较差、存在严重违纪违规问题、受到省级以上审计部门通报或新闻媒体曝光的，需严肃依法处理，并坚决压缩相关资金补助规模。

（三）科学运筹，进一步提高交通建设资金保障能力。据测算，要完成"十二五"规划任务，全省需投入交通资金3 487亿元。各级要多方筹措资金，确保交通建设的资金需要，为交通事业发展提供有力保障。一方面，要管好用好财政交通资金。改革后，国省道建设、内河建设等事权与财权划分更加清晰，各级要按照职责划分，积极筹措建设资金，切实担负起交通建设、养护、管理职责，逐步改变主要依靠省级投资的现状，形成省、市、县三级政府共同投资的新格局。要进一步重视农村公路建设，省里将通过以奖代投方式，鼓励各市加快农村公路建设，并对列入省级规划的项目给予定额补助。市县也要进一步加大对农村建设养护的投入，足额落实"全省村级公路网化示范县"配套资金，确保实施好这一惠民工程。

同时，要积极整合中央成品油税费改革一般转移支付资金、中央车购税投资、公路通行费等收入，在确保资金投向不变的前提下，结合交通发展规划，实行集中投放，突出重点，支持交通事业发展。另一方面，要积极探索建立多元化的投资体制。要继续执行好国家“贷款修路、收费还贷”政策，对高速公路和一级公路通行费实行“收支两条线”，纳入部门预算管理。积极推进收费公路建设市场化进程，对新建收费公路采取公开竞标方式，吸引社会资金进入，发展经营性收费公路，减轻政府投资压力。对已建收费公路，积极创造条件，按照《收费公路权益转让办法》规定，采取招拍挂方式出让收费权益，筹措资金加大公路投入、偿还银行贷款。各级也要结合实际，进一步完善交通投融资机制，多渠道筹措交通建设资金。比如，可探索采用拍卖冠名权的方式，引导企业参与公路建设。鼓励基层采取村民自愿出资、社会捐赠等方式，共同参与农村道路养护。

（四）加强研究，不断提高财政交通政策业务素质。面对新情况、新问题，从事财政经建交通工作的同志，要不断加强学习和政策研究，着力在提高业务素质上下工夫。一要加强交通业务学习。交通工作涉及面广，专业性强，要深入了解交通部门工作实际，认真学习交通业务知识，熟练掌握交通部门财务管理状况。特别是交通事业发展中涌现的新事物、新业务，更要主动搞清楚、弄明白。比如，要认真学习交通项目建设规程、招投标程序、工程定额等业务知识。要密切关注交通发展动态，及时跟踪了解交通由建设为主向建管养运并重、由单一运输向综合运输体系建设转变对财政管理、财政保障的新要求，研究提出应对措施。二要加强重大政策研究。要把推动交通事业发展与贯彻落实中央和省委、省政府重大决策结合起来。比如，要积极研究交通建设在推动“两区”发展中的作用，完善扶持政策；要按照国务院节能减排综合方案要求，加快研究促进交通节能减排的政策措施，加快转方式调结构；要研究如何更好发挥交通在推进城镇化建设的基础性作用，增强城镇载体功能，等等。要通过加强政策研究，不断提出切合实际的政策建议，提高工作的主动性和前瞻性，切实发挥财政交通在转方式、调结构中的重要作用。三要深入研究热点、难点问题。要围绕交通债务、交通投融资、公路收费等热点难点问题，加强研究，提出对策。比如，要注意调度了解交通投融资平台情况，研究将交通债务纳入同级财政预算管理的具体办法，研究确定公路建设债务适度规模及合理构成、构建债务预警机制，减轻政府债务负担、防范化解债务风险。再比如，目前社会各界高度关注高速公路、一级公路收费问题，要研究解决收费标准降低后公路建设投融资问题。

（五）加强配合，进一步深化交通财务体制改革。各级财政部门要加强与交通部门的沟通配合，调动方方面面的积极性，共同推进改革。要强化服务意识，围绕加快交通事业发展，积极提出加强管理的新思路、新措施，尤其是对交通事业发展中面临的新情况、新问题，要及时研究，积极应对。对涉及改革的事项，要及时沟通情况、研究解决问题，争取达成共识。要进一步加强有关交通财务管理知识培训，提高交通财务管理人员素质。为推进交通资金集中支付、政府采购等改革，省财政厅采取集中培训等方式，加强对交通部门人员的财政财务知识培训，取得了较好成效。各市县也要通过业务培训、座谈交流等方式，确保交通部门及时了解财政意图，准确把握改革目标任务，熟练掌握财政预算管理要求等，赢得部门理解和支持，加快推进改革。

（作者为省财政厅副厅长）

正确把握农业财政工作的重点和要求

李国健

一、新的形势任务对当前农业财政工作提出了更高要求

当前和今后一段时期，我们农业财政工作面临着难得的发展机遇。一是中央针对“三农”作出的一系列重大决策，为农业财政工作指明了方向。党的十六大以来，中央从战略和全局的高度，提出了把“三农”作为全党工作“重中之重”的战略思想，确立了统筹城乡发展的基本方略，制定了工业反哺农业、城市支持农村和多予少取放活的基本方针，明确了“在工业化、城镇化深入发展中同步推进农业现代化”的重大任务。二是各级党委政府对“三农”的高度重视，为农业财政工作开展提供了保障。近些年来，各级都把“三农”工作提到了空前的战略高度，每年都以“1号文件”进行部署，并连续出台扶持“三农”的一系列政策措施，为我们支农工作开展提供了依据。三是我

省“三农”发展持续向好，为进一步深化改革创造了条件。在省委、省政府的正确领导下，近年来我省农业发展始终走在全国前列，山东农产品生产大省、加工大省、出口大省的地位不断巩固。特别是2011年，我省粮食生产有望实现“九连增”，为“十二五”开好局、起好步奠定了坚实基础。四是快速健康发展的财政经济，为支持“三农”发展提供了雄厚的财力支撑。随着经济的又好又快发展，我省财政实力不断增强。“十一五”期间，全省地方财政收入总规模达到9 936.72亿元，年均增长20.70%，其中2010年达到2 749.38亿元，同期增长20.05%。2011年1～10月份，全省地方财政收入达到2 972.91亿元，同期增长30.47%，为进一步加大支农投入奠定了坚实基础。同时，各级坚持科学理财、依法理财，农业财政管理水平有了进一步提升。我们在紧紧把握好以上机遇的同时，也要清醒地认识到当前农业财政工作面临的困难和挑战。

（一）从经济社会发展全局看，仍存在着许多深层次矛盾和问题，要求我们必须通过系统、全面地完善政策加以解决。目前，制约“三农”发展的因素仍然很多，最大障碍是城乡二元结构，突出表现为工农城乡之间存在的“剪刀差”。长期以来，“剪刀差”的存在，导致国家从农民、农村、农业抽走巨额的资金和物力来推动工业化、城镇化。在现阶段，要彻底解决这些矛盾和问题，推动“三农”事业加快发展，必须彻底打破“二元结构”，全力推进“三化同步”，努力使农业现代化、城镇化与工业化同步推进，城镇化与新农村建设双轮驱动。这是一项长期艰巨的历史任务，也是一项复杂庞大的系统工程，需要从体制、机制、制度上加强研究，加快建立与国家经济、财政实力相匹配的完整系统的政策保护体系。财政作为国家主要的经济调控手段，如何进一步完善支农政策体系，拓展政策覆盖领域，填补政策空白，搞好政策衔接，确保政策体系的完整性和系统性，着力在促进经济结构调整中夯实农业发展基础，在调整国民收入分配格局中促进农民增收，在保障和改善民生中强化农村公共服务，是摆在我们各级财政部门面前的严峻课题。

（二）从“三农”发展的环境看，还存在着许多不确定因素，要求我们必须用更加宽阔的视野和与时俱进的思维进一步增强政策的前瞻性。在当前工业化、城镇化、市场化、信息化、国际化的大背景下，农业农村正在发生重大而深刻的变化。从外部环境看，面临着“三大不确定性”：世界经济复苏艰难曲折、缓慢复杂、充满变数，对农业农村发展的宏观经济影响存在很大不确定性；国际国内农产品价格时常出现“过山车”式的暴涨暴跌，影响因素复杂多变，农产品市场风险存在很大不确定性；极端天气异常活跃且有“常态化”趋势，自然灾害突发频发重发，农业生产自然风险存在很大不确定性。从内部环境看，面临着“三大困难”：粮食生产基数高，各种支撑力量已经绷得很紧，后劲不足问题凸显，保持粮食稳定增产的难度加大；生产成本上升，务农效益降低，转移就业困难，增收渠道收窄，保持农民收入持续较快增长的难度加大；农业资源环境承载能力严重不足，农业“靠天吃饭”的局面、粗放的增长方式和脆弱的生态环境没有得到根本转变，保持农业可持续发展的难度加大。要解决这些问题，迫切要求我们积极应对，超前谋划，针对可能出现的问题及早作出预案，增强政策的前瞻性和预见性，确保目标定位更加准确，作用更加直接有效。

（三）从农业财政管理情况看，随着财政改革和公共财政理念的不断深化，要求我们必须更加注重科学化、精细化。近年来，财政支农资金已成为社会各界关注的焦点和各级审计、财政监督的重点，而且审计监督的针对性越来越强、专业化越来越高、覆盖面越来越广，这对我们支农资金的管理提出了挑战。同时，通过对市县的审计和监督检查发现，有些地方仍然存在一些诸如重分配轻管理、手段落后、管理粗放等不可忽视的薄弱环节，有些地方特别是市级财政存在对农业投入比重偏低的问题。比如“十一五”时期，市级财力占全省财力的27.6%，但市级农业投入仅占全省农业投入的13.6%，与其财力水平很不相称。今后，随着公共财政理念的逐步深化、“三公”经费的全面公开和社会公众监督力度的不断增强，进一步加大财政支农投入、拓宽政策覆盖范围、提高财政支农政策和预算透明度的社会期望值越来越高，这些都对农业财政管理的科学化、精细化提出了更高要求，对我们的管理理念、管理方式、管理手段、管理基础提出了新的挑战。

二、当前和今后一个时期要着力抓好的重点工作

（一）坚持把支持以水利为重点的农业基础设施建设作为加快推进农业发展方式转变的战略举措，着力筑牢农业发展基础。水是生命之源、生产之要、生态之基，水利具有很强的公益性、基础性、战略性。转变农业发展方式，推进农业现代化，当务之急是加强以水利为重点的农业基础设施建设。2011年，中央和省委两个“1号文件”出台了一系列支持水利改革发展的政策措施，要求今后10年全社会水利投入水平比2010年高出1倍。各级要切实把水利作为公共财政投入的重点领域，下决心优化支出结构，大幅度增加水利专项资金，

稳步提高水利建设资金在固定资产投资中的比重，努力加强水利建设基金征缴。具体工作中，要大力支持南水北调主干线及配套、胶东地区引黄调水及平原水库和河道拦蓄等重点水源工程建设；大力支持防潮堤工程、大中型病险水闸和新一轮大中型病险水库除险加固、骨干河道及重点中小河流治理等骨干水利工程建设；大力支持小型农田水利重点县、大中型灌区续建配套改造、农村饮水安全、水土保持、水利防灾减灾等民生项目建设；大力支持水文设施建设改造，逐步提高水利信息化、科技化和现代化水平。同时，要进一步加大农业综合开发力度，坚持高起点规划、高标准建设，集中连片规模开发，水土田林路综合治理，大规模建设旱涝保收高标准农田，着力打造粮食生产核心区。为认真贯彻落实中央和省水利工作会议精神，最大限度地发挥政策资金的规模效益，省厅决定对涉及水利的相关政策、资金由一个口统筹规划、集中管理、统一安排。各级要比照省厅的做法，结合明年部门预算的编制，早打算、早研究、早部署，为部门制定工作规划、推动工作开展提供便利和支持。

（二）坚持把支持农业科技进步作为加快推进农业发展方式转变的重要支撑，深入挖掘农业发展潜力。农业发展的根本出路在科技进步。据了解，2012年中央和省委“1号文件”的主题将聚焦农业科技进步。各级要加强政策调控和资金引导，进一步完善支持农业科技进步的政策措施，加大对农业科技研发、成果转化、技术推广、基层农业技术推广体系改革和新型农民科技培训的支持力度，真正把农业发展转到依靠科技进步、提高劳动者素质和管理创新的轨道上来。要特别重视支持农业科技自主创新，认真落实全国现代农作物种业工作会议精神和我省种业振兴规划，进一步加大农业良种研发投入，支持农业科研院所、大专院校开展基础性、公益性育种研究，鼓励基础条件好、科研能力强的种业龙头企业开展商业化规模化育种、应用技术研发和种子生产基地建设，逐步构建以产业为主导、企业为主体、基地为依托、产学研相结合、育繁推一体化的现代种业体系。

（三）坚持把支持构建现代农业产业体系作为加快推进农业发展方式转变的主攻方向，努力提高农业发展效益。构建现代农业产业体系，是推进农业现代化建设的核心内容。要大力支持全省农业十大产业振兴规划实施，积极发展高产、优质、高效、生态、安全农业；认真落实农作物良种补贴、畜牧良种补贴政策，加大农机具购置补贴力度，充分调动农民群众发展生产的积极性；大幅度增加现代农业生产发展资金，聚焦农业优势产业和优势区域，整合资源，集中投入，整体推进，连续扶持，着力打造引领产业振兴的制高点；继续深入开展粮棉油高产创建和“菜篮子”工程建设，加大农产品质量安全提升工程实施力度，切实保障主要农产品有效供给和质量安全；加大对农业产业化龙头企业的扶持，加快培育一批农民专业合作社省级示范社和联合社，进一步深化农业产业化经营；认真落实省委、省政府关于“十二五”期间打造30个国家级和省级现代农业示范区的部署，集中财力支持示范区建设，为我省现代农业发展探索路径、提供经验。省财政将对建设成效突出的示范区给予补助和奖励。

（四）坚持把支持完善新型农业社会化服务体系作为加快推进农业发展方式转变的有效手段，积极优化农业发展环境。加快推进农业发展方式转变，需要尽快构建起以公共服务机构为依托、合作经济组织为基础、龙头企业为骨干、其他社会力量为补充，公益性服务、经营性服务、互助性服务相结合的新型农业社会化服务体系。为此，要着力强化政府公益性服务，大力支持重大动植物病虫害防治，加强山洪灾害防治和防汛抗旱、森林灭火服务队伍建设，积极支持气象为农服务，继续实施“平安渔业”工程，提高农业抗风险能力。要积极推动市场经营性服务，结合实施农村劳动力培训“阳光工程”，促进建设一支扎根农村、服务农业、专业高效的职业化涉农服务队伍，鼓励开展农村流通服务、信息服务和金融服务。要不断完善农民互助性服务，支持农民专业合作组织开展技术引进与推广、科技培训、标准化生产、质量检测、市场营销、信息服务，鼓励开展贷款担保、资金互助、合作保险、土地流转等新型服务活动，努力提高合作服务功能。

（五）坚持把支持资源节约型、环境友好型农业作为加快推进农业发展方式转变的重要着力点，切实提升农业发展质量。加强资源节约、生态建设和环境保护，是转变农业发展方式的根本举措。各级要把支持生态农业、循环农业放在更加突出的位置，努力促进农业可持续发展。加大“渔业资源修复行动计划”实施力度，调整优化扶持方向，扩大增殖放流和人工鱼礁建设规模，支持渔业执法能力建设，促进渔业资源保护；加强水土流失综合治理，支持生态农业与农村新能源示范县建设，实施测土配方施肥和土壤有机质提升补贴，促进生态循环农业发展；完善林业发展扶持政策，加大“绿化山东”投入力度，实施森林生态效益补偿，启动湿地保护与修复、农村中小学绿化工程，健全完善林业补贴政策体系，不断提高我省森林覆盖率和森林保有质量。

（六）坚持把保障和改善农村民

生作为加快推进农业发展方式转变的根本目的，让农民共享改革发展成果。加快推进农业发展方式转变，归根到底是为了保障和改善民生。为此，要继续支持农村饮水安全、农村沼气和村镇绿化，努力改善农民群众生活条件；进一步完善政策措施，积极推进开发式扶贫，不断提高贫困地区和扶贫对象自我发展能力，特别是要认真贯彻落实好国务院关于支持沂蒙革命老区的优惠政策，加快与财政部有关司局的对接，积极做好争取工作，同时省级农业财政专项资金也要重点向沂蒙革命老区倾斜；认真落实省委、省政府关于加强生态文明乡村建设的决策部署，结合当地实际，因地制宜，整合资源，加大力度，尽快把广大农村建设成为产业生态高效、环境优美宜居、生活文明健康的美好家园。省财政按照“先干后补、以奖代补，鼓励先进、以奖促建”的原则，对重视程度高、投入力度大、建设进度快、任务完成好、受益范围广的市给予奖励。

三、切实为农业财政工作开展提供保障

（一）要始终把强化保障放在农业财政工作的第一位，保障民生、助推发展。统筹城乡发展，推动农业现代化和社会主义新农村建设，需要大量的资金投入，仅靠政府投入是远远不够的。各级各部门要充分发挥职能作用，多措并举，多方筹资，为加快农村经济社会发展提供有力保障。一是切实加大财政投入，努力“用政府的钱办好保民生的事”。要严格按照公共财政要求，将更多的财政资金投向农业农村，将更多的资源配置到民生领域，努力实现“财政支出重点向农业农村倾斜，确保用于农业农村的总量、增量均有提高；预算内固定资产投资重点用于农业农村基础设施建设，确保总量和比重进一步提高；土地出让收益重点投向农业土地开发、农田水利和农村基础设施建设，确保足额提取、定向使用”。二是广泛带动社会资金投入，努力“用市场的钱办好促发展的事”。充分用好财政政策，盘活农村资源资产，为社会资本进入农业开辟新的途径和实现方式；尊重农民的主体地位，通过民办公助、以奖代补、先干后补等方式，调动农民群众投入的积极性；加快改善农业基础生产条件，优化农业投资环境，引导工商企业加大对农业的反哺力度；加强财税政策与金融政策对接，以贴息、担保、奖励、补贴、抵押等方式，鼓励银行、保险等金融机构加大对农业的投入。三是深入推进支农资金整合，集中财力办大事。以小型农田水利重点县、现代农业示范区、生态文明乡村建设等重点项目为平台，统筹规划、整合资源、集中投入，支持农村基础设施和农业现代化建设；积极完善“市县多整合、省级多奖励”的激励机制，对整合效果明显、成绩突出的县，进一步加大奖励力度。

（二）要始终把强化服务贯穿农业财政工作的全过程，积极作为、倾情落实。做好新时期的农业财政工作，必须牢固树立服务意识，强化服务理念，提高服务层次。一要服务好大局。要深刻领会、准确把握中央和省委、省政府及厅党组关于“三农”工作的一系列决策部署，自觉把农业财政工作放在经济社会发展的全局中来审视和定位，加强对重大政策理论和实际工作的思考、研究和实践，努力为党组决策出好主意、当好参谋。二要服务好部门。要善于换位思考，切实加强与农口部门的协调、沟通和配合，主动了解农口部门的实际情况，准确把握部门工作重点和事业发展需要，想部门之所想，急部门之所急，积极帮助部门解决实际困难，为部门运转和事业发展提供保障。三要服务好基层。要坚持上下一盘棋，在项目选择上赋予地方更多的自主权，在预算执行上加快资金分配拨付进度，特别是对沂蒙革命老区县、省财政直管县、经济欠发达县，要给予更多的支持和倾斜，为基层工作开展创造条件。四要服务好群众。在政策制定、预算安排、资金分配上，要充分体现民情民意，认真办好顺民心、解民忧、惠民生的实事好事，确保把各项惠农政策不折不扣地落到实处。对时令性强、形势紧迫、事关农业生产和群众生命财产安全的事项，更要超前研究，做到早谋划、早安排、早落实，争取工作主动。

（三）要始终把强化管理置于农业财政工作的各个环节，完善制度、健全机制。要坚持依法理财、科学理财、民主理财，努力提高农业财政管理绩效。一是坚持“制度全覆盖”。按照“先建制度、后分资金，先规范、后运作”的要求，及时健全完善专项资金和项目管理办法，使资金分配和项目管理有章可循、有规可依，从源头上堵塞资金和项目管理漏洞。二是坚持“管理全过程”。进一步检查梳理农业财政资金管理业务流程，完善申报立项、资金分配、项目实施、跟踪问效等管理程序和操作规范，推行专家评审论证、公开招标、竞争立项等制度，确保项目选择客观、公正、公开、透明。三是坚持“监管全方位”。充分借助审计、财政监督、投资评审、中介机构等多方力量，注重发挥基层财政管理机构就地、就近监管的优势，加强对支农资金的使用管理，加大对违法违规违纪问题的查处力度。积极做好预决算公开工作，自觉接受人大、审计和社会监督。四是坚持“考核精细化”。稳步扩大支农专项资金绩效考评范围，健全完善部门预算管理绩效考评制度，强化对财政支农工作考核，促进形成全省上下“重绩效、抓管理”的

良好氛围。

（四）要始终把强化队伍建设作为做好农业财政工作的根本基础，依法行政、廉洁奉公。要以开展创先争优活动为契机，进一步加强干部队伍建设，努力打造一支政治坚定、素质过硬、廉洁高效的干部队伍。一要加强学习、强化素质。要认真学习关于“三农”工作的一系列路线方针政策，及时掌握有关法律法规知识和先进财税理论及理财方法，加强对全局性、前瞻性、基础性农业财政问题的研究，不断提高依法行政和履岗履责的能力。二要转变作风、以民为本。要密切联系群众，经常深入基层调查研究，虚心听取群众意见，真正做到问需于民、问政于民、问计于民，努力解决好党和政府高度重视、社会各界广泛关注、农民群众急需解决的焦点、热点、难点问题。三要抓源治本、廉洁勤政。大力弘扬勤政廉洁之风，严格执行各项廉政规定。进一步完善财政资金管理内控机制，不断强化防范措施和预警机制，从源头上抑制腐败问题发生，确保财政资金和财政干部都不出问题，树立全省农业财政干部的良好形象。

（作者为省财政厅副厅长）

主动适应形势变化　努力做好财政企业工作

窦玉明

当前，国内外经济形势已经并且正在发生着全面而深刻的变化。多年的经验告诉我们，要研究做好财政企业工作，必须正确认识和准确把握形势变化，用联系和发展的观点，分析面临的形势和任务，明确工作的指导思想和目标方向。就财政企业工作形势来讲，主要体现在以下三个方面：一是企业发展的外部环境发生了重大变化。从国际看，世界经济复苏进程比预想的要慢，一些发达国家财政赤字高企，美国主权信用近百年首遭降级，欧洲主权债务危机不断蔓延，日本地震影响尚未完全消除，新兴经济体通胀加剧。同时，贸易保护主义愈演愈烈，贸易摩擦不断升级，对我国贸易出口造成巨大冲击。从国内看，我国虽已成为全球第二大经济体，但经济结构调整任务繁重，企业发展面临的土地、原材料、劳动力等生产要素成本持续上升，能源、资源、环境瓶颈制约加剧。我省作为一个传统制造业大省，企业自主创新能力不强，先进制造业所占比重不高，战略性新兴产业还处于发展初期，对经济增长的支撑作用尚未形成，改造提升传统产业、加快淘汰落后产能和节能减排的任务艰巨，转方式、调结构和实现经济可持续发展的难度很大。二是服务对象的所有制结构发生了重大变化。过去服务对象主要是国有企业，但现在企业所有制结构已经发生了非常大的变化。国有经济所占比重明显降低，国有独资企业的数量越来越少，股份制已经成为公有制的主要实现形式，中小企业及非公经济成为地方经济发展和社会就业的生力军。三是财政工作的管理要求越来越高。随着社会主义市场经济体制不断完善，财政企业工作应本着“有所为、有所不为”的原则，注重运用市场机制和经济手段，充分发挥财政杠杆作用，合理引导社会资本流向，推动企业转方式、调结构、增财源。另外，加强财政科学化精细化管理和预决算信息公开也对转变财政支持方式、加强资金绩效管理、提高资金使用效益提出了新的更高的要求。基于以上分析，要进一步做好新时期的财政企业工作，必须适应形势变化，主动调整思路，着重从以下几个方面进行深入研究和系统思考：

（一）在政策取向方面，要研究如何坚持以中国特色社会主义理论为指导，促进各类企业科学发展。中国特色社会主义理论是我国经济社会发展的根本指导思想，以公有制经济为主体、多种所有制经济共同发展是我国的基本经济制度。新时期财政企业工作要以这一重要理论为指导，结合本地实际，研究工作思路。从财政企业工作来讲，大力支持和有效调控国有经济发展的当务之急，就是要加快建立国有资本经营预算制度。一方面，这是改革收入分配制度、完善政府预算体系的必然要求；另一方面，通过实施国有资本经营预算，可以增强政府宏观调控能力，强化财政企业工作手段，促进国有资本合理配置，推动国有企业深化改革和加快发展，巩固我国公有制经济的主体地位。国有经济通过多种方式参股非公经济，实现国有经济与非公经济的相互融合，可以有效支撑和带动各类企业规范有序发展。从市县情况看，非公经济在地方经济格局中已经占据主导地位，中小企业成为非公经济的主要表现形式和地方财政的主要收入来源。要继续研究完善中小企业财政政策促进体系，把中小企业和非公经济作为财政政策研究的着眼点，财政资金投入的切入点，更好地发挥财政资金的导向作用，进一步拓展财政企业工作的领域和空间。

（二）在目标规划方面，要研究如何落实“十二五”规划安排，加快推进经济发展方式转变。“十二五”是全面建设小康社会、实现富民强省新跨越的关键时期，也是全省财政经济改革发展的重要战略机遇期。2010年以来，根据省委、省政府和财政部统一部署，省厅编制了山东财政“十二五”规划，包括全省财政企业工作规划，这是新时期财政企业工作的基本指南。财政作为宏观调控部门，应当注重顶层设计和总体规划，既要全力实施财政“十二五”规划，又要积极参与有关产业发展规划的贯彻落实，做好财政政策与功能区规划、产业政策、科技政策、外经贸政策的协调配合，准确掌控好财政政策的力度、节奏和导向，确保发挥最大的政策引导效应。要紧扣主题，把握主线，综合运用公共预算、国有资本经营预算等多种政策手段，着力增强经济发展的内生动力，推动产业结构优化升级，支持企业自主创新和科技进步，进一步提升全省经济运行的质量和效益。

（三）在机制创新方面，要研究如何遵循公共财政的基本原则，通过政府信用带动社会资源向优势企业集聚。市场经济的本质特征是市场机制在资源配置中发挥基础性作用，公共财政主要满足社会公共需要。由于市场经济本身存在一些固有的缺陷，公共财政有必要弥补市场失灵或失效。近年来，无论是中央、省还是市县财政，在支持企业发展方面都加大了投入，扶持手段更加多样化，财政调控经济的职能得到了较好发挥。但在市场经济条件下，财政支持企业发展不应该、也不能够再走大包大揽的老路子。要通过建立有效的财政引导机制，发挥财政资金“四两拨千斤”的作用，通过财政资金带动社会资源向优势企业集聚，用较少的钱办更多的事、办更大的事。2011年4月份，姜大明省长到省厅视察时，强调了一个重要的理财观念，就是要善于“用市场的钱，办好促发展的事”。其含义就是要用市场经济的理念来出政策、管资金、谋发展、求创新，注重发挥财政杠杆的调控作用，更好地引导社会资本支持企业发展。2010年以来，省厅整合专项资金，实施集约投入，集中扶持中小企业产业集群和地方特色产业，并把公共服务平台作为主要的着力点，就是很好的制度设计和思路创新。2011年上半年，我们在构建财政、金融、担保三方合作机制方面做了一些探索，对引导社会资本流向、促进产业集聚发展发挥了较好的示范带动作用。各市县也要立足本地实际，借鉴省厅的做法，实施配套跟进，争取在这方面有更多的创新、更大的突破。

（四）在资金监管方面，要研究如何按照财政科学化精细化管理的要求，确保财政资金规范高效使用。开展财政支出绩效评价，提高财政资金使用效益，是加强财政科学化精细化管理，建设高效、责任政府的重要内容，也是提高财政支出透明度、完善公共财政管理体制的迫切需要。目前，各级财政支持企业发展的资金项目较多，投入逐年增大，亟需建立健全适合企业特点的绩效评价制度，切实改变重分配轻管理、重使用轻绩效的现象。2011年财政部印发了关于加强预算绩效管理的意见和具体办法，省厅也制定了省级财政支出绩效管理暂行办法，明年省级将选择科技型中小企业创新发展专项资金、重点行业和新兴产业发展专项资金等15个重点专项资金进行绩效评价试点，并把绩效评价结果作为安排下年度预算支出和监督检查的依据，逐步形成“谁干事谁花钱、谁花钱谁担责”的机制。各市县财政部门也要增强绩效管理意识，规范资金分配程序，完善绩效管理办法，不断扩大试点范围，努力提高财政资金使用效益。在推进绩效管理改革过程中，要科学合理地设计企业取得和使用财政资金的绩效评价目标、内容、指标体系和评价机制，为科学评价财政资金的政策效果提供制度保障。

（五）在制度建设方面，要研究如何创新企业财务管理机制，构建财政与企业的新型财务关系。企业财务制度是财政企业工作的立足之本。创新企业财务管理机制，是构建财政与企业之间新型财务关系的重要内容，也是解决现阶段企业财务管理弱化的制度安排。客观地讲，这些年财政部门的企业财务管理职能明显弱化，企业在内部财务管理和风险管控中出现了不少漏洞和薄弱环节，涉及齐鲁银行和多家省属企业在内的金融诈骗案件即是明证。财务管理是企业管理的核心。加强新形势下的企业财务管理问题研究，建立新型的企业财务管理机制，强化财政对企业的财务监管和风险控制，既是财政科学化精细化管理的应有之意，也是企业科学发展的内在要求。要通过建立新型的财务管理机制，引导企业加强财务管理，带动企业管理创新，全面提升企业信息化、现代化和国际化管理水平，促进企业可持续健康发展。

基于以上分析，当前应重点做好以下几项工作：

一是尽快扩大省级国有资本经营预算实施范围，确保年底前全部建立市级国有资本经营预算制度。建立国有资本经营预算制度，是完善社会主义市场经济体制的一项重大制度建设，对于增强政府宏观调控能力，深化国有企业改革，完善收入分配制度，推进国有经济布局和结构的战略性调整，集中解决国有企业发展中的体制性、机制性问题，具有重要的现实意义和深远的历史意义。下一步，省级将制定扩大试行范围的具体实施方案，按程序报省政府常务会议批准后，正式付诸实施。在支出方面，要学习借鉴中央国有资本经营预算的管理经验，进一步优化支出结构，完善资金管理办法，规范资金分配管理，在继续支持省属企业优化重组的同时，逐步加大对企业科技创新、技术进步、产业升级和实施“走出去”战略的支持力度，推动国有资本向关系国家安全和国民经济命脉的重要行业和关键领域集中。

从最近调度情况看，青岛、济宁等10个市已相继建立了国有资本经营预算制度，部分市开展了国有资本经营预算试编工作。但总体来讲，市县认识不够统一、进展不够平衡、预算编制和执行不够规范。2010年，省政府印发的《关于加快推动转方式调结构进一步促进财源建设的意见》明确规定：“加快推进市县级国有资本经营预算制度建设，从2011年起设区市和企业国有资产规模较大的县（市、区）全部建立起国有资本经营预算制度。”全国人大也提出“2011年地方试编国有资本经营预算”和“2012年汇总编制全国国有资本经营预算”的要求。各市财政部门一定要统一思想，提高认识，加强领导，组织专门力量，切实当作一项重要工作来抓，主动向当地政府报告有关情况，争取政府领导支持，确保在年底前建立起国有资本经营预算制度。已经实施国有资本经营预算的市县，要按照财政部、省厅的统一部署和预算公开的要求，进一步扩大预算实施范围，规范编报单独的国有资本经营预算，及时向社会公开本级国有资本经营预算，全面提高国有资本经营预算管理的法制化、规范化水平。

二是加快推进厂办大集体改革，妥善解决国有企业职教幼教教师待遇问题。推动厂办大集体改革、解决国有企业职教幼教退休教师待遇问题，是党中央、国务院从深化国有企业改革、促进社会和谐稳定的高度做出的重大决策。这两项改革是继国有企业政策性关闭破产、分离办社会职能、主辅分离辅业改制之后的又一场攻坚战，涉及面广，工作难度大，情况复杂。有关市县财政部门对此要有清醒的认识，做好充分的准备，周密规划，争取主动。目前，省政府《关于妥善解决国有企业职教幼教退休教师待遇问题的实施意见》（鲁政办发〔2011〕46号）已经印发，国有企业厂办大集体改革实施意见及资金管理办法也将于近期出台。以上两项改革应由政府承担的费用支出，除中央财政安排一定的奖补资金外，按照“属地管理、分级负担”的原则，由本级财政负担。市县财政部门作为这两项改革的主要参与部门，要在认真学习研究政策、吃透文件精神的基础上，本着对工作、对人民高度负责的态度，不畏难、不推诿、不扯皮，积极配合有关部门推动工作开展。同时，要充分发挥财政部门的职能作用，合理测算改革成本，足额落实资金来源，按时拨付奖补资金，并切实加强资金使用监管，为两项改革顺利推进提供必要的资金保障。

三是进一步完善财政资金引导机制，着力缓解中小企业融资困难。中小企业是扩大就业、增加税收和社会稳定的重要力量，促进中小企业和非公经济发展是我国的基本国策。当前和今后一段时期，融资难仍是制约中小企业发展的主要瓶颈。近年来，省厅逐步建立了中小企业信用担保奖补机制、小企业贷款风险补偿机制、创业投资引导机制、企业上市引导扶持机制、财政资金与银行贷款联动机制等“五个机制”，对缓解中小企业融资困难、促进中小企业又好又快发展发挥了积极作用。今后，省厅将积极借鉴外省市经验做法，进一步调整工作思路，完善政策体系，创新扶持手段，加大支持力度，不断扩大中小企业财政政策的惠及面，为中小企业创造更加宽松的发展环境。从2011年情况看，省级用于支持中小企业发展的预算支出执行较快，绝大部分已经分配下达，目前正处于扫尾阶段，财政资金的引导效应进一步放大。上半年，省厅还启动了财政、银行、担保三方合作试点。希望各市县财政部门积极配合，主动与银行、担保及有关企业进行对接，尽快把这一实实在在的措施落到实处，形成共同支持中小企业发展的强大合力。

四是适当调整外经贸政策兑现周期，进一步加快资金拨付进度。当前，我国对外开放的国内外环境和条件正在发生深刻变化，对外开放进入由出口为主向进口和出口并重、由吸引外资为主向吸引外资和对外投资并重、由注重数量向注重质量转变的新阶段。优化出口结构，扩大进口规模，促进外贸平衡发展，是当前外经贸政策应当把握的调控方向和重点。今后，省厅将继续扩大外经贸发展专项资金规模，适时调整扶持重点，优化资金投向，引导实施互利共赢的开放战略，不断提高开放型经济发展水平。根据财政部和厅党组关于加快预算执行进度的要求，从2011年开始，改革现行外经贸发展专项资金的分配管理方式，调整政策兑现周期，力争财政资金早到位、早见效。各市县财政部门也要注意跟进调整，主动衔接，切实做到上下协调、步调一致。2011年8、9月份是外经贸政策资金的集中兑现期。各市县财政部门要按照预算执行规定和资金文件要求，一方面及时把资金拨付到项目执行单位，督促单位加快项目实施，尽早发挥资金使用效益；另一方面严格遵循相关资金管理办法规定，强化监督检查和跟踪问效，确保资金使用安全合规。

*五是不断增强信息时效性和完整性，更好地发挥企业信息的决策服务功能。*企业信息工作是财政部门的一项基础性工作，也是体现财政企业工作水平和能力的重要尺度。没有信息，就没有话语权。在市场经济条件下，企业信息能够最直接、最真实、最鲜活地反映经济运行情况，谁能及时、完整地了解和掌握企业信息，谁就能对经济形势做出较全面、正确的判断，谁就能在工作中争取主动。2005年，我省在全国率先启动企业信息网络系统建设，全省企业快报和国有企业、外商投资企业年报制度日趋完善，纳入快报和年报编报范围的企业户数逐年增加。截至2011年8月末，全省快报汇总企业已达1.4万户，比上年末增加了近1 000户，比2006年增加了8 100户。近年来，我省快报汇总企业户数在全国保持绝对第一，企业信息工作得到了财政部的高度评价和各省市的普遍认可，每年都受到财政部的通报表彰。省厅每月对全省企业运行和重点行业情况进行调度，每年对决算数据进行系统分析，为加强和改善宏观调控提供了可靠的信息支撑和决策依据，信息工作一直在全厅保持领先优势。今后，要着力在提高信息的时效性、完整性、权威性上下功夫，继续发挥好“一个平台、两个系统”的作用，不断完善信息网络系统功能，进一步扩大企业财务快报和年报信息收集范围，探索建立中小企业信息体系和运行动态专报制度。要适应财政科学化精细化管理要求，进一步改进快报和年报制度，建立和完善反映企业发展质量和财务预警的指标体系，定期分析监测企业自主创新、技术进步、转型升级和管理创新的动态情况。同时，不断创新分析思路和方法，密切关注经济热点、政策难点和社会焦点问题，有针对性地开展调查研究，进一步增强工作的前瞻性和实效性。

（作者为省财政厅副厅长）

坚持以人为本、执政为民 进一步加强财政反腐倡廉建设

傅清卿

一、准确把握2011年财政反腐倡廉工作的主要任务

2011年是中国共产党成立90周年，也是全面实施“十二五”规划的开局之年，财政工作十分繁重。圆满完成今年各项财政工作任务，对财政反腐倡廉建设提出了新的更高要求。各级财政部门要全面贯彻落实省政府第四次廉政工作会议、省纪委七次全会和全国财政反腐倡廉建设工作会议精神，紧紧围绕科学发展这个主题和加快转变经济发展方式这条主线，加强监督检查，促进中央和省委、省政府重大决策部署的贯彻落实；以推进惩防体系建设为重点，加强制度建设；以规范权力运行为关键，健全廉政风险防控机制；以深入贯彻《廉政准则》和《实行党风廉政建设责任制的规定》为抓手，全面推进财政反腐倡廉建设。

*（一）加强对中央和省委、省政府重大决策部署贯彻落实情况的监督检查，严明党的政治纪律。*认真贯彻党的十七届五中全会和省委九届十一次全会精神，引导党员干部在思想上、政治上、行动上同中央和省委保持高度一致，保证政令畅通。按照厅党组的统一部署，加大工作力度，促进中央和省重大决策部署的贯彻落实，严肃查处违反政治纪律的行为。一要加强对贯彻落实中央和省委重大决策部署情况的监督检查。积极推动健全有利于转变经济发展方式的财税体制、运行机制、管理制度。重点加强对中央和省支持经济结构调整、资源节约和环境保护、保障和改善民生等财政政策落实情况的监督检查。二要加强对贯彻中央和省关于厉行节约要求实施情况的监督检查。要认真履行财政职能，加强部门综合预算管理，强化行政事业单位资产管理，深化收支两条线管理改革，将各项非税收入全部纳入预算管理。进一步完善基本支出和项目支出标准，加强财政投资评审，规范机关单位支出行为，严格控制因公出国（境）经费，严格公务接待经费预算管理，严格控制公务用车购置及运行费用增长。“三公经费”支出要在2010年压缩8.2%的基础上，进一步削减和压缩，其中省级公务用车购置和运行经费要在年初预算基础上压缩2%，用水用电用油支出要比上年下降2%。从严控制党政机关办公楼等楼堂馆所建设。三要建立健全监督检查的长效机制。坚持定期检查与专项治理相结

合，完善监督检查工作机制和纪律保障机制，将监督检查工作重点由对预算执行、专项资金管理，向履行职责、健全内控制度、完善风险防范机制方面延伸。

（二）深入开展反腐倡廉教育，筑牢党员干部拒腐防变思想道德防线。教育是基础，任何时候都不能放松。在当前形势下，人们的思想观念、生活方式、价值取向呈现出多元、多变、多样的特点，党员干部特别是面对纷繁复杂诱惑考验的财政干部，稍有不慎就可能心理失衡、犯错误。党和国家培养一个干部不容易，如果触犯党纪国法受到惩处，不仅给党的事业造成损害，而且对干部本人、对家庭、对社会造成巨大损失。作为厅党组、纪检组来说，处分干部不是目的，重要的是教育干部、挽救干部，千方百计预防干部犯错误，真心实意关心干部成长，这既是形势所需，更是职责所系，是义不容辞的政治责任。按照中央和省的部署，今年要在党员干部中广泛开展"以人为本、执政为民"主题教育活动，深入开展示范教育、警示教育和岗位廉政教育。以学习贯彻《廉政准则》为重点，以树立正确的权力观为核心，深入开展理想信念、党性党风党纪和廉洁从政教育。继续在厅机关开展"四个一"教育活动：观看一部反映沈浩同志先进事迹的影视片，营造风清气正、干事创业的环境氛围；组织一次红色革命传统教育，引导党员干部增强党性党风党纪意识；开展一次职务犯罪警示教育，安排一周时间开展集中教育，用身边的事教育身边的人；编辑一册财政系统违纪违法典型案例剖析专辑，教育党员干部自重自省、引以为戒。各处室要高度重视，定期开展廉政勤政教育，每月组织看一次警示教育片，扎实做好各项教育活动，积极营造有利于廉洁从政的环境和氛围，打牢抵御腐败的思想道德防线。同时，要旗帜鲜明地保护干事创业、敬业奉献的干部。常言道：无心非名为错，有心非名为恶。对不是有心故意做错事，称为过错，是可以原谅的；若是明知故犯的，便是罪恶，一定要受到惩罚。因此，对那些干事创业、坚持原则、敢抓敢管而受到不公正非议和诬告陷害的干部，要澄清事实，主持公道，维护其声誉；对出于公心偶然出现工作失误的干部，应该关心理解，帮助弥补不足，真心体谅其苦衷，关心其成长进步，有效地保护工作积极性。

（三）认真落实党风廉政建设制度，加强党员干部的监督管理。加强对党风廉政建设各项制度执行情况的监督检查，严肃查处违反制度行为，促进党员干部廉洁从政。一是认真落实中央新修订的《关于实行党风廉政建设责任制的规定》，进一步完善反腐倡廉工作领导体制和工作机制。实行廉政承诺制度，各处室主要负责人要对本处室反腐倡廉工作负全责，向厅党组作出郑重承诺。二是严格贯彻执行《廉政准则》及其实施办法，各级领导干部要严于律己，洁身自好，自觉接受监督，严格要求配偶、子女、其他亲属以及身边工作人员；严禁党员干部以各种名义接受管理和服务对象以及其他与行使职权有关系的单位或者个人的礼金和各种有价证券、支付凭证、商业预付卡。对违反规定构成违纪的，严肃追究党纪政纪责任；涉嫌犯罪的，坚决移送司法机关处理。同时，要认真治理利用职务之便接受可能影响公正执行公务的宴请以及旅游、健身、娱乐活动等问题。三是认真落实《领导干部报告个人有关事项的规定》、《关于对配偶子女均已移居国（境）外的国家工作人员加强管理的暂行规定》两项制度。领导干部要主动如实报告本人住房、投资、配偶子女从业等有关事项和配偶子女移居国（境）外的情况，主动纠正存在的问题。对不按时报告、不如实报告、隐瞒不报，以及群众反映突出的，要认真核查处理，按照有关规定给予纪律处分。四是认真落实党员领导干部述职述廉、诫勉谈话、函询等制度，发扬党内民主，完善议事规程。拓宽监督渠道，健全领导干部行使权力的有效监督制度。完善党员领导干部廉政档案，强化对干部的日常监督。五是进一步规范财政干部在企业兼职取酬行为，对个人在企业和社会团体、中介组织兼职及领取报酬情况进行清理整顿，纠正发现的问题，完善制度措施，建立监督长效机制。

（四）加强干部廉洁自律工作，坚决查处违纪违法行为。总体上看，厅机关党员干部认真执行廉洁自律规定，廉洁奉公，依法理财，在社会上树立了良好形象。但是，在某些部位或个别人身上还存在执行廉洁自律规定不严、责任制落实不到位、反腐倡廉制度执行不力等问题，甚至发生个别干部严重的违纪违法问题，财政反腐倡廉建设形势依然严峻，任务十分艰巨。我们要清醒地认识到，当前党风廉政建设和反腐败工作的长期性、复杂性、艰巨性。严肃查处违纪违法行为，既是惩治腐败的重要手段，也是预防腐败的重要措施。2011 年，重点查办以下三个方面的违纪违法问题：一是严肃查办领导干部以权谋私、贪污贿赂、挪用侵占、失职渎职、腐化堕落案件。二是严肃查办政府采购、中介机构执业以及工程建设等方面商业贿赂案件。三是严肃查办侵害群众利益、群体性事件和重大责任事故中涉及财政工作人员的腐败案件。要畅通信访举报渠道，加大查办工作力度，做到事事有回应，件件有着落。要发挥查办违纪违法问题的惩戒和治本功能，通过查办和剖析案例汲取教训，完善整改措施，规范权力运行，堵塞制度和管理上的漏洞。

（五）完善权力运行监督制约制度，建立廉政风险防控机制。绝对的权力必然导致绝对的腐败。权力一旦失去制约和监督，必然导致权力滥用、腐败滋生。因此，必须加快制度建设，完善体制机制，强化对重要环节和关键岗位的监督制约。2011年要在开展权力梳理工作的基础上，认真查找制度风险和岗位职责风险，对资金分配、行政审批、监督检查以及行业监管等权力事项进行分类和岗位风险定位，按照风险程度确定高、中、低三个等级，确定防范风险重点目标，健全风险防控措施。认真执行议事规则和决策程序，健全集体决策制度，用严格的制度保证科学、民主、依法决策。加强对干部选拔任用的监督，完善干部考试录用、竞争上岗、定期交流制度机制，匡正选人用人风气，提高选人用人的公信度。按照财政部的部署和要求，摸清财政资金在商业银行开户、存储及收益情况，研究制定有针对性的防范措施，切实提高财政管理规范化和制度化水平。

（六）深化财政管理改革，扎实推进惩防体系建设。推动源头治理和惩防体系建设是省委、省政府交给财政部门的一项政治任务。2011年财政部门承担的任务较重，牵头负责的12项，配合省直有关部门的26项。厅党组已经印发《实施意见》，并将各项任务和责任落实到有关职能处室。我们要按照省委、省政府的部署和厅党组的工作安排，充分发挥财政部门的职能作用，通过深化财政改革和制度创新，积极推动反腐倡廉建设、惩防体系建设和各项专项治理任务的落实，建立完善从源头上、制度上、机制上预防腐败的制度和措施。承担任务的处室要高度重视，坚持“两手抓、两手硬”，积极采取有力措施，切实落实好牵头和配合任务。

二、切实把以人为本、执政为民贯彻落实到各项财政工作之中

以人为本是科学发展观的核心，执政为民是我们党一贯的政治主张和执政理念。胡锦涛总书记和姜异康书记分别在中央纪委六次全会和省纪委七次全会上，突出强调了坚持以人为本、执政为民问题，深刻阐述了以人为本、执政为民是马克思主义政党的生命根基和本质要求。财政作为党委政府行政的物质基础、体制保障、政策工具，必须始终坚持以人为本、执政为民。当前和今后一个时期，我们要牢固树立以人为本、执政为民的理念，加强思想教育和作风培养，大力弘扬为国理财、为民服务的财政工作宗旨，把实现好、维护好、发展好最广大人民的根本利益，作为财政工作的根本出发点和落脚点，真诚倾听群众呼声，真实反映群众愿望，真情关心群众疾苦，真心为群众办实事、办好事，做到发展为了人民、发展成果由人民共享，以财政工作的实际成效取信于民。

（一）坚持民主理财，提高财政决策的科学性。随着社会的进步和经济的发展，财政工作涉及面越来越广，覆盖经济社会各个领域，服务对象面向千家万户。为此，我们在制定政策、安排资金时必须统筹协调各方面利益关系。在政策制定时，必须深入了解民情、充分反映民意、广泛集中民智、切实珍惜民力，真正把群众呼声作为第一信号，把群众需要作为第一选择，把群众满意作为第一标准，及时有效地解决好群众的利益诉求。在预算编制中，要进一步调整优化支出结构，加大民生投入力度，落实好各项强农惠农政策，千方百计帮助群众解决好教育、医疗卫生、社保就业、住房保障等方面的难题，构建保障和改善民生的长效机制。在决策机制上，要完善决策程序，建立重大财政政策评估机制，落实重大决策报告制度，健全失误纠错机制和责任追究制度，凡制定涉及群众切身利益的政策，要通过公示、听证、专家咨询等渠道进行论证，建立畅通无阻、运转协调、规范有效的民意反映机制，提升财政决策的公众参与度，切实把群众利益诉求体现到决策的全过程。

（二）坚持依法理财，严格按照法律法规和政策开展财政工作。依法行政、依法理财，是公共财政的内在要求，也是财政部门落实以人为本、执政为民要求，维护群众权益的根本保证。要在“立法”上下功夫，紧密结合当前经济社会发展形势，进一步完善地方财政法规体系，健全各项管理制度，清理不适应发展要求的规范性文件，进一步提升财政法律制度建设质量，为依法行政、依法理财奠定良好基础。要在“学法”上下功夫，加强财政法制宣传教育，积极开展法律法规和政策知识培训，督促机关干部认真学习和准确掌握财经法规和政策，不断增强法治观念和依法办事能力。要在“执法”上下功夫，进一步规范财政执法行为，严格按照法律规定的权限和程序行使权力、开展工作，把严格执法、按政策办事贯穿财政工作各个环节。强化执法程序建设，深入推进财政审批制度改革，加大执法监督力度，扎实做好财政行政复议工作，保障法律法规和政策正确实施。要在“公开”上下功夫，以预算公开为重点，积极稳妥地推进财政信息公开，完善信息披露制度，努力拓展公开的广度和深度，保障人民群众的知情权、参与权、监督权。要自觉接受人大、审计监督，切实整改审计发现的问题。通过畅通信访渠道、参加“阳光政务热线”活动等方式，回应群众诉求，发挥群众监督

的作用，使公共财政在阳光下规范运行。

（三）坚持为民理财，切实维护群众的切身利益。财政资金取之于民、用之于民。落实好各项民生政策，维护和发展好群众的根本利益，是财政部门落实以人为本、执政为民要求的重要内容。要牢固树立为民理财理念，支持完善民生政策体系，积极解决群众反映强烈的突出问题，认真纠正损害群众利益的不正之风，努力提高财政服务水平。要切实保障民生政策落实。2011年中央和省出台一系列民生政策，原有政策也进一步扩面提标。要完善民生政策落实保障机制，建立政策实施和资金使用实时监控机制，把责任逐项分解、跟踪督查，确保各项民生政策不折不扣地落到实处。要切实减轻群众负担。全面清理取消不合法、不合理的收费，规范收费行为，会同有关部门继续治理和查处教育、交通领域乱收费，以及侵害农民和进城务工人员利益等问题，让群众实实在在感受到反腐倡廉建设的实际效果。要严肃查处损害群众利益问题。重点查处侵占惠农补贴、拆迁土地补偿、扶贫救灾救济、移民安置及教育、卫生、保障性住房、住房公积金等专项资金问题。切实加强注册会计师、资产评估等行业监管，健全失信惩戒和守信激励制度，严肃财经纪律，规范社会中介行为。对损害群众利益涉及财政部门的问题，要尽快完善制度、堵塞漏洞，维护好广大人民群众的切身利益。

三、强化监督，狠抓落实，以改革创新精神推进反腐倡廉建设

（一）强化责任意识，在落实党风廉政建设责任制上下功夫。落实党风廉政建设责任制，是确保完成反腐倡廉建设任务的基础性工作。按照厅党组要求，2011年实行党员干部廉政承诺制度，由各处室主要负责人向厅党组作出庄严承诺，主要目的是进一步强化处室主要负责人的责任意识，自觉地承担起推进反腐倡廉建设的政治责任和领导责任。处室主要负责同志要认真履行“第一责任人”职责，坚持两手抓、两手硬，抓好本单位反腐倡廉工作，积极完成源头治理、惩防体系建设、科技防腐系统建设以及厉行节约等各项任务，并保证干部干成事、不出事。要督促党员干部强化廉洁自律意识，坚持按制度办事、按程序办事，严格遵守各项纪律规定。党员领导干部一方面要高度重视廉政承诺制度，精心组织；另一方面要身体力行、带头廉洁自律，保证廉政承诺制度落到实处，切实发挥作用。

（二）加强制度建设，在提高制度执行力上下功夫。制度对推进反腐倡廉建设具有长期性、稳定性作用，我们要坚持一手抓制度建立、一手抓制度执行。抓制度建立就是针对新形势、新任务，不断完善各项管理制度办法，消除制度建设方面的空白点，堵塞制度上的漏洞，形成更加科学、更加完善、有效管用的管理制度体系。抓制度执行就是强化制度的刚性约束力，完善监督制衡机制，最大限度地压缩自由裁量权，保证权力规范运行。领导干部要自觉做学习制度、遵守制度、执行制度的表率，坚决维护制度的严肃性，做到要求干部职工做到的，领导干部必须带头做好。按照厅党组部署，今后每年都要组织一次重要制度落实情况的监督检查，严肃查处违反制度行为，切实提高制度执行力，使制度真正有效管用。

（三）突出工作重点，在增强工作实效上下功夫。工作有成效，方法很重要。要善于统筹兼顾，把握重点，既要管业务、管工作，还要管思想、管作风，不仅要抓勤政，更要抓廉政，确保实现财政资金和财政干部“两个安全”。2011年，要把建立风险防控机制作为工作重点，认真查找权力运行中的风险点和薄弱环节，科学配置权力，完善管理制度，优化工作流程，堵塞制度漏洞。要创新监督管理方法，加快推进“金财工程”建设，把信息技术融入监督管理之中，建立覆盖所有财政资金和权力运行全过程的信息化管理系统，减少资金分配中的人为因素和自由裁量权。同时，要进一步完善信息公开制度，加大公开力度，不断拓展公开渠道、公开范围和公开内容，保证权力运行公开透明。

（四）注重搞好结合，在营造干事创业氛围上下功夫。反腐倡廉不能脱离实际，唱“独角戏”，必须融入到各项工作中，与财政业务、制度创新、专项治理和队伍建设紧密结合起来，一起部署、一起落实、一起检查。要与“创先争优”活动紧密结合起来，引导党员干部学先进、比贡献，营造干事创业的机关氛围。要与开展“以人为本、执政为民”主题教育活动紧密结合起来，加强机关作风建设，树立群众观念，强化服务意识，提高服务水平。要整合各方面力量，调动广大党员干部支持和参与的积极性，形成推动反腐倡廉建设的整体合力。

（作者为省纪委驻省财政厅纪检组长、省监察厅驻省财政厅监察专员）

认清形势　把握重点
切实加强政府采购监管

王慎民

近年来全省政府采购监管工作扎实推进，进展很快。政府采购规模，2010年全省完成673.9亿元，居全国第三位，比2009年增长37%，超出全国平均值23个百分点，超出采购额居全国前两位的广东、江苏22.8个和17.7个百分点。2011年前三个季度，全省完成政府采购518.9亿元，预计全年将突破800亿元。工程采购一年一个新台阶，成为拉动采购规模快速增长的主角。2009年全省工程采购额324.6亿元，约占政府采购总额的65%；2010年达到493.9亿元，占比超过70%；2011年有望突破600亿元，占比可达75%。应当说，我省政府采购改革历经“十五”制度初创、“十一五”发展完善，监管队伍逐步壮大，监管机制逐步完善，法规制度逐步健全，采购范围和规模日益扩大，依法采购意识明显提升，社会认知度明显提高，在节约采购资金、源头治理腐败、支持转方式调结构方面的职能作用日益突出，影响日益扩大。

但是也要清醒地看到，政府采购事业的发展空间还很大，至少在三个方面，我们要进一步增强紧迫感和责任感。一是扩大政府采购范围和规模，仍有很大潜力。按照《政府采购法》规定，各级国家机关、事业单位和团体组织，使用财政性资金采购依法制定的集中采购目录以内或者采购限额标准以上的货物、工程和服务的，均应实行政府采购。属于政府采购范围的资金不仅包括预算资金、自筹资金，而且包括使用上述资金作为还款来源的借（贷）款。近年来，我省政府采购预算编制的规范化程度不断提高，纳入政府采购预算管理项目的范围不断扩大，但发展很不平衡，部分市县、部分工程领域、部分自筹资金并未全面编制政府采购预算的问题相当程度地存在。从2010年省级单位增加固定资产情况看，大约有35亿元以上并没有经过政府采购。当今西方市场经济国家的政府采购规模，一般占年度财政支出的40%左右。据此测算，2010年全省政府采购规模大约应在1 500多亿元，但实际只有700亿元左右，不到一半。如果按西方国家政府采购一般占GDP的10%～15%，政府采购规模将会更大。应当说，随着预算管理改革的逐步深化和政府采购改革的逐步深入，政府采购的范围将继续扩大，规模将继续快速增长。作为监管政府采购预算执行的机构，我们要更加积极主动地配合有关方面不断加大工作力度，为实现“应编尽编、应采尽采”做出新的努力。二是发挥政府采购功能，仍有很大空间。政府采购是在销售环节对企业发展的直接支持，比在研发、生产阶段财政给予企业资金扶持更符合市场经济规律。当今成熟市场经济国家，政府采购已经成为与税收、预算、货币等政策并列的重要经济调控杠杆，甚至被赋予更多的调控目标和政策目的。但目前我国政府采购职能主要还是体现在规范采购、节约资金和预防腐败方面。政府采购在支持转变经济发展方式、调整产业和产品结构、支持中小企业发展方面大有文章可做。三是规范采购当事人行为，仍有很大差距。不论是对政府采购代理机构、政府采购评审专家，还是采购人、供应商，目前在制度建设方面依然存在很多空白点，实际招标采购中的一些违规现象并没有从根本上遏制。“阳光采购”改变了部门传统的自主采购权，限制了采购人的喜好，也影响了少数人的利益，有意规避政府采购的情况依然存在。近两年，质疑投诉不断上升，少数采购人、代理机构、评审专家、供应商违规组织参与采购活动，甚至也有串通采购的违法行为。全国出现的少数天价采购、奢侈采购案例，个别“只买贵的，不买对的”采购行为，以及招标过程不规范、招标合同验收走过场等现象，也给政府采购造成非常负面的影响。

当前，世界经济下滑的趋势仍在持续，美欧为转移国内矛盾，强压中国开放政府采购市场的动作将进一步加力，政府采购监管的国际压力明显增大。从国内看，当前，我国正处于转变经济发展方式的关键时期，发展不平衡、不协调、不可持续的问题短期内难以从根本上改变，政府采购在支持经济健康发展的职能发挥上，更加任重道远。另一方面，做好政府采购工作，也面临良好的机遇和环境。深入贯彻落实科学发展观，推进建设资源节约型、环境友好型社会，支持和谐发展、绿色发展的政府采购政策空间将不断扩大；贯彻落实十七届六中全会精神，开展道德领域突出问题专项治理、加强反腐倡廉建设，遏制政府采购不正之风的措施将不断加强；牢固树立和践行社会主义荣辱观，政府采购行业诚信建设力度将不断加大；深化预算管理制度改革，政府采购预算将进一步公开透明，政府采购更加成为社会关注的焦点。所有这些，既是我们做好工作非常有利的条件，也对进一步加强政府采购监管，提出了更高的要求。我们从事政府采购监管的同志，一定要保持清醒的头脑，正确认识政府采购监管面临的形势，正视推进政府采购制度改革面对的矛盾、问题和不足，增强信心，勇于面对，以改革创新的精神，克服困难，开拓进取，不断实现政府采购监管工作的新突破。目前看，主要应在以下几方面多下功夫：

（一）进一步加强采购人行为监管。一是尽快制定采购人行为规范。客观讲，由于少数部门、单位的采购人员甚至领导守法意识、廉政意识不强，确实存在违规采购、超标采购等现象，也是监管的难点。由于一些项目采购质量效益不高，随时可能成为媒体曝光的热点。从目前的制度建设看，规范采购人行为也是薄弱环节。下一步，要严格按照政府采购法律法规要求，明确职权，落实责任，进一步规范采购人在预算编制、采购计划编报、采购方式确定、代理机构选择、招标文件制定、验收合同签订、信息资料报送等方面的工作程序及要求，为进一步提高采购质量提供制度保证。尽快出台规范政府采购招标文件的具体规定，明确招标文件编制要求，防止采购人违规设置门槛，串通个别供应商，限制其他合格供应商参与投标竞争。严格采购需求审核，建立采购人内部采购权力制衡制度和责任追究制度，杜绝“天价采购”、“超标高配置采购”等违规采购现象。完善政府采购非公开招标方式审批程序，规范公开招标后变更采购方式的审批流程，杜绝违规审批。二是建立政府采购预算与计划执行情况通报制度。以公开促规范，提高政府采购透明度。各地要逐步建立政府采购预算与计划执行情况通报制度，按月通报部门、单位政府采购预算执行进度，采购计划批复后采购效率、重点项目采购效果以及使用的招标代理机构和确定的中标供应商等情况。目的就是使政府采购结果完全置于阳光之下，加强监督，约束采购人的违规行为。要认真开展政府采购重点项目专项检查，严肃查处违法违规行为，提高政府采购监管的威慑力。三是大力开展政府采购业务培训。2012年是《政府采购法》颁布十周年，各地要加大政府采购法宣传力度，积极开展部门、单位政府采购法规政策培训活动，进一步强化采购人贯彻执行《政府采购法》的意识，提高政府采购专职人员的法律法规水平。

（二）进一步深化政府采购代理机构监管。一是全面落实推进代理机构从业人员职业化进程相关工作。积极举办政府采购代理机构从业人员培训班，组织开展政府采购代理机构从业人员考试，切实组织好持证上岗制度实施情况调研。各市要认真研究制定政府采购从业人员持证上岗监督管理办法，落实好持证上岗的相关规定。二是认真做好政府采购代理机构年度考核工作。坚持考核与检查相结合，增强考核的权威性。各市财政监管机构要高度重视，与省厅密切配合，切忌考核走过场或在考核中发生违规违纪行为。要重点检查一些采购人长期使用的代理机构执业情况，力争使年度考核工作成为推动代理机构提升执业水平的重要抓手。三是建立代理机构违规行为通报制度。尽快制定政府采购代理机构违规事项通报办法，促进代理机构规范执业，提高采购质量和服务水平。对代理机构执业过程中，尚不构成行政处罚的违规行为，依据办法由财政部门给予通报批评，对通报两次以上的年度考核为不合格。四是严格按规定使用代理机构。各市、县采购人，都要切实遵守省里的规定，优先使用考核优秀的代理机构，监督采购人不得委托考核不合格的代理机构代理政府采购业务，一经发现，要在全省通报批评。

（三）进一步完善政府采购评审专家监管。一是严格评审专家库使用管理。进一步采取措施，征集更多符合条件的专家入库。各市、县不得使用当地自建的专家库，否则，一旦发生质疑投诉将属于违规使用。继续完善评审专家管理系统，强化评审专家抽取情况反馈功能，防止不按规则抽取使用评审专家，严肃查处违规抽取使用评审专家的行为。二是规范评审专家抽取与告知。建立政府采购代理机构抽取评审专家专人负责制度，登记相关人员信息及联系方式，不定期分析抽取情况记录，对有违规抽取告知行为的责任人及代理机构进行通报。规范选择性确定评审专家管理，防止违规使用。三是制定政府采购评审工作规范。着力解决评审程序不规范、评审职责不清晰、权利义务不对称、评审现场不严肃等方面的问题，切实做到依法评审、程序清楚、监督制衡、公正择优。四是加大对评审专家处罚力度。对于严重违规评审专家公开曝光，并立即清除出政府采购评审专家库。

（四）进一步严格政府采购供应商违规行为处罚。一是切实加强对政府采购协议供货供应商的监管。近年来，协议供货问题不少，采购质量和效率都有许多反映。各地要针对存在的问题进一步修改完善协议供货供应商招标办法，切实加强对入围供应商履约情况的约束，对于违规供应商及时淘汰，努力使协议供货渠道发挥出“质优价廉、效率高”的采购优势。

二是建立政府采购供应商不良行为公告制度。在依法维护供应商合法权益的同时，加大对违规违法行为的处罚力度，增强依法监管的震慑力。对有严重违规违法行为的被投诉供应商，要依法严肃处理并进行公告，按照规定予以罚款并在1～3年内禁止在山东省境内参加政府采购活动。对于恶意投诉供应商列入不良行为记录名单予以公告，视同没有良好的商业信誉，在两年内作为不合格供应商。三是认真开展供应商质疑投诉调查研究。要全面分析近几年供应商投诉事项，查找投诉的原因，完善应对投诉处理的内部工作程序，切实做到严格细致，依法规范，事实清楚，认定准确。

（五）进一步落实和拓宽政府采购政策功能。一是积极开展政府采购信用担保试点工作。为支持和促进中小企业发展，进一步发挥政府采购政策功能作用，推进政府采购制度创新和诚信体系建设，要在全省范围内开展政府采购信用担保试点。财政部门要积极发挥引导作用，以专业担保机构为主体，通过市场化运作，向采购人、代理机构、金融机构提供投标担保、履约担保、融资担保，降低中小企业参与政府采购的成本，增加参与政府采购的机会和扩大融资渠道，努力为中小企业发展搭建平台。二是完善进口产品政府采购管理。针对一些部门采购进口设备比较多的情况，研究审批管理的新思路，探索建立行业进口产品政府采购审批管理制度。年初由主管部门统一提报年度拟采购进口产品清单和必要的证明材料，财政部门审核公示后，印发《年度行业准许进口产品清单》，不再按单位逐项审批。目的就是要优化审批管理，防止审批流于形式。三是落实国家节能环保产品政府采购政策。对纳入国家节能环保产品政府采购目录的产品，在政府采购中实行优先采购和强制采购。要研究制定相对统一的评标加分或价格扣除标准，使评标办法更加科学合理。

（六）进一步强化工作基础建设。一是推动政府采购电子化监管平台建设。已经有政府采购监管系统的要不断完善，没有的要尽快建设，确保在预算管理、计划审批、公告审核、合同备案等方面发挥作用，确保采购计划、中标公告与签订合同的一致。完善预算执行分析即时反馈系统，健全月份政府采购统计指标体系。省厅将在完善功能的基础上编印《政府采购监管系统功能与操作手册》，在方便财政、部门单位、代理机构使用的同时，指导各市开发建设政府采购监管系统。二是推进政府采购标准化建设。加快制定政府采购文件范本。开展政府采购标准化建设调研，重点探索制定招标文件范本和合同范本，明确文件的必备要素，制止在招标采购文件中出现倾向性和排斥潜在投标人的条款，防止由于合同要素的缺失影响履约质量和效率。统一全省政府采购项目编码。为便于政府采购项目的统计分析，有必要制定全省政府采购项目统一编码规则。

（作者为省财政厅副厅长）

深化农村综合改革
推进新农村建设与统筹城乡发展

姜　凝

新形势下，深化农村综合改革，创新农村体制机制，变革生产关系不适应生产力发展的制度与环节。对于巩固税费改革成果，夯实农业发展基础，促进农民减负增收，强化农村基础设施和公共服务，加快推进社会主义新农村建设和统筹城乡发展具有重要意义。

近年来，山东省农村综合改革工作扎实稳妥推进，取得显著成效，有力地推动了农业农村经济社会的持续稳定健康发展。但改革仍面临诸多矛盾和问题，二元经济结构下多年积累形成的乡镇政府职能转变滞后、财权事权不对应、农村公共服务供给不足、基础设施建设滞后等，制约着农村经济社会发展，成为深化农村综合改革亟需解决的问题。

（一）公共财政支持农村的长效机制尚不健全，农村基础设施和社会事业发展滞后。现阶段，县乡财政仍比较困难，制约了农村基础设施和社会事业发展。一是农村基础设施建设滞后。与农民生产生活密切相关的农田水利、乡村道路、饮水供电等基础设施条件较差，农村脏、乱、散、差、小的面貌没有得到根本改善。二是农村社会保障体系不健全，存在总体保障面窄、水平低，社会救助和养老保险制度不健全，失地农民和进城务工农民基本生活保障缺乏等问题，农民仍存有较大的后顾之忧。三是农村教育、医疗卫生等社会事业发展落后。城乡教育、医疗资源配置不合理问题突出，农村教育质量低，医疗卫生设施条件差，乡村医疗机构人才缺乏，农民因病返贫、因病致贫的现象较为普遍。

（二）统筹城乡的市场体系尚欠完善，农业与农村发展缺乏活力。城乡二元结构的长期存在，致使城乡市场仍处于分割状态，农业与农村发展活力、潜能未能得到有效激发。一是以土地为主的农村要素市场不健全。农民只有土地经营权，没有转让权和租赁权，土地使用权合理流动不畅，阻碍了适度集中经营和劳动生产率的提高。同时，土地非农用途补偿过低，收入分配机制不合理，相关法律制度建设滞后等问题较为突出。二是农村社会化服务体系建设滞后。农村中介组织、农民合作组织等发展缓慢，基层政府为农服务能力和水平较低，农民享受社会性和公共性服务均比较难。三是农村金融服务体系落后。农村金融服务在农村覆盖面窄，机构发展缓慢，资金外流严重，农业担保、保险等服务滞后，大量农户、中小企业、小城镇建设、农村基础设施建设所需信贷资金得不到有效满足。此外，农村还存在一些亟待解决的经济社会问题，包括区域性、行业性农民负担依然较为突出，农民农业用水负担普遍偏重，农民持续增收的长效机制尚未确立等。

（三）农村基层行政管理体制和运行机制不畅，基层组织管理和服务能力不适应农村发展要求。突出表现为：乡镇机构改革进展不均衡，乡镇政府职能转变滞后，行政运行成本高，办事效率较低；村集体经济薄弱，影响村级组织功能发挥；农民组织化程度较低，部分农民权益未能得到有效保护。

当前，山东省总体上已进入以城带乡、以工促农的发展阶段，农村综合改革面临良好机遇与条件。在新的形势和任务下，要进一步明确任务重点，创新体制机制，纵深推进改革，加快推进新农村建设和统筹城乡发展步伐。

（一）加大投入，为改革提供财力支持。农村综合改革是一场重大的制度创新，涉及相关利益格局的调整。通过推进改革，努力消除束缚农村生产力发展的体制性障碍；解决好基层政府职能转变、机构精简、富余人员安排等问题，使基层行政管理体制更好地适应农村生产力发展要求；调整国民收入分配格局和城乡利益关系，促进公共资源在城乡之间合理配置；促进农村干部转变思想观念、工作思路和方式，正确处理好国家、集体与农民的关系，推动农村市场经济发展和基层民主政治建设等。这些改革举措和过程，情况复杂、任务艰巨、时间跨度长，需要付出一定的社会成本、经济成本。财政是国家加强和改善宏观调控的重要手段。各级财政部门要统筹规划、科学实施、加大投入、突出重点，将深化农村综合改革作为积极财政政策的优先支持方向，进一步加强对改革的支持力度，为新一轮农村改革发展提供财力支撑。

（二）强化措施，确保改革的政策实效。按照中央关于深化乡镇机构改革的指导意见的要求，以转变政府职能为核心，围绕促进经济发展、加强社会管理、维护农村稳定等职责任务，着力推动乡镇在创新农村工作机制、新型服务体系建设、合理调整组织机构等方面取得新突破。按照“整体框架不变、完善保障内容、依法增加投入、支持改革发展”的基本原则，进一步巩固完善农村义务教育经费保障机制，不断提高农村义务教育经费保障水平。着力优化教育资源配置，促进教育均衡发展。进一步优化县乡财政支出结构，建立和完善与事权相匹配的县乡财政保障机制，逐步增强基层政府履行职能和提供社会管理、公共服务的能力。积极推进“省直管县”和“乡财县管”改革试点，进一步完善农村公共财政体系，规范乡镇财政管理体制，提高基层财政保障能力，增强县域经济实力。认真落实国务院关于坚决控制新增乡村债务的要求，加强新农村建设规划与布局引导，量力而行，最大限度减轻基层财政配套压力，提高资金使用效益，严格防控新债，促进农村经济社会持续健康发展。

（三）完善政策，构筑改革的长效机制。围绕新农村建设和统筹城乡发展规划，深入开展“一事一议”财政奖补，规范筹资筹劳标准和民主议事程序，充分发挥财政资金的引导与激励作用，加强部门协调配合，推动涉农资金整合，探索构筑村级公益事业建设长效机制。扎实稳妥化解农村义务教育债务，在圆满完成债务化解任务的基础上，总结经验，完善政策，探索构筑防控产生新的乡村债务长效机制。认真研究减轻区域性、行业性农民负担问题，以开展农民负担监督检查为抓手，着力解决减轻沿黄地区农民用水负担问题，改革和完善现行农业用水水费政策，促进水管体制改革和农村水利良性循环，探索构筑减轻农民负担长效机制。

（四）统筹推进，提升改革的整体合力。农村综合改革是一项复杂的系统工程，随着改革的深入推进，会触碰到农村产权制度、土地、金融、社会保障等诸多层面和领域的问题，需要统筹谋划，协调推进，提升改革的整体合力。一是推进农村产权管理体制改革。加快农村集体土地所有权、宅基地使用权、集体建设用地使用权、农村土地承包经营权等的确认、登记和颁证步伐，为维护农村各类财产权益提供法律依据。二是完善农村土地制度。在严格土地管理、严守耕地“红线”的基础上，引导和推动农村土地承包经营权依法自愿有偿流转，鼓励部分农民通过转包、出租、互换、转让、股份合作等形式，发展适度规模经营，推进农业专业化、规模化、现代化经营，提高土地利用效率，增加农民的财产性、资本性收入。三是统筹配置城乡金融资源，完善农村金融服务体系。强化政策性金融支农功能，深化农村信用社改革。建立健全农村信用担保体制，积极开展农村小额信贷。完善农业保险保费补贴政策，稳步提高农业保险覆盖面。创新财政促进金融支农的体制机制，稳步扩大县域金融机构涉农贷款增量奖励试点范围，引导信贷资金更多地用于支持“三农”发展。四是着力健全农村社会保障体系。按照广覆盖、保基本、多层次、可持续的原则，逐步扩大新型农村社会养老保险试点范围，构建制度统一、标准有别的城乡最低生活保障制度，完善农村五保供养、自然灾害生活救助等社会救助制度。五是建立健全城乡公共服务供给制度。通过全面实施新型农村合作医疗制度，落实家庭经济困难学生资助政策，推进广播电视村村通、乡镇综合文化站所建设，健全覆盖城乡的就业服务与职业培训体系等方式渠道，在医疗卫生、义务教育、文化体育、劳动就业等方面，为农民提供基本的、大致均衡的公共服务，不断改善农村生产生活条件，为公共财政惠及“三农”、加快实现城乡经济社会发展一体化提供体制和制度保障。

（作者为省农业综合开发办公室主任）

创新体制机制　加强风险防控 着力促进财政权力规范运行

张魁珍

加强廉政风险防控管理是新形势下深入推进党风廉政建设和反腐倡廉建设的重要举措，是深化管理制度改革的必然要求，也是从源头上预防腐败，创新廉政风险管控机制的重要着力点。为进一步加强对财政权力运行中资金分配管理工作的监督，我们在权力梳理、监督定位、流程规范工作基础上，对各单位的权力事项中的关键部位和薄弱环节进行了再梳理、再定位，认真查找廉政风险。通过分类定级，确定防范目标，健全防控措施，完善了资金管理制度和监督制约机制，有效规范了财政权力运行，为推进依法理财、打造阳光财政和构建惩防体系发挥了重要作用。

一、开展廉政风险防控管理的经验做法

2011年，省财政厅在权力梳理、监督定位、流程规范工作基础上，对各处室的权力事项中的关键部位和薄弱环节进行了再梳理、再定位、再完善，确定了防范风险重点目标和防控措施，完善了资金管理制度和监督制约机制，规范了财政权力运行。在实际工作中，重点把握了以下五个环节。

*（一）清权确权，摸清权力底数。*2011年，我们将查找风险点作为做好风险防控管理的重要一环，要求各单位在2009年权力梳理的基础上，针对新形势、新任务和新要求以及职责范围、岗位和人员的调整变化情况，对每个工作岗位、权力事项进行再梳理、再排查，形成明确的职权清单，对工作规则和业务流程再补充、再完善，弄清楚权力事项与日常管理工作的界限，明确行使权力的依据、范围和条件，进一步优化权力配置，确保财政权力运行各个环节清晰透明。通过清权确权，一方面，强化对专项资金分配的监管，准确掌握专项资金的项目数和总量，进一步推进资金分配、管理和监督各个环节阳光透明运行，确保财政资金使用效益；另一方面，强化财政许可审批制度建设，进一步明确财政审批许可的条件、时限、程序以及纪律要求等，为打造阳光财政做好准备工作。

*（二）确定风险点，区分风险等级。*通过查找各项权力运行中的关键部位和薄弱环节，督促处室和个人立足岗位职责查找由于制度不健全或缺乏有效监督制约，可能造成的权力失控、行为失范的制度机制风险；由于职责不明确或管理不到位，可能造成的不正确履行职责、失职渎职、以权谋私的岗位职责风险；由于工作标准和程序的不规范、不透明，可能造成的不按程序、不公正、不严格的业务流程风险。首先是个人自查。每个工作人员结合自己的岗位职责，对可能存在的四个方面风险进行分析，然后确定岗位风险点。其次是处室排查。各处室对各项权力运行的主要环节、关键部位可能存在的风险进行全面细致地排查，力求找准、查细。然后，将风险点依据权力事项的重要性、制

约程度及自由裁量权大小、发生问题的可能性及危害程度，确定一级风险、二级风险和三级风险3个等级。对排查不全面、不深入、不细致的，我们责令其开展第二轮排查。风险等级确定后，我们按照责任落实、管控有效的要求，分级管理、逐级负责，将廉政风险定到各单位、制度建到每个岗位、责任落到每个工作人员。一级风险点由厅领导班子重点监控，各综合职能处室和风险点所在处室共同监控管理；二级风险点由分管厅领导和风险点所在处室主要负责人共同监控管理，各综合职能处室按照各自的职责配合监管；三级风险点由风险点所在处室领导班子及成员负责监控管理，本处室干部职工共同参与监督。

（三）制定防控措施，健全完善制约机制。建立健全运行有序、管理规范、约束有力、科学高效的风险防控机制是开展这项工作的最终目的。我们围绕预算编制、资金分配、财政审批、财政管理、监督检查等权力运行，突出抓好“三个机制”建设，构筑风险防范“三道防线”，即从教育引导、机制构建、监督保障三方面入手，构筑不想为、不能为、不敢为的“三道防线”。一是针对干部主观心理上的潜在风险，强化政治思想教育防控，构筑了“不想为”的思想道德防线。坚持集中教育与日常教育、正面示范教育与反面警示教育、传统教育与现代信息化教育相结合，整合各方力量，积极营造“大宣教”格局。教育引导党员干部算好“政治账、经济账、家庭账”，筑牢党员干部的思想道德防线，增强了抵御腐败能力。二是针对财政管理中的漏洞和薄弱环节，强化制度机制防控，构筑了“不能为”的制度防火墙。从廉政风险易发多发的重点领域和关键环节入手，建章立制，完善程序，以严密的制度约束工作人员无法“越轨”。通过健全民主决策和集体议事制度、完善资金管理和转移支付办法、规范资金拨付程序，建立监督制约机制，使资金支付业务流程更加公开透明、安全高效，避免资金分配中可能出现的权力寻租风险。三是针对外部客观存在的廉政风险，强化监督惩治防控，构筑了“不敢为”的震慑机制。运用财政内部审计、效能监察、执法监察等手段，加强对资金事前、事中、事后的全程监控，健全多层次的监督网络。通过加强重点部位和重点岗位的监督，严格执行述职述廉、廉政谈话等制度，规范权力运行。通过强化专项检查，纠正或查处财政资金分配、管理、使用中出现的违纪违规问题。

（四）抓好督促落实，积极推动任务完成。通过对权力运行情况的督促、调度和检查，及时发现问题，纠正偏差。为确保廉政风险防控管理工作有序进行，在部署这项工作时，印发了推进廉政风险防控管理工作配档表，并根据各处室职责，将每个步骤、每个环节的任务和责任以及完成时限落实到各个处室。为确保风险防控管理工作开展的扎实有效、风险防控措施切实管用，集中时间与机关所有处室主要负责人进行一对一的座谈交流，逐处室、逐单位听取工作情况汇报，共同查找廉政风险，研究防控对策，完善工作制度。座谈会后，将修订意见及时反馈到各个处室，再进一步修订完善权力运行情况表、业务流程图和处室及个人岗位风险点和防控措施，力求风险查得实、措施控得住、制度防得牢。

（五）组织论证审定，确保查找风险全面准确。领导小组办公室对各处室确定的风险点和防控措施进行审议评定，围绕风险点查找是否准确全面、防控措施是否切实有效进行审核论证，并提出修改完善意见，最后，由分管厅领导审核确定。

二、开展廉政风险防控工作取得的成效和体会

在工作中，我们认真梳理、归类、分级廉政风险，针对风险点制定防控措施，把风险防控制度机制和措施融入权力运行全过程、业务工作各个环节，力求有效管用，风险防控管理工作取得明显了成效。

（一）摸清关键环节，明确了廉政风险点。在确定风险过程中，我们对重点岗位和关键环节以及各项制度进行了一次全面清理，作了补充修订，编制了内容详细、职责明晰的权力目录，绘制了权力运行清楚、程序严谨的业务流程图。同时，针对排查出的风险点，提出切实可行的防范措施，落实了岗位责任制，建立起集体决策、相互监督、相互制约机制。全厅梳理修订权力事项384项，绘制业务流程图375张；查找廉政风险点767个，其中一级风险222项，完善防控措施587项。

（二）权力运行公开透明，资金管理更加规范。各类风险点及风险等级确立后，权力运行关键岗位和各个环节清晰明确，进一步优化了权力运行流程，堵塞了资金管理和制度上的漏洞。同时，把每个风险点以图表的形式进行描述，使权力运行过程更加简洁直观，既方便了服务对象，又促进了行为规范。通过开展廉政风险防控管理工作，各项财政管理制度进一步规范完善，自由裁量权得到进一步压缩，财政权力运行更加透明，制度的制约力度更加有效，为建立健全决策权、执行权、监督权既相互协调又相互制约的权力架构，形成结构合理、配置科学、程序严密、制约有效的财权运行机制奠定了制度基础。

（三）增强了依法行政意识，推进了党风廉政建设。通过开展廉政风险防控工作，进一步推动了制度建设和执法水平，财政部门依法行政、依

法理财的意识明显增强，财政干部法制意识和勤政廉政意识明显提高。在认真落实国家法律法规的同时，积极推动地方财政立法工作，出台了一系列的地方性法规规章，制定了一批规范性文件和资金管理制度。通过认真落实行政执法责任制、压减审批事项、简化办事程序，强化执法监督，财政部门规范、公正、文明执法的水平不断提高。

（四）增强了干部风险防范意识，有效预防了腐败问题的发生。开展廉政风险防范管理工作，不仅强化了对用权者的规范和约束，还为开展审计监督、执法监察和效能监察提供了依据和条件。一是通过分析查找权力运行关键部位和薄弱环节，明确监督的重点，增强了监督的针对性和有效性，有问题能够及时发现，防止小问题酿成大问题。二是通过绘制权力运行的目录和流程图，健全工作规则，建立了有效的内控机制，将权力置于监督之下，方便了对权力运行和资金分配管理进行全方位动态跟踪监督，也促使各级党员干部认识到权力行使必须讲程序、权力运行必须受监督，以权谋私必须受惩处。三是通过明确权力行使的依据，完善管理制度，便于了解权力的实际运行情况，从而严格限制自由裁量权，确保依法行政，有效预防腐败问题的发生。

在开展廉政风险防控工作中，我们有以下四点体会：一是领导重视是开展此项工作的组织保障。加强廉政风险防范管理，关键在领导，责任在班子。厅党组对廉政风险防范管理工作高度重视，将其作为反腐倡廉建设的一项重大政治任务来抓，列入重要议事日程。召开专题会议进行部署，研究制定实施方案，成立领导小组，明确领导班子为廉政风险防范管理工作责任主体，从组织上保证了这项工作的开展。班子成员切实履行“一岗双责”，把落实廉政风险防范管理纳入业务工作，带头查找廉政风险，带头制定和落实防控措施，带头加强自身和分管范围内的风险防范管理工作，形成了“一把手”负总责，班子成员分工负责，各处室齐抓共管，人人积极参与的工作格局。二是提高认识是开展此项工作的基础。加强廉政风险防控管理，是财政部门落实科学发展观的有力保障，是新形势下加强党风廉政建设和反腐倡廉建设的重要举措，是规范、监控权力运行的有益探索和创新。为了使大家充分认识、准确理解廉政风险防控这一全新的工作，厅党组在年初厅机关反腐倡廉建设会议上提出明确要求，要借助一系列行之有效的教育载体，围绕重要岗位和重点环节开展廉政教育，引导干部职工积极参与，使大家充分认识开展廉政风险防控管理工作的重要性、必要性和紧迫性，把廉政风险防控意识植入人心，树立风险无处不在、防控人人有责的观念，使大家充分认识到风险防控针对的是岗位、监督的是权力、防范的是风险、保护的是自己。三是明确责任主体是落实工作任务的重要措施。厅党组印发了开展廉政风险防控工作实施方案，明确任务要求，落实责任分工，主要领导履行第一责任人职责，亲自抓并督促落实，班子成员认真履行“一岗双责”，抓好分管领域的廉政风险防控管理工作。各单位主要负责同志为第一责任人，领导干部带头查找廉政风险点，带头制定和落实防控措施，发挥表率作用。各单位之间协调配合、相互支持，保证了廉政风险防控工作顺利进行。四是抓好方案制定是扎实有效开展此项工作的关键。廉政风险防范管理是加强反腐倡廉建设的一项创新工作，在具体工作中，既要坚持基本原则、总结经验成果，又要着眼实际，创新思路，体现财政部门特色，做到有的放矢。一方面，我们认真学习上级精神，准确把握精神实质和要求，理清工作思路；另一方面，通过会议专题研究、座谈交流等方式，广泛听取意见和建议，研究制定符合财政特色的实施方案，为做好廉政风险防范管理工作打下坚实的基础。五是加强组织协调是任务顺利完成的重要保证。开展财政廉政风险防控是规范财政权力运行的基础，头绪复杂、业务性强，必须整合力量、调动各方面的积极性，才能确保顺利完成任务。在开展风险防控管理工作中，驻厅纪检组监察室认真履行牵头职责，充分发挥联席会议和联络员会议制度的作用，加强工作调度，积极组织协调，推动了各项工作扎实有序开展。

三、推进廉政风险防控工作遇到的问题和建议

开展风险防控是一项全新的工作，在实际工作中，总会出现一些新情况，遇到一些新问题。一是对查找风险存在顾虑。查找廉政风险点是由个人和单位结合岗位和分管工作来查找的，虽然采取了“两上两下”的方式，通过座谈交流提出，但是，仍然存在不全面、不深入的问题，加之部分同志认为查找的风险点就是自身存在的缺点，担心有人对号入座。有的即便是查出来，也是泛泛而谈、轻描淡写，如“政治学习抓得不够紧，工作程序有待进一步提高，制度机制有待于健全完善”等。二是风险防控措施难以落实。查找风险的目的在于制定完善针对性强、有效管用的防控措施。但有的风险点涉及到体制机制和社会关注问题，即使风险点找到，制定的防控措施往往点到为止，不细、不具体，只解决了“有法可依”问题，制度的执行力不强。三是风险防控机制难以到位。建立风险防控机制，必须与财政业务、资金分配相结合，必须信息网络建设、信息公开相结合，必须与科技防腐电子监察系统相结合，才能实现实时监控，有的放矢，发现问题才能及时跟踪。四是监

督考核难度大。一方面，财政业务工作面广量大，目前监察力量不足。另一方面，廉政风险点具体到个人和单位，实际工作中，在执行程序、落实防控措施上，如果不依托电子科技信息手段，就难以着手。

廉政风险防控管理工作是一项系统的、长期的任务，不可能一蹴而就，必须常抓不懈。下一步应重点抓好以下工作：

（一）加强教育，树立“风险无处不在”的意识。将廉政风险教育纳入干部教育培训计划，作为重要的教育内容，形成反腐倡廉教育长效机制。一方面，大力开展廉政风险教育，通过正面示范引导、反面典型警示等教育活动，增强廉洁自律意识，强化自我防控意识。另一方面，发挥教育载体作用，把风险教育融入到廉政文化进机关活动中，增强教育的针对性和影响力，通过文化渗透、情操培育，提升人格品位，自觉拒绝低级趣味，从思想道德上筑牢抵御腐败防线。同时，引导党员干部树立“风险无处不在、防控人人有责”的观念，认识到风险防控针对的工作岗位，而不是针对个人；岗位风险不以人员的变动而变动，只要有工作岗位存在，谁在这个岗位都会有风险存在，都要加强防范，让防范风险、廉洁从政意识根植于每个脑海、深入人心。

（二）做好结合文章，形成推进廉政风险防控管理工作合力。要与科技防腐电子监察系统平台建设相结合，整合信息网络，构建系统完善的资金分配和综合服务电子平台，实现权力运行实时监控、及时跟踪，强化对权力运行全过程监督。要与信息公开相结合，积极推进阳光政务建设，利用部门门户网站和各类社会媒体，积极推进财政预算决算、资金分配、行政费用和“三公”费用支出以及财政审批（许可）事项和程序全面公开，接受社会各界的监督，把廉政风险防控措施融入到各项工作中，融入到岗位职责中，融入到制度建设中。要与完善内控制度相结合，充分发挥纪检监察、监督检查以及内部审计职能，形成监督合力，通过开展专项执法监察，进一步完善内控机制，推动风险防控措施落到实处，真正建立起一道防止权力滥用的“防火墙”。

（三）加强制度建设，健全完善风险防控措施。廉政风险查找过程，本身也是制度和流程查漏补缺的过程，廉政风险防范工作只是一种促进权力规范运行的手段，最终还是需要在规范制度和流程上下功夫。因此，要以此为契机，抓住制度机制建设这个关键，健全监督制约机制。一是规范内部管理、工作业务流程、操作规范等各项规章制度，逐步填补制度上存在的隐患和工作流程中遗留的盲点，控制风险发生的根源，切实有效地防范资金分配管理中的风险，形成用制度管钱、按制度办事、靠制度管人的长效机制。二是制定工作人员执法责任制度和违纪违法责任追究办法，完善查处和警戒制度措施。对不能落实廉政风险防控措施的，采取谈话提醒、诫勉警示、责任追究等措施，及时督促其纠正，有效地控制和化解廉政风险；对发现风险问题整改不力的，按照党风廉政建设责任制和问责规定从严问责，从严追究责任。

（四）强化监督制约，推进廉政风险防控机制建设。对风险点再排查，对工作流程再优化，对防控措施进行再完善，突出抓好三个环节：一是风险排查环节。力争查深、查透、查实，不留死角、不留空白，确保风险点“找得准”。二是制定防控措施环节。根据不同岗位特点和风险等级，制定有针对性的防控措施，确保风险“防得牢”。三是制度机制建设环节。修订完善资金管理办法，着眼前期预防，健全工作机制；着眼中期监控，健全信息反馈机制；着眼后期处置，健全纠错惩处机制，确保风险“控得住”。同时，加强组织协调和监督检查，研究制定风险防控管理考核办法，强化考核结果在机关干部管理使用、评先评优等方面的运用，推动廉政风险防控措施落到实处。

（作者为省纪委驻省财政厅副厅级检查员）

以会计监督为重点　切实提高财政监督工作成效

张光月

一、提高认识、明确要求，推动会计监督工作再上新水平

会计是财政经济工作的重要基础。会计信息质量和注册会计师执业质量，关系到经济资源的合理配置，关系到资本市场的健康发展，关系到人民群众的切身利益，关系到整个社会的诚信建设。加强会计监督，开展会计信息质量和会计师事务所执业质量检查，是《会计法》和《注册会计师法》赋予财政部门的一项重要职责。多年来，我省作为财政部会计监督工作联系点，按照各级领导的指示精神，不断创新会计监督工作思路，丰富会计监督工作手段，完善会

计监督工作机制，取得了很好的工作成效。在肯定成绩的同时，我们应当保持清醒的头脑。从当前的工作情况和发展形势看，我省仍然存在一些地方对会计监督工作重要性认识不足、工作开展流于形式、监督成效不够明显等问题。在今后的工作中，各级财政部门一定要深刻认识会计监督工作的重要意义，进一步明确工作要求，推动会计监督再上新水平。

（一）加强会计监督是经济全球化、会计国际化的根本要求。会计是国际通用的商业语言，会计信息是国际经贸合作的桥梁和纽带。后金融危机时期的全球经济、全球金融和全球经贸合作对会计信息和经济信息质量提出了更高要求。“安然事件”使许多国家深刻认识到，要保持本国资本市场稳定，必须加强会计监管，加强对注册会计师行业的监管。国际金融危机则使各国普遍认识到，要保持全球资本市场的稳定，必须提高会计标准，加强会计监管的全球合作。加强会计监督，提供高质量的会计信息，不仅有利于推动资本和会计服务的跨境流动，也有利于推动会计审计标准的全球趋同与会计监管的共同协作，为实现经济全球化和会计国际化打下良好的基础。

（二）加强会计监督是加快转变经济发展方式、实现又好又快发展的重要基础。党的十七届五中全会明确提出，“十二五”时期要以科学发展为主题，以加快转变经济发展方式为主线，经济增长必须建立在优化结构、提高效益、降低消耗、保护环境、改善民生的基础上，努力实现全面协调可持续发展。实现这一目标，既要充分发挥好国家宏观调控的作用，又要充分发挥好市场在资源配置中的基础性作用。无论是政府宏观调控这只有形的手，还是市场资源配置这只无形的手，其作用的发挥都离不开会计信息。加强会计监督，可以有效地提高会计信息质量，向公众提供真实公允的会计信息，有利于准确全面地反映企业资产收入水平、投入产出、成本利润等情况，为政府科学判断经济形势、合理做出经济决策、有效实施宏观调控提供重要依据，为金融机构是否放贷、投资者是否投资、市场资源如何配置提供重要参考，为促进经济发展方式转变、实现又好又快发展创造条件。

（三）加强会计监督是推进财政科学化精细化管理的根本要求。准确、完整、及时的会计信息是实现财政管理科学化精细化的前提。谢旭人部长曾明确指出，在加强财政管理“双基”建设中，要加强对企业和行政事业单位财务管理、会计信息质量、会计师事务所执业质量的监督，要将其作为一项重要的管理基础工作抓紧抓好。会计信息的真实与否，直接影响到财源财力的组织征收，直接影响到财政资金的分配使用，直接影响到财政职能作用的有效发挥。会计监督是财政部门全面履行宏观调控、市场监管、公共服务和社会管理等政府职能的重要抓手。通过加强会计监督，有利于促进财政收入应收尽收，确保财政资金得到合理使用，确保财税政策得到贯彻落实，为财政科学化精细化管理提供重要的基础保障。

（四）加强会计监督是从源头上治理腐败、维护社会公平正义的重要手段。从近几年各级查处的腐败案件来看，私自截留财政资金、贪污挪用国家公款、私设“小金库”等情况，往往需要通过会计造假来掩饰；谎报夸大业绩、欺诈骗取信贷，篡改会计基础数据、偷逃国家税款等行为，也常常通过会计造假来实现。会计造假导致会计秩序混乱、会计信息失真，对经济犯罪和腐败行为起到了掩饰包庇、推波助澜的作用。加强会计监督，有利于提高会计信息的真实性和透明度，为查处违法案件、打击腐败行为创造条件。多年来，财政部门通过会计监督检查，发现并移送处理了大量涉嫌贪污挪用公款、商业贿赂、侵占国有资产等案件，有力地打击了经济领域的腐败违法行为，为强化政府监督、推进廉政建设、维护社会公平正义发挥了重要作用。

（五）加强会计监督是提高会计师事务所执业质量、规范市场经济秩序的重要途径。近年来，随着会计师事务所做大做强战略实施和行政审批的放开，我国注册会计师行业呈现迅猛发展的态势，注册会计师的职业道德水平、专业胜任能力和执业质量稳步提高。但由于起步较晚、基础薄弱、竞争激烈等原因，我国会计师事务所的整体水平与经济社会发展要求、与社会公众期望相比，还有一定的差距，特别是在内部治理、风险控制、诚信建设、执业质量等方面还存在一些问题，使注册会计师应用的作用没有得到充分发挥。加强会计监督，强化对注册会计师行业的行政监管，有利于加强对会计师事务所的外部约束，营造良好的内部治理和外部市场环境，促进会计师事务所规模扩大、结构优化、质量提升目标的实现，进一步打造诚信体系，规范社会主义市场经济秩序。

（六）加强会计监督是财政监督工作自身发展的内在需要。会计监督具有覆盖面广、综合性强的特点。财政收支监督、内部监督等工作，都离不开对监管对象财务资料的审核检查。会计信息是财政监督检查最重要的切入点，会计监督是财政监督业务的契合点和支撑点。把握好会计监督这个点，就能更好地发挥财政监督的职能作用。扩大会计监督的影响力和威慑力，就能进一步提高财政监督的地位，为做好其他监督检查工作创造良好的条件。

近年来，中央和省里相继出台了

一系列关于会计监督工作的制度规定。各级财政部门要重点围绕落实这些制度规定，扎实开展好会计监督工作，推动会计监督工作再上新水平。一是要有重点地选择涉及国计民生的基础设施、能源交通、医疗教育、公用事业等行业开展会计信息质量检查，充分发挥会计监督在财政经济管理中的基础作用和综合效能。二是要深入贯彻《财政部关于进一步加强注册会计师行业行政监督工作的意见》（财监〔2010〕50号）文件精神，深化会计师事务所行政监督，按照对“非证券资格事务所五年轮查一遍”的要求，2011年，我省将选取100家左右的会计师事务所进行检查。省级除重点检查部分业务量较大以及群众举报反映强烈的事务所外，将委托各市对所辖区域内的部分会计师事务所进行检查。各市对会计师事务所执业质量的检查，由省统一组织，统一审核，统一下达处理、处罚决定。三是按照财政部的统一要求，省、市和有条件的直管县（市）要实施会计信息质量检查查前公示和查后公告，进一步扩大会计监督的社会影响。四是各级要切实加强对会计监督工作的考核。为推进会计监督工作的深入开展，财政部加大对地方财政部门会计监督工作的考核力度，并对考核结果进行通报。参照财政部的做法，今后省里将对各市、直管县（市）会计监督工作的开展情况进行考核。考核采取定量和定性相结合的方式，内容主要包括选择检查重点、执行检查程序、工作创新和检查成效等方面的情况。考核结果将在全省范围进行通报，以推动全省会计监督工作的开展，提高工作整体成效。

二、强化责任、狠抓落实，努力开创财政监督工作新局面

2011年是“十二五”开局之年，是我省财政加大改革创新力度、推进科学化精细化管理的关键一年，也是完善财政监督机制、提高财政监督绩效的重要一年。各级财政部门一定要准确把握经济社会发展的阶段性特征，紧扣科学发展这个主题，围绕结构调整这条主线，积极创新财政监督工作思路，完善财政监督机制，为加快转变经济发展方式、保障和改善民生、促进财政体制机制创新、推动财政科学化精细化管理作出积极的努力。

（一）要高度重视财政监督工作。财政监督是财政的重要职能，在各级财政部门的主要职责中，都有“加强财政监督检查，增强财政宏观调控能力”的职责。根据“十二五”财政工作面临的新形势、新任务，财政部明确了“十二五”时期财政发展改革的指导思想，要求深入贯彻科学发展观，积极构建有利于转变经济发展方式的财税体制机制，健全公共财政体系，推进财政科学化精细化管理，进一步提升财政管理水平，提高财政资金使用效益，积极发挥财政职能作用，促进科学发展和社会和谐，为实现全面建设小康社会宏伟目标做出更大贡献。无论是进一步深化财政改革，还是全面履行财政职责，都必须以强有力的财政监督作保障。各级财政部门一定要进一步统一思想，提高认识，按照党的十七大提出“建立健全预算编制、执行和监督相互协调、相互制衡的新机制”的要求，高度重视，推动财政监督工作的深入开展。一是要切实加强机构和干部队伍建设。近年来，全国各地对监督机构建设都很重视，近半数的省、市设立了专门的监督检查队伍，河北还向省直部门派驻了财政监督员。在全国地方现有监督干部中，35岁以下干部占25%，近50%的人具有注册会计师、注册评估师、注册税务师、律师等资格证书以及中高级专业职称。我省监督机构建设，在各级财政部门高度重视下，也取得了明显成效。全省17个市，有15个设立了副处以上的监督机构，为监督工作的深入开展奠定了基础。但我们也要清醒地看到，现有监督力量与工作要求相比，还有很大差距。按照部《财政检查规则》的要求，组成一个检查组至少在两人以上，现在有些市在人员上还达不到上述要求。一些县（市、区）至今还没有专门的监督机构和人员。这些状况，导致监督工作无法正常开展。温家宝总理在2011年3月25日国务院第四次廉政工作会议上的讲话中强调“加快建立决策、执行、监督相互协调又相互制约的运行机制。现在一些政府部门及内设机构，同时承担决策、执行、监督、评价职能。这样的职能配置和权力结构，极易滋生腐败。要进一步完善政府内设机构设置，决策、执行、监督职能要相对分离、相互制约。这也是进一步深化政府机构改革的要求”。财政部近期在《关于进一步完善制度规定，切实加强财政资金管理的通知》（财办〔2011〕19号）中，要求“各级财政部门要加强内设财政监督机构与预算管理机构的工作沟通，做到预算编制、执行和监督各业务主体间信息沟通便捷顺畅、实时共享，确保内部监督全覆盖”，“各部门、各单位一把手要切实负起领导责任，对财政资金安全管理工作负总责”。加强财政监督，搞好机构队伍建设，已经成为当前亟待解决的重点问题。各级要针对自身实际，在机构建设、人员配备上下真功夫，把政治业务素质高、能适应财政监督工作的同志充实到监督岗位上，以保障工作正常开展。在做好自身建设的同时，按照财政部近期多次强调的强化县乡财政监管职能的要求，指导帮助县（市、区）机构和队伍建设，学习借鉴兄弟地区、单位在机构、队伍建设方面的经验，使机构规格、编制、力量与其承担的任务相

适应，并切实加强监督干部培养、使用的力度。二是要以制度建设为突破口，进一步健全完善监督机制。为全面履行财政监督职能，去年全国财政监督工作会议明确提出建立“大监督”机制的要求，核心是牢固树立财政监督是业务管理机构和专职监督机构共同任务的理念，坚持将财政监督贯穿于财政管理全过程之中，强化事前、事中、事后监督，真正实现对财政资金运行全过程的监督，促进财政管理水平的不断提高。搞好“大监督”机制建设，既要发挥有关业务管理机构的监督职能，更要发挥专职监督机构在“大监督”机制建设中的作用。一方面，要抓好检查计划的制定。为避免重复检查，提高监督整体效能，各级都要围绕财政中心工作，由监督机构牵头制定年度检查计划，并将各业务管理机构和监督机构要开展的检查项目详细列示，经局长办公会批准后组织实施。年度中间，没有特殊情况，不能随意变更。多年来，省厅一直坚持这一做法，收到很好效果。另一方面，要建立财政监督结果利用反馈制度。监督机构开展的专项检查工作，要认真总结，并向局长办公会进行汇报。有关业务管理机构要认真研究利用检查成果，制定完善制度办法，将检查结果与预算编制和资金分配挂钩，并及时将利用结果向专职监督机构进行反馈。通过建立反馈制度，就能有效地加强专职监督机构和业务管理机构的沟通交流，提高财政监督成果的利用水平，切实达到“标本兼治”的效果。三是要切实加强和完善财政自身内控机制。《财政部门内部监督办法》以部长令形式颁布实施，要求县级以上财政部门都要认真开展监督工作，财政部门主要负责人对本部门内部监督检查工作负总责。为落实内部监督职责，各级都要建立以局长为组长，分管领导为副组长，监督、纪检、人事、预算等有关机构负责人参加的内部监督工作领导小组，统筹安排内部监督工作。在检查自身及所属单位预算、财务与资产管理的同时，对内部各业务管理机构履行监督职责情况、内部控制情况进行评价。对内部监督结果，要按照财政部有关要求，作为财政部门内部评选先进和干部考核任用的参考依据。四是要进一步加大对财政监督工作的投入。通过监督工作开展，可以切实加强收入征管，减少损失浪费。从这个意义上讲，监督工作也是生财的。在开展监督工作方面进行投入，是非常值得的。尤其是会计信息质量检查因力量不足需聘用中介机构人员的经费，中央和省在每年的检查通知中都有明确要求，各级一定要落到实处。

（二）围绕中心积极作为。近年来，各级财政监督机构紧紧围绕财政中心工作，牢牢把握收入、支出、会计和内部监督这四条主线开展工作，使监督范围逐步涵盖了财政管理和财政运行的方方面面，较好地发挥了职能作用。实践证明，立足本职、爱岗敬业，就能够在工作中做出成绩，就能够得到各级领导的肯定和各方面的认可。滨州市连续两年开展了大规模的收入联合检查，累计查补各项税款近4亿元，不仅切实提高了收入征管质量，而且深入挖掘了增收潜力，培植发展了新兴财源，切实增强了财政保障能力。对于收入联合检查的成果，滨州市委、市政府给予了充分肯定和高度评价，要求进一步抓紧、抓好、抓出成效。如果在工作中无所作为，坐等领导重视、支持，就很难开创工作的新局面。要认真总结工作中的经验，不断增强做好工作的责任感、使命感，创造性地开展工作，更好地履行财政监督职责。一是要围绕财政收支搞好监督检查。2011年是“十二五”开局之年，“转方式、调结构、增财源、惠民生”成为今后一个时期财政工作的主基调。围绕政府工作中心，在省级支出安排上，大力支持转方式、调结构，促进经济平稳较快发展；加大自主创新投入，强化科技支撑能力；加大财政支农和教育文化投入，促进城乡协调发展；加大就业和社保投入，完善社会保障体系。财政支出的重点也是我们工作关注的重点。各级要紧密结合自身实际，针对领导和社会关注的项目，认真开展检查工作，确保中央和省重大财税政策全面贯彻落实，发挥应有的作用。要按照各项财政性收入纳入预算管理的要求，加强收入监督，为提高收入质量、优化收入结构做出贡献。二是要围绕加强预算管理搞好监督检查。预算管理是财政管理工作的核心环节。预算编制质量的高低、预算执行情况的好坏，直接影响到财政效能的有效发挥。近年来，围绕推进预算管理制度改革，中央和省里出台了一系列收支、结余、结转和国有资产管理等方面的政策措施和制度办法。确保这些政策措施的贯彻落实，要逐步建立预算编制与预算执行、结余结转资金与行政事业单位资产管理相结合的机制。在去年开展预算编制和执行情况检查的基础上，今年省财政厅继续统一部署了这项检查。各市、县（市、区）要高度重视，认真组织实施。结合检查情况，有针对性地提出改进工作、完善制度的措施建议，为深入推进部门预算改革、提高编报质量创造条件。三是要切实搞好“小金库”治理工作。自2009年部署开展“小金库”治理工作以来，各级切实加强组织领导和宣传发动，深入推进“小金库”治理工作，严肃查处了一批“小金库”问题，依法依纪追究了相关人员责任，取得了重要的阶段性成果。但从全省情况看，在治理工作中还存在一些问题，主要表现在一些部门、单位法纪观念淡薄、责任意识不强，对自查自纠工作不重视、走过场；有的对治理工作的长期性和艰巨性缺乏思想准备，存在畏难、厌战情绪；治理工作不够平衡，地区之间、部门之间存在较大差距，等等。对于这些问题，一定要在工作中认真加以解决。各级要按照《2011年全省“小金库”专项治理工作实施方案》（鲁财发〔2011〕6号）的要求，继续深入推进党政机关、事业单位、社会团体和国有企业“小金库”专项治理，认真组织落实好全面复查、督导抽查、整改落实、机制建设和总结验收5个阶段的工作任务，确保圆满完成今年的治理目标。

（三）要切实强化财政监督的基础工作。做好基础工作是开展监督检查的关键环节，是提升检查质量、提高检查效率、防范执法风险的重要保证。经过多年的工作实践和教育培训，我省各级财政监督机构的人员素质不断提高，基础工作逐步规范，执法程序日趋完善，业务质量有了很大的提升。但在看到成绩的同时，我们也要清醒地认识到，在基础工作方面还存在不少问题。比如，有的执法程序不够严格，行政处罚时不认真履行告知程序；有的对工作底稿、检查报表填制不够重视，造成违纪事实表述不完整、内容不具体、定性不准确以及检查底稿不签字、报表数据勾稽关系错误；有的对检查发现的问题，不认真进行调研分析，无法从强化管理的高度提出整改建议，使监督的效果大打折扣。基础工作不扎实，很容易发生执法风险。对此，必须引起我们的高度重视。一是要加强学习培训。要进一步强化基础知识的学习，练好监督检查的基本功，更加系统地学习行政单位和事业单位财务准则、企业会计准则等基础财务会计管理知识以及行政处罚法、财政违法行为处罚处分条例等行政执法的法规制度，真正做到入脑入心，准确运用。要根据不断变化的财政经济形势，认真学习新出台的一系列政策法规和制度规定，及时更新知识，拓宽视野，为更好地开展工作做好准备。二是要严格执法。要切实增强法制意识和责任意识，不断加强执法能力建设，严格按监督检查的规定和程序开展工作，依法行政，依法监督。要根据实际，建立内部管理办法和检查的操作规程，组织专门力量对检查程序的履行、检查基础工作、违纪问题处理处罚适用法规情况进行审理。要切实加强作风建设和廉政建设，认真执行廉政勤政建设的各项规定，切实做到规范检查、廉政检查，以廉洁的作风和过硬的素质，树立财政监督干部的良好形象。三是要搞好调查研究。要围绕提高财政监督成效，促进调研和检查的紧密结合，在查处违规违纪问题的同时，总结提炼、研究分析财政政策在贯彻执行中的情况和问题，提出改进方向和加强管理的政策建议，注重解决体制机制上存在的深层次问题。要高度重视信息宣传工作，及时向领导和有关部门报送监督工作动态，反映检查发现的普遍性和重大违纪问题，总结工作中的经验做法。省厅已印发信息工作考核办法，各地要按照要求，进一步做好信息宣传工作，提高信息报送质量，不断扩大监督工作影响。四是要加强信息化建设。随着信息技术的广泛使用，各单位普遍运用财务软件处理会计业务。传统检查方式受到很大挑战。我们也要适应形势变化，适时推广使用监督检查软件，研究探索电子查账的方法和技巧，提高检查效率。要研究打造财政监督法规库、案例库等信息平台，及时收录、编辑有关法律法规和典型案例，为更好地开展监督工作提供参考和借鉴。要探索运用电子信息技术，实现监督检查与业务管理信息的共享，逐步实现对财政资金运行全过程的动态查询和监控。

（作者为省财政厅副巡视员）

科学管理　为民理财
构建可持续发展的地方财政体系

纪宝华

2011年是“十二五”规划的开局之年，科学发展和可持续发展成为当前经济社会发展的主题，财政可持续发展，既包括财政对经济社会可持续发展的作用，又包括财政自身的可持续发展，可持续财政的源泉是经济的转型发展，核心是财政收入的稳定增长，重点是公共产品和公共服务的可持续供给，关键是财政管理和改革的精细化。近年来，全市以科学发展观为统领，围绕着转方式调结构这一主线，以财源建设为工作的主抓手，认真研究生财、聚财、用财问题，拓宽思路、创新手段、大胆实践，初步形成财政收入稳定增长机制，民生和重点支出得到有力保障，财政管理更加科学规范，公共财政制度不断完善，可持续发展的地方财政体系逐步形成。

一、明确财源建设的着力点，创新财源建设思路

结合经济发展的特点，不断培育骨干财源、扶持中小企业和现代服务业发展，支持县域经济壮大，财源建设成效显著，财源基础日趋雄厚，财政收入能力不断增强。

*一是创新理念和方式，提高运用政策手段促进财源建设的能力。*财政不仅是简单的收支问题，更是一种经济调控手段，财政站在服务企业的立场上，充分发挥扶持引导资金作用，千方百计帮助企业解决诸如融资困难、自主创新、发展环境等方面的问题，力争用最小的成本代价，取得最大的财源效益，按照减少直接投入、强化政策激励的原则，多出政策，出好政策，充分发挥政策的激励作用。2010年济南市出台了《关于加快经济发展方式转变促进财源建设的意见》，把17项支持产业发展的专项资金整合为五大类，采取财政贴息、以奖代补、投资入股、融资引导等形式，推动企业自主创新，支持现代服务业和战略性新兴产业发展，促进传统工业优化提升，鼓励园区经济、中小企业和县域经济发展，培植壮大了财源。2011年预算安排五大类产业引导资金6.16亿元，确保了财源建设取得新成效，为财政收入的持续快速增长奠定了基础。

*二是明确工作着力点，巩固通过夯实经济基础促进财源建设的效果。*财源建设的根本目的是促进经济发展进而促进财政收入增长，在工作中，以转方式调结构为重点，通过政策和资金的扶持作用，全力推进信息服务、商贸物流、金融服务、文化旅游、商务服务五大区域性服务中心建设，把服务业打造成为全市的首位经济，率先形成以服务业为主的经济结构，促进经济平稳较快发展；支持传统产业升级改造和工业调整振兴，引导企业用好增值税转型和技术研发费用加计扣除等税收优惠政策，鼓励购买先进设备和加强技术改造；认真落实中小企业信用担保风险补偿和资本金注入、小企业贷款风险补偿奖励等财政激励政策，支持完善中小企业社会化服务体系，努力缓解中小企业融资困难状况；积极支持县域经济提升产业层次、延长产业链条、发展产业集群，为统筹城乡发展提供强有力的产业支撑；实施促进园区发展的税收政策，强化各类园区的集聚、服务和创新功能，筑牢财源建设基础，促进经济平稳较快发展。

*三是完善扶持政策，激发县区加强财源建设的积极性。*结合山东省促进县乡科学发展的“五个机制”，将转移支付与地方税收增长挂钩，变输血为造血，用外力启动内力，增强县域经济发展的能力，提高资金利用效率。通过出台一系列鼓励县区加强财源建设的政策措施，积极落实省“三税”返还政策，出台困难县区当年实现的市级分享收入增长部分全额返还、县（市）区住宿餐饮业市级分享收入超基数部分及建筑业营业税市级分享超计划增幅部分全额返还、对省级以上批准设立的产业园区、经济开发区，市级分享收入超基数的增量部分全额返还等激励政策，改进车船税收入分配办法，激发县区加强财源建设和组织收入的积极性。

二、规范组织收入，促进财政收入持续增长

经济发展和财源建设的成果最终要体现到财政收入上来，通过配合两税部门，不断完善征管手段和机制，促进了财政收入持续较快增长。

*一是不断严格征管，挖掘征管增收潜力。*始终把深挖税源潜力作为促进税收增长的重要手段，加强与两税部门的合作，深入推行社会综合治税和税源专业化管理，深挖税收增收潜力。同时，积极完善财税库行联网体系，加强收入调度、分析和预测，努力提高财政收入质量，增加地方可支配财力。

*二是搞好政策研究，挖掘政策增收潜力。*一方面，认真分析落实结构性减税政策对经济和财政带来的影响，深入研究挖掘地方税种增收潜力的方法，切实做好城镇土地使用税土地等级及税额标准调整的相关研究工作，制定加强车船税征收管理的政策措施，确保地方税种应收尽收。另一方面，积极挖掘非税收入增收潜力，全面实施政府非税收入执收成本核定改革，健全征管考核奖惩办法，深化综合预算管理，通过完善规范非税征收政策，不断促进非税收入增收。

*三是拓宽视野，多渠道增加财政收入。*完善国有资源特别是土地收入有偿使用管理制度，坚持将土地出让收支全额纳入政府基金预算管理，完善土地收支系统，从源头监管，有效避免擅自减免、截留、挤占、挪用土地出让金的现象。济南市土地出让收入在全省率先通过非税收入征缴系统全额、就地缴入国库。进一步盘活行政事业资产、城市现有基础设施存量资产，推进资产管理与预算管理相结合，进一步完善行政事业资产配置办法，建立统一的资产配置标准和管理信息系统，统一资产监管、配置和处置，充分发挥好政府公物仓调配作用，推进资源整合和共享共用，提高资产使用效益。

三、调整优化支出结构，提高资金使用效率

财政资金使用管理，关键要在“保重点、压一般、重效率”三个方面做文章。“保重点”，就是牢固树立

公共财政理念，围绕满足社会公共需要，明确新形势下财政资金投放的重点和方式，集中资金向“三农”、民生、基层和经济社会发展的薄弱环节倾斜。“压一般”，就是大力压减政府机关的一般性开支，把有限的资金用到经济社会发展的关键领域。“重效率”，就是本着依法理财、科学理财的原则，创新财政支出管理机制，严格预算编制执行管理，加强支出绩效考核，切实提高资金使用效率。

一是突出重点，民生和社会事业支出得到重点保障。公共财政就是民生财政，以人为本，保障改善民生是当前各项工作的重中之重，民生和社会事业方面的支出比重不断提高，三农、社会保障、教育、科技、文体卫生等方面的投入力度不断加大。2011年全市公共财政预算中民生和社会重点事业支出占比达到55.41%，比上年提高2.26个百分点，农林水、教育、科技支出增幅均高于经常性收入增幅，市委、市政府承诺的“为民办十件实事”全部得到落实。逐步建立“三农”投入的稳定增长机制，大力支持农田水利基础设施建设和农业产业化经营，深化农村综合改革；促进城乡养老、低保、农村五保等社会保障体系建设，提高企业退休职工养老金水平，实现新型农村养老保险全覆盖；完善公共就业服务体系，建立就业困难人员帮扶机制；推进医药卫生体制改革，大幅提高城镇居民医保、新型农村合作医疗和基本公共卫生服务财政补助标准；完善义务教育经费保障机制，改善办学条件，加大学前教育扶持力度，拓宽困难学生资助范围；积极促进创新型城市建设，鼓励企业自主创新，推进创新成果转化；扶持文化体育事业发展，促进城乡公共文化体系建设，完善文化产业扶持政策；实施综合奖补，支持城市廉租住房、公共租赁住房、棚户区改造等保障性安居工程建设，促进农村住房建设与危房改造。财政资金的投入，缓解了低收入群众看病难、上学难、养老难、就业难、住房难等问题，让城乡居民得到实惠，促进了社会和谐稳定。

二是有保有压，严格控制各项行政经费开支增长。牢固树立过紧日子的思想，坚持勤俭办一切事业，严格执行“公用经费压减5%、统筹比例提高5%”等压减支出政策，严格控制公款接待、公务购车用车、因公出国（境）“三公”费用，大力压缩会议、差旅、庆典等支出，严肃预算执行纪律，积极推行预算公开，努力降低行政运行成本。把节约的行政经费等新增可用财力主要用于落实民生政策、困难县区补助、公共基础设施及公益事业补贴、维护社会稳定等方面，逐步实现公共资源配置向农村倾斜，向社会事业倾斜，向困难群体倾斜。

三是加强预算管理，提高资金使用效益。加强预算编制管理，完善预算编制机制和工作流程，不断提高收支预算编制的科学性和准确性，从严从紧编制基本支出预算，做实、做细、做准项目支出预算。规范预算执行管理，完善财政绩效评价机制，加强专项资金使用管理，建立支出项目库制度，大力推行公式法、因素法等资金分配方式，科学设置分配依据和各种调节系数，合理分配使用财政资金。运用科学的绩效评价方法、指标体系和评价标准，对项目支出预算进行事前评审、事中监控及事后评价，不断提高资金使用效益。

四、稳步深化各项改革，提升财政管理水平

改革是财政发展的动力和支撑，是推进财政精细化管理，提高依法理财、依法行政水平的重要保证。

一是加快综合预算改革。逐步按规定将除教育收费、彩票发行费外的非税收入全部纳入预算，为全面实施综合预算管理打下基础。试行国有资本经营预算，制定国有资本经营预算编报和国有资本收益收取管理试行办法，推动国有资本经营预算在全市的全面实施。加强城建资金预算管理，将城市建设配套费、管网建设费、城市维护费、公用事业附加、土地出让净收益中用于城建部分统一编入年度城建资金预算，形成资金合力，增强政府统筹调控能力。

二是推进国库集中支付改革。2008年10月开始，在市本级单位推行国库集中支付改革，对市政府资金结算中心管理的236家预算单位进行了改革，国库支付资金从2008年的1.4亿元增加到2010年的196.1亿元，实现了政府资金沉淀国库最大化的既定方针。2010年以来，不断加大改革力度，成立了国库集中支付局，为改革提供了组织机构保障。按照先试点后推开的原则，逐步深化改革，力争达到2012年在市本级所有预算单位实行国库集中支付。

三是完善对县区财政体制。按照县级基本财力保障范围和标准，不断增加一般性转移支付补助规模，帮助困难县区弥补基本财力缺口，实现县级基本财力保障机制与县乡各项民生政策的衔接，提高全市基本公共服务均等化水平。同时，建立动态调整机制，坚持有进有出，动态调整财政困难县保障范围。落实好扶持县区发展的各项增收返还激励政策，鼓励县区加强财源建设，优化收入结构。

四是强化政府采购管理。扩大采购范围，挖掘采购规模潜力，细化采购预算和计划编制，逐步把工程项目纳入采购范围，确保实现“应采尽采”。同时，充分发挥政府采购的政策调控作用，强化“民生采购”理念，用好、用活采购政策，给予“三农”、教育、社保、环保等事业更多支持，强化对节能环保、自主创新产

品的政策扶持力度。

五是加强债务风险防控。建立债务风险防控的动态监管制度，细化债务分类管理，督促投融资公司落实偿债责任和还款渠道，进一步提高防范和控制政府债务风险的能力。完善债务偿还保障机制，从财政预算中安排一定资金，设立城建项目偿债准备金，构筑债务风险防范的“防火墙”。积极推进投融资平台公司化改革，促进平台公司从单纯的融资载体转变为有主营业务、有现金流循环、有融资能力和偿债实力的“借用还”一体的市场主体。

六是建立公共资金电子监察系统。将社保资金、住房公积金、扶贫资金、救灾资金四项资金作为公共资金监察的重点，整合现有公共资金管理系统资源，并与全市科技防腐紧密结合起来，建立了公共资金电子监察平台，实现了公共财政资金分配、拨付、使用、验收全过程网上运行的公开化、规范化和高效化，该系统在省内处于先进位置。

通过加强生财、聚财、用财三方面的管理，财政工作取得了显著成果，充分反映在财政收支规模和质量上。一是财政收入规模实现新突破。“十一五”期间财政收入总量增长迅速，全市地方一般预算收入由2005年的106亿元增加到2010年的266.1亿元，是“十五”末的2.5倍，五年财政收入累计实现1 053.4亿元，年均增长20.1%，比“十五”期间提高3.4个百分点。二是财政收入质量实现新发展。“十一五”期间，经济形势复杂多变，对财政收入结构的影响颇为明显。尤其在应对金融危机过程中，由于重点工业企业效益持续下滑，导致主体税种同比大幅减收，在此情况下各级财税部门积极应对，税收收入形势得到有效改善。确保了财政收入质量逐年稳步提高。

（作者为济南市财政局局长）

以世界眼光、国际标准深化公共财政绩效预算管理

周 安

青岛全市上下正以世界眼光、国际标准谋划未来发展，财政作为政府履行职能的物质基础和调控手段，在组织收入、支持发展、保障和改善民生、构建和谐社会等方面肩负着重任。学习借鉴世界先进理念，深入推进财政绩效预算管理，是履行好财政职责的有效手段，也是以世界眼光、国际标准推进公共财政建设的重要载体和必然途径。

一、充分吸收和运用财政绩效预算管理的国际经验

绩效预算管理是以绩效为目标，运用必要的管理手段，对投入、过程和产出结果的有效管理。财政绩效预算管理是按照公共财政的总体要求和规范程序，运用科学合理的方法，对财政资金的分配、支出过程和效果进行客观、公正的分析、衡量和综合评判的管理行为。结合美国和英国的实践经验就绩效预算的基本做法加以说明。

（一）决策层或领导者的支持以至立法层面的制度保障是实施绩效预算改革的前提条件。20世纪90年代兴起的绩效预算改革都是由各国的中央政府发起的。美国于1993年颁布实施了《1993年政府预算与结果法案》，规定各级政府对政府的行政绩效进行评估，追求财政预算资金的价值最大化。英国在工党1997年上台执政后，在中央和地方政府两个层次推出了以提高政府绩效为目标的财政预算改革，相应建立了一套法律法规，保障改革计划的顺利推进。其他国家如澳大利亚、加拿大等同样由中央政府从上到下协同推进财政绩效预算改革，并取得了明显的成效。

（二）社会公众以及绩效预算的参与者对政府预算信息公开及其绩效有现实的期待。绩效预算参与者包括政府预算的决策者、预算执行者、部门领导以及纳税人等各种关系人。政府行政行为结果的好坏不能由政府确定的目标来衡量，而应由行政行为的产出和效果来确定。各种关系人广泛参与绩效指标的制定、评价和审计有着十分重要的作用。实践表明，某个群体或个人的参与程度越高，则其对该指标的认可热情和接受程度就越高。美英等较早实施预算绩效管理的国家始终保持了在这方面的透明度，政府通过各种方式与相关参与者进行接触、沟通和咨询，这也有效地保证了社会公众对绩效数据的正确理解，即把它们作为制定政策中的一个参数，而不是决定因素。

（三）政府的施政政策和规划体现长短期结合与相对的稳定。绩效预

算中一个必不可少的环节就是战略规划，而类似的规划一般都是为期3～5年，相当于我们国家的“五年规划”。这些规划详细列明了一届政府所要达到的目标和相应的政策，接下来，每个政府都与其所辖部门签订类似于“公共服务协议”之类的东西，规定每个部门的中长期效果和产出。指标的确定因每个国家的性质不同也各不相同，但总体趋势是趋向于简单化并保持相对稳定，目前针对一级政府的绩效指标数量大约在100个左右。

（四）普遍实行较为科学、完整的复式预算。目前，西方发达国家普遍实行了复式预算，在预算编制过程中，针对某一部门以行政“活动”为基础进行编列，并不反映类似于我国部门预算编制中的人员经费、公用经费等项目。除此之外，英国还编制部门资源预算，全面反映政府或某一部门所占用的政府性资源。这些预算的编制均以权责发生制为基础，反映出了服务提供的全部经济成本。成本中还包含非现金成本，诸如折旧、资本费用以及预提费用等等。这些预算的编制与发布，是控制公共支出的基础，提供了有关行政效率的充足信息，激励政府有效管理以前投资形成的资产，也激励了管理者努力降低负债成本。

（五）组建单独管理整个绩效预算过程的组织机构。与我国的情况不同，美英两国一般都是通过议会的各个专门委员会负责对各部门的预算收支监督和绩效评价。审计机关和社会中介组织也发挥了相当的作用。一般地说，每项指标的设定、评估和公布都经过第三方的鉴证，保持了指标的公信力。另外，英国政府的每个部门领导层中负责内部审计与公布的官员属于公务员系列，直接对议会负责，不受政党轮替影响，这就在一定程度上保证了预算管理的中立性。尽管有单独的严密监管机构，这些国家在实施绩效预算过程中还是给予部门充分的自主权和灵活性。各个部门在使用预算资金时，只受到总额控制，对于完成预定目标节省的资金，都允许其滚入下一年度自主使用。除此之外，绩效预算本身并没有任何的奖惩措施，这也鼓励了预算执行部门的决策者积极参与绩效预算改革。实际上，将各部门、各地区的绩效信息在社会公众中予以公布，本身对这些预算执行者来说就是一个巨大的压力。

（六）设定符合国情的绩效目标体系和健全人员培训机制。绩效目标的实质问题是如何确定一个政府或政府某个部门的职能问题，在实践中各国政府在确定工作目标时也有很多的做法。首先，指标的确定应当以符合本国本地人员的根本利益为总的前提，美英两国的做法是尽量选择与人民生活息息相关的指标。其次，全体居民的根本利益是他们的群体偏好，并不简单是个人偏好的总和，因此，测量群众满意度并不是美英两国政府绩效的主流做法，但是在指标制定和评价过程中，如前所述，各种关系人以不同的角色参与到绩效预算中是一项必不可少的要求。同时，在绩效预算改革过程中，各种利益相关人会接触到许多完全不同的新鲜事物，比如指标数据的收集、处理和传递，信息技术的全面应用，会计方法的革命，由单式预算到复式预算的过渡等，因此，美英两国高度重视对有关人员的培训和对各部门、各地区在技术上的支持。同时，对先进部门和地区的经验加以总结并及时推广，也为绩效预算改革的顺利进行提供了坚实的人才基础。

二、当前我国开展财政绩效预算管理的现状和模式

2003年，党的十六届三中全会提出“建立预算绩效考评体系”。在2003～2005年的全国财政工作会议提出了“要研究绩效预算评价体系，促进财政支出效益的最大化”。随后财政部出台了《中央级科教文部门项目绩效评价管理办法》《中央级行政经费项目支出绩效评价管理办法（试行）》等文件，对中央级行政经费支出和科教文卫、农口、经济建设、中央政府投资项目等几个领域的项目支出开展绩效评价进行指导和规范。在中央政府的示范下，北京、广东等地方政府也开始了对绩效预算的实践摸索。2005年开始，在中国发展研究基金会的倡导和推动下，焦作、无锡、哈尔滨、温岭等地开展了“参与式”预算改革。

总体来看，我国推进绩效预算管理主要有以下几种运作模式：以“参与式”预算为理论指导的河南焦作模式、浙江温岭模式（哈尔滨、无锡、焦作、温岭分别开展“参与式”预算试点，以焦作和温岭最具典型），以及自行进行绩效预算改革的上海浦东模式、广州模式和广东佛山南海模式。

（一）河南焦作模式

1. 建立了“四权分离”的财权制衡机制。焦作市财政局从财权变革的制衡机制入手，着力建立预算编制、执行、监督和绩效评价分离操作、相互制衡的财政运行机制。2007年，焦作市财政局把原有预算以及分散在各业务科室的预算编制职能和相关人员集中起来，成立预算编制局。在国库业务部门的基础上成立预算执行局，并与原有的预算监督局、绩效评价中心构成了“四权分离”的预算监督制衡新机制。

2. 引入参与式预算的理念，建立了科学民主的财政分配机制。在推进预算分配制度改革过程中，引入参与式管理的理念，科学设计参与式流程并落实到预算编制的全过程。焦作市财政局将市委市政府确定的重大支出项目和事关民生的公共支出项目梳理

排队，报市政府同意后作为参与式预算项目。通过财政预算部门申报、项目公示、民意测评、专家论证、社会听证、人大公开审查、绩效评价和审计公报等一系列社会公众参与程序，让群众参与到预算编制的过程中来，使人民群众享受到更多的当家理财的政治民主权利，并提高了财政的支出效率，推进绩效预算管理的深入实施。

3. 注重绩效事前评价和事后评价。绩效事前评价主要体现在预算编制的中间磋商和科学论证环节上，通过利用项目定级评价工具和项目定级评价模型对部门预算申请项目进行评价，同时，扩大广大民众参与，做到绩效事前评价。通过事前评价能够为预算安排提供依据，并由此找到财政支出结构的优化路径。事后评价报告归档存查，并运用于下一年度的预算编制过程中。

（二）浙江温岭模式

1. 温岭市“参与式”预算的编制和执行的流程是“参与恳谈—提出意见—部门反馈—调整预算—付诸实施—期中恳谈—适当调整”。

2. 新河镇政府将财政预算草案提交给镇人大，镇人大将预算向全镇公开，并举行预算讨论会，讨论结果向人大会议宣布，人大代表就预算的具体内容向政府进行询问并形成人大代表修改意见。镇政府和人大预算审查小组共同修改预算，调整有关内容，形成新的预算方案提交人大，重新审议，再提出预算修正案，最后表决通过。

（三）上海浦东模式

1. 除人员经费和公用经费按定额标准编制预算外，其他专项支出都要按照绩效管理的要求编报年度预算。在预算编制时，各部门要组织专家对纳入绩效预算管理的支出专项进行严密论证，设定年度绩效目标，设计绩效评价指标，测算完成任务目标所需要的资源，提出项目用款计划。

2. 第三方进行绩效评价。财政部门核定下达预算后，预算部门组织实施，预算执行完毕后，由第三方对专项资金的预算完成情况进行绩效评价，将项目预算的实际执行情况与年度绩效目标进行比较分析，并撰写绩效评价报告。

3. 评价报告完成后，评价结果向社会公开，接受公众监督。财政及主管部门将绩效评价结果作为下一年度预算的重要参考依据，及时调整和优化部门下一年度预算的方向和结构，合理配置资源。

4. 坚持制度建设作为改革保障。在积极实施绩效评价试点的同时，高度重视相关制度的制定和完善。先后出台了《浦东新区财政绩效管理办法（试行）》等四项制度和《浦东新区财政绩效评价结果公开管理办法（试行）》等两个配套制度，这些制度为绩效预算工作开展提供了制度保障。

（四）广州模式

1. 循序渐进，逐步完善绩效评价制度。先后通过选择专项试点，探索开展财政支出项目绩效评价工作；通过选择市直部门作为试点，探索开展部门财政支出绩效评价工作。在参照以往经验、借鉴广东省的做法的基础上，2007年广州市按照以单位自评为主，财政部门组织重点评价为辅的模式，积极推进绩效评价改革，探索建立了以绩效评价结果为导向的预算管理新机制。

2. 全面推行项目自评和选择性开展重点评价。在全面摸底的基础上，推行了市直单位财政支出项目自我绩效评价工作，自评工作按照布置培训、单位自评、中介初审、专家复审、征求意见、抽样复核、下达结论七个阶段展开。在项目单位自评的基础上，对部分项目进行了重点评价，选取了市民较为关注、较具代表性的科技三项费用、旅游发展专项、就业再就业等支出项目组织实施重点评价，形成绩效评价报告。

3. 积极运用评价结果。将评价结果的运用作为绩效评价工作的中心环节，注重将绩效评价结果与财政资金管理有机结合。首先，在下达预算部门绩效自评意见时，帮助有关部门找出项目资金使用和管理上的问题，分析原因并提出改进建议。其次，将评价结果反馈到各部门及财政局相关业务处室，为编制以后年度部门预算提供重要依据。最后，在一定范围内对绩效评价结果及相关工作情况通报，以加强对部门的激励和监督。

（五）广东佛山南海模式

1. 由点及面，合理设计改革方案。评价项目选择上由易到难，由点及面，先以信息化项目为突破点，待取得经验后，逐步将项目支出的评价范围扩大到基建设备购置及其他大额专项项目；评价方案设计上，引入专家评价，并邀请人大、监察、审计等部门对评价过程实行监督；在评价指标体系的设计上，着重强调指标的适用性和可操作性。

2. 引入外部专家评价，实现科学决策。由财政部门和财政科研机构共同设计绩效预算。在开展评价具体工作时，由财政科研部门作为第三方，设计专家评价方式，确定专家名单。专家来自外部，分为技术专家和政策专家，技术专家评价项目的可行性和资金预算的准确性，政策专家则可按照“大事优先、绩效优先、民生优先”的原则，根据国家政策和地方发展战略、资金使用效益等评价标准，确定项目安排的顺序。专家独立进行评价，评价结果分为同意立项和不同意立项两种，基于此形成各类项目的优先排序结果和综合评价报告。财政部门对批准立项的项目在编制预算时根据财政和政府工作重点顺序以此排序拨款，对不同意立项的项目，不予编制预算。

3. 注重支出后评价结果的运用。支出后评价结果反馈到下一年度绩效预算中，作为下一年度项目支出立项评价的重要依据，使预算单位能切实感受到绩效评价结果对其今后支出安排的影响，从而使绩效预算做得更实、更细、更连贯。

4. 由人大对资金使用效果进行绩效问责。除财政部门对用款单位使用资金进行绩效预算和绩效评价外，南海区还随机抽取部分项目，由人大财经委牵头，人大代表、政协委员、审计、监察部门组成绩效问责工作组，全面评价部门资金使用效果及提供公共服务的质量，从而分清了分钱和用钱的责任。

三、青岛市开展绩效预算管理的实践及下一步打算

近年来，按照财政部提出的加强预算绩效管理工作的总体要求，在市委市政府的重视和支持下，市财政局更新理念，理顺职责，积极探索，开拓创新，以专项资金的绩效管理为突破口，初步构建起较为完善的绩效预算管理机制。

（一）开展绩效预算管理的探索

1. 设立机构，为深化预算绩效管理提供组织保障。2010 年 10 月，根据市编办批复，青岛市财政局设立了预算评审管理处，专职负责研究制定预算评审、绩效评价规章制度；完善预算评审技术经济指标体系和绩效评价指标体系；承担财政性资金投资项目、专项支出和专项资金的预算评审、绩效评价和决算审查工作。

2. 完善制度，不断加强预算绩效管理机制建设。为深化预算绩效管理工作，2009 年出台了《青岛市人民政府关于加强市级财政专项资金绩效预算管理的意见》，明确了专项资金绩效预算管理的原则，界定了专项资金绩效预算管理的内容，规范了专项资金绩效预算管理的工作程序。2010 年，又出台了《青岛市人民政府关于进一步规范市级财政专项资金管理的意见》，重点从项目评审、科学决策、预算公开、绩效评价和资金整合等五个方面进一步强化了专项资金管理。

3. 绩效评价工作逐步走上制度化规范化轨道。从 2004 年开始，我们连续三年选择重点专项资金开展绩效评价试点，先后组织完成了对 29 项市级重点专项资金的绩效评价工作。2009 年，我们在总结前期绩效评价试点工作经验的基础上，围绕财政管理的重点领域、项目支出的重点部门以及社会关注度高、影响力大的有关民生支出项目，选择了 8 项财政专项资金进行预算绩效评审试点，在细化预算的同时进一步明确了绩效目标，涉及财政资金 12.4 亿元。

4. 绩效目标管理工作步入常态化轨道。绩效目标管理属于事前绩效管理，其主要内容包括项目绩效目标申报、细化论证、审核和评审等。2010 年，按照“绩效优先，科学决策”的原则，主要采取专家评审、委托中介机构评审、财政直接评审及专家与中介机构评审相结合的方式，组织 158 名专家和 17 个中介机构，对市本级涉及促进青岛市经济社会发展的 5 大类 37 项专项资金进行了事前预算评审。评审范围涵盖农业与农村事业发展、产业振兴与服务业发展、生态保护、社会事业发展、城市建设与维护等五大类资金，共涉及预算项目 1 065 个，财政资金 50.28 亿元。在审减不合理资金，提高资金使用效益的同时，从源头上加强对绩效目标的管理，使每一项资金都确定了绩效目标，为绩效评价工作奠定了良好基础。

（二）下一步推进绩效预算管理的措施

1. 加强宣传和培训，牢固树立绩效管理理念。预算绩效管理涉及方方面面，要从政府、财政、事权部门三个层面加强对绩效预算管理的宣传和培训。通过各种渠道大力宣传预算绩效管理的要求和成果，适时向市委市政府和人大部门报告绩效管理情况。定期组织财政部门、事权部门进行预算绩效管理业务培训，进一步统一思想认识，树立绩效管理理念，提高绩效管理和评价工作的理论水平和操作能力。每年召开区市财政部门座谈会，加强指导和交流，推动预算绩效管理工作在全市范围内全面开展。

2. 不断完善预算绩效管理制度体系。进一步完善加强绩效预算管理的规章制度，明确预算评审的原则、范围、内容、程序、各方责任和评审效力，规定项目单位在申报环节必须提出明确的绩效目标并予以细化，制定财政预算评审操作规程，进一步规范评审行为，明确各环节工作程序和职责。研究制定青岛市绩效评价工作规程和绩效评价指标体系，统一评价标准，规范评价行为，提高评价质量。建立特聘机构和人员库管理制度，明确选取原则、权利义务、考核方法，充分发挥社会智力参与绩效管理的作用。

3. 拓展范围，全面实施预算绩效管理。将实施范围由专项资金拓展到各项资金，凡是安排用于支持经济和社会各项事业发展、无具体支出标准的财政性资金，全部纳入绩效管理范围，包括基本建设资金、各类专项资金、重点专项支出、中央和省级专款、政府债务资金等。将预算评审作为绩效管理的前置环节，重点评审财政资金的安排是否符合青岛市经济社会发展的需要，项目安排的政策依据是否充分，项目支出预算内容是否规范合理，绩效目标的设置是否科学明确。将绩效评价作为绩效管理的后续保障，评价项目绩效目标实现情况、资金使用效益情况，从而及时修正预算安排和资金使用过程中存在的问题，切实提高预算的科学性和绩效性。

4. 进一步加强绩效管理队伍建

设。针对财政干部队伍现有人员构成情况，考虑利用原有的事业编制，招聘财务、工程等专业技术人员，组建财政预算评审专业队伍。同时借鉴外地做法，在加强对中介机构管理、规范其为政府服务行为的同时，引入社会智力，采用政府购买服务的方式，协助开展绩效评价工作。

（作者为青岛市财政局局长）

发挥公共财政职能　促进城乡统筹发展

卜德兰

统筹城乡发展，是中央、省委作出的重大战略部署，是深入贯彻落实科学发展观的重大举措。2010 年，淄博市委、市政府出台了《关于加快推进统筹城乡发展的意见》，全市各级财政部门认真贯彻落实有关精神，立足财政职能，积极支持城乡统筹发展，促进了殷实和谐经济文化强市建设。

一、推进城乡统筹发展的主要做法

（一）调整完善市以下财政体制，为统筹城乡发展创造良好体制环境。根据市委、市政府决策部署，以建立符合科学发展的财政体制机制为目标，按照“创新机制、统筹兼顾、协调发展”的要求，调整完善了市以下财政体制，建立起了以税收全面共享为基本内容，以利益共享、风险共担、发展共促为基本特征的新的财政运行体制，为实现全市统筹协调发展奠定了财政体制基础。突出增强县乡财政保障能力和统筹城乡发展内生动力，切实加大对下财力帮扶力度：一是建立区县增收激励机制。将各区县收入增幅达到全省各市平均水平作为考核指标，从 2010 年起连续三年，对增幅达到全省平均水平的区县，市级分成收入增长 15% 以上部分全部予以返还，并且不作为下年的财力分享基数，鼓励县级财力做大做强，有力调动了区县组织收入的积极性。2011 年，市级落实超收返还资金 3.52 亿元。二是建立对困难区县的倾斜帮扶机制。在支持做大做强经济强区县的同时，加大对相对困难区县的帮扶力度，对博山、淄川、周村三个老工业区，实行土地收益全留和专项资金倾斜政策；对高青、沂源两县，实行税收返还、农业项目地方配套市级全部承担、专项资金补助、贷款贴息等扶持政策，累计兑现两县扶持资金 2.8 亿元。在市级财力紧张的情况下，2011 年继续加大了对下转移支付力度，筹措落实资金 2.15 亿元，进一步增强三个老工业区和相对困难区县财政保障能力，努力缩小区县间财力差距，促进市域内基本公共服务均等化。

（二）加大财政投入，为统筹城乡发展提供资金支持和保障。按照中心城区、次中心城区、中心镇、中心村（农村社区）“四个层级”的要求，支持优化城乡统筹发展布局。一是支持中心城区、次中心城区协调发展。以建设“现代化双百”城市为目标，统筹中心城区新区建设和旧城改造，加强城市基础设施和重点工程建设，融资支持市体育中心、运动员公寓、市文化中心、市客运中心、中心城区路面升级改造及道路绿化等重点项目建设，提高完善公用设施配套能力，进一步增强中心城区辐射带动功能。支持推进产业布局优化调整和环境综合整治，进一步形成次中心城区与中心城区有机衔接、功能互补、融合发展的格局，提高城市综合承载能力。二是支持文昌湖旅游度假区加快发展。该项目作为淄博市统筹城乡发展的示范性项目，2011 年市财政安排补助资金 2 854 万元，增强其基本财力保障能力；对民生政策落实、生态建设、产业布局调整等重点工作加大支持力度，减轻其配套压力。三是强化中心镇、中心村建设。设立中心镇培育发展专项资金，2011 年市级安排 1 000 万元，支持中心镇改革发展试点。支持经济发达镇行政管理体制改革试点工作，争取省级奖补资金 650 万元，确保了试点工作顺利开展。支持中心村建设，2011 年市级安排专项资金 300 万元，支持 10 个中心村道路、环卫等基础设施建设。积极开展农村公益事业“一事一议”奖补工作，2011 年落实省市“一事一议”奖补资金总额达 8 900 万元，有力地保证了农村公益事业健康发展。四是严格落实财政支农投入的有关规定，切实做到“三个重点、三个确保”。即：财政支出重点向农业农村倾斜，确保用于农业农村的总量、增量均有提高；预算内固定资产投资重点用于农业农村基础设施建设，确保总量和比重进一步提高；土地出让收益重点投向农业土地开发、农田水利和农村基础设施建设，确保足额提取、定向使用。2011 年，全市财政性“三农”支出达到 60.77 亿元，比上年增长 49.64%。

（三）支持现代农业发展，夯实统筹城乡发展的产业基础。一是全面落实强农惠农政策。认真落实粮食直补、农资综合直补政策，加大对种粮大户补贴力度。2011 年，筹集资金 1.97 亿元，按 98.45 元/亩补贴小麦 200 万亩，对 3.4 万亩种粮大户按 10 元/亩标准进行奖励。大力推进家电、摩托车下乡补贴工作，提高资金兑付率。筹措落实良种补贴资金 4 111 万元，补贴小麦、玉米、棉花、水稻合计达 405.46 万亩。继续开展奶牛、生猪、肉牛良种补贴，提高畜牧良种普及率。二是支持高标准农田建设。筹措资金 8 693 万元，实施农业综合开发，突出加强连片大规模中低产田改造、高标准农田示范工程和农业产业化经营项目建设，改造中低产田 6.5 万亩。三是加强农机装备能力建设。落实资金 4 500 多万元，实施农机具购置补贴政策，促进了先进适用农机具推广应用。四是扎实推进政策性农业保险试点。落实资金 2 871 万元，支持开展种植业、养殖业政策性保险试点，2011 年全市小麦投保面积 180.4 万亩，玉米投保面积 181.88 万亩，棉花投保面积 20 万亩，能繁母猪投保 11.38 万头。五是积极支持构建现代农业产业体系。市级安排资金 650 万元，支持农业产业化龙头企业和农民专业合作经济组织发展。加快现代农业生产发展项目建设，落实粮食、畜牧、林果、蔬菜等支柱产业扶持资金 600 万元。市级安排资金 410 万元，支持完善农产品质量监管体系和检验检测体系，提升农产品质量安全水平。支持发展都市农业，市级安排资金 200 万元，对 30 家市级都市农业示范园进行了扶持。

（四）加快以水利为重点的城乡基础设施建设，推进城乡生态安全一体化。一是支持水利事业发展。根据《淄博市地方水利建设基金筹集和使用管理实施细则》，加强地方水利建设基金筹集和使用管理，建立起稳定持续的水利建设资金保障新机制。2011 年全市筹集地方水利建设基金 5 亿元，全部纳入政府性基金管理，专款专用，并编制年度基金支出预算，确保安全高效使用。二是积极支持统筹城乡重大基础设施建设。积极筹措落实资金，支持统筹城乡"大交通"、"大水系"、"大网络"和城乡污水、垃圾处理等重点设施建设，缩小城乡基础设施建设的差距。同时，建立统筹城乡发展重大项目市场化运作机制，引导不同经济成分和各类投资主体参与城乡一体化重大项目建设。积极吸引金融等非财政资金加大对"两区三村"（棚户区、老旧工矿居住区和城中村、城郊农村住房、农村危房）改造、同源同网饮水安全暨"引太入张"供水工程、城乡道路管网、中小型水库除险加固等的支持力度，有效解决了重点工程建设资金不足的问题。例如，通过发行治污减排专项债券 15 亿元，支持城乡生态建设；通过市场化融资方式，筹集资金用于"两区三村"综合改造，收到了良好的经济效益和社会效益。三是支持建立资源环境惩戒补偿体系。健全完善资源环境有偿使用制度，进一步规范排污费、水资源费、价格调节基金、矿产资源有偿使用价款等收入征管，促进资源节约和高效利用。用好生态效益补偿专项资金，对全市主体功能区中的禁止开发和限制开发地区给予补偿并建立长效投入机制。

（五）支持农村社会事业发展，促进城乡基本公共服务均等化。一是支持农村教育事业发展。提前全面完成农村义务教育债务化解，全市共化解债务 2.32 亿元。提高农村义务教育经费保障水平，将农村中小学生均公用经费补助标准提高到 800 元和 600 元；将农村中小学家庭经济困难寄宿生生活费补助标准提高到 1 000 元和 750 元。继续实施中小学校舍安全工程和农村中小学"211 工程"，大大改善了办学条件。二是支持农村医疗卫生事业发展。2011 年，市级安排资金 2 300 万元，推进实施卫生强基工程，加快乡镇卫生院配套和村卫生室规范化建设。新农合政府补助标准提高到 200 元，参合率稳定在 99% 以上；提高住院费用报销比例，扩大和提高门诊费用报销范围和比例，有效防止了农民因病返贫、因病致贫问题的发生。三是健全农村社会保障体系。全面推行新型农村养老保险，积极推进城镇居民养老保险试点，实现了城乡居民养老保险制度全覆盖。农村低保标准提高到每人每年不低于 1 700 元，五保集中供养和分散供养标准分别提高到 2 800 元和 1 700 元。四是支持农村科技文化体育事业发展。兑现落实资金，继续实施"科普惠农示范工程"和科技富民强县项目，支持实施农村电影放映、农家书屋、送戏下乡、基层文化设施改造和农村体育"五个一"等文化体育工程，较好地满足了农民群众精神文化生活需求。五是支持农村计划生育事业发展。认真落实农村计划生育家庭奖励扶助和特别扶助、独生子女伤残死亡家庭扶助等项制度，通过利益导向机制引导群众自觉执行计划生育政策。

二、当前工作中存在的主要矛盾和问题

总体上看，淄博市财政支持城乡统筹发展取得了阶段性重要成果，但工作中仍然面临一些困难和问题。一是富民增收的长效机制有待完善。虽然淄博市在产业发展、项目建设、民生改善、惠农补贴等方面为增加农民收入提供了很好的平台，但富民增收的长效机制有待完善，城乡居民收入差距仍然较大。二是城乡基础设施建设不同步。相对城市而言，农村交通、通讯、环境保护与治理等基础设施缺乏系统投入，农田、水利等基础设施存在薄弱环节，农业抗御自然风险的能力不强。三是城乡社会事业发展仍然不平衡。由于历史原因并受财力制约，农村社会事业的投入机制不够完善，在教育、文化、卫生、医疗、养老等基本公共服务方面对农村和农民的投入相对较少，城乡基本公共服务离均等化和普惠化的要求还有明显的差距。例如，尽管新农合、新农保等农村社会保障制度已经得到推

行，但保障水平还较低，农村社会保障体系需要进一步加强。对于以上问题，需要在今后的工作中稳步加以解决。

三、做好下一步工作的思路和措施

（一）*大力发展县域经济，优化提升产业布局*。把发展县域经济作为统筹城乡发展的重要着力点，突出县域特色经济和特色产业集群发展，支持搞好重点产业链的前延、后伸和配套，培育壮大骨干企业，增强中小企业发展活力和后劲，提升县域经济的发展层次。支持镇域经济发展，以城镇化和工业化为载体，根据各镇村的地域特点、经济类型，分类制定扶持措施，支持形成“一镇一业”、“一村一品”的发展格局。支持调整城乡产业布局，鼓励城市劳动密集型企业向农村扩展或转移，发挥城市主导产业带动作用，培育农村产业群，逐步构建城乡互动的产业发展体系。研究制定优惠政策，鼓励社会资本下乡开展旧村改造、发展现代农业、农村服务业、乡村旅游业及农副产品加工业，带动人才、技术和管理理念下乡，促进农业、农村经济和农村建设现代化。支持建立统一开放、城乡一体的人力资源市场，加强基层公共就业服务能力建设。用足用活上级政策，加强县乡财政能力建设，健全完善县级和镇级基本财力保障机制，为促进城乡统筹发展提供财力支持。

（二）*继续加大对统筹城乡发展的财政支持力度*。建立财政支农资金稳定增长机制，保持“三农”投入稳定增长。认真落实各项强农惠农补贴政策，增加对农村基础设施建设和社会事业发展的投入，提高政府土地出让收益、耕地占用税新增收入用于农业的比例，增加对农村公益性建设项目的投入。建立健全加大统筹城乡发展投入的引导机制，积极实施财政贴息、以物代资、以奖代补等投入激励机制，综合运用财税政策手段，发挥财政资金的引导吸附作用，引导信贷资金、民间资本支持统筹城乡发展，形成多元化投入格局。加强财政政策与金融政策的结合，支持建立完善竞争性、立体型的农村金融体系，引导金融机构坚持服务“三农”的经营方向；支持发展农村新型金融组织，通过财政、税收等政策引导金融机构在县域设立分支机构，激发县域金融支农的活力；建立完善农村金融风险分散机制，通过预算安排向农业保险提供保费补贴和经营费用补贴，扩大农业保险政策覆盖面；鼓励各类信用担保机构积极拓展符合农村特点的担保业务，解决农户和农村个体私营业主较大额度融资担保难的问题。

（三）*支持推进农村综合改革*。建立完善县级基本财力保障机制，促进财力向下倾斜和基层财政科学化、精细化管理。全面加强乡镇财政指导工作，逐步建立“职责明确，管理规范，保障有力，监管到位”的乡镇财政管理体制和运行机制。加大对村级组织运转的保障力度，确保村级组织依法有效履行职能。进一步巩固农村义务教育债务清理化解工作成果，按照上级统一部署积极稳妥做好基层医疗卫生机构债务化解工作，加大财政支持保障力度，严防新债发生。扎实开展村级公益事业建设“一事一议”财政奖补工作，扩大奖补试点范围，多渠道筹措奖补资金，完善政策，创新办法，构建村级公益事业建设新机制，破解村级公益事业建设难的问题。

（四）*加大城乡基本公共服务均等化统筹力度*。进一步深化城乡义务教育经费保障机制改革，促进教育均衡发展，实现教育公平。完善农村医疗卫生制度，建立城乡公共卫生服务经费保障机制和农村医疗救助制度，促进新型农村合作医疗制度健康发展，加强农村医疗卫生服务能力和服务体系建设。健全农村社会保障制度，按照广覆盖、保基本、多层次、可持续的原则，加快健全农村社会保障体系。继续完善计生惠民政策，建立稳定增长的人口和计划生育投入保障机制。重视基层文化事业发展，建立和完善公共文化服务财政保障机制，以农村和基层为重点，支持构建覆盖城乡、惠及全民的公共文化服务体系。

（作者为淄博市财政局局长）

构建“六个机制”发挥“四项作用”助推“十二五”规划贯彻落实

尹克同

“十二五”时期是我国全面建设小康社会的关键时期，是枣庄市实施城市转型的战略机遇期，也是促进科学发展的快速推进期。《枣庄市国民经济和社会发展第十二个五年规划纲要》（以下简称《纲要》），是指导

"十二五"时期全市经济社会发展的纲领性文件,《纲要》围绕科学发展主题和加快转变经济发展方式这一主线,在经济建设、社会发展和推进改革开放等方面提出了一系列重大任务目标,为未来五年全市经济社会发展指明了方向,对"十二五"时期财政改革与发展提出了更高的要求,对财政部门科学编制财政"十二五"规划,加快推进财税体制改革,扎实做好各项财政工作,具有重要的指导意义。

未来的五年,全市财政改革发展既面临难得机遇,也面临诸多矛盾和挑战,经济发展过程中面临的不确定性因素依然较多,全市财政仍将处于紧运行状态。为此,"十二五"时期,全市财政发展改革的思路是:准确把握全市经济社会发展的阶段性特征,深入贯彻落实科学发展观,紧紧围绕城市转型战略,牢牢把握加快转方式、调结构这条主线,完善公共财政体系,构建灵活高效的财政调控机制,构建统一规范的税费征管机制,构建覆盖全面的民生保障机制,构建积极有效的区域协调发展机制,构建科学合理的收入分配机制,构建科学严密的财政管理机制,为全市经济社会又好又快发展做出新贡献。"十二五"期间,全市一般预算收入计划年均增长14%,力争2015年达到155亿元以上,比"十一五"末翻一番;一般预算收入占GDP的比重达到6%以上,税收占一般预算收入的比重达到80%以上。着眼当前的新形势新任务新目标,全市各级财政部门要通过构建"六个机制",力促全市经济社会全面、协调、可持续发展,为经济社会发展提供良好的体制保障和制度环境,为加快全市跨越式发展步伐做出不懈努力和应有贡献。

——*构建灵活高效的财政调控机制,为转方式调结构增财源提供强力支撑*。按照中央和市委、市政府战略部署,灵活审慎地制定财政调控政策措施,建立有利于转方式调结构增财源的调控体系,切实增强财政调控的针对性、灵活性。重点是着眼于优化经济增长的动力结构,支持建立扩大消费的长效机制,调整优化投资结构,积极争取和完善鼓励出口的财税政策,形成消费、投资、出口协调拉动的局面。着眼于构建现代产业体系,创新财税扶持政策,促进提高科技创新能力,支持改造提升传统工业,加快发展战略性新兴产业,繁荣发展服务业,增创农业发展新优势。着眼于发展绿色、低碳、循环经济,完善生态补偿机制,加快淘汰落后产能,推动节能减排。着眼于放大财政资金"乘数效应",创新财税扶持手段,吸引银行、企业和社会加大对转方式调结构关键领域的投入。着眼于优化发展环境,强化财政法制建设和税政管理,规范财经秩序,为一切创造财富的源泉充分涌流提供条件。

——*构建统一规范的税费征管机制,为财政收入持续较快增长提供强力支撑*。适应纳税主体多元化、交易方式多样化的新形势,全面实施财税库银联网,完善税源控管体系,促进依法治税、应收尽收。按照国家部署,稳步推进增值税、营业税、个人所得税、资源税、房地产税、环境保护税改革,进一步健全地方税体系,深入挖掘政策性增收潜力。健全非税收入征管机制,完善国有资产资源有偿使用制度,加大资产资源性收入征管力度,拓宽财政增收渠道。

——*构建覆盖全面的民生保障机制,为推进基本公共服务均等化提供强力支撑*。把保障和改善民生作为财政工作的出发点和落脚点,大力调整优化支出结构,新增财力重点向以民生为重点的社会发展领域倾斜,进一步提高民生支出占财政支出的比重,切实增强政府提供公共服务的能力。统筹考虑群众需要、经济发展水平和财力状况,稳步提高各项民生保障标准,加快建立符合市情、比较完整、覆盖城乡、可持续的民生保障体系。合理界定政府与市场以及各级政府间的经费保障分担责任,注重发挥企业、基金会、慈善机构等作用,着力构建"政府主导、社会参与"的多元化民生投入格局。

——*构建积极有效的均衡发展机制,为城乡区域统筹协调发展提供强力支撑*。完善支农投入机制,按照总量持续增加、比例稳步提高的要求,增加财政支农投入,确保农业投入增幅高于经常性财政收入增幅。加大支农资金整合力度,全面落实强农惠农政策,大力支持农业农村基础设施建设,推动现代农业和农村社会事业发展,保障粮食安全,促进农民增收。深化农村综合改革,增强农村发展活力。完善城镇化推进机制,引导生产要素和农村人口向城镇聚集。完善区域发展投融资机制,创新财税帮促政策,支持实施重点区域带动战略。健全产业转移引导机制,推动主体功能区规划建设,优化经济布局。按照财力与事权相匹配的原则,完善市以下财政体制,健全财政转移支付制度,力争在"十二五"前三年基本建立起县级基本财力保障机制,"十二五"后期逐步提高保障水平,推动各级财政均衡发展。

——*构建科学合理的收入分配机制,为促进社会公平和谐提供强力支撑*。按照初次分配和再分配都要处理好效率和公平的关系、再分配更加注重公平的原则,强化财政的收入分配调节职能,加快推进收入分配制度改革。重点支持深化农村改革,拓宽农民增收渠道,建立农民减负增收长效机制。深化企业收入分配制度改革,完善企业职工工资正常增长机制和支付保障机制。深化公务员津贴补贴改革,推进事业单位绩效工资制度改革,建立科学合理的机关事业单位收入分配制度。建立低保标准、职工最低工资与物价水平相挂钩的联动机制，提高城乡居民特别是中低收入者的收入水平。充分发挥税收调节收入差距的作用，推动形成公开透明、公正合理的收入分配秩序。

*——构建科学严密的财政管理机制，为推进科学化精细化管理提供强力支撑。*进一步完善政府预算体系，将各类政府性收入全部纳入预算管理。扎实推进部门预算、国库集中支付、政府采购、收支两条线、投资评审、财政监督、绩效考评、税式支出等改革，建立编制科学、执行严格、监督有力、注重绩效、各环节有机衔接的预算管理机制，努力提高财政资金使用效益。完善行政事业单位国有资产管理机制，以建立新增资产预算配置制度为重点，逐步实现资产管理与预算管理的有机结合。完善行政成本控制机制，大力压缩一般性开支，清理不合理财政负担。完善国库现金管理机制，提高国库现金管理收益水平。完善政府财力综合运筹机制，加强资金跨部门整合，增强财政资金使用合力。完善债务管理机制，有效防范财政风险。完善会计管理，加强注册会计师行业监管，提高会计信息质量。完善民主理财机制，积极推行预算公开，强化社会监督。

为保证《纲要》的顺利实施和城市转型战略的尽快实现，财政部门要从四个方面发挥职能作用，确保“十二五”规划目标的实现。一是发挥财政资金的导向作用。财政资金的投向，重点就是促转型和保民生两个方面。要强化财政投资的“发酵剂”和“指挥棒”作用，积极引导信贷资金和民间投资，切实加大对重点项目和关键领域的投入。2011年安排产业调整专项资金、财源建设资金1.2亿元；接续替代产业贴息补助2 000万元；市南工业区基础设施建设2 000万元；服务业发展引导资金和重点服务业项目贴息奖补资金4 550万元；文化旅游产业发展专项资金1 300万元；企业技改、自主创新及创新贷款贴息800万元；外贸发展专项资金700万元；中小企业发展专项资金500万元，重点对转型项目给予奖补、贴息、融资等形式的扶持，切实发挥好导向作用，支持八大产业集群和四大特色服务业加快发展。二是发挥财政的保障作用。加大对民生领域的倾斜力度，大幅度提高对民生的投入，使发展的成果更好地惠及民生。安排3.5亿元用于保障性住房建设；将城市低保标准提高到每月260元；农村低保标准提高到每年1 300元，年内还将继续提高；农村五保分散供养和集中供养标准分别提高到每年1 800元和2 600元；在全市范围内全面推开新型农村社会养老保险制度，为60岁以上老人每月发放55元基本养老金；首次发放孤儿基本生活费，分散居住孤儿每月不低于600元，集中居住孤儿每月不低于1 000元；继续落实好提高企业退休人员基本养老金政策，人均月增加140元。三是发挥财税政策的调控作用。重点要在如何体现国家产业发展意图、城市转型意图上下功夫。对“两高一资”产业，严格执行国家在税费制度上设定的约束性措施，包括加快推行国有资产资源有偿使用制度，完善生态环境补偿机制，搞好排污权有偿取得和交易试点，实行阶梯电价、阶梯水价制度，提高排污费、污水处理费标准等。对企业购置并实际使用环境保护、节能节水、安全生产等专用设备，可享受专用设备抵资减免政策等。通过财税政策的调控作用，积极引导各级加快转方式、调结构。四是发挥财政杠杆的撬动作用。找好“支点”，实现“四两拨千斤”，体现财政的放大机制。要进一步解放思想，加大融资力度，用好融资平台这个“支点”，多渠道筹集资金。今年除一般预算安排的城建支出外，市财政将通过银行融资、政府基金收入、资产变现等再安排12亿元，用于中心城区的道路、学校、幼儿园、市民中心、高铁广场、党校迁建等公共基础设施建设，尽可能通过融资来解决发展的资金瓶颈。同时还要按照《预算法》、《担保法》等法律法规的规定，规范融资平台，建立债务动态监控、风险预警机制，完善偿债准备金制度，防范和化解潜在风险，确保“融得来、管得住、用得好、还得上”。

具体工作中，财政部门要认真按照“早”、“专”、“创”三方面要求，全面提高财政工作水平。一要“早”，税源培植要“早”，把握机遇要“早”，工作部署要早。科学优化工作流程，提高工作效率，未雨绸缪准备，尽心竭力服务，尤其是对城市建设、棚户区改造、水利工程以及转型项目，积极主动，不等不拖，千方百计把工作做在前面。二要“专”。对涉及城市转型、区（市）、部门、企业、项目的服务，要体现财政的专业化水平。一方面，立足于自身系统加大培训，提高业务素质；另一方面，积极引进人才，充实到重要的工作岗位，提高聚财、理财、用财的水平和能力。三要“创”。不断地适应形势的发展变化，善谋实干，革故鼎新，创新工作思路，创新体制机制，创新操作规程和管理流程，更好地为经济社会发展服务，不断提高对经济社会发展的保障能力。

（作者为枣庄市财政局局长）

现代服务业发展的财政政策研究

李俊峰

服务业是国民经济的重要组成部分，服务业的发展水平是衡量现代社会经济发达程度的重要标志。在世界发达国家或国内的经济发达地区，服务产业达到GDP的40%～70%以上，是经济发展的主要推动力。东营市经过建市20多年来的快速发展，已初步具备支撑经济又好又快发展的诸多条件。但东营服务业无论从规模、在GDP所占比重及对国民经济的贡献率看，不但与发达地区相距甚远，有的指标甚至低于全国平均水平。加快发展服务业，提高服务业在三次产业结构中的比重，尽快使服务业成为国民经济的主导产业，促进投资拉动型增长向需求拉动型增长转变，是推进经济结构调整、加快转变经济增长方式的必由之路，是提升城市现代化水平和综合竞争力的战略选择，也是推进黄河三角洲高效生态经济区、山东半岛蓝色经济区建设两大国家战略融合发展的重要举措。本文主要从东营市服务业和财政对服务业发展扶持现状入手，就财政如何加大对服务业发展的扶持力度进行研究。文中的服务业即第三产业，两者的内涵与外延一致。文中涉及服务业的统计数据均与统计年鉴中“十一五”时期的第三产业相对应。

一、东营市服务业发展的主要成就

（一）服务业快速发展，占比逐年提升。“十一五”期间，是服务业增加值增长较快的一个时期，总量规模逐年扩大，所占比重稳步提升。服务业增加值从2005年的184.47亿元增加到2010年的560.36亿元，年均增速16.9%，其中2010年增速为14.5%，高于全国9.5%和全省13%的平均增速。服务业增加值所占比重由2005年的13.6%提高到2010年的23.74%，年均提高2.03个百分点。

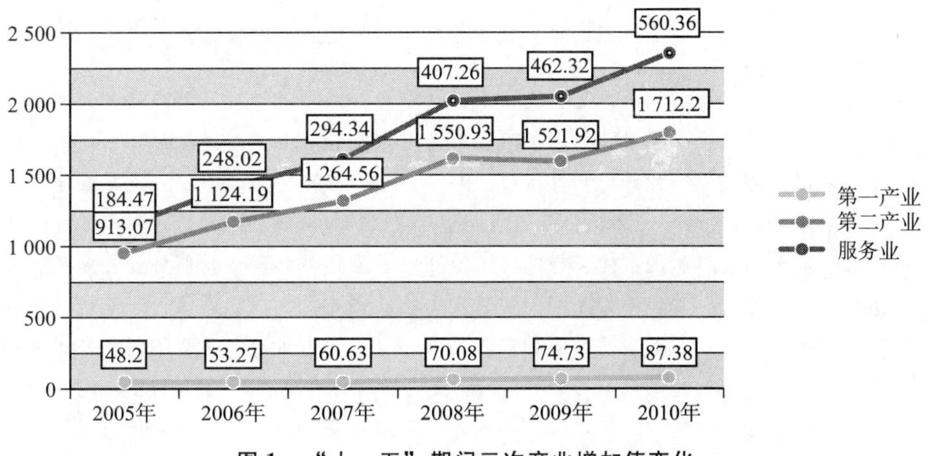

图1 “十一五”期间三次产业增加值变化

（二）服务业贡献率日益提高，拉动力越来越大。2010年，服务业对GDP增长的贡献率达到22.1%，同比提高2.2个百分点；服务业提供的地方税收收入34.8亿元，同比增长35%，占全部地方税收的比重达到41.72%，同比提高2.88个百分点；服务业从业人员占全市从业人员的比重由2000年的24.59%上升到2010年的36%左右。服务业已经成为拉动区域经济增长的重要力量、增加地方财力的重要源泉和吸纳劳动力就业的重要渠道。

（三）服务业成为投资热点，集聚度进一步提高。随着产业结构调整步伐不断加快，信贷资金、企业资本和社会资本开始向服务业领域集聚，银座城市广场、利群瑞泰购物广场、东营机场改扩建工程、东营港扩建工程、会展中心、东营软件园综合楼等一批重大服务业投资项目建成投用；黄河口生态旅游区、黄河水城河海风情旅游区、孙子文化旅游区进入大规模开发建设阶段；东、西城两个市级商贸中心初步形成，东营商贸园、大学科技园、东营西郊现代服务区和黄河口高新技术创业园列入省重点服务业园区加快推进，服务业的集聚效应逐步显现。2006～2010年，服务业累计完成投资1 401.11亿元，年均增速23.73%，服务业投资占全社会固定资产投资的比重由2005年的28.8%提高到2010年的33.8%。

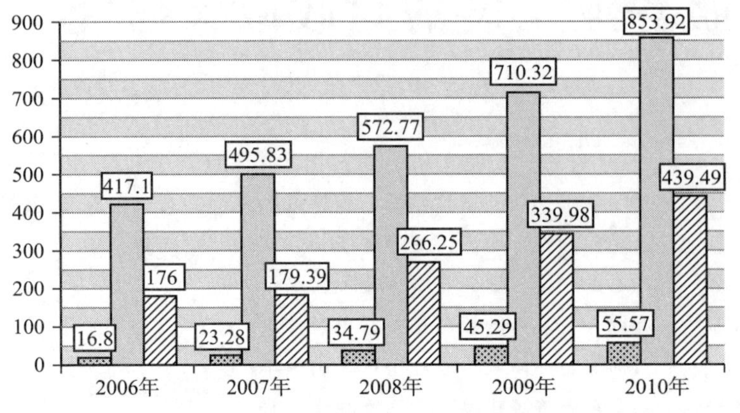

图2　“十一五”期间固定资产投资变化情况

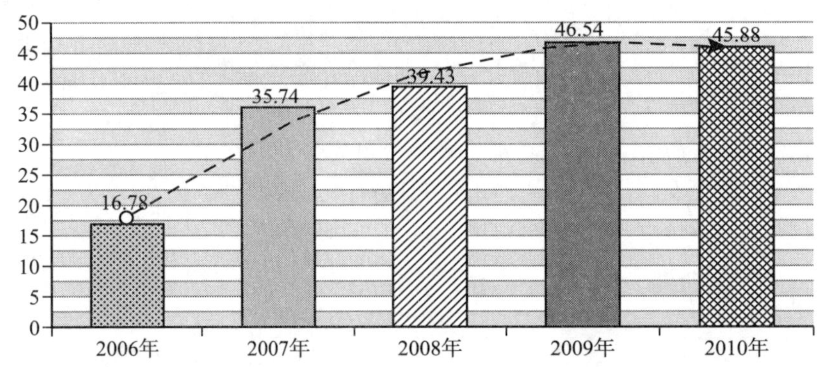

图3　“十一五”期间传统服务业占服务业增加值比重

（四）传统服务业发展充分，服务业人均水平较高。多年来，东营市城镇居民收入和消费水平均居全省前列，批零、餐饮和交通运输仓储邮政三大传统服务业发展迅速，城乡居民消费升级步伐较快，消费需求扩张力强，为消费性服务业发展创造了广阔空间。2010年，东营市人均服务业增加值突破3万元大关，是全省平均水平的1倍多，接近济南和青岛水平。

二、当前东营市服务业发展存在的主要问题

（一）从服务业自身问题看

一是占比偏低，短期内扭转难度较大。全市服务业占比与全国、全省和黄河三角洲地区服务业占比水平相比，分别低了19.26、12.86和2.37个百分点，为全省17市最低，要想达到全省平均水平，短期内还难以实现。

二是规模偏小，竞争力和辐射力相对较弱。2010年服务业增加值占黄河三角洲地区服务业增加值的33.89%，低于同期生产总值41.56%的占比，与黄河三角洲中心城市的地位不相匹配。缺乏实力强、影响力大的支柱企业和知名品牌，全市服务业的竞争力和辐射带动能力有待提升。

三是生产性服务业滞后，高端服务产品供给不足。服务业内部结构失衡，传统服务业比重过大，科技研发、创意设计等高端服务业发展不足，为加工制造业发展提供支撑和服务的能力亟待增强。

四是服务领域改革有待进一步加强。教育科研、文化体育、广播电视、新闻出版、医疗卫生、市政服务等可以产业化经营、商业化运作的服务领域改革步伐迟缓，至今仍当作公益性、福利性的社会事业来办，影响了其自身的发展。

（二）从服务业外部环境看

一是政策体系不完备、落实不到位。在财税方面，尽管各地出台了扶持服务业发展的一系列财税政策，但政策过于笼统，部分服务行业还存在重复纳税现象。在用电方面，尽管国家和省出台的政策规定服务业用电与工业同价，但服务业实际用电价格普遍高于工业，特别是在实行服务业与工业同价后，又同步推出了峰谷电价制度，使服务业特别是商贸流通企业电费支出比以前更多。

二是服务业统计体系不健全。近年来各级组织开展了生产企业非核心业务的剥离工作，但生产企业的研发、设计、信息、物流等各种服务性活动内部化问题仍很突出，特别是受现行统计核算体系的影响，工业企业内部凡不独立核算的经营单位只能纳

入工业统计核算范围，使得本来占比就低的服务业的占比更低。

（三）从服务业与一二产业的关系看

一是第二产业加速发展的影响。随着黄蓝色两大国家战略的实施，三次产业将进入一个较快发展时期，而工业在经济发展中的主体地位短期内还不可能得到改变，鉴于服务业占比与第一、二产业间此消彼长的关系，服务业占比受第二产业加速发展的影响较大。

二是加工制造业粗放式扩张的影响。全市加工制造业还处于粗放式扩张时期，技术创新能力较弱，产品附加值较小，对生产性服务业需求不旺，而生产性服务业发展滞后，必然会制约加工制造业甚至整个经济的快速发展。

三是最终消费率偏低的影响。受现行财税体制的影响，历年来全市80%以上的境内财政收入上缴中央和省，高出全省平均水平15～20个百分点左右。2009年起，随着地方经济的迅猛崛起，情况有所好转，但仍有近75%的境内财政收入上缴，由于这部分劳动成果没有在本地直接转化为消费，导致东营市最终消费水平偏低，2009年全市最终消费率为17.33%，低于全省平均水平近23个百分点，加上社会保障能力不强，影响了消费者的预期消费，导致服务消费需求不足。

三、东营财政扶持服务业发展的实践

“十一五”时期，是东营财政部门支持服务业发展力度最大的五年。按照市委市政府的总体部署，全市各级财政部门围绕全市经济改革与发展的目标任务，全面贯彻落实积极稳健的财政政策，切实履行公共财政促进经济发展的职能，灵活运用财政、税收等各种政策措施，大力支持服务业发展，取得了显著成绩。五年来，各级财政用于支持服务业改革与发展的各项财政性资金近1.5亿元，是上一个五年的近3倍。

（一）不断加大投入力度，缓解产业发展瓶颈制约。“十一五”期间，市级财政预算安排服务业发展引导资金2 150万元，专项用于对国家和省服务业发展引导资金配套，扶持服务业发展中的薄弱环节、关键领域和新兴行业及重点服务业城镇、园区、企业和重大项目建设，累计扶持项目50个，引导信贷资金、企业资金和社会资金58.76亿元投入服务业项目建设。支持健全完善了项目筛选论证机制，每年配合发改等部门针对服务业发展中的薄弱环节、关键领域和新兴行业，筛选论证一批服务业重点建设项目，充实服务业项目库，为投资持续增长提供后续支撑。积极筹措资金，保障服务业重大项目的推进建设，东营港2×3万吨级散杂货码头投入运营，飞机场扩建、黄河河口物理模型、清风湖景区等重点建设项目已全面完工。

（二）支持拓宽融资渠道，促进规模总量迅速膨胀。围绕黄河三角洲开发建设，财政出资搭建了市城市资产经营公司等融资和运营平台，先后融通建设资金53.52亿元用于城市基础设施建设。积极引导华泰、科达、万达、东辰等大型工业企业调整投资方向，改善投资结构，加快向服务业领域聚集，积极投资城市基础设施建设、房地产和商贸餐饮等行业。设立引进金融机构奖励资金，大力支持引进股份制金融机构，加快发展小额贷款公司，目前恒丰、华夏、中信、交通、民生、招商、浦发等股份制银行已落户东营；莱商村镇银行、梁邹村镇银行、乐安村镇银行已获准筹建，小额贷款公司年内新增10家，率先在全省实现了县区全覆盖；黄河三角洲产业投资基金已获国家发改委批筹，全市保险市场主体发展到25家，证券营业部达到8家。设立市场开拓专项资金，支持加大服务业招商引资力度，先后组织参加了鲁台经贸洽谈会、西洽会和在北京、杭州、深圳、上海等地开展的大规模招商活动，服务业招商工作实现了新突破。积极帮助企业搞好项目策划包装，推上去争取上级资金扶持，先后有大学科技园、盛运物流、蓝海餐饮学校等12个项目获得国家和省2 570万元的引导资金扶持。

（三）积极抓好政策促进，促进产业结构升级调整。2006～2010年市委、市政府先后制定出台了《关于进一步加快服务业发展的意见》、《关于进一步加快服务业发展的若干意见》、《关于加快发展生产性服务业的实施意见》、《关于推动文化大发展大繁荣的若干政策的通知》、《关于加快推进行业协会改革与发展的意见》和《关于服务业重点产业协调推进制度的通知》等一系列政策意见，为全市服务业又好又快发展创造了宽松的政策环境，财政部门认真抓好贯彻落实，为服务业发展创造良好的财税政策环境。

（四）支持强化规划引导，促进服务业布局不断优化。适应黄河三角洲开发建设的需要，财政部门筹措资金300万元，支持委托中国社科院财贸所编制了《东营市现代服务业发展规划》，并通过专家评审。支持专项规划修订工作，对全市物流、旅游、文化、信息、房地产等12项产业发展专项规划进行了修订，编制完成了《黄河口生态旅游区总体规划》、《黄河口湿地休闲度假区规划》、《广利河服务业产业带规划》、《东营西郊现代服务业集聚区发展规划》等区域规划。这些规划的编制实施，为保证服务业的健康协调发展创造了条件。

（五）保障重点载体建设，增强支柱产业竞争实力。根据省市服务业发展规划要求，财政确定对10个重点城镇、10个重点园区、30个重点企业和20个重大项目实施集中培育、重点扶持。2010年，中心城区服务业实现增加值360.35亿元，增速达到17.8%，高出全市3.3个百分点；占比达到64.31%，高出全市40.57个百分点。园区建设步伐加快，中国石油大学国家大学科技园等园区建设取得突破性进展，“生态谷”项目建设稳步推进，西门子、北京交通大学等32家研发机构和4个创新团队已入驻园区。重点企业进一步发展壮大，山东蓝海酒店集团在做好本地市场开发的同时，积极开拓埠外市场，在济南、青岛、临沂、上海、淄博等地已设立酒店10家，综合实力在全省同行业名列第一。重点项目建设进度不断加快，会展中心、黄河口游客综合服务中心、体育公园等已建成投用，水城雪莲大剧院、开发区金融大厦等一批重大建设项目已开工建设，全市上下掀起了新一轮加快发展服务业的热潮。

（六）财政扶持服务业发展存在的突出问题。东营财政支持服务业发展虽然取得了显著成效，但与产业升级和结构优化的巨大需求相比，既面临着财政供给总量不足的突出矛盾，也面临着提高财政资金使用效率的迫切要求，供需矛盾突出，改革创新任务艰巨。

一是财政供给总量不足的矛盾更加突出。当前各级财政正处在构建公共财政新体制的关键时期，既面临着支持经济发展的巨大资金需求，又面临着大幅度提高公共产品供给能力的艰巨任务，财政供给总量不足的矛盾更加突出。对于服务业而言，既要运用现代服务技术和经营方式，全面改造提升商贸、餐饮等传统服务业，又要优先发展生产性服务业、加快发展生活性服务业；同时，还要积极发展公共服务业，提高人民群众的民生保障水平，仅从产业发展的任务角度看，资金需求总量就将大大超过上一个五年，财政投入不足的矛盾势必更加突出。

二是提高财政资金使用效率的任务更加迫切。财政支持经济发展，既面临供不应求的矛盾，也存在效益不高的问题。从支持对象看，支持的项目点多面广，支持资金数量小、扶持时间短。点多量小的资金支持方式难以发挥资金使用效益，达不到有效促进产业结构优化的目的。从资金使用主体看，财政专项资金的使用，基本上还是分布在各个相关部门，有限的资金分散使用，难以形成支持经济发展的规模效应。资金的投放仍存在“撒胡椒面”现象，不能突出重点扶持好项目、好企业，且资金使用效益不高、监督力度不够。

三是缺乏科学的绩效评价机制，影响了财政资金作用的发挥。这些问题的存在，不但直接影响财政支持效益，而且在一定程度上加剧了财政资金的供需矛盾，探索建立有效的项目扶持、评估和资金使用监管机制的任务仍非常艰巨，必须予以高度重视。

四、“十二五”促进服务业跨越发展的财政政策

（一）财政促进服务业跨越发展的必要性分析。现代服务业是国民经济中涵盖面广、带动力强的基础性和先导性产业，是受资源约束小、对环境污染少的朝阳产业。近年来，东营二三产业共同推动经济增长格局基本形成，但总体而言，产业结构性矛盾仍较突出，现代服务业在经济总量中的份额较低。2010年，全市服务业增加值占GDP的比重仅为23.7%，不仅大大低于世界60%以上的平均水平，也明显低于全国39%的平均水平，从而使东营经济总体上发展方式仍较粗放，实现服务业的跨越发展是东营面对的刻不容缓的重大战略任务。

1. 大力发展服务业是实施黄蓝两大国家战略融合发展的必然选择。在《东营市关于全力实施国家战略推进黄蓝经济区融合发展的实施意见》中明确提出：“坚持市场化、社会化、产业化、国际化发展方向，依托重点城区、园区企业和项目‘四大载体’，大力发展生产性服务业，积极发展消费型服务业，加快发展服务业新业态，培育一批服务业新亮点，构筑业态丰富、结构优化、布局合理、特色鲜明的现代服务体系”。根据《黄河三角洲高效生态经济区发展规划》和《山东半岛蓝色经济区发展规划》构筑“一带、一轴、两极、三城、六区、十园”的总体开发框架，建设的“四区一城”、“三路两港一场”都与服务业息息相关。生态旅游区和黄河水城以发展服务经济为主体；临港产业区是港、区、城一体，重点发展生产性、生活性服务业和公共服务业；高端产业区以发展先进制造业和高新技术产业为主体，为加快发展高端服务业奠定了坚实基础；生态高效农业区建设同样要求发达的服务经济提供配套支撑；“三路两港一场”等重大交通基础设施建设本身就是服务业重要组成部分，必将为吸引服务业企业投资兴业，膨胀全市服务业规模和竞争力起到积极的拉动作用。从就业情况看，由于现代服务业属劳动密集性行业，就业弹性最大，对劳动力的吸纳功能最强，同量资金投入现代服务业所创造的就业岗位是第二产业的1～3倍，因此发展壮大现代服务业可以提供大量的就业机会。由此看来，大力发展服务业既是建设黄蓝经济区的重要内容，也是实现黄蓝经济区融合发展、高效发展、和谐发展的必然选择。

2. 大力发展服务业是东营实现高效生态发展的重要途径。服务业尤其是现代服务业，其附加价值高、拉动能力强、增长潜力大，能积极引领消费、有效扩大内需，推动工农业集约化、高级化发展，提高经济发展质量和效益，因此加快现代服务业发展，符合科学发展观的要求，可以为在环境保护、生态优化的前提下创造高效增长模式，有利于促进经济增长由主要依靠投资拉动向依靠消费、投资协调拉动，由主要依靠增加物质资源消耗向主要依靠科技进步、劳动者素质

提高、管理创新的重大转变，不仅可以优化产业结构，而对增长方式的转变有着巨大的促进作用。

3. 大力发展服务业是东营培植高效优质财源的有效手段。服务业是地方政府的重大财源，也是高效优质财源。一是从现行税制看，服务业提供的税收主要是营业税，全部归地方。以东营为例，第三产业提供税收总量快速增长，所占比重处于上升态势。第三产业提供税收的总量由2005年9.57亿元增加到2010年的30.54亿元，年均增长26.12%。第三产业提供税收所占的比重由2005年29.32%上升到2010年的37.59%，对税收的贡献逐步提高。二是从三次产业对GDP的贡献率看，2005年，东营市一、二、三产业对贡献率分别为1.01%、82.12%、16.87%；2010年分别为1.26%、78.88%、19.86%；从一个较长时期的宏观情况看，第一产业对经济增长的贡献率基本稳定，第二产业对经济增长的贡献率有所下降，第三产业对经济增长的贡献率逐步上升。可见服务业的繁荣发展，不仅是经济现代化的重要体现，也是培植高效优质财源的重要手段。

公共财政的一项重要职能就是促进经济稳定和发展，这也是市场经济国家的通行做法。从东营实际出发，必须全面贯彻落实科学发展观，在坚持公共财政基本原则的同时，充分发挥财政政策和资金对服务业发展的促进导向作用，尽最大可能加大支持力度，创新财政支持方式，不断优化财政资金的分配方式，逐步形成以财政投入为引导，社会资金多元化投入支持服务业跨越发展的新机制。

（二）财政促进服务业跨越发展的主要思路。财政政策承担着调节社会供需总量、优化经济结构、公平社会分配、稳定经济发展的重任。只有转变政策思路，创新扶持手段，综合运用好各项财政政策工具，才能引导服务业健康快速发展，取得跨越性突破。为此，必须抓好财政政策的三大转变。

1. 在政策立足点上，由直接支持项目建设向支持服务平台体系建设转变。以市场化、产业化、社会化、国际化为发展方向，按照生产性服务业集聚化、生活性服务业均衡化、基础性服务业网络化的要求，完善财政贴息等政策手段，把政策手段和市场机制有机结合起来，放大财政性专项资金的调控功能，吸引、带动、引导银行资金和其他社会资本投向需要支持的产业，充分发挥财政资金的“酵母”作用，达到“四两拨千斤”的效果。由主要扶持具体项目向支持公共服务平台建设转变，改善和支持以城区、园区、企业、项目为重点的四大载体建设，构建有利于服务业健康发展的外部环境。

2. 在政策着力点上，由分散式支持向集中财力办大事转变。大胆探索跨行业、跨部门的资金整合，将同一使用方向的预算内、预算外和政府基金整合在一起，将分散在不同部门的同一类专项资金整合起来，统筹安排，捆绑使用，提高财政资金的规模效益，避免“撒胡椒面”现象。要将财政资金支持的重点，投向符合国家产业政策方向，符合黄蓝经济区发展规划的项目；投向支持产业集群发展，形成特色鲜明、支撑有力的产业集群，大力扶持和提升传统优势产业，培育构建服务生产、方便生活、与经济社会发展相适应、高效便捷的现代服务业体系。

3. 在政策实施上，由重投入式管理向重绩效式管理转变。修订完善相关资金管理办法，完善项目管理办法，建立财政部门主动参与项目立项、评审、申报的联合申报项目制度和绩效评价制度。改变重分配轻管理、重投入轻绩效的做法，重点对项目的经济效益、社会效益进行分析，对项目单位的财政资金使用效果进行评价，将绩效评价结果作为今后申请立项的重要依据。从以行政干预为主转向依法监管，更好地体现财政政策的公共服务性、公平公正性、利益调控性。

（三）财政促进服务业跨越发展的主要措施。

1. 坚定不移地从战略思维上和资金总量上向现代服务业大力度倾斜。东营财政收入经过数年的高速增长，财政实力较为雄厚，具备了扩张支出的基本条件，完全可以通过争取上级资金、调整存量资金等方式，多渠道筹集用于促进服务业发展的财政资金投入。只有首先从战略思想上和资金总量上优先扶持现代服务业的发展，才能紧紧抓住黄蓝经济区融合发展这一千载难逢的战略机遇，充分发挥东营优越的区位条件、雄厚的产业基础、独特的自然资源和人文资源等优势条件，做大做强现代服务业这块“蛋糕”，实现现代服务业的跨越发展。要进一步扩大服务业发展引导资金规模，发挥好财政资金的引导带动作用。健全完善政府投资为引导、企业筹资为主体、民间资本和境外投资为支撑的投融资机制，确保服务业投资增速高于全社会固定资产投资增速、所占比重大幅提高。积极支持符合条件的服务业企业进入市场融资，通过发行股票和企业债券，扩大资金筹措和融资规模。同时，建议进一步调整完善省以下财政体制，取消营业税的省级分成，营业税收入全部留给地方，增强地方支持服务业发展的财政实力，调动地方发展服务业的积极性。

2. 充分发挥积极财政政策的放大效应，综合运用各种财政杠杆扶持现代服务业大步发展。财政政策扶持服务业发展，应最大限度地发挥财政组合拳的作用，尽量利用各种财政杠杆撬动现代服务业这块大“蛋糕”。一是通过扩张财政支出直接支持与现代服务业有关的建设项目。二是通过政府投入一定资金做基础进行贷款担保，通过市场运作进行融资，帮助现代服务业企业和项目解决贷款难问题。三是通过财政贴息和补贴支持，与金融机构共同促进现代服务业企业的发展。而最需要进行把握的问题是，如何发挥好这些财政杠杆的组合效应，更多地采用市场化运作机制，利用市场手段配置服务业资源，最大限度地带动社会投资和民间投资对现代服务业的支持，积极吸引国内外知名金融保险、文化旅游、信息服务、现代物流、商贸流通企业来东营投资，加快提升东营的服务业整体水平。鼓励和扶持有条件的服务业企业“走出去”，积极发展国际服务贸易，以服务贸易的发展带动货物贸易向高附加值、高竞争力转变，最终实现服务贸易与货物贸易的协同发展。

3. 财政政策对现代服务业的扶持要有的放矢、重点突出，实现最有效最优化。财政资金对服务业的投入必须按照公共财政和市场经济的要求，遵循“有所为、有所不为”的原则，找准现代服务业的最关键领域和关键环节，突出重点，让财政资金投向现代服务业发展最急需、最根本、最有效的地方，最大限度地发挥政府投资带动投资、刺激消费的“乘数效应”。从对现代服务业的支持领域看，财政资金的投向应按照《黄蓝经济区融合发展的意见》对发展服务业的战略部署，突出支持发展现代物流、科技信息、金融服务、商务服务和职业教育等生产性服务业，积极发展文化旅游、商贸服务、社区服务、房地产等生活性服务业，大力拓展服务外包、创意设计、环保服务、汽车服务等新兴服务业，加快发展农村服务业，进一步增强服务业的经济发展带动功能、就业增长推动功能、经济转型引领功能、工业发展提升功能、对外开放先导功能和高效生态示范功能，着力把东营建设成为黄河三角洲的区域性服务中心。从财政资金投入的出发点和落脚点看，应以大力刺激消费为主体。消费是生产的动力，也是生产的目的。如果消费上不去，经济循环不畅通，就会导致产能过剩，从而影响整体经济的良性发展。为此，财政资金的投入一是要用于直接拉动消费的领域，如提高工资、提高对中低收入者的补助、加大各项保障支出等，使居民有消费的实力。二是用于能够从减轻居民负担的领域，如保障性安居工程、教育、医疗卫生等，使居民消除后顾之忧，敢于消费。三是用于能够促进消费增长的领域，如公路铁路、旅游、连锁超市、生态环境等基础设施建设，使居民有消费的需要。

4. 强化财政资金管理力度，切实保障现代服务业项目投资效益最大化。如何保障财政资金对服务业投入项目效益的最大化，是必须重视和解决的问题。各级财政和审计部门，一定要加强对财政资金的监督检查，实现监管资源的共享和交流，减少行政运行成本和项目管理成本。从项目立项、资金使用、项目效益等环节入手，建立财政资金绩效考评指标体系，规范和加强监督管理，真正建立起资金使用的问效制和问责制。要采取有效措施，加快信息化建设步伐，把监督和管理贯穿于财政资金运行的各个环节，服务业项目完成后，项目实施单位应组织有关专家或委托中介机构，对项目资金的使用情况进行绩效评价，实行资金使用效益定期报告制度，为每一个完工项目建档立案。切实改变重支出、轻管理的现状，切实提高财政资金的管理效能和使用效益。

5. 优化财政性教育支出结构，支持职业教育发展，为服务业打造合格人才。统筹财政性教育资金，把职业技术教育放到与普通文化教育同等重要的位置上来。国家要发挥财政资金、税收优惠的导向作用，引导社会关心、支持职业教育的发展，为职业教育的发展创造一个良好的外部环境。同时，认真落实各级出台的服务业人才政策，确保承诺条件的兑现。加强服务业人才的培养，调整服务业人才培训的人员结构，加强对服务业重点城区、园区和企业主要负责人的培训，进一步提高服务业人才的综合素质。

（作者为东营市财政局局长）

勤勉尽责谋发展　改革创新增效益

叶文君

进入新世纪以来，烟台市财政局在宏观经济复杂多变、突发事件多发叠加的形势下，始终坚持以科学发展观为指导，以“团结拼搏、改革创新、廉洁勤政、理财为民”为工作主基调，攻坚克难、锐意进取，开拓创新、积极作为，各项工作都取得了长足发展，为全市经济建设和社会繁荣提供了强有力的资金保障。“十一五”末，烟台市财政收入规模达到237.8亿元，是2001年的5.1倍，年均增长25.23%。2011年，全市地方财政收入突破300亿元大关，达到303.19亿元，增长27.50%，连续11年高于全省平均水平。

一、坚持弘扬正气凝聚力量，驾驭财政经济科学发展能力不断提高

正气，是立身之本、为人之道、处事之基，是党员干部的“脊梁”，是抵御歪风邪气的“屏障”。只有领导干部带头弘扬正气，才能出凝聚力、战斗力，出效益、出成绩，更出干部。十多年来，财政局党委班子成员始终坚持科学发展理念，始终坚持以弘扬正气引导财政干部勇于创新、追求效率，敢于担责、无私奉献，力求打造风清气正、团结和谐的团队。

一是讲真话、办实事。古人说：做官先做人，从政德为先。班子成员风清气顺，心齐劲足，能带头树立正气，敢于讲真话。干工作、办事情，自觉带头从大局高度、整体角度考虑问题，在涉及地方长远发展和广大群众福祉的问题上敢于讲真话、办实事，不徇私、不谋利，以务实、坦荡的作风为党委政府当好参谋助手，在全局形成了畅所欲言、求真务实的工作环境和氛围。2008年，猪肉等物价快速上涨，有关部门制定了投入巨大的平抑措施，财政部门在深入调查研究分析的基础上，坦率提出自己的看法：一是猪肉价格上涨有利于养猪农户增加收入；二是当前的物价上涨是全国范围内的上涨，市级政府的调控作用有限；三是在市场经济条件下，应首先运用市场手段平抑物价；四是政府应更多考虑解决好物价上涨对低收入群体生活的影响。综合以上方面，提出为全市低收入群体发放价格临时补贴的建议，得到市委市政府的认可，投入不多就解决了问题，而且得到了群众的欢迎。在此基础上，围绕“防通胀、防过热”，全面建立了粮、棉、肉、油等战略物资储备制度，有效抑制了物价上涨，维护了经济社会稳定。

二是讲公正、树威信。一个单位的风气正不正，首先取决于领导干部。古人曾说“公生明，廉生威”。只有公平公正，才能无私无畏。只有公平公正，才能赢信任、树威信，无往而不胜。在预算安排上，就是要坚持一碗水端平，少做、不做锦上添花的事，多做雪中送炭的事，资金分配重点关注弱势部门。每年预算下达后，党委成员带队开展“走基层、办实事、解难题”活动，深入基层、深入一线，帮助解决了胶东烈士陵园供水、农口基层单位医药费报销等一大批难题。在干部使用上，坚持以实绩论英雄，按民意选干部。多年来，干部选用群众测评与党委意见高度一致，选拔使用的大批干部，在工作中也都经受住了考验，也得到了局机关内外的广泛认可。

三是讲效率、抓落实。工作效率在某种程度上代表了单位的整体精神面貌，展现了干部对待工作的态度。面对日益繁重的财政工作，在全局叫响“效率优先”口号，每项工作都有明确时限要求，每个干部都要集中精力抓落实。目前，市委、市政府布置的各项工作，5个工作日内即可完成答复，是市直部门中效率最高、抓落实最好的部门。每年的人大建议和政协提案，都是认真对待，千方百计研究解决办法，分管局长带队与每位代表、委员面对面征求意见，见面率、回复率、满意率都是100%，我们的运作机制、经验做法多次作为优秀典型在全市交流推广。日常工作中，大力提倡少开会、开短会、说短话，也促进了讲究效率、雷厉风行、狠抓落实工作作风的形成。

四是讲程序、促规范。无规矩不成方圆。目前，社会各界对财政工作要求越来越多、标准越来越高，财政担负的职责越来越大，承担的任务越来越重，事情也越来越繁杂，为把每件事都办好，不出纰漏，根据财政机关的基本工作职能和业务事项，明确责任科室，优化流程设计，压缩办理时限，凡能明确工作时限的都做出明确规定，不能明确时限的要求在最短时间内办结，保证了所有工作都能有条不紊地高效运转。

二、坚持统筹整合促进发展，财政调控保障能力不断提高

统筹整合，就是对财政政策、资金、资源等构成进行重新调整、组合，实现合理布局、优化组合。近年来，坚持“政府主导、多方参与、效率优先”的原则，加大财政政策、资金和资源的统筹整合力度，形成了促进经济社会又好又快发展的强大合力。

一是整合财政政策强化宏观调控。站在全局的高度统筹兼顾，既算经济账、又算政治账，对培强做大支柱产业和重点企业，对企业技术改造、品牌建设、市场开拓等方面的财政政策进行全面梳理整合，找准财政支持经济发展的切入点。2001～2005年，在全市工业系统实施了以抓大培强为主要内容的“2358”工程；2006年启动实施了“3·50”工程，加快培植重点企业、培育名牌产品、创建技术中心；从2011年开始，重点实施好工业经济“8515”新一轮培强做大工程，从而较好地发挥了财政政策的“拳头”效应，增强了财政调控成效。2008年下半年，面对金融危机对实体经济的冲击，认真落实积极的财政政策，雷厉风行、快速行动，多方筹资、大胆作为，千方百计支持扩大投资、促进消费、增加出口，通过支持搭建政府融资平台，利用政府外债，推进财银合作、银企合作等方式，为全市经济回升向好提供了强力支撑，得到市委市政府的高度认可。为支持经济转方式调结构，从培育战略性新兴产业、优化提升传统产业、突出服务业优先发展等多个方面制定了30多条财税政策措施，各级财政筹措资金20多亿元，带动银行信贷及其他社会资金

180多亿元，有力地促进了经济发展方式转变和财政收入稳定增长。为解决中小企业融资难题，积极支持信用担保体系建设，市财政加大资本金投入，成立市级担保公司和再担保公司，各县市区也都建立起政府资金引导、注册资本1亿元以上的政策性担保机构，有力地促进了中小企业加快发展。

二是整合财政资金放大投入效应。财政要办大事，必须整合各方面财力，形成强大的资金合力。从2001年开始，在把部门各种收费全部纳入财政管理的基础上，开始推行“统筹内外两个资金，实施内外两个调控”，将原来游离于政府监管和支出安排之外的有关专项资金、行政事业性收费和政府性基金，全部纳入部门预算盘子。对预算内外收费资金，全部实行按比例调控、政府统筹，集中用于重点项目建设和重点事业发展，市级统筹资金2010年达到2亿元。针对专项资金名目繁多、管理分散问题，于2007年在全省率先开展了支农资金整合试点，将农业综合开发资金与农业生态建设、绿化造林、水利等资金统筹安排，形成了资金合力，提高了资金使用效益。在此基础上，按照“渠道不乱、用途不变、突出重点、集中使用”的原则，以经济社会发展的重大项目为平台，整合各类、各级财政专项资金，发挥财政资金聚集功能，提高财政专项资金的整体使用效益。比如宣传部门掌握的外宣资金、农业部门掌握的特色果品扶持资金、旅游部门掌握的旅游专项资金以及建设部门掌握的城建资金，都包含城市宣传推介的作用和要求，以资金整合为契机，将各项扶持资金中的宣传推介资金集中整合起来，选择中央电视台等主流媒体和主要时段，进行重点宣传和集中推介，收到了1+1>2的效果，得到了相关部门的好评和认可。

三是整合财政资源促进优化配置。财政资源的范围十分广泛，整合工作也是一个系统工程。在宏观管理上，善于打破部门和地域的限制，采取合并联建、协调共用等方式促使资源共建共享，最大程度地提高资源的使用率。

1. 通过事业发展布局调整实现资源整合。例如，支持烟台山医院对市妇幼保健院、职业病医院进行整合，既让两个专科医院最大限度地共享了烟台山医院的人才技术优势，又弥补了烟台山医院就诊、病房等硬件设施不足的短板，实现了优势互补，促进了共同发展。对原实行属地分别管理的120急救系统进行升级改造，建立全市统一指挥、统一规范、统一标准、统一装备、统一反应时间的急救体系，实现全市无缝隙急救覆盖。下一步，还要将120急救系统与市公安局110指挥平台进行资源整合，提高公共安全、公共卫生等方面突发事件的应急处理能力。

2. 通过项目事前论证实现资源整合。例如，在建设数字化城市管理系统时，经过采购论证，提出了充分利用信息产业、国土、交警等部门现有的信息数据和网络资源的方案，实现了部门资源共享，网络信息建设费用由1 300多万元降到900多万元。针对有些施工单位需要花钱外运土方、而有些施工单位到外地购买土方填埋场地的问题，财政部门根据掌握的建设项目信息，指导产生土方的建设单位将土方运送到需要土方的工地，既减少了建筑垃圾数量，也有效节省了政府投资。

3. 通过政府采购实现资源整合。采取合并联项采购的办法，将各部门、单位相同类别或性质的小型项目进行整合打包，每季度合并采购一次，需求档次和标准由专家论证，避免了采购单位各自为政、重复招标造成的浪费。目前，在通用设备类采购中，联项采购已占到采购总额的90%以上。

三、坚持改革创新激发活力，财政资金使用效益不断提高

没有改革创新，就没有财政事业的发展。多年来，始终坚持用改革的思路破解发展难题，用创新的理念提高财政资金使用效益，最大限度地激发财政潜力和优势。

一是创新理财观念拓思路。胡锦涛同志在十七大报告中总结指出：解放思想是应对前进道路上各种新情况新问题、不断开创事业新局面的一大法宝。近年来，围绕更好地推进财政事业发展，始终把解放思想放在首位。“十五”期间，深入开展了以加快发展为主题、以跨越发展为主题、以赶超发展为主题的三次大的思想解放活动，从思想境界、工作定位和开拓创新三个方面推动思想解放，选准坐标找差距、对口学赶求突破。金融危机爆发后，明确提出：越是困难时期，越要充分发挥财税政策的引导作用，促进经济平稳较快增长；越是困难时期，越要筹措更多的资金，支持改善民生和社会事业发展；越是困难时期，越要发挥财政干部的聪明才智，创造性地开展工作。围绕减支增效，积极引入市场化的利益挂钩机制和成本核算机制，办事讲成本、讲效益，逐步将部门所属的经营性事业单位推向市场，由花钱养人、自我服务变为向社会和市场购买服务，实现减人、减事、减支。市城管局下属的数字化城管监督中心采用市场化运作方式，将数字化城管系统的信息采集业务整体外包给专业公司，每年节省开支700多万元。市人事部门对市直机关补充工勤人员实行派遣制，每年可节省财政开支200多万元。

二是创新支出管理提效益。围绕提高资金的使用效益，经过多年实践，用改革的思路、市场的办法，探索建立了以部门预算为基础、以投资评审为支撑、以政府采购为手段、以国库集中支付为保障的“自成体系、优势互补、相互制约、配套联动”的财政支出管理模式。在这一管理模式下，部门预算、投资评审、政府采购

和国库集中支付有机融合，做到既环环相扣、又彼此制约，既重点突破、又整体推进，实现了部门预算科学化、投资评审专家化、政府采购市场化和资金拨付直接化，取得了明显的经济效益和社会效益。烟台政府采购经验做法还被财经专家总结为“烟台模式”，认为“体现了政府采购制度改革的本意，是一种理想的模式”。

三是创新财政体制增活力。县域经济是烟台经济的主体板块。为调动县市区加快发展的积极性，增强县域经济发展活力，近年来，坚持财力重心不断下移，取消体制递增上解办法，将县市区范围内的市级税收全部下放管理，建立了以共同利益为纽带、共享收入为主体的收入分配新机制，壮大了县市区财政收入规模。近几年，全市市级财力所占比重远远低于济南、青岛、潍坊等省内其他城市，将更多的财力留给县市区使用，促进了县域经济社会快速协调发展。目前来看，烟台市对县市区财政体制在全省乃至全国也是最具发展活力的。2011 年，全市收入过 10 亿元的县市区由 2005 年的 1 个增加到 11 个，龙口市连续三年收入总量位居全省县级第一位。

四、坚持健全制度规范管理，财政科学化管理水平不断提高

加强和规范财政管理，制度建设是重要的基础工作。作为政府的理财部门，严格依法理财既是社会对财政部门的要求，也是财政部门加强自身建设、提高管理水平的一项迫切需求。多年来，坚持不懈地完善财政、财务制度，切实做到工作延伸到哪里、资金分配到哪里，制度建设就跟进到哪里，着力构建用制度管人管事的良好机制。

一是用制度管人、人尽其才。“人管人得罪人，只有用制度管人，才能真正管好人”。财政部门代表政府履行资金分配职责，权力大、涉及面广、社会关注度高。要让每一步操作都科学规范，每一次决策都有据可依，就必须靠制度来规范，以制度加以硬约束。目前，先后健全 40 多项制度规定，涵盖政务事务管理、财政资金管理、财政行政执法、机关效能、党风廉政等多个层面，形成梯次，使各项制度相互配套，形成全面、统一的整体功能，做到用制度激励、调动人的积极因素，从而形成了人人自觉遵守制度、人人自觉落实制度的良好氛围。

二是用制度管事、事半功倍。资金分配是财政工作的核心，也是各方关注的焦点。目前，在预算编制、执行、监督各个环节都有相应的制度规定，科学分配资金管理权，合理划分内部各科室职能，让各科室工作职责上相互配合、在工作程序上相互衔接、相互制约，让权力在阳光下运行，起到事半功倍的效果。在资金分配环节，建立专家决策机制，聘请在相关领域资历深、有经验的人员组成专家组，对项目安排、资金分配进行科学论证，行使决策权。在资金运行环节，严格规范资金运行程序，建立动态监控机制，加强对财政资金管理全过程的控制。例如会计管理，整个从指标到支付到记账，形成了一个指标流，这个指标流在运作的过程中，对任何一个违规的行为都会自动察觉，进行比对，出现问题，及时发现，及时整改。

三是用制度治廉、廉洁勤政。局党委坚持廉政建设长抓不懈，警钟长鸣，党委成员主动帮助干部算清家庭、经济、政治三本账，最终成果落实在廉政制度上。坚持两手抓、两手硬，一手抓建设，把干部思想教育、监督问责等全部纳入制度体系，在全局内排查廉政风险，健全内控机制，构筑制度防线，保证干部工作生活的各个方面都有制度可依。一手抓执行，让制度上墙上网、入心入脑，把制度内化为干部职工的行为准则和自觉行动。目前，财政机关内已经形成了以廉为荣、以贪为耻、风清气正、和谐向上的良好氛围，全局多年来没有出现重大资金安全问题，也没有腐败案件发生，保证了财政事业的健康发展，得到了各级领导的肯定和好评。

（作者为烟台市财政局局长）

解放思想　大胆突破 积极探索公立医院改革新路子

田民利

作为国家 17 个公立医院改革试点市之一，潍坊市抢抓机遇、积极探索，明确政府和市场职责界限，加大改革创新力度，着力突破制约改革的机制体制障碍，切实解决人民群众“看病难、看病贵、看病不方便、看

病不放心”的问题，取得显著成效。

一、统一认识，牢牢把握公立医院改革价值取向

经过不断实践，潍坊市各级各部门在公立医院改革方向和价值取向的把握上，已经形成共识，就是坚持“三个有利于”的原则，正确处理好“四个关系”。

“三个有利于”：一是有利于实现公益性。国家确定医改的基本方向和总体思路，就是坚持公益性质，这是医改的一条主线，自始至终都不能变。必须通过改革，切实保障好群众的基本健康权益，让群众切切实实感受到医改带来的一系列效果。二是有利于调动医务人员积极性。医改各项任务要靠广大医务人员去实践、去落实，改革的成果也需要医务人员去传递、去体现。必须通过改革，着力突破人事管理、收入分配等制约公立医院发展的体制机制障碍，激发内在活力，充分调动医务人员改善服务质量、提高服务效率的积极性。三是有利于卫生事业健康发展。医改给卫生事业带来了前所未有的发展机遇。必须通过改革，着力培育构建起规范有序、充分竞争、富有活力的多元化医疗市场，为广大人民群众提供安全、有效、方便、价廉的医疗服务，并满足多层次、多样化的医疗服务需求。

“四个关系”：一是财政投入与体制机制的关系。财政投入是政府推进医改义不容辞的责任，但财政投入并不是医改取得实效的决定因素，医改的核心和重点是体制机制创新，如果没有完善的体制机制作保障，投入再多也难以真正落到老百姓身上。二是政府主导和市场机制的关系。要明确政府和市场在医疗领域的界限，做好政府该做的，管好政府该管的。政府主导并不代表政府大包大揽，而是要重点承担起“保基本”的责任，强化规划、准入、监管等方面的职能。要发挥市场在资源配置中的基础性作用，凡是能放手让市场做的，一定要放给市场；对于那些市场不愿做、做不了、做不好的基本医疗和公共卫生服务，政府要担负起兜底责任。三是公益性和公立性的关系。公益性主要体现在医疗卫生的提供要以满足人民群众基本医疗需求为目的；公立性是指医疗机构的投资主体是政府。公益性不等于公立性，提供公益性服务，不仅是公立医院的本质要求，也是私立医院的社会责任。关键是政府要通过政策扶持和加强监管等措施确保公立机构发挥公益性，同时按照一视同仁原则，积极探索政府购买服务等实现公益性的多种形式。四是卫生事业和医疗产业的关系。发展卫生事业是政府公共服务职能的体现，发展医疗产业则是经济职能的体现。随着我国人口老龄化进程的加快以及人民群众生活水平的提高，对医疗服务提出了更高的、更多元化的需求，这必须要通过大力发展医疗产业来满足，客观上也为转方式调结构、发展现代服务业带来了重大机遇。

二、凝聚共识，准确界定政府在医药卫生领域的职能定位

在准确把握改革方向和价值取向的基础上，潍坊市进一步理清了政府在医疗卫生领域中的角色定位。从长期看，政府必须转变职能，除了要履行好公共卫生的基本责任外，还要重点担负起以下三方面职责：

（一）建立较高水平的全民医保制度。政府投入应主要侧重于补需方，就是直接补到老百姓人头上，逐步建立起全覆盖、高水平的医疗保障体系，这是医疗卫生公益性的最直接体现，也是政府保基本的有力举措。同时，通过改革医保支付方式，大力推行按病种付费、按人头付费、总额预付等，有效约束医疗机构和医生行为，形成控费机制，减轻居民医药负担。

（二）培育规范有序、充分竞争的医疗服务市场。放开供方市场，通过多元产权主体的竞争激发活力，是解决优质医疗资源不足、提高医疗服务质量和效率的最有效途径。因此，政府要将更多精力和资源，从直接办医转向培育多元化医疗市场，注重发挥市场机制作用，动员社会力量参与，促进有序竞争机制的形成，满足人民群众多层次、多样化的医疗卫生需求。

（三）实施公平高效的全行业监管。政府要真正担负起医疗卫生领域监管的重任，不仅在市场准入上把关，更重要的是准入之后的行医规范、医疗质量、药品质量监管，对出现严重问题的，不论公立民营，都要有退出机制，以规范医疗市场秩序。

三、大胆突破，公立医院重大体制机制改革迈出关键步伐

（一）理顺管理体制，实现管办分开。公立医院的主办者和监管者不分，造成医疗服务领域效率不高、监管缺失，这是制约公立医院发展的主要体制障碍。围绕解决管办不分问题，潍坊市把理顺政府办医体制作为公立医院改革的第一突破点。一是成立了市公立医院管理委员会。市医管会由市政府常务副市长任主任，分管副市长任副主任，相关部门主要负责人为成员，受市政府委托，作为出资人行使办医职能。市医管会的成立，实现了公立医院主办与监管的有效分离，但本质上绝不是为了分开而分开，更重要的是还经营权于公立医院，让卫生行政部门把更多精力由办医转到全行业监管上来。二是明确市医管会职能定位。市医管会主要负责公立医院的资产管理、财务监管、法人代表聘任及医疗资源整合、公立医院改革改制等重大事项；与公立医院签订年度经营管理目标责任书，并组织实施绩效考核。三是强化卫生全行

业监管职能。卫生行政部门从经营公立医院的角色中彻底解放出来，主要承担规划、准入、监管及公共卫生等方面职责，特别是集中精力实施更加有力、高效、公平的全行业监管，为培育多元化医疗服务市场奠定基础。

（二）完善运行机制，激发内在活力。潍坊市把公立医院改革作为加快卫生事业和医疗产业发展的重大机遇，按照“政事分开”要求，通过“简政放权”，落实独立法人地位，激发内在活力。一是建立现代医院法人治理结构。取消公立医院行政级别，按照决策权、执行权和监督权相互协调、相互制衡的原则，建立起了以决策层、管理层和监督层为主要框架的现代医院法人治理结构；落实独立法人地位，全面实行院长负责制，享有经营自主权、人事管理权和收入分配权。二是改革人事管理制度。打破传统意义上的事业单位编制概念，按照“总量控制、动态管理”原则，合理确定人员配备标准，实行全员聘任制，逐步建立“能进能出、能上能下”的用人机制。在核定的人员配备标准总额内，医院自主招聘、择优录用。副院长由院长提名，市医管会聘任；中层管理人员实行公开竞争上岗，院长聘任，充分体现“能者上、庸者下”。职称评聘按照“评聘分开”原则，凡具备资格的专业技术人员均可参加职称申报；医院根据需要和有关规定自主设岗聘任。三是完善激励分配机制。实行工资总额控制，公立医院院长实行年薪制，其他人员由医院按照“定岗定薪、以绩取酬”的原则，自主确定收入分配方式，逐步建立起与技术水平、科研成果、服务质量以及患者满意度等要素相结合，体现奉献、绩效和劳务价值挂钩的公平公正的内部激励分配机制。

（三）引进社会资本，增加服务供给。潍坊市正在研究制定鼓励和引导社会资本办医的实施意见以及医疗卫生产业规划，今后调整和新增医疗卫生资源将优先考虑社会资本，在医保定点、科研立项、职称评定、继续教育、人才引进、税收政策等方面，与公立医疗机构一视同仁。今年在中心城区引进1处大型综合三甲医院和3～5家高水平特色专科医院，每个县（市）引进2处以上规模民营医院，年内将取得实质进展。

（四）实行上下联动，提升基层能力。围绕解决基层医疗服务能力不强的问题，着力发挥龙头医院带动作用，以技术或服务为纽带，探索与基层医疗卫生机构组建多种形式的医疗联合体，加快形成“分工合作、分级诊疗、上下联动”的服务格局。目前，潍坊市人民医院、市中医院已分别与多家基层卫生院和社区卫生服务机构签订了合作协议，年内将形成4～5家内部相互协作、外部相互竞争的医疗联合体。各县市也积极探索完善“县、乡、村”卫生组织纵向联合模式，加强技术合作和人才交流，促进提高农村卫生整体服务能力和水平。

（作者为潍坊市财政局局长）

着力在五个方面下功夫 促进财政工作再上新台阶

张茂如

2011年财经形势复杂多变、保障任务艰巨繁重、财政收支矛盾较为突出。为此，济宁市财政部门进一步创新思路、强化措施，着力在五个方面下功夫，确保各项财政工作再上新台阶、取得新成绩。

一、着力在创新财政工作理念上下功夫

积极适应公共财政发展的需要，引导全市财政系统广大干部职工树立“为党委、政府服务，为部门、单位服务，为基层、群众服务”的“三个服务”理念，进一步拓展服务内涵、提升服务水平。注重从全局角度来谋划和推动财政工作，主动“跳出财政论财政”，着力算好经济账、政治账、长远账，做好生财、聚财、理财文章，为全市经济社会科学发展、跨越发展提供坚实的财力保障。坚持把创新作为一条主线贯穿于财政工作的各个方面，推动财政由“小财政”向“大财政”转变、由“建设财政”向“民生财政”转变、由“被动安排”向“超前谋划”转变、由“粗放运作”向“精细管理”转变，努力实现全市财政又好又快发展。

二、着力在支持转方式调结构增财源上下功夫

认真落实积极的财政政策，政府投资主要用于水利、自主创新、民生及社会事业等方面，不断增强经济发展后劲。注重发挥财政资金“四两拨千斤”作用，引导带动金融资本、社会资金，加大对传统工业改造升级、

新兴产业培育、服务业壮大、中小企业发展等方面投入，促进经济结构战略性调整。市级科技人才资金将由2010年的1亿元提高到1.2亿元，全面落实济宁市关于科技人才优先发展、优先投入的政策措施。大力支持县域经济、园区经济发展和城镇化建设，打造新的经济财源隆起带。继续做好家电摩托车下乡和家电以旧换新等工作，扩大居民消费。进一步优化经济发展环境，充分调动各级转方式、调结构、增财源的积极性。

三、着力在增加可用财力上下功夫

要化解财政收支矛盾，最根本的方法还是努力增加可用财力。为此，一是向税收要财力。税收是财政收入的主体。要密切关注财经形势变化，大力支持国地税部门依法加强税收征管，健全综合治税机制，挖掘财政增收潜力，着力将经济发展成果充分反映到财政增收上来。二是向非税要财力。非税收入是财政收入重要组成部分。要积极拓宽财政增收渠道，针对济宁市煤炭资源丰富的实际，加强涉及煤炭方面的收费、基金征收；结合城市大发展、大建设的状况，加快城市公共资源有偿使用步伐，及时清缴土地出让金，做到应收尽收；抓住企业经营效益逐步好转的有利时机，切实推动国有资本经营收益及时征缴，不断提高政府宏观调控能力。三是向整合专款要财力。打破部门束缚和利益限制，加大专项资金整合力度，该撤销的撤销、该归并的归并，集中财力办大事，进一步发挥财政资金整体效应。四是向节支要财力。进一步削减因公出国出境经费、公务用车购置及运行费、公务接待费等“三公”支出，从严控制展览会、庆典和论坛等活动经费，严格执行政府采购规定，把有限的财政资金节省下来，全力支持保重点、保民生。

四、着力在保障改善民生上下功夫

2010年济宁市财政用于民生方面的投入达到131亿元，超过全市财政支出的一半。2011年按照“理财为公、用财为民”的思路，继续把民生作为财政保障的重中之重，进一步调整优化财政支出结构，切实提高民生支出占财政支出的比重。认真落实各项强农惠农政策，筹集3亿元支持农村六大重点工程。围绕“劳有所得”，积极促进大学生、农民工、零就业家庭等方面就业，筑牢“民生之本”。围绕“学有所教”，加大教育投入力度，全力支持济宁城区学校布局调整、农村义务教育化债、中小学校舍安全及学前教育等工作。围绕“病有所医”，深化医药卫生体制改革，新农合和城镇居民基本医疗财政补助标准增加到每人每年200元，报销比例达到70%左右；人均基本公共卫生服务经费标准由15元提高到25元。围绕“老有所养”，企业退休职工基本养老金人均月增140元，新农保制度覆盖到全市所有县市区。调整城乡低保标准，城市不低于每人每月260元，农村不低于每人每年1 400元。围绕“住有所居”，支持3 000套农村贫困家庭危房改造和城区24.5万平方米保障性住房建设任务。通过努力，着力让城乡群众得到更多看得见、摸得着的实惠。

五、着力在加强精细化管理上下功夫

深化预算编制，变“被动编制”为“主动编制”、变“突击编制”为“常态编制”、变“粗放编制”为“精细编制”。全面取消预算外资金，将各项财政性收入全部纳入预算管理。加大预算公开力度，财政预算决算、涉及群众利益的专项支出等及时向社会公开，自觉接受人大、审计和社会各界监督。深化国库集中支付、政府采购、投资评审等改革，严把支出关口，强化绩效考评，努力提高资金使用效益。用足用好县级基本财力保障政策，全力支持基层财政“保工资、保运转、保民生”。扎实开展村级公益事业建设一事一议财政奖补工作，完善村级组织运转经费保障机制，激发农村发展活力。规范乡镇财政管理行为，不断提高乡镇财政精细化管理水平。

（作者为济宁市财政局局长）

关于地方财政可持续发展的研究报告

李诚实

财政可持续发展是一种新理念、一个新课题，也是一项复杂的系统工程，涉及经济、政治、社会等诸多领域。财政是政府履行职能的物质基础和改善民生的重要手段，能否可持续发展，是事关国家繁荣昌盛、社会和谐稳定、人民幸福安康的重大问题。当前，随着我国经济社会战略转型的不断加快，一些长期积累的深层次矛

盾逐步显现，财政风险持续加大，尤其是地方财政可持续发展面临严峻挑战，需潜心研究，积极应对。

一、泰安市财政可持续发展存在的矛盾和问题

近年来，泰安市各级财政部门坚持以科学发展观统领全局，在实现财政可持续发展、促进经济社会科学发展跨越发展方面，做了大量工作，取得了明显成效，但仍存在一些突出的矛盾和问题。

（一）经济基础仍相对薄弱。经济决定财政，税源决定税收。受经济总量规模和质量效益的影响，泰安市税源相对不足，难以支撑财政收入持续高速增长。一是经济总量偏小。多年来，泰安市 GDP 长期居全省第 10 位，2010 年达到第 9 位，但仅占全省的 5.21%。其中，二三产业增加值分居第 9 位、第 8 位，分别占全省的 5.14% 和 5.25%。尤其是工业经济差距更加明显，以规模以上工业主营业务收入为例，2010 年居第 13 位，仅占全省的 4.38%。二是企业支撑能力偏弱。尤其是缺乏大型企业的强力支撑。2010 年，泰安市仅新矿集团、石横特钢入围全省百强企业，合计实现营业收入 512.6 亿元，占百强企业的 2.45%；跻身全省纳税百强的企业，仅新矿集团、肥矿集团、石横特钢、泰开电气 4 家，合计纳税 54.8 亿元，其中在泰安境内纳税 31.8 亿元，仅分别占百强企业的 3.41% 和 1.98%。三是新的税收增长点尚不明显。2010 年，全市纳税前 30 强企业中，仅蒙牛乳业、圣奥化工、超威电源为近年来新引进项目，合计纳税 2.02 亿元，仅占 30 强企业的 3.45%。

（二）财政收入结构性矛盾突出。“十一五”时期，全市地方财政收入累计完成 400.7 亿元，年均增长 23.54%，高于同期全省增速 2.84 个百分点。但受结构性矛盾制约，财政收入保持平稳较快可持续增长的压力和难度加大。从财政收入结构看，非税收入占比高、不稳定性强，财政收入持续较快增长的后劲不足。“十一五”时期，全市非税收入累计完成 102.6 亿元，其中，2010 年完成 33.37 亿元，占地方财政收入的比重为 28.54%，虽较 2005 年下降 2.49 个百分点，但仍高于全省平均水平 6.73 个百分点（见图 1）。由于非税收入中相当一部分受政策因素影响大，相对于税收收入，具有明显的不稳定性和不可持续性。非税收入占比偏高，说明财政收入可持续增长的后劲不足。从税收收入结构看，契税和耕地占用税增长快、占比高，财政收入持续较快增长的压力加大。“十一五”时期，全市契税和耕地占用税年均增长 37.76%，分别高于地方财政收入、税收收入年均增速 14.21、13.33 个百分点。其中，2010 年达到 24.79 亿元，占财政收入的比重为 21.2%，高于全省平均水平 11.14 个百分点（见图 2）。由于契税和耕地占用税可靠性相对偏低，其长期高幅增长，对财政

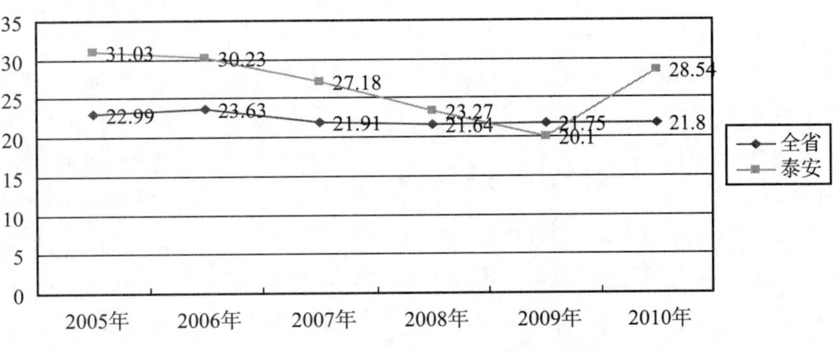

图 1 “十一五”时期泰安市非税收入占比情况

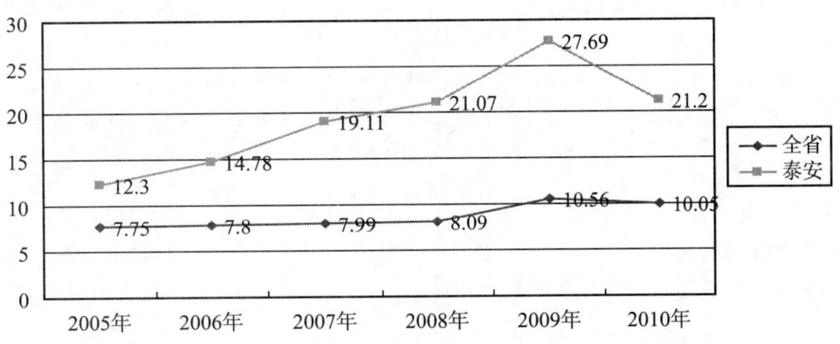

图 2 “十一五”时期泰安市契税和耕地占用税占比情况

可持续发展带来巨大压力和隐患。另外，从国有土地出让金收入看，2010年全市完成85.4亿元，占政府性基金收入的89.27%，相当于全市地方一般预算收入的73.03%。由于土地出让收入容易受到国家土地政策和宏观调控的影响，加之土地资源的稀缺性，决定了土地出让金收入的不稳定性和不可持续性。

（三）财政收支矛盾日趋尖锐。近年来，为应对国际金融危机冲击，国家出台了一系列结构性减税等政策，对于扩内需、保增长发挥了至关重要的作用，但客观上直接冲减了地方财政收入，导致可用财力下降。同时，全市民生、城市建设等公共支出需求加速膨胀，市县财政特别是岱岳区、东平县、宁阳县等贫困县收支矛盾日趋尖锐。从财政收支增速看，“十一五”时期，岱岳区、东平县、宁阳县财政支出分别年均增长27.86%、22.03%和23.82%，分别高于同期地方财政收入增幅6.64、4.14和6.09个百分点。从财政自给率看，2010年，岱岳区、东平县、宁阳县分别为39.97%、39.75%和41.56%，较2005年下降12.22、7.48和11.93个百分点，对上级转移支付的依赖程度日渐增强。财政自给率下降，收支矛盾尖锐，可用财力不足，导致保障经济可持续发展特别是培植壮大财源的能力十分有限，进而制约了财政可持续发展。2010年，全市用于保工资、保运转、保民生的财政支出，占全部支出的70%左右；用于经济发展的支出约占28%，其中可用于支持企业生产发展的支出仅占2%左右。

（四）财政管理仍存在薄弱环节。近年来，泰安市积极创新体制机制，大力加强财政科学化精细化管理，取得了明显的成效。但仍存在一些薄弱环节，不利于财政可持续发展。例如，收入征管方面，还存在漏征漏管现象，2010年我市着眼以查促管、以查促收，先后开展了泰城房地产和全市纳税过百万元工业企业会计信息质量检查，年内共查结企业150户，查出应补缴税费3亿元；通过税务稽查，查补税款7 856万元。支出管理方面，专项资金设置过多、使用分散、效益不高，集中财力办大事的阻力和难度较大。同时，个别地方和部门单位仍然存在花钱大手大脚、铺张浪费的现象，加剧了财政运行困难，影响了财政健康可持续发展。政府债务管理方面，尽管泰安市债务率和偿债率总体水平不高、偿债压力不大，但从偿债资金来源看，市本级对土地出让收入的依赖程度较高。受房地产调控政策的影响，全市土地和房地产市场呈现同步趋冷的发展态势，融资平台债务风险加大，将直接影响财政可持续发展。另外，县乡财政特别是乡镇财政收入来源分散，稳定性不强、增长点不多，普遍存在财政困难状况；在人员配备、年龄学历结构、工作能力和办公条件等方面，还不能较好地适应财政可持续发展的需要。

二、制约地方财政可持续发展的原因分析

制约地方财政可持续发展的原因错综复杂、相互交织，既有财政部门自身的因素，更受经济基础、发展方式、体制机制、思想观念等方面的深层次制约。

（一）经济动力结构失衡，产业结构不尽合理，是制约泰安市财政可持续发展的经济根源。经济发展方式决定财政发展方式。从拉动全市经济增长、财政增收的投资、出口、消费三大因素看，存在畸重畸轻格局，经济增长的质量偏低，从根本上制约了财政收支可持续增长。一是过于依赖投资拉动。2010年，全市完成社会固定资产投资1 270.5亿元，占GDP的61.92%，投资率较2005年提高9.49个百分点，经济增长对投资的依赖程度过高，可持续性较差。二是外向型经济发展滞后。从对外依存度看，2010年，全市仅为5.13%，低于全省26.62个百分点，列第16位（见表1）。从出口产品看，仍以纺织、服装、农副产品等低附加值产品为主，既容易受国家出口退税政策调整的影响，也不利于外贸出口长远持续发展。从利用外资看，“十一五”时期，全市累计实际利用外资5.46亿美元，列第15位，仅占全省的1.18%。三是消费需求处于较低水平。2010年，全市完成社会消费品零售总额687.4亿元，占GDP的33.5%，与全省的差距由2005年的1.11个百分点，扩大为2.56个百分点。同时，产业结构不尽合理，特别是高耗能产业比重高、资源性产业比重高的问题突出，经济增长、财政增收付出了较高代价且不可持续。2010年，全市十大高耗能行业上缴工商税收48.6亿元，分别占全部工商税收、工业税收的34.84%和57.58%，分别高于装备制造业22.92个和37.88个百分点。高耗能行业比重过高，受国家产业政策调整和市场价格波动影响较大，2010年高耗能行业税收仅增长5.2%，分别低于工商税收和工业税收增幅16.56个和8.97个百分点。采矿业上缴工商税收26.9亿元，分别占全市工商税收、工业税收的19.32%和31.93%。特别是煤炭行业作为财政收入的重要支柱，提供税收24.6亿元，占工商税收的17.64%，但随着长期超强度开采，已面临境内资源日趋枯竭、不可持续的严重威胁。

表 1　**2010 年泰安市对外贸易等情况**

地区	对外依存度（%）	位次	进出口总值（亿美元）	位次	实际利用外资（亿美元）	位次
全省	31.75	—	1 889.51	—	91.68	—
泰安	5.13	16	15.89	16	1.19	13

（二）财力重心上移、事权重心下移，是制约地方财政可持续发展的体制根源。实行分税制改革以来，中央级财政收入占全国的比重，较改革前的1993年提高近30个百分点。在财力上移的过程中，出现事权下移的趋势，地方财政支出占全国的比重，由改革前的70%左右，上升到80%。分税制财政管理体制，在强化中央集权和宏观调控能力，促进区域均衡发展等方面，取得了显著成效，但一定程度上制约了地方财政可持续发展。以泰安市为例，2010年境内财政收入完成198.8亿元，比当年可用财力多12.7亿元；地方财政收入占境内财政收入的比重为58.82%，较上年下滑0.61个百分点。同时，现行的税制结构以流转税为主，从地方税体系来看，财税收入是大税种的小部分，小税种的大部分，税源分布零散，征管难度大、成本高，增收弹性小，难以成为地方财政收入的主要来源。

（三）发展思路转变不到位、重数量规模轻质量效益，是制约地方财政可持续发展的思想根源。有什么样的发展理念，就有什么样的发展方式。多年来，山东省经济发展方式比较粗放、路径比较单一，与江、浙、粤等发达地区相比，存在"大而不强"的明显差距。体现在经济指导思想上，不少地方尚未完全转变以GDP为中心，重数量规模、轻质量效益的发展观，导致经济发展的税收产出率较低。2010年，山东省地方财政收入占生产总值的比重为6.98%，分别比江、浙、粤低2.87、2.6和2.95个百分点；山东省生产总值比浙江多12 189.4亿元，但地方财政收入仅比浙江省多140.8亿元。体现在财政收入增长上，主要是收入增速一直高于GDP增速，高强度汲取不利于涵养财源，进而制约财政收入持续较快增长。2010年，全省地方财政收入同比增长25.05%，高于当年GDP增幅12.55个百分点。体现在居民生活上，还没能充分地藏富于民。山东省作为全国第二人口大省，2010年居民储蓄存款余额19 773.3亿元，低于广东16 446亿元，与人口排名靠后的江苏、浙江相比也有明显差距。扩大内需，眼前靠投资，长远靠消费，城乡居民消费能力不足，将制约经济和财政的可持续发展。从泰安市情况来看，长期以来地方财政收入增速一直远远高于GDP增速，特别是税负相对较高。"十一五"期间，全市规模以上工业税负达到5.05%，居全省第5位，高于全省平均水平0.91个百分点，说明税收对经济的汲取强度偏重，不利于涵养财源，将从根本上制约财政收入尤其是主体税收的可持续增长。

三、促进地方财政可持续发展的对策建议

促进地方财政可持续发展，既需要激活内力，发挥地方财政的主体作用；也需要借助外力，发挥上级财政的主导作用。针对目前存在的矛盾和问题，提出以下对策建议。

（一）加快转方式调结构，下大力气培植壮大财源。基础稳固、财源充沛，是财政可持续发展的源头活水。着眼当前抓增长与长远谋转型相统一，坚持从基础抓起、源头破局，下大力气推进转方式调结构增财源，从根本上做大财政收入蛋糕，提高财政可持续发展能力。一是坚持规划引领。建议省级财政结合"十二五"发展规划、财政发展规划，研究制定"十二五"财源建设规划，明确目标任务、培植重点，制定一揽子具体可行的政策措施，增强转方式调结构增财源的针对性和实效性。同时，借鉴辽宁等地区的先进经验，在全省财政系统自上而下，设立财源建设内设机构，加强组织领导和指导调度，推动全省财源建设持续深入开展。二是加强资源整合。一方面，积极引导各级加强财政专项资金整合，特别是对各类生产性专项资金，建议省级财政进一步加大整合力度，尽量减少十几万、几十万的支出小项，集中资金扶持重点财源项目。另一方面，积极鼓励各级加快政府投融资战略转型。政府投融资作为财政职能的必要补充和有效延伸，随着融资规模的日益扩大和作用范围的逐步拓宽，已上升成为财政的重要组成部分，在发展经济、培植财源中应发挥重要作用。为此，建议省级财政制定出台优惠政策，通过鼓励地方融资平台设立创投基金、风投基金、融资租赁公司等方式，实现政府投融资由服务城市建设向服务实体经济发展、培植壮大财源的战略转型。如，对地方新设立创业投资基金、申请上级财政出资的，省级可以参照中央财政的做法，给予一定的扶持。三是大力发展园区经济。把园区作为财源建设的主战场，建议省级财

政实行体制、资金、政策、政府融资倾斜，集中力量把部分产业基础好、承载能力强、辐射带动范围广、聚财增收贡献大的省级以上重点园区，打造成生产要素洼地、创税增收高地。

（二）遵循客观规律，保持财政收支适量适度增长。某种意义上讲，增长并不完全等同于发展。坚持激励与约束并重，建议省里进一步完善科学发展观考核体系以及有关财税政策，引导各级各部门各方面牢固树立质量效益导向，遵循经济、社会和自然规律，统筹兼顾，科学发展，避免片面贪大求快，为地方财政收支可持续增长创造宽松条件。各级财政部门应牢固树立科学的财政收支增长观，努力保持收支适量适度增长，避免对经济发展长期的高比例汲取和自身的超能力透支。收入方面，充分考虑需要与可能，兼顾当前与长远，将收入增长控制在经济社会可承受范围之内，加快实现数量增长向质量增长的转变。重点加强工商税收特别是主体税收的征管，建立健全收入常态化调度分析、税收征管激励约束、社会化综合治税、税源动态监控等长效机制，努力提高税收征管的精细化水平。严格控制契税、耕地占用税增长，督促指导各级加快消化契税、耕地占用税的历史遗留问题，杜绝虚收空转、空抬基数。适度控制非税收入增长，非税收入超常增长，不仅造成收入与财力增长不同步，而且扩大了财政支出基数，致使农业、教育、医疗卫生、社会保障等重点支出占比下滑，不利于和谐社会建设。支出方面，进一步完善市场体系和运行机制，充分发挥市场在资源配置中的基础作用，最大限度实现政府不花钱也办事、办成事。按照政府与市场的分工和公共财政性质，各级政府应按照量财而为的原则，集中财力保障民生等重点支出，加快从一般性、生产性领域的退出步伐，防止财政支出错位、越位。

（三）适度下沉财力，调整完善财政管理体制。科学合理的财政管理体制，有利于调动地方发展的积极性，产生正向激励作用，对于财政可持续发展发挥着举足轻重的作用。一是科学界定政府职能。在深化改革、加快科学发展中，有必要对省以下各级政府的职能作用进行重新研究和界定，在取消和转化与市场经济不相适应的行政职能的同时，赋予县乡政府应有的行政职能。不仅要合理确定县乡财政收支内容，赋予县乡政府必要的财权，还要配套建立科学合理的激励约束机制，充分调动县乡政府科学发展、拓展财源、增收节支的积极性、主动性和创造性。二是完善转移支付制度。在转移支付分配上，现行“基数＋增量”的返还办法，一定程度上带来反向驱动效应，致使富者愈富、贫者愈贫。特别是各类专项补助，都具有专项用途，不能直接增加地方的实际可用财力，弱化了地方政府的调控能力。因此，建议省级以上财政，进一步完善转移支付制度，用因素法取代传统的基数法，规范和统一财政转移支付标准；调整专项资金分配结构，集中一部分财力用于一般性财政转移支付，减少乃至取消部分基层地方配套，进一步增强市县政府可支配财力，提高其履行基本职能和促进经济社会可持续发展的能力。三是健全地方税收体系。加快推进税制改革，合理划分中央与地方间的税收分配关系，通过减少共享税种、降低共享比例等措施，适当下沉财力，提高地方税收占财政收入的比重，增强地方政府履行公共职责的能力。充分信任各级地方政府，赋予其一定的税收立法权，调动因地制宜开辟税源、聚财增收的积极性。

（四）创新财政管理，提高科学理财水平。建立科学、规范、精细的管理体系，是财政可持续发展的重要保证。一是加强预算管理。推进综合预算管理，坚持一般预算收入、基金预算收入、国有资本经营收入、政府融资“四块蛋糕”齐抓共管、统筹使用，促进经济社会和财政科学发展。加强预算执行管理，建立健全预算执行动态监控机制以及预算执行信息反馈和通报制度，引导各级加快预算执行进度，特别是支持经济发展的生产性资金应早拨付、早到位、早见效。二是加强财政支出管理。继续深化部门预算、政府采购、国库集中支付、财政投资评审等各项财政支出管理制度改革，建立健全财政支出绩效评价制度，确保资金安全，提高使用效益。严格执行党政机关厉行节约的各项规定，从严控制一般消费性支出特别是公务接待费、因公出国（境）经费、公务用车购置及运行费；积极稳妥地推进“三公经费”公开，实行制度化、法制化、透明化管理；严格控制楼堂馆所建设以及大型会议、论坛、庆典、节会等活动，将有限的资金资源，更多地用于发展经济和改善民生。三是加强政府债务管理。建立健全政府债务规模控制和风险预警机制，设定债务安全线及风险防控标准，多渠道筹集政府偿债准备金，确保政府债务规模适度、风险可控、使用高效。四是加强基层财政管理。坚持抓基层、打基础，以“两基”建设为抓手，重点抓好乡镇财政干部教育培训，加快乡镇惠民服务大厅建设，为财政可持续发展奠定坚实的基础。

（作者为泰安市财政局局长）

威海市地方经济结构分析与建议

李文基

经济结构调整是经济发展方式转变的重要内容和必要条件，当前，我国面临的国内外发展环境日趋复杂，资源、环境等内在条件对经济发展的制约日益显现，特别是国际金融危机的爆发，使我国经济发展中的结构性矛盾更加突出。加快经济结构调整，推进发展方式转变，已经成为关系我国经济长期平稳较快发展的关键问题。正确认识和把握经济结构，积极有为地加快经济结构调整步伐，是威海市当前财政经济工作面临的重要任务。

一、威海市经济结构分析

近年来，随着经济发展步伐的加快，威海市的经济结构呈现出逐步优化、调整的态势，结构日趋合理，经济发展质量不断提高，但与先进地区相比、与又好又快的发展要求相比，经济结构中的不合理问题依然比较突出。

（一）需求结构。需求结构，主要是指投资、消费、出口在国民经济当中的比重。当前在我国，经济发展中投资、消费、出口这“三驾马车”的失衡是经济结构矛盾的突出表现。

从宏观方面来看，2001～2009年，我国投资率由36.5%上升到47.5%，消费率则由61.4%下降到48.6%，其中居民消费率由45.3%下降到35.6%，投资呈现出高速增长的态势，消费占GDP的比重则不断下滑。巨额投资的快速增长，加之投资结构的不尽合理，导致某些领域产能过剩的现象日益突出，在消费不足的情况下，过剩产能的消耗越来越依赖于出口，中国经济对外贸的依存度不断上升，经济增长在较大程度上依赖国际市场，到2008年中国外贸依存度已高达70%。因此，在国际金融危机席卷全球、外部需求大量减少、出口严重受挫的情况下，我国经济必然受到严重的影响，2009年全国净出口对GDP的贡献率为-44.8%，成为经济下行的主要因素。

从微观方面来看，地方经济结构与国家宏观经济结构有相似的特点，但因各地发展程度、发展水平的不同呈现出一定的差异。2010年威海市固定资产投资1 168.2亿元，占GDP的比重达到60.1%，而社会消费品零售总额为684亿元，占GDP的比重仅为35.3%。

表1　　威海市2000～2010年投资、消费情况

年份	国民生产总值（亿元）	固定资产投资（亿元）	固定资产投资占GDP比重（%）	社会消费品零售总额（亿元）	社会消费品零售总额占GDP比重（%）
2000	545.42	100.40	18.4	151.59	27.8
2003	765.36	370.57	48.4	202.03	26.4
2005	1 020.29	663.96	65.1	284.80	27.9
2008	1 546.33	926.16	59.9	483.62	31.3
2010	1 944.70	1 168.19	60.1	683.99	35.2

尽管固定资产投资和社会消费品零售总额占GDP的比重与国家投资率、消费率不是同一口径，但也在一定程度上反映了全市的GDP结构和前后变化。可以看出，从2000年至2010年，威海市的固定资产投资率整体呈上升趋势，到2010年已经是2000年的3.3倍，而与此同时，尽管社会消费品零售总额的比重也呈现逐步上升的趋势，但远远赶不上固定资产投资的增幅，到2010年二者差距已拉大到24.9个百分点，并且从10年间两者数额的增长来看，固定资产投资额增长（31.3%）要高于社会消费品零售总额增长（18.2%）13.1个百分点，突出反映了当前投资和消费相对失衡的现状。据测算，对经济增长所产生的拉动作用，消费需求每增长1个百分点，相当于投资增长1.5个百分点。从全市当前的情况来看，投资仍牢牢占据经济发展当中的主导地位，如果投资增长长期高于消费增长，必然挤压消费需求，破坏生产与消费的良性循环，影响经济的又好又快发展。

威海市作为沿海开放城市，进出口贸易，特别是外贸出口是经济发展的重要动力。

表 2 威海市 2000～2010 年进出口情况

年份	进出口总值（亿美元）	出口总值（亿美元）	出口总值占 GDP 的比重（%）
2000	19.74	12.95	19.66
2003	40.31	25.29	27.35
2006	95.15	60.11	40.24
2008	118.05	74.55	33.48
2009	106.13	68.18	26.87
2010	139.16	89.23	30.39

从表 2 中可以看出，近年来，威海市的对外经济贸易保持了较快的发展势头，外贸进出口总额从 2000 年的 19.74 亿美元增长到 2010 年的 139.16 亿美元，10 年间增长了 7 倍多。其中出口总值占 GDP 的比重保持了较为稳定的增长，在 2006 年达到最高值 40.24% 之后，一直保持在 30% 左右。其中也可以明显得看出，2009 年受国际金融危机的影响，出口总值较上年下降 8.5 个百分点，对我市经济造成了较大的影响。从外贸结构上来看，存在两个较为突出的问题：一是加工贸易占整个出口的比例较大，2010 年全市加工贸易出口额为 58.09 亿美元，占到整个出口总值的 65.1%，一般贸易和其他贸易相对滞后。由于加工贸易大部分位于价值链的底端，属两头在外，生产企业的利润率较低，并且容易受到外部需求变动的影响。二是出口市场较为集中，韩、欧、美、日是威海市四大传统出口市场，2010 年对这四大市场的出口比重占到 74.7%，尽管近年来威海市对新兴市场的开发保持了强劲的势头，但大头仍集中于传统市场，也使全市的外贸经济较为容易受到主要出口市场经济波动的影响。

（二）地方产业结构。产业结构是反映地方经济发展质量和水平的重要标准，也是当前各级进行经济结构调整的重要着力点。从整体上来说，我国产业结构呈现出三次产业发展不协调与产业内部失衡并存的特点，具体到威海来说，也有较为典型的体现。

表 3 威海市 2010 年三次产业情况表

产业	产值（亿元）	三次产业比重（%）	对 GDP 增长的贡献率（%）	对 GDP 增长的拉动率（%）
第一产业	153.94	7.92	0.77	0.10
第二产业	1 087.03	55.90	52.67	6.71
第三产业	703.73	36.19	46.56	5.93

从表 3 中可以看出，2010 年威海市三次产业结构为 7.92∶55.9∶36.19，较“十一五”末期 10.72∶58.21∶31.07 的比重而言，第一产业比重下降了 2.8 个百分点，第二产业比重提升了 2.31 个百分点，第三产业比重提高了 5.12 个百分点，产业优化的趋势非常明显。但从横向上来看，全市的三次产业结构仍存在第二产业比重偏高，第三产业比重偏低的问题，三次产业协同拉动经济增长的格局尚未形成。

1. 第三产业比重偏低。2010 年威海市第三产业比重，与对口学地区常州市相比低 4.41 个百分点，与全省平均水平相比低 0.41 个百分点，与全国平均水平相比低 6.81 个百分点。从第三产业内部结构来看，传统的运输邮电业、批发零售业和住宿餐饮业仍居主导地位，占第三产业的 50% 左右，而金融、房地产、租赁及商业服务等现代服务业仅占第三产业的 20% 左右，比重偏低。威海市第三产业的发展与经济整体发展水平并不匹配，还有较大的调整上升空间，特别是现代服务业有待于进一步的发展。

2. 工业结构层次较低。一是制造业水平较低。2009 年，威海市制造业实现增加值占规模以上工业增加值的 97.1%，其中，技术含量和附加值较低的农副食品加工业增加值占制造业的 18.7%，居其首位；其次是易受劳动力成本上升冲击的电信设备计算机及其他电子设备制造业增加值占 11.4%；而技术含量高，发展前景广的电器机械及器材制造业和交通运输设备制造业增加值分别占 9.0% 和 6.9%，占比相对较低。二是骨干企业带动能力较弱。2010 年，威海市共拥有规模以上工业企业 2 118 家，规模以上工业主营业务收入位居全省第 6 位，但 2010 年度山东省纳税百强企业当中，威海仅有 2 户上榜，不仅与临近城市青岛 11 户，烟台 8 户，潍坊 6 户相比有较大差距，与中西部地区东营 8 户、济宁 6 户、菏泽 4 户相比也有不小的差距。说明威海市的经济发展仍是以中小企业为主，大企业对地方财政经济的贡献较弱，带动能力不强，制约了威海市进一步提高经济发展稳定性和提升经济发展水平的步伐。三是企业自主创新能力有待增强。近年来，随着威海市转方式、调结构力度的不断加大，全市高新技术产业得到了快速的发展，2010 年威海市规模以上工业高新技术产业产值占工业总产值的比重达到 37.02%，位居全省第 5 位，较全省平均水平高 1.82 个百分点。但从科技研发和自主创新方面来看，2008 年全市规模以上企业有科技活动的有 163 家，占全部规模以上工业企业的 7.9%，较全国 11.6% 的平均水平低了 3.7 个百分点。并且在全市规模以上工业企业中，研发经费占主营业务收入的比重在 4% 以上的只占 2.1%，1% 以下的却占到了 95.4%。这表明，威海市企业的研发投入较小，仍然主要依靠传统的发展方式，自主创新能力较弱。

3. 一产结构有待进一步改善。2010 年，威海市农林牧渔及服务业结构为 26.3：0.3：17.6：54.1：1.7，与 2005 年相比种植业提高了 5.2 个百分点，林业下降了 8.8 个百分点，畜牧业提高了 3.6 个百分点，渔业下降了 8.8 个百分点，服务业提高了 0.6 个百分点，传统种植业比重不降反升，渔业仍保持一产的主体地位，服务业比重较小，需要进一步调整。近年来威海市农产品基地规模化不断扩大，专业化不断提高，但产业化程度没能随之发展。2009 年，全市市级以上农业产业化重点龙头企业只有 136 家，农民专业合作社 703 个，社员 22 268 人，仅占全市农业人口的 1.7%。这说明威海市农业生产的现代服务业仍不能最大限度地满足农民的需求。

（三）城乡结构。近年来，随着经济社会的加快发展，威海市城乡居民生活得到了切实改善，城市化发展步伐不断加快。

表 4　　2005 ~ 2010 年城乡居民生活情况

年份	居民可支配收入/纯收入（元）		恩格尔系数%		人均住房居住面积（平方米）		城乡居民储蓄余额（亿元）
	城镇	农村	城镇	农村	城镇	农村	
2005	12 455	6 083	29.33	35.68	17.72	31.36	457.37
2006	13 975	6 842	29.37	36.23	18.31	34.47	524.59
2007	16 285	7 737	28.89	36.67	19.79	33.95	583.63
2008	18 537	8 495	28.07	35.84	19.71	36.23	700.51
2009	20 117	9 226	28.47	33.60	20.98	37.71	826.38
2010	22 235	10 516	28.79	35.96	21.79	40.21	958.97

从表 4 中我们可以看出，2005 ~ 2010 年，城镇居民可支配收入和农村居民人均纯收入分别增长了 1.79 倍和 1.73 倍，年均增长率分别达到 12.3% 和 11.6%，城乡居民收入得到了快速增长；城乡居民人均住房面积分别增长了 4.07 平方米和 8.85 平方米，城乡居民的居住条件得到进一步改善；城乡居民储蓄余额由 457.37 亿元增长到 958.97 亿元，翻了近一番，年均增长率达到 16%。但威海市在城乡结构上也存在着一定的问题。

一是城乡收入差距拉大。2010 年，威海市城乡居民人均可支配收入和农民人均纯收入比为 2.11：1，这一比例较 2005 年的 2.05：1 扩大了 0.06 个百分点，从收入增速上看，农村居民收入仍落后于城镇居民。

二是城乡消费水平拉大。2005 ~ 2010 年，威海市城乡居民人均消费支出差距 5 749 元扩大到 9 611 元，城乡居民消费支出比由 2.62：1 扩大到 2.68：1，说明尽管近年来各级政府通过实施“家电下乡”等一系列政策积极启动农村消费，但受消费结构、收入增长等因素的影响，农村居民消费仍然增长较慢，城乡居民的生活、消费水平仍有拉大的趋势，城乡二元结构没有得到根本的改变。此外，城镇居民恩格尔系数从 2005 年的 29.33% 下降到了 2010 年的 28.79%，反映了城镇居民生活质量的进一步提高；而农村居民恩格尔系数则一直保持在 36% 左右，变化不大，甚至还有所反弹，说明农村居民的生活质量还有待于进一步提高。

（四）财政收入结构。财政收入是衡量一个地区经济发展成果的重要标志，财政收入结构也在一定程度上反映了地方经济结构。

1. 从收入质量方面来看。受历史原因与经济结构的影响，威海市的财政收入质量与全省其他先进市地相比有一定差距。近年来，威海市将实现财政收入总量、质量“双提高”作为做好财政收入工作的首要目标，在不断增加收入总量的同时，将着力点更多地放在优化收入结构、改善收入质量上来。从表 5 我们可以看出，“十一五”期间，威海市地方财政收入由 57.5 亿元增长到 118.3 亿元，翻了一番，年均增长 15.5%，财政收入占 GDP 的比重、税收、工商税收、四税收入占地方财政收入的比重分别提高了 0.44 个、1.66 个、14.24 个和 6.88 个百分点，收入总量、质量都得到了明显的提高，经济发展的成果通过财政收入得到了更好的体现。

表 5　　2005～2010 年威海市财政收入情况

年份	地方一般财政收入（亿元）	财政收入占 GDP 比重（%）	税收收入占财政收入比重（%）	四税收入占财政收入比重（%）	工商税收占财政收入比重（%）
2005	57.5	5.64	75.79	35.51	52.82
2006	70.1	5.89	72.49	36.28	53.83
2007	82	5.96	75.50	36.99	58.66
2008	93.7	6.06	76.2	36.12	59.15
2009	102.5	5.91	78.25	35.5	59.76
2010	118.3	6.08	77.45	42.39	67.06

但从横向来看，威海市与其他地区仍有一定差距。2010 年，威海市的税收比重、四税比重分别低于全省平均水平 0.75 个和 7.95 个百分点。与省内地市济南、青岛、潍坊相比，税收比重分别相差 1.13 个、5.86 个和 9.04 个百分点，四税比重分别相差 12.4 个、12.16 个和 6.88 个百分点，说明当前威海市的收入质量既有提升的空间，也有改善的必要。

2. 从收入构成方面来看。当前威海市的财政收入结构呈现出如下几个特点：

一是非税收入比重过大。威海市和山东省地方财政收入构成中，非税收入分别占到了 21.75% 和 22%，远远高于全国平均水平，是影响全市乃至全省收入质量的重要原因。

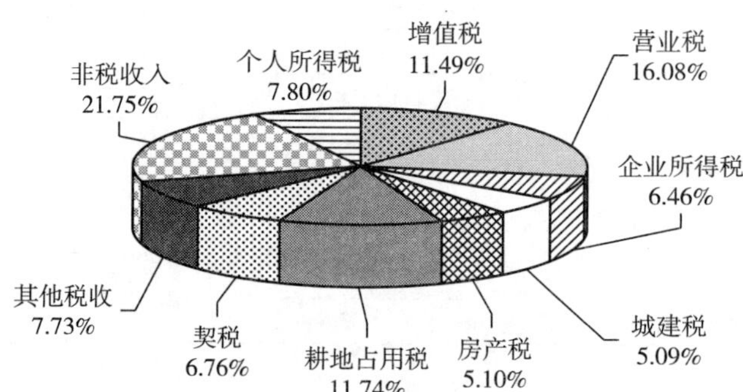

图 1　2010 年威海市地方财政收入分项目构成

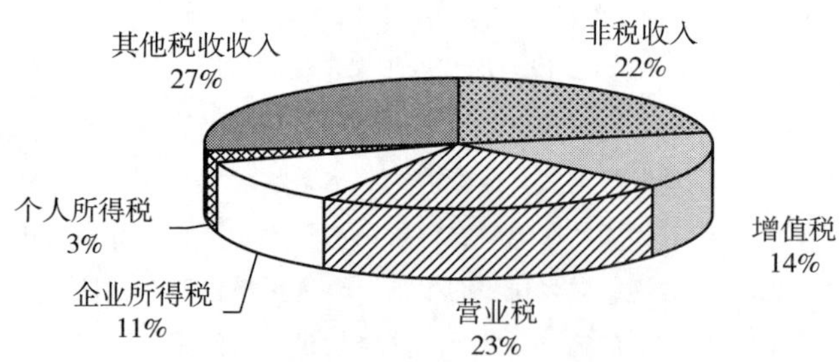

图 2　2010 年山东省地方财政收入分项目构成

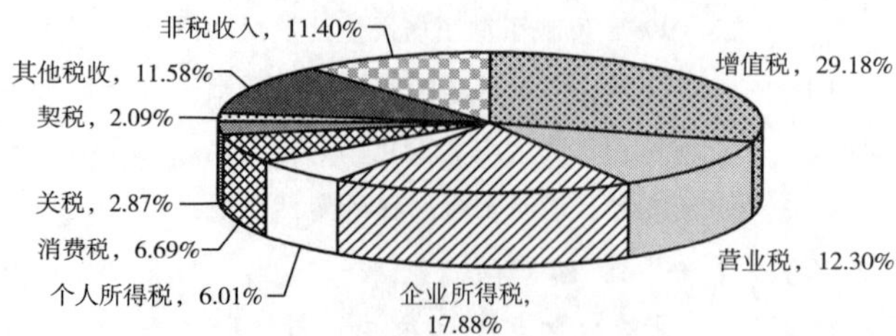

图 3　2009 年全国财政收入分项目构成

二是营业税比重较小。营业税作为100%归地方政府所有的大税种，应当在地方财政收入中占据首要位置，全省营业税收收入占到了财政收入的23%，其主体地位明显，而全市的营业税收收入仅占到了16.08%，低于非税收入比重，与增值税、耕地占用税的比重接近。从需求结构上分析原因，投资增长过快而消费不足，使主要依靠消费带动的营业税收增长乏力。从产业结构上来看，第三产业比重偏低，现代服务业没有得到充分发展，影响了营业税的增长。济南市和青岛市2010年第三产业比重分别达到52.63和46.43，其营业税占财政收入的比重分别达到29.6%和26.5%，第三产业对营业税和地方财政收入的贡献十分明显。从城乡结构上看来，农村消费水平偏低，农村消费潜力没有得到充分挖掘也是影响营业税增长的重要原因。

三是企业所得税比重偏低。2010年，威海市企业所得税比重较全省低4.54个百分点，是影响全市四税收入比重的重要因素。其重要原因是我们在产业结构分析中所提到的制造业水平和企业自主创新能力较低，导致企业的利润率偏低，此外，企业构成以中小企业为主，缺乏创税能力强的大型骨干企业，也是影响全市企业所得税收入的重要原因。相比之下，2010年度山东省纳税百强企业分别拥有11户、8户、6户企业上榜的青岛市、烟台市、潍坊市，企业所得税占财政收入的比重分别达到11.8%、10.5%和8.1%，企业数量、发展水平和大企业共同构成保证企业所得税稳定增长的原因。

二、关于进一步促进威海地方经济结构调整的思路和建议

近年来，威海市为促进经济结构调整，采取了一系列积极措施，从财政资金、政策上给予了大力支持，实施了扶持骨干企业做大做强、加快科技创新体系建设、鼓励和支持中小企业发展、开展农村环境综合整治等一系列关系威海市长远发展的重要举措，整体发展呈现出结构不断优化、质量不断提高的趋势。但同时也要认识到，加快经济结构调整和发展方式转变仍是当前和今后一段时期内各级在经济工作中面临的首要任务，必须坚持不懈地抓好。结合威海实际，就下一步经济结构调整提出如下建议：

（一）着力夯实发展基础，构建多层次现代财源体系。坚持“抓大、促小、带中间”的财源建设思路，加大资金投入力度，优化财税政策措施。完善骨干企业扶持政策，在扶持现有骨干企业做大做强的基础上，积极引进并扶持新的骨干企业，不断夯实威海市的财源基础，在发挥好骨干企业的示范引导和产业带动作用的同时，增强地方经济发展的稳定性。针对全市中小企业较多的特点，进一步健全中小企业社会化服务体系，完善中小企业融资保障帮扶机制，支持鼓励中小企业向“专、精、特、新”方向加快发展，着力培育壮大中小企业产业集群。以支持企业提高自主创新能力为重点，加快具有良好技术实力和发展潜力的大中型企业成长，构建新型立体化财源体系。

（二）明确财政扶持重点，培育地方新型产业体系。加快产业结构调整步伐，落实好各种税费优惠和资金扶持政策，加快培育能够发挥比较优势、体现威海特色、具有竞争力的新型产业体系。围绕建设蓝色经济区和高端产业聚集区，着力支持海洋优势产业六大基地、十大高端产业聚集园区建设。加快推进战略性新兴产业发展，重点培育新能源、新材料、新信息、生物医药、新能源汽车、节能环保、海洋科技开发等七大产业。立足地区优势，突出区域特色产业，重点发展现代渔业、船舶修造、港口物流、海产品精深加工等四大现代海洋产业。加快传统优势产业的升级改造和集约化发展，重点打造地毯、家纺、海产品、渔具、医疗器械等五大核心集散地。不断提高现代服务业的发展水平，重点发展文化、旅游休闲、软件及服务外包、商务会展、金融等五大产业。

（三）把握财政扶持关键，推动科技进步和创新发展。大力支持科技进步、自主创新和节能减排，进一步转变科技投入方式，创新科技投入机制，完善以政府投入为主导、企业投入为主体的全社会科技投入体系，加快促进产学研合作，推进科技成果转化，重点解决制约威海市企业发展重大关键技术的研究、开发和推广，加大人才培养和引进力度，深入推进高层次人才聚集区、产学研结合密集区、科技成果转化汇集区建设。此外，进一步树立绿色发展理念，加大投入力度，从技术推广、节能改造、节能产品采购、税费制度改革等多个角度进一步推动节能减排工作的深入开展。

（四）发挥激励引导作用，构建有效财政调控机制。立足财政职能，灵活运用各种财税政策工具，发挥好财政政策、资金的杠杆作用，建立更加有利于经济结构调整的调控机制。科学界定政府投资范围，优化政府投资结构，引导投资更多地投向科技创新、节能减排、生态保护、“三农”发展、民生和社会事业建设，更好地承担公共服务职能。积极支持建立扩大内需的长效机制，不断增强居民消费能力，改善消费环境，培育消费热点，促进城乡消费结构升级，引导消费在经济发展中发挥更大的作用。积极促进外贸发展方式转变和出口结构优化升级，加快形成消费、投资、出口协调拉动经济增长的新格局，保证和推动全市经济的平稳较快增长。进一步转变政府投入方式，变直接投入

为激励引导，不断完善政策体系，发挥政策导向作用，激励和引导企业加快经济结构调整的步伐。进一步树立效益观念，深入推进财政科学化精细化管理，健全效益评价、效益考核机制，将加快结构调整、提高发展质量与财政支出管理、预算管理有机结合，使财政资金使用效益和经济发展效益得到同步提升。

（五）优化财政支出结构，着力保障和改善民生。把保障和改善民生作为财政工作的出发点和落脚点，统筹兼顾、突出重点，区分轻重、明确先后，不断调整和优化财政支出结构，把更多财政资源投向民生领域，加快建立符合威海市实际、覆盖城乡、保基本、可持续的民生保障体系，大力推进基本公共服务均等化，让人民群众享受更加优质的公共服务。在此过程中，处理好发展和民生的关系，将民生作为发展的目的，将发展作为民生的保障，使民生成为发展的动力，进一步树立“发展惠民”的理财观，将促发展和惠民生更加密切地联系起来，将发展的成果更好地体现到民生改善上来，使良好的社会环境对经济发展的促进作用得到更加充分的发挥。

（六）完善财政支农机制，加快城乡统筹发展步伐。按照总量持续增加、比例稳步提高的要求，增加财政支农投入。加大支农资金整合力度，积极探索推进支农资金整合的新途径、新模式，以政策变化推动资金整合，以资金整合促进政策落实。在继续加大农村基础设施投入，不断改善农业生产条件，加快构建现代农业产业体系的同时，着力改善农民的生活条件、农村的生态环境，提升农村公共服务水平。将农村环境综合整治作为我市“十二五”期间新农村建设的一项重点，与村级公益事业建设一事一议财政奖补政策有机结合，与农村环保等其他工作有效整合，治环境、建设区、兴产业，高标准、高要求地稳步推进，实现对需整治村庄的全覆盖，使我市的农村面貌发生崭新的变化。扎实推进城市现代化和新型城镇化，构筑“一核一带三组团”的城镇空间格局，打响“蓝色休闲之都，世界宜居城市”的品牌。

（作者为威海市财政局局长）

推进财政管理信息系统一体化建设的探索与实践

胡怀新

推进财政管理信息系统一体化建设，是提高财政管理科学化精细化水平，推进财政改革发展的客观需要。日照市作为山东省市级平台试点市，于2010年5月启动“日照市财政业务综合管理平台”的建设与实施工作，目前市级及所辖区县、开发区均建成了基于平台的一体化财政管理信息系统，上线运行情况良好。截至2011年6月，市级通过新系统编制部门预算227份；累计下达指标11 314笔，金额110亿元；授权支付支出41 398笔，金额23.3亿元，直接支付支出5 765笔，金额64.1亿元；办理政府采购业务1 275笔，采购金额11.5亿元。在系统建设实施中，日照市注重搞好“一个整合、两个规范、三个结合”，收到了良好成效。

（一）充分整合资源，构建一体化信息平台管理模式。近年来，日照市积极推进“金财工程”建设，先后应用了国库集中支付、部门预算、工资统发、非税收入管理等系统，保障了各项财政改革的顺利进行。但由于各个系统分步引进实施，资源分散、信息共享程度低，不能很好适应财政科学化精细化管理的要求。为此，全市按照“资源充分整合、信息充分共享、运行安全高效”的原则，积极探索一体化信息平台开发建设新模式，确定了以“生长”为主、“接入”为辅的方式，在确保符合财政部《基于金财工程应用支撑平台开发规范（试行）》、《基于金财工程应用支撑平台数据交换规范（试行）》等规范要求的前提下，部门预算、指标管理、集中支付、账务、工资统发、公务卡、政府采购、财政预警等核心业务系统全部以基于平台“生长”模式重新开发；非税收入、国有资产管理等相对独立的业务系统以“接入”模式进行整合改造，建成了包括基础平台、业务系统、统一门户和综合分析系统的一体化信息平台系统，将所有财政核心业务全部纳入平台统一管理。

（二）规范业务流程和基础数据，提高信息平台管理的科学化精细化水平。信息平台是实现财政管理目标的手段，其功能作用根本上取决于财政业务流程设计和基础数据规范。日照市按照科学化精细化管理的要求，制定了详尽的建设与实施计划，对平台建设任务进行分解细化，着力抓好业务流程和基础数据规范应用工作。一是实施业务流程再造。以平台建设为契机，按照“依法理财、高效透明、权责明晰”的原则，对科室和工作人员岗位职责、业务流程进行了全面梳理、规范，明确业务处理权限、办理依据、时限要求、风险控制节点、纠错防范措施等，共编制了89项工作流程，使预算编制、资金拨付、项目申报、非税收入、政府采购等日常管理更加科学精细，为信息平台建设奠定了良好基础。二是建立财政管理数据标准。根据财政部《财政业务基础数据规范》和《财政业务基础数据规范维护管理办法》，结合全市实际建立财政管理数据标准，建设基础核心平台，并按照统一的数据规范建设标准，对财政核心业务系统进行生长改造，包括部门预算系统、预算指标系统、国库集中支付系统、工资统发系统、公务卡管理系统、账务管理系统、政府采购系统等。同时，充分利用数据仓库技术，构建统一的数据分析中心，实现数据的综合分析与挖掘。开发统一的门户管理系统，实施统一用户管理、待办事项提醒及单点登录等，促进了财政管理的精细化和人性化。

（三）搞好三个结合，促进信息平台管理集约化。一是软硬结合确保系统运行的安全性。硬件建设方面，按照最小投资下的最大性能原则，通过公开招标择优选用服务器、存储、磁带库等硬件设备。数据库服务器通过故障转移群集、双机热备，并定期进行磁带库备份；应用服务器通过配置冷备机确保业务系统不间断运行。通过网络实时监控机房电力、温湿度和开关状态，发现异常自动告警。为保证软件安全性，建成并全面启用了CA认证系统，所有用户必须通过身份认证才能进入平台系统操作，避免了非法用户进入、单用户操作多岗位等现象，有效保证了系统使用的安全性。二是流程化与灵活管理相结合，提高系统的实用性。一方面，依托统一平台，各项业务系统实行流程化管理，业务数据保持完整一致、充分共享，各项业务之间实现无缝衔接。另一方面，统一平台提供了财政业务变更支持，通过设置岗位、角色、权限，实现岗位权限的灵活管理，使操作人员能够在各对应子系统中转换岗位角色，处理不同财政业务。同时，基于平台建设系统的设计框架，还为接入单位端模块留出了扩展余地，增强了系统的承载功能。三是新旧结合确保高效利用数据资源。充分考虑历史数据迁移和新旧业务系统平滑过渡问题，通过集中力量进行技术攻关和反复模拟运行，成功实现了新旧系统的切换，既未影响正常的业务处理，又保证了数据资料的一贯性。

从日照市一体化平台系统运行情况看，该系统编码标准统一、操作功能完善、业务流程贯通、数据集中共享，对保障财政业务高效运行、提高财政分析决策水平、推进财政科学化精细化管理等，发挥了重要促进作用。

一是有利于加强财政宏观调控。基于平台的一体化系统涵盖了预算编制、执行、监督的全过程，覆盖了所有财政性资金管理，其中市级涉及200余家预算单位、10家政府采购中介机构。各项财政业务纳入一体化平台管理后，强化了对财政预算、资金支出、政府采购、非税收入、会计核算等全方位的动态监控，可随时掌握每笔财政资金运行、财政日常管理和各项业务进展情况，为统筹业务安排、统筹资金运作、改善和加强财政宏观调控提供了更加有利的条件。

二是有利于提高财政科学决策水平。一体化平台系统的应用，将表层系统的各种业务数据按统一的编码标准记入平台，形成了包含财政收支、账务、决算、债务、采购、人员、资产、项目库等多种信息的数据中心，改变了以往数据分散存储、编码对照、接口交换的状况，为开展数据统计分析工作提供了全面、丰富的数据信息。在此基础上，按照业务特点建立起多维分析模型，提供全口径、多类别的综合查询报表，实现了对预算安排、收支情况、执行进度等多方面的即时反映和综合分析，使财政分析决策更加科学合理。

三是有利于提升财政管理效率。一体化平台系统数据高度集中、业务协同紧密、信息充分共享、工作流程优化，同时着眼于满足用户需求，充分保留提升原系统的优点及用户使用习惯，使新系统具有了“安全稳定、标准通用、简洁明了、快捷高效”的特点，实现了财政资金上传下达、对账、数据报送等业务的自动化处理，解放了人力，提高了财政内部、银行、预算单位间的沟通协作和快速反应能力。系统上线运行后，有关文件资料传递速度增加了一倍，办事服务时限压缩了一半，资金支付效率提高了1/3。

四是有利于提高财政工作透明度。一体化平台系统应用后，全面反映了部门预算编制过程和结果，详细记录和反映每笔资金运行情况，及时反映政府采购计划、合同、采购方式、专家抽取、招标审核、中标结果、资金支付等情况，部门单位可按照职责权限随时查阅，并对财政业务处理实施监督，增强了财政日常管理工作的透明度。

（作者为日照市财政局局长）

关于莱芜市财源结构与可持续发展的调查研究

王 凌

近年来，在经济较快增长、财政持续增收、财力不断加强的基础上，莱芜市财政职能范围逐步拓展，政府调控经济、促进发展的职能不断增强。但是，受国家宏观调控政策、经济形势等因素影响，莱芜市经济总量偏小、发展方式粗放、财源结构不合理等问题，在财源建设上进一步显现，财政增幅放缓问题没有得到有效解决。当前，如何调整发展思路，找准财源建设切入点，不断优化财源结构，促进经济可持续发展，已成为莱芜市财政工作中亟需解决的一个重要课题。

一、莱芜市财源结构分析

（一）从财政收入总量分析。

1. 从经济结构分析。近年来，全市上下坚持解放思想，干事创业，经济实现平稳较快发展。“十一五”时期，莱芜市 GDP 由 2006 年的 291.98 亿元增加到 2010 年的 546.33 亿元，年均增长 17%；但从 GDP 增幅变化看，从 2006 年的 16.2% 下降到 2010 年的 12%，增幅下降，但逐渐趋于平稳。这说明莱芜市在应对国际金融危机、促进经济平稳增长方面取得阶段性成果。同时，莱芜市经济结构进一步优化，一、二、三产业比重从 2006 年的 6.7:65.9:27.4 调整到 2010 年的 7.1:60.4:32.5，表现为“一增、一降、一平稳”的发展趋势，即三产比重增加 5.1%、二产比重下降 5.5%，一产基本平稳（见表 1），二产比重较大的经济结构特征依然突出，产业结构不协调的问题仍然存在。

表 1 全市地方经济主要指标分析表 单位：亿元

年度	生产总值	增长（%）	第一产业	增长（%）	所占比重（%）	第二产业	增长（%）	所占比重（%）	第三产业	增长（%）	所占比重（%）	人均 GDP（元）	增长（%）
2010	546.33	12.0	38.61	3.1	7.1	330.18	12.2	60.4	177.54	13.0	32.5	42 367	10.9
2009	461.29	12.5	30.36	2.3	6.6	297.47	13.1	64.5	133.46	13.1	28.9	36 125	12.1
2008	455.79	12.3	27.98	3.1	6.1	308.99	11.7	67.8	118.82	15.6	26.1	35 846	11.8
2007	367.27	16.9	22.62	3	6.2	242.5	17.8	66	102.15	17.9	27.8	29 011	16.6
2006	291.98	16.2	19.55	5.2	6.7	192.4	18.1	65.9	80.03	14.2	27.4	23 430	15.9

2. 从财税收入占 GDP 比重分析。各级财税部门不断创新财源建设机制，完善政策措施，强化税费征管，财政收入实现稳定增长。全市税收总收入由 2006 年 49.26 亿元增加到 2010 年 65.85 亿元，年均增长 7.5%，增幅却由 2007 年 38.29% 下降到 2010 年 6.43%，下降 31.86%；全市地方财政收入由 2006 年 19.26 亿元增加到 2010 年 35.3 亿元，年均增长 16.4%，增幅却由 2007 年 35.37% 下降到 2010 年 8.01%，下降 27.36%。从统计数据看，财税收入增幅大幅度下降，增收后劲不足。2010 年地方财政收入占 GDP 的比重为 6.47%，比 2006 年降低了 0.13 个百分点（见表 2），财政收入占 GDP 的比重变化相对平稳；税收收入占 GDP 比重呈现一直下降趋势，2010 年比 2007 年下降了 6.5 个百分点，比 2009 年下降了 1.36 个百分点，下降势头趋于平稳。

表 2 全市生产总值与财政收入统计表 单位：亿元

年度	生产总值	增长（%）	税收总收入	增长（%）	税收占 GDP 比重（%）	地方财政收入	增长（%）	地方财政收入占生产总值比重（%）
2010	546.33	12.0	65.85	6.43	12.05	35.32	8.01	6.47
2009	461.29	12.5	61.87	-22.78	13.41	32.70	8.11	7.09
2008	455.79	12.3	80.12	17.62	17.58	30.25	16.03	6.64
2007	367.27	16.9	68.12	38.29	18.55	26.07	35.37	7.10
2006	291.98	16.2	49.26	34.87	16.87	19.26	32.24	6.60

3. 从分部门分析。“十一五”时期，国税部门形成的地方财政收入所占比重由2006年39.25%下降到2010年22.55%，下降幅度为16.7%；地税部门形成的地方财政收入所占比重一直保持在50%左右，2008年以来出现小幅度下滑；财政部门组织地方财政收入大幅增长，由2006年10.76%增长到2010年28.88%，增加18.12%（见表3）。总体看，税收形成地方财政收入的比重明显下滑，地方财政收入质量有所下降。

表3　全市分部门形成地方财政收入统计表　单位：亿元

年度	地方财政收入	国税部门			地税部门			财政部门	
		税收收入	形成地方财政收入	占地方财政收入（%）	税收收入	形成地方财政收入	占地方财政收入（%）	财政部门非税收入	占地方财政收入（%）
2010	35.32	43.78	7.96	22.55	22.07	17.16	48.57	10.20	28.88
2009	32.70	39.87	8.14	24.89	22.00	16.01	48.95	8.55	26.15
2008	30.25	58.24	12.50	41.32	21.88	15.48	51.17	2.27	7.51
2007	26.07	49.12	10.91	41.86	19.00	13.02	49.93	2.14	8.00
2006	19.26	35.45	7.56	39.25	13.81	9.63	49.98	2.07	11.00

4. 从分级次分析。“十一五”时期，莱城区、钢城区地方财政收入增幅放缓，特别是钢城区受钢铁行业形势的影响较大，地方财政收入增幅逐年下降（见表4）；高新区、雪野旅游区增幅较快，主要是高新区、雪野旅游区新上项目较多，效益逐渐反映到税收上，莱芜市实施重点区域带动战略的作用逐渐显现。

表4　莱芜市分级地方财政收入情况统计　单位：万元

年度	2010年			2009年			2008年			2007年			2006年		
	收入	增长（%）	占全部（%）	收入	增长（%）	占全部（%）	收入	增长（%）	占全部（%）	收入	增长（%）	占全部（%）	收入	增长（%）	占全部（%）
小计	353 207	8.01	100	327 009	8.11	100	302 488	16.03	100	260 688	35.37	100	192 572	32.24	100
市值	23 990	9.59	6.79	21 891	98.76	6.69	11 014	7.92	3.64	10 206	8.92	3.92	109 516	15.43	56.87
高新区	40 089	30.02	11.35	30 833	18.29	9.43	26 066	26.61	8.62	20 588	51.2	7.90	9 198	51.36	4.78
莱城区（含雪野）	128 872	11.36	36.49	115 729	3.73	35.39	111 566	11.10	36.88	100 420	37.51	38.52	37 920	57.31	19.69
莱城区（不含雪野）	122 516	9.43	34.69	111 956	3.06	34.24	108 629	9.63	35.91						
雪野旅游区	6 356	68.46	1.80	3 773	28.46	1.15	2 937	120.5	0.97	1 332	57.76	0.51			
钢城区	160 256	1.07	45.37	158 556	3.06	48.49	153 842	18.82	50.86	129 474	38.71	49.67	35 938	74.73	18.66

（二）从分行业税收分析。近年来，通过转方式调结构，采取信贷、土地、税收等优惠政策，激发了企业加快发展的动力，2010年全市规模以上企业522家，比年初增73家，产值过亿元的93家，产值过10亿元的14家。从全市70家重点企业纳税情况看，2010年70家重点企业形成地方财政收入13.32亿元，其中，重点钢铁企业形成地方财政收入7.82亿元，占59%；矿产业1.65亿元，占12%；电力企业1.05亿元，占8%；金融、保险企业0.92亿元，占7%；其他行业，占14%。钢铁产业在莱芜市财源中比重过大，但钢铁产业所占比重不断下降，非钢产业财政贡献率逐步增强，财源多元化格局基本形成。实践证明，以钢铁为主的重工业是莱芜市经济增长的“发动机”，在一定时期内这样的推动力是强劲的，由于钢铁产业受国家调控政策、经济形势影响大，所形成的财源稳定性较差。因此，今后要加快发展非钢产业，尽快形成结构合理的现代产业体系。

（三）从主要税种分析。“十一五”时期，莱芜市主体税种形成地方财政收入的比重呈逐年下降趋势，由2006年80.79%下降到2010年60.06%，下降20.73个百分点。其中，增值税比重下降明显，从2006年的35.36%下降到2010年的18.70%，下降16.64个百分点；企业所得税比重由2006年的9.97%下降到2010年的4.39%，下降5.58个百分点；这说明莱芜市以钢铁为主的工业效益下降明显，固定资产投资增值税抵扣政策也带来部分影响。营业税增长较快，由2006年的3.4亿元增长到2010年的6.98亿元（见表5），所占比重稳中有升。近年来，作为莱芜市主要税种的增值税、企业所得税呈下降趋势，但降幅有所减缓；营业税、土地使用税呈稳步增长态势，是拉动莱芜市财政收入的重要增长点。

表5　　全市主要税种形成地方财政收入结构统计表　　单位：亿元

年度	地方财政收入	主要税种形成地方财政收入												
		小计	占地方财政收入（%）	增值税	占地方财政收入（%）	营业税	占地方财政收入（%）	企业所得税	占地方财政收入（%）	个人所得税	占地方财政收入（%）	城市维护建设税	占地方财政收入（%）	城镇土地使用税	占地方财政收入（%）
2010	35.3	21.2	60.06	6.6	18.70	6.98	19.77	1.55	4.39	0.77	2.18	2.6	7.37	2.7	7.65
2009	32.7	20.9	63.98	6.92	21.16	5.56	17.00	2.2	6.73	0.71	2.17	2.9	8.87	2.63	8.04
2008	30.25	25.0	82.64	11.07	36.60	5	16.53	2.9	9.59	0.62	2.05	3.04	10.05	2.37	7.83
2007	26.07	21.4	82.24	9.61	36.86	4.43	16.99	2.92	11.20	0.56	2.15	2.85	10.93	1.07	4.10
2006	19.26	15.6	80.79	6.81	35.36	3.4	17.65	1.92	9.97	0.36	1.87	2.25	11.68	0.82	4.26

（四）从企业隶属结构分析。省以上企业在莱芜市国民经济，特别是在工业经济中占有十分重要的地位，是形成地方财政收入的骨干力量。据统计，省以上企业形成地方财政收入的比重逐年递减，由2006年的49.25%下降到2010年的30.74%，下降18.51个百分点（见表6）；省以下企业通过结构调整，企业发展成效逐步反映到税收上，税收比重逐年上升。这说明全市省以下企业发展较快，创税能力有所增强。特别是民营企业发展迅速，全市民营经济实现税收由2006年5.7亿元增长到2010年15.33亿元，增加9.63亿元；民营经济实现税收占全部税收比重由2006年11.65%提高到2010年23.28%，增长11.63个百分点。

表6　　省以上企业缴纳地方财政收入情况表　　单位：万元

年度	地方财政收入	税收形成地方财政收入					
		小计	占地方财政收入（%）	国税组织收入	占地方财政收入（%）	地税组织收入	占地方财政收入（%）
2010	353 207	108 578	30.74	43 886	12.43	64 692	18.32
2009	327 009	126 772	38.77	49 867	15.25	76 905	23.52
2008	302 488	158 685	52.46	86 408	28.57	72 277	23.89
2007	260 688	130 248	49.96	70 700	27.12	59 548	22.84
2006	192 572	94 841	49.25	48 067	24.96	46 774	24.29

（五）从纳税人结构分析。以2010年税收为例，年纳税1 000万元以上纳税户中，1亿以上的有9户，完成税收21.52亿元，占全部税收收入的32.68%；1 000万元以上1亿元以下的有50户，完成税收14.94亿元，占全部税收收入的22.69%。年形成地方财政收入1 000万元以上企业中，全市1亿元以上企业2家，形成地方财政收入4.24亿元，占地方财政收入的12%；1 000万元以上1亿元以下32家，形成地方财政收入8.31亿元，占地方财政收入的23.53%。说明莱芜市纳税大户少、税收比重大，小额纳税户多、税收比重小，主导产业优势明显。

（六）从与山东省部分地市比较分析。2009年，莱芜市地方财政收入增幅居全省第17位，比全省平均增幅低4.23%，比排名第16位的威海市低1.34%，比排名第1位的菏泽市低11.87%；2010年，莱芜市地方财政收入增幅居全省第17位，比全省平均增幅低17.04%，比排名第16位的威海市低7.35%，比排名第1位的菏泽市低31.8%（见表7）；增幅差距进一步拉大。这说明莱芜市经济增长动力不足，财源建设相对滞后。

表 7　莱芜市与全省及部分地市财政收入对比表　单位：亿元

地区	2009 年			2010 年		
	地方财政收入	增长（%）	全省排名	地方财政收入	增长（%）	全省排名
全省	2 198.53	12.34		2 749.31	25.05	
青岛	376.99	10.08	15	452.61	20.05	15
威海	102.52	9.45	16	118.27	15.36	16
日照	43.48	19.68	4	55.61	27.89	7
菏泽	60.57	19.98	1	84.69	39.81	1
莱芜	32.70	8.11	17	35.32	8.01	17

二、财源建设中存在的主要问题

（一）经济总量偏小且质量不高。近年来，莱芜市一直把做大经济总量作为战略任务来抓，但与其他市地相比，莱芜市经济总量仍然偏小，与省内排名靠前的几个县级市，如荣成、龙口等比，也不具优势。经济是财政之本，财政收入是经济质量的直接体现。2010 年，莱芜市地方财政收入占 GDP 的比重为 6.47%，比全省平均水平低 0.44 个百分点，与青岛等先进市地相比差距更大。主要原因是莱芜市钢铁、矿产等行业都处在经济链条的上游，下游产业和配套产业不健全，产业链条不完整，造成了财源的流失。

（二）产业结构不合理。从三次产业分布看，2010 年，莱芜市一、二、三产业比例为 7.1∶60.4∶32.5。其中，第三产业占 GDP 的比重比 2006 年提高 5.1 个百分点，但仍低于全省平均水平 4.1 个百分点，比济南、青岛分别低 20.13%、13.9%。第三产业发展缓慢，已成为制约莱芜市地方财政收入增长的重要因素。二产中，钢铁、矿产等产业比重较大，能源、资源消耗高，资源紧缺将会成为制约经济发展的一大瓶颈。同时，莱芜市非钢企业发展缓慢、总量不大，创税能力不强，尚未形成阶梯型的后备财源。

（三）财源分布过度集中。近年来，钢材、矿产、电力等是莱芜市财源的支柱产业，特别是钢铁产业一直是莱芜市财源的重要支撑，其他产业发展缓慢，导致财源过度集中。这些行业受国家宏观调控政策、经济形势影响较大，国家政策、经济形势一旦变化，就会对地方税收产生很大影响，其他行业很难递补，财政应对政策风险、市场风险的能力较差。

（四）财源持续发展后劲不足。从第一产业看，莱芜市农业资源优势明显，主导产业特色突出，但农产品加工企业规模小、精深加工少、产品附加值低，尚未形成财源“气候”；从第二产业看，钢铁等支柱财源增长乏力，高新技术等新兴产业成长不足，中小企业尚未形成集群优势，优势财源相对匮乏；从第三产业看，投入不足，开发建设力度不够，第三产业发展空间有待拓展。

（五）税收征管水平有待进一步提高。近年来，莱芜市税收形成地方财政收入的比重明显减少，财政收入质量不断下降。不同行业间企业税负差距较大，企业整体税负偏低；部分税源征管不到位，仍然存在偷逃漏税现象。

（六）财源建设环境有待进一步优化。现行的财税、金融体制限制了地方经济发展，地方财政可支配的收入少，民生等必保支出大，与承担的事权不相适应，支持经济发展资金有限。随着国家金融政策的调整，企业贷款门槛提高，融资难成为企业扩大再生产的主要制约因素。

三、促进莱芜市财源建设可持续发展的措施和对策

（一）支持经济建设，是推动财源可持续增长的根本。强化政策扶持，加强经济建设，引导优势资源向创税产业集聚，为财税收入稳定增长奠定坚实基础。一是改造提升传统产业，巩固骨干财源。大力推动钢铁产业提质增效，积极开发粉末冶金、齿轮钢、轴承钢、高端板材、不锈钢等高附加值产品，拉长产业链条，增强产业配套能力和产品市场竞争力。立足莱芜市塑机、纺织、食品等优势产业，加强指导，整合资金，支持现有企业做大做强，尽快培育一批具有较强竞争力的产业集群。完善生态补偿机制，用好节能减排优惠政策，加大对重大节能技术、节能技改项目的奖补力度，引导企业淘汰落后产能，大力发展循环经济。二是加快推进现代农业发展，壮大基础财源。坚持“区域化布局、规模化经营、标准化生产、产业化发展”的思路，加快建设标准化种植、高效养殖基地，加快培育支撑带动能力强的农业龙头企业，提高产品附加值，增强农业创汇能力，不断提高现代农业建设水平。三是全面发展服务业，培植新兴财源。重点发展金融保险业、现代物流业、

信息服务业、节能环保业、服务外包业，构建与一二产业发展相适应的生产性服务业体系。以旅游发展专项资金作“引子”，实行市场化运作，吸引社会资金投入，突出抓好以雪野湖为中心的重点景区的统一规划、科学开发和整体包装，发挥国际航空节辐射带动作用，全面提升旅游业发展质量和档次。发挥文化产业发展资金的引导作用，重点扶持山东雪野文化影视基地等项目建设，做大做强文化产业。四是大力发展新兴产业，拓展绿色财源。认真落实高新技术企业所得税优惠政策，采取贴息、参股、风险补偿等方式引导社会投资，支持新兴产业技术研发、推广应用。选择新材料、电子信息、新能源和节能环保、生物制药、航空运动等产业进行重点培植，加快高分子聚乙烯纤维、挠性覆铜板等重点项目建设，努力打造高技术含量、高附加值的新兴产业集群。五是加强园区建设和招商引资力度，发展递补财源。实施重点区域带动战略，加强基础设施建设，提高园区的承载能力，推动重点园区和经济带率先发展、跨越发展。紧紧抓住招商引资这个膨胀经济总量和增强发展后劲的关键措施，突出招商引资重点，紧盯国内外产业和资本转移动向，积极引进一批投资大、见效快、辐射带动能力强、符合国家产业政策的项目，增强经济发展后劲。

*（二）强化税费征管，是推进财源可持续增长的关键。*加强税费征管，既要注重收入数量的增长，更要注重收入结构的优化。一方面，加强税收征管，充分发挥税收对地方财政的托盘作用。坚持“抓大不放小”，在做好地方税收主体税种征管的基础上，加强对土地使用税、资源税、房产税等地方小税种征管，挖掘税收增收潜力。探索建立涉税信息平台，实行阳光操作，公开运行。严格依法治税，防止税收跑冒滴漏，加大清缴力度，做到应收尽收，努力提高地方财政收入质量。另一方面，加强非税收入征管，增强政府宏观调控能力。突出抓好土地、矿产、国有资本经营收益等资产资源性收入征管，加大对国有资产使用、处置、调配的监管力度，努力拓宽增收渠道。

*（三）完善投入机制，是推进财源可持续增长的基础。*积极建立完善以财政资金为导向、企业自筹为基础、信用资金为主体、其他融资方式为补充的财源建设投入机制，为财源可持续发展提供充足的资金保障。一是充分发挥财政资金的导向作用。创新财政资金投入方式，采取财政贴息、补助、参股、担保等灵活多样的形式，吸引各种社会资金，放大财政资金“乘数效应”。坚持“有所为、有所不为”，调整优化财政投入结构，重点支持优势产业、重点项目，充分调动全社会对财源建设的投入。二是发挥政府融资平台作用。支持市投资公司、市农投公司发展，增强融资能力，并通过信贷、合作、发行债券等多种方式，扩大政府市场化融资规模，进一步拓宽财源建设资金来源渠道。三是切实帮助企业解决融资困难。认真研究国家金融政策，推进银企合作，积极争取金融机构支持。做大做强现有担保公司，提高担保能力，为中小企业发展拓宽融资渠道。加大向上争取力度，争取国债资金、国家开发银行贷款、世行贷款等资金。同时，坚持分类指导，推动有条件的企业上市融资，解决企业发展融资难题。

*（四）完善财税管理体系，是推进财源可持续增长的保障。*一是加强协调沟通，完善地方财力的分析预测体系。财政、国税、地税部门要加强联系，完善财税联系会制度，加强财税运行情况分析预测，为政府决策提供可靠依据。积极配合税务部门开展经济税源情况分析预测和税源情况调研，完善税源监控体系，详细掌握税源分布、变动情况，增强工作的主动性和针对性。二是优化发展环境，完善财源建设保障机制。良好的经济发展环境是财源建设的“加速器”。优化经济发展环境，能够拓宽生财范围，有利于推动经济财政的可持续发展。一方面，加强基础设施建设。积极筹集资金，加快交通、通讯、水、电等基础设施建设，把四个功能区打造成为基础设施配套好、项目承载能力强的强势经济带，实施好重点区域带动战略。另一方面，加强软环境建设。切实减少对市场竞争的直接干预，创造公平竞争的发展环境；认真落实行政事业减免收费和税收优惠政策，简化行政审批程序，优化创业环境。完善市、区、乡镇财政体制，理顺财政分配关系，完善财政增收激励机制，充分调动各级加快发展经济的积极性。三是加强人才队伍建设。制定高层次人才无障碍引进等政策，以战略性新兴产业重大工程和项目为载体，引进一批高精尖科技人才，鼓励企业与高校、科研机构的人才共建，充实本地人才库；改进管理方式方法，创新人才选拔使用和激励机制，优化人才创业和生活环境，促进人才向创税产业集聚。四是加强组织领导，形成财源建设合力。成立市财源建设领导小组，负责财源建设的组织和协调，定期召开会议分析财源建设情况，研究解决存在的问题。财政、国税、地税、工商、审计、公安、房产等部门要密切配合，通力协作，在组织收入、支出监管方面形成合力。涉企部门要规范行政执法、完善服务，为企业发展创造更加宽松的政务环境。

（作者为莱芜市财政局局长）

关于加强乡镇财政监督的调研报告

李　民

随着公共财政服务和保障能力的不断提高，中央和省、市不断加大“三农”、民生投入力度，各类强农惠农资金、专项资金、财政投资日益增长，大量的资金通过乡镇一级进行兑现或落实。但受各种因素的制约，乡镇财政监督的体制机制尚未相应建立，处于监督“缺位”状态，致使乡镇滞留、挤占、挪用财政专项资金等问题时有发生，一定程度上影响了相关专项资金的使用效益，影响了对上争取支持工作。对此，临沂市财政局结合工作实际和历年来的监督检查情况，以苍山县在全国率先开展派驻乡镇财政监督办事处为突破口，就加强乡镇财政监督进行调研分析和探讨论证，积极探索加强乡镇财政资金管理的新路子、新渠道。

一、当前乡镇财政监督的现状及存在的问题

（一）需要乡镇财政监管的资金量越来越大。近年来，随着农村税费改革的推进，特别是农业税取消和契税、耕地占用税移交地税征管，乡镇财政的工作职能发生很大的变化，组织收入职能逐步弱化，由过去的“征管型”向“服务型”、“管理型”转变，管理服务的覆盖面越来越广，特别是各类向乡镇基层汇集的涉农资金、民生资金大幅度增加，需要乡镇财政监督管理的资金量越来越多、工作任务越来越重。2010年，临沂市乡镇级预算内支出34亿元，占全市财政支出的15%；“三农”支出123.6亿元，占全市财政支出的52%，并且呈逐年大幅增长趋势。同时，由于目前乡镇财政尚未实行综合预算，大量的水利、道路、林业、农业等涉农专项资金，分散于多个部门，多头管理，例如，扶贫、农业综合开发、中小型病险水库除险加固、农田水利建设、农村低保、新型农村合作医疗、新型农村养老保险、粮食直补、良种补贴、农资综合补贴、能繁母猪补贴、义务教育保障经费、农村中小学危房改造、农村住房建设与危房改造等，多达几十项，资金量非常大，如仅新型合作医疗基金一项就达25.89亿元，这部分资金的使用最终也需要乡镇一级组织实施，在乡镇开展就近财政监督意义重大、作用明显。

（二）乡镇财政监督的范围越来越大。随着社会主义新农村建设的逐步推进和乡镇经济实力的不断壮大，乡镇属工业单位越来越多，各类农村合作组织如雨后春笋般遍地生根，乡镇建设工程项目也越来越多。这些单位会计信息质量的高低，建设工程项目中财政资金的效能情况、国有资产（本）的安全运营及保值增值情况等都从客观上要求乡镇财政进一步跟进监督。同时，为加强村级财务管理，在“五权不变”的情况下，各乡镇普遍推行了“村财乡管”财政管理模式，乡镇财政监督的范围越来越大。另外，财政“收支蛋糕”的不断加大，各类强农惠农资金、专项资金的日益增长，社会越来越关注资金的投向和投资效益问题，而目前乡镇开展财政资金绩效性评价尚未破题，绩效性考核办法、评价体系、绩效性监督制度还未形成，乡镇财政监督在履行“纠错功能”的基础上，探索开展资金绩效性评价必然成为今后工作的努力方向。

（三）乡镇财政监督严重“缺位”。受财政管理体制机制的制约，乡镇财政监督职能弱化，一些地方几乎没有主动开展过财政监督检查，监督职能基本上全部由县级代行，乡镇财政监督滞后、监督“缺位”问题非常突出。一是乡镇财政所受制度限制没有开展财政监督的权限。《财政违法行为处罚处分条例》、《山东省财政监督条例》两个法规明确规定，县级财政部门为最低的财政监督机构，乡镇一级财政部门无法超越法定权限从事财政监督工作。二是乡镇财政所受体制制约没有开展财政监督的积极性。乡镇财政所隶属乡镇政府，属于股级单位，开展财政监督的对象主要是镇政府和镇直部门，开展财政监督处于劣势地位，对资金转移用途、截留挪用等现象，存在不愿管、不想管、不敢监管和“看得见，管不着”的问题。另外，有些地方仅把乡镇财政所作为一个报账机构，工作职能停留在支出发放和会计核算上，经常抽调财政所人员参与政府其他工作，如计划生育、驻村包点、维持社会稳定等，使乡镇财政人员工作精力被较大程度分散。三是县级财政监督机构力量不足。目前，临沂市各县区的财政监督机构有三分之一为股级单位，工作人员一般为2～3人，有的甚至没有专职监督人员，对全县范围内的各类财政资金实行日常性、常态化的监督，工作力量远远不够，落实财政资金全过程监管更是力不从心。四是部

分专项资金监管难。上级下达乡镇的各类资金分属财政、民政、水利、教育、计生、农业等多个部门，资金由相关部门直接下拨乡镇，实行县级报账制，项目实施单位只对县级主管部门负责，作为项目实施地的乡镇财政无权过问，资金监管自然流于形式。

（四）各类涉农资金违规违纪现象突出。近年来，随着中央和省、市强农惠农和民生保障力度的不断加大，上级有关部门组织实施的各类检查审计活动力度越来越大，频率越来越高，范围越来越广。从历次财政检查情况看，大部分单位基本能够认真贯彻执行专项资金管理使用规定，做到专款专用，使用效益也不断提高，但也发现了不少的问题，滞留、挤占、挪用财政专项资金的情况时有发生，主要表现在以下方面：一是专项资金项目申报弄虚作假。一些地方虚拟申报项目，对有的项目重复申报、交叉申报，如项目列入小型农田水利专项资金扶持范围后，再以此申报农业综合开发项目，一个项目申报两项专项资金，套取上级资金支持。二是虚假配套资金。个别地方在项目申报中不注重结合实际，随意承诺资金配套，项目争取成功后，对配套资金弄虚作假。如小型农田水利建设项目，有的乡镇通过编造假人名册的方式充当“以劳折资”进行配套。三是项目实施未按规定实行“招标制、监理制、合同制、项目负责制”。作为投资主体，有的项目单位在组织招投标活动中，采取各种不正当手段，明招暗定，虚假招标，有的直接发包或违规分包。四是截留、挪用财政专项资金。主要是公用支出挤占专项资金，虚开发票挪用专项资金，用专项资金弥补单位经费不足等。如有的乡镇卫生院以假病历、假住院套取新型农村合作医疗基金，用于医院设备购置。五是擅自变更项目建设内容。通过报大建小、变更项目建设方案、改变补助标准等形式套取、挪用财政资金。五是管理松懈，损失浪费严重。个别项目管理成本太大，同一项目多个部门管理，造成资金管理成本高；有些项目规模小重复多，投入渠道多，资金分散，难以形成合力，资金使用效益低。六是会计核算不真实、不规范、信息失真。有的单位通过往来科目转移专项资金；有的专项资金未全部纳入专户管理，直接计入其他收入中统收统支；有的原始凭证审核不严格，票据管理不够规范，使用白条入账。这些问题的存在，不仅使财政资金使用效益大打折扣，也造成财务管理混乱，扰乱了财经秩序，一定程度上影响了农村经济的健康发展，引起了社会广泛关注。

（五）乡镇财政干部队伍存在不稳定因素。截至2010年底，临沂市有180个乡镇财政所，财政在职职工2 445人，其中农税征管人员1 877人（除苍山县人员编制归县财政局外，其他县区属乡镇）。随着农村税费改革、零余额账户、乡财县管、部门上划管理等一系列改革后，乡镇财政的组织收入职能趋向弱化，特别是2011年“两税”移交地税部门征管后，乡镇农税征管人员不随业务划入地税部门，由当地政府安置消化，不少农税征管人员一下子变的无所事事，被临时抽调从事其他方面的工作，基本上是乡镇领导安排什么就干什么，职责没有明确，工作没有分工，今后没有目标，工作人员出现消极涣散、思想情绪波动现象。

二、临沂市加强乡镇财政监督的探索

当前，基层财政监督定位不明确、监督不到位、任重力薄，是各地基层财政监督面临的普遍问题。针对这种现状，临沂市财政局按照上级的部署和要求，在不断加强财政资金监管的同时，转变思维，大胆创新，勇于实践，深入调研，积极探索基层财政资金监管的方式方法，形成了设立县财政派驻乡镇财政监督机构的工作思路。2011年，经过充分的分析论证后，在苍山县先行开展了试点，并从中总结经验，逐步在全市推广，力争尽快突破乡镇财政资金监管的瓶颈，实现全过程、近距离财政监督，促进基层财政建设和财政监督的科学、持续发展。

（一）上级关于加强乡镇财政监督有明确的工作要求。2010年3月，财政部制定出台了《关于切实加强乡镇财政资金监管工作的指导意见》（财预〔2010〕33号），意见指出，“随着社会主义新农村建设的推进和公共财政职能的不断加强，国家财政用于乡镇的资金大幅度增加，加强乡镇财政资金管理工作，关系到党的民生政策贯彻落实，关系到广大人民群众的切身利益，关系到统筹城乡发展，意义重大”。同年6月，又出台了《关于切实加强县乡财政监督检查工作的通知》（财监〔2010〕58号），通知指出“县乡基层财政部门直接面向广大农村和农民，处在财政资金管理和政策执行的‘终端’环节，贴近一线、贴近农村、贴近基层、贴近群众，其财政监督水平的高低直接关系财政政策执行效果，直接关系财政资金的安全、规范和有效，必须切实提高县乡基层财政监督能力，充分发挥其就地监督的优势”。财政部在半年内，就乡镇财政监督工作连续两次下发通知，充分说明中央对加强乡镇财政资金监管的重视。省财政厅按照上级通知要求，结合山东省实际，制定了配套的工作方案和实施办法，列入全省财政工作的重要议事日程，并指定分管厅领导具体负责相关工作的推动和督导。由此看来，加强乡镇财政监督成为财政改革管理的重要方向，是大势所趋。

（二）苍山县派驻乡镇财政监督

机构的工作模式。按照“突出重点、统筹兼顾、先行试点、分步实施”的原则，临沂市财政局决定在苍山县试点开展县级财政向乡镇派驻财政监督机构工作，并于2011年12月2日，举行了派驻乡镇财政监督办事处挂牌仪式，成为全国首个设立乡镇财政监督办事处的县。基本工作思路和模式是：一是结合县情、财情、镇情，由苍山县研究制定《关于转变乡镇财政职能加强乡镇财政监督的意见》，确立工作的指导思想和实施方案。二是经过充分论证后，在经济基础好、交通便利的兰陵、卞庄、向城、大仲村、尚岩、磨山等6个中心镇设立财政监督办事处，其中驻兰陵镇财政监督办事处为副科级事业单位。办事处作为县财政的派出机构，人、财、物均归县财政局统一管理，具体负责周边乡镇财政资金的监督管理及检查，每个办事处管辖3个乡镇。三是通过组织竞职演讲、民主评议、党组评议、任前公式，从现有的乡镇农税征管人员中为每个办事处选拔配备了主任1名、副主任1名和工作人员4名。协调各驻地乡镇，为办事处配备了办公场所，县财政局统一购置了计算机、打印机、办公桌椅、文件柜等办公设备。四是赋予相应工作职责。驻乡镇财政监督办事处代表县财政局，具体承担辖区内财政政策执行以及与各级财政有关收支活动的监督检查，组织实施对辖区内各级财政收支和县乡所属企事业单位、农村合作组织等会计信息质量的监督，对涉农资金、各类专项资金以及国有资产收益分配、非税收入管理使用等情况进行监督。

（三）设立乡镇财政监督机构对加强财政监督管理具有积极的促进作用。建立乡镇财政监督办事处，得到了财政部、省财政厅的充分肯定和高度重视，财政部监督局多次调度工作进展情况，省财政厅专门派副巡视员张光月和监督局负责人先后两次赴苍山县现场办公、督导推动。建立派驻乡镇财政监督机构，是加强乡镇财政资金管理的重大突破，对提高财政资金管理水平具有重要意义。一是延伸了财政监督触角，改变了以往县级财政对基层监督“鞭长莫及、力不从心”的状况，实现了财政监督触角向基层的延伸。同时，乡镇财政监督员均从现有的乡镇农税编制人员中择优录用，他们长期在基层一线工作，对镇情、财情和村情、民情非常熟悉，能够直接面向农村、深入基层，“近距离”地做好资金分配、使用、效益评估全程跟踪监督，充分保证了财政资金的安全、高效运行。二是实现了财政监督持续化。设立办事处之前，县级财政对乡镇的监督是“一次性、间隔性”的，下达专项资金之后，才跟进监督措施。而设立乡镇财政监督办事处、配备专职工作人员后，通过健全工作流程、完善规章制度，把财政监督的切入点定格在经济事项的制定和实施过程中，实现了基层财政监督的日常化、常态化、持续化。三是实现了定性监督向定性定量监督相结合的转变。以往对乡镇的财政监督，主要是从资金性质、安排是否合规等方面进行监督，对项目安排标准和资金规模只能按照一般规律下达指标，缺乏科学的分析依据。设立乡镇财政监督机构后，乡镇财政监督机构在做好监督检查工作的同时，可以重点围绕项目开展情况，详细测算资金需求规模、绩效，建立量化指标体系，为上级财政科学安排资金提供参考，实现对财政资金使用方向、规模、绩效的全方位监督。四是从现有的乡镇农税人员中择优选拔办事处工作人员，不但有利于发挥他们贴近基层的优势，还有利于解决乡镇农税人员工作出路，稳定基层财政干部队伍，规范乡镇财政管理，促进财政事业健康发展。

三、加强乡镇财政监督的意见和建议

乡镇财政是财政资金管理和政策执行的“终端”环节，提高乡镇财政监管水平，需要结合工作实际，转变以往的监督管理模式，打破体制机制的制约，建立一种新的监管机制和方式，使乡镇财政资金真正管得严、用得好。尽管苍山县开展派驻乡镇财政监督办事处工作刚刚起步，但其前瞻性好、影响力大、操作性强，而且在各级财政的共同努力和推动下，各项工作正扎实有效的开展，具有很好的推广价值和意义。

（一）以苍山县试点为突破口，在全市推广派驻乡镇财政监督机构试点经验。建议各县区结合本地实际，认真开展调查研究，积极学习借鉴苍山县的做法，开展派驻乡镇财政监督办事处工作。成立的派驻办事处作为县财政局的派出机构，独立于乡镇政府，人员、办公经费归县财政局管理，具体业务接受县财政局指导。代表县财政局实施对辖区内各级财政资金收支及乡镇所属企事业单位、农村合作组织等会计信息质量的监督，对国有资产收益分配、非税收入管理使用情况进行监督。同时，为了便于开展工作，保证驻乡镇财政监督办事处有效行使资金监管职能，建议将县财政局派驻乡镇财政监督办事处设为副科级单位，县区财政监督机构升格为正科级单位，工作人员不对外招聘，重点从现有的乡镇农税征管人员和县区财政局干部职工中公开择优录用、竞聘上岗，避免增加各县区财政供养人员数量和人员经费负担。

（二）加强宣传和信息公开，营造开展乡镇财政监督工作的良好氛围。通过广播、报纸、电视等新闻媒体，广泛宣传加强乡镇财政监督的重要意义，主动接受纪检监察、审计等部门的监督管理，争得社会各界的支持和理解，为开展乡镇财政监督工作创造良好的外部环境。落实信息公开公示的具体措施，做好基础信息的核实、整理、规范，将涉农政策和项目的建设目标、资金规模、标准、使用程序等内容面向社会公开，广泛听取部门单位和群众的意见建议，自觉接受社会各界监督，维护“阳光财政”形象。

（三）理顺县乡财政体制，增强乡镇财政监督的有效性。按照因地制宜、分类指导的原则，完善县乡财政体制，明确“乡财县管”的核心是“监管”，而不是由县财政统收统支，大包大揽，县级财政不能替代乡镇履行财政责任，防止乡镇预算编制、执行和监督管理虚化。针对专项资金多头管理、项目申报弄虚作假等问题，改革现行财政涉农资金拨付方式，在不改变资金所有权、使用权和财务审批权的基础上，实行“一个漏斗向下”的机制，将辖区内单位的所有财政资金，特别是支农惠农、民生资金全部纳入乡镇财政管理，通过财政部门拨付，以便实现乡镇区域内使用的财政资金全部纳入乡镇财政监督范围。

（四）规范工作流程，增强乡镇财政监督的可操作性。进一步梳理乡镇财政业务，制定统一的业务流程，细化工作标准，规范操作程序，增强管理绩效，健全具有基层特色的公共财政制度。建立健全资金使用、监督管理目标责任制，制定一套针对乡镇特点、操作性强的财政资金监管办法，从货币资金、往来款项、固定资金、专项资金、财政预决算管理、会计基础、镇村两级财务管理、内部控制等方面入手，量化分解监督管理的事项和检查方法，达到监督检查工作的日常化、常态化、程序化。结合上级检查审计活动，采取定期和不定期抽查，上下联动和横向联合检查等方式，开展强农惠农政策落实和资金使用情况的监督检查和跟踪问效，及时发现乡镇财政资金监管的不足和薄弱环节，找准工作的着力点。

（五）加强基础建设，增强乡镇财政监督的工作能力。按照上级财政部门的安排部署，加快乡镇财政信息化建设，建立乡镇财政同省、市、县财政直接联系的信息通道，建立乡镇财政基础信息数据库、供养人员信息库、补贴补助资金项目库等，研究建设乡镇财政业务综合管理信息系统，逐步建立起渠道畅通、程序规范、运行高效、数据安全的省、市、县一体化运行机制，增强乡镇财政信息化管理手段，为开展乡镇财政监督提供技术支持。结合工作职责需要，制定实施乡镇财政监督干部培训规划，重点加强法律法规、工作规则、检查方法、监督案例、软件应用、廉政纪律等方面的培训，为做好监督检查工作提供人力保障。结合上级财政支持，按照“简朴、节约、适用”的原则，协调本地党委、政府提供办公场所，通过政府采购为驻各乡镇财政监督机构集中购置办公设备，为开展乡镇财政监督提供工作便利。

（作者为临沂市财政局局长）

论后发展地区科学发展的现实制约与实现条件

战士平

科学发展观是我们党立足社会主义初级阶段基本国情，总结我国发展实践，借鉴国外发展经验，适应新的发展要求提出来的，是对当代中国经济社会发展理念、思路、模式的调整和完善，是对马克思主义和党的三代领导集体关于发展的重要思想的继承和发展。深入贯彻落实科学发展观，对于解决当前我国发展中存在的突出矛盾和问题、实现经济社会又好又快发展具有重大而深远的意义。相对于发达地区而言，后发展地区全面落实科学发展观既是机遇、更是挑战。认真借鉴发达地区经验教训，变先天劣势为后发优势，变消极被动为积极主动，实现在跨越赶超中既好又快的发展，是摆在后发展地区面前的现实而又严峻的课题。

一、贯彻落实科学发展观的极端重要性和紧迫性

改革开放以来，我国经济实力显著增强，社会进步明显加快，群众生活不断提高。但是重速度轻质量、重物质增长轻人的发展、重眼前利益轻长远利益的问题突出，发展中的矛盾日益尖锐。

一是经济快速增长与资源环境代价过大的矛盾。改革开放以来，我国经济以10%左右的速度高速发展，但随着发展的深入，深层次问题开始显现。其中最为突出的是在快速增长中付出的资源、环境代价过大。资料显示，2010年我国GDP占世界GDP的9.5%，但为此消耗的能源占世界的15.8%。主要原因是发展方式粗放。许多地方为了追求高增长，资源遭到无度挥霍。同时，环境受到严重污染。1/3的国土被酸雨污染，主要水系的2/5成为劣五类水，4亿多居民呼吸着严重污染的空气。以上表明，高消耗、高排放、低效率的粗放发展方式没有根本改变。如不尽快转变，虽可换得一时快速增长，但是终归走不好，也走不远！

二是经济快速发展与社会发展相对滞后的矛盾。经济建设与社会建设相辅相成、不可或缺。改革开放最大成果是促进了经济发展，各项事业有了明显进步。但相对经济发展，社会事业明显滞后。调查显示，目前贫困地区患病未就诊的达72%，应住而未住院的达89%，因病致贫的达50%。截至2010年底，全国城镇医保参保4.3亿人，新农保参保1.4亿人，参保率很低。后发展地区由于资金不足，问题更为突出。社会事业的滞后，最严重的危害是群众不能充分享受发展成果，动摇对改革开放的信心。这一矛盾的形成，主要是发展理念问题。如果长期得不到解决，就会严重影响经济社会协调发展，置改革开放于举步维艰境地。

三是物质财富积累与漠视群众利益的矛盾。当前，与物质财富不断增加形成鲜明对比的是，社会公平正义和诚信严重缺失。联系到近年来发生的一些情况不难发现，学习实践科学发展观已经显得尤为紧迫和重要。瓮安、孟连等事件，导致干群关系紧张，损害了党政形象。结石奶粉、瘦肉精等事件，凸显了食品安全问题。再加上不断曝光的安全生产问题，引发了群众不满情绪。出现以上问题的根本原因是部分干部没有把思想观念转到科学发展上来，而是一味追求经济发展，漠视群众切身利益。

以上这些矛盾和问题，发达地区、后发展地区概莫能外，只是程度不同。但相对于发达地区而言，后发展地区因经济实力不强，更难以承受更多的发展失误。因此，全面贯彻落实科学发展观，积极转变发展理念，更为紧迫、更为重要。

二、后发展地区推进科学发展的现实制约

后发展地区的阶段性特征，使其在实践科学发展过程中遇到了一些现实制约。

（一）思想认识不到位。当前，后发展地区对科学发展存在一些认识误区。一是超阶段论。认为只有发达地区才具备科学发展的条件，后发展地区的当务之急是尽快增强经济实力，现在强调科学发展为时尚早。二是自满论。认为后发展地区在资源和环境上有优势，不存在不符合科学发展的问题。三是担心论。担心科学发展强调多了，会影响干部群众发展的积极性。四是吃亏论。认为目前考核机制主要以经济实力论政绩。如果与发达地区一样强调科学发展，经济总量、人民生活上不去，考核起来就会吃亏。

（二）产业层次低、结构不合理。由于长期积累的结构性、机制性矛盾，后发展地区产业结构存在“低、散、弱”问题。比如德州的产业结构，1992年实现了二、一、三的突破，1999年成为二、三、一结构，2010年调整为12.7：54.3：33。虽逐渐向合理方向转化，但与发达地区相比，农业比重大且以传统种植业为主，工业实力弱且以化工、纺织等传统行业为主，三产占比低且以传统商贸流通为主，新兴业态发展慢。况且后发展地区干部群众加快发展的心情迫切，加之受资金、技术、人才等要素制约，这些年上了一些“两高一资”项目，形成了不合理的产业结构。

（三）农村经济发展滞后。后发展地区虽多是传统农业区，但农业发展水平却不高。一是农业经营方式比较落后。多以分散经营为主，产业化、标准化水平较低，农产品生产、加工、流通链条短。二是支撑农业发展的基础条件较差。农村基础设施建设滞后，农田水利设施老化失修、农业科技推广程度较低等问题突出。三是促进农民增收的长效机制尚不健全。这些年中央出台了取消农业税、减轻农民负担等一系列政策，有效减轻了农民负担。但真正从“增”的角度出台的措施没有大的突破，农民收入水平普遍较低。农民是实现科学发展的主体，农村经济得不到充分发展，农民收入不能持续增加，对科学发展的认同就会打折扣。

（四）地方财政实力相对薄弱。一方面，后发展地区经济实力较弱，税收贡献大的产业较少，财政收入比较低。另一方面，近年来国家出台了一系列惠民政策，地方支出逐年增多，收支矛盾异常突出。比如德州，近年财政收入保持20%左右的增长，但民生支出增长更快，年均在30%以上。财政收支缺口随之加大，近三年缺口分别为48.6亿元、59.5亿元、82亿元。财政拮据使后发展地区难以拿出大笔资金用于自主创新、节能减排和发展社会事业，没有足够财力促进科学发展。同时出于保工资、保稳定、保就业的考虑，对一些虽属高耗能、高污染但税收贡献大的企业也难以割舍。也就是说，后发展地区虽有推进科学发展的良好愿望，但是没有充足的财力作保障，一些政策很难落到实处。

（五）资金、土地、人才等要素缺乏。资金方面，从宏观上看，多数流向发达地区；从局部看，主要流向优势产业。后发展地区资金外流问题突出，比如德州近三年新增存贷比分别为50.8%、47.2%、68.8%，资金大量外流，而本地急需资金却难以满足。土地方面，由于国家实行统一的土地政策，后发展地区土地优势难以发挥。人才方面，受经济基础、发展环境和传统观念影响，后发展地区人才总量不足、素质不高、结构不合理、流失严重等问题突出。目前，德州硕士以上学历人员仅5 700人；80%以上的人才集中在教育、卫生、农业领域，经济一线仅占12.3%；近年流失本科和中级以上人才占同期引进人才的40%。令人忧虑的是，生产

要素继续过多地向发达地区聚集，长此以往，势必造成新一轮的区域发展不平衡。

三、后发展地区推进科学发展的对策措施

后发展地区落实科学发展观既极端紧迫，又有诸多制约，必须坚定信心，立足实际，积极创新，以科学发展推动快速发展。

（一）着力转变思想观念。思想是行动的先导。树立符合科学发展观要求的思想观念是推动科学发展的前提。一要加强对科学发展观的学习，牢固确立科学发展观的指导地位。全面深刻把握科学发展观的精神实质和根本要求，主动把科学发展观转化为谋发展的思路、解难题的措施、促发展的办法。二要在解放思想中统一思想，增强落实科学发展观的自觉性和主动性。克服自我满足思想，强化居安思危意识，加快赶超步伐；克服急功近利思想，强化求真务实意识，一步一个脚印地抓发展，避免再走弯路；克服狭隘封闭思想，强化开放创新意识，以宽广的视野定位发展目标，以开放的思维谋求快速发展。三要树立科学的政绩观，强化领导干部科学发展的意识。改变重经济轻社会、重物质轻精神、重当前轻长远的思维定势，建立完善符合科学发展的考评体系，以正确的导向促使广大干部牢固树立科学发展观。

（二）着力转变发展方式。后发展地区转变发展方式，关键是要处理好“好”与“快”的关系。“好”是“快”的前提，“快”是“好”的应有之义。一要大力优化经济结构。加快经济结构战略性调整，提升产业层次水平。发挥农业资源优势，加快调整农业内部结构，发展农产品生产、加工、销售，提高产业化、标准化、规模化水平。改造提升传统产业，培植战略新兴产业，延伸产业链条，促进产业集聚发展。积极发展新业态，培育新热点，拓展新领域，提高三产比重。二要促进节能减排。树立生态文明理念，把节约资源、保护环境放在更加突出的位置。扎实推进重点领域、重点行业的节能工作，降低能耗水平。坚持增量控制、存量削减两手抓，逐步减少污染物排放总量。三要大力推进自主创新。加大科技投入力度，优化科技资源配置，建立和完善科技创新体系，加快科技创新步伐。大力发展高新技术产业，开发一批具有自主知识产权、核心竞争力强的高新技术产品。

（三）坚持不懈地推进改革开放。改革开放是实践科学发展的强大动力。扎实推进财税体制、金融体制、投资体制、行政管理体制等重点领域和关键环节的改革，破除影响和制约科学发展的体制机制问题。注重发挥资源优势和区位优势，加强与发达地区的战略合作，实现产业互补、市场互通、资源共享，在区域经济一体化发展中增强经济实力。特别是紧紧抓住外资内转、东资西进的机遇，积极承接产业转移，着重引进先进技术、管理经验和高素质人才，广借外力加快发展。结合经济外向度低的实际，扩大利用外资规模，优化利用外资结构，不断提升产业层次和水平。

（四）全力促进社会和谐。构建和谐社会是实践科学发展的最终目的，体现了人民群众的共同愿望。一要统筹城乡发展。后发展地区多为城乡二元结构，必须注重城乡统筹，逐步缩小城乡差距。要把规划作为龙头，搞好城镇和农村建设规划，合理安排空间布局。把产业发展作为重点，优化配置城乡要素，实行区域一体开发，实现城乡产业的相互促进。把建设基础设施作为先导，扎实推进路、水、电等基础设施建设，提升农村基础设施建设水平。把统一政策作为关键，建立统一的户籍、就业、教育和社会保障政策体系，推动公共服务均等化。二要努力增加群众收入。关注民生最关键的是增加群众收入。出台鼓励就业、创业优惠政策，放手发展民营经济，提高群众经营性收入。抓好技能培训，提高就业创业能力，增加群众工资性收入。大力发展特色经济和农村二三产业，调整种养结构，增加基础性收入。三要加快发展社会事业。加大教育、卫生、文化等各项社会事业投入力度，解决发展滞后问题。坚持广覆盖、无缝隙，着力构建完善的社会保障体系，让城乡居民共享发展成果。四要形成和谐的人际关系。后发展地区由于改革发展相对滞后，社会利益关系复杂，各种深层次矛盾凸显，必须综合运用各种手段，建立利益协调、诉求表达、矛盾调处和权利保障等机制，协调好各种利益关系，最大限度减少不和谐因素。大力加强社会公德、职业道德、家庭美德、个人品德教育，努力形成文明、健康、诚信、崇尚科学的社会风尚，营造和谐的社会氛围。

综上所述，深入实践科学发展观是实现统筹协调、推进经济社会又好又快发展的必然要求，坚持科学发展是后发展地区改变落后现状、实现后来居上的唯一选择，必须深化对推进科学发展极端重要性的认识，增强紧迫感、责任感，把思想、行动高度统一到科学发展上来；必须找准制约和阻碍本地实现科学发展的突出问题，增强工作的针对性、预见性，把体制性、结构性的矛盾解决好；必须找准自身的发展优势和有利条件，增强信心和决心，找准突破口、提升新优势，使后发优势得到充分发挥。只要认识到位、方向正确、措施得力，后发展地区一定能够在推进科学发展中大有作为。

（作者为德州市财政局局长）

加强文化资产监管　促进文化强市建设

马　骏

党的十七届六中全会，对深化文化体制改革、推动社会主义文化大发展大繁荣作了全面部署。加强国有文化资产管理，既是深化文化体制改革的重要课题，也是盘活国有文化资产，提高文化产业对经济增长贡献率的迫切需要。聊城市具有丰富的历史文化资源，加强国有文化资产监管、促进文化强市建设的一些做法在全省也较具代表性。

一、聊城市国有文化资产监管现状

聊城市是国家级历史文化名城、中国优秀旅游城市，文化底蕴深厚，文化资源丰富，现有文物保护单位400多处，其中国家级9处，省级31处；非物质文化遗产71项；17个文化事业单位，国有资产总额1.45亿元。此外，还有已在国家工商总局注册的价值33亿的“江北水城”这一无形资产品牌。近年来，聊城市积极转变观念，开拓创新，健全和完善国有文化资产管理运营机制，实现了国有文化资产的保值增值。

（一）新建了一批优质文化资产。近年来，聊城市提出了建设富有特色的文化名市的奋斗目标，大力实施文化惠民工程，推进公共服务体系建设。建成了中国第一座运河文化博物馆，为运河文化的研究与宣传搭建了良好平台；建设了中国少儿杂技基地、聊城市京剧团、聊城市豫剧团、傅斯年陈列馆、体育公园等，为丰富城市文化内涵、提高城市文化品位发挥了积极作用；古城开发改造也已初见成效，古城面貌初露端倪，二期工程正在加紧实施。各县市也新建了文化设施，如高唐县先后投资20亿元建成了书画一条街、李苦禅艺术馆、书画研究院等一批精品文化资产；临清市投资1.8亿元新建的文化中心，是集场馆、园林绿化、运河公园等多种景观元素为一体的大型景观建筑群；东阿县建成了由阿胶博物馆、阿胶古方生产线等组成的中国阿胶养生文化苑。可以说，聊城市对国有文化资产的保护、开发成效非常明显。

（二）试行市场化运作模式。一是在文化资产建设方面，在政府整体规划的基础上，实行以商业项目开发带动促进文化项目建设的办法，由城市运营商来开发文化资源。如已建成的体育公园，正在建设的中华水上古城、马颊河生态文化园、聊城市民文化中心等，采取的大多是这种模式。二是在文化资产管理方面，试行将国有文化资产委托企业运营，如体育公园由奥森体育发展公司实行企业化管理和运营，负责产业投资开发；水城明珠大剧场由水城集团负责其日常运营和管理。这种运作模式实现了市场化运作、企业化经营，所有权与使用权、行政权与经营权相分离，盘活了国有文化资产，提高了国有文化资产利用效率。

（三）探索灵活多变的运营保护机制。一是在基础设施建设运营方面，实行面向市场的模式，取得良好的经济效益和社会效益。如体育场馆由房产开发商负责建设，建成后通过举办各种赛事，努力创造经济效益。水城明珠大剧场除节假日承办文艺演出外，还对外租赁场地、接待旅游观光，承担会展、文化体育活动、青少年教育等公益事业及政务接待任务，为丰富群众文化生活，提升城市文化品位，推动聊城旅游和文化事业发展起到了重要作用。二是在文化资产保护方面，重点依托产业发展促进资产保护。如临清依托贡砖制作工艺（非物质文化遗产）成立了生产企业，产品供不应求。2008年起实施的农村公益电影放映工程，全市每年放映7万多场，财政累计补助3 300多万元。部分传统艺术通过企业赞助、举办群众节庆活动等形式得以传承。

（四）以绩效考核确保国有文化资产保值增值。聊城市国资委针对公益性文化企业制定了国有资产保值增值考核办法，与企业法人的绩效工资结合起来，有力地调动了企业自我发展的积极性和主动性。各文化资产管理公司也因地制宜地制定了绩效考核办法，如奥森公司成立了专门的国有资产绩效考核小组，对资产的经营管理情况实行月度考核和年度考核，考核结果直接与员工工资挂钩。水城集团对剧场公司建立了国有文化资产绩效考核制度，根据市场情况和上一年度经济指标完成情况，制定本年度的收入和利润指标，年底进行考核，确保国有资产保值增值。

（五）努力做好文物保护和非物质文化遗产普查保护工作。一是做好文物保护工作，对所有省级以上文物保护单位都制定了保护规划，落实了保护措施。如对光岳楼、临清钞关等古建筑进行了维修；对市博物馆馆藏文物进行了清理、分类、登记，实行了规范化管理；会同山东省文物考古研究所、山东大学对东昌府区土桥闸遗址、西梭堤古遗址、临清陈坟古遗址、丁马庄古遗址进行了考古勘探发掘；制定实施了《大运河申报世界文化遗产聊城段保护规划》。二是编撰了《聊城市非物质文化遗产普查资料汇编》，建立了比较完整的非物质文化遗产名录保护体系。目前，聊城市国家级非遗项目 11 个，省级 26 个，有 5 个县市区被文化部命名为“中国民间艺术之乡”，东阿阿胶被评为国家级非物质遗产生产性示范基地。聊城大学开设了聊城市非物质文化遗产音乐传习所，并积极开展非物质文化遗产进校园、剪纸艺术进课堂、黑陶艺术进课堂等活动。在首届全国非物质文化遗产博览会上，聊城市获得优秀组织奖。

二、国有文化资产管理中存在的主要问题

（一）部分国有文化资产欠账严重。据统计，聊城市级文化事业单位的国有文化资产，43% 是房屋建筑物和土地，交通运输设备占 5%，专用设备占 32%，受经济发展水平、管理手段等影响，除土地房屋外，其他国有文化资产普遍老化。聊城属落后地区，目前仍是“吃饭”财政，自有财力严重不足。特别是近年来，促发展、保民生的压力日益加大，落实上级政策的地方配套、民生工程扩面提标等，都给财政带来很大的支出压力。2010 年仅工资性支出就占一般预算支出的 34.14%，教育、社保、卫生、农业等重点民生支出占一般预算支出的 56.89%，剩下来办事的钱少得可怜。同时，中央和省级对文化的投入远远低于对教育、卫生医疗等方面的投入，一些重要文化资产如光岳楼、山陕会馆、湖滨公园、运河景区等很多设施年久失修，甚至处于报废边缘。非物质文化遗产方面，目前聊城市四级非物质文化遗产数量均在全省居前三位，但中央和省级仅按照 20 万元、5 万元的标准进行补助，这对于非遗大市来说杯水车薪。再如，聊城市杂技团（国家级第一批保护单位）、豫剧团、京剧团属差额事业单位，财政负担人员工资的 70%，其余靠经营收入维持。“十一五”期间，国家仅补助 40 万元，由于资金不足，许多项目传承难以为继。一些传统戏曲、美术等项目也处于灭失边缘。

（二）国有文化资产建设有待加强。近年来，聊城市和各县（市、区）先后建设了一批高质量的文化设施，但是距离文化服务体系的标准还有一定差距。主要表现在：受征地成本等因素影响，城市规划对公共文化考虑不够全面，便民、利民的文化设施不足，有些新建公共文化设施位置偏僻，有些设施建成后不配套，服务能力差；城乡文化差别较大，农村文化活动的种类、数量相对单调。

（三）管理创新能力不足。在文化资产保护中，资金来源渠道单一，过度依赖市级财政投入；在推动经营性文化单位转企改制中，存在将转企改制简单片面地理解为甩包袱、推责任的思想；国有文化资产保护和相关文化产业尤其是旅游业结合度不够。比如，聊城影剧院在 20 世纪 80 年代率先由事业单位改制为企业，起初经营状况良好，是全省乃至全国的改制典型，文化资产保护积极性较高，但由于管理观念落后，目前剧院几近入不敷出，发展的动力、能力明显不足。

（四）文化资产开发利用不够。聊城市文化资源丰富，但开发利用不够，粗放经营，同质类、低层次竞争严重，文化资产附加值没有开发出来，文化品牌建设有待深化提升。有自主知识产权和核心竞争力的文化产品少，依托品牌形成的文化产业规模比较小，品牌文化的建设或包装不够，品牌衍生产品少，产业链不完整，影响带动力弱，综合效益小。比如，虽然“江北水城·运河古都”品牌在全国有了一定知名度，但由于缺乏相应的品牌化开发，严重阻碍了这些文化资产品牌价值的发挥。再如，东昌府区的葫芦雕刻是国家级非物质文化遗产，东昌府区被授予国家葫芦雕刻之乡，但葫芦雕刻产品大多停留在初级阶段，多数产品以十二生肖为主，雕刻技术粗糙，经济效益低下，开发利用明显不够。

三、加强国有文化资产监管的对策和建议

（一）充分认识加强国有资产管理的重要性和紧迫性。加强和改进国有文化资产管理，既是深化文化体制改革面临的重要课题，也是盘活国有文化资产，充分发挥国有资本在文化领域的主导作用，提高文化产业对经济增长贡献率的迫切需要，而且对于建设文化强省、强市具有重要意义。我们要从践行科学发展观、加强党的执政能力建设、创新党对意识形态工作的领导方式、加强和改进文化领域宏观管理的高度，进一步统一思想、提高认识，切实做好国有文化资产管理工作。

（二）进一步明晰监管责任。2007 年 9 月，财政部与中宣部、文化部、广电总局、新闻出版总署下发的《关于在文化体制改革中加强国有文化资产管理的通知》指出，“财政部门要切实履行对国有文化资产的监管职责。文化行政主管部门在党委宣传部门的指导下，按照部门职责对所属企事业单位的国有文化资产实施具体管理”，“财政部门、文化行政主管部门和党委宣传部门等要加强沟通和协调，共同做好国有文化资产管理工作”，但在实际工作中各部门职能难以界定清楚。随着《中共中央关于深化文化体制改革推动社会主义文化大发展大繁荣若干重大问题的决定》出

台，应进一步明晰监管责任。一是要明确产权归属，尤其应明确经营性国有文化资产的产籍；二是明晰经营权限、保护责任，努力建立资产管理与预算管理相结合、推进资产管理与绩效评价相对接、国有资产保值增值效果明显的监管机制。

（三）进一步加大对落后地区文化的投入。目前，国家对西部地区的文化投入比例是100%，而山东属于东部地区，无法享受优惠政策。但是聊城又属于经济欠发达地区，导致政策出现夹层，各种优惠政策均享受不到。建议在本级财政加大文化投入力度、努力提高资金使用效益的同时，由省里通盘考虑对落后地区加大文化事业扶持力度。一是体制上倾斜调整。通过“转、补、减、贴”等方式，加大对落后地区转移支付力度，以有效地缓解落后地区财力困难情况，促进落后地区文化事业发展。二是减少配套比例。近几年出台的促进社会事业发展政策较多，往往需要市县财政配套，就聊城而言，现有财力保障压力较大。建议上级在确定各类项目资金配套比例时，对各市实行区别对待，允许落后市少配套。三是资金上加大投入力度，逐步提高文化投入占财政支出的比重，资金安排上重点向落后市倾斜，建议安排专项资金用于支持历史名城文化基础设施建设，确保国有文化资产得到应有的保护和发展。四是对文化欠账进行清理。建议上级出台相应的清理补偿政策，支持优秀国有文化资产保护和建设，争取在这轮文化大发展中，缩小省内东西部差距。

（四）文化体制改革中应注重国有文化资产的保值增值。国有文化事业单位改革必然涉及国有资产管理事项，建议对国有文化企业开展投融资活动、发生分立、合并、增减资本等重大事项，文化事业单位改革、改制过程中涉及的土地管理等问题，尽快制定明确的政策依据。科学界定文化单位性质和功能，分层次、分类别实施有针对性的扶持政策，加快文化体制机制改革创新，稳步推进文化事业单位改革，最大限度的减少国有文化资产的流失。

（五）大力发展文化产业园区。实践证明，文化园区建设是效果较好的文化资产保护与开发利用形式。一方面，应尽快出台一些明确的文化产业园区、文化产业示范基地的评审标准和管理办法，围绕现有国有文化资产做大文化产业，实现快速增值保值。另一方面，注重培植文化主导品牌，通过设立文化发展专项资金、拓宽投融资渠道、采取贷款贴息、补贴和奖励等多种方式，结合聊城市优势文化资产，实施品牌带动战略，培植特色文化园区，进一步增强核心竞争力，加快推动文化产业发展，有效促进优秀国有文化资产保值增值。

（作者为聊城市财政局局长）

关于滨州可持续财政发展的思考

王　力

近些年，滨州市经济和社会事业快速发展，财政收入保持较快增长，财政保障能力不断增强，但财政收支矛盾问题依然十分突出，迫切需要围绕财政可持续发展加快推进财政管理改革与创新。

一、分税制改革以来财政发展基本情况

财政是政府全面履行职能的重要物质基础。由于社会经济不同发展阶段财政发挥的作用和职能不同，分税制改革以来，滨州市财政发展也呈现出阶段性特点。

（一）分税制财政体制确立阶段（1994～2000年）。1994年，我国实行了分税制财政体制，明确了中央、省、市的收入分配关系和事权范围，财政发展步入了规范化发展道路，奠定了公共财政制度体系的发展基础。

——地方财政收入保持较快增长，但政府可支配收入来源比较单一。分税制的确立，规范了财政收入分配秩序，为经济发展创造了良好的分配环境，也充分调动了各级加快发展、培植财源积极性。这一时期，与经济持续稳定增长相适应，全市地方财政收入保持较快增长，2000年全市地方财政收入完成11.07亿元，是1994年的4.14倍，年均增长26.8%，地方财政收入也是政府收入最主要的来源。

——财政支出责任单一，主要是保工资、保运转，低标准运转、低水平维持。分税制改革以后，虽然财政收入有所增加，财政状况有所好转，但基础差、底子薄，属于典型的“吃饭财政”，难以支持社会经济事业的发展。

——财政面临的首要困难与任务：不断增强财政保障能力，保工资、保稳定、保运转。加强财源建设、预算外资金管理改革、国有企业改革等收入领域的改革成为这一时期财政管理改革的重点。

（二）财政公共支出迅速扩张阶段（2001～2010年）。亚洲金融危机后，各地在新一轮经济快速增长期，

城市开发步伐明显加快，政府公共建设投资需求陡然急增，公共财政改革加快推进，政府融资、经营城市等成为重要理财手段。

——地方财政收入继续稳定增长，财政实力进一步增强。随着全市工业化进程的加快，魏桥纺织、滨化集团等一批骨干支柱财源迅速膨胀崛起，支撑了地方财政收入快速增长，2010 年全市地方财政收入完成 104 亿元，是 2001 年的 7.4 倍，年均增长 24.9%。但受 2008 年金融危机的持续影响，后期地方财政收入增幅开始大幅回落。

——财政承担更加繁重的任务，保障和改善民生、促进经济和社会事业协调发展、加大城市和基础设施投入，财政支出呈刚性增长。随着财政实力的不断壮大，财政支出由偏向经济建设领域转向注重民生事业，陆续出台了一系列惠及民生的支出政策，民生支出列在财政支出的第一序位。2011 年全市一般预算支出完成 201 亿元，其中教育、社保、医疗、农业等重点民生支出达到 113 亿元，占 56%。同时，转变经济发展方式、改善城乡居住生活环境等也需要财政提供强有力的支持。

——财政面临的首要困难与任务：调整优化支出结构，筹集资金保民生、保重点项目、保基本建设。财政一般预算新增财力主要用于保障和改善民生，为解决资金建设不足的矛盾，政府融资、经营土地等理财手段应运而生。

二、今后一个时期财政形势的基本判断

随着全市经济社会发展的阶段性特征变化，新时期、新形势下，财政发展也面临一些新情况、新问题。

（一）地方财政收入将步入平稳增长期。分税制改革以来，全市地方财政收入之所以保持快速增长，主要经济运行大环境较好，全市经济保持了持续、快速、健康发展的良好势头，我市也由传统农业经济快速向工业经济转型，工业化带动了地方财政收入的快速增长。而今后一个时期，从经济运行看，后危机时代全球经济增长模式将出现深度调整，传统经济发展模式难以为继，经济增长的复杂性、不确定性增加。从财政收入看，随着全市收入基数扩大、非税收入拉动作用减弱、国家结构性减税让利政策影响，地方财政收入将稳步回落至一个平稳的增长区间。从聚财手段看，以政府贷款、土地出让筹集建设资金的模式不可持续，增加政府统筹财力的提升空间明显受到制约。

（二）公共财政支出将进入加速膨胀期。一方面，国家将继续密集出台民生政策，现有民生政策也会逐步提标扩面，民生保障支出压力持续加大。另一方面，滨州市是传统的农业市，社会事业发展水平较低，社会事业建设面临新课题，就业、教育、医疗、住房、社会保障、收入分配等问题，以及公共服务供求矛盾成为社会关注的焦点。

（三）财政运行矛盾将进入持续积聚期。滨州市现在正处于发展方式的重要转型期、加快发展的重要机遇期和社会建设的重要推进期，方方面面都需要财政强有力的支持，财政收支矛盾的问题将更加突出。一是产业结构单一、发展层次偏低、自主创新能力差、中小企业成长慢等问题，都需要财政的大力扶持和积极引导。二是基础设施落后仍然是黄三角洲高效生态经济区和山东半岛蓝色经济区开发建设的最大制约因素，加快港口、铁路、公路基础设施建设，财政筹融资压力非常大。三是全市社会基本公共服务设施投入明显不足、历史欠账较多，近几年民生工程、市政重点工程和城市建设的投入力度不断加大，但因建设资金不足导致了工程欠账多、新建项目资金不到位、在建工程推动慢、完成项目维护难等问题。四是财政运行潜在的风险较大，全市政府性债务规模比较大，且呈不断膨胀趋势，今后几年又将进入相对集中的还款期，财政面临较大的风险和压力。

（四）财政管理改革将进入重要攻坚期。“十二五”期间，财税体制改革将全面进入“深水区”，新一轮的税制改革、财政体制改革即将启动；完善公共财政管理框架制度体系，财政管理改革加快向纵深推进；进一步更新理财观念，加快理财方式转变，切实发挥好财政职能作用。

今后一个时期，财政改革与发展的形势复杂严峻，但也面临许多难得的机遇和有利条件。从基础看，黄河三角洲高效生态经济区和山东半岛蓝色经济相继上升为国家战略，“两区”开发建设在我市叠加，带来了千载难逢的发展机遇，全市经济能够保持较快、健康的增长态势。从管理看，公共财政管理框架已基本确立，财政管理的精细化、科学化程度明显提高。从发展看，建立可持续财政的理念已基本树立，经营城市、经营财政的现代理财手段不断健全，并积累了成功的经验，在改革与发展过程中，财政部门应对风险的能力明显增强。因此，今后一个时期财政工作的总体要求是：围绕一个中心，构建两个体系，实现三大目标，即围绕可持续财政这一中心，积极构建科学化、规范化的公共财政体系和多元化、市场化的经营财政体系，努力实现保障民生、促进发展、社会进步的目标。

三、可持续财政发展之路

财政是政府全面履行职能的重要物质基础，也是宏观管理的重要手段，必须坚持“跳出财政看财政”，站在经济和社会发展的全局去研究生财、聚财、管财、用财问题。要坚持“科学慎为”，适应变化的形势需要，切实解决财政包揽范围过宽问题，以

建立符合实情、比较完整、覆盖城乡、可持续的基本公共体系为目标，不断提高财政科学化、精细化管理水平，提高财政资金使用效益，提高公共资源和公共服务质量。要坚持“积极作为”，以构建内容丰富、手段丰富的经营财政体系为目标，统筹各类政府资源，充分发挥财政政策、财政资金的杠杆作用，在市场经济中敢为、作为、有为，不断提高政府统筹调控能力，实现可持续发展为目标，构建地方财政多点支撑体系。

（一）建设公共财政，完善以科学化、制度化、标准化、信息化、程序化为标志的预算管理体系

——科学化，就是要以科学发展观为统领，科学理财、民主理财、依法理财。科学化的基本要求是：重点突出保障有力（保民生、保运转、保重点，特别是围绕“广覆盖、保基本、多层次、可持续”的目标，建立和完善民生保障体系）、有法可依运作规范（把财政管理的每个环节都纳入法制化轨道）、科学决策注重绩效（制定科学的支出决策程序，提高资金使用效益）、民主公开阳光透明（推进民主理财，提高财政公信力，保障社会公众的知情权、参与权和表达权）、发展创新锐意进取（坚持与时俱进，更新理财观念、改革理财方法、提高理财水平），最终实现可持续财政发展目标。

——制度化，就是把财政科学化的内在要求细化为指导财政工作实践的具体规章制度。当前，公共财政管理的框架体系已经比较完整，涵盖了“收入—分配—支付—监督”财政资金运作的全过程。但是，由于改革刚刚起步、制度刚刚建立，执行的效果与制度设计目标还有相当大的差距，或者说改革并没有完全到位，必须进一步完善配套管理制度。一是进一步完善收入征管制度。继续深化“收支两条线”改革，规范非税收入征缴行为，探索非税收入财政直接征管办法，加强财政专户资金管理。二是进一步完善资金分配制度。加快构建政府财力综合运筹机制，完善部门预算管理制度，强化预算分配的源头作用，切实提高资金分配的科学性、准确性。三是进一步完善预算执行制度。以集中支付、政府采购、公务卡管理为基本手段，加强预算执行的主动控制，加强预算执行的全程监督，加强预算执行的信息反馈，建立健全科学合理、运转规范、安全高效的预算执行工作机制。四是进一步完善财政监督制度。积极改进监督方法、强化监督手段，加强财政资金事前、事中、事后的全过程监管。加强预算执行监督，充分发挥人大、监察、审计在财政资金管理中的监督作用。稳步推进预算公开，增强财政管理的透明度，主动接受社会各界的监督。

——标准化，就是建立完善财政支出标准体系，扎实推进预算精细化管理。要制定更加科学准确的财政资金分配标准，提高预算编制的科学性。在基本支出管理方面，建立规范的基本支出保障机制，既要建立稳定的个人收入增长机制，又要进一步完善基本支出定员定额标准体系，公平合理核定部门支出。在项目支出管理方面，建立规范的项目支出分配办法，以定性分析为基础，着重引入资金分配公式法、因素法等办法，减少财政资金分配过程中的人为因素。在基础管理方面，深入推进预算编制与行政事业单位资产管理有机结合，制定行政事业单位资产配置和更新标准。

——信息化，就是加快推进金财工程应用支撑平台建设，为财政科学化、精细化管理奠定基础。财政管理是一项科学严谨、环环相扣、十分复杂的系统工程，信息量大、时效性强、标准要求高，必须依靠强大的信息平台作支撑。要大力推进财政管理信息化建设，按照一体化建设要求，加快建设基于同一应用支撑平台的业务超标准统一、操作功能完善、网络安全可靠、应用扩展性强、涵盖所有财政资金和管理，能够辐射预算单位的财政管理信息系统。

——程序化，就是建立规范的预算绩效管理工作流程，健全预算绩效管理运行机制。程序化管理既是财政法治化的具体表现形式，也是公共财政管理的内在要求。一是完善结构优化、分工合理的制衡协作工作机制。按照相互分离、相互支持、相互制约的原则，进一步优化财政业务工作关系，保证财政资金的透明度和公共财政意愿的实现，促进公开、公平、公正。二是完善流程简洁、运转高效的执行顺畅工作机制。在科学分工的基础上，在信息化的支持下，最大限度的缩短业务流程，明确岗位职责和工作要求，切实提高工作效率。三是完善权责统一、评价科学的监督管理工作机制。建立目标量化考核奖惩机制，增强各方面、各环节的工作责任心、压力感，充分调动方方面面的主动性、积极性。

（二）建设经营财政，形成经常性收入、资源性收入、资本性收入、融资性收入多点支撑的收入体系

——牢牢把国有资源及其他政府可控资源抓在手上，经营放大资源收益。土地、海域、资产等国有资源是能够衍生财富的财富，可以带来持久性收益。最近，滨州市被批准为未利用土地开发试点市，为黄河三角洲高效生态区开发建设注入活力。一是坚持港口带动，按照建设深水大港的目标，加大港口基础设施投入力度，带动北部未利用土地开发。二是坚持统筹规划，在优先保证生态保护用地的基础上，对未利用土地进行科学开发规划，制定未来土地开发应用的宏伟蓝图。三是坚持政府主导，对未利用土地进行集中储备，或授权国有企业进行储备开发。四是坚持市场运作，

广泛吸引金融资本、产业资本、市场基金和社会投资参加未利用土地的成片开发、规模经营，把滨州市建设成为全国重要的后备土地资源开发区和未利用地开发实验区。五是坚持循环发展，充分挖掘未利用土地开发成“熟”转换为土地指标、可用耕地、建设用地后三方面的价值，循环开发投入，对未利用土地进行二次开发，促进土地高效利用和生态环境改善，把“不毛之地”变成适合投资兴业、适合人类居住、适合城市发展的热土。同时，针对海域、行政事业资产、大型城市公共资产、政府投资路桥等资产、资源的不同特点，采取不同方式、方法进行经营，确保资产、资源收益。

——*充分运用市场化手段，放大国有资本收益*。改进财政资金支持经济发展方式，变“一拨了之”为资本投放或风险投资方式，积聚国有资本实力，实现支持经济发展和经营资本的双重收益。一是建立风险投资机制，引入竞争机制，明确扶持重点，把支持企业发展的有限财力以风险投资、资本入股的方式投入符合国家产业政策、发展前景好、利税水平高的项目，增加政府的资本性收益。二是把培养、吸引、集聚、沉淀创业人才作为经营财政的重要内容，建立多层次的人才创业基地，以风险投资的方式，为创业人才搭建发展平台。三是创新财政支持企业发展方式，充分发挥财政间歇资金的流动性优势，筹集过桥资金阶段性参股科技创新型中小企业，既支持中小企业发展，缓解中小企业融资难问题，又放大了财政资金的时间价值。

——*完善政府投融资管理体系，扩大政府投融资能力*。建立适应经济社会发展需要的政府投融资体系，是解决投资需求与投资供给之间矛盾的重要举措，是增加政府可支配财力的重要途径。一是要做大做强政府融资平台。通过整合现有融资平台、增加货币资金注入、国有资产授权注入等方式，巧用资本，整合资源，做大融资平台的净资产规模，强化平台融资能力，拓宽融资渠道，扩大融资规模。二是要完善市场化运作机制。坚持“政府不负债、市场化运作、企业化管理”的经营原则，实行借、用、还一体化管理，以整合的国有资源为依托融通资金，用国有资源的经营收益还本付息，逐步形成“投资—盘活—再投资”的滚动投融资机制。三是要完善政府投融资的监管机制。对建立健全项目规划、立项、预算、招投标、监理、竣工验收、决算审查等各个方面的监督管理体制，确保政府投融资资金安全、合理、有效使用。要合理控制融资规模，科学安排融资结构，加强动态管理，切实做到“借得来、用得好、还得上”，防范财政风险，维护政府信誉。

——*积极支持转方式、调结构、增财源，促进经常性财政收入稳定增长*。要做好“四两拨千金”的文章，创新资金使用方式，放大资金使用效果。一是强化财政资金的引导作用。紧紧围绕“一产调优、二产调强、三产调大”，大力支持产业结构调整，多渠道筹措、建立财源建设资金，对示范性广、带动力强、效益好的财源建设项目进行择优扶持，推动传统产业优化升级。二是充分发挥金融在财源建设投入中的核心作用，以金融为手段、以市场为平台，切实加大对重点财源项目的信贷支持。创新财政与金融协调运作机制，充分利用财政贴息、奖励等方式，调动金融机构支持地方经济发展和财源建设的积极性。三是广泛吸引社会投资，以促进产业优化升级、提高项目税收贡献率为导向，激活民间投资，鼓励民间资本以并购、参股、控股等多种方式，进入基础产业、基础设施、文化产业、金融服务等领域，大力扶持企业上市，增强企业资本市场融资能力。

——*注重经常性收入、资源性收入、资本性收入、融资性收入的搭配使用，保障经济和社会事业持续、健康、协调发展*。公共财政保运转、经营财政保建设，是政府资金安排的基本思路。但是由于经常性收入和各类经营性收入都有各自的发展特点，受经济环境、市场因素、政府支出的影响也不同，在保障和支持经济社会事业发展方面，所起的作用也不同。因此，要建立公共财政、经营财政的协调运行机制，两者相互补充、相互协调，共同为滨州市经济和社会事业持续、协调、健康发展提供强有力的支持。

（作者为滨州市财政局局长）

菏泽市地方财政可持续发展问题研究

赵传山

一、菏泽财政发展现状

近年来，在“工业立市”思路指导下，菏泽市实施工业化、城镇化双轮驱动战略，大力发展“五大基地一大产业”，经济发展驶上了快车道，财政收入也实现了快速增长。“十一五”时期，全市财政总收入累计完成459.77亿元，年均增长28.44%。“十一五”时期，全市地方财政收入累计完成267.9亿元，比“十五”时期增收188.1亿元。2010年达到84.7亿元，是2005年的4倍，五年翻两番，总量在全省排名前移3位，年均增长29.58%，增幅列全省第1位。2010年税收收入占财政收入比重达到80.96%，比2005年增加11.3个百分点。

“十一五”时期，全市财政支出累计完成608.4亿元，比“十五”时期增加431.9亿元。2010年达到187亿元，是2005年的3.7倍，年均增长29.96%。全市教育、医疗卫生、社会保障支出累计完成133.7亿元、51.6亿元、93.4亿元，分别是“十五”时期的3.5倍、6.5倍、27倍。各项民生社会事业全面进步，公共服务保障水平大幅提高。

与此同时，菏泽市县域经济持续发展，财政实力显著增强。“十一五”时期，全市县区地方财政收入累计完成228.6亿元，比“十五”时期增收164.2亿元。2010年达到73.5亿元，是2005年的4.4倍，年均增长34.47%。2005年，全市只有3个县区财政收入超过2亿元，到2010年，有3个县区超过8亿元，3个超过10亿元。2008年以来，县区财政收入在全省排名位次不断前移，特别是巨野、单县和开发区分别前移32位、23位、21位。

二、菏泽财政可持续发展存在的问题

近几年，虽然菏泽得到快速健康发展，目前经济财政发展中不平衡、不协调、不可持续的问题依然突出，短期问题和长期问题交织，结构性问题和体制性问题并存，财政可持续发展面临不少矛盾和困难。

*（一）经济发展整体落后，支持经济可持续发展能力不足。*财政收入的增长是与其经济发展的总体水平相适应的，在税制相对稳定的情况下，一定的经济规模就直接决定了财政收入的规模。从菏泽市总体情况来看，近几年来，财政收入的高速增长也是与经济发展的高速增长相同步的，而且财政收入的增长要快于经济发展的总体速度。但是从总体来说，菏泽经济发展和财政收入仍然处于较低的水平。近几年，虽然菏泽市经济得到快速健康发展，但由于基础差、底子薄、工业化起步晚，GDP无论是总量还是人均占有，都非常靠后。2010年，地区生产总值1 151亿元、仅占全省的2.9%；全市人均财力仅有5.7万元，比全省人均财力低4.9万元。

*（二）经济结构失衡，经济发展对财政收入增长贡献率较小。*发达地区的发展经验证明，二、三产业的发展可以更好地发挥经济带动效应，带动经济的整体发展和财政增收。从菏泽实际看，农业大而不强、工业产业层次低、服务业发展滞后等结构性矛盾十分突出。与全省平均水平相比，菏泽市二、三产业在规模、结构、水平等方面还存在一些不足。2010年，全市二、三产业增加值占GDP的比重为80.88%，低于全省平均水平10.01个百分点。其中规模以上工业实现增加值240亿元，占GDP的比重为20.85%；服务业实现增加值333亿元，占GDP的比重为28.9%。二、三产业发展落后，产业结构长期停留在低附加、低效益和低增长的状态上。反映到财政上，既形成了菏泽经济增长对财政实际贡献绝对量上的差距，又导致了财政收入结构不良，进而影响财政发展的持续性。

*（三）财政收支矛盾突出，保持财政收支平衡困难。*目前，菏泽财政面临诸多减收与增支因素，收支矛盾非常突出，实现收支平衡压力巨大。收入方面。一是地方财政超常规高速增长难以持续。菏泽地方财政收入GDP增长的高弹性，较好反映出这一特征（见表1）。2004～2010年，菏泽平均水平为2.03，7个年度中3年小于2，4年大于2。总体水平大于2，这意味着地方财政的增长能力，不是构建在适度规模基础上，而是存在超现实、超可能地汲取。财政收入增长速度长期高于经济发展速度，客观上不利于宏观经济运行，长期来看不具有稳定性，影响地方财政的可持续发展。二是政策性减收因素较多。国家先后实施增值税转型改革、提高出口退税率、清理和取消多项行政性收费项目等，导致了财政减收。“十二五”期间，国家还将提高个人所得税起征点，扩大增值税征收范围，逐步取消营业税，地方财政收入将因此受到重大影响。三是地方小税种增收潜力有限。随着税收征管手段不断丰富，小税种增收潜力已经充分挖掘。比如城镇土地使用税，由于国家土地政策限制，大规模改变土地用途的可能性不复存在，增收潜力有限。四是中小企业运转出现困难。为缓解通胀压力，中央不断上调金融机构存款准备金率和存贷款利率，逐步收紧银根，在抑制通货膨胀的同时，也为企业融资造成了很大困难。菏泽境内多为中小企业，随着银行收紧银根，企业融资困难明显加大，对企业正常运转和项目投资建设带来直接影响。

支出方面。一是地方财政自给率较低。通过2004～2010年财政自给率进行分析（见图1），可以看出，与2004年相比，2010年菏泽财政自给率并未明显提高，菏泽财政收入对财政支出的贡献能力仍处于低水平状态。地方财力的55%来自上级财政的税收返还、财力性转移支付和专项转移支付，这说明在财政收入总量高速增长的情况下，菏泽地方财政对上级财政的依赖度实际上在不断提高。二是政策性增支因素刚性增长。随着经济社会发展和公共财政建设推进，社会事业和民生支出表现出较强的支出刚性。据统计，2010年，全市财政用于“三农”支出增长63.8%；教育支出增长40.4%；社会保障和就业支出增长36.3%；医疗卫生支出增长45.3%。“十二五”期间，财政支持民

表 1　　2004～2010 年菏泽市地方财政“相对”增长情况

年份	GDP 总量（亿元）	GDP 增幅（%）	地方财政收入（亿元）	地方财政收入增幅（%）	地方财政收入 GDP 增长弹性
2004	365.0	17.1	17.2	31.36	1.83
2005	450.7	17.2	21.2	36.4	2.12
2006	537.7	17.1	30.03	41.96	2.45
2007	659.9	17.1	42.1	40.2	2.35
2008	821.8	15.6	50.48	19.88	1.27
2009	953.6	14.3	60.57	19.98	1.4
2010	1 151.6	14.3	84.7	39.8	2.78
平均	—	—	—	—	2.03

资料来源：根据《山东省财政年鉴》和《菏泽年鉴（历年）》等计算所得。

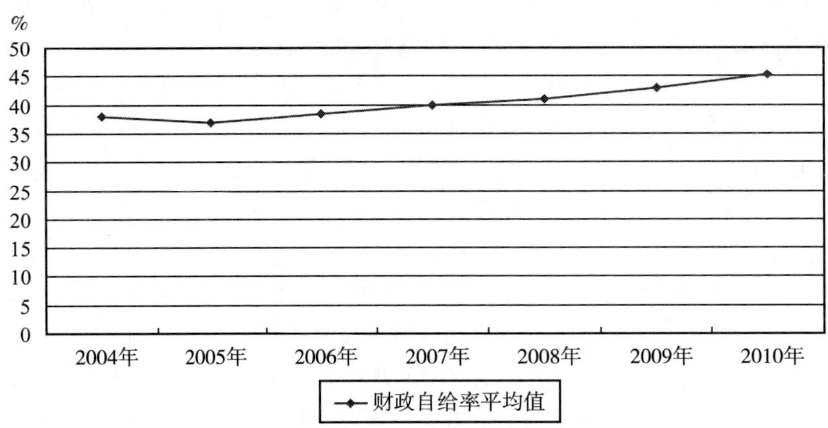

图 1　财政自给率变化分析

资料来源：2004～2009 年数据根据《山东财政年鉴》（1995～2010）数据整理计算得出，2010 年数据根据菏泽市 2010 年财政决算报告计算得出。

生力度将越来越大，支出项目越来越多，对地方配套的要求也越来越高，财政收支矛盾仍然非常突出。

（四）政府债务规模膨胀，信用风险增大。据债务决算统计，2008 年底菏泽市各县区政府债务总额（包括直接债务和担保债务）达到 46.4 亿元，其中县本级债务为 27 亿元，债务总量是县级当年地方财政收入的 1.52 倍。乡镇级政府债务为 19.4 亿元，占乡镇当年地方财政收入的 77.6%。2008 年底以来，为应对国际金融危机影响，中央实施积极的财政政策，菏泽绝大部分的扩大内需项目地方配套资金是依靠贷款解决，全市新增政府债务近 15 亿元。地方财政增长的负债化现象，导致基层财政运行捉襟见肘、步履艰难，严重制约了地方经济社会的可持续发展。

三、地方财政持续性发展的思路和措施

财政可持续发展既是实现经济可持续发展的重要表现，也是实现经济可持续发展的基础保障。要实现财政可持续发展，就要高度重视经济发展与财政增收相协调的问题，使财政收入的增长与当前的经济发展水平相适应，与产业结构实现可持续升级发展的方向相适应。具体到地方财政，就要兼顾当前与长远，处理好财政增长与经济发展、产业结构调整的关系，加快推进体制机制创新，努力消除影响地方财政可持续发展的各种不利因素，保持合理的经济发展和财政收入增长速度，实现财政收入由数量增长型向质量增长型的转变。

（一）优先发展“五大基地一大产业”，努力培植和壮大骨干财源。骨干财源集中代表了一个地方的发展水平、经济质量和竞争优势，要把做大做强骨干企业作为跨越发展的紧迫任务，科学谋划、强力推进。一是抓好大项目建设。立足菏泽实际，精心搞好项目策划论证，储备一批符合国家产业政策、符合节能环保要求的高端项目，尽最大努力争取国家和省高级别立项。提高招商引资水平，加强对世界 500 强、国内 500 强等优势企业的研究，争取他们来菏投资对产业发展具有重大带动能力的大项目、好项目，加快构建以石油化工、煤电化工、精细化工为主体的现代产业体

系，使其真正成为支撑菏泽经济发展和财政收入的重要战略支点。二是做大做强骨干企业。骨干企业和产业集群是地方经济发展的龙头，也是招商引资的重要载体。继续落实好政府出台的支持60户重点工业企业和50户商贸物流企业发展的有关政策，及时足额兑现企业奖励政策，鼓励企业加大资金投入，迅速膨胀规模。加大对煤炭生产企业的奖励力度，促进煤炭生产企业达产生效。切实做好煤炭资源转换文章，拉长煤电化工产业链条。安排企业上市专项扶持资金，积极开展企业上市培训工作，力争更多的企业上市融资或进入上市程序。三是努力解决企业融资难题。完善财政投融资机制，充分发挥财政资金的导向作用，引导商业银行将资金投向重点发展的产业。建立中小企业银行贷款风险补偿机制，对中小企业贷款年增长较多的金融机构，按照新增贷款的一定比例给予风险补偿。创新投融资机制，规范发展政府融资平台，引导银行、企业、社会等各方面共同加大投入，尽快形成多元化、常态化的投融资保障机制。加强财政与金融的协调配合，进一步创新财政投入方式，综合运用贷款贴息、融资担保、财政补贴、以奖代补等手段，把财政投入与市场机制有机结合，引导信贷资金和社会资金支持重点产业。

（二）*加快调整经济结构，着力培植壮大新兴财源*。低层次的产业结构意味着粗放式的经济发展方式，高耗能、高投入的发展方式已经被证明是难以可持续的，实现产业升级和经济发展方式的转变已经成为发展的共识。一是加快发展服务业。加大服务业引导资金的倾斜力度，加快服务业载体建设；加大项目策划、招商和建设力度，促进房地产业健康发展；大力培育重点商贸物流园区，加快发展现代物流业；依托“一城四乡一生态”旅游品牌，重点开发建设一批带动能力强、效益贡献高的综合性文化旅游服务业项目，大力培育文化旅游产业。二是发展战略性新兴产业。战略性新兴产业是推动新一轮经济增长的重要引擎，也是财源增长的潜力所在。要充分利用中央、省鼓励发展新兴产业发展机遇，通过贴息、补助、奖励等方式，着力支持新信息、新医药、新能源、新材料等新兴产业发展，鼓励企业拉长产业链条，加快膨胀步伐、迅速做大做强。认真落实国家有关新能源先征后返、即征即退、减半征收等税收优惠政策，按规定积极落实上网电价补贴政策，促进新能源产业尽快发展壮大，形成规模效益。三是推进企业技术创新。围绕传统产业技术改造和战略性新兴产业培育，加快用高新技术改造提升传统产业。筹备专项财政资金，集中实施一批重大科技专项，突出抓好一批重点产学研合作项目和重大自主创新项目的实施。积极引导企业用好增值税转型改革机遇，加大技改投入力度，运用信息技术和高新技术改造传统产业，不断推动传统产业优化升级。整合科技创新资金、企业发展资金等，形成资金优势，重点用于企业的技术进步。通过财政补贴、奖励等方式，鼓励创新型企业的发展，提高科技企业的自主研发水平，做好企业与科研院所技术合作的引导工作，加快科技成果的转化速度。

（三）*强化收入征管，深挖增长潜力*。一是注重涵养税源。严格执行国家结构性减税清费政策，坚持“依法治税、应收尽收、坚决不收过头税、坚决防止和制止越权减免税”的原则，对有关职能部门的收费项目和收费标准进行全面清理，该废止的收费项目要废止，能降低收费标准的要降低标准，切实减轻企业负担。二是加大对偷逃税款的打击处理力度。建立税收征管责任制，完善奖惩措施，杜绝漏征漏管，确保大税不丢，小税不漏。加强对重点企业、重点行业和新兴领域税源调研和监管，建立合理的税控和监督机制，打击偷税、漏税、抗税等各种经济犯罪行为。三是推行税务公开制度。建立税源动态监控体系，对税收征管的每一个环节和企业纳税情况能公开的都要进行公开。加强税务部门与其他政府部门之间信息共享机制，对跨地区经营企业，要对其原材料、投入产出、销售价格、销售去向等经营情况进行重点监控，防范其利用关联企业避逃税款。四是严格“收支两条线”管理。强化行政事业性收费、罚没收入和土地出让收入、国有资产经营收益的管理，严禁各种挤占挪用、截留坐支等违规行为。对国有资产盘活存量，激活增量，防止国有资产流失，实现保值增值。

（四）*加强乡镇财政建设，着力化解乡镇财政风险*。突出乡镇财政的主体地位，调动乡镇政府发展经济、培植财源、增收创收的积极性。建立有效的压债消赤奖惩激励机制，大力压缩乡镇财政债务规模，逐年消化乡镇财政隐性赤字。一是建立政府债务预决算制度。建议把政府债务纳入财政预决算，通过编制地方政府债务预算，将政府债务收支纳入预算管理。在编制年度本级财政预算草案和年度财政决算报告的同时，编制年度政府债务收支预决算，上报各级人大审议批复，切实加大对政府举债行为的约束。二是认真落实偿债准备金制度。按照政府债务余额的一定比例，通过财政预算内拨款、土地有偿使用收入、国有资产收益、经营城市收益等多渠道筹措资金，落实偿债准备金，设立专户管理、单独核算，确保专款专用。三是完善考核奖惩制度。在各级的年度科学发展综合考核中，不仅要考核经济社会目标完成情况，也要对政府债务情况进行检查、考核。建立健全新增债务责任追究和领导干部离任债务审计制度，对违反规定发生新增债务的，严格追究主要负责人责任。

四、增强地方财政可持续发展能力的政策选择

1. 加速推进税制改革。我国现行的税收制度，大体延续1994年的制度框架，虽然经历了近年来的两税合一、个税起征点变动、增值税转型等项改革，但流转税、间接税的主体地位没有改变。这种税制结构，适应了组织财政收入的需要，特别是确保了中央财政收入的稳定增长。地方税制的先天不足和逐年萎缩，伤害了地方政府的财源基础，迫使地方政府纷纷在土地、资源、环境上做文章，不惜代价招商引资，不计代价地扶持土地财政，大规模房地产开发，造成了不规范竞争、产业趋同、消费不振。因此，建议上级研究制定科学合理的房产税制，将房产税作为地方政府一项长期稳定的收入。加快资源税改革试点步伐，在资源税改革试点的基础上，适时向资源型城市推开，充分调动地方资源保护的积极性，促进资源的合理开发和有效利用。

2. 合理调整财政分配体制。造成地方财政困难问题的制度性问题，在于财权与事权的不匹配。解决这一问题不是要对分税制进行抛弃，而是要进一步完善分税体制。基层政府的财权小、事权大，是造成政府债务风险的重要原因。根据财政部要求，2012年底要全面实行财政“省管县”改革。建议上级以这次改革为契机，进一步完善现行财政体制，科学调整省和市以下财政分配体制，不断健全财权与事权相匹配的体制，切实增加财政困难县的可用财力，从根本上提高基层政府的财政保障能力和防范债务风险能力。同时，建立完善的县级基本财力保障机制，提高地方政府特别是基层政府提供公共服务的能力。

3. 建立科学合理的转移支付制度。转移支付的作用在于实现基本公共服务的均等化，平衡地区间财力差距。由于地方财政困难，在目前民生政策越来越多、标准越来越高的情况下，菏泽新增财力主要用于民生政策配套，很难拿出资金为干部群众增加收入，与省内其他地市收入差距不断拉大，上级财政应增加工资性转移支付，使菏泽市的工资水平逐步达到全省平均工资标准。同时，近年来上级出台的民生政策越来越多，要求地方配套的资金数额越来越大，菏泽财政难以承担。上级财政应增加对菏泽农业、社保、教育、科技、文化、卫生等法定支出的转移支付，减少配套资金的比例和数额。一方面在制定各项惠民政策时，尽量不要求困难县予以配套，或者继续降低配套比例。另一方面，对“上级出政策，下级出资金”造成的各类政策性债务，上级财政应借鉴农村义务教育债务化解办法，出台奖补政策，逐步予以消化。同时，对于解决地方金融风险专项借款形成的财政性债务，上级财政予以豁免，减轻县乡政府还债压力。

（作者为菏泽市财政局局长）

第六部分

财政统计资料

2011年度山东省一般预算收支决算总表

单位：万元

预算科目	调整预算数	决算数	预算科目	调整预算数	决算数
一、税收收入	25 141 909	26 031 329	一、一般公共服务	6 424 209	6 184 774
增值税	4 333 192	4 138 174	二、外交	15	
营业税	7 399 812	7 657 247	三、国防	230 704	151 273
企业所得税	3 512 501	3 985 551	四、公共安全	2 919 512	2 746 937
企业所得税退税	-217	-2 556	五、教育	10 860 993	10 478 987
个人所得税	918 551	965 805	六、科学技术	1 133 904	1 086 163
资源税	367 353	383 606	七、文化体育与传媒	1 076 322	915 667
固定资产投资方向调节税			八、社会保障和就业	5 316 345	5 015 394
城市维护建设税	1 661 498	1 796 032	九、医疗卫生	3 792 162	3 603 575
房产税	748 069	740 189	十、节能环保	1 484 446	1 139 493
印花税	404 218	411 070	十一、城乡社区事务	4 461 908	4 016 987
城镇土地使用税	1 612 976	1 584 572	十二、农林水事务	6 257 409	5 640 015
土地增值税	886 839	1 056 698	十三、交通运输	3 228 503	2 949 121
车船税	277 773	297 216	十四、资源勘探电力信息等事务	1 994 417	1 844 073
耕地占用税	927 068	973 730	十五、商业服务业等事务	1 398 037	1 193 414
契税	2 073 606	2 024 810	十六、金融监管等事务支出	222 798	211 651
烟叶税	18 670	19 177	十七、地震灾后恢复重建支出	6 204	5 207
其他税收收入		8	十八、国土资源气象等事务	1 284 966	681 528
二、非税收入	7 055 641	8 527 938	十九、住房保障支出	735 481	675 558
专项收入	1 232 285	1 307 950	二十、粮油物资管理事务	362 310	335 380
行政事业性收费收入	2 563 614	2 788 242	二十一、储备事务支出	23 672	22 375
罚没收入	771 349	1 041 924	二十二、预备费	29 610	
国有资本经营收入	909 370	1 000 009	二十三、国债还本付息支出	323 759	321 292
国有资源（资产）有偿使用收入	1 105 925	1 888 520	二十四、其他支出	2 489 511	801 837
其他收入	473 098	501 293			
本年收入合计	32 197 550	34 559 267	本年支出合计	56 057 197	50 020 701

续表

预算科目	决算数	预算科目	决算数
本年收入合计	34 559 267	本年支出合计	50 020 701
上级补助收入	17 179 131	上解上级支出	639 892
返还性收入	4 176 255	一般性转移支付	586 290
增值税和消费税税收返还收入	2 055 630	体制上解支出	250 253
所得税基数返还收入	693 925	出口退税专项上解支出	336 037
成品油价格和税费改革税收返还收入	1 426 700	成品油价格和税费改革专项上解支出	
其他税收返还收入		专项转移支付	53 602
一般性转移支付收入	5 817 549	专项上解支出	53 602
体制补助收入	15 862	计划单列市上解省支出	
均衡性转移支付收入	1 671 000		
民族地区转移支付补助收入			
调整工资转移支付补助收入	418 484		
农村税费改革转移支付收入	629 006		
县级基本财力保障机制奖补资金收入	496 481		
结算补助收入	9 654		
化解债务补助收入			
资源枯竭型城市转移支付补助收入	73 400		
企业事业单位划转补助收入	151 955		
成品油价格和税费改革转移支付补助收入	443 500		
工商部门停征两费转移支付收入	49 174		
一般公共服务转移支付收入			
公共安全转移支付收入	166 855		
教育转移支付收入	424 499		
社会保障和就业转移支付收入	498 729		
医疗卫生转移支付收入	432 471		
农林水转移支付收入	114 855		
产粮（油）大县奖励资金收入	110 346		
其他一般性转移支付收入	111 278		
专项转移支付收入	7 185 327		
地震灾后恢复重建补助收入			
省补助计划单列市收入			
财政部代理发行地方政府债券收入	730 000	财政部代理发行地方政府债券还本	
转贷财政部代理发行地方政府债券收入		转贷财政部代理发行地方政府债券支出	
		增设预算周转金	7 416
国债转贷收入		拨付国债转贷资金数	3 347
国债转贷资金上年结余	4 717	国债转贷资金结余	1 370
国债转贷转补助			
上年结余	4 220 581		
调入预算稳定调节基金		安排预算稳定调节基金	160 500
调入资金	422 206	调出资金	191 356
1. 政府性基金调入	160 834	年终结余	6 091 320
2. 国有资本经营预算调入		其中：本级	880 282
3. 财政专户管理资金调入	147 166	减：结转下年的支出	
4. 其他调入	114 206	其中：本级	878 262
地震灾后恢复重建调入资金		净结余	54 824
预算稳定调节基金调入		其中：本级	2 020
收入总计	57 115 902	支出总计	57 115 902

2011 年度山东省一般预算收入决算明细表

单位：万元

预算科目	决算数
税收收入	26 031 329
增值税	4 138 174
国内增值税	4 138 174
国有企业增值税	458 673
集体企业增值税	57 376
股份制企业增值税	1 866 153
联营企业增值税	1 379
港澳台和外商投资企业增值税	666 041
私营企业增值税	731 796
其他增值税	105 074
增值税税款滞纳金、罚款收入	10 937
福利企业增值税退税	-28 487
软件集成电路增值税退税	-8 235
三线搬迁增值税退税	
民贸企业增值税退税	
宣传文化单位增值税退税	-554
森工综合利用增值税退税	-2 707
其他增值税退税	-59 233
免抵调增增值税	417 737
成品油价格和税费改革增值税划出	-77 776
营业税	7 657 247
金融保险业营业税（地方）	1 321 688
交强险营业税	40 492
其他金融保险业营业税（地方）	1 281 196
一般营业税	6 322 667
营业税税款滞纳金、罚款收入	12 944
营业税退税	-52
企业所得税	3 985 551
国有冶金工业所得税	1 338
国有有色金属工业所得税	2
国有煤炭工业所得税	44 689
国有电力工业所得税	430
国有石油和化学工业所得税	13 110
国有机械工业所得税	131
国有汽车工业所得税	1 713
国有核工业所得税	
国有航空工业所得税	61
国有航天工业所得税	
国有电子工业所得税	300
国有兵器工业所得税	
国有船舶工业所得税	2
国有建筑材料工业所得税	22
国有烟草企业所得税	32 070
国有纺织企业所得税	13
国有铁道企业所得税	1 129
其他国有铁道企业所得税	1 129

续表

预算科目	决算数
国有交通企业所得税	3 795
国有民航企业所得税	734
国有外贸企业所得税	465
国有银行所得税	
其他国有银行所得税	
国有非银行金融企业所得税	9
其他国有非银行金融企业所得税	9
国有保险企业所得税	8
国有文教企业所得税	2 497
国有电影企业所得税	5
国有出版企业所得税	1 474
其他国有文教企业所得税	1 018
国有水产企业所得税	575
国有森林工业企业所得税	
国有电信企业所得税	3
国有农垦企业所得税	
其他国有企业所得税	205 397
集体企业所得税	134 594
股份制企业所得税	1 701 446
其他股份制企业所得税	1 701 446
联营企业所得税	1 174
港澳台和外商投资企业所得税	801 747
其他港澳台和外商投资企业所得税	801 747
私营企业所得税	471 876
其他企业所得税	29 213
分支机构预缴所得税	167 348
国有企业分支机构预缴所得税	15 713
股份制企业分支机构预缴所得税	92 417
港澳台和外商投资企业分支机构预缴所得税	55 799
其他企业分支机构预缴所得税	3 419
总机构预缴所得税	233 446
国有企业总机构预缴所得税	3 289
股份制企业总机构预缴所得税	146 903
港澳台和外商投资企业总机构预缴所得税	78 750
其他企业总机构预缴所得税	4 504
跨市县分支机构预缴所得税	58 915
国有企业分支机构预缴所得税	1 370
股份制企业分支机构预缴所得税	8 759
港澳台和外商投资企业分支机构预缴所得税	48 651
其他企业分支机构预缴所得税	135
跨市县总机构预缴所得税	52 588
国有企业总机构预缴所得税	3 404
股份制企业总机构预缴所得税	32 585
港澳台和外商投资企业总机构预缴所得税	13 667
其他企业总机构预缴所得税	2 932
跨市县总机构汇算清缴所得税	6 323
国有企业总机构汇算清缴所得税	1 031

续表

预算科目	决算数
股份制企业总机构汇算清缴所得税	2 272
港澳台和外商投资企业总机构汇算清缴所得税	2 861
其他企业总机构汇算清缴所得税	159
企业所得税税款滞纳金、罚款、加收利息收入	18 388
内资企业所得税税款滞纳金、罚款、加收利息收入	15 973
港澳台和外商投资企业所得税税款滞纳金、罚款、加收利息收入	2 415
企业所得税退税	-2 556
国有冶金工业所得税退税	
国有有色金属工业所得税退税	
国有煤炭工业所得税退税	-2 556
国有电力工业所得税退税	
国有石油和化学工业所得税退税	
国有机械工业所得税退税	
国有汽车工业所得税退税	
国有核工业所得税退税	
国有航空工业所得税退税	
国有航天工业所得税退税	
国有电子工业所得税退税	
国有兵器工业所得税退税	
国有船舶工业所得税退税	
国有建筑材料工业所得税退税	
国有烟草企业所得税退税	
国有纺织企业所得税退税	
国有铁道企业所得税退税	
国有交通企业所得税退税	
国有民航企业所得税退税	
国有外贸企业所得税退税	
国有银行所得税退税	
其他国有银行所得税退税	
国有非银行金融企业所得税退税	
其他国有非银行金融企业所得税退税	
国有保险企业所得税退税	
国有文教企业所得税退税	
国有电影企业所得税退税	
国有出版企业所得税退税	
其他国有文教企业所得税退税	
国有水产企业所得税退税	
国有森林工业企业所得税退税	
国有电信企业所得税退税	
其他国有企业所得税退税	
集体企业所得税退税	
股份制企业所得税退税	
其他股份制企业所得税退税	
联营企业所得税退税	
私营企业所得税退税	
跨省市总分机构企业所得税退税	
国有跨省市总分机构企业所得税退税	

续表

预算科目	决算数
股份制跨省市总分机构企业所得税退税	
港澳台和外商投资跨省市总分机构企业所得税退税	
其他跨省市总分机构企业所得税退税	
跨市县总分机构企业所得税退税	
国有跨市县总分机构企业所得税退税	
股份制跨市县总分机构企业所得税退税	
港澳台和外商投资跨市县总分机构企业所得税退税	
其他跨市县总分机构企业所得税退税	
其他企业所得税退税	
个人所得税（款）	965 805
个人所得税（项）	964 271
储蓄存款利息所得税	3 731
其他个人所得税	960 540
个人所得税税款滞纳金、罚款收入	1 534
资源税	383 606
其他资源税	382 838
资源税税款滞纳金、罚款收入	768
固定资产投资方向调节税	
国有企业固定资产投资方向调节税	
集体企业固定资产投资方向调节税	
股份制企业固定资产投资方向调节税	
联营企业固定资产投资方向调节税	
港澳台和外商投资企业固定资产投资方向调节税	
私营企业固定资产投资方向调节税	
其他固定资产投资方向调节税	
固定资产投资方向调节税税款滞纳金、罚款收入	
城市维护建设税	1 796 032
国有企业城市维护建设税	258 513
集体企业城市维护建设税	42 021
股份制企业城市维护建设税	1 000 912
联营企业城市维护建设税	581
港澳台和外商投资企业城市维护建设税	238 180
私营企业城市维护建设税	268 292
其他企业城市维护建设税	134 712
城市维护建设税税款滞纳金、罚款收入	2 262
成品油价格和税费改革城市维护建设税划出	-149 441
房产税	740 189
国有企业房产税	69 798
集体企业房产税	42 827
股份制企业房产税	318 628
联营企业房产税	585
港澳台和外商投资企业房产税	118 891
私营企业房产税	98 941
其他房产税	85 360
房产税税款滞纳金、罚款收入	5 159
印花税	411 070
证券交易印花税（项）	

续表

预算科目	决算数
证券交易印花税（目）	
证券交易印花税退库	
其他印花税	408 495
印花税税款滞纳金、罚款收入	2 575
城镇土地使用税	1 584 572
国有企业城镇土地使用税	151 311
集体企业城镇土地使用税	57 332
股份制企业城镇土地使用税	754 838
联营企业城镇土地使用税	1 240
私营企业城镇土地使用税	308 420
港澳台和外商投资企业城镇土地使用税	148 812
其他城镇土地使用税	140 353
城镇土地使用税税款滞纳金、罚款收入	22 266
土地增值税	1 056 698
国有企业土地增值税	45 218
集体企业土地增值税	22 682
股份制企业土地增值税	609 700
联营企业土地增值税	642
港澳台和外商投资企业土地增值税	107 344
私营企业土地增值税	225 980
其他土地增值税	42 192
土地增值税税款滞纳金、罚款收入	2 940
车船税（款）	297 216
车船税（项）	297 091
车船税税款滞纳金、罚款收入	125
耕地占用税（款）	973 730
耕地占用税（项）	973 158
耕地占用税退税	
耕地占用税税款滞纳金、罚款收入	572
契税（款）	2 024 810
契税（项）	2 022 728
契税税款滞纳金、罚款收入	2 082
烟叶税（款）	19 177
烟叶税（项）	19 177
烟叶税税款滞纳金、罚款收入	
其他税收收入	8
非税收入	8 527 938
专项收入	1 307 950
排污费收入（项）	140 653
排污费收入（目）	140 653
海洋工程排污费收入	
水资源费收入	126 835
三峡电站水资源费收入	
其他水资源费收入	126 835
教育费附加收入（项）	792 225
教育费附加收入（目）	857 246
成品油价格和税费改革教育费附加收入划出	-65 021

续表

预算科目	决算数
教育费附加滞纳金、罚款收入	
场外核应急准备收入	807
草原植被恢复费收入	
矿产资源专项收入	235 131
矿产资源补偿费收入	95 198
探矿权、采矿权使用费收入	2 928
探矿权、采矿权价款收入	137 005
其他专项收入（项）	12 299
广告收入	3 536
其他专项收入（目）	8 763
行政事业性收费收入	2 788 242
公安行政事业性收费收入	300 348
外国人签证费	592
外国人证件费	338
公民出入境证件费	14 519
中国国籍申请手续费	
口岸以外边防检查监护费	
往来港澳小型船舶查验簿收费	
户籍管理证件工本费	3 617
居民身份证工本费	12 723
机动车号牌工本费	50 278
机动车行驶证工本费	2 913
机动车登记证书工本费	1 417
机动车抵押登记费	1 314
机动车安全技术检验费	24 957
驾驶证工本费	21 282
驾驶许可考试费	150 442
临时入境机动车号牌和行驶工本费	
临时机动车驾驶证工本费	
其他缴入国库的公安行政事业性收费	15 956
法院行政事业性收费收入	107 614
诉讼费	102 307
其他缴入国库的法院行政事业性收费	5 307
司法行政事业性收费收入	13 328
外国律师事务所办事处申请手续费	
外国律师事务所办事处年检费	
公证费	12 579
司法考试考务费	625
其他缴入国库的司法行政事业性收费	124
外交行政事业性收费收入	889
护照费	265
认证费	147
签证费	477
驻外使领馆公证翻译费	
代发电报收费	
其他缴入国库的外交行政事业性收费	
工商行政事业性收费收入	36 779

续表

预算科目	决算数
企业注册登记费	29 269
个体工商户注册登记费	1 774
商标注册收费	4
其他缴入国库的工商行政事业性收费	5 732
商贸行政事业性收费收入	8 067
证书工本费	
其他缴入国库的商贸行政事业性收费	8 067
财政行政事业性收费收入	12 889
证书工本费	4 239
考试考务费	3 902
其他缴入国库的财政行政事业性收费	4 748
税务行政事业性收费收入	16 897
税务发票工本费	16 897
税务登记证工本费	
其他缴入国库的税务行政事业性收费	
审计行政事业性收费收入	12
考试考务费	12
其他缴入国库的审计行政事业性收费	
人口和计划生育行政事业性收费收入	261 575
社会抚养费	255 589
其他缴入国库的人口和计划生育行政事业性收费	5 986
外专局行政事业性收费收入	
出国培训备选人员外语考务费、考试费	
其他缴入国库的外专局行政事业性收费	
保密行政事业性收费收入	
保密证表包装材料费	
其他缴入国库的保密行政事业性收费	
质量监督检验检疫行政事业性收费收入	153 150
客运索道运营审查检验和定期检验费	
压力管道安装审查检验和定期检验费	952
压力管道元件制造审查检验费	86
特种劳动防护用品检验费	12
一般劳动防护用品检验费	
棉花监督检验费	2
锅炉、压力容器检验费	23 547
考试考务费	
工业产品生产许可证收费	1 250
计量收费	42 099
组织机构代码证书收费	4 257
特种设备检验检测费	12 576
产品质量监督检验费	54 421
其他缴入国库的质检行政事业性收费	13 948
出版行政事业性收费收入	173
计算机软件著作权登记费	
其他缴入国库的出版行政事业性收费	173
安全生产行政事业性收费收入	136
其他缴入国库的安全生产行政事业性收费	136

续表

预算科目	决算数
档案行政事业性收费收入	3 059
档案收费	3 044
科学技术档案信息资源收费	
其他缴入国库的档案行政事业性收费	15
贸促会行政事业性收费收入	49
ATA 单证册收费	8
其他缴入国库的贸促会行政事业性收费	41
宗教行政事业性收费收入	
其他缴入国库的宗教行政事业性收费	
人防办行政事业性收费收入	223 443
防空地下室易地建设费	221 955
其他缴入国库的人防办行政事业性收费	1 488
文化行政事业性收费收入	12 350
摄影师预备资格考试费	
其他缴入国库的文化行政事业性收费	12 350
教育行政事业性收费收入	34 591
中小学阅读图书评审费	
教师资格考试费	834
普通话水平测试费	986
其他缴入国库的教育行政事业性收费	32 771
科技行政事业性收费收入	110
其他缴入国库的科技行政事业性收费	110
体育行政事业性收费收入	33
运动员或运动团体注册费	
俱乐部运动员转会手续费	
段位考评认定费	
比赛报名费	
兴奋剂检测费	
体育特殊专业招生考务费	
其他缴入国库的体育行政事业性收费	33
发展与改革（物价）行政事业性收费收入	10 000
非刑事案件财物价格鉴定费	407
其他缴入国库的发展与改革（物价）行政事业性收费	9 593
统计行政事业性收费收入	48
统计专业技术资格考试考务费	20
统计人员岗位培训费	27
其他缴入国库的统计行政事业性收费	1
国土资源行政事业性收费收入	330 062
石油（天然气）勘查、开采登记费	
矿产资源勘查登记费	4
采矿登记收费	31
土地复垦费	13 199
土地闲置费	8 420
土地登记费	6 614
征（土）地管理费	77 578
耕地开垦费	191 452
地质成果资料费	271

续表

预算科目	决算数
土地评估师考试考务费	33
其他缴入国库的国土资源行政事业性收费	32 460
建设行政事业性收费收入	354 478
房屋所有权登记费	24 879
城市房屋安全鉴定费	3 177
城市排水设施有偿使用费	712
城市道路占用挖掘费	16 342
白蚁防治费	2 485
考试考务费	
城市污水处理费	131 648
其他缴入国库的建设行政事业性收费	175 235
知识产权行政事业性收费收入	170
专利收费	151
专利代理人资格考试报名考务费	19
集成电路布图设计保护收费	
其他缴入国库的知识产权行政事业性收费	
环保行政事业性收费收入	7 642
核安全技术审评费	
化学品进口登记费	
城市放射性废物送贮费	303
环境监测服务费	6 563
其他缴入国库的环保行政事业性收费	776
旅游行政事业性收费收入	542
入境签证费	
星级标牌工本费	
导游人员资格考试费和等级考核费	22
其他缴入国库的旅游行政事业性收费	520
海洋行政事业性收费收入	863
海洋废弃物收费	7
其他缴入国库的海洋行政事业性收费	856
测绘行政事业性收费收入	1 466
测绘成果成图资料收费	896
测绘产品质量监督检验费	246
测绘仪器检测收费	279
其他缴入国库的测绘行政事业性收费	45
交通运输行政事业性收费收入	36 550
证书工本费	
考试考务费	27
船舶电信业务岸台费	
船舶登记费	105
船舶证明签证费	
船舶申请安全检查复查费	13
油污水化验费	
海事调解费	
浮油回收费	
海岸电台无线电电报电话费	
特种船舶和水上水下工程护航费	

续表

预算科目	决算数
船舶及船用产品设施检验费	3 011
其他缴入国库的交通运输行政事业性收费	33 394
工业和信息产业行政事业性收费收入	7 548
无线电设备检测费	137
考试考务费	
烟草制品及原辅材料检验费	
其他缴入国库的工业和信息产业行政事业性收费	7 411
农业行政事业性收费收入	29 374
国内植物检疫费	386
畜禽及畜禽产品检疫费	10 005
水生野生动物资源保护费	93
农药登记费	
新兽药审批费	
生产审批费	77
已生产兽药品种注册登记费	
农机监理费	4 857
渔业资源增殖保护费	5 045
渔业船舶登记或变更登记费	199
海洋渔业船舶船员考试费	60
农机产品测试检验费	1 064
新饲料添加剂质量复核检验费	179
进口饲料添加剂质量复核检验费	95
饲料及饲料添加剂委托检验费	199
进口兽药质量标准复核检验费	
进口兽药检验费	
出口兽药检验费	
新兽药质量复核检验费	
兽药委托检验费	1 380
农作物委托检验费	76
海事调解费	
渔业船舶和船用产品检验费	2 665
档案保管费	
工人技术等级考核或职业技能鉴定费	55
农药实验费	210
执业兽医资格考试考务费	82
其他缴入国库的农业行政事业性收费	2 647
林业行政事业性收费收入	16 109
森林植物检疫费	8 107
绿化费	7 138
陆生野生动物资源保护管理费	48
林权勘测费	
林权证收费	
其他缴入国库的林业行政事业性收费收入	816
水利行政事业性收费收入	133 891
河道采砂管理费	4 230
河道工程修建维护管理费	105 743
水土流失防治费	518

续表

预算科目	决算数
水土保持设施补偿费	7 871
长江河道砂石资源费	
考试考务费	
灌溉水源灌排工程补偿费收入	206
其他缴入国库的水利行政事业性收费	15 323
卫生行政事业性收费收入	81 570
卫生监测费	4 959
卫生质量检验费	2 129
预防性体检费	7 368
预防接种劳务费	11 288
委托性卫生防疫服务费	1 496
疫情处理费	
医疗事故鉴定费	121
考试考务费	2 071
预防接种异常反应鉴定费	
GMP 认证费	210
GSP 认证费	1 263
已生产药品登记费	
生产药典、标准品种审批费	2
新药审批费	74
中药品种保护费	2
药品检验费	1 068
医疗器械、制药机械检验费	3 155
其他缴入国库的卫生行政事业性收费	46 364
民政行政事业性收费收入	33 725
婚姻登记证书工本费	1 497
收养登记费	40
学费	
殡葬收费	27 500
其他缴入国库的民政行政事业性收费	4 688
人力资源和社会保障行政事业性收费收入	46 630
职业技能鉴定费	6 953
人才流动中心收费	10 768
考试考务费	7 276
其他缴入国库的人力资源和社会保障行政事业性收费	21 633
仲裁委行政事业性收费收入	3 052
仲裁收费	3 052
其他缴入国库的仲裁委行政事业性收费	
编办行政事业性收费收入	
其他缴入国库的编办行政事业性收费	
党校行政事业性收费收入	5
其他缴入国库的党校行政事业性收费	5
监察行政事业性收费收入	6
其他缴入国库的监察行政事业性收费	6
外文局行政事业性收费收入	
翻译专业资格（水平）考试考务费	
其他缴入国库的外文局行政事业性收费	

续表

预算科目	决算数
国资委行政事业性收费收入	6
考试考务费	
其他缴入国库的国资委行政事业性收费	6
其他行政事业性收费收入	509 013
其他缴入国库的行政事业性收费	509 013
罚没收入	1 041 924
一般罚没收入	1 041 098
公安罚没收入	307 355
检察院罚没收入	38 937
法院罚没收入	27 035
工商罚没收入	64 388
新闻出版罚没收入	288
技术监督罚没收入	26 689
税务部门罚没收入	2 959
海关罚没收入	2 183
食品药品监督罚没收入	5 668
卫生罚没收入	1 788
检验检疫罚没收入	602
证监会罚没收入	
保监会罚没收入	
交通罚没收入	75 907
铁道罚没收入	
审计罚没收入	4 702
渔政罚没收入	18 154
交强险罚没收入	
物价罚没收入	22 066
其他一般罚没收入	442 377
缉毒罚没收入	826
罚没收入退库	
国有资本经营收入	1 000 009
润收入	170 286
金融企业利润收入	200
其他企业利润收入	170 086
股利、股息收入	30 890
金融业公司股利、股息收入	490
其他股利、股息收入	30 400
产权转让收入	371 187
其他产权转让收入	371 187
国有资本经营收入退库	
国有企业计划亏损补贴	-17 369
工业企业计划亏损补贴	-170
农业企业计划亏损补贴	
其他国有企业计划亏损补贴	-17 199
其他国有资本经营收入	445 015
国有资源（资产）有偿使用收入	1 888 520
海域使用金收入	77 399
地方海域使用金收入	77 399

续表

预算科目	决算数
场地和矿区使用费收入	20
陆上石油矿区使用费	
中央和地方合资合作企业场地使用费收入	
地方合资合作企业场地使用费收入	6
港澳台和外商独资企业场地使用费收入	14
专项储备物资销售收入	
利息收入	156 398
国库存款利息收入	60 716
财政专户存款利息收入	16 814
有价证券利息收入	
其他利息收入	78 868
非经营性国有资产收入	419 219
行政单位国有资产出租、出借收入	28 607
行政单位国有资产处置收入	64 831
事业单位国有资产处置收入	188 464
其他非经营性国有资产收入	137 317
出租车经营权有偿出让和转让收入	140
无居民海岛使用金收入	
地方无居民海岛使用金收入	
其他国有资源（资产）有偿使用收入	1 235 344
其他收入（款）	501 293
捐赠收入	336 194
国外捐赠收入	9
国内捐赠收入	335 829
汶川地震捐赠收入	356
主管部门集中收入	6 675
乡镇自筹和统筹收入	13 315
基本建设收入	906
差别电价收入	433
成品油价格和税费改革清退补缴收入	
其他收入（项）	143 770
本年收入合计	34 559 267

2011 年度山东省一般预算支出决算功能分类明细表

单位：万元

预算科目	决算数
一般公共服务	6 184 774
人大事务	124 179
行政运行	83 135
一般行政管理事务	15 576
机关服务	537
人大会议	11 228
人大立法	204
人大监督	380
代表培训	431
代表工作	2 334
人大信访工作	69
事业运行	273
其他人大事务支出	10 012
政协事务	104 698
行政运行	56 641
一般行政管理事务	13 467
机关服务	438
政协会议	7 612
委员视察	1 409
参政议政	860
事业运行	482
其他政协事务支出	23 789
政府办公厅（室）及相关机构事务	2 110 912
行政运行	1 410 729
一般行政管理事务	282 137
机关服务	65 834
专项服务	5 059
专项业务活动	31 020
政务公开审批	8 731
法制建设	4 331
信访事务	9 412
参事事务	61
事业运行	46 770
其他政府办公厅（室）及相关机构事务支出	246 828
发展与改革事务	161 966
行政运行	81 962
一般行政管理事务	17 066
机关服务	505
战略规划与实施	2 562
日常经济运行调节	550
社会事业发展规划	815
经济体制改革研究	286
物价管理	22 021
事业运行	9 019

续表

预算科目	决算数
其他发展与改革事务支出	27 180
统计信息事务	59 336
行政运行	34 101
一般行政管理事务	2 781
机关服务	64
信息事务	2 221
专项统计业务	3 147
统计管理	830
专项普查活动	7 386
统计抽样调查	2 331
事业运行	4 807
其他统计信息事务支出	1 668
财政事务	278 711
行政运行	137 406
一般行政管理事务	25 834
机关服务	1 164
预算编制业务	509
财政国库业务	6 645
财政监察	847
信息化建设	5 097
财政委托业务支出	3 447
事业运行	25 448
其他财政事务支出	72 314
税收事务	463 101
行政运行	114 202
一般行政管理事务	89 372
机关服务	339
税务办案	5 316
税务登记证及发票管理	14 921
代扣代收代征税款手续费	59 541
税务宣传	2 433
协税护税	34 155
信息化建设	8 659
事业运行	920
其他税收事务支出	133 243
审计事务	64 498
行政运行	44 121
一般行政管理事务	3 663
机关服务	120
审计业务	11 358
审计管理	136

续表

预算科目	决算数
信息化建设	218
事业运行	2 202
其他审计事务支出	2 680
海关事务	2 914
行政运行	
一般行政管理事务	166
机关服务	
收费业务	
缉私办案	1 318
口岸电子执法系统建设与维护	
信息化建设	
事业运行	
其他海关事务支出	1 430
人力资源事务	140 144
行政运行	20 250
一般行政管理事务	6 252
机关服务	187
政府特殊津贴	2 443
资助留学回国人员	130
军队转业干部安置	49 979
博士后日常经费	47
引进人才费用	13 643
公务员考核	520
公务员培训	454
公务员招考	656
事业运行	12 458
其他人事事务支出	33 125
纪检监察事务	103 869
行政运行	73 125
一般行政管理事务	14 192
机关服务	88
大案要案查处	592
派驻派出机构	1 650
中央巡视	
事业运行	792
其他纪检监察事务支出	13 430
人口与计划生育事务	581 047
行政运行	250 341
一般行政管理事务	31 335
机关服务	1 856
人口规划与发展战略研究	880

续表

预算科目	决算数
计划生育家庭奖励	87 898
人口和计划生育统计及抽样调查	698
人口和计划生育信息系统建设	8 274
计划生育、生殖健康促进工程	3 937
计划生育免费基本技术服务	24 427
人口出生性别比综合治理	301
人口和计划生育服务网络建设	23 602
计划生育避孕药具经费	5 518
人口和计划生育宣传教育经费	11 569
流动人口计划生育管理和服务	4 912
人口和计划生育目标责任制考核	9 012
其他人口与计划生育事务支出	116 487
商贸事务	209 150
行政运行	75 568
一般行政管理事务	9 244
机关服务	510
对外贸易管理	2 156
国际经济合作	116
外资管理	304
国内贸易管理	1 530
招商引资	82 448
事业运行	11 612
其他商贸事务支出	25 662
知识产权事务	4 550
行政运行	2 431
一般行政管理事务	119
机关服务	
专利审批	341
国家知识产权战略	2
专利试点和产业化推进	506
专利执法	80
国际组织专项活动	
知识产权宏观管理	198
事业运行	361
其他知识产权事务支出	512
工商行政管理事务	316 166
行政运行	215 883
一般行政管理事务	25 894
机关服务	687
工商行政管理专项	10 504
执法办案专项	12 043

续表

预算科目	决算数
消费者权益保护	4 534
信息化建设	3 268
事业运行	19 507
其他工商行政管理事务支出	23 846
质量技术监督与检验检疫事务	203 463
行政运行	49 876
一般行政管理事务	30 997
机关服务	204
出入境检验检疫行政执法和业务管理	337
出入境检验检疫技术支持	10
质量技术监督行政执法及业务管理	55 082
质量技术监督技术支持	6 283
认证认可监督管理	48
标准化管理	2 121
信息化建设	793
事业运行	51 068
其他质量技术监督与检验检疫事务支出	6 644
民族事务	4 912
行政运行	2 960
一般行政管理事务	762
机关服务	
民族工作专项	389
事业运行	53
其他民族事务支出	748
宗教事务	3 793
行政运行	1 874
一般行政管理事务	220
机关服务	
宗教工作专项	565
事业运行	204
其他宗教事务支出	930
港澳台侨事务	11 512
行政运行	6 360
一般行政管理事务	1 290
机关服务	11
港澳事务	8
台湾事务	1 982
华侨事务	590
事业运行	406
其他港澳台侨事务支出	865
档案事务	22 733

续表

预算科目	决算数
行政运行	15 000
一般行政管理事务	994
机关服务	11
档案馆	5 259
其他档案事务支出	1 469
民主党派及工商联事务	19 278
行政运行	13 499
一般行政管理事务	3 135
机关服务	10
参政议政	931
事业运行	156
其他民主党派及工商联事务支出	1 547
群众团体事务	57 854
行政运行	36 685
一般行政管理事务	7 523
机关服务	90
厂务公开	228
工会疗养休养	42
事业运行	3 959
其他群众团体事务支出	9 327
党委办公厅（室）及相关机构事务	379 525
行政运行	247 376
一般行政管理事务	46 922
机关服务	3 064
专项业务	33 980
事业运行	5 045
其他党委办公厅（室）及相关机构事务支出	43 138
组织事务	93 426
行政运行	40 852
一般行政管理事务	22 209
机关服务	122
事业运行	1 097
其他组织事务支出	29 146
宣传事务	77 242
行政运行	37 759
一般行政管理事务	20 355
机关服务	48
事业运行	1 455
其他宣传事务支出	17 625
统战事务	17 677
行政运行	12 675

续表

预算科目	决算数
一般行政管理事务	3 556
机关服务	31
事业运行	10
其他统战事务支出	1 405
对外联络事务	500
行政运行	284
一般行政管理事务	53
机关服务	
事业运行	
其他对外联络事务支出	163
其他共产党事务支出（款）	94 660
行政运行	47 616
一般行政管理事务	21 981
机关服务	1 078
事业运行	2 792
其他共产党事务支出（项）	21 193
其他一般公共服务支出（款）	472 958
国家赔偿费用支出	706
其他一般公共服务支出（项）	472 252
外交	
外交管理事务	
行政运行	
一般行政管理事务	
机关服务	
专项业务	
事业运行	
其他外交管理事务支出	
驻外机构	
驻外使领馆（团、处）	
其他驻外机构支出	
对外援助	
对外成套项目援助	
对外一般物资援助	
对外科技合作援助	
对外优惠贷款援助及贴息	
对外医疗援助	
其他对外援助支出	
国际组织	
国际组织会费	
国际组织捐赠	
维和摊款	

续表

预算科目	决算数
国际组织股金及基金	
其他国际组织支出	
对外合作与交流	
出国活动	
招待活动	
在华国际会议	
其他对外合作与交流支出	
对外宣传（款）	
对外宣传（项）	
边界勘界联检	
边界勘界	
边界联检	
边界界桩维护	
其他支出	
其他外交支出（款）	
其他外交支出（项）	
国防	151 273
现役部队（款）	2 496
现役部队（项）	2 496
预备役部队（款）	4 771
预备役部队（项）	4 771
民兵（款）	28 051
民兵（项）	28 051
国防科研事业（款）	
国防科研事业（项）	
专项工程（款）	
专项工程（项）	
国防动员	89 369
兵役征集	2 721
经济动员	65
人民防空	83 297
交通战备	30
国防教育	321
其他国防动员支出	2 935
其他国防支出（款）	26 586
其他国防支出（项）	26 586
公共安全	2 746 937
武装警察	130 034
内卫	16 893
边防	9 707
消防	90 820

续表

预算科目	决算数
警卫	2 964
黄金	
森林	97
水电	
交通	70
其他武装警察支出	9 483
公安	1 615 045
行政运行	777 841
一般行政管理事务	219 898
机关服务	393
治安管理	67 979
国内安全保卫	3 091
刑事侦查	14 157
经济犯罪侦查	2 961
出入境管理	11 928
行动技术管理	3 369
防范和处理邪教犯罪	398
禁毒管理	3 211
道路交通管理	254 639
网络侦控管理	3 794
反恐怖	335
居民身份证管理	10 817
网络运行及维护	7 159
拘押收教场所管理	28 342
警犬繁育及训养	436
信息化建设	10 640
事业运行	10 287
其他公安支出	183 370
国家安全	45 196
行政运行	35 403
一般行政管理事务	1 810
机关服务	142
安全业务	5 596
事业运行	156
其他国家安全支出	2 089
检察	238 652
行政运行	140 210
一般行政管理事务	30 517
机关服务	875
查办和预防职务犯罪	12 876
公诉和审判监督	1 586

续表

预算科目	决算数
侦查监督	1 009
执行监督	443
控告申诉	585
“两房”建设	16 668
事业运行	936
其他检察支出	32 947
法院	393 609
行政运行	198 380
一般行政管理事务	62 992
机关服务	744
案件审判	36 172
案件执行	10 972
“两庭”建设	29 940
事业运行	2 024
其他法院支出	52 385
司法	86 417
行政运行	51 883
一般行政管理事务	8 100
机关服务	343
基层司法业务	2 820
普法宣传	2 211
律师公证管理	6 283
法律援助	3 665
司法统一考试	471
仲裁	1 704
事业运行	1 121
其他司法支出	7 816
监狱	175 792
行政运行	120 112
一般行政管理事务	3 296
机关服务	338
犯人生活	13 707
犯人改造	7 367
狱政设施建设	15 227
事业运行	1 244
其他监狱支出	14 501
劳教	37 434
行政运行	22 476
一般行政管理事务	1 033
机关服务	
劳教人员生活	3 137

续表

预算科目	决算数
劳教人员教育	960
所政设施建设	6 968
事业运行	
其他劳教支出	2 860
国家保密	175
行政运行	71
一般行政管理事务	21
机关服务	
保密技术	
保密管理	32
事业运行	
其他国家保密支出	51
缉私警察	
行政运行	
一般行政管理事务	
专项缉私活动支出	
缉私情报	
禁毒及缉毒	
网络运行及维护	
警服购置	
其他缉私警察支出	
其他公共安全支出（款）	24 583
其他公共安全支出（项）	24 583
教育	10 478 987
教育管理事务	213 384
行政运行	170 084
一般行政管理事务	9 512
机关服务	205
其他教育管理事务支出	33 583
普通教育	7 963 780
学前教育	139 877
小学教育	2 478 933
初中教育	2 110 425
高中教育	957 914
高等教育	1 104 042
化解农村义务教育债务支出	131 316
其他普通教育支出	1 041 273
职业教育	1 022 385
初等职业教育	1 735
中专教育	292 025
技校教育	120 768

续表

预算科目	决算数
职业高中教育	174 882
高等职业教育	396 844
其他职业教育支出	36 131
成人教育	8 308
成人初等教育	1 446
成人中等教育	3 915
成人高等教育	890
成人广播电视教育	471
其他成人教育支出	1 586
广播电视教育	10 613
广播电视学校	9 360
教育电视台	1 239
其他广播电视教育支出	14
留学教育	
出国留学教育	
来华留学教育	
其他留学教育支出	
特殊教育	37 550
特殊学校教育	36 743
工读学校教育	
其他特殊教育支出	807
教师进修及干部继续教育	127 132
教师进修	21 405
干部教育	101 954
其他教师进修及干部继续教育支出	3 773
教育费附加安排的支出	762 160
农村中小学校舍建设	109 293
农村中小学教学设施	14 062
城市中小学校舍建设	136 656
城市中小学教学设施	30 694
中等职业学校教学设施	61 205
其他教育费附加安排的支出	410 250
其他教育支出（款）	333 675
其他教育支出（项）	333 675
科学技术	1 086 163
科学技术管理事务	53 068
行政运行	31 890
一般行政管理事务	9 797
机关服务	231
其他科学技术管理事务支出	11 150
基础研究	82 445

续表

预算科目	决算数
机构运行	19 730
重点基础研究规划	
自然科学基金	5 000
重点实验室及相关设施	16 575
重大科学工程	
专项基础科研	40
专项技术基础	
其他基础研究支出	41 100
应用研究	66 284
机构运行	6 323
社会公益研究	28 754
高技术研究	6 471
专项科研试制	
其他应用研究支出	24 736
技术研究与开发	571 020
机构运行	1 029
应用技术研究与开发	399 997
产业技术研究与开发	65 383
科技成果转化与扩散	20 799
其他技术研究与开发支出	83 812
科技条件与服务	72 775
机构运行	11 884
技术创新服务体系	2 766
科技条件专项	3 263
其他科技条件与服务支出	54 862
社会科学	10 155
社会科学研究机构	4 614
社会科学研究	3 318
社科基金支出	28
其他社会科学支出	2 195
科学技术普及	27 392
机构运行	7 135
科普活动	5 122
青少年科技活动	202
学术交流活动	248
科技馆站	7 494
其他科学技术普及支出	7 191
科技交流与合作	2 019
国际交流与合作	132
重大科技合作项目	170
其他科技交流与合作支出	1 717

续表

预算科目	决算数
科技重大专项（款）	20 737
科技重大专项（项）	20 737
其他科学技术支出（款）	180 268
科技奖励	17 048
核应急	
转制科研机构	1 156
其他科学技术支出（项）	162 064
文化体育与传媒	915 667
文化	285 919
行政运行	54 673
一般行政管理事务	7 619
机关服务	64
图书馆	20 665
文化展示及纪念机构	5 295
艺术表演场所	9 221
艺术表演团体	29 660
文化活动	10 971
群众文化	47 433
文化交流与合作	1 638
文化创作与保护	10 856
文化市场管理	6 162
其他文化支出	81 662
文物	71 897
行政运行	5 777
一般行政管理事务	111
机关服务	13
文物保护	17 065
博物馆	37 914
历史名城与古迹	3 015
其他文物支出	8 002
体育	162 682
行政运行	21 798
一般行政管理事务	1 040
机关服务	273
运动项目管理	15 560
体育竞赛	22 185
体育训练	16 768
体育场馆	59 641
群众体育	10 656
体育交流与合作	92
其他体育支出	14 669

续表

预算科目	决算数
广播影视	239 135
行政运行	57 324
一般行政管理事务	2 871
机关服务	454
广播	26 206
电视	75 297
电影	11 744
广播电视监控	8 628
其他广播影视支出	56 611
新闻出版	33 635
行政运行	4 223
一般行政管理事务	771
机关服务	98
新闻通讯	2 149
出版发行	4 945
版权管理	3
出版市场管理	152
其他新闻出版支出	21 294
其他文化体育与传媒支出（款）	122 399
宣传文化发展专项支出	31 451
其他文化体育与传媒支出（项）	90 948
社会保障和就业	5 015 394
人力资源和社会保障管理事务	226 170
行政运行	87 832
一般行政管理事务	17 819
机关服务	466
综合业务管理	5 063
劳动保障监察	3 168
就业管理事务	12 359
社会保险业务管理事务	6 686
金保工程	2 735
社会保险经办机构	58 922
劳动关系和维权	1 123
公共就业服务和职业技能鉴定机构	11 796
其他人力资源和社会保障管理事务支出	18 201
民政管理事务	160 718
行政运行	54 252
一般行政管理事务	5 939
机关服务	470
拥军优属	10 947
老龄事务	9 652

续表

预算科目	决算数
民间组织管理	770
行政区划和地名管理	3 091
基层政权和社区建设	47 202
部队供应	2 009
其他民政管理事务支出	26 386
财政对社会保险基金的补助	1 033 822
财政对基本养老保险基金的补助	257 679
财政对失业保险基金的补助	2 453
财政对基本医疗保险基金的补助	15 983
财政对工伤保险基金的补助	20 956
财政对生育保险基金的补助	6
财政对新型农村社会养老保险基金的补助	619 635
财政对其他社会保险基金的补助	117 110
补充全国社会保障基金	
用其他财政资金补充基金	
行政事业单位离退休	1 380 163
归口管理的行政单位离退休	524 101
事业单位离退休	739 594
离退休人员管理机构	10 172
未归口管理的行政单位离退休	2 068
其他行政事业单位离退休支出	104 228
企业改革补助	116 786
企业关闭破产补助	74 476
厂办大集体改革补助	
其他企业改革发展补助	42 310
就业补助	145 240
扶持公共就业服务	3 572
职业培训补贴	30 844
职业介绍补贴	758
社会保险补贴	9 660
公益性岗位补贴	10 394
小额担保贷款贴息	4 646
补充小额贷款担保基金	2 780
职业技能鉴定补贴	447
特定就业政策支出	620
就业见习补贴	1 794
其他就业补助支出	79 725
抚恤	449 124
死亡抚恤	45 881
伤残抚恤	139 435
在乡复员、退伍军人生活补助	144 542

续表

预算科目	决算数
优抚事业单位	28 630
义务兵优待	26 904
其他优抚支出	63 732
退役安置	228 150
退役士兵安置	47 157
军队移交政府的离退休人员安置	157 579
军队移交政府离退休干部管理机构	12 466
其他退役安置支出	10 948
社会福利	108 957
儿童福利	16 160
老年福利	24 170
假肢矫形	6
殡葬	28 712
社会福利事业单位	18 873
其他社会福利支出	21 036
残疾人事业	52 174
行政运行	13 053
一般行政管理事务	687
机关服务	318
残疾人康复	10 459
残疾人就业和扶贫	1 488
残疾人体育	1 372
其他残疾人事业支出	24 797
城市居民最低生活保障（款）	166 056
城市居民最低生活保障（项）	166 056
其他城镇社会救济	20 458
流浪乞讨人员救助	6 677
其他城镇社会救济支出	13 781
自然灾害生活救助	26 415
中央自然灾害生活补助	17 458
地方自然灾害生活补助	5 103
自然灾害灾后重建补助	2 505
其他自然灾害生活救助支出	1 349
红十字事业	7 620
行政运行	3 033
一般行政管理事务	1 727
机关服务	2
其他红十字事业支出	2 858
农村最低生活保障（款）	287 797
农村最低生活保障（项）	287 797
其他农村社会救济	118 359

续表

预算科目	决算数
五保供养	48 325
其他农村社会救济支出	70 034
补充道路交通事故社会救助基金	
交强险营业税补助基金支出	
交强险罚款收入补助基金支出	
其他社会保障和就业支出（款）	487 385
其他社会保障和就业支出（项）	487 385
医疗卫生	3 603 575
医疗卫生管理事务	72 421
行政运行	55 203
一般行政管理事务	6 315
机关服务	107
其他医疗卫生管理事务支出	10 796
公立医院	408 004
综合医院	278 649
中医（民族）医院	69 997
传染病医院	13 133
职业病防治医院	757
精神病医院	11 519
妇产医院	3 012
儿童医院	2 342
其他专科医院	12 123
福利医院	
行业医院	2 279
处理医疗欠费	433
其他公立医院支出	13 760
基层医疗卫生机构	366 613
城市社区卫生机构	25 918
乡镇卫生院	226 943
其他基层医疗卫生机构支出	113 752
公共卫生	580 375
疾病预防控制机构	102 765
卫生监督机构	28 867
妇幼保健机构	29 581
精神卫生机构	22 726
应急救治机构	4 543
采供血机构	46 948
其他专业公共卫生机构	4 845
基本公共卫生服务	212 420
重大公共卫生专项	104 782
突发公共卫生事件应急处理	726

续表

预算科目	决算数
其他公共卫生支出	22 172
医疗保障	2 021 126
行政单位医疗	176 027
事业单位医疗	117 744
公务员医疗补助	13 337
优抚对象医疗补助	33 900
城市医疗救助	13 348
新型农村合作医疗	1 327 633
农村医疗救助	25 614
城镇居民基本医疗保险	187 121
其他医疗保障支出	126 402
中医药	4 352
中医（民族医）药专项	2 720
其他中医药支出	1 632
食品和药品监督管理事务	77 215
行政运行	33 076
一般行政管理事务	2 144
机关服务	97
食品、药品及医疗器械检验	12 317
注册审评事务	7
标准事务	422
认证事务	90
食品药品评价	188
药品保护	12
执法办案	1 971
食品药品安全	5 489
事业运行	7 994
其他食品和药品监督管理事务支出	13 408
其他医疗卫生支出（款）	73 469
其他医疗卫生支出（项）	73 469
节能环保	1 139 493
环境保护管理事务	74 475
行政运行	55 884
一般行政管理事务	7 006
机关服务	184
环境保护宣传	1 090
环境保护法规、规划及标准	236
环境国际合作及履约	53
环境保护行政许可	27
其他环境保护管理事务支出	9 995
环境监测与监察	10 079

续表

预算科目	决算数
建设项目环评审查与监督	471
核与辐射安全监督	443
其他环境监测与监察支出	9 165
污染防治	408 330
大气	2 889
水体	198 086
噪声	
固体废弃物与化学品	30 228
放射源和放射性废物监管	260
辐射	4
排污费安排的支出	155 970
其他污染防治支出	20 893
自然生态保护	69 413
生态保护	2 011
农村环境保护	37 953
自然保护区	2 318
生物及物种资源保护	
其他自然生态保护支出	27 131
天然林保护	
森林管护	
社会保险补助	
政策性社会性支出补助	
职工分流安置	
职工培训	
天然林保护工程建设	
其他天然林保护支出	
退耕还林	259
粮食折现挂账贴息	
退耕现金	28
退耕还林粮食折现补贴	
退耕还林粮食费用补贴	
退耕还林工程建设	
其他退耕还林支出	231
风沙荒漠治理	
京津风沙源禁牧舍饲粮食折现补助	
京津风沙源治理禁牧舍饲粮食折现挂账贴息	
京津风沙源治理禁牧舍饲粮食费用补贴	
京津风沙源治理工程建设	
其他风沙荒漠治理支出	
退牧还草	
退牧还草粮食折现补贴	

续表

预算科目	决算数
退牧还草粮食费用补贴	
退牧还草粮食折现挂账贴息	
退牧还草工程建设	
其他退牧还草支出	
已垦草原退耕还草（款）	
已垦草原退耕还草（项）	
能源节约利用（款）	300 654
能源节约利用（项）	300 654
污染减排	126 668
环境监测与信息	11 484
环境执法监察	4 362
减排专项支出	96 880
清洁生产专项支出	3 784
其他污染减排支出	10 158
可再生能源（款）	78 697
可再生能源（项）	78 697
资源综合利用（款）	44 002
资源综合利用（项）	44 002
能源管理事务	3 488
行政运行	166
一般行政管理事务	113
机关服务	
能源预测预警	
能源战略规划与实施	
能源科技装备	520
能源行业管理	5
能源管理	104
石油储备发展管理	
能源调查	
信息化建设	
事业运行	630
其他能源管理事务支出	1 950
其他节能环保支出（款）	23 428
其他节能环保支出（项）	23 428
城乡社区事务	4 016 987
城乡社区管理事务	588 964
行政运行	246 511
一般行政管理事务	41 206
机关服务	1 181
城管执法	85 487
工程建设标准规范编制与监管	1 898

续表

预算科目	决算数
工程建设管理	9 436
市政公用行业市场监管	4 239
国家重点风景区规划与保护	1 174
住宅建设与房地产市场监管	10 128
执业资格注册、资质审查	1 108
其他城乡社区管理事务支出	186 596
城乡社区规划与管理（款）	56 983
城乡社区规划与管理（项）	56 983
城乡社区公共设施	2 167 314
小城镇基础设施建设	228 096
其他城乡社区公共设施支出	1 939 218
城乡社区环境卫生（款）	417 371
城乡社区环境卫生（项）	417 371
建设市场管理与监督（款）	14 389
建设市场管理与监督（项）	14 389
其他城乡社区事务支出（款）	771 966
其他城乡社区事务支出（项）	771 966
农林水事务	5 640 015
农业	2 899 571
行政运行	308 766
一般行政管理事务	30 161
机关服务	1 533
事业运行	153 664
农垦运行	917
技术推广与培训	158 745
病虫害控制	59 619
农产品质量安全	26 978
执法监管	17 892
统计监测与信息服务	969
农业行业业务管理	1 038
对外交流与合作	40
灾害救助	72 400
稳定农民收入补贴	10 261
农业结构调整补贴	3 852
农业生产资料与技术补贴	871 690
农业生产保险补贴	24 486
农业组织化与产业化经营	68 727
农产品加工与促销	35 891
农村公益事业	154 219
综合财力补助	
农业资源保护与利用	59 821

续表

预算科目	决算数
农村道路建设	217 582
农资综合补贴	10 186
石油价格改革对渔业的补贴	275 930
对高校毕业生到基层任职补助	16 163
草原植被恢复费安排的支出	2 892
其他农业支出	315 149
林业	348 698
行政运行	74 269
一般行政管理事务	6 743
机关服务	359
林业事业机构	33 155
森林培育	101 577
林业技术推广	5 571
森林资源管理	2 113
森林资源监测	170
森林生态效益补偿	19 640
林业自然保护区	870
动植物保护	221
湿地保护	2 671
林业执法与监督	1 415
森林防火	18 757
林业有害生物防治	28 035
林业检疫检测	375
防沙治沙	196
林业质量安全	69
林业工程与项目管理	3 834
林业对外合作与交流	40
林业产业化	7 788
技能培训	304
信息管理	188
林业政策制定与宣传	65
林业资金审计稽查	
林区公共支出	
林业贷款贴息	7 154
林业救灾	1 038
石油价格改革对林业的补贴	2 298
其他林业支出	29 783
水利	1 211 052
行政运行	109 487
一般行政管理事务	8 423
机关服务	848

续表

预算科目	决算数
水利行业业务管理	16 046
水利工程建设	345 259
水利工程运行与维护	47 295
长江黄河等流域管理	
水利前期工作	2 528
水利执法监督	768
水土保持	15 155
水资源管理与保护	12 134
水质监测	504
水文测报	9 067
防汛	17 319
抗旱	64 991
农田水利	205 139
水利技术推广和培训	2 971
国际河流治理与管理	
三峡建设管理事务	
大中型水库移民后期扶持专项支出	13 583
水资源费安排的支出	116 509
砂石资源费支出	3 046
信息管理	175
水利建设移民支出	1 508
农村人畜饮水	96 841
其他水利支出	121 456
南水北调	18 648
行政运行	913
一般行政管理事务	22
机关服务	
南水北调工程建设	7 134
政策研究与信息管理	
工程稽查	
前期工作	2 294
南水北调技术推广和培训	
环境、移民及水资源管理与保护	5 813
其他南水北调支出	2 472
扶贫	59 635
行政运行	587
一般行政管理事务	1 607
机关服务	
农村基础设施建设	27 770
生产发展	9 863
社会发展	1 461

续表

预算科目	决算数
扶贫贷款奖补和贴息	622
“三西”农业建设专项补助	
扶贫事业机构	
其他扶贫支出	17 725
农业综合开发	184 979
机构运行	5 124
土地治理	131 823
产业化经营	30 322
科技示范	330
其他农业综合开发支出	17 380
农村综合改革	711 681
对村级一事一议的补助	513 907
实施减轻农业用水负担综合改革补助	284
国有农场分离办社会职能改革补助	
对村民委员会和村党支部的补助	174 088
对村集体经济组织的补助	17 173
其他农村综合改革支出	6 229
其他农林水事务支出（款）	205 751
化解其他公益性乡村债务支出	585
其他农林水事务支出（项）	205 166
交通运输	2 949 121
公路水路运输	1 972 071
行政运行	168 431
一般行政管理事务	23 508
机关服务	2 326
公路新建	218 847
公路改建	187 831
公路养护	580 577
特大型桥梁建设	
公路路政管理	8 965
公路和运输信息化建设	190
公路和运输安全	2 175
公路还贷专项	2 035
公路运输管理	50 545
公路客货运站（场）建设	15 195
公路和运输技术标准化建设	70
港口设施	43 999
航道维护	29 785
安全通信	23
三峡库区通航管理	
航务管理	3 940

续表

预算科目	决算数
船舶检验	882
救助打捞	30
内河运输	
远洋运输	
海事管理	308
航标事业发展支出	
水路运输管理支出	1 388
口岸建设	24 596
取消政府还贷二级公路收费专项支出	130 758
其他公路水路运输支出	475 667
铁路运输	125 966
行政运行	472
一般行政管理事务	427
机关服务	
铁路路网建设	113 706
铁路还贷专项	3 683
铁路安全	5 726
铁路专项运输	
其他铁路运输支出	1 952
民用航空运输	35 044
行政运行	513
一般行政管理事务	36
机关服务	
机场建设	9 634
空管系统建设	
民航还贷专项支出	
民用航空安全	
民航专项运输	
民航政策性购机专项支出	
其他民用航空运输支出	24 861
石油价格改革对交通运输的补贴	317 711
对城市公交的补贴	158 698
对农村道路客运的补贴	79 126
对出租车的补贴	75 499
石油价格改革补贴其他支出	4 388
邮政业支出	7
行政运行	
一般行政管理事务	
机关服务	
行业监管	
邮政普遍服务与特殊服务	

续表

预算科目	决算数
其他邮政业支出	7
车辆购置税支出	374 589
车辆购置税用于公路等基础设施建设支出	299 572
车辆购置税用于农村公路建设支出	69 335
车辆购置税用于老旧汽车报废更新补贴支出	478
车辆购置税用于地震灾后恢复重建的支出	
车辆购置税其他支出	5 204
其他交通运输支出（款）	123 733
公共交通运营补助	59 420
其他交通运输支出（项）	64 313
资源勘探电力信息等事务	1 844 073
资源勘探开发和服务支出	161 279
行政运行	4 858
一般行政管理事务	1 063
机关服务	224
煤炭勘探开采和洗选	70 396
石油和天然气勘探开采	1 730
黑色金属矿勘探和采选	900
有色金属矿勘探和采选	
非金属矿勘探和采选	
其他资源勘探业支出	82 108
制造业	489 363
行政运行	10 279
一般行政管理事务	3 551
机关服务	851
纺织业	13 215
医药制造业	10 805
非金属矿物制品业	350
通信设备、计算机及其他电子设备制造业	7 513
交通运输设备制造业	46 944
电气机械及器材制造业	27 111
工艺品及其他制造业	8 990
石油加工、炼焦及核燃料加工业	
化学原料及化学制品制造业	9 516
黑色金属冶炼及压延加工业	6 420
有色金属冶炼及压延加工业	760
其他制造业支出	343 058
建筑业	19 444
行政运行	686
一般行政管理事务	422
机关服务	

续表

预算科目	决算数
其他建筑业支出	18 336
电力监管支出	796
行政运行	17
一般行政管理事务	74
机关服务	
电力监管	2
电力稽查	
争议调节	
安全事故调查	
电力市场建设	10
电力输送改革试点	
信息系统建设	
三峡库区移民专项支出	
农村电网建设	372
事业运行	77
其他电力监管支出	244
工业和信息产业监管支出	80 319
行政运行	13 658
一般行政管理事务	1 355
机关服务	304
战备应急	105
信息安全建设	1 290
专用通信	294
无线电监管	10 092
工业和信息产业战略研究与标准制定	
工业和信息产业支持	37 914
电子专项工程	4 575
行业监管	582
军工电子	
技术基础研究	
其他工业和信息产业监管支出	10 150
安全生产监管	82 501
行政运行	30 246
一般行政管理事务	4 140
机关服务	17
国务院安委会专项	
安全监管监察专项	12 815
应急救援支出	226
煤炭安全	26 067
其他安全生产监管支出	8 990
国有资产监管	14 466

续表

预算科目	决算数
行政运行	9 051
一般行政管理事务	1 577
机关服务	1 659
国有企业监事会专项	124
中央企业专项管理	
其他国有资产监管支出	2 055
支持中小企业发展和管理支出	479 097
行政运行	16 381
一般行政管理事务	2 855
机关服务	99
科技型中小企业技术创新基金	25 684
中小企业发展专项	196 361
其他支持中小企业发展和管理支出	237 717
其他资源勘探电力信息等事务支出（款）	516 808
黄金事务	325
建设项目贷款贴息	5 226
技术改造支出	96 442
中药材扶持资金支出	
重点产业振兴和技术改造项目贷款贴息	13 360
其他资源勘探电力信息等事务支出（项）	401 455
商业服务业等事务	1 193 414
商业流通事务	840 321
行政运行	28 827
一般行政管理事务	2 510
机关服务	202
食品流通安全补贴	31
市场监测及信息管理	5
民贸网点贷款贴息	401
事业运行	1 776
其他商业流通事务支出	806 569
旅游业管理与服务支出	81 464
行政运行	17 184
一般行政管理事务	1 684
机关服务	296
旅游宣传	27 245
旅游行业业务管理	2 446
其他旅游业管理与服务支出	32 609
涉外发展服务支出	136 051
行政运行	2 276
一般行政管理事务	2 291
机关服务	

续表

预算科目	决算数
外商投资环境建设补助资金	1 439
其他涉外发展服务支出	130 045
其他商业服务业等事务支出（款）	135 578
服务业基础设施建设	32 969
其他商业服务业等事务支出（项）	102 609
金融监管等事务支出	211 651
金融部门行政支出	76
行政运行	56
一般行政管理事务	
机关服务	
安全防卫	
事业运行	
金融部门其他行政支出	20
金融部门监管支出	105
货币发行	
金融服务	
反洗钱及反假币	
重点金融机构监管	
金融稽查与案件处理	
金融行业电子化建设	
从业人员资格考试	
金融部门其他监管支出	105
金融发展支出	30 109
政策性银行亏损补贴	
商业银行贷款贴息	
补充资本金	1 124
风险基金补助	
其他金融发展支出	28 985
金融调控支出	
中央银行亏损补贴	
其他金融调控支出	
农村金融发展支出	171 479
金融机构涉农贷款增量奖励支出	17 588
农村金融机构定向费用补贴支出	3 308
其他农村金融发展支出	150 583
其他金融监管等事务支出（款）	9 882
其他金融监管等事务支出（项）	9 882
地震灾后恢复重建支出	5 207
倒塌毁损民房恢复重建	
农村居民住宅恢复重建	
城镇居民住宅恢复重建	

续表

预算科目	决算数
基础设施恢复重建	
公路	
桥梁	
铁路路网	
机场	
水运港口设施	
运政设施	
邮政设施	
水利工程	
供水	
供气	
市政道路、桥梁	
排水管道	
污水处理设施	
公交设施	
其他基础设施恢复重建支出	
公益服务设施恢复重建	
学校和其他教育设施	
医院及其他医疗卫生食品药品监管设施	
科研院所科普场馆及其他科研科普设施	
文化馆图书馆及其他文化设施	
文物事业单位博物馆及其附属设施	
广播电视台（站）及其他广播影视设施	
体育场馆及其他体育设施	
儿童福利院及其他社会保障和社会福利设施	
环境保护事业单位及环保设施	
人口和计划生育事业单位及设施	
档案事业单位及设施	
地震事业单位及设施	
其他公益服务事业单位及设施	
农业林业恢复生产和重建	
农业生产资料补助	
损毁土地整理	
农田水利设施恢复重建	
规模化种养殖棚舍池恢复重建	
良种繁育设施恢复重建	
农林推广和服务设施恢复重建	
森林防火设施恢复重建	
受损林木恢复	
其他农业林业恢复生产和重建支出	
工商企业恢复生产和重建	

续表

预算科目	决算数
项目投资补助	
注入资本金	
贷款贴息	
其他工商企业恢复生产和重建支出	
党政机关恢复重建	
一般公共服务机关恢复重建支出	
公共安全机构恢复重建支出	
教育管理机构恢复重建支出	
科学技术管理机构恢复重建支出	
文化体育与传媒管理机构恢复重建支出	
社会保障和就业管理机构恢复重建支出	
医疗卫生及食品药品监督管理机构恢复重建支出	
环境保护管理机构恢复重建支出	
农林水管理机构恢复重建支出	
其他党政机关恢复重建支出	
军队武警恢复重建支出	
军队恢复重建支出	
武警恢复重建支出	
其他恢复重建支出（款）	5 207
震后地质灾害治理支出	
其他恢复重建支出（项）	5 207
国土资源气象等事务	681 528
国土资源事务	517 459
行政运行	94 742
一般行政管理事务	13 767
机关服务	185
国土资源规划及管理	5 184
土地资源调查	2 697
土地资源利用与保护	44 821
国土资源社会公益服务	4 666
国土资源行业业务管理	4 970
国土资源大调查	1 167
国土整治	21 906
地质灾害防治	4 134
土地资源储备支出	12 527
地质及矿产资源调查	8 595
地质矿产资源利用与保护	3 605
地质转产项目财政贴息	100
国外风险勘查	6 200
地质勘查基金（周转金）支出	180
矿产资源专项收入安排的支出	185 164

续表

预算科目	决算数
事业运行	39 753
其他国土资源事务支出	63 096
海洋管理事务	127 550
行政运行	4 309
一般行政管理事务	3 650
机关服务	6
海域使用管理	13 838
海洋环境保护与监测	2 087
海洋调查评价	
海洋权益维护	
海洋执法监察	440
海洋防灾减灾	97
海洋卫星	
极地考察	
海洋矿产资源勘探研究	
海港航标维护	
海域使用金支出	93 352
海水淡化	300
海洋工程排污费支出	
无居民海岛使用金支出	
事业运行	1 945
其他海洋管理事务支出	7 526
测绘事务	6 172
行政运行	134
一般行政管理事务	41
机关服务	
基础测绘	3 620
航空摄影	
测绘工程建设	3
事业运行	2 006
其他测绘事务支出	368
地震事务	9 253
行政运行	4 196
一般行政管理事务	456
机关服务	1
地震台站、台网	1 114
地震流动观测	124
地震信息传输及管理	57
震情跟踪	
地震预报预测	2 145
地震灾害预防	197

续表

预算科目	决算数
地震应急救援	102
地震技术应用与培训	24
地震事业机构	606
其他地震事务支出	231
气象事务	21 094
行政运行	1 420
一般行政管理事务	1 500
机关服务	7
气象事业机构	3 664
气象技术研究应用与培训	
气象探测	1 200
气象信息传输及管理	10
气象预报预测	1 378
气象服务	4 885
气象装备保障维护	501
气象台站建设与运行保障	1 567
气象卫星	
气象法规与标准	
气象资金审计稽查	
其他气象事务支出	4 962
住房保障支出	675 558
保障性安居工程支出	437 428
廉租住房	70 298
沉陷区治理	
棚户区改造	131 844
少数民族地区游牧民定居工程	
农村危房改造	5 789
公共租赁住房	219 463
其他保障性安居工程支出	10 034
住房改革支出	203 869
住房公积金	136 766
提租补贴	3 469
购房补贴	63 634
城乡社区住宅	34 261
公有住房建设和维修改造支出	9 683
其他城乡社区住宅支出	24 578
粮油物资管理事务	335 380
粮油事务	325 816
行政运行	23 894
一般行政管理事务	1 827
机关服务	231

续表

预算科目	决算数
粮食财务与审计支出	3
粮食信息统计	214
粮食专项业务活动	941
国家粮油差价补贴	144
粮食财务挂账利息补贴	7 967
粮食财务挂账消化款	94
处理陈化粮补贴	
粮食风险基金	259 864
粮油市场调控专项资金	
事业运行	1 258
其他粮油事务支出	29 379
物资事务	9 564
行政运行	4 395
一般行政管理事务	323
机关服务	
铁路专用线	
护库武警和民兵支出	
物资保管与保养	
专项贷款利息	155
物资转移	10
物资轮换	68
仓库建设	2 057
仓库安防	
事业运行	307
其他物资事务支出	2 249
储备事务支出	22 375
能源储备	
一般预算石油储备支出	
国家留成油串换石油储备支出	
天然铀能源储备	
煤炭储备	
其他能源储备	
粮油储备	11 569
储备粮油补贴支出	2 552
储备粮油差价补贴	
储备粮（油）库建设	8 395
最低收购价政策支出	125
其他粮油储备支出	497
重要商品储备	10 806
棉花储备	578
食糖储备	

续表

预算科目	决算数
肉类储备	1 887
化肥储备	7 311
农药储备	10
边销茶储备	
羊毛储备	
医药储备	
食盐储备	32
战略物资储备	
其他重要商品储备支出	988
国债还本付息支出	321 292
国内债务付息	180 268
国外债务付息	6 977
国内外债务发行	200
国内债务发行费用	200
国外债务发行费用	
补充还贷准备金	110 452
财政部代理发行地方政府债券付息	23 395
其他支出（类）	801 837
汶川地震捐赠支出	
地震灾后恢复重建捐赠支出	
其他捐赠支出	
其他支出（款）	801 837
其他支出（项）	801 837
本年支出合计	50 020 701

2011 年度山东省一般预算收支决算分级表

单位：万元

预算科目	决算数合计	省级	地级	其中：地级直属乡镇	县级	乡镇级	预算科目	决算数合计	省级	地级	其中：地级直属乡镇	县级	乡镇级
一、税收收入	26 031 329	3 017 391	6 292 035	296 180	9 993 324	6 728 579	一、一般公共服务	6 184 774	801 561	1 287 663	46 022	2 634 656	1 460 894
增值税	4 138 174	481 212	909 383	56 840	1 483 631	1 263 948	二、外交						
营业税	7 657 247	1 258 062	2 114 971	89 639	2 511 968	1 772 246	三、国防	151 273	26 225	98 118		26 686	244
企业所得税	3 985 551	898 880	1 068 533	34 021	1 317 139	700 999	四、公共安全	2 746 937	402 894	1 181 765	2 678	1 128 148	34 130
企业所得税退税	−2 556	−511	−1 798		−247		五、教育	10 478 987	1 105 641	1 570 645	19 393	7 323 740	478 961
个人所得税	965 805	279 356	240 905	5 154	307 314	138 230	六、科学技术	1 086 163	228 596	299 419	1 502	506 662	51 486
资源税	383 606	94 930	33 216	2 465	95 577	159 883	七、文化体育与传媒	915 667	130 313	402 853	805	342 303	40 198
固定资产投资方向调节税							八、社会保障和就业	5 015 394	392 222	1 023 872	10 197	3 145 196	454 104
城市维护建设税	1 796 032	5 462	471 909	25 392	818 664	499 997	九、医疗卫生	3 603 575	171 748	583 816	4 272	2 736 727	111 284
房产税	740 189		173 254	7 701	307 470	259 465	十、节能环保	1 139 493	22 852	378 355	95	698 645	39 641
印花税	411 070		83 874	6 931	185 578	141 618	十一、城乡社区事务	4 016 987	10 503	1 682 161	25 025	1 860 208	464 115
城镇土地使用税	1 584 572		320 116	25 117	567 936	696 520	十二、农林水事务	5 640 015	969 327	588 184	24 866	2 968 562	1 113 942
土地增值税	1 056 698		214 877	14 462	503 117	338 704	十三、交通运输	2 949 121	1 241 353	991 620	820	697 584	18 564
车船税	297 216		47 676	2 749	155 985	93 555	十四、资源勘探电力信息等事务	1 844 073	84 962	604 489	2 090	826 069	328 553
耕地占用税	973 730		113 996	19 091	591 646	268 088	十五、商业服务业等事务	1 193 414	32 262	215 593	3 753	852 068	93 491
契税	2 024 810		501 058	6 561	1 145 646	378 106	十六、金融监管等事务支出	211 651	1 009	181 984		28 606	52
烟叶税	19 177		57	57	1 900	17 220	十七、地震灾后恢复重建支出	5 207	4 383	824			
其他税收收入	8		8				十八、国土资源气象等事务	681 528	168 930	204 416	3 291	295 463	12 719
二、非税收入	8 527 938	1 024 032	2 459 023	16 868	4 422 696	622 187	十九、住房保障支出	675 558	6 946	271 398	692	370 582	26 632
专项收入	1 307 950	225 690	388 615	8 060	551 699	141 946	二十、粮油物资管理事务	335 380	262 174	20 920		51 415	871
行政事业性收费收入	2 788 242	387 608	905 751	40	1 366 831	128 052	二十一、储备事务支出	22 375	3 993	6 742		11 640	
罚没收入	1 041 924	94 641	261 872	80	649 511	35 900	二十二、国债还本付息支出	321 292	2 801	294 655		23 199	637
国有资本经营收入	1 000 009	65 182	126 062		742 309	66 456	二十三、其他支出	801 837	56 334	314 984	214	381 398	49 121
国有资源（资产）有偿使用收入	1 888 520	237 517	690 978	3 056	796 521	163 504							
其他收入	501 293	13 394	85 745	5 632	315 825	86 329							
本年收入合计	34 559 267	4 041 423	8 751 058	313 048	14 416 020	7 350 766	本年支出合计	50 020 701	6 127 029	12 204 476	145 715	26 909 557	4 779 639

2011 年度山东省政府性基金收支决算总表

单位：万元

预算科目	调整预算数	决算数	预算科目	调整预算数	决算数
政府性基金收入	21 926 651	29 706 998	一般公共服务	1 557	1 307
			教育	513 133	384 999
			文化体育与传媒	48 505	23 331
			社会保障和就业	323 354	193 629
			城乡社区事务	32 606 807	26 639 497
			农林水事务	485 917	283 336
			交通运输	1 445 307	1 323 929
			资源勘探电力信息等事务	255 023	47 828
			商业服务业等事务	2 070	1 640
			其他支出	661 331	361 124
本年收入合计	21 926 651	29 706 998	本年支出合计	36 343 004	29 260 620
上级补助收入		611 266	上解上级支出		
其中：地震灾后恢复重建补助收入					
省补助计划单列市收入			计划单列市上解省支出		
上年结余		5 990 839	调出资金		160 834
调入资金		194 736	年终结余		7 082 385
1. 一般预算调入		191 356	其中：本级		700 023
2. 财政专户管理资金调入		2 663			
3. 其他调入		717			
收入总计		36 503 839	支出总计		36 503 839

2011 年度山东省政府性基金收支决算分级表

单位：万元

项　　目	决算数合计	省级	地级	其中：地级直属乡镇	县级	乡镇级	项目	决算数合计	省级	地级	其中：地级直属乡镇	县级	乡镇级
地方教育附加收入	549 365		152 129	2 035	388 372	8 864	地方教育附加安排的支出	384 999		81 072	18	293 895	10 032
新增建设用地土地有偿使用费收入	323 426	260 959	62 467				新增建设用地有偿使用费安排的支出	492 214		90 921		393 975	7 318
地方水利建设基金收入	249 384	56 830	80 169	60	112 305	80	地方水利建设基金支出	240 825	43 810	83 646		108 938	4 431
残疾人就业保障金收入	76 429	3 443	32 424	11	40 556	6	残疾人就业保障金支出	58 903	769	18 149		39 747	238
政府住房基金收入	130 562		97 663		32 899		政府住房基金支出	153 244		111 607		41 637	
城市公用事业附加收入	184 866		87 379		97 487		城市公用事业附加安排的支出	156 335		62 631		92 814	890
国有土地收益基金收入	1 156 358		548 251		607 710	397	国有土地收益基金支出	1 224 949		630 499		566 478	27 972
农业土地开发资金收入	290 010		109 368		180 590	52	农业土地开发资金支出	245 030		60 844	65	169 064	15 122
国有土地使用权出让收入	23 784 780		11 136 109	1 907	12 643 953	4 718	国有土地使用权出让收入安排的支出	23 259 311	47	9 621 822	2 049	12 853 797	783 645
彩票公益金收入	269 016	109 737	131 387		27 619	273	彩票公益金安排的支出	223 035	33 963	85 043	140	97 258	6 771
城市基础设施配套费收入	1 187 213		743 469		443 322	422	城市基础设施配套费安排的支出	1 108 414		582 908		519 183	6 323
车辆通行费	1 200 666	1 087 322	113 344				车辆通行费安排的支出	1 220 381	1 014 104	138 821		66 856	600
其他各项政府性基金收入	304 923	88 891	126 951		89 081		其他各项政府性基金支出	492 980	107 982	191 751	1	191 989	1 258
本年收入合计	29 706 998	1 607 182	13 421 110	4 013	14 663 894	14 812	本年支出合计	29 260 620	1 200 675	11 759 714	2 273	15 435 631	864 600

2011 年度山东省国有资本经营预算收支决算总表

单位：万元

预算科目	调整预算数	决算数	预算科目	调整预算数	决算数
利润收入	152 631	152 631	教育		
股利、股息收入	2 167	2 167	科学技术		
产权转让收入	47 320	47 320	文化体育与传媒		
清算收入			节能环保		
其他国有资本经营预算收入			城乡社区事务	1 755	1 755
			农林水事务		
			交通运输		
			资源勘探电力信息等事务	30 733	30 733
			商业服务业等事务	162 688	162 688
			地震灾后恢复重建支出		
			其他支出		
本年收入合计	202 118	202 118	本年支出合计	195 176	195 176
地震灾后恢复重建补助收入			调出资金		
上年结余		11 844	年终结余		18 786
			其中：本级		7 271
收入总计		213 962	支出总计		213 962

2011年度山东省国有资本经营预算收支决算明细表

单位：万元

预算科目	决算数	预算科目	决算数
非税收入	202 118	教育	
国有资本经营收入	202 118	其他教育支出	
利润收入	152 631	教育企业国有资本经营预算支出	
石油石化企业利润收入	96	科学技术	
电力企业利润收入		其他科学技术支出	
电信企业利润收入		科学技术企业国有资本经营预算支出	
煤炭企业利润收入	96 607	文化体育与传媒	
有色冶金采掘企业利润收入	4 147	文化	
钢铁企业利润收入	4 308	文化企业国有资本经营预算支出	
化工企业利润收入		体育	
运输企业利润收入	770	体育企业国有资本经营预算支出	
电子企业利润收入		广播影视	
机械企业利润收入	20 091	广播影视企业国有资本经营预算支出	
投资服务企业利润收入	12 033	新闻出版	
纺织轻工企业利润收入	956	新闻出版企业国有资本经营预算支出	
贸易企业利润收入	2 524	社会保障和就业	
建筑施工企业利润收入	851	补充全国社会保障基金	
房地产企业利润收入		国有资本经营预算补充基金支出	
建材企业利润收入		节能环保	
境外企业利润收入		污染防治	
对外合作企业利润收入		污染防治企业国有资本经营预算支出	
医药企业利润收入		城乡社区事务	1 755
农林牧渔企业利润收入		其他城乡社区事务支出	1 755
邮政企业利润收入		城乡社区事务企业国有资本经营预算支出	1 755
军工企业利润收入		农林水事务	
转制科研院所利润收入		农业	
地质勘查企业利润收入		农业企业国有资本经营预算支出	
卫生体育福利企业利润收入		林业	
教育文化广播企业利润收入		林业企业国有资本经营预算支出	
科学研究企业利润收入		水利	
机关社团所属企业利润收入		水利企业国有资本经营预算支出	
其他国有资本经营预算企业利润收入	10 248	交通运输	
股利、股息收入	2 167	公路水路运输	
国有控股公司股利、股息收入	2 167	公路水路运输企业国有资本经营预算支出	
国有参股公司股利、股息收入		铁路运输	
其他国有资本经营预算企业股利、股息收入		铁路运输企业国有资本经营预算支出	
产权转让收入	47 320	民用航空运输	
国有股权、股份转让收入	47 320	民用航空企业国有资本经营预算支出	
国有独资企业产权转让收入		邮政业支出	
其他国有资本经营预算企业产权转让收入		邮政业企业国有资本经营预算支出	
清算收入		其他交通运输支出	
国有股权、股份清算收入		其他企业国有资本经营预算支出	

续表

预算科目	决算数	预算科目	决算数
国有独资企业清算收入		资源勘探电力信息等事务	30 733
其他国有资本预算企业清算收入		资源勘探开发和服务支出	
其他国有资本经营预算收入		资源勘探业企业国有资本经营预算支出	
		制造业	20 000
		烟草企业国有资本经营预算支出	
		制造业企业国有资本经营预算支出	20 000
		建筑业	
		建筑业企业国有资本经营预算支出	
		电力监管支出	
		电力企业国有资本经营预算支出	
		工业和信息产业监管支出	
		工业和信息产业企业国有资本经营预算支出	
		其他资源勘探电力信息等事务支出	10 733
		其他企业国有资本经营预算支出	10 733
		商业服务业等事务	162 688
		商业流通事务	43 788
		商业流通企业国有资本经营预算支出	43 788
		旅游业管理与服务支出	
		旅游业企业国有资本经营预算支出	
		涉外发展服务支出	
		涉外发展企业国有资本经营预算支出	
		其他商业服务业等事务支出	118 900
		其他企业国有资本经营预算支出	118 900
		地震灾后恢复重建支出	
		工商企业恢复生产和重建	
		国有资本经营预算补助项目支出	
		国有资本经营预算注入资本金	
		国有资本经营预算安排的贷款贴息	
		国有资本经营预算安排的其他支出	
		其他支出（类）	
		其他支出（款）	
		其他国有资本经营预算支出	
本年收入合计	202 118	本年支出合计	195 176

2011年度山东省国有资本经营预算收支决算分级表

单位：万元

预算科目	决算数合计	省级	地级	其中：地级直属乡镇	县级	乡镇级	预算科目	决算数合计	省级	地级	其中：地级直属乡镇	县级	乡镇级
利润收入	152 631	149 948	2 683				教育						
股利、股息收入	2 167		2 167				科学技术						
产权转让收入	47 320		45 565		1 755		文化体育与传媒						
清算收入							节能环保						
其他国有资本经营预算收入							城乡社区事务	1 755				1 755	
							农林水事务						
							交通运输						
							资源勘探电力信息等事务	30 733	30 733				
							商业服务业等事务	162 688	123 788	38 900			
							地震灾后恢复重建支出						
							其他支出						
本年收入合计	202 118	149 948	50 415		1 755		本年支出合计	195 176	154 521	38 900		1 755	

2011 年度山东省财政专户管理资金收支决算总表

单位：万元

预算科目	决算数	预算科目	决算数
一、行政事业性收费收入（教育收费）	1 350 304	一、一般公共服务	6 550
二、其他收入	228 839	二、外交	
其中：彩票发行机构和彩票销售机构的业务费用	89 643	三、国防	
		四、公共安全	2 109
		五、教育	1 331 124
		六、科学技术	1 220
		七、文化体育与传媒	3 514
		八、社会保障和就业	17 786
		九、医疗卫生	4 331
		十、节能环保	
		十一、城乡社区事务	18 858
		十二、农林水事务	3 850
		十三、交通运输	215
		十四、资源勘探电力信息等事务	112
		十五、商业服务业等事务	351
		十六、金融监管等事务支出	
		十七、地震灾后恢复重建支出	
		十八、国土资源气象等事务	105
		十九、住房保障支出	997
		二十、粮油物资管理事务	178
		二十一、储备事务支出	
		二十二、国债还本付息支出	
		二十三、其他支出	183 904
本年收入合计	1 579 143	本年支出合计	1 575 204
上级补助收入		上解上级支出	
省补助计划单列市收入		计划单列市上解省支出	
上年结余	636 832	调出资金	149 829
		1. 调出至一般预算	147 166
		2. 调出至政府性基金	2 663
		年终结余	490 942
		其中：本级	89 760
收入总计	2 215 975	支出总计	2 215 975

2011年度山东省财政专户管理资金收入决算明细表

单位：万元

预算科目	决算数
行政事业性收费收入（教育收费）	1 350 304
公安行政事业性收费收入	12
法院行政事业性收费收入	
司法行政事业性收费收入	
外交行政事业性收费收入	
工商行政事业性收费收入	
商贸行政事业性收费收入	61
财政行政事业性收费收入	
税务行政事业性收费收入	
海关行政事业性收费收入	
审计行政事业性收费收入	
人口和计划生育行政事业性收费收入	
国管局行政事业性收费收入	
外专局行政事业性收费收入	
保密行政事业性收费收入	
质量监督检验检疫行政事业性收费收入	
出版行政事业性收费收入	
安全生产行政事业性收费收入	
档案行政事业性收费收入	
港澳办行政事业性收费收入	
贸促会行政事业性收费收入	
宗教行政事业性收费收入	
人防办行政事业性收费收入	
中直管理局行政事业性收费收入	
文化行政事业性收费收入	
教育行政事业性收费收入	1 290 871
普通高中学费	265 158
普通高中住宿费	26 854
中等职业学校学费	93 602
中等职业学校住宿费	18 266
高等学校学费	664 791
高等学校住宿费	94 043
高等学校委托培养费	4 162
函大、电大、夜大及短训班培训费	62 193
考试考务费	61 724
中央广播电视大学中专学费	78
科技行政事业性收费收入	
体育行政事业性收费收入	96
发展与改革（物价）行政事业性收费收入	
统计行政事业性收费收入	

续表

预算科目	决算数
国土资源行政事业性收费收入	
建设行政事业性收费收入	3
知识产权行政事业性收费收入	
环保行政事业性收费收入	
旅游行政事业性收费收入	
海洋行政事业性收费收入	
测绘行政事业性收费收入	
铁路行政事业性收费收入	
交通运输行政事业性收费收入	
工业和信息产业行政事业性收费收入	
农业行政事业性收费收入	30
林业行政事业性收费收入	10
水利行政事业性收费收入	
卫生行政事业性收费收入	5 356
民政行政事业性收费收入	14
人力资源和社会保障行政事业性收费收入	1 783
证监会行政事业性收费收入	
银监会行政事业性收费收入	
保监会行政事业性收费收入	
电力市场监管行政事业性收费收入	
仲裁委行政事业性收费收入	
编办行政事业性收费收入	
党校行政事业性收费收入	1 664
函授学院办学收费	664
委托培养在职研究生学费	181
短期培训进修费	805
教材费	14
监察行政事业性收费收入	
外文局行政事业性收费收入	
南水北调办行政事业性收费收入	
国资委行政事业性收费收入	
其他行政事业性收费收入	50 404
其他收入（款）	228 839
彩票发行机构和彩票销售机构的业务费用	89 643
福利彩票销售机构的业务费用	53 932
体育彩票销售机构的业务费用	35 711
其他收入（项）	139 196
本年收入合计	1 579 143

2011 年度山东省财政专户管理资金支出决算功能分类明细表

单位：万元

预算科目	决算数
一般公共服务	6 550
人大事务	
政协事务	
政府办公厅（室）及相关机构事务	921
发展与改革事务	129
统计信息事务	2
财政事务	110
税收事务	
审计事务	
海关事务	
人力资源事务	125
纪检监察事务	
人口与计划生育事务	1 045
商贸事务	
知识产权事务	
工商行政管理事务	
质量技术监督与检验检疫事务	608
民族事务	
宗教事务	
港澳台侨事务	
档案事务	7
民主党派及工商联事务	
群众团体事务	2 488
党委办公厅（室）及相关机构事务	284
组织事务	
宣传事务	
统战事务	
对外联络事务	
其他共产党事务支出	1
其他一般公共服务支出	830
外交	
国防	
公共安全	2 109
武装警察	125
公安	368
国家安全	
检察	
法院	
司法	307
监狱	1 309

续表

预算科目	决算数
劳教	
国家保密	
缉私警察	
其他公共安全支出	
教育	1 331 124
教育管理事务	20 912
普通教育	877 648
职业教育	359 466
成人教育	3 477
广播电视教育	13 817
留学教育	
特殊教育	191
教师进修及干部继续教育	19 141
教育费附加安排的支出	
其他教育支出	36 472
科学技术	1 220
科学技术管理事务	
基础研究	555
应用研究	
技术研究与开发	
科技条件与服务	225
社会科学	
科学技术普及	440
科技交流与合作	
科技重大专项	
其他科学技术支出	
文化体育与传媒	3 514
文化	147
文物	1
体育	91
广播影视	3 275
新闻出版	
其他文化体育与传媒支出	
社会保障和就业	17 786
人力资源和社会保障管理事务	1 028
民政管理事务	1 948
财政对社会保险基金的补助	
补充全国社会保障基金	
行政事业单位离退休	5 684
企业改革补助	
就业补助	

续表

预算科目	决算数
抚恤	
退役安置	176
社会福利	7
残疾人事业	
城市居民最低生活保障	
其他城镇社会救济	
自然灾害生活救助	
红十字事业	1 560
农村最低生活保障	
其他农村社会救济	
补充道路交通事故社会救助基金	
其他社会保障和就业支出	7 383
医疗卫生	4 331
医疗卫生管理事务	30
公立医院	109
基层医疗卫生机构	294
公共卫生	2 275
医疗保障	50
中医药	1 248
食品和药品监督管理事务	5
其他医疗卫生支出	320
节能环保	
环境保护管理事务	
环境监测与监察	
污染防治	
自然生态保护	
天然林保护	
退耕还林	
风沙荒漠治理	
退牧还草	
已垦草原退耕还草	
能源节约利用	
污染减排	
可再生能源	
资源综合利用	
能源管理事务	
其他节能环保支出	
城乡社区事务	18 858
城乡社区管理事务	1 662
城乡社区规划与管理	3 317
城乡社区公共设施	10 071

续表

预算科目	决算数
城乡社区环境卫生	3 696
建设市场管理与监督	
其他城乡社区事务支出	112
农林水事务	3 850
农业	610
林业	217
水利	2 933
南水北调	
扶贫	
农业综合开发	
农村综合改革	
其他农林水事务支出	90
交通运输	215
公路水路运输	73
铁路运输	124
民用航空运输	
石油价格改革对交通运输的补贴	
邮政业支出	
车辆购置税支出	
其他交通运输支出	18
资源勘探电力信息等事务	112
资源勘探开发和服务支出	33
制造业	
建筑业	
电力监管支出	
工业和信息产业监管支出	76
安全生产监管	3
国有资产监管	
支持中小企业发展和管理支出	
其他资源勘探电力信息等事务支出	
商业服务业等事务	351
商业流通事务	351
旅游业管理与服务支出	
涉外发展服务支出	
其他商业服务业等事务支出	
金融监管等事务支出	
金融部门行政支出	
金融部门监管支出	
金融发展支出	
金融调控支出	
农村金融发展支出	

续表

预算科目	决算数
其他金融监管等事务支出	
地震灾后恢复重建支出	
倒塌毁损民房恢复重建	
基础设施恢复重建	
公益服务设施恢复重建	
农业林业恢复生产和重建	
工商企业恢复生产和重建	
党政机关恢复重建	
军队武警恢复重建支出	
其他恢复重建支出	
国土资源气象等事务	105
国土资源事务	105
海洋管理事务	
测绘事务	
地震事务	
气象事务	
住房保障支出	997
保障性安居工程支出	
住房改革支出	
城乡社区住宅	997
粮油物资管理事务	178
粮油事务	178
物资事务	
储备事务支出	
能源储备	
粮油储备	
重要商品储备	
国债还本付息支出	
国内债务付息	
国外债务付息	
国内外债务发行	
补充还贷准备金	
财政部代理发行地方政府债券付息	
其他支出（类）	183 904
汶川地震捐赠支出	
彩票发行销售机构业务费安排的支出	74 171
福利彩票发行机构的业务费支出	
体育彩票发行机构的业务费支出	
福利彩票销售机构的业务费支出	38 719
体育彩票销售机构的业务费支出	35 452
其他彩票发行销售机构业务费安排的支出	
其他支出（款）	109 733
本年支出合计	1 575 204

2011年度山东省财政专户管理资金收支决算分级表

单位：万元

预算科目	决算数合计	省级	地级	其中：地级直属乡镇	县级	乡镇级	预算科目	决算数合计	省级	地级	其中：地级直属乡镇	县级	乡镇级
一、行政事业性收费收入（教育收费）	1 350 304	611 339	367 151		369 892	1 922	一、一般公共服务	6 550	3 887	2 160		503	
二、其他收入	228 839	63 381	70 187		94 157	1 114	二、外交						
其中：彩票发行机构和彩票销售机构的业务费用	89 643	57 260	32 378		5		三、国防						
							四、公共安全	2 109	1 326	285		498	
							五、教育	1 331 124	606 763	358 778		365 138	445
							六、科学技术	1 220	1 166	54			
							七、文化体育与传媒	3 514	2 247	95		1 172	
							八、社会保障和就业	17 786	72	14 960		2 754	
							九、医疗卫生	4 331	1 145	75		3 111	
							十、节能环保						
							十一、城乡社区事务	18 858	173	14 908		3 777	
							十二、农林水事务	3 850	190	335		3 325	
							十三、交通运输	215	124			91	
							十四、资源勘探电力信息等事务	112	76			36	
							十五、商业服务业等事务	351		351			
							十六、金融监管等事务支出						
							十七、地震灾后恢复重建支出						
							十八、国土资源气象等事务	105	105				
							十九、住房保障支出	997		997			
							二十、粮油物资管理事务	178	178				
							二十一、储备事务支出						
							二十二、国债还本付息支出						
							二十三、其他支出	183 904	49 794	43 613		90 497	
本年收入合计	1 579 143	674 720	437 338		464 049	3 036	本年支出合计	1 575 204	667 246	436 611		470 902	445

2011年山东省国有企业资产负债表

单位：元

项　　目	行次	期末余额	年初余额	项　　目	行次	期末余额	年初余额
流动资产：	1	—	—	流动负债：	66	—	—
货币资金	2	243 024 838 961.52	226 825 880 417.15	短期借款	67	252 509 086 439.70	206 093 424 389.67
△结算备付金	3	250 291 812.85	161 918 063.04	△向中央银行借款	68	371 250 000.00	
△拆出资金	4		6 799 398.70	△吸收存款及同业存放	69	45 354 148 159.08	40 797 611 876.25
交易性金融资产	5	7 831 740 110.25	9 501 273 492.76	△拆入资金	70	125 203 600.00	110 599 090.00
应收票据	6	59 630 229 738.59	58 695 858 216.03	交易性金融负债	71	1 149 123 502.49	3 865 809.52
应收账款	7	77 994 556 892.51	63 602 656 538.28	应付票据	72	47 741 951 613.09	48 086 841 339.75
预付款项	8	73 848 226 187.53	62 113 880 059.62	应付账款	73	152 992 449 932.76	128 117 491 498.61
△应收保费	9	4 364 155.63		预收款项	74	73 353 785 560.34	63 213 579 188.31
△应收分保账款	10	2 403 635.52		△卖出回购金融资产款	75	8 676 539 437.50	4 869 762 797.00
△应收分保合同准备金	11	4 797 188.46		△应付手续费及佣金	76	406 423.94	
应收利息	12	488 057 798.93	255 489 869.93	应付职工薪酬	77	22 450 973 885.56	21 869 407 580.67
应收股利	13	1 256 699 984.85	1 122 702 324.26	其中：应付工资	78	13 855 574 716.04	13 966 200 673.09
其他应收款	14	118 883 665 244.84	101 731 526 008.69	应付福利费	79	512 728 271.31	1 004 261 996.98
△买入返售金融资产	15	11 741 440 999.95	11 358 491 229.60	#其中：职工奖励及福利基金	80	-20 035 858.67	182 099 427.77
存货	16	213 810 460 100.33	168 973 647 327.67	应交税费	81	14 805 033 539.73	15 280 856 644.08
其中：原材料	17	55 339 217 689.33	44 144 110 205.96	其中：应交税金	82	11 188 562 188.67	11 842 188 289.63
库存商品（产成品）	18	89 424 533 742.35	71 451 393 627.37	应付利息	83	4 913 706 291.87	3 336 056 969.45
一年内到期的非流动资产	19	10 792 051 114.46	7 896 389 331.46	应付股利	84	3 101 505 266.19	2 838 963 216.45
其他流动资产	20	1 725 283 281.02	1 107 226 794.98	其他应付款	85	177 707 967 605.67	157 454 384 575.48
流动资产合计	21	821 289 107 207.24	713 353 739 072.17	△应付分保账款	86	6 496 361.67	
非流动资产：	22	—	—	△保险合同准备金	87	40 379 189.40	
△发放贷款及垫款	23	29 562 681 611.45	24 385 414 088.42	△代理买卖证券款	88		
可供出售金融资产	24	12 616 715 583.51	11 263 561 365.23	△代理承销证券款	89		
持有至到期投资	25	18 885 984 022.87	17 372 099 171.54	一年内到期的非流动负债	90	49 339 272 598.29	23 401 969 780.00
长期应收款	26	12 250 224 784.41	5 686 074 023.70	其他流动负债	91	2 340 201 946.40	1 773 677 074.98
长期股权投资	27	92 006 379 511.51	78 986 475 877.61	流动负债合计	92	856 979 481 353.68	717 248 491 830.22
投资性房地产	28	6 414 224 279.78	4 400 012 194.62	非流动负债：	93	—	—
固定资产原价	29	749 584 257 644.87	643 163 533 994.84	长期借款	94	236 480 960 077.36	241 821 224 660.82
减：累计折旧	30	261 062 989 569.46	220 736 953 305.25	应付债券	95	78 844 629 064.08	46 303 291 398.78
固定资产净值	31	488 521 268 075.41	422 426 580 689.59	长期应付款	96	26 543 735 647.69	19 214 914 034.96
减：固定资产减值准备	32	3 360 094 072.43	2 648 980 354.88	专项应付款	97	11 181 017 843.41	10 060 627 482.93

续表

项　目	行次	期末余额	年初余额	项　目	行次	期末余额	年初余额
固定资产净额	33	485 161 174 002.98	419 777 600 334.71	预计负债	98	4 019 841 739.52	3 739 558 815.14
在建工程	34	140 706 193 895.37	124 889 976 468.59	递延所得税负债	99	7 712 905 454.36	6 529 478 204.54
工程物资	35	2 989 824 203.68	2 313 609 079.53	其他非流动负债	100	3 560 646 424.75	2 211 156 240.13
固定资产清理	36	1 237 907 373.66	1 048 398 773.10	其中：特准储备基金	101		
生产性生物资产	37	84 315 029.15	53 857 885.74	非流动负债合计	102	368 343 736 251.17	329 880 250 837.30
油气资产	38		245 027.00	负债合计	103	1 225 323 217 604.85	1 047 128 742 667.52
无形资产	39	149 762 641 089.19	117 818 375 787.58	所有者权益（或股东权益）：	104	—	—
开发支出	40	404 787 990.11	221 655 333.87	实收资本（股本）	105	148 758 137 239.24	142 548 749 032.00
商誉	41	9 036 845 124.02	5 984 359 992.86	国家资本	106	102 350 713 690.00	99 232 235 346.85
长期待摊费用	42	7 320 388 161.41	5 924 759 916.97	集体资本	107	508 195 022.90	409 808 420.00
递延所得税资产	43	13 084 016 589.31	11 516 341 021.85	法人资本	108	38 891 235 381.37	35 965 122 367.12
其他非流动资产	44	1 429 574 782.16	829 064 467.40	其中：国有法人资本	109	30 412 944 107.99	28 420 502 247.41
其中：特准储备物资	45			集体法人资本	110	3 625 055 603.72	3 497 712 779.72
非流动资产合计	46	982 953 878 034.57	832 471 880 810.32	个人资本	111	4 825 097 792.60	4 723 082 892.24
	47			外商资本	112	2 182 895 352.37	2 218 500 005.79
	48			#减：已归还投资	113	30.00	30.00
	49			实收资本（或股本）净额	114	148 758 137 209.24	142 548 749 002.00
	50			资本公积	115	161 693 898 073.90	144 677 860 821.85
	51			减：库存股	116		
	52			专项储备	117	7 091 439 462.54	6 265 371 586.66
	53			盈余公积	118	20 709 636 861.61	17 800 784 869.17
	54			其中：法定公积金	119	11 691 669 956.79	9 445 022 413.89
	55			任意公积金	120	3 375 881 239.10	2 993 510 580.72
	56			#储备基金	121	42 683 474.21	40 203 954.59
	57			#企业发展基金	122	61 906 257.82	60 970 441.01
	58			#利润归还投资	123	-66 240.23	-66 240.23
	59			△一般风险准备	124	1 071 502 145.97	856 159 243.76
	60			未分配利润	125	63 351 638 285.87	40 111 262 468.20
	61			外币报表折算差额	126	-478 802 240.76	-79 284 295.12
	62			归属于母公司所有者权益合计	127	402 197 449 798.37	352 180 903 696.52
	63			*少数股东权益	128	176 722 317 838.59	146 515 973 518.45
	64			所有者权益合计	129	578 919 767 636.96	498 696 877 214.97
资产总计	65	1 804 242 985 241.81	1 545 825 619 882.49	负债和所有者权益总计	130	1 804 242 985 241.81	1 545 825 619 882.49

注：表中带*科目为合并会计报表专用；加△楷体项目为金融类企业专用，带#为外商投资企业专用。

2011 年山东省国有企业利润表

单位：元

项　　目	行次	本期金额	上期金额	项　　目	行次	本期金额	上期金额
一、营业总收入	**1**	**1 148 920 552 840.78**	**955 963 620 668.14**	其他	29		81 685.51
其中：营业收入	2	1 141 450 429 789.87	949 033 991 775.18	加：公允价值变动收益（损失以“－”号填列）	30	－1 697 974 277.25	392 508 757.53
其中：主营业务收入	3	1 078 549 604 431.94	900 403 792 048.38	投资收益（损失以“－”号填列）	31	5 837 007 366.07	6 661 891 153.71
其他业务收入	4	62 900 825 357.93	48 630 199 726.80	其中：对联营企业和合营企业的投资收益	32	1 983 069 878.73	1 678 429 489.88
△利息收入	5	3 680 924 881.21	2 233 144 962.17	△汇兑收益（损失以“－”号填列）	33	－6 205 756.03	－2 397 577.33
△已赚保费	6	13 611 075.18		**三、营业利润（亏损以“－”号填列）**	**34**	**69 023 414 847.82**	**68 062 671 021.84**
△手续费及佣金收入	7	3 775 587 094.52	4 696 483 930.79	加：营业外收入	35	10 413 546 316.70	10 130 622 287.31
二、营业总成本	**8**	**1 084 029 965 325.75**	**894 952 951 980.21**	其中：非流动资产处置利得	36	511 666 797.09	1 046 671 964.80
其中：营业成本	9	937 366 490 087.81	775 217 259 903.04	非货币性资产交换利得	37	529 026.29	1 042 079.99
其中：主营业务成本	10	884 509 386 205.48	734 903 835 547.23	政府补助	38	5 756 880 333.23	4 835 998 724.33
其他业务成本	11	52 857 103 882.33	40 313 424 355.81	债务重组利得	39	130 311 906.78	364 420 409.49
△利息支出	12	1 272 966 424.90	848 130 133.10	减：营业外支出	40	3 502 152 866.54	3 856 157 630.26
△手续费及佣金支出	13	507 406 060.29	630 136 282.28	其中：非流动资产处置损失	41	1 061 734 447.52	918 228 568.86
△退保金	14			非货币性资产交换损失	42	－228 857.49	－199 131.86
△赔付支出净额	15	1 188 932.02		债务重组损失	43	16 065 707.34	10 019 324.41
△提取保险合同准备金净额	16	61 294 040.16	25 230 720.37	**四、利润总额（亏损总额以“－”号填列）**	**44**	**75 934 808 297.98**	**74 337 135 678.89**
△保单红利支出	17			减：所得税费用	45	19 898 356 876.96	18 851 314 770.67
△分保费用	18	－2 588 755.68		**五、净利润（净亏损以“－”号填列）**	**46**	**56 036 451 421.02**	**55 485 820 908.22**
营业税金及附加	19	14 453 040 343.32	11 835 275 459.01	归属于母公司所有者的净利润	47	34 460 230 715.11	32 850 769 755.48
销售费用	20	32 423 632 997.11	28 081 046 253.09	＊少数股东损益	48	21 576 220 705.91	22 635 051 152.74
管理费用	21	71 053 281 240.45	58 986 413 702.61	**六、每股收益：**	**49**	—	—
其中：业务招待费	22	1 971 180 357.32	1 629 809 520.74	基本每股收益	50		
研究与开发费	23	4 627 014 420.42	3 718 670 395.61	稀释每股收益	51		
财务费用	24	23 658 183 485.14	14 932 372 682.81	**七、其他综合收益**	**52**	**6 761 454 171.60**	**2 599 098 548.59**
其中：利息支出	25	27 279 711 481.35	18 895 518 986.94	**八、综合收益总额**	**53**	**62 797 905 592.62**	**58 084 919 456.81**
利息收入	26	4 845 108 633.73	3 100 106 320.51	归属于母公司所有者的综合收益总额	54	41 668 349 163.51	35 012 710 440.73
汇兑净损失（净收益以“－”号填列）	27	－889 348 033.78	－2 316 762 321.50	＊归属于少数股东的综合收益总额	55	21 129 556 429.11	23 072 209 016.08
资产减值损失	28	3 235 070 470.23	4 397 005 158.39		56		

注：表中带＊科目为合并会计表专用；加△楷体项目为金融类企业专用。

2011 年山东省国有企业现金流量表

单位：元

项　目	行次	本期金额	上期金额	项　目	行次	本期金额	上期金额
一、经营活动产生的现金流量：	1	—	—	处置固定资产、无形资产和其他长期资产所收回的现金净额	30	2 733 842 920.76	2 332 118 704.57
销售商品、提供劳务收到的现金	2	1 076 908 351 552.32	938 324 605 236.18	处置子公司及其他营业单位收回的现金净额	31	230 126 631.22	1 200 258 684.89
△客户存款和同业存放款项净增加额	3	3 565 705 119.34	10 677 556 369.99	收到其他与投资活动有关的现金	32	22 050 799 247.12	6 964 368 562.69
△向中央银行借款净增加额	4	371 250 000.00	-53 400 000.00	**投资活动现金流入小计**	**33**	**142 320 836 956.80**	**410 104 382 554.22**
△向其他金融机构拆入资金净增加额	5	8 013 815 739.60	-6 552 661 830.43	购建固定资产、无形资产和其他长期资产所支付的现金	34	102 045 054 880.55	94 471 712 295.30
△收到原保险合同保费取得的现金	6	93 707 501.29	22 318 098.49	投资支付的现金	35	138 285 810 673.91	427 335 384 025.46
△收到再保险业务现金净额	7	-939 921.68		△质押贷款净增加额	36		
△保户储金及投资款净增加额	8			取得子公司及其他营业单位支付的现金净额	37	2 625 406 361.66	2 533 125 619.69
△处置交易性金融资产净增加额	9	71 469 660.64	2 079 165 081.45	支付其他与投资活动有关的现金	38	26 658 873 556.32	6 463 351 990.34
△收取利息、手续费及佣金的现金	10	7 141 261 558.46	6 419 554 947.01	**投资活动现金流出小计**	**39**	**269 615 145 472.44**	**530 803 573 930.79**
△拆入资金净增加额	11			**投资活动产生的现金流量净额**	**40**	**-127 294 308 515.64**	**-120 699 191 376.57**
△回购业务资金净增加额	12	1 279 927 864.85	-155 944 222.00	**三、筹资活动产生的现金流量：**	**41**	—	—
收到的税费返还	13	6 069 827 377.97	5 944 624 294.99	吸收投资收到的现金	42	25 209 900 793.91	22 193 097 895.25
收到其他与经营活动有关的现金	14	153 006 993 161.16	112 593 375 935.79	其中：子公司吸收少数股东投资收到的现金	43	6 847 815 897.56	2 835 656 137.78
经营活动现金流入小计	**15**	**1 256 521 369 613.95**	**1 069 299 193 911.47**	取得借款所收到的现金	44	415 500 275 171.01	337 963 306 951.76
购买商品、接收劳务支付的现金	16	837 371 977 552.39	720 600 992 147.88	△发行债券收到的现金	45	11 964 645 288.07	10 339 914 000.00
△客户贷款及垫款净增加额	17	5 580 380 848.02	6 049 545 635.67	收到其他与筹资活动有关的现金	46	28 605 406 341.82	25 731 528 174.50
△存放中央银行和同业款项净增加额	18	2 909 627 393.28	1 523 313 589.68	**筹资活动现金流入小计**	**47**	**481 280 227 594.81**	**396 227 847 021.51**
△支付原保险合同赔付款项的现金	19	957 158.06		偿还债务所支付的现金	48	342 016 450 533.52	256 458 774 969.02
△支付利息、手续费及佣金的现金	20	1 465 331 848.56	770 363 506.50	分配股利、利润或偿付利息所支付的现金	49	42 027 771 621.84	32 863 559 870.99
△支付保单红利的现金	21			其中：子公司支付给少数股东的股利、利润	50	4 097 617 982.19	3 335 370 335.41
支付给职工以及为职工支付的现金	22	94 181 456 603.21	78 628 404 708.00	支付其他与筹资活动有关的现金	51	21 806 594 060.72	13 536 450 375.54
支付的各项税费	23	77 289 495 934.45	65 929 529 602.13	**筹资活动现金流出小计**	**52**	**405 850 816 216.08**	**302 858 785 215.55**
支付其他与经营活动有关的现金	24	166 897 516 623.73	125 544 336 897.91	**筹资活动产生的现金流量净额**	**53**	**75 429 411 378.73**	**93 369 061 805.96**
经营活动现金流出小计	**25**	**1 185 696 743 961.70**	**999 046 486 087.77**	**四、汇率变动对现金及现金等价物的影响**	**54**	**-672 220 275.43**	**-338 505 834.03**
经营活动产生的现金流量净额	**26**	**70 824 625 652.25**	**70 252 707 823.70**	**五、现金及现金等价物净增加额**	**55**	**18 287 508 239.91**	**42 584 072 419.06**
二、投资活动产生的现金流量：	**27**	——	——	加：期初现金及现金等价物余额	56	221 064 052 573.09	178 479 980 154.03
收回投资收到的现金	28	113 183 690 682.51	395 529 461 203.10	**六、期末现金及现金等价物余额**	**57**	**239 351 560 813.00**	**221 064 052 573.09**
取得投资收益收到的现金	29	4 122 377 475.19	4 078 175 398.97		58		

注：加△楷体项目为金融类企业专用。

2011 年山东省国有企业

项　　目	行次	归属于母			
		实收资本（或股本）	资本公积	减：库存股	专项储备
栏　　次	0	1	2	3	4
一、上年年末余额	1	142 548 749 002.00	144 677 860 821.85		6 265 371 586.66
加：会计政策变更	2	—	—	—	—
前期差错更正	3	—	—	—	—
二、本年年初余额	4	142 548 749 002.00	144 677 860 821.85		6 265 371 586.66
三、本年增减变动金额（减少以“－”号填列）	5	6 209 388 207.24	17 016 037 252.05		826 067 875.88
（一）净利润	6	—	—	—	—
（二）其他综合收益	7	－29 176 855.78	8 099 768 059.13		1 193 142.16
综合收益小计	8	－29 176 855.78	8 099 768 059.13		1 193 142.16
（三）所有者投入和减少资本	9	3 919 667 991.93	9 638 778 818.33		－14 444 606.86
1. 所有者投入资本	10	3 360 057 906.61	9 294 284 853.74	—	—
2. 股份支付计入所有者权益的金额	11	－149 747 913.50	254 163 429.11	—	—
3. 其他	12	709 357 998.82	90 330 535.48		－14 444 606.86
（四）专项储备提取和使用	13	－10 155 467.85	1 403 080 144.00		839 116 084.85
1. 提取专项储备	14	—	—	—	3 918 034 125.65
2. 使用专项储备	15	—	—	—	－3 078 918 040.80
（五）利润分配	16		－22 075 991.52		
1. 提取盈余公积	17				
其中：法定公积金	18	—	—	—	—
任意公积金	19	—	—	—	—
#储备基金	20	—	—	—	—
#企业发展基金	21	—	—	—	—
#利润归还投资	22	—	—	—	—
2. 提取一般风险准备	23	—	—	—	—
3. 对所有者（或股东）的分配	24	—	—	—	—
4. 其他	25		－22 075 991.52		
（六）所有者权益内部结转	26	2 329 052 538.94	－2 103 513 777.89		203 255.73
1. 资本公积转增资本（或股本）	27	2 123 395 426.37	－2 123 395 426.37	—	—
2. 盈余公积转增资本（或股本）	28	38 425 394.06	—	—	—
3. 盈余公积弥补亏损	29	—	—	—	—
4. 其他	30	167 231 718.51	19 881 648.48		203 255.73
四、本年年末余额	31	148 758 137 209.24	161 693 898 073.90		7 091 439 462.54

注：加△楷体项目为金融类企业专用，带#为外商投资企业专用。

所有者权益变动表

单位：元

本年金额						
公司所有者权益					少数股东权益	所有者权益合计
盈余公积	“一般风险准备”	未分配利润	其他	小计		
5	6	7	8	9	10	11
17 800 784 869.17	856 159 243.76	40 111 262 468.20	-79 284 295.12	352 180 903 696.52	146 515 973 518.45	498 696 877 214.97
—	—	—	—	—	—	—
—	—	—	—	—	—	—
17 800 784 869.17	856 159 243.76	40 111 262 468.20	-79 284 295.12	352 180 903 696.52	146 515 973 518.45	498 696 877 214.97
2 908 851 992.44	215 342 902.21	23 240 375 817.67	-399 517 945.64	50 016 546 101.85	30 206 344 320.14	80 222 890 421.99
—	—	34 460 230 715.11	—	34 460 230 715.11	21 576 220 705.91	56 036 451 421.02
14 707 627.06	-725 798.78	-576 122 882.31	-322 164 951.86	7 187 478 339.62	-889 073 795.94	6 298 404 543.68
14 707 627.06	-725 798.78	33 884 107 832.80	-322 164 951.86	41 647 709 054.73	20 687 146 909.97	62 334 855 964.70
806 725 550.49		390 279 909.48	18 206.07	14 741 025 869.44	14 519 073 277.96	29 260 099 147.40
—	—	—	—	12 654 342 760.35	14 515 699 348.73	27 170 042 109.08
—	—	—	—	104 415 515.61	73 268 069.67	177 683 585.28
806 725 550.49		390 279 909.48	18 206.07	1 982 267 593.48	-69 894 140.44	1 912 373 453.04
-105 075 774.47	571 836.42	-515 389 307.44	-77 371 199.85	1 534 776 315.66	296 822 680.80	1 831 598 996.46
—	—	—	—	3 918 034 125.65	915 081 531.99	4 833 115 657.64
—	—	—	—	-3 078 918 040.80	-618 258 851.19	-3 697 176 891.99
3 248 647 999.12	215 496 864.57	-11 289 179 151.90		-7 847 110 279.73	-5 298 461 947.04	-13 145 572 226.77
3 184 611 701.66		-3 184 237 811.39		373 890.27	-498 620.40	-124 730.13
2 546 127 525.20	—	-2 546 127 525.20	—		—	
628 341 687.13	—	-628 341 687.13	—		—	
8 401 420.34	—	-8 401 420.34	—		—	
1 367 178.72	—	-1 367 178.72	—		—	
	—		—		—	
—	215 496 864.57	-215 496 864.57	—		—	
—	—	-7 711 388 996.35	—	-7 711 388 996.35	-5 207 623 929.20	-12 919 012 925.55
64 036 297.46		-178 055 479.59		-136 095 173.65	-90 339 397.44	-226 434 571.09
-1 056 153 409.76		770 556 534.73		-59 854 858.25	1 763 398.45	-58 091 459.80
—	—	—	—		—	
-38 425 394.06	—	—	—		—	
-34 644 716.92	—	34 644 716.92	—		—	
-983 083 298.78		735 911 817.81		-59 854 858.25	1 763 398.45	-58 091 459.80
20 709 636 861.61	1 071 502 145.97	63 351 638 285.87	-478 802 240.76	402 197 449 798.37	176 722 317 838.59	578 919 767 636.96

项目	行次	归属于母			
		实收资本（或股本）	资本公积	减：库存股	专项储备
栏次	0	12	13	14	15
一、上年年末余额	1	124 870 989 535.59	143 724 218 476.73		4 590 001 795.62
加：会计政策变更	2	47 365 325.18	107 629 121.49		412 303 721.90
前期差错更正	3		-434 354 940.05		22 269.18
二、本年年初余额	4	124 918 354 860.77	143 397 492 658.17		5 002 327 786.70
三、本年增减变动金额（减少以“-”号填列）	5	17 630 394 141.23	1 280 368 163.68		1 263 043 799.96
（一）净利润	6	—	—	—	—
（二）其他综合收益	7	-7 725 615.98	2 878 765 942.28		838 879.47
综合收益小计	8	-7 725 615.98	2 878 765 942.28		838 879.47
（三）所有者投入和减少资本	9	3 945 692 414.50	9 457 618 491.08		2 982 691.73
1. 所有者投入资本	10	4 111 611 820.03	7 143 547 354.24	—	—
2. 股份支付计入所有者权益的金额	11		1 407 924 840.41	—	—
3. 其他	12	-165 919 405.53	906 146 296.43		2 982 691.73
（四）专项储备提取和使用	13	86 117 359.66	845 820 308.42		1 266 869 944.30
1. 提取专项储备	14	—	—	—	4 023 255 836.15
2. 使用专项储备	15	—	—	—	-2 756 385 891.85
（五）利润分配	16		-14 078 446.79		-7 647 715.54
1. 提取盈余公积	17				
其中：法定公积金	18	—	—	—	—
任意公积金	19	—	—	—	—
#储备基金	20	—	—	—	—
#企业发展基金	21	—	—	—	—
#利润归还投资	22	—	—	—	—
2. 提取一般风险准备	23	—	—	—	—
3. 对所有者（或股东）的分配	24	—	—	—	—
4. 其他	25		-14 078 446.79		-7 647 715.54
（六）所有者权益内部结转	26	13 606 309 983.05	-11 887 758 131.31		
1. 资本公积转增资本（或股本）	27	11 819 626 761.33	-11 819 626 761.33	—	—
2. 盈余公积转增资本（或股本）	28	102 897 017.99	—	—	—
3. 盈余公积弥补亏损	29	—	—	—	—
4. 其他	30	1 683 786 203.73	-68 131 369.98		
四、本年年末余额	31	142 548 749 002.00	144 677 860 821.85		6 265 371 586.66

续表

上年金额						
公司所有者权益					少数股东权益	所有者权益合计
盈余公积	"一般风险准备"	未分配利润	其他	小计		
16	17	18	19	20	21	22
15 242 344 362. 05	626 648 107. 46	21 212 082 535. 46	-134 210 986. 91	310 132 073 826. 00	115 343 299 758. 33	340 301 957 691. 18
-10 147 816. 77		-431 477 225. 98		125 673 125. 82	27 183. 35	927 107 017. 11
42 887 460. 63		-1 192 045 987. 99		-1 583 491 198. 23	-608 300 057. 60	-1 738 331 205. 22
15 275 084 005. 91	626 648 107. 46	19 588 559 321. 49	-134 210 986. 91	308 674 255 753. 59	114 735 026 884. 08	423 409 282 637. 67
2 525 700 863. 26	229 511 136. 30	20 522 703 146. 71	54 926 691. 79	43 506 647 942. 93	31 780 946 634. 37	75 287 594 577. 30
—	—	32 850 769 755. 48	—	32 850 769 755. 48	22 635 051 152. 74	55 485 820 908. 22
-6 681 320. 13		-898 036 178. 10	76 612 321. 68	2 043 774 029. 22	439 852 968. 86	2 483 626 998. 08
-6 681 320. 13		31 952 733 577. 38	76 612 321. 68	34 894 543 784. 70	23 074 904 121. 60	57 969 447 906. 30
-27 734 688. 08		501 111 156. 00		13 879 670 065. 23	12 152 372 706. 56	26 032 042 771. 79
—	—	—	—	11 255 159 174. 27	11 786 867 880. 61	23 042 027 054. 88
—	—	—	—	1 407 924 840. 41	379 140 875. 08	1 787 065 715. 49
-27 734 688. 08		501 111 156. 00		1 216 586 050. 55	-13 636 049. 13	1 202 950 001. 42
-118 449 830. 49	9 630 051. 08	175 074 604. 40	-21 685 629. 89	2 243 376 807. 48	10 437 826. 03	2 253 814 633. 51
—	—	—	—	4 023 255 836. 15	486 544 702. 59	4 509 800 538. 74
—	—	—	—	-2 756 385 891. 85	-476 106 876. 56	-3 232 492 768. 41
2 805 427 467. 73	219 881 085. 22	-11 640 886 998. 73		-8 637 304 608. 11	-3 456 179 255. 94	-12 093 483 864. 05
2 748 845 698. 92		-2 748 845 698. 92				
2 313 315 180. 60	—	-2 313 315 180. 60	—		—	
420 058 095. 06	—	-420 058 095. 06	—		—	
7 744 603. 19	—	-7 744 603. 19	—		—	
32 537. 81	—	-32 537. 81	—		—	
7 695 282. 26	—	-7 695 282. 26	—		—	
—	219 881 085. 22	-219 881 085. 22	—		—	
—	—	-8 581 733 469. 71	—	-8 581 733 469. 71	-2 826 581 599. 02	-11 408 315 068. 73
56 581 768. 81		-90 426 744. 88		-55 571 138. 40	-629 597 656. 92	-685 168 795. 32
-126 860 765. 77		-465 329 192. 34		1 126 361 893. 63	-588 763. 88	1 125 773 129. 75
—	—	—	—		—	
-102 897 017. 99	—	—	—		—	
-5 151 043. 08	—	5 151 043. 08	—		—	
-18 812 704. 70		-470 480 235. 42		1 126 361 893. 63	-588 763. 88	1 125 773 129. 75
17 800 784 869. 17	856 159 243. 76	40 111 262 468. 20	-79 284 295. 12	352 180 903 696. 52	146 515 973 518. 45	498 696 877 214. 97

2011 年山东省国有企业

项　　目	行次	年初账面余额	本期增加额				
			本期计提额	合并增加额	其他	合计	资产价值回升转回额
栏次	0	1	2	3	4	5	6
一、坏账准备	1	19 032 154 728.15	2 144 570 377.19	67 215 483.35	300 952 502.94	2 512 738 363.48	680 933 861.55
二、存货跌价准备	2	1 592 587 402.00	761 467 754.53	3 059 449.95	125 710 316.35	890 237 520.83	131 435 592.17
三、可供出售金融资产减值准备	3	45 218 852.84	3 770 220.60		250.00	3 770 470.60	
四、持有至到期投资减值准备	4	240 194 538.74	10 415 479.63		14 571 953.40	24 987 433.03	
五、长期股权投资减值准备	5	2 929 719 477.09	191 463 793.82	2 572 968.51	3 870 000.00	197 906 762.33	—
六、投资性房地产减值准备	6	3 832 956.51					—
七、固定资产减值准备	7	2 648 980 354.88	934 076 956.40	7 083 049.35	8 014 543.32	949 174 549.07	—
八、工程物资减值准备	8	541 725.47	574 546.19			574 546.19	—
九、在建工程减值准备	9	305 354 488.88	7 693 457.13		313 400.00	8 006 857.13	—
十、生产性生物资产减值准备	10						—
十一、油气资产减值准备	11						—
十二、无形资产减值准备	12	135 996 030.04	9 946 620.95		17 399 827.90	27 346 448.85	—
十三、商誉减值准备	13	10 909 599.69					—
十四、其他减值准备	14	590 640 200.84	253 120 600.45		2 379 498.00	255 500 098.45	8 040 735.60
	15						
合计	16	27 536 130 355.13	4 317 099 806.89	79 930 951.16	473 212 291.91	4 870 243 049.96	820 410 189.32

资产减值准备情况表

单位：元

本期减少额				期末账面余额	项目	行次	金额
转销	合并减少额	其他	合计				
7	8	9	10	11	补充资料	—	12
537 438 141.89	47 250 633.09	260 351 740.61	1 525 974 377.14	20 018 918 714.49	一、待处理资产损失（执行行业会计制度企业填列）	17	518 719 512.20
323 121 369.74	793 253.78	98 013 243.95	553 363 459.64	1 929 461 463.19	（一）待处理流动资产净损失	18	461 800 696.23
7 504 482.50			7 504 482.50	41 484 840.94	其中：1. 坏账损失	19	106 912 464.27
103 514 940.78		14 623 603.56	118 138 544.34	147 043 427.43	2. 存货损失	20	90 332 501.63
117 067 494.66	2 072 968.51	5 997 777.46	125 138 240.63	3 002 487 998.79	3. 短期投资损失	21	7 000.00
				3 832 956.51	（二）待处理固定资产损失	22	48 277 257.26
163 152 162.44	46 871 979.81	28 036 689.27	238 060 831.52	3 360 094 072.43	其中：固定资产盘亏	23	17 410 214.37
		14 236.43	14 236.43	1 102 035.23	固定资产毁损、报废	24	27 639 881.12
12 842 508.61		667 063.51	13 509 572.12	299 851 773.89	固定资产盘盈	25	-2 381 239.60
					（三）长期投资损失	26	6 541 558.71
					（四）无形资产损失	27	
2 754 800.67		1 993 019.69	4 747 820.36	158 594 658.53	（五）在建工程损失	28	2 100 000.00
				10 909 599.69	（六）委托贷款损失	29	
24 123 204.43	4 912 642.26		37 076 582.29	809 063 717.00	二、政策性挂账	30	-53 901 980.30
					三、当年处理以前年度损失和挂账	31	14 144 810.19
1 291 519 105.72	101 901 477.45	409 697 374.48	2 623 528 146.97	29 782 845 258.12	其中：在当年损益中处理以前年度损失挂账	32	23 014.78

2011年山东省国有企业应上交应弥补款项表

单位：元

项　　目	行次	金　　额	项　　目	行次	金　　额	项　　目	行次	金　　额
一、增值税：	1	—	本年应交数	26	1 897 135 468.84	本年已交数	51	4 041 497 416.82
本年应交数	2	33 780 528 006.60	本年已交数	27	1 881 942 613.54	十八、财政拨款：	52	—
本年已交数	3	34 313 955 177.57	十、石油特别收益金：	28	—	本年拨入	53	4 001 137 406.82
二、消费税：	4	—	本年应交数	29	5 983 589.22	本年支出	54	3 368 719 049.14
本年应交数	5	2 406 350 682.69	本年已交数	30	5 708 077.51	十九、储备粮油差价款：	55	—
本年已交数	6	2 339 849 153.79	十一、其他税费：	31	—	本年应补数	56	13 248 114.96
三、营业税：	7	—	本年应交数	32	7 422 699 749.38	本年已补数	57	15 612 003.67
本年应交数	8	4 687 304 734.87	本年已交数	33	7 261 921 279.83	二十、预算弥补亏损及补贴：	58	—
本年已交数	9	4 636 667 347.62	十二、基本养老保险：	34	—	本年应补数	59	470 122 516.39
四、资源税：	10	—	本年应交数	35	9 888 299 973.49	本年已补数	60	384 752 873.05
本年应交数	11	1 005 569 218.48	本年已交数	36	9 719 676 728.75	二十一、国有资本收益：	61	—
本年已交数	12	1 014 191 295.81	十三、基本医疗保险：	37	—	本年应交数	62	2 230 099 124.46
五、城建税：	13	—	本年应交数	38	3 210 507 519.39	本年已交数	63	1 993 103 470.11
本年应交数	14	2 672 092 408.21	本年已交数	39	3 271 947 372.77	补充资料：	64	—
本年已交数	15	2 739 511 014.19	十四、失业保险：	40	—	一、本年应交税费总额	65	78 506 487 212.14
六、农牧业税：	16	—	本年应交数	41	808 661 758.14	二、本年实际上交税费总额	66	78 693 895 899.62
本年应交数	17	125 405.94	本年已交数	42	778 242 601.20	三、本年实际支付补充养老保险（含年金）总额	67	581 917 899.23
本年已交数	18	464 371.74	十五、工伤保险：	43	—	四、本年实际支付补充医疗保险总额	68	370 441 978.69
七、关税：	19	—	本年应交数	44	532 930 747.71	五、出口退税情况：	69	—
本年已交进口关税	20	3 158 030 373.88	本年已交数	45	531 269 926.38	出口额（美元）	70	4 493 759 452.57
本年已交出口关税	21	26 316 908.07	十六、生育保险：	46	—	以前年度欠出口退税	71	599 982 840.58
八、企业所得税：	22	—	本年应交数	47	332 955 883.46	本年度应收出口退税	72	3 123 616 178.64
本年应交数	23	21 444 350 665.96	本年已交数	48	324 287 010.57	本年度已收出口退税	73	2 678 178 300.09
本年已交数	24	21 315 338 286.07	十七、住房公积金：	49	—	年末欠出口退税	74	1 045 420 719.13
九、教育费附加：	25	—	本年应交数	50	4 140 753 037.83			

2011 年山东省国有企业基本情况表

单位：元

项目	行次	金额	项目	行次	金额	项目	行次	金额
一、职工人数情况（人）	1		二、企业不在岗职工及劳动关系处理情况	18	—	（2）工挂企业提取的新增效益工资	35	41 051 897.53
（一）年末从业人员人数	2	1 502 248	（一）年初不在岗职工人数（人）	19	107 625	（四）本年支付的离退休人员养老金及福利性补助	36	2 352 215 979.50
（二）全年平均从业人员人数	3	1 470 872	其中：内退人数（人）	20	57 591	（五）本年支付的企业负责人薪酬总额	37	1 649 746 961.02
（三）年末职工人数	4	1 442 457	（二）年末不在岗职工人数（人）	21	112 592	企业负责人人数（人）	38	72 838
其中：年末在岗职工人数	5	1 329 865	其中：内退人数（人）	22	58 878	（六）本年支付的职工福利费	39	5 453 723 495.58
（四）全年平均职工人数	6	1 413 622	（三）本年累计解除劳动关系人数	23	26 988	（七）本年支付的医药费	40	437 419 446.71
其中：全年平均在岗职工人数	7	1 303 351	（四）本年累计支付经济补偿金额	24	55 219 249.56	其中：离退休人员医药费	41	221 317 251.83
（五）年末离休人数	8	21 313	其中：财政负担部分	25	1 573 426.12	（八）本年企业支付的职工住房费用	42	5 172 104 778.58
（六）年末退休人数	9	471 985	三、工资及福利情况	26	—	其中：本年按月发放的住房补贴	43	2 207 576 854.76
（七）参加基本养老保险职工人数	10	1 337 679	（一）全年应发工资总额	27	68 994 412 216.89	四、本年支付的职工培训费用	44	836 565 962.69
（八）参加补充养老保险职工人数	11	160 206	（二）全年实际发放工资总额	28	67 838 678 080.94	五、产值（按现行价格计算）	45	—
（九）参加基本医疗保险职工人数	12	1 323 206	其中：全年实际发放职工工资总额	29	66 447 775 254.11	（一）工业总产值	46	1 656 059 744 220.93
（十）参加补充医疗保险职工人数	13	283 159	其中：全年实际发放在岗职工工资总额	30	64 879 178 592.72	（二）工业增加值	47	271 304 321 291.28
（十一）参加失业保险职工人数	14	1 999 986	（三）企业提取的工资总额	31	64 820 768 904.17	六、本年收到的财政性资金	48	8 167 761 901.31
（十二）参加工伤保险职工人数	15	1 296 647	1. 非工挂企业工资总额	32	59 891 347 478.60	（一）基本建设性资金	49	2 295 422 524.49
（十三）参加生育保险职工人数	16	1 401 162	2. 工挂企业工资总额	33	656 300 854.72	（二）生产发展性资金	50	1 607 716 885.89
（十四）实行工效挂钩职工人数	17		（1）核定的工挂企业工资总额基数	34	7 731 508.91	（三）社会保障性资金	51	69 050 610.20

续表

项　目	行次	金　额	项　目	行次	金　额	项　目	行次	金　额
（四）其他	52	4 195 571 880. 73	其中：土地资产	68	9 177 819 953. 50	交易性金融负债	84	
七、本年科技资金来源及支出情况	**53**	—	房屋、建筑物	69	234 582 498 465. 14	持有至到期投资	85	760 824 008. 31
（一）本年科技资金来源合计	54	6 962 531 153. 61	机器设备	70	386 212 420 493. 32	可供出售金融资产	86	978 033 167. 80
其中：政府拨款	55	382 428 845. 52	运输工具	71	22 362 744 169. 75	其他收益项目	87	377 998 464. 83
企业自筹	56	6 528 891 105. 55	2. 当年计提的固定资产折旧总额	72	54 745 166 669. 48	**十、拥有的自主知识产权专利数量（项）**	**88**	**6 457**
其他	57	51 211 202. 54	其中：房屋、建筑物	73	11 820 959 329. 90	其中：本年度新增专利数量（项）	89	1 557
（二）本年科技支出合计	58	8 448 686 739. 01	机器设备	74	32 802 448 774. 13	**十一、当年企业提取的安全生产费用**	**90**	**4 195 878 744. 97**
1. 研究开发费用合计	59	7 862 903 715. 67	运输工具	75	2 596 256 510. 88	**十二、当年企业支出的安全生产费用**	**91**	**3 568 053 774. 24**
其中：研发人员人工支出	60	1 844 193 693. 77	3. 当年计提折旧的固定资产原价	76	603 550 346 621. 28	**十三、当年企业支付的环境保护及生态恢复支出**	**92**	**1 682 279 042. 62**
研究开发性固定资产支出	61	888 755 669. 05	（二）当年固定资产投资额	77	157 558 035 370. 32	其中：（一）本年度上交政府统筹的支出	93	185 523 378. 83
其他研究开发支出	62	5 129 954 352. 85	1. 购置固定资产	78	58 421 005 938. 55	（二）本年度企业提取或据实列支的支出	94	1 326 886 137. 28
2. 购买新技术、科研设备等支出	63	353 542 434. 88	2. 基建投资	79	76 066 057 584. 29	**十四、当年企业支出的节能减排费用**	**95**	**991 243 744. 29**
3. 其他科技支出	64	232 240 588. 46	3. 其他投资	80	23 070 971 847. 48	**十五、企业累计向境外投资额**	**96**	**11 758 139 125. 04**
八、固定资产情况	**65**	—	**九、投资收益**	**81**	**5 837 007 366. 07**	其中：企业当年新增向境外投资额	97	9 864 000 531. 17
（一）主要类别固定资产情况	66	—	其中：长期股权投资	82	3 785 834 180. 87		98	
1. 固定资产原价合计	67	749 584 257 644. 87	交易性金融资产	83	－65 682 455. 74		99	

2011年山东省国有企业国有资产变动情况表

单位：元

项　目	行次	金　额	项　目	行次	金　额
一、年初国有资本及权益总额	1	322 801 550 183.08	三、本年国有资本及权益减少	17	18 825 805 401.31
二、本年国有资本及权益增加	2	68 404 182 551.44	（一）经国家专项批准核销	18	95 048 646.65
（一）国家、国有单位直接或追加投资	3	7 938 121 393.79	（二）无偿划出	19	2 564 436 002.42
（二）无偿划入	4	12 784 236 298.81	（三）资产评估减少	20	518 431 257.66
（三）资产评估增加	5	983 835 390.97	（四）清产核资减少	21	863 924 168.66
（四）清产核资增加	6	58 814 119.01	（五）产权界定减少	22	28 798 329.13
（五）产权界定增加	7	60 567 463.57	（六）消化以前年度潜亏和挂账而减少	23	135 774 602.90
（六）资本（股本）溢价	8	2 700 246 092.39	（七）因自然灾害等不可抗拒因素减少	24	574 050 191.11
（七）接受捐赠	9	33 966 680.54	（八）因主辅分离减少	25	25 719 971.16
（八）债权转股权	10	999 177 724.11	（九）企业按规定上缴利润	26	4 672 720 039.88
（九）税收返还	11	930 480 599.03	（十）资本（股本）折价	27	208 039 116.68
（十）补充流动资本	12	688 935.63	（十一）中央和地方政府确定的其他因素	28	1 054 076 394.45
（十一）减值准备转回	13	237 167 384.53	（十二）经营减值	29	8 084 786 680.61
（十二）会计调整	14	1 620 514 137.27	四、年末国有资本及权益总额	30	372 379 927 333.21
（十三）中央和地方政府确定的其他因素	15	2 199 373 837.92	五、年末其他国有资金	31	4 268 974 605.70
（十四）经营积累	16	37 856 992 493.87	六、年末合计国有资产总量	32	376 648 901 938.91

第七部分

财政机构人员

省财政厅副处级以上干部名单

一、省财政厅领导

（一）厅长：于国安

巡视员：阮凤英（女）

副厅长：张洪军　庞敦之　文新三　李国健　窦玉明

省纪委驻省财政厅纪检组组长、省监察厅驻省财政厅监察专员：傅清卿

副厅长：王慎民

省农业综合开发办公室主任：姜　凝

省纪委驻省财政厅纪检组副厅级检查员：张魁珍（女）

副巡视员：张光月　宋文旭　宋新生

（二）党组书记：于国安

党组成员：张洪军　庞敦之　文新三　李国健　窦玉明　傅清卿　王慎民　姜　凝

二、机关各处室处级干部

（一）办公室

主任：高剑锋

调研员：张思功　魏光明　崔宗涛

副主任：肖友华

副调研员：丛培德

（二）综合处（挂省清理规范津贴补贴办公室牌子）

处长：孙忠欣

调研员：朱厚玉　陈　茜（女）

副处长：谭　梅（女）　侯乃弘

副调研员：袁笑梅（女）

（三）法规处（与税政处合署办公）

税政处处长：解正湖

法规处处长：赵明亮

税政处调研员：王丽华（女）

税政处副处长：吕兰纪

法规处副处长：刘凯声

税政处副处长：张长德

法规处副调研员：车爱武

税政处副调研员：张　励（女）

（四）预算处

处长：陈祥志

调研员：肖玉贵　陈东辉（女）

副处长：沙永利　王元强

副调研员：王　进

（五）国库处

处长：袁培全

副处长：董苏彭（兼）

调研员：徐春义

副处长：张建华（女）　孟纪庚

副调研员：侯效波

（六）政府采购监督管理处

处长：刘仁民

调研员：鞠少波　刘国琴（女）

正处长级：杨士祥（援疆）

副调研员：韩己峰

（七）行政政法处

处长：孙庆国

调研员：张　弘

副处长：房小蔚（女）　周　晖

副调研员：马志红（女）

（八）教科文处

处长：钟泽圣

调研员：刘玉栋

副处长：孙玉波　王宇轩　孙天波

副调研员：牛　红（女）

（九）经济建设处

处长：王　晶

调研员：刘治春

副处长：宋　杰　李恩川

副调研员：李栋林

（十）农业处

处长：李海军

调研员：张国君

副处长：王昱东　刘昌惠　刘洪军　韩如月（女）

副调研员：单　哲

（十一）社会保障处

处长：宋新生（兼）

调研员：袁永斌

省医改办协调组组长：韩　震（正处长级）

副处长：李轩红（女）

副调研员：汤　青（女）

省医改办副调研员：李　凤（女）

（十二）企业处

处长：姜　龙

调研员：姜玉巧（女）　张宏亮

副处长：张广东　张庆堂　许伟（援藏）

副调研员：刘海鹏

（十三）金融与国际合作处（挂省世界银行贷款管理办公室牌子）

处长：张相阳

调研员：徐德斌

副处长：李海英（女）　施　军

副调研员：李　丽（女）

（十四）基层财政管理处

处长：袁绍明

调研员：曹桂荣（女）

副处长：张　波

副调研员：宋庆鑫

（十五）会计处

处长：冯桂华（女）

副处长：王永振　于　军　侯　萍（女）　朱　平

副调研员：杜英俊

（十六）行政事业资产处（挂省清产核资办公室牌子）

处长：张　鹏

调研员：冯延明

副处长：张　艳（女）

副调研员：李　晨　明德兵

（十七）监督检查局

局长：李玉斌

调研员：田承钢　刘　萍（女）

副局长：蔡好勤　王凤芝（女）

副调研员：梁　雷

（十八）人事处

处长：宋文旭（兼）

调研员：隋宝文　苏登新

副调研员：李政华

（十九）省农村综合改革办公室

主任：李学春

副主任：杨建松

副调研员：宫翔宇

（二十）离退休干部处

处长：文　毅

调研员：庄龙涛

副处长：于铁民　张祖军

（二十一）机关党委

专职副书记：殷　明（正处长级）

副书记：王鲁刚（副处长级）

副调研员：王彦磊（女）

三、省农业综合开发办公室处级干部

（一）综合财务处（挂多种经营处牌子）

处长：高健民

副处长：丁福亮　魏晓军

副调研员：潘金香（女）

（二）土地治理处（挂省世界银行项目管理办公室牌子）

处长：王　刚

副处长：庞洪军　邱剑锋

四、纪检监察机构处级干部

（一）省纪委驻省财政厅纪检组

副组长：张魁珍（女、兼）　崔永峰

（二）省监察厅驻省财政厅监察专员办公室

主任：崔永峰

五、厅属事业单位处级干部

（一）省财政科学研究所

所长：李建民

副所长：周象民　刘仲川

（二）省财政信息中心

主任：刘　冰

副主任：肖丽辉　赵　刚

（三）省财政厅集中支付中心

主任：董苏彭

副主任：李永刚　魏绪燕（女）

副调研员：臧殿新　杨振华

（四）省财政投资评审中心

主任：李和森

副主任：王文胜　甘信厚

（五）省财政票据管理中心

主任：单卫国

副主任：于丽丽（女）　于晓勤

（六）省财政厅机关服务中心

主任：王　炜

副主任：王永增　杨成国

（七）省财政厅干部教育中心（挂省会计干部中等专业学校牌子）

主任：王镇修

副主任：王　宁　韩丽华（女）

（八）山东会计培训学院（挂省财政职工大学、省中华会计函授学校牌子）

院长：王镇修（兼）

副院长：孙长春　邓玉香（女）　宋建海

（九）省注册会计师协会

秘书长：侯本领

副秘书长：韩　群　史兴涛　张焕平

办公室副主任：林祥才

注册部副主任：彭建义

培训部副主任：杜　刚

评估部副主任：刘　宏（女）

副处级：李燕燕（女）

（十）省财政厅驻济南财政检查办事处

主任：张伯福

副主任：杨　超

副调研员：魏鲁林（女）　王旭东

（十一）省财政厅驻淄博财政检查办事处

调研员：张传利

（十二）省财政厅驻烟台财政检查办事处

主任：刘焕平

副调研员：曲世强　李玉林

（十三）省财政厅驻潍坊财政检查办事处

调研员：宿　胜

副调研员：祝学德　张振言

（十四）省财政厅驻济宁财政检查办事处

调研员：杨　博

（十五）省财政厅驻临沂财政检查办事处

调研员：李一三

副调研员：李　军　庄良翠（女）

（十六）省财政厅驻德州财政检查办事处

调研员：韩志毅

副调研员：赵晓宏

六、山东省经济开发投资公司领导、部室处级干部及有关人员

（一）省经济开发投资公司

总经理：姜延伟

副总经理：赵怀文　寇尊宪　鲁　维

（二）部室负责人

部室主任：王洁明（女）　李秀芹（女）　孙丰彦　邹大永　李继忠　陈书明

部室副主任：黄训强　李继寿　虢亚农　郭洪涛　许　扬　翟振华　赵永安

党总支委员会专职副书记（副处长级）：董家兰（女）

（三）省经济开发实业总公司

总经理：姜延伟（兼）

副总经理：赵怀文（兼）　寇尊宪（兼）

局长：张志军

（十三）莱西市财政局

1. 局长：吴　昊

副局长：李洪波　徐志章　孙良训

纪检组长：晋利刚

党组成员：耿继先

2. 市预算外资金管理局

局长：徐志章（兼）

3. 市国有资产管理办公室

主任：孙良训（兼）

（十四）保税区财政局

局长：王云升

副局长：马慧琴（女）

（十五）高新区财政局

局长：陈铭传（副局级）

副局长：闻　武

三、淄博市

（一）淄博市财政局

1. 局长：王修德

党组副书记、副局长：卜德兰

副局长：王昌晖　王守恕

总会计师：董　博

工会主席、人事科科长：孙　玲（女）

副调研员：李建平　梁慎全　刘晓村

2. 国有资产管理委员会办公室

主任：卜德兰（兼）

副主任：魏　波　孙鸣文

3. 淄博会校

党总支书记：王昌晖（女、兼）

校长：崔守智

党总支副书记：路　刚

副校长：焦胜利　王培明

工会主席：许　峰

4. 非税收入管理局

局长：朱春鸣

5. 企业财务管理处

处长：王　静

6. 财政监督处

处长：刘永刚

7. 有偿资金管理处

处长：陆　勇

8. 城市资产运营公司

经理：卜德兰（兼）

副经理：张景明　王连忠

（二）淄川区财政局

1. 经济开发区党委书记，财政局局长、党组副书记：杨宏伟

党组书记、副局长：司志荣

党组副书记、副局长：李　伟

副局长：李庆辉

副局长、主任科员：高　萍（女）

总会计师：于建国

工会主席：朱会叶（女）

2. 非税收入管理局

党组成员、非税局局长：李永利

副局长：陆中华

3. 公有资产管理局

局长：张长忠

4. 基层财政管理局

局长：唐新霞（女）

5. 财政监督局

局长：司志海

6. 财政有偿资金管理处

主任：李　伟

7. 政府采购监督管理办公室

主任：张　凤（女）

8. 城市资产经营公司

总经理：李庆辉（兼）

副总经理：王友国　贾振雷

9. 公有资产经营公司

党组成员，公有资产经营公司党支部书记、经理：孙丰广

副经理：高永文　谭启伟

总经济师：黄敬成

（三）张店区财政局

1. 区政府党组成员，区财政局党组书记、局长：王海波

党组副书记、副局长：胡元勇

副局长：张春生　王克伟

党组成员：聂玉山

2. 国有资产管理局

局长：胡元勇（兼）

副局长：郝　春（女）　杨广东

3. 预算外资金管理局

局长：张春生（兼）

副局长：聂玉山　徐　冰

4. 公有资产经营公司

副经理：王连波　谢立勇　王云霞（女）

5. 有偿资金管理处

主任：杜　煜

6. 财政监督局

局长：王爱莲（女）

7. 总会计师：韩冬梅（女）

8. 国库集中支付中心

主任：张　彬

9. 基层财政管理局

局长：高建华

（四）博山区财政局

1. 局长：赵新年

副局长：池　蕊（女）

总会计师：黄利军（女）

副主任科员：薛玉鹏

党组成员：翟所信（兼）

2. 国有资产管理办公室

副主任：翟所信（兼）　王　静（女）

3. 非税收入管理局

局长：张保锋

副局长：尚　山（女）　丁隆彪

4. 有偿资金管理处

主任：尹根章

5. 财政监督局

局长：孙兆贞（女）

6. 驻担保中心

财务总监：薛幸福

7. 驻热力公司

财务总监：张　凤（女）

8. 财政集中结算支付中心

主任：刘　勇

9. 基层财政管理局

局长：刘志斌

（五）临淄区财政局

1. 局长：王守国

副局长：韩桂美（女）　刘新运　路新民　张益年

总会计师：孙　杰

2. 非税收入管理局

局长：韩桂美（女、兼）

副局长：常爱宝　荣月兰（女）

3. 国有资产管理局

局长：刘新运（兼）

副局长：吕昌平

4. 公有资产经营公司

经理：路新民（兼）

5. 基财办

主任：王希明

6. 政府采购办

主任：王乐公

7. 财政监督局

局长：王谋东

8. 国资处

主任：周景昌

（六）周村区财政局

1. 局长：于学民

副局长：贺兆周

副局长：徐科学　宁卫东　王文君（女）

总会计师：刘　鹏（女）

党组成员：杨　红（女、兼）

党组成员、工会主席：韩志武

党组成员：张守兴

2. 非税收入管理局

局长：徐科学（兼）　张保国

3. 经济开发投资公司

副经理：张守兴（兼）　郑　峰

4. 财政国库集中支付中心

副主任：杨　红（女、兼）　程孝东

5. 基层财政管理局

局长：周占新

6. 国资局

副局长：尚贞强

7. 财政监督局

局长：梅　涛（女）

8. 政府采购办公室

主任：宁志勇

9. 公有资产经营中心

副主任：韩俊霞（女）

10. 副主任科员：黄新民　贺迎东

（七）桓台县财政局

1. 局长：董兆清

副局长：张　兴　田照礼　魏勤远　王　静（女）

副主任科员：张　超

总会计师：国悦德

2. 统一收费管理局

局长：张　兴（兼）

副局长：王韵国　徐丽贞（女）

3. 国有资产管理局

局长：田照礼（兼）

4. 财政监督局

局长：周开林

5. 公有资产管理办公室

副主任：李雪琴（女）

（八）高青县财政局

1. 局长：孟　军

副局长：张玉刚　信广永　帅卫东

纪检组长：张行鲁

2. 日元贷款项目办

副主任：魏　敏　李德宝　殷东升

3. 国资局

局长：张国庆

4. 监督局

局长：胥秀坤（女）

（九）沂源县财政局

1. 党组书记、局长：周礼泽

党组副书记、副局长：白如军

党组成员、副局长：吕春晖　朱化利

党组成员：郑继光　李新国　刘志锋　齐元兵

主任科员：唐发田

工会主席：齐元兵（兼）

2. 县政府投资项目招投标管理办公室

主任：白如军（兼）

副主任：郑作鹏

3. 基层财政管理局

局长：郑继光（兼）

4. 财政监督局

局长：宋以虎

5. 有偿资金管理处

主任：李新国

6. 会计事务管理处

主任：王学成

7. 总会计师：刘志锋

（十）高新区财政局

1. 局长：杜玉林

副局长：许福年　孟凡成

总会计师：王少军

2. 国有资产管理处

主任：王修森

（十一）文昌湖旅游度假区管理委员会财政局

财政局局长、审计物价局局长：秦世强

四、枣庄市

（一）枣庄市财政局

1. 局长：尹克同

副局长：王　辉（正处级）　郑金福（正处级）　杜家华

党组成员：张守信（正处级）

调研员：李学启　孙　静（女）

副调研员：张景华　赵　蕾（女）　杜益军

2. 财政监督局

局长：刘中利

3. 预算外资金管理局

局长：孙中成

副局长：陈子泓（女）　张士涛　刘　玲（女）

总会计师：杨自力

4. 会计管理局

局长：崔彦瑞

副局长：窦云峰　刘福元

5. 财政干部教育中心

主任：华志中

副主任：陈克磊

6. 财政投资评审中心

主任：徐春梅（女）

7. 国有资产运营管理中心

主任：王琪琳

副主任：杨方元　曹登月　黄　明

（二）市中区财政局

1. 局长：王光顺

副局长：吴成勋　李存富　刘玲（女）

党委委员：谢福明

工会主任：韩书生

副主任科员：任小曼（女）
2. 财政监督局
局长：吴成勋（兼）
副主任科员：宗兆建
3. 农业税收管理局
局长：谢福明（兼）
副局长：郭成金
副科级干部：唐文峰
4. 预算外资金管理局
局长：王光顺（兼）
副科级干部：张瑞洪
5. 会计管理局
局长：李存富（兼）
副主任科员：殷允华（女）
6. 政府采购中心
副科级干部：李文国
7. 国库集中支付中心
主任：刘　玲（女、兼）
8. 山东民生城市资产经营有限公司
总经理：王光顺（兼）

（三）薛城区财政局

1. 局长：李　钢
副局长：翁　军
党组成员：钟士强
2. 预算外资金管理局
局长：钟士强（兼）
副局长：郭传军
3. 农业税收征收管理局
局长：李　钢（兼）
副局长：张慎芳（女）
4. 会计管理局
局长：田　原
副局长：闫　平（女）
5. 财政监督局
副局长：秦怀友
6. 国有资产管理局
副局长：段志芳（女）　李芳歌（女）
7. 政府采购管理办公室
主任：关文森
8. 国库支付中心
主任：张道松

（四）峄城区财政局

1. 局长：汤守华
副局长：叶宗国　孙启昌　殷钊博
党组成员：刘　振　李常荣（女）
2. 政府采购中心
副主任：石华丽（女）　吴成洲
3. 预算外资金管理局
局长：叶宗国（兼）
副局长：赵修习
副科级干部：刘志伟
4. 财政监督局
副局长：张　强
副科级干部：孙中秀（女）
5. 会计管理局
局长：刘　振（兼）
副科级干部：张　泳
6. 国有资产管理办公室
主任：李常荣（女、兼）
副主任：窦长勇
副科级干部：李　青（女）
7. 基层财政管理局
局长：李剑敏
副局长：王　辉
8. 城市投资中心
主任：汤守华（兼）
9. 国有资产经营有限公司
董事长：李常荣（女、兼）

（五）台儿庄区财政局

1. 局长：王启峰
副局长：张文生　孙玉平　周　鑫
主任科员：谭文龙
副主任科员：冯　永　顿　明（女）　彭　鹏
2. 区政府驻济南办事处
主任：王启峰（兼）
副主任：赵　亮
副主任科员：陈国栋
3. 预算外资金管理局
局长：胡述光
4. 政府采购中心
主任：张圣存
5. 财政监督局
局长：张文生（兼）
6. 会计管理局
局长：马维纲
副局长：赵艳萍（女）
7. 国有资产管理局
局长：张亚超
副局长：刘成林
8. 农业税收征收管理局
副局长：李明亚
9. 经济开发投资公司
经理：王启峰（兼）

（六）山亭区财政局

1. 局长：刘向民
副局长：杨兴华　周忠辉　赵振建　张玉新（女）
党组成员：李明文　刘永峰
主任科员：张培玉
工会主席：田海燕（女）
副主任科员：王学功
2. 财政监督局
局长：杨兴华（兼）
副局长：吴跃德　费耐菊（女）
3. 国有资产管理局
局长：刘　鹏
副局长：雷　波　王洪海
4. 预算外资金管理局
局长：李明文（兼）
5. 经济开发投资公司
经理：刘永峰（兼）
副经理：任衍明　柴培平
6. 农业税收征收管理局
局长：耿宝贵
副局长：张砚伟　钱金栋
7. 政府采购管理办公室
主任：孙祥军
副主任：满　超
8. 会计管理局
局长：朱惠芹
副局长：张守军
9. 会计核算中心
主任：王　冠
副主任：赵逢义
10. 国库集中支付中心
主任：张学来

（七）滕州市财政局

1. 局长：柴春国

党组书记：张宗辉

副局长：刘学军　国振灵　马洪光

副主任科员：翟传峰　马丽诺（女）

2. 国有资产管理局

副局长：国振灵（兼）　吕国璋

3. 财政监督局

局长：刘学军（兼）

副局长：赵曰鹏（正科级）　佘学留

4. 非税收入管理局

局长：国振灵（兼）

5. 农业税收征收管理局

局长：郭长杰

副局长：李新照（女）

（八）枣庄高新技术产业开发区财政局

局长：张忠良

副局长：李德举

五、东营市

（一）东营市财政局

1. 局长：李俊峰

副局长：倪文华　李中元　薛在山　隋振明

调研员：崔希尧

副调研员：盖士珍（女）　陈强　薄立新（女）　崔卫国　孙继承

2. 非税收入征收管理局

局长：倪文华（兼）

副调研员：吕连岭

副局长：尹芳田　刘建忠　孟宪台

3. 财政集中支付中心

主任：隋振明（兼）

4. 国有资产管理办公室

主任：巩春波

5. 政府采购监督管理办公室

副调研员：袭祥珠

6. 财政评审中心

主任：王树合

7. 农业综合开发办公室

主任：李中元（兼）

副主任：田树雨

（二）东营区财政局

1. 局长：隋向村

副局长：杨庆军（女）　徐正凤（女）　李　荀

2. 核算中心

副主任：孙林光　吕雪芹（女）

3. 国有资产管理局

副局长：隋文江

4. 农业税收征收管理局

局长：朱国庆

5. 预算外资金管理局

副局长：张云志

（三）河口区财政局

1. 局长：王端吉

党组副书记：邵朝秋

副局长：李金明　韩汝英　张立华　付　强

2. 政府采购办公室

主任：路广新

3. 预算外资金管理局

副局长：石华锋

4. 财政集中支付中心

主任：李金明（兼）

副主任：韩学玲（女）　薄传学

5. 农税局

局长：王光胜

6. 农业综合开发办公室

主任：王志勇

副主任：王国峰

（四）垦利县财政局

1. 局长：郝秀芹（女）

副局长：韩文第　战春光　袁林　周　玲（女）

副主任科员：罗宗利

2. 农税征管局

局长：马子文

3. 国库集中收付中心

主任：郭晓敏（女）

4. 政府采购办公室

主任：李明泉

5. 非税局

局长：韩文第（兼）

副局长：宋清澜　张继海

（五）利津县财政局

1. 局长：徐忠华

副局长：孙嘉祯　高素梅（女）　刘庆芝（女）　陈　波

党组副书记：王建民

2. 财政监督局

局长：崔振江

3. 农业综合开发办公室

主任：孙嘉祯（兼）

副主任：王建农　岳长青　王凤云（女）

4. 预算外资金管理局

局长：徐忠华（兼）

5. 政府采购办公室

主任：王奎儒（女）

6. 国资办

主任：刘建民

7. 国库集中支付中心

主任：王善奎

（六）广饶县财政局

1. 局长：李增祥

副局长：孟春香（女）　王振业　张长恩　王相云

纪检组长：李佐江

2. 非税收入征收管理局

局长：孟春香（女、兼）

副局长：郑杰敏

3. 城市资产运营公司

经理：王振业（兼）

副经理：邓　勇

4. 政府采购办公室

主任：李西岭

5. 财政监督管理局

局长：孙桂云（女）

6. 办公室

主任：朱汉杰

六、烟台市

（一）烟台市财政局

1. 局长：叶文君

副局长：黄永政　张明玉（正处级）　赵晓晖　张　静（女）　刘宝革　任信美（女）

总会计师：张　静（女、兼）

农业综合开发办公室主任：刘宝革（兼）

党委委员：宫建国

2. 政府采购管理办公室（国库集中支付管理办公室）

主任：叶文君（兼）

副主任：许奎山

3. 非税收入管理处（财政票据管理中心）

主任：王金钟（女）

党支部书记：李　妍（女）

4. 政府投资评审中心

主任：张云鹏

党支部书记：王传财

5. 省会计干部中等专业学校烟台分校（财政干部教育中心）

校长：孟　阳

党支部书记：庞国明

6. 财会培训中心

主任：宫建国（兼）

副主任：宋友明　蔡春玲（女）　路有林

（二）芝罘区财政局

1. 局长：朱　涛

副局长：李　辉　吴界峰　王海青（女）　刘义钦　彭铭慧（女）

2. 非税收入管理处

副主任：姜浩平　徐连发　宫　民

3. 基层财政管理局

局长：姜　斌

4. 中小学会计核算中心

主任：于忠国

5. 政府投资评审中心

主任：彭铭慧（女、兼）

6. 政府采购管理办公室

主任：苏新春（女）

7. 财会干部培训中心

主任：宋寿德

8. 国有资产管理中心

主任：孙　涛

（三）福山区财政局

1. 局长：姜广益（区政协副主席兼）

副局长：初立旭（正科级）　于维平（正科级）　刘锡玉

总会计师：王其顺

2. 国有资产管理局

局长：初立旭（兼）

3. 基层财政管理局

局长：于维平（兼）

副局长：单镇学

4. 国库集中支付中心

主任：王其顺（兼）

5. 非税收入管理处

主任：李树平

6. 国有资产经营公司

经理：姜呈俊

7. 投资评审中心

主任：唐仁忠

8. 政府采购管理办公室

主任：胡淑莉（女）

9. 农业综合开发办公室

主任：张宝国

（四）牟平区财政局

1. 局长：宋有锋（养马岛旅游度假区工委书记兼）

副局长：孙木平　尹庆伟　张叔昕（女）　姜传波

总会计师：王俊英（女）

2. 非税收入管理局

局长：孙木平（兼）

3. 政府采购管理办公室

主任：车向前

4. 基层财政管理局

局长：曲爱军

副局长：车路飞

5. 政府投资评审中心

主任：王明永

6. 会计培训中心

主任：王少华（女）

（五）莱山区财政局

1. 局长：范　涛（经济开发区工委书记兼）

副局长：徐显良　张福伟

2. 财政投资评审采购管理办公室

主任：王连红（女）

3. 财政监督处

主任：李　冰（女）

4. 国库集中支付中心

主任：于晓辉（女）

（六）龙口市财政局

1. 党组书记：郑祖纯（经济开发区管委主任兼）

局长：于建春

副局长：李瑞江（正科级）　史文军（正科级）　陈剑英

党组成员：张发兵

2. 会计核算中心

主任：张淑华（女）

副主任：丁志鹏　王连策

3. 基层财政管理办公室

主任：李瑞江（兼）

副主任：李国新（正科级）

4. 财政监督检查处

主任：殷昭慈

5. 投资公司

副经理：遇保京　柳年基

6. 财会培训中心

主任：方　伟

7. 会计中等专业学校

副校长：王相松　王殿超

8. 龙口经济开发区财政局

局长：鲁其海

9. 高新技术产业园区财政局

局长：杨龙昌

10. 政府采购管理办公室

副主任科员：李卫华（女）

（七）莱阳市财政局

1. 局长：宋竹行

副局长：王兴宏（正科级）　王文胜　孙英俭　祁学栋

总会计师：盖仕辉

2. 国有资产监督管理局

副局长：张海涛

3. 基层财政管理局

副局长：赵春乐　祁旭光

4. 财会干部学校

校长：李文明

5. 非税收入管理处

主任：孙凤英（女）

6. 监督检查处

主任：盛丽娜（女）

7. 会计结算中心

主任：粘武成

8. 政府投资评审中心

主任：隋文高

9. 农业综合开发办公室

主任：杨格建

10. 政府采购管理办公室

主任：李世涛

11. 国有资产经营有限公司

经理：王兴宏（兼）

12. 财政资金管理处

主任：宋向东

（八）莱州市财政局

1. 局长：孙开平

副局长：孙景瑜（正科级） 李忠勇（正科级） 赵海云（正科级） 于占东（正科级） 郑梅杰（女） 张元坤 刘永新

2. 国有资产运营中心

主任：李忠勇（兼）

副主任：刘桂明 陶英倩

3. 基层财政管理局

局长：于占东（兼）

副局长：汤华波 宋长征

4. 政府采购管理办公室

主任：孙景瑜（兼）

副主任：刘保堂 滕春成

5. 经济投资开发公司

经理：赵海云（兼）

副经理：黄茂亭

6. 收费管理中心

主任：毛爱芹（女）

7. 国库集中支付中心

主任：孙培盛

8. 财会培训中心

主任：贾秋生

9. 政府投资评审中心

主任：盛京斌

10. 财源建设办公室

主任：尹国炜

11. 农业综合开发办公室

主任：郑梅杰（女、兼）

副主任：邓建平（女） 徐丰喜

（九）蓬莱市财政局

1. 局长：王培成

副局长：管 伟 李岱新 赵之波 哈恒泰

总会计师：柳广杰

党组成员：张 兴

2. 预算外资金管理局

局长：王培成（兼）

副局长：魏勋通

3. 政府采购管理办公室

主任：戴 峰

4. 基层财政管理局

局长：王培成（兼）

副局长：张 兴

5. 农业综合开发办公室

主任：林贵禄

6. 政府投资评审中心

主任：张英群

（十）招远市财政局

1. 局长：赵美瑜（女）

副局长：蔡 蒙 丛建茂 蒋作针 于希龙

总会计师：李金波（女）

2. 基层财政管理局

局长：贾海德

3. 非税收入管理局

局长：韩金强

4. 政府投资评审中心

主任：马志平

5. 政府采购管理办公室

主任：蒋丽珍（女）

6. 国库集中支付中心

副主任：庞延鹏 万学全 曹敬臣

7. 资金管理处

主任：杨志旗

（十一）栖霞市财政局

1. 局长：衣然强（市政府党组成员兼）

副局长：王云峰（正科级） 衣培强（正科级） 徐学军（正科级） 衣志伟 王福正 林永春

2. 基层财政管理局

局长：王云峰（兼）

副局长：赵 波

3. 行政事业性收费征收管理处

主任：衣培强（兼）

副主任：王建成 冯关中

4. 财政监督处

主任：胡维成

5. 国有资产监督管理局

局长：徐学军（兼）

副局长：刘昕瑶

6. 非税收入征收管理处

主任：张学明

7. 财会培训中心

主任：林海峰

8. 国有资产经营公司

经理：孔伟光

9. 产权交易所

所长：阎洪斌

（十二）海阳市财政局

1. 党组书记：于乐文（市人大副主任兼）

局长：刘勇涛

副局长：梁国阳 邓宗发 蒋峰 姜春亭

2. 国有资产监督管理局

副局长：姜 波

3. 财政监督管理处

主任：王树国

4. 非税收入管理处

主任：王玉江

5. 政府采购管理办公室

主任：高君峰

（十三）长岛县财政局

1. 局长：包如轩

副局长：史宏源 于国旭

2. 农业税征收管理局

副局长：王星云

3. 会计结算中心

主任：张仁涛

4. 国有资产运营中心

主任：史宏源（兼）

副主任：孙德晶

5. 预算外资金管理处

主任：曲 斌

6. 政府采购监督办公室

主任：韩殿亮

（十四）经济技术开发区财政局

局长：于　玲（女）

副局长：张东奇　林　平

局长助理：姜海滨

（十五）高新技术产业园区财政局

1. 局长：荆永杰

副局长：曲秀玲（女）　刘新纲

2. 财政投资评审中心

主任：王　彬

副主任：王勇卫

七、潍坊市

（一）潍坊市财政局

1. 党组书记、局长：王有亭

党组副书记：李树范（女）

副局长：李树范（女、兼）　王志刚　田民利　刘锡田

总会计师：姜钦亮

党组成员：陈学俭　曾宪林　王丙　王文俊

调研员：胡敬义　夏永波　赵洪亮

副调研员：张修海　马进礼　王金祥

2. 企业处

主任：李承宏

党支部书记：张　红（女）

3. 财政监督局

局长：王振平

党支部书记：耿　军

4. 政府采购中心

主任：李元春

党支部书记：任国光

副处级干部：丁恒智

5. 国有资产经营投资中心

主任：王　丙（兼）

党支部书记：李宪元

副主任：徐　健　马永军　秦春雨

总会计师：袁训安

6. 财务总监管理办公室

负责人：安鲁文

7. 基层财政管理处

主任：刘子茂

党支部书记：吴君青

（二）潍城区财政局

1. 局长：李树东

副局长：高起生　孙晓东　刘汉杰

党组成员：赵会亭　寇忠祥

副主任科员：孙铭刚　刘　梅（女）

2. 国有资产管理局

局长：姜传敬

副局长：徐树强　刘美春（女）　王元武

3. 财政监督局

副局长：徐建东　邱业冬　栾　科

4. 农业发展基金管理处

主任：钟素玲（女）

5. 基层财政管理局

局长：王健君

6. 会计管理局

局长：王会光

7. 政府采购中心

主任：于小慧（女）

8. 社会保障处

主任：寇忠祥（兼）

9. 预算外资金管理局

局长：李乃杰

10. 城建资金管理中心

主任：刘　伟

11. 财税计算机管理中心

主任：于在宝

（三）寒亭区财政局

1. 局长：王翰林

党组副书记：徐建华　尹占奎

副局长：于志强　张晓彬

党组成员：牟同庆　蒋万田　齐新立　姚永建　陈小青（女）

副主任科员：徐伟利（女）　张晓红（女）

纪检组长：李存祥

2. 非税收入管理局

局长：牟同庆（兼）

副局长：姚永建（兼）

副科级干部：付海萍（女）

3. 基层财政管理局

局长：孙少成

4. 财政监督局

局长：王春玲（女）

正科级干部：韩　军

5. 政府采购中心

主任：蒋万田（兼）

6. 国有资产管理局

局长：齐新立（兼）

副局长：王长平

副科级干部：李　梅（女）　朱明升　李志云（女）

7. 国库集中支付中心

主任：陈晓青（女、兼）

副科级干部：孙国恩

8. 住房资金管理中心

主任：于俊兰（女）

副主任：王晓华（女）

（四）坊子区财政局

1. 坊子区政府党组成员，财政局党组书记、局长：张秀霞（女）

党组副书记：李振祥

副局长：王瑞金　刘启兴　郭　伟

党组成员：秦乐堂　刘　辉　刘振明　王清润　刘召平　王明义　李培伟　刘晓培

总会计师：李培伟（兼）

副主任科员：马永祥　张承文

2. 投资公司

经理：王瑞金（兼）

副经理：刘洪斌　朱建全

3. 基层财政管理处

主任：刘启兴（兼）

副主任：杨宗伟

4. 国有资产管理局

局长：郭　伟（兼）

正科级干部：刘　辉（兼）

副局长：王清润（兼）　刘晓培（兼）

副科级干部：朱少哲　贾　鹏

5. 政府采购中心

主任：王明义（兼）

6. 非税收入管理局

局长：孙金鹏

7. 住房资金管理中心

主任：刘善辉

8. 财政监督局

局长：赵同亮

9. 社会保障处

主任：刘召平（兼）

10. 投资评审中心

主任：姜　琳

11. 国有资产经营管理中心

主任：郭　伟（兼）

副主任：陈文魁

（五）奎文区财政局

1. 局长：陈玉刚

党组副书记：李晓华

副局长：李晓华（兼）　吴卫忠　曹希山

党组成员：杨　霞（女）　迟玉玲（女）　柳　青（女）　孙　伟

工会主席：柳　青（女、兼）

副主任科员：张鹤莹（女）

2. 非税收入征管局

局长：刘春燕（女）

3. 计算机应用中心

副主任：韩乐山（主持工作）

4. 社会保障处

主任：迟玉玲（女、兼）

5. 投资公司

经理：张培锦

6. 国库集中支付中心

主任：徐春宁

7. 会计管理局

局长：李祖忠

8. 基层财政管理局

局长：高光伟

9. 财政监督局

局长：桑　青（女）

10. 国有资产管理局

局长：杨　霞（女、兼）

副局长：王雪艳（女）

11. 国有资产运营中心

主任：李晓华（兼）

副主任：朱兰冉　姜建国

（六）青州市财政局

1. 局长：南天星

党委副书记：王志敏（女）

副局长：颜　萍（女）　姚春生　邱元国

总会计师：丁志航

2. 财政监督局

局长：颜　萍（女、兼）

党支部书记：彭明周

副局长：刘子亮

副科级干部：马小平（女）

3. 非税收入管理局

局长：姚春生（兼）

副局长：刘正坤　李玉福

4. 基础设施建设资金管理中心

党支部书记：杨忠俊

5. 基层财政管理局

局长：周勤堂

6. 财政投资评审中心

主任：季延文

7. 住房资金管理中心

主任：辛建立

书记：李宗泉

8. 国库集中收付中心

主任：王春耕

副主任：刘方国

9. 财税计算机应用管理中心

党支部书记：鹿　玲（女）

10. 国有资产管理局

局长：卢增军

（七）诸城市财政局

1. 局长：韩培武

副局长：潘桂祥　王进华　周华伟

党组成员：姜成海　王树森　王舒红（女）　邬基江　王会斋　王金堂　杨光照　王滋芝（女）　张保举

纪检组长：姜成海（兼）

副主任科员：赵小燕（女）　王昭义　廉　琴（女）

2. 预算外资金管理局

局长：王舒红（女、兼）

副局长：王会斋（兼）　杨光照（兼）

工会主任：刘建军

3. 国有资产管理局

局长：王进华（兼）

副局长：廉　琴（女、兼）

4. 经济开发投资公司

总经理：滕兆和

副经理：王金刚　吴爱国

工会主任：黄世本

5. 基层财政管理局

副局长：王金堂（兼）

工会主任：曹洪高

6. 财政监督局

局长：刘忠玉

党支部书记：张保举（兼）

7. 农发基金征收处

主任：赵　平

8. 国库集中支付中心

主任：邵宏武

9. 国有资产评估中心

主任：万曲波（女）

10. 国有资产经营总公司

党支部书记：贾聚业

总经理：周华伟（兼）

副经理：尤进金　姚文东

工会主任：王桂清

11. 财政投资评审中心

主任：赵青山

12. 农业综合开发办公室

主任：王树森（兼）

副主任：杨少年　李成森

副科级干部：林德民

纪检员：兰玉家

（八）寿光市财政局

1. 局长：李泮德

党委副书记：付心刚

副局长：刘建平　王守华　冯星元　张玉娥（女）　张　英（女）

党委委员：张宏雨　王　欣（女）

工会主任：王新海

2. 预算外资金管理办公室

副主任：王　欣（女、兼）　袁义章　孙学斌

3. 基础设施建设资金管理中心

主任：张玉娥（女、兼）

副主任：董长山　赵乐资

4. 国有资产监督管理办公室

副主任：王玉玲（女）　杨云龙

5. 政府采购中心

主任：肖庆臣

6. 国库集中支付中心

主任：张宏雨（兼）

党支部书记：韩华伟（女）

7. 基层财政管理办公室

主任：武建华

副主任：刘增军　王庆江

8. 财政监督办公室

主任：锡景明

9. 财政投资评审中心

主任：杨维波

（九）安丘市财政局

1. 局长：贺成波

副局长：辛献秀　徐淑娟（女）　孙金明

党组成员：王　敏（女）　陈绪莲（女）

总会计师：宋振波

主任科员：贺立民

2. 国有资产管理办公室

主任：辛献秀（兼）

副主任：张景义　刘德华

3. 财税督查办公室

主任：徐淑娟（女、兼）

副主任：张建国　王振忠

4. 非税收入管理办公室

主任：贺成波（兼）

副主任：马春江

5. 政府采购中心

主任：张发刚

6. 政府投资评审中心

主任：凌云书

7. 住房公积金管理中心

主任：陈绪莲（女、兼）

8. 国库集中收付中心

主任：宿桂梅（女）

9. 基层财政管理处

主任：王　敏（女、兼）

（十）高密市财政局

1. 局长：张新和

副局长：闫公健　吴兆道　王　琨

党组成员：钟西福　黄宝峰

工会主席：钟西福（兼）

主任科员：张新功

2. 会计管理中心

主任：黄宝峰（兼）

副主任：李　雁（女）　黄丽菊（女）

3. 预算外资金管理中心

副主任：王文波　孙运进

4. 国有资产管理办公室

主任：闫公健（兼）

副主任：姜兴文　马德水　王成刚

5. 财政监督办公室

主任：张宝山

6. 政府采购中心

主任：王　建

7. 国有资产经营投资有限公司

经理：闫公健（兼）

（十一）昌邑市财政局

1. 局长：李友田

副局长：林明波　孙介甫　孙广阔　穆效彬　徐云舟

党组成员：魏全江　徐桂华（女）

纪检组长：徐学义

工会主任：徐桂华（女、兼）

副主任科员：刘会堂

2. 国有资产管理办公室

主任：林明波（兼）

副主任：张始训　陈　萍（女）

3. 农业税征收管理局

局长：孙介甫（兼）

副局长：高凤鸣

4. 财政监督局

局长：于爱国

5. 国有资产经营投资有限公司

经理：孙广阔（兼）

6. 政府采购中心

主任：金凤宾

7. 住房公积金管理中心

主任：魏全江（兼）

副主任：朱春波

8. 国库集中支付中心

主任：付绍集

9. 社会保障处

主任：孙健美（女）

10. 投资公司

经理：葛英虎

11. 农开办

主任：穆效彬（兼）

副主任：辛世信

副主任科员：刘启利

（十二）临朐县财政局

1. 县政府党组成员，财政局党委书记、局长：邓世华

党委副书记：石效群

副局长：谭茂村

党委委员：王克军　潘海军　冯元民　王兆亮

总会计师：张成兵

副主任科员：赵永祥

2. 会计管理处

主任：刘悦营

副主任：张丽文　郭　涛　刘国明

3. 基层财政管理处

主任：谭茂村（兼）

副主任：王克军（兼）　张　华

4. 基础设施投资管理中心

主任：潘海军（兼）

副主任：王忠勇　冯现勇

5. 国库集中支付中心

主任：王兴刚

6. 非税收入管理处

主任：冯元民（兼）

7. 国有资产管理处

主任：张　东

8. 财政监督处

主任：王志勇

9. 财税信息中心

主任：王　鹏

10. 政府采购中心

主任：刘文涛

11. 财政投资评审中心

副主任：冀来东（主持工作）

12. 经济开发投资公司

经理：杨文林

（十三）昌乐县财政局

1. 昌乐县政协副主席，财政局党委书记、局长：田本义

党委副书记：刘学禄

副局长：刘学禄（兼）　刘子坤　滕肖华

党委委员：李卫国　张　继　刘学亮

纪检书记：付春荣（女）

2. 基层财政管理处

主任：付春荣（女、兼）

副科级干部：刘　俊

3. 财政监督局

局长：张　继（兼）

副局长：高洪利（女）

4. 国有资产管理办公室

主任：滕肖华（兼）

副主任：刘学亮（兼）

5. 非税收入管理局

局长：田本义（兼）

副局长：李卫国（兼）

6. 政府采购中心

主任：陈晓莉（女）

（十四）高新技术产业开发区财政局

1. 局长：段守华

党委副书记：熊福涛

副局长：熊福涛（兼）　石可法　翟伟春　丛衍涛　崔荣民

副调研员：李　洪

副主任科员：杨立春（女）

2. 会计管理局

副局长：齐红红（女）

副科级干部：刘　瑛（女）　赵世宏（女）　谭小玲（女）　李春艳（女）

3. 国有资产管理局

局长：王志刚

4. 财政监督局

局长：李美玲（女）

副科级干部：吕贤波

5. 国库集中支付中心

主任：刘晓华（女）

副主任：李　慧（女）

6. 企业处

主任：李　赟（女）

副科级干部：刘　青（女）

7. 政府采购中心

副主任：王　洋

（十五）滨海经济开发区财政局

1. 局长：宋美亮

副局长：张兴龙　王　翠（女）

党组成员：于钦勇

副主任科员：单月山

2. 国库集中支付中心

主任：刘忠祥

3. 国有资产管理办公室

主任：张兴龙（兼）

副主任：张春杰　王德明

4. 国有资产经营投资公司

经理：张兴龙（兼）

（十六）经济开发区财政局

局长：周　冲

副局长：徐延明

副科级干部：周晓晖　梁　波　盛　璐（女）　刘　娜（女）

八、济宁市

（一）济宁市财政局

1. 局长：张茂如

副局长：张明生　王玉留　韩梅（女）

副调研员：许一新

2. 经济开发投资公司（市政府投融资管理中心）

主任、党组书记：张茂如（兼）

副主任：杜强

副经理、副主任：杨奉月　夏传强

3. 企业财务管理处

主任：宋全领

4. 财政投资评审中心

主任：张　伟（女）

5. 市财政局开发区分局

局长：徐兴良

6. 非税收入管理局

局长：刘永庆

7. 监督检查办公室

主任：何旭东

8. 农业税收管理局

局长：王志强

9. 财政集中支付核算中心

主任：张明生（兼）

副主任：于凤科　吴　勇　魏　戎

总稽核：刘　玮

10. 农业综合开发办公室

副主任：王克柱

（二）市中区财政局

1. 局长：刘瑞军（区长助理兼）

副局长：赵淑峰（女）　郭广森　赵春民

总会计师：蒋新平

2. 财政集中支付中心

副主任：程殿武

3. 财政监督办公室

主任：吕　镇

4. 综合治税办公室

副主任：刘　宁

5. 农业综合开发办公室

副主任：左广顺

（三）任城区财政局

1. 局长：杨晓春（女）

副局长：左振宇

2. 农业税收管理局

副局长：廉长林

3. 财政监督办公室

副主任：李志刚

4. 财政集中支付中心

副主任：顾　伟

5. 非税收入管理局

副局长：张玉军

（四）曲阜市财政局

1. 局长：赵业勇

副局长：裴绪军　柴　骥　孔凡明

总会计师：张　红（女）

工会主席：林秉金

2. 基层财政管理局

局长：孔令臣

副局长：李继成

3. 社会保障基金管理中心

主任：韩素宏

4. 非税收入管理局

局长：陈志诚

副局长：张海峰

5. 开发区财政分局

局长：刘桂龙

6. 文物门票管理处

副主任：程广新

7. 文化产业园财政分局

副局长：董治国

8. 农业综合开发办公室

主任：常　青

副主任：翟立民　祝卫东

（五）兖州市财政局

1. 局长：王建华（市政协副主席兼）

副局长：裴宪敏（女）　韩兆玉（女）

纪检组长：陈士伟

总会计师：程绪殿

2. 世界银行贷款发展灌溉农业项目领导小组办公室

主任：赵　霞（女）

3. 基层财政管理局

局长：裴宪敏（女、兼）

副局长：李　霞（女）　刘　森

4. 会计核算中心

副主任：王剑敏

5. 政府采购办公室

主任：李　斌

6. 预算外资金管理局

副局长：张学锋（女）　邱培强

7. 农业综合开发办公室

主任：张士坤

副主任：王庆强　张耀华

（六）邹城市财政局

1. 局长：张忠堂

副局长：李士川（正科级）　张兴涓　秦　勇

党委委员：杜中元　王海涛　董龙振　田　猛

总会计师：孔令星

2. 农村财务管理局

局长：张兴涓（兼）

3. 非税收入管理局

局长：李士川（正科级、兼）

（七）微山县财政局

1. 局长：李善峰

副局长：杨福民　王洪军

2. 非税收入管理局

局长：侯庆林

3. 国有资产管理局

局长：赵　楠

4. 农业税收管理局

副局长：王万臣

5. 金融合作办公室

主任：杨福民（兼）

6. 财政国库集中支付中心

副主任：李亚东

7. 财政投资评审中心

主任：董　蕙（女）

8. 农业综合开发办公室

副主任：吴怀庆

（八）鱼台县财政局

1. 局长：王进斌

副局长：张冬青　杨桂华　袁恪　刘　畅

主任科员：岳彩章

副主任科员：田中建

2. 规费征收管理办公室

主任：房道远

副主任：李培兵

3. 会计核算中心

主任：袁　恪（兼）

4. 国有资产管理局

局长：田广河

5. 非税收入管理局

副局长：王梅荣（女）

6. 财政监督检查办公室

主任：杨桂华（兼）

副主任：董西民

7. 投资评审中心

主任：刘　畅（兼）

8. 农业综合开发办公室

主任：张冬青（兼）

（九）金乡县财政局

1. 局长：李明涛

副局长：张华梅（女）　皮凤伟

党组成员：高　海

2. 非税收入管理局

副局长：林　生

3. 基层财政管理局

副局长：张华梅（女、兼）　李秀菊（女）

4. 财政集中支付中心

副主任：张秋华（女）

5. 经济开发投资公司

主任科员：郭继德

6. 国有资产管理局

副主任科员：胡树德

（十）嘉祥县财政局

1. 局长：韩景玉

副局长：闫玉增　刘健康　陈万银

2. 基层财政管理局

副局长：楚宪文

3. 预算外资金管理局

局长：韩景玉（兼）

副局长：朱本相

4. 会计集中核算与支付中心

主任：韩景玉（兼）

副主任：程合际　武绍辉

5. 利用世界银行贷款发展灌溉农业项目领导小组办公室

主任：韩景玉（兼）

副主任：曹　刚

6. 农业综合开发办公室

主任：王悦启

7. 国有资产管理局（国资投资管理监督中心）

局长、主任：韩景玉（兼）

副局长、副主任：李秀清（女）

（十一）汶上县财政局

1. 局长：田利国

副局长：韦国强　王秦岭　朱涛

党组副书记：韦国强（兼）　荣先国

2. 国有资产办公室

副主任：侯勇　于明金

3. 非税收入管理局

局长：韦国强（兼）

副局长：刘灿国

4. 会计管理局

局长：于　健

5. 社会保障资金管理局

局长：马　琳

副局长：杨光银

6. 金财公司

副经理：刘海涛

7. 基层财政管理局

局长：朱　涛（兼）

副局长：李正水

8. 会计核算中心

主任：杨　晓

9. 开发区分局

局长：张茂琢

10. 财政投资评审中心

主任：龙茂素

11. 世行办

主任：刘海涛（兼）

12. 乡财县管中心

主任：冯成利

13. 农业开发办公室

主任：田利国（兼）

副主任：马洪平

14. 财政监督办公室

主任：续开红

15. 政府采购监督办公室

主任：庄　勇

（十二）泗水县财政局

1. 局长：韩继红

党组书记：李逢阳（县长助理兼）

副局长：王宣旺　薛长银　刘伟　孟祥章

党组副书记：乔志端　孟　岩

2. 基层财政管理局

局长：薛长银（兼）

副局长：相龙静（女）　张　平（女）

3. 预算外资金管理局

局长：王宣旺（兼）

副局长：马洪珂

4. 集中支付中心

主任：孔　妍（女）

副主任：张　磊　南永新

5. 农业综合开发办公室

主任：张长学

副主任：邵常喜　孔祥梅（女）

6. 投资评审中心

主任：刘登俊

（十三）梁山县财政局

1. 局长：梁开平

副局长：于观跃　仝义泉　韩月民　张凤园（女）　李梦海

工会主席：杨　扬

党组成员：徐海荣　马景国　魏显法

副主任科员：李广运

2. 农业税收管理局

局长：韩月民（兼）

副局长：于　辉

3. 预算外资金管理局

局长：李孟海

副局长：师彩霞（女）

4. 经济开发区分局

局长：马景国（兼）

5. 经济投资管理中心

主任：魏显法（兼）

副主任：侯召彦

6. 集中支付核算中心

主任：徐海荣（兼）

7. 政府采购办公室

主任：郑　军

8. 财政投资评审中心

主任：张凤园（女、兼）

副主任：杨玉春

9. 财政监督局

局长：刘　林

10. 农业开发办

主任：仝义泉（兼）

（十四）开发区财政局

局长：徐兴良

九、泰安市

（一）泰安市财政局

1. 局长：李诚实

副局长：刘　斌（正处级）　刘兴强（正处级）　辛海明（正处级）　文学松

党委委员：张道民（正处级）

纪委书记：李天义

副局长：孙　磊

党委委员：秦玉昌

副局长：殷锡瑞

副调研员：张焕杰　王庆涛

2. 财政监督检查处

处长：亓永军（副处级）

副处长：赵同岱　王爱荣（女）

3. 政府投融资管理中心

主任：刘兴强（兼）

副主任：秦玉昌（兼）　范晓焱（女、副处级）

总经济师：王兆义（副处级）

4. 国库集中支付管理办公室

主任：辛海明（兼、正处级）

副主任：邓继胜（副处级）　李清明（女、副处级）

副调研员：王国强

5. 财政干部教育中心

书记：刘丽珍（女、副处级）

主任：黄海涛（副处级）

副主任：王　伟　于秀玲

6. 经济开发投资公司

副总经理：冯德庆（副处级）

7. 农业综合开发办公室

主任：张道民（兼）

副主任：马士文（正处级）　陈庆华（副处级）　于心清（副处级）　张国栋（副处级）

副调研员：李钦雨

（二）泰山区财政局

1. 局长：范玉文

副局长、党组副书记：冯　立

党组成员：常清新（女）

工会主席：考其伟

副局长、投资公司经理：商志刚

副局长：孟宪业

纪检组长：夏崇国

总会计师：宋新文

党组成员：耿树明　梁蕴茜（女）　刘绍峰

2. 财政监督局

局长：张兴涛

3. 收费管理局

局长：周太升

4. 处镇财政管理局

局长：冯　立（兼）

副局长：王　军　李传禄

副局级干部：裴敦刚

5. 政府采购办公室

主任：马庆忠

6. 政府投融资管理中心

主任：耿树明（兼）

副主任：米　山　郑金民

7. 国有资产管理局

局长：宫献奎

8. 国库集中支付中心

主任：刘文泉

9. 会计管理局

局长：刘圣兰（女）

10. 农业综合开发办公室

主任：常清新（兼）

副主任：于晓英　刘贵胜

副局级干部：戚汝楹

（三）岱岳区财政局

1. 局长：李　侠

副局长：刘灿旭

党委副书记：张文青

副局长：彭永强

党委委员：张辉东　李学明

工委主任：宋洪岩

党委委员：周　刚　苏建伟

主任科员：黄康德

副主任科员：李　伟（女）　王艳霞

总会计师：刘拥军（女）

2. 基层财政管理局

副局长：梁传弘（女）　赵红梅（女）

3. 政府投融资管理中心

主任：张辉东（兼）

副主任：石华峰

4. 国库集中支付中心

主任：周　刚（兼）

5. 直属分局

局长：赵　平

6. 财政监督局

局长：牛承胜

7. 预算外资金管理中心

主任：谷冬梅（女）

8. 农业综合开发管理办公室

主任：苏建伟（兼）

副主任：王纪兴　张法君　李兴禹

纪检组长：朱秀玲

（四）新泰市财政局

1. 局长：刘洪识

副局长：王子孝　崔登斌　郝立平　董仲华

党组副书记：张富强

纪检组长：陈建花（女）

2. 国库集中支付中心

副主任：杨新斌

3. 政府投融资管理中心

主任：崔登斌（兼）

副主任：宁衍进

副主任：张淑平

副主任：宋东旭

4. 乡镇财政管理局

局长：郝立平（兼）

副局长：孙英杰

副局长：陈　辉

副局级干部：王　英

5. 政府采购管理办公室

主任：董仲华（兼）

6. 农业综合开发办公室

副主任：吴其海　张明国　王宽良

副局级干部：陈洪海

7. 财政监督办公室

主任：王宪伟

8. 住房资金管理中心

主任：李　鹏

（五）肥城市财政局

1. 局长：王志勇

副局长：刘玉英（女）　张衍明　张继勇　陈正一

党组成员：赵恒军

纪检组长：梁新玲

2. 财政监督局

局长：杨泽春

3. 乡镇财政管理局

局长：刘玉英（兼）

副局长：王怀杰

4. 政府采购管理办公室

主任：张衍明（兼）

副主任：尹逊东

5. 政府投融资管理中心

主任：张继勇（兼）

副主任：赵恒军（兼）　张兴铭　陈硕增

6. 国有资产管理局

局长：张风辉

7. 国库管理中心

主任：宫　华（女）

8. 预算外资金管理处

主任：张新利

（六）宁阳县财政局

1. 局长：孙　晶（县政协副主席、县委党校常务副校长兼）

副局长：连桂荣（县政协副主席兼）　武启军（正科级）　刘延宁（正科级）　颜　剑（正科级）　王祥森（正科级）　鞠敏红（女、正科级）　孔凡友

党组副书记：武启军（正科级、兼）　刘延宁（正科级、兼）

2. 经济开发投资公司

总经理：刘延宁（正科级、兼）

副总经理：卢西龙　赵学臣

3. 企业信用担保中心

主任：王祥森（兼）

副主任：侯雪艳（女）

4. 机关核算中心

主任：鞠敏红（女、兼）

副主任：屠庆山　邱晓伟

5. 政府投融资管理中心

主任：颜　剑（正科级、兼）

副主任：房　凌　赵明亮

6. 政府采购中心

主任：王会桥

7. 预算外资金管理处

主任：赵红（女）

8. 乡镇财政管理局

局长：雷　涛

9. 国有资产监督管理办公室

主任：董学智

10. 世行项目开发办公室

主任：孙　华（女）

11. 财政投资评审中心

主任：濮　华（女）

（七）东平县财政局

1. 局长：宋长山

党委副书记：王恒文

副局长：马启金　赵黛芳（女）　张　斌

党委委员：牛　勇　蔚大华

工会主任：侯庆凤（女）

2. 乡镇财政管理局

局长：李友民
3. 政府投融资管理中心
副主任：张　涛
4. 国有资产管理局
局长：王恒文（兼）
副局长：徐敬东
5. 预算外资金管理局
局长：冯　剑
6. 国库收付中心
副主任：陈书国
7. 政府采购管理办公室
主任：王　刚
（八）高新区财政局
1. 局长：赵　胜（兼）
副局长：赵衍进　张　静（女）　裴明清
2. 投融资管理中心
副主任：高慎和
（九）泰山景区财政局
局长：李　峰
副局长：高　华（女、正科级）　王　彬（正科级）

十、威海市

（一）威海市财政局
1. 局长：李文基
调研员：姬秀芬（女）
副局长：张春晓（女）　于荣范　邓炳奎　于天义　周　兵
副调研员：刘　晶
党委委员：于晓绵　孙启辉　丁玉敏　闫俊达
2. 监督检查室
主任：兰兴志
3. 农村综合改革办公室
主任：梁　青
4. 企业财务管理处
主任：闫俊达
5. 政府采购管理办公室
主任：毕洁波
6. 国库集中支付中心
主任：丁玉敏
7. 政府投融资管理中心
主任：于荣范（兼）
副主任：曲惠兰（女）
8. 农业综合开发办公室
主任：于晓绵（兼）
副主任：王树栋
9. 威海市会计学校
党委书记：张春晓（女、兼）
校长：孙启辉
副校长：丛敏滋　王　松　高建华
党委副书记：宋建祝
副调研员：张树维
（二）环翠区财政局
1. 局长：张宗浩
副局长：王爱波　李艳华（女）　彭志成　孙大力（女）
2. 农业综合开发办公室
主任：王福军
3. 经济开发投资公司
经理：王爱波（兼）
副经理：谷昌昭　姜万青
4. 驻厂员管理处
主任：彭志成（兼）
5. 财政监督与会计管理局
局长：孙大力（女、兼）
6. 国库集中支付中心
主任：丛培育（女）
7. 农财税处
主任：马　红（女）
8. 投资评审中心
主任：张　毅
（三）文登市财政局
1. 局长：杨文勇
副局长：丛庆华　于振忠（不占编，不占职数）　周海滨　于元华　于红卫
总会计师：刘永忠
党委委员：傅世珠　王程平　丁新军（农业综合开发办公室主任）　丛盛日
2. 非税收入管理处
主任：邢新湖
3. 基层财政管理处
主任：邢钦栋
4. 财政局集中支付中心
主任：杨辉
5. 财政投资评审中心
主任：丛龙江
6. 政府采购监督管理办公室
主任：侯海卫
7. 会计事务管理局
局长：丛盛日
副局长：于水　李波
8. 国有资产管理局
局长：傅世珠
副局长：隋旭明　郑春祥
9. 财政投资公司
经理：王程平
副经理：王兵　吴文广
（四）荣成市财政局
1. 局长：王　刚
副局长：张志宏　宋开明　王元波　王行伟　闫喜芸（女）
2. 政府采购管理处
主任：宋立志
3. 城市资产经营有限公司
经理：张志宏（兼）
副经理：杨元强　吕英超
4. 国有资产管理局
局长：王元波（兼）
副局长：乔学荣（女）　刘景奕
5. 非税收入管理处
主任：王　刚（兼）
6. 基层财务管理处
主任：姚　野
7. 企业财务管理处
主任：冯学广
8. 财政监督监察办公室
主任：肖新明
9. 国库集中支付中心
主任：于庆华
10. 农村环境综合改革办公室
主任：王行伟（兼）
副主任：邱永峰
11. 农业综合开发办公室
主任：闫喜芸（女、兼）
副主任：常　伟
12. 投资评审中心
主任：董进强
13. 会计事务管理处

主任：宋开明（兼）

副主任：吕学平　卢志刚

副主任科员：刘文新　张黎明　周绪财　韩圣岩

（五）乳山市财政局

1. 局长：高　波

副局长：兰　东　李　峰　李海波

党组成员：宫润杰　秦利强

纪委派驻组第一组副组长：史旭光

2. 农业综合开发办公室

主任：兰　东（兼）

副主任：王强元

3. 农村综合改革办公室

主任：宫润杰（兼）

4. 政府采购管理办公室

主任：胡京林

5. 国有资产管理局

副局长：秦利强（兼、主持工作）　郑连臣

6. 非税收入管理处

主任：孙竹敏

7. 财政监督检查办公室

主任：宫勇琦

8. 国库集中支付中心

主任：唐维民

9. 基层财政管理处

主任：彭新波

（六）火炬高技术产业开发区财政局

局长：于海容（女）

副局长：王德平

副调研员：丛培杰

（七）经济技术开发区财政局

局长：侯成阳

调研员：殷　蕾（女）

副局长：林治乐　张世冰

（八）工业新区财政局

局长：于维英（女）

副局长：王国泰　徐春雷

十一、日照市

（一）日照市财政局

1. 局长：胡怀新

副局长：王　彬　周忠君　王庆忠　王　雷　陈　丰

党组成员：赵子峰　焦春锋　张厚峰

副调研员：李宗森　张守民

2. 监督检查局

局长：焦春锋（兼）

3. 国有资产监督管理局

局长：辛崇伟

4. 非税收入管理局

局长：王　彬（兼）

副局长：张厚峰（兼）　纪　煜

5. 经济开发投资公司

经理：赵子峰（兼）

6. 政府采购管理办公室

主任：刘　军（女）

7. 农业综合开发办公室

主任：陈修坤

（二）东港区财政局

1. 局长：刘利明（女）

副局长：庄门春　张富生　牟红峰　相振良

党组成员：于兆春（主任科员）

副主任科员：周兴亮　汲　明

2. 国有资产管理局

副局长：牟红峰（兼）

3. 非税收入管理局

副局长：夏昭东

4. 基层财政管理局

副局长：焦自晔

5. 公有资产经营中心

副主任：庄门春（兼、主持工作）

6. 政府采购管理办公室

主任：张永会（女）

7. 监督局

副局长：张永健

8. 国库集中支付中心

主任：刘咏梅（女）

9. 农业综合开发办公室

主任：庄茂增

（三）岚山区财政局

1. 局长：王　刚

副局长：丁　勇　杨洪利　陈佩远

2. 国有资产管理局

局长：丁　勇（兼）

副局长：王谦吉

3. 非税收入管理局

副局长：卢青菊（女）

4. 财政监督检查局

局长：聂秀海

5. 政府采购管理办公室

主任：王　磊

6. 国库集中支付中心

主任：徐玉春

（四）五莲县财政局

1. 局长：李兆明

副局长：孙　江　许可明　孙丙仁　胡宗利　姜宝竹

纪检书记：胡宗伦

2. 国有资产经营公司

经理：孙　江（兼）

3. 农业综合开发办公室

主任：胡宗利（兼）

（五）莒县财政局

1. 局长：田洪生

副局长：方相平　彭万盈　陈维强　侯平原　申友社

党委委员：柴松涛（女）

纪检书记：刘京波

2. 金融办

主任：方相平（兼）

3. 投资公司

经理：彭万盈（兼）

4. 非税收入管理局

局长：刘廷祥

5. 会计集中核算中心

主任：柴松涛（女、兼）

（六）经济开发区财政局

1. 局长：徐晓君

常务副局长：张　晋

副局长：严汝科

纪委书记：陈洪忠

2. 非税收入管理局

局长：张金芬（女）

3. 政府采购中心

主任：孟凡弟

（七）山海天旅游度假区财政局

局长：王　勇

十二、莱芜市

（一）莱芜市财政局

1. 局长：王　凌

副局长：周美明　纪　军

党组成员：李尊富　高冬梅

2. 监督检查处

主任：王教同

3. 中小企业信用担保中心

主任：陈国文

4. 财政干校

校　长：周美明（兼）

副校长：陈茂盛

5. 农业综合开发办公室

主任：郝云聚

（二）莱城区财政局

1. 局长：张义军

副局长：张同祥　丁昌水　张泗军

工会主任：张　健

2. 经济开发投资公司

副经理：王光勤

3. 政府采购管理办公室

主任：郭文瑞

4. 农税征收管理局

局长：吴　勇

5. 财政集中支付中心

主任：孟宪清

6. 国有资产管理办公室

主任：董文韬

（三）钢城区财政局

1. 局长：窦金贵

副局长：侯忠泉　谢永仕

2. 农税征收管理局

局长：郝东才（兼）

副局长：李　茜（女）

（四）经济开发区财政局

局长：李　雷

副局长：吕永鑫　徐新菊（女）

（五）雪野旅游区财政局

局长：邱　鹏

副局长：亓　虹（女）　亓荣燕（女）

十三、临沂市

（一）临沂市财政局

1. 局长：李　民

副局长：王经绍　王树和　解曙光　王笑宜　赵丽明

纪检组长：刘建玺

党组成员：莫凤玲（女）　米兆民　朱步金　秦承国　尹京收

副调研员：张秀英（女）　叶文静（女）　厉建梅（女）

2. 经济开发投资公司

党支部书记：解曙光（兼）

经理：宋克伟

副经理：靳如全　李东春

3. 财政监督检查办公室

主任：朱步金（兼）

4. 政府采购监督管理办公室

主任：王经中

5. 非税收入征收管理处

主任：管恩犁

6. 基层财政管理处

主任：尹京收（兼）

7. 财政投资评审中心

主任：张民力（女）

8. 市直会计集中核算中心

主任：吴　晓

9. 市高级财经学校

书　记：王经绍（兼）

校　长：米兆民（兼）

副校长：李士敬　宋兰庆　孙传任

纪委书记：王中帅

工会主席：高义波

10. 市农业综合开发办公室

主任：莫凤玲（女、兼）

11. 市城市资产经营开发有限公司

总经理：王连正

（二）兰山区财政局

1. 局长：刘爱友（兼）

副局长：杨晓光　葛利山　杨思乐　宋发涛　刘　伟（女）

党组成员：孟庆虎　王郡民　赵庆奎

副主任科员：高纯文　刘守宝

2. 经济开发投资总公司

总经理：葛利山（兼）

副经理：李　丽（女）

3. 预算外资金管理局

局长：赵庆奎（兼）

4. 基层财政管理局

局长：钱　薇（女）

5. 国有资产管理局

局长：孟庆虎（兼）

副局长：郭华章（女）

6. 区政府金融办公室

主任：杨晓光（兼）

7. 投资评审中心

主任：庄须峰

（三）罗庄区财政局

1. 局长：陈一伟

副局长：张金桥　孙成刚　吴　昊

副主任科员：王潇然（女）　张萍（女）

2. 基层财政管理局

局长：孙运玺

副局长：吴连峰（女）

3. 预算外资金管理局

局长：张金桥（兼）

副局长：张东亮

4. 国有资产管理局

局长：于晓燕（女）

5. 财政监督局

局长：王宏伟

6. 财政资金风险处

主任：王　宁

副主任：高建梅（女）

（四）河东区财政局

1. 局长：梅深修

党组成员：赵连伦　韩庆文　纪广华　李保存　吴清国　王文志　孙鹏娟（女）

副局长：李保存

2. 基层财政管理局

局长：韩庆文（兼）

副局长：吴清国（兼）　刘传峰

3. 非税收入管理局

局长：赵连伦（兼）

副局长：王文志（兼）　杜兆波

4. 经济开发投资总公司
经理：纪广华（兼）
副经理：孙鹏娟（女） 李洪强
5. 财政投资评审中心
主任：张 霞（女）
（五）郯城县财政局
1. 局长：付海峰
副局长：吕久鑫 王 朴
党组成员：吴传甲 张炳忠
2. 财政投资评审中心
主任：吕久鑫（兼）
副主任：彭建伟
3. 非税收入管理办公室
主任：张炳忠（兼）
4. 财政监督办公室
主任：毕建英（女）
（六）苍山县财政局
1. 局长：王荣修
副局长：宋学进
副主任科员：王永吉 胡成章
2. 预算外资金管理局
局长：杨成林
副局长：于建民 寇全会
3. 经济开发投资公司
经理：宋学进（兼）
副经理：王德学 刘广峰
4. 基层财政管理局
局长：赵懿行
副局长：王 健 李 伟
5. 会计管理局
局长：刘 尚
6. 财政监督局
局长：李建华
（七）莒南县财政局
1. 局长：胡顺昌
副局长：卢燕玲（女、正科级） 孙现东 于世荣（女） 刘 宏（女）
党组成员：于学军（正科级）
2. 基层财政管理局
局长：卢燕玲（女、兼）
副局长：周玉明 姚庆国
3. 经济开发投资公司
副经理：赵凤余 王淑英（女）
（八）沂水县财政局
1. 局长：戚树启
副局长：郭京裕 张京军 张希国
党组成员：李政华（女）
主任科员：武朝晖 赵立刚
副主任科员：张修广 傅善增
2. 经济开发投资公司
经理：张京军（兼）
副经理：赵培慧（女） 陈长太
3. 基层财政管理局
局长：李政华（女、兼）
副局长：朱丽滨（女） 张立军
4. 预算外资金管理中心
主任：袁可刚
5. 监督检查办公室
主任：王培军
6. 国有资产管理中心
主任：张希国（兼）
副主任：杜明军 郝连涛 朱 波
（九）蒙阴县财政局
1. 局长：李 波
副局长：唐建敏（女） 宋以德 张玉成
副主任科员：张 勇 李春妍（女）
2. 住房资金管理中心
主任：唐建敏（女、兼）
副主任：王玉刚
3. 预算外资金管理局
局长：公丕苍
4. 国有资产管理办公室
主任：刘本国
5. 财政监督局
局长：王 凯
6. 投资评审中心
主任：任纪海
7. 农业综合开发办公室
主任：李光源
副主任：张 成 张茂来
8. 城市资产运营中心
主任：周宝琴（女）
（十）平邑县财政局
1. 局长：王江华
副局长：葛宪法 张厚斌 曹卫清
纪检组长：华林昌
2. 基层财政管理局
局长：张厚斌（兼）
3. 财政监督检查办公室
主任：姬鸣宇
4. 会计管理局
局长：葛宪法（兼）
5. 国有资产管理办公室
主任：英昌来
6. 经济开发投资公司
经理：李鸿玉
（十一）费县财政局
1. 局长：陈文武
副局长：孟庆国 查仲环 纵 凯
纪检组长：宗 军
总会计师：张 辉
副主任科员：张德安
2. 基层财政管理局
副局长：郭士平
3. 经济开发投资公司
副经理：袁堂玲（女）
4. 国有资产管理办公室
副主任：徐贵军
（十二）沂南县财政局
1. 局长：张安学
副局长：王绍春 胡凡福 高兴功 冯奇志
2. 基层财政管理局
副局长：朱耀华 尹西钊
3. 会计管理局
局长：王绍春（兼）
副局长：高美华（女）
4. 财政监督局
局长：张佳贞
5. 国有资产工作办公室
主任：胡凡福（兼）
6. 国有资产运营中心
主任：高兴功（兼）
（十三）临沭县财政局
1. 局长：郭和法
党组副书记：徐 璇（女）
副局长：李守鹤 周洪军 王娟（女）
2. 经济开发投资公司

经理：李守鹤（兼）

副经理：赵应栋

3. 基层财政管理局

局长：周洪军（兼）

副局长：段广胜

4. 财政监督局

局长：苗　壮

5. 非税收入管理局

副局长：张福秋

（十四）高新技术产业开发区

1. 局长：吴　宇（兼）

副局长：刘西昆　石瑞峰

2. 投资评审工作办公室

主任：刘　琳（女）

3. 政府采购工作办公室

主任：刘　玮（女）

（十五）经济开发区财政局

1. 局长：杨佃农

副局长：司玉章

副主任科员：徐恒昌

2. 财政集中支付核算中心

主任：孙大伟

（十六）临港产业开发区财政局

局长：牟春林

十四、德州市

（一）德州市财政局

1. 局长：战士平

副局长：牛洪春（正处级）　孙军强（正处级）　高东玲（女）　杨志坚

总会计师：王进宝

总经济师：朱恩鹤

党组成员：王建军（正处级）　王　炼

调研员：李荣章　房延彪

副调研员：张凤元　苏文正　孟曰鹏　车洪裕

市财政监督检查办公室主任：李彦杰（女）

市财源建设办公室主任：王立合

2. 国有资产管理办公室

主任：李宝德

副主任：王洪亮　张振新

3. 预算外资金管理处

处长：俞　勇

副处长：刘士海　赵立军

4. 政府采购管理办公室

主任：许欣君（女）

副主任：杜燕红（女）

5. 财政国库集中支付中心

主任：王荣峰

副主任：崔　辉（女）

6. 经济开发投资公司

经理：孙军强（兼）

副经理：郭长平　尉　华

7. 政府投融资管理中心

主任：王建军（兼）

副主任：王洪亮（兼）　张黎光

8. 农业综合开发办公室

主任：王　炼（兼）

副主任：包方龙　李文军

副调研员：张石德

（二）德城区财政局

局长：刘　英（女）

副局长：王朝霞（女）　徐　静（女）　蒙家清　郭宗勇　霍学良

党组成员：崔贵春　邢国强

（三）乐陵市财政局

1. 党组书记：耿宏伟

副局长：董世峰　刘式元　丁春生

工会主席：谢洪民

纪检组长：王建平

党组成员：邢恩庆　张金良　臧素玲（女）

2. 城市资产管理运营办公室

主任：董世峰（兼）

3. 乡镇财政管理科

科长：张汉起

4. 财政监督局

局长：陈登昌

5. 国有资产管理办公室

主任：靳月丽（女）

6. 经济开发投资公司

经理：丁春生（兼）

副经理：常　静（女）

7. 乡财市管核算中心

主任：卞　磊

（四）禹城市财政局

局长：周兴勇

副局长：李光民　赵洪峰　刘蓬　丁洪泉

党组成员：马兴焱　孙　斌　徐善国

（五）陵县财政局

1. 局长：耿祥忠

副局长：张春霞（女）　纪文清　王运泉

党组成员：高晓辉

工会主席：杨长洪

2. 国资局

局长：高晓辉（兼）

（六）宁津县财政局

1. 党组书记：石洪兴（县政协副主席兼）

局长：商印平

副局长：邢胜智　张胜海　于福军　李照起

党组成员：尚玉岭

2. 国有资产管理办公室

主任：邢胜智（兼）

3. 公有资产经营有限公司

经理：张胜海（兼）

4. 收费管理局

局长：尚玉岭（兼）

（七）庆云县财政局

局长：刘玉琢

副局长：张玉希　胡明辉　胡龙　鄄在秀　吴来勇

党组成员：刘晓勇

（八）临邑县财政局

局长：王守海

副局长：崔向峥　徐　强　夏德国　周彩利　甄旭元

（九）齐河县财政局

1. 局长：卢永强

副局长：马　刚　魏建强　陈胜毅　岳思国　王成明　宋　波

党组成员：朱春艳（女）　杨东　屠晓东

2. 经济开发投资公司

董事长：马　刚（兼）

3. 公有资产经营公司

主任：岳思国（兼）

4. 政府采购办公室

主任：屠晓东（兼）

（十）平原县财政局

1. 局长：宋振兴

副局长：张　勇　郭学江　孙树群　杨　恒　崔瑞卿　李建国

党组成员：王　晶（女）　杨志伟

工会主席：栗　军

2. 预算外资金管理局

局长：张　勇（兼）

副局长：于光勇

3. 国有资产经营公司

经理：杨　恒（兼）

4. 工程结算中心

主任：杨志伟

5. 经济开发投资总公司

经理：杨　恒（兼）

副经理：刘艳国

6. 监督稽查局

局长：赵安国

7. 国资局

局长：张全举

（十一）夏津县财政局

1. 局长：倪家臣（县政协副主席兼）

副局长：姚爱国　王安玉　霍士山　钟泽贤　贺　磊

工会主席：高云华

党组成员：张化祥　董永波　张兴利

2. 投资公司

经理：董永波（兼）

3. 政府采购中心

主任：张俊海

4. 国库集中支付中心

主任：杜　静（女）

（十二）武城县财政局

局长：周树彬

副局长：李向阳　殷庆利　王艳梅

（十三）德州运河经济开发区财政局

局长：展德玲（女）

副局长：王瑞新（女）　王建民

（十四）德州经济开发区财政局

局长：李英培

副局长：张英辉（女）　唐志忠

十五、聊城市

（一）聊城市财政局

1. 局长：马　骏

副局长：张春华（正处级）　刘奎忠

党组成员：薛本宪（副处级）　魏铁汉（正处级）　颜　善（正处级）

副调研员：赵书军

总会计师：徐冬云

副调研员：李玉虎

2. 财政监督处

处长：张春华（正处级、兼）

副处长：井庆河

3. 农业税收征收管理局

局长：武存波

副局长：李凤国　赵　军

4. 政府采购管理办公室

主任：侯志刚

副主任：王彦宏　孙　健

5. 预算外资金管理处

处长：张守谦

副处长：刘　杰

6. 国库集中收付中心

主任：李玉强

副主任：孙　杰　丁玉福

7. 投融资管理中心

主任：张继尧

副主任：王希波

8. 经济开发投资公司

总经理：魏铁汉（兼）

副经理：徐文华（正处级）

9. 农业综合开发办公室

主任：颜　善（兼）

书记：苏本生

副主任：李　科　王廷才

（二）东昌府区财政局

1. 局长：杜旭智

副局长：袁凤兰（女、正科级）　李子银（正科级）　申瑞新（正科级）　张晓敏（女、正科级）　韩铭青（女）　蒋国宾　闫瑞斌　苏　煜（女）

党组成员：安振宁

纪检组长：潘振民（女）

工会主任：韩铭青（女、兼）

2. 国有资产管理局

局长：郑天永

3. 预算外资金管理处

主任：李红霞（女）

4. 财政监督局

局长：张晓敏（女、兼）

副局长：荣　华　郝　庆

5. 农业税收征收管理局

局长：李子银（兼）

主任科员：王维兰（女）

副局长：郭保华　宋士荣

6. 政府采购管理办公室

主任：李建华

副主任：范培星　徐大兴

7. 经济开发投资公司

总经理：申瑞新（兼）

副经理：张　文　刘书山

（三）临清市财政局

1. 局长：宋加利

副局长：赵素坤（女、正科级）　赵　彦（正科级）

纪检组长：祁国良

工会主任：李子庚

副主任科员：昌桂峰　蔺仁泉　王新民　魏丽敏（女）　程　利（女）　李树磊

2. 国有资产管理局

局长：张建民

副局长：周宪文

3. 农业税收征收管理局

局长：张　华

4. 政府采购中心

主任：李　红（女）

5. 财政监督检查局

局长：崔　雷

6. 预算外资金管理处

主任：陆浩泉

（四）阳谷县财政局

1. 局长：郭振光（副县长兼）

副局长：王善生　孙瑞柱　任国昌

党组成员：张国华　王瑞彦　孙广坤　张君凤　姜军华

工会主席：雷　涛

主任科员：孟繁成

副主任科员：吕兰祥

2. 收费管理局

局长：孙瑞柱（兼）

副局长：邱宪坤

3. 政府采购中心

主任：杨绍波

4. 国有资产管理办公室

主任：王善生（兼）

副主任：张凡高

5. 财政监督办公室

主任：王瑞彦（兼）

副主任：郑崇杰

6. 乡镇财政管理局

局长：孙广坤（兼）

7. 开发性金融合作办公室

主任：任国昌（兼）

副主任：孔海燕　张　昕

（五）莘县财政局

1. 局长：王俊君（县政协副主席兼）

党组书记：弓　伟

副局长：弓　伟（兼）　杜国华　张景朝

纪检书记：郭守杰

工会主席：冯麦林

总会计师：范永胜

2. 预算外资金管理局

书记：王相超

局长：范树青（女）

副局长：李孔章　王凤强　岳玉宝

3. 政府采购中心

书记：王永光

主任：弓　伟（兼）

副主任：陈韶辉（女）　张川山　胡爱凤

4. 国有资产管理局

局长：邵　勇

书记：赵宏军

副局长：张广行　徐跃增　王建国

5. 国库集中收付中心

主任：张宏民

6. 综合治税办公室

主任：弓英杰

7. 乡镇财政管理局

局长：李体国

书记：王素华（女）

副局长：张业娟（女）　王　焱（女）　周相杰

（六）茌平县财政局

1. 局长：张　明

党组成员：孙玉明（正科级）　靖玉民（正科级）　杨卫东（正科级）　刘勤丽（女、正科级）　张华（正科级）　谢建国　董建忠

副局长：谢建国　董建忠

工会主席：刘春梅（女）

主任科员：梁力　曹培省

副主任科员：崔巍　杨秋生　刘吉强　张金涛

2. 投融资管理中心

主任：孙玉明（正科级、兼）

副主任：袁　萍（女）　刘希为

3. 农业税收管理局

局长：靖玉民（正科级、兼）

副局长：袁荣祥　温立春（女）

4. 国有资产管理局

局长：张　华（正科级、兼）

副局长：季文柱　高月江

5. 预算外资金管理局

副局长：于相刚　王　峰

6. 政府采购中心

主任：孙明宇

7. 国库集中收付中心

主任：刘勤丽（女、兼）

副主任：许洪强　岳　磊

（七）东阿县财政局

1. 局长：付崇国

副局长：杨万民　王建强　张传合

党组副书记：郑普元　郭继平

工会主席：周长坤

主任科员：赵培盈

副主任科员：杜　峰

2. 预算外资金管理局

副局长：黄培新　闫文峰

3. 乡镇财政管理局

局长：王建强（兼）

副局长：韩广祥　付言勇

4. 国有资产管理局

局长：杨万民（兼）

副局长：王锡忠

5. 财政信用投资公司

副经理：张明星　葛成山

（八）冠县财政局

1. 局长：刘梅元（人大副主任兼）

副书记、副局长：满庆利（女）　陈同峻　童云善

副局长：郭秀芳（女）　任书良

副科级领导干部：魏文华（女）

2. 预算外资金管理局

局长：徐敬祥

副局长：姚云凤（女）　丰吉峰

3. 基层财政管理局

局长：闫保星

副局长：沙增强

副主任科员：魏万勤

4. 政府采购办公室

主任：寇修岭

副主任：么海燕（女）

5. 财政监督检查局

局长：陈同峻（兼）

副局长：蒋保华　姚　敏（女）

（九）高唐县财政局

1. 局长：贾建华

副书记、副局长：程庆江　李乃涛

副局长：赵士军　刘新华

党组成员：由长泉　王新军　邵荣景（女）　刘磊　杨继萱　高传震　张振芳（女）　纪建军

2. 集中支付中心和政府采购中心

主任：刘磊（兼）

副主任：张振芳（女、兼）　徐卫华（女）

3. 农业税收征收管理局

局长：王新军（兼）

副局长：高传震（兼） 解 波 闫秀芳（女）

4. 国有资产管理办公室

副主任：姚美庆

5. 政府采购办公室

副主任：王明华

6. 农业综合开发办公室

主任：李乃涛（兼）

（十）经济开发区财政局

局长：夏庆刚

副局长：崔文岗 陈琳琳（女）

副主任科员：孟文英（女） 张洪霞（女） 任 峰 刘庆雷

十六、滨州市

（一）滨州市财政局

1. 局长：王力

副局长：陈庆荣（正处级） 石丽霞（女、正处级） 董洪喜 景学江

党组成员：贾安利（正处级） 刘忠本 刘长海

总会计师：胡云江

调研员：王金生（女） 冯艳霞（女）

副调研员：刘忠本 张 红（女） 张岐新 赵美山 曹玉香

2. 非税收入管理局

局长：刘长海（兼）

副局长：李以盛

3. 基层财政管理局（挂市农村综合改革办公室牌子）

局长：李保国

市农村综合改革办公室副主任：展 翔（女）

4. 市行政事业国有资产管理办公室

主任：颜世庚

副主任：张 国

5. 财政监督检查办公室

主任：张艳玲（女）

副主任：孙贻学 张龙华

6. 国库集中支付中心

副主任：卢得珍（女） 索立新

7. 市经济开发投资服务中心、市经济开发投资公司

主任、经理：贾安利（兼）

副主任、副经理：丁国明 韩春山

8. 中小企业投资担保中心

主任：石丽霞（女、兼）

副主任：朱澎淋 曹家国

9. 政府采购管理办公室

主任：高成明

副主任：鲁新国

10. 市政府投资评审中心

主任：沈洪坤

副主任：崔建卿 张 勇

11. 滨州财政学校

校长：王连刚

副校长：魏允芳 邵 杰

（二）滨城区财政局

1. 局长：刘殿君

副局长：张卫东 刘绍福

党组成员：谷春生 周 炜

副主任科员：于文波 刘 艳（女）

2. 国有资产管理办公室

主任：刘绍福（兼）

3. 经济开发投资公司

副经理：于文波（兼） 李 艳（女）

4. 基层财政管理局

副局长：贾善斌

5. 国库集中支付中心

主任：刘殿君（兼）

副主任：徐景山

6. 非税收入管理局

局长：王学海

7. 政府投资评审中心

副主任：赵志敏

8. 投融资服务中心

副主任：周 炜（兼） 张海防

9. 土地收购储备中心

副主任：谷春生（兼）

10. 政府采购管理办公室

主任：徐丽丽（女）

（三）惠民县财政局

1. 局长：卢兆俊

副局长：隋全洲 伊善海 高曰田

党委副书记：刘广东 张志光

2. 基层财政管理局

局长：隋全洲（兼）

副局长：潘尊东 陈 伟

3. 政府采购中心

主任：伊善海（兼）

副主任：赵光祯

4. 国库集中支付中心

副主任：田道德

5. 国有资产管理局

局长：孟青松

6. 国有资产管理中心

主任：曹 利

（四）阳信县财政局

1. 局长：范旭东（县政协副主席兼）

副局长：张连祥 王海泉 马学军

纪检组长：凌锡泽

党组成员：吴秀明

工会主席：岳立民

2. 会计核算中心

主任：张连祥（兼）

3. 基层财政管理局

局长：王海泉（兼）

副局长：邢学勇

4. 中小企业信用担保中心

主任：马学军（兼）

副主任：王天河

5. 非税收入管理局

局长：吴秀明（兼）

6. 国有资产管理办公室

主任：王洪娟（女）

7. 财源建设办公室

主任：王 过

（五）无棣县财政局

1. 局长：程玉春

副局长：李智武 关辉林

纪检组长：刘 健

党组成员：王 露（女） 吴兴本

主任科员：李智武（兼）

副主任科员：吴新英

副主任科员：吴景洁（女）

2. 政府采购办公室

主任：吴金瑞

3. 国有资产管理局

局长：吴兴本（兼）

副局长：曹新业　葛汝涛

4. 基层财政管理局

局长：王　露（女、兼）

副局长：郭连峰

5. 国库集中支付中心

主任：任树堂

总会计师：商淑珍（女）

6. 财政监督局

局长：郭庆东

7. 政府投资评审中心

主任：赵辉源

8. 非税收入管理局

局长：刘伟国

（六）沾化县财政局

1. 局长：牟金合（县政协副主席兼）

副局长：马景志、任德莲（女）　姜彦波

纪检组长：刘清松

党组成员：李国华

2. 基层财政管理局

局长：任德莲（女、兼）

副局长：吴秀岩　张廷东

3. 非税收入管理局

局长：任德莲（女、兼）

副局长：吴秀岩（兼）　张廷东（兼）

4. 国有资产经营中心

主任：马景志（兼）

5. 国库集中支付中心

主任：姜彦波（兼）

副主任：花行三

6. 政府采购办公室

主任：杨国明

7. 中小企业信用担保中心

主任：商志远

8. 财源建设办公室

主任：李国华（兼）

（七）博兴县财政局

1. 局长：李学峰

副局长：鲍汝铖　满金博　谢玉芳

纪检组长：刘立新

2. 基础设施资金管理局

局长：魏晓东

3. 财政监督局

局长：高东民

4. 国有资产管理局

局长：王建林

5. 非税收入管理局

局长：谢玉芳（兼）

副局长：初欣辉

6. 国库集中支付中心

主任：满金博（兼）

副主任：杨　华（女）

7. 中小企业投资担保中心

主任：鲍汝铖（兼）

副主任：杨秀泉

8. 政府采购管理办公室

主任：刘学兵

9. 开发区财税局

局长：于永增

（八）邹平县财政局

1. 局长：马庆玉

副局长：姜　伟　刘　春　李　波　董献德

党组成员：魏　刚

2. 国库集中支付中心

主任：姜　伟（兼）

副主任：刘长永

3. 政府投资评审中心

主任：刘　春（兼）

4. 基层财政管理局

副局长：宋淑钢　石志新

5. 开发区分局

局长：魏　刚（兼）

（九）滨州经济开发区财政局

1. 局长：颜廷勇

副局长：游荣菊（女）　刘洪叶（女）

副主任科员：韩承国　李滨春

2. 政府投资评审中心

主任：韩承国（兼）

3. 土地收购储备中心

主任：游荣菊（女、兼）

副主任：李滨春（兼）

（十）滨州高新技术产业开发区财政局

1. 局长：李学田

副局长：王奎刚

2. 国库集中支付中心

主任：李雪勇

（十一）滨州北海新区财政局

1. 局长：茅立明

副局长：张文村

2. 国库集中支付中心

主任：张文村（兼）

十七、菏泽市

（一）菏泽市财政局

1. 局长：赵传山

党组书记：周铁伦

党组副书记：赵传山　鹿令聘

副局长：周铁伦　鹿令聘　宋益连　潘杰功

党组成员：刘庆国　朱启建　魏玉国　潘炳波

总会计师：楚喜斌

调研员：朱学春　柏立新　邢建设

副调研员：曹勤海　王志生　许雪忠

2. 国有资产经营中心

主任：宋益连（兼）

副主任：刘　峰　李振银

副调研员：侯巨臣

3. 政府集中招标采购服务中心

主任：潘杰功（兼）

副主任：潘炳彪　李明瑞

副调研员：孙维亚

4. 农业综合开发办公室

主任：刘庆国（兼）

副主任：张友杰　侯居学

副调研员：石洪展

5. 财政评审和监督检查局

主任：魏玉国（兼）

副主任：樊凤兰（女）　刘　涛

6. 基层财政管理局

局长：葛新生

副局长：刘宏伟（女）

7. 会计中心

主任：潘丙波（兼）
副主任：秦明钢　高启华　葛于民
总会计师：刘淑萍（女）
8. 经济开发投资公司
经理：朱启建（兼）
副经理：柳　野　李　超
9. 市开发性金融合作办公室
主任：李凤云（女）
副主任：岳　昕
10. 财政干部中等专业学校
校长：刘学俊
书记：韩　冬
工会主任：李好峰
副校长：朱同强　冉德红（女）

（二）牡丹区财政局

1. 局长：赵君成
副局长：杨会治　徐东华　闫银旺
党组成员：仪海涛
副主任科员：肖培军
2. 乡镇财政报账核算中心
副主任：付中兴
3. 投资公司
经理：杨会治（兼）
副经理：李建生
4. 会计管理中心
主任：仪海涛（兼）
副主任：李月娟（女）　崔传斌
5. 财政监督室
主任：曹莉馨（女）
6. 国资经营中心
副主任：高　远

（三）曹县财政局

1. 局长：孟凡珠
副局长：刘宝全　马凤芹（女）
工会主席：王　勇
总会计师：赵文魁
2. 国有资产监督管理局
局长：马青松

（四）单县财政局

1. 局长：赵世忠
副局长：王顺忠　邓合勇　张玉成
总会计师：任涛
2. 政府集中招标采购服务中心
主任：王顺忠（兼）

（五）成武县财政局

1. 局长：杨鲁伟
副局长：张流源　侯光峰　王厚健
党组成员：徐　静　周长桥　刘持金　李联杰
工会副主任：朱兆福
2. 国有资产管理局
局长：王厚健（兼）
3. 中华会计函校
校长：李晓强
4. 会计核算中心
主任：徐　静
副主任：马育青（女）　李晓连（女）
5. 农业综合开发办公室
主任：刘持金（兼）
6. 财政监督室
主任：王见广

（六）巨野县财政局

1. 局长：杨怀军
副局长：解德湘　葛长春　张和银　王　剑　孔庆忠（正科级）　李广聚　李保玉
总会计师：韩文霞（女）
2. 国有资产管理办公室
主任：解德湘（兼）
副主任：姜　勇
3. 基层财政管理局
局长：葛长春（兼）
副局长：杨忠杰
4. 政府采购中心
主任：李广聚（兼）
副主任：汪路远　董宪光
5. 预算外资金管理局
局长：王剑（兼）
副局长：孔　涛　申景红（女）
6. 经济开发投资公司
经理：史高峰
7. 财政评审和监督管理局
主任：张秋梅（女）
8. 会计核算中心
主任：李成柱
9. 金融合作办公室
主任：陶东升

（七）郓城县财政局

1. 局长：孙兆同
副局长：张　锋　戚元贵
总会计师：郭保华
党组成员：曹保成
2. 预算外资金管理办公室
主任：戚元贵（兼）
副主任：侯殿丰　王　勇
3. 经济开发投资公司
副经理：薛振华　王忠玉
4. 财政监督办公室
主任：马新宪
5. 黄淮海平原开发资金管理公司
经理：庄险峰
6. 会计核算中心
主任：华广领
7. 国有资产运营中心
主任：侯宪强
副主任：王东江　陈富强
8. 政府采购办
主任：郭洪岩

（八）鄄城县财政局

1. 局长：张景进
副局长：王延华
党组成员：张崇义　巩金凤（女）
2. 国有资产管理局
副局长：刘振华
3. 预算外资金管理局
局长：王　刚
4. 政府采购办公室
主任：李景德
5. 会计核算中心
主任：陈春华（女）
6. 农税局
副局长：李　宏

（九）定陶县财政局

1. 局长：王瑞臣
副局长：王廷磊
主任科员：朱凤梅（女）
副局长：王志强
总会计师：周广俊
党组成员：贾贯强　刘贵州（正科级）　任志忠

2. 国有资产管理办公室

主任：任志忠（兼）

3. 预算外资金管理办公室

主任：李子允

4. 经济开发投资公司

经理：贾贯强（兼）

5. 政府采购招标中心

主任：张忠河

6. 会计核算中心

主任：刘玉凌（女）

（十）东明县财政局

1. 局长：赵玉生

副局长：李彦生

2. 农业税务局

局长：胡意宽

副局长：李瑞华

3. 财政监督室

主任：乔电科

4. 集中核算中心

主任：李彦生（兼）

5. 政府采购中心

主任：张乐场

6. 金融合作办公室

主任：魏玲霞（女）

（十一）开发区财政局

1. 局长：张法超

副局长：吴洪雷　张　浩

2. 政府采购办公室

主任：师雁翔

2011 年山东省财政系统职工基本情况年报表

项目		序号	总计	性别		民族		学位			学历						
															高中及以下学历		
				男	女	汉	其他	博士	硕士	学士	研究生	大学本科	大学专科	中专	人数	其中35岁以下	其中36岁至45岁
甲		乙	1	2	3	4	5	6	7	8	9	10	11	12	13	14	15
总计	合计	1	30 807	19 329	11 478	30 656	151	39	635	3 707	889	16 714	9 142	3 099	963		
	部级	2															
	厅（局）级	3	24	20	4	24		4	5		11	13					
	地市局（处）级	4	1 016	783	233	1 011	5	17	80	154	202	693	107	7	7		
	县局（科）级	5	5 261	3 917	1 344	5 232	29	15	264	793	331	3 847	940	107	36		
	一般干部	6	22 343	13 017	9 326	22 232	111	3	285	2 731	345	11 776	7 421	2 310	491		
	工勤人员	7	2 163	1 592	571	2 157	6		1	29		385	674	675	429		
省（区、市）厅局	合计	8	1 293	840	453	1 282	11	29	165	263	234	822	154	32	51		
	厅（局）级及以上	9	24	20	4	24		4	5		11	13					
	处（局）级	10	447	324	123	446	1	15	41	61	115	292	33	2	5		
	科级	11	540	328	212	534	6	9	102	149	94	376	55	7	8		
	一般干部	12	116	59	57	113	3	1	17	51	14	88	12		2		
	工勤人员	13	166	109	57	165	1			2		53	54	23	36		
市（地、州）局	合计	14	4 902	3 110	1 792	4 868	34	8	287	1 142	347	3 374	779	288	114		
	局（处）级及以上	15	569	459	110	565	4	2	39	93	87	401	74	5	2		
	科级	16	2 153	1 450	703	2 137	16	5	133	469	158	1 677	287	27	4		
	一般干部	17	1 653	835	818	1 641	12	1	114	566	102	1 237	247	46	21		
	工勤人员	18	527	366	161	525	2		1	14		59	171	210	87		
县（市、区）局	合计	19	12 117	7 713	4 404	12 048	69	2	174	1 632	263	7 583	3 035	829	407		
	局（科）级及以上	20	2 568	2 139	429	2 561	7	1	29	175	79	1 794	598	73	24		
	股级	21	3 938	2 492	1 446	3 915	23		44	374	44	2 540	1 046	249	59		
	一般干部	22	4 869	2 488	2 381	4 831	38	1	101	1 074	140	3 097	1 178	341	113		
	工勤人员	23	742	594	148	741	1			9		152	213	166	211		
乡（镇）所	合计	24	12 495	7 666	4 829	12 458	37		9	670	45	4 935	5 174	1 950	391		
	所（股）级及以上	25	2 991	2 325	666	2 980	11			144	9	1 394	1 252	297	39		
	一般干部	26	8 776	4 818	3 958	8 752	24		9	522	36	3 420	3 686	1 377	257		
	工勤人员	27	728	523	205	726	2			4		121	236	276	95		

续表

项目		序号	总计	政治面貌				年龄									
				中共党员	共青团员	民主党派	其他	25岁及以下	26岁至30岁	31岁至35岁	36岁至40岁	41岁至45岁	46岁至50岁	51岁至54岁	55岁至59岁		60岁及以上
															人数	其中：女	
甲		乙	1	2	3	4	5	6	7	8	9	10	11	12	13	14	15
总计	合计	1	30 807	23 361	1 417	115	5 914	1 056	3 717	6 311	6 440	5 514	4 572	1 964	1 233	37	
	部级	2															
	厅（局）级	3	24	24									6	6	12	4	
	地市局（处）级	4	1 016	983	1	7	25		1	19	68	219	364	187	158	33	
	县局（科）级	5	5 261	4 787	21	42	411	4	197	520	1 012	1 284	1 400	496	348		
	一般干部	6	22 343	16 332	1 330	65	4 616	1 052	3 519	5 081	4 911	3 568	2 462	1 124	626		
	工勤人员	7	2 163	1 235	65	1	862			691	449	443	340	151	89		
省（区、市）厅局	合计	8	1 293	1 058	17	16	202	23	105	173	201	256	312	113	110	22	
	厅（局）级及以上	9	24	24									6	6	12	4	
	处（局）级	10	447	430		6	11		1	7	33	115	160	65	66	18	
	科级	11	540	444	3	8	85	1	69	129	118	89	90	23	21		
	一般干部	12	116	70	14	2	30	22	35	18	15	7	11	6	2		
	工勤人员	13	166	90			76			19	35	45	45	13	9		
市（地、州）局	合计	14	4 902	3 480	175	41	1 206	142	580	788	925	921	951	348	247	15	
	局（处）级及以上	15	569	553	1	1	14			12	35	104	204	122	92	15	
	科级	16	2 153	1 829	10	26	288	3	114	283	511	495	523	132	92		
	一般干部	17	1 653	912	148	14	579	139	466	320	274	218	141	60	35		
	工勤人员	18	527	186	16		325			173	105	104	83	34	28		
县（市、区）局	合计	19	12 117	8 923	663	51	2 480	570	1 593	1 955	2 452	2 219	1 928	901	499		
	局（科）级及以上	20	2 568	2 514	8	8	38		14	108	383	700	787	341	235		
	股级	21	3 938	3 275	52	20	591	11	271	781	1 102	845	586	254	88		
	一般干部	22	4 869	2 664	580	22	1 603	559	1 308	901	804	504	412	241	140		
	工勤人员	23	742	470	23	1	248			165	163	170	143	65	36		
乡（镇）所	合计	24	12 495	9 900	562	7	2 026	321	1 439	3 395	2 862	2 118	1 381	602	377		
	所（股）级及以上	25	2 991	2 871	14	2	104	6	94	604	861	719	490	175	42		
	一般干部	26	8 776	6 540	522	5	1 709	315	1 345	2 457	1 855	1 275	822	388	319		
	工勤人员	27	728	489	26		213			334	146	124	69	39	16		

续表

项目		序号	总计	参加工作时间						劳模（先进工作者）	
				1965 年前	1966 年至 1970 年	1971 年至 1980 年	1981 年至 1990 年	1991 年至 2000 年	2001 年以后	省（部）级	全国
甲		乙	1	2	3	4	5	6	7	8	9
总计	合计	1	30 807		415	4 753	9 459	11 373	4 807	7	
	部级	2									
	厅（局）级	3	24		4	15	5			2	
	地市局（处）级	4	1 016		49	380	468	108	11		
	县局（科）级	5	5 261		119	1 279	2 229	1 282	352	2	
	一般干部	6	22 343		217	2 644	6 037	9 188	4 257	3	
	工勤人员	7	2 163		26	435	720	795	187		
省（区、市）厅局	合计	8	1 293		23	287	466	296	221	2	
	厅（局）级及以上	9	24		4	15	5			2	
	处（局）级	10	447		13	142	222	61	9		
	科级	11	540		4	71	142	175	148		
	一般干部	12	116		2	10	19	22	63		
	工勤人员	13	166			49	78	38	1		
市（地、州）局	合计	14	4 902		103	916	1 622	1 411	850		
	局（处）级及以上	15	569		36	238	246	47	2		
	科级	16	2 153		35	396	901	660	161		
	一般干部	17	1 653		24	188	311	508	622		
	工勤人员	18	527		8	94	164	196	65		
县（市、区）局	合计	19	12 117		169	2 130	3 630	3 816	2 372	2	
	局（科）级及以上	20	2 568		80	812	1 186	447	43	2	
	股级	21	3 938		46	627	1 250	1 672	343		
	一般干部	22	4 869		38	498	920	1 474	1 939		
	工勤人员	23	742		5	193	274	223	47		
乡（镇）所	合计	24	12 495		120	1 420	3 741	5 850	1 364	3	
	所（股）级及以上	25	2 991		37	475	1 206	1 201	72	3	
	一般干部	26	8 776		70	846	2 331	4 311	1 218		
	工勤人员	27	728		13	99	204	338	74		

2011年山东省财政系统国家公务员基本情况年报表

项目		序号	总计			学位			学历					政治面貌				年龄								
				女	少数民族	博士	硕士	学士	研究生	大学本科	大学专科	中专	高中及以下	中共党员	共青团员	民主党派	其他	30岁及以下	31岁至35岁	36岁至40岁	41岁至45岁	46岁至50岁	51岁至54岁	55岁至59岁	女	60岁及以上
甲		乙	1	2	3	4	5	6	7	8	9	10	11	12	13	14	15	16	17	18	19	20	21	22	23	24
总计	合计	1	5 193	1 403	35	25	226	741	373	3 502	1 091	190	37	4 720	110	14	349	529	535	848	1 207	1 176	547	351	28	
	部级	2																								
	厅（局）级	3	20	4		4	4		11	9				20								5	6	9	4	
	处级	4	620	159	2	14	60	94	153	408	54	2	3	600		4	16		13	49	148	215	103	92	24	
	科级	5	2 464	527	15	7	122	336	167	1 802	435	50	10	2 354	9	7	94	76	224	413	642	676	269	164		
	科员级	6	1 913	654	14		32	261	31	1 183	561	121	17	1 632	77	3	201	377	286	358	389	262	161	80		
	办事员级及其他人员	7	176	59	4		8	50	11	100	41	17	7	114	24		38	76	12	28	28	18	8	6		
省（区、市）厅局	合计	8	489	167	4	20	80	102	148	301	35	3	2	460	4	3	22	37	49	61	113	132	48	49	15	
	厅（局）级及以上	9	20	4		4	4		11	9				20								5	6	9	4	
	处级	10	282	89	1	11	32	39	91	167	21	1	2	272		3	7		6	22	77	105	37	35	11	
	科级	11	168	68	3	5	42	51	45	109	13	1		155			13	26	40	37	34	21	5	5		
	科员级	12	9	3				7		9				7	1		1	6	2	1						
	办事员级及其他人员	13	10	3			2	5	1	7	1	1		6	3		1	5	1	1	2	1				
市（地、州）局	合计	14	1 172	340	10	4	104	323	150	926	87	7	2	1 047	28	7	90	134	118	178	267	272	112	91	13	
	处级及以上	15	338	70	1	3	28	55	62	241	33	1	1	328		1	9		7	27	71	110	66	57	13	
	科级	16	704	204	6	1	63	186	75	576	48	5		635	1	6	62	35	95	148	188	160	44	34		
	科员级	17	112	59	3		11	72	11	96	4		1	78	22		12	87	16	2	4	1	2			
	办事员级及其他人员	18	18	7			2	10	2	13	2	1		6	5		7	12		1	4	1				
县（市、区）局	合计	19	2 584	655	20	1	37	254	70	1 794	592	104	24	2 353	48	4	179	235	206	370	603	655	337	178		
	科级及以上	20	1 434	222	6	1	16	92	46	1 017	325	36	10	1 411	7	1	15	7	66	181	364	476	216	124		
	科员级	21	1 053	395	10		18	132	17	712	251	65	8	878	30	3	142	178	137	177	226	168	118	49		
	办事员级及其他人员	22	97	38	4		3	30	7	65	16	3	6	64	11		22	50	3	12	13	11	3	5		
乡（镇）所	合计	23	948	241	1		5	62	5	481	377	76	9	860	30		58	123	162	239	224	117	50	33		
	科级及以上	24	158	33			1	7	1	100	49	8		153	1		4	8	23	47	56	19	4	1		
	科员级	25	739	197	1		3	50	3	366	306	56	8	669	24		46	106	131	178	159	93	41	31		
	办事员级及其他人员	26	51	11			1	5	1	15	22	12	1	38	5		8	9	8	14	9	5	5	1		

第八部分

财政大事记

1月4日，省委召开常委会议，传达学习中央农村工作会议精神，研究贯彻落实意见，省委书记、省人大常委会主任姜异康主持并讲话，省委副书记、省长姜大明，省委副书记、省政协主席刘伟出席。厅长尹慧敏参加。

△副省长郭兆信主持召开全省民政工作会议。副巡视员王慎民参加。

6日，厅长尹慧敏主持召开厅长办公会议，研究2011年全省财政收支计划和省级预算安排意见，以及2009年度省级部门预算编制执行及决算质量检查情况。

△副省长才利民主持召开会议，研究讨论《全面提升经济开发区发展水平的意见（讨论稿）》。副厅长李国健参加。

7日，省委副书记、省长姜大明主持召开第89次省政府常务会议，研究2011年全省财政收支计划和省级预算安排、2011年调整企业退休人员养老金等问题，讨论并原则通过《山东省人民政府2011年立法工作计划（草案）》。厅长尹慧敏参加。

△山东省上海世博会参展工作总结表彰大会在济南召开，省委书记、省人大常委会主任姜异康，省委副书记、省长姜大明，省委副书记、省政协主席刘伟出席。副厅长庞敦之参加。

△省防汛抗旱指挥部召开全省抗旱工作视频会议。副厅长文新三参加。

△省科协举行省科技馆对未成年人免费开放启动仪式，副省长李兆前出席。副厅长李国健参加。

8日，省委副书记、省长姜大明主持召开省经济责任审计工作领导小组会议。厅长尹慧敏参加。

△省委常委、组织部长高晓兵主持召开全省组织部长会议。副厅长窦玉明参加。

9日，全省人才工作座谈会在济南召开，省委常委、组织部长高晓兵出席并讲话，副省长郭兆信主持。副厅长窦玉明参加。

10日，全省高等学校党的建设工作会议在济南召开，省委常委、组织部长高晓兵出席并讲话，副省长黄胜主持。副厅长庞敦之参加。

△副省长才利民主持召开省打击侵犯知识产权和制售假冒伪劣商品专项行动领导小组全体会议。副厅长文新三参加。

11日，全省财政税务工作会议在济南召开，省委副书记、省长姜大明出席并作重要讲话，省委常委、常务副省长王仁元出席并主持会议。会前与会领导接见了全省财政系统“双先”代表和先进会计工作者代表。

△全省财政工作暨“双先”代表和全省先进会计工作者表彰会议在济南召开。厅长尹慧敏出席并讲话。

△省委常委、常务副省长王仁元主持召开山东半岛蓝色经济区建设恳谈暨项目推介会筹备工作会议。巡视员阮凤英参加。

12日，省委副书记、省长姜大明主持召开山东半岛蓝色经济区规划建设领导小组第四次会议。厅长尹慧敏参加。

△省政府组织收听收看全国安全生产电视电话会议，省委常委、副省长王军民出席。副厅长窦玉明参加。

△省纪委召开会议传达中纪委六次全会精神。纪检组长傅清卿参加。

13日，省委副书记、省长姜大明主持召开第90次省政府常务会议，研究《认真贯彻〈中共中央、国务院关于加快水利改革发展的决定〉的实施意见（送审稿）》、加强我省河流治理意见、南水北调干线工程和续建配套工程建设工作，以及贯彻全国国有资产监督管理工作会议精神的意见。厅长尹慧敏参加。

△省委常委、常务副省长王仁元、副省长郭兆信视察省直汉峪公务员住宅小区建设工程并召开现场会，听取省级机关事务管理局关于工程建设进展情况的汇报。副厅长窦玉明参加。

△全省机关党建工作会议在济南召开，省委常委、秘书长王敏出席。纪检组长傅清卿参加。

△全省国土资源工作会议在济南召开，副省长才利民出席并讲话。副巡视员姜凝参加。

14日，省人大常委会预工委听取2010年预算执行情况和2011年预算安排情况的汇报。副厅长于国安参加并汇报。

△全省统计工作会议在济南召开，省委常委、常务副省长王仁元出席并讲话。副厅长张洪军参加。

△全省推进政府机关办公软件正版化暨深入开展打击侵犯知识产权和制售假冒伪劣商品专项行动电视会议在济南召开，副省长才利民出席并讲话。副厅长李国健参加。

△山东半岛蓝色经济区建设工作动员大会在济南召开，省委书记、省人大常委会主任姜异康出席并讲话，省委副书记、省长姜大明，省委副书记、省政协主席刘伟出席会议。副厅长窦玉明参加。

△全省人力资源和社会保障工作会议在济南召开，副省长郭兆信出席并讲话。副巡视员王慎民参加。

15日，省委召开常委会议，传达学习十七届中央纪委六次全会精神，研究贯彻落实意见，省委书记、省人大常委会主任姜异康主持并讲话，省委副书记、省长姜大明，省委副书记、省政协主席刘伟出席。厅长尹慧敏参加。

16日，省政府举行青蓝高速公路泰安至聊城段投资协议签约仪式，省委常委、副省长王军民出席。副巡视员姜凝参加。

17日，副省长王随莲主持召开全省食品药品安全委员会全体会议。巡视员阮凤英参加。

△省委、省政府召开全省工商联工作会议。副厅长张洪军参加并发言。

△省政府组织收听收看全国信访局长会议，随后，召开全省信访局长会议。副厅长张洪军参加。

18日，全省农业农村工作会议在济南召开，省委副书记、省政协主席刘伟出席并讲话，副省长贾万志主持并作总结讲话。副厅长文新三参加。

△省政府举行泰山财产保险股份有限公司揭牌仪式，省委书记、省人大常委会主任姜异康，省委副书记、省长姜大明出席。副厅长窦玉明参加。

18～19日，省纪委召开九届七次全体会议。纪检组长傅清卿、副厅级检查员张魁珍参加。

18日，副省长才利民主持召开会议，向国务院督查组一行汇报我省打击侵犯知识产权和制售假冒伪劣商品专项行动有关情况。副巡视员张光月参加。

19日，省纪委召开九届七次全体会议第二次会议，省委书记、省人大常委会主任姜异康出席并讲话。副厅长于国安参加。

△省委副书记、省长姜大明主持召开第91次省政府常务会议，研究《山东省国民经济和社会发展第十二个五年规划纲要（草案）》和《2011年政府工作报告（讨论稿）》。副厅长于国安参加。

19～20日，省人大常委会副主任崔曰臣赴烟台开展新年春节走访慰问活动。总经济师王玉敏参加。

20日，省人大财经委听取2010年预算执行情况和2011年预算草案的报告，审查2011年预算草案。厅长尹慧敏、副厅长于国安参加。

△省政府召开全省抗旱工作电视会议，省委副书记、省长姜大明出席并讲话。副厅长文新三参加。

20～21日，副省长才利民在青岛主持召开“山东省—日本、韩国企业合作恳谈会”。副厅长李国健参加。

20～21日，省纪委召开2010年度总结汇报会。纪检组长傅清卿参加。

20日，省政府召开全省卫生工作会议，副省长王随莲出席并讲话。副巡视员王慎民参加。

21日，省普法办召开省全民普法依法治理工作领导小组全体会议，省委副书记、省政协主席刘伟出席。副厅长张洪军参加。

22日，省委副书记、省长姜大明主持召开第92次省政府常务会议，研究贯彻全国交通运输工作会议精神和全国安全生产电视电话会议精神意见，油料、棉花、种业、乡村旅游业振兴规划，《山东省畜禽养殖管理办法（草案）》，以及高新技术产业统计工作。厅长尹慧敏参加。

24日，省委召开常委会。厅长尹慧敏参加。

△省委综合考核组对省财政厅领导班子、省管干部进行2010年度考核，并就厅党组推进惩防体系建设工作进行检查。厅机关在三楼礼堂召开机关及所属事业单位副处级以上干部和省投资公司班子成员大会，厅长尹慧敏代表厅领导班子作工作总结。

△副省长郭兆信主持召开会议，研究高速公路交警管理体制问题。副厅长张洪军参加。

△省政府召开省防震减灾工作领导小组会议，副省长王随莲出席。副厅长庞敦之参加并发言。

24～26日，全国财政反腐倡廉工作会议在北京召开。纪检组长傅清卿、副厅级检查员张魁珍参加。

24日，全省审计工作会议在济南召开，省委副书记、省长姜大明出席并讲话。总经济师王玉敏参加。

25日，全省科技工作会议在济南召开，副省长李兆前出席并讲话。副厅长庞敦之参加。

△全省知识产权工作会议在济南召开，副省长李兆前出席并讲话。副厅长庞敦之参加。

25日，副厅长李国健向省委常委、常务副省长王仁元汇报2011年省级国有资本经营预算安排情况。

△省人力资源社会保障厅组织收听收看人力资源社会保障部、财政部老工伤人员纳入工伤保险统筹管理工作视频会议。副巡视员王慎民参加。

27日，厅机关召开年度工作总结大会，厅长尹慧敏出席并讲话。

△副省长黄胜主持召开山东省新闻出版奖终评会议。副厅长庞敦之参加。

△省金融办举办金融机构新春茶话会，省委副书记、省长姜大明，省委常委、常务副省长王仁元出席。副厅长窦玉明参加。

△省委办公厅召开省直有关部门改进文件工作会议。副巡视员王慎民参加。

△全省交通运输工作会议在济南召开，省委副书记、省长姜大明出席并讲话，省委常委、常务副省长王仁元主持。副巡视员姜凝参加。

28日，副省长王随莲主持召开医改领导小组部分成员会议。巡视员阮凤英参加。

△副省长贾万志主持召开省农业专家座谈会。副厅长文新三参加。

30日，省委副书记、省长姜大明主持召开第93次省政府常务会议，研究房地产市场调控和保障性住房建设以及抗旱工作。厅长尹慧敏参加。

△省防办组织收听收看全国抗旱工作异地视频会议，副省长贾万志出席。副厅长文新三参加。

△省委、省政府举行2011年山东

省各界人士迎春茶话会。副巡视员王慎民参加。

31日，省政府召开省深化医药卫生体制改革领导小组会议，省委常委、常务副省长王仁元，副省长郭兆信、王随莲出席。巡视员阮凤英参加。

△副省长黄胜主持召开大遗址保护协调会议。副厅长庞敦之参加。

本月领导兼职：

△阮凤英同志担任省社区卫生工作领导小组成员、省退役士兵安置工作领导小组成员、省地方病防治工作领导小组成员、省爱国卫生运动委员会成员、省防治艾滋病工作委员会成员。

△于国安同志担任全省价格调控联席会议成员。

△张洪军同志担任省妇女儿童纲要监测评估领导小组成员、省文明委成员。

2月 **5日**，省委召开常委会。厅长尹慧敏参加。

7日，全省抗旱动员会议在济南召开，省委副书记、省政协主席刘伟出席并讲话，副省长郭兆信主持。副厅长文新三参加。

9日，省委召开常委会议，进一步学习中央政治局常委、国务院总理温家宝春节期间来我省视察旱情并与基层干部群众共度新春佳节时的重要指示精神，深入研究贯彻落实意见，省委书记、省人大常委会主任姜异康主持并讲话，省委副书记、省长姜大明和省委常委出席会议。厅长尹慧敏参加。

10日，省政府组织收听收看全国粮食生产电视电话会议，随后召开全省粮食生产电视会议，省委副书记、省长姜大明出席并讲话。厅长尹慧敏参加。

△副省长贾万志主持召开会议，研究贯彻落实国务院粮食生产政策问题。副厅长文新三参加。

△全省安全生产工作电视会议在济南召开，省委副书记、省长姜大明出席会议并讲话。副厅长李国健参加。

11日，省十一届人大四次会议召开大会预备会。厅长尹慧敏参加。

△省政协十届四次会议在济南召开。副厅长于国安列席。

12~17日，省十一届人大四次会议在济南召开。厅长尹慧敏参加，巡视员阮凤英列席。

12日，省编办召开铁路法院、检察院管理体制改革联席会议。副厅长张洪军参加。

15日，省人大财经委召开全体会议。厅长尹慧敏、副厅长于国安参加。

△省政府组织收看全国深化医药卫生体制改革工作会议第一次全体会议，省委副书记、省长姜大明出席会议。厅长尹慧敏参加。

15~17日，全国深化医药卫生体制改革工作会议在北京召开。巡视员阮凤英参加。

15日，副省长贾万志主持召开全省农业与农村工作座谈会。副厅长文新三参加。

△中共喀什地委书记史大刚一行17人来山东参观考察，副省长李兆前主持召开会议，交流经济社会发展情况，探讨加强双方合作的新途径。副厅长窦玉明参加。

18日，省无线电管理委员会全体会议在济南召开，省委常委、副省长王军民出席并讲话。副厅长窦玉明参加。

△全省供销社工作电视会议在济南召开，副省长贾万志出席并讲话。副巡视员姜凝参加。

21~22日，全省经济开发区工作会议在烟台召开，副省长才利民出席会议并讲话。副厅长李国健参加。

21日，工信部会同国务院研究室来我省调研中小企业发展情况，省委常委、副省长王军民召开座谈会介绍相关情况。副厅长窦玉明参加并发言。

21日，省委常委、秘书长王敏主持召开省委密码工作领导小组会议。副厅长张洪军参加。

△省委常委、常务副省长王仁元主持召开地方政府债务审计工作协调会。副厅长窦玉明参加。

22日，省政府秘书长张万青主持召开省政府驻外办事处工作会议。副厅长张洪军参加。

22日，省政府组织收听收看全国职业培训工作电视电话会议，副省长郭兆信出席并讲话。副巡视员王慎民参加。

23日，省水利厅组织收听收看国家防总抗旱工作异地视频会议。副厅长文新三参加。

△副厅长李国健随副省长才利民到省国税局就出口退税问题进行调研。

24日，全省年度教育工作会议在济南召开，副省长黄胜出席并讲话。副厅长庞敦之参加。

△省政府组织收听收看全国农资打假专项治理行动电视电话会议，省府办公厅副主任高洪波出席并讲话。副厅长文新三参加。

△副省长才利民主持召开2011香港山东周筹备工作会议。副厅长李国健参加。

24~25日，副厅长窦玉明赴北京参加全国保障性安居工程工作会议。

△全国工商联副主席庄聪生一行来我省调研中小企业发展情况，省政协副主席王乃静主持召开座谈会，介绍相关情况。副巡视员张光月参加并发言。

25日，省委常委、副省长王军民主持召开省工业调整振兴第六次联席会议。副厅长李国健参加。

△全省地方政府性债务审计进点会议在厅机关召开。副厅长窦玉明

参加。

26日，省委副书记、省长姜大明主持召开第94次省政府常务会议，研究《山东省国有渔业养殖水域滩涂使用管理办法（草案）》、《山东省人民政府关于贯彻国发［2010］27号文件促进企业兼并重组的意见》、《山东省人民政府关于加快转变经济发展方式加强国有资产监管深化国有企业改革的意见》、高校毕业生就业工作、全国编办主任会议和全国深化医药卫生体制改革工作会议贯彻意见，以及省部联合开展减盐防控高血压项目。副厅长于国安参加。

△第五届山东国际自行车及零部件展览会开幕式在济南召开，省委常委、副省长王军民出席。副厅长李国健参加。

27日，省委召开常委会议，传达学习中央举办的省部级主要领导干部社会管理及其创新专题研讨班精神，研究贯彻落实意见，省委书记、省人大常委会主任姜异康主持会议并讲话，省委副书记、省长姜大明，省委副书记、省政协主席刘伟和省委常委出席会议。副厅长于国安同志参加。

△全省粮食工作会议在济南召开，省委常委、常务副省长王仁元出席并讲话。副巡视员姜凝参加。

28日，全省科学技术奖励大会在济南召开，省委书记、省人大常委会主任姜异康为获奖者颁发证书，省委副书记、省长姜大明出席并讲话。巡视员阮凤英参加。

△省委召开全省防范处理邪教系统表彰大会暨工作会议。副厅长张洪军参加。

△江苏省财政厅副厅长徐阳升一行来我省考察监督机构建设情况。巡视员张光月陪同并介绍有关情况。

△省政府办公厅副主任高洪波主持召开会议，研究黄河下游滩区运用补偿政策和黄河下游滩区防洪工程建设工作。副厅长文新三参加。

△省地方政府性债务审计工作协调小组召开会议，省长助理周齐出席。副厅长窦玉明参加。

本月领导兼职：

△于国安同志担任省核事故应急协调委员会成员。

△张洪军同志担任省机要交通保障工作领导小组成员、省电子公文管理联席会议成员。

△庞敦之同志担任山东省文物保护委员会成员、山东省教育发展和体制改革领导小组成员。

本月任免事项：

2月25日，鲁财人〔2011〕3号文件通知：

王炜任省财政厅机关服务中心主任，试用期一年。根据试用期满考核情况，经党组研究决定，王炜按期正式任用。

2月25日，鲁财人〔2011〕4号文件任命：

于淼任省财政厅预算处科员。

3月1日，省委常委、副省长王军民主持召开会议，研究加快推进公共建筑供热计量和节能改造工作。副厅长张洪军参加。

△省政府组织收听收看国务院贯彻实施《全面健身计划（2011－2015年）》电视电话会议，省委副书记、省长姜大明出席。副厅长庞敦之参加。

2～14日，省人大常委会副主任、厅长尹慧敏赴北京参加十一届全国人大四次会议。

3日，副省长贾万志主持召开会议，研究“十二五”扶贫规划相关事宜。副厅长文新三参加。

4日，省委召开会议，传达中办重要文件。副厅长于国安参加。

△省农业厅举行山东“三农”宣传奖颁奖仪式，副省长贾万志出席并颁奖。副厅长文新三参加。

△省就业工作暨省农民工工作联席会议在济南召开，副省长郭兆信出席并讲话。副巡视员王慎民参加。

7日，安徽省副省长花建慧一行来我省考察对外经济发展工作，副省长才利民主持召开会议介绍相关情况。副厅长李国健参加并发言。

8日，副省长贾万志主持召开会议，研究河道治理和山区打井工作。副厅长文新三参加。

9日，省人大召开座谈会，听取对《关于尽快制定“山东省精神卫生条例”的议案》的办理意见。巡视员阮凤英参加。

9日，副省长贾万志带队到济南检查村级农业生产工作。副厅长文新三参加。

9～11日，省政府在青岛召开全省高校毕业生就业暨促进创业工作现场推进会，副省长郭兆信出席。副巡视员王慎民参加。

10日，省政府召开全省工业转方式调结构电视会议，省委常委、副省长王军民出席。副巡视员张光月参加。

12日，省农信社计算机网络中心奠基仪式在济南举行，省委常委、常务副省长王仁元出席。副巡视员姜凝参加。

14日，副省长贾万志主持召开会议，研究南水北调配套工程建设和胶东调水工程渠首沉砂池建设有关事宜。副厅长于国安参加。

15日，省政府召开第十次全省老龄工作会议，副省长郭兆信出席。副巡视员王慎民参加。

16～17日，财政部、人力资源社会保障部在北京召开省会城市、计划单列市市直机关规范津贴补贴检查情况通报会。巡视员阮凤英参加

△省委副书记、省长姜大明与国家文物局单霁翔局长签订文化遗产保护工作框架协议。副厅长庞敦之

参加。

17日，省委召开常委会，传达全国“两会”精神，省委书记、省人大常委会主任姜异康主持并讲话，省委副书记、省长姜大明，省委副书记、省政协主席刘伟出席。省人大常委会副主任、厅长尹慧敏参加。

△全省金融工作会议在济南召开，省委常委、常务副省长王仁元出席并讲话。副厅长张洪军参加。

18日，省政府召开省深化医药卫生体制改革领导小组会议，省委常委、常务副省长王仁元出席并讲话，副省长郭兆信、王随莲出席。巡视员阮凤英参加并发言。

△中共山东省委党校举行新校启用仪式暨2011年春季开学典礼，省委书记、省人大常委会主任、省委党校校长姜异康为省委党校新校揭牌并讲话。副厅长于国安参加。

△省委常委、秘书长王敏主持召开会议，研究省委危旧办公用房改造事宜。副厅长于国安参加。

18日，省纪委组织收听收看落实2012年底前惩防体系建设工作要点电视电话会议。纪检组长傅清卿参加。

△副省长黄胜主持召开第十届中国艺术节山东省筹备委员会第二次会议。副巡视员姜凝参加。

19日，省卫生厅组织收看2011年全国公立医院改革工作会议。巡视员阮凤英参加。

△省委、省政府组织开展义务植树活动，省委书记、省人大主任姜异康，省委副书记、省长姜大明出席。纪检组长傅清卿，总经济师王玉敏参加。

20日，省委副书记、省长姜大明主持召开第95次省政府常务会议，研究部署保障性安居工程建设、“十一五”节能考核奖励和“十二五”节能目标分解等工作，讨论并原则通过《山东省海上搜寻救助办法（草案）》。副厅长于国安参加。

21日，省政府举行山东能源集团揭牌仪式，省委书记、省人大主任姜异康，省委副书记、省长姜大明出席。副厅级检查员张魁珍参加。

△环保部会同国家有关部委来我省考核淮河、海河南水北调沿线水污染防治规划实施情况，省政府召开会议汇报相关情况。副巡视员姜凝参加。

△全省国有资产监督管理工作会议在济南召开，省委副书记、省长姜大明出席并讲话，省委常委、常务副省长、省国资委党委书记王仁元主持。副巡视员张光月参加。

22日，副省长郭兆信主持召开会议，听取省人力资源社会保障厅新农保试点工作汇报。巡视员阮凤英参加。

△国务院督查组来我省督导检查软件正版化工作，副省长黄胜主持召开座谈会介绍相关情况。副巡视员姜凝参加。

23～25日，全省海上搜救工作会议在烟台召开，副省长王军民出席并讲话。副巡视员姜凝参加。

24日，省政府召开山东省公安厅成立70周年纪念大会，省委书记、省人大常委会主任姜异康，省委副书记、省长姜大明，省委副书记、省政协主席刘伟，全国人大内务司法委员会委员高新亭会前看望与会代表并合影留念，省委常委、政法委书记柏继民出席并讲话。副厅长张洪军参加。

25日，△省政府组织收听收看国务院第四次廉政工作会议，随后省政府召开会议，传达贯彻国务院会议精神，省委副书记、省长姜大明出席山东分会场会议并讲话。副厅长于国安参加。

△省委常委、宣传部长孙守刚主持召开会议，研究“市厅级领导干部‘十二五’规划研讨班”有关事宜。副厅长张洪军参加。

25日，副省长王随莲主持召开全省爱国卫生运动委员会全体会议。副厅级检查员张魁珍参加。

△省委常委、副省长王军民主持召开全省卷烟零售户致富工程暨百县泰山联谊活动启动电视会议。副巡视员张光月参加。

26日，省政府举行“山东省、教育部共建山东大学”、“教育部、山东省、国家海洋局、青岛市政府共建中国海洋大学”签约仪式，省委书记、省人大常委会主任姜异康，省委副书记、省长姜大明出席。副厅长于国安参加。

△副省长黄胜主持召开会议，研究第十届中国艺术节省直场馆建设问题。副厅长庞敦之参加。

28日，山东省社会科学界联合会成立50周年纪念大会在济南召开。副厅长庞敦之参加。

△副省长贾万志主持召开会议，研究南水北调配套工程建设和管理体制问题。副厅长文新三参加。

△全省推进“健康山东行动”工作电视会议，副省长王随莲出席并讲话。副厅级检查员张魁珍参加。

△省政府组织收听收看2011年全国整治违法排污企业保障群众健康专项行动电视电话会议。副巡视员姜凝参加。

△省政府召开全省深化医药卫生体制改革工作会议，省委副书记、省长姜大明出席并讲话。副厅长于国安参加。

29日，省政府举行四川及中国地调局援鲁抗旱找水打井队伍欢送仪式，省委副书记、省长姜大明出席。副厅长庞敦之参加。

△省委常委、副省长王军民主持召开省工业调整振兴第八次联席会议。副厅长李国健参加。

30日，省人大召开常委会。厅长于国安参加。

△省委常委、常务副省长王仁元主持召开会议，听取省财政厅关于贯

彻落实《关于进一步做好党政机关厉行节约工作的通知》情况的汇报。副厅长庞敦之参加。

△省政府召开省农业专家顾问团工作会议。副厅长文新三参加。

30日，省政府召开全省安全生产电视会议，省委常委、副省长王军民出席并讲话。副厅长李国健参加。

31日，省委召开常委会，听取全国保障性安居工程会议贯彻意见的汇报。厅长于国安参加。

△省委副书记、省长姜大明主持召开第96次省政府常务会议，研究加快培育和发展战略性新兴产业、春季农业生产、现代农业机械化建设等工作，讨论并原则通过了《山东省新型农村合作医疗违法违纪行为责任追究办法（草案）》。厅长于国安参加。

本月领导兼职：

△于国安同志担任省加强智能电网建设协调领导小组成员、省对口支援新疆政策措施落实情况监督检查工作领导小组成员。

△阮凤英同志担任省医改中期评估领导小组副组长、省就业工作联席会议成员；省重点地方病防治规划省级考评组副组长、省复员退伍军人工作领导小组副组长。

△窦玉明同志担任省地方政府性债务审计工作协调小组副组长。

本月任免事项：

15日，省委考察组到我厅推荐省财政厅厅长、党组书记人选。通过厅机关、直属事业单位副处级以上干部和投资公司领导班子成员进行投票推荐，以及机关中层正职以上干部、直属事业单位主要负责人（含办事处主持工作的调研员）和投资公司班子成员进行谈话推荐。根据民主推荐结果和党组研究意见，省委确定于国安同志作为省财政厅厅长、党组书记考察对象人选。

17日，中共山东省委以鲁委〔2011〕104号文件通知：尹慧敏同志不再担任山东省财政厅党组书记职务，于国安同志任山东省财政厅党组书记。

30日，山东省人民代表大会常务委员会发布第79号公告：山东省第十一届人民代表大会常务委员会第二十三次会议，根据山东省省长姜大明的提请，决定任命：于国安为山东省财政厅厅长。决定免去：尹慧敏的山东省财政厅厅长职务。

4月 **1日**，副省长黄胜主持召开会议，研究高校债务和全运会收尾工作等有关问题。副厅长庞敦之参加。

△省政协副主席齐乃贵主持召开专题座谈会，通报我省现代农业发展情况。副厅长文新三参加并发言。

△省政府召开南水北调工程建设指挥部成员会议，省委副书记、省长姜大明出席并讲话。副厅长文新三参加。

△副省长郭兆信主持召开会议，专题研究新形势下做好征兵工作的意见，并听取有关情况汇报。副巡视员张光月参加。

2日，省委举办理论学习辅导报告会，邀请外交部部长杨洁篪就当前国际形势作辅导报告。省委书记、省人大常委会主任姜异康主持，省委副书记、省长姜大明，省委副书记、省政协主席刘伟出席。厅长于国安参加。

△副省长王随莲到省千佛山医院就公立医院改革进行调研。巡视员阮凤英参加。

△省长助理周齐主持召开节能减排审计问题整改工作专题会议。副巡视员姜凝参加。

△副省长郭兆信主持召开会议，研究迎接国务院房地产市场调控督查组相关事宜。副巡视员张光月参加并发言。

6日，省委副书记、省长姜大明，省委常委、副省长孙伟一行来省财政厅视察工作，并召开座谈会，听取工作汇报。厅长于国安作汇报。

△厅长于国安主持召开厅长办公会议，研究厅领导分工问题和近期重点工作。

6～7日，全省春季农业生产工作会议在德州召开，副省长贾万志出席并讲话。副厅长文新三参加。

6日，国家工商总局、国土资源部等部门组成联合检查验收组对我省矿产资源开发整合工作任务完成情况进行检查验收，副省长才利民主持召开会议汇报相关情况。副巡视员姜凝参加。

7日，全省保障性安居工程和农村住房建设工作电视会议在济南召开，深入贯彻落实全国“两会”和全国保障性安居工程工作会议精神，总结工作，交流经验，安排部署我省保障性安居工程、农村住房建设与危房改造和房地产市场调控工作。省委副书记、省长姜大明出席并讲话。巡视员阮凤英参加。

8日，省文明委召开全委会议，深入学习贯彻党的十七届五中全会精神，总结工作，分析形势，研究部署当前和今后一个时期全省社会主义精神文明建设工作。省委书记、省人大常委会主任、省文明委主任姜异康出席并讲话，省委常委、省委宣传部长孙守刚，副省长黄胜出席。副厅长张洪军参加。

△省人才工作领导小组召开会议，研究审议人才工作目标责任制考核、泰山学者海外特聘专家遴选等事项，对当前人才工作进行部署。省委常委、组织部长、省人才工作领导小组组长高晓兵，副省长、省人才工作领导小组副组长郭兆信出席并讲话。副厅长张洪军参加。

△全省职业能力建设暨加快技工

教育发展工作会议在济南召开，副省长郭兆信出席并讲话。副厅长窦玉明参加。

11～13日，省委组织部举办全省领导干部学习十七届五中全会精神、贯彻落实“十二五”规划纲要第二期专题研讨班。副厅长张洪军参加。

11日，省委副书记、省长姜大明主持召开第97次省政府常务会议，研究贯彻落实中办发〔2011〕13号文件精神、落实保障性安居工程用地意见，以及2011年度全省政府系统重大调研课题。副厅长文新三参加。

△国家食品安全整顿工作评估考核组来我省进行考核评估，副省长王随莲主持召开会议向考核组汇报有关工作。副巡视员张光月参加。

12～13日，财政部副部长王军来我省出席全国医疗机构财务会计制度培训会议，并就有关问题进行调研。厅长于国安陪同。

12日，省委副书记、省长姜大明会见并宴请澳大利亚南澳洲州长迈克·兰恩一行。副厅长文新三参加。

△山东省国家教育体制改革试验区工作会议在济南召开，教育部副部长刘利民，副省长黄胜出席并讲话。副巡视员姜凝参加。

13日，省政府举行与澳大利亚南澳洲结好25周年赠送纪念物揭牌仪式。副厅长文新三参加。

14日，全省服务业发展工作会议在济南召开，总结全省“十一五”服务业发展经验，明确“十二五”任务目标，安排部署今年工作。省委常委、常务副省长王仁元出席并讲话。副厅长文新三参加。

△副省长贾万志主持召开会议专题研究抗旱打井有关事项。副厅长李国健参加。

15日，省政府召开一季度经济形势分析会，省委副书记、省长姜大明出席并讲话。厅长于国安参加并发言。

△国家发改委副主任、国务院医改办主任孙志刚率领国务院医改办督导调研组，就深化医药卫生体制改革工作来我省督导调研。省委副书记、省长姜大明会见，省委常委、常务副省长王仁元，副省长王随莲出席。厅长于国安参加。

15日，省人大预工委召开座谈会，了解我省县乡财政建设基本情况。副厅长庞敦之参加并发言。

△省委常委、省纪委书记李法泉主持召开山东省治理工程建设领域突出问题工作领导小组会议。副厅长文新三参加。

△省委副秘书长、办公厅主任颜世元主持召开协调会，研究贯彻落实《中办、国办关于进一步做好党政机关厉行节约工作的通知》。纪检组长傅清卿参加。

16日，国家发改委副主任、国务院医改办主任孙志刚率领的国务院医改办督导调研组听取我省深化医药卫生体制改革工作情况汇报。省委常委、常务副省长王仁元主持，副省长王随莲汇报。厅长于国安参加并发言。

△国务院医改办督导调研组到省药品集中采购中心调研。副巡视员王慎民陪同。

18日，厅长于国安主持召开厅务会议，传达学习省委副书记、省长姜大明，省委常委、副省长孙伟来省财政厅视察时的讲话精神，研究贯彻意见，并就当前财政工作进行了部署。

△全省推进商标战略实施大会在济南召开，省委常委、副省长王军民参加并传达姜大明省长讲话精神。副厅长张洪军参加。

18～21日，省委组织部在省委党校举办全省领导干部学习十七届五中全会精神、贯彻落实“十二五”规划纲要第四期专题研讨班。副厅长李国健参加。

18日，省政府组织收听收看全国纠风工作电视电话会议。纪检组长傅清卿参加。

19日，省妇女儿童工作委员会召开第十五次全体成员大会，省委副书记、政协主席刘伟，省委常委、副省长孙伟出席并讲话。副厅长张洪军参加。

△山东省捐建农家书屋活动启动仪式在济南举行，省委常委、宣传部长孙守刚，副省长黄胜出席。副厅长庞敦之参加。

△纪念山东省文联成立60周年大会在济南举行。副厅长庞敦之参加。

20日，省政府召开第四次廉政工作会议，省委副书记、省长姜大明出席并讲话。厅长于国安、纪检组长傅清卿参加。

△省委召开常委会，研究分析一季度经济形势。厅长于国安参加。

21日，省委召开常委会，研究分析一季度经济形势。副厅长张洪军参加。

△省委召开常委会议，听取第一季度全省经济发展形势分析及下一步工作建议汇报，研究部署下一步经济工作。省委书记、省人大常委会主任姜异康出席并讲话，省委副书记、省长姜大明，省委副书记、省政协主席刘伟出席。副厅长张洪军参加。

△全省人民防空会议在济南召开。会议深入学习贯彻第六次全国人民防空会议精神，全面总结“十一五”时期全省人民防空工作，安排部署今后一个时期人民防空建设任务。省委书记、省人大常委会主任姜异康，省委副书记、省长姜大明，省委常委、省军区政委南兵军，副省长郭兆信出席并讲话。副厅长庞敦之参加。

25日，厅机关召开廉政工作会议，厅长于国安、纪检组长傅清卿分别作了讲话。

△省委副书记、省长姜大明主持召开第99次省政府常务会议，研究

山东大学青岛校区建设、打击食品非法添加和滥用食品添加剂专项工作，以及有关省政府表彰事项。厅长于国安参加。

△省委组织收听收看开展清理和规范庆典、研讨会、论坛活动工作和党政机关公务用车问题专项治理工作电视电话会议。副厅长张洪军参加。

△2011年山东省职业院校技能大赛颁奖典礼在济南电视台举行，副省长黄胜出席。副厅长庞敦之参加。

△青海省委常委、省人大常委会常务副主任穆东升一行来我省衔接对口支援海北州有关工作，并召开衔接会，副省长郭兆信介绍相关情况。副厅长文新三参加。

26日，省委常委、副省长孙伟听取财政工作情况汇报。厅长于国安参加。

△副省长黄胜听取教育工作有关情况汇报。副厅长庞敦之参加。

△省政府召开全省节能考核奖励电视会议。副厅长文新三参加。

△省委常委、省纪委书记李法泉主持召开山东、河北两省农业产业化和新农村建设座谈会。副厅长文新三参加。

27日，省委、省政府召开山东半岛蓝色经济区和黄河三角洲高效生态经济区建设工作领导小组第一次会议。厅长于国安参加。

△省委副书记、省长姜大明听取财政工作情况汇报。厅长于国安参加。

27～28日，省纪委召开全省纪检监察机关查办案件工作座谈会。纪检组长傅清卿参加。

28日，省委宣传部副部长高玉清主持召开“十二五”时期文化改革发展规划协调会，研究讨论《山东省“十二五”时期文化改革发展规划（征求意见稿）》。副厅长庞敦之参加。

△副省长郭兆信主持召开山东省纪念社会治安综合治理两个《决定》颁布20周年座谈会，省委常委、省委政法委书记柏继民，省人大副主任连承敏出席。副巡视员张光月参加。

5月3日，全国人大财经委、预工委调研组来山东就防范地方政府债务风险和建立县级基本财力保障机制进行专题调研，并召开座谈会，听取有关情况汇报。厅长于国安、副巡视员张光月参加。

4日，省委常委、副省长王军民到济南市康巴丝实业有限公司调研钟表业发展情况。副厅长文新三参加。

△全国人大调研组听取防范地方政府债务风险工作情况汇报，并赴济南市就融资平台建设情况进行考察。副巡视员张光月参加。

5日，省委常委、副省长孙伟主持召开2011年第一次整治违法排污企业保障群众健康环保专项行动动员会议。副厅长文新三参加。

△省政府召开会议，研究农作物种业发展有关问题。副厅长李国健参加。

△全省部分城市垃圾处理设施建设约谈会议在济南召开，副省长郭兆信出席并讲话。副巡视员姜凝参加。

6日，省政府副秘书长司安民主持召开会议，专题研究经干院、商职院合并办校问题。副厅长窦玉明参加。

9～13日，副厅长张洪军随副省长才利民赴香港参加2011香港山东周系列活动。

9日，省政府举行山东文化产权交易所揭牌仪式，副省长黄胜出席。副厅长庞敦之参加。

12日，省委副书记、省长姜大明接见《北川重生》剧组主创人员并参加首映式。副厅长庞敦之参加。

△省双拥工作领导小组召开第二十六次全体会议，省委副书记、省政协主席刘伟，副省长郭兆信出席并讲话。纪检组长傅清卿参加。

13日，省委常委、常务副省长王仁元主持召开会议，研究稳定物价有关工作。副厅长李国健参加。

△全省残疾人工作总结表彰大会在济南举行，省委副书记、省政协主席刘伟，副省长、省政府残工委主任郭兆信出席并讲话。副厅长窦玉明参加。

△副省长郭兆信主持召开会议，研究《关于加强新形势下征兵工作的意见》有关政策问题。副巡视员张光月参加。

16日，省长助理周齐主持召开会议，研究地方政府债务审计情况有关问题。副厅长窦玉明参加。

△省委常委、秘书长王敏主持召开全省干部保健工作会议。副厅级检查员张魁珍参加。

17日，省委副书记、省长姜大明主持召开第100次省政府常务会议，听取《黄河三角洲城镇体系规划》和《鲁南城镇带规划》的汇报，研究加快推进济南区域性金融中心建设工作，讨论并原则通过《山东省青岛前湾保税港区条例（草案）》、《山东省生产安全事故报告和调查处理办法（草案）》、《山东省省管企业监事会管理暂行办法》。厅长于国安参加。

△2011年产学研展洽会新闻发布会在南郊宾馆召开。副厅长窦玉明参加。

△省委常委、常务副省长王仁元主持召开省食品安全委员会第一次全体会议。副厅长张洪军参加。

20日，省纪委组织收听收看加快转变经济发展方式监督检查工作电视电话会议。副厅长张洪军参加。

△省委常委、常务副省长王仁元主持召开长岛休闲度假岛规划编制工作汇报会。副厅长张洪军参加。

△全省防汛工作电视会议在济南召开。副厅长李国健参加。

△省政协召开联合日报理事会年会。纪检组长傅清卿参加。

△副省长黄胜主持召开亚沙会筹

备工作协调会议。副巡视员姜凝参加并汇报。

23～25日，省委常委、副省长孙伟带队赴菏泽调研。副厅长张洪军参加。

23～25日，省委在寿光、淄博、莱芜、新泰、蒙阴等地召开全省生态文明乡村建设现场会议，省委副书记、省政协主席刘伟出席并讲话，省委常委、宣传部长孙守刚，副省长、省委农村工作领导小组副组长贾万志，副省长郭兆信出席。副厅长文新三参加。

23日，省委召开全省老干部工作座谈会，省委常委、组织部部长高晓兵，副省长郭兆信出席。副厅长窦玉明参加。

△省委召开省老年人活动中心建设工作领导小组第九次协调会，省委常委、秘书长王敏，副省长郭兆信出席。副厅长窦玉明参加。

25日，省委副书记、省长姜大明主持召开第101次省政府常务会议，研究《山东省行政程序规定（草案）》、《加快商贸流通业发展的意见（送审稿）》、《山东半岛蓝色经济区和黄河三角洲高效生态经济区建设专项资金管理暂行办法（送审稿）》以及全省第六次人口普查、电价调整等工作。厅长于国安参加。

△国务院参事陈全训一行22人来我省就产业结构调整、海洋经济等重大课题进行调研，并召开座谈会，省委常委、常务副省长王仁元出席。纪检组长傅清卿参加。

26日，省委常委、常务副省长王仁元主持召开迎接审计署经济责任审计协调领导小组成员会议。厅长于国安参加。

△副省长郭兆信主持召开研究新农保和城镇居民养老保险专题会议。巡视员阮凤英参加。

△副省长郭兆信主持召开会议，研究落实征地拆迁制度专项检查工作和保障性住房建设实施进展情况有关问题。副厅长文新三参加。

△省政协召开第七次提案工作座谈会，省委副书记、省政协主席刘伟出席。纪检组长傅清卿参加。

△省政府召开全省机关事务工作会议，省委常委、常务副省长王仁元出席并讲话。副巡视员姜凝参加。

27日，省建立健全惩治和预防腐败体系工作领导小组召开会议，省委书记、省人大常委会主任姜异康出席并讲话。巡视员阮凤英参加。

△副省长郭兆信主持召开国有林场危旧房改造专题协调会议，听取省林业局关于全省国有林场危旧房改造工作进展情况的汇报。巡视员阮凤英参加。

△省政府副秘书长韩金峰主持召开全省融资性担保业务监管联席会议。副厅长窦玉明参加。

30日，省委副书记、省长姜大明主持召开第102次省政府常务会议，研究《山东省省行政投诉办法（草案）》、《进一步深化全省农村信用社改革的意见（送审稿）》、《山东省地方水利建设基金筹集和使用管理办法（送审稿）》、加强森林防火能力建设工作以及2011年第一批预备费动支意见。厅长于国安参加。

△副省长才利民会见并宴请德勤华永会计师事务所总经理萧耀熙一行。副厅长窦玉明参加。

△科技部党组成员、纪检组长郭向远一行来山东对国家科技计划项目实施及经费管理使用情况进行监督检查，并召开座谈会，听取有关情况汇报。副巡视员张光月参加。

△全省征兵工作会议在济南召开，省委副书记、省长姜大明出席并讲话。副厅长张洪军参加。

△省纪委召开全省工程建设领域突出问题专项治理工作电视会议。副厅长文新三、纪检组长傅清卿参加。

△省长助理周齐主持召开省长经济责任审计部门协调会议。副厅长窦玉明参加。

△全省产学研工作会议在济南召开，省委常委、副省长王军民出席并讲话。副厅长窦玉明参加。

本月领导兼职：

△于国安同志担任山东省南水北调工程建设指挥部成员、省防汛抗旱总指挥部成员、山东半岛蓝色经济区和黄河三角洲高效生态经济区建设工作领导小组成员、省节能减排工作领导小组成员、省食品安全委员会成员。

△阮凤英同志担任省政府残疾人工作委员会成员、省部联合减盐防控高血压项目领导小组成员。

△张洪军同志担任省清理和规范庆典、研讨会、论坛活动工作领导小组成员、省公务用车问题专项治理工作领导小组成员、省妇女儿童工作委员会成员。

△庞敦之同志担任山东省体育总会第四届委员会副主席、山东省经济管理干部学院与山东省商业职业技术学院资源整合优化办学工作领导小组副组长。

本月任免事项：

5月30日，鲁财人〔2011〕6号文件任命：

郝小庆任省财政厅离退休干部处科员；

吴伟强任省财政厅集中支付中心副主任科员；

胡秀芬任省财政厅干部教育中心副主任科员。

5月30日，鲁财人〔2011〕7号文件通知：许伟同志任省财政厅企业处副处长试用一年期满，根据考核情况，厅党组研究决定按期正式任用。

6月1日，全省铁路建设工作

会议在济南召开。省委常委、常务副省长王仁元出席并讲话，副省长郭兆信代表省政府与重点铁路建设项目沿线市政府签订了《2011年铁路建设工作目标责任书》。副厅长文新三参加。

△2011年全省产学研展洽会开幕式在济南举行，省委常委、副省长孙伟出席。副厅长窦玉明参加。

2日，省政府召开全省普通高校毕业生就业工作电视电话会议，副省长郭兆信出席并讲话。副巡视员王慎民参加。

3日，省治理教育乱收费联席会议召开第十次会议。副巡视员王慎民出席并发言。

8日，省委、省政府召开省长经济责任审计进点会议，省委书记、省人大常委会主任姜异康，省委副书记、省长姜大明出席。厅长于国安、副厅长窦玉明参加。

△省委常委、常务副省长王仁元接待国家审计署副审计长余效明一行。厅长于国安参加。

△省委常委、副省长孙伟接待国家防总黄河防汛抗旱检查组一行。厅长于国安、副厅长李国健参加。

△省政府召开省文化体制改革与文化产业发展领导小组会议。副厅长庞敦之参加。

△省委常委、副省长王军民主持召开省政府三网融合工作协调小组会议。副厅长文新三参加。

8～10日，国务院残工委在北京召开第四次全国残疾人事业工作会议。副巡视员王慎民参加。

10日，省委召开省直老干部工作联络员座谈会。巡视员阮凤英参加并发言。

△省政府组织收听收看全国电力迎峰度夏电视电话会议，省委常委、副省长王军民出席并讲话。副厅长文新三参加。

13日，副省长王随莲主持召开座谈会，向国家医改资金管理使用情况专项检查组汇报有关情况。厅长于国安、巡视员阮凤英参加。

△省委副书记、省长姜大明主持召开第103次省政府常务会议，研究贯彻全国现代农作物种业工作会议精神、全国第七次法制宣传教育工作会议精神和全国分类推进事业单位改革工作座谈会精神的意见以及授予“山东省荣誉公民”称号等事宜。厅长于国安参加。

△省财政厅、省环保厅联合召开农村环境连片整治示范启动会议暨2011年重点示范市、县示范协议签字仪式。副厅长文新三出席。

△全国政协调研组来山东就“充分发挥行政复议在化解矛盾纠纷、促进社会和谐中的作用”进行调研，并召开座谈会听取有关情况汇报。副厅长李国健参加并发言。

△省政府举行山东省暨济南市食品安全宣传周活动启动仪式，省委常委、常务副省长王仁元，副省长王随莲主出席。副巡视员王慎民参加。

14日，省交通运输厅组织收听收看全国收费公路专项清理工作电视电话会议，省委常委、副省长王军民出席。巡视员阮凤英参加。

△全省文化体制改革工作会议在济南召开，省委常委、宣传部长孙守刚，副省长黄胜出席并讲话。副厅长庞敦之参加并发言。

△全省无偿献血表彰电视电话会议在济南召开，副省长王随莲出席并讲话。副巡视员王慎民参加。

15日，省政府副秘书长韩金峰主持召开协调会，研究关于对驻鲁省级银行支持黄河三角洲高效生态经济区发展进行奖励有关问题。副厅长文新三参加。

16日，副省长王随莲主持召开省医改领导小组部分成员单位会议，研究基层医疗卫生机构综合改革事宜。巡视员阮凤英参加。

△省委举办理论学习辅导报告会，邀请环境保护部部长周生贤就“建设生态文明”作专题辅导报告，省委书记、省人大常委会主任姜异康，省委副书记、省长姜大明，省委副书记、省政协主席刘伟出席报告会。副厅长窦玉明参加。

20日，省委常委、常务副省长王仁元到德州市检查海河流域防汛工作并召开海河流域防汛工作会议。副厅长窦玉明参加。

21日，省加快转变经济发展方式监督检查工作领导小组召开第一次会议。副厅长文新三参加。

△省政府召开全省安全生产第三次集中行动电视会议，省委常委、副省长王军民出席并讲话。副厅长窦玉明参加。

22日，省委召开常委会议，传达学习中共中央政治局常委李长春视察山东省时的重要讲话精神，研究具体贯彻落实意见。省委书记、省人大常委会主任姜异康主持会议并讲话，省委副书记、省长姜大明，省委副书记、省政协主席刘伟和省委常委出席。厅长于国安参加。

23日，江苏省城镇化工作考察团一行来山东考察，副省长郭兆信主持召开两省座谈会，介绍相关情况。副厅长文新三参加。

24日，省委省直机关工委领导来省财政厅检查指导工作。厅长于国安接待并汇报有关情况。

△省人大召开全省县乡人大换届选举联席会议第一次全体会议，省人大常委会秘书长王文升主持。副厅长张洪军参加。

△副省长贾万志主持召开农村合作经济与现代农业示范区建设协调会议。副厅长文新三参加。

△省委常委、副省长王军民主持召开山东省家电行业“十二五”发展规划论证会。副厅长窦玉明参加。

△省纪委召开纪念中国共产党成立90周年反腐倡廉建设理论研讨会。

副厅级检查员张魁珍参加。

27 日，省委副书记、省长姜大明听取我省关于高校化债有关情况汇报。厅长于国安、副厅长庞敦之参加。

△财政部驻江西省财政监察专员办事处专员严淑琴一行来山东对医改资金管理使用情况专项检查工作进行督导，副省长王随莲接待。厅长于国安、巡视员阮凤英参加。

27～28 日，省政协召开第二季度常委会议。副厅长李国健参加。

28 日，省委副书记、省长姜大明主持召开第 104 次省政府常务会议，研究《山东省宗教事务条例（草案）》、全省供热计量改革和既有建筑节能改造工作、《山东省贯彻〈工伤保险条例〉实施办法》、户籍管理制度改革工作、贯彻全国城镇居民社会养老保险试点工作部署暨新农村社会养老保险试点经验交流会议精神的意见以及收费公路专项清理工作等。厅长于国安参加。

△省深化医药卫生体制改革领导小组召开第九次会议。巡视员阮凤英参加并发言。

△省纪委召开全省加快转变经济发展方式监督检查工作电视会议。副厅长文新三、纪检组长傅清卿参加。

△省政府召开全省地质灾害防治工作电视会议，副省长才利民出席。副厅长文新三参加。

29 日，省委、省政府召开山东省庆祝中国共产党成立 90 周年大会。厅长于国安，副厅长张洪军、窦玉明参加。

29～30 日，省南水北调治污工作领导小组成员会议在济宁召开，省委常委、副省长孙伟出席。副厅长文新三参加。

30 日，省委副书记、政协主席刘伟主持召开省直汉峪小区党外副省级领导干部住房建设工作协调会。厅长于国安参加。

△厅长于国安主持召开厅长办公会议，研究 2010 年度省级预算执行和其他财政收支审计情况、2010 年度厅内部监督检查情况、厅机关 2010 年度预算执行和 2011 年预算批复情况，以及贯彻全国财政系统应用支撑平台推广实施与应用工作会议精神意见。

本月领导兼职：

△张洪军同志担任省红色旅游协调小组成员、县乡两级人大换届选举工作联席会议成员、深化全省农村信用社改革领导小组成员。

△庞敦之同志担任山东省全面科学素质工作领导小组成员。

△文新三同志担任省对口支援新疆工作领导小组成员、省工程建设领域项目信息公开和诚信体系建设工作协调小组成员、山东省企业实训基地实训标准专家指导委员会副主任委员、省铁路建设领导小组成员、山东省加快转变经济发展方式监督检查工作领导小组成员。

7 月 1 日，副秘书长韩金峰主持召开会议，研究事业单位改革有关工作。副厅长庞敦之参加。

△山东财政学院、省财政厅、省国税局、省地税局、财政部驻山东专员办、省经济开发投资公司联合举办"在灿烂阳光下"——庆祝建党 90 周年文艺晚会。副厅长庞敦之出席。

△省政府省长经济责任审计工作领导小组办公室召开协调会议。副巡视员张光月参加。

4 日，省政府召开全省城镇居民社会养老保险试点工作部署暨新型农村社会养老保险试点经验交流会议，省委副书记、省长姜大明，副省长郭兆信出席。厅长于国安参加并发言，巡视员阮凤英参加。

△副省长黄胜主持召开山东财经大学（筹）领导干部会议。副厅长庞敦之参加。

△山东省山丘区勘查找水誓师大会在济南召开，副省长才利民出席。副厅长文新三参加。

△全省小型农田水利重点县建设专家座谈会在济南召开。副厅长李国健参加并讲话。

△全省治理"小金库"重点检查布置会在济南召开。副巡视员张光月参加并讲话。

5 日，省人大常委会预工委听取我厅关于山东省 2010 年财政决算和 2011 年上半年预算执行情况的汇报。巡视员阮凤英参加并汇报。

5～6 日，2011 年山东省胶东地区防汛工作会议在烟台召开。副厅长李国健参加。

6 日，厅长于国安主持召开厅务会议，研究分析上半年的财政运行情况，安排部署下一步工作。

△省政府组织收听收看全国教育投入和管理工作电视电话会议，副省长黄胜出席。副厅长庞敦之参加。

6～8 日，全省供热计量改革与既有建筑节能改造工作会议在威海召开。副厅长文新三参加。

6～8 日，农业部、省政府在威海举办 2011 年黄海生物资源增殖放流活动。副厅长李国健参加。

6 日，省政府召开加快推进全省基层医疗卫生机构综合改革工作会议，副省长王随莲出席。副巡视员王慎民参加并发言。

8～9 日，中央水利工作会议在北京召开。厅长于国安参加。

8 日，省人大财经委听取我厅关于山东省 2010 年财政决算和 2011 年上半年预算执行情况的汇报。巡视员阮凤英参加并汇报。

△省委、省政府组织收看中央水利工作会议。副厅长窦玉明参加。

11～17 日，厅长于国安随省委副书记、省长姜大明赴台湾参加 2011 台湾·山东周系列活动。

14日，省委书记、省人大常委会主任姜异康主持召开会议，研究分析当前经济形势发展趋势及对策。巡视员阮凤英参加并发言。

△省委常委、组织部长高晓兵主持召开省委创先争优活动领导小组第三次会议和创先争优活动推进会。副厅长张洪军参加。

△第四届全省老干部艺术节举行闭幕式和汇报演出，省委常委、组织部长高晓兵出席。副厅级检查员张魁珍参加。

△国家医改资金管理使用专项检查组召开检查情况反馈会。副巡视员王慎民参加。

18日，2011年山东省全民科学素质工作领导小组第五次会议在济南召开。副厅长庞敦之参加并发言。

19日，省发展改革委召开会议，研究黄河三角洲高效生态经济区未利用地开发有关问题。厅长于国安参加。

△省纪委召开省直部门廉政风险防控管理工作推进会，省委常委省纪委书记李法泉出席。厅长于国安参加。

△省政府组织收听收看进一步加强乡村医生队伍建设和清理化解基层医疗卫生机构债务电视电话会议，副省长王随莲出席。巡视员阮凤英参加。

△省政府召开全省县域金融发展座谈会，省委常委、常务副省长王仁元出席。副厅长张洪军参加。

△省委、省政府召开全省人口和计划生育工作会议。副厅长庞敦之参加。

△副省长贾万志主持召开会议，研究水系生态建设、农业产业十大振兴规划、山区打井等工作。副厅长窦玉明参加。

19～21日，省政府在潍坊召开全省"满意消费惠万家"活动现场会暨上半年商务形势分析会，副省长才利民出席。副厅长窦玉明参加。

20日，省政府召开2011年上半年经济社会发展形势分析会议，省委副书记、省长姜大明出席。厅长于国安参加并发言。

21日，厅长于国安主持召开厅长办公会议，传达省政府上半年经济社会发展形势分析会议精神，研究驻济省直机关工资津贴统发及厅机关公务用车清理等问题。

△财政部清理整顿财政专户核查组来省财政厅检查工作，并召开座谈会。巡视员阮凤英参加并汇报有关情况。

22日，省委副书记、省长姜大明主持召开省事业单位改革领导小组第一次会议。厅长于国安参加。

△省政府召开全省第六次人口普查总结表彰电视会议，省委副书记、省长姜大明出席。副厅长庞敦之参加。

△省委召开全省推进基层党务公开工作电视会议，省委副书记、省政协主席刘伟出席。副厅长窦玉明参加。

25日，省委副书记、省长姜大明主持召开第105次省政府常务会议，研究贯彻中央水利工作会议精神意见、《山东省国民休闲发展纲要（送审稿）》、《山东省生猪屠宰管理办法（草案）》、《山东省高温天气劳动保护办法（草案）》、《山东省国家安全技术保卫条例（草案）》以及山丘区找水打井工作。巡视员阮凤英参加。

25～29日，全国部分省市乡镇财政管理工作座谈会在威海召开。副厅长庞敦之参加。

26日，省卫生厅、省财政厅在济南联合召开山东省推进基本公共卫生服务项目工作电视电话会议。巡视员阮凤英出席并讲话。

△省政府召开全省经信工作座谈会，省委常委、副省长王军民出席。副厅长文新三参加。

△全省林业产业工作暨集体林权制度改革总结表彰会议在济南召开，省委副书记、省政协主席刘伟、副省长贾万志出席。副厅长李国健参加。

△国家部委联合检查组来山东检查城乡建设用地增减挂钩试点和农村土地整治工作并召开座谈会，副省长才利民出席。副巡视员张光月参加并汇报。

27日，厅长于国安参加省第十一届人大常委会第二十五次会议全体会议，并就山东省2010年财政决算和2011年上半年预算执行情况作报告。

△省委召开常委会议。厅长于国安参加。

27～28日，财政部在河北召开第二季度医改集中督导座谈会。巡视员阮凤英参加。

27～29日，全国财政法制宣传教育工作会议在黑龙江召开。副厅长李国健参加并作典型发言。

27日，省政府召开部分省直部门政府债务审计整改工作会议，省委常委、常务副省长王仁元，省委常委、副省长孙伟出席。副厅长窦玉明参加并汇报。

28日，省政府在济南举行黄河三角洲产业投资基金揭牌首批投资项目签约仪式，省委书记、省人大常委会主任姜异康，省委副书记、省长姜大明出席。厅长于国安参加。

△省委、省政府在济南召开全省分类推进事业单位改革工作座谈会，省委常委、常务副省长王仁元出席。副厅长庞敦之参加。

△2010年农业综合开发项目验收汇报会在济南召开。副厅长窦玉明参加。

△省文明委召开全委会，省委常委、宣传部长孙守刚，副省长黄胜出席。副巡视员张光月参加。

29日，厅长于国安主持召开厅务会议，研究财政预决算信息公开及2012年预算编制实施意见，传达学习全国财政厅长座谈会精神。

△省政府召开全省政府债务审计整改工作会议，省长助理周齐出席。副厅长窦玉明参加。

△省政府举办《山东省行政程序规定》学习讲座。纪检组长傅清卿参加。

△省十一届人大常委会第二十五次会议召开全体会议，对有关决议进行表决。副厅级检查员张魁珍参加。

△省政府召开全省稀土工作会议，省委常委、副省长王军民出席。副巡视员王慎民参加。

30～31日，省委召开理论学习中心组读书会。厅长于国安参加。

本月领导兼职：

△于国安同志担任省对口支援新疆工作领导小组成员。

△阮凤英同志担任省综治委铁路护路联防工作领导小组成员、山东省收费公路专项清理工作领导小组成员。

△文新三同志担任稀土工作省级部门联席会议成员、山东省第六届中国工艺美术大师评审工作领导小组成员。

本月任免事项：

7月29日，鲁财人〔2011〕12号文件任命：

李秀芹、邹大永、孙丰彦、王洁明、陈书明任省经济开发投资公司部室主任；虢亚农、许扬任省经济开发投资公司部室副主任。以上同志的任职试用期为一年。

8月 **1日**，中国共产党山东省第九届委员会第十二次全体会议在济南召开。厅长于国安参加。

△省委召开常委会议，深入学习中央水利工作会议精神，研究贯彻落实意见。厅长于国安参加。

2～5日，全国财政预算绩效管理工作培训班在烟台举办。副厅长庞敦之出席并致辞。

2日，省政协秘书长毕泗生主持召开专题座谈会。副厅长李国健参加。

△副省长才利民主持召开全省国民休闲汇电视动员会议。纪检组长傅清卿参加。

3日，副省长贾万志主持召开会议，研究现代农业示范区建设和农民专业合作组织等有关事宜。副厅长李国健参加。

4日，2012年省级部门预算编制工作会议在济南召开。厅长于国安出席并讲话，巡视员阮凤英主持。

△省委常委、副省长王军民主持召开省政府部分安委会成员会议。副厅长窦玉明参加。

5日，全省保障性安居工程与农村住房建设调度会在章丘召开。副巡视员王慎民参加并发言。

6日，全省防御第9号台风工作视频会议在济南召开。副厅长李国健参加。

8日，山东省美术新馆建设可行性研究报告专家评审会在济南召开。副厅长庞敦之参加。

△全国暨省解决国有企业职教幼教退休教师待遇问题工作视频会在联通公司召开。副厅长窦玉明参加。

8～9日，全省保障性安居工程与农村住房建设调度会在临沂召开。副巡视员王慎民参加并发言。

9日，山东省首届新闻出版奖颁奖盛典在济南举行，副省长黄胜出席。副厅长庞敦之参加并颁奖。

10日，全省安全生产电视会议在济南召开，省委副书记、省长姜大明出席并讲话。厅长于国安、副厅长窦玉明参加。

11～12日，全省财政局长座谈会在东营召开，省委常委、副省长孙伟出席并讲话。会议贯彻落实了全国财政厅（局）长座谈会和省委九届十二次全会精神，总结了今年以来的财政工作，分析了当前财政经济形势，部署了下半年财政工作，研究了财政“十二五”规划。厅长于国安出席并讲话。

11日，省政府召开落实《山东省国民休闲发展纲要》领导小组第一次会议，副省长才利民出席。副厅长张洪军参加。

13日，好客山东休闲汇暨泉城休闲周开幕式在济南召开。副厅长张洪军参加。

15日，省委副书记、省长姜大明主持召开省政府第106次常务会议，研究推进户籍管理制度改革、黄河三角洲高效生态经济区未利用地开发利用、进一步完善县级基本财力保障机制等事项，讨论并原则通过《山东省胶东调水条例（草案）》。厅长于国安参加。

△厅长于国安主持召开厅长办公会议，研究扩大省级国有资本经营预算试行范围、调整娱乐业营业税税率和石灰石资源税税额标准、完善县级基本财力保障机制等问题。

15～17日，全国财政经建2012年工作重点及提前做好预算编制与执行工作座谈会在北京召开。副厅长文新三参加并发言。

16日，青岛市和山东大学举行共建山东大学青岛校区协议签字仪式，省委常委、青岛市委书记李群、副省长黄胜出席。副厅长庞敦之参加。

17～19日，厅长于国安陪同省委副书记、省长姜大明赴贵州参加国际酒类博览会暨2011中国贵阳投资贸易洽谈会。

18日，省慈善总会召开会长办公会议。巡视员阮凤英参加。

△省委组织部组织收听收看窗口单位和服务行业为民服务创先争优视频会议，省委常委、组织部长高晓兵出席。副厅长张洪军、纪检组长傅清卿参加。

△省委常委、宣传部长孙守刚主

持召开文化体制改革进展情况第二次调度会。副厅长庞敦之参加并发言。

19日，省政府组织收听收看全国加强和改进流浪未成年人救助保护工作电视电话会议，副省长郭兆信出席。巡视员阮凤英参加。

△副省长贾万志主持召开胶东调水渠首改扩建工程和水务投资公司发展问题协调会。副厅长李国健参加。

22日，科技部与省政府召开2011年部省工作会商会议，省委书记、省人大常委会主任姜异康，省委副书记、省长姜大明出席。副厅长庞敦之参加。

23日，省政府副秘书长张传亭主持召开会议，研究高速公路交通安全管理体制改革会议。副厅长张洪军参加。

△省政府召开山东蓝黄两区网开通仪式，省委常委、常务副省长王仁元出席。副厅长李国健参加。

△省政府召开黄河三角洲高效生态农业冷链产业科技示范工程现场会议，省委常委、常务副省长王仁元出席。副厅长李国健参加。

△副省长才利民到浪潮集团调研服务外包和走出去工作。副巡视员张光月参加。

24日，省政府召开省服务业发展领导小组第六次会议，省委常委、常务副省长王仁元出席。副厅长李国健参加。

25日，全省深化经济体制改革试点工作会议在济南召开，省委常委、常务副省长王仁元出席。副巡视员张光月参加。

26日，财政部支持粮食主产区发展重点建议座谈会在济南召开，财政部副部长张少春、省委常委、副省长孙伟出席。厅长于国安、副厅长文新三参加。

△省政府召开全省消防工作联席会议，副省长郭兆信出席。副厅长张洪军参加。

△泰山文艺奖评审委员会会议在济南召开。副厅长庞敦之参加。

27日，省委组织部召开省人才工作领导小组成员单位座谈会。巡视员阮凤英参加并发言。

29日，省委副书记、省长姜大明主持召开省政府第107次常务会议，研究我省“十二五”主要污染物总量减排措施、加快民航业发展等工作，讨论并原则通过《山东省服务价格管理办法（草案)》。厅长于国安参加。

△省委、省政府召开第十三次全省普法依法治理工作会议，省委副书记、省政协主席刘伟、副省长郭兆信出席。副厅长张洪军参加。

△省委常委、秘书长王敏主持召开会议，就开展文化改革发展问题专题调研活动进行部署。副厅长庞敦之参加。

30～31日，全省政协工作会议在济南召开。厅长于国安参加。

30日，省政府组织收听收看全民科学素质行动实施工作电视电话会议，省委常委、副省长孙伟出席。副厅长庞敦之参加。

△省政府副秘书长韩金峰主持召开国有企业职教幼教高教退休教师待遇问题领导小组第一次会议。副厅长窦玉明参加。

本月领导兼职：

△张洪军同志担任省乡村旅游业联席会议成员、全省新闻宣传联络工作联席会议成员、“全国窃密泄密案例警示教育展”山东展区展览工作领导小组成员。

△庞敦之同志担任省文化市场管理工作领导小组成员、第五届山东省自然科学基金委员会成员。

△文新三同志担任军工单位周边环境安全保密领导小组成员。

△李国健同志担任省推进现代农作物种业发展工作协调小组副组长。

△窦玉明同志担任省级创业投资引导基金理事会成员、省安全生产委员会成员。

本月任免事项：

8月26日，鲁财人〔2011〕18号文件任命：

周通任省财政厅国库处副主任科员；

徐鹏任省财政厅行政政法处副主任科员；

章亚斌任省财政厅教科文处副主任科员；

李桂华、冯晓春、宋玮任省财政科学研究所副主任科员；

张利明任省财政信息中心副主任科员；

国健、魏守磊、李武帅、李健任省财政信息中心科员；

韩尚孜任省财政厅驻淄博财政检查办事处科员；

李坤任省财政厅驻潍坊财政检查办事处科员；

于洪山、郭超任省财政厅驻临沂财政检查办事处科员；

张雷任省财政厅驻德州财政检查办事处副主任科员。

9月1日，省委组织部副部长胡文容主持召开齐鲁人才特区建设工作推进会。巡视员阮凤英参加。

2日，省委常委、组织部部长高晓兵主持召开省直援藏援疆干部及家属服务管理工作座谈会。厅长于国安参加并发言。

△副省长王随莲主持召开省医改领导小组部分成员单位会议。巡视员阮凤英参加并发言。

3日，省长助理周齐主持召开会议，听取有关部门省长经济责任审计情况汇报。副巡视员张光月参加并发言。

4～6日，中央文明办、财政部、教育部在淄博举行乡村学校少年宫项目全国启动仪式和中央专项彩票公益金支持乡村学校少年宫项目骨干人员培训班。巡视员阮凤英参加。

4～5 日，国家教育体制改革领导小组在陕西西安召开全国学前教育三年行动计划现场推进会。副厅长庞敦之参加。

5 日，省政府召开黄蓝两区建设领导小组负责人会议，省委书记、省人大常委会主任姜异康，省委副书记、省长姜大明出席。厅长于国安参加。

△省委组织部副部长厉彦林主持召开落实省属改制和破产企业离退休干部工作座谈会。副巡视员王慎民参加。

6 日，省委、省政府召开山东省海防工作会议，省委副书记、省政协主席刘伟，副省长郭兆信出席。副厅长张洪军参加。

△省政协召开《关于统筹区域一体化发展推进山东半岛蓝色经济区建设的建议案》研讨论证座谈会。副厅长文新三参加。

8～9 日，省委、省政府召开全省水利工作会议。厅长于国安参加并发言。

8 日，厅长于国安主持召开厅长办公会议，研究清理整顿财政专户、建立省级公务卡消费目录制度、加强厅机关后勤服务管理等问题。

△省委常委、常务副省长王仁元主持召开事业单位改革工作座谈会。副厅长庞敦之参加并发言。

△省政府召开全省解决国有企业职教幼教退休教师待遇问题工作电视电话会议。副厅长窦玉明参加。

9 日，省政府组织收听收看全国征兵工作电视电话会议，之后接着召开全区征兵工作电视电话会议，副省长郭兆信出席。副厅长张洪军参加。

△省政府召开山东省庆祝 2011 年教师节暨教师表彰电视会议，副省长黄胜出席。副巡视员王慎民参加并颁奖。

13 日，省委召开全省黄蓝两大战略实施情况督促检查部署会议。副厅长文新三参加。

14 日，省委副书记、省长姜大明主持召开第 108 次省政府常务会议，研究《山东省企业国有资产监督管理条例（草案）》、《加强和改进政府服务促进企业转型升级的意见（送审稿）》、《山东省司法鉴定条例（草案）》，以及 2011 年度齐鲁友谊奖平选工作。巡视员阮凤英参加。

△省委常委、常务副省长王仁元向中央加快转变经济发展方式监督检查组汇报情况。副厅长文新三参加并发言。

△省长助理周齐主持召开会议，研究济钢违纪资金处理问题。副厅长窦玉明参加。

△省政协召开会议，向部分政协委员通报保障性住房建设情况。副巡视员王慎民参加并发言。

15 日，省政府召开黄河三角洲高效生态经济区未利用地开发工作会议，省委副书记、省长姜大明出席。巡视员阮凤英参加。

15～16 日，全国加强和改进基层干部教育培训工作会议在临沂召开。副厅长张洪军参加。

15 日，省法制办召开全省贯彻实施《中华人民共和国行政强制法》工作会议。副厅长李国健参加。

△国家审计署调研组听取山东县级财政建设和“三农”资金投入等有关情况汇报。副厅长窦玉明参加并汇报。

16 日，省长助理周齐主持召开政府性债务审计整改情况汇报会。副厅长窦玉明参加。

17 日，国家行政学院与省政府举行山东省人民政府战略合作框架协议签署仪式，省委副书记、省长姜大明，省委常委、副省长孙伟出席。副厅长窦玉明参加。

18 日，国务院国资委与省政府举行合作备忘录签约仪式，省委副书记、省长姜大明，省委常委、常务副省长王仁元出席。副厅长窦玉明参加。

19 日，济南大学、省医学科学院举行医学与生命学院新校区启动仪式，副省长王随莲出席。副厅长庞敦之参加。

20 日，厅长于国安主持召开厅长办公会议，研究落实国务院关于沂蒙革命老区执行国家中部地区政策有关工作。

△全省现代农业生产发展资金项目和小型农田水利重点县建设启动部署视频会议在厅机关召开。副厅长李国健出席并讲话。

21 日，省医改领导小组召开部分成员单位会议，副省长王随莲出席。巡视员阮凤英参加。

22 日，省人大保障性安居工程建设视察组召开会议，听取省政府有关情况汇报。副厅长张洪军参加。

△副省长黄胜主持召开山东出版集团股改上市工作协调会议。副厅长庞敦之参加。

△省委常委、副省长王军民主持召开省收费公路专项清理工作领导小组会议。副巡视员张光月参加。

27 日，省政府组织收听收看全国节能减排工作电视电话会议，全国会议结束后，召开全省节能减排工作电视电话会议，省委副书记、省长姜大明出席。厅长于国安参加。

△省人力资源社会保障厅组织收听收看全国推动就业政策落实加强就业专项资金管理电视电话会议。巡视员阮凤英参加。

△省政府召开省国防动员委员会第七次全体会议及征兵工作电视会议，副省长郭兆信出席。副厅长张洪军参加。

27～29 日，全省财政交通工作会议在威海召开。副厅长文新三出席并讲话。

28日，省委、省政府组织收听收看全国加强和创新社会管理工作电视电话会议。副厅长张洪军参加。

29日，省委副书记、省长姜大明主持召开第109次省政府常务会议，研究贯彻全国中小学校舍安全工程现场会议和全国学前教育三年行动计划现场推进会议精神的意见、山东省经济管理干部学院（山东行政学院）与山东商业职业技术学院资源整合优化办学工作、《山东省海洋功能区划（2011～2020）（送审稿）》、《山东省依法行政第五个五年规划（2011～2015年）（草案）》以及2011年第二批预备费动支意见。厅长于国安参加。

△厅长于国安主持召开厅长办公会议，研究《山东省行政事业国有资产管理办法》及贯彻全国财政法制宣传教育工作会议精神的意见。

△省老龄委召开山东省庆祝老人节大会。副巡视员王慎民参加。

△省政府召开全省严厉打击“地沟油”违法犯罪加强餐厨废弃物管理专项工作电视会议。副巡视员王慎民参加。

30日，省“小金库”治理工作领导小组办公室组织收听收看全国防治“小金库”长效机制建设经验交流电视电话会议。厅长于国安、副巡视员张光月出席。

△省政府召开会议听取国土资源厅关于找水打井招标工作汇报。副厅长李国健参加。

△省人大法制委员会召开贯彻实施《山东省青岛前湾保税港区条例》座谈会。副厅长窦玉明参加。

△省委常委、常务副省长王仁元主持召开省长经济责任审计工作协调会议。副厅长窦玉明参加。

10月 7日，省长助理周齐主持召开省长经济责任审计工作协调会。副厅长窦玉明参加。

8日，国家农业综合开发办来我省就有关项目进行检查验收，并听取我省2010年农业综合开发项目实施情况汇报。副厅长窦玉明参加并汇报。

9日，省委召开全委扩大会议。厅长于国安参加。

△省政府召开贯彻落实沂蒙革命老区政策工作会议，传达学习国务院办公厅关于沂蒙革命老区参照执行中部地区有关政策的通知精神，进一步统一思想，理清思路，明确任务，加快推动沂蒙革命老区实现又好又快发展。省委副书记、省长姜大明出席会议并讲话，省委常委、副省长孙伟主持会议。厅长于国安参加并发言。

△省委、省政府召开全省农民专业合作社暨现代农业示范区建设工作会议，省委副书记、省政协主席刘伟，副省长贾万志出席。副厅长李国健参加。

△省政府副秘书长张传亭主持召开会议，研究讨论《山东省优待老年人规定》有关事宜。副巡视员王慎民参加。

10日，省委、省政府召开黄蓝两大战略实施情况督促检查工作总结会议。厅长于国安参加。

△厅长于国安主持召开厅长办公会议，传达省委、省政府有关会议精神并研究贯彻意见，听取办公室主任高剑锋关于几项具体工作分工意见的汇报。

11～12日，国家教育体制改革领导小组教育规划纲要贯彻落实情况汇报会议在湖南长沙召开。副厅长庞敦之参加。

12日，省委、省政府召开省社会管理综合治理委员会第一次全体会议，省委副书记、省政协主席刘伟出席。厅长于国安参加。

13～14日，全省民营经济发展现场交流会在青岛召开，省委常委、副省长王军民出席。副厅长李国健参加。

14～15日，省纪委召开贯彻执行《廉政准则》情况重点检查部署会。纪检组长傅清卿参加。

△省人大听取省政府关于《尽快制定“山东省精神卫生条例”的议案》办理情况的汇报。副巡视员王慎民参加。

16日，宁夏回族自治区主席助理刘小河一行来山东考察安全生产管理工作，省长助理周齐主持召开两省座谈会，介绍相关情况。副厅长窦玉明参加。

17日，省人大召开会议，向全国人大常委会农村土地承包执法检查组汇报有关情况。副厅长李国健参加并发言。

△省委常委、常务副省长王仁元主持召开会议，研究省长经济责任审计相关事宜。副厅长窦玉明参加。

18日，财政部县级基本财力保障机制重点办理建议座谈会在济南召开，财政部副部长廖晓军出席。厅长于国安参加。

18日，省政府副秘书长韩金峰主持召开会议，研究《关于加大金融财税支持力度促进小型微利企业持续健康发展的意见》。副厅长张洪军参加。

20日，省委召开党员领导干部会议，传达学习党的十七届六中全会精神，研究贯彻落实意见。省委书记、省人大常委会主任姜异康主持会议并讲话，省委副书记、省长姜大明，省委副书记、省政协主席刘伟出席会议。厅长于国安参加。

△省纪委组织参观全国“廉洁救灾·阳光重建”图片展（山东）巡展首展。副厅级检查员张魁珍参加。

21日，全省钢铁产业结构调整试点工作动员会议在济南召开，省委副书记、省长姜大明出席，国家发展改革委副主任、国家能源局局长刘铁男出席并讲话。厅长于国安参加。

△省委副书记、省长姜大明主持召开第110次省政府常务会议，研究部署钢铁产业结构调整试点、加大金融财税支持力度促进小型微型企业持续健康发展工作。副厅长张洪军参加。

22日，省政府举行中国第十届艺术节倒计时两周年暨标志揭晓、网站开通仪式，省委副书记、省长姜大明出席。副厅长庞敦之参加。

△省政府举行十艺节倒计时两周年广场庆祝仪式，副省长黄胜出席。副厅长庞敦之参加。

24日，全省食品安全领导干部培训班举行第一期开学典礼，省委常委、常务副省长王仁元出席。副厅长张洪军参加。

△全省创业投资基金理事会会议在济南召开。副厅长窦玉明参加。

△省医科院举行"山东省医学科学院麻风易感基因研究再获重大原创性成果新闻发布会"。副巡视员王慎民参加。

△省委召开2012年度全省重点党报党刊发行工作电视电话会议。副巡视员张光月参加。

25日，厅长于国安主持召开厅长办公会议，听取监督检查局局长李玉斌关于对省以下地税、质监系统2010年部门预算编制执行及决算质量调查情况的汇报。

△省委常委、副省长孙伟主持召开生态省建设工作领导小组第七次会议。副厅长文新三参加。

27日，省政府举行国家超级计算济南中心揭牌仪式，省委副书记、省长姜大明，省委常委、副省长孙伟出席。副厅长庞敦之参加。

△省委常委、秘书长王敏主持召开座谈会，征求对省委《关于认真贯彻落实党的十七届六中全会精神加快建设文化强省的意见》（征求意见稿）的意见。副厅长庞敦之参加。

28日，省政府举行山东省高等学校债务化解工作目标责任书签订仪式，省委常委、副省长孙伟出席。副厅长庞敦之参加。

31日，省委副书记、省长姜大明主持召开省政府经济社会发展形势分析会议。厅长于国安参加并发言。

本月领导兼职：

△于国安同志担任山东省社会管理综合治理委员会成员、山东省建立健全惩治和预防腐败体系工作领导小组成员、《山东省涉外法规规章选编（中英文对照本）》编审委员会成员。

△阮凤英同志担任《中华人民共和国政区大典·山东卷》编纂委员会成员。

△庞敦之同志担任中共山东省委党的文献编审委员会。

△李国健同志担任省扶贫开发领导小组副组长。

本月任免事项：

10月25日，鲁财人〔2011〕24号文件任命：

马倩、肖东平任省财政科学研究所主任科员；

李振华、季正亚任省财政信息中心副主任科员；

鲍雪珂任省财政厅集中支付中心主任科员；

吕小瀚任省财政投资评审中心主任科员；

徐冠男任省财政厅干部教育中心副主任科员；

王娟、张脉任省财政厅驻济南财政检查办事处主任科员；

马潇任省财政厅驻淄博财政检查办事处主任科员；

崔凯任省财政厅驻烟台财政检查办事处主任科员；

孙浩翔任省财政厅驻潍坊财政检查办事处主任科员；

李波任省财政厅驻临沂财政检查办事处主任科员。

11月 **1日**，省委老干部局来省财政厅调研考核2009~2011年老干部工作目标责任制落实情况。副厅长文新三主持汇报会。

2日，中央宣讲团党的十七届六中全会精神报告会在济南举行。中央宣讲团成员、国家新闻出版总署署长柳斌杰作宣讲辅导报告，省委书记、省人大常委会主任姜异康主持报告会，省委副书记、省长姜大明，省委副书记、省政协主席刘伟出席。厅长于国安参加。

△副省长黄胜主持召开会议，研究落实省长姜大明关于"做好哈工大威海分校共建事宜"批示。副厅长庞敦之参加。

△省政府组织收听收看全国冬春农田水利基本建设电视电话会议，随后接着召开会议，就贯彻落实全国会议精神、进一步加强我省农田水利建设工作作出部署，副省长贾万志出席并讲话。副厅长李国健参加。

3日，省委副书记、省长姜大明主持召开第112次省政府常务会议，研究部署进一步加强矿山安全生产、残疾人事业"十二五"发展规划、解决城镇未参保集体企业退休人员养老保障和降低养老保险缴费比例等事项，讨论并原则通过《山东省科学技术进步条例（修订草案）》和《山东省小型水库管理办法（草案）》。厅长于国安参加。

6日，国家食品安全督查组来我省对食品安全工作进行督查，副省长王随莲主持召开会议并汇报有关情况。副厅长张洪军参加。

7~9日，省委召开九届十三次全体会议。厅长于国安参加。

7~8日，财政部、水利部第三批全国小型农田水利重点县建设启动视频会暨责任书签署仪式在北京举行。副厅长李国健参加。

7 日，省纪委召开全委扩大会议。纪检组长傅清卿参加。

△全省加快推进农村集体土地确权登记发证工作会议在济南召开。副厅长文新三出席并讲话。

9 日，国家发改委调研组来山东就主体功能区规划编制情况进行调研，省委常委、常务副省长王仁元主持召开会议并汇报有关情况。副厅长文新三参加并发言。

10 日，省政府召开全省文化体制改革和文化产业发展工作领导小组成员会议。副厅长庞敦之参加。

△副省长贾万志主持召开协调会，研究 2012 年水利预算安排和高标准农田建设工作会议筹备有关事宜。副厅长李国健参加。

△山东省暨济南市“119”消防应急救援演练在济南奥体中心广场举行。全国人大内务司法委员会委员高新亭，省委常委、政法委书记柏继民出席。副巡视员王慎民参加。

11 日，△厅长于国安主持召开厅务会议，传达学习省委九届十三次全体会议精神，研究贯彻落实意见。

△国家环保专项行动联合督察组召开山东省 2011 年环保专项行动汇报和反馈意见会，省政府副秘书长张德宽出席。副厅长文新三参加。

13 日，中国民生银行“双百亿”帮扶山东小微企业战略合作仪式在济南举行，省委副书记、省长姜大明会见并宴请中国民生银行董事长董文标一行。厅长于国安参加。

14 日，省政府召开全省推进教育规划纲要落实工作会议。副厅长庞敦之参加并发言。

△国务院召开深入推进行政审批制度改革工作电视电话会议，省委副书记、省长姜大明出席省分会场会议。副厅长李国健参加。

15 日，省委常委、宣传部长孙守刚主持召开协调会，研究利用博物馆设施对外宣传山东改革发展成果有关事宜。副厅长张洪军参加。

15～16 日，全省统计基层基础工作经验交流现场会在聊城召开。副巡视员王慎民参加。

16 日，省宏观经济学会召开第四次会员代表大会，省委常委、常务副省长王仁元出席。副厅长窦玉明参加。

17 日，省委、省政府召开全省加强和创新社会管理工作电视电话会议，省委书记、省人大常委会主任姜异康出席并讲话，省委副书记、省长姜大明出席，省委副书记、省政协主席刘伟主持。厅长于国安参加。

△省委常委、常务副省长王仁元主持召开省金融稳定工作联席会议。副厅长张洪军参加并发言。

17～18 日，全省“旱能浇、涝能排”高标准农田建设现场会议在潍坊召开，副省长贾万志出席并讲话。副厅长李国健参加。

17 日，国家质检总局与省政府合作备忘录联席会议在济南召开，国家质检总局副局长魏传忠、副省长才利民出席并讲话。副厅长窦玉明参加。

18 日，省委副书记、省长姜大明主持召开第 112 次省政府常务会议，研究应急志愿者队伍建设、支持菏泽加快科学发展、完善内河水运体系、节能减排和老龄事业发展等工作。厅长于国安参加。

△省纪委召开《廉政准则》贯彻落实情况专项检查情况汇报会。纪检组长傅清卿参加并发言。

19～21 日，全省重点旅游项目建设现场会在兖州、齐河召开，副省长才利民出席。副巡视员张光月参加。

22 日，省政府副秘书长韩金峰主持召开会议，研究山东高速省级融资平台建设有关事宜。副厅长文新三参加。

△省政府召开第四次全省残疾人事业工作会议，副省长郭兆信出席。副巡视员王慎民参加并发言。

23 日，省委常委、常务副省长王仁元主持召开全省分类推进事业单位改革调研汇报会，听取各调研组情况汇报。副巡视员姜凝参加并汇报。

24 日，省委副书记、省长姜大明主持召开第 112 次省政府常务会议，研究部署建设生态山东等工作，讨论并原则通过《山东省房屋建筑和市政工程招标投标办法（草案）》、《山东省气象灾害预警信号发布与传播办法（草案）》。厅长于国安参加。

25 日，国家节能减排督查组来我省就 2011 年节能目标完成情况进行检查并召开座谈会，省委常委、副省长王军民出席。副厅长文新三参加。

27 日，国家节能减排督查组召开节能目标完成检查情况反馈会，省长助理陈光出席。副厅长文新三参加。

29 日，省委、省政府组织收看中央扶贫开发工作会议第一次全体会议。副厅长李国健参加。

△省纪委监察厅召开派驻机构案件审理工作座谈会。纪检组长傅清卿参加。

本月领导兼职：

△于国安同志担任省钢铁产业结构调整试点工作领导小组成员、省社会管理综合治理委员会委员。

△张洪军同志担任省社会管理综合治理委员会治安专项组成员、实有人口专项组成员和特殊人群专项组成员、全省党外代表人士教育培训工作领导小组成员。

△庞敦之同志担任省直非时政类报刊出版单位体制改革联席会议成员。

12 月 1 日，厅长于国安主持召开厅长办公会议，传达中央有关会议精神、研究我省实施《中华人民共和国车船税法》办法（代拟稿）、省财政厅 2012 年度地方立法计划项目、事业单位改革有关配套文件等。

△全省进出口形势座谈会在济南召开，副省长才利民出席会议并讲话。副厅长窦玉明参加并发言。

△省纪委组织收听收看全国贯彻落实《纪检监察机关查办案件涉案财物价格认定工作暂行办法》电视电话会议。纪检组长傅清卿参加。

2日，全省财政系统依法行政依法理财工作电视会议在厅机关三楼礼堂召开。厅长于国安出席并讲话。

△省委常委、副省长孙伟主持召开会议，研究农村幼儿园冬季取暖问题。厅长于国安参加。

△全省烟叶生产工作表彰会议在济南召开，副省长贾万志出席并讲话。副厅长李国健参加并颁奖。

△第九次工业调整振兴联席会议在济南举行，省委常委、副省长王军民出席并讲话。副厅长窦玉明参加。

5日，省纪委召开建立健全惩治和预防腐败体系工作领导小组会议。厅长于国安参加。

△省委召开常委会。厅长于国安参加。

6日，省委老干部局召开省直单位落实老干部工作目标责任制情况通报会。副厅长文新三参加。

△省委农工办召开生态文明乡村建设专项督查考核情况汇报会。副厅长李国健参加。

7日，厅长于国安主持召开厅长办公会议，传达省建立健全惩治和预防腐败体系工作领导小组会议精神，研究完善日常公用经费定额标准、修订《厅机关公文处理办法》等。

△山东省文化市场管理工作领导小组召开会议。副厅长庞敦之参加。

△省委组织部召开省创先争优活动领导小组第四次会议和全省创先争优活动视频会议，省委常委、组织部长高晓兵出席。纪检组长傅清卿参加。

8日，省政协常务副主席、党组副书记乔延春来我厅视察省政协十届四次会议提案办理工作。厅长于国安同志汇报。

△省委书记、省人大常委会主任姜异康听取有关部门工作情况汇报。厅长于国安参加并汇报。

△副省长贾万志主持召开会议，研究扶贫开发工作。副厅长李国健参加。

△省纪委召开省级科技防腐工作推进会议。纪检组长傅清卿参加。

△省委省直机关工委来我厅对2011年党建目标管理、文明机关创建、学习年活动开展情况进行考核，并召开座谈会听取有关情况汇报。纪检组长傅清卿参加并汇报。

12日，副省长王随莲听取省财政厅关于村卫生室建设考核情况的汇报。巡视员阮凤英参加并汇报。

13日，副省长张建国到十艺节省筹委会办公驻地调研十艺节筹备工作。副厅长庞敦之参加。

△省纪委召开全省惩治和预防腐败体系建设暨廉政风险防控管理工作电视会议。纪检组长傅清卿参加。

14日，省政府举行济南二环西路高架桥与地面工程奠基仪式，省委常委、副省长王军民出席。副厅长文新三同志参加。

△省委常委、副省长王军民主持召开全省节能降耗督查集中行动汇报会。副厅长文新三参加。

△省法制办召开全省贯彻实施《山东省行政程序规定》座谈会，省委常委、副省长孙伟出席。副厅长李国健参加。

△省法制办、省环保厅召开贯彻实施《山东省机动车排气污染防治条例》座谈会，省人大副主任连承敏出席。副巡视员王慎民参加。

15日，中纪委委员、中国资产评估协会会长贺邦靖来山东视察。厅长于国安、副厅长窦玉明陪同。

△省委召开常委会，传达中央经济工作会议精神。厅长于国安列席会议。

16日，省委召开省第十次党代会报告起草座谈会，厅长于国安参加。

△省政府召开全省深入推进行政审批制度改革工作电视会议。省委副书记、省长姜大明出席并讲话。厅长于国安参加。

17日，中华文化标志城专家咨询委员会召开第三次工作会议。副厅长庞敦之参加。

19日，省委副书记、省长姜大明主持召开114次省政府常务会议，研究2012年全省经济社会发展思路、《山东省实施〈中华人民共和国车船税法〉办法（草案）》、《山东省价格监测预警管理办法（草案）》、电价调整和电煤价格干预工作，以及全国煤矿瓦斯防治现场会精神贯彻意见。厅长于国安参加。

21日，省委、省政府组织收听收看全国政法工作电视电话会议。副厅长张洪军参加。

22日，省委召开第五次全省妇女儿童工作会议。省委副书记、省长姜大明出席并讲话，省委副书记、省政协主席、省妇儿工委主任刘伟主持。副厅长张洪军参加。

△省政府召开2012年好客山东贺年会电视动员会议，副省长才利民出席。副巡视员张光月参加。

23日，省委召开全委扩大会议。厅长于国安参加。

23～25日，全省经济工作会议在济南召开。省委书记、省人大常委会主任姜异康，省委副书记、省长姜大明出席并讲话。省委副书记、省政协主席刘伟出席。厅长于国安，副厅长文新三、窦玉明参加。

25日，省委召开外事工作领导小组扩大会议。省委书记、省人大常委会主任姜异康，省委副书记、省长姜大明，副省长才利民出席并讲话。副厅长张洪军参加。

26日，山东出版传媒股份有限公司在济南召开创立大会暨第一次股东大会、第一届董事会第一次会议、第一届监事会第一次会议。副厅长庞敦之参加。

△全省发展和改革工作会议在济南召开，省委副书记、省长姜大明出席并讲话。副厅长文新三参加。

△省纪委在济南召开省行政审批制度改革工作联席会议第二次全体成员会议。副厅长李国健参加。

27日，省委副书记、省长姜大明主持召开115次省政府常务会议，研究地方性法规、政府规章有关行政强制规定专项清理工作，《山东省扬尘污染防治管理（草案）》，贯彻全国住房保障工作座谈会精神的意见，经济发达镇行政管理体制改革试点工作，《加快军民结合产业发展的指导意见（送审稿）》，以及2011年省级第三批预备费、超收财力及新增中央转移支付安排意见。厅长于国安参加。

△省委副书记、省长姜大明主持召开山东省钢铁产业结构调整试点工作领导小组会议。副厅长窦玉明参加。

△省保健委召开第十二次成员会议，省委常委、秘书长王敏，副省长王随莲出席。巡视员阮凤英参加。

△省政府召开外贸发展形势座谈会。副厅长李国健参加。

28日，省委副书记、省长姜大明主持召开116次省政府常务会议，研究第七次全国环境保护大会和全国财政工作会议精神贯彻意见、《山东省地震监测台网管理办法（草案）》、《山东省重大活动档案管理办法（草案）》、《推进行政复议委员会试点工作的意见（送审稿）》、《山东省流动人口管理办法（草案）》、《山东省事业单位监督管理办法（草案）》、《2012年立法工作计划（草案）》，以及省政府表彰事项。厅长于国安参加。

△副省长夏耕听取省财政厅等有关部门情况汇报。巡视员阮凤英参加并汇报。

△省委召开全省精神文明建设工作表彰大会，省委书记、省人大常委会主任、省文明委主任姜异康，省委副书记、省长姜大明出席并颁奖，省委常委、宣传部长、省文明委副主任孙守刚出席并讲话。副厅长张洪军参加。

△省政府召开全省加强鲜活农产品流通体系建设暨保障“两节”市场供应电视会议，副省长才利民出席。副厅长文新三参加。

△省保健委召开“山东省干部保健信息管理系统启动仪式”，省委常委、秘书长王敏，副省长王随莲出席。副厅长王慎民参加。

△省政府召开经济责任审计工作联席会议。副巡视员张光月参加并发言。

29日，△厅长于国安主持召开厅务会议，传达学习全省经济工作会议和全国财政工作会议精神，研究贯彻意见。

△省政府副秘书长张德宽主持召开全省财税工作筹备会议。副厅长张洪军参加。

△副省长张建国主持召开协调会，研究山东美术馆代建有关事宜。副厅长庞敦之参加。

△省政府召开全省装备产业工作会议，省委常委、副省长王军民出席并讲话。副厅长文新三参加。

30日，全省农村中小学图书馆（室）装备用书及教学挂图配发仪式在济南市历城区华山镇中心中学举行，省委常委、副省长孙伟出席仪式并讲话。厅长于国安参加。

△省人才工作领导小组召开会议，省委常委、组织部长、省人才工作领导小组组长高晓兵出席并讲话，副省长夏耕主持。厅长于国安作述职汇报，巡视员阮凤英参加。

△省委组织部、省委宣传部、省科技厅组织召开优秀人才事迹报告会，省委常委、组织部长高晓兵，副省长夏耕出席会议。巡视员阮凤英参加。

△省政府召开山东省未成年人保护委员会全体会议，省委常委、副省长孙伟出席。副厅长张洪军参加。

△省水利厅、省南水北调局举行南水北调东线山东管理设施专项调度运行中心开工仪式，副省长贾万志出席。副厅长李国健参加。

30～31日，全省住房保障暨城乡建设工作会议在淄博召开，副省长夏耕出席并讲话。副巡视员王慎民参加并发言。

31日，厅长于国安主持召开厅长办公会议，研究省级部门决算编审内部工作规程等工作。

△副省长贾万志听取全国农村综合改革工作座谈会精神汇报。厅长于国安、农发办主任姜凝参加。

△省政府召开全省经济和信息化工作会议，省委常委、副省长王军民出席。副厅长文新三参加。

△省人大常委会预工委听取2012年省级国有资本经营预算草案编制工作的意见和下一步打算。副厅长窦玉明参加。

本月领导兼职：

△阮凤英同志担任省“视觉2020”行动领导小组成员。

△李国健同志担任省加快实施最严格水资源管理制度试点工作领导小组成员。

△窦玉明同志担任山东省打击侵犯知识产权和制售假冒伪劣商品工作领导小组成员。

本月任免事项：

14日，省委考察组到省财政厅推荐考察厅级干部。通过厅机关、直属事业单位副处级以上干部和投资公司领导班子成员进行投票推荐，以及机关中层正职以上干部、直属事业单位主要负责人和投资公司班子成员进行谈话推荐。厅党组研究确定王慎民同志为省财政厅党组成员、副厅长考察人选，姜凝同志为省财政厅党组成员、省农业综合开发办公室主任考察人员，宋文旭、宋新生同志为省财政厅副巡视员考察人选。

省委考察组对省经济开发投资公司1名副总经理人选进行推荐考察。通过投资公司领导班子成员、全体职员和子公司领导班子成员进行会议投票推荐，以及公司领导、各部室和子公司主要负责人谈话推荐，厅党组研究确定鲁维同志为省投资开发公司副总经理考察人选。